国家出版基金项目
NATIONAL PUBLICATION FOUNDATION

國家出版基金項目

教育部哲學社會科學研究重大課題攻關項目

「十一五」「十二五」「十三五」

國家重點圖書出版規劃項目・重大工程出版規劃

「十四五」

國家重點出版物出版专項規劃項目・古籍出版規劃

國家社會科學基金重大項目

北京大學「九八五工程」重點項目

儒藏

精華編五四册上

經部禮類

儒藏

精華編

北京大學《儒藏》編纂與研究中心

《儒藏》精華編第五四册

首席總編纂　季羡林
項目首席專家　湯一介
總編纂　湯一介　龐樸　孫欽善　安平秋（按年齡排序）
本册主編　毛遠明

《儒藏》精華編凡例

一、中國傳統文化以儒家思想爲中心。《儒藏》爲儒家經典和反映儒家思想、體現儒家經世做人原則的典籍的叢編。收書時限自先秦至清代結束。

二、《儒藏》精華編爲《儒藏》的一部分，選收《儒藏》中的精要書籍。

三、《儒藏》精華編所收書籍，包括傳世文獻和出土文獻。傳世文獻按《四庫全書總目》經史子集四部分類法分類，大類、小類基本參照《中國叢書綜録》和《中國古籍善本書目》，於個別處略作調整。凡單書已收入入選的個人叢書或全集者，僅存目録，並注明互見。出土文獻單列爲一個部類，原件以古文字書寫者一律收其釋文文本。韓國、日本、越南儒學者用漢文寫作的儒學著作，編爲海外文獻部類。

四、所收書籍的篇目卷次，一仍底本原貌，不選編，不改編，保持原書的完整性和獨立性。

五、對入選書籍進行簡要校勘。以對校爲主，確定内容完足、精確率高的版本爲底本，精選有校勘價值的版本爲校本。出校堅持少而精，以校正誤爲主，酌校異同。校記力求規範、精煉。

六、根據現行標點符號用法，結合古籍標點通例，進行規範化標點。專名號除書名號用角號（《》）外，其他一律省略。

七、對較長的篇章，根據文字内容，適當劃分段落。正文原已分段者，不作改動。千字以内的短文一般不分段。

八、各書卷端由整理者撰寫《校點説明》，簡要介紹作者生平、該書成書背景、主要内容及影響，以及整理時所確定的底本、校本（舉全稱後括注簡稱）及其他有關情況。重複出現的作者，其生平事蹟按出現順序前詳後略。

九、本書用繁體漢字豎排，小注一律排爲單行。

《儒藏》精華編第五四册

經部禮類

禮記之屬

《儒藏》精華編第五四册

經部禮類

禮記之屬

上册

禮記集説卷第一百七

君既葬，王政入於國。既卒哭而服王事。大夫、士既葬，公政入於家。既卒哭，弁絰帶，金革之事無辟也。

鄭氏曰：此權禮。弁絰帶者，變喪服而弔服輕，可以即事也。

孔氏曰：國家有事，孝子不得遵常禮，故從權也。葬竟未卒哭，王事入於己國。既卒哭，則出爲王服金革之事。公政，謂國之政令，入大夫家。卒哭，則有變服。今服弔服，以從金革之事，無所辟也。變服重，弔服輕，故從戎便。國君當亦弁絰也，然此云「弁絰帶」，弁絰謂弔服，帶謂喪服，異凡弔也。

既練，居堊室，不與人居。君謀國政，大夫、士謀家事。既祥，黝堊。祥而外無哭者，禫而内無哭者，樂作矣故也。

鄭氏曰：黝堊，堊室之飾也。地謂之黝，牆謂之堊。外無哭者，於門外不哭也。内無哭者，入門不哭也。禫踰月而可作樂，樂作無哭者。

孔氏曰：此一經論練及祥、禫之節。練居堊室，猶不與人居也。練後漸輕，故君、大夫、士得謀己國家事也。祥，大祥也。黝，黑也，平治其地，令黑也。堊，白也，新塗堊牆壁令白，稍飾故也。外，即中門外，堊室中也。祥之日，鼓素琴，故中門外不哭。若有弔者，則入即位哭也。内，中門也。禫已縣八音於庭，是樂作矣，故門内不復哭也。鄭註「禫踰月」，定本「禫」作「祥」。禫踰月，自然樂作矣。

嚴陵方氏曰：既練，君謀國政，異乎既葬之不言國事矣。大夫、士謀家事，異乎既葬之不言家事矣。或言政，或言事者，主在上則曰政，兼在下則曰事。蓋絜其地使微青，塗其牆使純白，以吉之先見故，致飾以變其凶。若既練，所居之室以堊，則以表哀素之心耳，非致飾也。

禫而從御，吉祭而復寢。期居廬，終喪不御於內者，父在爲母、爲妻齊衰期者、大功布衰九月者，皆三月不御於內。婦人不居廬，不寢苫。喪父母，既練而歸；期、九月者，既葬而歸。

鄭氏曰：從御，御婦人也。復寢，不復宿殯宮也。歸，謂歸夫家也。

孔氏曰：此一經釋禫節。言禫時從御婦人於內也。「吉祭而復寢」者，謂禫祭之後，同月之內，值吉祭之節，行吉祭訖，而復寢，不待踰月。若不當四時吉祭，則待踰月，吉祭乃復寢。案《間傳》「既祥，復寢」，謂不宿中門外，復於殯宮之寢。此復寢，謂平常之寢，文同義別，故鄭註「不復宿殯宮也」。案《喪服》女子爲父母「卒哭，折笄」者，玄謂「卒哭，喪之大事畢，可以歸於夫家」。此云「既練」，不同者，《喪服》註云「可以歸」，是可歸之節，其實歸時在練後也。

公之喪，大夫俟練，士卒哭而歸。

鄭氏曰：此公，公士、大夫有地者也。其大夫、士歸者，謂素在君所食都邑之臣。

孔氏曰：此經明公士、大夫有地之君喪，其臣歸之節。臣下呼此有地大夫之君爲公，故曰「公之喪」。大夫俟練者，此君下之臣大夫待練而歸也。知此公是公士、大夫有地者，以其臣大夫待練，士待卒哭，故知非正君。案《雜記》「大夫次於公館以終喪，士練而歸」，彼謂正君，與此殊也。　皇氏曰：鄭註「素在君所食都邑之臣」者，素，先也；君所食都邑，謂公士、大夫之君采地，言公士、大夫在朝廷而死，此臣先在其君所食之采邑，君喪而來服，至小祥而各反，故云歸也。

山陰陸氏曰：言俟，著哀之殺早矣。據「父母既練而歸」，曰「既」，哀有餘也。

大夫、士父母之喪，既練而歸，朔月忌日則歸哭于宗室。諸父、兄弟之喪，既卒哭而歸。父不次於子，兄不次於弟。

鄭氏曰：歸，謂歸其宮也。忌日，死日也。宗室，宗子之家也，謂殯宮也。《禮》：「命士以上，父子異宮。」不次，謂不就其殯宮爲次而居。

孔氏曰：此一經明庶子遭喪歸家之節。大夫、士，謂庶子爲大夫、士也。父子異宮，故有父母之喪，至小祥，各歸其宮也。適子則終喪在殯宮。朔月，朔望也。宗室，適子家殯宮也。雖練各歸，至忌日及朔望，則歸殯宮也。諸父、諸兄弟並期，爲輕，故至卒哭而各歸。此謂適弟，則庶兄爲之次。下「兄不次於弟」，謂庶弟也。

君於大夫、世婦大斂焉，爲之賜，則小斂焉；於外命婦既加蓋而君至；於士既殯而往，爲之賜，大斂焉。夫人於世婦大斂焉，爲之賜，小斂焉；於諸妻爲之賜，大斂焉；於大夫、外命婦既殯而往。

鄭氏曰：爲之賜，謂有恩惠也。加蓋而至，於臣之妻略也。

孔氏曰：自此至「君退必奠」，明君於大夫及士，并夫人於大夫、士恩賜弔臨，主人迎送之節。君於世婦，謂內命婦常爲之恩賜，則小斂而往。然則君於大夫，大斂是常，小斂是恩賜。案《隱元年》「公不與小斂，❶故不書日」，此謂卿當未襲而往。故《昭十五年》「有事于武宫，叔弓卒，去樂，卒事」，《公羊》云：「君聞大夫喪，去樂，卒事而往，可也。」是卿未襲而往。柳莊非卿，衞君即弔，急弔賢也。君於外命婦恩輕，故既大斂入棺加蓋之後，而君至也。於諸妻，謂姪娣及同姓女也，同士禮，故爲之賜，大斂焉。若夫人姪娣尊同世婦，當大斂，爲之賜，小斂焉。於大夫、外命婦，謂夫人於大夫及外命婦，既殯而往，但有一禮，無恩賜差降之事也。

嚴陵方氏曰：小斂在先，大斂在後，喪事以速爲敬。故大斂而往者，則爲禮之常；小斂而往者，則爲之賜也。

大夫、士既殯，而君往焉，使人戒之。主人具殷奠之禮，俟于門外，見馬首，先入門右。巫止于門外，祝代之先。君釋菜于門内。祝先升自阼階，負墉南面。君即位于阼，小臣二人執戈立于前，二人立于後。擯者進，主人拜稽顙。君稱言，視祝而踊，主人踊。

鄭氏曰：殷，猶大也。朝夕小奠，至月朔則大奠。君將來，則具大奠之禮以待之，榮君之來也。祝負墉南面，直君北，房户東也。小臣執戈先後君，君升而夾階立。大夫殯即成服，成服則君亦成服，錫衰而往弔之。擯者進，當贊主人也。始立門東，北面。稱言，舉所以來之辭也。視祝而踊，祝相君之禮，當節之也。

❶「不」，原脱，今據通志堂本、四庫本及《春秋左傳正義》補。

孔氏曰：此明君弔大夫之禮。君於大夫，雖視大斂，或有既殯之後而始往，與士同也。君將往，使人豫戒主人。主人重君之來，先備月朔大奠之禮，待于門外。見君馬首，先君而入。祝先道君升阼階，在君之北，立於房户之東，皆負壁而鄉南。墉，壁也。君位于阼者，主人不敢有其室也。執戈，辟邪氣也。擯者進於孝子前，告孝子使行禮。喪贊曰相，此云「擯者」，以君之弔禮，故以擯言。主人北面拜而稽顙，君舉弔辭，祝以相君先踊，君乃視祝而踊。君踊畢，主人乃踊。鄭註「君直北」者，直，當也。《顧命》云夾階上刃，故鄭知夾階立也。

横渠張氏曰：殷，衆也。《周禮》「立其殷」，謂置衆士也。殷奠者，以盛此禮報事，衆人執物以進，所以表其勤也。是以殷奠不足，則取諸大功以下，又不足則反之，是知用人之多也。其進之也，必人執一物以薦，薦有不盡則反之，却來取，以再薦之也。《易》言「殷薦之上帝」，亦是衆進之義。

大夫則奠可也，士則出俟于門外，命之反奠，乃反奠。卒奠，主人先俟于門外。君退，主人送于門外，拜稽顙。君於大夫疾，三問之。在殯，三往焉。士疾，壹問之。在殯，壹往焉。君弔，則復殯服。

鄭氏曰：迎不拜，拜送者，拜迎則爲君之答己。三問、三往，壹問、壹往，所以致殷勤也。君弔則復殯服者，復，反也，反其未殯未成服之服，新君事也。謂臣喪既殯後，君乃始來弔也。復，或爲「服」。

孔氏曰：此一節明君來弔士與大夫，其禮不同也。大夫則奠可也者，君既在阼，主人在庭，踊畢，則釋此殷奠于殯可也。言對人君可爲此奠。士卑，不敢留君待奠，故先出，俟君于門外，君使人命反設奠，士乃反入設奠。主人奠畢，又先出門待君，大夫、士同。君退，主人門外送之而拜。案《曲禮》「凡非弔喪，非見國君，無不答拜」，然則喪法，孝子拜賓，無答拜之禮。鄭註云「爲君答己」者，意恐君之答，故不拜迎。案僖二十四年《左傳》，宋先代之後，❶於周爲客，有喪，拜焉。謂其餘諸侯來弔國喪，王不拜。❷宋用敵禮拜謝之，亦主人拜賓之義也。殯服，則苴絰免、布深衣也，不散帶。故《小記》云「君弔，雖不當免時也，主人必免」。此謂臣喪大歛殯，君有故，不得來殯，後始來弔也。

夫人弔於大夫、士，主人出迎于門外，見馬首，先入門右。夫人入，升堂即位。主婦降自西階，拜稽顙于下。夫人視世子而踊，奠，如君至之禮。夫人退，主婦送于門內，拜稽顙。主人送于大門之外，不拜。

鄭氏曰：視世子而踊，世子從夫人，夫人以爲節也。世子之從夫人，位如祝從君也。

孔氏曰：此一經明夫人弔臣禮。先入門右，門亦大門也。孝子迎君之妻，亦如迎君禮也。主婦，臣妻也。夫人來弔，故婦人爲主人。世子，夫人之世子，隨夫人來也。夫人來弔，則世子在前道引其禮。夫奠如君至之禮者，亦先戒，乃具殷奠。夫人即位哭後，主婦拜竟，而設奠事，如君

❶「先」，通志堂本作「三」。
❷「王」，通志堂本、四庫本作「主」，是。

弔禮。主婦送于門内，門，寢門也。婦人迎送不出門，故夫人去，於路寢門内拜送之。主人送于大門外，喪無二主，主婦已拜，故主人不拜。

金華應氏曰：君臣之際，猶家人也。君於外内婦既殯往，夫人於大夫、士之家，亦往弔之。然蓋弔内子士妻之禮，亦在其中矣。主人迎而先入門右，夫人升而自阼階，待夫人猶待君也。主婦拜稽顙于下，執妾禮，猶臣禮也。夫人之行，世子實侍之。世子視祝而踊，夫人則視世子而踊也。退則送于門外，婦人迎送不下堂，而持至門者，爲所尊變也。其來也，主人迎于門外，送亦如之，所以代主婦而伸敬也。門外者，男子之所有事。婦人迎送不出門，雖對所尊而不敢變也。古之君臣猶一體也，頭目手足，疾痛慘楚，彼此無不相應。君臣猶一家也，父兄子弟，吉凶休戚，上下無不相關。視之如一體，故疾則君三問、再問，喪則君或撫或踊，真若吾手足之虧折焉。視之如一家，故君喪則大夫、士位乎東，世婦、士妻位乎西，不翅父兄之痛也。及臣之有故，則君視之，夫人視之，世子視之，真若子弟之失亡焉。然諸婦之至君所，惟喪祭爲然。《詩》曰：「諸宰君婦，廢徹不遲。」諸侯非問疾、弔喪，則不入諸臣之家。夫人之行，必與世子偕，其動也不苟矣。

大夫君不迎于門外，入即位于堂下。主人北面，衆主人南面，婦人即位于房中。若有君命、命夫命婦之命、四鄰賓客，其君後主人而拜。

鄭氏曰：入即位於下，不升堂而立阼階之下，西面，下正君也。衆主人南面，於其北，婦人即位於房中。君雖不升堂，猶辟之也。後主人而拜者，將拜賓，使主人陪其後而君前拜。不俱拜者，主人無二也。孔氏曰：此經明大夫君之禮。大夫下臣稱大夫爲君，故曰「大夫君」。不迎于門外，貶於正君也。主人北面者，其君即阼階下位，故適子辟之，所以在君之南，北面也。婦人之位在堂，君雖不升堂，猶辟於房中。正君來禮亦如此。不言大夫君之妻來者，當同夫人禮也。前君臨大斂，云「主婦尸西」，以大斂哀深，故不辟君。今謂殯後也。當此大夫君來弔時，或有本國之君命，或有國中大夫命婦之命，或有昔經使四鄰之國卿大夫遣使來弔，若有此諸賓在庭，則此大夫君代主人拜命及拜賓。以喪用尊者拜賓故也。然大夫君不敢同於國君，專代爲主，故以主人陪置君之後。君先拜，主人後拜，不同時拜。故鄭云「主人無二也」。

君弔，見尸柩而后踊。大夫、士若君不戒而往，不具殷奠。君退，必奠。

鄭氏曰：君弔塗之後，雖往不踊也。君退必奠，榮君之來。

孔氏曰：君來不先戒，當時雖不得殷奠，君去後必設奠告殯，以榮君來故也。

皇氏曰：前文既殯，君往，視祝而踊。殯後有踊者，謂既殯未塗，得有踊也。故鄭註云：塗之後，不踊。

君大棺八寸，屬六寸，椑四寸。上大夫大棺八寸，屬六寸。下大夫大棺六寸，屬四寸。士棺六寸。

鄭氏曰：大棺，棺之在表者也。《檀弓》曰：「天子之棺四重，水、兕革棺被之，其厚三寸。杝棺一，梓棺二，四者皆周。」此以内説而出也。然則大棺及屬用梓，椑用杝。以是差之，上公革棺不被，三重也。諸侯無革棺，再重也。大夫無椑，一重也。士無屬，不重也。庶人之棺四寸。上大夫，謂列國之卿也。趙簡子云「不設屬椑」，時僭也。

孔氏曰：自此至篇末，總論君、大夫、士等棺椁及飾棺之異，并椑綍之殊。此經君、大夫、士等棺椁厚薄之制，天子四重之棺，屬與椑合一尺，大棺六寸。水、兕革棺共六寸，都合厚二尺四寸也。上公棺則去水皮，所餘三重，合厚二尺一寸。伯、子、男則又去兕皮，但餘三棺，爲二重，合厚一尺八寸也。上大夫去椑四寸，所餘大棺與屬合爲一尺四寸。下大夫大棺與屬各減二寸，厚一尺也。士則不重，唯大棺六寸。《檀弓》從内而説，以次出外，謂近尸有水革，次外有兕革，次外有椑，次外有屬，次外有大棺。此先云「大棺及屬」，乃始云「椑」，是從外向内而説。故知大棺及屬當梓棺也，椑當杝棺也。案《檀弓》「孔子爲中都宰，制四寸之棺，五寸之椁」，是庶人棺四寸也。案哀公二年，趙簡子與鄭戰于鐵。簡子自誓云「桐棺三寸，不設屬椑」，下卿之罰也。大夫依禮無椑，今云罰始無椑，故知當時大夫常禮用椑，時僭也。

君裏棺用朱緑，用雜金鐕。大夫裏棺用玄緑，用牛骨鐕。士不緑。

鄭氏曰：鐕，所以琢著裏。

孔氏曰：此一經明裏棺之制。❶裏棺，謂

❶「裏」，原作「裹」，今據通志堂本、四庫本改。下二「裏」字同。

以繒貼棺裏也。以朱繒貼四方，緑繒貼四角。雜金鐕者，鐕，釘也。《尚書》云：「貢金三品，黄、白、青色。」舊説云用金釘，又用象牙釘，雜之以琢朱緑著棺也。大夫四面玄，四角緑。士用玄，亦同。大夫用牛骨鐕。

君蓋用漆，三衽三束。大夫蓋用漆，二衽二束。士蓋不用漆，二衽二束。

鄭氏曰：用漆者，塗合牝牡之中也。衽，小要也。

孔氏曰：此一經明衽束之數。蓋，棺上蓋也。用漆，謂漆其衽合縫處也。衽，謂燕尾合棺縫際也。束，謂以皮束棺也。棺兩邊各三衽，每當衽上輒以牛皮束之，故云「三衽三束」。大夫、士横衽有二，每衽有束，故云「二束」。士卑，不用漆，衽束與大夫同。《檀弓》云「棺束，縮二，衡三」者，據君言也。若大夫、士，横唯二束，此文是也。

君、大夫鬊爪，實于緑中。士埋之。

鄭氏曰：緑當爲「角」，聲之誤也。角中，謂棺内四隅也。鬊，亂髮也。將實爪、髪棺中，必爲小囊盛之，此緑或爲簍。

孔氏曰：此一節明鬊、爪之異。緑，即棺角也。士賤，以物盛埋之。

君殯用輴，欑至于上，畢塗屋。大夫殯以幬，欑置于西序，塗不暨于棺。士殯見衽，塗上，帷之。

鄭氏曰：欑，猶菆也。屋，殯上覆如屋者也。幬，覆也。暨，及也。此記參差，以《檀弓》參之，天子之殯，居棺以龍輴，欑木題湊象椁上四柱如屋以覆之，盡塗之。諸侯輴不畫龍，欑不題湊象椁，其他亦如之。大夫之殯，廢輴，置棺西牆下，就牆欑其三面塗之。不及棺者，言欑中狹小，裁取容棺。帷之，鬼神尚幽闇也。士達於天子皆然。

孔氏曰：此一經明尊卑殯之制度。凡殯之禮，天子先以龍輴置於客位殯處，然後從阼階舉棺於輴中，輴外以木菆聚輴之四邊，木高於棺，乃從上加綃黼於棺上，然後以木題湊。題，頭也。湊，鄉也，謂以木頭相湊鄉内也，象椁上之四柱以覆之如屋形。以泥塗之於屋之上，又加席三重於殯上。其諸侯殯時，則置棺輴内，亦菆木輴外，木高於棺，後加布幕於棺上；又菆木於塗上，不題湊象椁也，亦中間高似屋形，但不爲四柱。此記稱君，若據諸侯，不得云「欑至于上，畢塗屋」。若君據天子，應稱「龍輴」，不得直云「輴」。故鄭註云「此記參差」也。大夫殯以幬者，幬，覆也，謂棺衣覆之。於大夫言「幬覆」，則王侯並幬覆也。西序，屋堂西頭壁也。大夫不輴，又不四面欑，以一面倚西壁，而三面欑之，又上不爲屋也。塗不暨于棺，暨，及也。王侯塗之而欑廣，去棺遠。大夫欑狹，裁使塗不及棺耳。士掘肂見衽，其衽之上所出之處亦以木覆而塗之，故謂「塗上」。《士喪禮》云「乃塗」，註云：「以木覆棺上而塗之，爲火備也。帷，障也。朝夕哭，乃徹帷。」

熬，君四種八筐，大夫三種六筐，士二種四筐，加魚腊焉。

鄭氏曰：熬者，煎穀也。將塗，設於棺旁，所以惑蚍蜉，使不至棺也。《士喪禮》曰：「熬，黍稷各二筐。」又曰：「設熬，旁一筐。」❶大

❶「旁」下，通志堂本、四庫本有「各」字，是。

夫加以粱。❶君四種，加以稻。四筐，則手足皆一，其餘設於左右。

孔氏曰：此經明熬穀之異。火熬其穀使香，欲使蚍蜉聞其香氣食穀，不侵尸也。魚腊，謂乾腊。《特牲》士腊用兔，《少牢》大夫用麋，天子、諸侯無文，當用六獸之屬，亦爲惑蚍蜉。❷

飾棺：君龍帷，三池，振容；黼荒，火三列，黻三列；素錦褚，加僞荒；纁紐六；齊五采，五貝；黼翣二，黻翣二，畫翣二，皆戴圭；魚躍拂池。君纁戴六，纁披六。大夫畫帷，二池，不振容；畫荒，火三列，黻三列，素錦褚；纁紐二，玄紐二；齊三采，三貝；黻翣二，畫翣二，皆戴綏；魚躍拂池。大夫戴，前纁後玄，披亦如之。士布帷布荒，一池，揄絞；纁紐二，緇紐二；齊三采，一貝；畫翣二，皆戴綏。士戴，前纁後緇，二披用纁。

鄭氏曰：飾棺者，以華道路及壙中，不欲衆惡其親也。荒，蒙也，在旁曰帷，在上曰荒，皆所以依柳也。士布帷布荒者，白布也。君、大夫加文章焉。黼荒，緣邊爲黼文。畫荒，緣邊爲雲氣。火、黻爲列於其中耳。僞，當爲「帷」，或作「于」，聲之誤也。大夫以上，有褚以襯覆棺，乃加帷荒於其上。紐，所以結連帷荒者也。池，以竹爲之，如小車笭，衣以青布，柳象宫室，縣池於荒之爪端，若承霤然云。君、大夫以銅爲魚，縣於池下。揄，揄翟也。青質五色，畫之於絞繒而垂之，以爲振容，象水草之動摇，行則又魚上拂池。

❶「夫」下，通志堂本、四庫本有「三種」二字。
❷「蚍蜉」，原倒，今據通志堂本、四庫本乙正。

《雜記》曰「大夫不揄絞屬於池下」，是不振容也。士則去魚。齊，象車蓋蕤，縫合雜采爲之，形如瓜分然。綴貝落其上及旁。戴之言值也，所以連繫棺束與柳材使相值，因而結前後披也。漢禮：翣以木爲筐，廣三尺，高二尺四寸，方，兩角高，衣以白布。畫者，畫雲氣，其餘各如其象。柄長五尺，車行使人持之而從。既窆，樹於壙中。《檀弓》曰「周人牆置翣」是也。綏，當爲「緌」，讀如「冠蕤」之「蕤」，蓋五采羽注於翣首也。

孔氏曰：此一經明葬時尊卑棺飾。君龍帷者，諸侯也。帷，柳車邊障也。王侯畫龍，以象君德。三池者，織竹爲籠，挂於荒之爪端，象平生宮室有承霤也。天子生有四注屋，四面承霤，柳亦四池。諸侯屋亦四注，而柳降一池，闕於後一，故三池也。振容者，振，動也；容，飾也，以絞繒爲之，長丈餘，如幡。畫幡，上爲雉，縣於池下爲容飾。車行，則幡動也。「黼荒，火三列，黻三列」者，荒，謂柳車上覆，謂鼈甲也。緣荒邊爲白黑黼文，於黼文之上，荒之中央，又畫火黼各三行。列，行也。火，形如半環。黻，兩己相背也。素錦褚者，素，白也；褚，屋也，於荒下用白錦爲屋，在路象宮室也。加僞荒者，帷是邊牆，荒是上蓋，褚覆竟而加帷荒於褚外也。纁紐六者，上蓋與邊牆相離，故以纁爲紐連之，旁各三，凡六也。齊五采、五貝者，鼈甲上當中，形圓如車蓋，高三尺，徑二尺餘。凡車蓋，四面有垂下蕤，今此齊形，上象車蓋，旁象蓋蕤，上下縫合，五采繒列行相次，如瓜内之子，以穰爲分限。又連貝爲五行，交絡齊上也。

「黼翣二，黻翣二，畫翣二，皆戴圭」者，翣形似扇，在路則障車，入椁則障柩。二畫黼，二畫黻，二畫雲。翣兩角，皆戴圭玉。《禮器》云：「天子八翣，諸侯六，大夫四。」魚躍拂池者，凡池必有魚，故此車池縣振容，又縣銅魚於振容間。若車行，則魚跳躍上拂池也。「君纁戴六，纁披六」者，事異飾棺，故更言君也。棺横束有三，每束兩邊屈皮爲紐，三束有六紐，用纁帛戴索連繫棺束之紐與外畔柳材，使相當值，謂連棺著柳，故有六戴。纁披亦用絳帛爲之，將一頭結此戴，出一頭於帷外，人牽之，每戴繫之，故亦有六也。謂之披者，若牽車登高則引前以防軒車，適下則引後以防翻車，欹左則引右，欹右則引左，使車不傾覆也。大夫帷畫雲氣，二池，前後各一池，或云兩邊而已。畫荒，謂畫雲氣。火、黻、錦褚與君同。紐用四，不一色，故二纁二玄也。齊三采，絳、黄、黑也。❶貝亦降二也。翣降兩黼。翣角不圭，止用五采羽作緌。無絞雉而有魚躍拂池。戴不並用纁，其數與披同四也。士唯一池在前，亦畫揄雉於絞，在於池上。紐降用玄緇，四紐連四旁也，齊與大夫同。一貝者，一行絡之耳。翣降二黻。前纁後緇者，戴當棺束，通兩邊爲四戴也。二披用纁，通兩旁，則亦四披也。鄭註「以華道路及壙中」，以翣入壙中，則知餘物堪入壙中者皆入。

山陰陸氏曰：君龍帷，登龍於山，登火於宗彝，尊其神明也。今龍在下，變於生

❶「絳」，原作「降」，今據通志堂本、四庫本及《禮記正義》改。

前。纁後玄，亦以此。黼荒，所謂「加斧于其上」者，此類歟？黼主義斷，黻可否相濟，有和焉。素錦褚，即《雜記》所謂「錦屋」，諸侯、大夫、士一也，其異者，士以葦席爲幹爾。知然者，以君「火三列，黻三列，素錦褚」，大夫亦云而士不言，從可知也。即異，應言若「大夫不振容，士揄絞，玄紐二，緇紐二」之類是也。然則殯與葬儀，蓋無以異。鄭氏謂「大夫廢輴，此言輴，非也」，誤矣。加僞荒，荒一名僞荒。以死爲反真宅，則凡所謂物皆僞也。僞，或作「于」，亦通。言加于荒，則素錦褚加于僞荒之上。大夫不言加僞荒，則以上加僞荒知之也。纁紐六，素錦褚加于荒之紐歟？「齊五采、五貝」，齊裳下緝也，謂以五采、五貝綴裳帷之下歟？「君纁戴六，纁披六」，戴猶所謂「紼」，披猶所謂「引」，引之使行，弗之欲止，戴之使上，披之欲下，使即葬焉，無係吝也。見理者如是。《周官・司士》「作六軍之士，執披」以此。再言君，再言大夫，再言士，亦如此。大夫畫帷，布帷不畫，畫帷，畫以雲氣，龍帷加龍焉。《易》曰「雲從龍」。二池，不振容，振蓋鷺也。大夫不振容，然亦不揄絞，非德不足於此者也，特鷺非大夫之事也，雉亦非大夫之事也。不言「無振容」曰「不振容」，不言「無揄絞」曰「不揄絞」，以此。揄絞，縛青雉，若後世以綵結鸞鳳矣。士布帷，據此蒲席以爲裳帷，亦其幹爾。天子八翣，皆戴璧。諸侯六翣，皆戴圭。大夫四翣，士二翣，皆戴綏。戴玉者必戴綏，戴綏者不必戴玉。綏，旐也。知然者，以《明堂位》云「有虞氏之綏，夏后氏之綢練，殷之崇牙，周之璧翣」知之也。

君葬用輴，四綍二碑，御棺用羽葆。大夫葬用輴，二綍二碑，御棺用茅。士葬用國車，二綍無碑，比出宫，御棺用功布。

鄭氏曰：大夫廢輴，此言輴，非也。輴，當爲「輇」，聲之誤也。輇，字或作「團」，是以又誤爲「國」。輇車，柩車也，尊卑之差也。在棺曰綍，行道曰引，至壙將窆又曰綍，而設碑，是以連言之。碑，桓楹也。御棺，居前爲節度也。士言比出宫用功布，則出宫而止，至壙無矣。綍，或爲「率」。

孔氏曰：此一經明葬時在路，尊卑載柩之車及碑綍之等。「輴」、「國」皆當爲「輇」，輇則蜃車。在路載柩，尊卑同用蜃車。諸侯紼有四條，碑有二所。天子則六綍四碑。羽葆，以鳥羽註於柄末如蓋，❶而御者執之。大夫二綍二碑，各一孔，❷樹於壙之前後，綍各穿之也。士二綍無碑，手縣下之。大夫用茅，自廟至墓。士卑，御自廟至大門牆内而止，出路便否，至墓不復御也。羽葆、功布等，其象皆如麾。此經論在道之時，未論窆時。經當云「引」而云「綍」與「碑」者，初在塗，後遂窆葬，故鄭云「連言之」。至窆時下棺，天子殯用龍輴，至壙，去蜃車，更載以龍輴。以此約之，諸侯殯以輴，葬用輇明矣。大夫朝廟用輴，殯與葬不用輴也。士朝廟得用輁軸。若天子元士，葬亦用輁軸。鄭云「碑，桓楹」者，天子用大木爲碑，謂之豐碑。諸侯則樹兩大木爲碑，謂之桓楹。此經君稱二綍二碑，故云「桓

❶「末」，原作「木」，今據通志堂本、四庫本改。
❷「各」上，《禮記正義》有「碑」字。

楹」，謂每一碑樹兩楹。《檀弓》云「三家視桓楹」，是僭也。

凡封，用綍去碑負引。君封以衡，大夫、士以咸。君，命毋譁，以鼓封。大夫，命毋哭。士，哭者相止也。

鄭氏曰：封，《周禮》作「窆」，窆，下棺也。此封或皆作「斂」。《檀弓》曰「公輸若方小斂，般請以機封」，謂此斂也。然則棺之入坎爲斂，與斂尸相似。咸，讀爲「緘」。凡柩車及壙，説載除飾，而屬紼於柩之緘。又樹碑於壙之前後，以紼繞碑間之鹿盧，輓棺而下之。此時棺下窆，使輓者皆繫紼而繞要，負引，舒縱之，備失脱也。用紼去碑者，謂縱下之時也。衡，平也。人君之喪，又以木橫貫緘耳，居旁持而平之，又擊鼓爲縱舍之節。大夫、士旁牽緘而已。庶人縣窆，不引紼也。禮：唯天子葬有隧。今齊人謂棺束爲緘繩。咸，或爲「揻」。

孔氏曰：此一經論尊卑下棺之制。至壙，説載除飾之後，解此蜃車之綍，以繫於柩緘束之繩，又將一頭繞碑間鹿盧，所引之人在碑外，背碑而立。負引者漸漸應鼓聲而下，故云「用綍去碑負引」也。諸侯禮大物多，棺重，恐柩不正，下棺之時，別以大木爲衡，貫穿棺束之緘，平持而下，備傾頓也。大夫、士無衡，使人以紼直繫棺束之緘，下於君也。君下棺時，命令衆人無得喧譁，以鼓封者，擊鼓爲縱舍之節，每一鼓漸縱綍也。大夫卑，直命人使無哭耳。士又卑，哭者自相止也。諸侯四綍二碑，前後二綍，各繞前後二碑之鹿盧，其餘兩紼於壙之兩旁，人輓之而下也。天子則六綍四碑，前後各重鹿盧。

每一碑用二綍，前後用四綍，其餘兩綍繫於兩旁之碑。諸侯不重鹿盧，前碑後碑各一紼，其餘二紼在旁，人持而下棺耳。經云「紼去碑」，謂前後紼耳，在旁之紼無碑也。

君松椁，大夫柏椁，士雜木椁。

鄭氏曰：椁，謂周棺者也。天子柏棺以端，長六尺。夫子制於中都，使庶人之椁五寸，五寸謂端方也。此謂尊者用大材，卑者用小材耳。自天子、諸侯、卿、大夫、士、庶人六等，其椁長自六尺而下，其方自五寸而上，未聞其差所定也。抗木之厚，蓋與椁方齊。天子五重，上公四重，諸侯三重，大夫再重，士一重。

孔氏曰：此一經明所用椁木不同。君，諸侯也。諸侯用松心爲椁材，大夫以柏爲椁，不用松心。士又卑，用雜木也。案《檀弓》「柏椁以端，長六尺」，註云「其方蓋一尺」。以此差之，諸侯方九寸，卿方八寸，大夫七寸，士六寸，庶人五寸。雖有此約，無正文可定也。

棺椁之間，君容柷，大夫容壺，士容甒。

鄭氏曰：間可以藏物，因以爲節。

孔氏曰：此一經明棺椁之間廣狹所容也。柷如漆桶，是諸侯棺椁所容也。壺是漏水器，大夫所掌。甒，盛酒之器，士所用也。

嚴陵方氏曰：柷方二尺四寸，深一尺八寸。壺大一石，甒五斗，則其所容之大小可知。君必以柷，則與狄人設階同義。

君裏椁，虞筐，大夫不裏椁，士不虞筐。

鄭氏曰：裏椁之物、虞筐之文，未聞也。

禮記集說卷第一百七

禮記集説卷第一百八

祭法第二十三

孔氏曰：案鄭《目録》云：「名爲《祭法》者，以其紀有虞氏至周天子以下所制祀羣神之數。此於《別録》屬《祭祀》。」吴興沈氏曰：《祭法》自「燔柴於泰壇，祭天也」以至終篇，即《書》「肆類于上帝，禋于六宗，望秩于山川，徧于羣神」之義疏也。上只添禘郊、祖廟一段。

祭法：有虞氏禘黄帝而郊嚳，祖顓頊而宗堯。夏后氏亦禘黄帝而郊鯀，祖顓頊而宗禹。殷人禘嚳而郊冥，祖契而宗湯。周人禘嚳而郊稷，祖文王而宗武王。

鄭氏曰：禘、郊、祖、宗，謂祭祀以配食也。此禘謂祭昊天於圜丘也。祭上帝於南郊曰郊，祭五帝、五神於明堂曰祖、宗，祖、宗通言爾，下有禘、郊、祖、宗。《孝經》曰：「宗祀文王於明堂，以配上帝。」《明堂月令》：「春曰其帝大昊，其神句芒。夏曰其帝炎帝，其神祝融。中央曰其帝黄帝，其神后土。秋曰其帝少昊，其神蓐收。冬曰其帝顓頊，其神玄冥。」有虞氏以上尚德，禘、郊、祖、宗，配用有德者而已。自夏已下，稍用其姓代之，先後之次，有虞氏、夏后氏宜郊顓頊，殷宜郊契。

孔氏曰：此一經論有虞氏以下四代禘、郊、宗、祖所配之人。經傳之文稱禘非一，其義各殊。《論語》云「禘自既灌」，及

《春秋》「禘于大廟」，謂宗廟之祭也。《喪服小記》云「王者禘其祖之所自出」，《大傳》云「禮，不王不禘」，謂祭感生帝於南郊也。此禘，鄭謂「祭昊天於圜丘」者，以文在郊祭之上，❶郊前之祭，唯圜丘爾。《爾雅·釋天》云「禘，大祭」，此餘處爲大祭，故總得稱禘也。案《聖證論》以此禘黄帝，是宗廟五年祭之名。虞氏之祖出自黄帝，顓頊是虞帝七世祖，以顓頊配黄帝而祭，是禘其祖之所自出，以其祖配之。非鄭義也。鄭云「祭五帝、五神於明堂曰祖、宗」者，以《明堂月令》五時皆有帝及神。又《月令》「季秋大饗帝」，故知明堂之祭有五人帝及五天帝也。《孝經》云「宗祀文王於明堂，以配上帝」，故知於明堂也。《孝經》云「宗祀文王」，此云「祖文王」、「宗武王」，故知祖、宗通言也。此祖、宗祭五帝，《郊特牲》祭一帝，而在祖、宗上者，以其感生之帝特尊之。虞氏禘、郊、祖、宗之人，皆非虞氏之親，是尚德也。夏之郊用鯀，是稍用其姓代之，但不盡用己姓，故云「稍」也。云「先後之次，虞、夏宜郊顓頊，殷人宜郊契」者，今虞先云「郊嚳」，後云「祖顓頊」，夏先云「郊鯀」，後云「祖顓頊」，殷先云「郊冥」，後云「祖契」，是在前者居後，在後者居前，故云「宜」也。　熊氏曰：有虞氏禘黄帝者，謂虞氏冬至祭昊天上帝於圜丘，大禘之時以黄帝配祭。而郊嚳者，謂夏正建寅之月，祭感生帝於南郊，以嚳配也。祖顓頊而宗堯者，謂祭五天帝、五人帝及五人神於明堂，以顓頊及堯配之也。祖，始

❶「在」下，通志堂本、四庫本有「於」字。

也。宗，尊也。其夏后氏以下禘、郊、祖、宗其義亦然，但所記之人當代各別。虞字文單，故以「有」字配之，無義例也。虞后，君也。殷、周稱人，以人所歸往故也。

王氏曰：祖宗，爲祖有功而宗有德，其廟不毁。郊與圜丘是一，郊即圜丘也。天唯一而已，安得有六？五行分主四時，化育萬物，其神謂之五帝，是五帝之佐也。豈得稱天？而鄭以五帝爲靈威仰之屬，非也。禮：周立后稷廟，不立嚳廟，是尊嚳不若后稷。今乃以嚳配至重之天，何輕重顛倒之失所哉？郊則圜丘，圜丘則郊，猶王城與京師異名而同處。

趙氏曰：虞氏禘黄帝，蓋舜祖顓頊出於黄帝，則所謂「禘其祖之所自出」也。郊嚳者，帝王郊天，當以始祖配天，則舜合以顓頊配天也。爲身繼堯緒，不可捨唐之祖，故推嚳以配天。而舜之世系出自顓頊，故以爲始祖，情禮之至也。舜宗堯，當禹身亦宗舜。凡祖者，創業傳世之所出也；宗者，德高而可尊，其廟不遷也。夏后氏禘黄帝，義同舜也；郊鯀者，禹尊父，且以有水土之功，故以配天；祖顓頊者，舜世系亦出於顓頊也；宗禹者，當禹身亦宗舜，子孫乃宗禹也。殷祖契出自嚳，故禘嚳；冥有水功，故郊冥以配天；湯出契後，故祖契。宗湯者，當湯身未有宗也。周禘嚳，義與殷同。稷有播植之功，且爲始祖，故郊稷。❶當武王身亦未有宗。詳見《大傳》「禮不王不禘」下。

❶「郊」，原脱，今據四庫本《五禮通考》卷二補。

藍田吕氏曰：天子宗廟之祭，自殷以前常祭有四：春礿、夏禘、秋嘗、冬烝是也。非常之祭有四：禘、祫、郊、宗是也。祫，對犆之名，無別祭，因時祭而舉之，故有犆礿、祫禘、祫烝。春祭物薄，故不祫。犆，犆祭一廟也。春祭物薄，不足合食，故特祭之。祫，合也，合羣廟之主而祭于祖也。禘，諦也，自義率祖順而祭之，至于禰，先尊後卑，審諦昭穆，同時異日，各行其祭也。常禘則止及大祖。時雝禘大祖。❶大禘，則及其始祖所自出之帝，以其大祖配之。如周稷出於嚳，嚳即始祖之所自出之帝。四代皆然，故禘從帝亦本此義。始祖，稷也。大祖，文王也。二禘之祭皆在夏，❷有大禘則無常禘。常禘歲行，大禘則五歲一行。《傳》謂「三年一祫，五年一禘」。祫禘者，若常禘則合于大祖，大禘則合于始祖，不失追享之義而合食之。郊者，推其祖之功德可以配天者，祀天于郊，以所配者配之，故曰「郊」。宗者，以其功德可宗，祀帝于明堂，則以其宗配之。禘、郊、祖、宗，雖皆祀其先，然必推其先世之有功德者，非此不在祀典。故瞽、鯀皆有惡德，虞不郊瞽，而夏郊鯀，鯀有以死勤事之功也。至周則以礿爲夏祭，而立祠以爲春祭，別出禘爲大祭，又有肆獻祼、饋食之享。肆獻祼，饗禮也，行于禘祭。饋食，食禮也，行於嘗祭。《郊特牲》饗禘有樂，而食嘗無樂。凡非常之祀，用饗禮、食禮者皆取于此。故周人禘、祫間行於四時。《周官·司尊彝》云：「四時之間祀，追享、朝享。」追享，禘也，禘其祖之所出，如

❶「時」，疑爲「詩」之誤。《詩·雝》序曰：「禘大祖也。」
❷「夏」，通志堂本、四庫本作「下」。

追享先世之義。朝享，祫也，合食有羣主朝于大祖之義。饗、食互用於非常。非常之祭，或饗或食。

禘、郊、祖、宗廟亦不變。然周公推嚴配之禮，以事天之禮事其先，故以后稷配天，而郊之祀不祀天而祀稷，以文王配帝，而明堂之祀不祀帝而祀文王，❶在周公時宗文王而已。❷及其後世，乃祖文而宗武，故《孝經》與《祭法》異。

馬氏曰：禘者，「三年一祫，五年一禘」之禘。郊者，祭天於圜丘之郊。祖者，所以祖有功。宗者，所以宗有德。先王四時之祭，則有常禮。以常禮爲未足以極其追遠之意，而又爲禘以祭，則及其所出之祖。先王宗廟之制，則有常數。以常數爲未足盡祭饗之意，而又立廟以尊之，則及於所祖宗之廟。「禮，不王不禘，王者禘其祖之所自出」。以傳考之，虞、夏者，黄帝之所自出也，故虞、夏禘黄帝；商、周者，嚳之所自出也，故商、周禘帝嚳。

延平周氏曰：禘者，猶審諦之「諦」。言審諦其祖之所自出，而祭於喪畢之五年也，故曰「禮，不王不禘，王者禘其祖之所自出」。故配之郊者，即配天於圜丘，而郊言其地也，故曰「於郊，故謂之郊」。祖者，以其功之可祖；宗者，以其德之可宗，故曰「祖有功，宗有德」。夫舜、禹、殷、周同出於黄帝，由黄帝而後顓頊，由顓頊而後帝嚳，此世本之所可推者也。有虞氏、夏后氏以其去黄帝之近，故禘黄帝，而黄帝乃爲顓頊之所自出，故禘黄帝而以其祖顓頊繼之。殷、周以其去帝嚳

❶「帝」，通志堂本、四庫本作「稷」，當是。

❷「在」，通志堂本、四庫本作「者」，則應屬上句。

之近，故禘嚳而各推其祖以配之。有虞氏、夏后氏既同以禪讓得天下，❶則有虞氏郊嚳而宗堯，夏后氏亦當郊嚳而宗舜。今於夏后氏反謂祖顓頊而宗禹，何也？舜之受禪止於一世，故就舜之身言之，則不得不郊嚳而宗堯。禹之受禪傳於數世，故就禹之子言之，則不得不郊鯀而宗禹。使就舜之子言之，則固亦郊瞽瞍而宗舜；而就禹之身言之，則固當郊嚳而宗禹。殷、周同以兵戈得天下，而其所以得天下者，皆非一日之積累。然有契然後有冥，有冥然後有湯。殷人既郊冥祖契而宗湯，則周人當郊公劉祖稷而宗文王，今反謂郊稷祖文王而宗武王，何也？殷人至湯即有天下，❷周人至文王三分天下有其二，而武王繼之，然後大統始集。果以文王爲得天下而宗文王，則公劉爲郊，后稷爲祖，而武王之祀卒至於遷，豈武王以戎衣之艱難而大統始集，其祀卒不免於遷，則孝子慈孫之心其能安乎？且又以公劉而方於武王，則公劉爲可廢，而武王爲不可遷，此周之所以廢公劉而郊稷，祖文王而宗武王也。孔子曰：「郊祀后稷以配天，宗祀文王於明堂以配上帝。」今以周人禘、郊、祖、宗之法推之，則有虞氏郊嚳，夏后氏郊鯀，殷人郊冥，皆爲配天於圜丘，而祖顓頊與契之類，疑爲配帝於明堂。然昊天尊於五帝，而后稷先於文王，則后稷配天，文王配帝可也。而顓頊則先於帝嚳與鯀，而契又先於冥。今帝嚳與冥反配天於圜丘，而顓頊與契

❶「以」，通志堂本作「一」。
❷「至」，通志堂本作「於」。

反配帝於明堂，何也？《記》曰：「禮雖先王未之有，而可以義起。」蓋明堂之禮，唯見於序《周頌》者之與《孝經》。是明堂之禮，虞、舜、夏、殷之世未之有，而唯起於周公，則由殷而上，所謂祖者，固未嘗配祭於帝也。又虞、夏、殷之世，其禮猶質，而不若周之文，故所謂祖者，即大祖也。而爲大祖者，其廟不毁於萬世，而其祭常行於四時，則尊而且親。所謂郊者，其廟不免於毁，而又止配祭於圜丘而已，則尊而不親。此虞、舜、夏、殷之世，所以用其先而尊者爲祖，後而卑者爲郊。至周則有祖有宗，而後有大祖，故后稷爲大祖而配天於圜丘，文王復爲祖而配帝於明堂，蓋文之極於周也如此。

嚴陵方氏曰：禘於廟中，所以示人道之近。郊於邑外，所以示天道之遠。以其示人道，故推其祖宗之所自出，而情有所不可忘。以其示天道，故迹其功之所由起，而理有所不可廢。夫帝，公天下者也；王，家天下者也。有虞氏所郊、所祖不皆視瞽瞍之親而視堯之親者，凡以爲公而已。夏后氏所郊、所祖不皆視舜之親而視禹之親者，凡以爲家而已。殷尚質，故先後之序則因於夏而從其略。周尚文，故先後之序則變於殷而致其詳。至於禘之與宗，先後之序，四代所同者，以世之遠莫遠於所禘，近莫近於所宗，世之遠近不可易故也。且虞、夏、殷之所郊者，即周之所祖者是也。周之所祖者，即虞、夏、殷之所郊者是也。虞、夏、殷之所郊者，固嘗立廟矣。及其世數之遠，則毁之。至於郊之祀，則萬世不易也。周之所祖者，固嘗配帝矣。及其世數之遠，則易之。至於廟之立，則萬世不毀也。其名雖異，其實亦同而已。觀虞之制，若又不相似，然舜之紹堯猶父子也，以是推之則同矣。虞、夏、殷之所郊則以世之近者，所宗則以世之遠者，而周則反之，何也？蓋虞、夏、殷所謂祖者，廟之大祖也；周之所謂祖者，祖而已，❶則世之遠近固可推矣。周以文、武之功起於后稷，而又以之爲大祖故也。周既祖文王矣，《孝經》乃言「宗祀文王」者，以周公攝政稱文王故也。

長樂陳氏曰：先王之祭，莫大於追遠，亦莫大於尊尊。追遠則仁，故有禘。尊尊則義，故有郊與祖、宗。蓋先王以謂吾之親出於其祖，而吾之祖又出於其所自出之祖，故審諦其祖之所自出者，而祭於喪畢之五年，然後於吾追遠之心有所能盡，此其所以爲仁也。以吾之所尊者不過於祖考，而物之所尊者不過於天，故以吾所尊之祖考，推而配之於萬物所尊之天。然天之精氣則一，而吾之祖考不可以同配。故或郊之以配於圜丘，或祖、宗之以配於明堂，而後於吾尊尊之心有所能盡，此其所以爲義也。蓋黄帝者，虞、夏之所自出；帝嚳者，殷周之所自出。故虞、夏、殷、周之世所以禘之。高陽於虞、夏爲有德，契於殷、周爲有功，湯、武於殷、周爲有德，故夏、殷、周之世所以祖、宗之也。虞、夏、殷、周之世以其先而尊者爲祖，後而卑者爲郊。周之世則以先而尊者爲郊，後而卑者爲祖，何也？蓋虞、夏、殷則尚質，周則尚文。尚質，則其所

❶「祖」，通志堂本、四庫本作「文王」，當是。

謂祖者，即大祖也。大祖之廟常存而不毁，故處之以義之輕重而不以世之先後，此先而尊者所以爲祖，後而卑者所以爲郊也。尚文則有大祖，而又有祖，大祖與祖其廟俱至於不毁，故必處之以世之先後而不以義之重輕，此先而尊者所以爲郊，後而卑者所以爲祖也。然舜受禪於堯，禹受禪於舜，❶禹生於鯀，湯生於主癸，虞則宗堯，夏則不宗舜而宗禹，夏則郊鯀，殷則不郊主癸而郊冥，又何也？蓋舜之有天下止於一身，夏之有天下至於數世，以是言之，則其所宗者，不得不及於禹也；鯀則以死勤事，而猶可推以配天，故夏所以郊之。主癸則未嘗有功於世，而不及於冥，此殷所以郊冥而已。其所謂祖、宗者，蓋離而貳之則有祖有宗，合而一之則皆謂之宗。故此以文王爲祖，❷而《孝經》又以文王爲宗也。然則《孝經》以明堂始於周公，則虞、夏、殷之祀祖宗，其亦有明堂乎？蓋明堂之名雖始於周公，而虞、夏之祀祖宗，未必非明堂之類也。方、陳率是推衍周説，然互有發明，今併録之。

山陰陸氏曰：殷人祖契，是以郊冥；夏后氏祖顓頊，是以郊鯀。鯀鄣洪水而殛死，冥勤其官而水死，其功烈皆在可以郊之域。然則祖非有功，雖有功，非其子孫有天下不郊，故曰「文武之功起於后稷，故推以配天」焉。

橫渠張氏曰：夏郊鯀，以其祖也。杞之郊禹者，必繫時王之命不使郊鯀，祀私廟

❶「受」，原作「授」，今據下文改。
❷「以」下，通志堂本、四庫本有「上」字。

猶可也。宋之郊契者，契，殷之所出，故郊之，廟祀湯亦可也。契亦謂之玄王。周改夏祭爲礿，尚云「周人禘嚳而郊稷」，則此禘設於何時？蓋周以前歲有五祭，四時祭與祫，至周則歲有六祭，四時祭與禘、祫也。周既改夏祭爲礿，别爲禘之禮。周以前因時祭遂禘，必於大祖之廟。至周，則既脩礿祭於逐廟，又致禘祖之祭於大廟。然則是禘祖之禮致於時祭，而不於祫祭也。禘謂之追享，祫謂之朝享。追享者，追遠之義；朝享者，朝於大祖也。於《祭法》不見祭瞽瞍而祭鯀，以此觀之，恐天子諸侯祖考爲庶人則不立廟，鯀則嘗爲宗伯矣，然貴爲天子，豈可不祭其父？其禮必有，但不見其傳。

清江劉氏曰：祖非大祖，言後世述之；宗非宗祀，言後世尊之也。知非大祖、宗祀者，以文王非周大祖，武王非周宗祀，周人祖后稷，周公宗文王也。知祖者，後世述之；宗者，後世尊之者，以商有祖甲、祖乙，皆非大祖，中宗、高宗，皆非宗祀也。大抵非天子不禘，非天子不郊，非天子不建祖宗，非有功德不爲祖宗，非爲祖宗無不毁廟。故夏后氏不郊顓頊而郊鯀者，鯀無功，食於廟則必毁，故推以配夫而食於郊，則世世脩之，此禹之孝也。殷人郊冥者，冥，諸侯也，未受命，不可稱祖宗。與於祖則必毁，故亦推以配天而食於郊，則世世脩之，此湯之孝也。因是見廟已毁，雖有功，不可復立，故立武宮，《春秋》刺之。郊者，祭之至尊者也，或配以祖，或配以父，三代雖不同，所以嚴父配天一也。然則夏郊以鯀，殷郊以冥，而《禮運》云杞禹宋契，不同者，蓋湯放桀，封禹後以上公，遷鯀而郊禹。武王殺紂，封湯後以上公，遷冥而郊契。《祭法》言其始，《禮運》言其終也。

江陵項氏曰：此蓋經生用其師説，推次而上，以爲當然，非必有明文可據也。《禮記》文體如此者多，如有虞氏官五十，夏后氏官百，殷二百，周三百，亦是以數相推。後人必欲爲之考實，難矣。按此經作者已於篇末自解其意。先序帝嚳、堯、舜、鯀、禹之功，次序黄帝、顓頊、契、冥、湯、文、武之功，以爲此皆有功烈於民者也，故聖王祀之，非此族也，不在祀典，則此人之師説，蓋謂郊、禘、祖、宗皆擇有功烈者祀之爾。而後之有天下者欲稽此以祀其祖先，則固與其説大異矣，若之何其可稽乎？然即其所解以求之本文，獨不見舜之祀，則上文所載必有脱誤。疑夏后氏當祖舜而宗禹也。鄭康成以爲虞、夏宜郊顓頊，殷宜郊契，此自康成之説。以其世次求之，又非《祭法》本説也。

秦溪楊氏曰：按天子七廟，左昭右穆，世滿而迭毁。惟禘、郊、祖、宗四條，乃宗廟之大祭，世世不絶，不可以宗廟之常禮論也。禘者，禘其祖之所出，而以其祖配之也。郊者，祀天，以祖配食也。祖者，祖有功。宗者，宗有德。祖、宗之廟，世世不毁也。禘禮見於《大傳》、《小記》、《子夏傳》。郊禮見於《孝經》、《大雅》、《周頌》。祖有功，宗有德，見於王肅、賈誼、劉歆、韋玄成。蓋禘與祖、宗三條，皆宗廟之祭，無與乎祀天，惟郊一條爲配天之祭，經傳昭然不可誣也。《祭法》禘在郊上者，謂郊以祖配天，禘上及其祖之所自出，禘遠而祖近，故禘在郊上也。鄭氏見禘在郊上，便謂禘大於郊，遂强分圜丘與郊爲二，以禘爲冬至日祀昊天上帝於圜丘，而以嚳配之。以郊爲祭感生帝於南郊，而以稷配之。既謂禘、郊皆爲配天矣，遂併以祖、宗爲祀五帝於明堂，而以祖宗配之。輕肆臆説，附經而行，居之不疑。王肅諸儒力詆其非，不能勝也。此無他，王肅諸儒之説正矣。又以禘爲五年殷祭之名，其擇猶未精，其義猶未彰也。唐趙伯循生於二千歲之後，獨得其説於《祭法》、《大傳》、《小記》、《子夏傳》之中。於是禘、郊、祖、宗之義焕然而大明。言雖簡約，而義已該備，故朱子深有取焉。嘗以《大戴禮·帝繫》及司馬《史記》考之，乃知趙伯循之言確乎不可易也。《祭法》有虞氏禘黄帝，夏后氏亦禘黄帝，殷人郊嚳，周人郊嚳者，黄帝生昌意，昌意生帝顓頊，顓頊生窮蟬，窮蟬至瞽瞍皆微爲庶人。舜嗣帝位，以帝顓頊爲祖廟。黄帝者，帝顓頊之所自出也，故禘黄帝於帝顓頊之廟，而以帝顓頊配之也。昌意生帝顓頊，帝顓頊生鯀，鯀生禹，禹者黄帝之玄孫，而帝顓頊之孫也，故夏后氏亦禘黄帝於帝顓頊之廟，而以帝顓頊配之也。殷祖於契，契母曰簡狄，有娀氏之女，❶爲帝嚳次妃，吞玄鳥而生契。帝嚳者，契之所自出，故殷人禘嚳於契之廟，而以契配之也。周祖於稷。稷之母姜嫄，爲帝嚳元妃。姜嫄出郊，見巨人跡，踐之而生稷。帝嚳者，稷之所自出，故周亦禘嚳於后稷之廟，而以稷配之也。《祭法》有虞氏郊嚳，夏后氏郊鯀，殷

❶「娀」，原作「娥」，今據通志堂本、四庫本改。

人郊冥，周人郊稷者，黄帝生玄囂，玄囂生蟜極，蟜極生高辛，是爲帝嚳。帝嚳生堯，帝嚳即堯之父也，帝顓頊則舜之祖也。有虞氏當以帝顓頊配天，爲身嗣堯位，故推帝嚳以配天，而以帝顓頊爲祖，仁之至，義之盡也。《祭法》曰：「禹能修鯀之功。」夫鯀治水九載，非無功也，但以蔽於自用，而績用弗成。禹能修鯀之功，則前日未成之功，至是成矣，故夏后以鯀配天也。冥者，契六世孫也，冥勤其官而水死。《祭法》推其功烈，至與先聖王並稱，故殷人以冥配天也。禮以祖配天，后稷，周之太祖，克配彼天，此則無可疑也。有虞氏祖顓頊而宗堯，夏后氏祖顓頊而宗禹，殷人祖契而宗湯，周人祖文王而宗武王者，帝顓頊者，有虞氏異代之祖，以功德而祖之也。有虞氏宗堯，亦以功德而宗之也。《國語注》曰「虞以上尚德」者也。❶夏后氏之祖顓頊，猶有虞氏也。禹啓夏祚，既以顓頊爲祖，故夏后氏祖顓頊而宗禹。至其後世子孫，乃以禹爲受命之祖。《書》曰「明明我祖」是也。湯革夏命，爲殷之祖。然殷之功始於契，故殷人祖契而宗湯。後世子孫乃以湯爲受命之祖。《詩》曰「衎我烈祖」是也。又其後殷有三宗，祖甲曰太宗，大戊曰中宗，武丁曰高宗，亦有德而可宗。周公作《無逸》，舉殷三宗以戒成王，然則三宗亦爲不毁之廟也。武王革殷命，爲周之祖。然武王之功起於后稷，故周以后稷爲太祖。不言周人祖稷者，周人郊稷，以祖配天，則祖稷不言可知矣。文王受命作周，故

❶「者」，通志堂本、四庫本作「是」。

以文王爲受命之祖，所謂「文世室」是也。文王爲祖，故武王爲宗。當武王之身，亦未有宗，後世始立武王之廟爲宗，所謂「武世室」是也。凡此皆趙伯循已開其端，特從而推明之爾。抑又聞之《禮運》記夫子之言，曰「杞之郊也，禹也；宋之郊也，契也」，是天子之事守也，與《祭法》夏后氏郊鯀，殷人郊冥之説不同，如何？曰：夏后氏郊鯀，殷人郊冥，此夏、殷之初禮制然也。其後杞、宋以先代之後，統承先王，修其禮物，而有所改更者。疏以爲時王所命，意者杞郊禹、宋郊契，乃時王即其功之顯著者而命之與？《國語・魯語》曰：「有虞氏禘黄帝而祖顓頊，郊堯而宗舜。夏后氏禘黄帝而祖顓頊，郊鯀而宗禹。商人禘舜而祖契，郊冥而宗湯。周人禘嚳而郊稷，祖文王而宗武王。幕，能帥顓頊者也，有虞氏報焉。杼，能帥禹者也，夏后氏報焉。上甲微，能帥契者也，商人報焉。高圉、大王，能帥稷者也，周人報焉。凡禘、郊、祖、宗、報，此五者，國之典祀也。」愚按《祭法》歷述七代祀典，綱領大而條目詳，凡聖帝明王尊天親地，敬禮百神，尊祖敬宗，報功崇德之大典，無不具焉，非一時問答之語也。《國語》記魯大夫臧文仲祀爰居於東門之外，而展禽歷叙其事，以正救之，又稍易《祭法》本語，而更之以纖淺輕弱之詞，蹈襲傅會，既不可信。其後也，夫子以臧文仲「下展禽，廢六關，妾織蒲」爲三不仁，以「作虚器，縱逆祀，祀爰居」爲三不知，聖人之言無所苟也。《國語》乃以祀爰居一事爲不仁、不知，不幾於誣乎？《祭法》首章述禘、郊、祖、宗四條，乃祀典之尤大者。先言禘、郊者，禘之所及者遠，郊之所配者天，其義類相近也。後言祖、宗者，祖有功，宗有德，其義類亦相近也。《國語》乃先曰禘，祖次之，郊次之，宗又次之。禘、祖、郊、宗義類不倫，則其理窒而不通矣。《祭法》禘、郊、祖、宗四條，《國語》又別立報之之文，並禘、郊、祖、宗、報爲五。夫禴、祠、烝、嘗，無非報本追遠之祭也。禘、郊、祖、宗，又報本追遠之大者也。禘、郊、祖、宗之外，苟有功德之可報者，則當如殷之三宗，立廟而不毁。苟曰報之，而不立廟以祭，則於報之義何居？夏、殷、周三代皆數百年保天之禄，其間令王功德顯著者多矣。曰虞幕，曰夏杼，曰殷上甲微，則未之有聞也。高圉、大王則誠賢君也，先公如公劉之厚於民事，先王如宣王能明文、武之功業，❶獨不可報乎？其後南北諸儒，論遠祖則以郊宗石室爲言，議禮典則以禘、郊、祖、宗、報爲據。甚矣！邪説之惑人，而人之易惑也。豈不深可歎哉！

燔柴於泰壇，祭天也。瘞埋於泰折，祭地也。用騂犢。

鄭氏曰：壇、折，封土爲祭處也。壇之言坦也，坦，明貌也。折，炤晢也。必爲炤明之名，尊神也。地，陰祀，用黝牲，與天俱用犢，連言爾。

孔氏曰：此經論祭感生之帝於南郊、神州地祇於北郊也。燔柴，謂積薪於壇上，而取玉及牲置柴上燔之，使氣達於天也。案《牧人》云「陰祀用黝牲毛之」，鄭註云「陰祀祭地北郊及社稷也」。又《郊特牲》

❶「明」，通志堂本、四庫本作「修」。

云「郊之用犢，貴誠也」。彼文雖主南郊，其北郊與天相對，故知俱用犢也。騂犢之義已具《特牲》疏。案《禮器》云「至敬不壇」，此云「燔柴於泰壇」者，謂燔柴在壇，設饌在地，義亦具《禮器》及《特牲》疏。

長樂陳氏曰：泰壇，南郊之壇也，以之燔柴。泰折，北郊之坎也，以之瘞埋。言壇，則知泰折之爲坎。言折，則知泰壇之爲圜。言泰，則大之至也。言壇、折，則人爲之也。祭祀必於自然之丘，所以致敬；燔瘞必於人爲之壇折，所以盡文。宗廟之禮，瘞埋於兩階之間，則壇必設於圜丘之南，坎必設於方丘之北矣。燔柴以升煙，瘞埋以達氣，則燔必於樂六變之前，瘞必於樂八變之前矣。　又曰：《曾子問》曰：天子將出，必以幣、帛、皮、圭告于祖禰，反必告，設奠，卒，斂幣、玉藏諸兩階之間。君薨而世子生，大祝執束帛升，奠幣于殯東几上，遂朝奠。小宰升舉幣，則宗廟之瘞在既事之後矣。祭天曰燔柴，祭地曰瘞埋。又周人尚臭而升煙，瘞埋乃臭氣也，則天地之燔柴，在行事之前矣。賈公彥謂：天神中非直有升煙玉帛牲，亦有禮神者。地示中非直有瘞埋牲，亦有禮神者。❶以爲燔瘞在作樂降神之後，而禮神又燔瘞之後，則燔瘞之與禮神，固有二玉、二帛、二牲矣。以宗廟之祭考之，升首所以報陽，則天地燔瘞固用首矣。漢用牲首，蓋禮意也。《周官·羊人》「凡釁積，共其羊牲」，《犬人》「凡祭祀，共犬牲，伏瘞亦如之」，鄭司農曰「瘞

❶「者」下，通志堂本、四庫本有「也」字，是。

謂埋祭，祭地曰瘞埋」，則燔瘞用羊犬矣。此豈施於天地之從祀與夫次祀、小祀者乎？周魏之間，燔柴皆於祭末。郭璞云：「祭天，既祭積柴燒之；祭地，既祭埋藏之。」❶恐先王之時，祭祀事畢，亦有燔瘞之禮，其詳不可考也。《書·金縢》稱周公曰「爾之許我，我其以璧與圭瘞，俟爾命」，則禮神之玉其終固燔瘞矣。並《禮書》。

嚴陵方氏曰：燔柴則升而明，瘞埋則藏而幽。升而明者，天道也；藏而幽者，地道也。壇爲高，以見折之爲深；折爲方，以見壇之爲圜。圜而高者天形也，方而深者地形也。《爾雅》曰「祭天曰燔柴，祭地曰瘞埋」是矣。燔柴者，積薪壇上，置牲玉而燔之。瘞埋，瘞繒埋牲於土也。《周官》言「禮天於圜丘，禮地於方丘」，乃與此不同者，蓋祭泰壇乃用辛之郊爾，非圜丘冬至之祭也。泰折乃用甲之社爾，非方澤夏至之祭也。

馬氏曰：燔柴於泰壇，所謂祭天於地上圜丘，瘞埋於泰折，所謂祭地於澤中方丘。謂之圜丘、方丘，以其出於自然也。謂之泰壇、泰折，以其出於人力也。折旋中矩，矩，方也。泰折，即所謂方丘。言燔柴於泰壇，則知瘞埋於泰折者故也。

山陰陸氏曰：此合祭也，主天而已。故雖瘞埋，猶從祭天之牲，即祠北郊，應用黝犢。説者曰：天地無合祭之壇，則《春秋》言郊，何以有三望？《中庸》言事上帝，何以有社？案《周書》郊祀亦及聖帝明王。荀子所謂郊者，并百王於上天而

❶「祭」下，通志堂本、四庫本有「瘞」字。

祭祀之是也。蓋大報天神，人鬼、地示皆與。故曰「禮行於郊，而百神受職焉」。

又《新説》曰「用騂犢」，當連下「埋少牢於泰昭」讀爲一段。蓋四時者，陰陽之氣升降出入於天地之中，故用騂犢，埋少牢以祀之。少牢言「埋」，則祭之於泰昭之下也。騂犢言「用」，則祭之於泰昭之上也。鄭解騂犢以屬上句，蓋祭天用蒼犢，祭地用黝牲。今用騂犢，以天則非蒼，以地則非黝，非是也。或曰祭天於泰壇，《大司樂》又曰「祭天於圜丘」，《禮器》又曰「至敬不壇，埽地而祭」，三説不同，何也？蓋祭天之禮，升煙於泰壇，奏樂於圜丘，所以致天神也。天神皆降，可得而禮矣，然後掃地而祭焉。其説固未嘗異也。樂者，陽也，其聲無形，故奏於自然之圜丘。煙者，陽中之陰也，其氣有象，故燔於使然之泰壇。此制作之情也。以是知郊丘牲玉雖異，不害其爲同義也。

又曰：古者郊祀天地，蒼璧以禮天，黄琮以禮地，兩圭有邸以祀天，四圭有邸以祀地，如此而已，未嘗有瘞埋之玉也。先儒謂祭天曰燔燎，祀地曰瘞埋，俱有玉以降天神，以出地示。學之者相襲固久矣。夫祭天之常祀，歲有九，則燔柴泰壇凡九玉。祭之常祀，❶歲有二，則瘞埋於泰折凡兩玉。其用於常祀之外者不在焉，何古之多玉也？蓋《肆師》云「大祀用玉帛牲牷」，《雲漢》云「圭璧既卒」，皆謂禮神之玉耳。此經燔柴瘞埋有帛而無玉明矣。蓋祭天不燔玉而燔帛，祭祀不瘞玉而瘞繒，《禮運》云「祭祀瘞繒」是也。正

❶「祭」下，明本有「地」字，是。

如諸侯之禮三帛二生一死贄則受之，而五玉卒乃復也。

埋少牢於泰昭，祭時也。相近於坎、壇，祭寒暑也。王宮，祭日也。夜明，祭月也。幽宗，祭星也。雩宗，祭水旱也。四坎、壇，祭四方也。山林、川谷、丘陵能出雲，爲風雨，見怪物，皆曰神。有天下者祭百神。諸侯在其地則祭之，亡其地則不祭。

鄭氏曰：昭，明也，亦謂壇也。時，四時也，亦謂陰陽之神也。埋之者，陰陽出入於地中也。凡此以下，皆祭用少牢。相近，當爲「禳祈」，聲之誤也。禳，猶却也。祈，求也。寒暑不時，或禳之，或祈之，寒於坎，暑於壇。王宮，日壇。王，君也，日稱君。宮，壇，營域也。夜明，月壇也。宗，皆當爲「禜」，字之誤也。幽禜，星壇，星以昏始見，禜之言營也。雩禜，水旱壇也，雩之言吁嗟也。《春秋傳》曰「日月星辰之神，則雪霜風雨之不時，於是乎禜之。山川之神，則水旱癘疫之不時，於是乎禜之」。四方，即謂山川、林谷、丘陵之神也。祭山林、丘陵於壇，川谷於坎，每方各爲坎、爲壇。怪物，雲氣非常見者也。有天下，謂天子也。百者，假成數也。

孔氏曰：此一節總明四時以下諸神所祭之處及明天子諸侯不同之禮。春夏爲陽，秋冬爲陰，若祈陰則埋牲，祈陽則不應埋之。今揔云埋者，以陰陽之氣俱出入於地中而生萬物，故並埋之，用少牢，降於天地也。自此以下及日月至山林，並少牢也。先儒云並不薦孰，殺牲埋之。寒暑之氣應退而不退，則禳却之；應至而不至，則祈求之。寒於坎，寒，陰也。

暑於壇，暑，陽也。日神尊，故其壇曰君宫。月明於夜，故其壇曰夜明也。幽，闇也。星夜出，水旱爲人所吁嗟，曰幽禜、雩禜，皆爲域而祭之也。四坎、壇，四方各爲一坎一壇。山林、川谷、丘陵能出雲，爲風雨，見怪物，此四壇、坎所祭之神也。怪物，慶雲之屬。風雨雲露，並益於人。壇以祭山林、丘陵，坎以祭川谷、泉澤也。天子祭天地四方。言百神，舉其全數。諸侯不得祭天地，若山林、川澤在其封内而益民者，則得祭之。如魯之泰山，晉之河，楚之江漢是也。亡，無也。封内無此山川，則不得祭。案《周禮·大宗伯》備列諸祀，而不見祭四時、寒暑、水旱者，❶《宗伯》所記謂《周禮》歲時常祀，此經所載謂四時乖序，寒暑僭逆，水旱失時，祈禱之禮。然案莊二十五年《左傳》云「凡天災，有幣無牲」，此禱祈得用少牢者，彼天災，謂日月食，示戒懼，人君先須脩德，不當用牲。若水旱歷時，禱而不止，則當用牲。故《詩·雲漢》云「靡愛斯牲」。王肅用《家語》之文，以此四時也、寒暑也、日也、月也、星也、水旱也爲六宗。孔註《尚書》亦同。伏生與馬融以天地四時爲六宗，劉歆、孔晁以乾坤六子爲六宗，賈逵云：「天宗三，日、月、星也。地宗三，河、海、岱也。」古《尚書》説天宗日、月、北辰，地宗岱、河、海也。日、月爲陰陽宗，北辰爲星宗，河爲水宗，海爲澤宗，岱爲山宗。鄭駁之云：「《書》云『類于上帝，禋于六宗，望于山川』，既六宗云禋，山川言望，則六宗無山川明矣。《祭

❶「四」，原作「日」，今據通志堂本改。

義》云『郊之祭，大報天而主日，配以月』，則郊天並祭日、月可知。其餘星也、辰也、司中也、司命也、風師也、雨師也，此之謂六宗明矣。」

眉山孫氏曰：六宗之義，前代諸儒異同之論不可勝言，皆各言其所見也。或以爲乾坤六子，或以爲天宗、地宗、四方之宗，或以爲文祖之廟，六宗即三昭、三穆也。或又以爲《月令》「孟冬祈于天宗」，天宗者，六宗之神也。此説盧植以之注《月令》，摯虞以爲宜祀六宗，劉邵又云「六宗太極冲和之氣，爲六氣之宗者也」。《虞書》謂之六宗，《周書》謂之天宗。三人之説雖不盡同，皆以六宗爲天宗者。諸説之外，其最有據而得其正者，孔安國之説是也。❶其傳曰「所尊祭者，其祀有六：謂四時也，寒暑也，日也，月也，星辰也，水旱也」，可謂善矣。而司馬彪亦曲説以駁之。王肅所解本諸《家語》，與安國同，而肅對魏明又以爲乾坤六子，則自叛其説矣。據孔傳唯引《祭法》，殊不知安國所據，不獨《祭法》也。謹按《孔叢子》書載：❷宰我問於孔子曰：「禋于六宗，何謂也？」孔子曰：「所宗者六，皆潔祭之也。埋少牢於泰昭，所以祭時也。祖迎於坎、壇，所以祭寒暑也。主於郊宮，所以祭日也。夜明，所以祭月也。幽禜，所以祭星也。雩禜，所以祭水旱也。禋于六宗，此之謂也。」安國之傳，端本於此。諸儒之説紛紛不已，皆不見孔子之言故也。

❶「是」，原脱，今據通志堂本、四庫本補。
❷「子」，原作「之」，今據通志堂本、四庫本改。

橫渠張氏曰：日、月、星辰、風雨、寒暑無特祭，皆從祀於郊。所謂日於壇，月於坎，日於東，月於西，皆不出祀之兆。言王宫、夜明、幽禜之類，皆指其祭位爾。寒暑無定，暑近日壇，寒近月坎而已，故曰「相近於坎、壇，祭寒暑也」。註謂「相近」爲「攘祈」者，非。大雩，龍見而雩，當以孟夏爲百穀祈甘雨也。有水旱，則别有雩祭。社，❶五祀百神者，以百神之功報天之德耳。故以天事鬼神，事之至也，理之盡也。

山陰陸氏曰：昭，言明也。《爾雅》「四氣和，謂之玉燭」。迎寒，則與寒相近於坎；迎暑，則與暑相近於壇。相近，一作「祖迎」。《孔叢子》説「王畿千里，象日一寸」，❷故其壇謂之王宫。星言幽，故月言明。

嚴陵方氏曰：天無二日，土無二王，則王有日之象，而宫乃其居也，故祭日之壇曰王宫。《祭義》曰「祭日於壇，祭月於坎」，彼以形言，此以名言也。❸於日曰王，以知月之爲宫；於日曰宫，以知月之爲室；於月曰夜，以知日之爲晝；於夜曰明，以知日之爲光，亦互相備而已。幽言其隱而小。楊雄曰「視日月而知衆星之蔑」，故祭星之所謂之幽宗焉。雩主祭旱言之，兼祭水而主旱言之者，雨以時至，亦無水患也。幽、雩皆謂之宗，宗，尊也，祭祀無所不用其尊。《詩》曰「靡神不宗」，無所不用其尊之謂也。泰壇、泰折不謂

❶「社」，通志堂本作「祀」，是。
❷「象」，通志堂本、四庫本作「相」。
❸「名」，通志堂本、四庫本作「明」。

之宗者，天地之大，不嫌於不尊也。四方者，四方萬物之神也。方有四而位則有八，若乾位西方，艮位東北，坎位正北，震位正東，皆陽也；坤位西南，巽位東南，離位正南，兑位正西，皆陰也。故有坎有壇，而合以四焉。諸侯在其地則祭之，亡其地則不祭。與《王制》言「諸侯祭名山大川之在其地者」同義。

延平周氏曰：月爲陰而盛於夜，故曰夜明。於星謂之幽者，以對月而言，則月爲明而星爲幽也。水旱必謂之雩者，以祭旱爲主。蓋陰中之陽升則爲雨，故雩祭所以助達陰中之陽者也。四坎壇祭四方，豈蜡之祭四方百物之神，若先嗇之類，則祭於壇，若水庸之類，則祭於坎歟？

馬氏曰：四時有生物之功，地主於成物，此其所以埋少牢以祭之也。攘者所以去其所不欲，祈者所以求其所欲。以意度之，禳在於坎，祈在於壇。雩者，吁嗟以求水旱之辭。禜有去之意。先王之待水旱，人力已至，而猶有旱乾水溢，則爲雩禜以祭之，見人力有不勝於天時者也。山林、川谷、丘陵，民之所取財用也，而又能出雲爲風雨而有澤以利於人，見怪物而有威以警於人，皆有不可測之神，故皆曰神。

大凡生於天地之間者，皆曰命。其萬物死，皆曰折。人死曰鬼。此五代之所不變也。七代之所更立者，禘、郊、宗、祖，其餘不變也。

鄭氏曰：折，棄敗之言也。鬼之言歸也。五代，謂黄帝、堯、舜、禹、湯，周之禮樂所存法也。七代，通數顓頊及嚳也。所不變者，則數其所法而已。變之，則通數所不法，爲記者之微意也。少昊氏脩黄帝之法，後王無所取焉。

孔氏曰：此一節論人死與萬物不同，及五代、七代變與不變之事。揔包萬物，故曰「大凡」。皆受天之賦命而生，故「皆曰命」。萬物無知，死皆曰折，人爲有識，故死曰鬼。此之名號從黄帝正名百物以來，至堯、舜、禹、湯及周所不變更也。黄帝以下七代所變易而立者，是禘之與郊及宗、祖也。除此外，其餘社稷、山川、五祀之等不改變也。鄭註知「七代通數顓頊及嚳」者，以上云禘、郊、祖、宗有顓頊及嚳。又《易緯》及《樂緯》有《五莖》、《六英》，是顓頊及嚳之樂故也。不變必數所法者，以五代以來不變，至周亦不變，法而象之，數所法五代而已。前七代變易更立，至周亦變易法象，故所變者通數顓頊、帝嚳所不法象者，謂之爲七代也。

長樂劉氏曰：《易》稱「乾元資始」者，萬物資於乾元以爲性命之始也；又曰「坤元資生」者，萬物資於坤元以爲形質之生也。是以萬物有不資始于天，則無以爲命以兆乎其生也，故皆曰命焉。萬物有命也，有性也，有形也，有氣也。及其死則折落顛墜，斷而不可續，故其死皆曰折焉。人也者，則與萬物異矣。不爲情之所遷，則其性正矣。克盡其性於禮義，則其命正矣。能正性命，則神完矣，神完則其存也静，與未生同焉；其没也神，與先不異矣。故鬼者歸也，歸其根，復其元，未嘗有夫死折之謂也。故其民之死，無貴賤也，皆曰鬼焉。非教化之隆，其能鬼之於既死哉。故曰五代之所不變者，謂唐、虞、夏、殷、周也。後世教化不及於五代，則有死而與萬物同折者，由其變於五代之法乎？七代之所更立者，禘、郊、宗、祖，蓋受命而王，各有所自，不得不變也。

長樂陳氏曰：五代所不變者，命與折、鬼之名也。七代所更立者，郊、禘、祖、宗之祭也。名生於事之實，祭出於人之情。黄帝而上，事有其實，而未必有其名，故黄帝正名百物。以至堯也，舜也，夏也，殷也，周也，於其三者之名當同之而不變，此所謂五代所不變也。伏犧而上有其情，而未備其祭，故伏犧佃漁以備其祭。至於黄帝也，神農也，堯也，舜也，夏也，殷也，周也，於其所祭之人有所更立，此謂七代更立者也。然名則起於黄帝而近，祭則起於伏犧而遠者何也？蓋事之實漸文於後世，而人之情固隆於上世，此名與祭所以遠近之不同耳。

嚴陵方氏曰：折，言其有所毁。鬼，言其有所歸。不變者，所命之名也；更立者，更立所祭之人也。名既當於實，故無事乎變，人既異於世，故必更立焉。名之不變，止自堯而下者，蓋法成乎堯而已。由堯以前，其法未成，其名容有變也。更立不及於黄帝者，蓋七代同出於黄帝，黄帝垂統於上，七代更立于下也。其餘不變，謂天、地、日、月之類。前先祖而後宗者，遠近之序；此先宗而後祖者，親疏之序。

馬氏曰：人與物命於天則同，其所以命則異。皆曰命者，《荀子》所謂「大同名」者是也。有始必有終，有生必有死。人物之始命於無而成形於有，皆不同也。至於死之名，不可以不正，是以物之死謂之折，人之死謂之鬼。物死謂之折，則生足以自完而已。人謂死爲歸，則知生爲行。此《荀子》所謂「大別名」也。夫名者實之賓，大初有元無有無名，至黄帝正名百物，故人物之名分也。

山陰陸氏曰：五代不數堯，堯、舜一體也。故《堯典》也而謂之《虞書》。

禮記集説卷第一百八

禮記集說卷第一百九

天下有王，分地建國，置都立邑，設廟、祧、壇、❶墠而祭之，乃爲親疏多少之數。是故王立七廟，一壇一墠，曰考廟，曰王考廟，曰皇考廟，曰顯考廟，曰祖考廟，皆月祭之。遠廟爲祧，有二祧，享嘗乃止。去祧爲壇，去壇爲墠，壇、墠有禱焉祭之，無禱乃止。去墠曰鬼。諸侯立五廟，一壇一墠，曰考廟，曰王考廟，曰皇考廟，皆月祭之。顯考廟，祖考廟，享嘗乃止。去祖爲壇，去壇爲墠，壇、墠有禱焉祭之，無禱乃止。去墠爲鬼。大夫立三廟二壇，曰考廟，曰王考廟，曰皇考廟，享嘗乃止。顯考、祖考無廟，有禱焉，爲壇祭之。去壇爲鬼。適士二廟一壇，曰考廟，曰王考廟，享嘗乃止。顯考無廟，有禱焉，爲壇祭之。去壇爲鬼。官師一廟，曰考廟，王考無廟而祭之，去王考爲鬼。庶士庶人無廟，死曰鬼。

鄭氏曰：建國，封諸侯也。置都立邑，爲卿大夫之采地及賜士有功者之地。廟之言貌也，宗廟者，先祖之尊貌也。祧之言超也，超上去意也。封土曰壇，除地曰墠，《書》曰：「三壇同墠。」王、皇皆君也。顯，明也。祖，始也。名先人以君明始者，所以尊本之意也。天子遷廟之主，以昭穆合藏於二祧之中。諸侯無祧，藏於祖考之廟中。《聘禮》曰「不腆先君之祧」，是謂始祖廟也。享嘗，謂四時之祭。天子、諸侯爲壇、墠，所禱謂後遷在祧者

❶ 「壇」，原作「⿰礻亶」，今據通志堂本、四庫本改。

也。既事則反其主於祧，鬼亦在祧，顧遠之於無事，祫乃祭之爾。《春秋》文二年秋「大事於大廟」，傳曰「毀廟之主，陳于大祖，未毀廟之主，皆升合食於大祖」是也。魯煬公者，伯禽之子也。至昭公、定公，久已爲鬼，而季氏禱之，而立其宫，則鬼之主在祧明矣。唯天子、諸侯有主，禘、祫。大夫有祖考者，亦鬼其百世，不禘、祫，無主爾。其無祖考者，庶士以下，鬼其考、王考，官師鬼其皇考，大夫、適士鬼其顯考而已。大夫祖考，謂别子也。凡鬼者，薦而不祭。《王制》曰：「大夫、士有田則祭，無田則薦。」適士，上士也。官師，中士、下士。庶人，府史之屬。此適士，云「顯考無廟」，非也，當爲「皇考」字之誤。

孔氏曰：此一經明天子以下尊卑既異，上祭祖廟多少不同之事。既王天下，分九州之地，建立諸侯之國，王畿之内及諸侯國中，置此公卿之都，立大夫、士之邑，設廟、祧、壇、墠，爲親疏多少之數，則下所云是也。王立七廟者，親廟四，始祖一，文、武不遷，合爲七也。七廟之外，又立壇、墠各一。近者封土，遠親除地，示將去然也。父廟曰考，考，成也，謂父有成德之美也。王考廟者，祖廟也。王，君也。祖尊於父，故加君名也。皇考，曾祖也。皇，大也。曾祖轉尊，又加大稱。顯考，高祖也，居四廟最上，故以高目之。祖考廟者，始祖也。五廟皆月月祭之。遠廟謂文、武廟也。文、武廟在應遷之列，故云遠廟。特爲功德而留，故謂爲祧。文、武二廟不遷，故云有二祧。享嘗，四時祭祀。文、武特留，故不月祭，但四時祭而已。去祧爲壇，謂高祖之父也。若是昭行，寄藏武王祧。若是穆行，寄藏文王祧。去壇爲墠者，謂高祖之祖也。高祖之父，初寄在祧，不得於祧中受祭，故曰「去祧」。有祈禱，則出就壇受祭也。高祖之祖往在壇，而今不得祭，故云「去壇」。有祈禱，則就墠受祭。壇墠有禱焉祭之者，在壇、墠者不得享嘗，有祈禱乃祭之，無祈禱則不得祭也。去墠曰鬼者，若又有從壇遷來墠者，則此前在墠者，遷入石函爲鬼。雖有祈禱，亦不得及，唯禘、祫乃出也。諸侯立五廟，壇、墠與天子同，無功德之祖爲二祧也，月祭三廟，顯考、祖考止預四時，皆降天子也。去祖爲壇，去祖謂去大祖也，即高祖之父。諸侯無功德二祧，若高祖之父亦遷，即寄大祖而不得於大祖廟受時祭。唯有祈禱，則去大祖而往壇受祭也。大夫立三廟二壇者，異於君，故立二壇而不墠也。顯考、祖考無廟，卑也。大夫無主，故無所寄藏，而高、大二祖又無廟，若有祈禱，則爲壇祭之。墠輕於壇。今二壇無墠，爲重大祖故也。去墠爲鬼者，謂高祖若遷去於壇則爲鬼，不復得祭，但薦之大祖壇而已。若大夫有大祖之廟者，義具《王制》疏。適士，謂天子三等，諸侯上士，悉二廟一壇也。皇考無廟，曾祖也。既無廟，有祈禱，則爲壇祭之。曾祖若遷去於壇，則爲鬼，不復祭也。官師，謂諸侯中士、下士，爲一官之長。一廟，爲父立之也。王考雖無廟，在考廟而祭也。去王考爲鬼，謂尊祖則不得祭，又無壇，有祈禱，則薦於廟也。庶士，府史之屬。庶人，平民也。賤，故無廟，死則曰鬼，亦得薦之於寢。《王制》云「庶人祭於寢」是也。鄭註「天子遷廟之主，以昭穆合藏於二祧之中」者，昭之遷主總合藏武王祧中，穆之遷主總合藏文王祧中。故鄭註《周禮・守祧》「先公遷主，藏于后稷之廟。先王之遷主，藏于文、武之廟」。鄭必知然者，案《文二年》「八月丁卯，大事于大廟」，《公羊傳》云：「大事者何？大祫也。毁廟之主陳于大祖。」是毁廟在大廟，祫乃陳之，故知不窋以下先公遷主藏於后稷廟也。文、武二廟既不毁，則文、武以下遷主不可越文、武，上藏於后稷之廟，故知藏於文、武廟也。此遷主所藏曰祧，對例言之。若散而通論，凡廟曰祧。《左傳》「其敢愛豐氏之祧」，彼祧遠祖廟也。「君冠，必以先君之祧處之」，服註云「曾祖廟曰祧」，是凡廟曰祧也。云「享嘗，謂四時之祭」者，秋嘗物之備具，故特舉享嘗以明四時之祭。云「鬼亦在祧，祫乃祭之」者，謂去墠爲鬼，主亦如壇、墠之主藏在祧，顧以疏遠，唯祫乃祭之。引《春秋》文二年證毁廟之主，祫祭乃及也；引魯煬公證鬼主恒在也。云「唯天子、諸侯有主禘祫」者，案《王制》天子、諸侯有禘祫，故知有主。又云「大夫三廟，一昭一穆，與大祖而三」，大祖即是大夫之祖考，既有祖考，明應遷之祖，以制幣招其神而藏焉，故云「亦鬼其百世」。雖有百世之鬼，不得禘、祫，無主耳。大夫若無祖考，秪得立曾祖及祖、父三廟而已，則不得鬼百世也。鄭既總舉有祖考之人於前，歷説無祖考之人於下。庶士及庶人無廟，故鬼其祖父與於寢中薦之。官師一廟，祖、禰共之，曾祖無廟，故鬼其皇考於祖廟而薦之。適士立祖、禰二廟，又立曾祖一壇，唯高祖爲鬼，故云「鬼其顯考」，就曾祖之壇而薦之也。云「大夫祖考，謂别子」者，以上云大夫有祖考，故鄭明之。云「大夫祖考，謂别子也」，謂於周之世，别子爲卿大夫，後世子孫立其廟不毁，謂之祖考。雖於周之世，非别子爲大夫，但立父、祖及曾祖三廟，無祖考廟者，則經中三廟是也。若夏、殷之世，雖非别子，但始爵者及異姓爲卿大夫者，其後世子孫皆立之爲祖考。此義已具《王制》。薦輕於祭，鬼疏於廟，故知鬼薦而不祭也。

山陰陸氏曰：言天下嘗更衰亂，今始有王，其建設如此。

嚴陵方氏曰：溥天之下，莫非王土，所以興事造業，必有與之共天位，治天職，食天禄者，故分地建國，置都立邑，設廟、祧、壇、墠而祭之。分地建國，置都立邑，所以尊賢也。設廟、祧、壇、墠而祭之，所以親親也。然親親不可以無殺，故爲親疏之數焉。尊賢不可以無等，故爲多少之數焉。有昭有穆，有祖有考，所謂親疏之數也。以七，以五，以三，以一，所謂多少之數也。分地者，分天子之地；建國者，建諸侯之國；置都者，置公卿之都；立邑者，立大夫之邑。分地建國，畿外之臣所以嗣也。置都立邑，畿内之臣所以禄也。王立七廟，即《王制》所謂「三昭三穆，與大祖之廟而七」是也。由王考等而上之，以至於祖考，雖有尊卑遠近之異，然皆有父道，故通謂之考，特異號而已。至於父獨親而近，故直以考名之。王以業言，大祖又父之父也，故以「大」言之。

其生又謂之大父者以此。皇者王之所自出，曾祖則祖之所自出也，故王考之父曰皇考。凡物高則顯，故高祖曰顯考。祖考，大祖也，以其爲宗廟之始，故曰祖考。祖二祧，蓋顯考之父、祖也。享嘗者，四時之祭，享以春言，嘗以秋言。於春曰「享」，以見秋嘗之爲食；於秋曰「嘗」，以見春享之爲祀。言春祠，則以見夏之礿，言秋嘗，又以見冬之烝。《周官·大宗伯》四時之祭通謂之享，而此止以春言之者，享亦饗也，以飲爲主，而飲以養陽氣，春爲陽中，得享之正故也。《魯語》言「嘗、禘、烝、享」，釋者謂「春祭曰享」，是矣。諸侯立五廟，即《王制》所謂「二昭二穆，與大祖之廟而五」是矣。月祭者三廟，蓋視天子之親廟也。享、嘗者二廟，蓋視天子之二祧廟也。《王制》亦謂之大祖者，以居廟中最爲大故也。然則大祖果有功德矣，亦有不遷之理焉。凡此皆以降於天子故也。於鬼亦言爲者，蓋别而言之，則有形名之異；合而言之，制其名，是亦爲之而已。故始於天子，終於庶士、庶人，則言曰以别之。其間諸侯、大夫、適士、官師言爲以合之也。大夫立三廟，即《王制》所謂「一昭一穆，與大祖之廟而三」是矣。

馬氏曰：分地建國，置都立邑，雖其地之小大不同，要之不出於孝饗而已。説者以謂七廟之中，祧廟二，則爲文、武之廟，其説非也。遠廟爲祧，而二祧之廟止於享、嘗而已。苟文、武之廟而祭止享、嘗，亦非先王所以尊祖宗之意也。祧者，有去之意，説者以爲從兆者，則以禮示之，而兆者如《孟子》所謂爲之兆，而有始之意也。親盡而服窮，祧所以去之，以有可毁之理而毁之，不可以無其漸，故去祧爲壇，去壇爲墠。二祧廟享、嘗乃止，則有常禮也。至於壇、墠，無禱乃止，則無常禮也。去墠爲鬼，則與庶人同。凡此者皆先王親親之殺也。天子之廟，其常數止於七，而其功德之大，則數有加焉。至諸侯止五廟而已，雖有功德而數不增，雖無功德數不減，先王之禮如此也。《王制》所謂「大祖則無可毁之理」，此天子、諸侯、大夫之廟，而曰去祖爲壇，則祖有可毁之理，何也？蓋《祭法》爲無功德者言之，《王制》爲有功德者言之，此所以不同。

横渠張氏曰：夏、殷、有虞，皆祭親廟而止。曰考，曰王考，曰皇考，曰顯考，天子、諸侯同。以其欲異數，故天子別立二祧，祧必以新遷廟爲之，故曰「王者禘其祖之所自出，以其祖配之」，而立四廟也。蓋夏、殷以前，大祖亦以世數而遷，復於郊、禘及之。至周則大祖常存。當文、武時，則以后稷爲大祖，至後世則以文王爲大祖，稷則郊祀以配天。二祧則武王必居其一，若武王是其德可宗者也。三昭三穆，與大祖之廟而七，傳者言此周法，蓋於古唯周有大祖。天子七廟，謂大祖與二祧、四親，七也。此且以周家爲然。凡廟須推始祖以爲大祖，又須有一創業之主，即所謂祖也。又須有一有功業致大乎者，所謂宗也。其下則自高祖至禰爲四親廟也，祖、宗爲二祧，與始祖三廟，永不祧也。四親廟，親盡則祧，則祧常存四親廟也。雖然如此，若後世之君有中興大勳業者，亦當爲不祧之主，如祖、宗也。若漢高祖爲創業之主，文帝爲大宗，武帝爲世宗，此二宗者，後世祧之猶可。若光武復興，後世安得不立爲宗也？又如東漢既滅，劉先主復立漢嗣，後世安得不以宗事也？以此言之，則周之文、武二祧，蓋亦不可爲定數。又如四親廟，自高至禰，皆不可不祭。若使一世之中，各有兄弟數人代立，不可以廟數確定，却有所不祭也。雖數人，止是當得一世，故雖親廟，亦不害爲數十廟也。殷而上七廟，自祖考而上五，并遠廟爲祧者二，無不遷之大祖廟。至周有百世不毁之祖，則三昭三穆，四爲親廟，二爲文武二世室，并始祖而七。諸侯無二祧，故五。大夫無不遷之祖，則一昭一穆，與祖考而三，故以祖考通謂爲大祖。若祫則請於其君，并高祖干祫之。干祫者，不當祫而特祫之也。孔註《王制》爲周制，亦粗及之而不詳耳。天子、諸侯有月祭，大夫以下但享嘗。大夫祖考無廟，疑雖壇祭，亦止親盡則下遷。若始祖當有廟，則當有祭矣。大夫二壇，有禱乃祭。若干祫，高祖則於祖考之一壇而已。去壇爲墠，去墠爲鬼，從廟數以至壇墠，皆有等差定數。至於鬼，只是鬼饗之者，又非《孝經》所謂「鬼饗」也。此言「鬼饗」，既不在廟與墠壇之數，則并合上世一齊饗之而已，非更有位次分别，直共一饗之耳，只是懷精神也。鬼者只是歸之太虚，故共饗之也。既曰「鬼饗」，又分别世數位次，則後將有至百世之鬼也。《孝經》所謂鬼者，只以人死謂之鬼，猶《周禮》言天神、地示、人鬼是也。

長樂陳氏曰：《祭法》言天子至士立廟之

制，多與禮異。其言壇、墠等威之辨，理或有之。蓋先王之於祖，有仁以盡其愛，有義以斷其恩，近則月祭，遠則享嘗。在祧無寢，去祧無廟，此以義處仁也。去祧爲壇，去墠爲墠，壇、墠之設，爲其無廟而不忍忘焉，此以仁行義也。蓋禱祈則出其主於壇、墠而祭之，既事則復其主於廟而藏之。唯禘祫與載之出疆，然後在祭告之列，其他不預也。大夫之無禘祫禮之節然爾。鄭氏謂大夫、士無木主，誤也。其言凡鬼薦而不祭，賈氏申之，謂大夫之鬼薦於大祖壇，士之鬼薦之於廟，此尤無據。父昭子穆而有常數者，禮也。祖功宗德而無定法者，義也。故周於三昭三穆之外，而有文武之廟，魯於二昭二穆之外，而有魯公之世室。觀《春秋傳》稱襄王致文武胙於齊侯，《史記》稱顯王致文武胙於秦孝公，方是時，文武固已遠矣，襄王、顯王猶且祀之，則其廟不毁可知矣。《家語》、《左傳》稱孔子在陳，聞魯廟火，曰「其桓、僖乎」，以爲桓、僖親盡，無大功德，而魯不毁，故天災之。其言雖涉於怪，而理或有焉。若然，則魯公之室在所不毁可知矣。王舜中、劉歆、王肅、韓退之之徒皆謂天子祖德宗功之廟不在七世之列，特鄭康成以《周禮》守祧有八人，《小記》王者立四廟，則謂周制七廟，文武爲二祧，親廟四而已。是不知周公制禮之時，文武尚爲近廟，其所以宗之之禮，特起於後代也。果所以宗之者在七廟内，使繼世祖先間有豐功盛德不下文武，復在可宗之列，則親廟又益殺乎？理必不然。《祭法》曰「遠廟爲祧」，則祧者兆也。天子以五世六世之祖爲祧，所謂有二祧是也。諸侯以始祖爲祧，所謂「先君之祧」是也。鄭氏以祧爲「超去」之「超」，誤矣。既曰超矣，又以文武爲不毁之祧，何耶？《明堂位》曰：魯公之廟文世室，武公之廟武世室。然武公之於魯，徇宣王立庶之非，以階魯國攻殺之禍，而豐功懿德不著於世。自武至閔，其廟已在可遷之列矣。《春秋》成公六年「二月立武宫」，昭十五年「有事于武宫」，《左氏》曰「季文子以鞌之戰立武宫」，《公羊》曰「武宫者何，武公也。立者，不宜立也」。蓋武宫立於成公之時，歷襄及昭，積世不毁，故記史得以大之，欲以比周之文武也。又曰：「月祭」者，薦新之祭也。《月令》獻羔、開冰、薦鮪、羞含桃，與夫嘗麥、嘗穀、嘗麻、嘗魚，皆先薦寢廟是也。《周官》隸僕掌五寢之掃除糞洒之事，所謂五寢者，自考廟以至祖考之寢廟也。王七廟，而其寢乃五者，爲其二祧將毁，先除其寢，所以見孝子孝孫之心，不欲遽毁，故去有漸也。薦新止於寢廟，則月祭不及二祧而及祖廟亦明矣。「享嘗」者，四時之祭。《周官·大宗伯》春祠、夏礿、秋嘗、冬烝，及《司尊彝》所載彝舟、尊罍是也。有禱焉者，求福之祭也。《周官·小宗伯》「大裁，及執事禱祠于上下神祇。凡王之會同、軍旅、田役之禱祠，肄儀爲位。凡天地之大裁，類社稷宗廟，則爲位」，《都宗人》「掌都祭祀之禮」，《家宗人》「掌家祭祀之禮，國有大災，故皆令禱祠」是也。天子巡守，出則造乎禰，歸則假于祖。天子出征，亦造乎禰，又受命于祖，皆有禱焉者也。求福之祭，非常祭也，亦猶四時之間祀，雖毁廟之主皆合食焉，則禱之時，廟之初毀者，亦爲壇、墠而祭之可知矣。《小宗伯》「掌建國之神位，右社稷而左宗廟，又以辨廟祧之昭穆」，《守祧》「掌守先王、先公之廟祧，其廟則有司除之，其祧則守祧黝堊之」。夫左，陽也，陽主發生，而其德則仁。位宗廟於左，則有生其親之意，且有以致其仁故也。辨其昭，則一祧二廟，是之謂三祧；❶辨其穆，則一祧二廟，是之謂三穆。廟則修除以貴其寢之常新，祧則黝堊以示其去之有漸，則所謂遠廟者，非不毀之廟也。夫先王之立廟祧，稱情而爲之耳，故其廟之數，亦視服之輕重。《傳》曰：「四世而緦，服之窮也；五世祖免，殺同姓也；六世親屬竭矣。」諸侯之德薄於天子，故其立廟至於服窮而止。天子之德厚於諸侯，故其立廟至於親屬之竭而止。

王肅謂二祧，一爲高祖之父則五世矣，一爲高祖之祖則六世矣。誠能明其言之意，而不溺於文、武之功德則通矣。

石林葉氏曰：《周官・小宗伯》「辨廟祧之昭穆」，《聘禮》言「不腆先君之祧」，言宗廟者，亦或謂之宗祧，廟與祧常通稱。祧，兆也。廟親而祧遠，則其兆而已。而鄭氏以「祧」爲「超」，超上去之意。祧非毀之謂，若是祧爲毀，則自大祖而降，凡無功德者皆當祧，何獨此二廟乎？

秦溪楊氏曰：按《祭法》與《王制》不同。《王制》天子七廟，三昭三穆，與太祖之廟而七。《祭法》則序四親廟、二祧、大祖以辨昭穆。《王制》諸侯五廟，與太祖之廟而五。《祭法》則三親廟月祭，高、太二廟

❶「祧」，通志堂本、四庫本作「昭」，疑是。

享嘗，以見隆殺。《王制》大夫三廟，一昭一穆，與太祖之廟而三。《祭法》但有三親廟，而高、太無廟。有二壇爲請禱之祭而已。《王制》士一廟，《祭法》分適士二廟，官師一廟。又《祭法》有考、王考、皇考、顯考、祖考之稱，《王制》無之。《祭法》有壇有墠，或二壇無墠，或一壇無墠，《王制》無之。大抵《王制》畧，而《祭法》詳。又按：三壇同墠之説，出於《金縢》，乃因有所禱而爲之，非宗廟之外預爲壇墠，以待它日有禱也。《孝經》「爲之宗廟，以鬼享之」，非去墠爲鬼也。晉張融謂《祭法》去祧爲壇，去壇爲墠，去墠爲鬼，皆衰世之法。則所言難以盡信。

王爲羣姓立社，曰大社。王自爲立社，曰王社。諸侯爲百姓立社，曰國社。諸侯自爲立社，曰侯社。大夫以下成羣立社，曰置社。

鄭氏曰：羣，衆也。大夫以下，謂下至庶人也。大夫不得特立社，與民族居，❶百家以上則共立一社，今時里社是也。《郊特牲》曰：「唯爲社事單出里。」

孔氏曰：此一經明天子以下立社之義。羣姓，謂百官以下及兆民。大社在庫門內之右，故《小宗伯》云「右社稷」。王社在藉田，王所自祭以供粢盛，故《詩·頌》云「春藉田而祈社稷」是也。諸侯國社，亦在公宮之右，侯社在藉田。大夫以下，爲衆特置，故曰「置社」。註言「百家以上」，不限多少。此大夫所主立社稷，則田主是也。義已具《郊特牲》疏。

橫渠張氏曰：大社，王爲羣姓所立，必在

❶「與」，原作「興」，今據通志堂本、四庫本改。

國外也。民各有社，不害爲大社。王社，王自爲立社，必在城内。在漢猶有大社，在唐只見一社。又曰：天子立大社爲羣姓，必不但爲城中之民，爲天下也。諸侯國社，則是一國也。郊者祀天之位，社者祭地之位。郊外無天神之祀，社外無地祇之祀。澤中方丘亦社也。故凡言社者，即地祇之祭。如大社、王社，又分而言之，大社祭天下之地祇，王社祭京師之地祇，五祀祭宫中之地祇。

嚴陵方氏曰：王曰羣姓，諸侯曰百姓者，羣則衆矣，不止於百姓。天子曰兆民，諸侯曰萬民以此。羣姓之社曰大社，則知國社之爲小；百姓之社曰國社，則知大社之爲天下矣。大夫以下成群，則取數備矣，故曰「置社」。王氏釋《周官・封人》云：「王社，國中之土示，無豫農事，故不置稷。」則知置稷者，唯大社與國社而已。

馬氏曰：社者土神，而有生物之功，故王、諸侯、大夫立社，皆所以教民美報而有反本復始之意也。王謂之「王社」，諸侯有君之道，謂之「國社」，謂之「侯社」。至於大夫以下，皆北面之臣，則謂之「置社」。

慶源輔氏曰：社，后土也，自天子至庶人皆得祭之。然非尊者立之，則亦不可。

長樂陳氏曰：有天下之社，有一國之社，有衆人之社，有一人之社，有失國之社。大社，天下之社也。國社，一國之社也，王社、侯社，一人之社也。喪國之社屋之，失國之社也。三社之制，大社爲大，此《孟子》所謂「民爲貴，社稷次之，君爲輕」也。喪國之社，天子所以爲戒，則又次於王社矣。以言安不可以忘危也。《書》曰「夏社」，《禮》與《春秋》曰「亳社」，皆以爲戒而已。然則諸侯有國社、侯社，與《春秋》之亳社，亦三社矣。天子之社在雉門之右，而《綿》詩曰「乃立應門」，繼之曰「乃立冢土」。冢土，社也，則諸侯之社亦在門内也。天子之牲大牢，則諸侯當用少牢。若《郊特牲》曰「社事單出里」，「丘乘供粢盛」，此大夫以下之社也。社稷之重於古也如此，而《孟子》曰「旱乾水溢，則變置社稷」。夫水旱者，天事也，人事不勝，故天變見於時，而社稷土示也，豈其罪哉！然則謂之變者，猶曰以變置諸侯爾。

廬陵胡氏曰：❶古者祭地於社，猶祀天於郊也，故《泰誓》曰「郊社不修」。而周公祀于新邑，亦先用二牛于郊，後用太牢于社也。《記》曰：「天子將出，類于上帝，宜于社。」又曰：「郊所以明天道，社所以神地道。」《周禮》以禋祀祀昊天上帝，以血祭祭社稷，而别無地示之位。四圭有邸，舞《雲門》以祀天神；兩圭有邸，舞《咸池》以祀地，而别無祭祀社之説，則以郊對社可知矣。後世既立社，又立北郊，失之矣。

秦溪揚氏曰：《禮經》「天子、諸侯祭社稷」，祭莫重於天地，而社稷其次也。胡氏乃合祭地、祭社二者而一之，何也？曰社者五土之神，是亦祭地也，而有廣狹之不同。天子有天下，其社曰王社，則所祭者天下之地，極其地之所至，無限界也，故以祭社爲祭地，惟天子可以言之。

❶「廬陵」，原缺，今據通志堂本、四庫本補。

凡胡氏所引，皆天子社也。但云「後世既立社，又立北郊，失之矣」。此則未然。有正祭，有告祭。冬至祭天於南郊，順陽時，因陽位。夏至祭地於北郊，順陰時，因陰位。以類求類，故求諸天而天神降，求諸地而地示出，所謂正祭也。匠人營國，左祖右社，以社與祖對，尊而親之。若因事而告地，則祭社亦可矣。《記》曰「天子將出，類乎上帝，宜乎社」之類是也。説者曰：類者，依郊祀正禮而爲之也；宜者，有事于社求福祐也。此所謂告祭也。知祭各有義，不可以一説拘，則知聖人制禮精微之意矣。

王爲羣姓立七祀，曰司命，曰中霤，曰國門，曰國行，曰泰厲，曰户，曰竈。王自爲立七祀。諸侯爲國立五祀，曰司命，曰中霤，曰國門，曰國行，曰公厲。諸侯自爲立五祀。大夫立三祀，曰族厲，曰門，曰行。適士立二祀，曰門，曰行。庶士、庶人立一祀，或立户，或立竈。

鄭氏曰：此非大神所祈報大事者也。小神居人之間，司察小過，作譴告者爾。司命主督察三命，中霤主堂室居處，門、户主出入，行主道路行作，厲主殺罰，竈主飲食之事。《明堂月令》：「春曰其祀户，祭先脾。夏曰其祀竈，祭先肺。中央曰其祀中霤，祭先心。秋曰其祀門，祭先肝。冬曰其祀行，祭先腎。」《聘禮》曰：使者出，釋幣於行；歸，釋幣於門。《士喪禮》曰：「疾病，禱於五祀。」司命與厲，其時不著。今時民家或春秋祠司命、行神、山神，門、户、竈在旁，是必春祠司命，秋祠厲也。或者合而祠之，山即厲也。民惡言厲，巫祝以厲山爲之，謬乎！《春秋傳》曰:「鬼有所歸,乃不爲厲。」孔氏曰:此一經明天子以下立七祀、五祀之義。以其非郊廟社稷大神,故鄭云「小神」。以其門、户、竈等,故知居人間。以小神所祈,故知司察小過,作譴責以告之也。司命者,宫中小神,非天之司命,故祭於宫中。《援神契》云:「命有三科,有受命以保慶,有遭命以謫暴,有隨命以督行。受命謂年壽也。遭命謂行善而遇凶也。隨命謂隨其善惡而報之。」國門者,國城門也。國行者,行神在國門外之西。泰厲,謂古帝王無後者,此鬼無所依歸,好爲民作禍,故祀之也。此七祀是爲民所立,與衆共之。其自爲立者,王自禱祭,不知其當同是一神,爲是别更立祀也。諸侯減天子户、竈二祀,故五祀。公厲,古諸侯無後者,諸侯稱公,故其鬼曰「公厲」。諸侯自爲立五祀,義與天子同。大夫減諸侯司命、中霤,故三祀。族厲者,古大夫無後者鬼也。「曰門、曰行」者,其大夫無民、國,故不言「國門、國行」也。然鄭註《曲禮》「大夫五祀,爲夏、殷法」,註《王制》「大夫五祀,❶是有采地者」,鄭何以知然?《曲禮》文連於「大夫五祀」,故知非周,而《王制》立七廟,❷故是周禮。以彼推此,大夫三祀,則周諸侯之大夫無地者也。鄭引《聘禮》證大夫有門、行,引《士喪禮》證士亦有五祀,云「司命與厲,其時不著」者,以其餘五祀,《月令》皆著其時,此二祀不著時也。今時,引漢時也。漢時民家祠司命、行神、山

❶「王」,原作「云」,今據通志堂本、四庫本改。
❷「七」,原作「正」,今據四庫本改。

神，祠此三神，門、户、竈三神在諸神之旁，列位而祭之。漢時既然，周時必是。❶春祠司命，秋祠厲。司命主長養，厲主殺害故也。漢時民祭有山而無厲，故知山即厲。巫祝之人意以厲神是厲山氏之鬼爲之，於理謬也。厲山氏有子曰柱，世祀厲山之神，何得爲厲也？引《春秋傳》昭七年鄭子産辭，證厲山氏有子，不爲厲也。

長樂陳氏曰：五祀見於《周禮》、《禮記》、《儀禮》，雜出於史傳多矣，特《祭法》以司命、泰厲爲七祀，而《左傳》昭二十五年、《家語》《五帝》篇則以五祀爲重、該、脩熙、黎、句龍之官，《月令》以五祀爲門、行、户、竈、中霤，《白虎通》、劉昭、范曄、高堂隆之徒以五祀爲門、井、户、竈、中霤。鄭氏釋《大宗伯》之五祀，則用《左傳》、《家語》之説，釋《小記》之五祀，則用《月令》之説，釋《王制》之五祀，則用《祭法》之説。而荀卿謂：「五祀執薦者百人侍西房。」侍西房，則五祀固非四方之五官；侍必百人，則五祀固非門、户之類。然則所謂五祀者，其名雖同，其祭各有所主也。七祀之制不見他經，鄭氏以七祀爲周制，五祀爲商制。然《周官》雖天子亦止於五祀，《儀禮》雖士亦備五祀，則五祀無尊卑隆殺之數矣。《祭法》自七祀，❷推而下之，至於適士二祀，庶人一祀，非周禮也。然禮所言五祀，蓋皆門、户之類，所以祀而報之也。中霤，祀於中央，竈祀於夏，井祀於冬。户在内而奇，陽也，故祀於

❶「是」，通志堂本、四庫本作「應」。
❷「自」，通志堂本、四庫本作「曰」。

春。門在外而耦，陰也，故祀於秋。兩漢、魏、晉之立五祀，井皆與焉，特隋唐參用《月令》、《祭法》之説，五祀祭行。及李林甫之徒復脩《月令》，冬亦祀井，而不祀行。然則行神亦特軷於始行而已，非先王冬日之常祀也。考之於禮，五祀之牲羊牲。《小司徒》：「小祭祀共牛牲。」凡祭五祀於廟，有主有尸。觀《月令》臘先祖、五祀同時，則五祀祭於廟可知也。《曾子問》「既殯而祭五祀，尸入三飽」，則五祀有尸可知也。既殯而祭，不酳不酢，則凡祭五祀固有侑酳與酢矣。老婦之祭，先儒以爲竈配，則五祀固有配矣。先儒又謂卿以上宗廟有主，五祀亦有主矣。大夫以下宗廟無主，五祀亦如之。然大夫之廟未嘗無主，五祀有主與否不可考也。《禮書》

横渠張氏曰：五祀，户、竈、門、行、中霤而已。一畝之宫，五者皆具，故曰天子至于士皆立五祀之祭。天子之立五祀，見于經者不一。《周禮・大宗伯》、《司服》、《小子》、《曲禮》、《月令》、《曾子問》、《禮運》。士之立五祀，見于《士喪禮》、《祭法》。有七祀、五祀、三祀、二祀、一祀之法，加以司命及厲，而諸侯不祭户、竈，大夫以下皆不祭中霤，殆非推報之義，又未嘗參見諸書及廟、祧、壇、墠之法，亦與經多不合，恐別是一法，非世之達禮。社稷者土穀之神，后土、后稷，古司土、司穀之有功德者，故以配之。祭社則后土之功可以報矣。井不在五祀，恐水土之神已屬之社。厲，無後者也。國祭無後者，是亦仁術也。中霤，恐是天窗漏明處，《詩》所謂「不愧屋漏」是也。蓋穴居之處，亦必有以取明，及其宮室當深奥處，仍有漏明之所。《爾雅》

指屋漏於東北隅，不必盡爾。禮浴於中霤，蓋就其明也。然則又不可以中庭謂之中霤。五祀曰門、曰行，以報功而言，則門、行豈大如井，❶反不祭井？嚴陵方氏曰：《周官》「以槱燎祀司命」者是矣。厲即《春秋傳》所謂「鬼有所歸，乃不爲厲」是矣。以司人之命祀之，求有所延，慮其爲厲，故祀之使有所歸也。門、行曰國，而户、竈不言者，以其在内故也。大夫而下雖門、行亦不言者，以其所立者皆非爲國故也。是以亦不别言自爲與爲國焉。諸侯曰公厲，以有國言之；大夫曰族厲，以有家言之。司命天神，故首言之。中霤土神也，故次言之。門在外也，故又次於中霤。行在道也，故又次於國門。厲之施毒，不特在道而已，故又次於國、行。户雖在内，特用於房户之門而已，故又次於泰厲。竈則化飲食以養人，非人之養也，故以是終焉。獨族厲先於門、行者，以厲之爲鬼，在天道則爲卑，在人道則爲尊。有國者有天道，有家者有人道，故或先或後，以尊卑之辨七者之降殺。諸侯則下去户、竈，而立五祀。大夫非特下去户、竈而已，又上去司命、中霤，而立三祀。適士於有家者所尊之族厲又去之，而立二祀。至於庶士、庶人則卑矣，故取七祀之最卑者，或户、或竈而立一祀焉。不使庶士祀户，庶人祀竈而或立之者，以其人與祀皆卑，不足以辨其隆殺故也。《大宗伯》言以血祭祭社稷五祀，則七祀之説，非周制可知。《曲禮》、《王制》止言大夫祭五祀，蓋以周制言之，

❶「如」，通志堂本、四庫本作「於」。

上得以兼下，而五祀主於家故也。

馬氏曰：聖足以饗帝，孝足以饗親，至於七祀之微，有所不廢者，所謂「禮猶體」之意也。命降於五祀，謂之制度，自上而下，降殺以兩，故王立七祀，則諸侯立五，大夫三，士、庶人一，皆以其制度之所自出也。命者所以司其生，厲者所以司其過，以至於出入、起居、飲食之際，莫不有神以司之。凡有形有氣者，皆不能逃於此，此其所以户、竈、門、行之間，一皆有以祭之也。七祀之祭，莫不各以其時，各以其儀，《月令》所載是也。

山陰陸氏曰：凡立五祀，曰司命，曰中霤，曰國門，曰國行，曰公厲，以是爲正。曰户、曰竈，則天子有加焉爾。大夫於諸侯殺其上，曰族厲、曰門、曰行是也。士於大夫殺其上，曰門、曰行是也。庶人或立户，或立竈，取其親者立之而已。户所由也，竈所養也。户近而門遠，奥尊而竈卑。大夫有家，謂之族厲以此，謂之置社亦以此。又《新説》曰：五祀所以本事也，故先王於四時祭焉。加司命、泰厲爲七祀。蓋司命者，萬物之命繫焉，春官司命是也。泰厲者，萬物之性繫焉，春官司中是也。萬物受順以生者命也，受中以生者性也，正則中，過則厲，故泰厲一名司中。司中，以正言之也；泰厲，以反言之也。司命、泰厲本乎上者也，其成象在天，故以陽祀祭之，自煙始，《春官》所謂「以槱燎祀司中、司命」，《小宗伯》註云「兆司中、司命於南郊」是也。户、竈、門、行、中霤本乎下者也，其成形在地，故以陰祀祭之，自血始，《春官》所謂「以血祭祭五祀」是也。自司命至竈，其序之如此，何也？蓋中霤處内，而其外爲門，又其外爲行。以司命總之者，司命主生，尊大之也。户，小處也，竈，卑處也，以泰厲總之者，泰厲主殺，卑小之也。諸侯有君道，故立五祀，而去天子七祀之下者二。大夫有臣道，故立三祀，而去諸侯五祀之上者二。士貶於大夫，故去其一。庶人則民而已，不取於士，而取於天子一祀者，庶人卑，無嫌也。「王爲羣姓立七祀」，所謂祀於廟中是也。「自爲立七祀」，所謂祭於宫中是也。《曲禮》曰「天子祭五祀」，即《春官》五祀，以司命、泰厲天類不與也。分禱五祀，則大喪之祭，於司命、泰厲無所禱也。《禮運》、《月令》、《小子職》皆云「五祀不及司命、泰厲」，亦以天類異之也。此云大夫三祀，《曲禮》、《王制》皆云「五祀」，何也？蓋此經言其立，《曲禮》、《王制》言其祭，若官師一廟曰考廟，此以所立言之也。又曰王考無廟而祭之，此以所祭言之也。若士，《既夕禮》行禱于五祀，則言其禱而已。禱與祭異，祭與立異，固不同也。

慶源輔氏曰：王爲羣姓立七祀，使諸侯至庶人各以差次而祭之；❶自爲立七祀，則俱祭之。諸侯爲國立五祀，使大夫、士、庶人各以差次祭之；自爲立五祀，則俱祭之。然則諸侯至士、庶人，雖皆曰立，然非自立之也。天子立之，而後己立之耳。前社亦然。天子曰泰厲，大夫曰族厲，異其名者，以其無形迹可辨故也。司命亦無形迹，而不異其名者，命則一，不容異也。

❶「差」，通志堂本、四庫本作「其」。

金華應氏曰：《禮》「大夫祭五祀」，《儀禮》「士禱五祀」，此言大夫三祀，適士二祀，意者立祀則爲之位，不得盡兼，祭禱則爲之禮，無所不徧。

王下祭殤五：適子、適孫、適曾孫、適玄孫、適來孫。諸侯下祭三，大夫下祭二，適士及庶人祭子而止。

鄭氏曰：祭適殤者，重適也。祭適殤於廟之奥，謂之陰厭。王子、公子祭其適殤於其黨之廟，大夫以下庶子祭其適殤於宗子之家，皆當室之白，謂之陽厭。凡庶殤不祭。

孔氏曰：此明天子以下祭殤之差。鄭註「王子」謂王之庶子，「公子」謂諸侯庶子，不得爲先王、先公立廟，無處可祭適殤，故祭於黨之廟。謂王子、公子但爲卿大夫，得自立廟，與王子、公子同者，就其廟而祭之。適殤，其義已具《曾子問》。

嚴陵方氏曰：玄孫之子爲來孫，必曰來者，言其世數雖遠，方來而未已也。曾、玄，見《小記》解。殤，見《檀弓》解。每言適，則庶殤在所不祭矣，重本故也。然以尊而祭卑，故曰「下祭」。且在王而下，每殺於廟數之二焉。《曾子問》所謂「陰厭」、「陽厭」者是矣。

金華應氏曰：祭殤之數，尊者所及遠，卑者所及近。澤有厚薄，則禮有隆殺也。德厚者流光，既上及其祖，又下及其殤，祭及於五，所愛者遠也。祭止於適，所重正統也，不混殺也。

夫聖王之制祭祀也，法施於民則祀之，以死勤事則祀之，以勞定國則祀之，能禦大菑則祀之，能捍大患則祀之。是故厲山氏之有天下也，其子曰農，能殖百穀。夏之衰也，周弃繼之，故祀以爲稷。共工氏之霸九州也，其子曰后土，能平九州，故祀以爲社。帝嚳能序星辰以著衆，堯能賞均刑法以義終，舜勤衆事而野死，鯀鄣鴻水而殛死，禹能修鯀之功，黄帝正名百物以明民共財，顓頊能修之，契爲司徒而民成，冥勤其官而水死，湯以寬治民而除其虐，文王以文治，武王以武功去民之菑，此皆有功烈於民者也。及夫日、月、星辰，民所瞻仰也，山林、川谷、丘陵，民所取財用也。非此族也，不在祀典。

鄭氏曰：此所謂大神也。《春秋傳》曰：「封爲上公，祀爲大神。」厲山氏，炎帝也，起於厲山，或曰有烈山氏。弃，后稷名也。共工氏無録而王，謂之霸，在大昊、炎帝之間。著衆，謂使民興事，知休作之期也。賞，賞善也，謂禪舜，封禹、稷等也。義終，謂既禪二十八載乃死也。野死，謂征有苗，死於蒼梧也。殛死，謂不能成其功也。明民，謂使之衣服有章也。民成，謂知五教之禮也。冥，契六世之孫也，其官玄冥，水官也。虐、菑謂桀、紂也。烈，業也。族，猶類也。祀典，謂祭祀也。

孔氏曰：前經明禘、郊、祖、宗及社稷等所配之人，又論天地、日月、星辰、山谷、丘陵之等，此經總明其功有益於民，得在祀典之事。法施於民，若神農、后土、帝嚳與堯及黄帝、顓頊與契之屬是也。以死勤事，舜及鯀、冥是也。以勞定國，禹是也。禦大菑，捍大患，湯及文、武是也。厲山氏，案《帝王世紀》云「神農氏起於烈山」，即炎帝也。鄭引烈山氏，《左傳》昭二十九年文。農，謂厲山氏後世子孫名柱，能殖百穀，故《國語》云「神農之子名柱，作農官，因名農」是也。夏末湯大旱七年，變置社稷，故廢農祀棄。故祀以爲稷者，謂農及棄皆祀之以配稷之神也。共工氏，鄭註係《漢·律曆志》文。案《月令》不載共工氏，是無録。又案昭十七年《左傳》郯子稱「炎帝以火紀，共工氏以水紀，大皞氏以龍紀」，從下逆陳，是在炎帝之前，大昊之後也。又以水紀官，是無録而王。共工後世之子孫爲后土之官。后，君也。能治九州五土之神，故祀以爲配社之神。帝嚳能紀星辰時候以明著，❶使民休作有期，不失時節，故祀之也。堯以天下位授舜，封禹、稷，官得其人，是能賞均平也。五刑有宅，是能刑有法也。舜征有苗，仍巡守陟方而死，是勤衆事而野死。鯀塞水無功，被堯殛死于羽山。治水九載，亦有微功，故得祀之。《世本》云「作城郭」，是亦有功也。鄭答趙商云「鯀非殛死，放居東裔，至死不得反於朝耳」。禹能脩父之功，故祀之。上古雖有百物，未有名，黄帝爲物作名，正名其體。明民，謂垂衣裳使貴賤分明，得其所也。共財，謂山澤不鄣，教民取百物以自贍也。契爲堯之司徒，❷掌五教。湯放桀於南巢。去民之菑，謂伐紂。自厲山氏以下所得祀者，皆有功烈於民也。及夫日月、星辰，釋上文泰壇、泰折等祀也。上有祭地、祭天、祭四時、寒暑、水旱，此不言者，舉日月則天地可知，四時、寒暑、水旱則日月陰陽之氣，故舉日月以包之。

❶「時」上，《禮記正義》有「序」字。
❷「堯」，通志堂本、四庫本作「舜」。

非此族，謂非厲山以下及日月、丘陵等，無益於民者，悉不得預於祭祀之典也。長樂劉氏曰：法施於民則祀之者，民賴其法成身者也。伏羲氏作八卦而民賴之，以知君臣、父子、兄弟、夫婦之義。神農氏作耒耜而民賴之，以知耕種之益。黄帝氏作衣裳而民賴之，以知尊卑、上下之分。堯、舜執遜避之義而民賴之，以知廉讓崇德之美。后稷立耕稼之規而民賴之，以知粒食畎畝之法，是皆功及萬世，而莫敢或違，故有天下者祀以爲報，所以重民之生也。以死勤事者，忠於國者弗顧其生，義於君者弗惜其死，祀之則忠義勸于天下矣。以勞定國者，夙夜勞瘁，弼成王業，如伊尹之相湯升陑，如吕望之鷹揚我武，❶如周公之坐以待旦也。能禦大菑者，如鴻水爲裁而后土氏能平五土，如懷襄昏墊而夏后氏能滌九源，既免民之魚鼈，又敷土以播殖也。能捍大患者，如玁狁猾夏而宣王斥之，管、蔡亂國而周公征之，楊、墨亂教而孟子闢之，皆俾大患弗克興焉。黄帝正名百物者，謂垂衣裳而定尊卑之法也，爲舟楫而取諸渙也，服牛乘馬而取諸隨也，重門擊柝而取諸豫也，設杵臼而取諸小過也，弦弧矢而取諸睽也，作宫室而取諸大壯也，易棺槨而取諸大過也，立書契而取諸夬也，皆其正百物之名，以興天下之利，而共其財用於無窮者也。

長樂陳氏曰：凡聖賢之有功烈於民者，蓋皆應時而造，隨所著見而已。其内之所存，豈止於此哉？堯之道至於無能

❶「武」，原作「舞」，今據通志堂本、四庫本改。

名，而其所以見祀者，止於賞均刑法以義終。舜之道至於無爲，而其所以見祀者，止於勤衆事而野死。以此推之，則功烈者，道德之迹。迹者，祀典之所可載，而其爲道，非祀典之所可盡也。夫法施於民，所謂「民功曰庸」也。以死勤事，以勞定國，所謂「事功曰勞」也。能禦天之大菑，捍人之大患，所謂「治功曰力」也。

嚴陵方氏曰：聖王者，言其有德，又有位也。有德而無其位，有位而無其德，皆不可制祭祀。既曰祭，又曰祀者，蓋祭者祀之事，祀者祭之道。聖王之制祭祀，豈徒事其末爲哉？故下皆言祀而不言祭也。麤而不可不陳者法也，施則所以陳之也。勤故能免乎難，定故能止乎一。事欲免乎難而已，故於事曰「勤」；國欲止乎一而已，故於國曰「定」。言以死勤事，則不敢偷生；以勞定國，則不敢自逸。菑在天也，可禦而已；患在人也，故可亢焉。有一于此，則皆在所祀也，故每以祀言之。聖王之制祭祀，凡以有功烈於民而已，故以法施於民爲首。有民必有事，故以以死勤事繼之。民者國之本也，事者國之治也，故以以勞定國繼之。國有民事爲有常，菑患爲有變，故以禦大菑、捍大患繼之。后土，則句龍也。平，與「地平天成」之「平」同。后以言其能繼土事也，與「后稷」謂之「后」同義。星辰之運行，固有先後自然之序。帝嚳則因其序以著之衆，使知之而已。賞均刑法者，賞不均，則至於徼倖；❶刑不法，則及於無辜也。鯀鄣鴻水，所謂「鯀則殛死，禹乃

❶「至」，通志堂本、四庫本作「止」。

嗣興」是也。鄣，謂蔽塞之也。《洪範》所謂「陻洪水」是也。殛之者，以其「九載績用弗成」；祀之者，以其以死勤事。黃帝正名百物，則不昧於理，故曰「明民」。物有其名，皆可取而用之，故曰「共財」。顓頊能脩之，則以不廢黃帝之緒故也。契爲司徒而民成者，司徒掌邦教，教所以成民之性而已。冥，即玄冥也，以其爲水官，故曰玄冥，見《月令》解。湯以寬治民，即所謂「撫民以寬，除其邪虐」是也。文、武之所爲雖異，皆以去民之菑而已。以紂之暴，非人之所能爲也。民所取財用者，取物之財以爲人之用也。功烈也，瞻仰也，財用也，皆以民言之者，亦以民爲國之本故也。言日月、星辰而不言天，言山林、川谷、丘陵而不言地者，以天地之功至大，祀典所不得而言故也。

山陰陸氏曰：於此言稷、言嚳、言堯、言鯀、言禹、言黃帝、言顓頊、言契、言冥、言湯、言文王、言武王，以著四代禘、郊、祖、宗非專爲私恩也。以義終，終，讀如「受終」之「終」，言黃帝正名百物，務以明民，且共財也。蓋古人取材於物，非特其利，其義亦是也。湯言除虐，武王言去民之菑，菑甚於虐也。《書》曰「惟受罪浮于桀」，亦湯以寬治民而除其虐，若武王之事，乃所謂武者也，故湯樂謂之《濩》而已。

石林葉氏曰：自夏而上，蓋世以烈山氏主稷，句龍氏主社，而易稷以代烈山氏者，自殷以來爲之也。故祀后稷爲稷，祀句龍氏爲社，至于今守之。吾讀《禮》至此，然後知逸《書》「作夏社」之意。《書序》云「湯勝夏，欲遷其社，不可，作夏社」，意者湯既黜夏，殷人有歸罪於社稷之不能保其國而易之者。后稷之功在天下，而人所共知，故以代柱無嫌。而句龍氏未有昭然如稷可代者，則不可以苟易，所以遷烈山氏而不遷句龍氏歟？

禮記集説卷第一百九

禮記集說卷第一百十

祭義第二十四

孔氏曰：案鄭《目録》云：「名曰《祭義》者，以其記祭祀、齋戒、薦羞之義也。此於《别録》屬《祭祀》。」

嚴陵方氏曰：陳乎外者祭之法，存乎中者祭之義，君子之於祭，豈徒拘法之末爲哉？亦以其有義存焉爾。《郊特牲》曰：「禮之所尊，尊其義也。」非謂是歟？若此篇言祭則以義爲主，故以是名之。《冠》、《昏》、《射》、《燕》、《聘》與《鄉飲酒》，皆言義者，亦此意。

祭不欲數，數則煩，煩則不敬。祭不欲疏，疏則怠，怠則忘。是故君子合諸天道，春禘秋嘗。霜露既降，君子履之，必有悽愴之心，非其寒之謂也。春，雨露既濡，君子履之，必有怵惕之心，❶如將見之。樂以迎來，哀以送往，故禘有樂而嘗無樂。

鄭氏曰：忘與不敬，違禮莫大焉。合於天道，因四時之變化，孝子感時念親，則以此祭之也。春禘，夏、殷禮也。周以禘爲殷祭，更名春祭曰祠。非其寒之謂，謂悽愴及怵惕皆爲感時念親也。「霜露既降」，脱「秋」字。迎來而樂，樂親之將來也。送去而哭，❷哀其享否不可知也。小言之，則爲一祭之間，孝子不知鬼神之

❶「必」，原作「心」，今據通志堂本、四庫本改。

❷「哭」，通志堂本、四庫本作「哀」。

期。推而廣之，放其去來於陰陽。

孔氏曰：此篇總論祭事，其事既雜，義相附者結爲一節。此節明孝子感時念親，四時設祭之意。禘，陽之盛也。嘗，陰之盛也。陰陽氣盛，孝子感而思念其親，故君子制禮合於天道。案《王制》云「春礿，夏禘」，《周禮·大宗伯》「春祠，夏礿」，今云「春禘」，故鄭曰「夏、殷禮」。然《王制》「春曰礿」，此云「春禘」，禘，當爲「礿」。於《郊特牲》已註，故此不言也。孝子不知鬼神來去期節，故祭初似若來，故樂；祭末似去，故哀。推此一祭，而廣論一年，於神之去來似於陰陽二氣。❶陽主生長，春、夏陽，似神之來，故祭有樂。秋冬陰，似神之去，故無樂。然《周禮》四時祭皆有樂，殷則烝、嘗之祭亦有樂，故《那》詩云「庸鼓有斁，萬舞有奕」，下云「顧予烝嘗」，則殷秋、冬亦有樂。義具《郊特牲》疏。

延平周氏曰：數與疏皆非中也，唯中爲可以合之於天道，故禘於春，嘗於秋，疏、數之中也。一歲之内，天時有四，而宗廟之祭亦有四，故舉春以見夏，舉秋以見冬。殷人有大禘，則小禘爲春祭之名。周人一禘而已，則祠爲春祭之名。履霜露而有悽愴之心，此秋所以有嘗。而履雨露有怵惕之心，如將見之，此春所以有禘。

嚴陵方氏曰：數疏言其時，煩怠言其事，不敬與忘言其心。君子之於祭，自外入者，因時以舉事，因事以生心；由中出者，因心以行事，因事以從時。凡以順中外之理，合天人之道，一歸宿於大中而

❶ 上「於」字，四庫本作「故」。

已。由是合諸天道，春禘而秋嘗也。夫天道之大在陰陽。春爲陽中，我則禘於春；秋爲陰中，我則嘗於秋。故能時不失乎數疏，事不失乎煩怠，心不失乎敬與忘也。祭有四時，凡以此爾。以時對月，則時不爲近；以時對歲，則時不爲遠。然朔月有告者，以於禮爲小而不嫌於數也。三年有祫者，以於禮爲大而不嫌於疏也。止言禘，則以怵惕之心感於陽之中而適當之故也。止言嘗，則以悽愴之心感於陰之中而適當之故也。禘非不送往而哀也，然順陽出之義，故以陽來爲主而有樂。嘗非不迎來而樂也，然順陰入之義，故以送往爲主而無樂。然則四時之祭，一祭之間，神未嘗不來也，亦未嘗不往也；人未嘗不樂也，亦未嘗不哀也。經之所言，特各有所主爾。亦見《郊特牲》解。

馬氏曰：先王制祭祀，要之不黷、不忘而已。及其失中，則黷之害於誠，反有甚於忘，故先言數而後言疏。傅説之告高宗，止以黷于祭祀爲戒，蓋因時之弊而言之也。夫君子之言有爲一人而言者，有爲天下而言者；有爲當年而言者，有爲來世而言者。其爲天下來世而言者，則與夫爲一人當年而言者爲詳矣。禘者陽之盛，嘗者陰之盛，春者陽之中，秋者陰之中，禮以盛爲備，氣以中爲和，故於時舉春秋，而於祭舉禘嘗。

石林葉氏曰：思其親而祭之者，人情也。祭以時而疏數者，天道也。本諸人情則秋而霜露降，其情傷也，故嘗祭；春而雨露濡，其情思也，故礿祭。合天道，則秋嘗者順乎陰也，故無聲；春礿者順乎陽也，故有樂。

毗陵慕容氏曰：祭之義，敬愛而已。敬則慎其獨而不欺，愛則存諸中而不忘。不敬、不愛，雖備物盡禮，誣於祭也。數而煩爲無敬也，怠而忘爲無愛也。愛敬忘於中，動而僞爲，無所不至矣。先王以敬愛出於誠心，非可以僞爲也。故因天道之自然，而行禘嘗之禮，通疏數之宜，非出於人爲，故能盡祭之義。雖天子之孝，所以刑於四海者不過此也。霜露既降，雨露既濡，時至氣化，悽愴怵惕生於中，不知其所以然而然，非有所期而爲之也。情之感敬，愛之深矣。凡天地之間，莫不麗乎陰陽，雖鬼神之幽亦順陰陽以往來。聖人明陰陽之理，故能知鬼神之情狀，可得而饗也。夫與陽偕來，與陰偕往，非特寒暑萬物然也，鬼神亦從之。禘者陽之盛，然其祭主飲，以求諸陽，故以迎來爲主。嘗者陰之盛，然其祭主食，以求諸陰，故以送往爲主。爲其迎來而樂也，故有樂。爲其送往而哀也，故無樂。此禮以飾情也。聖人因春秋以深探陰陽之情，而爲二端之報也。《郊特牲》曰「春饗孤子，秋食耆老」，而曰「其義一也」。蓋人生自幼而壯爲來，自老而死爲往，亦有迎送之義焉。故饗與禘同有樂，食與嘗同無樂也。

延平黄氏曰：雨露既濡，則萬物感陽以生；霜露既降，則萬物感陰以死。萬物以生之時，君子不忍致死於其親，且謂其與物而來矣，故樂以迎之。萬物以死之時，君子不敢致生於其親，且謂其與物而往矣，故哀以送之。孝子之祭有送往之哀而不及樂，是謂弗仁；有迎來之樂而不及哀，是謂弗智。

長樂陳氏曰：先王之於祖宗，迎來則樂作，情在於樂也；送往則樂闋，情在於哀也。舜之作樂，祖考來格；周之作樂，先祖是聽。樂以迎來如此，則送往可知矣。蓋一陰一陽，天之道也。一哀一樂，人之情也。君子合諸天道，豈他求哉！反吾情而已矣。此主祭祀而言，故禘有樂而嘗無樂。《郊特牲》兼饗食而言，故饗禘有樂，而食嘗無樂。《樂書》。

新安朱氏曰：春陽氣發來，人之魂魄亦動，故禘有樂以迎來。如《楚辭·大招》中亦有「魂來」之語。秋陽氣退去，乃鬼之屈，故嘗不用樂以送往。

慶源輔氏曰：敬則自簡，然所謂簡非略也，適得其宜耳。至於煩，則不敬者之所爲也，矯其數而失於疏，則又將流於怠而至於忘矣。不數、不疏，自有中道，唯敬而無失者得之。天一歲有四時，人一歲有四祭，此則不數不疏，天理人情之至也。君子之於親也，終身弗之忘，故氣序遷改，目有所見，則心有所感，自然而然，不知其所以然，豈曰寒將至而後思之哉？秋陰中，萬物衰憊，故君子履霜露而其心悽愴以悲哀。春陽中，萬物發生，故君子履雨露而其心怵惕，如將見其親也。以一祭言之，則始爲來而終爲往；以一歲言之，則陽爲來而陰爲往。

致齊於內，散齊於外。齊之日，思其居處，思其笑語，思其志意，思其所樂，思其所嗜。齊三日，乃見其所爲齊者。

鄭氏曰：致齊，思此五者也。散齊，七日不御、不樂、不弔耳。見所爲齊者，思之孰也。所嗜，素所欲飲食也。《春秋傳》

曰：「屈到嗜芰。」

孔氏曰：此一節明祭前齊事之日。五事先思其麤，漸思其精，故居處在前，樂嗜居後。思念其親，精意純孰，目想之若見其所爲齊之親也。《楚語》云：「屈到嗜芰，有疾，召其宗老而屬之曰：『祭我必以芰。』」

河南程氏曰：凡祭必致齊。「齊之日，思其居處，思其笑語」，此孝子平日思親之心，非齊也，齊不容有思。齊者，湛然純一，方能與鬼神接。然能事鬼神，已是上一等人。

横渠張氏曰：齊須是屏絶思慮，至祭之日，便可與神明交。若如此思之，却惹起無窮哀戚，如何接神？所謂「思其居處、笑語」，唯當忌日宜如此。

延平周氏曰：「致齊於内，散齊於外」者，以廟之内外言之也。齊所以致一，唯致一爲可以有見於祖宗。

嚴陵方氏曰：齊於内，所以慎其心；齊於外，所以防其物。散齊若所謂不飲酒、不茹葷之類。齊三日，則致齊而已。必致齊，然後見其所爲齊者，思之至故也。

毗陵慕容氏曰：心之官曰思。思有所至，則無所不達。夫不以欲惡哀樂二其心，而致一於其所祭，故無形之中視有所見，無聲之中聽有所聞，皆其思之所能達親之居處、笑語、志意、樂嗜。往而不反，非有實也，夫豈形體之所能交哉？思之所至，足以通之矣。齊之三日，乃見其所爲齊者，言思之至，雖親之不可見者，如見其存。微之顯，誠之不可揜也如此。見與「見其參於前」、「見其倚於衡」之「見」同。

建安真氏曰：自此至「終身弗辱也」一章，於人子之事親，可謂盡形容之妙矣。非誠孝之極，安能至此？而程氏乃謂「思其笑語，此孝子平日思親之心，非齋也」。齊不容有思，有思非齊也。蓋齊與戒異，當七日之戒，凛然祇懼，容有思焉。及齊三日，則湛然純一，無所思矣，此齊與戒之分也。致愛則存，致慤則著者，蓋愛慕之極，儼乎其若存；誠慤之極，昭乎其有見。此鬼神之常理也，其可不敬乎？敬則有，不敬則無矣。故親在而養必以敬，親没而享亦以敬。親之存没有異，而孝子之敬則同。夫如是，則終身弗辱其親矣。

祭之日，入室，僾然必有見乎其位。周還出户，肅然必有聞乎其容聲。出户而聽，愾然必有聞乎其嘆息之聲。

鄭氏曰：「周還出户」，謂薦設時也。無尸者，闔户。若食間，則有出户而聽之。

孔氏曰：此經明祭之日，孝子想念其親也。入室，謂祭之日朝初入廟室陰厭時也。僾僾，髣髴見也，如見親之在神位也。出户，謂《特牲》、《少牢》主婦設豆及佐食設俎之屬是也。孝子薦俎酌獻，行步周旋，或出户。當此時，必有悚息，肅肅然如聞舉動容止之聲。設薦已畢，孝子出户而静聽，愾愾然必有聞乎其歎息之聲也。案《士虞禮》云：「無尸，則禮及薦饌皆如初，主人哭，出復位，祝闔牖户如食間。」註云：「如尸一食九飯之頃。」彼謂虞祭無孫行爲尸者，則吉祭亦當然也。

毗陵慕容氏曰：前言致其深思於未祭之始，故此又言祭之日也。僾然者，以愛之至則存不忘乎心，故必有以見乎其位。

肅然，言思之静則其肅然於無聲之中而有所聞，故曰「必有聞乎其容聲」。周旋出户者，以親之在此，不忍遽退，故必周旋而後出户。必曰「容聲」者，思至於佩玉之時也。出户而聽愾然者，已祭出户，猶疑而聽焉，悵親之將往而不得見也，心絶志悲而已。必有聞乎其歎息之聲者，既愾然矣，又有聞焉，則思不能忘也，嘆息之聲遠而微矣。此其所以爲至也。孔子曰：「祭如在。」雖孔子之聖，不過如此。蓋誠之至，則無餘事矣。

横渠張氏曰：僾然見乎其位，愾然聞乎其嘆息，齊之至，則祭之日自然如此。

馬氏曰：入廟而升於堂，則僾然見乎其位。薦腥而出户，則肅然必有聞乎其容聲。已薦出户而聽，則愾然必有聞乎其嘆息之聲，此祭之序也。僾然言其貌，肅然言其容，愾然言其氣。

慶源輔氏曰：僾，疑其與「曖」義近，不分明貌。肅，謂静而后有聞也。既曰「必有」，又曰「僾然」、「肅然」、「愾然」，蓋誠之不可揜也。所謂「如在其上，如在其左右，不可度思，矧可射思」者也？

是故先王之孝也，色不忘乎目，聲不絶乎耳，心志嗜欲不忘乎心。致愛則存，致慤則著，著、存不忘乎心，夫安得不敬乎？

鄭氏曰：存、著，則謂其思念也。

孔氏曰：此經覆説孝子祭時念親之事。孝子致極愛親之心，則若親之存，以嗜欲不忘於親故也。致其端慤敬親之心，則若親之顯著，以色不忘於目，聲不忘於耳故也。如親存在，❶常想見之，何得不

❶「存」，通志堂本、四庫本作「有」。

敬乎？

嚴陵方氏曰：色不忘乎目，常若承顔之際也。聲不絶乎耳，常若聽命之際也。愛言追念之思，慤言想見之誠。致其愛矣，親雖亡而猶存。致其慤矣，神雖微而猶著。孔子曰：「祭如在，祭神如神在。」非謂是歟？果如在，則怠慢之心無自而入，安得不敬乎？孔子答子游之問孝，言不敬，何以别於犬馬。故此首言先王之孝，而終之以敬焉。

延平周氏曰：致愛言其仁，致慤言其誠。存者亡之對，著者微之對。言致仁則能存其亡，致誠則能著其微。著與存不忘乎心，則先王之所以敬也。

馬氏曰：内焉心志嗜欲不忘乎心，故曰「致愛則存」。存者有在乎内也。外焉聲色不絶乎耳目，故曰「致慤則著」，著則有見乎外也。

山陰陸氏曰：食則見堯於羹，坐則見堯於牆，是之謂著。

石林葉氏曰：愛存以仁，慤著以信，主於内而已矣，夫安得不敬乎？

廬陵胡氏曰：存、著皆本於誠。《孟子》曰：「其爲人也多欲，雖有存焉者寡矣。」《中庸》云：「誠則形，形則著。」

毗陵慕容氏曰：先王之孝終其身而不忘，非特施於祭祀而已。一舉足，一出言，不敢忘父母，則耳目之所接，心之所存，常若親之在其側。夫身也者，父母之遺體也。以己之耳目合乎父母之聲色，以己之心合乎父母之心志嗜欲，則無斯須而不在敬矣。愛者，惻隱而未見者是也；慤者，全實而未毁者是也，皆根於至性而不可僞爲。故致愛則雖亡也而存，致愨則雖幽也而著。以著存常不忘乎心，則莫之能二，其爲慎獨也至矣。

慶源輔氏曰：天地之性人爲貴，人之行莫大於孝，乃人之心也。先王能存其心，故父母之容色自不忘於目，父母之聲音自不絶於耳，父母之心志嗜欲自不忘乎心。此固非勉强矯拂之所能然也，亦致吾心之愛與敬而已。故曰「致愛則存，致愨則著」。愛則心也，故曰「存」，愨則誠也，故曰「著」。存雖若存於内，著雖若著於外，然誠不可以内外言，故終之以「著、存不忘於心」。著、存不忘乎心，則洋洋乎如在其上，如在其左右，「不可度思，矧可射思」？夫安得不敬乎！

君子生則敬養，死則敬享，思終身弗辱也。君子有終身之喪，忌日之謂也。忌日不用，非不祥也。言夫日志有所至，而不敢盡其私也。

鄭氏曰：享，猶祭也，饗也。忌日，親亡之日。忌日者，不用舉它事，如有時日之禁也。祥，善也。志有所至，至於親以此日亡，其哀心如喪時。

孔氏曰：此一節明孝子終身念親不忘之事。非謂忌日不善，别有禁忌，不舉事也。以孝子志意有所至，極思念親，不敢盡其私情，而營他事也。

横渠張氏曰：或問忌日有薦，可乎？曰古則無之，今有於人情自亦不害。古之祭祀一事，最是管攝人情。如「《萃》聚也，《涣》散也」，皆言「王假有廟」，當其物之涣散之時，欲其萃聚，則非祭祀何以能之？祭之義，追遠反本，此理之大者也。不如是，則幾於禽獸。

嚴陵方氏曰：「生，事之以禮」，所謂「敬

養」也。「死，祭之以禮」，所謂「敬享」也。然猶未也。父母既没，慎行其身，不遺父母惡名，可謂能終矣。故曰「思終身弗辱也」。然則終身者，非終父母之身，終其身也。且養也，享也，或先或後，各有時焉，失其時，則爲辱矣。或隆或殺，各有度焉，失其度，則爲辱矣。故敬養於生，敬享於死，凡以思終身弗辱而已。練祥則止於又朞而已，忌日則比年有焉。故曰「君子有終身之喪，忌日之謂也」。以於是日志於親，而有所至，故不敢盡情於他事。

延平周氏曰：君子無施而不敬者，思終身弗辱也。

石林葉氏曰：大孝尊親，其次弗辱，其下能養。故養也、享也、弗辱身也，止稱君子。

《講義》曰：不以生養死享異其心，而其敬則同，此所以爲君子之孝。喪不過三年，而君子有終身之喪者，蓋三年者天下之通制，而終身者孝子之誠心。彼其思親，終身不忘，故至忌日志之所至，獨在於親，而不及於己之私事。

慶源輔氏曰：一息不敬則絶于理，絶于理則辱其親矣。故敬養、敬享，是乃思終身弗辱也，况又行險僥倖，自投於罟擭陷穽之中乎？由此觀之，則忌日當以喪禮處之也。志有所至，謂思念於親，必極其至。

唯聖人爲能饗帝，孝子爲能饗親。饗者，鄉也，鄉之然後能饗焉。是故孝子臨尸而不怍，君牽牲，夫人奠盎。君獻尸，夫人薦豆。卿、大夫相君，命婦相夫人。齊齊乎其敬也，愉愉乎其忠也，勿勿諸其欲其饗之也。

鄭氏曰：能饗帝、能饗親，謂祭之能使之饗也。帝，天也。中心鄉之，乃能使其祭見饗也。色不和曰怍。奠盎，設盎齊之奠也。此時君牽牲，將薦毛血。君獻尸，而夫人薦豆，謂繹日也。儐尸，主人獻尸，主婦自東房薦韭、菹、醢。勿勿，猶勉勉，愨愛之貌。

孔氏曰：此一節明孝子祭祀，欲親歆饗之意。饗帝爲難，故聖人能之。饗親不易，故孝子能之。此本爲饗親而發，欲與饗帝同也。孝子歸鄉，然後能使神靈歆饗。《曲禮》云「容無怍」，怍謂顔色變，即不和之意。繹祭，故先獻後薦。鄭引「儐尸」至「菹醢」，是《有司徹》文。上大夫儐尸，即天子諸侯之繹也。齊齊，整齊之貌。愉愉，和悦之貌。忠，謂忠心也。其，皆語助。

橫渠張氏曰：祭祀之饗，以此心合天意，乃是交神明之道也。

延平周氏曰：《書》曰：「鬼神無常享，享于克誠。」蓋鄉之以至誠，然後能饗之也。君牽牲，而夫人奠盎齊。君獻尸，而夫人薦朝事之豆，一陰一陽之義也。「卿、大夫相君，命婦相夫人」者，事死如事生也。

嚴陵方氏曰：自下享上之謂享，以幽饗明之謂饗。唯其人自下而享上，故神則自幽而饗明焉。饗與享一也。此篇有曰先王，有曰君子，有曰聖人，有曰孝子，何也？曰先王者，以言行之自古也；曰君子者，以言行之以德也；曰聖人者，以言有事天之道也；曰孝子者，以言有事親之行也，其實亦互相備而已。怍者，俯有怍於人，故生於人而作於色也。孝子之饗親，鄉之以心而人道盡矣，故臨尸而不怍焉。自「君牽牲」而下，皆言鄉之以心如此，故終言欲其饗之也。牲必君牽之者，以君能生是物故也。尸必君獻之者，以君能主是事故也。必能生之然後可殺，必爲之主然後用獻。君牽牲而夫人奠盎，君獻尸而夫人薦豆者，婦人唯酒食是議故也。盎則名其物而酌之者也，故曰奠。尸則象其德而事之者也，故曰獻。豆則制其器而饋之者也，故曰薦。別而言之，固如此，合而言之，若夫人薦盎，若薦諸皇尸，若周獻豆，亦可互言也。「卿、大夫相君，命婦相夫人」者，所以備外内之官也。推而上之，則公之相天子、夫人之相后可知矣。然《禮器》言「卿、大夫從君，命婦從夫人」，《明堂位》言「卿、大夫贊君，命婦贊夫人」，曰相則知有爲之主者，曰從則知有爲之先者，曰贊則知有爲之正者，其實一也。凡此則《祭統》所謂「夫婦親之」是矣。齊齊乎其敬者，言敬足以有所飾，而無慢心。愉愉乎其忠者，言忠足以有所順，而無違志。勿勿諸其欲其饗之者，言制其怠惰而有所勉，冀其神之饗吾誠也。

馬氏曰：饗帝、饗親，致其誠而已，聖人體其道之盡也。蓋德不足以與之對，則亦非饗之之盡也。聖人盡天道者也，孝子盡人道者也。

山陰陸氏曰：唯聖人爲能饗帝，格于皇天，唯伊尹爲能與此。若伊陟、臣扈，則於此庶幾焉爾。「孝子臨尸而不怍」，以尊臨卑，以老事幼，自非真以爲親，則宜有怍容。「君牽牲，夫人奠盎；君獻尸，夫人薦豆」，此當朝踐之節。鄭氏謂「繹祭」，誤也。凡祭，主人獻尸，主婦薦豆，豈特繹祭而已。「卿大夫相君，命婦相夫人」，目相如此，主從如彼，亦言之法。齊，宗廟之事。愉，朝庭之事。

石林葉氏曰：聖人具天道，其德同乎帝，故饗帝，帝必有天也。孝子具人道，其仁篤於親，故饗親，親必有祖也。推其祖以配天，推其親以配上帝，亦孝子之事。離而言之則異，故曰聖人之德無以加於孝乎！志之所鄉，然後能饗。故聖人推其尊尊之義以向乎天，孝子推其親親之仁以向乎親。

毗陵慕容氏曰：聖，盡人道也；孝，盡子道也。唯盡人道爲能同於天，唯盡子道爲能順於親。所謂饗者，非道與之俱，莫能盡其至也。天人一道也，聖人曲盡心知，至於知天，故能與天爲一。凡所爲，凡所行，莫不通於天，則天其有不饗者乎？父子，天性也，孝至矣則反其性之所本。凡所爲，凡所行，莫不合於親，非特生安之，死亦饗之，理無二致也。是二者，豈竭力從事，盡禮備物之所能致？唯中心所鄉出於至性，則無所不通也。《書》曰「面稽天若」，面天所若而不背，所謂鄉也。《孟子》曰「大孝終身慕父母」，則其心之所鄉可知也。蓋凡與之同者必鄉，鄉之斯饗矣，異則違焉，莫之饗也。

江陵項氏曰：以人而交於神，非惻怛純至與之俱化者，不能達也。故曰「唯聖人爲能饗帝，孝子爲能饗親」。仁人之心與天地爲一體，孝子之心與父母爲一人也。

《講義》曰：饗帝爲難，而聖人能之，以其誠也。饗親亦難，而孝子能之，亦以其誠也。聖人之於天，非饗之日然後敬天也，其誠心素鄉之矣。舉聖人饗帝，以見孝子之饗親當如此也。勿勿，盡心竭力之貌。雖然，此獨言國君而已，何也？蓋舉國君，則上而天子，下而卿、大夫、士、庶人，亦莫不然。此固天下之通道也。

慶源輔氏曰：德與天同，然後能饗帝；心與親一，然後能饗親。鬼神之德其誠矣，我以誠鄉，則彼以誠饗矣。祭祀之物，牲酒爲上，故君牽牲，敬以致其力也；夫人奠盎，敬以致其職也。君獻尸，祭以獻爲主也。夫人薦豆，以副君也。君牽之而夫人薦之，夫人奠之而君獻之，以見夫婦相須以共成其事也。卿大夫相君，命婦相夫人，以見在上者盡其道，則在下者各致其事以相助也。內直之謂敬，盡己之謂忠，內直則外自齊，❶盡己則事無不順。愉者，順也。勿勿者，戒止之辭。戒止其他而專心一志，以鄉乎親而冀其饗也。

文王之祭也，事死者如事生，思死者如不欲生。忌日必哀，稱諱如見親，祀之忠也。如見親之所愛，如欲色然，其文王與？《詩》云：「明發不寐，有懷二人。」文王之詩也。祭之明日，明發不寐，饗而致之，又從而思之。祭之日，樂與哀半，饗之必樂，已至必哀。

鄭氏曰：如不欲生，思親之深也。如欲色然，以時人於色厚，假以喻之。明發不寐，謂夜而至旦也。祭之明日，謂繹日也。言繹之夜不寐也。二人，謂父、母，容尸侑也。

孔氏曰：此一節明文王祭思親忠敬之甚。文王思念死者，意欲隨之而死，似不

❶「齊」，通志堂本作「濟」。

復欲生也。廟中上不諱下，於祖廟稱親之諱，如似見親也。此文王祭祀之盡忠誠也，故思念親之平生耆欲，如真見親所愛在於目前，又思念親之所愛之甚，如凡人貪欲女色然也。唯文王能如此與？與是不執定之辭。《詩》乃幽王《小雅·小宛》之篇，而云文王詩者，記者斷章取義，詩人陳文王之德以刺幽王，亦得爲文王詩也。「饗而致之，又從而思之」者，既設繹祭之饗而致於神，其夜又從而思之也。「饗之必樂，已至必哀」者，孝子想神之歆饗，故必樂；又想及饗已至之後，必分離，故必哀也。案《宣八年》「六月辛巳，有事于大廟。壬午繹」，是祭之明日爲繹也。案《有司徹》「上大夫儐尸，別立一人爲侑以助尸」，似《鄉飲酒禮》介之副賓也，繹祭與儐尸同，故知二人，容尸與侑也。　王氏曰：「欲色」，如欲見父母之顔色。

嚴陵方氏曰：事死如事生，所謂「祭如在」也。思死如不欲生，所謂「至痛極」也。忌日必哀，所謂「有終身之喪」也。稱諱如見親，所謂「聞名心瞿」也。明發者，發夕至明也。祭之明日猶且如此，而况祭之正日乎？於將祭而齊焉，則逆思其所以去，故曰「饗而致之，又從而思之」。祭之日樂與哀半者，以其饗之必樂，已至必哀故也。饗之必樂，則樂致其來；已至必哀，則哀思其去。前經言「樂以迎來，哀以送往」，正謂是矣。

毗陵慕容氏曰：此言惟文王然後能盡饗親之義。自「事死如事生」以下，皆言至誠之盡，非文王孰能之？君子所性不加不損，死生同之。生者人之所欲也，以思死者，至於不欲生，則其至性可知矣。忌日必哀，稱諱如見親者，心有所屬也。凡此皆本於忠，❶非由外作，故曰「祀之忠」也。如見親之所愛，如欲色然，言非特見其身而已，又如見其心之所愛，如欲承順其顔色，則言思之深益至其精微也。如見親之所愛，如生事之先意承志也。如欲色然，如生事之色難也。没而思之猶如此，非文王其孰能之？夫人夜寐而晝覺，爲不亂其形，思不亂其官，則與陰俱矣。今也不寐至於明發，則以思有所至故也。明發不寐，言未祭也。饗而致之，言方祭也。又從而思之，言既祭也。自未祭至於既祭，思親之誠續而不絶，無須臾忘焉，其愛敬之心至也歟！祭之日，樂與哀半。孝子之饗親也，喜、怒、哀、樂不能自定，既愉愉而樂矣，復變而悽愴焉，情不能自止也。其饗也如見親之在焉，故必樂。已至矣，則念其將往也，故必哀。饗之必樂，申前文「饗而致之」之義。「已至必哀」，申前文「又從而思之」之義。夫辰十二而成日，❷月十二而成歲，陰陽相推，一日之間猶一歲也，而鬼神亦如之，故朝與陽俱來，夕與陰俱往。因其往來而哀樂從之，朝踐主享，饋孰主食，亦禘嘗之義也。一日而陰陽分焉，故樂與哀半。

慶源輔氏曰：事死者如事生，不以死生之異而貳其誠也。思死者如不欲生，心與親一而不知夫生爲可羡也。忌日必哀，痛割如斷也。稱諱如見親，敬親之名

❶「忠」，通志堂本、四庫本作「心」。
❷「辰」，通志堂本、四庫本作「時」。

也。此古人所以制爲諱之禮也。凡此者，無所不用其至也。盡己之謂忠，而祭所以自盡也。盡己之誠，則其神著矣。故如見親之所愛，如欲色然。「如見親之所愛」，言如見親之有愛於己。「如欲色然」，言己如欲得父母之顔色，其義精矣。非文王孰能與之？明日不必言是繹祭也。正祭之日，既已饗而致其親之神靈矣，祭畢而神去，則又從而思慕之。故至於祭之明日而明發猶不寐也。由是言之，則祭之日樂與哀半，誠於饗則必來，故必樂。已至則必去，故必哀。

山陰陸氏曰：言非獨如見親也，雖親之所愛者亦如見焉。「如欲色然」，《大學》所謂「如好好色」，蓋誠之謂也。初言祭，此言祀，初言「稱諱如見親」，此言「如見親之所愛」。言文王之忠誠有加而無已。

《講義》曰：蓋欲色，人情之真也。其思如此，非出於中心之誠者，其能之乎？古之人無非孝也，何獨取於文王？百聖一心，舉文王則他聖人可知也。饗之則樂，已至則宜亦樂，而哀之何也？蓋已至則必去，安得而不哀？樂以親，哀以親，然則孝子之於親，果何時而忘耶？

長樂陳氏曰：君子之於親，生事之以禮，故事之之日喜與懼半，所謂「父母之年不可不知，一則以喜，一則以懼」是也。死祭之以禮，故祭之之日樂與哀半，所謂「饗之必樂，已至必哀」是也。已至必哀，原其始也，哀以送往，要其終也。

仲尼嘗，奉薦而進，其親也慤，其行也趨趨以數。已祭，子贛問曰：「子之言祭，濟濟漆漆然。今子之祭，無濟濟漆漆，何也？」子曰：「濟濟者，容也，遠也。漆漆者，容也，自反也。容以遠，若容以自反也。夫何神明之及交？夫何濟濟漆漆之有乎？反饋樂成，薦其薦俎，序其禮樂，備其百官，君子致其濟濟漆漆，夫何慌惚之有乎？夫言豈一端而已？夫各有所當也。」

鄭氏曰：嘗，秋祭也。親，謂身親執事時也。愨與趨趨，言少威儀也。趨，讀如「促」。數之言速也。漆漆，讀如「朋友切切」。自反，猶言自脩整也。容以遠，言非所以接親親也。容以自反，言非孝子所以事親也。「及交」，及與也。❶此皆非與神明交之道也。天子、諸侯之祭或從血腥始，至反饋，是進孰也。薦俎，豆與俎也。慌惚，思念益深之時也。豈一端，言不可以一概也。禮各有所當，行祭宗廟者，賓客漆漆濟濟，❷主人愨而趨趨。

孔氏曰：此一節記仲尼嘗祭之儀。濟濟，是容貌自疏遠。漆漆，謂容貌自反覆而脩整也。「容以遠，若容以自反」，此賓客之事。「何得神明之與交」，更覆結云孝子「何得濟濟漆漆之有」？言不得有也。初祭，尸入於室，後出在堂門，尸更反入而設饋，故云「反饋」。卿士大夫從饋孰始，故鄭云「天子諸侯或從血腥始」，言「或」者，不盡然，故三獻爓，一獻孰，是不從血腥始也。樂成，謂設饌進孰，合樂成畢。薦俎，謂薦其饋食之豆并牲體之俎也。進饋之前，與神明交，貴其誠敬。進饋之後，人事之盛，故序其禮樂，備其百官。君子，謂助祭之人，於此時致其濟濟漆漆賓客之事。若孝子自濟濟漆漆賓

❶「及交，及與也」，通志堂本、四庫本在「修整也」之下。
❷「漆漆濟濟」，通志堂本、四庫本作「濟濟漆漆」。

客之事，何得恍惚思念之有乎？　王氏曰：容也，遠也。容，當爲「客」。

嚴陵方氏曰：特言嘗，則與《月令》言「嘗犧牲」，《祭法》言「享嘗乃止」同義。奉薦而進，謂子奉所薦之時物而進之於其親也。愨，言奉之之容完實而無文。趨趨以數，言行之之節收攝而不疏。濟濟者，威儀之齊而遠，則優游而不迫。漆漆者，威儀之飾自反，則反覆而不苟。濟濟者之遠，則異乎趨數者矣。漆漆之自反，則異乎愨者矣。濟濟之容所以爲遠，故曰「濟濟者，容也，遠也」。漆漆之容以自反，故曰「漆漆者，容也，自反也」。蓋「容以遠，若容以自反」，則致其飾而於神明之道不及以交，故曰「夫何神明之及交」。反饋者既往薦腥，而反饋孰也。反饋而後樂成，則以周人先求諸陰故也。序其禮樂，則先後得以不失其倫。備其百官，則小大得以各共其事。故君子於是致其濟濟漆漆也。致其濟濟漆漆，則非以慌惚與神明交矣，故曰「夫何慌惚之有乎」。慌焉若無，惚焉若有，神人之道，幽明之際，以誠心交之，其狀如此。

馬氏曰：威儀飾而後可以濟濟，故濟濟者，威儀既飭之稱。漆可用以飾物，故漆漆者，飾其威儀之謂。飾其威儀，所以自脩也，故曰「漆漆者，容也，反也」。威儀既飭，所以遠於物，故曰「漆漆者，❶容也，遠也」。

延平周氏曰：濟濟之容遠也，而漆漆之容自反也。遠而自反，非主祭者之容，特其助祭者之容耳。故孔子之言祭則濟濟

❶「漆漆」，經文作「濟濟」。

漆漆，而親奉祭則慤而趨趨者，蓋言之各有所當也。

石林葉氏曰：交神明者，非同於所安，故奉薦之時，不可以脩容也。故其進也慤，其行也趨數；及奉薦既事而禮樂有序，百官既備，可以脩容矣，故濟者自遠也，非進而慤也；漆漆者自反也，非行而趨數也。

慶源輔氏曰：慤謂誠實。篤於誠者略於儀。《易》曰「有孚盈缶」。趨數，唯恐不及，不暇爲容也。漆漆、濟濟皆容儀，然濟濟有自辨之意，漆漆有自固之義，故有遠與自反之別。未反饋，樂未成，主人自盡其誠敬，與神明交，故其意慤，其行趨趨以數。此《易》所謂「盥而不薦」，《荀子》所謂「大廟未入尸」之次也。至反饋樂成，則禮數繁縟，各致其儀，故助祭之人濟濟、漆漆然也。此段與子游誤認速朽、速貧之意同。❶然子贛能質於聖人，不徒執其言，此所以爲善學。

孝子將祭，慮事不可以不豫；比時具物，不可以不備；虛中以治之。宮室既脩，牆屋既設，百物既備，夫婦齊戒沐浴，盛服奉承而進之。洞洞乎，屬屬乎，如弗勝，如將失之，其孝敬之心至也與！薦其薦俎，序其禮樂，備其百官，奉承而進之。於是諭其志意，以其慌惚以與神明交，庶或饗之。庶或饗之，孝子之志也。

鄭氏曰：比時，猶先時也。虛中，言不兼念餘事也。既脩、既設，謂掃除及黝堊。百官助主人進之也。諭其志意，謂使祝祝饗及侑尸也。或，猶有也，言想其仿

❶「意」，通志堂本、四庫本作「義」。

佛來。

孔氏曰：自此至「成人之道」，廣明孝子祭祀之義。虛中以治之，言心中唯思此祭而已。案《廣雅》：「洞洞、屬屬，敬也。」恭敬心甚，如舉物之弗勝；心所奉持，如似將失於物，此孝子心敬之至極也。既薦其俎，❶於是使祝官啓告鬼神，曉諭鬼神以志意。其思念情深，慌惚似神明交接，庶望神明或來歆饗，是孝子之志意也。

嚴陵方氏曰：若「前期十日，帥執事而卜日，遂戒」，此慮事之所以豫也。若天之所生，地之所産，苟可薦者，莫不咸在，此具物之所以備也。豫則無不及之時，備則無不足之用，此事與物之辨也，具之然後備也。比時，與《學記》言「比年」同義。齊者，心不苟慮，必依於道。凡以致其虛而已，中其可以不虛乎？脩則所以葺其舊，設則所以飾其新。曰脩、曰設，互相備。百物既備，則凡祭所用之物無所不備矣。致齊三日之謂齊，散齊七日之謂戒。沐浴則澡雪其髮膚焉。盛服，吉服也。洞洞，則《禮器》所謂「洞洞乎其敬也」。屬屬，則《禮器》所謂「屬屬乎其忠也」。如弗勝，如弗勝是祭事也。如將失之，如將失其親而弗獲見。凡此非孝敬之至者疇克如是，故曰「其孝敬之心至也與」。祝以孝告而諭人之志意於神，嘏以慈告而諭神之志意於人，神人之際既相諭矣，故放其慌惚有無之間，人可以與神交於幽，神可以與人交於明也。如是而祭，庶幾乎神或饗之也。然則孝子之志，豈他

❶「既」，通志堂本、四庫本作「則」。

求哉，如斯而已，故曰「庶或饗之，孝子之志也」。庶者，幸而不必之詞。或者，疑而不定之詞。《郊特牲》言「豈知神之所饗也，主人自盡其敬而已」，正謂是也。

毗陵慕容氏曰：祭事不一，《周官》所謂牲事、玉幣爵之事、祼將之事、宰夫凡禮事，莫非事也。其事衆，則其節煩，非先有所慮，蚤正而素定之，則散亂顛倒，踰節失序，非所以嚴祭祀也。凡事豫則立，不豫則廢，况祭者孝子所自盡也。比時具物者，蓋物以時而生成，非其時物不可以具，或當先祭期而具焉，若養犧牲，共蕭茅，庀財用，水草之實，陸産之品，陰陽之物，莫不因時而具，所謂「比時具物」也。事既先慮矣，物既先備矣，又當虚其中以治之，不以外物貳其心焉，所謂「虚中」也。然事不先備，則亦莫能以虚其中矣。蓋實則礙，虚則通；實則蔽，虚則明，非至於此，則不能以交神明也。先王所與事其鬼神者，非特使之駿奔走奉職執事而已，各欲盡其中心慌惚之誠，以交於亡形荒絶之中，如是而後爲至。古者能事神，然後爲祝；神降之，然後爲巫。巫、祝尚欲與神明交，况與祭者哉！《清廟》之詩曰：「於穆清廟，肅雍顯相。」言助祭者率成王於穆之德而行之莫不肅雍，而又至於顯相其祀事，則其能交神明可知矣。然謂之孝子之志者，蓋非其所躬行，以所望於助祭者其志如此也。

慶源輔氏曰：事不可以不豫慮，物不可以不先備。及祭，則虚中以治之耳。一有不豫，一有不備，則有以動吾之心，虧吾之誠，非與神明交之道也。洞洞、屬屬，其虚中之象乎？「宫室既脩」以下，皆所謂豫也。洞洞乎，言其内之直而無蔽也。屬屬乎，言其誠之弗息也。誠敬如此，故自然如弗勝其祭事，如將失其親意也，孝敬之心至則誠矣。慌惚謂若有若無，無方無體，所謂「如在其上，如在其左右」之時也。此其精誠之極，故可以與神明交。重言「庶或饗之」者，蓋言孝子之心志切至如此也。前言孝敬之心至耳，薦其薦俎，而下此又言孝子之志也。志，謂其所欲也，故曰「以其慌惚以與神明交，庶或饗之，庶或饗之」也。

延平周氏曰：洞洞，言其幽深。屬屬，言其聯續。備其百官者，言助祭之百官也。孝子之祭也，盡其慤而慤焉，盡其信而信焉，盡其敬而敬焉，盡其禮而不過失焉。進退必敬，如親聽命，則或使之也。

鄭氏曰：言當盡己而已，如居父母前，將受命而使之。

孔氏曰：盡慤，謂心盡其慤也。而慤焉，謂外亦慤焉。其信與敬，皆處内。内有其心，外著於貌。禮包衆事，非一可極，云「不過失」，則是禮也。孝子祭時，進之與退必恒恭敬，如似親聽父母之命，而父母或使之也。

嚴陵方氏曰：盡其慤，所謂「慤善不違身」也。盡其信，所謂「致其誠信」也。盡其敬，所謂「與其忠敬」也。盡其禮，謂「祭之以禮」也。不過，則當其事；❶不失，則得其道。

石林葉氏曰：慤者信之始，信者慤之著，敬者禮之質，禮者敬之文。四者於祭祀無不盡，而獨於禮不敢過失者，明其誠謹

❶「事」，通志堂本、四庫本作「辜」，是。

與物爲稱也。

毗陵慕容氏曰：孝子之祭，心至而貌亦至焉。夫内有其心而未充其貌，外飾其貌而未既其心，皆非所以爲至焉。故必盡其心而著於貌，然後可以通於神明。信，慤者，性之至真全實而未毁者是也。敬者，所以直内是也。慤然後信，信然後敬。言所謂有諸己而不欺者是也。三者皆以奉祭者，由本而漸達焉故也。言所本於心，而形於貌，至於禮，則見於薦獻動容之間者皆是也。

《講義》曰：欲親之饗不在乎他，唯在乎盡吾中心之誠耳。盡吾心之慤，則凡見於事者無不慤也。盡吾心之信，則凡見於事者無不信也。盡吾心之敬，則凡見於事者無不敬也。盡吾心之禮，則凡見於事者舉無過失也。慤、信、敬、禮，雖若不同，一於誠而已。

慶源輔氏曰：孝子之祭，所以自盡其誠敬也。慤與前所謂「仲尼親也慤」之「慤」同。慤與信皆誠也，慤以其固言之，信以其實言之。禮見於進退、容止、器用、牲幣之間，貴在於中節，故以「不過失」言之。孝子自盡如此，則其進退必敬，如親聽命，豈勉强頃刻之間哉？其必有由也，故曰「則或使之」也。

禮記集説卷第一百十

禮記集説卷第一百十一

孝子之祭可知也，其立之也，敬以詘；其進之也，敬以愉；其薦之也，敬以欲；退而立，如將受命；已徹而退，敬齊之色不絶於面。孝子之祭也，立而不詘，固也；進而不愉，疏也；薦而不欲，不愛也；退立而不如受命，敖也；已徹而退，無敬齊之色，而忘本也。如是而祭，失之矣。

鄭氏曰：詘，充詘，形容喜貌也。進之，謂進血腥也。愉，顔色和貌也。薦之，謂進孰也。欲，婉順貌。齊，謂齊莊。固，猶質陋也。「而忘本」，「而」衍字也。

孔氏曰：此一節明孝子之祭，觀其貌而知其心，「孝子之祭可知也」以下諸事是也。其立之也，言孝子尸前而立也。已徹，謂祭畢已徹饌食。

黄氏曰：敬以欲者，欲其親之歆饗之也，欲冀見其親之容顔也，故下文云「薦而不欲，不愛也」，乃爲人子孝恭追慕之心見于形貌之謂也。

嚴陵方氏曰：孝子之祭可知者，言觀其祭可以知其心也。其立之者，言方待事而立也。其進之者，言既從事而進也。其薦之者，言奉其物而薦也。退而立者，言其進而後退也。已徹而退者，言既薦而後徹也。蓋退而立，則少退而已。已徹而退，則於是乎退焉。詘則身之屈也，愉則色之愉也，欲則心之欲也。退而立，如將受命，則順聽而無所忽焉。已徹而退，敬齊之色不絶於面，則慎終如始矣。

毗陵慕容氏曰：君子以所性爲本，故能

達而爲容貌，猶之木也，本固而末茂。敬齊之色不絶於面，有本者如是。今無焉，是忘其本也。心勿忘，則有本，本存則有其容矣。此表裏之符也。凡此者，雖皆祭祀之容，無非本於德。德者，得於身也。覩其容如此，則知非有得於身也。故曰「如是而祭，失之矣」。由前而祭則可知，以循其本故也；由後而祭則失之，以喪其本故也。君子務本，所謂本者，孝而已，故其言必本於孝子。

馬氏曰：以其莫爲者先定於内，則或使於外者，當可知矣。自「孝子之祭可知也」至「不絶於面」，此所謂「進退必敬」也。進也，薦也，退立也，徹也，皆進退之節也。敬以詘，敬以愉，敬以欲，其徹有敬齋之色，皆敬之出乎信、慤者也。

慶源輔氏曰：可知也，猶語魯大師樂曰「樂其可知也」之意。必如是，然後盡孝子之心，合祭祀之禮。此即所謂「進退必敬，如親聽命」也。立以身言故曰詘，進以貌言故曰愉，薦以心言故曰欲。退而立，如將受命，誠敬屬屬乎進退之間也。已徹而退，有敬齊之色，誠敬屬屬乎終始之際也。色非可以僞爲也。

《講義》曰：祭以敬爲主，由敬心發於中，故見於顔色者自然如此也。强悲者雖哭不哀，强歡者雖笑不和，非敬心之發，雖勉强不能也。故立則不詘，進則不愉，薦則不欲，退立而不如受命，已徹而退，則無敬齊之色，其失如此，由其心之不敬也。以敬則如彼，一不敬則如此。孰謂見於顔色者可以勉强爲哉？

山陰陸氏曰：立而不詘，以其恃親，是故謂之「固」。進而不愉，以其憚親，是故謂之「疏」。薦而不欲，若不得已而後薦也，不愛莫大於是。退立而不如受命，敖也，始立如此，是固也，非敖也。凡祭以齊爲本，方祭嫌於不愉，祭已嫌於不齊，已徹而忘之，是之謂忘本。

孝子之有深愛者，必有和氣。有和氣者，必有愉色。有愉色者，必有婉容。孝子如執玉，如奉盈，洞洞屬屬然，如弗勝，如將失之，嚴威儼恪，非所以事親也，成人之道也。

鄭氏曰：和氣，謂立而詘。成人，既冠者。然則孝子不失其孺子之心也。

孔氏曰：言孝子對神，容貌敬慎，如執持玉之大寶，如奉盈滿之物。嚴威謂嚴肅威重。四者非事親之貌，事親當和順卑柔也。

嚴陵方氏曰：愛者心也，心動則氣隨之，氣形則色隨之，色見則容隨之，故言之序如此。和也、愉也、婉也，皆生於愛之深者也。儼則貌有所儼，威則外爲可畏，恪則内爲有辨。如弗勝，如將失之，則事親之道也。嚴威儼恪，則成人之道也。夫爲人子者，髮必髳髦，衣必青純，居不主奥，坐不中席，行不中道，立不中門，財不私有也，言不稱老也。貴爲世子而齒讓必行於學，尊爲大夫而車馬不敢受於朝。凡以成人之道，非所以事親而已。

東萊吕氏曰：有深愛者，必有和氣、愉色、婉容，從容不迫而誠意篤至。

毗陵慕容氏曰：此言孝子之事親，根於至性，由中而漸達於外也。君子所性本於仁。仁，人心也，首善莫如仁，則仁者心之端，善之首，則孝子之所本，本於深愛而已。深愛則仁之心，和則仁之氣，愉則仁之色，婉則仁之容，故曰「仁人之事親」。

山陰陸氏曰：和氣、愉色、婉容，皆愛根於心，其發見於外如此。如執玉，如奉盈，如弗勝，言敬，故曰「愛敬盡於事親」。

延平周氏曰：如執玉，言其恭；如奉盈，言其慎；與夫「如弗勝」之類者，非特孝子事親而已，蓋成人之道所當然也。

《講義》曰：愛親之沁深，❶動於其心，則發於氣也必和。氣和而色愉，色愉而容婉，表裏之符不期而然。曰「必有」者，以其自然而非勉强也。

先王之所以治天下者五，貴有德，貴貴，貴老，敬長，慈幼。此五者，先王之所以定天下也。貴有德，何爲也？爲其近於道也。貴貴，謂其近於君也。❷貴老，爲其近於親也。敬長，爲其近於兄也。慈幼，爲其近於子也。

鄭氏曰：言治國有家道。

孔氏曰：自此至「國家也」一節，論貴德及孝弟之事。

石林葉氏曰：道無不在而德者道之所形，故貴有德，以其近道。君爲天下貴而爵所自出，故貴貴，以其近君。老非己親而事親欲其壽老，故貴老，爲其近親。長非己兄而推其所尊則無犯上，故敬長，爲其近兄。幼非己子而推其愛以及其所不愛，故慈幼，爲其近子。自老而上皆曰「貴」者，以其達尊也。故《孟子》曰：「爵一，齒一，德一。朝廷莫如爵，鄉黨莫如齒，輔世長民莫如德。」推其尊於鄉黨，故敬長同於貴老。推其尊於長民，故慈幼

❶「沁」，通志堂本、四庫本作「心」，是。
❷「謂」，四庫本作「爲」，是。

同於貴德。

毗陵慕容氏曰：先王所以治天下者，在順乎民。所以順民者，在因其性。不能因其性，民不可得而順也。不能順乎民，天下不可得而定也。五者民性之所有，人道之所先，自上世以來未有能外此者也。天下莫不貴者，道也。尊無二上，繼天而爲之子，位莫貴焉者，君也。道者所由而行，君者所恃而治，孰有大於斯五者？凡有德者，能得道者也；凡有爵而貴者，佐君而理者也。有德者有天爵，貴者有人爵。天爵謂之良貴，人爵謂之達尊，二者皆可貴也，故曰「貴有德，貴貴」。爲其近而貴焉，則所貴者廣矣。親生我者也，兄先我者也，子承我者也，人之所以爲人，盡於此三者。於親致其孝，於兄竭其敬，於子盡其慈，人道備矣。貴老，則凡在己上者，欲其同於親，所以廣孝也。敬長，則凡在己右者，欲其同於兄，所以廣敬也。慈幼，則凡在己下者，欲其同於子，所以廣愛也。先王推其所爲，至於如此，則天下之大，莫能外焉，宜其可以運諸掌。孔子師文王，敬周公，則貴有德者也。畏大人，事公卿，則貴貴者也。「老者安之，朋友信之，少者懷之」，於斯五者可謂盡其道焉。使其不窮於末世，其於定天下何有？

嚴陵方氏曰：先王治天下，豈特五者而已哉！然不過五者而已。先言治天下，後言定天下者，治之然後定故也。德未足以盡道也，近於道而已。凡列於爵者，皆謂之貴。貴不必皆君也，貴在外者也。先德而後貴，以内外爲之序也。貴必在上者也，老有在下者也，先貴而後老，以上下爲之序也。先老而後長，先長而後幼，則以尊卑小大爲之序也。貴有位而已，老有年而已，不必皆有德，則長也、幼也又可知矣，故於德特言有焉。於長曰敬，於幼曰慈者，蓋敬存乎禮，慈存乎仁而已。至於貴，則不止於是也。

延平周氏曰：道出而爲德，由德以入道。道則聖也，德則賢也，故曰「貴有德，爲其近於道也」。貴有德之與貴貴，二者不可偏廢也。然貴有時而屈於德，故貴有德所以先之也。

延平黄氏曰：人性之善充之足以保四海，不充之不足以事父母。先王引而充之，慮其不充而害其本也，故貴貴，爲其近於君也；貴老，爲其近於親也；敬長，爲其近於兄也；慈幼，爲其近於子也。

慶源輔氏曰：人人親其親，長其長，而天下平，所謂「定天下也」。君臣父子兄弟，人倫之大者，而道又人倫之總也。故先曰「貴有德」。先王之治天下，舉斯心加諸彼而已，刑名法數有不與焉。然其所謂道者，亦豈清虚寂滅之謂乎？

是故至孝近乎王，至弟近乎霸。至孝近乎王，雖天子必有父。至弟近乎霸，雖諸侯必有兄。先王之教，因而弗改，所以領天下國家也。

鄭氏曰：天子有所父事，諸侯有所兄事，謂若三老五更也。天子衰，諸侯興，故曰「霸」。

孔氏曰：以聖人之德無以加於孝，故雖天子之尊，必有事之如父者，謂養三老也。教民禮順，莫善於弟，故雖諸侯之貴，必有事之如兄者，謂養五更也。因人心之孝弟，即以孝弟教人，是因而不改。

案天子、諸侯俱有養老之禮，皆事三老五更。故《文王世子》註云：「三老如賓，五更如介。」但天子尊，故父事屬之；諸侯卑，故兄事屬之。

嚴陵方氏曰：《孟子》曰：「以力假仁者霸，以德行仁者王。」❶則霸非無仁也，特未若王之仁爲至爾。夫孝，仁也，弟亦仁也。孝足以盡事親之道，故近乎王。弟止於從兄而已，故近乎霸。《孝經》言「雖天子，必有先也，言有兄也」，則天子未嘗無兄矣。又以「保其社稷，和其人民」爲諸侯之孝，❷則諸侯未嘗無父矣。此止於天子言父，於諸侯言兄者，以弟不足以盡天子之德，而諸侯未足以盡孝之道故也。先王之教因而弗改者，因其良知良能而教之也。孩提之童無不知愛其親，故先王因而弗改，則教之以孝焉。及其長也，無不知敬其兄，先王因而弗改，則教之以弟焉。先王有孝弟之教如此，則上足以承父兄，下足以令臣庶，而刑于四海矣。故曰「所以領天下國家也」。

石林葉氏曰：孝以事親，父則親之也，親之斯愛之矣。故至孝近乎王，以王道主乎仁也。弟以從兄，兄則尊之也，尊之斯畏之矣。故至弟近乎霸，以霸假乎義也。王有天下，因言其孝，則曰「天子必有父」。霸有一國，因言其弟，則曰「諸侯必有兄」。近王霸者，至孝弟者也；通神明者，孝弟之至者也。先王領天下國家，有所因者，本於此而已矣。

毗陵慕容氏曰：《孟子》曰：「仁之實，事

❶「王」，原作「主」，今據通志堂本、四庫本改。

❷「人民」，通志堂本、四庫本作「民人」。

親是也；義之實，從兄是也。」又曰：「親親，仁也。敬長，義也。」則孝所以爲仁，弟所以爲義。王者之事，以仁爲心；霸者之事，以義爲行。仁主愛，愛則親，親則不敢視爲外，❶故曰「必有父」。義主敬，敬主遜，遜則不敢處其先，故曰「必有兄」。推是心也，而推於其所爲，其於王霸也何有？夫「立人之道曰仁與義」，孝弟本仁義而始之也，王霸推仁義而行之也。❷至孝可以王，而王者之道不止於親親，故曰「近乎王」。至弟近乎霸，而霸者之事不止於敬長，故曰「近乎霸」。王與霸本仁義而爲之，仁與義本乎孝弟而達之，先王之教所因者本，故曰「因而弗改」。

《講義》曰：自昔有天下國家者，未嘗不以孝弟之道爲先。堯舜者不過此爾，況王與霸乎？以天子、諸侯而有尊、有先，則天下之有父兄者，宜如何哉？蓋二者非勉强難行之事，特人性之自然者爾。先王之教，非有他術，因人性之自然而無所改易，所以領天下國家而人從之，用此道爾。以至孝爲近乎王，至弟爲近乎霸，天下必有父，諸侯必有兄，非以其有優劣也，互見云爾。

慶源輔氏曰：孝弟，順德也。别而言之，則孝生於仁，弟生於義。仁可以包義，義未足以盡仁，故有近王、近霸之說焉。至孝近乎王，故雖天子必有父。至弟近乎霸，故雖諸侯必有兄。此又推言其隆殺

❶「親」下原空六格，通志堂本有「則不敢」，四庫本有「則不敢視爲外」，今據四庫本補。

❷「推」，通志堂本、四庫本作「拒」。

之義耳，非謂天子之無兄，諸侯之無父也。先王之教，因其可貴而貴焉，因其可敬而敬焉，因其可慈而慈焉，使天下之人觀感以自遂其良知、良能焉，則天下國家雖大，可得而領之矣。領猶衣之領，提其領則衣無不順也。教非强其所無，因其有以導之耳。言天下、國家，關上天子、諸侯也。

江陵項氏曰：《禮記》之文多若此類，雖似可疑，然皆古之遺言，先儒口以相授，其中多古之義訓，不可忽也。此章亦當以古訓解之。古人謂事親爲仁，敬長爲義。王者以仁覆天下，故至孝者近之，君之道主於仁也。霸者以義尊王室，故至弟者近之，臣之道主於敬也。不曰君臣而曰王霸者，極其至者而言之也。王者君位之極，霸者臣位之極也。古之所謂霸者，即「伯」字也，諸侯之長也。自孟子、荀子推明王霸之辨，而後學者以霸爲羞，故此章遂不可通。殊不知孟、荀所闢，謂春秋時五霸耳。由威、文以前，堯、舜之四岳，夏、殷之二伯，文、武時周、召爲二伯，成王時太公爲侯伯，康王時召公、畢公爲二伯，是亦可羞乎？學者考古不精，多據後説以破前言，不可不謹也。

子曰：「立愛自親始，教民睦也。立敬自長始，教民順也。教以慈睦，而民貴有親。教以敬長，而民貴用命。孝以事親，順以聽命，錯諸天下，無所不行。」

鄭氏曰：親、長，父、兄也。睦，和厚也。尊長，出教令者。

孔氏曰：此一節明愛敬之道。自此以下皆展轉相因，廣明其事。蓋記者雜録，以事類相接爲次，非本相因之辭也。人君欲立愛於天下，從親爲始，言先愛親也。己愛親，則人亦愛親，是教民睦也。欲立敬於天下，從長爲始，言先自敬長。己能敬長，民亦敬長，是教民順也。睦則恩慈，故云「慈睦」。民既慈睦，則貴所有之親。民心和順，不有悖逆，故貴用在上之教命。

延平周氏曰：仁始於愛親，而愛其親以及人之親，故曰「自親始」。義始於敬長，而敬其長以及人之長，故曰「自長始」。教以慈睦，則知教以敬順；教以敬長，則知教以慈幼。

馬氏曰：與《伊訓》所謂「立愛惟親，立敬惟長，始於家邦，終於四海」、《孝經》所謂「孝敬盡於事親，❶德教加於百姓，刑于四海」同，皆天子之事也。愛所以爲仁，敬所以爲義。事親者，仁之實，故立愛自親始。從兄者，義之實，故立敬自長始。

石林葉氏曰：君子無不愛也，自親而推之，則有殺，故以愛親爲始。君子無不敬也，自長而推之，則有等，故以敬長爲始。始乎親而達其教於天下，凡有親者莫不敦愛而相顧也，故曰「教以慈睦，而民貴有親」；始乎長而達其教於天下，凡有上者莫不用命而相尊也，故曰「教以敬長，而民貴用命」。親親、長長，君子所自立，而效至於天下平，故曰「錯諸天下，無所不行」。

嚴陵方氏曰：愛敬之性存乎天，愛敬之教存乎人。存乎天者，人皆有之，然或至於忘其愛敬，非天之降材爾殊也，亦由戕

❶「孝」，通志堂本、四庫本作「愛」，是。

賊其美質，顛仆其善本而已，則存乎人者其可廢乎？故每以立言之也。相親之謂睦，不悖之謂順。《堯典》曰「以親九族」、「九族既睦」，則睦固出於愛親矣。《孝經》曰「以敬事長則順」，則順固出於敬長矣。能慈睦則相親而不離，能敬順則從命而無逆。孝以事親，則知所謂順以聽命者，敬以事長也；❶順以聽命，則知所謂孝以事親者，睦以相親也。其言互相備而已。「錯諸天下，無所不行」者，則以人心所同故也。《孟子》曰：「親親，仁也；敬長，義也，無他，達之天下也。」其言正與此合。

毗陵慕容氏曰：愛敬之道，非可家至户曉，所因者本，則從之也輕聽且速矣。親親，仁也；敬長，義也。不學之良能，不慮之良知，人皆有之，所謂本也。聖人能自我達之天下，使四海之内合敬同愛，所謂立也。

慶源輔氏曰：貴猶崇尚也。錯與「推而放之四海而準」之意同。

郊之祭也，喪者不敢哭，凶服者不敢入國門，敬之至也。

鄭氏曰：祭者吉禮，不欲聞見凶人。

孔氏曰：此一節論郊祀之禮，以是吉禮大事，故喪與凶服皆辟之。

嚴陵方氏曰：古禮莫重於祭，祭禮莫大於郊，故不敢以凶事干吉禮焉。然非敬之至，又安能如是？

山陰陸氏曰：天神言辟之以爲敬，人鬼言親之以爲敬，亦相備也。

慶源輔氏曰：人君郊天，而人之有喪者

❶「長」，通志堂本、四庫本作「親」。

不敢哭，凶服者不敢入國門；祭廟，而卿大夫序從執事，進退必虔。非人君誠敬之至，安能如是哉！然則在我者雖敬，而在人者弗肅，猶非敬之至也。

祭之日，君牽牲，穆答君，卿大夫序從。既入廟門，麗于碑，卿大夫袒，而毛牛尚耳，鸞刀以刲，取膟膋，乃退。爓祭祭腥，而退，敬之至也。

鄭氏曰：祭，謂祭宗廟也。穆，子姓也。答，對也。序，以次第從也。序或爲「豫」。麗，猶繫也。毛牛尚耳，以耳毛爲上也。膟膋，血與腸間脂也。爓祭祭腥，祭爓肉、腥肉也。湯肉曰爓。

孔氏曰：此一節明祭廟牽牲致敬。君牽牲時，子姓對君共牽牲。卿大夫佐幣，士奉芻，依次從君也。牲以紖繫著中庭碑。將殺牲，卿大夫袒取毛牛薦之。耳主聽，故以耳毛，欲使神聽之。用鸞刀刲割牲體，又取血及腸間脂。血以供薦，而膋以供炙肝及爇蕭也。「乃退」，謂殺牲竟，而取卿大夫所刲血毛膟膋薦之，竟而退也。祭有三節，此一節竟，故退。薦膟膋之後，以俎載爓肉、腥肉而以祭。祭卒而退，是恭敬之至極也。知穆是子姓者，父昭子穆。姓，生也。子孫是昭、穆所生，直言穆者，文不備。案《説文》云：「膟，血祭。」膋是牛腸間脂也。此腥肉即《禮運》「腥其俎」也。爓肉，即《禮運》「孰其殽」也。此先云爓，便文耳，非先後之次。云「湯肉爲爓」者，以鬼神異於生，雖曰孰殽，但湯肉而已。若其他小祀，則煮肉令孰，故《郊特牲》云「一獻孰」。是爓與孰又別也。

延平周氏曰：以君之尊而牽牲，以子姓

之親而荅君，可謂敬之至也。

嚴陵方氏曰：祭之日，謂祭宗廟之日也。父爲昭，子爲穆，故曰「穆」。必以穆言之者，以有事於宗廟故也。荅君者，對君而牽牲也。荅君必以穆者，以示父子合敬而致其力也。卿大夫從君而在穆後，故曰「序從」，言不失先後之序也。袒，則示其用力之勞也。毛牛，則告全故也。尚耳，則欲神之聽之。《雜記》、《周官》謂之「衈」者，正此之意。《郊特牲》言「肉袒親割」，此則言卿大夫者，蓋卿大夫相君故也。鸞刀以刲者，取聲和而後斷也。取膟膋，將以染蕭而焫之也。爓，則向乎孰矣。腥，則全乎生而已。夫祭之日，内之父子，外之君臣，周旋反覆從事，至於如此，故曰「敬之至也」。

山陰陸氏曰：凡在子列皆穆也。《春秋傳》曰：「此非子也，其稱子何？臣子一例也。」假令閔公牽牲，僖公在列，即穆矣。言「鸞刀以刲，取膟膋」，蒙「卿大夫袒，而毛牛尚耳」，則鸞刀以刲，卿大夫也。君牽牲，卿大夫序從，蓋從早矣。至「鸞刀以刲，取膟膋」、「爓祭祭腥」，然後退，所謂「敬之至也」。《郊特牲》曰「取膟膋燔燎升首，報陽也」，與此「取膟膋」不同。彼羊也，此牛也。知然者，以《羊人》云「祭祀割牲，登其首」知之也。《祭義》曰「燔燎羶薌，見以蕭光」，正言羶，蓋以此。鄭氏謂割牲進其孰體，然則刲言牲，割言孰。刲，臣之事；割，君之事。爓祭祭腥而退，不言祭爓，爓不足言也。祭腥在下，亦以此。故曰「禮之近人情者，非其至者也」。自饋孰而後，雖敬，非其至也。《易》曰「觀盥而不薦」，則誠不在灌獻。孔子曰「禘自既灌而往者，吾不欲觀之矣」，則誠不在朝踐。夫言豈一端也，顧所主意如何爾。

石林葉氏曰：牽牲而入廟門，麗于碑，所謂「納牲詔于庭」也，毛牛尚耳者，所謂「升首於室」也。封取膟膋，以合羶薌，所謂「臭陽達于牆屋」也。祭燗腥而退，所謂「至敬而不享味」也。

賈氏曰：宮必有碑。案《士昏禮》、《聘禮》云「三揖」，鄭註皆云「入門將曲揖，既，北面揖，當碑揖」，則大夫、士廟内皆有碑。《鄉飲酒》、《鄉射》言「三揖」，則庠序之内亦有碑。據《祭義》則諸侯廟内有碑明矣。但生人寢内，不見有碑。兩君相朝，燕在寢，豈不三揖乎？明亦當有碑矣。碑所以識日景，觀碑景邪正，以知日之早晚也。宮廟之碑用石爲之，葬碑取縣繩繂，暫時之間往來運載，當用木而已。《儀禮疏》。

郊之祭，大報天而主日，配以月。夏后氏祭其闇，殷人祭其陽，周人祭日以朝及闇。

鄭氏曰：主日者，以其光明，天之神可見者莫著焉。闇，昏時也。陽，讀爲「曰雨曰暘」之「暘」，謂日中時也。朝，日出時也。夏后氏大事以昏，殷人大事以日中，周人大事以日出，亦謂此郊祭也。以朝及闇，謂終日有事。

孔氏曰：自此至「天下之和」，論郊祭及日月之義。此經止明郊祭之禮。郊之祭者，謂夏正郊天，於此郊時大報天之衆神。天無形體，懸象著明，不過於日月，故以日爲百神之主，配之以月。自日以下皆祭，特言月者，但月爲重，以對日耳。蓋天地獨爲壇，其日月及天神等共爲一壇，故曰得爲衆神之主也。❶《檀弓》云大事非止是喪，亦兼諸祭。周人尚文，祭百神禮多，故以朝及闇。彼季氏，大夫之家，禮儀應少，亦以朝及闇，故夫子譏之。長樂劉氏曰：「郊之祭，大報天而主日」者，天之爲德至廣、至大，不可得而見之也。其可見者，日與月爾。故尊之以次于天，以爲三辰之主，而以月配焉。嚴陵方氏曰：郊雖以報天，然天則尊而無爲，可祀之以其道，不可主之以其事，故止以日爲之主焉。猶之王燕飲則主之以大夫，王嫁女則主之以諸侯而已。有其祀，必有其配，故主以日而又配以月也。猶之祭社則配以句龍，祭稷則配以周弃焉。《春秋傳》曰「自外至者無主不止」，蓋謂是矣。闇者，日既没而黑，夏后氏尚黑，故祭其闇。陽者，日方中而白，殷人尚白，故祭其陽。朝者，日初出而赤，周人尚赤，故祭以朝及闇焉。言闇則知陽之爲明，言陽則知闇之爲陰，言朝則知闇之爲夕。以朝及闇，則有陰有陽，陰陽雜而成文，又以見其尚文歟？祭日，謂祭之日也。必於周言日者，以一日之間，以朝及闇故也。先儒謂「終日有事」是矣。

清江劉氏曰：周人祭日以朝及闇，此言周人尚赤，大事用日出，先日欲出之初，猶逮及闇，則可行祭事矣。稍後則晝，晝則與殷人日中相亂。故季氏祭，仲由爲宰，晏朝而退，仲尼謂之知禮也。若曰周人之祭自朝及暮，則孔子無爲多仲由，仲由爲不知禮。

❶「主」，原作「王」，今據通志堂本、四庫本改。

馬氏曰：《周官・掌次職》云：「祀五帝，則張大次小次。」註云：「大次，始往所止居。小次，既接祭退佚之所。」是與諸臣代有事也。唯其與諸臣代有事，故雖以朝及闇，而不繼之以倦也。

山陰陸氏曰：以朝及闇，終此一日，正言祭日以此。且言及闇，則非不得已也，著無有司跛倚之事。

延平周氏曰：以朝及闇者，猶言以朝與闇，蓋或以朝，或以闇。

祭日於壇，祭月於坎，以別幽明，以制上下。祭日於東，祭月於西，以別外内，以端其位。日出於東，月生於西。陰陽長短，終始相巡，以致天下之和。

鄭氏曰：幽明者，謂日照晝，月照夜。端，正也。巡，讀如「沿漢」之「沿」，謂更相從道。

孔氏曰：此經皆據「春分朝日，秋分夕月」。祭日於壇，謂春分也。祭月於坎，謂秋分也。月爲幽，日爲明。日在壇，月在坎，是殊別幽明，制定上下也。日爲陽在外，月爲陰在内，今祭日於東，用朔旦之時，是爲外；祭月於西，用鄉夕之時，是爲内。是以別外内，以正其位也。陰謂夜，陽謂晝。夏則陽長而陰短，冬則陽短而陰長，是陰陽長短也。月之與日同行黄道，其晦朔之日，月與日同處。自朔之後，月與日先後而行，至月終日還，與月同處，是終始相巡也。陰陽和會，是致天下之和也。

横渠張氏曰：朝日夕月，皆朝夕天，非朝夕日月。天體至大，難以出入，而求日出於東，月出於西，如君之出視朝夕，故天子於此時朝夕所以訓民之事君。

長樂劉氏曰：「祭日於壇，祭月於坎，以別幽明，以制上下」者，此謂春分朝日于東郊，秋分夕月於西郊也。春朝而後，日向長，夜向短，則晝夜差而幽明別矣。秋夕而後，陽消而下，陰長而上，則寒暑分而上下制矣。祭日於東，祭月於西，以別外内，以端其位。日出於東，月生於西，陰陽長短，終始相巡，以致天下之和者，此謂「冬至大報天於圜丘而主日也」。位日於壇東，以象其所出；位月於壇西，以象其所生。東爲主，故曰内；西爲賓，故曰外。日南至矣，由此而行北陸，陽從之以長，陰從之以消矣，晝由之以脩，夜由之以短矣。長則進於地上，消則入于地中。二氣之進退，乃繫乎日月之行也，則其位不得不端焉。雖然，天運左旋，日月右轉。天運之周二十有八轉而强，月乃一周于天；月十有二周于天，而日乃一周于天。其行同軌，而與月會于其次，則謂之合朔，十有二朔而歲功成焉。故朔也者，月周天之終，而日合月之始也。日月以叙會合于上，則陰陽以叙消長于下，而四時由之和焉，萬物由之生焉。蓋凡陽氣則主于日，陰氣則主于月。天爲積陽之長，此則郊而主日，以致天下之和。

嚴陵方氏曰：壇之形則圜而無所虧，以象日之無所虧而盈也。坎之形則虚而有所受，以象月之有所受而明也。且封土爲壇，其形高而顯；鑿土爲坎，其形深而隱，一顯一隱，所以别陰陽之幽明；一高一深，所以制陰陽之上下。東動而出，西静而入，出則在外，入則反内，故東西所以別陰陽之外内。東爲陽中，西爲陰中，中則得位，故東西所以端陰陽之位。别幽明之道，然後能制上下之分；别内外之所，然後能端陰陽之位。言之序所以如此。且壇、坎者，人爲之形；東、西者，天然之方。以出於人爲也，故言「制上下」；以出於天然也，故言「以端其位」而已。日出於東，言其象出於天地之東也。月生於西，言其明生於輪郭之西也。此又覆明祭日月於東西之意也。日言出於東，則知爲入於西。《堯典》於東曰「寅賓出日」，於西曰「寅餞納日」者以此。月言生於西，則知爲死於東。楊雄言「月未望則載魄于西，既望則終魄於東」者以此。日之出入也，歷朝夕晝夜而成一日；月之死生也，歷晦朔弦望而成一月。日往則月來，月往則日來，而陰陽之義配焉。陽道常饒，陰道常乏，故運而爲氣，賦而爲形。凡屬乎陽者皆長，屬乎陰者皆短，一長一短，終則有始，相巡而未嘗相絶，故足以致天下之和者，陰陽相濟之效也。獨陰而無陽，獨陽而無陰，是同而已，又何以致乎？

馬氏曰：日爲明，月爲幽，陽極上，陰極下。幽明者，陰陽之道；上下者，陰陽之性，故「祭日於壇，祭月於坎」以别之。陽則流，故日出於東而之乎西；陰則逆，故月生於西而之乎東。陰陽長短，終始相巡。與楊雄所謂「明晦相推，日月逾邁，歲歲相盪，而天地彌陶，之謂神明不窮」類已。

山陰陸氏曰：以制上下，所謂君臣有等。日外也，月内也，言外在上以此。故曰「日食則天子素服，脩六官之職，蕩天下之陽事。月食則后素服，脩六宫之職，蕩天子之陰事」。夫如是，内外有别，而陰陽之位端矣。日言出，月言生，月死而後生於此。巡，讀如字。致，自致也。若冬夏致日，春秋致月，致之也。其相巡也以相濟也。譬諸君臣有可否焉，是以政平而不干。

石林葉氏曰：日月既以並祭，不可不顧其方。❶日，陽也，陽主乎闢，闢則壇高而在上，❷以别乎明。月，陰也，陰主乎闔，闔則坎險而在下，以别乎幽。此上下所以有制也。日没於西而其出在東，則一而已，非有遡於月。月未望則載魄于西，月既望則終魄于東，則二也，故有遡於日。是月於西則常位，於東則不常也。東方主生，而其用爲出；西方主成，而其用爲入。出爲外，入爲内，此内外所以正也。日出而陽爲精，月生而陰爲魄，相代晝夜，以成長短。晝終則夜始，夜始則晝終，迭相沿而不乖異，此天下所以和也。

毗陵慕容氏曰：前言日月合祭，兼獨言祭日，故此又明分祭之禮，所謂「春分朝日，秋分夕月」是也。日昱乎晝，月昱乎夜，則日月以晝夜而分幽明。日以陽爲尊，上道也。月以陰爲卑，下道也，則日月以陰陽而定上下。壇出乎上而明，坎出乎下而幽，祭以類而求焉，故可得而禮矣。凡有形、有氣，類同則相應，自然之理也。鑑燧用而水火可取，氣之所感也。壇坎用而日月可祭，形之所召也。聖人以此知幽明之故，而通乎陰陽之道也。幽明以理見，故先幽而後明。上下以位言，故上先而下後。由小大言之，必先日

❶「顧」，通志堂本、四庫本作「别」。
❷「高」，原脱，今據四庫本補。

而後月也。凡出者爲外，入者爲内，陽以生出爲功，爲主乎外，陰以入藏爲事，爲主乎内。東者陽之所也，萬物於是出焉。勾者畢出，萌者盡達，是爲外也。西者陰之所也，萬物於是入焉。榮者反本，斂者就實，是爲内也。「帝出乎震」，震，東方也。「説言乎兑」，兑，西方也。則出而動爲外，入而息爲内。東謂之暘谷，西謂之昧谷，則暘者爲外，昧者爲内。北雖爲陽生之方，然陰居其半，則出而未離乎内；南雖爲陰生之方，然陽居其半，則入而未離乎外。故惟東西，然後可以别内外也。東南爲陽，而東陽中也，於陽爲純。西北爲陰，而西陰中也，於陰爲純。至於南北，則陰陽雜矣。陰陽雜，則非所以正其位也。故惟東西，然後謂之「端其位」也。又曰：日以陽而位乎東，東者陽之所也，故曰「日出乎東」。月以陰而遡於日，載魄於西而生焉，故曰「月生乎西」。日無待而明，故謂之出。出言無所因而特出也。月有待而後明，故謂之生。生言無所因則不能生也。生有漸而進之義。《書》曰「哉生魄」、「哉生明」，與此同。

長樂陳氏曰：古者之祀日月，其禮有六。《祭義》曰「郊之祭，大報天而主日，配以月」，一也。《玉藻》曰「朝日於東門之外」，《祭義》曰「祭日於東，祭月於西」，二也。《大宗伯》四類於四郊，兆日於東郊，兆月於西郊，三也。《大司樂》樂六變而致天神，《月令》孟春祈來年于天宗，天宗者，日月之類，四也。《覲禮》拜日於東門之外，凡祀方明，禮日於南門之外，禮月於北門之外，五也。雪霜風雨之不時，於是乎禜之，六也。夫因郊蜡而祀之，非正祀也。類禜而祀之，與覲諸侯而禮之，❶非常祀也。春分朝之於東門之外，秋分夕之於西門之外，此祀之正與常者也。月言夕，日言朝，則於日出之朝朝之也。日壇謂之王宫，則於月出之夕夕之也。月壇謂之夜明，以其以其有君道故也。其次則大次、小次，設重昱於夜故也。其次則大次、小次，設重帟、重案。其牲體則實柴，其服則玄冕、玄端，其圭之繅藉，則大采、少采。禮之之玉，則大圭、邸璧。祀之之樂，則奏黄鐘，歌大吕，舞《雲門》。《玉藻》十有二旒，龍衮以祭，玄端以朝日於東門之外，則龍衮玄端，皆言其衣也。衣玄冕之衣，❷則用玄冕矣。鄭氏改玄端爲玄冕，不必然也。虞氏釋《國語》，謂朝日以玄冕。然祀上帝以衮冕，❸而朝日以圭璧與張次、設帟一切殺於上帝，則其不用衮冕可知矣。《周禮》於《掌次》之次、帟、案，於《典瑞》之大圭、鎮圭、繅藉，言朝日而已，則夕月之禮又殺乎此也。《禮書》。

天下之禮，致反始也，致鬼神也，致和用也，致義也，致讓也。致反始，以厚其本也。致鬼神，以尊上也。致物用，以立民紀也。致義，則上下不悖逆矣。致讓，以去争也。合此五者，以治天下之禮也，雖有奇邪，而不治者則微矣。

鄭氏曰：因祭之義，汎説禮也。致之言至也，使人勤行至於此也。至於反始，謂報天之屬也。至於鬼神，謂祭宗廟之屬也。至於和用，謂治民之事以足用也。

❶「而」，原衍一「而」字，今據通志堂本、四庫本删。
❷「冕」，通志堂本、四庫本作「端」。
❸「衮」，原作「兖」，今據通志堂本、四庫本改。

物用，物猶事也。變「和」言「物」，互之也。微，猶少也。

孔氏曰：此一節明禮之大用，凡五事，若能行之得理，則天下治矣。和謂百姓和諧，用謂財用豐足，義謂斷割得宜，❶讓謂遞相推讓。反始報天，是厚重其本。祭祀鬼神，是尊嚴其上。民豐物用，則知榮辱禮節，故可立人紀。義能除凶去暴，故上下不悖逆。合此五者以治理天下之禮，雖有奇異邪惡異行不從治者，亦當少也。事必須和，和能立事，故云互也。

長樂劉氏曰：聖人正德以事天，敬祭以迎氣，是以大報天而主日。其致者五焉：一曰「致反始」者，萬物成性必始于天，聖人受命，亦始于天。將篤其末，必厚其本，此郊祭所以教天下反始之敬也。二曰「致鬼神」者，天地有神以司其化育也，宗廟有鬼以基其治平也，然而無形可得以瞻也，無聲可得而聽也，唯聖人爲能尊祖配天，必致其饗，致天下敬於鬼神也。三曰「致和用」者，郊祭天地，所以致陰陽之和而民人康矣，所以致萬物之豐而邦用足矣。四曰「致義」者，天地者，萬物由之以生也；父母者，子孫由之以生也，聖人郊祀，所以父母乎天地也，兄姊乎日月也，致人倫之義於天下，而知所以勉乎孝弟矣。五曰「致讓」者，平治天下者，聖人爲之也；教化天下者，聖人爲之也；衣食天下者，聖人爲之也；革其悖亂之心而納之中和之域者，聖人爲之也；弭其六極而錫之五福者，聖人爲之也。

❶「割」，通志堂本、四庫本作「制」。

聖人具是五德，天下莫與比其隆者也，而弗敢有其功焉。乃嚴郊祀，讓德于天，歸功于帝，遂俾天下力行其善，而弗敢有其善焉。必致讓乎其所本者，郊使之然也。合此五善以爲禮之本，則天下之禮不失其本矣，在其微末不足道也。

嚴陵方氏曰：致反始，則奉郊社之謂。致物用，則足衣食之謂。制義，❶則制事宜之謂。所謂民紀者，蓋民之所以能相治以有紀故也。經曰「紀散而衆亂」是矣。前言「和用」，後言「物用」，致和用，所以致物用故也。用之豐殺得其宜，此物之所以和歟？夫用志不至不能有致，用力不至不能有致。非有志則不足以立祀，非有力則不足以行禮，故每以「致」言之。「致反始」，「致鬼神」，所以盡天道。「致物用」，「致義讓」，所以盡人道。禮雖經爲三百，曲爲三千，要之不過盡天人之道而已。故《禮運》言「先王以承天之道，以治人之情」也。天人之道，可合而不可離，必合此五者，然後足以治天下之禮。且禮之在天下，未嘗或息，乃有至於壞亂而不脩者，豈禮之罪也哉？人無以治之而已。此所以必以治爲言。奇言其無常，邪言其不正。

慶源輔氏曰：致，與「事君能致其身」之「致」同。天下之所謂禮，致此五者以治天下也。萬物本乎天，人本乎祖。人窮則呼天，疾痛則呼父母，則其反始厚本，蓋人之眞情也。致物以爲民用，所以統紀斯民之聚者也。《易》曰：「何以聚人？曰財。」《記》曰：「財散則

❶「制」，通志堂本、四庫本作「致」，是。

民聚。」

山陰陸氏曰：謂之天下，著非一國之禮。❶致和用，所謂「備物致用以爲天下利」是也。致義以行之，致讓以守之，致鬼神以尊上，不言其尊，無二上。變「和用」言「物用」，「著所謂物天地之委和也。合此五者以治。先儒讀屬下文，誤矣。

毗陵慕容氏曰：萬物本乎天，人本乎祖。報天尊祖，所以致反始也。齊明盛服，致誠慎獨，必用其極，所以致鬼神也。百物利用，所以養人者，不侈於有餘，不屈於不足。懋遷斂散，各適其平，所謂「致和用也」。物各有用，用得其節，所謂「和用」。禮以節度，民知止足，於分界，則有紀而不亂，所謂維民者悉矣。辨下上，明尊卑，定名分，別嫌疑，所謂「致義也」。義明而不可犯，則民志定，故無悖逆之事。

馬氏曰：貴賤有宜，則上不悖，下不逆。夫先王順性命以爲禮，則使民誠意不欺而敬鬼神者，教之本也。故《周官》十二教亦始於祀禮也。禮之至，則至於不争而已。故曰「禮至則不争」。微者，寡而未能無之稱，然則有刑以教之中矣。

延平周氏曰：言「和用」，而復言「物用」者，和用言其理，物用言其事。

禮記集説卷第一百十一

❶「著」，通志堂本、四庫本作「者」。下文「物用著」之「著」同。

禮記集說卷第一百十二

宰我曰：「吾聞鬼神之名，不知其所謂。」子曰：「氣也者，神之盛也。魄也者，鬼之盛也。合鬼與神，教之至也。衆生必死，死必歸土，此之謂鬼。骨肉斃于下，陰爲野土。其氣發揚于上，爲昭明，焄蒿悽愴，此百物之精也，神之著也。因物之精，制爲之極，明命鬼神，以爲黔首則，百衆以畏，萬民以服。

鄭氏曰：氣，謂噓吸出入者也。耳目之聰明爲魄。合鬼與神而祭之，聖人之教致之也。陰，讀爲「依蔭」之「蔭」，言人之骨肉蔭於地中，爲土壤。焄，謂香臭也。蒿，爲氣烝出貌也。蒿，或爲「藨」。以先言衆生，又言百物，❶明其與人同也，不如人貴耳。明命，猶尊名也。尊極於鬼神，不可復加也。黔首，謂民也。則，法也。爲民作法，使民亦事其祖禰鬼神，民所畏服。

孔氏曰：自此至「先王、先公，敬之至也」一節，明宰我問鬼神之事，夫子答以鬼神魂魄祭祀之禮，又廣明天子、諸侯耕藉及公桑之事。氣噓吸出入，無性識也，但性識依此氣而住，❷有氣則有識，無氣則無識，性識則神出入也，故人之精靈而謂之神。魄，體也。若無耳目形體，不得爲聰明。人之死，其神與形體分散各别。聖人以生存之時，神形和合，今雖身死，聚

❶「又」，通志堂本、四庫本作「久」，《禮記正義》作「此」。
❷「住」，《禮記正義》作「生」。

合鬼神，似生人而祭之，是聖人設教興致之也。物之羣衆而生，必皆有死，此本説人，因及物也。鬼，歸也，歸土之形，故謂之鬼。「骨肉斃于下，陰爲野土」，此覆説歸土之義，又申明人氣爲神。人生則形體與氣合而生，死則形與氣分，其氣之精魂發揚而升於上，爲神靈光明。萬物之氣，或香或臭，烝而上出，其氣蒿然。人聞之，其情有悽有愴。人氣揚於上爲昭明，百物之精氣爲焄蒿悽愴。神之著者，謂發揚昭明，是人神之顯著也。「因物之精，致爲之極」者，❶言聖人因人與物死之精靈，遂制造爲尊極之稱。尊名人物之精，謂之鬼神，以爲萬民之法則也。鬼神本是人與物之魂魄，若直名魂魄，其名不尊故也。黔，黑也。凡人以黑巾覆頭，故謂之黔首。《史記》云「秦命民曰黔首」，漢家僕隸謂倉頭，以蒼巾爲飾，異於民也。百衆，謂百官衆庶。萬民，謂天下衆民。既敬之以鬼神，故下皆畏敬之也。此經鬼神本爲人，故下文「築爲宮室，設爲宗祧」，其實亦兼山川五祀百物之屬。故《禮運》「列於鬼神」，註云「謂祖廟山川五祀之屬」；《樂記》「幽則有鬼神」，註云「助天地成物」者，是百物之魂謂之鬼。對則精靈爲魂，形體爲魄。故昭七年《左傳》云：「人生始化曰魄。既生魄，陽曰魂。」是形爲魄，氣爲魂。若散而言之，魄亦性識，識與魄無異。故昭二十五年《左傳》云：「心之精爽，是謂魂魄。」魂魄去之，何以能久？」又襄二十九年《左傳》云：「天奪伯有魄。」又對而言之，天曰

❶「致」，《禮記正義》作「制」，是。

神，地曰祇，人曰鬼。散而言之，通曰鬼神。

横渠張氏曰：《禮記》凡言鬼神者，大率以陰陽出入言之。鬼神一物也，以其歸，故謂之鬼。歸者，自無形中來，復歸於無形；自有形中來者，復歸於有形，是歸也。魄也者，鬼之盛，指有形體而言。神，申也。鬼，歸也。物之所生即是神，及其終則歸也。　又曰：精氣爲物，遊魂爲變。精氣者，自無而有；遊魂者，自有而無。自無而有，神之情也；自有而無，鬼之情也。自無而有，故顯而爲物；自有而無，故隱而爲變。顯而爲物者，神之狀也；隱而爲變者，鬼之狀也。大意不越有無而已，物變而已。物雖是實，本自虛來，故謂之神。變雖是虛，本緣實得，故謂之鬼。此與上所言「神無形而有用，鬼有形而無用」亦相會。

長樂劉氏曰：人之生也，稟乾元之氣，以資性命之始；稟坤元之氣，以資形質之生。性命有識也，生則爲道德於人，死則爲昭明於上，故曰魂焉。形質有精也，生則爲聰明於體，死則爲英靈於地，故曰魄焉。然則魂生於氣，氣所以盛其魂者也。聖人尊其親之魂，乃稱爲神焉。靈生於魄，魄所以函其靈者也。聖人尊其親之魄，乃稱爲鬼焉。人之死也，魂氣發揚，復歸于天，形體變化，復歸于土，不可得以復合爲形。而親既亡，弗可得以復見也。聖人賾知生死之本源，究極鬼神之情狀，將報本而反始也，爲之祀饗，合鬼與神復爲一體，恐懼齊戒以事之，乎信蠲絜以感之，庶其饗之。故曰「氣者神之盛，魄者鬼之盛」，以言乎感氣於天則神可來，報魄於地則鬼可合也。是以爇脂及蕭，致氣之道也；奠鬱及鬯，致魄之道也。故曰「合鬼與神，教之至也」。由是人人知所以事其祖考，必致饗焉。孝敬追於幽陰，仁義垂于萬世，爲教之大，不已至乎！故衆物之生也，雖氣充乎體，而魄形於事，必有死焉。及夫骨肉入于地中，則變化而復歸爲土。土積其氣，能生萬物，其英而靈者，人得之多焉。此聖人所以求其魄於地也。若夫其氣，則發揚于上，爲天之昭明，結者歸于日星，散者凝爲虚寂，而充盈乎天地之間也。其降于地，而資始萬物，則爲焄蒿、馨烈、純粹、英華，能悽愴而感動于人者，皆是也。此其神之著見不可揜者也。故因物之精制爲尊極之號，明以命夫天下，謂之爲鬼神，而使民祭爲祖考，此所以爲黔首萬民之法則也。

延平周氏曰：氣者所以歸于天，魄者所以降于地。爲神者蓋有魄也，然魄非神之盛也。爲鬼者蓋有氣也，然氣非鬼之盛也。神譬則天道，而鬼譬則人道而已。合鬼與神，教之至也。鬼神之爲德，能使人齊明盛服，而洋洋乎如在其上與其左右，則人之所以有愧於屋漏，而爲之慎獨者也。故曰「明則有禮樂，幽則有鬼神」。是鬼神之爲教同於禮樂，而禮樂之教有所不至，則鬼神又有以助之也。精魄爲物，故「骨肉斃于下，陰爲野土」者，此百物之精也。神魂爲變，故「其氣發揚于上，爲昭明，焄蒿悽愴」者，此神之著也。昭明，言其燭於物者；焄蒿，言其達於上者；悽愴，言其感於情者。言百物之精也，神之著也，而獨言「因物之精，制爲之極」者，莫非物也。雖神之著，亦可謂之物。鬼者盡人道者也，神者盡天道者也。天人之道，黔首之則，故「明命鬼神，以爲黔首則」。唯鬼神有以爲之則，故百衆畏其威，萬民服其德。言衆者，不特民而已，言民則無知矣，故屬之，以服其德。

嚴陵方氏曰：宰我問鬼神之名，而不知所謂鬼神者何物，故疑而問之。神者陽之所爲，鬼者陰之所爲也。言氣則知魄之爲形，言魄則知氣之爲魂，魄爲鬼之盛，而魂亦從之者，言其有所歸則一也。《郊特牲》言「魂氣歸于天，形魄歸于地」，以是而已。魂亦神也，此止言氣者，以氣爲魂之本，而魂非神之盛故也。形亦鬼也，此止言魄者，以形爲魄之本，而形非鬼之盛故也。以主其盛者，故止言氣魄而已。有生者必有死，故曰「衆生必死」。悽愴言其情，以其發于下，故所感者如此。以其爲野土，故於精曰「物」；以其爲昭明，故於神曰「著」。物之精則麗乎形，有形故其數辨而爲百；神之著則運乎氣，故其道運而爲一。此於精則曰百物，於神則不言也。且天一生水，於人爲精；地二生火，於人爲神。水先精而後神，則以所生之次爲序故也。或言精神，以水火之性言之也；或言鬼神，以天人之道言之也；或言氣魄，以陰陽之理言之也。言雖不同，其義則一。制爲之極，固亦因神之著矣。止言因物之精者，以悽愴之精感於物故也。極之爲言至也。名曰鬼神，則尊敬之至，不可以復加，是其所以制爲之極也。且鬼神本無名也，其名則人命之爾。故曰「以爲黔首則」，是乃所以爲教之至也。所謂「黔首」，不特兆於周、秦。《素問》曰「黔首共餘食」，則黄帝之時固已言矣。

馬氏曰：發言其申，揚言其散。昭者明之著，明者昭之本。焄言氣之迎，蒿言氣之出。昭明、焄蒿者，狀也。悽愴者，情也。此精氣鞠而爲物，散而爲遊魂之情狀，故曰「百物之精也，神之著也」。言物，而又曰百物者，蓋囿於天地之間者，未有能逃於天地之數者也。

山陰陸氏曰：魂亦神也，氣其盛者也。體亦鬼也，魄其盛者也。氣有升而已，魄有降而已，唯聖人爲能求而合之以教天下，故曰「教之至也」。衆生必死，著非衆生有不死者。《莊子》曰：「黄帝得之以登雲天。」焄蒿，陽氣也；悽愴，陰氣也。昭明蓋其中正。言黔首，著先王教民蓋蚤，即老而後教，晚矣，亦老宜不待教而知者也。

石林葉氏曰：《易》曰：「精氣爲物，遊魂爲變。」物者其聚也，變者其散也。《郊特牲》謂「魂氣歸于天，形魄歸于地」。歸于天者，知氣升自上也。歸于地者，體魄降自下也。聚散者，天之道，故精氣猶謂之物。升降者，人之道，故魂氣亦謂之神。蓋魂與氣無不之，無不在，則爲神之盛。體與魄有所歸，有所化，故爲鬼之盛。鬼神皆潛於幽，而祭以合饗之，使民敬畏，此所以爲教之至也。人之死亡，其魂魄皆潛於幽，而不可見者，物之精而已矣。故聖人欲嚴其道，以明其教，故明以命於鬼神。於天曰神，於人曰鬼，此離而言之也。及合而言，則凡在幽者皆不害其同名。百衆，則貴者也，故曰「畏」。萬民，賤者也，故曰「服」。貴賤雖不同，皆合黔首也，故曰「以爲黔首則」。

《講義》曰：大凡有生者必有死，雖骨肉斃而化於下，而其氣則發揚于上。其光焰爲昭明，其氣象爲焄蒿。或感動人於若有若無之間，則又使人悽愴而不能自已，是孰爲此？是聰明性識爲百物之精爽，而神之不可揜焉者也。夫聖人既已尊其親矣，而又有所謂爲物之精而神之著者如此，所以因而制爲尊極之稱，明命之曰鬼神，以教天下而以爲黔首之法則。百衆以是而敬畏其祖考，萬民以是而服從其教令，則所謂鬼神者，豈徒有名而已哉。

新安朱氏曰：昭明、焄蒿、悽愴，此言鬼神之氣，所以感觸人者。昭明，乃光景之屬。焄蒿，氣之感觸人者。悽愴，如《漢書》所謂「神君至，其風颯然」之意。鄭氏説云「口鼻之嘘吸者爲魂，耳目之精明者爲魄」，此蓋指血氣之類言之。口鼻之嘘吸，是以氣言也。耳目之精明，是以血言也。目之精明，以血言可也。耳之精明，何故亦以血言？蓋醫家以耳屬腎，精血盛則聽聰，精血耗則耳聵矣。氣爲魂，血爲魄，故骨肉歸于地，陰爲野土。若夫魂氣，則無不之也。《易》中説「遊魂爲變」，却只説一邊。「精氣爲物」，精氣聚則成物，精氣散則氣爲魂，精爲魄，魂升爲神，魄降爲鬼。《易》只説那升者，如徂落之義，則是兼言之。又曰：子産有言：「物生始化曰魄，既生魄，陽曰魂。」孔子曰：「氣也者，神之盛也。魄也者，鬼之盛也。」鄭氏註曰：「嘘吸出入者氣也。耳目之精明爲魄。」氣則魂之謂也。《淮南子》曰：「天氣爲魂，地氣爲魄。」高誘註曰：「魂，人陽神也。魄，人陰神也。」此數説者，其於魂魄之義詳矣。蓋嘗推之物生始化云者，謂受形之初，精血之聚，其間有靈者名之曰魄也。「既生魄，陽曰魂」者，既生此魄，便有暖氣，其間有神者名之曰魂也。二者既合，然後有物。《易》所謂「精氣爲物」者是也。及其散也，則魂遊而爲神，魄降而爲鬼矣。説者乃不考此，而但據左疏之言，其以神靈分陰陽者，雖若有理，但以噓吸之動者爲魄，則失之矣。其言附形之靈、附氣之神，似亦近是，但其下文所分，又不免於有差。其謂魄識少而魂識多，亦非也。但有運用畜藏之異耳。

建安真氏曰：鬼神之理，雖非始學者所易窮，然亦須識其名義。若以神、示、鬼三字言之，則天之神曰神，以其造化神妙莫測也。地之神曰示，以其山川草木有形可見，顯然示人也。示，古「祇」字。人之神曰鬼，謂氣之已屈者也。若以鬼神二字言之，則神者氣之伸，謂發出也，鬼者氣之屈，謂收回也。氣之方伸者屬陽，故爲神。氣之屈者屬陰，故爲鬼。神者伸也，鬼者歸也。且以人之身論之，生則曰人，死則曰鬼，此死生之大分也。然自其生而言之，則凡自幼而壯，此氣之伸也，自壯而老，自老而死，此又伸而屈也。自其死而言之，魂遊魄降，寂無形兆，此氣之屈也。及子孫享祀，以誠感之，則又能來格，此又屈而伸也。姑舉人鬼一端如此。至若造化之鬼神，則山澤、水火、雷風是也。日與電皆火也，月與雨亦水也，此數者合而言之，又只是陰陽二氣而已。陰陽二氣流行於天地之間，萬物賴之以生，賴之以成，此即所謂鬼神也。氣之伸爲神，如春生、夏長是也。氣之屈爲鬼，如秋冬斂藏是也。今人只以塑像、❶畫像爲鬼神，及以幽暗不可見者爲鬼神，殊不知山峙川流，日照雨潤，雷動風散，乃分明有迹之鬼神。日出爲神，入爲鬼。雨潤爲神，止爲鬼。雷動爲神，息爲鬼。風散爲神，收爲鬼。伊川曰：「鬼神者，造化之迹。」又曰：「鬼神，天地之功用。」横渠曰：「鬼神，二氣之良能。」凡此皆指陰陽而言。天地之氣，即人身之氣，人身之氣，即天地之氣。又曰：精者血之類，是滋養一身者，故屬陰；氣是能知覺運動者，故屬陽。二者合而爲人精，即魄也。目之所以明，耳之所以聰者，即精之爲也，此之謂魄。氣充乎體，凡人心之能思慮，有知識，身之能舉動，與夫勇決敢爲者，即氣之所爲也，此之謂魂。人之少壯也，血氣强。血氣强，故魂魄盛，此所謂伸。及其老也，血氣既耗，魂魄亦衰，此所謂屈也。既死，則魂升于天以從陽，魄降于地以從陰，所謂「各從其類也」。魂魄合則生，離則死，故先王制祭享之禮，使爲人子孫者，盡誠致敬，以焫蕭之屬求之於陽，灌鬯之屬求之於陰，求之既至，則魂魄雖離而可以復合，故曰「合鬼與神，教之至也」。神指魂而言，鬼指魄而言，此所謂「屈而伸也」。又曰：或問鬼神二氣之良能。曰：既有陰陽二氣，則自然有往有來，有闔有闢，有消有息，有聚有散。蓋其理自然如此，故曰良能。此乃借《孟子》良知良能之

❶「塑」，原作「愬」，今據通志堂本、四庫本改。

名，以形容二氣。《孟子》本意謂孩提之童莫不知愛親，其長莫不知敬兄，此本然之性，非出人爲。陰陽二氣屈伸，亦是本然之理，故借此二字以明之。往闔消散，屈也；來闢息聚，伸也。

慶源輔氏曰：神以申爲義，則氣也者，神之盛也。鬼以歸爲義，則魄也者，鬼之盛也。合而言之，則鬼與神一也。故聖人合之以制祭祀之禮而事之，其爲教也至矣。魂生於氣，魄生於體，氣無不之，故曰遊魂；體則斃於下而已，故曰「體魄則降」。人亦一物也，昭明、焄蒿、悽愴，言氣之發揚如此，不必分人物言之。不言人而言物者，言物則所該者博也。

「聖人以是爲未足也，築爲宫室，設爲宗祧，以别親疏遠邇。教民反古復始，不忘其所由生也。衆之服自此，故聽且速也。

鄭氏曰：自，由也，言人由此服於聖人之教也。聽，謂順教令也。速，疾也。

孔氏曰：此經明聖人爲鬼神立宗廟之事。聖人以尊名鬼神爲未足稱其意，故爲宫室宗祧，以别親疏遠邇，教民反古復始也。古，謂先祖。追而祭之，是反古也。始，謂初始。父母始生於己，今追祭祀，是復始也。追遠、報祭，是不忘其所由生也。

長樂劉氏曰：所以别其親疏者，立祖禰之名也。所以辨其遠邇者，定宗祧之數也。教民尊祖，以時祭之，故曰「反古」也。教民親禰，以禮敬之，故曰「復始」也。不忘其所由生者，其謂此乎？衆之服行聖人之德教而祀其先也，速於置郵而傳命者，各親其親，出於天性也。

嚴陵方氏曰：上言明命鬼神，則爲之名

而已，然未致其實焉；爲之略而已，然未極其詳焉。故聖人以是爲未足也。築爲宫室，則致其實矣。設爲宗祧，則極其詳矣。言宗以知有祖，❶言祧以知有暱。宫室則土木之所成，故曰「築」。宗祧則名號之所施，故曰「設」。親疏以情言，遠邇以時言。觀《祭法》立廟之數，則宗祧以别親疏遠邇，蓋可見矣。古者今之對，今生於古；始者終之對，終生於始，是不忘其所由生也。聽言其不拒，速言教之所以神也。所謂宫室者，蓋廟之宫室爾，非人之宫室也，與「宫室既脩」之「宫室」同。《郊特牲》曰「作龜于禰宫」，是廟亦謂之宫也。又曰「存室神也」，是廟亦有室矣。毗陵慕容氏曰：親而邇者爲宗，疏而遠者爲祧，此宗祧所以别親疏遠邇也。廟有寢，祧無寢；廟則脩除，祧則黝堊，此宫室所以别親疏遠邇也。祧則以教反本之道也，祖則以教反始之道也，禰則以教不忘其所由生也。民德齊厚而不忘其本，其服也出於中心之誠，非有强之而爲也，則其從上也捷於令矣；其流行也非在於家至户曉也，得其心之所本，則速於置郵矣。

慶源輔氏曰：此堯舜以下至三代時事也。反古、復始，即上所謂「致反始也」。不忘其所由生，即所謂「以厚本也」。先王制禮以教人，疑若强民也。反而求之，則知無非所以順民爾。如制鬼神之祀，立宗祧之制是也。「衆之服自此」，謂人之服其教由是故也。知其順我而服之，宜其聽且速也哉。

❶「有」，通志堂本、四庫本作「存」。

「二端既立，報以二禮：建設朝事，燔燎羶薌，見以蕭光，以報氣也。此教衆反始也。薦黍稷，羞肝、肺、首、心，見間以俠甒，加以鬱鬯，以報魄也。教民相愛，上下用情，禮之至也。

鄭氏曰：二端既立，謂氣也、魄也，更有尊名云鬼神也。二禮，謂朝事與薦黍稷也。朝事，謂薦血腥時也。❶ 薦黍稷，所謂饋食也。「見」及「見間」，皆當爲「覸」字之誤也。羶，當爲「馨」，聲之誤也。燔燎馨香，覸以蕭光，取牲祭脂也。光，猶氣也。有虞氏祭首，夏后氏祭心，殷祭肝，周祭肺。覸以俠甒，謂雜之兩甒醴酒也。相愛用情，謂此以人道祭之也。報氣以氣，報魄以實，各首其類。

孔氏曰：此一節論氣、魄既殊，明設祭之時，二禮亦異。既立，謂尊名立也。報此氣、魄以二種祭禮。報氣，謂朝踐之節也；報魄，謂饋孰之節也。「建設朝事，燔燎羶薌，見以蕭光」，此明朝踐報氣之義也。朝事，謂早朝祭事。燔燎，謂取膟膋燎於爐炭。覸，謂雜也。燔膟膋，兼爇蕭蒿，是雜以蕭氣，此三者是報氣也。此祭氣是古者尚質之義，所以教衆反於初始，總包上「反古」、「復始」也。「薦黍稷，羞肺、肝、首、心。見覸以夾甒，加以鬱鬯」，謂饋孰時，薦此黍稷，進肝與肺及首與心，雜以兩甒醴酒，加以鬱鬯，言更加以鬱鬯，然後薦黍稷也。饋孰報魄之時始云「加鬱鬯」者，言非但薦孰是報魄，祭初所加鬱鬯，亦是報魄也。以魄在地下，鬱鬯灌地，雖是祭初，亦報魄，不當薦孰

❶「腥」，原作「醒」，今據通志堂本、四庫本改。

之時，故云「加」也。「以報魄也」，言薦黍以下，皆是報祭形魄也。此饋孰時，皆以飲食徧於燕飲，是教民相愛。上以恩賜逮下，下愛上恩賜，故上下用情。至，謂至極，謂報氣報魂，❶二禮備足，是禮之至極也。鄭註「取牲祭脂」者，案《詩·生民》云「取蕭祭脂」，是取蕭與祭牲之時雜燒之。一祭之中，再度焫蕭。《郊特牲》云「取膟膋升首報陽也」，註云「膟膋，腸間脂也，與蕭合燒之」，是朝踐焫蕭也。《郊特牲》又云「既奠，然後焫蕭合羶薌」，是饋孰焫蕭也。云「有虞氏祭首」至「祭肺」，皆《明堂位》文。云「兩甒醴酒」者，以《士喪禮》、《既夕》等皆以甒盛醴故也。此用甒，蓋是天子追享朝踐用大尊，此甒即大尊，或可子男之禮。《禮器》云「君尊瓦甒」，謂子男也。云「報氣以氣，報魄以實，各首其類」者，燔燎馨香、蕭光之屬，是氣也。黍稷、肺、肝之屬，是實物也。首，本也。報氣，以氣是虛，還以馨香虛氣報之。報魄以實，還以黍稷實物報之，各本其事類也。

長樂陳氏解見《郊特牲》。

嚴陵方氏曰：二端既立，謂立鬼神之名與宗祧之制也。報以二禮，謂報氣、報魄之禮也。建言立其禮，設言陳其物。羶，天産之臭也。薌，地産之臭也。染蕭以膟膋，故有羶，合蕭以黍稷，故有薌。燔燎羶薌，則蕭與膟膋、黍稷并合而見矣，故曰「見以蕭光」。凡此皆以臭爲主。臭爲陽，故曰「以報氣也」。氣以陽生，而有所始，故曰「教衆反始也」。甒蓋瓦器，有

❶「魂」，通志堂本、四庫本作「魄」。

兩甒，故曰「俠」，即《司尊彝》所謂「閒祀用兩大尊」是矣。言瓦甒之大尊，則鬱鬯之爲虎彝可知。不及時祭，則舉大以該小爾。以諸物見于夾甒之間，故曰「覸以俠甒」。又副之以鬱鬯之彝，故曰「加以鬱鬯」。加，與「加籩、加豆」之「加」同義。宗廟之祭，灌而後獻。此於鬯言加者，以尊尊而彝卑故也。凡此皆以味爲主，而味爲陰，故曰「以報魄也」。陰聚而有所愛，故曰「教民相愛」。報氣所以求陽乎上，是用情於上也。報魄所以求陰乎下，是用情於下也。上下用情，則二禮之報無以復加，故曰「禮之至也」。於報氣言「朝事」，則知報魄爲饋食矣。蓋朝事以象朝事其親所進也，饋食以象食時所進也。於報魄言黍稷之類，則報氣有血腥之類可知。然瓦甒之所獻，鬱鬯之所灌，皆非饋食之事，此則併言之，時雖不同，其爲報魄則一也。上言「反始」，則知下之爲「成終」。下言「相愛」，則知上之爲「致敬」，凡此皆互言之爾。

毗陵慕容氏曰：前言氣、魄爲鬼、神之盛，所謂二端。凡天地之間，莫不麗乎陰陽，究其端不離乎二，所謂以陰陽爲端也。由二類而求之，不能外是。聖人推本其所自始，魂氣之爲陽，形魄之爲陰，明命之爲鬼神，所謂求其端也，故曰「二端既立」。於是禮稱事而立，緣情而行，本乎二者而爲之，故曰「報以二禮」。《特牲》曰「祭求諸陰陽之義」，《禮運》曰「以嘉魂魄，是謂合莫」。蓋燔以求諸陽，灌以求諸陰，所謂二禮也。二者朝事之所行，而鄭以薦黍稷爲饋食之時，失之矣。夫求神必於祭之始，而祭之始必合鬼神以嘉魂魄，所謂「其陰達於淵泉」是也。周人先求諸陰，既灌然後迎牲，至饋食而後報魄求諸陰，不已後乎？況灌用鬱鬯，貴氣，用肝、肺、首、心，與黍稷同爲朝事之時所用，非必在於薦孰之時也。其所謂「建設朝事」，以取膟膋而燔燎焉，則膟膋爲羶，黍稷爲薌，故謂之「羶薌」也。鄭以「羶」爲「馨」，誤矣。「覸以蕭光」，「覸以俠甒」，則求諸陰陽，欲其氣之無不達，故又雜之以二者焉。蕭之氣芳烈而遠聞，以魂氣無所不之也。兩甒謂用酒醴以報魄，取其近人者焉，欲其同於生也。

延平周氏曰：魂氣在上，體魄則降。言報氣，則知報魄爲體，言報魄，則知報氣爲魂。燔燎羶薌，雜以蕭光者，氣而已，故以氣報魂。有氣然後有魄，故報氣所以教衆反始也。薦粢盛，羞牲體，雜以俠甒之醴酒，而加以鬱鬯者，皆有成體，故以體報魄。有魄則有形，有形則情生矣。故報魄所以教民相愛，上下用情。

馬氏曰：《家語》云：「建設廟事，❶燔燎羶薌，所以報氣也。薦黍稷，脩肝肺，加以鬱鬯，所以報魄也。」當以《家語》爲正。子路問事鬼神，子語之以事人。問死，則語之以知生。宰我問鬼神之所謂，則告之，而終之以「反古復始」、「上下用情」而已。其告之則一也，其語不同，則以子路勇於所聞，而宰我有所晝耳。

山陰陸氏曰：此一節蓋言殷禮。殷人尊神，先鬼而後禮。方言明命鬼神，故主殷禮言之。殷人先求諸陽，故此朝事焫蕭

❶「廟」，通志堂本、四庫本作「朝」。

以報氣也，饋食灌鬯以報魄也。然則殷人祭首無祼事，以樂侑獻而已。殷人尚聲，蓋當此節，故曰：「殷人尚聲，臭味未成，滌蕩其聲，樂三闋然後出迎牲。聲音之號，所以詔告於天地之間也。」羞肝、肺、首、心，《郊特牲》言肺在上，此言肝在上，以方言殷禮故也。《明堂位》曰：「殷祭肝，周祭肺。」見間，蓋謂陳設中間，若喪禮所謂見，以不見爲見也，據《禮》「藏器於旁加見」，又曰「甕甒筲行，❶實見間而後折入」。周人先求諸陰，於朝踐祭齊加明水以報陰。殷人先求諸陽，於饋獻祭酒加鬱鬯以報魄。其義一也。據此，周人有求有報，殷人直報而已。其報之也，亦所以求之也。故曰「周人先求諸陰，殷人先求諸陽」。凡祭，朝踐尊而饋食親，尊故曰「教衆反始」，親故曰「教民相愛」。

《講義》曰：親既亡矣，尚追魂魄而祭之。如此則於生存者，當如何？此禮既行，而民親愛之心油然而生，上下之間，率用情實，而無澆僞之風，職此之由也。玆非禮之至也乎？

「君子反古復始，不忘其所由生也。是以致其敬，發其情，竭力從事，以報其親，不敢弗盡也。」

鄭氏曰：從事，謂脩薦可以祭者也。

孔氏曰：此申明反古復始，竭力報親之事。致其恭敬，發其情性，竭盡氣力，以從其事。上報於親，不敢不極盡也。

嚴陵方氏曰：敬欲有所至，故曰「致」。情欲其無所愛，故曰「發」。力之用欲無

❶「行」，據《禮記》卷一二當作「衡」。

遺，故曰「竭」。事之來欲無拒，故曰「從」。致敬發情於內，故能竭力從事於外。凡此則所以報其親，不敢弗盡故也。如上所言報氣、報魄，皆報親之事也。盡，謂內盡志，外盡物也。

慶源輔氏曰：自「致其敬」以下，所謂「致反始」之道也。發其情，謂發露其情，如所謂「用其情」也。《家語》夫子之答止此，却繼以前「文王之祭」至「必哀」。

「是故昔者天子爲藉千畝，冕而朱紘，躬秉耒。諸侯爲藉百畝，冕而青紘，躬秉耒，以事天地、山川、社稷、先古，以爲醴酪齊盛，於是乎取之，敬之至也。

鄭氏曰：藉，藉田也。先古，先祖。

孔氏曰：以君子報親，不敢不盡心以事之。故古者天子、諸侯有藉田以親耕。祭祀諸神，須醴酪粢盛之屬，於是乎藉田而取之，敬之至也。

嚴陵方氏曰：藉，即藉田也。《月令》所謂「躬耕帝藉」是矣。天子之田方千里，故爲藉千畝；諸侯之田方百里，故爲藉百畝，亦各以其稱而已，見《王制》解。耕必服冕，則所以敬其事也。躬耒，則所以躬耕也。天地，則指天子言之，山川、社稷、先古，則兼諸侯言之。先古，謂若先公及先聖、先師之類。以後之所事，故曰「先」，以今之所承，故曰「古」。醴足以爲禮，酪足以爲酸。以天子、諸侯之尊，而躬爲之，故曰「敬之至」。

毗陵慕容氏曰：慎終追遠，君子之所以致其厚。身致其誠信，不敢弗盡，所以致其厚之道也。有天下，有一國，可以取安佚，可以役民力，而必躬秉耒者，以爲祭不自致，非所以事神明。以此率民，而民孝敬矣。王畿千里而藉亦千畝，封疆百里而爲藉亦百畝。首服莫尊於冕，而冕以躬耕。貴而自致，莫勤於用力，而躬秉耒。凡此皆自盡之道也。

山陰陸氏曰：所謂先古，豈特先祖而已。且先祖不應謂之先古，蓋若先嗇、先禖、炎帝、祝融之類。

長樂陳氏曰：天子爲藉千畝於南郊，正陽之位也。冕而朱紘，則朱者正陽之色也。諸侯爲藉百畝於東郊，少陽之位也。冕而青紘，則青者少陽之色也。其時則中春。《春秋傳》曰「啓蟄而郊，郊而後耕」是也。其日則剛日。《月令》曰「乃擇元辰」是也。其祭則祈社稷于内，享先農于外。《詩》曰「春藉田而祈社稷」，《國語》曰「膳夫農正陳藉禮」是也。其禮則后帥六宫，贊事於内，司空、后稷、大師、瞽師、鬱人、犧人、膳夫、農正、司徒、大師贊事于外。《周禮·内宰》「詔后帥六宫之人，生穜稑之種，獻之于王」，《國語》曰「大史告稷，司空除壇」之類是也。「親載耒耜」，猶農者之出疆也；載必「措于保介之御間」，又明勸農者也；「反執爵于大寢，公卿、諸侯、大夫皆御，命曰勞酒」，此春耕之終事也。若夫夏耨秋穫，王又至焉。《國語》所謂「耨穫，亦於藉」是也。考之於禮，蜡合萬物而索饗之，則羣小祀也，其禮主先嗇。先嗇，先農也。王以玄冕祭之，則耕藉之祭先農，其服玄冕可知也。《小司徒》「凡小祭祀，奉牛牲羞其肆」。鄭氏謂「小祭祀，王玄冕所祭」者，則祭先農，用牛牲可知也。王之藉掌以甸師，而諸侯亦有甸人，則諸侯之禮與王略同矣。

「古者天子、諸侯必有養獸之官。及歲時，齊戒沐浴而躬朝之。犧、牷祭牲，必於是取之，敬之至也。君召牛，納而視之，擇其毛而卜之，吉，然後養之。君皮弁素積，朔月、月半，君巡牲，所以致力，孝之至也。

鄭氏曰：歲時齊戒沐浴，而躬朝之，謂將祭祀，卜牲。君朔月、月半巡視之，君召牛，納而視之，更本擇牲意。

孔氏曰：此明孝子報親，竭力養牲之事。歲時謂每歲依時，謂朔月、月半也。躬，親也。既卜牲，吉，在牢養之而身朝之。言朝者，敬辭也。犧，純色，謂天子牲也。牷，完色，謂諸侯牲。犧、牷，所祭之牲，必是養獸之官受擇取之。養獸之官，《周禮》牧人也。初擇牲時，君於牧處，命取牛納之於內而視之。「君皮弁素積，朔月、月半，君巡牲」者，即前言歲時朝之也。巡，行也。皮弁，諸侯視朔之服。朔月、月半君服此衣而巡牲，所以致其力也。耕藉云「敬之至」，養牲云「孝之至」，互文也。

嚴陵方氏曰：自「養獸之官」而下所云，即《牧人》「阜蕃其物」之時也。自「君召牛」而下所云，即《充人》「繫于牢」之時也。繫于牢，則芻之三月而已，故朔望巡之。阜蕃其物，則不止三月也，故歲時朝之。以其完而無傷，故謂之犧。以其純而不雜，故謂之牷。犧言其體也，牷言其物也。犧牲所以爲祭之牲，❶故曰「犧牷祭牲」也。「君召牛，納而視之」，所謂「展牲」是也。擇其毛，所謂「陽祀用騂牲毛

❶ 上「牲」字，據文義及《禮記大全》（影印清文淵閣四庫全書本）卷二二當作「牷」。

之，陰祀用黝牲毛之」是也。「卜之，吉，然後養之」，所謂「帝牛不吉，以爲稷牛」是也。未卜止謂之牛，既卜乃謂之牲。召之則未卜，故曰「牛」。巡之則卜之矣，故曰「牲」。未卜謂之牛，而上言「祭牲」者，蓋取之將以爲祭牲故也。齊戒沐浴者，臣見君之禮也。臣以見君之禮而朝之，所以致其敬也。皮弁素積者，君視朝之服也，君以視朝之服而巡之，所以極其辨也。先王父天母地，則以子道自處焉。推而及於山川、社稷，亦由是也。故凡所以事鬼神之道，皆稱孝焉。《論語》曰：「菲飲食而致孝乎鬼神。」歲時者，謂比歲、比時也。皮弁素積，見《郊特牲》解。山陰陸氏曰：始養言獸，召而視之言牛，巡言牲，亦言之法。君齊戒沐浴，躬受養獸之官之朝。鄭氏謂朝視牲，誤矣。

「古者天子、諸侯必有公桑蠶室，近川而爲之，築宮仞有三尺，棘牆而外閉之。及大昕之朝，君皮弁素積，卜三宮之夫人、世婦之吉者，使入蠶于蠶室，奉種浴于川，桑于公桑，風戾以食之。歲既單矣，世婦卒蠶，奉繭以示于君，遂獻繭于夫人。夫人曰：『此所以爲君服與！』遂副、褘而受之，因少牢以禮之。古之獻繭者，其率用此與？及良日，夫人繅，三盆手，❶遂布于三宮夫人、世婦之吉者，使繅。遂朱緑之，玄黄之，以爲黼黻文章。服既成，君服以祀先王、先公，敬之至也。」

鄭氏曰：大昕，季春朔日之朝也。諸侯夫人三宮，半王后也。風戾之者，及早涼脆采之，風戾之使露氣燥，乃以食蠶。蠶

❶「盆」，原作「盃」，今據通志堂本、四庫本改。

性惡濕也。歲單，謂三月月盡之後也。言歲者，蠶歲之大功，事畢於此也。副、褘，王后之服。而云夫人，容二王之後歟？禮之，禮奉繭之世婦也。「其卒用此與」，問者之辭也。三盆手者，三淹也。凡繅，每淹大總，而手振之，以出緒也。

孔氏曰：此一節廣明孝子報親，養蠶爲祭服，祀先王、先公之事。公桑，爲官家之桑。於處而築養蠶之室。近川，取其浴蠶種便也。築宮，謂築養蠶之宮。牆七尺曰仞。牆之七尺又有三尺，高一丈也。棘牆，謂牆上置棘。外閉，謂扇在户外閉也。世婦，亦諸侯世婦。前雖緫舉天子、諸侯，此特舉諸侯，互言之。「奉種浴于川」，言蠶將生而又浴之。初於仲春已浴，至此更浴之也。「夫人曰『此所以爲君服與』」者，所舉奉處重。既擬君之祭服，故夫人首著副，身著褘衣，受此所獻之繭。「因少牢以禮之」，接獻繭之世婦也。率，法也。夫人曰：「獻繭之法，自古如此耶？」重事之義，故問之也。良日，謂吉日，宜繅之日，明繅更擇日，日至而後夫人自繅。每淹以手振出其緒，故曰「三盆手」。夫人親繅，三盆，以手振出其緒訖，遂布與三宮夫人、世婦之吉者。既據諸侯，則大夫唯一人，❶而云「世婦之吉」者，雜互天子言之。以天子有三夫人，就其中取吉者。若諸侯，唯世婦之吉者。蠶繅非一人，擇其吉者主領而已。前文耕藉男子之事，故云「以事天地、山川、社稷」，兼云「先祖」。養蠶是婦人之

❶「大夫」，四庫本作「夫人」，當是。

事，婦人不與外祭，故云「以事先王、先公」。❶ 其實養蠶爲衣，亦事天地、山川、社稷。

長樂陳氏曰：天子、諸侯之禮文而有辨，故耕於南郊、東郊，王后、夫人之禮質而少變，故皆蠶於北郊。公桑蠶室，近川爲之，以其便於浴蠶也。「築宮仞有三尺，棘牆而外閉之」，所以謹於蠶者也。其始也，天子薦鞠衣于先帝，以告將蠶。內宰詔后帥內外命婦，以趨蠶事，而后之首飾以編，服以鞠衣，屨以黄屨，車以翟車，貝面組總有握。及郊，享先蠶，然後東鄉而躬桑焉。躬桑，后、夫人之事耳。天子必薦鞠衣，君必皮弁素積，卜三宮夫人、世婦，使入蠶室者，內外相成之義也。故建國則王立廟，后立市。祭祀則王祼獻，后亞之。賓客則王致酒，后致飲。以至王耕藉，后獻種。王射牲，后舂盛。則后、夫人之躬桑，王與諸侯不可不與之也。躬桑不過鞠衣而受繭，必以副、褘者，重繭之成也。繅必三盆手者，禮成於三也。三盆手，猶王藉之三推也。然後布于三夫人、世婦之吉者，使繅，遂朱緑之，玄黄之，以爲祭服，猶庶人之終畝也。《禮書》。

延平周氏曰：蠶與繅，婦功也。以婦功而責於夫人、世婦，則無不可者。而必用卜以擇其夫人、世婦之吉者，蓋先王以爲躬桑，所以爲祭服，而又將以勸於天下，則不可不決於神明者也。示于君，告其功之成也。獻繭不於君而於夫人者，別內事也。夫人受之以副、褘，所以敬其將爲祭服也。禮之以少牢，所以勞其還也。

❶「事」，經文及《禮記正義》作「祀」。

火在木則爲朱，木勝土則爲緑。

嚴陵方氏曰：公桑，猶公田也。以其别於私，故謂之公。築宫，謂築宫牆也。前曰蠶室，此曰築宫者，蠶居於内，故曰室。牆圍於外，故曰宫也。仞者，度土高深之所用。《考工記》曰：「人長八尺，登下以爲節。」故八尺爲仞也。牆高於人長之外，又有三尺，所以防窺伺也。又置棘，所以防踰越也。閹人自外閉其門，以親蠶者皆婦人故也。日欲出爲昕，於時爲卯。大昕，則向辰矣。此之所言，蓋卯辰之月也，故不言日月。《豳風》謂之「蠶月」者以此。言朝則以夙致其敬故也。君皮弁素積，則與巡牲同。蠶雖陰事，亦天産也。卜其人之吉，亦欲其事之吉故也，若冠之筮賓已。天子六宫，而曰三宫，據三夫人言之也。後言「夫人繅，三盆手」，正言諸侯之夫人而已。言布于三宫夫人，則以見王后之繅亦若是，其事互明可知也。以至副、褘爲王后之服，止言之於夫人，先王乃天子之祀，止言之於君者，皆此之意。蠶于蠶室，則躬蠶事於其室也。躬蠶事而謂之蠶，則躬桑事亦謂之桑而已。故下言「桑于公桑」也。奉種浴于川者，以流水滌其宿塵，欲其出之速故也。風戾以食之者，以蠶火畜，而性惡濕，故待風戾而後食之也。蓋桑經宿不能無雨露之潤，風至則乾矣。戾，至也。自去歲蠶成之後，迄今歲蠶成，期一歲矣，故謂之歲單。若孟夏稱麥秋，亦此意。蠶歲既單，故繼言「世婦卒蠶」也。繭則示于君，而獻于夫人者，示則告其成而已，獻則欲其受之以繅也。禮之以少牢，則所以勞其還也。

馬氏曰：《公羊傳》亦曰：❶「國非無良農工女也，以爲人之所盡其祖禰者，不若以所自親者也。」《周官・内宰職》曰：「中春詔后帥内外命婦，始蠶於北郊，以爲祭服。」蓋蠶於季春，則詔於中春也宜矣。王躬耕於南郊，后躬蠶於北郊，南北陰陽之盛也。王將耕，則后獻穜稑之種。后、夫人將蠶，則君爲之卜夫人、世婦之吉者，所以交相成也。陽始陰者也，故君爲之卜夫人之吉者。陰則佐陽而已，故謂之獻穜稑之種也。朱、緑，色之雜，玄、黄者，色之正。黼黻文章者，正之間也。以爲黼黻文章，則又加之以繢繡之事。至此則祭服成矣，故曰「服既成，君服以祀先王、先公，敬之至也」。

山陰陸氏曰：「棘牆而外閉之」，著不専爲防也，故曰「外户而不閉」，禦風氣而已。若棘，亦以爲煖。今養華用棘。鄭氏謂「大昕，季春朔日之朝」，然則餘日爲昕，朔日然後謂之大昕，言大以有小。《文王世子》「大昕鼓徵視學」，蓋亦朔日，不然，朝愈益早矣。前言古者天子、諸侯必有養獸之官，古者天子、諸侯必有公桑、蠶室，後皆言君而已。勞事也，言諸侯以著天子，亦言之法。其言夫人，不言后，亦以此。以二王之後，故曰「卜三宫之夫人」，蓋二王後亦得立三夫人，特其嫡夫人不得稱后耳。《春秋》書「伯姬歸于宋」，❷後書「衛人、齊人、晉人來媵」，豈此所謂三夫人歟？《公羊傳》曰：「三國來媵，非禮也。」是以諸侯之禮言之，誤

❶「公羊」，當爲「穀梁」，此引《穀梁傳》文。
❷「歸」，原作「婦」，據通志堂本、四庫本改。

矣。單，言始衣單矣。《月令》「天子孟夏始絺，然後蠶事畢，后妃獻繭」。《詩》曰「八月載績」，蓋絲事成於衣單，麻事成於衣重之時。豈直人事哉，亦天地自然之理也。言世婦卒蠶，不言三宮夫人，始之者夫人，卒之者世婦。《少牢》以禮之言「因」，豈即朔月、月半所食少牢禮之歟？據此「奉繭以示于君」而已，其獻主在夫人。言「三盆手」而已，則三宮夫人蓋亦略矣。然則蠶事之正在世婦，故曰「世婦卒蠶」。

毗陵慕容氏曰：夫躬耕親蠶，一則以教民致力於農桑，而豐衣食之原。一則以爲齊盛祭服，而盡事神之敬。故先王以所事者教民，故民之聽命也速。以所率民者奉神，故神饗之也易。夫民，神之主也，成民，然後可以致力於神。民和，而神降之福，耕以足食，蠶以足衣，生民之道於是乎在。所以成民而致其和，莫先於斯二者。故齊盛以告，冕服以祀，而成民之道盡焉。故可以陳信於鬼神。若夫民則弃本，飢寒是憂，和氣不應，災害日至，則是矯舉以祭，雖潔齊豐盛，致美乎冕服，神亦弗饗矣。

慶源輔氏曰：蠶，婦事也，猶不敢專，必待君之卜吉而後親之，則他可知矣。故曰「地道代終而已」。「此所以爲君服與」、「其率用此與」，皆記者述夫人之意而爲言也。

君子曰：「禮樂不可斯須去身。致樂以治心，則易直子諒之心油然生矣。易直子諒之心生則樂，樂則安，安則久，久則天，天則神。天則不言而信，神則不怒而威，致樂以治心者也。致禮以治躬則莊敬，莊敬則嚴威。心中斯須不和不樂，而鄙詐之心入之矣。外貌斯須不莊不敬，而慢易之心入之矣。故樂也者，動於内者也。禮也者，動於外者也。樂極和，禮極順，❶則民瞻其顔色而不與争也，望其容貌而衆不生慢易焉。故德煇動乎内，而民莫不承聽；理發乎外，而衆莫不承順。故曰：致禮樂之道，而天下塞焉，舉而錯之無難矣。樂也者，動於内者也。禮也者，動於外者也。故禮主其減，樂主其盈。禮減而進，以進爲文；樂盈而反，以反爲文。禮減而不進則銷，樂盈而不反則放。故禮有報，而樂有反。禮得其報則樂，樂得其反則安。禮之報，樂之反，其義一也。」

鄭氏曰：斯須，猶須臾也。子，讀如「不子」之「子」。諒，信也。油然，物始生好美貌。躬，身也。「極和」、「極順」，極，至也。「理發乎外」，理謂言行也。塞，充滿也。減，猶倦也。盈，猶溢也。樂以統情，禮以理行。❷人之情有溢而行有倦，倦則進之，以能進者爲文。溢則使反，以能反者爲文。文，謂才美。報，皆當爲「褒」，聲之誤也。

孔氏曰：此一節已具於《樂記》，但記者别人，故於此又記之。其義已具在《樂記》，故於此不繁文也。

山陰陸氏曰：謂之「君子曰」，君子見微者也。切觀世之人，慢易起於放肆，而鄙詐常生於矯激，然後知君子之言不誣也。若申屠狄輩不知致樂以治心者也，若阮籍輩不知致禮以治躬者也。不曰塞乎天

❶「順」下，通志堂本、四庫本有「内和而外順」，當是。
❷「禮」，原作「理」，今據《禮記正義》改。

下，而曰「天下塞焉」，小在天下也。

曾子曰：「孝有三，大孝尊親，其次弗辱，其下能養。」

孔氏曰：自此至「可謂孝矣」，廣明爲孝子之事。「大孝尊親」，即是下文「大孝不匱」，聖人爲天子者也，尊親，嚴父配天也。「其次弗辱」，謂賢人爲諸侯及卿、大夫、士，各保社稷宗廟，不使傾危，以辱親也，與下文「中孝用勞」一也。「其下能養」，謂庶人也，與下文「小孝用勞」一也。能養，謂用天分地，以養父母也。

黄氏曰：曾子言孝道三，自天子達庶人，三孝之行咸在其中。❶ 謂人子能立身行道，有大功於國，大德及民，俾人稱美其先而尊重之，爲上也。生事之以禮，死葬之以禮，祭之以禮，全父母遺體，殁身無毁者，次之。生事父母，盡其色養者，爲下也。言尊親爲大，則弗辱、能養兼之矣。次言不能尊貴其親，而唯弗辱、能養爲二也。其下者，謂不能尊親不辱，唯能供養，是孝之末節矣。但論孝行升降輕重，不分别名位尊卑。

石林葉氏曰：德爲聖人，尊爲天子，宗廟饗之，子孫保之，此尊親也。脩身慎行，不服闇，不登危，此弗辱也。稱其無，而啜菽飲水，不爲薄，此能養也。

《講義》曰：尊親者，非必顯之以名位之崇也，使吾身無愧於仁義，使吾親亦無愧於仁義，則吾親尊矣。弗辱者，非必置其身於罪惡也，雖一訾笑之苟，亦爲辱矣。能養者，非以其養口體也，必養志焉，斯可矣。

❶「孝」，通志堂本、四庫本作「者」，疑是。

慶源輔氏曰：始於能養，終於脩身，達而至於大德必得其位，若武王、周公之孝，始可謂之大矣。

公明儀問於曾子曰：「夫子可以爲孝乎？」曾子曰：「是何言與？君子之所謂孝者，先意承志，諭父母於道。參直養者也。安能爲孝乎？」

鄭氏曰：公明儀，曾子弟子。

孔氏曰：「先意」，謂父母將欲發意，孝子則預先逆知其意而爲之也。承志，謂父母已有其志，已當奉承而行之。諭父母於道，謂或在父母意先，或在父母意後，皆曉諭父母，歸於正道也。

延平周氏曰：於志言承。「先意承志，諭父母於道」，則使其身不失天下之顯名，而爲父母者亦不失天下之顯名。若舜之諭父母爲不格姦，則君子之所謂孝者也。

嚴陵方氏曰：將有所感有逆知之者，先意也；已有所之而奉行之者，承志也。有所感則隱而未見，故於先言之；有所之則見而不隱，故於承言之：亦各以其類也。然徒先意承志，而不能諭之於道，則是苟順其令，而或陷親於不義者，蓋有之矣。此所以又在乎諭父母於道也。夫養將以爲孝，而所以爲孝子不止於養親。曾參之事其親，養其志而不止於口體，固得其所以爲孝者矣，豈直能養而已哉！乃自謂如此者，不敢以孝自居故也。唯夫不自居其孝，玆其所以爲孝歟？

馬氏曰：先意，所以閑其邪；承志，所以成其美：此所以諭父母於道。

建安真氏曰：父母之意未形，而能逆之於其先；父母之志已形，而能承之於其後，非深於孝愛，以父母之心爲心者不能。諭者，開説曉譬之謂。爲人子者，平時能以理開曉其親，置之無過之地。猶臣之事君，格其非心，而引之當道也。其視有過而後諫者，功相百矣，故君子猶難之。

曾子曰：「身也者，父母之遺體也。行父母之遺體，敢不敬乎？居處不莊，非孝也。事君不忠，非孝也。涖官不敬，非孝也。朋友不信，非孝也。戰陣無勇，非孝也。五者不遂，烖及於親，敢不敬乎？亨、孰、羶、薌，嘗而薦之，❶非孝也，養也。君子之所謂孝也者，國人稱願然曰『幸哉，有子如此』，所謂孝也已。衆之本教曰孝，其行曰養，養可能也，敬爲難；敬可能也，安爲難；安可能也，卒爲難。父母既没，慎行其身，不遺父母惡名，可謂能終矣。仁者，仁此者也。禮者，履此者也。義者，宜此者也。信者，信此者也。强者，强此者也。樂自順此生，刑自反此作。」

鄭氏曰：五者不遂，遂，猶成也。願然，然，猶而也。

孔氏曰：亨、孰、羶、薌之美，先自口嘗，而後薦之父母，此非孝也，唯是供養而已。孝子百行皆美，一國之人稱揚羡願然曰如此是羡願之，云：此子父母有幸遇哉，而有孝子如此。令人羡願如此，乃所謂孝也。「衆之本教曰孝」者，言孝爲衆行之根本，以此根本而教於下，名之曰孝。不能備孝之德，唯行奉上之禮，但謂之養者也。「父母既没」以下，解「卒爲難」之事。順從孝道，則和樂自至；違反孝道，則刑戮及身。

❶「嘗」，原作「當」，今據通志堂本改。

嚴陵方氏曰：《孝經》曰：「身體髮膚，受之父母，不敢毁傷，孝之始也。」《哀公問》曰：「身者，親之枝也，敢不敬與？」正謂是矣。身者體之全，體者身之别。夫一人之身，生於父母，而别於父母者也。故曰「身者父母之遺體」。居處也，事君也，涖官也，朋友也，戰陳也，皆所以行父母之遺體也。苟唯不莊、不忠、不敬、不信、無勇，則烖及其身。烖及其身，是及其親也，豈孝也哉？故每以非孝言之。如是則行身之道，敢不敬乎？先居處而後事君者，内外之序也。先事君而後涖官者，尊卑之序也。先涖官而後朋友者，公私之序也。先朋友而後戰陳者，文武之序也。亨言天産，故其臭爲羶；孰言地産，故其臭爲薌，嘗旨否而後薦之，是孝之一端而已。稱者，口稱其所爲；願者，志願其如此。「然」則予之之詞也。「幸哉有子如此」，言其有子如此，乃父母之幸也。孝者，盡子道而已。人言如此，故曰「所謂孝也已」。已，則言其盡於此也。教亦多術矣，特爲之本者孝也，故曰「衆之本教曰孝」。《孝經》云「夫孝，德之本也，教之所由生也」，正謂是矣。《論語》曰：「至於犬馬，皆能有養，不敬，何以别乎？」故曰「敬爲難」。楊子曰「孝莫大於寧親」，故曰「安爲難」。《孝經》曰：「立身行道，揚名於後世，以顯父母，孝之終也。」故曰「卒爲難」。《哀公問》曰：「君子也者，人之成名也。百姓歸之名，謂之君子之子，是使其親爲君子也，是成其親之名也已。」故曰「父母既没，慎行其身，不遺父母惡名，可謂能終矣」。所謂能終者，非終父母之身，終其身也。夫孝既爲德之本，故仁非仁於孝，不足以爲仁之德也；禮非履於孝，不足以爲禮之德也。以至義也，信也，强也，亦若是而已。《哀公問》曰：「不敬其身，是傷其親。」然則居處之莊，所以愛其親，慮或傷之而已。是以仁者仁此，而居處所以莊也。禮者履此，而涖官所以敬也。義者宜此，而事君所以忠也。信者信此，而於朋友所以信也。强者强此，而於戰陳所以勇也。五者不遂，裁及於親，况其身乎？且裁者，福之對。福之所至，樂必隨之，裁之所至，刑必隨之。故曰「樂自順此生，刑自反此作」。

山陰陸氏曰：我身非我有。其行之者，我也。曾子所見無非孝，故仁者見之謂之仁，知者見之謂之知。賞罰利害，五刑之辟，教之末也。若孝者可謂本矣。執一術而百善至，孝之謂也。其行曰養者，孝之行自養親始。《孝經》云：「夫孝始於事親，中於事君，終於立身。」

延平周氏曰：居處莊，禮也。事君忠，涖官敬，義也。朋友信，信也。戰陳勇，强也。凡此五者皆遂，則裁不及其身。裁不及身，則是不及其親。蓋吾之身，即父母之身也。居處莊者，慎其獨者也。能慎其獨，故以之在上，則事君忠，涖官敬；以之在下，則友信。戰陳者，非君子之先務。故其序如此。能養不如敬，❶能敬不如安，能安不如能終。仁先之，禮次之，義次之。繼元以亨，繼亨以利之序也。信者成此三者，而强者行此三者。

石林葉氏曰：《孟子》曰：「不得乎親，不

❶「如」下，通志堂本、四庫本有「能」字。下句同。

可以爲人。不順乎親，不可以爲子。」蓋誠身則能有得乎親，是在我者也。故爲人道唯有義。誠身未能順親，是非在我者也，故爲子道唯有命。以舜爲聖人，猶以瞽叟厎豫爲難，則國人稱願然曰「幸哉有子」，君子亦不謂性也。莊慎忠信，災不及其親，所謂「能敬」也，不能安之，則無以安其親。「先意承志，諭父母於道」，所謂「能安」也，不能卒之，則無以盡大事。慎終追遠，所謂能卒之也。一人之身，物所爲備。其先得者愛親，此孝所以爲本也。故仁以仁之，則曰仁此者也。禮以體之，則曰履此者也。義有理，則曰宜此者也。信不欺，則曰信此者也。强者不息，則曰强此者也。五者備矣，强而不變，已忘其倦，則樂矣。樂所以順而生者也，小人反是，則入於刑，刑所以反而作也。《孝經》言「移風易俗，莫善於樂」，而對於「教民親愛，莫善於孝」，且言「五刑之屬三千」，亦曰「罪莫大於不孝」，皆與此意合也。

慶源輔氏曰：篤於孝者誠而已。誠一不至，則違乎孝矣。非其時也，草木不可妄伐。當其位也，戰陳不可無勇。養不足以盡孝，孝則該夫養矣。成其身，所以成其親者也。唯誠實於孝，進進不已，然後知其等級如是之難。安，與「安仁」之「安」同。言由孝而行，從容中道也。如舜之事親可矣，至於卒則又誠不息也。

馬氏曰：此立身揚名，所以爲孝之終。而《蠱》之六五，所以言「幹父之蠱，用譽」也。雖然名立於後世者，亦曰「行成於內」而已。愛親者能養者也，敬親者能敬者也。生則親安之，能安者也。死則鬼饗之，能卒者也。念祖而聿脩厥德，能終者也。愛者有未能敬，敬者有未能安，安者有未能卒，卒者有未能終。然愛者孝之本，而親安之者，孝之至。慎脩其身，孝之終始也。孔子語子游以「敬」，語子夏以「色難」，蓋順其色，則親安之矣，告子游以粗，告子夏以精也。然則孝止於親安之乎？曰舜盡事親之道而瞽叟厎豫，瞽叟厎豫而天下化，庸非此乎？蓋以行言之，則愛者未必敬，而至於能終，孝之至也。若以道言之，則以敬孝易，以愛孝難，而至於親忘我，則孝之至也。

建安真氏曰：身體髮膚，受之父母，不敢毀傷。然忠臣義士奮不顧身，視死如歸，何也？此與其它毀傷不同。蓋殺身所以成仁，既成仁，則孝在其中矣。殺身成仁，則形雖虧，其理不虧，身雖隕，其性不失，乃所以爲孝也。故曰「戰陳無勇，非孝也」。

新安朱氏曰：亨、孰、羶、薌，亨即亨煮之字，俗加「火」作「烹」，非是。

建安劉氏曰：孝爲百行之宗。行純則性通，行虧則性賊，二者常相因焉，同本故也。孝以敬爲本，而敬者脩性之門也。自天子達於庶人，孝之事雖不同，同本於敬。事親而不敬，何以爲孝乎？敬心之發，孝於其親矣。推於兄弟恭而友者，是其應也。推於夫婦和而順者，是其應也。推於親黨朋友恭而睦、同而信者，是其應也。推於事君治人忠而恕、廉而勤者，是其應也。是數者不一應焉，非孝也。故孝子之心，唯一敬而已。敬心既純，大本發露，虛明洞達，躍如於兢兢肅肅中，此所以行成於外，性脩於內也。曾子聞道最爲超警，死生之際粲然明白。蓋由始則因孝心而致敬，終則因敬心而成己。驗其平日服膺，念兹在兹而已。啓手足，則見於戰戰兢兢之時；發善言，則見乎容貌辭氣之際，皆敬之謂也。學者非不知此，皆有愧於曾子，由行之弗至也。恭於昭昭者，孝之名也。謹於昬昬者，孝之實也。求其名，於匹夫匹婦能焉，於其實，聖人以爲難矣。故此經以「敬爲難」。敬可能也，能安、能卒爲難。蓋斯須之敬，人能勉强。至於能安、能卒，非確然自信，毅然必爲，未有能樂其常而至其至也。

禮記集説卷第一百十二

禮記集説卷第一百十三

曾子曰：「夫孝，置之而塞乎天地，溥之而横乎四海，施諸後世而無朝夕。推而放諸東海而準，推而放諸西海而準，推而放諸南海而準，推而放諸北海而準。《詩》云：『自西自東，自南自北，無思不服。』此之謂也。」

鄭氏曰：「無朝夕」，言常行無輟時也。放，猶至也。準，猶平也。

孔氏曰：自此以前皆曾子之言，自此以下異，故更言「曾子曰」。置，謂措置也。塞滿天地，謂感天地神明也。溥，布也。横被四海，言孝道廣遠也。推而至於四海，以爲準平而法象之，無所不從也。《詩·大雅·文王有聲》之詩，美武王之德，今孝道亦然，故引以證之。

嚴陵方氏曰：直而立之，則塞實乎天地之間。旉而散之，則横廣乎四海之内。施，言其出無窮，故後世曾無朝夕之間。推，言其進之不已，故放之四海而準。放，與《孟子》「放乎四海」之「放」同。準，言人以是爲準而不差也。前既言溥之横乎四海，後又言推而放諸四海，蓋前言身之所行者如此，後言人之所化者如此。

石林葉氏曰：「塞乎天地」，所謂窮高厚也。「横乎四海」，所謂極深遠也。「施諸後世，而無朝夕」，所謂悠久無疆也。

《講義》曰：孝出於人心。人有賢愚，而此心不異，時有古今，而此心常存。天地之心，亦無以異乎人之心，此所以塞天地，横四海，施諸後世，無所不可。

山陰陸氏曰：夫孝出於同然，故推而放

諸四海如此。即有不準，是背類反倫者也。

新安朱氏曰：準，猶齊也，言無不同也。

慶源輔氏曰：曾子之孝至此，所謂誠則明，明則形，形則著，著則動，動則變，變則化矣。

曾子曰：「樹木以時伐焉，禽獸以時殺焉。夫子曰：『斷一樹，殺一獸，不以其時，非孝也。』孝有三：小孝用力，中孝用勞，大孝不匱。思慈愛忘勞，可謂用力矣。尊仁安義，可謂用勞矣。博施備物，可謂不匱矣。父母愛之，嘉而弗忘。父母惡之，懼而無怨。父母有過，諫而不逆。父母既没，必求仁者之粟以祀之。此之謂禮終。」

鄭氏曰：夫子，孔子也。曾子述其言以云。中孝用勞，勞猶功也。「思慈愛忘勞」，思父母之慈愛己而自忘己之勞苦也。「無怨」，無怨於父母之心。❶「諫而不逆」，順而諫之也。「必求仁者之粟」，喻貧困猶不取惡人物以事亡親也。

孔氏曰：以語更端，故云「曾子」。庶人思父母慈愛，忘己躬耕之勞，可謂用力矣。諸侯、卿、大夫、士尊重於仁，安行於義，心無勞倦，可謂用勞矣。匱，乏也。博施，謂德教加于百姓，刑于四海。備物，謂四海之内，各以職來助祭。❷

嚴陵方氏曰：《王制》曰「草木零落，然後入山林」，所謂「樹木以時伐」也。又曰「豺祭獸，然後田獵，鳩化爲鷹，然後設罻羅」，所謂「禽獸以時殺」也。《孟子》曰：「君子親親而仁民，仁民而愛物。」故「斷

❶「無怨」，原無，今據通志堂本、四庫本補。

❷「以」下，通志堂本、四庫本有「其」字，是。

一樹，殺一獸，不以其時，非孝也」。樹木，見《月令》「樹木方盛」解。慈愛者，生育之恩也。勞者，奉養之力也。於親生育之恩，則思之而不忘，於己奉養之力，則忘之而不思，故曰「用力」。仁所以愛親，義所以敬親。愛敬盡於事親，可謂用勞矣。用力言事，用勞言功，不匱言德，則大小與中，其別可知矣。用力則能養矣，用勞則弗辱矣，不匱則可以尊親矣，故皆以「孝有三」題其事。前以大孝爲首，此以大孝爲終，何也？前以位言孝，故自上以及下，此以行言孝，故積小以至大。父母愛之，嘉而弗忘，仁之至也。父母惡之，懼而無怨，義之盡也。爲人子者，懷仁義以事其親而已。《内則》曰：「父母有過，下氣怡色，柔聲以諫。」蓋不逆之謂也。巽而入之，則雖諫而不逆也。

仁者之粟，則有愛心存焉。若夫子受仁人之饋，則掃地而祭，亦此之意。祭之以禮，禮之終也。此主言祀，故曰「禮終」。

石林葉氏曰：孝者仁之實，仁則能愛於物。伐樹木，殺禽獸，故必以時。莫非勞也，有勞於德，有勞於力，而忘勞者，思親之慈愛也，未能無望於其親，故爲小孝。仁大矣則尊之，義有理則安之，仁義而已。勤行而不懈，未能得天下之歡心，以事其親，故爲中孝。博施則聖矣，仁不足以名之，孝至於此，則達於天下，四海九州之美味，莫不備至，故爲大孝。

延平周氏曰：「斷一木，殺一獸，不以其時」，則無愛心，以其無愛心，是以非孝也。思慈愛忘勞，庶人之孝也。尊仁安義，諸侯以下之孝也。博施備物，唯天子乃能與此。「父母惡之，懼而無怨」，然有所謂怨者也，故《孟子》曰：「《小弁》之怨，親親也。」「父母有過，諫而不逆」，然有所謂逆者也，故《荀子》曰：「從義不從父。」

《講義》曰：夫自其異者觀之，則草木、禽獸與人爲殊類；自其同者觀之，則凡厥有生均氣同體，草木、禽獸與人等爾。君子親親而仁民，仁民而愛物，至於斷一木，殺一獸，不以其時，則謂之非孝，蓋自其同者觀之也。用力者竭力以事親，用勞者盡心以事親。思父母之慈愛而忘己之勞苦，則不愛其力矣。所尊者仁，所安者義，以仁義喻父母於道，其心庸有不盡乎？《詩》曰：「孝子不匱，永錫爾類。」錫，予也。類，謂凡人子也。穎考叔愛其母，施及莊公。舜致瞽叟厎豫，而天下之爲父子者定。孝子之道，果有匱乎？備，猶周偏也。物，即人也。博施備物，即《詩》所謂「永錫爾類」也。父母之存也，愛之則喜而不忘，思求其所可喜者，以悦其親也；惡之則懼而不怨，思去其所可惡者，以安其親也。

慶源輔氏曰：孝子之心兢兢業業，無一息或違，無一物不體，豈有非時害理之事？博施則用勞不足言矣，備物則用力不足言矣，此聖人達孝之事也。嘉故不忘，懼故無怨，柔行巽入，期父母之順於理，而不期父母之從乎我。至於此，則其誠至矣。

山陰陸氏曰：「思慈愛忘勞」，對以慈愛然後忘勞，小孝也，以視尊仁安義，可謂用力矣。尊仁安義，以視不匱，可謂用勞矣。博施備物，若施及莊公，亦其一隅。《老子》曰：「既以與人，己愈有，既以與人，己愈多。」其此之謂乎！

廬陵胡氏曰：用力，所謂竭力耕田，共爲子職也。懼而無怨，《孟子》言舜怨慕，何也？曰：「《小弁》，親之過大者也。《凱風》，親之過小者也。親之過大而不怨，是愈疏也。親之過小而怨，是不可磯也。」舜之怨慕，孝也。不逆，所謂又敬不違。父母既没，雖貧困，猶不取惡人物以祀親。然則《孟子》之「受禦」，可以祀歟？曰其交也以道，君子受之矣。受之而以祀，可也。然孝子之心有所不安，故必仁者之粟爲孝。

黄氏曰：註謂必求仁者之粟以爲粢盛，則失者遠矣。况先王之禮，不耕者祭無盛。自天子執耒三推，下達庶人，皆從斯禮。今曾子所言「粟」者禄也。謂父母既歿，必仕於仁諸侯、賢大夫之朝，立身行道，以終祭祀。危邦不入，亂邦不居，恐辱先也。况曾子嘗敝衣以耕於魯，魯侯聞之，致之邑，曾子固辭，聖人稱之能全節也。《孟子》云「士三月無君，則弔」，以其失於祭祀之禮也。親殁者必居於仁者之朝，食禄行道，以終祭祀之禮，爲禮終也。

馬氏曰：「此之謂禮終」，此言孝子之遭變也。前言「可謂能終」，此孝子之常也。遭變，則嫌於非禮，故曰「禮終」。常則不嫌，故曰「能終」而已。處常則易，制變則難。易者，曾子之事也；難者，舜之事也。

樂正子春下堂而傷其足，數月不出，猶有憂色。門弟子曰：「夫子之足瘳矣，數月不出，猶有憂色，何也？」樂正子春曰：「善如爾之問也，善如爾之問也！吾聞諸曾子，曾子聞諸夫子曰：『天之所生，地之所養，無人爲大。父母全而生之，子全而歸之，可謂孝矣。不虧其體，不辱其身，可謂全矣。故君子頃步而弗敢忘孝也。』今予忘孝之道，予是以有憂色也。壹舉足而不敢忘父母，壹出言而不敢忘父母。壹舉足而不敢忘父母，是故道而不徑，舟而不游，不敢以先父母之遺體行殆。壹出言而不敢忘父母，是故惡言不出於口，忿言不反於身。不辱其身，不羞其親，可謂全矣。」❶

鄭氏曰：「曾子聞諸夫子」，述曾子所聞於孔子之言。「頃步」「頃」當爲「跬」，聲之誤也。予，我也。「道而不徑」，徑，步邪趨疾也。「忿言不反於身」，人不能無忿怒，忿怒之言，當由其直，直則人服，不敢以忿言來也。

孔氏曰：此一節論樂正子春傷其足而憂，因明父母遺體不可損傷之事。天地生養萬物之中，無如人最爲大。非特體全，又須善名得全。跬步，謂壹舉足。「道而不徑」者，謂於正道而行，不游邪徑。❷正道平易，於身無損，邪徑險阻，或有所傷。「舟而不游」者，渡水必舟船，不浮游於水上。乘舟安，浮水危也。此是不敢以先父母遺餘之體，而行歷危患處也。「不辱其身，不羞其親」，總結舉足、出言二事。身及親並不羞辱，可謂孝矣。

長樂劉氏曰：樂正子春可謂能改其過者也，失之于初，而戒之于終焉。唯人之身，氣以體全，德以性全者也。體懼而弗傷，則氣無不全者也。性存而弗拂，則德

❶「全」，通志堂本、四庫本作「孝」。
❷「游」，通志堂本、四庫本作「由」。

非禮無不備者也。莫非父母之所遺者。非禮不言，非禮不動，非禮不視，非禮不聽。是以言動中於禮樂之節，而民瞻仰之，取以爲模範焉。不曰内全其德性，而外全其氣體之道歟？是可謂之弗忘其父母者也。然則舍坦塗以由徑，緩舟渡以游淵，不慎其言，不羞其辱者，小人之事，豈足爲孝其親者道哉？❶

嚴陵方氏曰：「天之所生，地之所養，無人爲大」者，生養乎天地之間者，人道最爲大。《孝經》言「天地之性人爲貴」，《泰誓》言「惟人萬物之靈」，蓋大以言其道，貴以言其性，靈以言其德，互相明耳。父母全而生之，謂生其形也。子全而歸之，謂歸於土也。不虧其體，所以全其形，不辱其身，所以全其德。故曰「可謂全矣」。「壹舉足而不敢忘父母」，則念其親於動止之間也。「壹出言而不敢忘父母」，則念其親於語默之際也。道大而徑小，故道而不徑，舟安而游危，故舟而不游，則不敢以先父母之遺體行殆故也。殆，亦危也。「惡言不出於口」者，己之言也。「忿言不反於身」者，人之言也。唯己之惡言不出於口，故人之忿言不反於身也。以忿言不反於身，故不辱其親。而身者，親之枝也，不辱其身，故不羞其親。

馬氏曰：天，生生者也，故曰「天之所生」。地，化化者也，故曰「地之所養」。身體髮膚不敢毁傷，所以不虧其體。立身揚名於後世，所以不辱於身。曾子有疾，召門弟子曰「啓予足，啓予手，而今而後，吾知免夫，小子」，言得全而歸之也。

❶ 「足」，通志堂本、四庫本作「是」。

今夫以一朝之忿，忘其身及其親，則不思甚耳。

延平周氏曰：《周官》之法，禁徑踰者，禁川游者，而此則曰「道而不徑，舟而不游」，是以知周公之法不特有意於防微，而又有以教人之孝也。

《講義》曰：舉足而不敢忘，固懼其危也，而言何與焉？蓋吾以惡言出於口，人以忿言反於身，爲身之辱而貽親之羞者甚矣。至於出言而不敢忘，則所以全其身以歸其親者，斯無愧矣。不徑、不游，雖若非難者，亦曰充此心以往，則凡所以求全其身者，詎止不徑、不游乎？昔曾子啓手足之際，然後釋淵冰之懼。樂正子春，門人也，安得而不憂乎？

新安朱氏曰：父母者，一身之父母也。天地者，人與物，己與人，皆共以爲父母者也。父母生我也，四支百骸，無一不全。必能全其身之形，斯爲不忝於父母。天地之生我也，五常百善，無一不備。必能全其性之理，然後爲不負於天地。

昔者有虞氏貴德而尚齒，夏后氏貴爵而尚齒，殷人貴富而尚齒，周人貴親而尚齒。虞、夏、殷、周，天下之盛王也，未有遺年者。年之貴乎天下久矣，次乎事親也。

鄭氏曰：貴，謂燕賜有加於諸臣也。尚，謂有事尊之於其黨也。臣能世禄曰富。舜時多仁聖有德，後德則在小官。

孔氏曰：前經明孝，此以下至「不敢犯」，又兼明孝弟。此經論四代弟順尚齒之義。虞氏帝德弘大，故貴德。德之中，年高者在前，故云「尚齒」。夏后氏尚功，功高則爵高。既貴其爵，則德雖下而爵高者，亦貴之，由道劣故也。於貴爵之中，年高者在前。殷人又劣於夏，累世有功，世爵而富，乃貴之。殷人疏而富者，猶貴之。周人敬愛彌狹，於己有親乃貴之，亦皆年高者在前也。「次乎事親」，言貴年之次第，近於事親之孝也。鄭恐貴者皆班序在上，故謂燕賜加於諸臣。凡四代朝位班次，❶皆以官爵爲次。而夏后氏貴者，但以爵高加恩賜也。尚，謂德爵富親，各於其黨類之中而被尊也。鄭云「後德則在小官」者，解虞氏貴德之意。以舜時人皆有德，德小先來者，已居大官，其德大後來者，則在小官。小官德尊，虞氏貴之，所以燕賜加於大官也。

山陰陸氏曰：貴尚之次也，據不尚賢，不貴難得之貨。夏道漸劣，其德或無實也，於是貴爵。殷道愈劣，於是貴富。蓋古之諸侯有爵尊而地狹，爵雖卑而地大，貴富則地大者先。周道愈益劣，是故貴親。鄭氏謂舜時多有德，後德則在小官，言以德爲後，則在小官，釋所以貴德也。

馬氏曰：貴以對其民爲賤，尚以對其等爲下，四代非相反也。蓋有虞氏貴德，則賢者固已在位，能者固已在服矣，故夏后氏承之以貴爵。貴爵則賢而德似其先人者，使之世官，不賢而不至於不由禮者，使之世禄矣，故殷人承之以貴富。貴富則尊祖，尊祖則敬宗，敬宗則收族，故周人承之以貴親。皆因其時，乘其理爲之也。夏后氏貴爵，斯所以貴德也。殷人貴富，斯所以貴爵也。周人貴親，斯所以貴富也。然貴德以賢賢，貴爵以貴貴，貴富以明功，貴親以厚本，則四代一也。齒

❶「次」，通志堂本、四庫本作「序」。

取諸身，年取諸物，皆可以數言。

嚴陵方氏曰：四代之所貴不同，由救弊之政異故也。貴德之弊，有至於忘君，故夏后氏救之以貴爵，蓋爵所以明貴賤故也。貴爵之弊，有至於忘功，故殷人救之以貴富，蓋富者所以明世禄故也。三者之弊有至於忘親，故周人救之以貴親。至於尚齒則未嘗易者，以年之貴乎天下久矣。次乎事親，萬世而無弊故也。虞帝亦曰盛王者，以舜之時，五帝之所終，三王之所始故也。且堯猶號放勳，則以王稱舜，不爲過矣。以《王制》考之，四代養老，或異其禮，或異其所，或異其服。雖各不同，所以不遺年之意，則一而已。或曰「年」，或曰「齒」，何也？謂之年，則以所歷爲主，《孟子》所謂「歷年」是也，與此言「遺年」之「年」同。謂之齒，則以所序爲主。《中庸》所謂「序齒」是也，與此言「尚齒」之「齒」同。《内則》言「五帝憲，三王有乞言」，則五帝非不貴老也。所謂憲者，憲其德而已。所主在德，不特在年也。

延平周氏曰：蓋年之貴者弟也，而事親者孝也。

慶源輔氏曰：有德者必有爵，有爵者必有富，此虞、夏、殷之所貴如此。至於周，則又厚親以反本焉，此其世變使然。聖人因時定制，有不得不然者也。若夫年齒之尚行乎萬世而不可變者，蓋敬老、慈幼，人之性也。四代之王不失其性而已。即四王之事而反求諸一心，則知年之果不可遺，次乎事親之義明矣。

慈湖楊氏曰：《祭義》云「殷人貴富而尚齒」，此非聖人之言也。富非道之所貴也，而《家語》謂孔子之言，豈記者之差乎？

是故朝廷同爵則尚齒。七十杖於朝，君問則席，八十不俟朝，君問則就之，而弟達乎朝廷矣。

鄭氏曰：同爵尚齒，老者在上也。「君問則席」，爲之布席於堂上，而與之言。凡朝位立於庭，魯哀公問於孔子，命席。不俟朝，君揖之即退，不待朝事畢也。就之，就其家也。老而致仕，君或不許，異其禮而已。

孔氏曰：官爵同則貴尚於齒，四代皆然。「弟達乎朝廷」，言遜弟敬老之道通達於朝廷也。《燕禮》「大射，君與卿、大夫皆立，卿、大夫立於庭」，故鄭知朝位立於庭也。又《燕禮》「大射，卿、大夫立於庭，北面，君降自阼階，南鄉，爾卿。卿西面，爾大夫。大夫皆少進，皆北面」。爾，謂揖也。於時老臣，君揖則退，不待朝事畢也。案《曲禮》「大夫七十而致事，若不得謝」，是或不許也。此經中所云，是君不許者，故異其禮。若其致事，則《王制》云「七十不俟朝，八十杖於朝」是也。

嚴陵方氏曰：爵同，故以齒爲主爾。❶爵異，則以爵爲上也。《孟子》曰：「朝廷莫如爵，鄉黨莫如齒。」蓋朝廷雖以爵爲上，然未嘗廢齒，則此所言者是也。鄉黨雖以齒爲上，然亦未嘗廢爵，則後言「三命而不齒」是也。要之，朝廷以爵爲主，鄉黨以齒爲主，故《孟子》以爲莫如也。就，謂就其家而不敢召也。凡此，皆朝廷禮敬之事，故曰「弟達乎朝廷」也。致事者，

❶「主」，通志堂本、四庫本作「上」。

無預於政，故不俟朝，而後優之以杖。未致事者，則猶預於政，故優之以杖，而後不俟朝。

山陰陸氏曰：《祭義》謂尊者也，故杖於朝早。杖於朝早，故毋俟朝晚。《王制》八十杖於朝，七十不俟朝，謂卑者也，故杖於朝晚。杖於朝晚，故毋俟朝早。

石林葉氏曰：蓋力衰則助之以杖，有問則席安之也。不敢煩以禮，揖之則退，故不俟朝。有問則就其室者，尊之也。安之以仁，尊之以禮，此弟所以達乎朝廷矣。❶

行，肩而不併，不錯則隨。見老者，則車、徒辟。斑白者不以其任行乎道路，而弟達乎道路矣。居鄉以齒，而老窮不遺，强不犯弱，衆不暴寡，而弟達乎州巷矣。

鄭氏曰：錯，鴈行也。父黨隨行，兄黨鴈行。「車、徒辟」，乘車、步行皆辟老人也。斑白者，髮雜色也。任，所擔持也。不以任，少者代之也。老窮不遺，以鄉人尊而長之，雖貧且無子孫，無弃忘也。一鄉者，五州。巷，猶閭也。

孔氏曰：「行，肩而不併」，謂老少並行，肩臂不得併行，少者差退在後，則朋友肩隨是也。「不錯則隨」者，若兄黨爲鴈行之差錯，是父黨則隨從而爲行也。

嚴陵方氏曰：車以言其貴，徒以言其賤，言見老者則貴賤無不辟也。「斑白者不以任行乎道路」，所謂斑白者不提挈也。凡此皆道路禮順之事，故曰「弟達乎道路」。若耆耋艾耄之類，所謂「老」。若鰥寡孤獨之類，所謂「窮」。「不遺」，謂養之

❶「弟」下，通志堂本、四庫本有「之」字。

有政也。强弱以力言，衆寡以數言。凡此皆州巷禮順之事，故曰「弟達乎州巷」。

山陰陸氏曰：「行，肩而不併」，言雖齊行，遇隘狹，猶不敢併。「不錯則隨」，鄭氏謂「錯，鴈行也」，鴈乃參差少邪，故曰邪行爲錯。

石林葉氏曰：先之則不錯，不錯則隨。敬之則車、徒避，愛之則斑白不以任，此弟所以達乎道路。强以力言，衆以人言。老而窮者猶所不弃，則寡弱者固不患於無告，此弟所以達乎州巷。

古之道，五十不爲甸徒，頒禽隆諸長者，而弟達乎獀狩矣。軍旅什伍，同爵則尚齒，而弟達乎軍旅矣。

鄭氏曰：四井爲邑，四邑爲丘，四丘爲甸。甸，六十四井也，以爲軍田出役之法。五十始衰，不從力役之事也。頒之言分也。隆，猶多也。及田者分禽，多其老者，謂竭作未五十者。春獵爲獀，冬獵爲狩。什伍，士卒部曲也。《少儀》曰：「軍尚左，卒尚右。」

孔氏曰：作記之人在於周末，於時力役煩重，道周初之事，故云「古之道」也。一甸之中出長轂一乘，甲士三人，步卒七十二人，供田役事。案《小司徒》云：「凡起徒役，毋過家一人。唯田與追胥竭作。」若田與追胥竭作，此未五十者猶在田役，故頒禽之時，多此長者也。註云「什伍，士卒部曲」者，五人爲伍，二伍爲什，士謂甲士，卒謂步卒。在軍旅之中時，主帥部領圍曲而聚，❶故云部曲。

嚴陵方氏曰：甸徒者，甸獵之徒役也。

❶「圍」，四庫本作「團」，是。

《周官》皆作「甸」。先儒以爲「丘甸」之「甸」，誤矣。《小司徒》「凡起徒役，毋過家一人，以其餘爲羨，唯田與追胥竭作」，❶即此所謂甸徒也。雖曰「竭作」，然五十者亦不從之矣。頒禽，長者先得之而多，少者後得之而少故也。凡此皆獀狩禮順之事，故曰「弟達乎獀狩」。《周官》五卒爲旅，五旅爲師，五師爲軍。此言軍旅，衆莫小於旅、莫大於軍故也。尚齒止以什伍者，什以外則齒有所不勝序故也。凡此皆軍旅禮順之事，故曰「弟達乎軍旅」。

山陰陸氏曰：「不爲甸徒」，言以爲士。《司馬法》成百井出革車一乘，士十人，徒二十人。

石林葉氏曰：獀言春田之始，狩言冬田之終。軍旅什伍，所致者勇，而爵同者猶尚以齒。所謂「軍旅有禮，則武功成也」。

孝弟發諸朝廷，行乎道路，至乎州巷，放乎獀狩，脩乎軍旅，衆以義死之而弗敢犯也。

鄭氏曰：死之，死此孝弟之禮。

孔氏曰：此經總結上文。在上諸文但云「弟」，此兼云「孝」者，以孝故能弟，弟則孝之次也。孝弟之道無處不行，故衆行孝弟，雖死不捨也。

嚴陵方氏曰：先朝廷而後道路，自內而之外也。先道路而後州巷，行乎大又盡乎小也。獀狩軍旅，則又以有事之時言之。朝廷者，政之所出，故言「發」。道路者，人之所由，故言「行」。州巷則委曲而有所盡，故曰「至」。獀狩則馳騁而有所從，故曰「放」。軍旅則嚴飭而有所治，故

❶「田」，原作「曰」，今據通志堂本、四庫本改。

曰「脩」。合而言之，皆所以達之而已。衆死乎孝弟之義，而弗敢犯之也。

山陰陸氏曰：狩言「放」，軍旅言「脩」，亦言之法。衆以義死之而弗敢犯，即若申生、伋、壽之死猶爲犯，故曰「止乎禮義，先王之澤也」。

延平周氏曰：孔子曰：「教民禮順，莫善於弟。」又曰：「敬其兄，則弟悦。所敬者寡而所説者衆。」蓋以弟而治天下，則莫非禮順之行，其操甚約而其效甚博。故先王内則達乎朝廷，而外則達乎道路、州巷，有事則達乎狩、軍旅。此衆之所以有義，死而不敢犯也。

慶源輔氏曰：狩争獲，軍旅争功。弟道達於是則至矣，無所不通矣。以義死之，非有所利也。

祀乎明堂，所以教諸侯之孝也。食三老五更於大學，所以教諸侯之弟也。祀先賢於西學，所以教諸侯之德也。耕藉，所以教諸侯之養也。朝覲，所以教諸侯之臣也。五者，天下之大教也。

鄭氏曰：祀乎明堂，宗祀文王。西學，周小學也。先賢有道德，王所使教國子者。

孔氏曰：此一節廣明孝弟之道。「祀乎明堂」，於周言之，祀文王也。《樂記》「祀文王於明堂」是也。上文祀文王於明堂爲孝，此以食三老五更爲弟，文有所對也。此西學，鄭云「周小學」，則周之小學在西郊。《王制》云「虞庠在國之西郊」是也。以祀先賢，明於虞庠小學，故《大司樂》云「凡有道者、有德者使教焉。死則以爲樂祖，祭於瞽宗」。《文王世子》又云：「書在上庠。」以知祭先賢所通之經，各於所習之學。若瞽宗則在國，虞庠爲小學者則在西郊。今祀先賢，則於西郊也。

嚴陵方氏曰：祀明堂，所以享上帝。而享之者必有配，配必以父，所以教諸侯之孝也。食三老五更於大學，所以貴老。而貴老爲其近於親而已，所以教諸侯之弟也。先賢則樂祖，西學則瞽宗。瞽宗，殷學名。學有左右之異，而此止言西者，殷之名也。樂祖則有道德者，所以教諸侯之德也。朝覲，所以尊天子而致爲臣之義。夫孝以事親，弟以事長，故始之以教孝，而次之以教弟。孝弟則足以成德，故繼之以教德。有德則足以養人，故繼之教養。能養人則足以事君，故繼之以教臣。此教之之序也。

延平周氏曰：先王之於教，豈必諄諄而命之也哉？蓋行禮於此，而人得於彼而不知者，乃教之至也。故五者，天下之大教，而其所以爲教者，如此而已矣。五者以德爲主，養者孝之屬，臣者弟之屬，故其序如此。

馬氏曰：明堂嚴父以配上帝，故以之教諸侯之孝。若祀賢則尚德，故以之教諸侯之德。耕藉以供粢盛，故以之教諸侯之養。以德爲主，故言德於中。夫教萬民，則朝廷、道路、州巷、蒐狩、軍旅皆以教，而其教止於弟。諸侯則教之孝，教之弟，教之德，又教之養，教之臣。而其教止於諸侯者，蓋萬民則治之詳，故教之禮也略；邦國則治之略，故教之禮也詳。言教萬民而卒之以諸侯者，蓋化賤者易，化貴者難，化勞者易，化佚者難。此公子信厚如《麟趾》，國君仁如《騶虞》，所以爲《周》、《召》之終也。

食三老五更於大學，天子袒而割牲，執醬而饋，執爵而酳，冕而摠干，所以教諸侯之弟也。是故鄉里有齒，而老窮不遺，强不犯弱，衆不暴寡，此由大學來者也。天子設四學，當入學而大子齒。

鄭氏曰：「割牲」，制俎實也。「冕而摠干」，親在舞位，以樂侑食也。「教諸侯之孝」，❶次事親也。四學，謂周四郊之虞庠也。《文王世子》曰：「行一物而三善皆得，唯世子而已。其齒於學之謂也。」

孔氏曰：此明養三老五更及齒學之事。牲入之時，天子袒而親割之。食之時，親執醬而饋食。罷，親執爵而酳。干，盾也。親在舞位，持盾而舞。以天子敬老，鄉里化之，故有齒也。在下年老及困窮者，皆化上而養之，不見遺棄，故「强不犯弱，衆不暴寡」。所以致此，由養三老五更於大學也。當入學，而大子齒於國人，故云「而大子齒」。

嚴陵方氏曰：「由大學來者」，言教化之原出自大學也。四學，謂周設四代之學，即有虞氏之庠，夏后氏之序，殷之瞽宗，周之辟雍是矣。

山陰陸氏曰：天子立四學，并其中學而五，直於一處並建。周人辟雍，則辟雍最居中，其南爲成均，其北爲上庠，其東爲東序，其西爲瞽宗。當學禮者，就瞽宗；學書者，就上庠；學舞干戈羽籥者，就東序；學樂德、樂語、樂舞者，就成均。辟雍，唯天子承師問道、養三老五更及出師受成等就焉。當天子入大學，則四學之人環水而觀之矣，是之謂辟雍。《學禮》

❶「孝」，通志堂本、四庫本作「弟」，是。

曰「帝入東學，尚親而貴仁」，東序是也；「帝入南學，尚齒而貴誠」，成均是也；「帝入西學，尚賢而貴德」，瞽宗是也；「帝入北學，尚貴而尊爵」，上庠是也；「帝入大學，承師而問道」，辟雍是也。總而言之，四學亦大學也。《學記》曰：「大學始教，皮弁祭菜，示敬道也。」又曰：「司徒論選士之秀者，而升之學。」蓋東序之類。若辟雍，雖大子不得預，故曰「天子設四學，當入學而大子齒」。又曰「大子少長，知妃色則入學。❶學者，所學之官也」。蓋辟雍非其所學之官，是以云。

天子巡守，諸侯待于竟。天子先見百年者。八十九十者東行，西行者弗敢過；西行，東行者弗敢過。欲言政者，君就之可也。

鄭氏曰：問其國君以百年者所在，而往見之。「弗敢過」者，謂道經之，則見之。

孔氏曰：此亦明尚齒貴老之義。巡守，謂巡行守土。諸侯八十九十不可一一就見。若天子、諸侯因其行次，或東行、西行，至八十九十者閭里之旁不敢過越而去，必往見之。若欲共論政教，雖不當道路左右，君即就之可也。

嚴陵方氏曰：竟者，疆土至此而竟也。待于竟而不敢越，則其所守概可見矣。先見百年者，即《王制》所謂「問百年者，就見之」是也。至于八十九十者，其禮又有殺焉。彼或在東行，則此在西行者，弗敢過之而弗見。西行、東行其義亦若是，以不必人人而見之也。若欲言政者，雖非東行、西行，固當就而問之矣。

山陰陸氏曰：此言八十九十者若東行則

❶「妃」，通志堂本、四庫本作「好」。

西行之人不敢過，若西行則東行之人不敢過，即上所謂「車、徒辟」是也。壹命齒于鄉里，再命齒于族，三命不齒。族有七十者弗敢先。七十者不有大故不入朝。若有大故而入，君必與之揖讓，而后及爵者。

鄭氏曰：此謂鄉射飲酒時也。齒者，謂以年次立若坐也。三命，列國之卿也。不復齒，席之於賓東。不敢先族之七十者，謂既一人舉觶乃入也，雖非族亦然，承「齒乎族」，故言族爾。「不有大故不入朝」，謂致仕在家者，其入朝，君先與之爲禮，而后揖卿、大夫、士。

孔氏曰：此一節明鄉里之中敬齒之法。身有壹命官者，或立或坐，齒與鄉人同。再命既高，鄉人疏者，雖復年高，不與之齒，但族内計長幼爲班序。三命轉尊，不復齒於親族，特坐賓東。若此飲酒時，族内有年七十者，令其先入，此三命者後入，故云「不敢先也」。鄭註《鄉射》，謂鄉人詢衆庶而爲射，於時先行飲酒之禮，是鄉射有飲酒者也。云「以年次立若坐」者，士立於堂下，大夫坐於堂上。案《鄉射》云「大夫受獻訖，及衆賓皆升就席」，❶於時雖立，至徹俎即坐。又云「既旅，士不入」，不見士坐之文，明立于堂下。云「三命，列國之卿」，據諸侯言之。若天子黨正飲酒，三命不齒，謂上士也。此經雖據諸侯，亦謂黨正飲酒，故云「三命不齒」。若鄉飲酒，諸侯之國但爵位爲卿大夫，雖再命、一命皆得不齒。以鄉飲酒賓賢，其賓必少，其得爵爲卿大夫者，必年

❶ 「就」，原作「受」，今據通志堂本、四庫本改。

長於賓，故在賓東，西面，而不齒。若黨正飲酒以正齒位，其賓必長，故天子、諸侯之國，三命乃不齒。知鄉飲酒，爵爲卿大夫乃不齒者，案《鄉飲酒》云：「席于賓東，公三重，大夫再重。」註云：「席此二人於賓東，尊之，不與鄉人齒也。天子之國，三命乃不齒。於諸侯之國，爵爲大夫則不齒也。」其大夫坐於上，士立于下，謂諸侯之國。若天子黨正飲酒，一命下士立於下；再命中士齒於父族，坐於堂上；三命上士，席於賓東也。云「一人舉觶乃入」者，族七十者初飲酒之時，則與衆賓先入，此三命者，爲待獻賓、獻介、獻衆賓之後，至一人舉觶之時，乃始入也。故《鄉飲酒》、《鄉射記》皆大夫樂作之前，一人舉觶之後，乃始得入也。若然，大夫之入，依禮自當一人舉觶之時，縱令無族人七十者，亦當如此。又族之七十者及鄉人少者於先已入，今特云「族有七十者不敢先」，記人之意，以身有三命，應合在族人七十者之先，欲明敬齒上老，故云「不敢先」爾。是以鄭註云「雖非族亦然」。

嚴陵方氏曰：以周制考之，一命則下士也，再命則中士也，三命則上士也，四命則爲大夫矣。於諸侯之國，三命則卿，再命則大夫，一命則士也。小國則又降於此矣。「一命齒于鄉里」，非其鄉里，則以爵而不以齒可知。「再命齒于族」，非其族，則以爵而不以齒亦可知。「三命不齒」，雖於其族，亦不得而齒之矣，則鄉里又可知。不齒者，《周官·黨正》「以禮屬民于序以正齒位」，其言正與此合。雖然，此特貴貴之義爾，至於老老之仁，又不可得而廢，故「族有七十者弗敢先」也。

夫七十者，君猶與之揖讓而後及爵者，豈族之三命得以先之？五州爲鄉，五鄰爲里。於遠舉鄉，則近至於五比之閭可知。於近舉里，則遠達於五縣之遂可知。六鄉、六遂，足以互見之故也。此言「族」，《周官》所謂「父族」是也。有天下者謂之王族，有國者謂之公族，有家者謂之父族。以傳代言之，則曰世族。以主祭言之，則曰宗族。其名雖異，通謂之族焉。不齒有二意，此所謂「三命不齒」者，人不敢與之齒也。若《王制》「終身不齒」者，人不足與之齒也。

馬氏曰：「齒於鄉」，謂此鄉民雖爲卿、大夫，必來觀禮。《鄉射禮》「大夫樂作不入，士既旅不入」是也。

山陰陸氏曰：三命受位，朝坐燕與進於鄉矣。「族有七十者弗敢先」，言族人齒雖高，猶後三命。《荀子》曰：「三命，族人雖七十不敢先。」「七十者不有大故不入朝，若有大故而入，君必與之揖讓而后及爵者」，此又尚齒焉。爵齒更爲屈伸。方其尚齒，則隆爵，方其尊爵，則隆齒。故曰「惡得有其一以慢其二哉」！

石林葉氏曰：「三命不齒」，貴貴也。「七十者不敢先」，長長也。先王之道，並行而不相悖者如此。

盱江李氏曰：《大司徒》「以陽禮教讓」，謂鄉射飲酒之禮也。《黨正》「壹命齒于鄉里，再命齒于父族，三命而不齒」，謂歲十二月大蜡之時，建亥之月，農隙而教之尊長、養老，見孝弟之道也。凡鄉射飲酒，此鄉民雖爲卿、大夫，必來觀禮。「齒于鄉里」者，以年與衆賓相次也。「齒于父族」者，父族有爲賓者，以年與之相次。

異姓雖有老者居於其上，不齒者席于尊東，所謂尊也。大哉，先王之所以和鄉黨，睦親戚有如此。夫彼一命者，天子之下士，公、侯、伯之上士，子、男之上大夫也，而與鄉里齒焉。再命者，天子之中士，公、侯、伯之大夫，子、男之卿也，而與父族齒焉。三命者，天子之上士，公、侯、伯之卿也，雖云不齒，亦異席而已，非敢居其上也。然則貴而驕人，少而陵長者，不容於其間矣。

天子有善，讓德於天。諸侯有善，歸諸天子。卿大夫有善，薦於諸侯。士、庶人有善，本諸父母，存諸長者。❶禄爵慶賞，成諸宗廟，所以示順也。

鄭氏曰：薦，進也。「成諸宗廟」，於宗廟命之。《祭統》有十倫，六曰「見爵賞之施焉」。

孔氏曰：此經明有善讓於尊上，示以敬順之道，不敢專也。

嚴陵方氏曰：善者人所欲，惡者人所惡。於人之所欲而能推原於彼，此善所以日進。於人之所惡而能自反於此，此惡所以日消。古之君子能全其德，用此道而已。天子，受命於天者也，故有善則讓德於天。諸侯，受命於天子者也，故有善則歸諸天子。卿大夫，受命於諸侯者也，故有善則薦於諸侯。士、庶人既卑且賤，其善亦小矣，内則本諸父母，外則存諸長老而已。讓爲不受之詞，自諸侯而下，皆不受其善，特於天子言讓者，唯天子之尊，其讓爲足道故也。荀况曰「積善成德」，則德固善之所積，而人則有善而已，天

❶「者」，通志堂本、四庫本作「老」。

則有德也。由諸侯而下，皆推之於人，故止言其善。自外至内之謂歸，自下進上之謂薦。本以言其有所反，存以言其無所忘。父母内也，故言其有所反，而曰「本」。長老外也，故言其無所忘，而曰「存」。禄則施之及賤，爵則制之以貴。慶所以爲禮，賞所以爲利。「成諸宗廟」者，謂必即諸宗廟之中，然後得以成其事也。《祭統》曰：「古者，明君爵有德而禄有功，必賜爵禄於大廟，示不敢專也。」其曰「所以示順」，則示順之義盡於此矣。

延平周氏曰：天子有善讓於天，則諸侯有善歸諸天子。諸侯有善歸諸天子，則卿、大夫有善薦於諸侯。有是天子、諸侯，則士、庶人有善所以本諸父母，存諸長老。蓋上之人不有於我，故其化然也。

石林葉氏曰：自天子而下，其貴賤皆有所尊。由庶人而上，事其祖考皆有宗廟，故禄爵慶賞，就以成之。成，言其所以終，所以始也。然必言「示順」者，以其避遜之道至於此，則順所以成也。

《講義》曰：天子有善則遜德於天，如服以彰有德，不自以爲德，而必曰天命；刑以罰有罪，不自以爲威，而必曰天討是也。諸侯有善則歸諸天子，如四方既平，不自以爲功，而必曰天子之功是也。卿大夫有善則薦於諸侯，如所謂君之命也，非臣之力是也。若士、庶人，則父母之所訓誨，而親族鄉黨之長且老者又從而教督成就之，故有善則又本諸父母，存諸長老也。

昔者聖人建陰陽天地之情，立以爲《易》。易抱龜南面，天子卷冕北面。雖有明知之心，必進斷其志焉，示不敢專，以尊天也。善則稱人，過則稱己，教不伐以尊賢也。

鄭氏曰：「立以爲《易》」，謂作《易》。「易抱龜」，易，官名。《周禮》曰「大卜」，大卜主三兆、三《易》、三夢之占。

孔氏曰：此一節亦明其不敢專輒尊賢之事。聖人，謂伏犧、文王之屬。興建陰陽之情，仰觀天文，俯察地理，立此陰陽以作《易》。占《易》之官抱龜南面，尊其神明故也。天子親執卑道，故卷冕北面。雖有明哲之心，必進於龜之前，令龜斷决其己之所有爲之志，示不敢自專，以尊敬上天也。有善稱人，有過稱己，又教在下不自伐其善，以尊敬賢人也。《周禮·大卜》三兆者，玉、瓦、原也。言兆形似玉、瓦、原之璺罅。三《易》者，《連山》、《歸藏》、《周易》。三夢：致夢、觭夢、咸陟也。

嚴陵方氏曰：陰陽天地，莫不有情，必待聖人建之，然後能有所立焉。然易無體也，體之於言，則其書謂之《易》，體之於人，則其官謂之易。故曰「立以爲《易》」。明吉凶之象者莫如《易》，示吉凶之象者莫如龜。有自知之明而又有知人之知，則其事固可以無疑矣，然猶斷之於龜者，以吉凶悔吝生乎動故也。前言建陰陽天地之情，而後止言尊天者，蓋一陰一陽之謂道，而道則出於天而已，故後言尊天以該之。稱己之過，所以教不伐；稱人之善，所以教尊賢。伐，與「矜伐」之「伐」同字者，有其善而矜之，祇所以自傷其善故也。

山陰陸氏曰：即言占人抱龜南面，天子卷冕北面，則詞有不婉。且名曰易，則古之人以筮占，龜尚矣，君未有言面者，今此言面，以龜言面故也。據對文，君每言南向，臣每言北面。

延平周氏曰：聖人無非事，亦無非教。以天子之尊，卷冕北面以聽於卜，非特斷其一時之志而已，又將示人之不敢專而且以尊乎天也。

石林葉氏曰：陰陽天地之情不可見，其可見者，易與龜也。故曰物生而後有象，象而後有滋，滋而後有數。龜則象，而易則數也。斷其志則謀於己，進而詔以吉凶，則謀於鬼神，而天道所以尊也。過者，人所畏。善稱人，則能尊人；過稱己，則能卑己。非有志於仁者不能及之，此其「教不伐以尊賢也」。伐者，自有其善，以害於己，則不足以爲賢。舜稱禹之賢，亦曰不矜不伐。

孝子將祭祀，必有齊莊之心，以慮事，以具服物，以脩宮室，以治百事。及祭之日，顔色必温，行必恐，如懼不及愛然。其奠之也，容貌必温，身必詘，如語焉而未之然。宿者皆出，其立卑静以正，如將弗見然。及祭之後，陶陶遂遂，如將復入然。是故慤善不違身，耳目不違心，思慮不違親。結諸心，形諸色，而術省之，孝子之志也。

鄭氏曰：白事，謂齊之前後也。「如懼不及愛」，如懼不及見其所愛者也。奠之，謂酌尊酒奠之，及酳之屬也。「如語焉而未之然」，如有所以語親而未見答也。「宿者皆出」，謂賓助祭者事畢出去也。「如將弗見然」，祭事畢而不知親所在，思念之深，如不見出也。「陶陶遂遂」，相隨行之貌。思念既深，如覩親將復入也。術，當爲「遂」，❶聲之誤也。

❶「遂」，四庫本作「述」，是。

孔氏曰：此一節明孝子將祭祀，顔色容貌務在齊莊卑詘，思念其親存也。慮事，謂謀慮祭事。服物，謂備具衣服及祭物。百事，謂齊前後凡百之事。祭之日，色必温和，行必戰恐，身形必卑詘。「卑静以正」，謂孝子其立，卑柔静默，正定心意，以思念其親也。「慤善不遺身」，❶謂思念親深之故，精慤純善之行不違離於身也。「耳目不違心」者，言中心思慮不違於親，無時歇也。思念之深，結積於心，形見於色。術，述也。省，視也。循述而省視之，反復不忘，此孝子思念親之志也。

嚴陵方氏曰：服物慮其不備，故「以具服物」。宫室慮其不完，故「以脩宫室」。百事慮其不飭，故「以治百事」。温以言其不暴也，祭之日，其温見於顔色爾。及奠之也，又見乎容貌焉。祭之日，行必恐爾。及奠之也，又身必詘焉。此孝子之心所以爲有加而無已也。終言「及祭之後」，則始言「及祭之日」爲祭初可知。先言「其奠之也」，則後言「宿者皆出」爲既奠之後可知。於祭之日，其迎來也，如懼不及愛然。及既來也，又如語而未之然。於其往也，如將弗見然。及既往也，又如將復入然。則是孝子之思其親，無物足以慊其心，無時足以絶其念。如懼不及愛，即所謂致愛則存是矣。如語而未之然，即所謂如親聽命是矣。如將弗見，即所謂如將失之是矣。如將復入，即所謂又從而思之是矣。陶陶，言思親之心存乎内。遂遂，言思親之心達乎外。慤言實而無僞，善言愛而無惡。蓋所體者如

❶「遺」，四庫本作「違」，是。經文同。

此，常不違於身也。耳所聞者必親之聲，目所見者必親之容。蓋所存者如此，常不違於心也。思，言思死者如不欲生。慮，言慮事不可以不豫。蓋所念者如此，常不違於親也。不違，言不違戾而之他也。不違於身，故能不違於心，不違於心，故能不違於親。結諸心，言齊莊之心不可解。形諸色，言敬齊之色不可掩。山陰陸氏曰：凡此四段，皆以父母平生言之。陶陶遂遂，樂豫之貌。言孝子祭已，其思慕之情少殺也，故曰練而慨然，祥而廓然。「是故慤善不違身」，若後世學佛之徒有燃臂煉頂者，可謂慤矣，非所以語孝也。「耳目不違心」，言不爲聲色所移，失其本心。石林葉氏曰：顔色温者，有愉色也。容貌温者，有婉容也。「卑静以正」者，有深思也。蓋有愉色，則若將及之，故行必恐。有婉容，則若將聽之，故身必詘。有深思則若將見之，故立必正。陶陶者，其氣和也。遂遂者，其志得也。慤善於内，而言不違身者，以其有應於外。耳目在外，而言不違心者，以其有主於内。内外定而後爲愛親之至，此其序所以與前相反也。謹是三者而固守之，則曰「結」。發是三者於色，則曰「形」。察是三者，不失其行，則曰「術」。此先王所謂孝也。慶源輔氏曰：無是心則將何以爲事也？致吾之誠愛，則見於外者必和，顔色必温，則和之至也。動則恐其有失於愛，故行必恐。慤善不違身，故耳目不違心，耳目不違心，故思慮不違親。結，謂誠實也。形，謂著明也。「術省之」，謂必有事也。

建國之神位，右社稷而左宗廟。

鄭氏曰：周尚左也。

孔氏曰：此一節明神位所在。周人尚左，故宗廟在左，社稷在右。案桓二年取郜大鼎，納於大廟，何休云：「質家右宗廟，尚親親；文家右社稷，尚尊尊。」此説與鄭合。

長樂陳氏曰：《周官·小宗伯》、《禮記·祭義》皆曰「建國之神位，右社稷，左宗廟」。《考工記·匠人營國》：「左祖右社。」蓋宗廟，陽也，故居左；社稷，陰也，故居右。陰，故社稷皆北鄕；陽，故宗廟皆南向。君祭社，南鄕於北牖下，而薄社亦北牖，則社稷北鄕可知。廟所以象王之朝而朝必南面，則廟皆南鄕可知。廟皆南鄕，而昭南面、穆北面者，禘祫之位也。《禮書》

嚴陵方氏曰：王氏謂：「右，陰也，地道之所尊，故右社稷。左，陽也，人道之所鄕，故左宗廟。」位宗廟於人道所鄕，則不死其親之意。

馬氏曰：《素問》曰「天不滿西北，地不滿東南」，所以右尊而左卑。小宗伯之職「掌建國之神位，右社稷，左宗廟」，與此同。先之以致尊，後之以致親。蓋先之斯外之矣，後之斯内之矣。外之斯遠之矣，内之斯近之矣。

山陰陸氏曰：左宗廟，不死其親之意，三代共之。先儒謂「質家右宗廟，尚親親；文家左宗廟，尚尊尊」，非是。所謂左青龍，右白虎，雖質家亦爾，文家亦爾也。

丘氏曰：按《曲禮》云：「主人入門而右，客入門而左。主人就東階，客就西階。」凡門向堂爲正，即左在西而右在東也。

堂及門外皆人臣之位，故以向堂爲正也。此言「右社稷而左宗廟」者，則社稷在門東，宗廟在門西也。所以然者，社稷所主之祀，東方陽之發生。宗廟主死者之祭，西方爲陰，陰主死亡者。各從類也。

禮記集説卷第一百十三

禮記集說卷第一百十四

祭統第二十五

孔氏曰：案鄭《目録》云：「名曰《祭統》者，以其記祭祀之本也。統，猶本也。此於《别録》屬《祭祀》。」

長樂陳氏曰：祭之爲道，廣矣、大矣、深矣、遠矣。雖載諸文辭，莫可得以極其微隱也。故有心、有志、有齊、有敬、有誠，所以言其内者也；有容、有儀、有法、有制、有禮，所以言其外者也。有大小之差，有尊卑之用，有貴賤之分，有親疏之宜，有外内之辨，有陰陽之殊，所以言其等也。有報其本，有反其始，有旌其德，有答其功，有迎而致之，有送而終之，有追而存之，有招而合之，有味而顯之，所以言其義也。有尊罍、俎豆、簠簋、籩篚、宫廟、垣屋之用，假外物以致其誠也。有牲牢、葅醢、圭玉、幣帛、明水、玄酒、鬱鬯、燔燎之奠，取精潔以復其本也。在周之六官，各有其屬，分職禮典，❶以奉祭祀。兼六代之禮樂，取三王之沿革，以成其能。或經或緯，不勝其密矣。故作《祭統》，總序大綱，穿貫百職，統成一禮，見其始末之謂也。故綱舉而萬紀皆張，統先而衆目必振，此《祭統》所以始於心怵而終於觀政也。

嚴陵方氏曰：《祭法》非不及義，然以法

❶「禮典」，通志堂本、四庫本作「典禮」。

爲主；《祭義》非不及法，然以義爲主。《祭統》則統而論之，無所偏主也。

山陰陸氏曰：禮有五經，莫重於祭，則祭者其統也，名之曰《祭統》以此。

凡治人之道，莫急於禮。禮有五經，莫重於祭。夫祭者，非物自外至者也，自中出生於心也。心怵而奉之以禮，是故唯賢者能盡祭之義。

鄭氏曰：「禮有五經」，謂吉禮、凶禮、賓禮、軍禮、嘉禮也。「莫重於祭」，謂以吉禮爲首也。《大宗伯職》曰：「以吉禮事邦國之鬼、神、祇。」怵，感念親之貌也。怵，或爲「述」。

孔氏曰：此一節明祭祀於禮中最重，唯賢者能盡祭義。凡祭爲禮之本，禮爲人之本。將明禮本，故先説治人。經，常也。案《大宗伯》吉禮之别十有二，凶禮之别五，賓禮之别八，軍禮之别五，嘉禮之别六，五禮之别總三十有六。自，猶從也。言孝子祭親，非假他物，從外至於身，使己爲之，從孝子身中出，生於孝子之心也。孝子感時，心中怵惕，故奉親以祭祀之禮。若非賢者，不能盡怵惕之義也。

嚴陵方氏曰：六典之有刑，非不重也，然不若禮之爲急。五禮之有軍，非不急也，然不若祭之爲重。禮有經，義有權。經言其常，權言其變。五經者，禮之常也。可以義起者，禮之變。心有所述於內，❶故以禮奉於外而已。蓋以其自中出，非外至故也。奉之以禮者見乎物，盡之以義者存乎心。徇其物而忘其心者，衆人也；發於心而形於物者，君子也。故曰

❶「述」，通志堂本、四庫本作「怵」，是。

「唯賢者能盡祭之義」。

石林葉氏曰：禮者，道所以成體，故於治人爲急。祭者，人所以報本，故於禮爲重。感霜露之降，此自外至而生於人心者，亦非自外至也。有惻隱怵惕之心，此自中出而反諸天道者，亦未必由中出。中出則盡志，凡在己者無不盡；外至則盡物，凡在道者無不順。此賢者之祭所以受其福也。

慶源輔氏曰：祭，吾之誠敬耳，故曰「自中出生於心也」。凡在外之物，所以將之而已，故曰「非物自外至者也」。心怵而奉之以禮，外徇於物而内忘其心者有之矣，故曰「唯賢者能盡祭之義」。禮義固由賢者出也，故下文言賢者之祭，致其誠敬，明薦之而已，不求其爲者，此所謂能盡此祭之義也。

賢者之祭也，必受其福，非世所謂福也。福者，備也。備者，百順之名也。無所不順者之謂備，言内盡於己而外順於道也。忠臣以事其君，孝子以事其親，其本一也。上則順於鬼神，外則順於君長，内則以孝於親，如此之謂備。唯賢者能備，能備然後能祭。是故賢者之祭也，致其誠信，與其忠敬，奉之以物，道之以禮，安之以樂，參之以時，明薦之而已矣，不求其爲，此孝子之心也。祭者，所以追養繼孝也。孝者，畜也。順於道，不逆於倫，是之謂畜。

鄭氏曰：世所謂福者，謂受鬼神之祐助也。賢者之所謂福者，謂受大順之顯名也。「其本一」者，言忠孝俱由順出也。明薦，明，猶絜也。「不求其爲」，爲，謂福祐爲己之報。畜，謂順於德教。

孔氏曰：此一節明祭祀受福是百順之

理。世人謂福謂壽考吉祥，祐助於身。若賢者受福，身外萬事皆順於道理，故云「非世所謂福也」。内盡於己，外順於道，釋「百順」之義，謂心既内盡，外又行善，無違於道理也。上則順於鬼神，又廣大其順也。鬼神尊，故言「上」。出則事公卿，故言「外」。「不求其爲」者，言孝子但内盡孝敬，以奉祭祀，不求其福祥爲己之報。案《少牢》嘏辭云：「皇尸命工祝，承致多福無疆于女孝孫，使女受禄于天，宜稼于田。」此云「不求」者，謂孝子之心無所求也。但神自致福，故有「受禄于天」之言。若水旱災荒，禱祭百神，則有求也，故《大祝》有六祈之義，《大司徒》有荒政索鬼神之禮。「追養繼孝」者，養是生時養親，孝是生時事親。親今既没，設禮祭之，追生時之養，繼生時之孝。畜，謂孝子順於德教，不逆倫理，可以畜養其親，故釋孝爲畜。

横渠張氏曰：百順之謂福，和樂即是福也。大抵無待於外，則順自致。若必待外以爲樂，則常是不福。君子則常受福者，君子盡其力以備祭，又其才之能豫，故祭之日尤受福也。接鬼神之道無他，唯和樂即是交接也。鬼神之道，不違乎己，又無物與之交，秖自己存此心，斯爲接矣。故當祭貴乎百順，貧而直，至於無以爲禮而不害交鬼神，誠意在故也。

嚴陵方氏曰：名生於實者也，受百順之名，以己有百順之實，則神有百順之報可知。雖曰「非世所謂福」，是乃世所謂福也。孔子言「祭則受福」，以是而已。夫有衍而無耗之謂福，故曰「福者備也」。然而能順於上，下或逆焉，則不可謂之備；能順於此，彼或逆焉，亦不可謂之備。故曰「備者百順之名也，無所不順者之謂備」。必曰百者，舉其多且以成數言之，猶百福、百禄、百祥稱「百」而已。臣之盡忠，子之盡孝，所謂内盡於己也。於君則順事君之道，於親則順事親之道，所謂「外順於道」也。下又兼順鬼神而言之者，亦所謂順於道也。於鬼神、君長言順，則知所謂孝於親者亦順也。於親言孝，則順於鬼神爲敬，順於君長爲忠又可知。反覆言之者，以見無不順而備故也。然祭有十倫，而此止以三者爲備者，以三者爲十倫之大故也。三者備矣，則十倫不期備而備矣。致其誠，則無僞行；致其信，則無疑慮，致其忠，則無欺心；致其敬，則無怠志。四者，祭之本。所謂物者，奉乎此而已；所謂禮者，道乎此而已；所謂樂者，安乎此而已；所謂時者，參乎此而已。蓋物以將其意，故曰「奉」；禮以行其義，故曰「道」；樂以樂其來，故曰「安」；時以節其中，故曰「參」。雖其如此，俱明薦之於其親而已，不求其爲也。明薦與明禋、明饗同義。不求其爲者，或爲己，或爲人，皆未免乎有所爲。《檀弓》曰：「唯祭祀之禮，主人自盡焉耳。」其言正與此合。追養繼孝，養爲事親之事，孝爲事親之道，追言追其往，繼言繼其絶。孝子之事其親也，上則順於天道，下則不逆於人倫，是之謂畜。孔子曰：「父子之道，天性也。」則孝之順於天道可知。《孟子》曰：「内則父子，人之大倫也。」則孝子不逆於人倫可知。順則不逆矣，不逆未盡乎順，與《論語》於爲君言難，於爲臣言不易同義。

馬氏曰：言福則未及於道，言道則福從而備之矣。循於道之謂備，蓋循於道則無所不備，故曰「無所不順之謂備」。

山陰陸氏曰：《莊子》曰：「循於道之謂備。」其本一也，言忠即是孝，孝即是忠，非兩也。言以孝於親者，以上順於鬼神，外順於君長二事，孝於親也。變言孝，亦以此。《孝經》曰：「事父孝，故忠可移於君；事兄弟，故順可移於長。」今其言更如此。言出於孝者，還以爲孝也，唯賢者能備，《春秋》責賢者備，亦以此。能備然後能祭，所謂唯賢者能盡祭之義也。西鄰禴祭，可謂内備。隨雖獨豐，外備而已。若「致其誠信」以下，然後能備。故曰奉牲以告，曰博碩肥腯。奉盛以告，曰絜粢豐盛。奉酒醴以告，曰嘉粟旨酒。所謂馨香無讒慝也，於是民和而神降之福。其謂之明薦，蓋亦如此。孝者，畜也。臣畜君以忠，子畜父以孝。順於道，不逆於倫，若舜盡之矣。《書》曰：「烝烝乂，不格姦。」又曰：「夔夔齊慄，瞽亦允若。」瞽亦允若，於是爲至。夫以下畜上可謂難矣，雖舜不能頓至。

石林葉氏曰：聖人具天道則能饗，賢者具人道則能祭。福者，富也。「有萬不同之謂富」，故於道無所不順。内既孝於親，順而受福，其在外也，必忠於其君，順而受位。故曰事親孝，故忠可移於君，其本一也。鬼神洋洋如在其上，己所畏也。致君於國，長於鄉，皆在外，己所尊也。致其孝於内，則上順鬼神，外順君長，人道此爲備矣，❶故曰「賢者能備」。指其事親

❶「此」，通志堂本、四庫本作「皆」，當是。

而言之，則曰孝子，指其具人道而言之，則曰賢者。誠者信之成，信者所以有諸己也，故奉之以物。忠者敬之盡，而敬所以直内也，故道之以禮。樂以迎來，則安之以樂。合諸天道，則參之以時。孝子之心所以自盡者如此，豈有求而爲哉！生可得而養，死不可得而養，則孝幾於絶矣，故祭則追養以繼孝。養之至，則上而天道以順於鬼神，下而人倫以不逆於君長，亦寧神之大者歟？

慶源輔氏曰：「必受其福」，以理必之也。世所謂福，則不可必也。鄭謂孝子「受大順之顯名」，非是。名，猶「名言」之「名」，猶言備者百順之謂而已。内盡於己，外順於道，則仰不愧天，俯不愧人，内不愧心，心安體胖，是賢者之所謂福也。不言外順於物，物有不可順者也。「能備然後能祭」，則祭之必受福可知也。經之所謂福具於未祭之前，世之所謂福應於已祭之後。前言「心怵而奉之以禮」者，禮寓於物也。此云「奉之以物，道之以禮」者，物必將之以禮也。不求其如此，然後能盡祭之義。一有所求，義不盡矣。奉之以物，以物將其誠敬也。道之以禮，以禮行其誠敬也。安之以樂，以樂安其誠敬也。參之以時，以時參其誠敬也。奉之以物，則不爲虚拘。行之以禮，則輔以威儀。安之以樂，則不爲勉强。參之以時，則發必中節。如此然後能盡其心。追，如「追遠」之「追」。繼，如「繼明」之「繼」。養在事，孝在心。

金華應氏曰：古之論福者，曰「降之百祥」，曰「降爾百福」，曰「受天百福」，曰「百禄是荷」，皆謂降之於上而畀之於下。

此所謂福乃不求諸神而求諸己，不求諸外而求諸内，故其名云備百順者，即理之無所不順也。蓋惠迪吉，從逆凶，順則爲福，逆則爲禍，皆在我，不在彼也。誠信忠敬，所謂忠信，禮之本。禮樂時物，所謂義理，禮之文。理則無所不順，有致福之道也。心則不求其爲，無幸福之心也，所謂祭祀不祈也。追養者，追其不及之養而繼其未盡之孝也。畜固爲畜養之義，而亦有止而畜聚之意焉。

是故孝子之事親也，有三道焉：生則養，没則喪，喪畢則祭。養則觀其順也，喪則觀其哀也，祭則觀其敬而時也。盡此三道者，孝子之行也。

鄭氏曰：没，終也。

孔氏曰：此一節明孝子事親有三種之道。

嚴陵方氏曰：以養志爲上，以養口體爲下，此養之順也。發於聲音而見於衣服，此喪之哀也。所以交於神明者，祭之敬也。所以節其疏數者，祭之時也。孔子曰：「養則致其樂，喪則致其哀，祭則致其嚴。」又曰：「春秋祭祀，以時思之。」其言正與此合。是三者皆孝子之所常行，故曰「道」。行而有可見之迹，故曰「孝子之行也」。觀者，上下見之之謂。觀其順，則不順者亦可見矣。觀其哀，則不哀者亦可見矣。以至敬與時皆然也。

石林葉氏曰：養則致其樂，而此「觀其順」者，順爲樂之形也。喪則致其哀，而此「觀其哀」者，哀爲喪之本也。祭則致其嚴，而此「觀其敬」者，敬爲嚴之體也。蓋孝子之行不過此三者，而其誠信忠順皆在内者，故曰「孝子之心也」。

慶源輔氏曰：順即前所謂「順於道，不逆

於倫」也。故曰：「至於犬馬，皆能有養。不敬，何以别乎？」數與疏皆非時也。

既内自盡，又外求助，昏禮是也。故國君取夫人之辭曰：「請君之玉女與寡人共有敝邑，事宗廟社稷。」此求助之本也。夫祭也者，必夫婦親之，所以備外内之官也，官備則具備。水草之菹，陸産之醢，小物備矣。三牲之俎，八簋之實，美物備矣。昆蟲之異，草木之實，陰陽之物備矣。凡天之所生，地之所長，苟可薦者，莫不咸在，示盡物也。外則盡物，内則盡志，此祭之心也。

鄭氏曰：言玉女者，美言之也。君子於玉比德焉。具備，具謂所共衆物也。「水草之菹」，芹茆之屬。「陸産之醢」，蚳蝝之屬。天子之祭八簋。昆蟲，謂温生寒死之蟲也。《内則》可食之物有蜩、范。草木之實，蔆、芡、榛、栗之屬。咸，皆也。

孔氏曰：自此至「祭之道也」一節，以上言孝子事親，先能自盡，又外求伉儷，供粢盛之事。案《醢人》加豆之實芹菹，朝事之豆茆菹，是芹、茆也。又有昌本、深蒲、箈、筍，是水草，故鄭云「之屬」。《醢人》饋食之豆有蜃、蚳，蝝即蚳之類，有兔醢，醢、醢皆是陸産，故云「之屬」。《明堂位》云「周之八簋」。蜩，蟬也；范，蜂也。此昆蟲之屬。《籩人》加籩之實有蔆、芡，饋食之籩有棗、栗、榛實，是草木，故云「之屬」。

嚴陵方氏曰：既内自盡於己也，又外求助於人。求助之道，莫大乎夫婦之際。以夫婦而行祭祀之道，則足以盡陰陽之義。以夫婦而共祭祀之事，則足以備外内之官。故國君取夫人之辭，以事宗廟社稷爲言也。必曰「玉女」者，言其有貞潔之德也。所以事宗廟社稷，亦在乎有貞潔之德而已。觀《卷耳》之詩，后妃則輔佐君子求賢審官；《鷄鳴》之詩，則夫人夙夜警戒，有相成之道。然婦之助夫，固不特在乎祭祀之時也。此之所言，亦以祭祀爲本，故曰「此求助之本也」。夫婦親之，若君制祭，夫人薦盎；君割牲，夫人薦酒；卿大夫相君，命婦相夫人，此外内之官也。官所以執事，事所以具物，故曰「官備則具備」。葅以醢類也，故《周官》屬醢人。然以植物爲之則曰「葅」，以動物爲之則曰「醢」。水草之葅即七葅，所謂茆葅、芹葅之類。陸産之醢即七醢，所謂兔醢、鴈醢之類。然七葅又有葵葅之類，不必皆水草。七醢又有蠯醢、魚醢之類，不必皆陸産。俎者三牲，則八簋者五穀也。言八簋，則俎爲三俎矣。言實，則葅亦非虚矣。俎所薦者天産，故其數用三之奇。簋所盛者地産，故其數用八之耦。於昆蟲草木言陰陽之物者，蓋昆蟲以陰蟄、以陽出，草木以陰枯、以陽榮故也。然草木亦陰物也，陸産亦陽物也。三牲以陽物也，八簋以陰物也，正謂昆蟲草木爲陰陽之物者。以用至於昆蟲之異、草木之實，而陰陽之物於是爲備故也。以陰陽之物於是爲備，故曰「凡天之所生，地之所長，苟可薦者，莫不咸在，示盡物也」。徒盡物於外而不能盡志於内，亦不足以盡祭之心矣，故曰「外則盡物，内則盡志，祭之心也」。

延平周氏曰：《易》曰：「一陰一陽之謂道。」故先王以孝子自盡爲不足，而又有求助之禮也。内盡志而外不盡物者，所謂「西隣之禴祭，實受其福」者也。外盡物而内不盡志者，所謂「東隣殺牛，不如西隣之禴祭」者也。内則盡志，外則盡物，其祭之心也。故萃之卦曰「用大牲，吉」，順天命也。

馬氏曰：必夫婦親之，以生事之也。《詩》曰：「吉蠲爲饎，是用孝享。」言其有至誠以將之也。又曰：「苾苾芬芬，神嗜飲食。」言有至誠，必假外物以將之也。蓋誠不盡不足以享神，物不備不足以禮神。《詩》曰：「濟濟蹌蹌，絜爾牛羊。」言内盡其志，外盡其物也。

石林葉氏曰：娶妻非爲養，而有時乎爲養，所以外求助也。蓋宗廟之際，君牽牲，夫人薦盎。社稷之祭，君耕以供粢盛，夫人親蠶以爲祭服。故曰「共事宗廟社稷」。君治外而卿大夫相之，夫人治内而命婦相之，所謂備内外之官也。動物天産，所以作陰德，故參之以昆蟲之異，則陽之物備。植物地産，所以作陽德，故參之以草木之實，則陰之物備。由陰陽而推之，則凡天地之間可薦者皆其物，所以盡也。物盡於外，而無志以將之，君子以爲徒物。故曰「内之爲尊，外之爲樂」。

延平黄氏曰：君子之祭，不盡志無以致敬，不盡物無以致愛。致齋於内，散齋於外。齋之日有所思，祭之日有所見，此盡志也，内心也。其備小物也，水草之菹，陸産之醢在焉。其備美物也，三牲之俎，八簋之實在焉。其備陽物也，昆蟲之實在焉。其備陰物也，草木之實在焉。此盡物也，外心也。

慶源輔氏曰：自盡實難事親，若曾子可也。心盡而誠行，則内外之官不容不備。内外之官備，則凡祭之事物不容不備。

小物備矣，美物或未備也。美物備矣，陰陽之物或未備也。至於陰陽之物備，則至矣，盡矣，無遺矣。又云：「凡天之所生，地之所長，苟可薦者，莫不咸在。」蓋其至誠，無有窮已之意，故云「此祭之心也」。孝子祭親之心何有窮盡？但拘於禮，束於財，不得自盡其心焉耳矣。

是故天子親耕於南郊，以共齊盛。王后蠶於北郊，以共純服。諸侯耕於東郊，亦以共齊盛。夫人蠶於北郊，以共冕服。天子、諸侯非莫耕也，王后、夫人非莫蠶也，身致其誠信，誠信之謂盡，盡之謂敬，敬盡然後可以事神明，此祭之道也。

鄭氏曰：純服，亦冕服也，互言之爾。純以見繒色，冕以著祭服。東郊，少陽，諸侯象也。夫人不蠶於西郊，婦人禮少變也。齊，或作「粢」。

孔氏曰：此覆結上文必夫婦親之，及盡物、盡志之事。王藉田在遠郊，甸師氏掌之。《内宰》云：「中春，詔后帥内外命婦，始蠶於北郊。」註云「婦人以純陰爲尊」故也。天子大陽，故南也。諸侯少陽，故東也。然藉田並在東南，故王言南，諸侯言東。后，大陰，故北郊。夫人少陰，合西郊。然亦北者，婦人質少變，與后同也。莫耕、莫蠶，莫，無也。言王侯豈貧無穀帛而夫婦自耕蠶乎？以其欲致誠信，故身自親之。鄭氏言純有二義：一絲旁才，古緇字，二絲旁屯，是純字。但書文相亂，緇，皆作「純」。鄭註於絲理可知，於色不明者，即讀爲「緇」，若此純服是也。若衣色可見，絲文不明，即讀爲「絲」。

嚴陵方氏曰：東南陽地，而耕爲陽事，故

於之以耕。北者陰地，而蠶爲陰事，故於之以蠶。而南又盛陽之地，故天子耕於南郊，冕用朱紘者，亦以此。東者，少陽之地，故諸侯耕於東郊，冕用青紘者，亦以此。此又隆殺之別也。夫有天下者，四海之内皆臣妾耳。有一國者，百里之内皆臣妾耳。則天子、諸侯，非莫與之耕，王后、夫人，非莫與之蠶。然且親耕、親蠶焉，則以身致其誠信而已，以神明之所饗者，在誠不在物故也。所謂神明，則與事天地之神明所稱同，而與交於神明所稱異。若所謂神位、神號者，神之也。若所謂明齍、明燭者，明之也。

山陰陸氏曰：純言服，冕言冠。天子言所服，諸侯言所戴，亦言之法。鄭氏謂「純服亦冕服也，互言之爾」，非是。知然者，以天子宜主言郊，諸侯言廟知之也。

《荀子》曰：「郊之麻絻一也。」蠶於北郊爲宜。《詩》曰「南東其畝」，則耕雖於東郊可也。按蠶與馬同氣，牛宜南方，馬宜北方。又蠶惡南風，此所以雖夫人猶蠶於北郊歟？

廬陵胡氏曰：非莫耕，非莫蠶，言非祭不耕蠶也。

及時將祭，君子乃齊。齊之爲言齊也，齊不齊以致齊者也。是故君子非有大事也，非有恭敬也，則不齊。不齊則於物無防也，嗜欲無止也。及其將齊也，防其邪物，訖其嗜欲，耳不聽樂，故《記》曰「齊者不樂」，言不敢散其志也。心不苟慮，必依於道。手足不苟動，必依於禮。是故君子之齊也，專致其精明之德也。故散齊七日以定之，致齊三日以齊之。定之之謂齊，齊者，精明之至也，然後可以交於神明也。

鄭氏曰：訖，猶止也。定者，定其志意。

孔氏曰：自此至「夫婦親之」一節，明將祭齊戒之義，并明君與夫人皆致齊，會於大廟，夫婦交親行祭之義。「及時將祭」，謂四時應祭之前，未旬時也。方將接神，先宜齊整身心，故齊也。未齊之時，心慮散蕩，心所嗜欲，有不齊整。及其齊也，止此不齊之事，以致極齊戒之道。

嚴陵方氏曰：夫齊所以致一，致一則不齊者齊矣。大事即祀事也，恭敬則人事也。指人言之，故曰恭敬耳。防，以防其外之表也，止，以止其内之出也。物自外入，故曰「防」；嗜欲由中，故曰「止」。前言「止」而後言「訖」者，止之而後訖故也。後言邪物，則前所言物者，亦邪物而已。齊固不止於耳不聽樂，然樂者，人之所樂也，則所以散其志，尤在於樂故也，故又引《記》以爲言焉。此與《學記》引「蛾子時術之」所言同。不爲物所貳，故其德精；不爲物所蔽，故其德明。致者，致其至而已，故先言致其精明之德，而後言精明之至也。精之至矣，故於祭之心，則爲精意精志。明之至矣，故於祭之道，則爲明禋明享焉。散齊即《祭義》所謂「散齊於外」是也。致齊即《祭義》所謂「致齊於内」是也。此以時之先後爲序，彼以事之内外爲序也。解亦見彼。以齊於内，故又謂之宿，以其宿於内也。《禮器》所謂三日宿者以此。以齊於外，故又謂之戒，言戒於外也。《禮器》所謂七日戒者以此。若心不苟慮與訖其嗜欲之類，則所以齊其内也。若手足不苟動與防其邪物之類，則所以齊其外也。夫散者集之則一歸乎定，故散齊七日以定之。致其至焉則未始不齊，故致齊三日以齊之。定言定於外，齊言齊其內。

馬氏曰：楊子曰：「存亡形、屬荒絶，其唯齊乎？」蓋齊者，致一以格神也。夫趨舍汩心，則不足以致一，故齊不齊以致齊也。夫唯精明之至，然後可以交於神明。精者天德之至，可以入神，樂則志散而誠不存，故不聽樂。

石林葉氏曰：聖人以道極其高明，則無思也，無爲也。道中庸則莫不思也，亦莫不爲也。唯其有思故齊，唯其有爲故戒。然言齊而不及戒者，以爲出於思故也。君子嚴於事鬼神，其戒則防邪物以治外，其齊則訖嗜欲以治内。内外治，則耳不聽樂而志不散也。志不散，則心依於道，道無形也，手足依於禮，禮有體也。《易》言齊戒以神明其德，而此則致精明之德者，以其主祭祀而言，則不嫌於不及神也，要之，精其思而已。散言其思之始，致言其思之盡，而又夫婦親之。其敬如此，神明其有不交乎？

慶源輔氏曰：誠信則一，一則盡，二則不盡矣。一而盡，洞洞屬屬則敬也。敬則與天爲一，況於鬼神乎？有大事故有恭敬，恭敬故有齊。固有臨大事而恭敬弗至者矣，故其言如此。變「止」言「訖」，訖則遂止矣。齊固不止於此，於此猶不焉，他可知也。君子亦何時不然？必於此言之，所以致其慎。且爲中人以下設。依於道，志以道寧也；依於禮，非禮不動也。精明，我之神明也。神明，神之精明也。極其致，則我與神非貳也，故曰「微之顯，誠之不可揜如此夫」。

是故先期旬有一日，宮宰宿夫人，夫人亦散

齊七日，致齊三日。君致齊於外，夫人致齊於内，然後會於大廟。君純冕立於阼，夫人副褘立於東房。君執圭瓚祼尸，大宗執璋瓚亞祼。及迎牲，君執紖，卿大夫從，士執芻。宗婦執盎從，夫人薦涚水。君執鸞刀，羞嚌，夫人薦豆。此之謂夫婦親之。

鄭氏曰：宫宰，守宫官也。宿，讀爲「肅」。齊猶戒也。戒輕肅重。大廟，始祖廟也。圭瓚、璋瓚，祼器也。以圭璋爲柄，酌鬱鬯曰祼。大宗亞祼，容夫人有故攝焉。紖，所以牽牲也，《周禮》作「絼」。芻謂藁也，殺牲時用薦之。《周禮·封人》：「祭祀，飾牲，共其水藁。」涚，盎齊也。盎齊，涚酌也。凡尊有明水，因兼云水爾。嚌，嚌肺，祭肺之屬也。君以鸞刀割制之。天子、諸侯之祭禮，先有祼尸之事，乃後迎牲。芻，或爲「䅵」。

孔氏曰：外謂君之路寢，内謂夫人正寢。是致齊並於正寢，散齊亦然。但此文對會於大廟，故云然耳。祭日，君與夫人俱至大廟之中。純冕，純亦緇也。上文已解。冕皆上玄下纁，其服亦然，故通云緇冕。若非二王後及周公廟，則悉用玄冕而祭。副及褘，后之上服，魯及二王之後夫人得服之。侯、伯夫人揄狄，子、男夫人闕狄，並立東房，以俟行事。尸既入之後，轉就西房，故《禮器》云「夫人在房」，❶雖不云東西，然下文「夫人東酌罍尊」，則知在房謂西房也。大宗，主宗廟禮者。亞祼之禮，夫人親爲之。此云「大宗」，記者廣言，容夫人有故，故大宗伯代夫人行禮。下云夫人薦涚水、薦豆，顯夫人親行

❶「夫」，原作「大」，今據通志堂本、四庫本改。

也。各有所明，不可一揆。「君執紖」者，紖，牛鼻繩，君自執之，入繫於碑。卿、大夫從驅之，及殺與幣告，皆從於君。「士執芻」者，芻謂藁也，以其殺牲用芻藁藉之也。「宗婦執盎從」，謂同宗之婦執盎從夫人而來，奠盎齊於位，夫人乃就盎齊之尊，酌此涚齊而薦之。鄭註「盎齊，涚酌」，《周禮·司尊彝》文，彼註云「盎齊差清，和以清酒泲之，謂之涚酌」。鄭引此解「薦涚」即盎齊也。夫人薦盎，不薦明水。今經「薦涚」之下更言水，以盎齊加明水，故記者因盎而連言明水耳。上言「夫人副禕」，則此是上公之祭，宜有醴齊、盎齊，但言「盎」，略耳。亦容侯、伯、子、男之祭，但有盎齊也。「君執鸞刀，羞嚌」，嚌，肝、肺也。嚌有二時：一是朝踐之時，取肝以膋貫之，入室燎於爐炭，出薦之主前；二謂饋孰之時，君以鸞刀割制所羞嚌肺，横切之，使不絶，亓奠於俎上。❶尸並嚌之，故云「羞嚌」。一云：羞，進也，謂君用鸞刀制此嚌肉以進之。案《少牢》、《特牲》薦孰之時，俎有祭肺，及舉肺切之，舉肺離而不提心。二肺皆嚌之，故鄭云「嚌肺、祭肺之屬也」。

嚴陵方氏曰：「散齊七日，致齊三日」，則及祭凡十日矣。故先期旬有一日，宫宰宿夫人，而詔之齊也。戒其期，故曰「宿」。且經宿而後致齊，則謂之宿宜矣。若《世婦》言宿戒，《大司樂》言宿縣，皆以是耳。《大宰》言「前期十日，帥執事而卜日，遂戒」，則於是日而遂散齊也。聽外治者君也，故致齊於外。聽内職者夫人

❶「亓」，通志堂本、四庫本作「亦」，當是。

也，故致齊於內。與《祭義》所謂內外者異矣，彼謂一身之內外。齊於內外，所以辨其位；會於大廟，所以聯其事。「君純冕立於阼，夫人副褘立於東房」，與《明堂位》所言同義。於夫人言「副褘」，則「君純冕」者，衮冕也。六冕皆麻而曰純者，孔子稱「麻冕，禮也，今也純儉，吾從衆」。當孔子時，固有純冕矣。王氏釋「服周之冕」爲純冕者，以此。衮冕、副褘，蓋天子、王后之服容，記二王之後與魯禮，亦極諸侯之盛禮言之爾。衛非二王之後，而夫人之詩則曰「副笄六珈」，何也？《周官》追師掌首飾，有副、有編、有次。副爲首飾之上，故以之配三狄；編爲首飾之中，故以之配鞠展；次爲首飾之下，故以之配褖衣而已。謂之副，則夫人之所同；謂之褘，則王后之所獨。❶猶衮之九章，則上公之所同，旒之十二，則天子之所獨也。男服以在上者同，所以尊陽道也；女服以在上者異，所以尊陰道也。三狄雖同用副，然以配褘衣爲正，故經未有言副揄屈者，止曰「副褘」而已。《周官·大宗伯》：「凡大祭祀，王后不與，則攝而薦豆籩，徹。」則大宗固有攝夫人亞祼之理矣。❷大宗，即宗伯也。「君執紖」，則親牽之故也。宗婦，宗子之婦也。經有言「命婦從夫人」，而此言「宗婦」者，宗婦亦命婦矣，命婦則不必宗婦也。其從夫人，則命婦之所同；至於執盎，則宗婦之所獨。齊有五，而宗婦止執盎者，據君牽牲之時也。《祭義》言「夫人奠盎」，

❶「王后」，通志堂本、四庫本作「天子」。
❷「理」，通志堂本、四庫本作「禮」，是。

正與此合。然彼言「夫人奠盎」，此言「宗婦執盎」者，宗婦執之，夫人奠之故也。「薦涚水」，則《郊特牲》所謂「明水涚齊，貴新」是也。酌齊，則必用涚矣。《祭義》不言者，略也。嚌者，尸所嚌之肺也，嚌則嘗之也。以尸之所嚌，故君執鸞刀而羞之也。尸必嚌之，君必羞之者，以周人所貴故也。「夫人薦豆」，則與《祭義》所言同義。以上題言「夫祭也者，必夫婦親之」，故此結言「此之謂夫婦親之」也。

延平周氏曰：《祭義》「散齊於外，致齊於內」，以廟之內外言之也。此「君致齊於外，夫人致齊於內」者，以宮爲內，以廟爲外。蓋夫人雖致齊，亦不離於宮也。此亦在中饋之意。圭者象天用而半圭爲璋，示其君之於天用則全之，而夫人則半之而已。

金華應氏曰：十日，十干之一周，氣序之小變也。齊戒於一旬之內，示精神匝乎氣之所周而無變也。旬之數十，天地二五之合也。散齊以七，致齊以三，皆陽剛而非陰雜也。

長樂陳氏曰：殷人尊神而交神於明，故先樂而求諸陽。周人尊禮而辨神於幽，故先祼而求諸陰。《書》曰「王入大室祼」，《祭統》曰「君執圭瓚祼尸」，則尸入大室，以圭瓚酌鬱鬯祼之，后又以璋瓚酌鬱鬯亞祼。其祼尸也如祼賓客，則王與后自灌之矣。鄭氏釋《小宰》謂王酌鬱鬯以獻尸，尸受，祭之，啐之，奠之。然尸，神象也，神受而自灌，非禮意也。鄭氏又謂「宗廟有祼，天地大神至尊不祼」。考之於禮，《典瑞》「祼圭有瓚，以肆先王，以祼賓客」，《玉人》「祼圭尺有二寸，有瓚，以祀廟」，又《鬯人》秬鬯之所用，則社廟、山川、四方而已，是祼不施於天地也。然《大宗伯》：「凡祀大神，享大鬼，祭大宗，涖玉鬯。」《表記》曰：「親耕粢盛秬鬯，以事上帝。」蓋祀天有鬯者，陳之而已，非必祼也。《行人》曰公再祼，侯、伯、子、男一祼，諸侯有祼而卿無祼，則以酒禮之而已。《祭統》所謂「獻之屬，莫重於祼」者，此也。《禮書》

山陰陸氏曰：亞祼非獨容夫人有故攝焉，亦容宗伯亞夫人祼。蓋二王之後三祼：君一，夫人一，大宗一。

馬氏曰：言士執芻則後於君，言宗婦執盎則先於夫人者，蓋芻所以用於迎牲之後，而執盎必居於薦之前也。

禮記集說卷第一百十四

禮記集説卷第一百十五

及入舞，君執干戚就舞位。君爲東上，冕而揔干，率其羣臣，以樂皇尸。是故天子之祭也，與天下樂之。諸侯之祭也，與竟内樂之。冕而揔干，率其羣臣，以樂皇尸，此與竟内樂之之義也。

鄭氏曰：「君爲東上」，近主位也。皇，君也。言君尸者，尊之。

孔氏曰：此一經明祭時天子、諸侯親在舞位，以樂皇尸也。

長樂陳氏曰：天子、諸侯之於尸，非特備禮物以薦之，抑又就舞位以樂之。蓋廟中，在天子則天下之象也，在諸侯則竟内之象也。故天子「冕而揔干，以樂皇尸」，非徒樂之，所以與天下樂之也。諸侯「冕而揔干」，亦與竟内樂之。古者人君之於廟饗，藉則親耕，牲則親殺，酒則親獻，尸則親迎。然則樂則親舞，不爲過矣。《樂書》

嚴陵方氏曰：舞位則綴兆也。君於東上，則以君爲祭主故也。干戚，武舞所執也。羽籥，文舞所執也。止言干，主《武宿夜》言之。《明堂位》曰「朱干玉戚，冕而舞《大武》」，正謂是矣。上言「執干戚」而不言「冕」，下言「揔干」而不言「戚」，互相備也。言揔干，固知其爲不特執干矣。《祭義》、《樂記》所言同。「與天下樂之」，「與竟内樂之」，言與天下、竟内共樂皇尸也。楊子曰「寧神莫大於得四表之歡心」是矣。稱「皇尸」，與《詩・楚茨》所稱同義。然《詩》於《鳧鷖》又稱「公尸」，何也？《鳧鷖》兼神示祖考而言之也，故曰「公尸」。公，言衆之所共也。《楚茨》指宗廟之祖考言之而已。諸侯之尸亦稱皇者，尊神而已。

延平周氏曰：有天下者，能持盈守成，有一國者，能保宗廟社稷，則祖考固已樂矣，又況冕而揔干，躬率羣臣以舞者哉！然則天子之祭如是，抑見其與衆樂之也。

石林葉氏曰：天子得天下之驩心以事其先王，故舞與天下樂之。諸侯得百姓之驩心以事其先君，故舞與竟内樂之。「冕而揔干」，《大武》之舞，天子之禮也。諸侯用之，則爲僭，豈魯之得用者與？

金華應氏曰：比干仗鉞，乃武王臨陣之容。朱干玉戚，爲大舞象成之樂。祭而用之於宗廟，既以顯先王之功，舞而象其形容，又欲使子孫知締創之艱難，而毋忘於持守。故舞佾非不廣，綴兆非不備，而君必親執干戚就舞位，所謂揔干山立，武王之事也。因其事而原其初，豈敢憚其勞而付之有司乎？先曰「親執干戈」，而後獨云「揔干」者，以干長於戚，而成列可觀也。以君之尊躬執其事，非樂皇尸也，所以悦祖考也。然食三老五更於大學，亦必冕而揔干者，祭先聖、先師而用之，猶祭之因以樂皇尸也。魯之有是舞，以周公佐武王伐紂，周旋軍旅之間，因以歆其神靈也。皇，大也。皇尸，猶皇考也。

夫祭有三重焉：獻之屬莫重於祼，聲莫重於升歌，舞莫重於《武宿夜》，此周道也。凡三道者，所以假於外，而以增君子之志也，故與志進退，志輕則亦輕，志重則亦重。輕其志而求外之重也，雖聖人弗能得也。是故君子之祭也，必身自盡也，所以明重也。

道之以禮，以奉三重而薦諸皇尸，此聖人之道也。

鄭氏曰：《武宿夜》，武曲名也。周道，猶周之禮。

孔氏曰：此一經并明祭祀之禮有三種可重之事。此三種所重之道，皆假借外物而以增益君子内志。祼則假於鬱鬯，歌則假於聲音，舞則假於干戚，皆是假於外物，故與志同進同退。若内志輕略，則此等亦輕略；内志殷重，此等亦殷重矣。

皇氏曰：師説《書傳》云：「武王伐紂，至於商郊，停止宿夜，士卒皆歡樂歌舞以待旦，因名焉。」熊氏曰：《武宿夜》，即《大武》之樂也。

延平周氏曰：芬芳之氣足以下達，莫如祼；自然之聲足以發德音，莫如升歌；武功之所自成者，莫如《武宿夜》。此三重者，君子假之於外而增之於内者也。蓋君子之於祭也，内則盡志，外則盡物。物雖可以增其志，然其輕重亦在志而已矣。故君子以自盡爲主。

嚴陵方氏曰：三者蓋周廟之所重，故始言「三重」，而終言「周道」也。祼，所以求陰而貴氣臭。周人則先求諸陰而尚臭也，故重祼。經言「升歌《清廟》」，《清廟》者，文王之詩，故重升歌。《大武》者，武王之舞也，故重《武宿夜》。象成而爲樂，故謂之《大武》。獻有九，而祼其一也，故以屬言之。於獻言屬，則聲與舞可知矣。君子之祭也，内則盡志，外則盡物。然其輕重亦在志而已。必自盡者，所以明重也。三重之本在志，禮則達之於外，以承其志於内，故曰「道之以禮，以奉三重」。内既盡志，外又盡禮，則聖人所以事皇尸之道如斯而已，故曰「此聖人之道也」。長樂陳氏曰：獻之屬有九，而莫重於祼，是以降神者爲重，凡獻卿大夫及羣有司，皆其輕者也。聲莫重於升歌，是以貴人聲者爲重，凡見於下管象舞之器，皆其輕者也。舞莫重於《武宿夜》。❶是以當時者爲重，凡見於前代者，皆其輕者。凡此周道爲然。若夫夏、商之禮，則獻不必重祼，聲不必重升歌，舞不必重《武宿夜》矣。祭之有是，假諸物而在外者也。君子之志，資諸己而在内者也。德盛者其志重，德薄者其志輕。志重於内，凡假於外者，安得不重耶？志輕於内，凡假於外者，安得不輕耶？祭有三重，則周之所獨。天下有三重，則夏、商所同。禮樂之道成於三，謂之三道，自由而行者言之；謂之三重，自時所尚者言之。

山陰陸氏曰：《詩》曰「會朝清明」，所謂宿夜，前此一夕也。假於外以增君子之志。苟脩諸外，能有所增焉耳，《荀子》曰「假輿馬者致千里」。然其所謂本者，真也。所以明重者，神而明之，在我者也。《講義》曰：鬱鬯、聲音、干戚，是假於外物耳，而其輕重則在人之志焉。志重則寓於物者皆誠也，烏得而不重？志輕則是數者皆虚物爾，何重之有哉？唯誠其志以重其内，尊其禮以重於外，如此則薦於皇尸，神其饗之，是乃聖人所貴祭祀之道也。

慶源輔氏曰：「與志進退」，與「人不易物，惟德其物」意同。輕其志而求外之

❶「武」，原作「舞」，據通志堂本、四庫本改。下「武宿夜」同。

重，雖聖人不可得也，故君子必身自盡以明其重。然則所謂三重者，亦非自能重也。必身自盡，而不道之以禮，猶爲未盡也，猶非聖人之道也。

夫祭有餕，餕者祭之末也，不可不知也。是故古之人有言曰「善終者如始」，餕其是已。是故古之君子曰「尸亦餕鬼神之餘也」。惠術也，可以觀政矣」。是故尸謖，君與卿四人餕；君起，大夫六人餕，臣餕君之餘也。大夫起，士八人餕，賤餕貴之餘也。士起，各執其具以出，陳于堂下，百官進，徹之，下餕上之餘也。

鄭氏曰：術，猶法也。爲政尚施惠。進，當爲「餕」，聲之誤也。百官，謂有事於君祭者也。既餕，乃徹之而去，所謂自卑至賤。進、徹或俱爲餕。

孔氏曰：自此至「觀政矣」一節，明祭末餕餘之禮，自求多福，恩澤廣被之事。「靡不有初，鮮克有終」，而祭之有餕，即是克有終，故引古人之言證餕爲美也。「餕其是已」，已，語辭也。又引古君子之言證餕義。餕者，人餕尸之餘也。然王侯初薦毛血、燔燎，是薦於鬼神，至薦孰時，尸乃食之，故曰「尸亦餕鬼神之餘」也。若大夫、士陰厭，亦是先薦鬼神而後尸乃食也。惠術也，言尸餕是施恩惠之術法。能施恩惠者，即其政善，故云「可以觀政」。君於廟中事尸如君，則君爲臣禮。君食尸餘，是臣食君餘，❶與大夫食君餘相似，故云「臣餕君之餘也」。諸侯之國有五大夫，此云六者，兼有采地助祭

❶「餘」，原作「禄」，據通志堂本、四庫本改。

也。以下漸徧及下，示傳恩惠也。❶士廟中餕訖而起，所司各執其饌具，以出廟户，陳于堂下。百官餕訖，各徹其器而去之。

嚴陵方氏曰：尸猶受惠於鬼神，人固當受惠於其君。餕每變以衆，故始則君與三卿共四人。變而加以兩，故大夫六人。又變而加以兩，故士八人。又變則又加以百官。蓋以示其惠之愈廣然，非實數也。百官，謂中下之士以及於百執事者也。《祭法》以官師爲中下之士，則此以百官稱之，亦宜矣。《爾雅》曰：「謖、興，起也。」由君而下皆言起，獨於尸言謖者，蓋不疾而速者，神也。尸，神象也，故特以謖言之。《特牲饋食》、《少牢饋食》、《士虞禮》、《有司》篇皆言「尸謖」者以此。

山陰陸氏曰：「餕者祭之末，不可不知」，著此雖末，其他或不知，可也。「惠術也，可以觀政」，言凡惠術此而已。《孟子》曰：「是乃仁術也。」君起，變「謖」言「起」，是起也，非謖也。坐而起爲謖，君初非坐者也。「百官進，徹之」，進而後餕，餕而徹焉，百官益卑矣。

石林葉氏曰：餕雖爲祭之末，亦爲祭之始。薦獻以饗鬼神，以饗尸，則是尸所以飲食，乃餕鬼神之餘，此謂祭之始也。鬼神之惠既以及尸，而君、卿、大夫、士每變以衆，則衆所飲食者乃餕尸之餘，此謂祭之末。終始皆餕，則惠之術施矣。先王祭而惠及下者如此，爲政之道亦何以加之乎？於君與卿而言君臣，以卿之備於臣道也。於大夫與士而言貴賤，以爵至

❶「傳」，通志堂本、四庫本作「溥」。

於士而止也。於百官而言上下，以其執事未必有爵也。

凡餕之道，每變以衆，所以別貴賤之等而興施惠之象也。是故以四簋黍見其脩於廟中也。廟中者，竟内之象也。祭者，澤之大者也。是故上有大澤，則惠必及下，顧上先下後耳，非上積重而下有凍餒之民也。是故上有大澤，則民夫人待于下流，知惠之必將至也。由餕見之矣，故曰「可以觀政矣」。

鄭氏曰：鬼神之惠偏廟中，如國君之惠偏竟内也。鬼神有祭，不獨饗之，使人餕之，恩澤之大者也。國君有蓄積，不獨食之，亦以施惠於竟内也。

孔氏曰：興，起也。初餕貴而少，後餕賤而多，皆先上而後下。施惠之道，亦當然也，故云「興施惠之象」。餕之時，君與三卿用四簋之黍，欲見其恩惠脩整普偏於廟中也。諸侯之祭有六簋，今云四簋，以二簋留爲陽厭之祭故也。簋有黍稷，特云黍者，見其美，舉黍則稷可知。以四簋而脩於廟中，如君之恩惠偏於竟内也。上先下後，謂君上先餕，臣下後餕，非上有財物積重，不以施惠，使在下有凍餒之民也。「由餕見之」，言民所以知上有財物，恩惠及於下者，秖由祭祀之餕，見其恩逮於下之理。

横渠張氏曰：廟中有竟内之象，聖人無一事不示之教。雖一身猶無限見法度，况一廟中？餕必不以祭器而食人，不欲以神明之器而褻用，又難使上下同器而食餘餕，聖人因祭而設教也。執事至晏朝，則固已飢矣，故廟中而食其餘。

嚴陵方氏曰：夫施惠之道不止於餕，特由餕見之而已，故曰「象」，見乃謂之象也。四簋之黍未爲多也，特取其脩於廟中故爾。廟中之惠未爲大也，特取其象於竟内故爾。諸侯廟中爲竟内之象，則天子廟中爲天下之象可知。餕之爲禮，所由來尚矣。諸侯特舉而行之，使勿壞而已，故言「脩」焉。祭之爲澤，幽足以及乎神，明足以及乎人，非澤之大者乎？澤者，德之所惠也。上有大澤則惠及下，則主人言之也。由其先後有序，上下有等，顧上先下後耳，非上重積之而不施，使下有凍餒之民也。《周官・職歲》言「以叙與職幣授之」，亦此之意。由餕而見惠，故曰「可以觀政」矣。「積重」，與《老子》所謂「重積德」之「重積」同，言所積雖多而不能散也。「夫人」，與《考工記》所謂「夫人能爲弓」之「夫人」同，猶言人人也。顧，蓋有但意。

《講義》曰：先貴後賤，是有貴賤之等，而自寡及衆，施惠之道然也。「見其脩於廟中」，脩，猶行也，謂施惠之道行於廟中也。廟中者，竟内之象，鬼神之惠偏行於廟中，猶國君之惠偏行於竟内也。然則鬼神有祭，不獨饗之，使人餕之。國君有財，不獨利之，使民共之。待于下流者，知惠之必將至，初未嘗擅爲己有也，豈非澤之大者乎？由餕以見政，固其宜矣。

夫祭之爲物大矣，其興物備矣。順以備者也，其教之本與？是故君子之教也，外則教之以尊其君長，内則教之以孝於其親。是故明君在上，則諸臣服從。崇事宗廟社稷，則子孫順孝。盡其道，端其義，而教生焉。是故君子之事君也，必身行之，所不安於上，則不以使下；所惡於下，則不以事上。非諸人，行諸己，非教之道也。是故君子之教也，必由其本，順之至也，祭其是與？故曰「祭者，教之本也已」。

鄭氏曰：爲物，猶爲禮也。興物，謂薦百品。崇事，崇，猶尊也。必身行之，言恕己乃行之。祭者，教之本，教由孝順生也。

孔氏曰：此一節明祭祀禮備具，内外俱兼脩之於己，然後及物，是爲政之本也。「祭之爲物」，物，謂事物，所行皆依禮，故爲大。興物，謂興造庶羞，百品皆足，故云「備」矣。祭必依禮，是順也。百品皆足，是備也。聖人設教，唯以順以備，故曰「教之本與」。祭既順備，可爲教，故人君因爲教焉。外教謂郊天，内教謂祭宗廟。外教尊君長，故諸臣服從；内教孝其親，故子孫順孝。人君身自行之，盡其事上之道，又端正君臣上下之義，則政教由此生焉。上所施於己，己所不安，則不得施於下；下所施於己，己所憎惡，則不得以事於上。「非諸人」，諸，於也，謂他人行此惡事加於己，己以爲非，是非於人。己乃行此惡事而施人，是行於己也。若如此，非政教之道。言爲政必由於己，乃能及物，故下云「必由其本，順之至也」。

長樂劉氏曰：上經以祭明人君爲政之道，此經以祭明人君爲教之法。政也者，正其身而後正於人者也。教也者，行於己而人傚之者也。《易》曰「大觀在上，順而巽，中正以觀天下。觀盥而不薦，有孚顒若，下觀而化也。觀天之神道，而四時不忒。聖人以神道設教，而天下服」者，祭以爲教而民服從者也，故曰「祭之爲事大矣」。其感動民心，而忠孝百善生焉，是所興之事備也。順民之性而備其百善者，莫大乎祭，非所以爲教之本歟？是以聖人盡其性以爲道，脩其道以爲教，端其義以先民而教生焉。是以爲之臣，爲之民者，雖未率性而忠恕之道行矣。

嚴陵方氏曰：「爲物大」者，祭之體也。「興物備」者，祭之用也。非體之爲大，不足以致用之備；非用之爲備，不足以成體之大。然則備者，豈徒備其用而已哉，亦在乎無所不順，然後爲備爾，故曰「順以備，其教之本與」。以上言順，故此言外教以尊君長，内教以孝其親。教以尊其君長，由其君之明而已，故曰「則諸臣服從」。教以孝其親，在乎崇重宗廟社稷而已，故曰「則子孫順孝」。且祭所以嚴上，固足以教之尊君長；祭所以追養，固足以教之孝其親。「盡其道」者，盡祭之道而無所遺也。「端其義」者，端祭之義而有所立也。有道、有義，教之所由生也。於社稷亦言順孝者，與《祭義》言「孝之至也」同義。必身行之者，以身教者從故也。教必以事君言之者，欲明乎事上使下之道故也。蓋事上使下，臣之事而已。惡者好之對，安者危之對。好惡以情言，安危以勢言。上之使下，以勢爲主；下之事上，以情爲主。事上使下之道如此，則所謂身行之也。苟非諸人而行諸己，豈所謂身行之哉？故曰「非教之道也」。君子之教必由其本，教之本在乎祭，祭之本在乎順，故其言如此。然上言事上使下以爲教者，事上使下亦在乎順故也。

石林葉氏曰：祭者所以順備。自内而興物，則凡在己者無不盡，是之謂順。自外而興物，則凡可薦者無不在，是之謂備。內順而備，其教達於天下。教之以尊親，則生而知愛者也。教之以尊其君長，則生而知敬者也。尊於君長則諸侯服，孝於親則子孫順。孝爲仁之本，則人道盡矣，故曰「盡其道」。尊其君長，則義而已矣。自上倡之，則曰「端其義」。先王之教，所因者本也。不因其本而强以使之，則人不從。故祭於親而順以備，教之本也。廣其順，而因諸己以施諸人，教之道也。本言其所自，道言其所成。

金華應氏曰：爲物指其事，興物指其具。興，舉也。餕及於賤，可謂備矣。

《講義》曰：君子之教人，外則順於君長，內則孝於其親。誠以君親無二道，事之一本於順而已。順者，人心之所同。君倡其順於上，則人安其順於下，故明君在上，不勞施爲，而臣自服從，尊事鬼神，而子孫自順孝矣。君既自盡其道，又正其義於天下，則教自此生矣。非諸人，行諸己，非順矣，不可以施於人，况於事君乎？不可以事君，又可以事神乎？必由其本，身自順也。身順而天下順，豈非順之至乎？

慶源輔氏曰：君臣父子，人之大倫，教莫先於此也。君之明者，無不順也。道不盡，義不端，雖欲教人，人不從也。故曰「其身正，不令而行，其身不正，雖令不從」。

夫祭有十倫焉：見事鬼神之道焉，見君臣之義焉，見父子之倫焉，見貴賤之等焉，見親疏之殺焉，見爵賞之施焉，見夫婦之别焉，見政事之均焉，見長幼之序焉，見上下之際焉，此之謂十倫。

鄭氏曰：倫，猶義也。

孔氏曰：從上雖云祭，其事隱。此廣陳祭含十義，以顯教之本。

長樂陳氏曰：祭所以交神於無而寓理於有，致禮於幽而興物於明，故其爲名則一而其爲倫則十，此其以神道設教也。由其父子之倫則有親疏之殺，由其貴賤之等則有爵賞之施。由其親疏之殺，則有夫婦之别，而終之以長幼之序。由其爵賞之施，則有政事之均，而終之以上下之際。鬼神、父子、親疏、夫婦、長幼五者，皆内之倫也。君臣、貴賤、爵賞、政事、上下五者，皆外之倫也。内之倫則主於仁，外之倫則主於義。仁必推而達乎義，義必反而濟乎仁。此所以内外交著而後相成之美盡矣。

嚴陵方氏曰：鬼神則變化有所通，故曰「道」。君臣則嚴謹有所守，故曰「義」。父子則恩孝有所順，故曰「倫」。貴賤則名位有所差，故曰「等」。親疏則遠近有所間，故曰「殺」。爵賞則恩惠有所及，故曰「施」。夫婦則内外有所辨，故曰「别」。政事則多寡有所一，故曰「均」。長幼則先後有所次，故曰「序」。上下則情意有所接，故曰「際」。夫祭以鬼神爲主，故於首言鬼神之道。至於惠之之道，則祭之末也，故以「上下之際」終焉。夫先後有序如此，所以謂之倫也。

石林葉氏曰：祭祀以祀鬼神爲主，故先言事鬼神之道。道言其洋洋在上，妙而不可體也。鬼神無形而立尸以祭者，安之也。尸在廟中則全於君，在外則全於臣，故次之以君臣之義。義言其有權也。以雖有内外之别，而所爲尸者，子行也。以父而事子，則不嫌於自卑，故次之以父子之倫。倫言其理之所在也。入以明父子，則足以致親，致親不可以無尊卑，故與爲獻酬者，以五七而終九，故次之以貴賤之等。等言其有節文也。貴賤有等而昭穆不可以不辨，故次之以親疏之殺。殺言其恩之有降也。親疏有殺，不可以不知其所自出，故凡出命者就於大廟，則次之以爵賞之施。施言恩之廣也。自交鬼神之道至於爵賞之施，則愛敬以備，而所以事鬼神者，必夫婦親之，故次之以夫婦之別。別言其獻異位也。薦獻至於進，則祭將畢矣，必及於賜爵，故族姓以昭穆爲齒，則次以長幼之序。序言其先後有次也。賜爵雖及於族姓，而惠未廣達，其惠至於賤吏皆得餕而食，則上下交矣，故次之以上下之際。

鋪筵設同几，爲依神也。詔祝於室，而出于祊，此交神明之道也。

鄭氏曰：同之言詷也。祭者以其妃配，亦不特几也。詔祝，告事於尸也。出於祊，謂索祭也。

孔氏曰：此一節明第一倫交鬼神之道。詷，共也。人生時形體異，故夫婦別几。死則魂氣同歸于此，故夫婦共几。鄭註「以某妃配」，❶《儀禮・少牢》文，謂祭夫祝辭，不但不特設辭，亦不特設其几。祝辭與几皆同於夫也，故鄭註《司几筵》云「祭於廟，同几，精氣合也」。席亦共之，必云「同几」者，筵席既長，几則短小，恐其各設，故云「同几」也。詔，告也。祝，祝也。謂灌鬯、饋孰、酳尸之等，祝官以

❶「某」，《禮記正義》作「其」。

祝辭告事於尸，其事廣也。以總論事神，故廣言之。知非朝踐之時，血毛詔於室者，以朝踐尸、主皆在户外，暫時之事，非終始事神之道也。祊謂明日繹祭，而出廟門旁，廣求神於門外之祊。《郊特牲》云「索祭祝于祊」，故鄭云「索祭也」。

横渠張氏曰：「鋪筵設同几」，疑左右几一。云交鬼神，異於人，故夫婦而同几。求之，或於室，或於祊也。又曰「鋪筵設同几」，只設一位，以其精神合也。後又見合葬，孔子善之，知道有此義。然不知一人數娶，設同几之道又如何，❶此未易處。

長樂陳氏曰：人道則貴别，神道則貴親，故葬則同穴，而祭則同几也。同几所以依神，然此依神而已，而未至乎交也。故「詔祝於室」，所以交神於陰；而出乎祊，所以交明於陽，故曰「交神明之道」。

嚴陵方氏曰：生則出乎一而辨，故生則異室。死則反乎一而安，故死則同几。「鋪筵設同几」，使神有所依。且神無方，無方則無體。所謂依者，人依之而已。主陰陽之道言之，則曰鬼神；主幽顯之分言之，則曰神明。合而言之，其實一也。

石林葉氏曰：鬼神無形而依於有形，故鋪筵則陳祭，同几則配祭。鬼神無方而求之有方，故詔祝則在廟中，爲祊則在門外。几、筵、祝、祊，祭祀之終始，皆所以交神明而饗之也，故言交神明之道，而事不足以言之。

慶源輔氏曰：「鋪筵設同几」，無所不備，爲依神也。「詔祝于室，而出于祊」，無所

❶「如何」，通志堂本、四庫本作「何如」。

不盡，爲求神也。依之備其物，求之盡其誠，所以爲交神明之道也。

君迎牲而不迎尸，別嫌也。尸在廟門外則疑於臣，在廟中則全於君。君在廟門外則疑於君，入廟門則全於臣，全於子。是故不出者，明君臣之義也。

鄭氏曰：不迎尸者，欲全其尊也。尸，神象也。鬼神之尊在廟中，人君之尊出廟門則伸。

孔氏曰：此經明第二倫君臣之義。尸體既尊，君宜自卑。若出迎尸，尸道未伸，嫌君猶欲自尊，故不迎也。「尸在廟門外則疑於臣」，解別嫌事也。尸本是臣，在廟則尊耳。若未入廟，其尊未伸。君若出迎，則疑尸有還爲臣之道，故云「疑於臣」。尸若在廟，則君、父道全也。云「全君」不云全父者，此本明君臣，故略於全父也。君若出廟門外，則君道還尊，與平常不異，是「疑於君」。入廟門，則臣、子道全，無所疑也。今君以臣子自處，不敢出廟門，恐尸尊不極，欲示天下咸知君臣之義。君臣由義而合，故云「義」也。

長樂陳氏曰：尸卑於廟門之外，而尊於廟門之內。君尊於廟門之外，而卑於廟門之內。尸之爲體，貴其尊之而不卑；君之事尸，貴其卑之而不尊。是以君出迎牲而不迎尸，所以別尊卑之義，故曰「明君臣之義也」。

延平周氏曰：以君而迎牲可也，以君而迎尸，則嫌於以君而迎臣。

嚴陵方氏曰：尸者，神之象。君者，人之主。廟門之外以人道爲尚，廟門之內以神道爲尚。凡迎之禮，必出門焉。君迎牲而不迎尸者，非重牲而輕尸也，爲其有君臣之疑，所以别其嫌也。既曰嫌，又曰疑，疑固未至於嫌，而嫌亦疑之所積也。《講義》曰：夫君爲尸屈，而尊卑之間尚有疑焉，非尊事鬼神之道矣。故曰「迎牲而不迎尸」，所以全尸之尊，全己之卑，使無疑也。以君之尊而執臣禮以事尸如此，則凡爲臣而事君者，宜如何也？故以此明君臣之義。

夫祭之道，孫爲王父尸。所使爲尸者，於祭者子行也。父北面而事之，所以明子事父之道也。此父子之倫也。

鄭氏曰：子行，猶子列也。祭祖則用孫列，皆取於同姓之適孫也。天子、諸侯之祭，朝事延尸於户外，是以有北面事尸之禮。

孔氏曰：此第三倫明父子之理。主人爲欲孝敬己父，故北面而事子行之尸，則凡爲子者，豈得不自尊其父乎？是見子事父之道也。《少牢》、《特牲禮》，尸皆在室之奥，主人西面事之，無北面事尸之禮，故知是天子、諸侯也。鄭知朝事者，以《郊特牲》「詔祝於室」當朝事之節，故知坐尸當朝事也。

伊川程氏曰：古人祭祀用尸，極有深意，不可以不思也。蓋人之魂氣既散，孝子求神而祭，無尸則不饗，無主則不依。魂氣必求其類而依之。人與人既爲類，骨肉又爲一家之類，己與尸各既已潔齊，至誠相通，以此求神，宜其饗之。後世不知此道，以尊卑之勢，遂不肯行耳。

延平周氏曰：昭穆之不可亂，天理也，故爲尸者，必順昭穆之列。然以己之子而爲父之尸，則己北面以事而忘己之爲父者，以其爲父之尸也，亦所謂斯須之敬矣。

長樂陳氏曰：尸於王父則孫，於祭者則子。以孫爲王父之尸，則是以子爲祭者之父。子忘其子之卑而事於父，父忘其父之尊而事子。凡此所以明祭者，事父之道而已。

嚴陵方氏曰：十倫皆倫也，止於父子言倫者，有父子之倫，然後有宗廟之祭，則祭之倫本於父子而已，故止以父子爲倫焉，而特言祭之道者以此。

石林葉氏曰：尸所以象神。取於異姓，則嫌於不親，取於己子，則疑於無別，故爲尸者子行也。雖以父事之，不疑，於父不疑，則人倫明矣。

尸飲五，君洗玉爵獻卿。尸飲七，以瑶爵獻大夫。尸飲九，以散爵獻士及羣有司，皆以齒。明尊卑之等也。

鄭氏曰：「尸飲五」，謂酳尸五獻也。大夫、士祭，三獻而獻賓。

孔氏曰：此一節明第四倫尊卑差等也。獻卿、大夫、士及有司等，其爵雖同，皆長者在先，故云「以齒」。此據上公九獻之禮。凡祭二獻，裸用鬱鬯，尸祭奠而不飲。朝踐二獻，饋食二獻，及食畢，主人酳尸，故云「尸飲五」。於此時獻卿，獻卿之後，主婦酳尸，賓長獻尸，是尸飲七也。及瑶爵獻大夫，是正九獻禮畢，但初二裸不飲，故云「尸飲七」。自此以後，長賓、長兄弟更爲加爵，尸又飲二，是并前「尸飲九」，主人乃散爵獻士及羣有司也。若侯伯七獻，朝踐、饋食時各一獻。食訖，酳尸，但尸飲三也。子、男五獻，食訖，酳尸，尸飲一。鄭註「大夫、士祭，三獻而獻賓」，此《特牲禮》文。明與諸侯獻賓時節不同。案《有司徹》下大夫不賓尸，與士同，亦三獻而獻賓。其上大夫別行賓尸之禮，與此異也。

長樂陳氏曰：卿之德隆而貴，故獻以玉爵。大夫之德殺而賤，故獻以瑶爵。至於士則德卑尤賤，故獻以散爵而已。

嚴陵方氏曰：於尸言飲，則主人酳之故也。卿以下言獻，則飲之可知。君必獻臣者，以賓禮隆助祭之人故也。尸飲之後，獻則間之者，隆殺之别也。間之以五、以七、以九者，飲，陽事，故用數之奇焉。凡觴皆謂之爵，此言玉爵、瑶爵，正謂一升之爵爾。言散爵，即五升之散也。《禮器》曰「宗廟之祭，貴者獻以爵，賤者獻以散」，則不特獻者然也，雖受獻者亦然。羣有司，則前言進徹之百官，後言煇胞翟閽者皆是也。「皆以齒」者，同爵則尚齒也。前言貴賤之等，此變言尊卑者，其獻也以卿、大夫、士爲之等，故以貴賤言之；於卿、大夫、士之等，又各以齒，故以尊卑言之。

山陰陸氏曰：「尸飲五」，若十二獻，當朝踐亞獻之節。「尸飲七」，當饋食初獻。「尸飲九」，當饋食三獻，即九獻。「尸飲五」，當饋食初獻。「尸飲七」，當饋食三獻。「尸飲九」，在酳尸矣。七獻、五獻，尸飲三，於是獻卿歟？先儒謂子、男五獻，食訖，酳尸，尸飲一。尸飲一，即獻卿，非其差也。瑶爵、散爵，不言洗，略之也。

新安朱氏曰：古禮於今實難行。當祭時，獻神處少，祝酌奠。卒祝、迎尸以後，盡是人自食了。❶主人獻尸，尸酢主人，

❶「食」，通志堂本、四庫本作「飲」。

酢主婦，酢祝及佐食、宰、贊、衆賓等，交相勸酬，其繁且久，所以季氏祭繼以燭。有聖人者作，整理一過，必不如古人之繁，但倣古人大意，簡而易行耳。

夫祭有昭穆。昭穆者，所以别父子、遠近、長幼、親疏之序，而無亂也。是故有事於大廟，則羣昭羣穆咸在，而不失其倫，此之謂親疏之殺也。

鄭氏曰：昭穆咸在，同宗父子皆來。

孔氏曰：此一節明第五倫親疏之殺。昭、穆謂尸主行列於廟中，父南面，子北面，親者近，疏者遠，各有次序，是無亂也。祭大廟，則衆廟尸主及助祭之人、同宗父子皆至，故「羣昭羣穆咸在」。若餘廟，唯尸主及所出之廟子孫來耳。各以昭穆列在廟，是不失倫類也。殺，漸也，示親疏有漸也。

延平周氏曰：有事於大廟，言禘祫也。

嚴陵方氏曰：昭穆固所以别父子，而父子之行又各有遠近、長幼、親疏。遠近以代言，長幼以齒言，親疏以情言。然而代之遠近，齒之長幼，皆以情爲主爾，故下總謂之「親疏之殺也」。夫有隆然後有殺。别親疏，則親者隆而疏者殺矣。并言殺者，言自隆降之以至於殺也。《王制》「三昭、三穆」，神之昭穆也。此羣昭、羣穆，人之昭穆也。首言祭有昭穆，則兼神人而言之。然昭穆以神爲主，故人於廟中乃稱之。

古者明君爵有德而禄有功，必賜爵禄於大廟，示不敢專也。故祭之日，一獻，君降，立于阼階之南，南鄉，所命北面，史由君右，執策命之，再拜稽首，受書以歸，而舍奠于其廟。此爵賞之施也。

鄭氏曰：一獻，一酳尸也。舍，當爲「釋」。非時而祭曰奠。

孔氏曰：此一節明第六倫爵賞之施。爵表德，禄賞功。卿大夫等既受策書，歸而釋奠於家廟，告以受君之命也。君尊，尚爵賞於廟，不自專，故民知施必由尊也。鄭知一獻非初祼及朝踐、饋食之一獻，必爲一酳尸者，以一酳尸之前，皆爲祭事，承奉鬼神，未暇策命，尸食已畢，始可行爵賞也。此一獻則上尸飲五，君獻卿之時也。若天子命羣臣，則不因常祭，特假於廟。故《大宗伯》云「王命諸侯則儐」是也。

長樂陳氏曰：施爵賞者必於大廟，示其不敢專，所以明父祖之尊也。受爵禄者舍奠于廟，示其有歸美，以明父子之賢也。明乎父祖之尊則天下知所敬，明乎父子之賢則天下知所遜，故曰「爵賞之施」。

嚴陵方氏曰：爵者錫之以名，禄者錫之以利。有德者必有名，有功者必有利。爵有德，禄有功，亦從其類也。史則掌書也，策則書其所命之事也。上言執策，下言受書，互相備也。夫命有所禀，則非君命也，祖命而已，故史命之也，由君右焉，非重史也，重命而已。

延平周氏曰：君雖在廟中，亦必南嚮者，示其向明而聽天下爲不可易也。臣雖在廟中，亦必北面者，示其荅於君自北始。

山陰陸氏曰：一獻，謂始獻爾。始獻即發爵賜禄，不嫌蚤者，重策命也。「史由君右，執策命之」，所謂詔辭自右。

《講義》曰：《周官》以德詔爵，以功詔禄，則爵所以表有德而禄所以報有功。然爵禄者，非人君所得而私，君既於廟命之，則受之者可不歸而釋奠於其廟乎？如此則君必不敢以爵禄私諸人，而人必不敢以君之爵禄自私，而授受之際，皆知有所本矣。

金華應氏曰：一獻始命者，以祭爲先也。不俟獻終而命者，以賞爲重也。

禮記集説卷第一百十五

禮記集說卷第一百十六

君卷冕立于阼，夫人副褘立于東房。夫人薦豆執校，執醴授之執鐙。尸酢夫人執柄，夫人受尸執足。夫婦相授受，不相襲處，酢必易爵，明夫婦之別也。

鄭氏曰：校，豆中央直者也。執醴，授醴之人。授夫人以豆，則執鐙。鐙，豆下跗也。

孔氏曰：此一節明第七倫也。此謂上公夫人，故副褘也。爵爲雀形，以尾爲柄。尸酢夫人，則執雀尾。夫人受酢，則執爵足。夫婦交相致爵，其執之不相因故處。襲，因也。主人受主婦之酢，必易換其爵。《特牲》「更爵酢」，鄭註「男子不承婦人爵」是也。鄭註「執醴，授醴之人」者，謂夫人獻尸以醴齊，此人酌醴以授夫人，至夫人薦豆，此人又執豆以授夫人，獻與薦皆此人所掌故也。

長樂陳氏曰：《禮器》言夫人在房而東酌罍尊，則在房者，西房也。而此言副褘立于東房，何耶？蓋婦人貴於從夫，又貴於辨位。從夫則立之東，所以待其將有事。辨位則即於西，所以動而行事也。至於夫婦相受授，不相襲處，則異其所立。酢必易爵，則易其所執。故曰「明夫婦之別」。

《講義》曰：先儒謂「爵爲雀形，以尾爲柄」，恐非是。爵之柄下有三戈，足則戈也。以豆觀之，校爲柄，乃中央直者，則爵之柄亦指中央矣。

凡爲俎者，以骨爲主。骨有貴賤，殷人貴

髀，周人貴肩。凡前貴於後。俎者，所以明祭之必有惠也。是故貴者取貴骨，賤者取賤骨。貴者不重，賤者不虚，示均也。惠均則政行，政行則事成，事成則功立。功之所以立者，不可不知也。俎者，所以明惠之必均也。善爲政者如此，故曰「見政事之均焉」。

鄭氏曰：殷人貴髀，爲其厚也。周人貴肩，爲其顯也。凡前貴於後，謂脊、脅、臂、臑之屬。

孔氏曰：此經明第八倫。殷質，賤肩之薄，故貴髀。周文，賤髀之隱，故貴肩。凡前貴於後，據周貴肩言之。助祭者賜之俎，貴者不特多而重，賤者不虚而無，分俎多少，隨其貴賤，示均平也。功立由於分俎，人君不可不知。人君欲爲政教，必須如分俎均平也。前體臂臑爲貴，後體膊胳爲賤。就脊、脅之中，亦有貴賤。正脊在前爲貴，脡脊、横脊在後爲賤。脅則正脅在前爲貴，短脅爲賤。故鄭總云「之屬」以包之。鄭不云肩者，以周人所貴，故略之。

長樂陳氏曰：貴者取貴骨，賤者取賤骨，則有所别而足以爲義。貴者不重，賤者不虚，則有所均而可以爲仁。行於上者政也，通於下者事也。政必有事而事不必有政，故事成本於政行。

嚴陵方氏曰：俎者，對豆之器，俎大而豆小。俎以骨爲主，則豆以肉爲主可知。《坊記》「觴酒豆肉」是也。骨，陽也。肉，陰也。俎之數以奇而從陽，豆之數以偶而從陰，爲是故也。夫祭以饗神爲主，❶

❶「爲」，通志堂本、四庫本作「之」。

然貴者取貴骨，賤者取賤骨，所以明祭之有惠而已。惠可以觀政，患不均耳，故惠均則政行。有政則有事，有事則有功。功所以立，由惠而已，故曰「不可不知」。《講義》曰：孔子曰：「不患寡而患不均。」蓋均則無不滿之患，故人樂於從上之政令，趨事赴功，唯上所欲爲矣。此事所以成，功所以立也。使爲政者惠下必均，有如均此俎，則何患事功之不立乎？於餕可以觀政，爲俎見政事之均。善爲政者，不可不知也。

凡賜爵，昭爲一，穆爲一。昭與昭齒，穆與穆齒。凡羣有司皆以齒，此之謂長幼有序。

鄭氏曰：昭穆，猶《特牲》、《少牢饋食》之禮衆兄弟也。羣有司，猶衆賓下及執事者。君賜之爵，謂若酬之。

孔氏曰：此經明第九倫。祭祀旅酬時，賜助祭者酒爵。君衆兄弟子孫昭爲一列，穆爲一列，各自相旅。尊者在前，卑者在後。同班列，則長者在前，少者在後，是「昭與昭齒，穆與穆齒」。鄭知賜爵爲酬者，以獻時不以昭穆爲次，此列昭穆，故知爲酬也。

長樂陳氏曰：宗廟之中，受事則以爵，而賜爵則以齒。蓋授事主義，而行於旅酬之前；賜爵主恩，而隆於旅酬之後。賜以主恩，故「昭與昭齒，穆與穆齒」。凡羣有司皆以齒，長幼之序也。

嚴陵方氏曰：《司士》所謂「祭祀賜爵，呼昭穆而進之」是矣。夫齒所以序長幼，故曰「長幼有序」。

夫祭有畀煇、胞、翟、閽者，惠下之道也。唯有德之君爲能行此，明足以見之，仁足以與之。畀之爲言與也，能以其餘畀其下者也。

煇者，甲吏之賤者也。胞者，肉吏之賤者也。翟者，樂吏之賤者也。閽者，守門之賤者也。古者不使刑人守門。此四守者，吏之至賤者也。尸又至尊，以至尊既祭之末，而不忘至賤，而以其餘畀之。是故明君在上，則竟内之民無凍餒者矣。此之謂上下之際。

鄭氏曰：「明足以見之」，見此卑者也。「仁足以與之」，與此卑者也。煇，《周禮》作「韗」，謂韗磔皮革之官也。翟，謂教羽舞者也。「不使刑人守門」，謂夏、殷時。

孔氏曰：此經明第十倫。畀，與也。煇、胞、翟、閽四者，皆是賤官，祭末與以恩賜，是施惠之道也。明，謂君德昭明，足以見惠下之義。仁，謂仁恩能賜與於下也。作記之人見周刑人守門，又何恩賜與之，故明之云「古者不使刑人守門」，雖是賤人，得恩賜也。際，接也，謂至尊與賤者，其道接也。韗人掌作鼓木，張皮兩頭，鞔之以爲鼓，故註云「韗磔皮革之官也」。

長樂陳氏曰：夫知及其大而不周其小，不足以爲明。愛及其貴而不周其賤，不足以爲仁。唯有德之君，於煇、胞、翟、閽之吏，其明足以見之而無所遺，其仁足以與之而無不徧，則惠下之道斯盡，而竟内之民所以無凍餒也。

嚴陵方氏曰：夫祭之有俎，固已見惠均矣，然未足以盡惠下之道。以至尊之尸而畀至賤之吏，然後見惠下也。此政事之均與上下之際所以爲異歟？惠下之道，有明足以見之而無仁以與之，則惠或失於不行；有仁足以與之而無明以見之，則惠或失於無辨。德者，得也，唯有德之君乃能兩得，故曰「爲能行此」。延平周氏曰：「古者不使刑人守門」，此指夏、殷而言也。周之法，墨者使守門，而四夷之隸亦使守王宮。蓋當時之爲守衛者，皆公卿大夫之子弟，而又兼以刑人與四夷之隸，則其勢足以相持，而不至於爲亂。是又使刑人與四夷之隸者皆有所養，則是亦先王之仁也。

石林葉氏曰：助祭則羣有司賤於族姓，而煇、胞、翟、閽又賤於羣有司。明足以知其賤而用之，仁足以惠其賤而畀之，則上下至矣。自上下以及長幼皆曰惠，以其賜爵飲食以是名之也。自夫婦以及君臣則皆曰「明」，以其薦獻酬酢有所辨也。至於政事，則見而已矣。

凡祭有四時，春祭曰礿，夏祭曰禘，秋祭曰嘗，冬祭曰烝。礿、禘，陽義也。嘗、烝，陰義也。禘者，陽之盛也。嘗者，陰之盛也。故曰「莫重於禘嘗」。古者於禘也，發爵賜服，順陽義也。於嘗也，出田邑，發秋政，順陰義也。故記曰：「嘗之日，發公室，示賞也。」草艾則墨，未發秋政，則民弗敢草也。

鄭氏曰：謂夏、殷時禮。夏者尊卑著，而秋萬物成。爵命屬陽，國地屬陰。發公室，出賞物也。草艾，謂艾取草也。秋，草木成，可芟艾給爨亨，時則始行小刑也。

孔氏曰：自此至「爲民父母」一節，明祭祀之重。禘祭在夏，夏爲炎暑，故爲陽盛。嘗祭在秋，陰功成就，故爲陰盛。冬雖嚴寒，以物於秋成，故不得以冬烝對夏禘。記者又引前記之文，云嘗之日，發出公室貨財以示賞也。案《左傳》云：「賞以春夏，刑以秋冬。」此以賞對刑爲文，其實四時之間皆有賞也。

嚴陵方氏曰：春礿、夏禘，以飲爲主，故曰陽。秋嘗、冬烝，以食爲主，故曰陰。祭有礿、禘，猶生時有饗。祭有嘗、烝，猶生時有食。陽道常饒，陰道常乏。饒，故及夏始爲盛；乏，故於秋已爲盛矣。以其爲陰陽之盛，故曰「莫重於禘嘗」。若「平秩南訛」，所謂夏政也。若「平秩西成」，所謂秋政也。爵命之者也，服勝於陰者也，故爲順陽義。禄食之者也，田邑制於地者也，故爲順陰義。發公室，爲因其物之成而用之以行賞也。「草艾則墨」者，因其時殺而順之以行刑也。「弗敢草」，亦謂艾之也，猶采桑謂之桑歟？刑有五，墨最輕，以始行刑，故用輕者也。

金華應氏曰：代天爵人，猶之天爵，故於禘之陽。分地與人，畫爲田邑，故於嘗之陰。秋政，若省斂斷刑皆是。其施罰也，則必草已艾而後施墨刑之輕者。未發秋政，則民亦弗敢草焉。雖一草之微，不敢非時而斬艾之，故不曰艾草，而曰「草艾」者，草自可艾，而非人踐之也。

石林葉氏曰：礿、禘之祭，其用物薄，主於灌獻，則順乎陽，陽於春夏爲用也。嘗、烝之祭，其用物多，主於饋食，則順乎陰，陰於秋冬爲用也。然言其盛，則止及於禘、嘗而不及礿、烝者，蓋陽達於春，物方蠢動；陰終於冬，物已退藏。故古之君子，其言郊社，則以禘、嘗對之，亦舉其盛者爾。爵以詔德，服以顯庸，仁之屬也。國政則有田邑，致刑則爲秋政，義之屬也。仁用於夏禘，未嘗不行刑，要之以仁爲主。義用於秋嘗，未嘗不示賞，要之以義爲主。仁義備矣，止曰禘、嘗之義者，指其立道而言之也。

故曰：禘、嘗之義大矣，治國之本也，不可不知也。明其義者，君也；能其事者，臣也。不明其義，君人不全；不能其事，爲臣不全。夫義者，所以濟志也，諸德之發也。是故其德盛者其志厚，其志厚者其義章，其義章者其祭也敬。祭敬，則竟內之子孫莫敢不敬矣。是故君子之祭也，必身親涖之。有故，則使人可也。雖使人也，君不失其義者，君明其義故也。其德薄者其志輕，疑於其義而求祭，使之必敬也，弗可得已。祭而不敬，何以爲民父母矣。

鄭氏曰：全，猶具也。濟，成也。發，謂機發也。竟內之子孫，萬人爲子孫。涖，臨也。「君不失其義」者，言君雖不自親祭，祭禮無闕，於君德不損也。

孔氏曰：義以濟志，言禘、嘗之義，人君明之，所以成就其志。義者，是人君衆德之發也。人君道德顯盛，則念親志意深厚。若能念親深厚，則事親祭祀，其義章明顯著，章著則其志恭敬。民之子孫皆化於上，無不恭敬其親矣。「雖使人」，謂君有故，使人攝之。君能恭敬，則不喪失其義也。若人君志意既輕，疑惑於祭祀之義，欲求祭，使之必敬，不可得已。

嚴陵方氏曰：此非五年之禘。其禮雖小，以陽之盛，其義大也。君以道揆禮，故曰「明其義」。臣以法守禮，故曰「能其事」。義寓乎禮，志存乎心。苟有是心，而無是禮，亦不可以徒行，故義所以濟志也。濟，與「可否相濟」之「濟」同。有是義以行是志，非有德之人，則不可以苟作，故曰「諸德之發也」。以諸德之發，故德盛者志厚。以義者所以濟志，故志厚者義章。所得不盛，則所積不厚，所積不厚，則所成不章。章，猶文之成而可見也。竟内必以子孫爲言者，以祭所以事祖考故也。禮固所以爲義，而義又可以起禮。有故則使人，以義之所可故也。《大宗伯》：「若王不與祭祀，則攝位。」代之雖在乎人，使之則出乎君。代之雖行其事，使之則本乎義。故曰「雖使人也，君不失其義者，明其義故也」。

山陰陸氏曰：禘、嘗之義大矣。孔子曰：「知其説者之於天下也，其如示諸斯乎？」志厚者，不造微，不臻極，不止也。竟内之子孫，謂其子孫受邑在其竟内者。

石林葉氏曰：君主，祭者也，故明禘、嘗之義。臣，助祭者也，故能禘、嘗之事。能其事，則盡物而已。明其義，於内不可不盡志。盡志者，唯有德之君可也，故志厚義章。此德之發，而終至於竟内無不敬，故曰「治國之本也」。祭之義，愛敬而已。如知敬愛於親，則雖不身涖之，蓋猶祭也。孔子嘗謂「吾不與祭，如不祭」者，以其無義而已矣。不知祭之義，則内不得於其親，❶其使人祭也，何以爲敬乎？

《講義》曰：君明其義，然後能任其臣。臣能其事，然後能任君之事。以有故，不得已而使人，宜若不如身親之爲愈也。然雖使人也，而於禮無闕，於德無虧者，君明其義，故不失其義也。君而不明其義，則雖身親之，亦何足貴乎？德由志而發，志以義而成，自然之符也。「祭敬，則竟内之子孫莫敢不敬」者，人君躬行子孫之道，以事其先，則凡爲子孫者化之

❶「於」，通志堂本、四庫本作「與」。

矣。古之人使民則如承大祭，以其敬也。不足以爲民父母，而於祭之不敬見之，其以此乎？

馬氏曰：元后作民父母，故曰「竟内之子孫」。

夫鼎有銘，銘者自名也，自名以稱揚其先祖之美，而明著之後世者也。爲先祖者，莫不有美焉，莫不有惡焉。銘之義，稱美而不稱惡，此孝子孝孫之心也，唯賢者能之。銘者，論譔其先祖之有德善、功烈、勳勞、慶賞、聲名，列於天下，而酌之祭器，自成其名焉，以祀其先祖者也。顯揚先祖，所以崇孝也。身比焉，順也；明示後世，教也。

鄭氏曰：銘，謂書之刻之以識事者也。自名，謂稱揚其先祖之德，著己名於下也。烈，業也。王功曰勳，事功曰勞。「酌之祭器」，言斟酌其美，傳著於鍾鼎也。「身比焉」，謂自著名於下也。順，謂著名以稱揚先祖之德，孝順之行也。教，所以教後世。

孔氏曰：以前經明事親致敬，自此至「所恥也」一節，明稱揚先祖之美。論謂論説，譔謂譔録，言子孫爲銘論説譔録其先祖功業、勳勞、慶賞、聲名，著於天下者也。「酌之祭器」，酌，斟酌也，祭器，鍾鼎也。有聲名徧於天下，則斟酌列書，著於君之鍾鼎也。又自成己名於先祖銘下也。「以祀其先祖」，謂預君祫祭也。禮，功臣既得銘鼎，則得預君大祫。令先祖被銘預祫，是尊其先祖也。「顯揚先祖」以下，釋所以必銘義也。

嚴陵方氏曰：器之重者莫如鼎，言之重者莫如銘，此鼎所以有銘，而銘必於鼎也。楚子問鼎，而王孫滿以謂「在德不在鼎」，則古之爲此也，亦因有所寓而已。若湯之盤，周之量，晉公之鍾，以至王之大常，廟之金人、几杖、杯鑑皆爲銘焉，其所以自名之意則一也。「列於天下」，言陳列於天下而有序也。「酌之祭器」，言斟酌其美而不溢也。祭器即鼎也。自名於祭器，故曰「自成其名」。上足以揚先祖之德，下足以成己之名，故曰「上下皆得」。

馬氏曰：銘必自名，然後可以稱其先祖，故曰「銘者，自名也」。夫銘可以自名，而非孝之心。雖然，苟志於善，而欲自成其名者，先王猶不廢也。

廬陵胡氏曰：自名，謂己能立身揚名，以顯其先也。能自揚名，則國人稱願，曰「幸哉有子如此」，故可銘也。❶若身陷不義而無令名，雖銘，人誰信之？酌，猶酌古之酌。祭器，鍾鼎。言刻先祖功善於鍾鼎，而孝順之名成焉。先儒謂「自著己名於先祖之下」，非也。若有心於自著己名，何以爲孝子？比，次也。銘其祖而身名成焉，是身比也。

石林葉氏曰：銘者，刻於金石而銘其祖考之美，以示後世。雖有惡焉，亦孝子慈孫所不稱也。蓋唯賢者然後能此，不賢則知惡必著於天下，故曰「爾尚蓋前人之愆，惟忠惟孝」。忠孝之道，唯賢者能盡。言祖而不及考者，舉尊以見卑也。德言其得於身，善言其生於心。功見於王曰勳，功列於事曰勞，慶賞在君，聲名在人，皆列於天下者也。然必酌之祭器者，蓋烝彝鼎所以饗祖考之器，銘其美於上，酌

❶「銘」，通志堂本、四庫本作「名」。

以饗之，則祖考之德顯而孝道達矣，故曰「崇孝」。自著其名於下，而身得以比焉，故曰「順」。示天下之子孫不遺其親之美，故曰「教」。上以顯親，下以示教，皆得考於銘。則君子美其所稱者，以其不遺上下而已。

延平周氏曰：名之曰幽、厲者，天下之公義也，故孝子慈孫雖欲改之，不可得也。自名先祖之美而不稱其惡者，一人之私恩也，故孝子慈孫爲之可也。德，盡人道者也；善，人道之始也。功者有所興造，烈者有所陳肆，勳者言其達於上，勞者言其營於下。功者不若勳之大，勞者不若烈之著。德善者，言其成己者也，功烈、❶勳勞者，言其成人者也。慶賞、聲名者，成己、成人之所終始者也。一物而三善得者，於銘有之。蓋銘者主乎論譔先祖之德，而孝也、順也、教也自存乎其間矣。

《講義》曰：爲先祖者，豈能一無不善，而銘之所稱，特取其美，而惡則爲之隱者，蓋孝子、孝孫之心，其欲崇其祖考者，無所不用其至。况其有美，詎可掩哉？此銘之義，稱美而不稱惡，而君子不以爲私，且謂賢者然後能之也。又况德善行於身，功烈、勳勞著於國，慶賞爲君之所報，聲名爲人之所歸，是其美固已布列於天下矣。則夫酌取其所宜稱者，爲之論譔，以銘之祭器而施之祀事之間，其可後乎？孔子曰：「揚名於後世，以顯父母，孝之終也。」稱揚先祖，非崇孝乎？《祭義》曰：「上庶人有善，歸諸父母，所以示順也。」明示先祖之美於後世，使子孫有

❶「列」，通志堂本、四庫本作「烈」，是。

所取法，承其祀者觀之，竦然動心，肅然改容，仰思其先，退察於己，必期於無愧矣，非教乎？

夫銘者壹稱而上下皆得焉耳矣。是故君子之觀於銘也，既美其所稱，又美其所爲。爲之者，明足以見之，仁足以與之，知足以利之，可謂賢矣。賢而勿伐，可謂恭矣。

鄭氏曰：美其所爲美，此人爲此銘也。

孔氏曰：造銘唯壹稱先祖之善。「上下皆得」，謂上光揚先祖，下成己順行，又垂教來世也。所稱，謂先祖也。所爲，謂己身行業也。君子，有德之士，觀銘必見此二事之美也。「爲之者」，謂爲銘之人。明足以見先祖之美，仁足以著先祖之銘，知足以利己，得上比先祖也。備此三事，所以爲賢。又不自伐，是爲恭也。

石林葉氏曰：美其所稱者，以其不遺祖考之善也。美其所爲者，以其不誣祖考之實也。有善而弗知，不明也，故言「明足以見之」。知而不傳，不仁也，故言「仁足以與之」。知之而能傳，又誣其實，則亦不知也，故言「知足以利之」。知既利之，而欲伐其善，則必喪其善。故雖銘，而其辭敬者，亦所謂「賢而勿伐」也。

延平周氏曰：美其所稱者，功德而已。美其所爲者，明足以見，仁足以與，知足以利，然後能爲之也。合是三者，則賢矣。既賢矣，而守之以無伐，可謂恭者也。

廬陵胡氏曰：上揚祖，下成己，善行也。所稱、所爲，上下皆得也。見，見祖美也。與，猶許也。己仁，故上許與之銘其祖也。利者義之和，謂義當得此銘也。賢而不伐，目下事。

故衛孔悝之鼎銘曰：「六月丁亥，公假于大

廟。公曰：『叔舅！乃祖莊叔，左右成公。成公乃命莊叔隨難于漢陽，即宮于宗周，奔走無射。啓右獻公，獻公乃命成叔纂乃祖服。乃考文叔，興舊嗜欲，作率慶士，躬恤衛國，其勤公家，夙夜不解，民咸曰休哉！』公曰：『叔舅！予女銘，若纂乃考服。』悝拜稽首，曰：『對揚以辟之。勤大命，施于烝彝鼎。』」此衛孔悝之鼎銘也，古之君子論譔其先祖之美，而明著之後世者也。以比其身，以重其國家如此。子孫之守宗廟社稷者，其先祖無美而稱之，是誣也；有善而弗知，不明也；知而弗傳，不仁也。此三者，君子之所恥也。

鄭氏曰：孔悝，衛大夫也。公，衛莊公蒯聵也。得孔悝之立，❶依禮褒之，以靜國人，自固也。假，至也。至大廟，謂以夏之孟夏禘祭也。叔舅，公爲策書，尊呼孔悝而命之也。乃，猶「女」也。莊叔，悝七世祖，衛大夫孔達也。隨難，謂成公爲晉伐出奔，莊叔從焉。漢，楚之川也。即宮于宗周，後反得國，坐殺弟叔武，晉人執歸京師，寘之深室也。射，厭也。言莊叔奔走，至勞而不厭倦也。周既去鎬京，猶名王城爲宗周也。獻公，衛侯衎，成公曾孫也，亦失國得反。言莊叔之功流于後世，啓右獻公，使得反國也。成叔，莊叔之孫成子烝鉏也。右，助也。「乃命成叔纂乃祖服」，纂，繼也，服，事也。獻公反國，命成子繼女祖莊叔之事，欲其忠如孔達也。文叔者，成叔之曾孫文子圉，即悝父也。「作率慶士」，作，起也，率，循也，

❶「得」，通志堂本、四庫本作「德」。下「得孔悝之立」同，不再出校。

慶，善也，士，事也。言文叔能興行先祖之舊德，起而循其善事也。「若纂乃考服」，若猶女也，女繼女父之事，欲其忠如文子也。成公、獻公、莊公皆失國得反，言孔氏世有功焉，寵之也。「對揚以辟之」，對，遂也，辟，明也。言遂揚君命以明先祖之德也。「施于烝彝鼎」，施猶著也，刻著於烝祭之彝鼎、彝尊也。《周禮》：「大約劑，書於宗彝。」「此衛孔悝之鼎銘」者，言銘之類衆多，略取此一以言之也。「以重其國家如此」，言如莊公命孔悝之爲也。莊公、孔悝雖無令德以終其事，於禮是，行之非也。

孔氏曰：案哀十五年《傳》，蒯聵舍孔氏之外圃，適伯姬氏，迫孔悝於厠，强盟之，遂刼以登臺，於是得國，是「得孔悝之立己」也。夏之孟月，是周之六月。諸侯命臣在於祭日，故鄭註「至於大廟，謂禘祭也」。案哀十五年冬，蒯聵得國。十六年六月，衛侯飲孔悝酒而逐之。此云「六月命之」者，蓋命後即逐之也。「公曰」至「休哉」，是孔悝父祖鼎銘之辭。孔悝是異姓大夫，年幼，故稱「叔舅」。成公爲晉文公所伐及殺叔武，並見僖二十八年《左傳》。然《左傳》無孔達事，傳文不具也。襄十四年《左傳》，衛侯出奔齊，是成公亦失國也。「奔走無射」，言孔達隨難漢陽，及成公即宫于宗周，常奔走無厭倦也。「興舊嗜欲」，言孔悝之父圉能興行先祖舊德所欲爲也。「休哉」，言功德休美。「悝拜」至「彝鼎」，明孔悝拜受君恩，言己光揚先祖之德，勸行君之大命，著於彝鼎也。但「休哉」以上，是稱其先祖。「公曰叔舅」以下至「彝鼎」，是自著其名於下。

是以身比焉，比先祖也。

嚴陵方氏曰：叔舅，蓋莊公尊孔悝而稱之，與《曲禮》「天子稱異姓之牧曰叔舅」同。宗周，西周也，其地則豐鎬也。宗廟所在，故謂之宗周。成周，東周也，其地則洛邑也。以王道成於此，故謂之成周。然文王作豐，武王作鎬，豐、鎬皆西周爾。豐謂之宗周，以文王廟在焉故也。鎬謂之宗周，以武王廟在焉故也。召公所卜者洛之上都，周公所卜者洛之下都，皆東周爾。謂之「成周」者，特下都也。前則頑民之所遷，後則敬王之所遷者是矣。而上都則謂之王城焉。前則九鼎之所遷，後則平王所遷者是矣。自敬王遷都之後，止以成周爲東周，而西周爲成周。蓋成周在瀍水東，王城在瀍水西故也。衛之所宫者王城，而此謂之宗周者，自平王遷于此，至莊公時，宗廟亦在焉故也。「啓右」者，非特左右以助之，而又啓道之也。「纂乃祖服」者，繼汝祖事也。辟，蓋辭遜之也。對揚吾君之休而不敢自當焉，故辟之也。大命，即大事也。「施于烝彝鼎」者，施其銘于烝祭之二器也。祭器必以彝鼎，則與「震之守宗廟，言不喪匕鬯」同義。蓋匕所以載鼎實，彝所以實秬鬯故也。彝之裸足以感神於幽，鼎之亨足以養人於明，其德於是爲至矣。銘於彝，取夫德有常而不變。銘於鼎，取夫德日新而不窮。必於烝祭之器，與《司勳》「凡有功者，祭於大烝」同義。彝亦有銘，止曰鼎銘者，舉重以該之也。無美而稱之，則不足以取信於人，故曰「是誣」也。有善而弗知，則其明不足以見之也。知而弗傳，則其仁不足以與之也。爲人之子孫，不明，不信，而且誣焉，則辱莫甚矣。

金華應氏曰：嗜欲者，心志之所存。其先世之忠，皆以愛君憂國爲嗜欲，慕尚而能興起之也。作率，謂奮起而倡率之。慶，卿也。古者「慶」、「卿」同音，其字同用，故「慶雲」謂之「卿雲」。先世纂乃祖服，今又纂乃考服者，世濟其美也。銘出於孔悝之意，而以爲公所予者，示不敢專也。猶魯之作頌，必請于周，既銘功，必請于君也。對，答也。勤大命者，殷勤重大之命也。烝爲冬祭，而彝以薦酒，鼎以薦肉，則所用之器，既曰「對揚」，遂以君命施于祭器也。

馬氏曰：《周官・司勳職》曰：「凡有功者，銘書於王之大常，祭於大烝。」蓋銘於鼎，所以久其傳於神，銘於大常，所以示王之瞻視而不忘也。先王之善善如此。祭必於烝者，以烝所以告歲功之成，而示其功與歲功同。《詩》曰「綏我思成」，亦言祖考之成而祭之也。

山陰陸氏曰：「對揚以辟之勤大命，施于烝彝鼎」，辟，君也，勤大命，言命大且勤。對揚以君之勤大命，猶言「對揚天子之休命」也。鄭氏謂「莊公、孔悝雖無令德以終其事，於禮是，行之非」，然經引此，猶《詩》斷章取義。其先祖無美而稱之，是誣也。此言知不足以利之，《孟子》曰：「無若宋人然。」宋人揠苗者，非徒無益，而又害之。

新安朱氏曰：方、馬二解儘有好處，不可以其新學而黜之。如以「辟之勤大命，施于烝彝鼎」爲句，極是。辟乃君也，以君之命銘彝鼎。

《講義》曰：衛孔悝之立莊公，特迫之於

其母與渾良夫之刼。而莊公非令德之君，亦何足道？而記禮者引其銘以稱之，何也？蓋其人雖非，其銘是也。特引此以見所以爲銘者，大體如此，故有取焉耳。然自其先皆能援其君以反國，其亦有功於社稷乎？

延平周氏曰：鼎所以事先祖，銘所以顯先祖。於其所以事者，而有以顯之，則先祖之所以饗也。鼎以養人，而有功德者以養人爲主，故銘之，將以著其能養人也。且又欲其爲子孫之所觀法而寶之，不至於傾覆，此銘之所以必於鼎也。然古之人圖神姦必於鼎，而銘功德亦於鼎，可乎？夫圖神姦者所以示人，而銘功德者亦以示人，則其於鼎也宜矣。

昔者周公旦有勳勞於天下。周公既没，成王、康王追念周公之所以勳勞者，而欲尊魯，故賜之以重祭。外祭則郊、社是也，内祭則大嘗禘是也。夫大嘗禘，升歌《清廟》，下而管《象》，朱干玉戚以舞《大武》，八佾以舞《大夏》，此天子之樂也。康周公，故以賜魯也。子孫纂之，至于今不廢，所以明周公之德，而又以重其國也。

鄭氏曰：言此者王室所銘，若周公之功也。《清廟》，頌文王之詩也。管《象》，吹管而舞《武》、《象》之樂也。朱干，赤盾。戚，斧也。此《武》、《象》之舞所執也。佾，猶列也。《大夏》，禹樂，文舞也，執羽籥。文、武之舞皆八列，互言之耳。康，猶褒大也。《易·晉卦》曰：「康侯用錫馬。」不廢，不廢其此禮樂也。❶重，猶尊也。

孔氏曰：此一節因上説鼎銘，明先祖之

❶「此」，通志堂本、四庫本無。

善，故此明周公之勳，子孫纂之，特重於餘國，亦光揚之事。諸侯常祭，唯社稷以下。魯之祭，社與郊連文，則用天子之禮也。祫祭在秋，大嘗禘在夏。用天子禮，則升歌《清廟》，及舞《大武》、《大夏》之屬，所以爲大嘗禘也。經云「八佾以舞《大夏》」，舞《大武》不顯佾數，則知亦八佾，故鄭云「互言之」。至今，謂作記時也。

長樂陳氏曰：禮以祭祀爲先，樂以歌舞爲備。郊、社，天子外祭之重者；大嘗禘，天子内祭之重者。天子秋嘗以享先王，謂之大嘗；夏禘以享先王，謂之大禘，則諸侯嘗禘不得謂之大矣。周公之廟得用天子之禮，雖祭祀以之可也。《清廟》頌文王清明之德，歌於堂上以示之；《維清》奏文王《象》武之事，❶管於堂下以示之。《大武》，武王之樂也，朱干玉戚以舞之，所以象征誅。《大夏》，姒禹之樂也，八佾以舞之，所以象揖遜。周公之廟得用天子之樂，雖歌舞以之可也。大嘗禘用天子禮樂如此，則郊、社可知矣。周公封於魯而不之魯，魯之子孫纂之，于今不廢。用之周公廟，足以明周公之德，用之魯公廟，雖欲尊魯，以重其國，未免爲僭矣。孔子曰：「我觀魯之郊禘，非禮也，周公其衰矣。」

嚴陵方氏曰：郊、社所以祭天地，故曰外。嘗、禘所以祭祖宗，故曰内。禘爲五年之祭，故謂之大。嘗爲四時之祭，亦謂之大者，以天子所賜禮樂，比諸侯尤隆也。四時之祭特以嘗言者，物成可嘗，禮

❶「武」，《毛詩正義》卷一九、陳暘《樂書》卷三三作「舞」，當是。

爲尤盛也。故《閟宫》之詩言「秋而載嘗」者以是。《月令》言「嘗犧牲」，《祭法》言「享嘗乃止」，《祭義》言「嘗無樂燕居」，《中庸》言「郊社禘嘗」，皆此意也。舞所以節八音而行八風，所以應八卦，故每佾又用八人，合而爲六十四焉，則重卦之象也。自諸侯而下，則取隆殺以兩而已。言舞《大夏》如此，則《大武》可知。「康周公」者，康猶褒之也。命之者成王爾，而上兼言康王者，豈非成王之志，而康王又能繼之？《曲禮》曰「外事用剛日」，然不謂郊，「内事用柔日」，然不謂社，而此以郊社爲外祭，何也？以天地爲大，故郊對社不可以内外言其事。以神人爲别，故嘗、禘對郊、社，或可以内外言其祭焉。

山陰陸氏曰：言康王，嫌獨成王之意，以明周公用天子禮樂爲宜，故賜之以重祭。據此成、康視公，與祖考無異，公亦何嫌於彼哉！大嘗禘，言禘在下，著非大禘也。《長發》，大禘，祭天也。言大，以用天子之禮樂。言「下而管《象》」，則升歌之人下而又管《象》也。即言下管《象》，嫌歌管同作。《祭統》言而嫌《明堂位》下管《象》同作也。《仲尼燕居》言而嫌前下管《象》同作也。然則《文王世子》何以不嫌？遠也。《公羊》曰「朱干玉戚以舞《大夏》，八佾以舞《大武》」，則《大夏》有干戚焉，其於《大武》者，一階舞文，一階舞武，故曰「《大夏》，文武備」。若干舞無羽也，羽舞無干也，是之謂小舞，即大舞干無無羽者。❶《春秋傳》曰「將萬焉」，而

❶「舞」，明本作「武」。「無無」，通志堂本、四庫本不重。疑上「無」當是「舞」字。

「問羽數於衆仲」，《毛詩傳》以干羽爲萬舞是也。然則舜舞干羽于兩階，亦武舞也，而曰「誕敷文德」者，格以武舞，是乃所以爲文也。以人臣所不能爲之功，賜之以人臣所不得用之禮樂，是之謂康。

河南程氏曰：世儒有論魯祀周公以天子之禮樂，以爲周公能爲人臣不能爲之功，則可用人臣不得用之禮樂，是不知人臣之道也。夫居周公之位，則爲周公之事。由其位而能爲者，乃所當爲也。子道亦然。唯《孟子》知此義，故曰「事親若曾子者可也」，未嘗以曾子之孝爲有餘也。蓋子之身所能爲者，皆所當爲也。

禮記集說卷第一百十六

禮記集説卷第一百十七

經解第二十六

孔氏曰：案鄭《目録》云：「名曰《經解》者，以其記六藝政教之得失也。此於《别録》屬《通論》。」皇氏曰：解者，分析之名。此篇分析六經體教不同，故云《經解》。六經其教雖異，總以禮爲本，故記者録入於禮。

横渠張氏曰：《經解》文字明白，人易見，則喜入。然所得少，直舉其大端，使人推廣，則所得多也。

延平周氏曰：此一篇蓋有先後之序。夫入國知教，而其所以爲教者出乎六經。六經雖可以爲教，然苟非其人，道不虚行，則行之必資乎天子。爲天子者，必有以求於性命之理，而防於非僻之情。既内有以求於性命之理，而外又有以防於非僻之情，則能知、能仁、能信、能義。有是四者，而正國必以禮爲主。禮既隆矣，則天下徙善遠罪而不自知。至於徙善遠罪而不自知，則非天下之至神，其孰能與於此？然於其終也，必思其始，故曰「君子慎始，差若毫釐，繆以千里」。

嚴陵方氏曰：經者，緯之對。經有一定之體，故爲常；緯則錯綜往來，故爲變。聖人之言，道之常也。諸子百家之言，道之變也。故聖人之言，特謂之經焉。

孔子曰：「入其國，其教可知也。其爲人也，温柔敦厚，《詩》教也。疏通知遠，《書》

教也。廣博易良，《樂》教也。絜静精微，《易》教也。恭儉莊敬，《禮》教也。屬辭比事，《春秋》教也。故《詩》之失愚，《書》之失誣，《樂》之失奢，《易》之失賊，《禮》之失煩，《春秋》之失亂。」

鄭氏曰：觀其風俗，則知其所以教。屬，猶合也。《春秋》多記諸侯朝聘、會同，有相接之辭，罪辯之事。失，謂不能節其教者也。《詩》敦厚近愚，《書》知遠近誣，《春秋》習戰争之事，近亂。

孔氏曰：《經解》一篇，總是孔子之言。人君以六經之道，各隨其民教之。民從上教，各從六經之性。觀民風俗，則知其教也。顔色温潤，情性和柔，依違諷諫，不指切事情，故云「温柔敦厚，《詩》教也」。《書》録帝王言誥，舉其大綱，事非繁密，是疏通；上知帝王之世，是知遠。《樂》以和通爲體，無所不用，是廣博；使人從化，是易良也。《易》之於人，正則獲吉，邪則獲凶，不爲淫濫，是絜静；窮理盡性，言入秋毫，是精微。《禮》以恭遜、節儉、齊莊、敬謹爲本，人能恭敬節儉，是《禮》之教也。《春秋》聚合、會同之辭，是屬辭；比次褒貶之事，是比事。比，近也。六經之教，若不節之，則《詩》主敦厚，失在於愚；《書》知久遠，失在於誣；《樂》主廣博和易，失在於奢；《易》主絜静嚴正，失在於賊害；《禮》主文物，恭儉莊敬，失在於煩苛；《春秋》習戰争之事，失在於亂。此皆謂人君用之教下，不能可否相濟，節制合宜，所以致失也。《詩》爲《樂》章，《詩》、《樂》是一而教别者，若以聲音、干戚教人，是《樂》教也；若以《詩》辭美刺、諷諭以教人，是《詩》教也。

長樂劉氏曰：此經言周衰之時，諸侯之國雖不能逮文、武之世，猶能各通一經，以化其民。故孔子歷聘之時，入其國而其教可知，言觀其君之爲人也。《詩》有諷、有刺，不諂、不傷，是直而能温，柔而能立也。有頌、有美，止乎禮義，無過美也，無虚頌也，是敦厚也。推此爲政，以化其民，則不愚。愚，謂不知其上之美惡，而無以美刺之也。二帝三王，政治始末，詔誥精微，足以曉諭天下，俾知所適，則人人反情以復性，棄塞以就通，是疏通知遠而不誣也。先王作樂，所以悦民之心，使之安行于禮義也。故禮行然後樂舉，義著然後人安，所以風俗移於禮義，而不知其所自也。其化之廣，如天之覆；其德之溥，如地之載。推其所自來，莫非出於和易善良之心焉。用此化民，則《樂》於行禮，豈有奢僭而踰矩者哉？夫《易》極深而研幾，盡性以至命。其德之絜静也，如空虚之不可汙，其化之精微也，如陰陽之不可究，則民不敢自欺於幽隱矣，又可詐妄以自賊哉？卑己以尊人，恭也。厚人而薄己，儉也。著誠而去僞，莊也。正心以脩身，敬也。以此教民，則莫不自防其僞，豈有煩謬之尚哉？古者編年之史皆曰《春秋》，仲尼未作，已列爲經矣。《春秋》之法，貴書其實，以誅暴亂。以此教民，則人知執其誠信，動遵禮法，孰敢紊亂於王綱而悖謬乎五品也？凡此六者，以言周道雖衰，而諸侯之爲國猶有如此者，亦文、武之餘風遺烈也。若夫禮樂政刑以範其民於五品而致之中和，乃出自天子而行之諸侯，四海同風，非有國異其教而家殊其俗也。文、武之道既墜于地，諸侯之賢者習乎六經以治其國，其不賢者雖知用經而不免其失。故其君與民不愚則誣，不奢則賊，不煩則亂。此列國所以君不君，臣不臣，父不父，子不子，而《春秋》作於仲尼也。

嚴陵方氏曰：《詩》言其志，《書》言其事，《樂》言其情，《易》言其道，《禮》言其體，《春秋》言其法。《莊子》曰：「《詩》以道志，《書》以道事，《禮》以道行，《樂》以道和，《易》以道陰陽，《春秋》以道名分。」其義正與此合。六經之教，先王之所以載道也，其教豈有失哉？然或不免於失者，由其有淺深之異爾。若夫得之深，則不至有失矣。

馬氏曰：先王一道德以同天下之俗，而國不異教者，省方觀民，而不易其宜故也。是故「入其國，其教可知也」。其教可知者，知其所以爲教之不同也。蓋天生烝民，莫不有善。性循而達之者，教也，所以爲教者，六經而已。六經者，道德性命之理藏於其中，而其體不同。辭者事之華，事者辭之實，故屬辭比事，則《春秋》之體。蔽於温柔敦厚而不知通之以權，所以爲愚；蔽於疏通知遠而不知疑而闕之，所以爲誣；蔽於廣博易良而不知禮以節之，所以爲奢；蔽於絜静精微而不知有以顯之，則失之賊也；蔽於恭儉莊敬而不知有以神之，則失之煩也；蔽於屬辭比事而不知有以謹之，階其僭上之患，則失之亂也。雖然，六經之道無所失也，而其所以失者，由上之教有以失之而已。

山陰陸氏曰：《詩》，性情也，故曰「温柔敦厚」。《書》，政事也，故曰「疏通知遠」。

以此洗心，是謂絜静。《春秋》，夫子之文章也。事有不可勝言，上下比義從可知而已，尤在於此。❶ 先儒曰《春秋》無傳而著，甚幽而明，雖游夏之徒，不能措一詞，是之謂「屬詞比事」。故曰五石六鷁之詞不設，則王道不亢矣。《詩》之事近，《易》之事深。故《詩》之失愚，《易》之失賊。不言「失之」而言「之失」者，六經無失也，學者之失而已。《書》之失誣，如《孟子》所謂以至仁伐不仁，何其血之流杵也？《詩》敦厚近愚，《樂》廣博近奢，《禮》恭儉近煩，《春秋》撥亂多權宜，故其失亂。

石林葉氏曰：教者上所以勉下，經者所以助成其教也。《詩》之規刺嘉美，要使人歸於善而已，仁之事也，故其教則温柔敦厚。《書》之紀述治亂，要使人考古驗今而已，智之事也，故其教則疏通知遠。《樂》能和同天人之際，其教也，動蕩血脉，流通精神，故廣博易良。《易》能順性命之理，其教也，吉凶以同民患，❷而退藏於密，故絜静精微。《禮》節民心，其教也，使人飾貌以正其行，故恭儉莊敬。《春秋》言約而意隱，其教也，使人美不過實，貶不損美，故屬辭比事。蓋《詩》、《書》以政教之本而爲序，《樂》與《易》以道德之妙而爲序，《禮》與《春秋》以治人脩身之事而爲序。六者之失，蓋不深窮其理故也。《易》曰：「唯深也，故能通天下之志。」

長樂陳氏曰：大樂必易，廣博易良而不奢，深於樂教者也。大禮必簡，恭儉莊敬

❶「已尤」，通志堂本、四庫本作「尤已」。

❷「以同民」，四庫本作「與民同」，是。

而不煩，深於禮教者也。然奢者樂之失，煩者禮之失。極其深，救其失，則禮樂之教常興而不廢。然則入其國，其教有不知之耶？

《講義》曰：周衰，爲諸侯者不能以經術教其國人，故人不知經而國之所以不治也。「入其國，其教可知」者，謂諸侯受命入其國而爲君，其教人之道不難知也。凡爲人欲知《詩》之教，則温柔敦厚是已。以《詩》之作或美或刺，其言皆温潤優柔而不迫，而其意畢歸於忠厚故也。《書》之教則疏通知遠是已。以《書》之所載皆古先君臣之事，坦然明白，可考而知故也。《樂》之教則廣博易良是已。以《雅》、《頌》之聲聽之，則志意廣，使人易直子諒之心油然而生故也。《易》之教則絜静精微者是已。以《易》之書使人知吉凶悔吝，而置其身於無過之地，以造夫窮理盡性之妙故也。《禮》之教，恭儉莊敬者是已。以《禮》之所貴不在乎他，在乎繁文末節之間，而一本於誠故也。《春秋》之教則屬辭比事者是已。以《春秋》所書皆當時事辭之實，而是非善惡足以使人知所勸戒故也。人不學《詩》，則無所興廢，猶面牆然，故愚。不學《書》，則妄意古人，無所稽考，故誣。不學《樂》，則姦聲亂色滔堙心耳，故奢。不學《易》，則日用之間，動必有吝，是自賊矣。不學《禮》，則倫理不明，事爲無序，斯煩紊矣。至於《春秋》之不學，則又往往陷於惡而不自知，烏得而不亂乎？使爲人而知六經之道不可不學，而無是六者之失，未有不深於經者矣。深於經，而不爲賢人君子者，未之有也。爲君者誠能以是而教人，則國有不足爲者矣。後世守一郡者尚能以其一二變巴夷而爲鄒魯，則周之諸侯獨不可以此言施之國乎？三綱五常之不舉，而亂臣賊子接跡於天下，由經術之不講耳。失，謂不學也。

金華應氏曰：醇厚者，未必深察情僞，故失之愚。通達者，未必篤確誠實，故失之誣。寬博者，未必嚴立繩檢，故失之奢。沉潛思索，多自耗蠹，且或害道，弄筆褒貶，易紊是非，且或召亂。樂正崇四術以訓士，則先王之《詩》、《書》、《禮》、《樂》，其設教固已久。《易》雖用於卜筮，而精微之理，非初學所可語。《春秋》雖公其紀載，❶而策書亦非民庶所得盡窺，故《易象》《春秋》，韓宣子適魯，始得見之，則諸國之教未必盡備。六者蓋自夫子删定讚繫，筆削之餘，而後傳習滋廣，經術流行。夫子既廣其所傳而又慮其所敝，故有此言。然「入其國，即知其教」，非見遠察微者不能也；觀其教即防其失，非慮遠防微者，不能也。

延平周氏曰：《詩》者人之所以興，故先之。既興矣，則事之所以辨，故《書》次之。事既辨矣，則和之所以成，故《樂》次之。既成矣，則極乎天道之高明，故《易》次之。既極矣，則必道乎人道之中庸，故《禮》次之。而必終於《春秋》者，以救亂反正爲餘事也。

「其爲人也，温柔敦厚而不愚，則深於《詩》者也；疏通知遠而不誣，則深於《書》者也；廣博易良而不奢，則深於《樂》者也；絜静精微而不賊，則深於《易》者也；恭儉莊敬

❶「公」，通志堂本、四庫本作「本」。

而不煩，則深於《禮》者也；屬辭比事而不亂，則深於《春秋》者也。」

鄭氏曰：言深者，既能以教，又防其失。

山陰陸氏曰：《周官》曰教國子以六德：知、仁、聖、義、中、和，蓋兼之矣。疏通知遠，知也；温柔敦厚，仁也；絜静精微，聖也；屬辭比事，義也；恭儉莊敬，中也；廣博易良，和也。

天子者，與天地參，故德配天地，兼利萬物，與日月並明，明照四海而不遺微小。其在朝廷則道仁聖禮義之序，燕處則聽《雅》、《頌》之音，行步則有環佩之聲，升車則有鸞和之音。居處有禮，進退有度，百官得其宜，萬事得其序。《詩》云：「淑人君子，其儀不忒。其儀不忒，正是四國。」此之謂也。

鄭氏曰：道，猶言也。環佩，佩環、佩玉也，所以爲行節也。《玉藻》曰：「進則揖之，退則揚之，然後玉鏘鳴也。」環取其無窮止，玉則比德焉。孔子佩象環，五寸。人君之環，其制未聞也。鸞、和，皆鈴也，所以爲車行節也。《韓詩内傳》曰：「鸞在衡，和在軾。前升車則馬動，馬動則鸞鳴，鸞鳴則和應。」居處，朝廷與燕也。進退，行步與升車也。

孔氏曰：自此至「則不成」一節，盛明天子霸王，唯有禮爲霸王之器，言禮之重也。天地生養萬物，天子之功與天地相參。此鸞和所在，謂朝祀所乘之車，若田獵之車，則鸞在鑣也。故《詩·秦風》云「輶車鸞鑣」，箋云「置鸞於鑣，異於乘車」，是乘車鸞在衡也。經引《詩·曹風·鳲鳩》之篇，言善人君子用心均平，威儀不有差忒，故能正此四國。

《詩》之所云，正聖人有禮之謂也。

長樂陳氏曰：「與天地參」，言其體敵也。「德配天地」，言其道同也。「兼利萬物」，言其化溥也。「與日月並明，明照四海而不遺微小」，言其政術也。 又《樂書》曰：「天子在朝廷之上，由仁聖禮義之序。在閨門之內，聽《雅》、《頌》之音。行步於堂，有環佩之聲。升車於道，有鸞和之音。確乎《鄭》、《衛》不能入也。」

嚴陵方氏曰：「鸞和」已見《玉藻》解。三而成之謂之參，言天子之成位也。兩而合之之謂配，❶言天子之合德也。配言德，而參不言位者，曰天子，固知其爲位矣。「與天地參」，故能「德配天地」。「兼利萬物，日月並明」，故能「明照四海」，「不遺微小」，利欲有所周，故言兼；明必有所合，故言並。微者，顯之對；小者，大之對。言其理則曰「微」，言其形則曰「小」。朝廷則向明而治之時也，燕處則向晦而息之時也。向明之時，所以成物，故「道仁聖禮義之序」。向晦而息，所以成己，故「聽《雅》、《頌》之聲」。如上所云，則居處有禮矣，進退有度矣。百官化之，而得其用舍之宜，萬事從之而得其先後之序也。故又引《鳲鳩》之詩以證之。單出爲聲，雜比爲音。或曰聲，或曰音，互相備也。禮所以體上下，居處則有上下之位焉，故曰禮。度所以度長短，進退則有長短之象焉，故曰「度」。見《曲禮》解。

石林葉氏曰：兼萬物而同之，利萬物而和之，所謂致廣大以極高也。四海之內，

❶「之謂」，通志堂本、四庫本作「謂之」。

一微塵，一毫末，皆明照而不遺，所謂盡精微而極明也。朝廷有所道，燕處有所聽，則曰「居處有禮」，凡仁聖《雅》、《頌》皆是也。行步有聲，升車有音，則曰「進退有度」，凡環佩鸞和皆是也。尊賢使能，俊傑在位，故「百官得其宜」。物有本末，事有終始，知所先後，故「萬事得其序」。自天子與天地參而至微小不遺，皆聖人與天地爲徒也。自「其在朝廷」而至「萬事得其序」，皆聖人與人爲徒也。

馬氏曰：朝廷者，論道有爲之所在，故「道仁聖禮義之序」。燕處者，燕息無爲之所在，故「聽《雅》、《頌》之音」。心中斯須不和不樂，則鄙詐之心入之矣，故行步有環佩之聲以節之，升車有鸞和之音以和之。外貌斯須不莊不敬，則易慢之心入之矣，故居處則有禮，進退則有度。自與天地參推而詳之，至於居處有禮，進退有度，其所以治己之道盡矣。然而君爲之則臣行之，上好之則下從之，是故百官之貴賤，各得其宜，萬事之先後，各得其序。《傳》曰：「言思可道，行思可樂，德義可尊，作事可法，容止可觀，進退可度，以臨其民。是以其民畏而愛之，則而象之。」其意同。

山陰陸氏曰：謂之環，佩上玉也，故以環該之。《傳》曰：「衛南子佩環璆然。」引《鳲鳩》詩，言雖有六經之教，如上所謂，又當有君如此。《書》曰：「天佑下民，作之君，作之師。」

《講義》曰：天地有大德以生養萬物，天子有大德以兼利萬物，則足以配之矣。兼利者，無所不利也。夫心本無量，固自有天地之德；性本無蔽，固自有日月之明。然不有以制於外而養其中，則邪得以入而私意且萌矣。❶向之本無量者，遂有所拘係；本無蔽者，遂至於昏蒙。其能兼利萬物，而明照四海乎？故自道仁聖禮義以下，所以制於外而養其中也。人君所用非一人，所行非一事，然其要不出乎吾之一心。中既有所養，以之觀人，則邪正自判，因而任之百官，何往而不得其宜？以之處事，則利害自明，舉而措之萬事，何往而不得其序？然則君養源於上，而百官爲之任事於下，所謂利萬物而照四海者，蓋在於此矣。

發號出令而民說，謂之和。上下相親，謂之仁。民不求其所欲而得之，謂之信。除去天地之害，謂之義。義與信，和與仁，霸王之器也。有治民之意，而無其器，則不成。

鄭氏曰：器，謂所操以作事者也。義、信、和、仁皆存乎禮。

孔氏曰：明君在上，民不須營求，所欲之物自然得之，是在上覆養也。《尚書傳》稱「民擊壤而歌，鑿井而飲，耕田而食」，帝有何力，是「不求其所欲」也。天不言而四時行，是信。「天地之害」，謂水旱疾疫之屬，及天地之內有惡事害人是也。欲作事物，必先利其器。霸王必須義、信、和、仁也。

嚴陵方氏曰：發則能散，故於號曰「發」。出則無反，故於令曰「出」。信則可必矣，故「民不求其所欲而得之」。義則有制矣，故「除去天地之害」。夫衣食者，民之所欲也。先王井其田以使之足食，畝其桑以使之足衣。衣食雖得其所欲矣，豈

❶「得」，通志堂本、四庫本作「德」。

求而後予之哉？此「民不求其所欲而得之」也。「除去天地之害」，若禦大菑、捍大患之類是矣。既曰「除」，又曰「去」者，人除之而後其害去也。霸王之意主乎治民而已。苟非四者以用之於外，安能成其意乎？夫相濟然後能相愛，故先和而後仁。可必而後有制，故先信而後義。《左氏》以「親有禮，因重固，間攜貳，覆昏暴」爲霸王之器，蓋親有禮，所以爲仁；因重固，所以爲和；間攜貳，所以爲信；覆昏暴，所以爲義。名雖不同，義則一也。夫王之與霸，其所以用者則同，而所以名者則異，何也？蓋其心異而已。王者之道，其心非有求於天下也，所以爲仁、義、和、信者，以爲吾所當爲而已。知爲之於此，而不求之於彼，而彼固已化矣。霸者則心未嘗仁也，而患天下惡其不仁，於是示之以仁；其心未嘗義也，乃患天下惡其不義，於是示之以義。至於和、信，亦若是而已。是故霸者之心爲利，而假王之道以示所欲爲。及其有爲也，唯恐民之不見，而天下之不聞也。故曰「其心異」也。

馬氏曰：號令之出，適當人心，而可否有以相濟，和之至也。親親者，仁之始，上下相親者，仁之終。上下之勢，尊卑異宜，而有以相親者，以其上有恩以恤下，下有力以衛上，歡然有恩以相愛，故謂之仁。有餘則賂之，不足則求之，相滋以濕，相濡以沫，而以爲信，皆信之末也。至於民不求其所欲，安其居，樂其俗，至於老死而不相往來，則信之極也。不求其所欲而得之者，有以興其利也。有以興其利，而其害不可以不去，則又卒之以

「除去天地之害，謂之義」。《孟子》曰：「驅虎豹犀象而遠之，而天下大悦。」《周官》：「鳥獸之害人者，莫不有職。」凡以此而已。

延平周氏曰：義與信，和與仁，得其變者則霸之器也，得其正者則王之器也。「發號出令而民悦」，則上下相親。上下相親，則「民不求其欲而得之」。民不求其所欲而得之，則天地之害所以除去。

山陰陸氏曰：上下相親謂之仁而已，仁不盡此，其餘同義。去其所不宜信，與其所當得。

天台陳氏曰：按《鬻子》書曰：「發號施令，爲天下福者，謂之道；上下相親謂之和，民不求而得所欲謂之信，除去天下之害謂之仁。仁與信，和與道，帝王之器也。」其四字雖略異同，亦不害義。但「霸王之器」作「帝王之器」，旨意宏矣。駁

禮之於正國也，猶衡之於輕重也，繩墨之於曲直也，規矩之於方圜也。故衡誠縣，不可欺以輕重。繩墨誠陳，不可欺以曲直。規矩誠設，不可欺以方圜。君子審禮，不可誣以姦詐。是故隆禮由禮，謂之有方之士。不隆禮，不由禮，謂之無方之民。敬讓之道也。故以奉宗廟，則敬；以入朝廷，則貴賤有位；以處室家，則父子親，兄弟和；以處鄉里，則長幼有序。孔子曰：「安上治民，莫善於禮。」此之謂也。

鄭氏曰：衡，稱也。縣，謂錘也。陳、設，謂彈畫也。誠，猶審也，或作「成」。隆禮，謂盛行禮也。方，猶道也。《春秋傳》曰：「教之以義方。」

孔氏曰：此一節贊明禮事之重，治國之急。若稱衡詳審縣錘，則輕重必正。繩

墨審能陳列，則曲直必當。規所以正圜，矩所以正方。若詳審置設，則方圜必得，故皆云「不可欺」。君子能審詳於禮，則姦詐自露，不可誣罔也。「敬讓之道也」，爲下文而起。從篇首至此，皆是孔子之辭，記者乃引孔子《孝經》之辭以結之。引《春秋傳》，見《左氏》隱三年。

長樂劉氏曰：隆禮者，尊崇之，以爲民表也。由禮者，踐迪之，以爲民範也。方者，法也，可以法者曰士，無以法者曰民。則敬與讓者，所以使民表而範之之道歟？

嚴陵方氏曰：衡用權以角物，而權繫以絲，言衡而不言權，則以縣見之故也。繩之所彈，墨之所畫，故曰陳。姦者不正，詐者不誠。禮所以止邪去僞，故不可誣以姦詐。隆，言隆之而高；由，言由乎其中。道無方也，體之於禮，則爲有方。此以禮爲主，故謂之方焉。士志於道，故於有方曰士。民無常心，故於無方曰民。敬則不慢，讓則不争。禮雖經而爲三百，曲而爲三千，其道不過如是，故曰「敬讓之道也」。宗廟尚嚴，故曰敬。朝廷尚爵，故言貴賤有位。室家尚親，故言父子親，兄弟和。鄉里尚齒，故言長幼有序。奉者，奉上之辭，入者，入内之辭。鄉里、室家皆人之所居而已，故每以處言之。安上治民者，言上則知有下，言民則知有君。上下以分言，君民以名言也。禮所以辨名分而已，名分既辨，而民不犯君，則居上者得以安而不危。上不偪下，則爲民者得以治而不亂。故曰「安上治民，莫善於禮」者也。

馬氏曰：衡也，繩墨也，規矩也，所以喻

乎禮。輕重也，曲直也，方圜也，所以喻人情。爲國必以禮，則民有格心，而事無失當。猶衡之於輕重，繩墨之於曲直，規矩之於方圜，皆無失其當也。大匠生規矩，而不能捨規矩以正方圜。君子者，禮義之所自出，而不能捨禮義以正國。故「君子審禮，不可誣以姦詐」。夫人藏其心，不可測度也。美惡皆在其心，而不見其色，欲一而窮之者在乎禮。君子審禮，則有節於內，而觀萬物之變，則賢不肖之別，其能廋乎哉？隆之者在於心，由之者在於迹。隆者本之也，由者用之也。

山陰陸氏曰：衡不言權，權，義之事也。繩墨言陳，有卷而藏之故也。以君子審禮，變欺言誣，可欺不可誣也。不隆禮，言不隆禮；不由禮，行不由禮。朝廷尚爵，禮於此位貴賤。父子親仁也，兄弟和義也。鄉里尚齒，禮於此序長幼。

石林葉氏曰：繩墨、規矩、權衡用不以誠，則曲直、方圜、輕重不能無欺。姦者詖行，詐者巧言。雖於禮不可誣，而君子用之，亦不可不審，故其譬則權衡誠縣，繩墨誠陳，規矩誠設也。隆，言其推而高；由，言其遵而行；方，言其有所向。

廬陵胡氏曰：權衡，輕重之至；繩墨，曲直之至；規矩，方圜之至。禮爲中正之至，故曰誠。誠猶至也，誠則不可欺矣。方，常也。下云「有位」、「有序」，是有常也。《易·恒卦》：「君子立不易方。」

延平周氏曰：敬讓之道，莫重乎宗廟。不能奉宗廟，則不能入朝廷。不能入朝廷，則不能處室家。不能處室家，則不能處鄉里。此其重輕之序也。

故朝覲之禮，所以明君臣之義也。聘問之

禮，所以使諸侯相尊敬也。喪祭之禮，所以明臣子之恩也。鄉飲酒之禮，所以明長幼之序也。昏姻之禮，所以明男女之别也。夫禮，禁亂之所由生，猶坊止水之所自來也。故以舊坊爲無所用而壞之者，必有水敗。以舊禮爲無所用而去之者，必有亂患。

鄭氏曰：春見曰朝，小聘曰問，其篇今亡。昏姻，謂嫁娶也。壻曰昏，妻曰姻。自，亦由也。

孔氏曰：此經明禮之所用，各有所主，又明舊禮不可不用之意。自此以下，記者廣明安上治民之義，非復孔子之言也。《爾雅·釋親》云：「壻之父爲姻，婦之父爲昏。」據男女父母，鄭註據男女之身。壻昏時而迎，婦則因而隨之也。由，從也。禮於亂生之處，則豫禁之。坊謂堤坊，止約水從來之處，則豫坊障之。坊壞則水必來敗於産業也，謂舊禮無用而壞去之，則必有亂患。

嚴陵方氏曰：君臣之亂生於無義，故以朝覲之禮禁之。諸侯之亂生於不相尊敬，故以聘問之禮禁之。臣子之亂生於無恩，故以喪祭之禮禁之。以至鄉飲酒之施於長幼，昏姻之施於男女，其義亦若是而已。故曰「禮，禁亂之所由生」也。夫坊積土而成，故以比禮。水之爲物，小有浸潤之行，大有淪胥之敗，故以比亂。楊子曰：「川有坊，見禮教之至。」非謂是乎？《周官·行人》：「凡諸侯之邦交，歲相問也，殷相聘也。」故聘問之禮，所以使諸侯相尊敬。三年之喪，四時之祭，臣子之所以報君父者，盡於此。故喪祭之禮，所以明臣子之恩。

馬氏曰：春曰朝，秋曰覲。天子與諸侯

嫌於無分，諸侯朝覲以述職，然後君臣之義明。大曰聘，小曰問。諸侯相厲以禮，上有以字於下，下有以承於上，則不相侵陵而相尊敬也。臣子之於君親，無所不盡其恩，尤見於喪祭之禮。爲其死者，人之所惡，而爲喪以終之，❶足以見其不倍。遠者，人之所略，而爲祭禮以鬼饗之，足以見其不忘。故曰「所以明臣子之恩也」。鄉飲所以尚齒，故席則有上下，豆則有多寡，皆所以明長幼之序也。❷昏姻所以重禮，故執贄而後見，敬慎重而後相親，❸皆所以明别也。

石林葉氏曰：五者坊民之具，雖更百世，非爲舊也。❹要其文質不同，則帝王有不相沿襲者，亦以趨時也。❺

《講義》曰：自有天地即有此禮。君臣、父子、夫婦、長幼，皆人日用常行，非有新奇特異足以聳動人之耳目，則人以爲舊而去之者多矣。然亂患不生，有舊禮而人不以爲功。去之而亂患生，然後知禮之不可去。水患不作，有舊坊而人不以爲功。壞之而水爲患，然後知坊之不可無。故曰「禮之教化也微」。

延平周氏曰：禮可以義起，而古之人未嘗無損益。至於大倫大要，則不可以爲無所用而去之也。蓋去之，則亂患之所由生。

故昏姻之禮廢，則夫婦之道苦，而淫辟之罪

❶「喪」下，通志堂本、四庫本有「禮」字，當是。
❷「明」，原作「朋」，今據通志堂本、四庫本改。
❸「重」下，通志堂本、四庫本有「正」字，當是。
❹「坊民之具雖更百世非」，通志堂本作「天下之大經傳百世而」。
❺「亦以趨時」，通志堂本作「所以爲異」。

多矣。鄉飲酒之禮廢，則長幼之序失，而争鬬之獄繁矣。喪祭之禮廢，則臣子之恩薄，而倍死忘生者衆矣。聘覲之禮廢，則君臣之位失，諸侯之行惡，而倍畔侵陵之敗起矣。

鄭氏曰：苦，謂不至、不答之屬。

孔氏曰：此明禮諸事不可廢，廢則禍亂興也。鄭註「不至」，謂夫親迎而女不至，若《詩·陳風》云「昏以爲期，明星煌煌」是也。「不答」，謂夫不答於婦，若《邶風·日月》，莊姜傷己不見答於先君是也。鄉飲酒禮明上下長幼共相敬讓。今若廢而不行，則尊卑無序，故争鬬之獄繁多矣。喪祭之禮所以敦勗臣子恩情，使死者不見背違，生者常相存念。若廢不行，故臣子恩薄而死者見背，生者被遺忘。如此者多，故云「衆矣」。倍畔，謂據倍天子也。侵陵，謂侵陵鄰國。此經覆説前經，據人倫急切者在前，先昏姻，次以鄉飲酒，乃至於聘覲也。合言聘覲者，以其君臣位失，倍畔侵陵，其惡相通。

嚴陵方氏曰：淫則爲過，辟則不正，争則不止，其所鬬則互相攻治。「夫婦之道苦」者，言不和也。《詩·谷風》刺夫婦失道，而曰「誰謂荼苦，其甘如薺」，則甘苦固所以言夫婦之道也。前則以朝覲聘問爲之首，而後及於喪祭、鄉飲酒、昏姻，至此一皆反之者，以明其禮之廢，由失其序故也。

山陰陸氏曰：言明先朝覲，使明自上始；言廢先昏姻，使廢自下始。朝覲、聘問前離而爲二，今合而爲一，著二者相爲廢興也。❶

❶「著」，通志堂本、四庫本作「者」，則「者」應屬上句。

延平周氏曰：言禮之行而有以明於天下，則始乎君臣而及乎在內者。言禮之廢而無以明之，則始乎夫婦而及乎在外者。此行法所以始乎貴者，而治天下所以本於家之意也。

石林葉氏曰：朝覲、聘問，在上者之事，而民不與焉。故言禁亂則始於朝覲者，以安上者爲序。昏姻雖在上者制之，而民得與焉，故言廢禮，則始於昏姻者，以治民者爲序。蓋天下治，而後君臣得以正位。其亂也，常在於衽席。此其所以成終而所以成始也。朝覲、聘問上下之禮雖不同，尊謹之道一也，❶故言倍畔、侵陵而皆曰敗。❷聘覲、昏姻、鄉飲内外之禮雖不同，而親睦之道一也，故言淫僻爭鬭，則曰「罪」、曰「獄」。蓋民違於禮，有罪而加以刑，有訟而至於獄，則可得而治。在上者違於禮，則有僭逼而已，故倍畔忘君者也，侵陵圖君者也。

故禮之教化也微，其止邪也於未形，使人日徙善遠罪而不自知也，是以先王隆之也。《易》曰：「君子慎始，差若豪氂，繆以千里。」此之謂也。

鄭氏曰：隆，謂尊盛之也。始，謂其微時也。

孔氏曰：引《易·繫辭》文，言事之初始，差錯若毫氂之至小，後廣大錯繆，以致千里之大，證禮當防於初也。

嚴陵方氏曰：室家者人之所願也，因其所願而爲之昏禮，則足以別男女。飲食者人之所欲也，因其所欲而爲之鄉禮，則

❶「尊」上，通志堂本、四庫本有「而」字。
❷「敗」，原脱，今據通志堂本、四庫本補。

足以序長幼。以至喪祭、聘覲，亦若是而已。此教化所以爲微也。以其微，故能止邪於未形，以其止邪於未形，故使人日徙善遠罪而不自知也。先王隆之，其以是歟？

石林葉氏曰：禮不體則其教化微，微者，形而未大者也。教以使人傚之，化以使人遷之，故徙善而不自知，其止邪也於未形。未形者，有形之兆也。止於將兆，則人知捨彼以就此，故曰遠罪而不自知。先王隆禮，其效若此。

山陰陸氏曰：所謂刑者，俐也，其於教化麄矣。引《易》，今無之，蓋《連山》、《歸藏》之詞。差於近也微，繆於遠也大，所謂「繆以千里」，其幾蓋如此。

禮記集説卷第一百十七

禮記集説卷第一百十八

哀公問第二十七

孔氏曰：案鄭《目録》云：「名曰《哀公問》者，善其問禮。此於《别録》屬《通論》。」所問二事，一者問禮，二者問政。

哀公問於孔子曰：「大禮何如？君子之言禮，何其尊也？」孔子曰：「丘也小人，不足以知禮。」君曰：「否，吾子言之也。」孔子曰：「丘聞之，民之所由生，禮爲大。非禮無以節事天地之神也，非禮無以辨君臣、上下、長幼之位也，非禮無以别男女、父子、兄弟之親，昏姻、疏數之交也。君子以此之爲尊敬然。」

鄭氏曰：「不足以知禮」，孔子謙不答也。「以此之爲尊敬」，言君子以此故尊禮。

孔氏曰：自此至「爲禮也」一節，是哀公問禮之事。以禮之所用廣大，故云「大禮」。哀公曰「否」，止其謙讓也。

嚴陵方氏曰：《易》曰「知崇禮卑」，而此曰「何其尊」，蓋其文雖卑，其義則尊故也。《郊特牲》曰「禮之所尊，尊其義也」，非謂是歟？《禮運》曰「夫禮，失之者死，得之者生」，故曰「民之所由生，禮爲大」。自事天地而下，皆有生者所用之禮。《記》曰「節，故祀天祭地」，故於事天地之神，則以節言之也。於此言神，則知下之所言者，皆人而已。君臣有貴賤之位，上下有尊卑之位，長幼有先後之位，故以「位」言之。男女也、父子也、兄弟也，皆門內之治也，故以親言之。昏姻則二姓之所合，疏數則朋友之所會，故以「交」言之。禮之所用如此其大，君子安得不尊敬其事乎？

馬氏曰：禮莫重於祭，故以祭爲先。祭莫重於天地，故以天地爲先。事天地之神而以節言之者，蓋事天地之神，各以其位，各以其器，各以其時，皆有禮以節之也。天謂之神，地謂之祇。此言天地之神，蓋可以通言也。外則君臣，由君臣推之，至於長幼、上下皆有位，而位則有等。內則父子，而推之至於男女、兄弟，皆有親，而親則有殺。禮所以辨異，故君臣、上下、長幼之位，男女、父子、兄弟之親，昏姻、疏數之交，所以別之也。

《講義》曰：前之君子，謂孔子也。後之君子，謂時君也。莫尊於天地之神，莫急於君臣、上下、長幼、男女、父子、兄弟之倫，必待乎禮，然後幽明之間皆得其所。一日無禮，則災害生而禍亂作矣。是民之所由以生者，果有大於禮乎？

慶源輔氏曰：自貶以尊君，微顯闡幽之義，且以重哀公之疑而興起其敬。天地之神與夫人倫之大者，皆資於禮，君子之所以尊敬於禮也。

「然後以其所能教百姓，不廢其會節。有成事，然後治其雕鏤、文章、黼黻以嗣。其順之，然後言其喪算，備其鼎俎，設其豕腊，脩其宗廟，歲時以敬祭祀，以序宗族。即安其居，節醜其衣服，卑其宮室，車不雕幾，器不刻鏤，食不貳味，以與民同利。昔之君子之行禮者如此。」

鄭氏曰：君子以其所能於禮教百姓，使其不廢此上事之期節。「有成事」者，謂上之三事行於民，有成功，乃續治文飾，以爲尊卑之差。言，語也。算，數也。即，就也。醜，類也。幾，附纏之也。君子既尊禮，民以爲順，乃語以喪祭之禮，就安其居處，正其衣服，教之節儉，與之同利者，上下俱足也。

孔氏曰：人君既知所生由禮，故尊而學之。既能，則以教百姓。會，由期也。期節，謂教百姓不廢天地、君臣、男女三事之期節也。上三事有成功，然後聖人治理其雕畫、刻鏤、文章、黼黻以嗣續其事，使每事有尊卑、上下、文彩之異。民既從順，然後語其喪紀節數以教之。既示服數，後設喪奠豕腊之禮。除服之後，❶又教爲宗廟，以鬼享之。「以序宗族」，謂祭祀之末，同姓燕飲，序會宗族也。就安其居，謂隨其風俗之異而安之，不使山者居川，渚者居原也。「節醜其衣服」，節，正也，醜，類也，正民衣服，使得其類也。「卑其宮室」者，制使有度，不峻宇雕牆也。「車不雕幾」，不雕鏤，使有沂鄂也。「器不刻鏤」，謂常用之器不用采飾。「食不貳味」，謂不副貳肴膳。非唯教民如此，而君亦不奢飾，與百姓同其利潤。古昔君子行禮如此上事，刺哀公今不然。

嚴陵方氏曰：「以其所能教百姓」者，所謂以身教者也。「不廢其會」，故能觀其會通而於禮有所行。不廢其節，故能爲之節文而於禮有所守。「有成事」，言教之有成效也。「治其雕鏤、文章、黼黻」，治其器以嗣其道也。器之不存，則禮之道或幾乎絶矣，故必以嗣言之。治玉曰

❶「後」，原作「服」，據四庫本改。

「雕」，治金曰「鏤」，雕鏤言治器之功也。文章、黼黻，則言治器之飾也。有曰「喪紀」，有曰「喪算」，何也？以目言之則曰紀，以數言之則曰算。《檀弓》曰：「辟踊，哀之至也。有算，爲之節文也。」此非數乎？「備其鼎俎」，言備其祭器也。「設其豕腊」，言設其祭物也。「脩其宗廟」，言脩其祭所也。物不止於豕腊，器不止於鼎俎，亦各舉其一端以互明之爾。「歲時以敬祭祀」，即《孝經》所謂「春秋祭祀，以時思之」是也。「以序宗族」，即《祭統》所謂「昭與昭齒，穆與穆齒」是也。「即安其居」者，即其所居而安之，無事乎改爲也。「節醜其衣服」者，節之各從其類，而不至於僭差也。自「即安其居」而下至於「食不貳味」，皆言其以儉爲德也。儉者不奪人，故能與民同其利也。夫禮，上至於節事天地之神，下至於與民同利，則禮之道盡於此矣，故曰「昔之君子之行禮者如此」。

馬氏曰：君子之禮，在己者有以致其尊敬，而在人者不可以無其教。「不廢其會節」，以成其教也。庶人遽於事而不可以致詳，則不廢其會，不廢其節而已。不廢會節，則治定。以其治定，然後制禮。有成事，而後治其彫鏤、文章、黼黻，所以制禮也。嗣所以嗣其微妙之意也。制禮於治定之後，則安順其道而不逆於命，而後可以用之也。故其順之，然後言其喪算。送死，事之大也，故以喪算爲先，祭又次之。治定制禮而至於喪祭之重，皆有以盡之，則可以重色以衣之，重味以食之。役天下之勞以處其佚，役天下之賤而處其貴，猶將「即安其居」以至「食不貳味」，蓋上有以致恭乎宗廟，而下以與民同利而已。

延平周氏曰：君子非不尚文，亦非不尚質。文也、質也，順乎天命而已。所謂「有成事」者，猶曰有成功也。所謂其順之者，致天下之大順者也。方其有成功，則必尚文以繼之。此萃之時所以用大牲吉，而孔子亦曰：「如有用我者，吾從周。」方其致天下之大順，則必尚質以救之。此既濟之時所以禴祭，而孔子亦曰：「如用之，則吾從先進。」故於「有成事」，則曰「治其雕鏤、文章、黼黻以嗣」。而於「其順之」，則曰「器不刻鏤，食不貳味」也。趣時之迹雖不同，要之，順乎天命而已矣。

石林葉氏曰：上以事天地，下以别疏戚，莫非尊敬之道也。然禮者中庸而已，中庸則不以所能者病人，其教人皆其所能也。所用有等，皆不廢其會節者，亦從其所能而已矣。教不廢其會節，則無遺事。然不以文章形於外，則事有時而不成。故文章以雕鏤指車器而言也；「黼黻以嗣」者，指衣服而言也。君子嚴於事鬼神而儉於奉己，故事鬼神則以敬順爲主，喪算也，鼎俎也，豕腊也，宗廟也，旌旗也，無所不盡。至於奉己則以恭儉爲主，故醜衣服，卑宫室，不雕車，不鏤器，不貳味，以與民同利。禹之克勤克儉，而致美乎黼黻，致孝乎鬼神，盡力乎溝洫，蓋此意也。

《講義》曰：《孟子》以禮爲節文仁義。不廢其會節，是有其節矣。嗣以雕鏤、文章、黼黻，所謂文也。君以禮之節文教民，而民順從之，則生人之道亦備矣，於是教之以事死事生之道。然而民不迫窶，則行禮也易。救死不贍，何暇治禮？又貴乎上不奪民，而與之同利。與民同利，莫先於節儉。即安其居，無游觀之樂也。節醜其衣服，卑其宫室，車不雕幾，器不刻鏤，食不貳味，無淫靡之侈、嗜慾之繁也。夫民之貧，以上下之多欲也故貧。夫禮之廢，以人之難行也故廢。爲君者至於與民同利，以相與周旋於禮，豈非三代盛時之風乎？故曰「昔之君子之行禮者如此」。

慶源輔氏曰：會節，言禮之大分也。於禮之大分不廢，有成事焉，然後治理其文飾，使之忻然而安行，然後言其喪算，備其鼎俎，以序宗族，使之由乎禮，而勉强其所不及，然後能損上以益下，先民而後己，皆獲其利也。「即安其居」，猶《艮》之言「止其所」也。安於其所止，然後以人君之尊，國家之富，而自奉養者有節，如下所云也。不然，何所不至哉？

山陰陸氏曰：「宗族即安」一句，言如上所謂而後宗族即安也。其居節一句，言君子所以自安養之節。醜猶惡也。禹卑宫室，惡衣服，菲飲食。若此者，居節也。若夫致美乎黼冕，致孝乎鬼神，盡力乎溝洫，即上脩其宗廟等事，不得以居節目之。

公曰：「今之君子胡莫之行也？」孔子曰：「今之君子好實無厭，淫德不倦，荒怠敖慢，固民是盡，午其衆以伐有道，求得當欲，不以其所。昔之用民者由前，今之用民者由後，今之君子，莫爲禮也。」

鄭氏曰：實，猶富也。淫，放也。固，猶故也。「午其衆」，逆其族類也。當，猶稱也。所，猶道也。由前，用上所言。由後，用下所言。

孔氏曰：實謂財貨充實。言今之君子性行貪婪好貨，不知厭足，使人財力於是盡竭。專意自縱，不順衆心，是逆忤族類也。守道者被害，是「伐有道」也。求其所得，必須稱己所欲，不用其道。

嚴陵方氏曰：「好實無厭」，言貪而不知足也。「淫德不倦」，言過而不能改也。荒於事，故其心怠。敖於物，故其心慢。「固民是盡」者，謂其或盡民之力而不計其勞，故盡民之財而不計其費也。衆者人之所順，而反午之，有道者人之所尊，而反伐之。求其得而已，不顧於義也，當所欲而已，不循於理也。若是則動皆失其所矣，故曰「不以其所」也。用民即君子也，以其有君國子民之位，故以「用民」言之。

山陰陸氏曰：金玉莫之能守，今見以爲實，其不見道遠矣。「淫德不倦」，《莊子》所謂「駢拇枝指」近之矣，❶故曰「淫僻於仁義之行，而多方於聰明之用也」。「固民是盡」者，較而盡之固也。《詩》曰：「自我人究究。」午之言逆，陰進故也。「求得當欲，不以其所」，謂「以若所爲，求若所欲，猶緣木而求魚也」。

石林葉氏曰：莫非好也，從欲無厭，亦謂之好。莫非德也，淫色不倦，亦謂之德。故好有邪正，德有吉凶。

延平周氏曰：昔之用民者由前，禮也；今之用民者由後，非禮也。

《講義》曰：逆衆人之心以伐有道之人，

❶「拇」，原作「栂」，今據通志堂本、四庫本改。

如《左傳》所謂「己則無禮而討於有禮者，曰『汝何故行禮』」者也。「求得當欲」，如齊宣王「將以求吾之所大欲也」，充府庫，闢土地，苟未稱所欲，則求之而不止矣。

孔子侍坐於哀公。哀公曰：「敢問人道誰爲大？」孔子愀然作色而對曰：「君之及此言也，百姓之德也，固臣敢無辭而對？人道政爲大。」公曰：「敢問何謂爲政？」孔子對曰：「政者，正也。君爲正，則百姓從政矣。君之所爲，百姓之所從也。君所不爲，百姓何從？」

鄭氏曰：愀然，變動貌也。作，猶變也。德，猶福也。辭，讓也。「君爲正」，言君當務於政。

孔氏曰：自此至「國家順矣」一節，明哀公問政，并問爲政必須親迎，孔子對之三事。侍坐，謂哀公命孔子坐而侍之。自此至終篇，皆侍坐而言也。

嚴陵方氏曰：「愀然作色」者，心斂而見於色也。《中庸》曰「人道敏政」，故「人道政爲大」。《論語》曰：「政者，正也。子率以正，孰敢不正？」又曰：「其身正，不令而行，其身不正，雖令不從。」其言皆出於此。

山陰陸氏曰：言徒問爾，百姓陰受其賜矣。《家語》「德」作「惠」，其義一。魯自昭公娶同姓，謂之吴孟子，無政久矣，故孔子於哀公言之如此。

慶源輔氏曰：公問人道之大，故以爲百姓之德。人道之大，固莫大於夫婦、父子、君臣矣。夫子不直言而先之以政者，對哀公言之也。❶ 辭，謂辭說。政者，事

❶「也」，通志堂本、四庫本作「先」。

之正也。事得其正，則百姓從斯爲政矣。此所以不遽言三者之倫，而先之以政也。延平周氏曰：君之所爲則好也，既好矣，雖罰之，民不從也。君所不爲，則惡也，既惡矣，雖賞之，民不從也。故曰「君爲正，則百姓從政矣」。

公曰：「敢問爲政如之何？」孔子對曰：「夫婦別，父子親，君臣嚴。三者正，則庶物從之矣。」公曰：「寡人雖無似也，願聞所以行三言之道，可得聞乎？」孔子對曰：「古之爲政，愛人爲大。所以治愛人，禮爲大。所以治禮，敬爲大。敬之至矣，大昏爲大。大昏至矣！大昏既至，冕而親迎，親之也。親之也者，親之也。是故君子興敬爲親，舍敬是遺親也。弗愛不親，弗敬不正，愛與敬，其政之本與？」

鄭氏曰：庶物，猶衆事也。無似，猶言不肖也。大昏，國君取禮也。至矣，言至大也。興敬爲親，言相敬則親。

孔氏曰：哀公謙退，言己愚蔽，無能似類賢人也。人有禮則生，所以治愛人，非禮不可。禮以敬爲主，故治禮則先敬。敬有大小，若敬之至極之中，天子、諸侯之大昏，又爲大也。國君雖尊，服冕服以自迎，欲親此婦也。所以親此婦人，欲使婦人亦親己也。興敬爲親，言君子冕而親迎，興起敬心，爲欲相親。捨去敬心，是遺棄相親之道也。若夫不愛重，不自親迎，則夫婦之情不相親愛矣。不敬於婦，則室家之道不正矣。親愛則仁也，尊敬則義也。仁義，政教之本也。

嚴陵方氏曰：無似者，言其德之蔑如而無所象似也。高宗之言弗類，充虞之言不肖，皆其意也。夫政在養人，故爲政愛人爲大。然而愛人無節，則是墨氏之兼愛而已，又安能無亂乎？節所以治之也，故曰「禮爲大」。禮以敬爲至，而大昏又爲至焉，故曰「敬之至」矣。大昏既爲敬之至，故雖天子、諸侯之尊，亦冕而親迎也。迎必冕，所以致其敬；迎必親，所以致其親。已親其人，乃所以使人之親己而已，故曰「親之也者，親之也」。冕而親迎可謂敬矣，不由此，無以合二姓之好，豈非親乎？故曰「興敬爲親，舍敬是遺親也」。弗愛，則無以相合而其親疏；弗敬，則無以相別而其情褻。愛敬之道，其始雖本於閨門之内，夫婦之間，及夫廣而充之，其愛至于不敢惡於人，其敬至于不敢慢於人，而德教加於百姓，刑于四海，故曰「愛與敬，其政之本與」。所謂「冕而親迎」者，若天子以衮冕，諸侯以玄冕，大夫冕而不旒；夏后氏迎於庭，殷人迎於堂，周人迎於户是矣。

山陰陸氏曰：「所以治愛人，禮爲大」，言君子篤於人而約之以禮，敬之至矣。「大昏爲大」，敬苟不至，則所謂大昏不大也。「大昏至矣，大昏既至，冕而親迎」者，言大昏之禮至矣，則至大昏時，冕而親迎可也。請期用大昕，親迎用大昏。「舍敬是遺親」，不敬則褻，將以親之也，乃所以疏之也。

馬氏曰：夫婦、父子，内治也，君臣，外治也。大昏既爲敬之至，冕而親迎，所以行其敬也。其行敬之際，則親親之意可寓於其中，則是敬之存，親斯存之矣；敬之亡，親斯亡之矣。故曰「君子興敬爲親，舍敬是遺親也」。

慶源輔氏曰：夫婦始也，父子内也，君臣

外也。問所以致三者之道，則哀公亦善學之矣。冕而親迎，躬親之也。躬親之者，所以致其親愛之意也。是興敬所以爲親也，舍敬則是遺親矣。彼以褻爲親者，未要其終也。唯敬以爲親，則愛得其正，故能愛與敬，則夫婦別，父子親，君臣嚴矣。而大昏又其總也。

長樂劉氏曰：古之君子興敬於大昏者，爲其祖先之重付也。舍敬是遺其親之所付，又得以爲孝乎？

公曰：「寡人願有言然。冕而親迎，不已重乎？」孔子愀然作色而對曰：「合二姓之好，以繼先聖之後，以爲天地、宗廟、社稷之主，君何謂已重乎？」

鄭氏曰：已，猶大也。怪親迎乃服祭服。先聖，周公也。

孔氏曰：冕則祭服也。天子則袞冕，諸侯以下各用助祭之服。故《士昏禮》「主人爵弁服」是也。《春秋公羊》說天子至庶人皆親迎，《左氏》謂天子至尊無敵，無親迎之禮。諸侯有故，若疾病則上卿逆，上公臨之。許氏案：「高祖時，皇大子納妃，叔孫通制禮，以爲天子無親迎。」玄駁之云：「大姒之家在渭之涘，文王親迎于渭。」引此記爲證。然《詩》文王親迎之時，猶爲西伯，鄭駁未定。以答哀公所問，故解先聖爲周公。又魯得郊天，故云「天地，社稷之主」。若《異義》所駁，則以先聖及天地據天子。

延平周氏曰：或者以親迎之禮止行於諸侯。而孔子所以對於哀公者，蓋諸侯禮也。或者以親迎之禮必達於天子，而孔子所以言於魯國者，蓋天子禮也。二者之說，以爲達於天子者是也。夫天子者，勢之不可屈者也。親迎者，禮之不可廢者也。以不可屈之勢而行不可廢之禮，則親迎所以重也。且三年之喪者，人道之終也，故自天子達于庶人，特其喪葬有遲速之别耳。則所謂親迎者，人道之始也，亦必自天子達于庶人，特其地有遠近之别耳。何以知之？《詩》曰：「文王親迎，于渭之陽。」所謂渭之陽者，以王禮追美之而言其近也。又曰：「韓侯親迎，于蹶之里。」所謂蹶之里者，以侯禮而言其遠也。及後世或俟於堂，而詩人言之，或其臣爲之逆，而《春秋》書之，皆失也。然而齊致女於讙，魯受女於讙，則亦書之者，讙，魯地也。蓋亦罪其所迎之地，非遠近之别也。此所以知其親迎必達于天子者也。

嚴陵方氏曰：夫氏以其子而求人之女，婦氏以其女而從人之子，然後昏姻之道成，故曰「合二姓之好」。昏姻之禮，前世作之而有所傳，後世述之而有所繼，故曰「繼先聖之後」。以其有所作，故以聖言之。以爲天地、宗廟、社稷主，主者爲祭主也，以其承先祖共祭祀故也。其序先天地而後宗廟者，神人之序也。先宗廟而後社稷者，内外之序也。

馬氏曰：天子無親迎之禮，諸侯有之。此言「繼先聖之後」，而「以爲天地、宗廟、社稷之主」，蓋因魯言之也。

新安朱氏曰：天地，蓋通天子言之。

慶源輔氏曰：「願有言然」者，疑似之意，不敢以爲是也。孔子之言，所以興起其敬重之意，哀公於此而有覺焉，則冕而親迎，非自外求也，自有所不能不然耳。

公曰：「寡人固。不固，焉得聞此言也？

寡人欲問，不得其辭，請少進。」孔子曰：「天地不合，萬物不生。大昏，萬世之嗣也。君何謂已重焉！」孔子遂言曰：「内以治宗廟之禮，足以配天地之神明。出以治直言之禮，足以立上下之敬。物恥足以振之，國耻足以興之。爲政先禮，禮其政之本與？」

鄭氏曰：固，不固，言吾由鄙固故也。請少進，欲其爲言以曉己。宗廟之禮，祭宗廟也。夫婦配天地，有日月之象焉。《禮器》曰：「君在阼，夫人在房，大明生於東，月生於西，此陰陽之分，夫婦之位也。」直，猶正也。正言，謂出政教也。《昏義》曰「天子聽外治，后聽内職」以下是也。物，猶事也。事恥，臣恥也。振，猶救也。國恥，君恥也。君臣之行有可恥者，禮足以救之，足以興復之。

孔氏曰：宗廟之禮，謂君祼獻，后、夫人亞獻之屬。天地，謂日月也。夫配日，婦配月，註引《禮器》是也。直言之禮，註引《昏義》是也。　皇氏曰：固、不固，二「固」皆爲固陋。上「固」言已之固陋，下「固」言若不鄙固，則不問，焉得聞此言哉！

嚴陵方氏曰：心有欲問之事，而口無能問之辭，故曰「欲問，不得其辭」。「請少進」，猶言請益也。《老子》曰：「天地相合，以降甘露。」《月令》曰：「天氣下降，地氣上騰，天地和同，草木萌動。」天地合而後萬物生，猶之二姓合而後人道成焉。故曰「大昏，萬世之嗣也」。以其傳萬世之嗣，則親迎之禮不爲過矣。已重，與已慤、已蹙言「已」同意。天地之神明，❶不

❶「神明」，通志堂本、四庫本作「明神」。

過一陰一陽而已。宗廟之禮，必夫婦親之者，非特以備内外之官，亦以全陰陽之道，而有所配焉。《禮器》曰「君在阼，夫人在房」，「此陰陽之分，夫婦之位也」。《禮運》曰「君與夫人交獻，以嘉魂魄」，皆配天地神明之意也。上言宗廟之禮，則知所謂直言者，朝廷之禮也。下言直言之禮，則知所謂宗廟者，祭祀之禮也。言之直也，則上無慢下之令，下無慢上之心矣，故足以立上下之敬。然而婦人不與於外事，而曰「出以治直言之禮」者，蓋夫聽外治，后聽内職，家齊而後國治也。則直言之禮，非自内以治之乎？且二《南》之詩，始言正夫婦，終言朝廷既治者，亦以是而已。治至於此，則有安富尊榮之道，故物耻足以振之，國耻足以興之也。凡此皆禮所以施於爲政之效也，故曰「爲政先禮，禮其政之本歟」！

山陰陸氏曰：「寡人固」，句。言寡人以固，故得聞此言。若不固，安得聞此言也？意至而不能問，雖遂言之可也。物以不振爲耻，國以不興爲耻。

馬氏曰：遂者，讀如「大夫無遂事」之「遂」。遂之爲言專也。夫君子之言，必待問而後應也。至於力不能問，然後語之也。物耻，耻之小也。國耻，耻之大也。昔弛而今起謂之振，昔廢而今舉謂之興。

石林葉氏曰：昏以繼萬物之嗣，而爲先祖後，與之共事宗廟、社稷以及天地，所謂主也。君共粢盛，夫人共祭服，則内足以治宗廟之禮。推而大之，可以配天地。天則神也，地則明也，故以配天地之神明。夫婦正則名正，名正則言順。故出則足以治直言之禮。推而廣之，凡君臣、父子皆所正也，故以立上下之敬，至於事之廢墜可恥者，足以正之，國之衰弱可恥者，足以興之。爲政之本，孰有先於此乎？然而昏姻之禮，人倫之常也。其效若此者，何也？蓋大王之所以興國者，以其有姜女，文王之所以造周者，以其有后妃，幽王之所以亡天下也，亦以褒姒而已。王化之本，取諸家而推之，則天下無不治。

延平周氏曰：直言者，非險陂私謁之言也。然於內也治其禮，則足以配天地之神明；於外也治其禮，則足以立上下之敬。物有所屈而能振之，國有所屈而能興之。若是之迹，其禮豈中才者之所可爲？然有大姒之心，則不亦可乎？

廬陵胡氏曰：《易》於《咸》、《恒》，明昏姻夫婦之義。於《咸》曰「天地感而萬物化生」，於《恒》曰「天地之道」，是配天地之神明。於《咸》男下女上，於《恒》男上女下，是立上下之敬。物，人物也。人恥，卿大夫辱也。國恥，君辱也。

金華應氏曰：物恥，謂事物之汙陋。國恥，謂國體之卑辱。是時魯微弱甚矣，哀公欲振而興之，而不知禮之爲急，故夫子以是告之。

慶源輔氏曰：哀公言此，如齊宣王聞孟子之説，而自謂「於我心戚戚焉」之意。孔子原其始，要其終，而極言之。直言，猶正辭之義。夫婦之道得，則言之所出直矣。若昭公之吴孟子，謂之直，可乎？言不直，納侮之道也。昭公之恥，不以直故也。本者，本始之「本」。

孔子遂言曰：「昔三代明王之政，必敬其妻

子也，有道。妻也者，親之主也，敢不敬與？子也者，親之後也，敢不敬與？君子無不敬也，敬身爲大。身也者，親之枝也，敢不敬與？不能敬其身，是傷其親。傷其親，是傷其本。傷其本，枝從而亡。三者，百姓之象也。身以及身，子以及子，妃以及妃。君行此三者，則愾乎天下矣。大王之道也。如此，國家順矣。」❶

鄭氏曰：愾，猶至也。大王居豳，爲狄所伐，乃曰「土地，所以養人也。君子不以其所養害所養」，乃去之岐。是言百姓之身猶吾身也，百姓之妻子猶吾妻子也，不忍以土地之故而害之。去之岐，而王迹興焉。

孔氏曰：上經孔子答哀公以問政之事，此遂廣言三代明王爲政之道。敬其妻子及其身，乃可施政教於天下。「有道」者，謂三代敬其妻子，必有道理。妻所以供粢盛祭祀，與親爲主，故云「親之主」也。若愛百姓，先須敬身及子及妃，乃能及百姓，故云「百姓之象」。謂愛己身，則以及百姓之身，子與妃皆然。前汎言云妻，此論人君治國政，故云「妃」也。人君行此三事，從近而能廣至於天下矣，唯大王能然，故云「大王之道也」。既能愛百姓之身及妻子如似己身及己之妻子，則天下懷德，無不順從，故云「國家順矣」。鄭註「大王居豳，爲狄所伐」，《毛詩傳》文。《毛詩》所引，皆《孟子》文。「不以其所養害所養」，取《莊子》、《呂氏春秋》文也。

長樂劉氏曰：《大雅》云：「古公亶父，來朝走馬，率西水滸，至于岐下。爰及姜

❶「國」上，通志堂本、四庫本有「則」字，是。

女，聿來胥宇。」此大王所以敬大姜而興其國恥者也。又曰：「文定厥祥，親迎于渭，造舟爲梁，不顯其光。」此文王所以敬大姒而繼先聖也。君子所以敬其身，非爲我而自尊也。身雖在我，其氣與性則受之于親，傳之于祖，非己得以輕而辱之也。故曰「不敬其身，是傷其親」也。猶傷其根本者，枝幹必從之而亡，敢不敬慎而培之以禮乎？三者非君獨然也，百姓亦然也。故其身也，妻也，子也，莫不肖象於我，靡有以異也。

嚴陵方氏曰：冕而親迎，所以敬其妻也。冠於阼階，所以敬其子也。敬其妻，所以爲下女之道；敬其子，所以爲著代之道，此皆敬之之道也。爲主於内者，妻也，故曰「親之主」。身之於親，❶猶木之有枝，親之於身，猶木之有本，相須而共體，又非特爲主爲後而已。此尤不敢不敬也，故曰「傷其本，枝從而亡」。若道而不徑，舟而不游，惡言不出於口，忿言不反於身，此皆敬身之道也。「三者，百姓之象」，言身與妻、子者，百姓之象也。與「廟中者，竟内之象」同義。蓋能敬其身，則見其能敬百姓之身矣。以至妻也、子也，亦莫不然，故繼之以身以及身，子以及子，妃以及妃也。自其與之齊言之，則曰妻；自其爲之配言之，則曰妃，其實一也。君能行此，則能同天下於一體矣，故曰「愾乎天下」。言天下之應，若吾一身之中，心之所動，氣之所止也，此則同天下於一體之效也。昔大王不以其所養者害人，是亦同天下於一體矣，故曰「大王

❶「身之於親」，通志堂本、四庫本作「親之於子」。

之道也」。

延平周氏曰：妻者親之主，子者親之後，身者親之枝。敬此三者，非敬此三者也，乃敬其親而已。此三者有百姓之象，故敬吾之身以及人之身，敬吾之子以及人之子，敬吾之妃以及人之妃。然則大王所以推而至于天下者也。《孟子》曰：「大王愛厥妃，而當時無曠夫，無怨女。」蓋此之謂也。

馬氏曰：爲政之道，未嘗不自内始。所以治内者，必敬其妻、子。敬其妻、子者，非篤於慈而厚於衽席之愛而敬之，莫不有道。以身對妻子，則敬身爲大。身者父母之遺體，故爲親之枝。身體髮膚受之父母，不能敬其身，則傷之者至矣。愾乎天下，蓋身脩而後家齊，家齊而後國治，國治而後天下平故也。

山陰陸氏曰：《曲禮》曰「毋不敬」，然有所謂大敬身是也。所謂百姓者，豈遠乎哉？三者其象也。「愾乎天下」，言天下嗟嘆之不足，大王之道如是也。

石林葉氏曰：三者君行於上而民傚於下，故曰「百姓之象也」。百姓象其行，莫不敬其身，亦莫不敬其妻、子，所謂「愾乎天下」也。大王愛厥妃，終至於内無怨女，外無曠夫，蓋得於政矣。

公曰：「敢問何謂敬身？」孔子對曰：「君子過言則民作辭，過動則民作則。君子言不過辭，動不過則，百姓不命而敬恭。如是則能敬其身。能敬其身，則能成其親矣。」

鄭氏曰：則，法也。民者，化君者也。君之言雖過，民猶稱其辭。君之行雖過，民猶以爲法。

孔氏曰：哀公因上言敬身，故此問敬身

之事。孔子對以敬身之理。

嚴陵方氏曰：辭者言之成文，則者動之成法。言動之過，而民猶以爲辭，以爲則，言動固可以不慎乎？過言而民以爲辭，過動而民以爲則，則雖諄諄然命之，又烏能無侮慢者哉？故君子言不過辭，動不過則，百姓不命而敬恭也。

馬氏曰：言動者，敬身之所宜慎也。擬之而後言，則無過言，議之而後動，則無過動。過言而民作辭，過動而民作則，以其貴者，賤者之所矜式也，上者，人之所視傚也。言而世爲天下法，動而世爲天下則，不命而民敬恭，能敬身之效也。能敬其身，則能立其身，能揚其名，以顯父母，故曰能敬其身，則能成其親。

石林葉氏曰：動者，非所謂行而見於容止進退之間，要在精思而已，故曰慮善而動。

慶源輔氏曰：哀公猶問敬身，善問者也。慎言謹行，以敬其身，而百姓不命而恭敬焉，所謂身以及身也，故曰成己所以成物也。

公曰：「敢問何謂成親？」孔子對曰：「君子也者，人之成名也。百姓歸之名，謂之君子之子，是使其親爲君子也。是爲成其親之名也已。」孔子遂言曰：「古之爲政，愛人爲大。不能愛人，不能有其身。不能有其身，不能安土。不能安土，不能樂天。不能樂天，不能成其身。」公曰：「敢問何謂成身？」孔子對曰：「不過乎物。」

鄭氏曰：有，猶保也。不能保其身，言人將害之也。不能安土，動移失業也。不能樂天，不知己過而怨天也。物，猶事也。

孔氏曰：孔子答哀公成親之意。言凡謂之君子者，人之成就美名。己若能敬身，則百姓歸己善名，謂之君子之子，是己之脩身，使其親有君子之名，是成親也。不能愛人，人則害之，故不能保身。既不能樂天，謂天濫罰罪惡，無所不爲，是不能成身。夫子又答成身之道，但萬事得中，不有過誤，則諸行並善，所以成身也。

嚴陵方氏曰：君子者，君國子民之稱也。達則能居是位，窮則能全是德。如是則成而無虧矣，故曰「人之成名」也。《祭義》所謂「不遺父母惡名」者，如是而已。不能愛人，則傷之者至矣，故不能有其身。不能有其身，則一身無所容矣，故不安其土。安土則所居無所擇，樂天則所遭無所怨。不過乎物，即仁人不過乎物，孝子不過乎物是也。不過乎物，則性分之内成而無虧矣。

馬氏曰：名之曰幽、厲，雖孝子慈孫，百世不能改也。而人之成名，百姓得而歸之者，國人稱願之意如此也。「不過乎物」者，設之皆當。言、動者，物之大也。

石林葉氏曰：天子、諸侯謂之君，卿、大夫謂之子，以爵言之也。無其爵而可以君國子民者，亦謂之君子，以德言之也。能安土，則下達者也。樂天，則上達者也。求其所以樂天者，必先成身，明乎善而不過乎物。《詩》曰：「天生烝民，有物有則。」《周官・司徒》以三物教萬民。《孟子》曰：「萬物皆備於我。」子思曰：「不誠無物。」所謂物者，凡吾身所具有者也。其言不過則無以加之辭也。蓋天地雖大，不離乎物，而人不能成其身，亦何以位天地而成三才之號乎？

延平周氏曰：君子，有君國子民之道者也。以其有君國子民之道，然後爲能充其人道之成名。然豈特成己之名耳，又將成其親之名也。《詩》曰：「天生烝民，有物有則。」《孟子》曰：「萬物皆備於我矣。」則凡在吾身者，雖一毫髮之微，莫不具性命之理。則求其所以成身者，其能過此乎？

金華應氏曰：物者，實然之理也。《易》曰「言有物」，《大學》「在格物」，蓋性分之内，萬物皆備。即物而觀，其理尤實。仁人孝子不過乎物者，即其身之所履，皆在義理之内而不過焉。猶《大學》所謂「止於仁」，「止於孝」也。違則過之，止則不過矣。夫物有定理，理有定體。雖聖賢，豈能加毫末於此哉？亦循循然而不過耳。

慶源輔氏曰：名即實也，有子如此，則實爲君子矣。周公告蔡仲曰：「爾尚蓋前人之愆。惟忠惟孝。」身以及身，故不能愛人，不能有其身也。愛人者，身之推也。樂天，成身之至也。

横渠張氏曰：愛人然後保其身。能保其身，則不擇地而安。不擇地而安，蓋所達者天矣。夫達於天，則成性而成身矣。愛人至于成身，亦無先後之次。道造大原，❶闕一不可。仁義忠恕，學一而天理具在。

《講義》曰：我與人本無有異。不能愛人決不能自愛，不能自愛，則雖有此身，猶無有也。所謂有其身者，非有我之謂，知有其身而不至於自棄而已。不能有其

❶「道造」，通志堂本、四庫本作「造道」。

身，則心隨放蕩，豈能安土？不能安土，則以欲惡而爲欣戚，豈能樂天？安土者，無適而不自得之謂也。樂天者，以得喪禍福一歸之於天而順之者之謂也。人能安於平易之地，至迫於利害，鮮有不動者，是未識夫樂天之理也。故唯樂天者，而後身之成爲可必。

新安朱氏曰：不能有其身，謂不能持守其身而陷於非僻。安土，謂安其所處之位而無外求。樂天，謂樂循天理。

臨川王氏曰：所遇於地者，不擇而安之，謂之安土。所受於天者，不怨而樂之，謂之樂天。治民至於樂，治之至也；脩身至於樂，脩之至也。

公曰：「敢問君子何貴乎天道也？」孔子對曰：「貴其不已。如日月東西相從而不已也，是天道也；不閉其久，是天道也；無爲而物成，是天道也；已成而明，是天道也。」

鄭氏曰：已，猶止也。「是天道也」者，言人君法之，當如是也。

孔氏曰：孔子又答貴天道之事。天運行不息，如日月相從而不已。「不閉其久」，言天生萬物，不使閉塞不能久。❶無爲而成，言春生夏長，不見天之所爲，而萬物得成。「已成而明」，言天之生物，成就而功明著。人君皆當法之也。

嚴陵方氏曰：天道之不已，不特在日月之相從，此言亦據可見之象而已。且天道之大在陰陽。日者，陽之象；月者，陰之象。以是言天道，又宜矣。《易》曰：「天行健，君子以自强不息。」此君子所以貴天道也。不閉者，不塞也。凡物開之

❶ 下「不」字，四庫本作「其」。

則通，閉之則塞。能不閉其久之道，是以其久可久也。《易》曰：「終則有始，天行也。」其謂是歟？「無爲而物成」，以其自知、自力、自消、自息故也。物成而功可見，故曰「已成而明」。蓋造物之道，則神而莫測，造物之功，則明而可見故也。

石林葉氏曰：問成身，則曰「不過乎物」。成身者，仁也，仁者具人道，則過乎物者，非所謂人道也。問天道則曰「貴乎不已」。不已者，用也，用而有所已者，亦非所謂天道也。哀公以人道既聞命矣，故以天道次之。「日月東西相從」者，往來不窮則通矣，故「不閉其久」，言其通也。通則久，可以成物矣，故「無爲而物成」，物成則其仁顯矣，故「已成而明」。「無爲而物成」者，不動而化也。「已成而明」者，不見而章也。

《講義》曰：《中庸》曰「維天之命，於穆不已」，天之所以爲天也。使天或已，則生物之功息矣。然不已之妙，非哀公之所能識，故以明而易見者喻之。曰「如日月東西相從而不已也，是天道也」，知日月之不已，則知天之不已矣。天固有常久而不已之道，使閉其所以久者，則亦不能常久矣，故曰「不閉其久，是天道也」。且萬物生而成，皆出於天。求之於物，則自生自成耳，天何爲哉？唯其無爲，此物所以未嘗不生，未嘗不成。如其有爲，則雖天亦勞且倦矣，又安得保其不已乎？故又曰「無爲而物成，是天道也」。萬物之未成，不已之道無自而可見。及物之已成，則不已之功因物而自明，故又曰「已成而明，是天道也」。天之道如此，而君子貴之，豈徒貴之哉？亦貴乎如天而已。

馬氏曰：不已所以進德，不閉所以通變，然後可以無爲而成。至於已成而明，所以見其效。此亦終始之序也。

横渠張氏曰：天道之於萬物，固無爲而成。然每一物雖纖毫之末，莫不盡有精微之理。聖人之於天道，雖體德無二事，亦非事事經思慮，一一能貫穿。直如聞一知十，聞百知千，烏有一不關心而亟能博識之哉？能體之，斯能道之矣。其不可道，存乎忘言之妙。

公曰：「寡人惷愚，冥煩，子志之心也。」孔子蹴然辟席而對曰：「仁人不過乎物，孝子不過乎物。是故仁人之事親也如事天，事天如事親，是故孝子成身。」公曰：「寡人既聞此言也，無如後罪何？」孔子對曰：「君之及此言也，是臣之福也。」

鄭氏曰：志，讀爲「識」，識，知也。冥煩者，言不能明理此事。子之心所知也，欲其要言，使易行。蹴然，敬貌。物，猶事也。事親、事天，孝敬同也。《孝經》曰：「事父孝，故事天明。」舉無過事，以孝事親，是所以成身。「既聞此言也」者，欲勤行之也。無柰後日過於事之非何？❶爲謙辭。孔子善哀公及此言。

孔氏曰：哀公欲孔子陳所行何事能如天不已。孔子答以所行不已之事。蠢然愚蔽，無所了解。仁人事親以敬，如事天相似。事天以孝愛，如事親相似。據其汎愛，則稱仁人，據其事親，則稱孝子。

嚴陵方氏曰：惷言迷而無覺，愚言昧而不靈。冥則不辨於事，煩則不當於物。

❶「非」，四庫本作「罪」，是。

《詩》曰：「天生烝民，有物有則。」夫有物必有則矣。天人之際，父子之間，豈能離是則哉？故仁人孝子皆曰不過乎物也。仁能盡人道，孝能盡子道。

馬氏曰：孝者仁之始，仁者孝之終。親則邇，不嫌乎無愛，嫌於無敬而已，故事親如事天，所以致其敬也。天則遠，不嫌乎無敬，嫌於無愛而已，故事天如事親，所以致其愛也。愛與敬兩得之，而後孝子行全，故曰「成身」。成身者，言其德之不虧也。

山陰陸氏曰：「仁人不過乎物」，人受天地之中以生，所謂命也，仁遠乎哉？不過乎物而已。「孝子不過乎物」，《詩》曰「孝思維則」是也。「是故仁人之事親也如事天，事天如事親，是故孝子成身」者，此言成身所以事親、事天。《孟子》曰：「得乎親有道。不誠乎身，不得乎親矣。」

吴興沈氏曰：「不過乎物」，鼻、目、口、耳，百骸、四肢，物也；君臣、父子、兄弟、夫婦、朋友，物也；仁、義、禮、智，亦物也。舉天地萬物之理備于我者，皆物也。人皆有是物也，各有則焉。是物則，惟不可過也，過則非天理也。是故仁者之過，至於兼愛，則無父，孝者之過，至於勇者割股，怯者廬墓，皆過也。

石林葉氏曰：孝者仁之本指，其成親則爲孝。仁者孝之達指，其成身則爲仁。親者有我以物也，天者命我以物也。存其心，養其性，則足以事天而仁足以成身矣。有親焉，言不過辭，動不過則，以謹其身，則孝足以成親矣。有天焉，推其事親之心以事天，故始言仁人。推其事天之心以事親，故終言孝子。

廬陵胡氏曰：夫子之志是吾之心也。事親如事天，所謂事親孝，故事天明。事天如事親，能饗帝則能饗親也。罪，謂有間而不能勤行。前云「君之及此言也，百姓之德也」，君以納言、納諫爲德。此云「君之及此言也，是臣之福也」，臣以諫行言聽爲福。

處氏曰：所以愛人者仁也，所以愛親者孝也。仁孝之道，有生皆足，有形皆具，出於自然，其理圓成，不可增損，豈可過乎物而爲仁孝哉？《詩》曰：「有物有則。」夫有物斯有則，則不離乎物之内。所謂則者，豈非仁孝之道乎？又曰：「維此王季，因心則友。」夫所謂因心而友者，豈非所謂不過乎物乎？於物也愛之而弗仁，於民也仁之而弗親。物之與民，民之與親，自有厚薄，❶此吾分内自然之仁也。所謂仁人者，亦因此而爲仁而不敢過焉。仁如墨子至於愛無差等，過乎物矣。不責其所難，不强其所無。以其所以養，養之至也，以其所以葬，葬之至也。此吾分内自然之孝也。所謂孝子，亦因此而爲孝而不敢過焉。孝如伋、壽，至於争相爲死，過乎物矣。

建安真氏曰：仁人之事親如事天，事天如事親，此與《孝經》明察之指略同。先儒張氏作《西銘》，即事親以明事天之道。大略謂天之予我以是理也，莫非至善，而我悖之，即天之不才子也。具人之形而盡人之性，即天之克肖子也。禍福吉凶之來，當順其正。天之福澤我者，非私我也，予之以爲善之資，乃所以厚其責。譬

❶「自有厚」，通志堂本、四庫本作「有厚有」。

之事親。則父母愛之，嘉而不忘也。天之憂戚我者，非厄我也，將以拂亂其心志而增其所不能。譬之事親，則父母惡之，懼而不怨也。即此推之，親即天也，天即親也。其所以事之者，豈容有二哉？夫事親如天，孝子事也，而孔子以爲仁人，蓋孝之至則仁矣。張氏之論極其精詳，當即全書而熟復之。　又曰：慶雲甘雨，❶天之喜也，迅雷烈風，天之怒也。善事天者，必於此焉察之。父母者，子之天也，察之可不謹乎？

禮記集説卷第一百十八

❶「雨」，通志堂本、四庫本作「露」。

禮記集說卷第一百十九

仲尼燕居第二十八

孔氏曰：案鄭《目録》云：「名曰《仲尼燕居》，善其不倦，燕居言及於禮。著其言，事可法也。退朝而處曰燕居。此於《别録》屬《通論》。」

長樂陳氏曰：燕居言仲尼，間居言孔子。蓋自其弟子所稱則曰「孔子」，自其記者所述則曰「仲尼」。燕居之言禮，始之以恭勇之中禮，以言其處己者也；次之以郊社禘嘗之禮，以言其事神者也；又次之以饋奠射鄉食饗之禮，以言其待人者也。夫能處己於其内，而事神、待人於其外，則自居處以至於政事，凡衆之動咸得其宜矣。若夫無禮而反於此，則凡衆之動咸失其宜矣。言得其宜者，所以盡教；言失其宜者，所以盡戒。教戒既備，而又語之以禮，猶有九焉。蓋猶者亦可以已之之辭。以子張、子貢、言游之才，語之以賢人之禮，則固可以已矣。然猶語以聖人之禮者，蓋縱言其妙而不絶人之進也。凡此皆禮而已，未至於樂，故言禮而又繼之以樂。脩身至於樂，脩身之至也。治民至於樂，治之至也。又言禮之所興廢，而終之以辨貴賤、長幼、遠近、外内，莫敢相踰，所以導中庸而已。

山陰陸氏曰：退朝曰燕，退燕曰間。言禮，燕居之事也；言詩，間居之事也。燕居稱仲尼，間居稱孔子以此。

仲尼燕居，子張、子貢、言游侍，縱言至於禮。子曰：「居！女三人者，吾語女禮，使女以禮周流無不徧也。」

鄭氏曰：言游，子游也。縱言，汎説事。「居，女三人者」，女三人且坐也。凡與尊者言，更端則起。

孔氏曰：此一節論問更端，三子陪侍夫子，欲語以禮之大綱。周流，謂周旋流轉，無不徧於天下也。

嚴陵方氏曰：縱言，與「縱心」之「縱」同。心雖縱而不踰矩，言雖縱而至於禮。周言其不虧於一方，流言其不滯於一曲。周流，則其用無所不徧。

馬氏曰：燕居者，君子所以休息。縱言至於禮，所以示其血氣不憧，而須臾不離於禮之意也。君子之所謂禮者，非特能其事而已，將有以明其義也。明其禮之義，則横六合而不逆，而設之無不當，故曰「使女以禮周流無不徧」。

山陰陸氏曰：縱口之言，言孔子也。周流六虚，夫豈特《易》而已？達於禮者，蓋亦如此。

子貢越席而對曰：「敢問何如？」子曰：「敬而不中禮，謂之野；恭而不中禮，謂之給；勇而不中禮，謂之逆。」子曰：「給奪慈仁。」

鄭氏曰：對，應也。奪，猶亂也。巧言足恭之人似慈仁，實鮮仁。特言仁者，❶感子貢也。子貢辯，近於給。

孔氏曰：子貢問禮不讓，夫子因感諭之。言不中禮，則於事爲失。野謂鄙野，恭謂便僻足恭，捷謂捷給，逆謂逆亂。捷給之人貌爲恭敬慈仁，奪亂真慈仁也。

❶「仁」，《禮記正義》作「是」。

嚴陵方氏曰：敬言其心，恭言其貌。心敬而不中禮，則文辭寡，故謂之野。貌恭而不中禮，則文辭多，故謂之給。勇而不中禮，則以力而不以德，故謂之逆。給，即《論語》所謂「口給」也。辟席而對，則與「辭讓而對」同義。越席而對，則與「率爾而對」同義。三人侍坐之序，子張爲首，子貢爲次，言游爲末。子張未對而子貢對焉，此所以爲越席也。至於子張之問政，以其序居首，固不爲越席矣。言游之問禮，待子貢退而後進，又不爲越席矣。此所以特言之於子貢。

慶源輔氏曰：越席而對，已違於禮矣，故以敬、恭、勇不中禮曉之。敬而不中禮，不及也；恭而不中禮，過也；勇而不中禮，失之遠矣。敬、恭、勇皆德也，然不中禮，則皆陷於惡，則人固不可不以禮周流無不徧也。子貢之違禮，則給使之也，故復以「給奪慈仁」教之。

馬氏曰：「禦人以口給，屢憎於人，不知其仁」。徇外者忘内，故恭，未有不能巧言者也。「恭而不中禮，謂之給」，蓋能足恭，未有不能巧言者也。「勇而不中禮，謂之逆」，逆者逆於道而不順於倫。「給奪慈仁」，言色取仁而行違者也。

山陰陸氏曰：餘未有言也，賜也輒當此語，是故謂之「給」。

《講義》曰：孔子嘗謂「巧言令色足恭，鮮矣仁」，又以剛毅木訥爲近仁，信乎給之能奪慈仁也。慈仁，人性所有，是誠實之道也。以言之捷給不謹，故實則無有是慈仁，爲給所奪矣。

子曰：「師，爾過，而商也不及。子產猶衆人之母也，能食之，不能教也。」

鄭氏曰：過與不及，言敏鈍不同，俱違禮

也。「衆人之母」，言子産慈仁，多不矜莊，又與子張相反。子産嘗以其乘車濟冬涉者，而輿梁不成，是慈仁亦違禮。孔氏曰：此經因明不中禮之人。父義母慈，父能教而不能愛，母則能愛而不能教。鄭註子産，約《孟子》。

河南程氏曰：大抵儒者潛心正道，不容有差。其始甚微，其終則不可救。如「師也過，商也不及」，於聖人中道，師只是過於厚些，商只是不及些。然而厚則漸至於兼愛，不及則便至於爲我。其過、不及同出於儒者，其末遂至楊、墨。至如楊、墨，亦未至於無父無君。孟子推之，便至於此。蓋其差必至於是也。

延平周氏曰：子張之於中道則過，而子夏則不及。子産之惠，猶衆人之母，則亦過也，而又不能教，則亦不及也。方其言子張、子夏之不得乎中道，則必以子産參之者，意乎子産之于中道，猶不免有類乎二子，則中道之所以爲難也。然子張既不得乎中道，而又當時門人未嘗列之於四科，孟子反以謂得聖人之一體，何也？夫具體而微者，若仲弓之差於三子，猶以爲不足，而不得與於其間。得聖人之一體者，若冉有、季路，猶以爲有餘，唯游、夏在四科之末，始爲得之。子張者，又列之於游、夏之後，則其爲人固不足議也。然必以游、夏與子張同爲止得其一體者，何也？蓋抑其文學，所以進德行，而賤其過與不及，所以貴中道也。然子産之過與不及既類於二子，則茍況以謂不如管仲，不亦可乎？夫子産之不得中道則然，而爲管仲者其能不失乎中道者哉？孔子於子産則曰「惠人」，又曰「有君子之道四焉」；於管仲則曰「人也」，又曰「如其仁，如其仁」：是二子皆有取焉。然子産爲人則不如管仲，管仲爲己則不如子産。

嚴陵方氏曰：子産惠而不知爲政。惠而已，是能食之也，然不知爲政，是不能教也，故曰「猶衆人之母」。

石林葉氏曰：過與不及，皆非中道。而孔子不得中道而與之，則琴張之狂狷，或進之也。食而不教，亦非善政。而孔子不得君子而與之，則子産之惠亦可也。

子貢越席而對曰：「敢問將何以爲此中者也？」子曰：「禮乎禮。夫禮，所以制中也。」子貢退，言游進曰：「敢問禮也者，領惡而全好者與？」子曰：「然。」

鄭氏曰：「禮乎禮」，唯有禮也。領，猶治也。好，善也。

孔氏曰：自此至「相示而已」，明夫子爲説禮之事，凡有三節。子游問禮之爲體，治去惡事而留全善事者與？與，是語辭。然，猶如是。

延平周氏曰：惡而不以禮，非仁也。好而不以禮，非仁也。唯仁者爲能惡而爲能好，而禮者，乃仁人之所以領惡而全好者也。

馬氏曰：中出於人之性，而所以節性者，在乎禮而已，故曰「夫禮所以制中」。惡者人之同惡，好者人所同好。禮因人之情，在好則全之，在惡則領之。上言商、師，子産，皆領惡之事；下言郊社、食饗、賓客，皆全好之事。

山陰陸氏曰：率爾而對，勇使之也。越席而對，知使之也。子游見所以語師與賜如上所謂，故曰「禮也者，領惡而全好者與」。

廬陵胡氏曰：制，猶裁也。子曰：「小子狂簡，不知所以裁之。」領，猶理也。《樂記》云：「禮領父子、君臣之節。」

慶源輔氏曰：「禮所以制中」，亦所以風子貢之給也。子貢所問者用其意，夫子所答者據其極。子游蓋因夫子之言，而有得於禮之用也。然則好問者不如默觀者之易發也，審矣。

金華應氏曰：領謂揔攬收拾之也。好惡對立，一長一消。惡者收斂而無餘，則好者渾全而無虧矣。夫禮之制中，非屑屑然與惡爲敵而去之也。養其良心，啓其善端，而不善者自消矣。仁者善之道也，下言祭祀、聘享，周旋委曲焉者，凡以全此而已。

「然則何如？」子曰：「郊社之義，所以仁鬼神也。嘗禘之禮，所以仁昭穆也。饋奠之禮，所以仁死喪也。射鄉之禮，所以仁鄉黨也。食饗之禮，所以仁賓客也。」

鄭氏曰：仁，猶存也。凡存此者，所以全善之道也。郊社、嘗禘、饋奠，存死之善者也，射鄉、食饗，存生之善者也。郊有后稷，社有句龍。

孔氏曰：仁謂仁恩，相存念也。註稱「后稷」、「句龍」，解經郊社仁鬼神之義。鬼神，謂人之鬼神。饋奠，謂人之初死，設此饋食之奠。射謂鄉射，鄉謂鄉飲酒。

嚴陵方氏曰：子游固知領惡全好在乎禮矣，然未知所以謂之禮者果安在哉，故問。鬼爲陰，神爲陽，天地主乎陰陽，故郊社言仁鬼神。自禘而下皆言禮，而特於郊社言義者，蓋義者禮之所尊，故特於郊社言之。死喪，死言其事，喪言其禮也。射以賓賢能，鄉以序長幼。鄉以大言之，黨以小言之也。食以養陰氣，饗以養陽氣。賓以君言之，客以臣言之也。先郊社，後嘗禘，尊親之序也。先嘗禘，後饋奠，吉凶之序也。先饋奠，後射鄉，重輕之序也。先射鄉，後食饗，衆寡之序也。

馬氏曰：郊社、禘嘗、饋奠之禮，所以全好於其幽者也。射鄉、食饗之禮，所以全好於其明者也。仁者有推恩而及之之意。郊社，外之祭也，所以仁鬼神。嘗禘，內之祭也，所以仁昭穆。嘗禘可以言鬼神，而郊社不可以言昭穆。事天地主於敬，故於郊社言鬼神。事宗廟主於愛，❶故於禘嘗言昭穆。饋奠之禮，始死者之奠也。始死而致祭之，則不仁，此饋奠所以仁死喪也。習射尚功，所以使之爭。習鄉尚齒，所以使之讓。有所爭，則壯者有以勵；有所讓，則頒白不負戴，而車徒避老者。此鄉射之禮，所以待鄉黨者盡矣，故曰射鄉所以仁鄉黨。食以示其愛，饗以示其敬，食饗所以待賓客者盡矣。然禮始於冠，本於昏，重於喪祭，尊於朝聘，和於射鄉。此不及冠昏者，蓋冠昏在我之事，在我則不可推恩及之，是以不言。

金華應氏曰：仁心發於中，而後禮文見於外。及禮之既舉，而是心達焉。則幽明之間，咸順其序。驩欣浹洽，皆在吾仁中，是仁之周旋暢達也。

延平周氏曰：君子之所以事天地者，尊之也。以其尊之，故主乎義。而其所以

❶「愛」，通志堂本、四庫本作「敬」。

事宗廟者，親之也。以其親之，故主乎仁焉。雖然，莫非仁也。施之於神則仁於幽，施之於人則仁於明。

山陰陸氏曰：夫如是，可謂全矣。若老莊，所謂雖好而不全也。蓋自不相往來觀之，射鄉之禮仁矣。自不相謁請觀之，食饗之禮仁矣。

子曰：「明乎郊社之義，嘗禘之禮，治國其如指諸掌而已乎！是故以之居處有禮，故長幼辨也；以之閨門之内有禮，故三族和也；以之朝廷有禮，故官爵序也；以之田獵有禮，故戎事閑也；以之軍旅有禮，故武功成也。是故宮室得其度，量鼎得其象，味得其時，樂得其節，車得其式，鬼神得其饗，喪紀得其哀，辨説得其黨，官得其體，政事得其施。加於身而錯於前，凡衆之動得其宜。」

鄭氏曰：治國指諸掌，言易知也。郊社、嘗禘，尊卑之事，有治國之象焉。辨，别也。三族，父、子、孫也。凡言「得」者，得法於禮也。量，豆、區、斗、斛也。味，酸、苦之屬也，四時有所多及獻所宜也。式，謂載也，所載有尊卑。辨禮之説，謂禮樂之官教學者。黨，類也。體，尊卑異而合同。

孔氏曰：前經明郊社等禮各有所因，故此經廣明郊、社、嘗、禘，明而用之，則有功；又廣明諸禮所用有功，諸事各得其所。郊、社祭天地，嘗、禘祭宗廟，皆是事之難者。能明其理，則治國甚易了也。三族，族屬也。鄭註《昏禮》「三族謂父昆弟、己昆弟、子昆弟」，與此不同者，彼爲請期，恐有期喪廢昏，故不同也。「宮室得其度」，謂制度高下大小得禮之度數。

「量鼎得其象」，象謂法象，言斛斗之量，三牲之鼎，各得其禮之法象。故《易·繫辭》云「以制器者，尚其象」。案《春秋左氏》昭三年傳云「齊舊四量，四升爲豆，各自其四，以登於釜」，註云「四豆爲區，四區爲釜」。又《律曆志》云：「十升爲斗，十斗爲斛。」「味得其時」，《周禮·食醫》「春多酸，夏多苦，秋多辛，冬多鹹」，又《獸人》「春獻狼，❶夏獻麋」是也。「樂得其節」，謂樂曲之節。「車得其式」，言所乘之車各得其所載之尊卑。「鬼神得其饗」，謂天神人鬼各得其饗食也。「喪紀」，謂五服親疏各得其哀情也。「辨說」，謂分辨論說《詩》、《書》、《禮》、《樂》之等，各得其黨類，不乖事之義理。「官得其體」，謂設官分職，各得其尊卑之體。猶若長官與屬官，亦尊卑異而共掌一事。「政事」，言布政治事，各得所施之處。「加於身而錯於前，凡衆之動得其宜」，合結用禮之功也。錯，置也。衆，謂萬事也。以禮加身而錯之於前，萬事動用，皆得其所宜也。

横渠張氏曰：知禘、嘗之禮，郊、社之義，治國如置諸掌。經不正，則於此必致疑，不知所以爲大，若虚器然。苟能體經，自然皆知是實學。若觀於鄉，必親行之，乃知王道之易以爲實。

嚴陵方氏曰：郊、社、嘗、禘，莫非道也。苟明乎道矣，則治國之理灼然可見，如指諸掌，豈爲過哉？居言其常居，處言其暫處。田以所取之利言之，獵以所獲之物言之。室有奥阼，席有上下，所謂居處

❶「春」，四庫本作「冬」，是。

有禮也，故「長幼辨」。父父子子、兄兄弟弟、夫夫婦婦，所謂閨門有禮也，故「三族和」。設官分職，列爵分土，所謂朝廷有禮也，故「官爵序」。春蒐、夏苗、秋獮、冬狩，所謂田獵有禮也，故「戎事閑」。進退有度，左右有局，所謂軍旅有禮也，故「武功成」。或曰戎事，或曰武功，何也？以器言則曰戎，以道言則曰武。器之所用者小，而道之所致者大，故於事則曰戎，於功則曰武。戎事閑，然後武功成，固其序也。然《月令》言「兵戎不起」者，對兵言之則爲事，對武言之，亦器而已。戎事閑於無事之時，故於田獵言之；武功成於尚功之日，故於軍旅言之，此小大之别也。所謂閑者，習也。所謂三族者，以《易·家人》言之，故知其爲父子、兄弟、夫婦。父子合尊卑而爲族，兄弟合長幼而爲族，夫婦合内外而爲族，合是三者，皆有相與禦侮之道故也。鄭氏釋經與《小宗伯》皆以爲父、子、孫，釋《士昏禮》又以爲三者之昆弟，釋《莊子》者又以爲父、母、妻之族，皆失之矣。宫室，若魯莊公之丹楹刻桷，臧文仲之山節藻棁，蓋失其度故也。量左爲升，以象陽之所升；右爲合，以象陰之所合。仰者爲斛，以象顯而有所承；覆者爲斗，以象隱而有所庇。外圜其形，動以天也；外方其形，静以地也。鼎口在上，以象有所受乎上；足在下，以象有所立乎下。大者爲鼐，揜者爲鼒。足奇其數，參乎天也；耳偶其數，兩乎地也。《易》曰「以制器者尚其象」，蓋謂是矣。然其器疏以達者，所以象春；其器高以粗者，所以象夏；廉以深之，象秋；閎以奄之，象冬。器固無適而非象也。止以量鼎爲言者，蓋量爲器之大者，鼎爲器之重者。大者、重者得其象，則小者、輕者從可知。陽而不散，陰而不密，剛氣不怒，柔氣不懾，所謂樂得其節也。車得其式者，作之乘之，皆得其式也。有六等之數，此作車之得其式也。式者，辨五路之用，此乘車之得其式也。式者，用節之謂也。鬼神得其饗者，若天神皆降，地示皆出，可得而禮是矣。喪紀得其哀者，或發於容體，或發於聲音，或發於言語飲食，或發於居處衣服，而各得其哀也。辨説得其黨，若「在官言官，在府言府，在庫言庫，在朝言朝」之類是矣。官得其體者，若天官掌邦治，地官掌邦教，春官掌邦禮，夏官掌邦政之類，各有其體是矣。政事得其施者，若施典于邦國，施則于都鄙，施法于官府之類，各有所施是矣。自「宫室得其度」而下，皆以本於禮，故能各有所得焉。加於身，則以禮加於身也。錯於前，則以禮錯於前也。無所不用禮，故動皆得其宜也。所謂凡衆者，衆則不一，凡則總而一之之詞也。

馬氏曰：郊社所以事天地，而義藏於其中。嘗禘所以事宗廟，而禮陳於其外。因義以設禮，因禮以考義，神而明之，存乎人，則治國其如示諸掌乎？推而通之，以至於加於身而錯於前，凡衆之動，無不得其宜也。

石林葉氏曰：人莫不有所居，凡所遇之地與所安之地，皆居處也，其禮異於閨門，❶故尚齒則言長幼，尚親則言三族。見於戰伐攻取，所謂軍旅也，其禮異於田

❶「異」，通志堂本作「義」。下文「其禮異」同。

獵，故習其坐作進退則言戎事，獻俘執馘則曰武功。至於朝廷，則序爵下賢之地，止於官爵序而已矣。宮室者，居其身也，有所居而不可無所養，故量鼎與味養其身也。有其養，不可無所安，故樂安其心，車安其行也。自宮室而車安其行，則奉身者已備。故幽而事鬼神，饗則受福；明而治喪紀，哀不滅性。出而從辨説，則不失人。以至居官則不失爲政之體，政事則不失先後之施，舉而措之，衆動無不當於理，亦禮之達者歟？

長樂陳氏曰：禮樂之於天下，未嘗不相爲終始，故禮得樂然後和，樂得禮然後節，故孔子曰：「樂也者，節也。」樂得其節，則政事得其施；樂失其節，則政事失其施。是聲音之道，未嘗不與政通也。故審聲以知音，審音以知樂，審樂以知政。舍君子，何以哉？

山陰陸氏曰：「車得其式」，若「式商容之閭」之類。「辨説得其黨」，苟非真質，雖有妙斵，無所施焉。「官得其體」，若宰相不親小事之類。「政事得其施」，若上先下後之類。

子曰：「禮者何也？即事之治也。君子有其事，必有其治。治國而無禮，譬猶瞽之無相與，倀倀乎其何之？譬如終夜有求於幽室之中，非燭何見？若無禮，則手足無所錯，耳目無所加，進退揖讓無所制。是故以之居處，長幼失其别，閨門三族失其和，朝廷官爵失其序，田獵戎事失其策，軍旅武功失其制，宮室失其度，量鼎失其象，味失其時，樂失其節，車失其式，鬼神失其饗，喪紀失其哀，辨説失其黨，官失其體，政事失其施，加於身而錯於前，凡衆之動失其宜。如此則無以祖洽於衆也。」

鄭氏曰：凡言失者，無禮故也。策，謀也。祖，始也。洽，合也。言失禮，無以爲衆倡始，無以合和衆。

孔氏曰：前經明諸事得禮，則有其功。此經明諸事失禮，則其事有害。夫子更自設問云「禮者何也？即事之治」，言萬物之治皆由禮。瞽，謂無目。相，謂扶相。言治國無禮，譬猶瞽者無人扶相，倀乎何所之適？「以之居處」以下，皆謂無禮有失，飜前經得禮之事。别，即辨也。前云閑戎事，失其謀則不能閑暇也。武功前云成，由不成故失其制也。失施，若春行夏令之屬。每事如此，則爲君上失德，不可爲衆人倡始而使和合者也。

嚴陵方氏曰：即者，取之以爲己之謂也。取是事而治之以是禮，故曰「即事之治」。以譬瞽之相，幽室之燭焉。相者，相步也。倀倀者，無所如之貌也。手足在下，故以「錯」言之；耳目在上，故以「加」言之；進退揖讓不可過，故以「制」言之。祖言有所繼，洽言有所和。經曰「禮爲可繼」也，《易》曰「嘉會足以合禮」。

山陰陸氏曰：耳目無所加，不知所以給視聽也。「祖洽於衆」，祖，讀「如祖迎」之「祖」。「無以祖洽」，猶言無以合離於衆。

子曰：「慎聽之，女三人者，吾語女禮，猶有九焉，大饗有四焉。苟知此矣，雖在畎畝之中，事之，聖人已。兩君相見，揖讓而入門，入門而縣興，揖讓而升堂，升堂而樂闋，下管《象》、《武》，《夏籥》序興，陳其薦俎，序其禮樂，備其百官，如此而后君子知仁焉。行中規，還中矩，和鸞中《采齊》，客出以《雍》，徹以《振羽》，是故君子無物而不在禮矣。

入門而金作，示情也。升歌《清廟》，示德也。下而管《象》，示事也。是故古之君子不必親相與言也，以禮樂相示而已。

鄭氏曰：猶有九焉，吾所欲語女餘有九也。但大饗有四，大饗，謂饗諸侯來朝者也。四者，謂金再作，升歌《清廟》，下管《象》也。事之，謂立置於位也。「聖人已」者，是聖人也。縣興，金作也。金再作者，獻主君又作也。下，謂堂下也。《象》、《武》，武舞也。《夏籥》，文舞也。序，更也。堂下吹管，舞文、武之樂更起也。知仁焉，知禮樂所存也。《采齊》、《雍》、《振羽》，皆樂章也。《振羽》、《振鷺》及《雍》也。金作，示情也，賓、主人各以情相示也。金性内明，象人情也。示德，相示以德也，《清廟》頌文王之德。示事，相示以事也，《武》、《象》，武王之大事也。

孔氏曰：前經子游問禮，孔子特爲説之。自此以下，孔子總爲三人説禮之大意。但於禮之内，大饗爲重，故此經特明之。言上經所説禮外，猶有九事，九事之中，❶鄰國兩君相見，大饗有四。四者，謂賓初入門而縣興，揖讓而升堂，主人獻賓，賓飲訖而樂闋，一也。賓酢主人，金奏再作，主人飲畢而樂闋，二也。至工入，升歌《清廟》，三也。歌畢，堂下管《象》、《武》，四也。誠能知此四事，其身雖在畎畝之中，衆人奉而事之，立置於位，戴以爲君，則是聖人也。縣興，謂鍾磬興而動作，謂金奏作也。「下管《象》、《武》」之上，少「升歌《清廟》」一句，下文既詳，故

❶「九事」，原脱，今據通志堂本、四庫本補。

略之。「《夏籥》序興」，謂初時管中吹《象》、《武》之曲，已後與《夏籥》文舞次序更遞而興，故鄭云「舞文、武之樂，更起也」。於是陳列薦俎，次序禮樂，備其百官，此重贊揚在上之事。君子見上大饗四焉，知禮樂所存在也。「行中規」至「徹以《振羽》」五事，通前四事爲九也。前四事義廣意深，故特明於上。五事折旋揖讓，其理淺露，故别於下。「行中規」，謂曲行，配前爲五。「還中規」，謂方行，通前爲六。「和鸞中《采齊》」，《采齊》，樂章名，謂出門迎賓，和鸞之聲中《采齊》之曲，通前爲七。「客出以《雍》」，《雍》，詩篇名，言客出時，歌《雍》以送之，通前爲八。「徹以《振羽》」，《振羽》，樂章名，言禮畢徹器，歌《振鷺》，通前爲九。無物不在禮，言萬事皆在於禮也。「入門而金作」，覆上「縣興」之文。主人獻賓而金作，是主人示賓以恩情。賓酢主人而金作，是賓示主人以敬情，是「示情」也。「升歌《清廟》」，亦覆説上文。上文不載頌文王之德，故云示德也。「下而管《象》」，覆釋前文「下管《象》、《武》」也。《象》謂武王伐紂之樂，示王業之大事也。古之君子相朝會，不必親自以事相與丁寧而言，但以禮樂微相示語依違而已。

盧氏曰：大饗有九者，揖讓入門，一也。入門縣興，二也。揖讓升堂，三也。升堂樂闋，四也。下管《象》、《武》，五也。《夏籥》序興，六也。陳其薦俎，七也。序其禮樂，八也。備其百官，九也。　王氏曰：大饗九者，揖讓入門至升堂，一也。升堂樂闋，二也。下管《象》、《武》，《夏籥》序興，三也。陳其薦俎，序其禮樂，備其百官，四也。下五事與鄭同。

嚴陵方氏曰：九禮，大饗之所兼有。然此止言有四，何也？蓋四者之禮，饗之大者，然後有之。「苟知此矣，雖在畎畝之中，事之，聖人已」者，蓋知此，則知禮樂之情者也。知禮樂之情者能作，作者之謂聖，故雖在畎畝之中，人之所事，必以聖人事之也。兩君相見，其禮所以爲大者，若以「饗禮養老」之「饗」，與「春饗孤子」之「饗」，則其禮爲小故也。亦見「大饗不問卜」解。「揖讓而入門」者，接之以禮也。「入門而縣興」者，接之以樂也。縣，謂軒縣也。「揖讓而升堂，升堂而樂闋」者，即《郊特牲》所謂「卒爵而樂闋」是也。蓋升堂所以受爵也，卒爵則升堂可知，其言亦互相備也。《象》即《詩》所謂《象舞》也。《武》即《詩》所謂《大武》也。亦見《明堂位》解。❶《夏》即《明堂位》所謂《大夏》也。以文舞必執羽籥，故謂之《夏籥》。此止言籥者，主律言之故也。後言「升歌《清廟》」而此不言者，以升堂見之故也。此言「《夏籥》序興」而後不言者，以管《象》見之故也。蓋升堂則升歌可知，管《象》以示事，《夏籥》亦以示事而已。且《象》、《武》者，文、武之樂。《夏籥》者，夏禹之樂。先時王之樂，而後及於先王之樂，則自近以及遠，不失其序，故特曰「序興」也。俎以薦牲體於上，故謂之「薦」。序其禮樂，備其百官，以見其有加而無已，有隆而無殺也。「如此而後，君子知仁」者，孔子曰：「人而不仁，如禮何？人而不仁，如樂何？」非謂是

❶「亦」，通志堂本、四庫本作「並」。

歟？「行中規」者，謂趨前而行也。「還中矩」者，謂轉後而還也。趨前則疾，疾或失於不曲，故欲中規，中規則圜而曲矣。轉後則緩，緩或失於不直，故欲中矩，中矩則方而直矣。與《玉藻》言「周旋中規，折還中矩」，文雖同而意則異焉。且行有動意，圜者動，故中規。還有止意，方者止，故中矩也。「和鸞中《采齊》」，言聲之所中如此。並見《玉藻》解。主人肅客，客出以《雍》，則客之出也，猶歌以《雍》焉。且見客之能雍，非特於來時而已。《振鷺》詩曰：「在彼無惡，在此無斁。」「徹以《振羽》」，則於器之徹也，猶歌以《振羽》焉。且見主之無斁，非特於在此之時而已。且《雝》，禘大祖之詩也，其用爲大，故歌之以送客焉。《振鷺》，助祭之詩也，其用爲小，故歌之以徹器而已。此重輕之别也。二詩本以禘大祖與助祭，而又用之於此者，猶之《鹿鳴》本以燕羣臣，而又用之於鄉飲酒也。然《論語》言「以《雍》徹」，其用與此不同，又何也？蓋彼所言者，天子饗神之事，此所言者，諸侯饗賓之事，故諸侯所用之大者，天子止用之於小焉，此所以不同。「入門而金作，示情也」，與《禮器》言「金次之，見情」同義。「升歌《清廟》」，「下而管《象》」，與《明堂位》所言同義。「示情」者，欲賓主以情相接也。「示德」者，欲賓主以德相讓也。「示事」者，欲賓主以事相成也。夫始相見，彼此之情慮難以通，故金作於入門之時以示之，示其情矣，又不可不將之以德，故升歌《清廟》以示之，示其德矣，又不可不輔之以事，故下而管《象》以示之。若是則目擊而道存，聲不容而默喻矣，故曰「古之君子，不必親相與言也，以禮樂相示而已」。所謂九禮者，揖讓而入門，入門而縣興，一也。揖讓而升堂，升堂而樂闋，二也。餘同王肅。

延平周氏曰：揖讓而入門，則復揖讓而升堂。入門而縣興，則升堂而樂闋，何也？禮本人之所强，故以進爲文；而樂本人之所樂，故以反爲文也。樂既闋矣，則堂下奏《象》與《武》。《象》與《武》既奏矣，則執夏執籥而舞者，皆以序興。《簡兮》之詩，先言「方將萬舞」，次言「左手執籥，右手秉翟」，其序與此同意。「如此而后君子知仁」者，孔子曰：「人而不仁，如禮何？人而不仁，如樂何？」《孟子》曰：「仁之實，事親是也；義之實，從兄是也；禮之實，節文斯二者；樂之實，樂斯二者。」是禮樂之所以爲禮樂者，以其仁也。今兩君相見，以禮樂爲主，則又將沿禮樂以知仁也。金主義，而兩君相見，其情亦主乎義，故「入門而金作，示情也」。升歌《清廟》，示其德之能秉於天子也，故《詩》謂「秉文之德」。「下而管《象》」，示其事之可致於禎祥也，故《詩》謂「維周之禎」。古之君子所以不必親相與言而其意自傳者，以禮樂相示而已。

山陰陸氏曰：一《清廟》，二《象》，三《雍》，四《振羽》，五《肆夏》，六《采齊》，七《武》，八《夏》，九《籥》。此無《肆夏》，而知其然者，以言「行中規，還中矩」，而《玉藻》「行以《肆夏》」知之也。熊氏云：《勺》，《籥》也。則《籥》蓋舞《勺》。《武》，武也。《籥》，文也。《夏》，文武之中也。大饗有四者，一《清廟》，二《象》，三《雍》，四《振羽》。蓋唯魯與二王之後大饗而後有之，故其言如此。據《文王世子》，天子視學，登歌《清廟》，下管《象》，舞《大武》。《祭統》大嘗禘，升歌《清廟》，下管《象》，朱干玉戚，以舞《大武》，八佾以舞《大夏》。此天子之樂也。然則《燕禮》升歌《鹿鳴》，避《清廟》，下管《新宮》，避《象》。「苟知此矣，雖在畎畝之中，事之，聖人已」，言聖人遠乎哉？在乎鍾鼓管絃動容之間而已。「入門而縣興」，「升堂而樂闋」者，《春秋傳》曰「金奏《肆夏》之三，工歌《文王》之三」，縣興是也。升歌下管，當此節。今言管，不言歌，略二《雅》也。據《象》、《武》，頌也，以《雍》，以《振羽》，頌也，升歌《清廟》，頌也。「下管《象》、《武》，《夏籥》序興」者，言下而《象》、《武》與《夏籥》序興。知然者，以「下而管《象》」知之也。此兩君相見之樂也。據此，諸侯蓋下管《象》，舞《大武》、《大夏》而已。《燕禮》曰「下管《新宮》」，「若舞則《勺》」，此大夫下管《新宮》，舞《勺》而已。《傳》曰「萬入去籥」，若魯用王禮，則以朱干玉戚，❶冕而舞《大武》，八佾以舞《大夏》，故曰「朱干設鍚，冕而舞《大武》」，諸侯之僭禮也」。唯天子以六樂、六舞，大合樂耳。「客出以《雍》，徹以《振羽》」者，客出以《雍》徹，亦或以《振羽》。《詩》曰「振鷺于飛，于彼西雍」，則《振羽》固《振鷺》也。「下而管《象》，示事」者，《象》、《維清》之詩也。其詩曰：「維清緝熙，文王之典。」文王，聖之清者也。《清廟》，神靈在焉，《維清》，其緒餘也。一則升歌，

❶「玉」，原脱，今據通志堂本、四庫本補。

一則下管，以此。

石林葉氏曰：古之所謂聖人者，非有間於畎畝之中，要其德大而能化，則雖在下，亦元聖素王之事也。金石之爲物，叩之則應，非有隱情也，故入門則先鳴鍾磬。既升堂，聞鍾磬，情已見矣。故「升歌《清廟》」，文王之詩，始受命者也，則在堂上。《大武》，武王之樂，終受命者也，則在堂下。武舞而用干戚，則武而已，不可以無文，故《夏籥》文舞，則興於堂。序禮備而樂舉矣，然後牲牢饔餼以薦諸俎，❶擯介詔相以備百官，歡然有恩以相接也，故君子知仁焉。蓋仁以禮立，禮行於燕，則既醉以酒，既飽以德。禮行於饗，則酒清而不敢飲，肉乾而不敢食。醉酒飽德者，示慈惠也。不敢飲食者，訓恭儉也。恭儉慈惠皆爲之別，而百官以備，饗禮以終，故行則圜而中規，方而中矩，不失容也。升車而出，則和鸞中《采薺》者，不失節也。既出而歌《雍》詩以送之者，不失儀也。已事而後歌《振鷺》以徹之者，言其以禮終也。蓋《雍》禘大祖，《振鷺》二王之後來助祭，皆大饗先王之時之詩也。以饗先王之詩而歌於饗諸侯之際，則其訓恭儉者可知已。

慈湖楊氏曰：孔子曰「入門而金作，示情也」，然則懸興而金作，鏗然而鳴，即吾之情也，何以言爲也？又曰「升歌《清廟》，示德也」，然則人聲由中而發，文德由中而暢，即吾之德也，何以言爲也？又曰：「下而管《象》，示事也」，然則堂下管籥，武舞、文舞次序而興，又即吾之事也，

❶「牲牢」，通志堂本、四庫本倒。

何必身親之也？渾然天地萬物，皆吾之體也；純然宮商節奏，皆吾之用也。薦俎非外，百官非彼。行非行，夫孰知其所以行而自中規？還非還，夫孰知其所以還而自中矩？和鸞，車之和鸞也，而即吾之中《采薺》也。「客出以《雍》」，其徹也以《振羽》，莊敬和樂之妙，又何其始始終終而不可致詰也？畎畝之中，無兩君相見之禮也，而即兩君相見之禮也；無金聲之樂也，而即金聲之樂也；無管《象》《夏籥》也，而管《象》《夏籥》之音舞未嘗不日奏于前，而昧者不見不聞也。耒耜之器，耕藝之勤，良禾之欣榮，耘耔之仁，兩目散日月之明，四體運天地之神，步中鸞和之節，聲諧《韶》、《濩》之音，此豈説合而强同之哉？默而識之，當自知自信也。

長樂陳氏曰：晉饗穆叔，歌《文王》之詩，穆叔以《文王》爲兩君相見之樂，則諸侯相見歌《文王》而不歌《清廟》也。孔子謂諸侯相見歌《清廟》者，蓋二王後，諸侯之長禮然也。《禮書》。又《樂書》曰：大饗之禮，兩國之君相見，不必親相與言也，以禮樂相示而已。揖遜而入門，禮也。入門而縣興，樂也。揖遜而升堂，禮也。升堂而樂闋，樂也。「下管《象》、《武》，《夏籥》序興」，樂也。「陳其薦俎」，「備其百官」，禮也。禮見於揖遜而爲仁之容，樂見於興闋而爲仁之聲，大饗所以仁賓客者也。接以禮者，必樂之以樂。樂以樂者，必節之以禮。苟明乎此，而後君子知仁焉。至於「行中規，還中矩」，則饗禮之末儀也。「和鸞中《采薺》，客出以《雍》，徹以《振羽》」，則饗樂之末節也。

然則諸侯相見之禮，得用王者《清廟》、《象》、《武》之樂，何耶？　曰諸侯具王者之體而微者也，斯須之饗用王者之樂。《傳》曰「禮盛可以進取」者，此也。《書》曰「羽畎夏翟」，《詩》曰「左手執籥，右手秉翟」。《周官》有羽籥之舞，言籥則知《夏》之爲翟矣。　翟雉五色備爲《夏》，言「《夏籥》序興」，則羽籥之舞以序而興，所謂「興羽籥」是也。以《夏籥》爲羽籥之文舞，則《武》爲干戚之武舞矣。先武舞，後文舞者，周家以武勝敵，以文守成之序也。

金華應氏曰：聖人與學者閒燕之時，從容講論，俾以禮周流，固欲期於有用也。顧出處難，必於我用世，亦誠未易，姑處畎畝之中，聽其用舍。　然苟知此禮而從事焉，則亦可進於聖人之域矣。　此篇言仁者凡三：語子貢曰「給奪慈仁」，以其辨給，而或傷於仁也。告言游曰「郊社至禮」者，❶所以爲仁，以其習於威儀而未深體夫仁也。告子張曰「如此而后君子知仁」，以其堂堂而難與並爲仁也。各因其病而藥之，使於禮而知其仁，則其悟入益深，而不專以虛文爲禮矣。

子曰：「禮也者，理也；樂也者，節也。君子無理不動，無節不作。不能《詩》，於禮繆。不能樂，於禮素。薄於德，於禮虛。」

鄭氏曰：繆，誤也。素，猶質也。歌《詩》，所以通禮意也。作樂，所以同成禮文也。崇德，所以實禮行也。《王制》曰：「樂正崇四術，立四教，順先王《詩》、《書》、禮、樂以造士，春秋教以禮、樂，冬

❶「至」，通志堂本、四庫本作「之」，是。

夏教以《詩》、《書》。」「王大子、王子、羣后之大子，卿大夫、元士之適子，國之俊選，皆造焉。」則古之人皆知諸侯之禮樂。

孔氏曰：以前經大饗有禮樂之事，故此申明禮樂之義。禮者，使萬事合於道理；樂者，使萬事得其節制。《詩》能通達情意，則行禮審正。不能習《詩》，❶則情意隔絶，於禮錯繆。樂有音聲，綴兆文飾於禮。不能習樂，則於禮樸素。內心厚於德，則外充實。若內德淺薄，則外禮空虛。此經雖禮、樂並陳，德是百行之本，樂是禮中之別，故明禮須《詩》、樂及德乃爲善也。註引《王制》，明上從天子，下至俊選，皆須禮樂而成，證「君子無理不動，無節不作」也。以前經是諸侯禮樂之事，故鄭註知此是申說前經也。

長樂陳氏曰：禮煩則亂，❷非所以爲理也。樂勝則流，非所以爲節也。故曰「禮也者，理也；樂也者，節也」。君子循理而動，無動而非中也；應節而作，無節而非和也，故曰「君子無理不動，無節不作」。一動一作而禮樂存焉，豈小人所能與哉？蓋《詩》出於人情，禮緣人情而爲之節文，則興於《詩》者，未有不及於禮。故不能《詩》，於禮必失之無序，能無謬乎？樂不徒作，必有禮焉，則知樂者未有不幾於禮。故不能樂，於禮必失之無文，能無素乎？人而無德，焉以爲禮？則道以德者，未有不齊以禮。故薄於德，於禮必失之無實，能無虛乎？人之於

❶ 「不」上，通志堂本、四庫本有「若」字。下文「不能習禮」之「不」上，亦有「若」字。

❷ 「煩」，通志堂本、四庫本作「繁」。

《詩》、樂，有能有不能，其於德則足乎己，無待於外，非有能有不能也，特所得有厚薄而已。

金華應氏曰：禮非樂以發越，則如采色之素而無飾。樂非禮爲之質幹，則如支體之偏而不全。

嚴陵方氏曰：唯君子能樂循理，故「無理不動」。唯君子能不踰節，故「無節不作」。理以道言也，故曰「動」；節以事言也，故曰「作」。

馬氏曰：《詩》、禮有相通之理，不能《詩》則不知禮之意，故「於禮繆」。樂者禮之華，禮者樂之實，不能樂則不能成禮之文，故「於禮素」。樂者得於中，所謂文也。得於中者薄，則其發於外者有時而涸矣，故「於禮虛」。

山陰陸氏曰：《詩》與禮不同，禮嚴而《詩》寬。若禮，好色則禁，怨讟則禁。《詩》不禁好色而禁人之淫，不禁怨讟而禁人之亂。司馬遷曰「《國風》好色而不淫，《小雅》怨讟而不亂」是也。故君子以《詩》濟禮而後不繆。❶《詩》曰「遠送于野」，遠送，過禮也，而《詩》不禁。方是時，苟以爲非禮，可謂繆矣。據禮，婦人送逆不出門。「薄於德，於禮虛」，王文公曰：「肉以骨爲體，禮以德爲體。」

慶源輔氏曰：動則爲禮，作則爲樂。禮緣人情，故通於《詩》；有其序，故成於樂；發於心，故根於德。

子曰：「制度在禮，文爲在禮。行之其在人乎！」

❶「君」，通志堂本、四庫本作「孟」。

鄭氏曰：「文爲」，文章所爲。❶

孔氏曰：此經明行禮在人。

嚴陵方氏曰：《中庸》曰「禮儀三百，威儀三千，待其人然後行」，其言正與此合。

馬氏曰：制度者，文爲之體。文爲者，制度之用。簠簋俎豆，所謂制度也。升降上下，所謂文爲也。制度、文爲皆禮之法也。徒法不能自行，故行之在人。

山陰陸氏曰：「制度在禮」，凡以爲節，不豐不殺是也。「文爲在禮」，凡以爲文，不華不俚是也。《易》曰：「神而明之，存乎其人。」

長樂陳氏曰：樂之於天下，稽之度數，莫不有制度；求之情文，莫不有文爲。制度、文爲雖同出於樂，要其所以制度、文爲實在禮焉。推而行之，其不在人乎？由是觀之，凡禮樂之道，未嘗不相爲表裏。一人而兼禮樂者，其古有德之成人歟？《樂書》

延平周氏曰：文，言也。爲，行也。

慶源輔氏曰：行禮雖在人，而所謂人者，必興於《詩》，成於樂，厚於德，然後可。不然，非所謂其人也。

子貢越席而對曰：「敢問夔其窮與？」子曰：「古之人與？古之人也！達於禮而不達於樂，謂之素。達於樂而不達於禮，謂之偏。夫夔達於樂，而不達於禮，是以傳於此名也，古之人也。」

鄭氏曰：「夔其窮與」，見其不達於禮。素與偏，俱不備耳。

孔氏曰：前經孔子稱唯人能行禮，子貢唯聞夔善樂，不聞夔達禮，故越席而問夔

❶「爲」，原作「在」，今據通志堂本、四庫本改。

於禮，其亦窮與？ 孔子言今人解樂爲全不知禮。夔是古之人與，禮非全不知也。素謂樸素，偏謂不備具，皆不得爲窮。夔禮、樂兼有，但特通達於樂，不特通達於禮，是以賢名流傳後世。若全不解禮，何以傳於此名？ 更重美夔，云是古之人，與今之人别也。《虞書》舜命伯夷「典朕三禮」，伯夷讓夔，是夔知禮也。

長樂劉氏曰：素與偏者，知其數而不知其義之謂也。若周之大司徒以鄉三物教萬民而賓興之，則其六鄉之民莫非達乎禮、樂之義者也。而况虞舜之庭而有不達乎其義者哉？ 故曰「古之人也」。言四代之臣，無素與偏者，適以其官傳名後世而不達乎其職外之所能，其可謂之窮乎？

嚴陵方氏曰：有所屈之謂窮，無所蔽之謂達。前經所謂「不能樂，於禮素」者，不達樂也。《樂記》所謂「禮粗則偏」者，不達禮也。傳此名者，傳樂名也。若倉頡之於書，后稷之於稼。

馬氏曰：「古之人與」，疑之之辭也。「古之人也」，審之之辭也。樂以禮爲實，禮以樂爲華。素者，質而無文之辭也。偏者，體也，一體不備，謂之不成人。偏者，有所未備之辭也。「傳於此名」，以言其聞望施於後世也。夔謂之偏，可也，謂之窮，不可也。言「傳於此名」者而卒之以「古之人」者，亦以其世之遠而疑其傳之者妄也。

山陰陸氏曰：古之人，不朽者也，言夔特以樂傳爾。《荀子》曰：「好樂者衆矣，而夔獨傳者，一也。」

石林葉氏曰：禮以致中，樂以致和。中

則無所偏倚，和則不執一也。素止於一色，故達禮而不達樂，則爲素。偏而不中，故達樂而不達禮，則爲偏。舜之命夔典樂，非謂其不達禮；命伯夷典禮，非謂其不達樂。蓋人之於道術，各致其一而精者則有矣。故舜之命官，因其精而任之也。謂夔不達於禮而爲窮，則伯夷亦不達於樂矣。爲舜之臣止於九官，必皆達於此而窮於彼，亦何以勝任乎？《傳》曰：「知樂則幾於禮。」禮樂之情，其相通如此，而謂達於此而窮於彼，固非也。

長樂陳氏曰：禮樂之道，未嘗不相爲表裏。一人而兼禮樂者，其古有德之成人歟？《語》曰：「文之以禮樂，亦可以爲成人矣。」蓋達於禮不達於樂，是直有質而無文以飾之也，君子謂之素。達於樂不達於禮，是失之沈湎，而無禮以正之也，君子謂之偏。夔雖達於樂而不達於禮，非不知制度、文爲也，謂之偏，可矣，謂之窮，可歟？觀夔教胄子以直寬剛簡之德，達之以温柔，戒之以無虐、無傲，則以樂禮教和，❶亦不過如此。子貢以爲窮，惡可哉？

慶源輔氏曰：達，如「君子上達」之「達」，謂窮盡其義而無不至也。

子張問政。子曰：「師乎！前，吾語女乎！君子明於禮樂，舉而錯之而已。」子張復問。子曰：「師，爾以爲必鋪几筵，升降，酌獻，酬酢，然後謂之禮乎？爾以爲必行綴兆，興羽籥，作鐘鼓，然後謂之樂乎？言而復之，禮也。行而樂之，樂也。君子力此二者，以南面而立，夫是以天下大平也，諸

❶「樂禮」，通志堂本、四庫本作「禮樂」，當是。

侯朝，萬物服體，而百官莫敢不承事矣。禮之所興，衆之所治也。禮之所廢，衆之所亂也。目巧之室，則有奧阼，席則有上下，車則有左右，行則有隨，立則有序，古之義也。室而無奧阼，則亂於堂室也。席而無上下，則亂於席上也。車而無左右，則亂於車也。行而無隨，則亂於塗也。立而無序，則亂於位也。昔聖帝、明王、諸侯辨貴賤、長幼、遠近、男女、外内，莫敢相踰越，皆由此塗出也。」三子者既得聞此言也於夫子，昭然若發矇矣。

鄭氏曰：錯，猶施行也。言禮樂足以爲政也。「衆之所治」，衆之所以治也。「衆之所亂」，衆之所以亂也。目巧，謂但用巧目善意作室，不由法度，猶有奧阼，賓主之處也。自「目巧」以下，古今常事，不可廢改。「昭然若發矇」，乃曉禮樂不可廢改之意也。

孔氏曰：力，謂勉力。「萬物服體」，服謂屈服，體謂形體，言飛、走、動、植來爲瑞應也。「目巧」，言但用目準視，巧思也。「古之義也」者，自古以來禮樂之意也。「由此塗出」者，言能使貴賤、長幼、男女殊別，外内莫敢踰越者，皆由此禮樂之道而出也。《爾雅》云「西南隅謂之奧」，奧之外有賓位，東階謂之阼，故鄭云「賓主之處」。

嚴陵方氏曰：「舉錯」，與《樂記》所言同義。蓋明於禮樂之道，然後能舉而錯之於政也。夫禮足以正人之身於外，樂足以正人之心於内。政者，正也。子張問政，孔子以是答之。《論語》曰：「禮云禮云，玉帛云乎哉？樂云樂云，鍾鼓云乎哉？」故此以不必鋪几筵之類，然後爲禮；行綴兆之類，然後爲樂也。「言而履之」，所謂踐言是也。「行而樂之」，所謂安行是也。力此二者，謂力行此禮樂而施於有政也。欲施於有政，非明於禮樂，而又有其位焉，固有所不可，故曰「以南面而立，夫是以天下大平也」。萬物者，萬事也。服體者，各服其體而不相侵也。「諸侯朝，萬物服體，百官莫不承事」，則大平之效也。夫禮者衆之紀，紀散而衆亂，則衆之治亂係乎禮之興廢而已。作室者工，而工有巧，巧之運存乎目，故曰「目巧之室」。紂之臣左强誇而目巧者以此。隅有奥，則尊者所處而别於卑；階有阼，則主人所歷而别於賓：所謂「室有奥阼」也。席或以南方爲上，或以西方爲上，所謂「席有上下」也。乘車之法，君在左，勇士在右，所謂「車有左右」也。「父之齒隨行」，「五年以長則肩隨之」，所謂「行有隨」也。天子南鄉而立，自公侯而下各有位焉，所謂「立有序」也。然則古人之禮至於如是者，豈徒從事於文爲哉？亦各有義存焉爾，故曰「古之義也」。踰、越皆過也。發矇者，若目不明，爲人所發，而有所見也。

石林葉氏曰：莫非政也，舉禮樂以錯諸彼，爲政之大者也。然事有緩急而所施有先後，故門人問政者衆矣，皆不及於禮樂。答子張以及此，豈因其爲色莊者乎？禮之數可陳也，其義則言而履之也。樂之文可設也，其實則行而樂之也。子張能莊而不能同，言行未必與禮樂稱也，孔子所以及此。若夫履其禮而達所履於天下，行其樂而達所樂於天下，則功成治定之時也，故南面立而天下大平。

萬物之在天下，凡具倫理者，莫不有禮。唯其廢興主乎人，則衆所由而治亂也。故一室、一席、一車、一行、一立，而幽明、上下皆有所辨，況貴賤、長幼、遠近之序，天理所具有哉！

延平周氏曰：《易》曰：「上天下澤，履，君子以辨上下，定民志。」又曰：「履，德之基。」蓋言禮則以其所履者爲主。《孟子》曰：「樂者樂斯二者，樂則惡可已。」蓋言樂則以其所樂者爲主。室之奥，席之上，車之左，行之前，立之東，陽也。室有阼，席有下，車有右，行有後，立有西，陰也。陰陽之辨者，古之禮也。以爲義者，禮從宜而起於義者也。

臨卭宋氏曰：《語》曰：「禮云禮云，玉帛云乎哉？樂云樂云，鍾鼓云乎哉？」與此經相爲表裏。蓋莫難於言而履之，行而樂之，謂其取成於我也。莫易於鍾鼓玉帛，謂其取成於物也。取成於物，若可觀矣，而非以致大平之道。必欲致大平，非取成於我不能也。

禮記集説卷第一百十九

禮記集説卷第一百二十

孔子閒居第二十九

孔氏曰：案鄭《目録》云：「名曰《孔子閒居》者，善其無倦而不褻，猶使一弟子侍，爲之説《詩》。著其氏，言可法也。退燕避人曰閒居。此於《别録》屬《通論》。」

長樂陳氏曰：閒居言《詩》，則先之以爲民父母，而繼之以三王之德。爲民則在於致五至而行三無，三王之德則在於奉三無私而先令聞。蓋有爲民父母之道，而後可以行三王之德。《洪範》曰：「天子作民父母，以爲天下王。」故其序如此。

孔子閒居，子夏侍。子夏曰：「敢問《詩》云『凱弟君子，民之父母』，何如斯可謂民之父母矣？」孔子曰：「夫民之父母乎。必達於禮樂之原，以致五至而行三無，以横於天下。四方有敗，必先知之，此之謂民之父母矣。」

鄭氏曰：凱弟，樂易也。原，猶本也。横，充也。敗，謂禍裁也。

孔氏曰：此篇子夏之問，大略有二：從此至「施于孫子」，問民之父母之事；自「三王之德」以下，問德何以參於天地，以終篇末。此《詩·大雅·泂酌》之篇，謂成王行樂易之德，爲民之父母也。五至三無，通幽達微，觀微知著，豫見禍害，使民免離，故爲民之父母。然四方有福，亦先知之，此主爲民除害，故舉「敗」言之。

藍田吕氏曰：禮樂之原，在於一心，致五

至、行三無，以横於天下，乃一心之用也。人心其神矣乎，「四方有敗，必先知之」，所以爲神也。君子之樂而易者，蓋以此也。是故能爲民父母也。

嚴陵方氏曰：禮有節，父道也。樂能同，母道也。五至由粗以入精，故曰「致」；三無自内以達外，故曰「行」。「横于天下」者，以是道廣被于天下也。「四方有敗，必先知之」，言其道又足以幾於神也。敗者成之對，不言成而止言敗者，蓋君子思患而豫防之，則敗尤在乎先知之故也。

長樂陳氏曰：凱者，喜也，樂之所由生也。弟者，順也，禮之所由生也。君子之於禮樂，豈他求哉？不過舉斯心措諸彼而已。然則不達禮樂之原，惡足爲民父母乎？蓋凱弟出於君子之德性，而禮樂皆得，所以謂之有德矣。然達於禮而不達於樂，君子謂之素，達於樂而不達於禮，君子謂之偏，爲其不達於禮樂之原故也。苟達禮樂之原，則致五至、行三無，以横於天下，自無不可矣。

又曰：五至者，君子之德。三無者，君子之道。五至言「至」，則知三無之爲大；三無言「無」，則知五至之爲有。五至以有而入於無，故繼之以不可得而見，不可得而聞。三無以無而入於有，故終之以施及四海，施于孫子。蓋其往反未嘗暫止於隱顯之間，是以哀樂必相生，則至於不可見聞。由不可見聞，至於充塞天地之大，由天地之大，則又至於三無，此爲民父母不可以不知也。

馬氏曰：凱以强教之則尊，弟以悦安之則親。尊則與父同敬，親則與母同愛。達乎禮樂之原者，蓋非特形名度數之粗，而中與和是也。中和之道，體之足以定，用之足以應。致之以治己，而所以治己者盡矣。行之以治人，而所以治人者盡矣。積而上之，至於先見之明、先知之神，皆中和之所致也。「致五至而行三無，以橫於天下」，所以養其善也。「四方有敗，必先知之」，所以去其不善也。養其善，去其不善，則爲民父母之道。

石林葉氏曰：愷則强教而使民尊之，父道也，故必達乎禮。弟則説安以使民親之，母道也，故必達乎樂。《孝經》言「教民親愛，莫善於孝」，而對「移風易俗，莫善於樂」。「教民禮順，莫善於弟」，而對「安上治民，莫善於禮」，亦此意也。

廣安游氏曰：致者，致之使來。行者，行之使達。清明在躬，志氣如神，則四方有敗，必先知之。蓋爲民父母，必知所以庇民。有敗而知之，則知所以備之。先事備敗，使害不及民，所以庇民也。庇民則可爲民父母矣。君子治心於杳冥之際，而達之以及於天下，則與天下爲慶善吉祥之福，使斯民富壽康寧。然則居乎斯民之上，非樂易之君子，孰爲之父母哉？

慶源輔氏曰：人而不仁，如禮何？人而不仁，如樂何？仁者禮樂之本原也。此非至仁而以天地萬物爲一體者不能。唯仁，故可以作民父母。

慈湖楊氏曰：禮樂之原即五至，五至即三無，三無即五起，五起即能先知四方之敗者。道不可言，孔子欲無言，不得已而有言。曰原足矣，何必言五至？五至多矣，又何必言三無？子夏沉溺於文藝之淵藪，斷非一語所能曉。敷而明之，曲而暢之，庶幾或觸其機也。又曰：孔子曰：「吾有知乎哉？無知也。」文王「不識不知，順帝之則」，子貢以爲「多學而識之」，聖人以爲非。孔子又曰：「天下何思何慮？」學者苟有意焉，夫子必曰毋；有必焉，必曰毋；有固焉，必曰毋；有我焉，必曰毋。微有意度，如雲氣之蔽太虚矣。四方有敗，安能知之？知四方之敗者，必其不識不知者也。孔子曰「不逆詐，不億不信，而亦自先覺」，何也？意慮不作，而本清本明之性自無所不照故也。此非口舌所能道也，此非思爲所能到也。

金華應氏曰：凱弟樂易，藹然有禮樂之象，而粹然有父母之心也。必達於禮樂之原，而後能充禮樂之用。横者，充塞而横流也。父母之心，惻怛豤至，❶而赤子痒痾疾痛，無纖髮不切於肌膚。四方萬里，微有禍敗，必先知之。蓋愛其民者切，慮其事者周，故不善之幾微萌牙者稍觸於吾身，則無不覺知焉。如此而後無愧於父母之名矣。

子夏曰：「民之父母，既得而聞之矣，敢問何謂五至？」孔子曰：「志之所至，詩亦至焉。詩之所至，禮亦至焉。禮之所至，樂亦至焉。樂之所至，哀亦至焉。哀樂相生。是故正明目而視之，不可得而見也。傾耳而聽之，不可得而聞也。志氣塞乎天地，此之謂五至。」

鄭氏曰：凡言至者，至於民也。志，謂恩意也。言君恩意至於民，則其詩亦至也。詩謂好惡之情也。自此以下，皆謂民之父母者，善推其所有，以與民共之。人耳不能聞，目不能見，行之在心也。塞，滿也。

❶「豤」，通志堂本、四庫本作「懇」。

孔氏曰：此經子夏問五至，孔子答以五至之理。此五者，君民同有，感之在心，外無形聲，故目不得見，耳不得聞。

藍田吕氏曰：「達於禮樂之原，以致五至而行三無」，則此兩者皆出於禮樂。故五至有曰「詩之所至，禮亦至焉，禮之所至，樂亦至焉」。三無有曰「無聲之樂，無體之禮」也。志者，心之所之也，心不之道，將何之矣？詩以道志者也，故曰「志之所至，詩亦至焉」。興於詩，則必至於禮，故曰「詩之所至，禮亦至焉」。立於禮，則必成於樂，故曰「禮之所至，樂亦至焉」。樂者，樂也。樂極則悲來，故曰「樂之所至，哀亦至焉」。哀樂相生者也。始乎志，猶十歲曰幼學也。終乎哀，猶百年曰期頤也。此五者視之不見，聽之不聞，而其志氣塞乎天地，可謂至矣。非達於禮樂者，不足以及此也。聽欲傾耳，視欲正目。「明」字衍也。

長樂劉氏曰：天子居上，而志在富壽其民也。皇作其極，而民享五福，則志至矣，又何加焉？民樂其富壽也，則舞蹈形，頌聲作，故曰「詩亦至焉」。詩至矣，又何加焉？富矣，庶矣，不教則亂。是故倫其人以五品，而序之以貴賤、親疏、尊卑、長幼、男女之别，朋友之義。四術之法行焉，則禮至矣，又何加焉？曰五品克遜，四術已明，俗正風純，王道極矣。無樂以將之，則不可以常久也。於是辨五聲，調六律，陳八音，興六樂，而《國風》、《雅》、《頌》歌之鄉人焉，歌之學校焉，歌之朝廷焉，歌之宗廟焉。聞之者以感以化，而久於其中矣，又何加焉？曰「樂極則哀生」，生窮則死至，古今之常道也。故爲之喪禮於上，而民知所以仁於死喪也。是以親親而仁民，仁民而恤物。物冒其恤，則哀至矣。聖人無爲於上也，而五者興於其民，莫不至乎其極也。爲民父母者，必基本於是焉。

横渠張氏曰：志至、詩至，有象必可名，有名斯有體，故禮亦至焉。

嚴陵方氏曰：志之所之，發乎聲。詩者，聲也，故曰「志之所至，詩亦至焉」。詩之所言，合乎法。禮者，法也，故曰「詩之所至，禮亦至焉」。禮之所用，貴乎和。樂者，和也，故曰「禮之所至，樂亦至焉」。樂之所極，存乎憂。哀者，憂也，故曰「樂之所至，哀亦至焉」。然陰陽之理，相爲倚伏，周而復始。哀既生於樂矣，則樂亦生於哀，故終之以「哀樂相生」也。五至若是，則夷而無象，視之不可見，希而無聲，聽之不可聞也。目當前，故曰正；耳在旁，故曰傾。希夷如此，則「志氣塞乎天地」，豈爲過哉？蓋志者心所之，氣者體之充。塞乎天地，則以言其彌滿而無間也。志之塞乎天地，由其持之以正而已。氣之塞乎天地，由其養之以直而已。《孟子》曰：「持其志，無暴其氣。」又曰：「以直養而無害，則塞乎天地之間。」亦謂是矣。

長樂陳氏曰：致五至而至於志氣塞乎天地，不亦大乎？行三無而至於施及四海，施于孫子，不亦遠乎？子夏可與言詩。至於門人事洒掃、應對、進退之末，是雖達詩人之意，未必達禮樂之原也。❶故孔子因其所問，而告之以致五至，行三

❶「必達」，通志堂本、四庫本作「達於」。

無，反覆以詩明之。蓋所以長其善、救其失也。然言五至，禮必先樂，言三無，樂必先禮，何也？曰五至爲粗矣，致之必自此以至妙，故先乎禮。三無爲妙矣，行之必自此以之粗，故先乎樂。　又曰：樂者，樂也。樂則爲陽，哀則爲陰。樂極則至於哀，哀極則至於樂。哀樂者人之所不能免，猶之陰陽者，天道所不能無也。夫惟明於「哀樂相生」之不窮，則哀復於無哀而樂復於無樂矣。《孟子》言「塞乎天地」者，主乎氣；❶此言「塞乎天地」，則兼於志，何也？蓋志之爲物，常先於氣，而爲氣之帥。氣之爲物，常後於志，而爲志之用。《孟子》言「持其志，無暴其氣」，又曰「直養而無害」，則氣之所以塞乎天地者，豈非志哉？

廣安游氏曰：志也，詩也，禮也，樂也，哀也，相因而生，相尋而至者也。詩猶情也，情動於中而爲喜怒哀樂。詩者，喜怒哀樂之動而成章者也。故「志之所至，詩亦至焉」。情動於中而禮隨至以爲節，故禮亦至焉。節之以禮而誠心樂之，然後可以持久而不厭，故樂亦至焉。樂猶自樂也，哀猶慈哀也。自樂於己而無慈哀卹物之心，君子之所病也，故哀亦至焉，言在己有以自樂，而於天下有所不忘也。《易》曰：「知至至之，可與幾也。」君子之於道，於其所當至者隨而至焉，當其所感，而其所當應者隨之而至，此聖功也。志至而詩不至，則情有所感，而喜怒哀樂失其和也。詩至而禮不至，則爲情所勝而無節矣。禮至而樂不至，則久而厭矣。

❶「主」，通志堂本、四庫本作「專」。

樂至而哀不至，則不仁矣。故此五者必有以致之而後可也。是功也，治心於屋漏之際，致謹於杳冥之中，雖明目傾耳，不可得而見聞也。

馬氏曰：五至者，治己之事也。治己莫如志，故以志爲先。在心爲志，發言爲詩，故「志之所至，詩亦至焉」。興於詩，則可與言。言而履之，禮也，故「禮亦至焉」。立於禮，則可以行。行而樂之，樂也，故「樂亦至焉」。治己至於樂，則治之至也。治己之至，則人所憂，不可不憂，故「樂之所至，哀亦至焉」。哀者有出而與民同患之意也。哀樂相生，自然之勢也。哀樂相生，妙道也。道之妙，則以聲色求之，其意愈遠矣。志氣充於中，則其精神與天地往來，而俯仰之間無所愧怍，故曰「志氣塞乎天地，此之謂五至」。

山陰陸氏曰：興於詩，立於禮，成於樂，漸次之序若此。五至言頓至也，一事妙，五事俱妙。

慶源輔氏曰：詩之所言，止乎禮義，故曰「詩之所至，禮亦至焉」。言之不足，則繼之以永歌舞蹈，故曰「禮之所至，樂亦至焉」。樂極則哀，喜必有怒，故曰「樂之所至，哀亦至焉」。自心之所發而至於哀樂相生，其理雖洋洋然如在其上，如在其左右，然非耳目可得而見聞也。雖非耳目可得而見聞，而志氣則充塞乎天地，此又指其體而言之也。

慈湖楊氏曰：何謂至？人皆有心，心即志，志即至，無所復至。倏然而思，思無所起，思而又思，思無所止。人自以爲止，所止者何所？厥思亦何物？執之而無得，視之而無睹。由志而爲詩，詩亦然也。發於禮儀，❶禮亦然也。於是乎樂生，不知手之舞，足之蹈，則樂亦然也。人情豈能終月樂，終年樂？亦有哀焉。有所惻焉則哀，有所傷焉則哀。或哀焉，或樂焉，哀樂相生，其變萬狀。於戲！至哉！孔子曰：此雖使正明目而視之，不可得而見也；傾耳而聽之，不可得而聞也。哀雖至於哭顔淵慟矣，而不自知。樂雖至於孟子喜而不寐，亦不可見，不可聞也。哀樂必有物，非不可見也。哭笑必有聲，非不可聞也。而聖人斷然曰「不可見」、「不可聞」。衆人之哀樂，皆不可見，不可聞也，而衆人自以爲可見、可聞也。哀與樂，名也。聞與見，亦名也。惑其名者，失其實也。志即詩，詩即禮，禮即樂，樂即哀。志氣即天地，謂之充塞，非過論也。謂天地合德可也，謂範圍天地可也，其曰「充塞」，乃因人心狹固，井蛙不可以驟語海，姑爲是言也。詩與禮、與樂類也，忽繼之以哀，何也？深明夫一體無二。縱而言之，錯而論之，無不可者。又曰：孔子曰「樂之所至，哀亦至焉」，未有相生之言也，而亦曰至者，何耶？至即不可見，不可聞。彼惟不知可見即不可見，可聞即不可聞，故棄粗而求精，棄一而求二。

金華應氏曰：五至、三無，其目雖多，不出禮樂二者而已。其曰哀者，蓋禮樂之充積，而樂易不忍之心惻然自生。而五至所謂志與詩者，特其感發之始，而可以遡禮樂之原耳。其機交相貫通，而觸之則應。謂之至者，蓋周流乎精神之運者

❶「發」上，通志堂本、四庫本有「蓋」字。

也。其本極爲深潛，而索之無有。謂之「無」者，蓋超乎形迹之表者也。

子夏曰：「五至既得而聞之矣，敢問何謂三無？」孔子曰：「無聲之樂，無體之禮，無服之喪，此之謂三無。」子夏曰：「三無既得略而聞之矣，敢問何詩近之？」孔子曰：「『夙夜其命宥密』，無聲之樂也。『威儀逮逮，不可選也』，無體之禮也。『凡民有喪，匍匐救之』，無服之喪也。」

鄭氏曰：子夏於意未察，求其類於詩。詩長人情也。《詩》讀「其」爲「基」。基，謀也。密，静也。言君夙夜謀爲政教以安民，則民樂之，此非有鍾鼓之聲也。逮逮，安和之貌也。言君之威儀，安和逮逮然，則民傚之，此非有升降揖讓之禮也。救之，賙卹之，言君於民有喪，有以賙卹之，則民傚之，此非有衰絰之服。

孔氏曰：此一節子夏問「三無」，夫子答以「三無」。子夏更問「何詩近之」，夫子答以所近之詩，以開子夏之意。此三者皆謂行之在心，外無形狀，故稱「無」也。「夙夜其命宥密」，此《周頌·昊天有成命》之篇。夙，早也。夜，暮也。基，始也。命，信也。宥，寛也。言文、武早暮始信順天命，行寛弘仁静之化。今此以「基」爲「謀」，謂早夜謀爲政教於國，民得寛和寧静，故喜樂之。「威儀逮逮」，此《邶風·栢舟》刺衛頃公之詩。言仁人不遇，其威儀安和，不可選數。「凡民有喪」，此《詩·邶風·谷風》之篇，婦人怨夫棄薄之辭。言凡人之家有喪，此詩謂人君。❶

❶ 「詩」，通志堂本、四庫本作「記」。

橫渠張氏曰：禮非止著見於外，亦有無體之禮，蓋禮之原在心。

藍田呂氏曰：先儒謂此三者皆行之在心，外無形狀，故稱「無」也。蓋樂必有聲，其無聲者，非樂之器，乃樂之道也。禮必有體，其無體者，非禮之文，乃禮之本也。喪必有服，其無服者，非喪之事，乃喪之理也。則此三者，行之在心。外無形狀可知也。無聲之樂，和之至者也。無體之禮，敬之至者也。無服之喪，哀之至者也。子夏雖聞此言，而未深通，以詩人之道長於人情，故問「何詩近之」，蓋欲通其倫類也。「夙夜基命宥密」，命者，君之所出，以施于臣民也。基者，謀始也。宥者，廣容也。密者，精察也。文、武之王，基命宥密，夙夜不息，樂之者也。此近於無聲之樂也。「威儀逮逮，不可選也」，逮，本作「棣」，言其威儀富而閑習，如棣之華萼，光輝相逮，不可選擇，皆盡善也。此於五禮，初無定體，是謂「無體之禮」也。「凡民有喪，匍匐救之」，其於喪者，初無正服，是之謂「無服之喪」也。

長樂陳氏曰：夫有聲之樂，有體之禮，有服之喪，文也。無聲之樂，無體之禮，無服之喪，情也。有其文未必盡其情，有其情無所事乎文，此三無之所以爲天下貴也。蓋宥則寬而不迫，密則静而不發。寬而不迫則無憂，静而不發則常樂，此其所以爲無聲之樂也。威儀之可畏、可象，則不離於有體，至於逮逮而不可選，則歸於無體，此其所以爲無體之禮也。凡民於己則無服，匍匐救之則爲喪，此其所以爲無服之喪也。

嚴陵方氏曰：宥則寬以致和，密則深而

能静，威則有威可畏，儀則有儀可象。夫寬以致和，所以爲樂也。然深而能静，則爲無聲焉。威儀逮逮，所以爲禮也。然不可選，則爲無體焉。匍匐救之，所以爲喪也。然凡民而已，則爲無服焉。夫三無之道，豈止是哉？《詩》之所言，亦近之而已。且聲固足以爲樂矣，然所以爲樂者，不在乎聲。體固足以爲禮矣，然所以爲禮者，不在乎體。服固足以爲喪矣，然所以爲喪者，不在乎服。此三無所以爲道之貴也。《莊子》曰：「鍾鼓之音，羽旄之容，樂之末也。」禮法、度數、刑名，此詳治之末也。❶哭泣、衰絰、隆殺之服，哀之末也。古之人未嘗不以無爲本，以有爲末焉。以威儀無可擇，故曰「不可選也」。

馬氏曰：三無者，所以治人。無聲之樂，和也；無體之禮，中也；無服之喪，哀也。「夙夜基命宥密」，則和之至也，而未始有聲。威則可畏，儀則可象。威儀發於己，乃其德之隅也。以威儀之多，所以爲無體之禮也。凡禮之所謂體者，亦見於形名、度數之間而已。「匍匐救之」者，哀之至也，而未嘗有服，故謂之「無服之喪」也。

山陰陸氏曰：孔子言「無」，異乎《老子》所謂「無」也。故曰「無聲之樂」，「無體之禮」，「無服之喪」，此之謂三無。於此言略而聞之，蓋商未喻也，是以問其象類於詩。至意難喻，言有不能盡。則所謂「『夙夜基命宥密』，無聲之樂也」，引之以況至意而已，非以喻無聲之樂盡於此也。「無體之禮」，「無服之喪」倣此。變「基」

❶「此」，原作「比」，今據通志堂本、四庫本改。

言「其」，基之矣，故能其之也。紂曰「我生不有命在天」，異是矣。以「逮」易「棣」，著棣，❶逮也。

廣安游氏曰：文王夙夜基周家之命於寬廣静密之地，此陟降在帝左右，與天爲徒之時也。與天爲徒，天下之樂孰大於此？非無聲之樂耶？禮不在升降揖讓之間，而在和而不可選擇之際，非無體之禮耶？「凡民有喪，匍匐救之」，言其慈哀，以仁存心也。仁存於心之精微之地，非無服之喪耶？

慶源輔氏曰：古人所引《詩》，各以其意之所取而言之，蓋不必同也。讀者各隨其事以觀之，而不以辭害意焉，則得之。「夙夜其命宥密」，則無時不和。「威儀逮逮，不可選」，則無動而不節。「凡民有喪，匍匐救之」，則哀不必見於服也。

慈湖楊氏曰：樂未嘗無聲，必曰「無聲」，非無聲也，即聲也。禮未嘗無體，必曰「無體」，非無體也，即體也。喪未嘗無服，必曰「無服」，非無服也，即服也。唯人徒執其聲，故曰「無聲」；徒執其體，故曰「無體」；徒執其服，故曰「無服」。無聲，天下之至實也，而徇名與聲者惑之。聖人曰「無聲」，所以破學者牢不可破之定見也，非以無聲爲定論也。又慮學者無從而求之，使窮其本始。得其始，則得其終矣。曰「基命」，所以原始也。無聲之樂，日聞四方。果日聞四方矣，無聲即聲，無體即體，無服即服，無本末，無精粗。威儀實無體，其曰「不可選也」，是誠不可選也。「凡民有喪，匐匍救之」，是固

❶「著」，通志堂本、四庫本作「者」，屬上讀。

無服之喪也，即齊斬功緦之道也。於父斬衰，於母齊衰，兄弟期降而功緦，哀誠有等差，皆一心之爲也。❶即匍匐救喪之心，以喪其親，則爲齊斬，爲擗踊，爲毁瘠，一也。非人之所爲也，天也。天即人，人即天地，即日月，即四時，即鬼神，即禮樂之原。原無所本，亦無所末。本末之名，因人心而生，本末之實，不以人心而異。❷

子夏曰：「言則大矣，美矣，盛矣！言盡於此而已乎？」孔子曰：「何爲其然也？君子之服之也，猶有五起焉。」子夏曰：「何如？」孔子曰：「無聲之樂，氣志不違；無體之禮，威儀遲遲；無服之喪，内恕孔悲。無聲之樂，氣志既得；無體之禮，威儀翼翼；無服之喪，施及四國。無聲之樂，氣志既從；無體之禮，上下和同；無服之喪，以畜萬邦。無聲之樂，日聞四方；無體之禮，日就月將；無服之喪，純德孔明。無聲之樂，氣志既起；無體之禮，施及四海；無服之喪，施于孫子。」

鄭氏曰：言盡於此乎？意以爲説未盡也。服，猶習也。君子習讀此詩，起此之義，其説有五也。不違者，民不違君之氣志也。孔，甚也。施，易也。從，順也。畜，孝也，使萬邦之民競爲孝也。就，成也。將，大也。使民之傚禮，日有所成，至月則大矣。起，猶行也。

孔氏曰：此一節子夏既聞「三無」，意以説義未盡，孔子更爲説三無猶有五種起發之事。「何爲其然」，然，猶如是，言何

❶「之爲」，通志堂本、四庫本作「爲之」，是。
❷「不」下，通志堂本、四庫本有「可」字。

爲如是盡也。言其義猶未盡。此以下五節，從輕以漸至於重。初言不違民，但不違君之志氣而已。二云氣志既得者，言君之志氣得於下。三云既從，民所從也。四云日聞四方，及於遠也。五云「既起」，是興起也。是從微至著。初時「威儀遲遲」，但舒遲而已。二則翼翼而恭敬。三則上下和同，無不從也。四則日就月將，漸興進也。五則施及四海，所及遠也。初則「内恕孔悲」，謂親族之内悲哀，其處近也。二則「施及四國」，所被遠。三則「以畜萬邦」，皆爲孝也。四則「純德孔明」，益甚也。五則「施于孫子」，垂後世也。

藍田吕氏曰：子曰：「起予者，商也，始可與言詩已矣。」謂能起其意也。君子服習近於三無之詩，能起其意者，猶有五焉，則所言固未盡也。無聲之樂在於氣志，無體之禮在於威儀。氣志與物不違，則固樂矣。於理既得，則尤樂矣。於道既合，則愈樂矣。然則雖曰無聲，日聞四方矣，是故天下樂之。氣志既起也，威儀和而緩，則無急迫之態矣。敬而肅，則無怠慢之容矣。上下同和，則無乖異之變矣。然則雖曰無體，而小者日就，大者月將矣，是故一人行之，施及四海也。若夫無服之喪，本由「内恕孔悲」，則視人之喪猶己之喪也。既推是心，施及四國，必由是道以畜萬邦。厥今純德孔明，其後施于孫子，此仁之至也。氣志既充，威儀既備，而篤於仁，然後三無、五起之義可得而盡矣。

嚴陵方氏曰：大言光輝于外，美言充實于内，盛言無以有加，盡言無有餘藴，起言有加而無已。無聲之樂，始以氣志不違者，言内無所戾也，故繼之以「氣志既得」。得之於身，則人從之，故繼之「氣志既從」。人從之，則聲聞于外，故繼以「日聞四方」。日聞不已，則方興而未艾，故繼以「氣志既起」。無體之禮，始以威儀遲遲者，言緩而不迫也。緩或失之怠，故繼之「威儀翼翼」。威儀得中，則無乖離之心，故繼以「上下和同」。人無乖離，則久而愈大，故繼以「日就月將」。久而愈大，則不特施于近，又可以及遠，故終以「施及四海」。無服之喪，始之以「内恕孔悲」，言以其仁存心也。仁者愛人，故繼之以「施及四國」。以仁及人，則所養者衆，故繼之「以畜萬邦」。所養者衆，則其德發揚于外，故繼之以「純德孔明」。德既發揚于外，則澤足以被後世矣，故終之以「施于孫子」。

馬氏曰：「志氣不違」，志與氣交養於中，而無所逆。不違未至於既得。得者，得中也。既得未至於既從。從者，橫心之所念而無所拂也。由不違至於既從，則實成於己，未見其名聞於人，故繼之以「日聞四方」，四方者，有所聞而已，未見其有所行，故卒之以「氣志既起」，樂其有以發於外也。「無體之禮，威儀遲遲」，言其舒而可愛也。「威儀翼翼」，言其敬也。上下和同，則愛與敬兩得之。無服之喪，始於「内恕孔悲」，所謂視民如傷也。内恕孔悲，則哀在於心而未形於外，故繼之以「施及四國」，繼之「以畜萬邦」。由「内恕孔悲」至於「以畜萬邦」，則其德明於天下，故繼之以「純德孔明」。至於「純德孔明」，德及於當世而已，未見其澤流於後世也，故卒之以「施于孫子」。凡此皆先後淺深之序也。樂由中出，故無聲之樂以志氣爲先；禮自外作，故無體之禮以威儀爲先。哀則生於心也，故無服之喪以内恕爲先。

山陰陸氏曰：「猶有五起」，孔子之言，所以進商也。董仲舒曰：「勉强行道，則德日起而大有功。」不違，非所謂德。「既得」，在我而已。「既從」，有在彼者也。「日聞四方」，又非特「既從」而已。「氣志既起」，至矣。《詩》曰「如日之升，如月之恒，不騫不崩」，此之謂也。「内恕孔悲」，主近以言。「施及四國」，四國遠矣。「以畜萬邦」，萬邦又遠矣。「純德孔明」，遠而不純，純而無以垂後，尚非其至也。能莊而不能同，能同而不能和，非成德也。「日就月將」，言雖如上所謂，猶不已也。「施及四海」，至矣。是之謂五起。他倣此。「無聲之樂」，「無體之禮」，「無服之喪」，無所不在，故「氣志既得」亦是，「氣志既從」亦是，「威儀遲遲」亦是，「威儀翼翼」亦是，「内恕孔悲」亦是，「純德孔明」亦是。故曰「道烏乎在，曰無所不在」。

石林葉氏曰：樂以志爲體，以氣爲用。志與氣不相違，然後得於心，則氣志從矣。氣從志則有主於内，日聞四方則有動於外，動於外則人之志氣起，此所以爲樂之終。禮之緩則遲遲，速則翼翼。緩速既得其節，則上下和而無間。無間，則「日就月將」而不已，則「施及四海」矣，所以爲禮之終也。喪以仁爲主，「内恕孔悲」，則仁愛具於中。仁及則其德明而可施於無窮，故「施于子孫」，❶所以爲喪之

❶「子孫」，通志堂本、四庫本作「孫子」。

終也。

延平周氏曰：無聲之中，獨有樂焉，至樂也。無體之中，獨有敬焉，至敬也。無喪之中，獨有哀焉，至哀也。至樂不離乎氣志，而「氣志既起」者，至樂之終也。至敬不離乎威儀，而「施及四海」者，至敬之終也。至哀不離乎内恕，而「施于孫子」者，至哀之終也。

慶源輔氏曰：子夏因《詩》以識其意，故贊其言之盛大如此。雖然，義理無窮，不敢以爲盡也，故爲疑端，以發夫子之言。然則商可與言《詩》，蓋不特見於禮後之問，前所云是其大概耳。咏歌其詩，可以識其體矣，然服而行之，則其次第興起又有五焉，此所言是也。「氣志不違」，則持其志，無暴其氣矣。「氣志既得」，則志帥氣而氣充乎體矣。「氣志既從」，則養而無害。「日聞四方」，則塞乎天地之間矣。❶「氣志既起」，則配義與道無是餒也，合乎沖漠之氣象矣。歷是五起，則知「夙夜其命宥密」之詩，真足以爲無聲之樂矣。「威儀遲遲」，則閑習而不迫也。「威儀翼翼」，則敏給而不惰也。「上下和同」，則效乃見於外。「日就月將」，則理益進於中。「施及四海」，則四達而不悖矣。歷是五起，則知「威儀棣棣，不可選也」之詩，真足以爲無體之禮矣。「内恕孔悲」，則惻隱之生於心也。「施及四國」，則仁心之達於外也。「以畜萬邦」，則達於外者益廣而有以成物矣。「純德孔明」，則存于内者益大而充實光輝矣。

❶「間」，原作「聞」，今據通志堂本、四庫本改。

「施于子孫」，❶則純亦不已，萬古一息而不可以限量言矣。歷是五起，則知「凡民有喪，匍匐救之」之詩，真足以爲無服之喪矣。

慈湖楊氏曰：子夏聞「三無」之論，曰：「言則大矣，美矣，盛矣，言盡於此而已乎？」是子夏未領吾聖人之旨也。聖人之旨，非美盛所可得而言也，亦非言所可得而盡也。故孔子又啓之曰：「君子之服之也，又有五起焉。」服而念之，暢而明之，五起非有五者之不同也。縱而言之，錯而論之，無不可者。「無聲之樂，氣志不違」，氣志即樂，匪異匪違。「無體之禮，威儀遲遲」，威儀遲遲，不可度思。「無服之喪，内恕孔悲」，其恕，其悲，孰得而知？「無聲之樂，氣志既得」，得匪有得，亦匪無得。「無體之禮，威儀翼翼」，威儀翼翼，順帝之則。「無服之喪，施及四國」。三者一旨，三者一德。「無聲之樂，氣志既從」，何異何同？昭明渾融。「無體之禮，上下和同」，此敬此恭，何所不通？「無服之喪，以畜萬邦」，有安無危，有福無殃。「無聲之樂，日聞四方」，人皆聞之，而曰不知。「無體之禮，日就月將」，不勉不强，從容有常。「無服之喪，純德孔明」，皜皜精白，禮樂同情。「無聲之樂，氣志既起」，斯起即止，變化不已。「無體之禮，施及四海」，此道大通，無遠弗届。「無服之喪，施于孫子」，禮亦如此，樂亦如此。三王之德如此，天地之德，日月之明如此。

子夏曰：「三王之德，參於天地，敢問何如

❶「子孫」，通志堂本、四庫本作「孫子」，是。

斯可謂『參天地』矣?」孔子曰：「奉三無私，以勞天下。」子夏曰：「敢問何謂『三無私』?」孔子曰：「天無私覆，地無私載，日月無私照。奉斯三者，以勞天下，此之謂『三無私』。其在《詩》曰：『帝命不違，至于湯齊。湯降不遲，聖敬日齊。昭假遲遲，上帝是祗，帝命式于九圍。』是湯之德也。

鄭氏曰：三王，謂禹、湯、文王也。「參天地」者，其德與天地爲三也。勞，勞來也。帝，天帝也。《詩》讀「湯齊」爲「湯躋」。躋，升也。降，下也。齊，莊也。昭，明也。假，至也。祗，敬也。式，用也。九圍，九州之界也。此《詩》云殷之先君，其爲政不違天之命，至於湯升爲君。又下天之政教甚疾，其聖敬日莊嚴，其明道至於民遲遲然安和，天是用敬之，命之用事于九州，謂使王也。「是湯之德」者，是湯奉天無私之德也。❶

孔氏曰：自此至「大王之德」一節，子夏問「三王之德參天地」，夫子答以「三無私」之事，并明湯及文、武三代大王之德。《詩·商頌·長發》之篇，美成湯之辭。詩之本註言天帝命此殷家世世行之不違，❷至於成湯，乃與天心齊。湯降下賢士，能速疾不遲。昭假，假，暇也。湯以昭明寬暇天下之士，心遲遲然舒緩。天於是敬愛之，命之用事於九州爲天子也。此《記》註意與《詩》註稍殊。

藍田吕氏曰：德可爲民父母，固已至矣，又進而大之，則參於天地，其道要在無私而已矣。天無私覆，地無私載，日月無私

❶「天」，原作「夫」，今據通志堂本、四庫本改。
❷「帝命」，原作「命帝」，今據通志堂本改。

照，奉斯三者以勞天下，則是其德與天地參矣，是故王道莫大於無私也。先儒讀「至于湯齊」爲「躋」，《詩》本如字。又讀「聖敬日齊」爲「齊」，《詩》本作「躋」，當以本文爲正。帝之命殷，不相違戾，以至于湯，而皆齊一。湯之屈己下士，敏疾不遲，故其聖敬日以升進。然其昭顯假至于天，未嘗汲汲然，凡以致天命而已，是故天命用事于九圍也。湯之德如此，所以能參於天地也。

嚴陵方氏曰：彼兩而我三之之謂參。天立乎上，地立乎下，人則立乎中，所謂「參天地」者，如斯而已。曰「三王之德」，又以見非其德則不足以有所立也。且立德以居體，固已能參之矣。至於興事以致用，又有在乎奉之焉。天地者，陰陽之體；日月者，陰陽之用。方其參之以居體，則止以天地爲言。及其奉之以致用，故兼之以日月也。其曰「以勞天下」，則其爲致用可知矣。子路問政，子曰：「先之勞之。」又曰：「愛之，能勿勞乎？」皆「勞天下」之謂也。且以力營事曰勞。勞天下，所以營事而造業也。曰「勞天下」，則與在宥天下者固有間矣。夫天之運轉，地之生育，日月之升降，變化不停，可謂勞矣。爲天下者得不奉斯三者以勞之乎？雖然，勞之而已，苟有私焉，人得無怨乎？故其所奉者，主於無私也。天之高也，凡在下者無不覆，故曰「無私覆」。地之厚也，凡在上者無不載，故曰「無私載」。日月之明也，凡容光者無不照，故曰「無私照」。《詩》之所言，是湯奉天無私之德也，而不及地與日月者，舉大以該之也。言湯而不及禹與文、武者，舉中以該之也。

石林葉氏曰：所謂「參」者，即《易》之所謂「合」也。德合於天地，則其明必合於日月，故曰「奉三無私，以勞天下」。「帝命不違」，先天者也。「至于湯齊」，後天者也，「湯降不遲」，下人者也。聖敬日躋，人尊之也。惟其下人而人尊之，故「昭假遲遲」。惟其先天而不違也，故「上帝是祗」，則命式之以九圍，亦順乎人也。

馬氏曰：聖人無私，故能成其私。

慶源輔氏曰：勤勞於天下，無私之大者也。禹之治水，湯、武之征伐，又勤勞之大者也。無私之理，一而已，而見於致用者不同。廣言之者，欲體之者之易也。止於三者，以是三者顯而易知也。《詩》之言湯，其義廣也，今取以證「奉三無私，以勞天下」，如此然後可謂不以文害辭，不以辭害意。下所引《詩》皆同。

山陰陸氏曰：「帝命不違，至于湯齊」，正湯之詩也，故曰「是湯之德也」。「嵩高惟嶽，峻極于天」，非文、武之詩也，故曰「此文、武之德也」。「弛其文德，洽此四國」，非大王之詩也。然大王於此猶有未優，故曰「大王之德也」。三代之德倣此。蓋言三代，則非止禹、湯、文、武。

金華應氏曰：《商詩》言先世積德之盛，帝命相應而不違，至于湯而氣數適與之齊，故湯生於此時而不遲也。降，猶自天而降也。湯雖應運不遲，而惟急於日新之德，其昭著感假，遲遲不迫，惟帝是敬，故帝命之，以爲法於天下也。是其奉天而無私心也。

「天有四時，春秋冬夏，風雨霜露，無非教也。地載神氣，神氣風霆，風霆流形，庶物露生，無非教也。

鄭氏曰：言天之施化收殺，地之載生萬物，此非有所私也。「無非教」者，皆人君所當奉行以爲政教。

孔氏曰：此經論天地無私，聖人則之以爲教。風霆，霆，雷也。地以神氣、風雷之等流布其形，衆物感此神氣風霆，露見而生。神氣風霆，天地共有，但氣從地出，又風著於土，雷出於地，故偏繫於地。春、秋、冬、夏，是天之神氣也。

横渠張氏曰：窮理乃所以爲學也。舉一物皆有所從來，無非自大原中出，常存諸心，與己一本，故可以盡性命之理。孔子謂：「天有四時，春夏秋冬，風雨霜露，無非教也。地載神氣，神氣風霆，風霆流形，品物露生，❶無非教也。」夫天地變化，昭昭示人於覆載之間，人莫不見之，然未有能窮其理，安於不知，冥冥以死。謂之教者，使之感發開悟人也。但其理儘有易學，雖不可卒然亟盡，姑熟玩衆理，驗之以聞見，會歸既久，一日沛然，左右逢原，必心得而後已，故窮神知化，爲德之盛。天道至教，凡見於造化者皆糟粕，❷然無非教者。

藍田吕氏曰：此衍「神氣風霆」四字。蓋天有四時，運行於上，地載神氣，動作於下。「春夏秋冬，風雨霜露」，所以釋「天有四時」也。「風霆流形，庶物露生」，所以釋地載神氣也，衍此四字可知也。春秋執生殺之機，冬夏極陰陽之用，風雨霜露施于庶物者，皆可取法，無非教也。風

❶「品」，通志堂本、四庫本作「庶」，是。
❷「粕」，通志堂本、四庫本作「糠」。

之動蕩，霆之震耀，流形于下，化育庶物，使皆呈露發生者，亦可取法，無非教也。然風霆猶風雨，皆神氣也。降於天，載於地，以成化育者也。獨於地言之，則以流形而可見也。

慈湖楊氏曰：「天有四時，春秋冬夏，風雨霜露」，寂然渾然，其教我也昭然。自地而上，莫非神氣。神氣之可指者如風霆，風霆作而芽甲形。庶物露生，寂然渾然，其教我也昭然。其在我也，爲百骸九竅，爲視聽言動，爲氣志嗜欲，寂然渾然，又何其清明，又何其如神也。即人即神，姑曰如神。何以驗其神？宣王未出而臨涖天下也，而嶽先降神，生甫及申，何爲其神至於此？道通爲一，其心甚神。子思曰：「大哉！聖人之道，洋洋乎發育萬物。」萬物，聖人實發育之也。天者宣王之高明，地者宣王之博厚，山川宣王之流峙，雲雷風雨宣王之震動散潤，嵩嶽宣王之嵩嶽，申甫宣王之申甫。在古不爲先，在今不爲後，渾然、寂然、昭然，不澄治而常清，不思慮而常明。

嚴陵方氏曰：天以氣運乎上，故其教以四時爲主。地以形成乎下，故其教以庶物爲主。言天之四時，則其序先於「風、雨、霜、露」者，四時以「風、雨、霜、露」爲之用故也。言地之庶物，則其序後於「神氣風霆」者，庶物以「神氣風霆」爲之體故也。且四時之在天，一往一來，莫不有先後之序，盈虛之數。庶物之在地，一動一植，莫不有小大之别，多少之分。則聖人之設教，豈能舍是哉？故曰「無非教也」。神氣者，天氣也。及其下降而得地載之，故曰「地載神氣」。神氣散而爲風，薄而爲霆，故曰「神氣風霆」。風霆流行而成形，故曰「風霆流形」。形成而後物生可見，故曰「庶物露生」。夫風之行也，植物之甲者莫不拆；霆之震也，動物之蟄者莫不蘇，則「庶物露生」於此可見矣。若雨露莫不物資以生，然止以風霆言之者，以風霆無方而莫測，尤爲氣之神故也。《易》曰：「鼓之舞之，以盡神。」楊子曰：「鼓舞萬物，其雷風乎？」蓋以是也。

馬氏曰：天主於施，而「春秋冬夏、風雨霜露」所以施也。地主於生，而「神氣風霆，風霆流形，庶物露生」所以生也。所以爲教在其中。

慶源輔氏曰：天地之間，物各有理，人能體之，皆有得於己，是又不特奉三無私而已。凡四時六子，昆蟲草木，無非教也。又反而求之於一身，「清明在躬，氣志如神，嗜欲將至，有開必先」，則是理固存於我矣，蓋有不必求之於外者。「天降時雨，山川出雲」，此又明是理所在，天地人物，無異致也，故引《嵩高》之詩以證之。十亂之生，豈非天地之所以賚文、武者乎？故曰「周有大賚，善人是富」。

金華應氏曰：是篇論禮樂之原，至深至遠，而實以志氣爲之主。始言「塞乎天地」，末言「志氣如神」，則充養之妙而無間也。《孟子》所謂「以直養而無害，則塞乎天地之間」者也。其中論五起，而反覆以志氣爲言，蓋持養用功者，不一而足也。《孟子》所謂「持其志，無暴其氣」者也。夫子發其端而未究，孟子闡其祕而無餘，其源流深哉！

「清明在躬，氣志如神。耆欲將至，有開必先。天降時雨，山川出雲。其在《詩》曰：

『嵩高惟嶽，峻極于天。惟嶽降神，生甫及申。惟申及甫，惟周之翰。四國于蕃，四方于宣。』此文、武之德也。」

鄭氏曰：「清明在躬，氣志如神」，謂聖人也。「耆欲將至」，謂其王天下之期將至也。神有以開之，必先爲之生賢知之輔佐。若天將降時雨，山川爲之先出雲矣。峻，高大也。翰，幹也。言周道將興，五嶽爲之生賢輔佐，仲山甫及申伯爲周之幹臣，天下之蕃衛，宣德于四方，以成其王功。「此文、武之德也」，是文王、武王奉無私之德。此宣王詩也，文、武之時，其德如此，而《詩》無以言之，取類以明之。

孔氏曰：此一節明周文、武之德，言清静顯著之德在身，氣志變化妙如神也。《詩·大雅·崧高》之篇，崧然而高，惟是五嶽，其形峻至於天，降此神靈和氣而生甫侯及申伯也。文、武所得賢臣，唯爲四方蕃屏，及四方宣揚威德，不私爲己，是奉大無私之德也。案《詩》甫侯謂吕侯也，穆王時「訓夏贖刑」，與申伯俱出伯夷之後，掌嶽祀有功，故嶽神輔助宣王，爲生申、甫。又《詩·烝民》稱仲山甫之賢，與《崧高》「生甫及申」全别。蓋此鄭註在前，故以甫爲仲山甫。在後箋《詩》，始得《毛傳》，知甫侯、申伯同出伯夷，故與《禮》别也。

横渠張氏曰：「清明在躬，氣志如神」，此言聖人也。耆欲，猶言福祥也。❶ 雨之將作，山川須出雲，蓋一氣耳。

藍田吕氏曰：清而明者，天之德也。以

❶「福祥」，通志堂本、四庫本作「祥福」。

天德在躬，故「氣志如神」。《孟子》曰「中天下而立，定四海之民，君子樂之」。所謂耆欲將至，則有開於興王，必先以生賢。有開於興王，譬猶天降時雨也。必先以生賢，譬猶山川出雲也。《崧高》者，生賢之詩也。宣王，中興之王也，申、甫，間生之賢也，故能爲周翰以蕃于四國，宣于四方也。文、武之德如此，無詩以言之，故取類以明義也。

嚴陵方氏曰：有清德在躬，不爲物所撓，則其氣如神矣。有明德在躬，不爲物所蔽，則其志如神矣。耆言外之所耆，欲言内之所欲，謂所願之事也。將至，謂有所由來之漸也。其來也，必有以開其端而爲之兆焉，故曰「有開必先」。

馬氏曰：「清明在躬，氣志如神」，則其養於中者妙矣。養於中者妙，必有徵於外，故「耆欲將至，有開必先」。「天降時雨，山川出雲」，所以徵於外也。此宣王之詩，而言「文、武之德」者，蓋説《詩》者不以文害辭，不以辭害意，以意逆志，是爲得之。

石林葉氏曰：「清明在躬」，則志所向、氣所適，其驗於外者如神也。以其如神，故「耆欲將至，有開必先」。《中庸》曰：「見乎蓍龜，動乎四體，禍福將至，善必先知之，不善必先知之，故至誠如神。」誠之至，則亦虚一而静。「耆欲將至」而先動乎四體者，人也。雨降而先出乎雲者，天也。國家將興而五嶽必生輔助者，天人之相應也。然以申、甫爲文、武之德，則先王慶澤之深，後世子孫其逢吉歟？

眉山家氏曰：天德清明，而《記》曰「清明在躬」，則知吾之所存亦天德也，可不知自重哉？

新安朱氏曰：「耆欲將至，有開必先」，《家語》作「有物將至，其兆必先」，此語却是。切疑「有物」訛爲「耆欲」，「其兆」訛爲「有開」。

新定邵氏曰：「嗜欲」二字，古人以明可願之事，不特《孔子間居》言之也。《祭統》載衛孔悝鼎銘亦曰：「乃考文叔，興舊耆欲。」

延平周氏曰：申、甫之所以生者，以宣王也。而必曰「文、武之德」者，蓋宣王之所以中興者，以文、武也。

廣安游氏曰：聖人能致五至而行三無，志正而氣從，其身湛然清明，故「志氣如神」，與天地相似。心之嗜欲將至於己，則己必先知之，若有開之者爲之先也，如天降時雨，山川先爲之出雲也。《記》曰「至誠之道，可以前知」，又曰「至誠如神」，與此同意。且天地陰陽剛柔之氣，其行於天地之間，皆其所當然者，何從而至哉？蓋其理生於至無而達於萬有，起於杳冥而著於昭昭。聖人之道，能用力於杳冥之中，故其所成就與天地相似至如此也。天人之道不相合，則其事若不相及。聖人與天地相似，則與天爲謀。所謂甫侯、申伯，周之賢佐，實由嶽之降神而生，❶此言其與天通。此雖宣王之詩，然申、甫皆四嶽之後，受封於文、武之時。世有賢材以佐周，故當宣王之時，甫、申皆爲周之翰。孔子推本其所自，蓋由文、武積德，感召而然也。

臨卭魏氏曰：《孔子間居》之篇，不知孰

❶「由」，通志堂本、四庫本作「猶」。

爲之，而其言天地之神，爲「風雨霜露」，爲「風霆流形」，凡示人於覆載間者，無非至教，此義之至精者也。繼之曰「清明在躬，氣志如神」，又舉《詩》以明之，曰「維嶽降神，生甫及申」，終之曰「此文、武之德也」。蓋自天地山川之神氣鍾而爲人，是心清明，與宇宙之流行發見者實同一原。又推本而求之，有如甫、申之生，乃繇十世而上，文、武二王積德所感。嗚呼！人之此心，與天地山川相爲流通，固也。而人物之生，又係乎時數，清明之感，山川英靈之會，祖宗德澤之積，是豈數數然哉！真有以關盛衰之運，當消長之數矣。

「三代之王也，必先其令聞。《詩》云『明明天子，令聞不已』，三代之德也。『弛其文德，協此四國』，大王之德也。」子夏蹶然而起，負牆而立，曰：「弟子敢不承乎？」

鄭氏曰：令，善也。言以名德善聞，天乃命之王也。不已，不倦止也。弛，施也。協，和也。大王，文王之祖。周道將興，始有令聞。「敢不承乎」，承，奉承，不失隊也。「起負牆」者，所問竟，辟後來者。

孔氏曰：所以王天下者，必父祖未王之前，先有令聞也。以其無私，故令聞不已。《詩》並《大雅・江漢》之篇，美宣王。此《記》之意，「明明天子」，謂三代之王也。《詩》本文「弛」作「矢」，矢，陳也。言宣王陳其文德，和協四方之國。此謂大王施其文德，和此四方之國，居豳，辟狄，徙岐山之陽而王業起也。

藍田吕氏曰：「奉三無私，以勞天下」，而得賢佐，則必有令聞矣。先以令聞慰服人心，然後可以興王業，故三代之王必皆先之也。《江漢》之詩曰：「明明天子，令聞不已。矢其文德，洽此四國。」以「矢」爲「弛」，以「洽」爲「協」，聲之誤也。❶此亦宣王之詩，而謂「明明天子，令聞不已」爲三代之德，「矢其文德，洽此四國」爲大王之德，皆取類言之也。此篇始論爲民父母之道，終論參於天地之德。致五至、行三無者，爲民父母之道也。「奉三無私，以勞天下」者，參於天地之德也。然王者必得賢佐，有令聞然後可以施爲，故以《崧高》、《江漢》之詩申言之也。

嚴陵方氏曰：必先其令聞，由其有令德，故曰「三代之德也」。

馬氏曰：聲聞過情，君子恥之。而三代之王必先其令聞者，令聞之實，有以先之而已。此周詩而言三代之德，以其先於令聞之意則同也。言三代之德而又繼之以大王者，蓋周之興本由大王。《詩》曰「居岐之陽，實始翦商」是也。大王未始翦商而云爾者，詩人推本而言之。

山陰陸氏曰：且《崧高》、《江漢》，宣王之詩也。今更以爲文、武、大王之德，何也？其揆一故無二也。亦宣王不能如是，不足以使周道粲然復興。

廣安游氏曰：修之於杳冥之中，若寂然而無聲。及其發達而播聞，則令聞不已。此言其修之於至隱，而發之於至顯。三代聖人皆有此學，皆有此德，故曰三代之德也。「施其文德，協此四國」，亦宣王之詩，而孔子本之太王，蓋文德由大王而來也。《詩》、《書》所謂文人，皆言周之先祖也。所謂文子、文孫，皆言其子孫也。

❶「誤」，四庫本作「轉」，當是。

「矢其文德」，言發之於外而粲然可觀也。

慈湖楊氏曰：子夏記先聖之言曰「三代之王也，必先其令聞」，先聖殆曰三代之王，必令聞先著，而後四方歸之，于以明盛德之驗，非以令聞爲先務也。先其字，豈子夏記録之差耶？「明明天子，令聞不已」，不已之聞，非雨盈溝澮，涸可立待之譽，是爲實德之譽。

禮記集説卷第一百二十

禮記集説卷第一百二十一

坊記第三十

孔氏曰：案鄭《目録》云：「名曰《坊記》者，以其記六藝之義，所以坊人之失者也。此於《别録》屬《通論》。」

嚴陵方氏曰：君子之坊民，舍禮何以哉？故《經解》曰「禮禁亂之所由生」，猶坊止水之所自來也。當周之衰，以舊坊爲無所用而壞之者多矣，則坊之之道，固不可以不記矣。

龍泉葉氏曰：先王所以坊民者大矣。夫道散而難名，民聚而無所定。方當教化未明之初，天下之人無有君臣上下、尊卑長幼之節。聖人制禮以先民，立坊以示之。凡所以使民安行於坊範之中，得以遂其所欲，然後飲食男女、養生送死之具，皆得安其所當然。由是言之，君子之爲禮，非以禁其欲而行之，乃是爲之坊以遂其欲也。譬如人之一身，自頭至踵，❶皆有以自衛。寒則有寒之坊，暑則有暑之坊。方其見所尊、對所敬，在外而有其坊。方其燕居褻服，在内而有其坊。若使此身無坊，豈能一日安養？又即是而推之，人之居室，將以安其身也，上棟下宇，垣牆障設，無所不至，然後可安。若其有一隙一穴之不備，則一家爲之不寧。聖人以天下之民病於無坊，而不能以自

❶「頭」，通志堂本、四庫本作「頂」。

立，是以朝廷之上，相與爲之制作，有損有益，有紀有序，世變相從，先後相繼。使大坊既立，君臣上下，尊卑長幼之序秩然而不可亂，孰能自越於斯禮之外者？當周之衰，聖王不作，所以坊之之道浸以廢壞，始有悖先王之大坊，自爲之規模者。故國異政，家殊俗，權謀詐僞之俗成，攘奪戕殺之禍起。凡天下之民，出私意，任小智，紛然出於制度坊閑之外。孔子之徒號爲儒者之學，深考古昔，見後世風俗之變，思先王之大坊，以爲皆必有深意。原其至微至眇，制作於百世之前，以爲百世之後，苟廢而不治，則大弊極亂，將不可救。然當世之人自越於法度之中，而先王所謂坊者，亦蕩然而不復有。先王之坊既失，自秦以後，由漢及唐，數百年之間，其上之爲君者，各自制作，以爲吾之大坊足以安利天下休養生息。此其弊雖不至如暴秦之已甚，而率皆苟簡，無復美意。或以智力，或以詐謀，或以術數，或以刑名，又復有疏闊朴陋，將使姦雄之人見其坊之不足恃，始跌蕩於規矩準繩之外，而爲干君犯上之事，豪傑超越之士以爲其坊之不足由而率意妄行，無復軌轍，至於自棄其身於異端邪説者，有之矣。古之聖賢所用以坊天下，其爲纖悉，不可以一端盡。自夫率意自用而出於坊制之外者，每每操切，以坊天下。先王之道常每病於難明，學者能由是道而推之，嚴於自坊而寬於坊民，於天下之事，深察曲盡，以之處朋友，以之處家庭，以之處鄉黨，以之事君而治天下。其間事變之難易，人情之逆順，要能坊天下於法度之中，而無失於先王之大端而已。

讀《坊記》一篇，又知儒者見其本根，考其源流，其意甚善，而其所操猶有未盡。後之學者得其所謂本始者究心焉，則古人録是篇之意見矣。

子言之：「君子之道，辟則坊與？坊民之所不足者也。大爲之坊，民猶踰之。故君子禮以坊德，刑以坊淫，命以坊欲。」

鄭氏曰：「民所不足」，謂仁義之道也。失道，則放辟邪侈。「大爲之坊，民猶踰之」，言嚴其禁，尚不能止，況不禁乎？命，謂教令。

孔氏曰：此一節發端起首，總明所坊之事。此篇三十九章，唯此一章稱「子言之」，下悉言「子云」，以此章一篇總要，故特稱「子言之」也。但此篇所坊，體例不一，或數經共論一事，或一經唯說一事，或引《詩》、《書》結之，或不引《詩》、《書》，皆無義例。君子坊民之過，譬如坊之礙水。「坊民之所不足」，釋立坊之義也。由民踰德，故設禮以坊民德之失，制刑以坊民之淫邪，設法令以坊民之貪欲。

横渠張氏曰：「君子之道，辟則坊與？」辟，讀如「譬喻」之「譬」，下云禮、刑、命，即君子之道也。「命以坊欲」，命，謂規矩制度。「禮以坊德」，德，逸德也。

長樂劉氏曰：君子之道，原於心者也。心有非辟，則害于其道。必有禮以正其志，然後非辟之心銷，而德義之心作矣，故曰「君子之道，辟則坊與」。「與」者，疑而未定之辭。若夫凡民則不知用禮以坊其心，是以非辟之意萌於中而害于其道而莫之知也。形於言行，悖于禮法，觸于刑憲，中失于內，仁義不足于外矣，故曰

「坊民之不足者也」。❶「大爲之坊」，而「民猶踰之」，此言其違悖禮教而觸乎刑者也。

嚴陵方氏曰：君子有禮以坊德，有刑以坊淫，有命以坊欲，其爲坊也，可謂大矣。然或失於德而犯禮，或溺於淫而犯刑，或徇於欲而犯命，故曰「大爲之坊，民猶踰之」。若失於德，溺於淫，徇於欲者，則所謂辟也。

馬氏曰：禮所以制中，故「禮以坊德」。刑所以禁過，故「刑以坊淫」。命所以知分而安之，故「命以坊欲」。「禮以坊德」，所謂「戒之用休」也。「刑以坊淫」，所謂「董之用威」也。「命以坊欲」，則聖人道化之盛也。

山陰陸氏曰：「君子之道，辟則坊與」，言君子之道以譬則坊也，道民之所不足者也。「坊民之所不足」者，言民之所不足者坊也。「大爲之坊，民猶踰之」，是之謂民之所不足。「命以坊欲」，《孟子》所謂「有命焉，君子不謂性也」。

慶源輔氏曰：禮以爲坊則德不失，故曰「大德不踰閑」。人有所畏則不敢縱，「禮以坊德，刑以坊淫」，略而言之也。至於「命以坊欲」，則又入深而言之。是三者，所謂大爲之坊也。彼因一事設一禁者，豈君子之道哉？

金華應氏曰：天理人欲，相爲消長。欲動情勝，人欲熾盛而有餘，天理消滅而不足。禮坊其所不足，制其所有餘。性之善爲德，禮以坊之，而養其源。情之蕩爲

❶「之」下，通志堂本、四庫本有「所」字，是。

淫，❶刑以防之，而遏其流。出德則入於淫，故出禮則入於刑。聖人坊民之具，至是盡矣。然人之欲無窮，非防閑所能盡，聖人於是有命之説焉。命出於天，各有分限，截然不可踰也。天命至嚴，人力莫施，以是防之，則覬覦者塞，羨慕者止，而欲不得以肆矣。《詩》曰：「抱衾與裯，實命不猶。」苟不知命有貴賤，則賤妾進御，求逞其欲，何能盡其心乎？

子云：「小人貧斯約，富斯驕。約斯盜，驕斯亂。禮者，因人之情而爲之節文，以爲民坊者也。故聖人之制富貴也，使民富不足以驕，貧不至於約，貴不慊於上，故亂益亡。」

鄭氏曰：約，猶窮也。此「節文」者，謂農有田里之差，士有爵命之級也。慊，恨不滿之貌也。慊，或爲「嫌」。

孔氏曰：此一節明小人貧富皆失於道，故聖人制禮而爲之節文也。聖人制爲富貴、貧賤之法，不云貧賤，略其文也。「制富」者，居室、丈尺、俎豆、衣服之事，須有法度，不至驕也。爲貧者制農田百畝，桑麻自贍，比閭相賙，不令至於約也。貴，謂卿士之屬，制其禄秩，隨功爵而施，則貴臣無慊恨君禄爵之薄也。益，漸也。亡，無也。爲亂之道漸無也。不云賤，從可知也。

長樂劉氏曰：約謂愧恥乎其不足，所以愧恥之極，斯爲盜矣。驕謂踰違於禮法，所以踰違之極，則爲亂矣。聖人所以自天子至於子男，爲之田制，而差其禮樂之度數也；自卿大夫至於庶民，爲之禄制，

❶「情」，通志堂本、四庫本作「性」。

而定其食用之等降也。上下既分，民志一定，而僭偪不興於其心。故「亂益亡」者，禮之致也。❶

嚴陵方氏曰：小人無道以安貧，故「貧斯約」；無德以守富，故「富斯驕」。約則不足，有羨彼之志，故「約斯盜」。驕則不遜，有犯上之心，故「驕斯亂」。凡此皆人之情也，而禮則因人之情爲之節文，以爲民坊而已。下兼言貧而上止言「制富貴」者，禮之所難制，尤在於富貴故也。言富必繼之以貧，言貴不繼之以賤者，難制者在所詳，易制者在所略故也。若家富不過百乘，所以制富而不使之驕。匹夫受田百畝，所以制貧而不使之約。伐冰之家，不畜牛羊，所以制貴而不使之慊。若是則各得其制，而反相治矣。

山陰陸氏曰：「貴不慊於上」，若「上公如王之服」是也，故「亂益亡」。怨亂每言益亡，以亂易而難治，怨易而難懷故也。

石林葉氏曰：貴賤尊卑者，節也，升降上下者，文也。有節以制其等，有文以別其位，則富不驕，貧不約，貴不慊於上。雖然，禮之所制者亦多術矣。❷富貴獨先焉者，以人道之大欲所存而已矣。

慶源輔氏曰：約是氣歉，驕是氣盈。坊主於禮，故此著言之。作者之謂聖，故「制富貴」，聖人之事也。慊謂滿足，貴不慊於上，如滿而不溢，高而不危之意。

子云：「貧而好樂，富而好禮，衆而以寧者，天下其幾矣。《詩》云：『民之貪亂，寧爲荼毒。』故制國不過千乘，都城不過百雉，家富

❶「致」，通志堂本、四庫本作「制」。
❷「制」，通志堂本作「則」。

不過百乘。以此坊民，諸侯猶有畔者。」

鄭氏曰：大族衆家，恒多爲亂。「天下其幾矣」，言如此者寡也。寧，安也。「民之貪亂，寧爲荼毒」，言民之貪爲亂者，安其荼毒之行。惡之也。古者方十里，其中六十四井出兵車一乘，此兵賦之法也。成國之賦千乘。雉，度名也。高一丈，長三丈爲雉。百雉爲長三百丈，方五百步。子男之城方五里。百雉者，此謂大都，三國之一。

孔氏曰：此一節明上下制度有限，坊其奢僭畔逆之事。貧而好樂，富而好禮，家族衆而得寧，如此三者，天下極少，故云「寡矣」。引《詩·大雅·桑柔》之篇，刺厲王之詩也。天下爲惡者多，故爲限節。諸侯之國，不得過千乘之賦；卿大夫都城，不得過越百雉；卿大夫之富，采地不得過越百乘。於時卿大夫亦有畔而獨言「諸侯」者，舉其重，餘可知也。皇氏曰：案《司馬法》云：「成方十里，❶出革車一乘。」又云：「甸方八里，出長轂一乘。」鄭註《小司徒》云：「若通溝洫之地，則爲十里。除溝洫之地，則爲八里。」故云「六十四井，出車一乘」。註云「成國之賦千乘」者，襄十四年《左傳》「成國不過半天子之軍」，謂滿千乘則爲成國，是公侯之封也。案千乘之賦，地方三百一十六里有畸。案《周禮》「公五百里，侯四百里」，則是過千乘。云「不過千乘」者，其地雖過，其兵賦唯千乘。故《論語》註云：「雖大國之賦，亦不是過焉。」其兵賦之法，王畿之内，六鄉之法，家出一人，萬

❶ 「成」，通志堂本、四庫本作「城」，是。

二千五百家爲鄉。《大司馬》云「五師爲軍」，則萬二千五百人爲一軍，是一鄉出一軍。又云「天子六軍」，是出於六鄉。凡軍制，《大司馬》云：「五人爲伍，五伍爲兩，四兩爲卒，五卒爲旅，五旅爲師，五師爲軍。」此師之制也。凡出軍之法，鄉爲正，遂爲副，則遂之出軍與鄉同。故鄭註《小司徒》云「鄉之田制與遂同」，則知遂之軍法與鄉同。其公邑出軍，亦與鄉同。故鄭註《匠人》云「采地制井田，異於鄉、遂及公邑」，則知公邑地制與鄉、遂同，明公邑出軍亦與鄉同。其公卿大夫采地，既爲井田，殊於鄉、遂，則出軍亦異於鄉、遂也。故鄭註《小司徒》「井十爲通，士一人，徒二人。通十爲成，革車一乘，士十人，徒二十人。十成爲終，革車十乘，士百人，徒二百人。十終爲同，革車百乘，士千人，徒二千人」。此謂公卿大夫采地出軍之制也。其王畿之外，謂諸侯大國三軍，次國二軍，小國一軍，皆出鄉、遂。故《費誓》云「三郊三遂」，是諸侯有遂也。其諸侯計地出軍，則《司馬法》云：「九夫爲井，四井爲邑，四邑爲丘，馬一疋，牛三頭。四丘爲甸，❶出長轂一乘，甲士三人，步卒七十二人，馬四疋，牛十二頭。」故成元年「作丘甲」，杜、服俱引此文以釋之。此皆謂天子、諸侯兵賦也。❷又《異義》云：「天子萬乘，諸侯千乘，大夫百乘。」此大判言之，尊卑相十之義，其間委曲，鄉遂公邑細別不同也。故《魯頌》云「公車千乘」，謂大總計地出軍

❶「四丘」，通志堂本作「丘四」。
❷「兵」，通志堂本作「丘」。

也。「公徒三萬」，謂鄉、遂兵數也。是國界計地與鄉、遂數不同。諸侯成方十里，出賦之時，雖革車一乘，甲士三人，步卒七十二人，其臨敵對戰之時，則同鄉法「五人爲伍，五伍爲兩」之屬也。故《左傳》云：「邲之戰，楚廣有一卒，卒偏之兩。」又云：「兩之一卒適吴。」是臨軍對陣同鄉法也。《牧誓》云：「武王戎車三百兩。」孔註云：「一車，步卒七十二人。」則出軍法也。經云「千夫長」，「百夫長」，謂對敵時也。據《司馬法》之文，諸侯車甲牛馬，皆計地令民自出。若鄉、遂之衆七十五人，則遣出革車一乘，甲士三人，馬四疋，牛十二頭。恐非力之所能，皆是國家所給，故《周禮·巾車》職：「毁折，入齎于職幣。」又《周禮·馬質》云：「凡受馬於有司者，書其齒毛與其賈。馬死，則旬之内更。」又《司兵》職云：「及授兵，從司馬之法以頒之。及其受兵輸，亦如之。」是國家所給也。云「方五百步」者，六尺爲步，五六三十，故三百丈爲五百步。云「子男之城方五里」者，《周禮·典命》云：「子男五命，其國家、宫室以五爲節。」國家謂「城方」也，是子男城方五里也。云百雉，謂「大都三國之一」者，言子男五里，積千五百步。《左傳》云：「大都參分國之一。」子男大都三分國城而居其一，是大都五百步爲百雉也。經云「家富不過百乘」者，諸侯之卿采地也。故《左傳》云「唯卿備百邑」，地方百里也。直云唯卿百邑，未知天子、諸侯、公、卿、大夫采地大小。案鄭註《小司徒》云：「百里之國，凡四都。五十里之國，凡四縣。二十五里之國，凡四甸。」又云：「采地食者皆四之一。」説者據此以爲公食百里，卿食五十里，大夫食二十五里。其諸侯之卿、大夫，《傳》云「卿備百邑」，《論語》云「百乘之家」，此據諸侯臣之采地，則公之孤，侯、伯之卿與天子三公同，俱方百里。公之卿與侯、伯之大夫，俱方五十里。公之大夫與伯之下大夫，俱方二十五里。公其子、男之地，唯方二百里以下，其卿之采地不得復方百里。案《易·訟卦》註云：「小國之下大夫，采地方一成。其定税三百家。」唯有此文。其子、男中都、大都，無以言之。案鄭註《論語》云：「伯氏駢邑三百家。」云齊下大夫之制，似公、侯、伯下大夫唯三百家者，但春秋之時，齊之强臣尤多，故伯氏唯食三百家之邑，不與《禮》同也。

嚴陵方氏曰：制國不過千乘，即孔子所謂「千乘之國」是也。千乘之國，即百里之國也。井田之法，方里爲井，十井爲乘，百里之國，適千乘也。「都城不過百雉」，即《左氏》所謂「都城過百雉，國之害也」。都，蓋公卿王子弟所食之采地。雉，則五堵也。百雉，則其城五百堵矣。「家富不過百乘」，即《孟子》所謂「百乘之賦」也。千乘、百乘，皆以所出之賦言之也。乘以車之多少言，雉以城之廣狹言。或言其多少，或言其廣狹，互相備也。於國言「制」，於家言「富」，皆謂制其富也，亦互相備而已。所坊之事不止於民，經每以民爲言者，蓋民以不足於坊之之道，故坊之設也，以民爲主。若夫君子能以禮自防，則無俟乎人爲之坊矣。

山陰陸氏曰：「天下其幾矣」，言其於治

幾矣。「民之貪亂，安爲荼毒」如彼，❶今如此，其於治可謂幾矣。「制國不過千乘」，千乘之國，舉成國也。子、男蓋不與，故曰「七命賜國」。千乘之賦，地方三百一十六里有畸，則自伯以上，千乘之國。百乘，自縣内觀之，亦七十里之國也。❷地方百里，爲車百乘，則卿所受地，蓋有元士之地附焉。《春秋傳》曰「唯卿備百邑」，先儒謂卿備百邑，地方百里。然則卿之地百里，猶諸伯之地三百里也。石林葉氏曰：貧而無怨，難能好樂，則處貧之至。愚夫愚婦，一能勝予，衆而以寧者，則處衆之至。以樂處貧，禮處富，則寧衆者固處貴之事也。有土地則有兵車。乘者，車之所以載也，故制國則言「乘」。雉之爲物，守死而不犯分，有自衛之道也，故都城則言「雉」。諸侯雖其富貴不及，而其城國，❸千乘百雉。至於大夫，則其上亦有君，非備貴者也。故止言家富而已。先王辨貴賤之分，而諸侯、大夫等差如此者，蓋坊民爲主其弊也。諸侯倍畔以相篡，所謂後義而先利，不奪不厭者此也。

子云：「夫禮者，所以章疑别微，以爲民坊者也。故貴賤有等，衣服有别，朝廷有位，則民有所讓。」子云：「天無二日，土無二王，家無二主，尊無二上，示民有君臣之别也。《春秋》不稱楚、越之王喪。禮，君不稱天，大夫不稱君，恐民之惑也。《詩》云：『相彼盍旦，尚猶患之。』」子云：「君不與同

❶「安」，通志堂本、四庫本作「寧」。
❷「亦」，通志堂本作「以」。
❸「城」，通志堂本、四庫本作「爲」。

姓同車，與異姓同車，不同服，示民不嫌也。以此坊民，民猶得同姓以弑其君。」

鄭氏曰：朝廷之位，謂朝位也。楚、越之君僭號稱王，不稱其喪，謂不書葬也。《春秋傳》曰：「吴、楚之君不書葬，辟其僭號也。」臣者天君，稱天子爲天王，稱諸侯不言天公，辟王也。大夫有臣者，稱之曰主，不言君，辟諸侯也。此言皆爲使民疑惑，不知孰者尊也。《周禮》曰「主友之讎，視從父昆弟」。「盍旦」，夜鳴求旦之鳥也，求不可得也，人猶惡其欲反晝夜而亂晦明，况於臣之僭君，求不可得之類，亂上下惑衆也。同姓者，謂先王、先公子孫有繼及之道者也，其非此則無嫌也。僕、右恒朝服，君則各以時事，唯在軍同服爾。

孔氏曰：自此至「犯君」一節，明章疑別嫌，恐尊卑相僭，使人疑惑之事。疑謂是非不决，禮以章明之。微謂幽隱不著，禮以分别之。楚、越書葬，則當稱葬某王，辟王之名，故不書葬。「曷旦」，欲反夜而爲旦，猶臣之奢僭，欲反下而爲上也。此逸《詩》。僕及車右身衣朝服，故《曲禮》云「乘路馬必朝服」是也。其朝服之内，則有虎裘、狼裘，故《玉藻》云「君之右虎裘，厥左狼裘」是也。僖五年《左傳》云「均服振振，取虢之旂」，又《公羊》成二年鞌之戰，逢丑父爲齊頃公車右，衣服與頃公相似，是「在軍同服」。

長樂劉氏曰：尊卑疑者，辨之以親疏。親疏疑者，辨之以貴賤。貴賤疑者，辨之以先後。先後疑者，辨之以德齒。此禮之章明乎其疑也。

嚴陵方氏曰：若君在廟門外，則疑於君，

故不迎尸於門外，以明其疑，玆非禮所以章疑者乎？士唯説齊衰於公門，以表其微，玆非禮所以別微者乎？貴賤有上下之等，衣服有隆殺之別，朝廷有尊卑之位。有等、有別、有位，則各安其分而不争矣，故民有所讓。日者，人君之象，在天者，既無二日，有土者，故無二王。大而有土者，既無二王，小而有家者，故無二主，凡此皆以尊無二上故也，故曰「示民有君臣之別也」。「盍旦」，即《月令》所謂「鶡旦」。盍，何不也。何不旦，是求旦而已，故名之以此。人患之者，以其亂晝夜故也。君臣之別，晝夜之象也，❶其可亂之乎？故引逸《詩》以況之。乘車之法，君在左，僕在中央，勇士在右。馬氏曰：王祭、賓客，有旅賁服王之服而趨，節服氏服王服以維王大常。其在軍陣，則射人令有爵者乘王之倅車，❷而皆無與王同車者。

石林葉氏曰：章疑異於決疑。疑者似同而異。章，言顯也。決，言其成也。別微異於明微。微者，似有而無。別，言其有辨也，明，言其既著也。以其顯疑，故貴賤有等；以其辨微，故衣服有別。貴賤以爵列也，爵以詔德。觀其貴賤，則知德之有厚薄也。衣服以功賜也，服以顯庸，觀其衣服，則知其功之有小大也。至於朝廷有位，則爵命、衣服所自居也。民之視其位，則知其定分而行遜避矣。故曰「朝廷有位，則民有所讓」。禮之別微，則衣服有別。至別嫌，則親疏異矣，故同姓

❶「象」，通志堂本、四庫本作「相」。
❷「令」，通志堂本、四庫本作「命」。

親也，不嫌於爲同。不同車，所以遠之。異姓疏也，雖與同車，嫌於爲異。不同服，所以別之，故民不嫌也。因其爵之貴賤，而後推及君臣。因其衣服之差，而後推及於車。其坊民如此，同姓猶有弒篡者。

子云：「君子辭貴不辭賤，辭富不辭貧，則亂益亡。故君子與其使食浮於人也，寧使人浮於食。」子云：「觴酒豆肉，讓而受惡，民猶犯齒。衽席之上，讓而坐下，民猶犯貴。朝廷之位，讓而就賤，民猶犯君。《詩》云：『民之無良，相怨一方。受爵不讓，至于己斯亡。』」

鄭氏曰：「亂益亡」，亡，無也。食，謂禄也。在上曰浮。禄勝己則近貪，己勝禄則近廉。犯，猶僭也。齒，年也。禮：六十以上籩豆有加。貴，秩異者。良，善也。言無善之人，善遥相怨，貪爵禄，好得無讓，以至亡已。

孔氏曰：所引《詩·小雅·角弓》，刺幽王之詩。「相怨一方」，共相怨恨，各在一方，不相往來。引之者，證上每事須讓也。

嚴陵方氏曰：賤不貪貴，貧不慕富，則無争奪之禍矣，故「亂益亡」。夫《權輿》之無餘，不害爲賢者。《伐檀》之素餐，君子所不爲。故「君子與其使食浮於人也，寧使人浮於食」，此亦辭富貴之道也。❶浮，與「行浮於名」之「浮」同。禮：六十以上籩豆有加，故觴酒豆肉，以犯齒言之。三命不齒，席于尊東，故衽席之上，以犯貴言之。族人不得以其戚戚君位，故朝廷

❶「亦」，通志堂本、四庫本作「以」。

之位，以犯君言之。禮以卧者爲衽，坐者爲席，合言之，一也。

石林葉氏曰：富貴貧賤，以道得之，皆所不辭。君子有時而辭者，所以教民順也。古者以功詔禄，以久奠食，蓋食與禄異也。食浮於人，則爲非義，故君子寧使人浮於食。

子云：「君子貴人而賤己，先人而後己，則民作讓。故稱人之君曰君，自稱其君曰寡君。」

鄭氏曰：寡君，猶言少德之君，言之謙。

嚴陵方氏曰：「貴人而賤己」則不驕，「先人而後己」則不争，故民作讓。《書》曰：「汝惟不矜，天下莫與汝争能。汝惟不伐，天下莫與汝争功。」楊子曰：「自後者人先之，自下者人高之。」皆謂是矣。

山陰陸氏曰：引此者，著於君尚如此，其他可知也。

子云：「利禄先死者而後生者，則民不偝；先亡者而後存者，則民可以託。《詩》云：『先君之思，以畜寡人。』以此坊民，民猶偝死而號無告。」

鄭氏曰：言不偷於死亡，則於生存信。引衛夫人定姜之詩。定姜無子，立庶子衎，是爲獻公畜孝也。獻公無禮於定姜，定姜作詩，言獻公當思先君定公，以孝於寡人。「偝死而號無告」，言死者見偝，其家之老弱號呼稱寃無所告，無理也。

孔氏曰：此一節明坊人偝死鄉生之事。利禄之事，假令死之與生並合俱得，先與死者而後生者，則民皆不偝於死者也。亡，謂身爲國事亡在外。先與在外亡者而後與國内存者，則民皆仁厚，可以大事相付託也。所引《詩·邶風·燕燕》之篇，衛莊姜送歸妾也。言歸妾戴嬀思念先君莊公，以婦道勖勉寡人。寡人，莊姜自謂。此《記》以「勖」爲「畜」，鄭又以爲衛定公夫人定姜之詩，與《詩》註不同者，後得《毛傳》故也。凡註與《詩》註不同皆倣此。

嚴陵方氏曰：死，謂爲國家死其事者。亡，謂爲國家亡而在外者。利禄之所施，不必及其身也，録其人之功，以及其親族而已。若《周官》「以其財養死政之老與其孤」，《禮》言「去國三世，爵禄有列於朝」之類皆是也。以死者君之心猶所不忘，則民勤於孝思矣。故曰「民不偝」。以亡者君之心猶所不絶，則民勉於忠義矣，故曰「民可以託」。「號無告」者，呼而無所告訴也。

廬陵胡氏曰：不偷於死亡，則於生存信。此《邶風·燕燕》篇，衛莊姜送戴嬀，令以婦道勉己也。寡人，莊姜自謂。此以「勖」爲「畜」。鄭又以爲衛定姜之詩，令獻公畜孝寡人。鄭之自相牴牾多此類。

子云：「有國家者，貴人而賤禄，則民興讓；尚技而賤車，則民興藝。故君子約言，小人先言。」

鄭氏曰：言人君貴尚賢者、能者，而不吝於班禄、賜車服，則讓道興。賢者、能者，人所服也。技，猶藝也。「君子約言，小人先言」，言人尚德不尚言也。「約」與「先」，互言耳。君子約，則小人多矣。小人先，則君子後矣。《易》曰：「君子以多識前言往行，以畜其德。」

孔氏曰：此一節明尚賢能、重言行之事。約言，謂省約。小人行在於後，必先用其言。君子則後言，先行其行。二者相互也。

長樂劉氏曰：君之所好，民所趨也。有國有家，而尊貴賢人，則其民莫敢不礪乎德也。輕賤禄利，則其民莫敢不志於廉也。德充乎内而廉發乎外，則禮讓興焉。技巧者，偷薄之俗所爲。人君尚乎技巧之工，則舟車之工賤，而末藝興焉。

嚴陵方氏曰：貴人而賤禄，尚技而賤車，皆謂任賢使能，錫予之而無所吝也。人謂賢者，技謂能者也。言禄，則爵可知；言車，則馬可知。上之所化如此，不徒事乎空言而已，必有以踐其言焉，故繼之以「君子約言，小人先言」。

石林葉氏曰：君子博學而詳説之，將以反説約也。小人則務詳於言。君子先行其言而後從之也，小人務先以言。

慶源輔氏曰：人賢則禄優，然國家之所貴者，貴其人之賢，不貴其禄之優，則民興於讓也。車雖工之所聚，然家國之所貴者，貴其技之聚，不貴夫車之器，則民興於藝也。君子約言，務實也。小人先言，尚華也。

金華應氏曰：以德以能，而詔爵禄，以功以言，而庸車服，此隆古定制也。迨德下衰，禄未必及有德，車未必及有能。或不稼而取禾，或車甚澤而人瘁。人君必貴其可用之人，而不以禄之富爲貴，貴其有用之技，而不以車之華者爲貴，則賞必當功，而虛言飾貌者，無所售矣。記者又别君子、小人言之。蓋君子尚實行，而不事虛言，小人無誠心，而專尚利口。此人主所當察也。

子云：「上酌民言，則下天上施。上不酌民言，則犯也；下不天上施，則亂也。故君子信讓以涖百姓，則民之報禮重。《詩》云：『先民有言，詢于芻蕘。』」

鄭氏曰：酌，猶取也。取衆民之言以爲政教，則得民心。得民心，則恩澤所加，民愛之如天矣。言其尊也。涖，臨也。「報禮重」者，猶言能死其難。先民，謂上古之君也。詢，謀也。芻蕘，下民之事也。言古之人君將有政教，必謀之於庶民乃施之。

孔氏曰：此一節論上取民言，則民報禮重之事。上不取民言，違戾於下，則民人怨怒以犯於上也。「下不天上施」，言下不仰君如天，敬上之恩澤，則禍亂之事起也。所引《詩·大雅·板》之篇，刺厲王之詩，證「上酌民言」之事。

嚴陵方氏曰：《書》曰：「天聰明自我民聰明，天明畏自我民明威。」天之所爲，未嘗不以民也。夫「上酌民言」，則與天合矣。故下豈有不天上施者乎？言必曰「酌」者，以言有當否，斟酌而後行之也。「上不酌民言」，則事或妄行，而失其所守，故曰「則犯也」。「下不天上施」，則民或肆慢而無以相治，故曰「亂」也。君子信讓以涖百姓，則上酌民言矣。民之報禮重，則下天上施矣。

馬氏曰：君子之於庶言同則繹之而已，故曰「酌」，猶所謂稽于衆也。

山陰陸氏曰：酌之於民，還以治民，是之謂天所謂雨，蓋如此。《老子》曰「伐木匠斲，希有不傷其手矣」，是之謂犯。夫我無爲也，順民而已。豈有犯哉？

廬陵胡氏曰：民言，醫國之藥石也。取以爲國，則合天下之公願。民被其澤，戴之如天矣，是「下天上施」也。

慶源輔氏曰：「上酌民言」，則上敬其下也。「下天上施」，則下尊其上也。上下一理，而君者民之表也。古人唯民是畏，信則使民之可信，讓則制行不以己致。❶民尊君如天，盡敬事之誠，則報禮可謂重矣。然民不能自爾也，在上之人有以致之耳。

禮記集説卷第一百二十一

❶「致」，通志堂本、四庫本作「制」。

禮記集説卷第一百二十二

子云：「善則稱人，過則稱己，則民不争。善則稱人，過則稱己，則怨益亡。《詩》云：『爾卜爾筮，履無咎言。』」子云：「善則稱人，過則稱己，則民讓善。《詩》云：『考卜惟王，度是鎬京。惟龜正之，武王成之。』」子云：「善則稱君，過則稱己，則民作忠。《君陳》曰：『爾有嘉謀嘉猷，入告爾君于内，女乃順之于外，曰：「此謀此猷，惟我君之德，於乎是惟良顯哉！」』」子云：「善則稱親，過則稱己，則民作孝。《大誓》曰：『予克紂，非予武，惟朕文考無罪。紂克予，非朕文考有罪，惟予小子無良。』」

鄭氏曰：「爾卜爾筮」，爾，女也。履，禮也。言女鄉卜筮，然後與我爲禮，則無咎惡之言矣。言惡在己，彼過淺也。「度是鎬京」，度，謀也。鎬京，鎬宫也。言武王卜而謀居此鎬邑，龜則出吉兆正之，武王築成之。此臣歸美於君也。君陳，蓋周公之子，伯禽弟也，名篇在《尚書》。嘉，善也。猷，道也。「於乎是惟良顯哉」，美君之德也。《大誓》，《尚書》篇名也。克，勝也。「非予武」，非我武功也。「文考」，文王也。「無罪」，則言有德也。「無良」，無功善也。此武王誓衆以伐紂之辭也。

孔氏曰：此一節論「善則稱人，過則稱己」之事。凡三節，上論與凡人，次論臣於君，下論子於親。「考卜惟王」至「成之」，此《大雅·文王有聲》之篇，言稽考於龜而卜者，惟是武王也。「歸美他人」，《詩》無其證，故引此歸美於君以證之。

《書》云「周公既没，❶命君陳分正東郊」，作《蔡仲之命》，皆是父卒命子，故疑周公之子。「於乎是惟良顯哉」，歎美君德良善顯明也。

嚴陵方氏曰：《書》曰：「汝惟不矜，天下莫與汝争能；汝惟不伐，天下莫與汝争功。」「善則稱人，過則稱己」，可謂不矜伐矣，故民不争也。汝且能無已矣，故「怨益亡」。「民作忠」，作，言作而起之也。

山陰陸氏曰：「履無咎言」，以「履」易「體」，言雖無咎言，要以禮也。苟非其禮，龜不敢知。「是惟良顯哉」，臣良君顯，顯，在下以良故顯也。不言明，明，自明也。據「元首明哉，股肱良哉」。

石林葉氏曰：義之於君臣，其應則「民作忠」。忠者，義之屬也。仁之於父子，其應則「民作孝」。孝者，仁之本也。父子在内，故以應則言「本」。君臣在外，故以應則言「屬」。

慶源輔氏曰：「善則稱人」，與人爲善之心也。「過則稱己」，自任以重之事也。聖人不過如是。大舜「善與人同」，武王「百姓有過，在予一人」。民不争，始之事也。又進則「怨益亡」，又進則「民讓善」。怨益亡，則不争不足言矣。民讓善，則亡怨不足言矣。

子云：「君子弛其親之過，而敬其美。」《論語》曰：「三年無改於父之道，可謂孝矣。」高宗云：「三年其惟不言，言乃讙。」子云：「從命不忿，微諫不倦，勞而不怨，可謂孝矣。《詩》云：『孝子不匱。』」

鄭氏曰：弛，猶弃忘也。孝子不藏識父

❶「書」下，《禮記正義》有「序」字。

母之過。「無改於父之道」，不以己善駁親之過也。高宗，殷王武丁也。名篇在《尚書》。三年不言，有父小乙喪之時也。讙，當爲「歡」。其既言，天下皆歡喜，樂其政教也。「微諫不倦」，君子於父母尚和順，不用鄂鄂。《論語》曰：「事父母幾諫，見志不從，又敬不違。」《内則》曰：「父母有過，下氣怡色，柔聲以諫。諫若不入，起敬起孝。説則復諫。」此所謂「不倦」。匱，乏也。孝子無乏止之時。

孔氏曰：上承「善則稱親」，「則民作孝」，自此至「其親」，廣明爲孝之道以坊於民，民猶有忘孝之事。案「其惟不言」，在《尚書・説命》之篇，「言乃讙」，在《無逸》之篇。高宗非《書》篇之名，鄭不見古《尚書》有高宗之訓故也。「孝子不匱」，是《大雅・既醉》，美成王告大平之詩。

嚴陵方氏曰：子爲父隱，所謂「弛其過」也。善則稱親，所謂「敬其美」也。《莊子》曰「父母於子，東西南北，惟命之從」，所謂「從命」也。事父母能竭其力，所謂「勞」也。

石林葉氏曰：親之生也，弛其過，則幾諫以先志。敬其美，則順行以承意。親之亡也，三年無改，以終其憂。三年不言，以思其孝。然《書》言「乃雍」，此言「乃讙」。讙則樂之至也，雍則和之至也。雖從命而有所謂不從命，故曰從義不從命。雖微諫而有所謂不微諫，故當不義則諍之。雖無怨而有所謂可怨，故號泣于旻天。于父母事親，至於可怨，則在己者已盡，故次之以「不匱」。

山陰陸氏曰：「三年無改」，可謂弛矣。「孝子不匱」，鄭氏謂孝子無乏止之時，是亦不匱也。然自其大者觀之，「不匱」云者，《老子》所謂「既以與人，己愈多」是也。故曰：「潁考叔可謂純孝矣。愛其母，施及莊公。」

馬氏曰：從命不忿，愛也。微諫不倦，敬也。

子云：「睦於父母之黨，可謂孝矣，故君子因睦以合族。《詩》云：『此令兄弟，綽綽有裕，不令兄弟，交相爲瘉。』」子云：「於父之執，可以乘其車，不可以衣其衣，君子以廣孝也。」

鄭氏曰：睦，厚也。黨，猶親也。合族，謂與族人燕，與族人食。令，善也。綽綽，寬容貌也。交，猶更也。瘉，病也。「父之執」，與父執志同者也。「可以乘其車」，車於身差遠也，謂今與己位等。

孔氏曰：言親睦於父母之黨，乃得爲孝。故君子因以親睦之道，以會聚宗族爲燕食之禮。所引《詩·小雅·角弓》之篇，幽王不親九族，父兄刺之也。鄭註「與己位等」者，若尊卑懸絶，不可傳通車服，故知位等也。

嚴陵方氏曰：於父母之黨猶且睦之，况父母乎？故曰「可謂孝矣」。族有遠近，有尊卑，非交相親不足以有合也。衣於身最密，前經言君與異姓同車不同服，亦以是而已。夫孝所以事父也，於父之執猶且如此，則孝之所及廣矣，故曰「君子以廣孝也」。

馬氏曰：附而相顧者，睦也。秦康公送晉文公至于渭陽，親之至也。贈之以車乘，惠之至也。繼之以瓊瑰玉佩，言其愛之無已也。此爲「睦於父母之黨」。

慶源輔氏曰：因孝以睦父母之黨，因睦

以合遠近之族。未能孝於其親，安能睦其黨乎？故曰「可謂孝矣」。綽綽有裕，故能合族也。交相爲瘉，豈能合族乎？

山陰陸氏曰：宜於妻黨，是慈也，非孝也。拘者以衣不可衣，車亦不可乘。其肆者又或以謂車可乘，則衣亦可衣。唯君子爲能如此，故曰「君子以廣孝也」。《孟子》曰：「諱名不諱姓。」

石林葉氏曰：子之事親，其道則主於孝，其情則主於敬。廣其孝，至於父之執不衣其衣，嫌於近親也。厚其敬，至於父之位不同所處，❶嫌於瀆尊也。

子云：「小人皆能養其親，君子不敬，何以辨？」子云：「父子不同位，以厚敬也。《書》云：『厥辟不辟，忝厥祖。』」

鄭氏曰：辨，別也。同位，尊卑等，爲其相褻。厥，其也。辟，君也。忝，辱也。爲君不君，與臣子相褻，則辱先祖矣。君父之道宜尊嚴。

孔氏曰：引《書·大甲》篇，伊尹戒大甲之辭。言爲人父不自尊嚴，而與卑下相瀆，亦累其先祖，因君見父也。

慶源輔氏曰：養而不敬有之矣，未有敬而不養者也。

嚴陵方氏曰：《論語》曰：「今之孝者，是謂能養。至於犬馬皆能有養，不敬何以別乎？」此言「父子不同位」，《曲禮》言「父子不同席」，席言所坐之席也，位言所立之位。坐立雖不同，其所以辨尊卑之義則一而已。

子云：「父母在，不稱老，言孝不言慈，閨門之内，戲而不歎。君子以此坊民，民猶有薄

❶「所」，通志堂本、四庫本作「近」。

於孝而厚於慈。」子云：「長民者，朝廷敬老則民作孝。」子云：「祭祀之有尸也，宗廟之有主也，示民有事也。脩宗廟，敬祀事，教民追孝也。以此坊民，民猶忘其親。」

鄭氏曰：孝上施，言慈則嫌下流也。戲，謂孺子言笑者也。《孟子》曰：「舜年五十而不失其孺子之心。」歎，謂有憂戚之聲也。長民，謂天子、諸侯也。有事，有所事也。

孔氏曰：祭祀有尸，宗廟有主，下示於民，有所尊事也。

嚴陵方氏曰：「父母在，不稱老」，與《曲禮》「恒言不稱老」同義。孝所以愛親，慈所以愛子。「言孝不言慈」者，慮其厚於子而薄於親故也。悦樂之者戲也，感傷之者歎也。閨門之内，欲其和而已，故「戲而不歎」。敬老，爲其近於親，而孝所以事親也。故「敬老，則民作孝」。尸用於祭祀之時，主藏於宗廟之内。故於祭祀言有尸，宗廟言有主也。爲尸以象其生，爲主以寓其存。經曰「事死如事生，事亡如事存」，此所以言示民有事也。追孝，與《祭統》言「追養繼孝」同義。

石林葉氏曰：稱老則嫌於近死，言慈則嫌於望報，有歎則嫌於致憂。自「君子約言」至「良顯哉」，皆君臣之事。自「善則稱親」至「戲而不歎」，皆父子之事。其終獨言「薄於孝而厚於慈」者，蓋謂事父孝，故忠可移於君。老近於親者也，近者猶敬於上，則親者民必知孝於下。尸則斯須之謹也，故祭祀則言尸。主者庸謹也，故宗廟則言主。此特見於有事而已。若夫宗廟久而廢壞則脩之，祭祀立尸以敬之，乃所以教民送終也，故曰「追孝」。

慶源輔氏曰：孝慈一心也。然人情多薄於孝而厚於慈者，私而已。其所以慈者，亦必不中節，姑息而已。閨門，和樂之地也，而有歎焉，則其處家者可知矣。戲而已，婦子嘻嘻，則又不可敬老，言朝廷行敬老之禮也。

長樂劉氏曰：言孝所以盡子道也。不言慈，不敢責愛於其親也。

河南程氏曰：祭非主則無依，非尸則無享。

子云：「敬則用祭器，故君子不以菲廢禮，不以美没禮。故食禮，主人親饋則客祭，主人不親饋則客不祭。故君子苟無禮，雖美不食焉。《易》曰：『東鄰殺牛，不如西鄰之禴祭，寔受其福。』《詩》云：『既醉以酒，既飽以德。』以此示民，民猶争利而忘義。」

鄭氏曰：祭器，籩、豆、簠、簋之屬也。有敬事於賓客則用之，謂饗食也。盤、盂之屬爲燕器。禮主敬，廢滅之，是不敬也。東鄰，謂紂國中也。西鄰，謂文王國中也。此辭在《既濟》，既濟離下坎上，離爲牛，坎爲豕。西鄰禴祭則用豕。與言殺牛而凶，不如殺豕受福，喻奢而慢，不若儉而敬也。《春秋傳》曰「黍稷非馨，明德惟馨」，信矣。引《詩》者，言君子饗燕非專爲酒肴，亦以觀威儀，講德美也。❶

孔氏曰：前經坊民以爲孝之道，此經教民以爲敬行義之事。菲，薄也。没，過也。君子不以貧窶菲薄廢禮不行，不可以財物豐多華美没過於禮。引《易·既濟》九五爻辭。鄭註「互體爲離，離爲日，坎爲月。日出東方，東鄰象也。月出西

❶「美」，四庫本作「義」。

方，西鄰象也」，與此註異。《易》含萬象，俱得明義也。引《詩・大雅・既醉》之篇。

石林葉氏曰：祭器所以事神，非同於所安也，致敬於賓客則用之，亦所以神事之也，故大饗諸侯同於禮五帝。少之爲貴，以其內心也，故「不以菲廢禮」。多之爲貴，以其外心也，故「不以美沒禮」。唯其不必美也，故饋而後食，既醉而飽以德。唯其不必菲也，故殺牛而祭，不如夏禴。蓋君子無意於菲美者，示其遠利，有志於飽德者，示其思義。民之反此，迺至於爭利而忘義，故不言坊者，以其事示之而已矣。

嚴陵方氏曰：以菲而過乎儉，❶則禮之文廢而不存。苟以美而至於奢，則禮之情沒而不見。《詩》曰古之人不以微薄廢禮，「不以菲廢禮」之謂也。《儀禮》曰「幣美則沒禮」，「不以美沒禮」之謂也。祭其食，所以敬其主。主人親饋，則客祭，主人不親饋，則客不祭，蓋報施之禮然也。《曲禮》曰「主人親饋，則拜而食，主人不親饋，則不拜而食」，與此同意。「君子苟無禮，雖美不食」者，則以在禮而不在物故也。故餓者不食嗟來，乞人不屑蹴與，凡以是而已。食者利之所存，禮則義之所出，故終言「以此示民，民猶爭利而忘義」。此篇所記凡十七節，言「以此坊」者十六，而於此獨曰「示民」。蓋以示民，則民有所傚。以此坊民，則民無所踰。示之，將以坊之也。此止言飲食之際，未足以盡利義，故止言「示」而已。後重言「君

❶「以」上，通志堂本、四庫本有「苟」字。

子不盡利以遺民」，則利義於是乎盡，故繼之曰「以此坊民，民猶忘義争利，以亡其身」。然合而言之，其實一也。

慶源輔氏曰：以菲廢禮，則失於吝。以美没禮，則失於驕。自處如此，則處神可知。醉酒而已，非君子事也。

子云：「七日戒，三日齊，承一人焉以爲尸。過之者趨走，以教敬也。醴酒在室，醍酒在堂，澄酒在下，示民不淫也。尸飲三，衆賓飲一，示民有上下也。因其酒肉，聚其宗族，以教民睦也。故堂上觀乎室，堂下觀乎上。《詩》云：『禮儀卒度，笑語卒獲。』」

鄭氏曰：戒，謂散齊也。承，猶事也。澄酒，清酒也。三酒尚質，不尚味。淫，猶貪也。上下，猶尊卑也。主人、主婦上賓獻尸，乃後主人降，洗爵獻賓也。因其酒肉，聚其宗族，言祭有酒食，羣昭羣穆皆至而獻酬之，咸有薦俎也。「堂上觀乎室，堂下觀乎上」，謂祭時肅敬之威儀也。卒，盡也。獲，得也。言在廟中者不失其禮儀，皆歡喜得其節也。

孔氏曰：澄酒，謂澄齊也。以其清於醴齊、醍齊，故云清酒也。以此三齊皆云酒，故知澄酒爲澄齊也。《禮運》云：「玄酒在室，醴琖在户，❶粢醍在堂，澄酒在下。」彼陳酒事，故鄭分釋澄爲沈齊，酒爲三酒。以此云「示民不淫」，故知非三酒，以三酒味厚美故也。《禮運》云「醴琖在户」，此云「在室」，不同者，在户之内，則是在室也。但《禮運》有「玄酒在室」之文，故云「醴琖在户」爾。味薄者在上，味厚者在下，貴薄賤厚，示民不貪淫於味

❶「琖」，原作「酒」，今據下文改。

也。鄭註「主人」至「獻賓」，此《儀禮・特牲》文。在堂上者觀望在室之人以取法。在堂下者觀望堂上之人以爲則。言上下内外，更相傚法。引《詩・小雅・楚茨》之篇，言古之祭祀，禮儀合盡其法度，❶笑語盡得其節制。

嚴陵方氏曰：「七日戒，三日齊」，並見《禮器》、《郊特牲》解。《曲禮》曰：「爲君尸者，大夫、士見之，則下之。君知所以爲尸者，則自下之。」故云「過之者趨走」也。夫齊戒以承之，趨走以避之，則敬之至矣，故曰「以教敬也」。自水言之，則淡者爲精，甘者爲粗。若《郊特牲》所謂「酒醴之美，玄酒明水之尚」是也。自酒言之，則濁者爲質，清者爲文。若此所謂「醴酒在室，澄酒在下」是也。其質在上，其文在下，則先王之所尚固可知矣。示民以此，豈有沈湎之禍哉？故曰「示民不淫也」。亦見《禮運》「玄酒在室」解。「尸飲三，衆賓飲一」，謂祭祀獻酬之時也。尊者飲多，而卑者飲少，故曰「示民有上下也」。「因其酒肉」者，因祭祀之酒肉也。「聚其宗族」者，謂羣昭、羣穆咸在也。聚其宗族，則交相親矣，故曰「教民睦也」。

山陰陸氏曰：澄酒，沈齊也。沈齊以能沈溺在下，且雖澄猶在下也，是之謂示民不淫。「尸飲三，衆賓飲一」，裸獻、朝獻、饋獻皆如此，非特酳尸三獻如此而已。蓋裸獻，王一裸，尸於是酢王。❷后一裸，

❶「合盡」，通志堂本、四庫本作「盡合」，是。

❷「酢」，原作「昨」，今據四庫本改。下文「酢后」、「酢賓」、「所酢」、「酢言」同。

尸於是酢后。賓一祼，尸於是酢賓。《周官》所謂「諸臣之所酢」是也。酢言諸臣而已，則王與后可知。他獻放此。然則尸飲一，王飲一，尸飲二，后飲二，❶尸飲三，賓飲一，此尊卑之序也。

石林葉氏曰：齊濁則陰也，酒清則陽也。齊者鬼神所饗，則醴醍升而在上。酒者人所飲，則澄酒降而在下。《禮運》言「醴醆在户」，此言「在室」者，蓋室以户爲啓閉。言其内則曰「室」，言其外則曰「户」。尸，神象者也；❷賓，助祭者也，故其飲有上下。助祭，而羣昭、羣穆咸在，其賜爵者皆以齒也，故「以教民睦」。詔祝升首皆在室，故「堂上觀乎室」。羹定酳尸皆在堂，故「堂下觀乎上」。

子云：「賓禮每進以讓，喪禮每加以遠。浴於中霤，飯於牖下，❸小斂於户内，大斂於阼，殯於客位，祖於庭，葬於墓，所以示遠也。殷人弔於壙，周人弔於家，示民不偝也。」子云：「死，民之卒事也，吾從周。以此坊民，諸侯猶有薨而不葬者。」

鄭氏曰：「每加以遠」，遠之所以崇敬也。阼，或爲「堂」。「吾從周」，周於送死尤備。

孔氏曰：此一節明送喪漸遠，弔哭有節，使民不偝之事。案《鄉飲酒禮》，主人迎賓，至門三辭，至階三讓，皆主人先入先登，是每進以讓也。殷人即壙上而弔，於送死大簡。周人孝子反哭至家，乃始弔，於送死殷勤，是情理備具，故云「吾從

❶「二」，四庫本作「一」。
❷「神象」，通志堂本、四庫本作「象神」。
❸「飯」，原作「飲」，今據四庫本及《禮記正義》改。

周」也。

嚴陵方氏曰：「每進以讓」，「每加以遠」，皆所以「示遠」，❶遠則所以崇敬也。自「浴於中霤」而下，皆喪禮示遠之事，已見《檀弓》解。「弔於壙」，即《檀弓》所謂殷既封而弔也。「弔於家」，即所謂反哭而弔是也。所弔雖異，所以不偕死之意則一。然而民至於死，則其事盡於此矣。人之於此，其可以不盡乎？故子云「死，民之卒事也，吾從周」。從周者，以其弔於家爲盡故也。《檀弓》又曰「反而亡焉，失之矣」，則弔於家爲盡可知。

石林葉氏曰：賓禮所以接人，欲其有文，則「每進以讓」。喪禮所以送神，欲其至敬，則「每加以遠」。唯其進以讓，故三辭三讓而至，不然則已蹙。惟其加以遠，故事鬼神而遠之也。殷人練而祔之，遠也，故近而弔於壙。周人卒哭而祔之，近也，故遠而弔於家。《孟子》曰：「養生不足以當大事。」周人尚文，而送死尤備，故孔子「從周」。

山陰陸氏曰：事合棺而後卒也。「吾從周」者，弔於家而後事卒。

慶源輔氏曰：賓自外而入，故「每進以讓」。喪自内而出，故「每加以遠」。然則喪有賓之道歟？所以示遠，以葬爲卒事也。周人弔於家，以既葬爲卒事也。

子云：「升自客階，受弔於賓位，教民追孝也。未没喪，不稱君，示民不争也。故《魯春秋》記晉喪曰：『殺其君之子奚齊，及其君卓。』以此坊民，子猶有弑其父者。」

鄭氏曰：「升自客階，受弔賓位」，謂反哭

❶「皆」，通志堂本、四庫本作「此」。

時也。既葬矣，猶不由阼階，不忍即父位也。「未没喪」，没，終也。《春秋傳》曰：「諸侯於其封内三年稱子。」至其臣子，踰年則謂之君矣。奚齊與卓子皆獻公之子也。獻公卒，其年奚齊殺，明年而卓子殺矣。弑父，不子之甚。

孔氏曰：此一節明民追孝於親。諸侯未終喪，不得稱君，示民不争之事也。鄭知「反哭時」者，以承上文薨而不葬也。又《既夕禮》云「乃反哭，入，主人升自西階」是也。案僖九年秋九月，晉侯詭諸卒。❶冬，晉里克弑其君之子奚齊。十年，里克弑其君卓子。此卓子踰年弑，而經書「弑其君」，是踰年稱君。

嚴陵方氏曰：父既往，而猶未忍升其階而居其位，故曰「教民追孝也」。未終喪，居君之位，而未敢稱君之號，則推讓之心固可見矣，故曰「示民不争」也。既曰「客階」，又曰「賓位」，互言之也。

石林葉氏曰：「升客階」，不敢代父也。「受弔於賓位」，不敢爲主也。不敢代父而爲主者，不忘親也，故曰「追孝」。古者君薨，百官總己以聽冢宰三年，則是君不言而冢宰攝之也。以其不言，故未終喪，止稱曰「子」。

子云：「孝以事君，弟以事長，示民不貳也。故君子有君不謀仕，唯卜之日稱二君。喪父三年，喪君三年，示民不疑也。父母在，不敢有其身、不敢私其財，示民有上下也。故天子四海之内無客禮，莫敢爲主焉。故君適其臣，升自阼階，即位於堂，示民不敢有其室也。父母在，饋獻不及車馬，示民不

❶「侯」，原缺，今據通志堂本、四庫本補。

敢專也。以此坊民，民猶忘其親而貳其君。」

鄭氏曰：「示民不貳」，不自貳於尊者也。自貳，謂若鄭叔段者也。「君子有君」，謂君之子父在者也。「不謀仕」，嫌遲爲政也。「卜之日」，謂君有故而爲之卜也。二，當爲「貳」。唯卜之時，辭得曰君之貳某爾。「示民不疑」，不疑於君之尊也。君無骨肉之親，不重其服，至尊不明也。「不敢有其身」，有，猶專也。父母在，身及財皆當統於父母也。「不敢有其室」，臣亦統於君也。車馬，家物之重者。

孔氏曰：此一節明事君父之道。孝以事君，弟以事長，示民以恭敬之情。不敢自副貳於其君，謂與尊者相敵。隱元年《左傳》鄭莊公弟共叔段貳君於兄是也。君子，謂國君之子。君在，若謀仕官，似欲速爲仕也。

嚴陵方氏曰：「孝以事君」者，推事父之道以事君也。「弟以事長」者，推事兄之道以事長也。若是則臣不敢貳於其君，幼不敢貳於其長矣，故曰「示民不貳也」。「不敢有其身」者，傳所謂「爲人子者，無以有己」是也。「不敢私其財」者，經所謂「不有私財」是也。若是則上之勢不分於下，故曰「示民有上下也」。自「無客禮」而下，並見《郊特牲》解。《曲禮》曰：「爲人子者，三賜不及車馬。」君之所賜且不敢受，況專之以授人乎？故曰「示民不敢專也」。饋，即遺也，自此遺彼則曰饋，自下獻上則曰獻。

山陰陸氏曰：「孝以事君」，所謂事父孝，故忠可移於君。「弟以事長」，所謂事兄弟，故順可移於長。「示民不貳」，言所以事之之道一。「孝以事君」，非以孝事君，蓋事君，孝之餘事也。「君子有君不謀仕」者，如上所謂，則君豈容有二哉？「卜之日」，卜仕之日也。卜仕之日，君臣未定，故稱「二君」以卜，若云「秦可晉可」也。

石林葉氏曰：事親孝，故忠可移於君。事兄弟，故順可移於長。忠孝弟順，其本一也。以其本一，故有君不謀仕，而其喪君亦如父爲三年也。君則統臣者也，故天子無客禮，君適於臣，則爲主。父則統子者也，故父在，子不敢有其身、私其財，以爲饋獻。

慶源輔氏曰：有君則不謀仕，無君則三月可弔也。示民不貳，則忠孝無貳心。示民不疑，則君親無異事。子不敢有其身，臣不敢有其室，一心也。「貳其君」，謂不以事親者事其君也。

子云：「禮之先幣帛也，欲民之先事而後祿也。先財而後禮，則民利。無辭而行情，則民爭。故君子於有饋者弗能見，則不視其饋。《易》曰：『不耕穫，不菑畬，凶。』以此坊民，民猶貴祿而賤行。」

鄭氏曰：禮，謂所執之摯以見者也。既相見，乃奉幣帛以脩好也。或云禮之先辭而後幣帛也。「先財而後禮，則民利」，財，幣帛也；利，猶貪也。「無辭而行情」，辭，辭讓也；情主利欲也。「於有饋者弗能見，則不視其饋」，饋，遺也。不能見，謂有疾也。不視，猶不內也。「不耕穫，不菑畬，凶」，言必先種之乃得穫，若先菑乃得畬也，安有無事而取利者乎？田一歲曰「菑」，二歲曰「畬」，三歲曰「新田」。「賤行」，行，猶事也，言務得其祿，不務其事。

孔氏曰：此一節明坊民使輕財重禮、貴行賤禄之事。先事而後禄，先相見是「先事」，後幣帛是「後禄」也。先用財而後行禮，民則化之，貪於財。與人相見，無辭讓之禮，直行己情，則有利欲，故民争也。君子於有饋者不能見其所饋之人，則不納其所饋之物。引《易・无妄》六二爻辭，證貪財之事。《爾雅・釋地》云：「田一歲曰菑，二歲曰新田，三歲曰畬。」鄭云「三歲曰新田」，誤也。

嚴陵方氏曰：幣者帛之名，帛者幣之實。禮之先幣帛，言物以禮爲先也。《孟子》謂「恭敬者，幣之未將」是矣。禮者，事之象；幣帛者，禄之象，故曰「欲民之先事而後禄也」。先財而後禮，則徇利而忘義，故曰「則民利」。「無辭」，與《表記》言「無辭不相接」之「無辭」同。行情，則《檀弓》言「直情而徑行」是也。「無辭」，則失取予之名，「行情」，則失利欲之節，是非廉讓之道也，故曰「則民争」。「弗能見」，謂主人有故而弗能見饋者也。辭必相見而後伸，故「弗能見，則不視其饋」，慮其無名故也。蓋凡内物者，必視其多寡是否，而後内之故也。貴禄而賤行者，不以行事爲先也。

山陰陸氏曰：「弗能見」，非特爲有疾而已，若陽貨歸孔子豚，亦弗能見者，故曰「非其義，繫馬千駟弗視也」。夫禮豈可以一端言？若孟子由鄒之任，見季子，由平陸之齊，不見儲子，是亦饋者也。

吴氏莘曰：《禮記》泛引諸經，字多不合。以《坊記》一篇攷之，如引《易》「不耕穫，不菑畬，凶」，今《易・无妄》之二曰「不耕穫，不菑畬，則利有攸往」，不言「凶」也。如引《書》「此謀此猷，惟我君之德。於乎，是惟良顯哉」，今《書·君陳》曰「斯謀斯猷，惟我后之德。嗚呼，臣人咸若，時惟良顯哉」。不惟字異，繁簡亦不同。如引《詩》「履無咎言」，今《氓》詩以「履」爲「體」。引《春秋》「殺其君之子奚齊及其君卓」，今《春秋》僖九年書「里克殺其君之子奚齊」，十年書「里克弑其君卓及其大夫荀息」，本非同時事也。然亦有與今經合者，如曰「東鄰殺牛，不如西鄰之禴祭實受其福」，則與今《易》合矣。如曰「予克紂，非予武」等語，則與今《書》合矣。如曰「此令兄弟，綽綽有裕」等語，則與今《詩》合矣。如曰「《魯春秋》猶言夫人之姓曰『吳』，❶其死曰『孟子卒』」，則與今《春秋》合矣。一篇之中如此，他皆類是。

子云：「君子不盡利以遺民。《詩》云：『彼有遺秉，此有不斂穧，伊寡婦之利。』」故君子仕則不稼，田則不漁，食時不力珍。大夫不坐羊，士不坐犬。《詩》云：『采葑采菲，無以下體。德音莫違，及爾同死。』以此坊民，民猶忘義而争利，以亡其身。」

鄭氏曰：「不盡利以遺民」，不與民争利也。「遺秉」、「不斂穧」，言穫者之遺餘，捃拾所以爲利。食時，謂食四時之膳。力，猶務也。天子、諸侯有秩膳，古者殺牲，食其肉，坐其皮。不坐犬羊，是無故不殺之。葑，蔓菁也。陳、宋之間謂之「葑」。菲，蕾類也。下體，謂其根也。采葑菲之菜者，采其葉而可食，無以其根美

❶「言」，經文作「去」，是。

則并取之，苦則弃之。并取之，是「盡利」也。

孔氏曰：此一節明貴義輕利以坊民之事。言君子不盡竭其利，當以餘利遺與民也。《詩·小雅·大田》，刺幽王之詩。陳明王之時，田稼既多，穫刈促遽，彼處有遺秉把，此處有不斂之穧束，與寡婦捃拾以爲利，證以利遺民也。不力珍，不用力務求珍羞。「采葑采菲，無以下體」，此《詩·邶風·谷風》之篇，婦人怨夫棄己。言采葑、菲無以下體根莖之惡，并棄其葉。言取妻無以華落色衰相棄。如此則道德之音無相乖違，可與汝同至於死也。此記者引《詩》斷章取義，凡二意：一則據其根善，無得并取其根，無盡利也；一則據其根惡，無得并棄其葉，不求備也。

嚴陵方氏曰：君子之於利，非不取也，不盡之而已。若九一以治野外，什一以治國中。《周官·朝士》凡得獲貨賄、人民、六畜者，委之于朝，告于士，旬而舉之，大者公之，小者庶民私之。《澤虞》言「頒其餘于萬民」，皆此意。自「仕則不稼」而下，亦皆不盡利之事也。食四時所有之物，不力求難得之品。《王制》曰「大夫無故不殺羊，士無故不殺犬豕，有故則祭饗」是也。祭饗則皮毛並用矣，豈可坐之？坐之則是無故而殺之也。坐，若《左氏傳》所謂「食其肉，寢其皮」是矣。不言豕，則以有剛鬣，不宜坐故也。

臨川王氏曰：於物有所遺，則爲「不盡利」；於事有所遺，則爲不盡察。貴者之道也。

石林葉氏曰：「仕則不稼」者，不盡利以遺民也。「食時不力珍」者，盡仁以愛物也。

子云：「夫禮，坊民所淫，章民之别，使民無嫌，以爲民紀者也。故男女無媒不交，無幣不相見，恐男女之無别也。以此坊民，民猶有自獻其身。《詩》云：『伐柯如之何？匪斧不克。取妻如之何？匪媒不得。蓺麻如之何？横從其畝。取妻如之何？必告父母。』」

鄭氏曰：淫，猶貪也。章，明也。嫌，嫌疑也。「無媒不交，無幣不相見」，重男女之會，所以遠别之於禽獸也。有幣者必有媒，有媒者不必有幣。仲春之月，會男女之時，不必待幣也。「自獻其身」，獻，猶進也。伐柯，伐木以爲柯也。克，能也。蓺，猶樹也。横從，横行治其田也。言取妻之法必有媒，如伐柯之必須斧也；取妻之道必告父母，如樹麻當先易治其田。

孔氏曰：自此以下，終於篇末，總坊男女淫奔之事，夫婦重慎之義。此一節明男女非媒、非幣不相交見也。鄭知「淫」非淫佚，而云「貪」者，若是淫佚，當云「坊民淫」，不云「所淫」也。「使民無嫌，以爲民紀」，謂使民無色欲之嫌疑，以爲民之綱紀也。引《詩·齊風·南山》之篇，刺齊襄公與妹文姜姦淫之事。❶

嚴陵方氏曰：恐民之或淫，故禮坊之，使有限。恐民之無别，故禮章之，使自明。若是則天下之情無可嫌者，足以爲之紀矣。《禮器》曰「君子之行禮，不可不慎也。衆之紀也，紀散而衆亂」，非謂是歟？媒所以通相交之情，幣所以將相見

❶「齊」，原作「秦」，今據通志堂本、四庫本改。

之禮。「自獻其身」，則無俟乎媒、幣矣。

慶源輔氏曰：淫，過也。別，自然之分也。防其淫，章其別，所以使民無疑也。不曰「綱」而曰「紀」，紀之事衆也。交，通也。

子云：「取妻不取同姓，以厚別也。故買妾不知其姓，則卜之。以此坊民，《魯春秋》猶去夫人之姓曰『吴』，其死曰『孟子卒』。」

鄭氏曰：厚，猶遠也。妾言買者，以其賤，同之於衆物也。士庶之妾恒多，凡庸有不知其姓者。吴，大伯之後，魯同姓也，昭公取焉，去「姬」曰「吴」而已。至其死，亦畧云「孟子卒」，不書夫人某氏薨。「孟子」，蓋其且字。

孔氏曰：此一節坊民取同姓爲妻之事。妾不知姓，但避其凶害，唯卜其姓，吉乃取之。依《春秋》例，吴氏當云「夫人姬氏至自吴」，薨當云「夫人姬氏薨」，以諱取同姓，故止云「至自吴」。又曰「孟子卒」。既笄而字，當云伯、叔、季，若伯姬、季姬，今云「孟子」，故鄭知「且字」也。

子云：「禮，非祭，男女不交爵。以此坊民，陽侯猶殺繆侯而竊其夫人，故大饗廢夫人之禮。」

鄭氏曰：交爵，謂相獻酢。陽侯、繆侯，同姓也。以貪夫人之色，至殺君而立。其國未聞。大饗，饗諸侯來朝者也。夫人之禮，使人攝。

孔氏曰：此一節坊男女非因祭祀不得相集會也。《特牲饋食禮》云：「主婦獻尸，尸酢主婦。」是非祭不交爵也。陽侯、繆侯是兩君之謚，未聞何國君。大饗之時，夫人與君同饗於賓。繆侯及夫人共出饗賓，陽侯是繆侯同姓之國，見繆侯夫人之美，乃殺繆侯而取其夫人，又篡其國而自立。❶故大饗不使夫人預其禮也。以此言之，則陽侯以前大饗，夫人出饗鄰國之君，得有男女交爵也。此云非祭不交爵者，蓋王饗諸侯，及諸侯自相饗，同姓則后夫人親獻，異姓則使人攝獻。故《內宰職》云「凡賓客之祼獻瑶爵皆贊」，註云：「謂王同姓及二王之後來朝覲。」王以鬱鬯禮之，后以瑶爵亞獻也。自陽侯殺繆侯，其後夫人獻禮遂廢，並使人攝也。

子云：「寡婦之子，不有見焉，則弗友也，君子以辟遠也。故朋友之交，主人不在，不有大故，則不入其門。以此坊民，民猶以色厚於德。」

鄭氏曰：有見，謂睹其才藝也。同志爲友。大故，喪疾也。

孔氏曰：自此至「於族」一節，更申明男女相遠，又坊人同姓淫佚之事。

山陰陸氏曰：厚別，仁也。辟遠，義也。且言君子，君子見微者也。

慶源輔氏曰：既辟之，又遠之，以色大欲，當謹坊也。「色厚於德」，言好色厚於好德也。

子云：「好德如好色，諸侯不下漁色，故君子遠色，以爲民紀。故男女授受不親，御婦人則進左手，姑、姊妹、女子子已嫁而反，男子不與同席而坐，寡婦不夜哭。婦人疾，問之，不問其疾。以此坊民，民猶淫佚而亂於族。」

鄭氏曰：「好德如好色」，此句似不足。《論語》曰「未見好德如好色」，疾時人厚

❶「又」，通志堂本、四庫本作「反」。

於色之甚，而薄於德也。「不下漁色」，不內取於國中也，內取國中爲「下漁色」。昏禮始納采，謂采擇其可者也。國君而內取，象捕魚然，中網取之，是無所擇也。「男女授受不親」，不以手相與也。《內則》曰：「非祭非喪，不相授器。其相授，則女受以篚。其無篚，則皆坐奠之，而後取之。」「御婦人則進左手」者，御者在右，前左手，則身微偝之也。女子十年不出，嫁及成人，可以出矣，猶不與男子共席而坐，遠别也。「寡婦不夜哭」，嫌思人道。婦人不問其疾，嫌媚，略之也，問增損而已。亂於族，犯非妃匹也。

孔氏曰：諸侯當外取，不得下嚮國中取卿、大夫、士之女。若下取國中美色，中意皆取之，似漁人求魚，無所擇也。

嚴陵方氏曰：《孟子》曰：「好色，人之所欲也。」故經傳每以是況其所好之篤者。《祭義》曰「如見親之所愛，如欲色然」，《論語》「賢賢易色」，此云「好德如好色」，以言其所好之篤而已。婦人疾，問其安否，不問其疾之所在也。凡此皆以遠嫌而已。餘並見《曲禮》解。

山陰陸氏曰：所謂「如好好色」，鄭氏謂「此句似不足」，誤矣。《論語》曰「我未見好德如好色者也」，則古之人好德如好色者，蓋有之矣。諸侯不下漁色，釣於他國可也。宋三世内娶，《春秋》譏焉。

子云：「昏禮，壻親迎，見於舅姑，舅姑承子以授壻，恐事之違也。以此坊民，婦猶有不至者。」

鄭氏曰：舅姑，妻之父母也。妻之父爲外舅，妻之母爲外姑。父戒女曰：「夙夜毋違命。」母戒女曰：「毋違宫事。」不至，不親夫以孝舅姑。

孔氏曰：壻親迎之時，見婦之父母。婦之父母承奉女子以付授於壻而戒之，恐此女子於昏事乖違也。

中山成氏曰：父之姊妹曰姑，母之兄弟曰舅，此内之正名也。名不正則言不順。婦人謂夫之父母曰舅姑，男子謂妻之父母亦曰舅姑，但加「外」字耳。此即假借其名，非正也。禮避嫌疑，故須假借而言之。舅姑是父母之倫類，其名尊也。夫婦齊體也，父母互相敬也。

嚴陵方氏曰：昏禮，父母戒女「毋違命」，「毋違宫事」，故曰「恐事之違也」。「不至」，謂違婦事，而有所不至也。

禮記集説卷第一百二十二

禮記集說卷第一百二十三

中庸第三十一

案《中庸》一篇，會稽石氏《集解》自濂溪先生而下，凡十家，朱文公嘗爲之序。已而自著章句，以十家之説删成《輯略》，别著《或問》以開曉後學。今每章首録鄭《註》、孔《疏》，次載《輯略》，即繼以朱氏。然十家之説，凡《輯略》所不取者，朱氏《或問》間疏其失，僅指摘三數言，後學或未深解。今以石氏本增入，庶幾覽者可以參繹其旨意。其有續得諸説，則附於朱氏之後。

孔氏曰：案鄭《目録》云：「《中庸》者，以其記中和之爲用也。庸，用也。孔子之孫子思伋作之。」

河南程氏曰：中之理至矣，獨陰不生，獨陽不生，偏則爲禽獸，爲夷狄，中則爲人。中則不偏，常則不易。惟中不足以盡之，故曰《中庸》。明道　又曰：天地之化雖廓然無窮，然而陰陽之度，日月、寒暑、晝夜之變，莫不有常。此道之所以爲中庸。伊川　又曰：中者只是不偏，偏則不是中，庸只是常。猶言中者是大中也，庸者是定理也。定理者，天下不易之理也，是經也。《孟子》只言反經，中在其間。伊川　又曰：《中庸》之言，放之則彌滿六合，卷之則退藏於密。明道　又曰：《中庸》始言一理，中散爲萬事，末復合爲一理。明道　又曰：《中庸》之書是孔門傳授，成於子思，傳於孟子。其書雖是雜記，更不分精粗，一衮說了。今人語道，多說高便遺却卑，説本便遺却末。伊川　又曰：《中庸》一卷書，自至理便推之於事，如國家有九經，及歷代聖人之迹，莫非實學也。如登九層之臺，自下而上爲是。又曰：《中庸》之書決是傳聖人之學不雜。子思恐傳授漸失，故著此一卷書。又曰：《中庸》是孔門傳授心法。

藍田吕氏曰：《中庸》之書，聖門學者盡心以知性，躬行以盡性，始卒不越乎此書。孔子傳之曾子，曾子傳之子思，子思述所授之言，以著于篇。故此書所論，❶皆聖人之緒言，入德之大要也。又曰：聖人之德，中庸而已。中則過與不及皆非道，庸則父子、兄弟、夫婦、君臣、朋友之常道。欲造次顛沛，久而不違於仁，豈尚一節一行之詭激者哉？又曰：《中庸》之書，學者所以進德之要，本末具備矣。既以淺陋之學爲諸君道之，抑又有所以告諸君者。孔子曰：「古之學者爲己，今之學者爲人。」爲己者，心存乎德行，而無意乎功名；爲人者，心存乎功名，而未及乎德行。若後世學者有未及乎爲人，而濟其私欲者，今學聖人之道，而先以私欲害之，則語之而不入，導之而不行，教之者亦何望哉？聖人立教以示後世，未嘗使學者如是也。朝廷建學設科，以取天下之士，亦未嘗使學者如是也。學者亦何必捨此而趨彼哉？聖人之學不使人過，不使人不及。立喜怒哀樂未發之中，以爲之本，使學者擇善而

❶「所」，通志堂本、四庫本作「之」。

固執之，其學固有序矣。學者盍亦用心於此乎？用心於此，則義理必明，德行必脩，師友必稱，州里必譽。仰而上古，可以不負聖人之傳，俯達于當今，可以不負朝廷之教養。世之有道君子，樂得而親之；王公大人，樂聞而取之。與夫自輕其身，涉獵無本，徼幸一旦之利者，果如何哉？❶諸君有意乎，則今日所講有望焉，無意乎，則不肖今日自爲譊譊無益，不幾乎侮聖言乎？諸君其亦念之哉！

延平楊氏曰：《中庸》爲書，微極乎性命之際，幽盡乎鬼神之情。廣大精微，罔不畢舉，而獨以《中庸》名書，何也？予聞之師曰：「不偏之謂中，不易之謂庸。中者天下之正道，庸者天下之正理。」❷推是言也，則其所以書者，義可知也。世之學者知不足以及此，而妄意聖人之微言，故物我異觀，天人殊歸，而高明中庸之學始二致矣。謂高明者，所以處己而同乎天，❸中庸者，所以應物而同乎人，則聖人之處己者常過乎中，而與夫不及者無以異也。爲是説者，又烏足與議聖學哉！

新安朱氏曰：《中庸》何爲而作也？子思子憂道學之失其傳而作也。蓋自上古聖神繼天立極，而道統之傳有自來矣。其見於經，則「允執厥中」者，堯之所以授舜也。「人心惟危，道心惟微，惟精惟一，允執厥中」者，舜之所以授禹也。堯之一言至矣、盡矣，而舜復益之以三言者，則

❶「如何」，通志堂本、四庫本作「何如」。
❷「正」，通志堂本、四庫本作「定」。
❸「同」，通志堂本、四庫本作「通」，是。

所以明夫堯之一言必如是而后可庶幾也。蓋嘗論之，心之虚靈知覺，一而已矣，而以爲有人心、道心之異者，則以其或生於形氣之私，或原於性命之正，而所以爲知覺者不同。是以或危殆而不安，或微妙而難見耳。然人莫不有是形，❶故雖上智不能無人心，亦莫不有是性，故雖下愚不能無道心。二者雜於方寸之間，而不知所以治之，則危者愈危，微者愈微，而天理之公卒無以勝夫人欲之私矣。精則察夫二者之間而不雜也，一則守其本心之正而不離也。從事於斯，無少間斷，必使道心常爲一身之主，而人心每聽命焉，則危者安，微者著，而動静云爲自無過不及之差矣。夫堯、舜、禹，天下之大聖也。以天下相傳，天下之大事也。以天下之大聖行天下之大事，而其授受之際，丁寧告戒，不過如此，則天下之理豈有以加於此哉？自是以來，聖聖相承，若成湯、文、武之爲君，臯陶、伊、傅、周、召之爲臣，既皆以此而接夫道統之傳。❷若吾夫子，則雖不得其位，而所以繼往聖，開來學，其功反有賢於堯、舜者。❸然當是時，見而知之者，唯顔氏、曾氏之傳得其宗。及曾氏之再傳，而復得夫子之孫子思，則去聖遠而異端起矣。子思懼夫愈久而愈失其真也，於是推本堯、舜以來相傳之意，質以平日所聞父師之言，更互演繹，作爲此書，以詔後之學者，蓋其憂之也深，故其言之也切，其慮

❶「然」，通志堂本、四庫本作「蓋」。
❷「以」，通志堂本、四庫本作「於」。
❸「反」下，通志堂本、四庫本有「若」字。

之也遠，故其説之也詳。其曰「天命」、「率性」，則道心之謂也。其曰「擇善」、「固執」，則精一之謂也。其曰「君子時中」，則執中之謂也。世之相後千有餘年，而其言之不異，如合符節。歷選前聖之書，所以提挈綱維，開示藴奥，未有若是其明且盡者也。又曰：中者，不偏不倚，無過不及之名。庸，平常也。或問：「中庸」二字孰重？先生曰：「有中而後有庸。」或問：名篇之義，程子專以不偏爲言，吕氏專以無過不及爲説，二者固不同矣，子乃合而言之，何也？曰：中一名而有二義，程子固言之矣。今以其説推之，「不偏不倚」云者，程子所謂「在中之義未發之前，無所偏倚之名也」。「無過不及」者，程子所謂「中之道也，見諸行事，各得其中之名也」。蓋「不偏不倚」，猶立而不近四旁，心之體，地之中也。「無過不及」，猶行而不先不後，理之當，事之中也。故於未發之大本，則取不偏不倚之名，於已發而時中，則取無過不及之義。語固各有當也。然方其未發，雖未有無過不及之可名，而所以爲無過不及之本體，實在於是。及其發而得中也，雖其所主不能不偏於一事，然其所以無過不及者，是乃無偏倚者之所爲，而於一事之中，亦未嘗有所偏倚也。故程子又曰：「言和則中在其中，言中則含喜、怒、哀、樂在其中。」而吕氏亦云：「當其未發，此心至虚，無所偏倚，故謂之中。以此心而應萬物之變，❶無往而非中矣。」是則二義雖殊，而實相爲體用。此愚於

❶「物」，通志堂本、四庫本作「事」。

名篇之義，所以不得取此而遺彼也。曰：「庸」字之義，程子以「不易」言之，而子以爲「平常」，何也？曰唯其平常，故可常而不可易。若驚世駭俗之事，則可暫而不得爲常矣。二説雖殊，其致一也。但謂之「不易」，則必要於久而後見，❶不若謂之「平常」，則直驗於今之無所詭異，而其常久而不可易者，可兼舉也。况《中庸》之云上與高明爲對，而下與無忌憚者相反。其曰「庸言之信，庸行之謹」，又以見夫雖細微而必信謹，則其名篇之義，以不可易而爲言者，又孰若平常之爲切乎？曰：然則所謂「平常」，將不爲淺近苟且之云乎？曰：不然也。所謂平常，亦曰事理之當然，而無所詭異云爾。是固非有甚高難行之事，而亦豈同流合汙之謂哉？既曰當然，則自君臣父子日用之常，推而至於堯、舜之禪授，湯、武之放伐，其變無窮，亦無適而非平常矣。又曰：《中庸》一書本只是隨時之中。其所以有隨時之中者，是緣有那未發之中在。

又曰：爲人之説，程子以爲「欲見知於人」者是也。❷吕氏以「志於功名」言之，而謂今之學者未及乎此，則是以爲人爲及物之事，而涉獵徼幸，以求濟其私者，又下此一等也。殊不知夫子所謂人者，正指此下等人。若曰未能成己，而遽欲成物，此特可坐以不能知所先後之罪。原其設心，猶愛而公，視彼欲求人知以濟一己之私而後學者，不可同日語矣。至其所謂立喜、怒、哀、樂未發之中以爲之

❶「要」，通志堂本作「有」，四庫本作「至」。
❷「子」，通志堂本作「氏」。

本，使學者擇善而固執之者，亦曰欲使學者務先存養，以爲窮理之地耳。而語之未瑩，乃似聖人强立此中，以爲大本，使人以是爲準，而取中焉。則中者，豈聖人之所强立？而未發之際，亦豈容學者有所擇取於其間哉？❶但其全章大指，則有以切中今時學者之病。覽者誠能三復而致思焉，亦可以感悟而興起矣。

雪川倪氏曰：堯咨舜曰「允執其中」，舜授禹曰「允執厥中」，仲虺謂湯「建中于民」，《孟子》曰「湯執中」，文王演《易》，以二五爲中，武王訪箕子，箕子陳《洪範》，以皇極爲中，《周禮》以五禮防民僞而教之中，而未有言庸者。孔子始以中對庸言之。其在《易》之《文言》曰「龍德而正中者也」，繼之曰「庸言之信，庸行之謹」。然猶分言之也。至《論語》始曰：「中庸之爲德，其至矣乎！民鮮能久矣。」於是中之與庸始合爲一。子思之名《中庸》，蓋本諸孔子也。

新定顧氏曰：理有自然之則，非過，非不及，聖人所以名之曰「中」。理無所變更，歷萬世如一日，聖人所以名之曰「庸」。《易》言「大極」，《書》言「皇極」，中之謂也。《易》言「正者事之幹」，又言「常久而不已」，庸之謂也。中也、庸也，聖人所以名此理之本體也。《中庸》一書，始之以此道之本體，中之以此道之運行，末復歸之此道之本體，所謂無先後，無彼此，一以貫之。

天命之謂性，率性之謂道，脩道之謂教。

鄭氏曰：天命，謂天所命生人者也，是謂

❶「擇取」，通志堂本、四庫本作「取則」。

性命。率，循也。循性行之，是謂道。脩，治也。治而廣之，人放傚之，是曰「教」。孔氏曰：自此至「育焉」一節，明中庸之德必脩道而行。

河南程氏曰：言天之自然者，謂之天道。言天之付與萬物者，謂之天命。明道　又曰：民受天地之中以生，天命之謂性也。人之生也直，意亦如此。若以「生」爲「生養」之「生」，却是脩道之謂教也。至下文始自云「能者養之以福，不能者敗以取禍」，則乃是教也。明道　又曰：《孟子》曰：「仁者，人也。合而言之，道也。」《中庸》所謂「率性之謂道」是也。　又曰：生之謂性，性即氣，氣即性，生之謂也。人生氣稟理有善惡，然不是性中元有此兩物相對而生也。有自幼而善，有自幼而惡，是氣稟有然也。善固性也，然惡亦不可不謂之性也。蓋生之謂性，人生而静，以上不容説，才説性時，便已不是性也。凡人説性，只是説繼之者善也。《孟子》言「人性善」是也。夫所謂「繼之者，善也」者，猶水流而就下也。皆水也，有流而至海，終無所汙，此何煩人力之爲也？有流而未遠，固已漸濁，有出而甚遠，方有所濁，有濁之多者，有濁之少者，清濁雖不同，然不可以濁者不爲水也。如此則人不可以不加澄治之功。故用力敏勇，則疾清；用力緩怠，則遲清。及其清也，則却只是元初水也，亦不是將清來換却濁，亦不是取出濁來置在一隅也。水之清，則性善之謂也。故不是善與惡在性中爲兩物相對，各自出來，此理天命也。順而循之，則道也。循此而脩之，各得其分，則教也。自天命以至於教，我無加損焉。此舜有天下而不與焉者也。又曰：上天之載，無聲無臭，其體則謂之易，其理則謂之道，其用則謂之神，其命於人則謂之性。率性則謂之道，脩道則謂之教。《孟子》去其中又發揮出浩然之氣，❶可謂盡矣。故説神如在其上，如在其左右。大小大事而只曰誠之不可揜如此夫。❷徹上徹下，不過如此。形而上爲道，形而下爲器，須著如此説。器亦道，道亦器，但得道在不繫今與後，己與人。

先生常語韓持國曰：如説妄、説幻爲不好底性，則請别尋一箇好底性來换了此不好底性。蓋道即性也，若道外尋性，性外尋道，便不是聖賢論天德。蓋謂自家元是天然完全自足之物，若無所汙壞，即當直而行之，若小有汙壞，即敬以治之，使復如舊者。蓋爲自家本質元是完足之物，若合脩治而脩治之，是義也；若不消脩治而不脩治，亦是義也，故常簡易明白而易行。禪學者總是强生事，至如山河大地之説，是他山河大地，又干你何事？至如孔子道如日星之明，猶患門人未能盡曉，故曰「予欲無言」。如顔子則便默識，其他未免疑問，故曰「小子何述」，又曰「天何言哉，四時行焉，百物生焉」，可謂明白矣。若能於此言上看得破，便信是會禪也。非是未尋得，蓋實是無去處説。此理本無二致也。明道　又曰：「生之謂性」，與「天命之謂性」，同乎？「性」字不可一概論。「生之謂性」，止訓所稟受也。「天命之謂性」，此言性

❶「去」，通志堂本、四庫本作「於」。
❷上「大」字，四庫本作「合」，《周易傳義附録》作「夫」。

之理也。今人言性柔緩，性剛急，皆生來如此，此訓所禀受也。若性之理，則無不善。曰天者，自然之理也。伊川　又曰：《告子》云「生之謂性」，凡天地所生之物，須是謂之性。皆謂之性則可，於中却須分別牛之性，馬之性，是他便只是一般，如釋氏説蠢動含靈皆有佛性，如此則不可。「天命之謂性，率性之謂道」者，天降是於下；「萬物流形，各正性命」者，是所謂性也。循其性而不失，是所謂道也。此亦通人物而言。循性者，馬則爲馬之性，又不做牛底性，牛則爲牛之性，又不爲馬底性，此所謂「率性」也。人在天地之間，與萬物同流。天幾時分別出是人是物？「脩道之謂教」，此則專在人事，以失其本性，故脩而求復之，則入於學。若元不失，則何脩之有？「成性存存，道義之門」，亦是萬物各有成性，存存亦是生生不已之意。天只是以生爲道。又曰：「率性之謂道」，率，循也。若言道不消先立下名義，則茫茫地何處下手？何處著心？伊川　又曰：人須是自爲善，又不可都不管他，蓋有教焉，「脩道之謂教」，豈可不脩？

横渠張氏曰：由大虚有天之名，由氣化有道之名，合虚與氣有性之名，合性與知覺有心之名。

藍田吕氏曰：此章先明性、道、教之所以名。性與天道一也。天道降而在人，故謂之性。性者，生生之所固有也。循是而之焉，❶莫非道也。道之在人有時與位之不同，必欲爲法於後世，不可不脩。

❶「之焉」，通志堂本、四庫本作「言之」。

一本云：「天命之謂性」，即所謂中。「脩道之謂教」，即所謂庸。中者道之所自出，庸者由道而後立。蓋中者，天道也，天德也。降而在人，人稟而受之，是之謂「性」。《書》曰：「惟皇上帝，降衷于下民。」《傳》曰：「民受天地之中以生。」此人性所以必善，故曰「天命之謂性」。性與天道本無有異，但人雖受天地之中以生，而梏於蕞然之形體，常有私意小知撓乎其間，故與天地不相似。所發遂至於出入不齊而不中節，如使所得於天者不喪，則何患不中節乎？故良心所發，莫非道也。在我者，惻隱、羞惡、辭讓、是非，皆道也。在彼者，君臣、父子、夫婦、昆弟、朋友之交，亦道也。在物之分，則有彼我之殊；在性之分，則合乎内外一體而已。是皆人心所同然，乃吾性之所固有，隨喜怒哀樂之所發，則愛必有等差，敬必有節文。所感重者，其應也亦重；所感輕者，其應也亦輕。自斬至緦，喪服異等，而九族之情無所憾。自王公至皁隸，儀章異制，而上下之分莫敢争。非出於性之所有，安能致是乎？故曰「率性之謂道」。循性而行，無物撓之，雖無不中節者，然人稟於天者，不能無厚薄、昏明，則應於物者，亦不能無小過、小不及。故喜斯陶，陶斯咏，咏斯猶，猶斯舞，舞斯愠，愠斯戚，戚斯歎，歎斯辟，辟斯踊矣。品節斯，斯之謂禮。閔子除喪，而見孔子，予之琴而彈之，切切而哀，曰：「先王制禮，不敢過也。」子夏除喪，而見孔子，予之琴而彈之，侃侃而樂，曰：「先王制禮，不敢不及也。」故心誠求之，雖不中，不遠矣。然將達之天下，傳之後世，慮其所終，稽其所敝，則其小過、小不及者，不可以不脩。此先王所以制禮。故曰「脩道之謂教」。

建安游氏曰：「惟皇上帝，降衷于下民」，則天命也。若遁天倍情，則非性矣。天之所以命萬物者，道也，而性者，具道以生也。因其性之固然，而無容私焉，則道在我矣。此「率性之謂道」也。若出於人爲，則非道矣。夫道不可擅而有也，固將與天下共之。故脩禮以示之中，脩樂以導之和，此「脩道之謂教」也。或蔽於天，或蔽於人，爲我至於無君，兼愛至於無父，則非教矣。知「天命之謂性」，則孟子性善之説可見矣。或曰性惡，或曰善惡混，或曰有三品，皆非知天命者也。

延平楊氏曰：「天命之謂性」，人欲非性也。「率性之謂道」，離性非道也。性，天命也；命，天理也。道則性命之理而已。《孟子》道性善，蓋原於此。謂性有不善者，誣天也。性無不善，則不可加損也，無俟乎脩焉，率之而已。楊雄謂學以脩性，非知性也。故孔子曰「盡性」，子思曰「率性」，曰「尊德性」，孟子曰「知性」、「養性」，未嘗言脩也。然則道其可脩乎？曰：道者，百姓日用而不知也。先王爲防範，使過、不及者取中焉，所以教也。謂之脩者，蓋亦品節之而已。又曰：性、命、道三者，一體而異名，初無二致也。故在天曰「命」，在人曰「性」，率性而行曰「道」，特所從言之異耳。又曰：人性上不可添一物，堯舜所以爲萬世法，只是率性而已。所謂率性，循天理是也。外邊用計、用數，假饒立得功業，只是人欲之私，與聖賢作處，天地懸隔。又曰：荆公云：「天使我有是之謂命，命之在我之謂性。」是未知性命之理。其曰使我，正所謂使然也，使然者可以爲命乎？以命在我爲性，則命自一物。若《中庸》言「天命之謂性」，性即天命也，又豈二物哉？如云在天爲命，在人爲性，此語似無病，然亦不須如此説。性命初無二理，第所由之者異耳。「率性之謂道」，如《易》所謂「聖人之作《易》，將以順性命之理」是也。又曰：韓子曰：「仁與義爲定名，道與德爲虚位。」其意蓋曰由仁義而之焉，斯謂之道。充仁義而足乎己，斯謂之德。則所謂道德云者，仁義而已矣。故以仁義爲定名，道德爲虚位。《中庸》曰「天命之謂性，率性之謂道」，仁義，性所有也，則捨仁義而言道者，固非也。道固有仁義，而仁義不足以盡道，則以道德爲虚位者，亦非也。

新安朱氏曰：自此至「萬物育焉」，是第一章。子思述所傳之意以立言。首明道之本，原出於天，而不可易，其實體備於己，而不可離。次言存養省察之要，終言聖神功化之極。蓋欲學者於此反求諸身，而自得之，以去夫外誘之私，而充其本然之善。楊氏所謂「一篇之體要」是也。其下十章，蓋子思引夫子之言以終此章之義。命，猶令也。性，即理也。天以陰陽五行化生萬物，氣以成形，而理亦賦焉，猶命令也。於是人物之生，因各得其所賦之理以爲健順五常之德，所謂性也。道，猶路也。人物各循其性之自然，則其日用事物之間，莫不各有當行之路，是則所謂道也。脩，品節之也。性、道雖同，而氣禀或異，故不能無過、不及之差。

聖人因人物之所當行者而品節之，以爲法於天下，則謂之「教」，若禮樂刑政之屬是也。蓋人之所以爲人，道之所以爲道，聖人之所以爲教，原其所自，無一不本於天而備於我。學者知之，則其於學知所用力，而自不能已矣。故子思於此首發明之，讀者所宜深體而默識也。或問：「天命之謂性，率性之謂道，脩道之謂教」，何也？曰：此先明性、道、教之所以名，以見其本皆出乎天，而實不外於我也。「天命之謂性」，言天所以命乎人者，是則人之所以爲性也。蓋天之所以賦與萬物，而不能自已者，命也。吾之得乎是命以生，而莫非全體者，性也。故以「命」言之，則曰「元亨利貞」，而四時五行，庶類萬化，莫不由是而出。以「性」言之，則曰仁義禮知，而四端五典，萬物萬事之理，無不統於其間。蓋在天在人，雖有性命之分，而其理則未嘗不一。在人、在物，雖有氣禀之異，而其理則未嘗不同。此吾之性所以純粹至善，而非若荀、楊、韓子之所云也。「率性之謂道」，言循其所得乎天以生者，則事事物物，莫不自然，各有當行之路，是則所謂道也。蓋天命之性，❶仁義禮知而已。循其仁之性，則自父子之親以至於仁民愛物，皆道也。循其義之性，則自君臣之分以至於敬長尊賢，亦道也。❷循其禮之性，則恭敬辭讓之節文皆道也。循其知之性，則是非邪正之分別亦道也。蓋所謂性者，無一理之不具，故所謂道者，不待外求而無所

❶「性」，通志堂本作「作」。
❷「亦」，通志堂本、四庫本作「皆」。

不備；所謂性者，無一物之不得，故所謂道者，不假人爲而無所不周。雖鳥獸草木之生，僅得形氣之偏，而不能有以通貫乎全體，然其知覺、運動、榮瘁、開落，亦皆循其性，而各有自然之理焉。至於虎狼之父子，螻蟻之君臣，豺獺之報本，雎鳩之有别，則其形氣之所偏，又反有以存其義理之所得，尤可以見天命之本然，初無間隔，而所謂道者，亦未嘗不在是也。是豈有待於人爲，而亦豈人之所得爲哉？「脩道之謂教」，言聖人因是道而品節之，以立法垂訓於天下，是則所謂「教」也。蓋天命之性，率性之道，皆理之自然，而人物之所同得者也。人雖得其形氣之正，然其清濁厚薄之禀，亦有不能不異者。是以賢智者或失之過，愚不肖者或不能及，而得於此者，亦或不能無失於彼。是以私意人欲，或生其間，而於所謂性者，不免有所昏蔽錯雜，而無以全其所受之正。性有不全，則於所謂道者，固亦有所乖戾舛逆，❶而無以適乎所行之宜。唯聖人之心，清明純粹，天理渾然無所虧闕，故能因其道之所在，而爲之品節防範，以立教於天下，使夫過、不及者有以取中焉。蓋有以辨其親疏之殺，而使之各盡其情，則仁之爲教立矣。有以别其貴賤之等，而使之各盡其分，則義之爲教行矣。爲之制度文爲，使之有以守而不失，則禮之爲教得矣。爲之開導禁止，使之有以别而不差，則知之爲教明矣。夫如是，是以人無知愚，事無大小，皆得有所持循據守，以去其人欲之私，而復乎天

❶「亦」，通志堂本、四庫本作「以」。

理之正。推而至於天下之物，則亦順其所欲，違其所惡。因其材質之宜，以致其用，制其取用之節，以遂其生，皆有政事之施焉。此則聖人所以財成天地之道，以致其彌縫輔贊之功。然亦未始外乎人之所受乎天者而强爲之也。子思以是三言著於篇首，雖曰姑以釋夫三者之名義，然學者能因其所指而反身以驗之，則其所知，豈獨名義之間而已哉？蓋有得乎天命之説，則知天之所以與我者，無一理之不備，而釋氏所謂空者，非性矣。有以得乎率性之説，則知我之所得乎天者，無一物之不該，而老氏所謂無者，非道矣。有以得乎脩道之説，則知聖人之所以教我者，莫非因其所固有而去其所本無，背其所至難而從其所甚易，而凡世儒之訓詁詞章，管、商之權謀功利，老、佛之清浄寂滅，與夫百家衆技之支離偏曲，皆非所以爲教矣。由是以往，因其所固有之不可昧者，而益致其學問思辨之功，因其所甚易之不能已者，而益致其持守推行之力，則夫天命之性，率性之道，豈不昭然日用之間，而脩道之教，又將由我而後立矣。又曰：程子之論「率性」，正就私意人欲未萌之處，指其自然發見，各有條理者而言，以見道之所以得名，非指脩爲而言也。吕氏「良心之發」以下，至「安能至是」一節，亦甚精密。但謂人雖受天地之中以生，而梏於形體，又爲私意小知所撓，故與天地不相似，而發不中節，必有以不失其所受乎天者，然後爲道。則所謂道者，又在脩爲之後，而反由教以得之。非復子思、程子所指人欲未萌，自然發見之意矣。游氏所謂「無容私焉，則道在我」，楊氏所謂「率之而已」者，似亦皆有吕氏之病也。至於脩道，則程子養之以福，脩而求復之云，却似未合子思本文之意。獨其一條所謂「循此脩之，各得其分」，而引舜事以通結之者，爲得其旨。故其門人亦多祖之。但所引舜事，或非《論語》本文之意耳。吕氏所謂「先王制禮，達之天下，傳之後世」者得之。但其本説「率性之道」處，已失其旨，而於此又推本之以爲率性而行，雖已中節，而所禀不能無過、不及。若能心誠求之，自然不中不遠，但欲達之天下，傳之後世，所以又當脩道而立教焉，則爲大繁複，而失本文之意耳。改本又以時位不同爲言，似亦不親切也。又曰：❶楊氏所論王氏之失，如何？曰：王氏之言固爲多病，然此所云天使我有是者，猶曰「上帝降衷」云爾，豈真以爲有或使之者哉？其曰「在天爲命，在人爲性」，則程子亦云，而楊氏又自言之，蓋無悖於理者。今乃指爲王氏之失，不唯似同浴而譏裸裎，亦近於意有不平，而反爲至公之累矣。且以率性之道爲順性命之理，文意亦不相似。若游氏以遁天倍情爲非性，則又不若楊氏人欲非性之云也。

北谿陳氏曰：命，猶令也。天不言，如何命？只是大化流行，氣到便生物，似分付命令一般。又曰：命有二義，有以理言，有以氣言。其實理不外乎氣。蓋二氣流行，萬古生生不息，必有主宰之者，理是也。理在其中，爲之樞紐，故大化流行，生生未嘗止息。所謂以理言者，

❶「又」，原脱，今據通志堂本、四庫本補。

非有離乎氣，只是就氣上指出，不離乎氣而爲言耳。如「天命之謂性」，「五十知天命」，「窮理盡性至於命」，此皆指理而言。天命即天道流行，賦予於物者。就元亨利貞之理而言，則謂之天命。如就氣説，亦有兩等。一等説貧富、貴賤、壽夭、禍福，如所謂「死生有命」與「莫非命也」之「命」，是乃就受氣短長、厚薄不齊上論，是命分之命。又一等如《孟子》所謂「仁之於父子，義之於君臣，命也」之「命」，是又就禀氣清濁不齊上論，是説人之智愚賢否。又曰：性即理也，不謂之理，謂之性，蓋理是汎言天地間人物公共之理，性是在我之性。性字從「生」從「心」，是人生具是理於心，方名曰性。其大目只是仁義禮智。得天命之元，在我爲仁；得天命之亨，在我爲禮；得天命之利，在我爲義；得天命之貞，在我爲智。仁、義、禮、智之實理便是信，如四行無土，便都無所該載。又曰：性、命本非二物，在天謂之命，在人謂之性。程子曰：「天所付爲命，人所受爲性。」然不分看，則不分明，不合看，則支離了。須渾然一理中看得有界分、不相亂。所以謂之命，謂之性者，何故？大抵性即是理。然人之生不成，空有是理，須有形骸方載得此理。其實理不外乎氣，得天地之氣成此形，得天地之理成此性。所以横渠曰：天地之塞吾其體，天地之帥吾其性。就《孟子》「浩然之氣，塞乎天地」一句，掇「塞」字來説氣；就《孟子》「志氣之帥」，掇「帥」字來説理。人與物同得天地之氣以生，人得五行之秀，正而通，所以仁義禮智，粹然獨與物異。物得氣之偏，爲形骸所拘，所以其理閉塞不通。　又曰：天命人以是理，人所受以爲性，皆本善而無惡。《孟子》道性善，就大本上説得極親切，只是不曾發出氣稟一段，所以啓後世紛紛之論。人有萬殊不齊，只緣氣稟不同。此氣只是陰陽五行之氣，如陽性剛，陰性柔，火性燥，水性潤，金性寒，木性温，土性遲重。❶七者夾雜，人隨所值，便有參差不齊。然氣運往來，自有真元之會。如曆法算到本數湊合，所謂日月如合璧，五星如連珠時相似。聖人便是稟得真元之會。然天地間參差不齊之時多，真元會合之時少。如一歲間極寒、極暑、陰晦之時多，不寒、不暑，光風霽月之時極少，難得恰好時節。人生多值此不齊之氣。值陽氣多者，剛烈；值陰氣多者，懦弱；值陽氣之惡者，躁暴忿戾；值陰氣之惡者，狡譎姦險。有人性圓，一撥便轉；有性愚拗，一句善言説不入，與禽獸無異，却是氣稟如此。陽氣中有善惡，陰氣中亦有善惡。如《通書》所謂剛善、剛惡，柔善、柔惡，不是陰陽氣本惡，只是分合轉移，齊不齊中，自然成粹駁善惡耳。因氣有駁粹，❷便有賢愚。然氣雖不齊，大本則一。雖下愚，亦可變而爲善，只爲工夫最難，非百倍其功者不能。子思言「人一己百，人十己千，雖愚必明，雖柔必强」，正爲此。自孟子不説到氣稟，所以荀子以性爲惡，楊子言善惡混，韓文公三品皆只説得氣，東坡蘇氏又謂性未有善惡，五峯胡氏又謂性無善惡，皆是含糊捉摸，不

❶「遲」，通志堂本、四庫本作「厚」。
❷「駁粹」，通志堂本、四庫本作「粹駁」。

曾說得端的。直至二程得濂溪《太極圖》開端，於本性之外，發出氣稟一段，方見得善惡所由來。故其言曰：「論性不論氣，不備；論氣不論性，不明；二之則不是。」此說不可改易。　又曰：氣質之性，是以氣稟言之。天地之性，是以大本言之。其實天地之性，亦不離氣質之中。只是就氣質中分別出天地之性，不與相離爲言耳。此意學者又當知之。　又曰：道，猶路也。人所通行，方謂之路。一人獨行，不得謂之路。道之大綱，只是日用間人倫事物所當行之理，衆所共由，方謂之道。　又曰：老氏以無爲宗，佛氏以空爲宗，以未有天地之先爲吾真體，以天地萬物爲幻視，人事爲粗迹，盡欲屏除，一歸真空，乃爲得道，不知道只是人事之理耳。形而上者謂之道，形而下者謂之器。自形而上者言之，其隱然不可見者謂之道。自形而下者言之，其顯然可見者謂之器。其實道不離乎器，道只是器之理。人事有形狀處，此謂之器。❶人事中之理，便是道。如君臣有義，義即是道，君臣是器；父子有親，親則是道，父子是器。非於君臣、父子之外，別有所謂義與親。　又曰：《易》說「一陰一陽之謂道」，陰陽，氣也，形而下者也；道，理也，即陰陽之理，形而上者也。此孔子就造化根原上論。如「志於道」、「可與適道」、「道在邇」之類，❷又是就人事上論。聖賢與人說道，多就人事上說。惟此句乃贊《易》時說來歷根原。

❶ 「謂之」，通志堂本、四庫本作「之謂」。
❷ 「邇」，通志堂本、四庫本作「爾」。

涑水司馬氏曰：性者，物之所稟於天以生者也。命者，令也。天不言而無私，豈有命令付與於人哉？正以陰陽相推，八卦相盪，五行周流，四時運行，消息錯綜，變化無窮。庶物稟之以生，各正性命，其品萬殊。人爲萬物之靈，得五行之秀氣，故皆有仁、義、禮、智、信，與身俱生。木爲仁，金爲義，火爲禮，水爲智，土爲信，五常之本既稟之於天，則不得不謂之天命也。水、火、金、木，非土無依，仁、義、禮、智，非信無成。《孟子》言四端苟無誠信，則非仁、義、禮、智矣。夫人稟五行而生，無問賢愚，其五常之性必具，顧其少多厚薄，則不同矣。或相倍蓰，或相什百，或厚於此而薄於彼，或厚於彼而薄於此。多且厚者爲賢聖，❶少且薄者爲庸愚。故曰「天命之謂性」。

臨川王氏曰：人受天而生，使我有是之謂命，命之在我之謂性。不唯人之受而有是也，至草木、禽獸、昆蟲、魚鼈之類，亦稟天而有性也。然則性果何物也？曰善而已矣。性雖均善，而不能自明。欲明其性，則在人率循而已。率其性不失，則五常之道自明。然人患不能脩其五常之道，以充其性。能充性而脩之，則必以古聖賢之教爲法，而自養其心。不先脩道，則不可以知命。《易》曰：「窮理盡性，以至於命。」《易》何以不先言命，而此何以首之，蓋天生而有是性命，不脩其道，亦不能明其性命也。是《中庸》與《易》之說合。此皆因中人之性言也。故

❶「賢聖」，通志堂本、四庫本作「聖賢」。

曰「自誠明之謂性，❶自明誠之謂教」。夫教者，在中人脩之，則謂之教。至於聖人，則豈俟乎脩而至也？若顔回者，是亦中人之性也。唯能脩之不已，故庶幾於聖人也。

廣漢張氏曰：「天命之謂性」，此言性之統體也。「率性之謂道」，此言萬化之流行也。「脩道之謂教」，此言人所以致存察之功，而有諸己者也。一人之性，天地之性也，而人自拘於氣禀之小耳。苟能致存察之功，則天性可得而全，而萬化可備於己也。然而非先識夫天性之大，則無以見萬化之流行，而工夫在我者，亦無所施矣。

海陵胡氏曰：性之善，非獨聖賢有之也，天下至愚之人皆有之。然愚者不知善性之在己也，不能循而行之。在上者當脩治充廣五常之道，使下之民覩而傚之，故謂之「教」。「老吾老，以及人老，幼吾幼，以及人幼」，此教民以仁也。制爲廬井，使「出入相友，守望相助，疾病相扶持」，此教民以義也。郊社宗廟，致敬鬼神，此教民以恭也。❷設爲冠昏、喪祭、鄉飲酒之儀，此教民以禮也。發號施令，信賞必罰，不欺於民，此教民以信也。

廣安游氏曰：性以天命言之，言其本於自然，與生俱生者也。率者，循也。修者，有所不至而修之也。「率性之謂道」，此亦自誠而明者言也。自誠而明，則其性自正，特率循之而已。若自明而誠，則誠有所未至。未能率其性，則必修所未

❶「之謂」，通志堂本、四庫本作「謂之」。
❷「恭」，通志堂本作「功」，四庫本作「智」。

至而後可。子思之意，使上者循其性而無失，下者資於教以修之。天下之人，不過此兩等而已。

晉陵喻氏曰：人之生，天之命也，有命則有性。性出於天，則天下之性一也。人受天地之中以生，其誰無性？能率其性，則道在是矣。士君子脩其道，使天下遵其教，循理而動，不失所以得於天者，則中庸之德行矣。夫子未嘗言性。子貢曰：「夫子之言性與天道，不可得而聞。」蓋性與天道，本乎自然。天地之内，何者非天？天之所生，何者非性？苟不悖焉，則與天爲一，性斯存也。吾欲言之，天何言哉？動静語默，何者非道？識子貢之不可得而聞，而後識所謂天，識所謂命，識所謂性，識所謂率，識所謂脩，識所謂道，且識所謂教也。《中庸》之篇，無非教也。《孟子》曰「性善」，非孟子自言也，古聖人之言也。古之言性者，有曰「惟民生厚，因物有遷」，厚即善也，遷即習也。有曰「人生而静，天之性也，感物而動，性之欲也」。静者，善也。感者，習也。生之謂性，生非善而何？惟人萬物之靈，靈非善而何？萬物化醇，醇非善而何？「惟皇上帝，降衷于下民，若有恒性」，衷者，善也。恒非善而何？「天生烝民，有物有則，民之秉彝，好是懿德」，物，則者，善也。秉彝好德，非善而何？

馬氏曰：性在於我，而令之者在天，故「天命之謂性」。道出於天，而成之者在人，故「率性之謂道」。教在於彼，而主之者在此，故「脩道之謂教」。自「天命之謂性」至「率性之謂道」，則天人之理備矣。自「率性之謂道」至「脩道之謂教」，則物

我之治具矣。有以得於天，而不遺於人，有以治於我，而不遺於物，此其道所以具天地之純，古人之大體也。❶

山陰陸氏曰：王文公云：「天使我有是之謂命，命之在我之謂性。」道法自然，道有率而無脩，脩，教之事也。佛氏言理性，是亦性也。老子言道德，是亦道也。然不可以入仲尼之域者，以知率之而不知脩之之道也。故曰佛、老之道，無之則昧理，有之則害教。然則所謂脩者，何也？曰仁以人之，義以宜之，禮以節之，信以成之，有所不足，不敢不勉，有餘，不敢盡也。

延平周氏曰：莫非命也，凡天之與我，而同然無間者，皆命也。莫非性也，凡命之在我，而各有儀則者，皆性也。率其性，則性之全，性之全，故爲道。道則天也，有人焉。脩其道，則道之散，道之散，故爲教。教則人也，有天焉。

吴興沈氏曰：性不可言也，大包天地，圓徹太虛。雖皇天上帝，亦與之同。然於無何有之初，豈復有使然者哉？今曰「天命之謂性」，非天諄諄然命之也。《孟子》曰：「莫之爲而爲者，天也；莫之致而致者，命也。」凡言「莫之爲」、「莫之致」者，皆非人力所可能也。是天命之説也，惟《易》嘗言之。「窮理盡性，以至於命」，理窮矣，性盡矣，然後至於命，則命爲天理之自然也果矣。率非循也，率然而動者，無非真也。性本無事，苟率爾而有動，則爲道也。仁、義、禮、智，雖具於性，非事夫仁、義、禮、智者也。乍見孺子入

❶「人」，通志堂本、四庫本作「今」，是。

井，而惻然之心生，是性率而爲仁之道也。❶ 簞食豆羹，呼爾而弗受，是性率而爲義之道也。引而伸之，禮、智皆然。《易》曰「寂然不動，感而遂通天下之故」，此率性爲道之説也。性非可修，則道不可修也。修之云者，非有所增損也，品節文飾之耳。向也，仁、義、禮、智之動於性則爲道。今也，仁行於父子，義行於君臣，禮行於賓主，智行於賢者，而父子、君臣、賓主、賢者之教著矣。自性而道，自道而教，《中庸》盡具於此。嘗謂「天命之謂性」，此《中庸》之體也。「脩道之謂教」，言《中庸》之用也。「率性之謂道」，兼體、用而言之也。造道者欲知《中庸》之樞會，即玆三者而見矣。

晉陵錢氏曰：性、道、教三者，一篇之大旨。命，猶畀付也。天所畀付，非人所能。人所能者，率性脩道也。性無不善，循而行之，是之謂道。道有品節，脩而全之，是之謂教。自「道不可離」而下，所以詳言「率性之謂道」。自「哀公問政」而下，所以詳言「脩道之謂教」。自「仲尼祖述」而下，所以詳言「天命之謂性」。

臨卭魏氏曰：成湯告民于亳，曰「民有常性」。周武誓衆于盟津，曰「人爲物靈」。凡皆立國之初，是爲群言之首。蓋大本要道，無以先此。《大易》，聖人所以開物濟民者也，首於乾坤發明性善之義，曰「大哉乾元，萬物資始」，曰「至哉坤元，萬物資生」。凡各正性命於天地間者，未有不資於元，元則萬善之長，四德之宗也。猶慮人之弗察也，於《繫辭》申之曰「一陰

❶ 「性率」，通志堂本、四庫本作「率性」，當是。下文同。

一陽之謂道。繼之者善也，成之者性也」。猶曰「是理也，行乎氣之先，而人得之以爲性」云爾。曰「成性存存，道義之門」，則又示人以知禮。成性、道義，皆由此出也。而終之曰「聖人之作《易》也，將以順性命之理」。是則《易》之爲書，其大本要道，顧有先於此者乎？故子思於《中庸》撮其要而言之。若曰天所以命於人，則謂之性。率乎性而行之，則謂之道。即是道而品節之以示訓，則謂之教。嗚呼！聖賢之心，後先一揆。故《中庸》之首，則《易》與《誥》、《誓》之首也。

蔡氏曰：言性、道、教之所以名也。❶性者，天理之混然；道者，循性之自然；教者，聖人因其自然而品節之，使學者有所持循也。淵篇内同

新定顧氏曰：以《中庸》名書，而發端之詞若此，明中庸即天命之性，率性之道，脩道之教也。此性本體清明廣大，所謂大極者也。良知、良能具焉，萬善出焉，曰中曰庸，聖人所以名此性之德爾。人之生也，均稟此性。以形體言之，天亦由此理而生，由此理而運行。今而曰「天命之謂性」，不以形體論，而以義理言之也。自然之體謂之天，天之有命，理之所不容違者也。❷人性本於自然，不得不然，故曰「天命之謂性」。人僞不萌，順理而動，聖人之能事畢矣，故曰「率性之謂道」。由是而有所述作，以綱理世變，以啓迪人心，故曰「脩道之謂教」。

❶「名」，通志堂本、四庫本作「明」。下文「名此性」之「名」，亦作「明」。
❷「理」，通志堂本作「體」。

四明袁氏曰：❶堯、舜、禹相授受曰「中」。中者何？非動静而動静函，非剛柔而剛柔具。又曰：庸，常也。常，中也。上天下地，萬象昭布，往古來今，萬變參錯。所謂「中」者，只如此而已。又曰：太極未分，包括陰陽。分陰分陽，太極在中，一而萬，萬而一。故是書之作，或獨言「中」，或獨言「庸」，或並言「中庸」。獨言「中」，而「庸」未嘗不在也。獨言「庸」，而「中」未嘗不在也。並言「中庸」，而無所不在也。又曰：率，循也。循性而行，即中庸之道也。人皆有此性，則皆有此道，道不在性之外也。父子、君臣、夫婦、長幼、朋友，五典皆道也，而即仁、義、禮、智、信五常之性也。此性此道，不慮而知，不學而能，在我率而行之耳。有所矯拂，則不可以言率性；委諸自然，則亦不可以言率性。不起穿鑿之意見，不生支離之言論，必有事焉，而行所無事，是之謂率性。續增。

禮記集説卷第一百二十三

❶「四明袁氏」一段，原附在卷末，今據通志堂本、四庫本乙。

禮記集說卷第一百二十四

道也者，不可須臾離也，可離非道也。是故君子戒慎乎其所不睹，恐懼乎其所不聞。莫見乎隱，莫顯乎微，故君子慎其獨也。

鄭氏曰：道，猶道路也。出入動作由之，離則惡乎從也？君子雖視之無人，❶聽之無聲，猶戒慎恐懼自脩正，是其不須臾離道也。慎獨者，慎其閒居之所爲。雖於隱微，若有覘聽之者，是爲顯見，甚於衆人之中爲之。

孔氏曰：人雖目不睹之處，猶且戒謹，況其惡事睹見而肯犯乎？雖耳所不聞，猶須恐懼，況人聞之處，恐懼可知也。謹其獨者，謹其獨居。雖獨居，能謹畏守道也。

河南程氏曰：一物不該，非中也。一事不爲，非中也。一息不存，非中也。何哉？爲其偏而已矣。故曰「道也者，不可須臾離也，可離非道也」。脩此道者，戒慎乎其所不睹，恐懼乎其所不聞而已。由是而不息焉，則上天之載，無聲無臭，可以馴致也。伊川　或問：游宣德記先生語云「人能戒慎恐懼於不睹不聞之間，則無聲無臭，可以馴致」，此說如何？曰：馴致，漸進也。然此亦大綱說，固是自小以至大，自脩身以至於盡性至命。然其間有多少般數，其所以致之之道當如何？荀子曰：「始乎爲士，終乎爲聖人。」今學者須讀書，纔讀書便望爲聖賢，

❶「人」，通志堂本、四庫本作「形」。

然中間致之之方，更有多少？荀子雖能如此説，却以禮義爲僞，性爲不善。他自性情尚理會不得，怎生到得聖人？大抵以堯所行者，欲力行之，以多聞、多見取之，其所學者皆外也。先生嘗論「克己復禮」，韓持國曰：「道上更有甚克，莫錯否？」曰：如公之言，只是説道也，克己復禮，乃所以爲道也，更無别處。克己復禮之爲道，亦何傷乎公之所謂道也？如公之言，只是一人自指其前一物，曰「此道也」，他本無可克者。若知道與己未嘗相離，則若不克己復禮，何以體道？道在己，不是與己各爲一物，可跳身而入者也。克己復禮，非道而何？至如公言克，不是道，亦是道也。實未嘗離得，故曰「可離非道也」。理甚分明。又曰：「道之外無物，物之外無道」，是天地之間無適而非道也。即父子，而父子在所親；即君臣，而君臣在所敬；以至爲夫婦，爲長幼，爲朋友，無所爲而非道，此道所以不可須臾離也。然則毁人倫，去四大者，其分於道也遠矣。故君子之於天下也，無適也，無莫也，義之與比。若有適、有莫，則於道爲有間，非天地之全也。彼釋氏之學，於敬以直内，則有之矣，於義以方外，則未之有也。故滯固者入於枯槁，疏通者歸於肆恣，此佛之教所以爲隘也。吾道則不然，率性而已。斯理也，聖人於《易》備之。又云：佛有一箇覺之理，可以敬直内矣，然無義以方外。其直内者，要之，其本亦不是。又曰：人只以耳目所見聞者爲顯見，所不見聞者爲隱微，然不知理却甚顯也。且如昔人彈琴，見螳蜋捕蟬，❶而聞者以爲有殺聲。殺在心，而人聞其琴而知之，豈非顯乎？人有不善，自謂人不知之，然天地之理甚著，不可欺也。伊川　又曰：於穆不已，天之所以爲天也，純亦不已，文王之所以爲文也，此天德也。有天德，便可語王道。然其要只在慎獨。明道　又曰：要脩持他這天理，則在德須有不言而信者。這難爲形狀，養之則須直，不愧屋漏與慎獨，這是箇持養底氣象也。　又曰：孔子言仁，只説「出門如見大賓，使民如承大祭」。看其氣象，便須心廣體胖，動容周旋，中禮自然。唯慎獨便是守之之法。　又曰：洒掃應對，便是形而上者，理無大小故也。故君子只在慎獨。明道

藍田吕氏曰：此章明道之要，不可不誠。道之在我，猶飲食居處之不可去，可去皆外物也。誠以爲己，故不欺其心。人心至靈，一萌于思，善與不善，莫不知之。他人雖明，有所不與也。故慎其獨者，知爲己而已。　又曰：道之爲言，猶道路也。几可行而無不達，❷皆可謂之道也。成象之謂乾，效法之謂坤。天立是理，地以效之，況於人乎？故人效法於天，不越順性命之理而已。「率性之謂道」，則四端之在我者，人倫之在彼者，皆吾性命之理，受乎天地之中，所以立人之道，不可須臾離也。絶類離倫，無意乎君臣、父子者，過而離乎此者也。賊恩害義，不知有君臣、父子者，不及而離乎此者也。雖過、不及有差，而皆不可以行於世。故曰

❶「蜋」，原作「蛝」，今據通志堂本、四庫本改。
❷「几」，通志堂本、四庫本作「凡」，是。

「可離非道也」。非道者，非天地之中而已。非天地之中，而自謂有道，惑也。又曰：所謂中者，性與天道也。謂之有物，則不得於言。謂之無物，則必有事焉。不得於言者，視之不見，聽之不聞，無聲形接乎耳目，而可以道也。必有事焉者，莫見乎隱，莫顯乎微，體物而不可遺者也。古之君子，立則見其參於前，在輿則見其倚於衡，是何所見乎？洋洋如在其上，如在其左右，是果何物乎？學者見乎此，則庶乎能擇中庸而執之隱微之間，不可求之於耳目，不可道之於言語。然有所謂昭昭而不可欺，感之而能應者，正惟虛心以求之，則庶乎見之。故曰「莫見乎隱，莫顯乎微」。然所以慎其獨者，苟不見乎此，則何戒慎恐懼之有哉！此誠之不可揜也。

上蔡謝氏曰：敬則外物不能易，坐如尸，立如齊，出門如見大賓，使民如承大祭，非禮勿言動視聽。須是如顔子事斯語，坐如尸，坐時習；立如齊，立時習，是不可須臾離也。

建安游氏曰：道外無性，性外無道。曾謂性而可離乎？❶故惟盡性，然後能體道，惟至誠，然後能盡性。苟未至於至誠，則常思誠以爲入道之階，故戒謹其所不睹，恐懼乎其所不聞，所以謹其獨而思誠也。人所不睹，可謂隱矣，而心獨見之，不亦見乎？人所不聞，可謂微矣，而心獨聞之，不亦顯乎？知莫見乎隱，莫顯乎微，而不能謹獨，是自欺也，其離道遠矣。

❶「而」下，通志堂本、四庫本有「不」字。

延平楊氏曰：獨非交物之時，有動于中，其違未遠也。雖非視聽所及，而其幾固已瞭然心目之間矣。其爲顯見孰加焉？雖欲自蔽，「吾誰欺？欺天乎？」此君子必慎其獨也。蓋道無隱微之間，於獨而不謹，是可須臾離也。故立則見其參於前，在輿則見其倚於衡。又曰：夫盈天地之間，孰非道乎？道而可離，則道有在矣。譬之四方，有定位焉。適東則離乎西，適南則離乎北，斯則可離也。若夫無適而非道，則烏得而離耶？故寒而衣，飢而食，日出而作，晦而息，耳目之視聽，手足之舉履，無非道也。此百姓所以日用而不知。伊尹耕於有莘之野，以樂堯舜之道。夫堯舜之道，豈有物可玩而樂之乎？即耕于有莘之野是已。此農夫田父之所日用者，而伊尹之樂有在乎是，若伊尹，所謂知之者也。

新安朱氏曰：此第一章第二節。道者，日用事物當行之理，皆性之德，而具於心，無物不有，無時不然，所以不可須臾離也。若其可離，則爲外物而非道矣。是以君子之心常存心敬畏，❶雖不見聞，亦不敢忽，所以存天理之本然，而不使離於須臾之頃也。隱，暗處也。微，細事也。獨者，人所不知而己所獨知之地也。言幽暗之中，細微之事，跡雖未形而幾則已動。人雖不知，而己獨知之，則是天下之事無有著見明顯而過於此者。是以君子既常戒懼，而於此尤加謹焉。所以遏人欲於將萌，而不使其滋長於隱微之中，以至離道之遠也。或問：既曰「道也

❶ 下「心」字，通志堂本、四庫本無。

者，不可須臾離也，可離非道也，是故君子戒慎乎其所不睹，恐懼乎其所不聞」矣，而又曰「莫見乎隱，莫顯乎微，故君子慎其獨也」，何也？曰：此因論率性之道，以明由教而入者，其始當如此，蓋兩事也。其先言道不可離，而君子必戒慎恐懼乎其所不睹、不聞者，所以言道之無所不在，無時不然。學者當無須臾之不謹而周防之，以全其本然之體也。又言「莫見乎隱，莫顯乎微，而君子必慎其獨」者，所以言隱微之間，人所不見，而己獨知之，則其事之纖悉無不顯著，又有甚於他人之知者。學者尤當隨其念之方萌，而致察焉，以謹其善惡之幾也。蓋所謂道者，率性而已。性無不有，故道無不在。大而父子、君臣，小而動靜、食息，不假人力之爲，而莫不各有當然不易之理，所謂道也。是乃天下人物之所共由，充塞天地，貫徹古今，而取諸至近，則常不外乎吾之一心。循之則治，失之則亂，蓋無須臾之頃可得而暫離也。若其可以暫離，而於事無所損益，則是人力私知之所爲者，而非率性之謂矣。聖人之所脩以爲教者，因其不可離者而品節之也。君子之所由以爲學者，因其不可離者而持守之也。是以日用之間，須臾之頃，持守功夫，一有不至，則所謂不可離者，雖未嘗不在我，而人欲間之，則亦判然二物，而不相管矣。是則雖曰有人之形而其違禽獸也何遠哉？❶是以君子戒慎乎其目之所不及見，恐懼乎其耳之所不及聞，瞭然心目之間，常若見其不可離者，而不敢

❶「違」，通志堂本作「爲」。

有須臾之間以流於人欲之私，而陷於禽獸之域。若《書》之言防怨而曰「不見是圖」，《禮》之言事親而曰「聽於無聲，視於無形」，蓋不待其徵於色，發於聲，然後有以用其力也。夫既已如此矣，則又以謂道固無所不在，而幽隱之間，乃他人之所不見而己所獨見；道固無時不然，而細微之事，乃他人之所不聞而己所獨聞。是皆常情所忽，以爲可以欺天罔人，而不必謹者。而不知吾心之靈，皎如日月，既已知之，則其豪髮之間無所潛遁，❶又有甚於他人之知矣。又況既有是心，藏伏之久，則其見於聲音容貌之間，發於行事施爲之實，必有暴著而不可揜者，又不止於念慮之差而已也。是以君子既戒懼乎耳目之所不及，則此心常明，不爲物蔽，故於此尤不敢不致其謹焉。必使其幾微之際，無一毫人欲之萌，而純乎義理之發，則下學之功，盡善全美，而無須臾之間矣。二者相須，皆反躬爲己，遏人欲，存天理之實事。蓋體道之功，莫有先於此者，亦莫有切於此者。故子思於此首以爲言，以見君子之學，必由此而入也。曰：諸家之説皆以戒慎不睹，恐懼不聞，即爲慎獨之意。子乃分之以爲兩事，無乃破碎支離之甚耶？曰：既言「道不可離」，則是無適而不在矣。而又言「莫見乎隱，莫顯乎微」，則是要切之處尤在於隱微也。既言戒慎不睹，恐懼不聞，則是無處而不謹矣。又言慎獨，則是其所謹者，尤在於獨也。是固不容於不異矣，若其同爲一事，則其爲言又何必若是之重

❶「豪」，通志堂本、四庫本作「毫」。

複耶？且此書卒章潛雖伏矣，不愧屋漏，亦兩言之，正與此相首尾。但諸家皆不之察，獨程子嘗有「不愧屋漏」與「愼獨」是持養氣象之言。其於二者之間，特加「與」字，是固已分爲兩事，而當時聽者有未察耳。曰：子又安知不睹、不聞之不爲獨乎？曰：其所不睹、不聞者，已之所不睹、不聞也。故上言道不可離，而下言君子自其平常之處無所不用其戒懼，而極言之，以至於此也。獨者，人之所不睹、不聞也。故上言「莫見乎隱，莫顯乎微」，而下言君子之所謹者，尤在於此幽隱之地也。是其語勢自相唱和，各有血脉，理甚分明。如曰是兩條者，皆爲愼獨之意，則是持守之功，無所施於平常之處，而專在幽隱之間也。且雖免於破碎之譏，而其繁複偏滯而無所當，亦甚矣。又曰：「道不可須臾離」，及「莫見乎隱，莫顯乎微」，正是説道之本體。下面戒愼恐懼，必愼其獨，方是人下工夫處，故皆以「故」之一字起頭，不可衮作一段看了。又曰：必致其知，方肯謹獨，方能謹獨。又曰：吕氏舊本所論道不可離者得之，但專以過、不及爲離道，則似未盡耳。其論天地之中，性與天道一節，最其用意深處。然經文所指不睹、不聞，隱微之間者，乃欲使人戒懼乎此，而不使人欲之私得以萌動於其間耳，非欲使人虚空其心，反觀於此，以求見夫所謂中者，而遂執之，以爲應事之準則也。吕氏既失其指，而所引用「不得於言」，「必有事焉」，「參前倚衡」之語，亦非《論》、《孟》本文之意。至謂隱微之間，有昭昭而不可欺，感之而能應者，則固心之謂矣。而又曰正惟虛心以求，則庶乎見之，是又別以一心而求此一心，見此一心也。豈不誤之甚哉！若楊氏「無適非道」之云，則善矣，然其言似亦有所未盡。蓋衣食、作息、視聽、舉履，皆物也。其所以如此之義理、準則，乃道也。若曰所謂道者不外乎物，而人在天地之間，不能違物而獨立，是以無適而不有義理之準則，不可頃刻去之而不由，則是《中庸》之旨也。若便指物以爲道，而曰人不能頃刻而離此，百姓特日用而不知耳，則是不唯昧於形而上下之別，而墮於釋氏作用是性之失。且使學者誤謂教無不在，雖欲離之，而不可得。吾既知之，則雖猖狂妄行，亦無適而不爲道，則其爲害將有不可勝言者，不但文義之失而已也。

嚴陵方氏曰：「戒慎乎其所不睹」，非特人之所不睹也，亦己之所不睹焉。「恐懼乎其所不聞」，非特人之所不聞也，亦己之所不聞焉。戒慎未若恐懼之至也，不睹未若不聞之微也。於其微而愈至，尤見君子之慎獨也。獨者，不與物羣之時也。

莆陽林氏曰：君子所以戒慎恐懼者，豈有他哉？謂莫顯見乎隱微之際故也。鼓鍾于宮，聲聞于外，雖居無人之境，亦致其敬也。

延平周氏曰：戒慎者，恐懼之理，恐懼者，戒慎之事。隱非見也，然見生於隱，則君子以爲「莫見乎隱」；微非顯也，然顯生於微，則君子以爲「莫顯乎微」。見，然後至於顯，隱然後至於微，乃其序也。古聖人之化行，則賤者猶能慎獨，故《詩》曰：「肅肅兔罝，施于中林。」先王之澤竭，雖貴者亦不能之，故《詩》曰：「相在爾室，尚不愧于屋漏。」

廣安游氏曰：中之道，至精至微，易失而難守，故常有離失之患，而離失之患常存乎須臾之際。不須臾離，則用力至到，極乎精微，而無毫釐之失矣。隱也，微也，所不睹也，所不聞也，皆言心之爲物，宅乎杳冥之中而難知，此君子所不敢忽。獨者，此心隱微，未對物之稱。

永嘉薛氏曰：於所不見、不聞之地，有毫釐之差，則失性命之正。失性命之正，則去道遠矣。隱見微顯，本一道也，未有動乎中而不形於外者。戒謹恐懼，所以貞夫一也。人之於道也，造次顛沛而不可違者也。無入而不自得，觀感之教也。

延平黄氏曰：道之無不在也，雖稊稗、瓦甓之間，無不在也。道之不可須臾離也，雖躇步、跐蹈之間，不可離也。惟其無不在，故不可須臾離。

龍泉葉氏曰：按：子張問行。孔子曰：「立則見其參於前也，在輿則見其倚於衡也。夫然後行。」夫以爲我之所必見，❶則參前倚衡，微孰甚焉？以爲人之所不見，則不覩不聞，著孰甚焉？其義互相發明。學者若專一致力於此，以慎獨爲入德之方，則雖未至於道，而忠信篤敬，所立堅實矣。❷

新定顧氏曰：道無方體，猶太虛然。有形之類，無不倚太虛而立，無不在此道之中。曰「不可須臾離也」，非戒人以不可離也，明此道充塞，無乎不在，人不可得

❶「夫」，通志堂本、四庫本作「非」。

❷「立」，通志堂本、四庫本作「以」。

而離也。如使人可以離，則是此道有在，有不在，非吾所謂道矣。君子知道之不可以離也，故從事於謹獨之學。且夫世人矯飾於聲音笑貌之末，而内心之弗善者，不之省。彼特以爲吾心隱微爾，抑豈知其爲至見而至顯者乎？天下之理，無隱而不見者也，無微而不顯者也，奚以知其然耶？《詩》曰：「無曰不顯，莫予云覯。❶神之格思，不可度思。」則吾有念慮，鬼神知之。《孟子》曰：「聽其言也，觀其眸子，人焉廋哉？」則吾有念慮，君子知之。又曰：「生於其心，害於其事，❷發於其事，害於其政。」❸則吾有念慮，衆人莫不知之矣。故念慮誠善可也。苟惟不善，自作孽，不可逭。豈不可爲戒謹而恐懼哉？是以君子存其心，養其性，畏欲念之内起，如畏寇盜之外作也。夫是之謂謹獨。夫子所謂用力於仁者也。

臨卬魏氏曰：誠能於睹聞之外，隱微之際，己所獨覺，而人未及知，隨其萌蘖之動，以謹乎善利之幾，則仰觀俯察，前參後倚，真有以見夫仁、義、禮、知之則，行乎君臣、父子、長幼、朋友之間，皆吾性所本有，分所當爲，而實不容以須臾離也。

蔡氏曰：「道也者，不可須臾離」以下，言未發時也。戒謹不睹，恐懼不聞者，所以閑邪而存其誠也。「莫見乎隱」以下，言發時也。謹獨者，所以審其念慮之初發也。又曰：道者，率性之謂，學者於道不可頃刻而離。若其可離，則非率性之

❶「覯」，原作「見」，今據通志堂本、四庫本改。

❷「事」，通志堂本、四庫本作「政」。下句「發於其事」之「事」亦作「政」。

❸「政」，通志堂本、四庫本作「事」。

道矣。故雖不睹不聞，至静之頃，亦當戒謹恐懼，而閑邪存誠也。

錢塘于氏曰：子思發此一章，「誠」之一字，固肇於此。

新定錢氏曰：方其不睹也，不聞也，自以爲隱也，而不知其莫見於此焉。自以爲微也，而不知其莫顯於此焉。

喜、怒、哀、樂之未發，謂之中；發而皆中節，謂之和。中也者，天下之大本也；和也者，天下之達道也。致中和，天地位焉，萬物育焉。

鄭氏曰：致，行之至也。位，猶正也。育，生也，長也。

孔氏曰：喜、怒、哀、樂，緣事而生。未發之時，澹然虚静，心無所慮，而當於理，故「謂之中」。喜怒哀樂雖復動發，皆中節限，猶如鹽梅相得，性行諧和，故「謂之和」。情慾未發，是人性之初本，故曰「大本」。情慾雖發，而能和合，道理可通達流行，故曰「達道」。致中和，言人君能致極中和，使陰陽不錯，則天地得其正位，生成得理，故萬物得其養育。

濂溪周氏曰：性者，剛柔、善惡中而已。剛善爲義，爲直，爲斷，爲嚴毅，爲幹固；惡爲猛，爲隘，爲强梁。柔善爲慈，爲順，爲巽；惡爲懦弱，爲無斷，爲邪佞。惟中者和也，中節也，天下之達道也，聖人之事也。故聖人立教，使人自易其惡，自至其中而止矣。

河南程氏曰：吕與叔「中者，道之所由出」，此語有病。吕曰：論其所同，不容更有二名，别而言之，亦不可混爲一事。如所謂「天命之謂性，率性之謂道」，又曰「中者天下之大本，和者天下之達道」，則性與道，大本與達道，豈有二事？先生曰：中即道也，若謂道出於中，則道在中內，别爲一物矣。所謂論其所同，不容更有二名，别而言之，亦不可混爲一事，此語固無病。若謂性與道，大本與達道可混而爲一，即未安。❶在天曰命，在人曰性，循性曰道。性也，命也，道也，各有所當。大本言其體，達道言其用。體用自殊，安得不爲二乎？呂曰：既云「率性之謂道」，則循性而行，莫非道，此非性中别有道也。中即性也，在天爲命，在人爲性，由中而出，莫非道，所以云中者，道之所由出。先生曰：中即性也，此語極未安。中也者，所以狀性之體叚。若謂性有體叚，亦不可。姑假此以明彼。又曰：不偏之謂中，道無不中，故以中形道。❷如稱天圓地方，遂謂方圓即天地，可乎？方圓既不可謂之天地，則萬物決非方圓之所自出。如中既不可謂之性，則道何從稱出於中？蓋中之爲義，自過、不及而立名。❸若只以中爲性，則中與性不合。子居子居，和叔之子。對以中者，性之德，却爲近之。呂曰：不倚之謂中，不雜之謂和。先生曰：「不倚之謂中」甚善，語猶未瑩。「不雜之謂和」未當。呂曰：「喜、怒、哀、樂之未發」，則赤子之心。當其未發，此心至虚，無所偏倚，故謂之「中」。以此心應萬物之變，無往而非中矣。《孟子》曰：「權，然後知輕重；度，然後知長短，物皆然，心爲甚。」此心

❶「即」，通志堂本、四庫本作「却」。
❷「形」，通志堂本、四庫本作「行」。
❸「自」，通志堂本、四庫本作「以」。

度物，所以甚於權衡之審者，正以至虛，無所偏倚故也。有一物存乎其間，則輕重長短皆失中矣，又安得如權、如度乎？大人不失其赤子之心，乃所謂「允執厥中」也。大臨始者有見於此，便指此心名爲「中」，故前言「中者道之所由出也」。今細思，乃命名未當耳。此心之狀可以言中，未可便指此心名之曰「中」。先生曰：「喜、怒、哀、樂未發謂之中」，赤子之心發而未遠乎中。若便謂之「中」，是不識大本也。吕曰：聖人知周萬物，赤子全未有知，其心固有不同矣。然推《孟子》所云，豈非止取純一無僞，可與聖人同乎？非謂無毫髮之異也。大臨前日所云，亦取諸此而已。此義大臨昔者既聞先生君子之教，反求諸己，若有所自得，參之前言往行，將無所不合，由是而之焉，似得其所安，以是自信不疑。今承教，乃云已失大本，茫然不知所向。聖人之學，以中爲大本，雖堯舜相授以天下，亦云「允執其中」。中者，無過、不及之謂也。何所準則而知過、不及乎？求之此心而已。此心之動，出入無時，何從而守之乎？❶求之於喜、怒、哀、樂未發之際而已。當是時也，此心即赤子之心，純一無僞。即天地之心，神明不測。即孔子之絶四，四者有一物之存乎其間，則不得其中。即《孟子》所謂「物皆然，心爲甚」。心無偏倚，則至明、至平。其察物甚於權度之審。此心所發，純是義理，與天下之所同然，安得不和？大臨前日敢指赤子之心爲中者，其說如此。來教云赤子之心可謂之和，不可謂

❶「何」，通志堂本、四庫本作「可」。

之中。大臨思之，所謂和者，指已發而言之。今言赤子之心，乃論其未發之際，純一無僞，無所偏倚，可以言中。若謂已發，恐不可言心。先生曰：所云非謂無毫髮之異，是有異也。有異者，得爲大本乎？推此一言，餘皆可見。吕曰：大臨以赤子之心爲未發，先生以赤子之心爲已發，所謂大本之實，則先生與大臨之言未有異也，但解「赤子之心」一句不同耳。大臨初謂赤子之心，止取純一無僞，與聖人同，恐《孟子》之義亦然，更不曲折，❶一一較其同異，故指以爲言，固未嘗以已發不同處爲大本也。先生謂凡言心者，皆指已發而言。然則未發之前謂之無心，可乎？竊謂未發之前，心體昭昭具在，已發，乃心之用也。先生曰：所論意雖已發者爲未發，反求諸言，却是認已發者爲説詞之未瑩，乃是擇之未精耳。凡言心者，指已發而言，此固未當。心一也，有指體而言者，寂然不動是也；有指用而言者，感而遂通天下之故是也。唯觀其所見何如耳。大抵論愈精微，言愈易差也。伊川　又曰：敬而無失，便是「喜、怒、哀、樂之未發，謂之中」也。敬不可謂之中，但敬而無失，即所以中也。蘇季明問：中之道，與「喜、怒、哀、樂未發之中」同否？曰：非也。喜、怒、哀、樂未發，是言在中之義。只一箇「中」字，但用不同。或曰：於喜、怒、哀、樂之前求中，可否？曰：不可。既思於喜、怒、哀、樂未發之前求之，又却是思也。既思，即是已發。思與喜、怒、哀、樂一般，纔發便謂之

❶「曲」，通志堂本、四庫本作「取」。

和，不可謂之中也。又問：呂博士言當求於喜、怒、哀、樂未發之前，信斯言也，恐無著莫，如之何而可？曰：言存養於喜、怒、哀、樂未發之時，則可；若言求中於喜、怒、哀、樂未發之前，則不可。又問：學者於喜、怒、哀、樂發時，固當勉强裁抑。❶於未發之前，當如何用功？曰：於喜、怒、哀、樂未發之前，更怎生求？但平日涵養便是。涵養久，則喜、怒、哀、樂發自中節。或曰：有未發之中，有既發之中。曰：非也。既發時，便是和矣。發而中節，固是得中，❷時中之類。只爲將中和來分説，❸便是和也。伊川又問：先生説喜、怒、哀、樂未發謂之中，是在中之義，不識何意？曰：只喜、怒、哀、樂不發便是中也。❹曰：中莫無形體，只是箇言道之題目否？曰：非也。中有甚形體。然既謂之中也，須有箇形象。曰：當中之時，耳無聞，目無見否？曰：雖耳無聞，目無見，然見聞之理在始得。曰：中是有時而中否？曰：何時而不中？以事言之，則有時而中；以道言之，則何時而不中？曰：固是所爲皆中，❺然而觀於四者未發之時，自有一般意象，及至接事時又自別，何也？曰：善觀者不如此，却於喜、怒、哀、樂已發之際觀之。賢且説静時如何？曰：謂之無物，則不可。然自有知覺處。

❶「固」，通志堂本、四庫本作「故」。
❷「固」，通志堂本、四庫本作「故」。
❸「爲」，通志堂本、四庫本作「是」。
❹「不」，通志堂本、四庫本作「未」。
❺「固」，通志堂本、四庫本作「故」。「爲」，四庫本作「謂」。

曰：既有知覺，却是動也，怎生言静？人説復其見天地之心，皆以謂至静能見天地之心，非也。復之卦，下面一畫便是動也，安得謂之静？自古儒者皆言静見天地之心，惟頤言動見天地之心。或曰：莫是於動上求静否？曰：固是，然最難。釋氏多言定，聖人便言止。且如物之好，須道是好，物之惡，須道是惡。物自好惡，關我這裹甚事？若説道我只是定，更無所爲。然物之好惡，亦自在裹。故聖人只言「止」，所謂「止如人君」，「止於仁人」，「臣止於敬」之類是也。《易》之艮言止之義曰：「艮其止，止其所也。」言隨其所止而止之。人多不能止，蓋人萬物皆備，遇事時各因其心之所重者，更互而出，纔見得這事重，便有這事出。若能物各付物，便自不出來也。或曰：先生於喜、怒、哀、樂未發之前下「動」字，下「静」字？曰：謂之静則可。然静中須有物始得，這裹便是難處。學者莫若且先理會得敬，能敬則知此矣。或曰：敬何以用功？曰：莫若主一。季明曰：某嘗患思慮不定，或思一事未了，他事如麻，又生如何？曰：不可。此不誠之本也。須是習，習能專一時便好。不拘思慮與應事，皆要求一。或曰：當静坐時，物之過乎前者，還見不見？曰：看事如何。若是大事，如祭祀，前旒蔽明，黈纊充耳，凡物之過者，不見不聞也。若無事時，目須見，耳須聞。或曰：當敬時，雖見聞莫過焉，而不留否？曰：不説道非禮勿視、勿聽？勿者，禁止之辭。纔説「勿」字，便不得也。或問：雜説中以赤子之心爲已發，是否？

曰：已發而去道未遠也。曰：大人不失赤子之心，如何？曰：取其純一近道也。曰：赤子之心與聖人之心若何？曰：聖人之心如鏡、如止水。伊川 又曰：性即理也，所謂理性是也。天下之理，原其所自，未有不善。喜、怒、哀、樂未發，何嘗不善？發而中節，即無往而不善。發而不中節，然後爲不善。故凡言善惡，皆先善而後惡；言吉凶，皆先吉而後凶；言是非，皆先是而後非。伊川 又曰：「喜、怒、哀、樂未發謂之中」，只是言一箇中一作「本」體。既是喜、怒、哀、樂未發，那裏有箇甚麽？只可謂之「中」。如乾體便健，及分在諸處，不可皆名健，然在其中矣。天下事事物物皆有中，「發而皆中節謂之和」，非是謂之「和」便不「中」也，言「和」則「中」在其中矣。中便是含喜怒哀樂在其中矣。伊川 又曰：聖人未嘗無喜也，「象喜亦喜」。聖人未嘗無怒也，「一怒而安天下之民」。聖人未嘗無哀也，「哀此惸獨」。聖人未嘗無懼也，「臨事而懼」。聖人未嘗無愛也，「仁民而愛物」。聖人未嘗無欲也，「我欲仁，斯仁至矣」。但其中節，則謂之和。又曰：中者，天下之大本。天地之間，亭亭當當，直上直下之正理，出則不是，唯敬而無失最盡。明道 又曰：「喜、怒、哀、樂未發謂之中」，中也者，言寂然不動者也，故曰「天下之大本」。「發而皆中節謂之和」，和也者，言感而遂通者也，故曰「天下之達道」。伊川 又曰：致與位字，非聖人不能言。子思特傳之耳。明道 又曰：聖人脩己以敬，以安百姓，篤恭而天下平。唯上下一於恭敬，則天地自安，❶萬物自育，氣無不和，四靈何有不至？此體信達順之道。聰明睿知，皆由是出，以此事天饗帝。

建安游氏曰：極中和之理，則天地之覆載，四時之化育，在我而已。故曰「天地位焉，萬物育焉」。然則三公所以燮理陰陽者，豈有資於外哉？亦盡吾喜、怒、哀、樂之性而已。

延平楊氏曰：自「天命之謂性」至「萬物育焉」，《中庸》一篇之體要也。又曰：怒者喜之反，哀者樂之反。既發則倚於一偏而非中也，故「未發謂之中」。中者，不偏之謂也。由中而出，無人欲之私焉，發必中節矣。一不中節，則與物戾，非和也。故「發而皆中節謂之和」。中也者，寂然不動之時也，無物不該焉，故謂之「大本」。和也者，所以感通天地之故，故謂之「達道」。中以形道之體，和以顯道之用。致中則範圍而不過，致和則曲成而不遺，故「天地位焉，萬物育焉」。又曰：「喜、怒、哀、樂未發謂之中，發而皆中節謂之和」，學者當於喜、怒、哀、樂未發之際，以心驗之，則中之義自見。執而勿失，無人欲之私焉，發必中節矣。發而中節，中固未嘗忘也。孔子之慟，孟子之喜，因其可慟可喜而已，於孔孟何有哉？其慟也，其喜也，中固自若也。鑑之茹物，因物而異形，而鑑之明未嘗異也。莊生所謂「出怒不怒，則怒出於不怒；出爲無爲，則爲出於不爲」，亦此意也。若聖人而無喜、怒、哀、樂，則天下之達道廢矣。一人橫行於天下，武王亦不必耻也。

❶「安」，通志堂本、四庫本作「位」。

故於是四者，當論其中節不中節，不當論其有無也。或問：正心誠意，如何便可以平天下？曰：後世自是無人正心，若正得心，其效自然如此。此一念之間，毫髮有差，便是不正。要得常正，除非聖人始得。且如吾輩，還敢便道自己心得其正否？此須於喜、怒、哀、樂未發之際，能體所謂「中」，於喜、怒、哀、樂已發之後，能得所謂「和」。致中和，則天地可位，萬物可育，其於平天下何有？

河東侯氏曰：「喜、怒、哀、樂之未發謂之中」，寂然不動也，「發而皆中節謂之和」，感而遂通天下之故也。中也，和也，非二也，於此四者已發、未發之間爾。未發之中，非時中之謂乎？中一也，未發之中，時中在其中矣，特未發爾。伊川先生曰「未發之中，在中之義」是也。譬之水也，湛然澄寂謂之靜，果其所行則謂之動。靜也、動也，中和二字譬焉，思過半矣。然則中謂之「大本」，和謂之「達道」，何也？中者，理也，無物不該焉，故曰「大本」。由是而之焉，順此理而發君臣、父子、兄弟、夫婦、朋友之交，達之天下，莫不由之。以之脩身，則身脩；以之齊家，則家齊；以之治國，則國治；以之平天下，則天下平，故曰「達道」。致此者，非聖人不能，故曰「致中和，天地位焉，萬物育焉」。

河南尹氏曰：吕與叔初解出《中庸》，世方大行，伊川謂不識大本。其說以赤子之心爲未發，伊川則曰謂之發而未遠則可也。且如今之小嬰兒，逆情則啼，順情則笑，怎做得未發也。近時人言「中」，便說無一事，如土木偶人，怎生未發時便無一事？得釋氏之説如此。伊川只説个不倚之謂中。祁寬問曰：「寬輒以二字形容中字，曰喜、怒、哀、樂，未發之前不爲無，發而不爲有，不知如何？」尹曰：「甚好。只是个有無字，便似釋氏。然喜、怒、哀、樂未發，只是無所倚便是中，發而皆中節謂之和，除着个『中』字，别字形容便有病。」寬又曰：「如顏子之不遷怒，此是中節，亦只是中，何故才發便謂之和？」尹子曰：「雖顏子之怒，亦是倚於怒矣，喜、怒、哀、樂亦然，故只可謂之和。」與時紫芝問：「『中』與『誠』，只是一理，意謂中即是誠，誠即是中。」曰：「非也。誠者盡乎此者也，中者形容乎此者也。」又問，曰：「只於『喜、怒、哀、樂之未發謂之中』上體究得。」

藍田吕氏曰：此章明命中和，及言其效。情之未發，乃其本心，元無過與不及，所謂「物皆然，心爲甚」。所取準則以爲中者，本心而已。由是而出，無有不合，故謂之「和」。非中不立，非和不行，所出所由，未嘗離此大本根也。達道，衆所出入之道。極吾中以盡天地之中，極吾和以盡天地之和。天地以此立，化育亦以此行。　一本云：❶人莫不知理義，當無過、不及之謂中，未及乎所以中也。喜、怒、哀、樂未發之前，反求吾心，果何爲乎？《易》曰：「寂然不動，感而遂通天下之故。」《語》曰：「子絶四：毋意，毋必，毋固，毋我。」《孟子》曰：「大人者，不失赤子之心。」此言皆何謂也？「回也其庶乎，屢空」，唯空然後可以見乎中。空非

❶「一」，通志堂本、四庫本作「大」。

中也，必有事焉。喜、怒、哀、樂之未發，無私意小知撓乎其間，乃所謂空。由空然後見乎中，實則不見也。若子貢聚見聞之多，其心已實，如貨殖焉，所蓄有數，所應有期，雖曰富有，亦有時而窮，故億則屢中，而未皆中也。「權然後知輕重，度然後知長短，物皆然，心爲甚」，則心之度物甚於權度之審，其應物當無毫髮之差。然人應物不中節者常多，其故何也？由不得中而執之，有私意小知撓乎其間，故理義不當，或過或不及。猶權度之法不精，則稱量百物，不能無銖兩分寸之差也。此所謂性命之理出於天道之自然，非人私知所能爲也，故推而放諸四海而準。前聖後聖，若合符節，故曰「喜、怒、哀、樂之未發謂之中」。昔者，堯之授舜曰：「天之曆數在爾躬，允執其中。」舜亦以命禹曰：「人心惟危，道心惟微，惟精惟一，允執厥中。」雖聖人以天下授人，所命者不越乎此，豈非中之難執、難見乎？豈非道義之所從出乎？後世稱善治天下者無出乎堯、舜、禹，豈非執中而用之，無所不中節乎？無過、無不及，民有不和，世有不治者乎？聖人之治天下，猶不越乎執中，則治身之要，舍是可乎？故苟得中而執之，則從欲以治，四方風動，精義入神，利用出入可也。故曰「中者，天下之大本」。自中而發，無不中節，莫非順性命之理而已，莫非庸言、庸行而已。人心之所同然，人道之所共行，不越乎合君臣、父子、昆弟、夫婦、朋友之交而已，故曰「和者，天下之達道」。致中和者，至誠盡性之謂，故與天地合德，而通乎神明者，致中者也；察乎人倫，明乎庶物，體信以達順者，致和者也。唯至誠爲能盡其性，能盡其性則能盡人之性，能盡人之性則能盡物之性，能盡物之性則可以贊天地之化育，可以與天地參矣。人者與天地並立而爲三。盡人之性則人道立，人道立則經綸天下之大經，而天尊地卑，上下定矣。人道不立則經不正，經不正則顛倒逆施，天地安得而位諸？盡物之性，則昆蟲草木與吾同生者也。不合圍，不揜羣，至于不麛不卵，不殺胎，不覆巢。此雖贊天地之化育，猶政事之所及。而至誠上達，與天地同流，化育萬物者，乃聖人致中和之效也。

新安朱氏曰：此第一章第三節。喜、怒、哀、樂，情也，其未發則性也。無所偏倚，故謂之中。發皆中節，情之正也。無所乖戾，故謂之和。大本者，天命之性，天下之理皆由此出，道之體也。達道者，循性之謂，天下古今之所共由，道之用也。此言性情之德，以明道不可離之意。致，推而極之也。位者，安其所也，育者，遂其生也。自戒懼而約之，以至於至静之中，無少偏倚，而其守不失，則極其中而天地位矣。自慎獨而積之，❶以至於應物之處，無少差繆，而無適不然，則極其和而萬物育矣。蓋天地萬物本吾一體，吾之心正，則天地之心亦正矣，吾之氣順，則天地之氣亦順矣，故其效驗至於如此。此學問之極功，聖人之能事，初非有待於外，而脩道之教亦在其中矣。是其一體一用，雖有動静之殊，然必其體立而後用有以行，則其實亦非有兩事也。故於此

❶「積」，通志堂本、四庫本作「精」。

合而言之，以結上文之意。　或問：此一節何也？曰：此推本天命之性，以明由教而入者，其始之所發端，終之所至極，皆不外於吾心也。蓋天命之性，萬理具焉，喜、怒、哀、樂，各有攸當。方其未發，渾然在中，無所偏倚，故謂之「中」。及其發而皆得其當，無所乖戾，故謂之「和」。謂之中者，所以狀性之德，道之體也。以其天地萬物之理無所不該，故曰「天下之大本」。謂之和者，所以著情之正，道之用也。以其古今人物之所共由，故曰「天下之達道」。蓋天命之性純粹至善，而具於人心者，其體用之全，本皆如此，不以聖愚而有加損也。然静而不知所以存之，則天理昧而大本有所不立矣。動而不知所以節之，則人欲肆而達道有所不行矣。唯君子自其不睹不聞之前，而所以戒慎恐懼者，愈嚴愈敬，以至於無一毫之偏倚，而守之常不失焉，則爲有以致其中，而大本之立日以益固矣。尤於隱微幽獨之際，而所以謹其善惡之幾者，愈精愈密，以至於無一毫之差謬，而行之每不違焉，則爲有以致其和，而達道之行日以益廣矣。致者，用力推致而極其至之謂。致焉而極其至，至於静而無一息之不中，則吾心正，而天地之心亦正。故陰陽、動静各止其所，而天地於此乎位矣。動而無一事之不和，則吾氣順，而天地之氣亦順。故充塞無間，歡欣交通，而萬物於此乎育矣。此萬化之本原，一心之妙用，聖神之能事，學問之極功，固有非始學所當議者。然射者之的，行者之歸，亦學者立志之初所當知也。故此章雖爲一篇開卷之首，然子思之言，亦必至此而後已焉，其指深矣。　曰：然則中和果二物乎？　曰：觀其一體一用之名，則安得不二？　察其一體一用之實，則此爲彼體，彼爲此用，如耳目之能視聽，視聽之由耳目，初非有二物也。　曰：天地位，萬物育，諸家皆以其理言，子獨以其事論。然則自古衰亂之世，所以病乎中和者多矣。天地之位，萬物之育，豈以是而失其常耶？　曰：三辰失行，山崩川竭，則不必天翻地覆而已爲不位矣。兵亂凶荒，胎殰卵殈，則不必人消物盡而已爲不育矣。凡若此者，豈非不中不和之所致，而又安可誣哉！　今以事言者，固以爲有是理而後有是事，彼以理言者，亦非以爲無是事而徒有是理也。但其言之不備，有以啓後學之疑。不若直以事言，而理在其中之爲盡耳。　曰：然則當其不位、不育之時，豈無聖賢生於其世，而其所以致夫中和者，乃不能有以救其一二，何耶？　曰：善惡感通之理亦及其力之所至而止耳。彼達而在上者，既曰有以病之，則夫災異之變，又豈窮而在下者所能救也哉？　但能致中和於一身，則天下雖亂，而吾身之天地萬物不害爲安泰。其不能者，天下雖治，而吾身之天地萬物不害爲乖錯。其間一家一國，莫不皆然。此又不可不知耳。　曰：二者之爲實事可也，而分中、和以屬焉，將不又爲破碎之甚邪？　曰：世固未有能致中而不足於和者，亦未有能致和而不本於中者也。未有天地已位，而萬物不育者，亦未有天地不位，而萬物自育者也。特據其效，而推本其所以然，則各有所從來，而不可紊耳。　有問：若一介之士致中和，如何得天地位，萬物育？ 先生曰：有此理便有此事，有此事便有此理。且如一日克己，如何天下便歸仁？ 爲有此理故也。

又曰：程、吕問答，考之文集，則是其書蓋不完矣。然大子初謂凡言心者皆指已發而言，❶而後書乃自以爲未當。向非吕氏問之之審，而不完之中又失此書，則此言之未當，學者何自而知之乎？ 以此又知聖賢之言，固有發端而未竟者。學者尤當虚心悉意，以審其歸，未可執其一言而遽以爲定也。其説「中」字因過、不及而立名，又似并指「時中」之「中」，而與「在中」之義少異。蓋未發之時，在中之義謂之無所偏倚，則可謂之無過不及，則方此之時，未有中節、不中節之可言也。無過、不及之名，亦何自而立乎？ 又其下文皆以不偏不倚爲言，則此語者亦或未得爲定論也。吕氏又引「允執厥中」以明未發之旨，則程子之説《書》也，固謂「允執厥中，所以行之」。蓋其所謂中者，乃指「時中」之「中」，而非「未發之中」也。吕氏又謂求之喜、怒、哀、樂未發之時，則程子所以答蘇季明之問，又已有既思即是已發之説矣。凡此皆其決不以吕説爲然者，獨不知其於此何故略無所辨？ 學者亦當詳之，未可見其不辨而遽以爲是也。曰：然則程子卒以赤子之心爲已發，何也？ 曰：衆人之心莫不有未發之時，亦莫不有已發之時，不以老稚賢愚而有别也。但《孟子》所指赤子之心，純一無僞者，乃因其發而後可見。若未發，則純一無僞又不足以名之，而亦非獨赤子

❶「大」，明本作「夫」，通志堂本、四庫本作「程」。

之心爲然矣。是以夫子雖改夫心皆已發之一言，而以赤子之心爲已發，則不可得而改也。曰：程子明鏡止水之云，固以聖人之心爲異乎赤子之心矣，然則此其爲未發者耶？曰：聖人之心未發，則爲水、鏡之體，既發，則爲水、鏡之用，亦非獨指未發而言也。曰：諸説如何？曰：程子備矣，但其答蘇季明之後章，記録多失本真，答問不相對值，如耳無聞、目無見之答，以下文前旒黈纊之説參之，其誤必矣。蓋未發之時，但爲未有喜、怒、哀、樂之偏耳。若其目之有見，耳之有聞，則當愈益精明而不可亂，豈若心不在焉，而遂廢耳目之用哉！其言静時既有知覺，豈可言静，而引《復》「以動見天地之心」爲説，亦不可曉。蓋當至静之時，但有能知覺者，而未有所知覺也。故以爲静中有物則可，而便以才思即是已發爲比，則未可。以爲坤卦純陰而不爲無陽則可，而便以《復》之一陽已動爲比，則未可也。所謂無時不中者，所謂善觀者，却於已發之際觀之者，則語雖要切，而其文意亦不能無斷續。至於動上求静之云，則問者又轉而之他矣。其答動字、静字之問，答敬何以用功之問，答思慮不定之問，以至若無事時須見、須聞之説，則皆精當。但其曰當祭祀時，無所見聞，則古之人制祭服而設旒纊，雖曰欲其不得廣視雜聽而致其精一，然非以是而全蔽其聰明，使之一無見聞也。若曰履之有絇，以爲行戒，尊之有禁，以爲酒戒，然初未嘗以是而遂不行、不飲也。若使當祭之時，真爲旒纊所塞如聾瞽，則是禮容樂節皆不能知，亦將何以致其誠意，交於鬼神哉？程子之言，决不如是之過也。至其答過而不留之問，則又有若不相值而可疑者。大抵此條最多謬誤，蓋聽他人之問而從旁竊記，非唯未了答者之意，而亦未悉問者之情，是以致此亂道而誤人耳。然而猶幸其間紕漏顯然，尚可尋繹，以別其僞。獨微言之湮没者，不復傳，爲可惜耳。吕氏此章之説，尤多可疑。如引「屢空」、「貨殖」及「心爲甚」者，其於彼此，蓋兩失之。其曰由空而後見夫中，是又前章虚心以求之説也，其不陷入於浮屠者幾希矣。蓋其病根正在欲於未發之前，求見夫所謂中者而執之，是以屢言之，而病愈甚。殊不知經文所謂致中和者，亦曰當其未發，此心至虚，如鏡之明，如水之止，則但當敬以存之，而不使其小有偏倚。至於事物之來，此心發見，喜、怒、哀、樂各有攸當，則又當敬以察之，而不使其小有差忒而已，未有如是之説也。且曰未發之前，則宜其不待着意推求，而瞭然心目之間矣。一有求之之心，則是便爲已發，固已不得而見之，况欲從而執之，則其爲偏倚亦甚矣，又何中之可得乎？且夫未發、已發，日用之間，固有自然之機，不假人力。方其未發，本自寂然，固無所事於執。及其當發，則又當即事、即物，隨感而應，亦安得塊然不動，而執此未發之中耶？此爲義理之根本，於此有差，則無所不差矣。此吕氏之説所以條理紊亂，援引乖剌，而不勝其可疑也。程子譏之，以爲不識大本，豈不信哉！楊氏所謂「未發之時，以心驗之，則中之義自見，執而勿失，無人欲之私焉，則發必中節矣」，又曰「須於未發之際，能體所謂中」。其曰驗之、體之、執之，則亦吕氏之失也。其曰「其慟、其喜，中固自若」，疑與程子所云「言和則中在其中」者相似。然細推之，則程子之意，正謂喜、怒、哀、樂已發之處，❶見得未發之理，發見在此一事一物之中，各無偏倚過不及之差，乃「時中」之「中」而非「渾然在中」之「中」也。若楊氏之云「中固自若」，而又引莊周出怒、不怒之言以明之，則是以爲聖人方當喜、怒、哀、樂之時，其心漠然，同於木石，而姑外示如此之形，凡所云爲，皆不復出於中心之誠矣。大抵楊氏之言多雜於老佛，❷故其失類如此。其曰「當論其中否，不當論其有無」，則至論也。

涑水司馬氏曰：喜、怒、哀、樂，聖人所不免，其異於衆人者，未嘗須臾離道。平居無事，則心常存乎中庸。及其既發，則以中庸裁之，喜不失節，怒不過分，哀不傷生，樂不極欲。中者，君子之所常守也，故曰「大本」。和者，君子之所常行也，故曰「達道」。

東萊吕氏曰：自其天地之位，而以「中」言之，自其萬物之育，而以「和」言之。朱氏如此區别，固未有害也。深觀其所從來，則天地之所以位，萬物之所以育，蓋有不可析者。子思曰：「致中和，天地位焉，萬物育焉。」龜山曰：「中，故天地位焉；和，故萬物育焉。」參觀二者之論，則氣象自可見矣。

臨川王氏曰：人之生也，皆有喜、怒、哀、樂之事。當其未發之時謂之中者，性也。

❶「正」，通志堂本、四庫本作「止」。
❷「老佛」，通志堂本、四庫本作「佛老」。

能發而中喜、怒、哀、樂之節，謂之和者，情也。後世多以爲性爲善，而情爲惡。夫性情一也，性善則情亦善。謂情而不善者，設之不當而已，❶非情之罪也。《禮》曰：「人生而靜，天之性也。感物而動，性之欲也。」則是「中」者，性之在我者之謂「中」；「和」者，天下同其所欲之謂「和」。夫所謂「大本」也者，性非一人之謂也。自聖人愚夫，皆有是性也。「達道」也者，亦非止乎一人，舉天下皆可以通行。「致中和，天地位焉，萬物育焉」，此論中和之極。雖天地之大，亦本乎中和之氣。天位於上，地位于下，陽氣下降，陰氣上烝，天地之間，薰然春生夏長，而萬物得其生育矣。《易》曰「天地交而萬物生」，其中和之致也。

延平周氏曰：「喜、怒、哀、樂之未發」，正性也，故謂之「中」。「發而皆中節」，正情也，故謂之「和」。性以情爲用，和以中爲體。故以體言之，則中爲天下之「大本」，以用言之，則和爲天下之「達道」。中譬則貞也，和譬則利也。七情言其四者，言「喜」則兼「愛、欲」，言「怒」則兼「惡」也。

長樂陳氏曰：「喜怒哀樂未發」，則渾然在中。及發，則有中節，有不中節，而惟中節爲和。和者，與理會也。混然在中，故爲「大本」。發與理會，故爲「達道」。天地之所以變化，萬物之所以生育，皆中和而已。故致其中和之極，則天地可得而位，萬物可得而育也。

龍泉葉氏曰：按《書》稱：「人心惟危，道心惟微，惟精惟一，允執厥中。」道之紀統

❶「設」，通志堂本、四庫本作「說」。

體用卓然，百聖所同。而此章顯示開明，尤爲精的。蓋於未發之際，能見其未發，則道心可以常存而不微；於將發之際，能使其發而皆中節，則人心可以常行而不危。不微、不危，則中和之道致於我，而天地萬物之理遂於彼矣。自舜、禹、孔、顔相授最切，其後唯此言能繼之。《中庸》之書，過是不外求矣。然患學者涵玩未孰，提持未審，❶自私其説，以近爲遠，而天下之人不得共由之。非其言之過，而不知言者之過也。此道常在，無階級之異，無聖狂賢不肖之殊，皆具於此章，但不加察爾。

高要譚氏曰：《中庸》大要，指出本心，教人存養，而後發之乎外，以應事物之變。何謂本心？求於喜怒哀樂未發之時，則可見矣。欲見此心，當極其精微，不可少差。蓋人生而静，是之謂性。感物而動，是之謂情。曰「未發」云者，以爲静耶？却有動意。以爲動耶？却有静意。既不可以動静言，但以「未發」二字，微見性有覺知，可以出而應物之意，就此便見本心所在，故指名爲「中」，將使人精意求索，默而識之也。識得此「中」，則性之理，道之體，昭然具在。於是一意涵養，須臾弗忘。積久純孰，胸中便有前定規模，出而應物，皆有準則，裁量斟酌，無不中節矣。事事中節，乃名爲「和」。「和」即「中」之發也。設使中之體不先立，則發之於外，顛倒繆盭，其能和乎？故中者，君子用力之處，和特發用之可見者爾。中爲體，貴乎有立，故曰「大本」。和

❶「持」，通志堂本、四庫本作「命」。

爲用，見於有行，故曰「達道」。極中和之理，廣大精微，靡不該備。故天地之所以奠位，萬物之所以生育，皆不外乎此理也。

廣安游氏曰：「中」有二義：在内之謂「中」，如「樂在其中」之「中」；在兩者之間亦爲中，如「三亦有中」，「五亦有中」之「中」。「喜、怒、哀、樂之未發」爲在内之中，亦爲兩者之中。所謂在内之中，謂未發而存乎杳冥之内也。兩者之中，謂其未發，而本心純全，至正、至中，無過差、不及之患故也。人之本心，方其至静而不與物交也，本與天地相似。及其感於物而動，而喪其本心，則失其中正，而過與不及之患生矣。惟發而中節，即謂之和，此言中之動而爲和也。大本以本心言也，達道言其道通達於天下也。天地本有定位，萬物本自發育。❶所以失其位而不能育者，人亂之也。故聖人能致中和，則天地位，萬物育。

建安真氏曰：「致中和」而「天地位，萬物育」，此參天地、贊化育之事也，可謂難矣。然求其所以用功者，不過曰敬而已。蓋不睹、不聞之時而戒懼者，敬也。己所獨知、人所未知之時而致謹者，亦敬也。静時無不敬，即所以致中；動時無不敬，即所以致和。爲人君者，但當恪守一敬，静時以此涵養，動時以此省察，以此存天理，以此遏人欲。工夫到極處，即所謂致中、致和，自然「天地位，萬物育」。如箕子《洪範》所謂「肅乂聖哲謀，而雨暘燠寒風應之」，董仲舒所謂「人君正心，以正朝

❶「自」，通志堂本、四庫本作「有」。

廷，正百官，正萬民，則陰陽和，風雨時，諸福百物，莫不畢至」，皆是此理。

蔡氏曰：喜、怒、哀、樂未發，則性也，謂之「中」者，以其未發而無所偏倚也。發則情也，謂之和者，以其發而無所乖戾也。大本者，萬殊一本也。達道者，萬世常道也。致中和，天地位，萬物育，推極中和之妙而言也。此聖人之能事，問學之極功，故子思子合而結之也。又曰：自「天命之謂性」至「萬物育焉」爲一篇之體要。下言德者，主「中」而爲言也。言道者，主「和」而爲言也。言至誠者，即「致中和」之義也。

新定顧氏曰：天地定位于上下，萬物並育于兩間，亦惟本於此中，達於此和。故非此中，非此和，天地無由而位，萬物無由而育。奚以知其然耶？天地之所自出，萬物之所自來，惟此「中」也。天地之所以順動，萬物之所以化生，❶惟此「和」也。故舍中和，則無以爲天地，無以爲萬物矣。推中和之極致乃至於此，學者可不從事於此乎？或曰：子思以《中庸》名篇，而此乃推言中和，何也？曰：道無定名，言有歸趣，故道一也。自其寂然未發形而言之，謂之中，自其悠久不變而言之，謂之庸，自其順動協應而言之，謂之和，豈有二道哉？

禮記集說卷第一百二十四

❶「萬」，原缺，今據通志堂本、四庫本補。

禮記集說卷第一百二十五

仲尼曰：「君子中庸，小人反中庸。君子之中庸也，君子而時中。小人之中庸也，小人而無忌憚也。」

鄭氏曰：庸，常也。用中爲常，道也。「反中庸」者，所行非中庸，然亦自以爲中庸也。

孔氏曰：自此至「不行矣夫」一節，子思引仲尼之言，廣明中庸之行。

唐陸氏曰：王肅本作「小人之反中庸也」。

河南程氏曰：君子之於中庸，無適而不中，則其心與中庸無異體矣。小人之於中庸，無所忌憚，則與戒慎、恐懼者異矣，是其所以「反中庸」也。伊川　又曰：小人更有甚中庸？脱一「反」字。小人不主於義理，則無忌憚。無忌憚，所以反中庸也。伊川　又曰：且唤做「中」，若以四方之中爲中，則四邊無中乎？若以中外之中爲中，則外面無中乎？如生生之謂易，天地設位，而易行乎其中，豈可只以今之《易》書爲易乎？中者，且謂之中，不可捉一箇「中」來爲中。明道　又曰：欲知《中庸》，無如權，須是時而爲中。若以手足胼胝，閉户不出二者之間取中，便不是中。若當手足胼胝，則於此爲中。當閉户不出，則於此爲中。權之爲言，秤錘之義也。伊川　蘇季明問：君子時中，莫是隨時否？曰：是也。中字最難識，須是默識心通。且試言一廳則中央爲中，一家則廳中非中，而堂爲中。言一國，則堂非中，而一國之中爲中。推此類可見矣。且如初寒時，則薄裘爲中。如在盛寒而用初寒之裘，則非中也。更如三過其門不入，在禹、稷之世爲中，若居陋巷，則不中矣。居陋巷，在顔子之時爲中，若三過其門不入，則非中也。或曰：男女不授受之類皆然？曰是也。男女不授受，中也。在喪祭，則不如此矣。伊川

又曰：楊子拔一毛不爲，墨子又摩頂放踵爲之，此皆是不得中。至於子莫執中，又欲執此二者之中，不知怎生執得？識得則事事物物上皆天然有箇中在那上，不待人安排也。安排著，則不中矣。伊川

又曰：可以仕則仕，可以止則止，可以久則久，可以速則速，此皆時也，未嘗不合中，故曰「君子而時中」。伊川

横渠張氏曰：「時中」之義甚大，須精義入神，始得觀其會通，行其典禮，此方是真義理也。行其典禮，而不達會通，則有非時中者矣。君子要多識前言往行以畜其德者，以其看前言往行孰，則自能見得時中。

藍田吕氏曰：此章言中庸之用。時中，當其可而已，猶冬飲湯、夏飲水之謂。無忌憚，所以無取則也。不中、不常，妄行而已。一本云：君子蹈乎中庸，小人反乎中庸者也。君子之中庸也，有君子之心，又達乎時中。小人之中庸也，有小人之心，反乎中庸，無所忌憚，而自謂之時中也。時中者，當其可之謂也。時止則止，時行則行，當其可也。可以仕則仕，可以止則止，可以速則速，可以久則久，當其可也。曾子、子思易地則皆然，禹、稷、顔回同道，當其可也。舜不告而娶，

周公殺管、蔡，孔子以微罪行，當其可也。小人見君子之時中，唯變所適，而不知當其可，而欲肆其姦心，濟其私欲。或言不必信，行不必果，則曰「唯義所在」而已。然實未嘗知義之所在。有臨喪而歌，人或非之，則曰是惡知禮意，然實未嘗知乎禮意。猖狂妄行，不謹先王之法，以欺惑流俗。此小人之亂德，先王之所以必誅，而不以聽者也。又曰：執中無權，雖君子之所惡，苟無忌憚，則不若無權之爲愈。

建安游氏曰：道之體無偏，而其用則通而不窮。無偏，中也，不窮，庸也。以性情言之，則爲中和，以德行言之，則爲中庸，其實一也。君子者，道中庸之實也。小人則竊中庸之名，而實背之，是中庸之賊也，故曰「反中庸」。君子之於中庸，自幼壯至於老死，自朝旦至於暮夜，所遇之時、所遭之事雖不同，其爲中一也，故謂之「時中」，言行小變而不失其大常也。小人之於中庸，則居之似忠信，行之似廉潔，而居之不疑，或詭激以盜名，進鋭而退速，此所謂無忌憚而反中庸也。

延平楊氏曰：事各有中，故執中必有權。權，猶「權衡」之「權」，所以稱物之重輕而取中也。中無常主，惟其時焉耳。時者，當其可之謂也。仲尼不爲已甚者，而《孟子》曰「聖人之時」，❶以其仕止久速，各當其可也。君子之趨變無常，蓋用權以取中也。小人不知時中之義，反常亂德以欺世，其爲中庸也，乃所以爲無忌憚也。

或問：有謂中所以立常，權所以盡變。

❶「人」，原脱，今據通志堂本、四庫本補。

不知權則不足以應物，知權則中有時乎不必用矣，是否？曰：知中則知權，不知權則是不知中也。曰：既謂之中，斯有定所，必有權焉，是中與權固異矣。曰：猶坐於此室，室自有中，移而坐於堂，則向之所謂中者，今不中矣。堂固自有中，合堂室而觀之，蓋又有堂室之中焉。若居今之所，守向之中，是不知權，豈非不知中乎？如一尺之物，約五寸而執之，中也。一尺而厚薄小大之體殊，則所執者，長短多寡之中，而非厚薄小大之中也。欲求厚薄小大之中，則釋五寸之約。唯輕重之知，而其中得矣。故權以中行，中因權立。《中庸》之書不言權，其曰君子而時中，蓋所以爲權也。　又曰：中者，豈執一之謂哉？亦貴乎時中也。時中者，當其可之謂也。堯授舜，舜授禹，受之而不爲泰。湯放桀，武王伐紂，取之而不爲貪。伊尹放大甲，君子不以爲篡。周公誅管、蔡，天下不以爲逆。以其事觀之，豈不異哉？聖人安行而不疑者，蓋當其可也。後世聖學不明，昧執中之權，而不通時措之宜，故徇名失實，流而爲子噲之讓，白公之爭，自取絶滅者有之矣。至或臨之以兵而爲忠，小不忍而爲仁，皆失是也。

新安朱氏曰：此第三章，已下十章，皆論中庸以釋首章之義。文雖不屬，而意實相承也。中庸者，不偏不倚，無過、不及，而平常之理，乃天命所當然，精微之極致也。唯君子爲能體之，小人反是。王肅本作「小人之反中庸也」，程子亦以爲然，今從之。　君子之所以爲中庸者，以其有君子之德，而又能隨時以處中也。小人之所以反中庸者，以其有小人之心，而又無所忌憚也。蓋中無定體，隨時而在，是乃平常之理也。君子知其在我，故能戒謹不睹，恐懼不聞，而無時不中。小人不知有此，則肆欲妄行，而無所忌憚矣。變「和」言「庸」者，游氏曰「以性情言之，則曰『中和』，以德行言之，則曰『中庸』」是也。然「中庸」之「中」，實兼「中和」之義。　或問：此其稱「仲尼」，孫可以字其祖乎？曰：古者生無爵，死無謚，則子孫之於祖考，亦名之而已矣。周人冠，則字而尊其名，死，則謚而諱其名，則固已彌文矣，然未有諱其字者也。❶故《儀禮》饋食之祝詞曰「適爾皇祖伯某父」，乃直以字而面命之。況孔子爵不應謚，而子孫又不得稱其字以别之，則將謂之何哉？　又曰：君子所以中庸，小人之所以反之者，何也？曰：中庸者，無過不及而平常之理，蓋天命人心之正也。唯君子爲能知其在我，而戒謹恐懼，以無失其當然，故能隨時而得中。小人則不知有此，而無所忌憚，故其心每反乎此，而不中不常也。　又曰：「小人之中庸」，王肅、程子悉加「反」字，蓋疊上文之語。然諸説皆謂小人實反中庸，而不自知其爲非，乃敢自以爲中庸，而居之不疑。如漢之胡廣，唐之呂温、柳宗元者，則其所謂中庸，是乃所以爲無忌憚也。如此，則不須增字，而理亦通矣。曰小人之情狀，固有若此者矣。但以文勢考之，則恐未然。蓋論一篇之通體，則此章乃引夫子所言之首章，且當略舉大端，以分别君

❶「有」，通志堂本、四庫本作「嘗」。

子、小人之趣向，未當遽及此意之隱微也。若論一章之語脉，則上文方言君子中庸而小人反之，其下且當平解兩句之義，以盡其意。不應偏解上句，而不解下句，又遽别生他説也。故疑王肅所傳之本爲得其正，而未必肅之所增。程子從之，亦不爲無所據而臆决也。諸説皆從鄭本，雖非本文之意，然所以發明小人之情狀，則亦曲盡其妙，而足以警乎鄉原亂德之姦矣。又《語録》云：或謂聖賢亦有不誠處，如取瑟而歌，出吊東郭之類。説「誠」不如只説「中」。先生曰：誠而中，君子而時中；不誠而中，小人之無忌憚。

海陵胡氏曰：君子有一不善，慮爲名教之罪人。小人由其無所畏忌，故弃中道而不顧也。

長樂劉氏曰：君子以大中之道爲常久所行，造次必於是，顛沛必於是，故曰「君子中庸」也。小人不恥不仁，不畏不義，言動皆反於中庸者也。「君子而時中」者，謂夙興夜寐之間，時省厥中，唯恐其爲外物之所動而失其正也。夫性禀於天，而中出乎性，其本雖静，非自誠而明者，未始不爲外物之所動也。目司其視，耳司其聽，聲司其言，形司其貌，而心也者，時省厥中，以役五事。俾夫聲色之來，而不能動吾中，則明出乎視，而聰出乎聽者，非耳目之所能爲也，心省乎中而已矣。俾夫言行之出，應乎萬變而不失吾中，則從出乎言，而恭出乎貌者，非聲形之所能爲也，心省乎中而已矣。然則君子所以戒慎乎其所不睹，恐懼乎其所不聞者，心之所職，豈不重乎？苟非時刻之間不忘警省，則性之存者幾希矣。故曰「君子而時中」也。「小人之反中庸也，小人而無忌憚也」者，小人目悦乎色，而不憚傷其明也；耳悦乎聲，而不憚傷其聰也；貌悦舒惰，而不憚傷其恭也；言悦順情，而不憚傷其從也；心悦邪辟，而不憚傷其睿也。由其一心之無忌憚，而陷其身於不義，刑禍從而加焉。無他也，須臾之間，言行離乎其性，則反於中庸矣。又不知以爲忌憚，時省其失，則終於小人，而冒于刑禍也。

廣漢張氏曰：「中也者，天下之大本也」，須識得此，然後「時中」之義可得而明。不然，則幾何而不爲子莫之執也。子莫之意，以謂楊子不拔一毫爲不及，而墨子摩頂放踵爲過之，我但執此二者之中耳。殊不知中無乎不在，有時三過其門而不入，有時居陋巷而不顧，此所謂「時中」也。其所以能時而中者奈何？以其大本立故也。大本立，則周旋萬變，而中之體不亂，故曰「時中」也。惟精惟一，允執厥中，蓋極精一之妙，則是中也。湯之執中，意亦類此。若子莫則於過與不及之間，求所謂中者而執之，不知既已昧其體矣，故曰「執中無權」，權者所以妙夫中也。故學者必先求仁，知仁，則中體可見，應事接物得所以權之者矣。若夫聖人，則無俟於權，而無時不中矣。

延平黄氏曰：君子以時中，則有時不中矣，此其所以爲中庸。更而不可拘，續而不可窮。其縱不流，其守不固。流者，執庸而不及中者也；固者，執中而不及庸者也。執庸者，害道之常，此爲庸者之無忌憚也；執中者，害道之變，此爲中者之無忌憚也。楊墨失中，子莫失庸。

嵩山晁氏曰：中之所以爲常道也，君子而時中，則無時而不中也。小人而無忌憚，須臾變改，莫之能中也。以是知先儒説用中爲常道是也。

馬氏曰：君子者，人之成名，而中庸者，人道之全者也，故曰「君子中庸」。小人反人道者也，故曰「小人反中庸」。

晉陵喻氏曰：時中之君子，以天下譽之而不喜，以天下非之而不怒。舉天下無以動其心者，毋意，毋必，毋固，毋我。言不必信，行不必果，惟義所在。舉天下之事，無大小焉，無適、莫焉，無可無不可焉，唯時中而已。小人唯利之從，唯名是徇。其於君子之心，一切反之。聞君子之中庸也，乃欲竊取其名。居之似忠信，行之似廉潔，如紫奪朱，如鄭亂雅，如鄉原之亂德，是借以資其無忌憚者爾。

東萊吕氏曰：楊氏爲我，墨氏兼愛，爲其賊道也，舉一而廢百也。夫楊墨之叛道，孟子闢之，固深切著明，却有子莫一等病難識。大抵近者却是遠，近之一字，却是誤子莫處。楊氏爲我，墨氏兼愛，各守其偏，去中爲甚遠。然或有一人救之，云：此非中道，未必不回歸於中，却近。惟子莫自以爲能執是中，却最害道。如《中庸》説「君子之中庸，君子而時中，小人之中庸，小人而無忌憚」，人説小人中庸欠一「反」字，亦不消着「反」字。蓋小人自認無忌憚爲中庸，如後世莊老之徒，亦子莫之學。如説不死不生，如説義利之間，皆是不得時中之義，止於兩事中間求其中，如何會識得中？大抵「時中」最難識。故前輩論有長短之中，有輕重之中，因舉扇以示人云：徒知長短之中，而不知輕重之中，則如子莫止於兩事求其所謂中，不知有非仁而仁，非義而義，如何不審輕重？若使中有定所，如仁、義、禮、智、信，只須按定本去做。惟其無定，此君子所以欲明善。審是時中之義，子思發之於《中庸》，如孔子亦未嘗不言，如《易》之消息盈虛，《春秋》之褒貶是非，未嘗不是中。學者能看得《易》與《春秋》，自然識得「中」。

四明沈氏曰：因天下同然之理，行於其所當行，而不用意，此之謂「君子中庸」。「小人反中庸」，反不是倍，計較揣度，用私意以爲之，此之謂「反」。中庸之上更著一箇字不得，若著一箇字，便是用意。「君子中庸」，何其安静簡明哉！

吳興沈氏曰：自「天命之謂性」而至於「君子謹其獨」，自「喜、怒、哀、樂未發謂之中」而至於「萬物育焉」，是皆總中庸之體要，而指中庸之功用也。體要、功用既極兩盡，然後中庸之名始立於此。中庸之名，前人未發之。子思不敢以私見立道之名，於是援仲尼之説以申之，庶幾天下不以我爲妄，此中庸之標目所由立也。中，即喜、怒、哀、樂未發者也，庸即喜、怒、哀、樂已發而中節者也。庸非中之外復有所謂庸也，由中而發，無一之不中節者也。人莫不有喜、怒、哀、樂也，惟其發而不中節，故不可以爲庸。使其舉皆中庸也，無時而不中，茲其所以爲庸也。然則時也、節也、庸也，是或一道也。若夫小人則不然。喜怒哀樂隨性而發，逐物而動，其與中庸實相背馳，故曰「反中庸」。反中庸者，小人之常也，然又樂聞君子時中之説，乃同乎流俗，合乎汙世。時尚縱横，則爲蘇秦；時尚刑名，則爲申、韓；時尚虚無，則爲黄、老。竊時中之名而流入於無忌憚，此所以爲小人之中庸也。

高要譚氏曰：中之道出而應物，見於時措之宜者，謂之「時中」，此即和之義也。語其稱量事物，輕重適當，則謂之權，皆發而中節焉爾。曰「時中」云者，變通無滯，泛應曲當之謂也。循常而行之，固中矣，適變而行之，亦中也。考禮而行之，固中矣，從俗而行之，亦中也。師古而行之，固中矣，度今而行之，亦中也。天下之事不勝其衆，而君子汎應，無往非中。此君子用權之微意，非小人所可得與也。小人見君子之時中不執於一，往往竊取其説，以肆無窮之欲，縱横顛倒，無所不爲，亦曰「吾之所爲皆時中也」。然君子、小人則有辨矣，君子大本先立，故見於應物者，事事中節；小人大本先失，其見於行事，又安能中節乎？此其所以辨也。聖人惡其近似，故辨之曰君子中庸，小人反中庸，君子時中。小人無忌憚也。言君子有體斯有用，故爲「中庸」。小人體不立而用常差，故爲「反中庸」。君子發而中節，故爲「時中」。小人發不中節，但爲無忌憚爾，可謂灼見小人之情狀矣。使君天下者得是説而通之，則辨君子、小人若辨白黑，又何知人之難矣！

錢塘于氏曰：全吾心之中和，乃所以爲君子之中庸。中和二字，子思自吾心體之；中庸二字，乃自吾夫子發之。無和不能以爲庸，其實一理也。

江陵項氏曰：此言君子、小人之所由分，

使修道者知所避就也。「時中」，由時敏、時習也，戒懼、謹獨之謂也。既君子矣，又時中焉，此聖所以愈聖。無忌憚者，戒懼謹獨之反也。既小人矣，又無忌憚焉，此愚所以愈愚。使君子而不時中，則小人矣，使小人而有忌憚，則君子矣。君子、小人之分無它，敬與慢之間耳。

仁壽李氏曰：曾子曰：「堂堂乎張也，難與並爲仁矣。」子謂子夏：「女爲君子儒，無爲小人儒。」子張、子夏亦何至難與爲仁，而流爲小人之歸？然師友警教如此其嚴，蓋慮其或過、或不及，而弗蹈乎中庸，則駸駸焉行乎小人之塗而不自覺也。且此章論中庸，始言君子足矣，而遽及小人，何也？《孟子》曰：「道二，仁與不仁而已矣。」此爲仁，反此即爲不仁。又曰：「欲知舜與跖之分，無他，善與利之間而已矣。」此爲善，反此即爲利。故夫子平日每以君子、小人對言之，而子思子首引此言，以示學者之決擇。蓋謂欲爲君子者，當無一念非中庸，一或反之，則此之一念，即爲小人之念；當無一言非中庸，一或反之，則此之一言，即爲小人之言；當無一行非中庸，一或反之，則爲小人之行。君子、小人如陰陽、晝夜、冰炭、黑白之殊，而其差特在乎中庸向背之間。不偏不倚，無過、不及之中，平常可久之庸，一或反之，則雖有絶人之才智，蓋世之事功，被之以小人之名，而不得辭，甚可懼也。「君子之中庸也，君子而時中」之義，前輩備言之矣。物有萬殊，事有萬變，所居之位有高下，所遇之時有隆汙。或出或處，或默或語，各惟其時，不必同也。然有同焉者，中也。可仕可止，可久可速，各惟其時，不執一也。然有一焉者，中也。皆非過也，皆非不及也，皆平常可久而非詭異之行也。惟其君子之德，而又能時以取中，斯所以爲君子之中庸。「小人之中庸也」，脱一「反」字。小人者，君子之反也。無忌憚者，戒謹恐懼之反也。君子惟懼乎一出言而異乎中庸，小人則肆意巧言而不知畏也。君子惟懼乎一舉足而違乎中庸，小人則縱欲妄行而不知畏也。惟其不知畏，故日與中庸相背而馳。使其有所忌憚，則不至此矣。

晉陵錢氏曰：仲尼，孔子之字也。學者尊其師，皆曰「子」。稱「仲尼」，所以別之。猶《舜典》先稱舜，後稱帝也。

霅川倪氏曰：「小人之中庸」，無「反」字。正義謂小人「亦自以爲中庸」，得之矣。王肅添「反」字，非也。忌者，有所疑也。憚者，有所畏也。人惟有所疑忌，故不肯爲不善；有所畏憚，故不敢爲不善。小人託中庸以自便，借中庸以文姦，曰「吾亦中耳，吾亦庸耳，何爲不可」？此之謂無忌憚也。無忌憚與戒謹恐懼相反。唯其無忌，是以不戒謹。惟其無憚，是以不恐懼。何謂無忌憚？因孔子聖之時，於是借以爲説，仕於不可仕之時，如漢末假儒者之説，以仕於莽朝，以干利禄；如《孟子》有「言不必信，行不必果」之説，於是借以自便，如鄉原之言不顧行，行不顧言，作僞欺世，故曰「無忌憚」。

建安真氏曰：程氏之論「時中」，至矣。楊氏因其説而推明，亦有補焉。《易》之道，以時義爲主。如乾之六爻，當潛而潛，中也，當潛而見，則非中矣；當飛而飛，中也，當飛而潛，則非中矣。它卦亦然。《洪範》三德，當剛而剛，中也，當剛而柔，則非中矣；當正直而正直，中也，當正直而或剛或柔，皆非中矣。推之事事物物，莫不皆然。此乃撫世應物之大權，然必以致知爲本。

新定顧氏曰：夫「君子中庸」，體道者也，純乎天理，不以人欲參之也。小人没於私慾，失其本心，倡狂妄行，是之謂「反中庸」。然隨時制宜，不失乎中，而後可以爲中庸。不然，執中無權，猶執一也。故曰「君子之中庸也，君子而時中」。良心善性，天之予我以是，則必望我以全乎是。今也私慾横生，從耳目之欲，是不知有本心也。不知有本心，是不知有天命也。夫以人而不知有天，其無忌憚孰甚焉，斯其所以敢於反中庸也。故曰「小人之反中庸也，小人而無忌憚也」。雖然，非時中不足以語中庸，然非體中庸之至，抑不足以語「時中」。故可與立也，而後可與語權。惟艮之止而後動静不失其時，此君子之事也。彼小人之無忌憚也，惟其愚也。所謂天理，習聞其號，非有真見；所謂「惟天聰明」，所謂「惟天明畏」，所謂「福善禍淫」，彼以爲天未必切切然也，是以無忌憚而反中庸，不知天定斯能勝人，人非鬼責，人禍天刑，每歸於無忌憚、反中庸之徒。若夫君子，在舜則曰「兢業」，在湯則曰「危懼」，在文王則曰「敬忌」，在孔子則曰「畏天命」，在曾子則曰「戰戰兢兢」。夫然，故不失中庸，卒之「自天祐之，吉无不利」。君子、小人之所以終，其異也如此夫！

蔡氏曰：「君子中庸，小人反中庸」，夫子

之言也。「君子而時中，小人而無忌憚也」，子思釋夫子之言也。

子曰：「中庸其至矣乎！民鮮能久矣。」❶

鄭氏曰：鮮，罕也。言中庸爲道至美，顧人罕能久行。

河南程氏曰：中庸，天下之至理。德合中庸，可謂至矣。自世教衰，民不興於行，鮮有中庸之德也。一説民鮮能久行其道也。

藍田吕氏曰：人莫不能中庸，鮮能久而已。久則爲賢人，不息則爲聖人。一本云：中庸者，天下之所共知，天下之所共行，猶寒而衣，飢而食，渴而飲，不可須臾離也。衆人之情，厭常而喜新，質薄而氣弱，雖知不可離，而亦不能久也。唯君子之學，自明而誠。明而未至乎誠，雖心悦而不去。然知不可不思，行不可不勉。在思勉之分，而氣不能無衰，志不能無懈。故有日月至焉者，有三月不違者，皆德之不可久者。❷若至乎誠則不思不勉，至于常久而不息，非聖人，其孰能之？

建安游氏曰：德至於中庸，則全之、盡之，不可以有加矣，故曰「其至矣乎」。舜之爲大知，則用此道而至也。顔淵之爲賢，則擇此道而求其至也。若舜之爲大孝，武王、周公之爲達孝，則由此道而成名也。子路問强，則將進此道而已。哀公問政，則將行此道而已。自脩身以至懷諸侯，皆出於此道，不其至矣乎！然非至誠無息者不足以體此，非自强不息者不能以致此，故久於其道者鮮矣。

上蔡謝氏曰：中不可過，是以謂之至德。

❶「能」，原缺，今據通志堂本、四庫本補。

❷「不」，原缺，今據通志堂本、四庫本補。

過可爲也，中不可爲，是以「民鮮能久矣」。

河東侯氏曰：民不能識中，故鮮能久。若識得中，則手動足履，無非中者，故能久。《易》之《恒》曰「君子立不易方」，恒，久也。聖人得中，故能常久而不易。

延平楊氏曰：道止於中而已，過之則爲過，未至則爲不及，故唯中庸爲至。又曰：至，所謂極也，極猶屋之極，所處則至矣。下是爲不及，上焉則爲過。或者曰：高明所以處己，中庸所以處人，如此則是聖賢所以自待者常過，而以其所賤者事君親也，而可乎？然則如之何？曰：高明即中庸也。高明者中庸之體，中庸者高明之用耳。高明亦猶所謂至也。

新安朱氏曰：過則失中，不及則未至，故唯中庸之德爲至。然亦人所同得，初無難事，但世教衰，民不興行，故鮮能之，今已久耳。《論語》無「能」字。或問：「民鮮能久」，或以爲民鮮能久於中庸之德，而以下文不能期月守者證之，何如？曰：不然。此章方承上章「小人反中庸」之意而泛論之，未遽及夫不能久也。下章自能擇中庸者言之，乃可責其不能久耳。兩章各是發明一義，不當遽以彼而證此也。且《論語》無「能」字，而所謂「矣」者，又已然之辭，故程子釋之，以爲民鮮有此中庸之德，則其與不能期月守者不同，文意益明白矣。曰：此書非一時之言也，章之先後，又安得有次序乎？曰：言之固無序矣。子思取之而著於此，則其次第行列決有意謂，不應雜置而錯陳之也。故凡此書之例，皆文斷而意屬。讀者先因其文之所斷，以求本章之説，徐次其意之所屬，以考相承之序，則有以各盡其一章之意，而不失夫全篇之旨。然程子亦有久行之説，則疑出於門人之所記，蓋不能無差繆。而「自世教衰」之一條，乃《論語》解，而夫子之手筆也。諸家之説固皆不察乎此。然吕氏所謂厭常喜新，質薄氣弱者，則有以切中學者不能固守之病。讀者徙諸期月之章而自省焉，❶則亦足以有警矣。侯氏所謂民不識中，故鮮能久，若識得中，則手動足履皆有自然之中而不可離，則庶幾耳。

臨川王氏曰：孔子歎此中庸爲德之至，而當時之人鮮能久之。《語》亦曰「中庸之德至矣乎！民鮮久矣」。蓋孔氏重傷政化已絶，天下之人執乎一偏，中庸之道所以不能行也。

吴興沈氏曰：世之説者曰：過非中也，不及亦非中。介乎過、不及之間者，中也。予曰：不然。過固非中，過而得其至焉，過亦中也。不及固非中，不及而得其至焉，不及亦中也。譬如天壤之間，洛爲中地。自燕而望洛，則燕自有中，而洛爲偏矣。自越而望洛，則越自有中，而洛亦偏矣。推而至於天地事物之間，莫不有至當之處，初無過、不及之分也，夫是之謂「中庸其至矣乎」。至之爲義，天理之自然，人爲之不可加損，真理渾然，間不容髮者是也。非夫固聰明聖知達天德者，其孰能知之？此民鮮能者亦已久矣。卒篇之「《詩》曰『德輶如毛』，毛猶有倫。『上天之載，無聲無臭』，至矣」，即是説也。

❶「徙」，通志堂本、四庫本作「合」。

四明沈氏曰：至，非「極至」之「至」，甚難言也。過非至，不及亦非至。箭鋒相遭於毫芒杪忽之微，❶用意以爲之，不可，無意以爲之，亦不可。百姓日用而不知者，安能久此哉！

晉陵錢氏曰：至，猶極也。民，亦人也。中庸之德，乃理之至極，而人鮮能之，如此者久矣，嘆道之廢也。《詩》云「周道如砥，其直如矢。君子所履，小人所視。睠言顧之，潸焉出涕」，❷亦此意。

仁壽李氏曰：中庸之爲至，何也？理之極而不可加之謂至。譬如立乎天下之中，自東而西者，至乎此而止。自南而北者，至乎此而止。凡未至乎此，與既至乎此而又過焉者，皆偏也。天之生物，固莫不有當然之則，非人之私知所能益損乎其間。《大學》言「止於至善」，意亦同此。然所謂至者，初非窮高極遠之事，不過君之仁，臣之敬，子之孝，父之慈，與國人交之信，如此之類而已。但世教既衰，民鮮能之，其來已久。夫有周之末，先王之迹未遠，聖人猶有「久矣」之嘆，況後聖人又千數百年者乎？雖然，自物則言之，則過與不及皆不可以言至。自末世言之，則過乎則者少，不及乎則者多。學者試以事君之敬，事父之孝，與人交之信，反己而自省焉，則其至與否可見矣。

廣安游氏曰：學而至於中庸，人以爲中和庸常而易能也。然非盛德，不能至此。所謂盛德者，如謙也，冲也，勤也，晦也，謹也，廣也，大也，博也，正也，中也，察

❶「杪」，原作「眇」，據通志堂本、四庫本改。
❷「潸」，原作「潸」，據通志堂本、四庫本改。

也，精也，微也，如此數字，須博學之，明辨之，審思之，力行之。些子工夫不到，便有差。德有盛於此乎？

新定顧氏曰：民之爲言，指衆人也。《孟子》曰：「庶民去之，君子存之。」中庸者，人心固有之理。論天下之理，無以尚之，故曰「其至矣乎」。天下之人均有是心，均有是理，厥初渾然與生俱生，而何不能久之？有惟夫利欲汩之，則能暫而不能久耳。然人之不能久於中庸，天下皆是也。不言民不能久，而言「民鮮能久」，此聖人不以薄待人之意。《詩》曰「民鮮克舉之」，《語》曰「蓋有之矣，我未之見也」，皆此意也。

江陵項氏曰：「民鮮能久矣」，言人之不能知，不能行也。下曰「道之不行」，言非不能行，由於不能知也。又曰「道之不明」，言非不能知，由於不能行也。

子曰：「道之不行也，我知之矣。知者過之，愚者不及也。道之不明也，我知之矣。賢者過之，不肖者不及也。人莫不飲食也，鮮能知味也。」

鄭氏曰：過與不及，使道不行，唯禮能爲之中。

孔氏曰：道之不行爲易，故「智者過之，愚者不及」。道之不明爲難，故「賢者過之，不肖者不及」。變「知」爲「賢」，變「愚」爲「不肖」，是賢勝於知，不肖勝於愚也。飲食易也，知味難也。師曠别薪，張華辨鮓，符朗食鷄知棲半露，食鵞知其黑白，是謂知味。

河南程氏曰：劉元承問：❶《明道行狀》

❶「承」，通志堂本、四庫本作「城」。

云：「昔之惑人也，乘其迷暗；今之入人也，因其高明。」既曰高明，又何惑乎？程先生曰：今之學釋氏者，往往皆高明之人，所謂「知者過之」也。然此非《中庸》所謂極高明，如知者過之。若是聖人之知，豈更有過？伊川又曰：聖人與理爲一，故無過，無不及，中而已矣。其他皆以心處這箇道理，故賢者常失之過，不肖常失之不及。

藍田吕氏曰：諸子百家，異端殊技，其設心非欲義理之不當，❶然卒不可以入堯舜之道者，所知有過、不及之害也。疏明曠達，以中爲不足守，出於天地範圍之中，淪於虚無寂寞之境，窮高極深，要之無所用於世，此過之之害也。蔽蒙固滯，不知所以爲中，泥於形名度數之末節，徇於耳目聞見之所及，不能體天地之化、達君子之時中，此不及之害也。二者所知，一過、一不及，天下欲蹈乎中庸而無所歸，此道之所以不行也。賢者常處其厚，不肖者常處其薄。曾子執親之喪，水漿不入口者七日。高柴泣血三年，未嘗見齒。雖本於厚，而滅性傷生，無義以節之也。宰予以三年之喪爲已久，食稻衣錦，而自以爲安。墨子之治喪也，以薄爲其道，既本於薄，又徇生逐末，❷不勉於恩以厚之也。❸二者所行，一過，一不及，天下欲擇乎中庸而不得，此道之所以不明也。知之不中，習矣而不察者也；行之不中，行矣而不著者也。是知飲食而不知味者

❶「欲義理之不當」，通志堂本、四庫本作「不欲義理之當」。
❷「又」，通志堂本、四庫本作「及」。
❸「勉」，通志堂本、四庫本作「免」。

也。　又曰：此章言失中之害。必知其所以然，然後道行。必可常行，然後道明。知之過，無徵而不適用，不及則卑陋不足爲，是取不行之道也。行之過，不與衆共，不及則無以異於衆，是不明之因也。行之不著，習矣不察，是皆飲食而不知味者。如此而望道之行，難矣夫！

延平楊氏曰：極高明而不知中庸之爲至，則道不行，知者過之也。尊德性而已，不道問學，則道不明，賢者過之也。夫道不爲堯、桀而存亡，雖不行、不明於天下，常自若也。人日用而不知耳。猶之莫不飲食，而鮮知味也。　又曰：若佛氏之寂滅，莊生之荒唐，絶類離倫，不足以經世，道之所以不行也，此知者過之也。若楊氏之爲我，墨氏之兼愛，過乎仁義者也，而卒至于塞路，道之所以不明也，此賢者過之也。自知賢愚不肖言之，則賢知宜愈矣。至其妨於道，則過猶不及也。　又曰：聖人，人倫之至也，豈有異於人乎哉！堯舜之道曰孝悌，不過行止疾徐之間而已，皆人所日用，而昧者不知也。夏葛而冬裘，渴飲而飢食，日出而作，晦而息，無非道者。譬之莫不飲食，而知味者鮮矣。

建安游氏曰：知出於知性，然後可與有行。知者過之，非知性也，故知之過，而行之不至也。己則不行，其能行於天下乎？若鄒衍之談天，公孫龍之詭辯，是知之過也。愚者又不足以與此，此道之所以不行也。行出於循理，然後可與有明。賢者過之，非循理也，故行之過，而知之不至也。己則不知，其能明於天下乎？若楊氏爲我，墨氏兼愛，是行之過也。不肖者又不足以與此，此道之所以不明也。道不違物，存乎人者，日用而不知耳，故以飲食况之。飲食而知味，非自外得也，亦反諸身以自得之而已。❶夫行道必自致知始，使知道如知味，是道其憂不行乎？今也，鮮能知味，此道之所以不行也。

河東侯氏曰：「知」非「仁知」之「知」，如白圭治水之知。「賢」非「賢哲」之「賢」，如博弈猶賢乎已之賢。若引佛莊之學爲知耶，彼内則無父，外則無君，君臣、父子且不能知，謂之知，可乎？若以楊墨爲賢，彼皆學仁學義而過之者。過於仁則爲不仁，過於義則爲不義。不及亦如之。不仁、不義，禽獸也，謂之賢，可乎？此皆不可謂之賢知者也。子思乃曰「過、不及」云者，參差毫髮之間，不得中道，如「師也過」、「由也兼人」、「求也退」、「商也不及」，如此而已。故曰知者、賢者過之，愚者、不肖者不及也。是道也，若不約之以禮，則楊、墨、佛、莊之弊，可馴致焉。故《易》曰「差之毫釐，繆以千里」，此之謂也。孔門之學，聖人者唯顔子能知之。然以顔淵之學，始則鑽仰高堅之，若不可入，次則瞻忽前後之，若不可及。及其進也，則曰「博我以文，約我以禮」，如可力致者。竭其才以求之，則又見卓爾獨立，從容中道。神疲力乏，雖欲從之，末由也已。噫，顔淵其真知味者乎？不然，何歎中道之難也如此？後之學者，或以穿鑿爲知，或以謬悠爲賢，終不可入堯舜之道，此道之所以不明、不行也。故

❶「反」，通志堂本作「及」。

曰「人莫不飲食也，鮮能知味」，猶曰「人莫不學也，鮮能知道」云爾。若以佛莊之學可亂吾道，彼之爲道，絶類離倫，章章然與吾道爲戾，不待較而知其爲非也。稍自愛者不由也，惡能亂吾道而不行哉？孔子之所謂「不明」、「不行」云者，以其似是而非，如世儒之學，同是堯舜，同非桀紂，同尊孔子，同稱爲儒，其説足以惑人，而終不可以入道。自期於賢知，而人亦賢知之。語道則與道爲二，講説則立説支離。其入人也，因人之高明，使學者醉中生，夢中死，終不自覺。此道之所以「不明、不行」，蓋謂此也。

新安朱氏曰：此第四章。道者，天理之當然，中而已矣。知愚賢不肖之過、不及，則生禀之異而失其中也。知者知之過，既以道爲不足行，愚者不及知，又不知所以行，此道所以常不行也。賢者行之過，既以道爲不足知，不肖者不及行，又不求所以知，此道所以常不明也。人莫不飲食，鮮能知味，言道不可離，人自不察，是以有過、不及之弊。或問：此其言道之不行不明，何也？曰：此亦承上章「民鮮能久矣」之意矣。曰：知愚之過、不及，宜若道之所以不明也。賢、不肖之過、不及，宜若道之所以不行也。今其互言之，何也？曰：測度深微，揣摩事變，能知君子之所不必知者，知者之過乎中也。昏昧蹇淺，不能知君子之所當知者，愚者之不及乎中也。知之過者，既唯知是務，而以道爲不足行，愚者又不知所以行也，此道之所以不行也。刻意尚行，驚世駭俗，能行君子之所不必行者，賢者之過乎中也。卑汙苟賤，不能行君子之所當行者，不肖者之不及乎中也。賢之過者，既唯行是務，而以道爲不足知，不肖者又不求所以知也，此道之所以不明也。然道之所謂中者，是乃天命人心之正，當然不易之理，固不外乎人生日用之間，特行而不著，習而不察，是以不知其至而失之耳。故曰「人莫不飲食也，鮮能知味也」。知味之正，則必嗜之而不厭矣。知道之中，則必守之而不失矣。

臨川王氏曰：中庸之道，不行不明於世者，孔子言我固知其然矣。當孔子之時，治化已絶，處士横議，各信一偏之見，是故知賢者止知用心之切，求過於道，中庸之理所以不明不行。夫知者知其行道於世，使愚者皆可企及。賢者謂不行道於世，則當明之於己，而使不肖者皆可以法傚。若舜之知，可謂能行也；顔回之擇善，可謂能明也。愚、不肖者固可以勉而行中庸之道矣，今因其知與賢者求過於道，是以望道而不可企及。所以聖人於此，深責其知與賢者之過，而非愚、不肖之罪。若伯夷、柳下惠之徒，皆非中道。故《孟子》但言其聖人清和之一節耳。人孰不飲食也？然鮮能知正味。如酸鹹辛苦之類，皆得其中和可也。人莫不欲行道也，鮮能知中和之理，反弃聖道，而務爲異行，孔子所以歎之也。

延平周氏曰：知、愚言其性。知則知者也，❶愚則不知道者也。賢、不肖言其行。賢則行道者也，不肖則不能行道者也。故於道之不行而言知與愚者，以其知之

❶ 下「知」字下，通志堂本、四庫本有「道」字，是。

過，而不知之不及也；於道之不明而言賢與不肖者，以其行之過，而不行之不及也。人非飲食無以生，而非道亦無以生。然人莫不資於飲食，而鮮能知其味。猶莫不資於道，而鮮能知其趣。故《易》曰「百姓日用不知」，《孟子》曰「終身由之，而不知其道者，衆也」。

海陵胡氏曰：道之不行，以知、愚言之；道之不明，以賢、不肖言之者，知者有知之謂也，賢者道藝德行之總稱。行其道，凡有知之人皆能之也。明其道，非大才大德之人則不可也。故或言賢，或言知者，各係其輕重而言也。愚與不肖，對賢、知言之，因以别其名。肖者，似也，本有賢人之質，但以不能遵履賢人之業，故曰不肖。以此言之，道之不行重於道之不明，何哉？道之不行，尚有能明之者，但不能行耳。道之不明，是世無人能明之，則夫中之道幾乎絶矣。❶

嚴陵方氏曰：《學記》「雖有嘉殽，弗食，不知其旨也。雖有至道，弗學，不知其善也」，此以味况知道，宜矣。

山陰陸氏曰：知、愚才也，賢、不肖行也。道之不行，以知之不察，道之不明，以行之不著。苟知味矣，不應不及，亦不應過也。

延平黄氏曰：智者過之，故夫婦之愚不可以與知，此所謂愚者不及也。賢者過之，故夫婦之不肖不可以能行，此所謂不肖者不及也。智者行之，然後愚者得以知焉。賢者明之，然後不肖者得以行焉。

莆陽林氏曰：不必分知愚、賢不肖之辨，

❶「夫」，通志堂本、四庫本作「大」。

但聖人欲發揮其言，而作《中庸》者，只欲辭達，故再言之。不行不明，初無差别。

范陽張氏曰：知味者，當優游、涵泳於不睹、不聞之時可也。

永嘉薛氏曰：所貴乎知者，爲其能有擇也。所貴乎賢者，爲其能有見也。人之望也，所賴以先民也。愚者固不及矣，知者又過中道，道何從而行乎？不肖固不及矣，賢者又過中道，道何從而明乎？孔子興道不行之歎，蓋嘆賢而知者過猶不及，君子小人之間不能以寸。飲食而知其味之正，斯無嗜好之僻也。毋偏毋頗，則近道矣。

兼山郭氏曰：昔舜之命禹曰：「人心惟危，道心惟微，惟精惟一，允執厥中。」蓋言天下無二道，萬化無二理，要之一而已矣。自其上者觀之，則謂之知；自其下者觀之，則謂之愚。知者過之，愚者不及，其於失道均也。惟其失道，所以不能行道，此道所以不行也。自其力行者言之，謂之賢；自其自棄者言之，謂之不肖。賢者過之，不肖者不及，其於失道均也。惟其失道，所以不能明道，此道所以不明也。二者不知所謂「惟精惟一，允執厥中」者也。是猶飲食，人之常，而不能知天下之正味也。易牙之於味，得其所同，曾晳之於羊棗，得其所獨。爲道者棄其所同，徇其所獨，此孔子所以嘆「道之不行」也。

晏氏曰：知愚之過、不及，宜曰「道之不明」，賢不肖之過、不及，宜曰「道之不行」。今乃反言之者，何哉？蓋知者專於明道，或怠於行道；賢者專於行道，或忽於明道故爾。《書》曰：「非知之艱，行之惟艱。」❶蓋不能知味者，以喻不能知道也。道既不能知，安能行道乎？

高要譚氏曰：知者、賢者，視愚、不肖固爲有間，然不識大本所在，而求之或過，則與不及均失。❷此中庸所以不明、不行也。飲食者衆，知味者鮮。道之精微，非言語筆墨之所能形容者，其猶味歟？此則全在精思默識之功，不加此功，終不能知味也。由其知味者鮮，故能久者亦鮮。

霅川倪氏曰：子思以過與不及皆非中道，是以至於不明、不行，而貴於脩道也。賢固勝愚，知固勝不肖，❸若以中道論之，則皆爲未至。知味，不必如《正義》所引師曠、張華、符朗之知味。但人於飲食，苟知其味之旨，自然嗜之。猶學者於中庸之道，苟能含咀而知其味，則理義之説我心，猶芻豢之悦我口，自不能已也。

新定顧氏曰：道之不行，由知者過而愚者不及，此知之不至，則不能行也。夫知者才識有餘，愚者才識不足，自其未學而言之，知者知其所知，而非聖人之所謂知也。彼其執荒唐繆悠之説以爲信，主離世異俗之論以爲高，自聖人言之，則過乎中庸矣。若夫愚者，本其資禀之凡陋，安於耳目之濡染，聞所謂廣大配地，高明配天，悠久无疆，則驚駭疑沮，或且以爲不然。自聖人言之，則不及乎中庸矣。夫行本於知者也，彼其知之差如此，何望其能行乎？故曰「道之不行也，我知之矣。知者過之，愚者不及也」。道之不明，由

❶「惟」，原作「爲」，據通志堂本、四庫本改。

❷「失」，通志堂本、四庫本作「矣」。

❸「賢」、「知」，四庫本作「知」、「賢」。

賢者過，而不肖者不及，此行之不至，則不能知也。夫賢者淳篤，不肖者輕浮，自其未學而言之，由其資稟而推之行事，賢者每過於厚，不肖者每流於薄，皆非中庸也。彼既過於厚，則其念慮惟知厚之趣耳，豈復知有中庸？彼既流於薄，則其念慮惟知薄之趣耳，又豈復知有中庸？故曰「道之不明也，我知之矣。賢者過之，不肖者不及也」。嗚呼！天下之理，知則必行，行則必知，二者常相待也。然使學者苟未能知，苟未能行，而願學焉，其當先從事於知乎？抑當先從事於行乎？今夫水，人知其能溺，火，人知其能焚。人之不蹈於水火者，則以其知之明耳。人之知道而能若此，其有不行之者乎？《孟子》曰：「始條理者，知之事也。」又曰：「不明乎善，不誠其身矣。」言知之在所先也。夫子欲發明是義，故曰：「人莫不飲食也，鮮能知味也。」而繼之曰：「道其不行矣夫。」夫人孰不飲食，而知味者鮮。蓋必若易牙而後名爲知味耳。人之於德，莫難於知。觀聖人他日言「民可使由之，不可使知之」，又言「知德者鮮」，則可以見矣。不知乎德，則不知善之不可不爲，不知惡之必不可爲，況望其惟中庸之行乎？雖然，行之待於知固也，而前復言知待於行，何歟？蓋知其大體，則必惟道之是行，而理之閎遠微妙，事之纖悉委曲，容有未盡知者。迨其行之久，則所造愈深，所見益明。此知之所以有待於行也。

晉陵錢氏曰：「行」，當爲「明」，「明」當爲「行」，文互差。智者、賢者對愚、不肖言之，非大智、大賢也。或過或不及，患在不知，猶飲食而不知味。不知則不明，不明則不行，故下云「道其不行矣夫」。

蔡氏曰：言有達德而不能備者也。不行者失於仁，不明者失於智，飲食鮮能知味者失於勇。　又曰：人之所以不能中庸之道者，由其德不備也。智者、賢者既偏於智仁，而愚者、不肖者又昧於智仁，此所以或過或不及，而不行、不明也。然道之在人，如飲食之不可廢。苟知其味之正，則必嗜之而不厭矣。　又曰：言達德而及乎道者，欲知本非用不行不明，所以當推之用也。言達道而及乎德者，欲知用由本可知可行，所以當原乎本也。❶

象山陸氏曰：愚、不肖者不及焉，則蔽於物欲，而失其本心。賢者、知者過之，則蔽於意見而失其本心。故《易大傳》曰：「仁者見之謂之仁，知者見之謂之知。百姓日用而不知，故君子之道鮮矣。」徇物欲者既馳而不知止，徇意見者又馳而不知止，故道在近而求之遠，道在易而求之難。　又曰：若愚、不肖之不及，固未得其正，賢者、知者之過之，亦未得其正。溺於聲色貨利，狃於譎詐姦宄，梏於末節細行，流於高論浮説，其知、愚，賢、不肖，固有間矣，若是心之未得其正，蔽於其私，而使此道爲之不明、不行，則其爲病一也。周道之衰，文貌日勝，良心正理，日就蕪没，其爲吾道害者，豈特聲色貨利而已哉！楊、墨皆當世之英，人所稱賢。孟子之所排斥拒絶者，其爲力勞於斥儀、衍輩多矣。所自許以承三聖者，蓋在楊、墨而不在衍、儀也。

❶「原」，通志堂本、四庫本作「反」。

子曰：「道其不行矣夫！」

鄭氏曰：閔無明君教之。

新安朱氏曰：由不明，故不行。此第五章，承上章而舉其不行之端，以起下章之意。

江陵項氏曰：「人莫不飲食也，鮮能知味也」，子曰「道其不行矣夫」，此復自「知」言之。人誰不行，惟其不知，則不能以實行也。下引舜之大知，猶曰古之人有能之者，❶大舜也。又曰：「人皆曰予知」以下，此復自「行」言之。人誰不知，惟其不行，則不能以真知也。下引「回之爲人」，猶曰古之人有能之者，顏子是也。

子曰：「舜其大知也與？舜好問而好察邇言，隱惡而揚善，執其兩端，用其中於民，其斯以爲舜乎！」

鄭氏曰：邇，近也。兩端，過與不及也。「用其中於民」，賢與不肖皆能行之也。

孔氏曰：此一經明舜能行中庸之行，先察近言，而後至於中庸也。端，謂頭緒。執持愚知兩端，用其中道於民，愚知俱能行之。

河南程氏曰：執，猶今之所謂執持，使不得行也。舜執持過、不及，使民不得行，而用其中，使民行之也。又問：此執與湯執中如何？曰：執只是一箇執。舜執兩端，是執持而不用。湯執中而不失，將以用之也。若子莫執中，却是子莫見楊、墨過，不及二者之間執之，却不知有當摩頂放踵利天下時，當拔一毛利天下不爲時，執中而不通變，與執一無異。

橫渠張氏曰：今人所以不及古人之因，

❶ 下「之」字，通志堂本、四庫本作「知」。

此非難悟。設此語者，蓋欲學者存意之不忘，庶游心寖孰，有一日脱然如大寐之得醒耳。舜之心未嘗去道，故好察邇言。昧者日用不知，口誦聖言而不知察，况邇言一釋則棄，猶草芥之不足珍也。試更思此説，推舜與昧者之分，寐與醒之所以異，無忽鄙言之邇也。又曰：只是要博學，學愈博，則義愈精微。舜好問，好察邇言，皆所以盡精微也。

藍田吕氏曰：舜之知所以爲大者，樂取諸人以爲善而已。「好問而好察邇言，隱惡而揚善」，皆樂取諸人者也。兩端，過與不及也。執其兩端，乃所以用其時中，猶持權衡而稱物，輕重皆得其平。故舜之所以爲舜，取諸人，用諸民，皆以能執兩端，不失中也。一本云：好問則無知愚，無賢不肖，無貴賤，無長幼，皆在所問。「好察邇言」者，流俗之諺，野人之語，皆在所察。廣問合乎衆議者也，邇言出於無心者也，雖未盡合於理義，而理義存焉。其惡者隱而不取，其善者舉而從之，此與人同之道也。

延平楊氏曰：道之不行，知者過之也。故以舜大知之事明之。❶「舜好問而好察邇言」，取諸人以爲善也。「隱惡而揚善」，與人爲善也。取諸人以爲善，人必以善告之。與人爲善，人必以善歸之。皆非小智自私之所能爲也。「執其兩端」，所以權輕重而取中也。由是而用於民，雖愚者可及矣。此舜所以爲大，而道之所以行也。

建安游氏曰：「好問而好察邇言」，求之

❶「以舜」，通志堂本、四庫本作「舜以」。

近也。「隱惡而揚善」，取之易也。此好善優於天下而爲知大矣。「立天之道曰陰與陽，立地之道曰柔與剛，立人之道曰仁與義」。夫道一而已，其立於天下則有兩端。故君子有剛克焉，執其義之端也；有柔克焉，執其仁之端也。執其兩端，而用之以時中，此九德所以有常，而三德所以用乂也。❶以先覺覺後覺，以中養不中，此舜之所以爲舜也。「其斯以爲舜」，則絶學無爲矣。

河東侯氏曰：舜所以爲大知者，以其好問而好察邇言也。好問則不蔽，不蔽則明。察邇言則不惑，不惑則聰。既聰且明，所以能執過、不及之兩端而不由，用其中於民也。隱惡者，隱其過、不及也，揚善者，用其中也。舜，大聖人也，何待問察而後能用中乎？如曰舜，聖人也，猶問察以濟其中。小知自私，苟賢自任，其可不學而自蔽乎？唯舜能之，故曰「大知」，又曰「其斯以爲舜乎」。

新安朱氏曰：此第六章，舜之所以爲大知者，以其不自用而取諸人也。邇言者，淺近之言，猶必察焉，其無遺善可知。然於其言之未善者，則隱而不宣；其善者，則播而不匿。其廣大光明又如此，則人孰不樂告以善哉？兩端，謂衆論不同之極致。蓋凡物皆有兩端，如小大、厚薄之類。於善之中，又執其兩端，而量度以取中，然後用之，則其擇之審而行之至矣。然非在我之權度精切不差，何以與此？此知之所以無過、不及，而道之所以行也。　或問：此其稱舜之大知，何也？

❶「乂」，通志堂本、四庫本作「人」。

曰：此亦承上章之意，言如舜之知而不過，則道之所以行也。蓋不自恃其聰明，而樂取諸人者如此，則非知者之過矣。又能執兩端而用其中，則非愚者之不及矣。此舜之知所以爲大，而非他人之所及也。兩端之説，吕、楊爲優。程子以爲執持過、不及之兩端，使民不得行，則恐非文意矣。蓋當衆論不同之際，未知其孰爲過，孰爲不及，而孰爲中也。故必兼總衆説，❶以執其不同之極處，而求其義理之至當，然後有以知夫無過、不及之在此，而在所當行。若其未然，則又安能先識彼兩端者之爲過、不及而不可行哉！❷

又《語録》曰：舜本自知，又能合天下之知爲一人之知，而不自用其知，此其知之所以愈大。若愚者既愚矣，又不能求人之知，而自任其愚，此其所以愈愚。

有問：回擇乎中庸，舜分上莫不須擇否？曰：好問、好察，執其兩端，豈不是擇？見諸友好論等級，不消得。且如説聖人生知安行，只是行得覺容易。如千里馬也使四脚行，❸駑馬也是四脚行，不成説道千里馬脚都不動，會到千里，即是他行覺快，而今且學他如何動脚。

長樂劉氏曰：夫知出乎性，凡人之所有，而舜則謂之大知者，以其非止於生知，而又聚天下之知以廣其明，採天下之視以增其哲，攬天下之聰以滋其謀，故曰「闢四門，明四目，達四聰」也。是能興天下之大利，弭天下之大害，立天下之大法，

❶「故」，通志堂本、四庫本作「蓋」。
❷「者」，通志堂本、四庫本無。
❸「使」，通志堂本、四庫本作「是」。

建天下之大中，此其所以爲大也。

嚴陵方氏曰：《莊子》曰「不同同之之謂大」，又曰「江河合水而爲大」。舜好問，好察邇言，則能合衆知而與人同矣，此所以爲大知也。言有遠近，近者察之，遠者可知矣。言有善惡，惡者不隱，則適足以爲言者之媿；善者不揚，則不足以爲言者之勸。❶知之大又見乎此。凡物之立，必有兩端，苟執其一，非過也，則不及矣。唯兩端俱執，故不及，不敢不勉，有餘不敢盡，而能用中於民也。舜之所以爲舜者，特此數端而已，故曰「其斯以爲舜乎」。

山陰陸氏曰：大孝行也，大知智也。《孟子》曰「自耕稼陶漁以至爲帝，無非取諸人者」。然則「惟邇言是聽」，《詩》何以刺？均邇言也，而一以爲舜，一以爲幽王者，其在聽察之間歟？不言所以，非所以爲舜也。據「蓋曰：文王之所以爲文也」。

海陵胡氏曰：舜有大知，樂與人同爲善，故好問於人。又好察邇近之言，有惡不隱，則人懷畏忌之心，邇言不來矣。有善不舉，則人不知勸。故惡則隱之，善則揚之，所以來群言，而通下情也。又執過與不及兩端之事，用大中之道於民，使賢、知則俯而就，愚、不肖則企而及也。

永嘉薛氏曰：所惡於知者爲鑿也。「舜好問，而好察邇言」，蓋未始自用，而亦不輕信之也。邇言猶察，況其遠者乎？天下之事，未有無二端者，好問而察邇言，遏惡而揚善，此執兩端而用其中之道也。欲求中而二端之棄，吾見其執一而非

❶「勸」，通志堂本、四庫本作「觀」。

中也。

嵩山晁氏曰：舜之所爲舜者，中庸也。明誠兩盡，而道教行也。

莆陽鄭氏曰：自用則小，集衆人之知以爲知，則大。問也，察也，皆集衆知也。狂夫之言，蒭蕘之論，皆有至理。聖人不以其近而易之，善察言者也。舜樂取諸人以爲善，人之善猶己之善，故善則必揚之；人之惡猶己之惡，故惡則必隱之。恕心所發，有自然也。天下事端，勢必兩立。有輕必有重，有剛必有柔，有寬必有猛，有親必有疏，各欲適當。偏於此則過，偏於彼則不及。手持權衡，所以酌輕重之中。心持萬事，猶手持權衡也。然則兩端各有中，此舜所以執之而用之於民也。

兼山郭氏曰：極目力之所視而爲明，極耳力之所聽而爲聰，其爲聰明也殆矣。故聖人兼天下之聰而爲聰，用天下之明而爲明，此大舜所以爲大智也。好問，好察邇言，隱惡揚善，蓋言取諸人者如是也。執其兩端，用其中於民，蓋言用諸人者如是也。好問則不蔽於心，好察邇言則不蔽於物。隱惡揚善，所以與物親，而無弃物也。執者，去之之謂。舜所以治人，其納民於大中之道，莫不皆然。

廣安游氏曰：學不厭，智也，好問則所謂學不厭也，所以爲大智以此。邇言，左右親近之言也。化自上而下，自近而遠。遠者之化於善，近者之教也。近者之明於善，上之人辨之之詳也。當舜之時，左右所親近者，非禹、皋陶之徒，則共、驩之黨也。其君臣吁俞都咈之際，相與論道，有善焉，有惡焉，此不可以不辨也。舜辨其善者，❶行之而日彰，日彰則揚，所謂揚善也；其不善者屏之，屏之而日消，日消則隱，所謂隱惡也。又知所以爲過、不及之故，謹守其中，用之於民，此所謂致中和之道也。

高要譚氏曰：道之不行，患在知者過之。使知者皆如舜之用中，則無惡於知矣。義理之言，不必高遠，合於人情而易知，切於事宜而易行，語無藻飾，而意已獨至，此舜所以尤好察此也。若不加察，則往往以爲淺近而棄之矣。凡爲惡已孰，善心已絶者，此真惡人也。是無復一善可録，棄之可也，誅之可也。若爲惡未孰，善心未絶者，非真惡人也，猶有一善可稱。聖人不忍誅棄，隱其惡，而揚其善可也。聖人以公恕待天下，唯恐人之無善可稱也。設有一善可稱，雖素常爲惡，聖人猶爲之隱也。「執其兩端，用其中於民」，何也？此舜時中也，是天理也。如此亦中，如彼亦中，是謂時中。時乎如此，時乎如彼，是謂兩端。執兩端，即「允執厥中」之謂也。此執兩端爾，謂之「允執厥中」，何也？曰兩端，用中之準則也。執兩端，乃聖人權輕重之微意，乃所以用其中於民也。執中貴知權。執中無權，猶執一也。中道之不行，患在執一而不知變，是以執兩端。執兩端，則變通不窮，泛應曲當，亦如仲尼之無可無不可也。聖人之行事至於無可無不可，則中之爲用博矣。故可以損則損，可以益則益，而禮得其中矣；可以剛則剛，可以柔則柔，而政得其中矣；可以因則因，可以

❶「善者」下，四庫本有「行之」二字。

革則革，而爲國之法得其中矣。推此類行之，將無適而非中。中之用，豈有既乎？

永康陳氏曰：古之知道之味者無如舜，故曰「大知」。大知則非智者過之，常俯而合中，而後民有所賴。如好問，好察邇言，此取諸人以爲善也。如隱惡而揚善，此與人爲善者也。如執其兩端，用其中於民，此善與人同者。《孟子》稱大舜有大，蓋得諸此。執兩端者，執而不用，所用者惟中耳。民協于中，豈無自哉！

新定顧氏曰：或疑舜非生知者歟？何其資人如此？曰：舜誠生知者也，何害其爲資人？知資人之爲當務，斯其所以爲生知也。

新定錢氏曰：好問即所聞者廣，幽遠無不上達矣。而或邇言之不察，則未免浸潤膚受之蔽。

吴興沈氏曰：大舜之爲大知，非徇己也，一本於至而已。惟舜得夫至以行之，故極天下之大全。好問則不徇己也，察言則不徇人也。隱惡則「剛亦不吐，柔亦不茹」也。揚善則人之有善，若己有之也。凡是二端，皆天下所難能也。舜以此處己，而不敢以此望人，故執夫好問察言，隱惡揚善之兩端於己，而用夫可以問，或可以不問，可以察，或可以不察，惡可以隱，或不必盡隱，善可以揚，或不必盡揚。就二者之中，可以使之常行者，用之於民。舜之所以爲大，端有在乎此。

江陵項氏曰：舜之大知，非強明自用之知也。「好問而好察邇言，隱惡而揚善」，其好善如此，知不足以言之也。「執其兩端，用其中於民」，不主一說，惟善是從。其從善也如此，行不足以言之也。此舜所以爲大知。

仁壽李氏曰：中庸達德，知爲先，仁次之，勇次之。舜好問，知也。回服膺，仁也。子路問强，勇也。上章言「知者過之，愚者不及」，故此章首言舜之大知，以明其無過、不及，得知之中也。帝舜生知之聖，宜必有以知夫人之所不能知者。《中庸》獨以「好問」言之，何哉？蓋舜之大聖，正以其不自用而取諸人耳。夫苟自用，則一己之知，終有所偏，不失之過，必失之不及，其爲知小矣。舜則「自耕稼陶漁，以至爲帝，無非取諸人者」，合天下之知以爲知，非大知而何？故此章始終專言「好問」一事。以舜之聖而好問於人，固爲不可及矣。至於邇言，則言之淺近，人所忽者，而舜必察之，斯又好問之至焉者也。邇言未必盡善也，略而不問，固不可；問而不察，又不可。必加察焉，然後善、不善有所分。未善者不必顯其失也，故隱之。善者不可匿而不宣也，故揚之。夫如是，則不善者不吾惑，而善者無所弃。若是可以已乎？未也。言之善者，不徒揚之而已，必執其兩端而見之用焉。執，持也。有人焉，將任之，未可也。必參之衆人之言，或曰可任，或曰不可任，此兩端也。持其兩端而度其中，則人之可任與否見矣。有事焉，將行之，未可也。必參之衆人之言，或曰可行，或曰不可行，此兩端也。持其兩端而度其中，則事之可行與否見矣。故執輕重之兩端，❶則見輕重之中；❷執長短之兩端，則

❶「執」，通志堂本、四庫本作「知」。
❷「見」下，通志堂本、四庫本有「其」字。

見長短之中；執厚薄之兩端，則見厚薄之中。凡事莫不然。兩端具而中道見，於是乎舉而用之於民。然則舜於人之言，既問之，又察之，又擇其善者而揚之，及執其兩端，得其中而用之。片言之長，盡爲己有。天下之知，孰加於此？舜之所以聰明睿知者，不在乎他，在是而已。故曰「其斯以爲舜乎」。

蔡氏曰：此主智而言也。「兩端」，謂邇言之過與不及者。「執」，謂執之使不行。執與隱義同，用與揚義同。但隱惡揚善，主己爲言，執兩端用中，主邇言爲言耳。

子曰：「人皆曰予知，驅而納諸罟擭陷阱之中，而莫之知辟也。人皆曰予知，擇乎中庸，而不能期月守也。」

鄭氏曰：予，我也。言凡人自謂有知，人使之入罟，不知辟也；自謂擇中庸而爲之，亦不能久行，言其實愚又無恒。

孔氏曰：此一經明無知之人。罟，網也。擭，謂柞㯐也。陷阱，謂坑也。穿地爲坎，豎鋒刃於中，以陷獸也。言禽獸被人所驅，納於罟擭陷阱之中，而不知違辟，似無知之人爲嗜欲所驅，入罪禍之中，而不知辟也。

建安游氏曰：定内外之分，辨榮辱之境，見善如不及，見不善如探湯，則君子所謂知也。今也乘時射利，而甘心於物役，以自投於苟賤不廉之地，是猶納之罟擭陷穽之中，而不知避也。此於榮辱之境昧矣，其能如探湯乎？擇乎中庸，則知及之矣，而不能以期月守，則勢利得以奪之也。此於内外之分易矣，其能如不及乎？若是者，彼自謂知，而愚孰甚焉。故繼舜言之，以明其非知也。

延平楊氏曰：用知必至於陷險，是自驅而納諸罟擭陷阱之中也。射利而甘心於物役，以自投於苟賤不廉之地，是猶納之罟擭陷阱之中而不知辟也。不能以期月守，則勢利得以奪之也。擇乎中庸而不能期月守，非所謂知而不去者，則其爲知也，乃所以爲愚者之不及也。

新安朱氏曰：此第七章，承上章大知而言，又舉不明之端，以起下章也。擭，機檻也。罟擭陷阱，皆所以揜取禽獸者。擇乎中庸，辨别衆理，以求所謂中庸，即上章好問、用中之事也。期月，匝一月也。言知禍而不知辟，以况能擇而不能守，皆不得爲知也。

臨川王氏曰：孔子歎人既以知稱，反不能辟羅網陷阱之患，是豈足爲知哉？君子之知則不然，守乎中庸之道，能周旋委曲，俯順天下之情，時剛則剛，時柔則柔，可行則行，可止則止，素患難行乎患難，素夷狄行乎夷狄，故禍不能及也。宋桓魋欲害孔子，而孔子曰「天生德於予」。唯有德者能受正命，則死生豈患之乎？又厄於陳蔡，而弦歌不衰。此見其窮而不困，憂而不畏，知禍福之終始而不惑者也，蓋能守中庸，所以然也。

長樂劉氏曰：擇於中庸，以爲至德，力將行之而弗措也。踴躍以爲得，憤發以自强，若將終其身然。及夫美色悦於前，美音悦於後，重利摇其心，膴仕奪其志，情動于中，守失於外，諂邪諛佞，阿黨很愎，凡可利其身、快其欲者，無所不至。心知中庸之美，行反中庸之道，莫能期月守其素志也。始則擇之，謂之不知，不可也。終莫能守，謂之知也，可乎？夫知也者，性之所自有也。厚於前而薄於後，非性也。物至無窮，欲侈乎内以蝕其厚，則其自有者不得不薄矣。

馬氏曰：所惡於知者，爲其鑿也。舜用中於民，而順其性命之理，所以爲知之大也。所貴於知者，以其見險能辟，見善能守也。驅而納諸罟擭陷阱之中者，害之所易見。中庸者，善之所易明。害之所易見者，而莫之知。人於其善之所易明者，擇之不能期月守，其可謂知乎？然而擇乎中庸者，擇之在己；納諸罟擭陷阱之中者，驅之在人。其在己者不能擇乎中，則有制於彼，而爲人役也。

海陵胡氏曰：人至於殺身辱親，如魚獸然，爲人驅而納諸罟擭陷阱之中而不知避，如此又烏得爲知？

延平黄氏曰：莫之知辟者，不知罟擭之爲害也。不能期月者，不知中庸之爲善也。不知其爲善，則不知其爲害。故不知辟與不知守，❶皆非有智者。

兼山郭氏曰：道之不明，則天下之人蔽於所利，而昧於至理。是非汩亂，吉凶混殺，率趨於危亡之途，日以泯泯，醉生夢死，曾不自悟，惡覩孔子之所謂中庸者乎？子曰「吾見蹈水火而死，未見蹈仁而死」者，此之謂也。

東萊吕氏曰：不能擇乎中庸而守之，便是「納諸罟擭陷阱之中，而莫知辟」也。蓋不入此，必入彼也。且如行道，若知此是坦塗，决然自此行去。若稍有坎軻崎嶇處，必不肯行，況明知罟擭陷阱之害乎？所以莫知辟者，只是見之未明爾。

❶「守」下，通志堂本、四庫本有「者」字。

若見之果明，不待勸勉而自行坦塗矣。聖賢亦只是從安穩處行而已。

范陽張氏曰：人皆用知於銓品是非，而不知用知於戒謹恐懼。人皆用知於機巧術數，而不知用知於喜怒哀樂未發、已發之間。惟其不留意於戒慎恐懼，故雖驅而納諸罟擭陷阱、嗜欲貪鄙之中，而不自知。惟其不留意於喜怒哀樂未發、已發之間，故雖中庸之理暫見，❶而不能期月守也。此篇直指學者用知處，故舉舜、顔之事以發明之。

晏氏曰：罟擭陷阱，人之所以獲禽獸者也。知其設險而莫知辟，其異於禽獸者幾希。雖知擇中庸而不能守者，其見善雖明，惜乎用心不剛爾。

高要譚氏曰：夫利欲之害，能危人，能敗人，能滅人。雖罟擭陷阱之害，何以過此？而無知之人貪得競取，奔趨而不止，此無異於自投罟擭陷阱之中，而不知辟也。於是人欲日肆，天理日消，爲惡之心愈深，而爲善之心愈薄。往往得一善而忽忘之，其能期月守乎？是人也，雖自言「予知」，然實非真知也。使其果真知也，夫豈不知罟擭陷阱之不可入，而反趨之，又豈不知中庸之不可失，而反捨之歟？

霅川倪氏曰：以罟擭陷阱言，欲其避害也，以擇中庸而守言，欲其趨善也。是以其兩者而對言之。

錢塘于氏曰：由舜之大知，而觀天下之自言知，不能資人之善以處己，而日墮於不善之域，不能推一己之善以與人，反喪

❶「雖」，通志堂本、四庫本作「惟」。

其所守，豈不爲中庸之罪人乎？

蔡氏曰：知即智也。守者仁也。❶言智結上，言仁起下。

仁壽李氏曰：此因上章之大知而言衆人之不知也。「納諸罟擭陷穽之中而莫之知辟」，是謂不知擇乎中庸而不能守，可謂知乎？中庸之擇何也？辨析衆理而取其中之謂也。聖人雖不可以擇言，然如上章所云問之，察之，隱之，揚之，執其兩端而取之，是亦擇之之事也。由學者言，則博學之，審問之，謹思之，明辨之，皆所以擇乎中庸也。雖然，中不可不擇，又不可不守。擇而不守，終非己物。既能擇之，又能守之，然後可以言知。夫子嘗因仁以言知矣。「擇不處仁，焉得知？」擇而不處，謂之知不可也。孟子嘗因仁義以言知矣，曰：「知之實知斯二者不去是也。」知而去之，謂之知，不可也。夫子之所謂「處」，《孟子》之所謂「不去」，《中庸》之所謂「守」，其義一也。

四明袁氏曰：❷大知即中也，何以見其爲中？上章言知者過之，小知故耳。大知無過，亦無不及。

禮記集説卷第一百二十五

❶「者」，通志堂本、四庫本作「即」。

❷「四明袁氏」一段，原補在「禮記集説卷第一百二十五」之後，現移至此。

禮記集說卷第一百二十六

子曰：「回之爲人也，擇乎中庸，得一善，則拳拳服膺而弗失之矣。」

鄭氏曰：拳拳，奉持之貌。

孔氏曰：此一節明顔回能行中庸。膺，謂胸膺。言奉持善道，弗敢棄失。

河南程氏曰：顔子擇中庸，得一善則拳拳。中庸如何擇？如博學之，又審問之，又謹思之，又明辨之，所以能擇中庸也。雖然，學問思辨亦何所據乃識中庸？此則存乎致知。致知者，此則在學者自加功也。大凡於道，擇之則在乎知，守之則在乎仁，斷之則在乎勇。人之於道，則患在不能擇，不能守，不能斷。伊川。

問：顔子如何學孔子到此深邃？曰：顔子所以大過人者，只是得一善，則拳拳服膺與能屢空耳。

横渠張氏曰：知德以大中爲極，可謂知至矣。擇中庸而固執之，乃至之之漸也。唯學然後能勉，能勉然後日進無疆而不息可期矣。　又曰：君子莊敬日强，始則須拳拳服膺，出於牽勉，❶至於中禮，却從容如此，方是爲己之學。　又曰：顔氏求龍德正中而未見其止，故擇乎中庸，得善則拳拳服膺，歎夫子之忽焉前後也。❷

藍田吕氏曰：自「人皆曰予知」以下。中庸之可守，人莫不知之，鮮能蹈之，烏在其爲

❶「牽」，通志堂本、四庫本作「强」。

❷「後」下，通志堂本、四庫本有「是」字。

知也歟？唯顏子知擇中庸而能守之，❶此所以爲顏子也。衆人之不能期月守，聞見之知，非心知也。顏子服膺而弗失，心知而已，此所以與衆人異。一本云：擇乎中庸，可守而不能久，知及而仁不能守之者也。「知及之，仁不能守之」，自謂之知，安在其爲知也歟？雖得之，必失之。故君子之學自明而誠，明則能擇，誠則能守。能擇，知也。能守，仁也。如顏子者，可謂能擇而能守也。高明不可窮，博厚不可極，則中道不可識。故仰之彌高，鑽之彌堅，瞻之在前，忽然在後。察其志也，非見聖人之卓，不足謂之中。隨其所至，盡其所得，據而守之，則拳拳服膺而不敢失。勉而進之，則既竭吾才，而不敢緩。此所以恍惚前後，而不可爲像。求見聖人之止，欲罷而不能也。一宮之中，則庭爲之中矣。指宮而求之一國，則宮或非其中。指國而求之九州，則國或非其中。故極其大則中可求，止其中則大可有，此顏子之志乎？

建安游氏曰：道之不行，知者過之。如舜之知，則道之所以行也。道之不明，賢者過之。如回之賢，則道之所以明也。

又曰：擇乎中庸，見善明也。得一善則服膺不失，用心剛也。

延平楊氏曰：道之不明，賢者之過也，故又以回之事明之。夫得一善，拳拳服膺而弗失，此賢者所以不過也。回之言曰：「舜何人也？予何人也？有爲者亦若是。」用此道也，故繼舜言之。

河東侯氏曰：知者，如舜之大知，顏子之

❶「知」，通志堂本、四庫本作「之」。

服膺，可以謂之知矣，故又以顔子明之。「人皆曰予知，驅而納諸罟擭陷穽之中，而莫之知辟也」，❶「予知」云者，自知之知也，「人皆曰予知，擇乎中庸而不能期月守也」，亦自知之知，皆非大知也。知者致知，則可以擇中庸矣。舜之大知，則不待擇也。顔子則進於此者矣，故曰「擇」。然而中庸豈可擇也？擇則二矣。此云「擇」者，如博學之，審問之，明辨之，勉而中，思而得者也，故曰「擇乎中庸」。顔子之學造聖人之中，若有未至焉者，故得一善則拳拳服膺而勿失之，勿失則能久中矣。嗚呼！學者精微，非顔子孰知之？豈待期月而守哉！

新安朱氏曰：此第八章。服，猶著也。奉持而著之心胸之間，言能守也。顔子蓋真知之，故能擇、能守如此。此行之所以無過、不及，而道之所以明也。或問：此其稱回之賢何也？曰：承上章「不能期月守」者而言。如回之賢而不過，則道之所以明也。蓋能擇乎中庸，則無賢者之過矣；服膺弗失，則非不肖者之不及矣。然則兹賢也，乃所以爲知也歟？又曰：程子所引「屢空」，張子所引「未見其止」，皆非《論語》之本意，唯吕氏之論顔子，有曰「隨其所至，盡其所得，據而守之，則拳拳服膺而不敢失；勉而進之，則既竭吾才而不敢緩。此所以恍惚前後，而不可爲象。求見聖人之止，欲罷而不能也」，此數言者，乃爲親切確實，而以見其深潛縝密之意，學者所宜諷誦而服行也。但「求見聖人之止」一句，文亦未

❶「知」，原脱，今據通志堂本、四庫本補。

安耳。

臨川王氏曰：《易》曰：「有不善，未嘗不知；知之，未嘗復行。」在《易》言顔子之去惡，在《中庸》言顔子之就善也。

延平周氏曰：舜之所以爲舜者，以其好問而好察邇言。顔回之所以爲顔回者，以其「得一善，則拳拳服膺而弗失之」也。然用中於民則必言舜，❶而擇乎中庸則必言顔回者，蓋聖人達而用之者莫如舜，賢人窮而擇之者莫如顔回。於賢人則言中、言庸，於聖人則止言中者，聖則能變矣，❷而庸不足以言。

嚴陵方氏曰：聖人之中庸，無適而非中庸也，又何擇之有？「擇乎中庸」，則賢人之事爾，故以之言顔回焉。

山陰陸氏曰：舜言知，回言仁，其曰「回之爲人也」以此。「拳」言握持之固，「膺」言服念在前，是其所以弗失也。

新定顧氏曰：中庸即善也，善即中庸也。舍中庸無以爲善。

海陵胡氏曰：一善，小善也。得一小善，拳拳然奉持於胸膺之間，弗失之，言能躬行之也。

江陵項氏曰：「回之爲人也，擇乎中庸，得一善」，知之明也。「拳拳服膺而弗失之」，行之篤也。

吴興沈氏曰：由乎中庸者，聖人也。擇乎中庸者，賢人也。叛乎中庸者，衆人也。舜由乎中庸者也，天下豈可皆責其如舜哉？得如賢人者，斯可矣，故復以顔子之事明之。夫喜、怒、哀、樂欲發之

❶「中」，通志堂本、四庫本作「之」。
❷「聖」下，通志堂本、四庫本有「人」字。

際，麗於善惡、是非、邪正之境，間不容髮，差之毫釐，繆以千里，其可不知所擇乎？擇之爲義，非區區揀擇之謂也。以吾天知之見照夫善惡、是非之機，苟得夫中節之善，則謹守而不失，其於中庸也庶幾焉。然猶未善也，至於忘夫善，而舜之用中，則爲至矣。子思子欲發中庸之精粹於群聖賢事爲之際，必首證以知之事，蓋聖道之妙無不自知入也。既明舜之知如此，又辨人之知如彼，復以顔子之事勉天下之人，可謂善明中庸者。

雪川倪氏曰：前舉舜，取達而在上之聖人；此舉顔子，取窮而在下之賢人，以爲則法也。顔子賢而在下，率性而行，雖不能行其道於當時，而可以爲萬世學者之準的，是亦脩道之教也。

永康陳氏曰：如回擇乎中庸，能體認之也。體認得分明，則得其固有之善，如失其故物而得之，敬而守之，如恐不及，肯失之乎？兹回始可謂知。

子曰：「天下國家可均也，爵禄可辭也，白刃可蹈也，中庸不可能也。」

鄭氏曰：言中庸爲之難。

孔氏曰：此節言中庸之難。天下謂天子，國謂諸侯，家謂卿大夫。

河南程氏曰：克己最難，故曰「中庸不可能也」。明道

藍田吕氏曰：此章言中庸之難也。均之爲言平治也。《周官·冢宰》「均邦國」，平治之謂也。平治乎天下國家，知者之所能也。讓千乘之國，辭萬鐘之禄，廉者之所能也。犯難致命，死而無悔，勇者之所能也。三者世之所難也，然有志者率皆能之。中庸者，世之所謂易也，然非聖

人其孰能之？唯其以爲易，故以爲不足學而不察，以爲不足行而不守，此道之所以不行也。

建安游氏曰：天下國家之富可均以與人，爲惠者能之。爵禄之貴可辭，爲廉者能之。白刃可蹈，爲勇者能之。然而中庸不可能者，誠心不加而無擇善固執之實也。

延平楊氏曰：有能斯有爲之者，其違道遠矣。循天下固然之理，行其所無事而已，夫何能之有？

新安朱氏曰：此第九章，亦承上章以起下章。均，平治也。三者亦知、仁、勇之事，天下之至難也。然皆倚於一偏，故資之近而力能勉者，皆足以能之。至於中庸，雖若易能，然非義精仁熟，而無一毫人欲之私者，不能及也。三者難而易，中庸易而難，此民之所以鮮能也。問：中庸如何是不可能？曰：急些子便是過，慢些子便是不及。❶又曰：或問：中庸不可能，何也？曰：此以三者之難，明中庸之尤難也。蓋三者之事，亦知、仁、勇之屬，而人之所難。然皆取必於行而無擇於義。且或出於氣質之偏、事勢之迫，未必從容而中節也。若曰中庸，則雖無難知、難行之事，然天理渾然，無過、不及，苟一毫之私意有所未盡，則雖欲擇而守之，而擬議之間，忽已墮於過與不及之偏，而不自知矣。此其所以雖若甚易，而實不可能也。故程子以「克己最難」言之，其旨深矣。游氏以舜爲「絶學無爲」，而楊氏亦謂「有能斯有爲之者，

❶「子」，原作「小」，今據通志堂本、四庫本改。

其違道遠矣。循天下固然之理，而行其所無事焉，夫何能之有」，則皆老佛之緒餘。而楊氏下章所論不知不能爲道遠人之意，亦非儒者之言也。二公學於程氏之門，號稱高第，而其言乃如此，殊不可曉也已。

長樂劉氏曰：三者雖難，然皆一事之仁，一時之義，見幾而作，頃刻可成。非如中庸之爲道也，自始及終，從微至著，「造次必於是，顛沛必於是」，「戒慎乎其所不睹，恐懼乎其所不聞」，言其常久，則没身而後已。是常久之道，才明知術忠臣義士有所不能也。故才如管仲，可以均天下國家矣，未必有中庸之德也；廉如仲子，可以辭爵禄矣，未必有中庸之德也；勇如子路，可以蹈白刃矣，未必有中庸之德也。則常久之道，在乎其心之不忘，在乎其守之弗失，在乎其自强之不息，然後庶乎其可能也。

海陵胡氏曰：天子十倍於諸侯，諸侯十倍於卿大夫，是不可均也。若以大中之道較之，尚可均也，中庸則不可能。君子須得位，然後可以行道，是爵禄不可辭，然而尚可辭，中庸則不可辭。白刃自非死君親之難，則不可蹈，然而尚可蹈也，中庸則不可蹈。中庸者乃常行之道，孔子言其難如此，蓋設教以勉人也。

延平黄氏曰：均天下國家，能義而已。辭爵禄，能廉而已。蹈白刃，能勇而已。不可均而均之，則傷義；不可辭而辭之，則傷廉；不可蹈而蹈之，則傷勇。在乎天下國家也可均，在乎中庸也不可均，而弗均之，斯能義矣。在乎爵禄也可辭，在乎中庸也不可辭，而弗辭之，斯能廉矣。

在乎白刃也可蹈，在乎中庸也不可蹈，而弗蹈之，斯能勇矣。

馬氏曰：天下國家者，人之所擅而均之者難，唯知者能之。爵禄者，人之所欲而辭之者難，唯廉者能之。白刃者，人之所懼而蹈之者難，唯勇者能之。至於中庸，其道易行而不可能也，故曰「中庸其至矣乎，民鮮能久矣」。天下國家，人之所難均，而知者能均之。然知者傷乎鑿，❶蓋知其可均而不知其有不可均之理。爵禄，人之所難辭，而廉者能之。然廉者有以傷乎介，知其辭而不知其有不必辭之理。白刃，人之所難蹈，而勇者能之。然而勇者有以傷乎暴，知其可蹈而不知其有不必蹈之理。❷凡此皆非中庸之道也，故曰「中庸不可能也」。

永嘉薛氏曰：天下之事可以强爲者，是皆可能者也。中庸，天道也，不可以能之也。能之非道也，執中而無方者也，故曰「神而明之，存乎其人」。

長樂陳氏曰：「天下國家可均」，此知者能之，第恐作聰明而非中庸耳。爵禄可辭，此廉者能之，第恐務沽激而非中庸耳。白刃可蹈，此勇者能之，第恐輕死生而非中庸耳。《荀子》曰：「君子行不貴苟難，説不貴苟察，名不貴苟傳，惟其當之爲貴。」當者，中庸之謂也。中庸非難能，但不可苟以是三者爲之耳。

高要譚氏曰：凡最高難行之事皆可以能爲之，唯中庸天理不可以能爲之也。天下國家之大，非尋常貲産之比，疑不可均

❶「乎」，原缺，今據通志堂本、四庫本補。
❷「有」，原缺，今據通志堂本、四庫本補。

以與人。然而巢、由之徒視天下若將浼己，燕子噲舉國以授子之，殊無難色，則是天下國家雖大，在高者處之，均以與人可也。爵之貴，禄之富，天下之人所同欲，疑不可强爲辭辟也。然慕爲夷、齊之潔者，雖賦邑萬鍾，繫馬千駟，亦不之顧，則是爵禄雖榮，在廉者處之，辭而不受可也。白刃凶器，天下之人所同畏，疑不可冒死而蹈之。然賁、育、專諸、北宮黝之倫，雖千萬衆在前，猶不少懾，是白刃雖凶，在勇者處之，以身蹈之可也。蹈白刃不畏，百千人中無一焉。辭爵禄不受，千萬人中無一焉。均天下國家以與人，雖數千年中亦無一焉。此皆所謂超世絶倫之行，非常人之所易能也，而聖人皆以此爲可。❶至於中庸之道，雖愚者可以與知，不肖者可以與行，而聖人乃曰「不可能」，何也？曰：聖人於此，示人以天理所在，非謂中庸之道難知而難行也。「能」之一字，最爲學者大害。蓋人之於中庸，纔有能之之心，則其所爲、所行皆近乎好名，皆出乎有意，皆入乎妄作，爲善之功狹矣，其能常久不息乎？故高者之於天下國家能之，則可均也。廉者之於爵禄能之，則可辭也。勇者之於白刃能之，則可蹈也。凡超世絶倫之行，能之則皆可爲也。雖然，能則能矣，此豈常行之道哉？❷今日行之，後日不可復繼矣。唯中庸每事皆任天理，故不可以能爲之心爲之。❸天理所在，即吾所行也，天理

❶「可」下，通志堂本、四庫本有「能」字。
❷「行」，通志堂本、四庫本作「人」。
❸「以」，通志堂本、四庫本無。

所不在，即吾所不行也。事事循理，而吾無所用其能焉。夫然後可以久於其道，而萬善所歸，皆萃於我。聖人之示人，其旨深矣。此「能」字，與「民鮮能久矣」、「丘未能一焉」，意義不同。夫言非一端而已，各有所當也。

永康陳氏曰：均天下國家之富以與人，辭爵禄而不受，蹈白刃而不顧，揆之人情，至難也。適當其前，有志類可爲之。中庸乃日用不易之理，至簡至易，體而得之，如反掌耳。彼猶可爲，而此不可能，可謂捨近而慕遠矣。不爲疑辭，直曰「不可能」者，甚之也，與「民可使由之，不可使知之」同意。説者謂舉此三者以見中庸難能，非也。彼其奮然於是三者，必其心有所不欲，有所不爲。達其所不欲於其所可欲，達其所不爲於其所可爲，則其至中庸也孰禦？此聖人變動人心之術，肯以日用之理爲難而絶之乎？

四明沈氏曰：均天下國家，辭爵禄，蹈白刃，中庸之門無是法也。理有可，則有不可。若爲名義所激，血氣所扶，直意而行，率情而爲，更不顧天理如何，則知其可而不知有不可。唯一概之以天理，審度其可、不可而行之，則雖行天下難能不可繼之事，無非君子之時中。

晉陵錢氏曰：均，猶平也。均平天下國家，才者能之。辭爵禄，廉者能之。蹈白刃，勇者能之。欲其合於中庸，非才者、廉者、勇者所可能也。

江陵項氏曰：生知者爲上，力行者次之，勉强者又次之，❶此知、仁、勇三德也。上

❶「者」，原缺，今據通志堂本、四庫本補。

兩章已言知行，此章自勉强言之。强於外者易，强於内者難。勉强於知亦足以有知，勉强於行亦足以有行。下引子路問强，猶曰古之人有能之者，子路是也。舜不可得，如顔子足矣。顔子不易得，如子路足矣。

宣城奚氏曰：事有可强而能者，有不可强而能者。可以强而能，則人皆能之。不可强而能，非功深力到者不能也。天下國家可均也，公者能之。爵禄可辭也，廉者能之。白刃可蹈也，勇者能之。至於中庸，則非可以擬議料想，模倣附會也。必也博學、審問、謹思、明辨，而加之以力行，庶乎其能之矣。其曰「不可能」者，非終不可能也。使其果不可能，則舜與顔子何以獨得之？學者宜優游自求，饜飫自得，毋以不可能而自沮也，毋以不可能而過用其心也。

霅川倪氏曰：天下國家，小大有差，固不可均。就能均之，非中庸也。爵禄富貴，義所當得，則不可辭。就能辭之，非中庸也。白刃在前，不可輕冒而蹈踐。就能蹈之，非中庸也。是三者雖能爲人所不能爲，皆失之過。以中庸之道言之，不可謂此爲能也。

蔡氏曰：均國家者，智也；辭爵禄者，仁也；蹈白刃者，勇也。言智仁結上，言勇起下。

新定顧氏曰：此設爲之辭，以明中庸之爲難事耳。聳天下之聽，示此道之重也。中庸，人心固有之理，曷爲而難能若是？蓋私欲一毫之萌，則非能中庸者也。而私欲未易息絶也，且以七十子之善學，僅曰「日月至焉而已矣」，踰日踰月，則未免私欲一念之萌。挺然傑出者，惟顔子，而曰「三月不違仁」。三月之久，亦未免私欲一念之萌。至於生而知之，安而行之，有若孔子，猶曰「我學不厭」，又曰「吾嘗終日不食，終夜不寢，以思，無益，不如學也」。文王則曰「亹亹」，至於不顯亦若有所臨，無射亦若有所保。舜則曰「業業」，而無怠無荒，伯益且勤於致戒。聖人之用其力若此，凡皆以中庸之難能也。

子路問强。子曰：「南方之强與？北方之强與？抑而强與？寬柔以教，不報無道，南方之强也，君子居之。衽金革，死而不厭，北方之强也，而强者居之。故君子和而不流，强哉矯！中立而不倚，强哉矯！國有道，不變塞焉，强哉矯！國無道，至死不變，强哉矯！」

鄭氏曰：强，勇者所好也。言三者所以爲强者異也。「抑而强與」，抑，辭也。「而」之言「女」也，謂中國也。南方以舒緩爲强。「不報無道」，謂犯而不校也。北方以剛猛爲强。衽，猶席也。流，猶移也。塞，猶實也。國有道，不變以趨時。國無道，不變以辟害。❶有道、無道一也。矯，强貌。

孔氏曰：此一節子路見孔子美顔回能擇中庸，故問如己之强，亦兼有中庸否？南方，謂荆楊之南，其地多陽，陽氣舒散，人情寬緩和柔。和柔爲君子之道，故云「君子居之」。北方沙漠之地，其地多陰，陰氣堅急，故人性剛猛，恒好鬭争，故以甲鎧爲席，寢宿於中，至死不厭，非君子所處，而强梁者居之。唯云南北，不云東

❶「害」，通志堂本、四庫本作「禍」。

西者，南北互舉，與東西俗同也。矯者，壯大之形，故鄭云「强貌」也。塞者，守直不變，德行充實也。

河南程氏曰：南方人柔弱，所謂强，是義理之强，故君子居之。北方强悍，所謂强者，是血氣之强，故小人居之。凡人血氣須要以義理勝之。伊川

藍田吕氏曰：此章言强之中也。南方之强，不及乎强者也。北方之强，過乎强者也。而强者，汝之所當强者也。南方中國，北方狄也。以北對南，故中國所以言南方也。南方雖不及强，然犯而不校，未害爲君子。北方則過於强，尚力用强，故止爲强者而已，未及君子之中也。得君子之中，乃汝之所當强也。柔而立，寬而栗，故能和而不流。剛而寡欲，故能中立而不倚。富貴不能淫，故國有道不變塞焉。貧賤不能移，威武不能屈，故國無道，至死不變。是皆以己之强力矯其偏，以就中者也。夫矯之爲言，猶揉木也。木之性能曲能直，將使成材而爲器，故曲者直者皆在所矯，故皆曰「强哉矯」。不羞汙君，不辭小官，與鄉人處，由由然不忍去，雖袒裼裸裎於我側，爾焉能浼我哉？其和而不流者歟？非其君不事，非其民不使，與夫獨立不懼，遯世無悶者，其中立而不倚者歟？塞，未達也。君子達不離道，故當天下有道，其身必達，不變未達之所守，所謂「不變塞焉」者也。

建安游氏曰：中庸之道，造次顛沛之不可違，唯自强不息者爲能守之，故以子路問强次。顔淵所謂强者，非取其勝物也，自勝而已。故以南方之强爲君子强也

者，道之所以成終始也。故自「和而不流」至於「至死不變」，皆曰「强哉矯」。蓋其爲中雖不同，而其貴不已一也。

延平楊氏曰：天地之仁氣盛於東南，義氣盛於西北，故南北方之强氣俗如此。「寬柔以教，不報無道」，以自勝爲强也，故君子居之。「衽金革，死而不厭」，以勝物爲强也。子路之强若是，故曰「而强者居之」。而，汝也。與「暴虎憑河，死而無悔」同意。夫君子以自勝爲强，故自「和而不流」至於「至死不變」，皆曰「强哉矯」，所以自勝其私以趨中也。矯，與「矯枉」之「矯」同，亦因之以進子路也。公孫衍、張儀一怒而諸侯懼，安居而天下息，可謂强矣，而《孟子》曰「妾婦之道」也。至於富貴不能淫，貧賤不能移，威武不能屈，然後謂之大丈夫。君子之强，至於至死不變，然後爲至。

河東侯氏曰：前言「中庸不可能也」，恐學者中道而廢，故引子路問强以勉之。明君子自强不息，雖愚必明，雖柔必强，豈不可能哉？强有二説，强悍勇敢與勝己之私，皆謂之强。故曰：「南方之强與？北方之强與？」「寬柔以教，不報無道，南方之强也」。克己復禮，有若無，實若虛，犯而不校，顔子之强似之，故曰「君子居之」。「衽金革，死而不厭，北方之强也」，尚勇兼人，行行如也，子路之强似之，故曰「而强者居之」。君子以自勝爲强，故曰「强哉矯」。矯，如「矯木」之「矯」，矯曲以從直也。君子之矯，矯過與不及，從乎中而已。故國有道，則至死不變，所行不塞；國無道，則至死不變焉。《大壯》之《象》曰「君子以非禮勿履」，豈非强哉矯乎？學者若知自强之道，何中庸之不可能哉？

新安朱氏曰：此第十章。子路好勇，故問强。「寬柔以教」，謂含容巽順以誨人之不及也。「不報無道」，謂横逆之來，直受之而不報也。南方風氣柔弱，故以含忍之力勝人爲强，君子之道也。金，戈兵之屬。革，甲冑之屬。北方風氣剛勁，故以果敢之力勝人爲强，强者之事也。矯，强貌。《詩》曰「矯矯虎臣」是也。倚，偏著也。塞，未達也。國有道，不變未達之所守。國無道，不變平生之所守也。此則所謂中庸之不可能者，非有以自勝其人欲之私，不能擇而守也。君子之强，孰大於是四者？夫子以是告子路者，所以抑其血氣之剛，而進之以德義之勇也。

又曰：或問：此其記子路之問强，何也？曰：亦承上章之意，以明擇中庸而守之，非强不能，而所謂强者，又非世俗之所謂强也。蓋强者，力有以勝人之名也。凡人和而無節，則必至於流，中立而無依，則必至於倚。國有道，而富貴或不能不改其平素。國無道，而貧賤或不能久處乎窮約。非持守之力有以勝人者，其孰能及之？故此四者，汝子路之所當强也。南方之强，不及强者也。北方之强，過乎强者也。四者之强，强之中也。子路好勇，故聖人之言所以長其善而救其失者，類如此。曰：和與物同，故疑於流，而以不流爲强。中立本無所依，又何疑於倚，而以不倚爲强哉？曰：中立固無所依也。然凡物之情，唯强者爲能無所依而獨立，弱而無所依，則其不傾側而偃仆者幾希矣。此中立之所以疑於必倚，而不倚之所以爲强也。又曰：諸説大意則皆得之。唯以「矯」爲「矯揉」之「矯」，以南方之强爲矯哉之强與顔子之强，以抑而强者爲子路之强與北方之强者爲未然爾。又《語録》曰：和而不流，下惠是。中立而不倚，夷齊是。文王善養老，他便盍歸乎來。及至武王伐紂，他又自不從而去。「彊哉矯」，❶贊歎之辭。

涑水司馬氏曰：南方之强，不及强者也。北方之强，過强者也。而强者，汝之所當强者也。南方中國，北方狄也。以北對南，故中國所以言南也。矯者，矯其偏以就中也。矯之爲言，猶揉木也。塞，未達也。君子當天下有道，其身必達，不變乎未達之所守，故曰「不變塞也」。

臨川王氏曰：「强哉矯」者，言此强可以矯北方之過，矯枉而歸諸道者也。國有道者，泰通之時，君子出而行道，❷不可變而爲蔽塞焉。此其强可以矯素隱行怪之枉也。《語》曰：「邦有道，貧且賤焉，恥也。」國無道者，上下不交之時也。當守道於己，至死而不變其節。孔子蓋惡當時之人爲中庸道不用於世，遂半塗而廢，故曰「至死不變」，此其强可以矯半塗之枉。下文蓋傷之也。

嵩山晁氏曰：强，疑其非中也，蓋唯中爲能强也。❸强也者，誠也。曾子論孝曰：「仁者，仁此者也；義者，宜此者也；强者，强此者也。」强既有南北之異，則責子

❶「彊」，通志堂本、四庫本作「强」。
❷「行」，原脱，今據通志堂本、四庫本補。
❸「爲」，通志堂本、四庫本作「庸」。

路之所安，以勉乎中也。夫所謂君子者，既和既中，而誠明之守，安於治亂之世，勤而勉之也。國有道，君子或易仕而改其度，不變塞焉，强也。

嚴陵方氏曰：子路能勇而不能怯，近於北方之强，故孔子因其問，而言之於北方之下，亦退之之意也。抑者，逆料之詞，與《孟子》言「抑王」同義。陽爲德，陰爲力。南方之强，以德而已，北方之强，以力而已。居，猶「居仁」之「居」。居其道，不必居其地也。强於德，固君子之所居。要之，中庸之道亦未免有弊，何則？德之所尚者柔，力之所尚者剛，柔則失之懦，剛則失之暴。故君子必矯其弊，以一歸乎中庸之道焉。若矯高而使下，矯枉而使直也。夫和，故無剛之失，不流，故無柔之失。故曰「君子和而不流，强哉矯」。中立則處乎剛柔之間。不倚，則不偏於柔，不偏於剛。故曰「中立而不倚，强哉矯」。强於矯弊，則中庸之道充塞乎中。故國有道，雖富且貴，而富貴不能淫是道也；國無道，雖貧且賤，而貧賤不能移是道也。至死，言終身由之也。上言塞，下言死，互相備爾。

延平周氏曰：《孟子》曰：「可以死，可以無死，死傷勇。」所謂「衽金革，死而不厭」者，知其「可以死」，而不知其「可以無死」者也。「和而不流」，依於仁也。「中立而不倚」，據於德也。「國有道，不變塞焉，國無道，雖死不變」，志於道也。

山陰陸氏曰：「和而不流」，柳下惠是與？「中立不倚」，伯夷是與？「國有道，不變塞焉，國無道，至死不變」，伊尹是與？三聖人者，皆有矯焉，故曰「强哉矯」。若孔子，集大成者也，無矯也，無弊也。

廣安游氏曰：彊者，强力也，猶言堅强而不可變也。喜、怒、哀、樂者，氣也，治氣者，心也，治心者，强也。孟子之不動心，本之以勇。孔子論治心，以爲中庸，持之以强。孟子之説，蓋出於此。前所言南北方之强，君子有取於南，而不取於北。後所言「和而不流，中立而不倚」以下，主中國之强而言。中國之性，中和而厚重，君子因其性以道之。夫氣偏則不中，氣偏則不和，氣偏則傾，傾則易動。今中國之人，其稟氣不偏，不偏則中，不偏則和，不偏則厚重。聖人因其中，而道之以中庸之中，使其中立而不倚。因其和，而道之以中和之和，使之和而不流。因其厚重，而道之以守道不變之厚重，所謂「不變塞」也。塞，猶實也。《詩》曰「秉心塞淵」，言其秉心深實也。秉心實，則心有所主矣。夫以中國之强，不剛不柔，中和厚重，而道之以君子之道，於是乎不逐物而流，不依物而倚，不爲險易而變，至中至正，至精至純，所守如此，所立如此，此其爲强，所以爲壯大也。《易》言「剛健中正，純粹精」，❶其意同此。

范陽張氏曰：南方、北方與夫子路之强，皆血氣也，非中庸也。然「衽金革，死而不厭」，謂之血氣之强可也。「寬柔以教，不報無道，君子居之」，是亦足矣，乃謂血氣之强，何哉？蓋强當從戒謹不睹，恐懼不聞中來，則此强爲中庸之强。若乃山川風氣使之如此，而中無所得，豈非血

❶「精」，通志堂本、四庫本無。

氣乎？子路天資好勇，其鼓琴流入北鄙，其言志，則曰軍旅。此北方之强，故曰「而强者居之」。然則何以爲中庸之强？曰：和而不流，此喜、怒、哀、樂之中節也，故其强矯然不撓。中立不倚，此喜、怒、哀、樂未發時也，故其强亦矯然不撓。故其見用於有道之世，❶不變於厄塞之節；無道之世，脅之以死，亦不變其節，其强皆矯然不撓。夫不變者，不流、不倚之發也。矯之爲言剛毅之貌，非「矯揉」之「矯」也。子路聞之，得不悼其平時之無益，而潛養之不可已乎！

延平黄氏曰：南方陽明而主生，有君子之道焉。生則子民之仁，明則君國之智。北方陰險而主殺，有强者之道焉。君子之强而强不足以名之者，以其能强能弱也。「寬柔以教」，所謂能弱，「不報無道」，所謂能强。「衽金革，死而不厭」，所謂能强而不能弱。能强則不流，能弱則不倚。又曰：富貴不能淫，故「國有道，不變塞焉」。貧賤不能移，威武不能屈，故「國無道，至死不變」。

永康陳氏曰：子路問强，夫子開端以啓發，因强以明理，所以變動子路之强也。南方之强，孟施舍以之，北方之强，北宫黝以之，要之，皆守氣也。君子之强，即曾子之大勇，孟子浩然之氣，此守約之理。「强哉矯」，有卓立氣象，孟子所謂至大至剛，蓋有見於此。

莆陽林氏曰：孔門學問皆各從長技以入聖人之道。如曾子之問孝，子游之問禮，顔子之問仁，終身所問不過以其所長者，

❶「用於」，原作「於用」，據通志堂本、四庫本改。

此子路所以有問强之説也。晏氏曰：仲尼答子路以北方之强，乃曰「而强者居之」，則謂子路能勇而不能怯，安於北方之强，所以救其失也。哀十五年蒯聵之難，子路結纓而死，則「死而不厭」，驗矣。國有道矣，衆人皆逐於浮華，君子矯之，則篤於充實，故曰「不變塞焉」。國無道矣，衆人皆有始而無終，君子矯之，則終始一節，故曰「至死不變焉」。此皆君子矯世以中庸之道，非南北之强所能與也。

江陵項氏曰：「君子居之」，猶曰此君子之徒也。「而强者居之」，而，汝也，猶曰此汝之徒也。同則流，和則不流矣。偏則倚，中則不倚矣。猶有不流不倚云者，爲勉强者言之也。斯二者言道之中也。和者無過、不及之中，中立者不偏之中，欲其强於知之也。不流不倚盡矣，猶有二不變云者，亦爲勉强者言之也。斯二者言道之庸也。死生通塞，變之大者，能不爲死生通塞之所變，則可謂庸矣，欲其强於行之也。舜，聖人也，故言其與人者。顔子，學者也，故言其守身者。子路，困而學者也，故言其矯揉氣質者。《孟子》「人告以有過」章，其次序亦如此。

晉陵錢氏曰：南北之方，土風不同，其不知中庸則一。然君子處南方之强，而世之號爲强者乃處北方之强，則所貴於强，不在剛猛。矯，猶抑也。哉，疑辭也。「强哉矯」，猶言强豈矯也。君子於中庸，知而行之，非矯抑而然也。塞，實也。國有道，不變其實以趨時。國無道，不變其實以辟害。此中庸之强，非矯抑所能。

霅川倪氏曰：衽者，衣衿也。金者，鐵也。革者，皮也。聯鐵而爲鎧甲，被之於身，如衣衿然，故曰衽也。南北方之强，❶言其禀於風土者然也。子路特恃血氣爲强爾，非南方北方之强，故孔子勸之抑也。子路好勇，是過强者，不能以抑爲强，故孔子曰「暴虎馮河，死而無悔者，吾不與也」，所以抑之也。其後死於衛國之難，反爲傷勇，非中庸也。

蔡氏曰：此主勇而爲言也。君子和而不流，依乎庸也；中立而不倚，依乎中也。君子依乎中庸，不以得志不得志而或變，變則失其所依而息矣。

仁壽李氏曰：凡人和而無節，或至於同流而合汙，惟强者爲能和而不徇乎物。中者本無所倚，或至於力弱而易撓，惟强者爲能獨立而不懼。國有道而富貴，或不能不改其平日之素，惟强者不變於此身之通塞。國無道而貧賤，或不能久安乎義命之常，惟强者終身不見是而無悶。此非有弘毅之力，堅決之見，篤信天理，盡克己私，豈能守是四者而勿失？然則所謂中庸之不可能者，此也。

子曰：「素隱行怪，後世有述焉，吾弗爲之矣。君子遵道而行，半塗而廢，吾弗能已矣。君子依乎中庸，遯世不見知而不悔，唯聖者能之。」

鄭氏曰：素，讀如「傃」，鄉也。言方鄉辟害隱身，而行詭譎以作後世之名。身雖遯，❷而名欲彰也。「弗爲之矣」，恥之也。廢，猶罷止也。「弗能已矣」，汲汲行道，

❶「北」，通志堂本、四庫本無。

❷「遯」下，通志堂本、四庫本有「世」字。

不爲時人之隱行。

孔氏曰：自此至「察乎天地」一節，論夫子雖隱遯之世，亦行中庸。又明中庸之道，起於匹夫匹婦，終則徧於天地。「素隱行怪，後世有述焉」，謂身雖隱遯，而名欲彰也。

河南程氏曰：「素隱行怪」，是過者也。「半塗而廢」，是不及也。不見知而不悔，是中者也。

藍田呂氏曰：此章論行之所以求乎中也。「素隱行怪」，未當行而行之，行之過者也。「半塗而廢」，當行而不行，行之不及者也。素讀如「傃鄉」之「傃」，猶「素其位」之「素」也。君子之學方鄉乎隱，則隱而未見，行而未成，潛龍所以勿用也。然「其志嘐嘐然，曰『古之人，古之人』」，夷考其行而不掩」，則怪者也。君子之學方遵道而行，不勉則不中，不思則不得，進德脩業，所以欲及時也。然莫之禦而不爲，力非不足而畫焉，則自已者也。怪者，君子之所不爲也；已者，君子之所不能也。不爲其所過，❶不已其所不及，此所以依乎中庸，自信而不悔也。依，與違對者也。依於仁，則不違於仁，依乎中庸，則不可須臾離也。聖人擇天下之善，知天下之本，不出乎中庸。反之於心而悦，行之於己而安，考之於理而不謬，合之先王而不違，措之天下國家而可行，則將自信而不疑，獨立而不懼，舉世非之而不悔。非知道之至，烏能及是哉！

建安游氏曰：「吾弗爲之」，處其實而遺其名也。「吾弗能已」，樂其内而忘其外

❶「所」下，通志堂本有「不」字，四庫本作「太」。

也。其用心若此，則可以入中庸之道矣。故繼言「君子依乎中庸」。依之爲言，無時而違也。非至誠無息者，不足以與此。若三月不違仁，未免於有守也。❶「遯世不見知而不悔」者，疑慮不萌於心，確乎其不可拔也。非離人而立於獨者，不足以與此。若不遠復者，未免於有念也。故曰「唯聖者能之」。

延平楊氏曰：不以成德爲行，而以詭異矜世，則其流風足以敗常亂俗矣。後世雖有述焉，君子不爲也。以道爲高，疑若登天。然則半塗而廢者，蓋有之。見其若大路，然則行之者必至矣，尚誰已之？此顏淵之所以欲罷不能也。依者對違之名。依乎中庸，則無違矣。蓋不待擇而從容自中也。君子之道，造端乎夫婦，豈有異於人哉？循天下同然之理而已，非小智自私者之所能知也。知之，其天乎？人雖不知，何悔之有？非夫確乎其不可拔者，其孰能之？

新安朱氏曰：按《漢書》「素」當作「索」。此第十一章。「素隱行怪」，言深求隱辟之理，而過爲詭異之行也。然以其足以欺世而盜名，故後世或有稱述之者。此知之過而不擇乎善，行之過而不用其中，不當强而强者也，聖人豈爲之哉！「遵道而行」，則能擇乎善矣。「半塗而廢」，則力之不足也。此其知雖足以及之，而行有不逮，當强而不强者也。已，止也。聖人於此，非勉焉而不敢廢。蓋至誠無息，自有所不能止也。不爲素隱行怪，則依乎中庸而已。不能半塗而廢，是以遯

❶「有」下，通志堂本、四庫本有「所」字。

世不見知而不悔也。此中庸之成德，知之盡，仁之至，不賴勇而裕如者，正吾夫子之事，而猶不自居也。故曰「唯聖人者能之」而已。子思所引夫子之言，以明首章之義者止此。蓋此篇大旨，以知、仁、勇三達德爲入道之門，故於篇首即以大舜、顔淵、子路之事明之。舜知也，顔淵仁也，子路勇也。三者廢其一，則無以造道而成德矣。餘見第二十章。或曰：呂氏從鄭註，以「素」爲「傃」，固有未安。唯其舊説有謂無德而隱爲素隱者，於義略通。又以遯世不見之語反之，似亦有據。但「素」字之義，與後章「素其位」之「素」不應頓異，則又若有可疑者。獨《漢書·藝文志》劉歆論神仙家流引此，而以「素」爲「索」。顔氏又釋之以爲求索隱暗之事。則二字之義既明，而與下文「行怪」二字語勢亦相類，其説近是。蓋當時所傳本猶未誤，至鄭氏時乃失之耳。游氏所謂「離人而立於獨」，與夫「未免有念」云，皆非儒者之語也。

涑水司馬氏曰：「素隱行怪」，謂處心發論，務趣幽隱，使人難知；力行譎怪，使人難及，皆非中庸。中庸貴於能久，故孔子弗爲。

臨川王氏曰：申屠負石赴河，仲子避兄離母，是行怪也。君子必遵中庸之道，行之悠久，不爲變易。苟半塗而廢，非君子所爲也。昔子貢謂孔子之道至大，天下莫能容，而請少貶焉。公孫丑謂孟子宜若登天然，使人不能幾及。此二子者不知孔孟遵中庸之道而行之，故反欲貶之也。樊遲請學稼，此蓋廢聖人之道，欲學野夫之事，故夫子鄙之。

長樂劉氏曰：富貴貧賤，天之命也，非力之可求。行道君子，居夫貧賤而有悔，則爲凡人矣；居夫貧賤而無悔，則爲聖人矣。是悔也者，凡、聖人之間也。行道君子，臨小利害，一暫進退而弗利厥躬，弗快己欲，則悔心勃然而生焉。不知夫中庸之道從之而失也，不知聖人之德從之而遠也，可謂之知乎？❶然而仲尼之意不在乎是也。樂之與悔，參與商也。内盡其性，寂然無爲，應乎萬變，莫不適於其宜，而未始有微動焉。是與天地相似，是與鬼神相通，又何進退隱顯足以動其心乎？故性得於内，而樂不可勝其榮也，情失於外，而悔不可勝其辱也，此非仲尼之心乎？

兼山郭氏曰：素以隱爲事，而行怪焉，過也。半塗而廢，卒自晝焉，不及也。

海陵胡氏曰：隱者，非謂山林長往，❷巢棲谷處之謂也。韜藏其知，不見於外之謂隱。故《論語》稱甯武子之知，「邦無道則愚」，此所謂愚者，韜光晦智，若愚人然。如此者非愚也，蓋隱也。凡人見有人才能在己下，而爵禄居己上，則必有怨心。見有人才知在己下，而名譽在己上，則必有怨心。此中知所不能免也。故不見知而不悔者，唯聖人能然。《易》稱「遯世無悶，不見是而無悶」，故知唯聖人能之。此既陳隱之道，又恐人之輕於隱，故再言君子隱遯之道。

延平周氏曰：無功而禄謂之素湌，則無德而隱謂之素隱。脩身以俟命謂之行

❶「之知」，通志堂本、四庫本作「知之」。
❷「長往」，通志堂本、四庫本作「常往」。

法，則不脩身以逆命謂之行怪。

山陰陸氏曰：此龍德也，故唯聖者能之。

莆陽林氏曰：隱者本非美事，素隱者徒然隱也。如長沮、桀溺、荷蓧丈人、晨門之徒，往而不反，故孔子以隱字目之，以謂欲潔其身而亂大倫。夫人之生，便有五典之分。若退居巖穴之下，是無上下之分。如此等人在國爲叛臣，在家爲逆子。伯夷、叔齊或以爲隱者，非隱者也。夫子當時亦稱道之。夫天生一人，便要辦天下之事。自上古以來，作舟車，爲宮室，闢田疇，便有紀綱法度，無非天工，人其代之。豈可徒隱？行怪者爲怪異之行，使後世之人學之。

廣安游氏曰：學中庸者，其病有二：一則急於人知，一則困而易悔。惟君子能依乎中庸，遯世不見知而不悔，此非聖者不能也。怪則詭譎，詭譎則易以動人耳目，藉此爲名，使後世稱述，學者之失，多在於此。若半塗而廢，則用力已多，而有困悔之心。孔子曰：「力不足者中道而廢，今汝畫。」畫者，止也。止，言不進也。失於力之不足，則又賢乎止而不進也。孔子言彼，則中道而止，吾則弗能已也。

吴興沈氏曰：先儒類以「君子遵道而行」之文屬「半塗而廢」，「君子依乎中庸」之文屬「遯世不見」，恐非通論。嘗因文會理，蓋夫子因言弗爲行怪釣名之事，故以「君子遵道而行」斷之；因言弗爲半塗而廢之事，故以「君子依乎中庸」斷之。是二者皆君子之事也。至於時止則止，時行則行，動靜不失其時，則聖人之事也。故以「惟聖者能之」斷之，則文順理明。

范陽張氏曰：「素隱行怪」，謂終身行乎

隱晦，而行怪以釣名。

永康陳氏曰：君子於日用間體認得實然不易之理，如飲食之知味。敬以守之，異行必弗爲，半塗必弗止。依乎中庸，與之俱也。遯世不見知而不悔，與之安也。至乎此，則聖人。其曰「惟聖者能之」，非絶人也，直以爲聖人成能在日用間耳。

晏氏曰：無德而素隱譎詭而行怪，有聞其風而悦之者，是之謂「後世有述焉」，若人者常失之大過。君子有所弗爲者，欲其俯而就也。遵道而行，雖有好善之心，半塗而廢，俄有自怠之失，若人者常失之不及。君子弗能自已者，欲其跂而及也。既俯而就，又跂而及，所以能依乎中庸矣。❶蓋有過行而遯世，雖見知於世，亦不能無悔，唯依乎中庸，而遯世者雖不見知於世，亦無吝焉，非聖人不能及此。

新定顧氏曰：❷素，空也。聖人以仁天下爲心者也，閔民物之不得其所，未始一日而忘斯世。方天之未欲平治天下也，遯世無悶，全其身所以全其道也。彼其不離乎羣，日用常行，周旋於人倫之中，雖曰「不見知而不悔」，然而事久論定，「潛雖伏矣，亦孔之炤」。其在人君，易於知之，亦易於求之，道不難於行也，天下庶其治乎。彼偏曲之士，遯迹山林，去人也遠，爲一身計，則得矣，如民物之不得其所何？民物不得其所，天下泯泯棼棼，深山茂林亦何自而獲安？

晉陵錢氏曰：自「天下國家可均」至此，謂中庸之道在知而能行。素，猶固也。

❶「依」，原缺，今據通志堂本、四庫本補。
❷「定」，通志堂本、四庫本作「安」。

固隱不仕，又行奇怪之行，人樂稱之，故有述於後世。吾弗爲之，能知也。半塗欲廢而不肯已，能行也。遯，猶避也。唯弗爲，故依乎中庸。唯弗已，故雖避世，人不見知而不悔。然謂聖者能之，蓋夫子之謙。

江陵項氏曰：「素隱行怪」，徒行而實未嘗知也。「半塗而廢」，徒知之而終不能行也。君子依乎中庸，則非徒行也；「遯世不見知而不悔」，則非徒知也。故曰「惟聖者能之」。上章既分知、仁、勇之三等，此章復極言知行之難，欲人盡其心也。然又恐人謂其難，故下章以所知、所行之近，反復言之。

霅川倪氏曰：素者，平素也，言以隱居爲常，而不知通變者也。不知通變，未害也，而又行怪以求名，則僞也。後言「素貧賤行乎貧賤」，以中庸之道行之，故可也。此乃「素隱行怪」，怪則非中，怪則非庸，正背馳矣。「依」與「倚」不同。依者，從也。倚者，偏也。中立則可，偏倚則不可。注謂「素」爲「傃」，是改經文以從其説。朱氏援漢史爲證，謂「素」爲「索」，雖有所據，亦不免改經文。且探賾索隱，《易》以爲聖人之學，豈行怪者可言索隱乎？

蔡氏曰：此再辯智、仁、勇，而總結之。索隱之智，非君子之智。行怪之行，非君子之仁。半塗而廢，非君子之勇。君子之智、仁、勇，則「依乎中庸，遯世不見知而不悔」者是也。君子至此，則其德與聖人同矣，故以「唯聖者」結之。

林氏曰：觀夫子以「隱居放言」爲「我則異於是」，則知「吾弗爲」之説。觀夫子以

「今女畫」責冉求，則知「吾弗能已」之説。此章講明中庸之旨，首舉二者以開其端，而後終之以聖人之能事。蓋中者無過、不及之名，庸者常行之道。「素隱行怪」，過而反常者也，豈得爲庸？半塗而廢，安於不及者也，豈足爲中？是必「依乎中庸」，則無過而反常之事。是必「遯世不見知而不悔」，則無安於不及之憂。是理也，非從容中道，純亦不已者，孰能與此？故曰「惟聖者能之」。

四明袁氏曰：❶遯世與素隱若同實異。素隱有好名之心，遯世無求知之念。

禮記集説卷第一百二十六

❶「四明袁氏」一段，原補在「卷第一百二十六」之後，現移至其前。通志堂本、四庫本無。

禮記集說卷第一百二十七

「君子之道費而隱。夫婦之愚，可以與知焉。及其至也，雖聖人亦有所不知焉。夫婦之不肖，可以能行焉。及其至也，雖聖人亦有所不能焉。天地之大也，人猶有所憾。故君子語大，天下莫能載焉；語小，天下莫能破焉。《詩》云『鳶飛戾天，魚躍于淵』，言其上下察也。君子之道，造端乎夫婦，及其至也，察乎天地。」

鄭氏曰：「與」，讀如「贊者皆與」之「與」。憾，恨也。天地至大，無不覆載，人尚有所恨，況於聖人能盡備之乎？語，猶說也。所說大事，謂先王之道。所說小事，謂若愚、不肖夫婦之知行也。察，猶著也。言聖人之德，至于天則「鳶飛戾天」，至于地則「魚躍于淵」，是其著明於天地也。

孔氏曰：「贊者皆與」，《冠禮》文。天地如冬寒夏暑，人猶有怨。莫能載者，天下之人無能勝載之者。莫能破者，言似秋毫不可分破也。❶聖人之德上至於天，則「鳶飛戾天」，是翱翔得所；下至於地，則「魚躍于淵」，是遊泳得所。言聖人之德，上下明察。此《大雅·旱麓》美文王之詩。今文「鳶飛」，喻惡人遠去；「魚躍」，喻善人得所。此引斷章，與《詩》義殊。君子行道初始，造立端緒，起於匹夫匹婦所知所行。及其至極之時，明察於上下天地也。

❶「似」，原作「以」，據通志堂本、四庫本改。

河南程氏曰：費，日用處。伊川　問：聖人亦何有不能不知也？曰：天下之理，聖人豈有不盡者？蓋於事有所不偏知，不偏能也。至纖悉委曲處，如農圃百工之事，孔子亦豈能知哉？伊川　又曰：鳶飛魚躍，言其上下察也。此一段子思喫緊爲人處，與「必有事焉而勿正」之意同，活潑潑地。會得時，活潑潑地。會不得，只是弄精神。　又曰：「鳶飛戾天」，向上更有天在。「魚躍于淵」，向下更有地在。明道

橫渠張氏曰：「君子之道費而隱」，費，日用；隱，不知也。匹夫匹婦可以與知、與行，是人所常用，故曰「費」。及其至也，雖聖人有所不知、不能，是隱也。聖人若夷惠之徒，亦未知君子之道，若知君子之道，亦不入於偏。　又曰：君子之道達諸天，故聖人有所不能。夫婦之知淆諸物，故大人有所不與。❶　又曰：戾天則極高，躍淵則極深。君子之道，天地不能覆載。　又曰：此言物各得其所，上者安於上，下者安於下，是上下察盡也。

藍田吕氏曰：此已上論中，此已下論庸。此章言常道之終始。費，用之廣也。隱，微密也。費則常道，隱則至道。唯能盡常道，❷乃所以爲至道。天地之大，亦有所不能，故人猶有憾，況聖人乎？天地之大猶有憾，語大者也。有憾於天地，則大於天地矣，此所以天下莫能載。愚、不肖之夫婦所常行，語小者也。愚、不肖所常行，雖聖人亦有不可廢，此所謂天下莫

❶「大」，通志堂本、四庫本作「聖」。
❷「盡」，通志堂本、四庫本作「進」。

能破。上至乎天地所不能，下至於愚、不肖之所能，則至道備矣。自「夫婦之能」至「察乎天地」，則常道盡矣。一本云：庸者，常道也。費，用也。隱，不用也。用者顯著而易知，不用者微密而難知。易知者易能，難知者難能。蓋易知、易能者，常道也。難知、難能者，至道也。音者瞽矇之所及知，味者饔人之所及知。及其至也，雖聖人之知，而知音、知味不如師曠、易牙之精。故堯、舜之知不偏愛物，孔子自謂不如老農、老圃，此聖人亦有所不知者也。見孺子將入井，人皆有怵惕惻隱之心，呼蹴而與之，行道之人皆所不屑。及其至也，充不忍人之心，充無受爾汝之實，則博施濟衆，堯舜其猶病諸。君子之道四，孔子自謂未能，此聖人亦有所不能者也。聖人亦有所不知，語小者也。知音、知味，爲農、爲圃，雖小道也，專心致意，亦能貫乎至理，造於精微，周天下之用而不可闕，此天下所莫能破也。聖人亦有所不能，語大者也。天地之大，人猶有所憾，則道固大於天地矣。聖人盡道，財成輔相，以贊天地之化育，合乎天地人而無間，此天下所莫能載也。鳶飛于上，魚躍于下，上下察之至者也。愚、不肖之夫婦可以與知，可以能行，則常道盡矣。此所以謂「造端乎夫婦」者也。孝弟之至，通乎神明，光乎四海，無所不通，則至道成矣。此所謂「及其至也，察乎天地」者也。

上蔡謝氏曰：「『鳶飛戾天，魚躍于淵』，非是極其上下而言，蓋真箇見得如此。此正是子思喫緊道與人處。若從此解悟，便可入堯舜氣象。」又曰：「『鳶飛戾天，魚躍于淵」，無些私意，上下察以明道體無所不在，非指鳶、魚而言也。若指鳶、魚言，則上面更有天，下面更有地在。知「勿忘，勿助長」，則知此。知此，則知夫子與點之意。又曰：《詩》云「鳶飛戾天，魚躍于淵」，猶韓愈所謂「魚川泳而鳥雲飛」，上下自然，各得其所也。詩人之意，言如此氣象，周王作人似之。子思之意，言上下察也，猶《孟子》所謂「必有事焉而勿正」。察見天理，不用私意也，故結上文云「君子語大，天下莫能載；語小，天下莫能破」。今人學《詩》，章句横在肚裏，怎生得脱洒去。

建安游氏曰：道之用贍足萬物，而萬物莫不資焉，故言「費」；其本則視之不見，聽之不聞，故曰「隱」，猶言肆而隱也。唯費也，則良知良能所自出，故夫婦之愚、不肖，可以與知而能行焉。唯隱也，則非有思者所可知，非有爲者所可能，故聖人有所不知、不能焉。蓋聖人者，德之盛而業之大者也。過此以往，則神矣。無方也，不可知，無體也，不可能，此七聖皆迷之地也。天地之大，人猶有所憾者，則祁寒暑雨之失中故也。君子之道，無往而非中也。其大無外，而中無不周，故天下莫能載。其小無間，而中無不足，故天下莫能破。上極于天，下蟠于淵，中無不在也，故上下察。是道也，以爲高遠耶？則造端乎夫婦，以爲卑近耶？則察乎天地。《孝經》曰：「事父孝，故事天明；事母孝，故事地察。」蓋事父母之心，雖夫婦之愚、不肖，亦與有焉。及其至也，天地明察，神明彰矣。則雖聖人之德，又何以加此？此中庸所以爲至也。

延平楊氏曰：道者，人之所日用也，故「費」。雖曰日用，而至賾存焉，故「隱」。蓋自可欲之善，至於充實輝光之大，致知力行之積也。大而化之，至於不可知之神，則非知力所及也。德盛仁熟，而自至焉耳，故及其至也，聖人有所不知、不能焉。又曰：祁寒暑雨之變，其機自爾，雖天地之大，不能易其節也，夫道之不可能也如是，❶而人雖有憾焉，道固自若也，故下文申言之。又曰：大而無外，天下其孰能載之？小而無倫，天下其孰能破之？道至乎是，則天地之大，萬物之多，皆其分内耳。故曰「『鳶飛戾天，魚躍于淵』，言其上下察也」。鳶飛魚躍，非夫體物而不遺者，其孰能察之？雖然，其端豈遠乎哉？始於夫婦之愚、不肖與知能行者而已。故又曰「君子之道，造端乎夫婦，及其至也，察乎天地」。

河東侯氏曰：前章言「唯聖者能之」，子思恐學者以謂中庸之道，極乎高深，不可及而止也，故又曰「君子之道費而隱」，皆日用之事。雖夫婦之愚、不肖亦能知之，亦能行之。及其至，則雖聖人亦有所不知、不能焉。謂其不能者，非聖人不能於此，力有所不逮也。如孔子問禮於老聃，訪官名於郯子，謂異世之禮制，官名之因革，所尚不同，不可强知故也。又如聖而不可知之神，大德、禄位、名壽，舜之必得，而孔子不得。又如博施濟衆，脩己以安百姓，欲盡聖人溥博無窮之心，極天之所覆，極地之所載，無不被其澤者，雖堯舜之仁，亦在所病也。又如「民可使由

❶ 「夫」，通志堂本、四庫本作「大」。

之，不可使知之」，日用之費，民固由之矣，其道中庸，則安能人人知之？ 雖使堯、舜之爲君，周、孔之爲臣，所過者化，所存者神，立之斯立，道之斯行，綏之斯來，動之斯和。其化者不越所過者爾，又安能使窮荒極遠，未綏、未動、未過者皆化哉？ 此亦聖人之所不能也。

新安朱氏曰：此第十二章。子思之言，蓋以申明首章「道不可離」之意也。其下八章，雜引孔子之言以明之。費用之廣也，隱體之微也。君子之道，近自夫婦居室之間，遠而至於聖人天地之所不能盡。其大無外，其小無内，可謂費矣。然其理之所以然，則隱而莫之見也。蓋可知、可能者，道中之一事。及其至，而聖人不知、不能，則舉全體而言，聖人固有所不能盡也。人所憾於天地，如覆載生成之偏，及寒暑災祥之不得其正者。鳶，鴟類。戾，至也。❶子思引此詩以明化育流行，上下昭著，莫非此理之用，所謂「費」也。然其所以然者，則非見聞所及，所謂「隱」也。又曰：道之用廣，而其體則微密而不可見，所謂「費而隱」也。即其近而言之，男女居室，人道之常，雖愚、不肖，亦能知而行之。極其遠而言之，則天下之大，事物之多，聖人亦容有不盡知、盡能者也。然非獨聖人有所不知、不能也，天能生覆，而不能形載，地能形載，而不能生覆。至於氣化流行，❷則陰陽寒暑、吉凶災祥不能盡得其正者尤多。此所以雖以天地之大，而人猶有憾也。夫

❶「也」下，通志堂本、四庫本有「察著也」三字。
❷「化」，通志堂本、四庫本作「物」。

自夫婦之愚、不肖所能知行，至於聖人、天地之所不能盡，道蓋無所不在也。故君子之語道也，其大至於天地、聖人所不能盡，而道無不包，則「天下莫能載」矣；其小至於夫婦之愚、不肖所能知、能行，而道無不體，則「天下莫能破」矣。道之在天下，其用之廣如此，可謂「費」矣。而其所用之體，則不離乎此，而有非視聽之所及者，此所以爲「費而隱」也。子思之言至此極矣，然猶以爲不足以盡其意也。故又引《詩》以明之，曰「鳶飛戾天，魚躍于淵」，所以言道之體用，上下昭著，而無所不在也。「造端乎夫婦」，極其近小而言也，「察乎天地」，極其遠大而言也。蓋夫婦之際，隱微之間，尤見道之不可離處，知其造端乎此，則其所以戒慎恐懼之實無不至矣。《易》首乾坤，而重咸恒。詩首《關雎》，而戒淫佚。《書》記釐降，《禮》謹大昏，皆此意也。　又曰：諸説如程子至矣。張子以聖人爲夷、惠之徒，既已失之，又曰「達諸天，淆諸物，聖人所不知、所不與」，則又析其所不知、不爲而兩之，皆不可曉也已。曰：諸家皆以夫婦之能知、能行者爲道之費，聖人之所不知、不能而天地有憾者爲道之隱，其於文義協矣。若從程子之説，則使章内專言「費」而不及「隱」，恐其有未安也。曰：謂不知、不能爲隱，似矣。若天地有憾，鳶飛魚躍，察乎天地，而欲亦謂之隱，則恐未然。且隱之爲言，正以其非言語指陳之可及耳，故獨舉費而常默具乎其中。若於費外别有隱而可言，則已不得爲隱矣。程子之云，又何疑耶？　曰：然則程子所謂「鳶飛魚躍，子思喫緊爲人處，與『必有事焉而勿正心』之意同，活潑潑地」者，何也？曰：道之流行，發見於天地之間，無所不在。在上則鳶之飛而戾于天者此也。在下則魚之躍而出乎淵者此也。其在人，則日用之間，人倫之際，夫婦之所知、所能，而聖人之所不知、不能者，亦此也。此其流行發見於上下之間者，可謂著矣。子思於此指而言之，唯欲學者於此默而識之，則爲有以洞見道體之妙而無疑。而程子以爲「子思喫緊爲人處」者，正以示人之意爲莫切於此也。其曰「與『必有事焉，而勿正心』之意同，活潑潑地」，則又以明道之體用，流行發見，充塞天地。亘古及今，雖未嘗有一毫之空闕，一息之間斷，然其在人而見諸日用之間者，則初不外乎此心，故必此心之存，而後有以自覺也。「必有事焉而勿正心，活潑潑地」，亦曰此心之存，而全體呈露，妙用顯行，無所滯礙云爾。非必仰而視乎鳶之飛，俯而觀乎魚之躍，然後可以得之也。抑孟子此言，固爲精密，然但爲學者集義養氣而發耳。至於程子借以爲言，則又以發明學者洞見道體之妙，非但如孟子之意而已也。蓋此一言，雖若二事，然其實則「必有事焉」。半詞之間已盡其意，善用力者，苟能於此超然默會，則道體之妙已躍如矣，何待下句而後足於言耶？聖賢特恐學者用力之過，而反爲所累，故更以下句解之。欲其雖有所自，而不爲所累耳，非謂「必有事焉」之外，又當別設此念以爲正心之防也。❶又曰：呂氏分此已上論中，以下論庸。

❶「設」，通志堂本、四庫本作「説」。

又謂「費則常道，隱則至道」，恐皆未安。謝氏既曰「非是極其上下而言」矣，又曰「非指鳶魚而言」。蓋曰子思之引此詩，姑借二物以明道體無所不在之實，非以是爲窮其上下之極，而形其無所不包之量也；又非以是二物專爲形其無所不在之體，❶而欲學者之必觀乎此也。此其發明程子之意，蓋有非一時同門之士所得聞者，而又別以夫子與點之意明之，則其爲説益以精矣。但所謂察見天理者，恐非本文之訓，而於程子之意，亦未免小失之耳。游氏之説，其不可曉者尤多。如以良知、良能之所自出爲道之費，則良知、良能者，不得爲道，而在道之外矣。又以不可知、不可能者爲道之隱，則所謂道者，乃無用之長物，而人亦無所賴於道矣。所引天地明察，似於彼此文意，兩皆失之。至於所謂「七聖皆迷之地」，則莊生邪遁荒唐之語，尤非所以論中庸也。楊氏以大而化之，非知力所及，爲聖人不知、不能，以祁寒暑雨，雖天地不能易其節，爲道之不可能，而人所以有憾於天地。則於文義既有所不通，而又曰「人雖有憾，而道固自若」，則其失愈遠矣。其曰「非體物而不遺者，其孰能察之」，其用「體」字、「察」字，又皆非經文之正意也。大抵此章若從諸家，以聖人所不知、不能爲隱，則其爲説之弊，必至於此而後已。嘗試循其説而體驗之，若有以使人神識飛揚，眩瞀迷惑，而無所厎止。子思之意，其不出此也必矣。唯侯氏不知、不能之説，最爲明白。但所引聖而不可知者，

❶「是」，通志堂本、四庫本作「故」。

孟子本謂人所不能測耳，非此文之意也。其他又有大不可曉者，亦不足深論也。

又《語録》曰：子思言鳶飛魚躍，與孟子言「勿忘、勿助長」，此兩處語意各自別。後人因程子此兩處皆是喫緊爲人處，只管去求他同處，遂至牽合。

永嘉周氏曰：嗚呼，中庸之難能也，而亦不可以苟爲也。或者曰：道易知也，吾殫聰明以審之，道不過乎仁、義、禮、樂而已。曰：仁、義、禮、樂是道之用，非吾所謂道也。或者曰：道易行也，吾盡心力而爲之，道不過乎君臣、父子、夫婦、兄弟、朋友之交而已。曰：君臣、父子、夫婦、兄弟、朋友之交，是道之所寓，非吾所謂道也。吾之所謂道者，體之一心無不足，施之天下爲有餘，沛然行乎仁、義、禮、樂之塗，君臣、父子、夫婦、兄弟、朋友之間而不亂，然而吾不自知焉。非特不自知也，則亦無所知焉。故子思之論，至所言「君子之道費而隱」，則曰「夫婦之愚可以與知焉。及其至也，雖聖人亦有所不知焉。夫婦之不肖，可以能行焉。及其至也，雖聖人亦有所不能焉」。愚讀《中庸》至此，伏卷而思之，❶蓋始而疑，中而知，終而覺，然後知子思果知道也，果不吾欺也。其至也，果不可以知也，豈不謂大而能化，與道一體，而不吾知也。世之論者，或以謂道之至，聖人實有所不知；君子則曰百工之事，各有其至，而聖人蓋有所不知者，是皆過、不及之論也。夫道之至，雖聖人有所不得知，是果不可以知也。道而不可以知，然則人安取夫

❶「伏卷」，通志堂本、四庫本作「卷伏」。

道哉？是以道爲虚名不可爲之事而自棄者之論。若子思論中，發其大義，至於語聖人，又止區區論其百工之事，抑何淺期子思哉！是又不及之論也。《中庸》之書，語道之要，學者宜以志慮考之，不疑於其間，不察其奥，而唯迹之窮，猥與塵編斷簡俱腐，至於老死而不能一言，悲哉！

嚴陵方氏曰：知之者存乎知，故於夫婦曰「愚」。行之者存乎才，故於夫婦曰「不肖」。以道則雖小猶爲有餘，以形則雖大猶爲不足。有餘則無不慊，不足則有所憾。所謂天地者，亦以形言之而已。故曰「天地之大也，人猶有所憾」。《素問》曰：「天不足西北，地不滿東南。」此天地之形有所不足也。《書》曰：「夏暑雨，小民惟曰怨咨，冬祁寒，小民亦惟曰怨咨。」此人猶有所憾也。唯君子爲能出乎形而入乎道，又何憾之有？凡有量者皆可載，凡有質者皆可破。君子之道顯諸仁，則充實光輝，至大不可圍，❶豈復有量哉？此語大，所以天下莫能載也。藏諸用，則微妙無迹，至精無形，豈復有質哉？此語小，所以天下莫能破也。然道之爲物，方其小也，未嘗不大，方其大也，未嘗離小。君子體之，衆人觀之，乃强爲是名爾，故每以語稱之。

山陰陸氏曰：夫道不言而足，故凡有言皆費也。雖費，君子有不得已也。費，故可以與知焉，隱，故雖聖人有所不知。聖人無所不覺，有所不知。鳶飛戾天，有見於上；魚躍于淵，有見於下。

温陵陳氏曰：此一章最切。吾體中庸之

❶「圍」，通志堂本、四庫本作「圍」。

道，只在日用之間，而不可他求。雖在日用之間，而有至微至妙之理焉。「及其至也」一語，指道之極處言也，極處即中也，在《書》爲皇極，在《禮》爲中庸。若過與不及，便非中矣。今俗學以聖人有所不知，有所不能，驅駕大高，謂人皆不可企及，遂分聖賢爲等級。初不知聖人豈有絶人爲道之路？至者，無欠無餘也。聖人蓋知之以不知，能之以不能也。學者功用在於「察」之一字。❶孟軻云「習矣而不察」，習堯、舜、文王之道，苟不致察，則爲楊、爲墨矣。蓋有似是而非，如章子之孝，仲子之廉，尾生之信，固當致察。察之者，視之詳也。舜能致其察，故能執其中。顔子能致其察，至於問仁，則有請事斯語。而曾子尤致其察者，故能三省其身。子張亦能致其察，故有書紳之語。鳶魚之飛躍，聖人何以見之？上下致其察故也。吾之道亦猶鳶魚之飛躍，皆在目前，初不離性分之内。由是心以推之，則鳶飛魚躍之理，可以至乎道，亦在乎察之而已。

莆陽鄭氏曰：無一事一物而遺乎此理者，豈不費乎？舉天下行之而鮮有知其道，豈不隱乎？唯費而隱，乃爲君子之道。若乃弃人倫，幻形色，空談廢事，而卒無歸隱，則隱矣而非費也。道與事離而爲二，則偏矣，豈所謂中庸之學？天地之大，人猶憾焉者，以祁寒暑雨之偏也。至君子之道，無所往而不適中，如日月之明，容光必照，豈有大小之間？大莫能載者，言生天生地此道也，道又大於

❶「之」，原缺，今據通志堂本、四庫本補。

天地，所以莫能載。❶小莫能破者，至纖至悉亦此道也，愚夫愚婦之所能，雖聖人亦不外是，所以莫能破。此理所該，安有限量？飛潛所至，無不徧滿，故曰「上下察」。君子之道，其上達乃至於此。及其用也，不出乎人倫世故，故曰「造端乎夫婦」。莆陽林氏曰：聖人豈直不知不能哉？知到不知處，能到不能處，此聖人所以爲聖人也。六合之外，聖人存而不論，是不知也；寂然不動，感而遂通天下之故，此不能也。若夫胸中更有知、❷有能，則其知道淺矣。故聖人以不知不能爲到處。兼山郭氏曰：道者無不在也。夫婦之能知、能行，亦道也。聖人之不能知、不能行，亦道也。然則聖人何爲而不知乎？今夫積土成山，積水成淵，自其積之始，雖愚夫、愚婦之所能爲。及其至也，草木、禽獸、蛟龍、魚鱉之所生，烝而爲雲氣，降而爲雨露，其神化妙用，變通百出，雖聖人亦所不能知。理亦然也。

長樂陳氏曰：中庸猶五穀，愈食愈有味。若其它，雖珍異，一食而喜，再食而厭。惟五穀，日日食之，雖没齒無厭也。君子之道，其所謂費者，其日食之謂乎？所謂隱者，其没齒無厭之謂乎？

江陵項氏曰：費，猶博也；隱，猶約也。道雖甚博，爲之甚約。此章先言道之費，自「夫婦之愚」至「人猶有所憾」，言道之所該，形氣不足以盡之。故聖人之聖，有不能兼於愚夫、愚婦之事；天地之大，有不能免於小人之憾，皆形氣之限也。故

❶「以」下，通志堂本、四庫本有「大」字。
❷「夫」，原作「天」，今據通志堂本、四庫本改。

君子語道之大處，則麗於形氣者，雖天地猶爲小也。語道之小處，則麗於形氣者，雖毫末猶爲大也。「鳶飛戾天，魚躍于淵」，言其上下察也。凡形氣之所至，無非道者。「君子之道，造端乎夫婦。及其至也，察乎天地」，此言君子之道，非言君子也。近起於愚夫、愚婦，遠極於天地之間，道無不該。夫婦、天地以諭大小之極，非論其精粗淺深。此章專言其「費」，下章始言其「隱」。

范陽張氏曰：君子之道，即中庸也。中庸不離喜怒哀樂已發、未發之間，此日用所不免，豈非費乎？「費」，當爲「費用」之「費」。雖夫婦之愚、不肖，豈有無喜怒哀樂者？此所謂可以與知，可以能行者。然由戒謹不睹，恐懼不聞，以養喜怒哀樂，使爲中爲和，以位天地，育萬物，雖聖人猶皇皇汲汲，自謂有所不知，有所不能焉，豈非隱乎？蓋自以爲知，自以爲能，則止矣，止非中庸也。惟若有所不知，有所不能，則戒謹恐懼，其敢一日而已乎？此理微矣，力行者能識之。又曰：天地雖大，不免有日月薄蝕，彗孛飛流，山川震動，草木倒植，寒暑失中，雨暘差序，水旱相繼，札瘥流行，此人所以不免有憾。然則財成其道，輔相其宜，彌綸範圍，真有待於中庸耳。又曰：君子之道，所以大莫能載，小莫能破，以其戒謹不睹，恐懼不聞，察於微茫之功也。戒謹恐懼，則於未形之先，未萌之始，已致其察。察之之至，至於鳶飛魚躍，而察乃在焉。居人倫之先者，夫婦是也。欲識不睹、不聞之實，當於夫婦而察之。夫婦之道正，則天地之道皆正矣。察之如何？非心一形，邪意一作，無不見其所自起，知其所由來，戒謹恐懼，而不敢肆焉。察之既熟，豈特夫婦間！凡象生於見，形起於微，上際下蟠，察無不在，所以如鳶之飛于天，如魚之躍于淵。察乃隨飛躍而見焉，而況日月星辰之運動，山川草木之流峙乎？大含元氣，而天下莫能載。小入無間，而天下莫能破。察之之功如此，君子於謹獨之學，其可忽耶？

四明沈氏曰：「人猶有所憾」，憾只是有不足天地之意。人憾天地之大，固知有大於天地者。然人能憾天地之大，以爲小者，亦非常人。必其見卓然出於天地範圍之外者，然後能憾之也。天地之大，猶有憾聖人不知、不能。「上天之載，無聲無臭」，此君子語道之大處。造端乎夫婦，與知與能，德輶如毛，此語道之小處。六合雖大，未離其内，一天之下，何能容之，所以莫能載也。秋毫雖小，待之成體，百姓日用，何能間之，所以莫能破也。

高要譚氏曰：夫天地猶有憾，❶聖人猶有所不能，此則語之大也。語之大，則高深而難窮，故曰「天下莫能載」。道造端乎夫婦，而愚與不肖皆可與知，此則語之小也。語之小，則切當而可驗，故曰「天下莫能破」。夫推道之始終，自夫婦之微，而極于天地之大，學者當於此取則，以極其性分之所至可也。若更欲窮高極深，則蕩然無下工用力處，故夫子復引《詩》以譬之，曰「『鳶飛戾天，魚躍于淵』，言其上下察也」，察字尤要玩繹。夫天之高，不可得而窮，鳶飛所戾之處，則人之所見

❶「地」，通志堂本作「下」。

極矣。地之深，不可得而測，魚躍而出之處，則人之所見極矣。聖人示人以中庸常行之道，極其所至，以此爲準。天地之間，有鳶之飛，有魚之躍，自得其得，自樂其樂，各極性分所至，有不能自已者。人能默識此理，便可涵泳一己之性，優游愉怡，其樂無窮。《孟子》所謂「樂則生，生則烏可已，烏可已，則不知手之舞之，足之蹈之」也。蓋學道者，貴乎識此道生動之意。若不識此道生動之意，則鬱結滯礙，其居也如被桎梏，其行也如觸牆壁，烏能久而不已乎？學者欲見飛躍端的，要當以自己胸次與天地相準，涵養此心，一息不忘，久久便自見矣。

永康陳氏曰：惟費故隱。橫渠曰：聚則明，散則隱。道以知爲始，以不知爲至。《詩》曰：「不識不知，順帝之則。」道以能行爲始，以不能爲至。《易》曰：「不疾而速，不行而至。」天地之大也，猶有所憾。《易》曰：「天地設位，聖人成能。」語大道之全體，語小道之致用。「鳶飛戾天，魚躍于淵」，鼓萬物而無乎不在者，天理也，故君子無所不致其察。❶夫婦，可以與知，可以能行之地也。天地有所不知，有所不能之地也。造端於可以與知、可以能行之地，此精義入神，利用安身之事也。致察於有所不知、有所不能之地，此過此以往，窮神知化之事也。要之，可以與知，便是有所不知之端；可以能行，便是有所不能之端。君子之學，動有依據，不如異端之倏然直指，泛然無着也。

嚴陵喻氏曰：「天地之大也，人猶有所

❶「察」下，通志堂本、四庫本有「乎」字。

憾」，天地氣形也，此道非氣形所能囿，天地在此道中，特物之最巨者爾。故有憾於天地者，以其雖大，而實囿於氣形，非若此道之無方無體，非氣形之所能囿也。非氣形之所能囿，非天下之至大者歟？無氣形之可見，非天下之至小者歟？語大而至於此，非推而廣之也，其大無外，孰能載之？語小而至於此，非斂而藏之也，其小無内，孰能破之？

宣城奚氏曰：天下事可以加思者，皆可知也；可以致力者，皆可能也。至理所在，無言可傳，無象可則。明目而視，不可得而見。傾耳而聽，❶不可得而聞。是豈可以加思致力也哉？不可加思，則無所容吾知也。不可致力，則無所容吾能也。《易》曰：「過此以往，未之或知。」經曰：「中庸不可能。」凡可知、可能者，理之粗者也。吾夫子性天道之不可聞，一貫之理，非由學識，知與能何庸施焉？如回之卓爾，參之一唯，點之詠歸，自有不容言之妙。誠非可以區區之精神，强揉而力取也。

蔡氏曰：此總言達道也。男女居室，大倫之始，❷故首以夫婦言之。與知者，智之端；能行者，仁之端。及其至者，勇之義。道非德不凝，故以智、仁、勇起之。聖人不知、不能，蓋道德之至，四時自行，百物自生矣。「鳶飛戾天，魚躍于淵」，言道之流行，上下昭著，無物不在，即下之所謂「體物不遺」者。同時同義，但一主乎體，一主乎用耳。又曰：「費而隱」，猶

❶「耳」，原作「目」，今據通志堂本、四庫本改。
❷「大」，通志堂本、四庫本作「人」。

柔而立也。三字只是形容一「道」字。自夫婦之愚、不肖與知能行，❶至聖人有所不知、不能，皆費而隱也。　又曰：人莫不有是性，故雖夫婦之愚、不肖，可以與知能行。及其至也，則盡性至命矣。至命，故雖聖人有所不知、不能。　又曰：「及其至也」，即所謂形著動變之積，而至於至誠之化也。　又曰：聖人有所不能不知，即生物不測之義。《易》曰「過此以往，未之或知」，正與此義同。　又曰：「語大，天下莫能載」者，言道之費也。「語小，天下莫能破」者，言道之隱也。蓋將自其費者而言之，則其用廣，天下莫有能具載之者。自其隱者而言之，則其體微，天下莫能破之者，所以贊其費隱之盛也。　又曰：「鳶飛戾天，魚躍于淵」，贊上文「及其至也」之妙。道體流行，上下昭著，莫知所以然而然。至此，亦豈聖人所知、所能哉？

晉陵錢氏曰：此一節謂中庸之道自察而入，君子之道不能語人，亦在夫人察之而已。夫婦可以與知能行，此君子之入道，所謂造端也。察乎天地，則天地之間，無非此道，非聖人所能知、能行也。故求中庸在乎知，求知之在乎察。《大學》曰「致知在格物」，格物亦察也。

東萊呂氏曰：天下莫能載者方是大，天下莫能破者方是小。

嵩山晁氏曰：語夫天下莫能事之大，則其大者誠也。語夫天下莫能分之小，則其小者誠也。蓋雖大而中也，其小亦中也。人誰有憾於予哉？

❶「能行」，通志堂本、四庫本作「與能」。

新定顧氏曰：道之本體，莫測其始，莫窮其終。天地不得不施生，日月不得不代明，萬物不得不消息。聖人知其出於此道爾，安能知此道之所以然耶？故曰聖人亦有所不知焉。今夫天下之生久矣，一治一亂，聖人汲汲皇皇，立經陳紀，垂世立教，凡以求天下之長治而無亂也，然而卒不能也。堯、湯有水旱之災，則其不能得之天者如此。夫子有陳蔡之厄，則其不能得之人者如此。説者因是歸之於數。夫數出於道者也，聖人容有不能轉移者，故曰「聖人亦有所不能」。

新定錢氏曰：舉天下之有形者，無不載矣。所以莫能載者，何物？舉天下之有形者，皆可破矣，所以莫能破者，何物？於鳶之飛，魚之躍，而有會焉，則其説昭昭矣，故曰「上下察」。處處呈露，焉可誣也？

子曰：「道不遠人，人之爲道而遠人，不可以爲道。《詩》云：『執柯伐柯，❶其則不遠。』執柯以伐柯，睨而視之，猶以爲遠。故君子以人治人，改而止。忠恕違道不遠，施諸己而不願，亦勿施於人。君子之道四，丘未能一焉。所求乎子以事父，未能也。所求乎臣以事君，未能也。所求乎弟以事兄，未能也。所求乎朋友先施之，未能也。庸德之行，庸言之謹，有所不足，不敢不勉，有餘不敢盡。言顧行，行顧言。君子胡不慥慥爾。

鄭氏曰：則，法也。言持柯伐木，將以爲柯近，以柯爲尺寸之法也。人有過，君子以人道治之，其人改則止赦之，不責以人所不能也。違，猶去也。聖人而曰我未

❶「執」，通志堂本、四庫本作「伐」，是。

能一焉，明人當勉之無已。庸，猶常也。德常行也，言常謹也。慥慥，守實言行相應之貌。❶

孔氏曰：自此至「徼幸」一節，明中庸之道去人不遠，但行於己，則能及物。所引《詩·豳風·伐柯》之篇。柯，斧柄也。《周禮》云：「柯長三尺，博三寸。」柯柄長短，其法不遠，人猶以爲遠，明爲道不可以遠也。「所求乎子」以下四者，言欲求之於他人，必先行之於己。欲求其子以孝道事己，須以孝道事父母。夫子聖人，猶曰「我未能」，凡人當勉之無已。又譬如己爲諸侯，欲求於人以忠事己，己當先忠於天子。欲求朋友以恩惠施己，則己當先施恩惠也。

河南程氏曰：「執柯伐柯，其則不遠」，人猶以爲遠。君子之道，本諸身，發諸心，豈遠乎哉？伊川　又曰：以己及物，仁也。推己及物，恕也。違道不遠，是也，忠恕一以貫之。忠者天道，恕者人道。忠者無妄，恕者所以行乎忠也。忠者體，恕者用，大本達道也。此與「違道不遠」異者，動以天爾。明道　又曰：忠恕兩字，要除一箇除不得。明道　又曰：盡己之謂忠，推己之謂恕。忠，體也。恕，用也。又曰：書己爲忠，如心爲恕。或問：「恕」字，學者可用功否？曰：恕字甚大，然恕不可獨用，須得忠以爲體。不忠，何以能恕？看忠恕兩字，自見相爲用處。伊川　又曰：忠恕所以公平。造德則自忠恕，其致則公平。伊川　又曰：事上之道莫若忠，待下之道莫若恕。伊川

❶「守」，通志堂本、四庫本作「乎篤」。

又曰：人謂盡己之謂忠，盡物之謂恕。盡己之謂忠，固是。盡物之謂恕，則未盡。推己之謂恕，盡物之謂信。伊川　又曰：有餘便是過。慥慥，篤實貌。

横渠張氏曰：所求乎君子之道四，是實未能，道何嘗有盡？聖人，人也。人則有限，是誠不能盡道也。聖人之心，則直欲盡道，事則安能得盡？如博施濟衆，堯舜實病諸。堯、舜之心，其施直欲至于無窮，方爲博施。然安得若是？脩己以安百姓，是亦堯、舜實病之。欲得人人如此，然安得人人如此？　又曰：虚者，仁之原。忠恕者，與仁俱生。禮義者，仁之用。　又曰：以責人之心責己則盡道，所謂「君子之道四，丘未能一焉」者也。以愛己之心愛人則盡仁，所謂「施諸己而不願，亦勿施於人」者也。以衆人望人則易從，所謂「以人治人，改而止」者也。此君子所以責己、責人、愛人之三術也。

藍田吕氏曰：此章言治己、治人之常道也。「苟非其人，道不虚行。」「人能弘道，非道弘人。」故道雖本於天，行之者在人而已。妙道精義，常存乎君臣、父子、夫婦、朋友之間，不離乎交際、酬酢、應對之末，皆人心之所同然，未有不出於天者也。若絶乎人倫，外乎世務，窮其所不可知，議其所不可及，則有天人之分，内外之别，非所謂大而無外，一以貫之，安在其爲道也歟？柯，斧之柄也，而求柯於木，其尺度之則固不遠矣，然柯猶在外，睨而視之，始得其則。若夫治己、治人之道，於己取之，不必睨視之勞，而自得於此矣。故君子推是心也，其治衆人也以衆人之道而已。以衆人之所及知責其所知，以衆人之所能責其所行，❶改而後止，不厚望也。其愛人也，以忠恕而已。忠者，誠有是心而不自欺。恕者，推待己之心以及人者也。忠恕不可謂之道，而道非忠恕不行，此所以言「違道不遠」，孔子謂「吾道一以貫之」者也。❷其治己也，以求乎人者，反於吾身。事父、事君、事兄，先施之朋友，皆衆人之所能。盡人倫之至，通乎神明，光于四海，有性焉，君子不謂之命，則雖聖人，亦自謂未能。此舜所以盡事親之道，必至瞽叟、底豫者也。故君子責己、責人、愛人，有三術焉。以責人之心責己，則盡道，所謂「君子之道四，丘未能一焉」者也。以愛己之心愛人，則盡仁，所謂「施諸己而不願，亦勿施於人」者也。以衆人望人，則易從，所謂「以人治人，改而止」者也。庸者，常道也。事父孝，事君忠，事兄弟，交朋友信，庸德也，必行而已。有問有答，有唱有和，不越乎此者，庸言也，無易而已。不足而不勉，則德有止而不進。有餘而盡之，則道難繼而不行。無是行也，不敢苟言以自欺，故「言顧行」。有是言也，不敢不行而自棄，故「行顧言」。言行相顧，知造乎誠實以自信。此君子所以慥慥，造乎誠實之謂也。

上蔡謝氏曰：問忠恕，曰：猶形影也。無忠，做恕不出來。「己所不欲，勿施於人」，「施諸己而不願，亦勿施諸人」，説得自分明。恕，如心而已。恕，天道也。伯醇曰：「天地變化，草木蕃」，是天地之

❶「行」，原缺，今據通志堂本、四庫本補。
❷「道」，原缺，今據通志堂本、四庫本補。

恕。「天地閉，賢人隱」，是天地之不恕。朱震問：天地何故亦有不恕？曰：天因人者也。若不因人，何故人能與天地爲一？故有意、必、固、我，則與天地不相似。

建安游氏曰：仁人心也，道自道也，則是道不離自心而已，夫何遠之有？人之爲道，而不本於心，則違道也遠矣，故終不可以入道。爲道而不本於心，則執柯伐柯之譬也，故曰「其則不遠」。此盡己之忠也。然道非彼也，心非此也，以心望道，猶爲兩物也，故睨而視之，猶以爲遠。由此觀之，道固不可以頓進也。脩身猶然，而況於治人乎？故君子不以道責人，而以人治人，取其改而止，此盡物之恕也。使其盡道以望人，則改而不止，則是中也。弃不中，非中庸之道也。夫道一以貫之，無物我之間也。既曰忠恕，則已違道矣。然忠以盡己，則將以至忘己也。恕以盡物，則將以至忘物也。則善爲道者，莫近焉，故雖違而不遠矣。施諸己而不願，亦勿施於人，則以忠恕之方，而參彼己之道也。參彼己者，亦將致一而後已也。「丘未能一」者，夫子之得邦家也，則人倫正而五品遜矣，何未能之有？唯夫子之道不行於天下，則有求於世人，而未得者矣。其曰「丘未能一」者，自任以天下之重，而責己之周也。《孟子》謂「舜爲法於天下」，而「我猶未免爲鄉人」，亦是意也。所謂出則事公卿，入則事父兄，何有於我者，以在己者言之，非若所求於他人者也。庸德之行，是行以德成，而德之外無餘行。庸言之謹，是言以行出，而行之外無餘言。「有所不足，不敢不勉」，將以踐言也，則其行顧言矣。「有餘不敢盡」，恥躬之不逮也，則其言顧行矣。言行相顧，則於心無餒，故曰「胡不慥慥爾」。慥慥，心之實也。

延平楊氏曰：仁者，人也，合而言之，道也。道豈嘗離人哉？人而爲道，與道二矣，道之所以遠也。執柯以伐柯，與柯二矣，爲道之譬也。睨而視之，猶以爲遠，爲道而遠人之譬也。執柯以伐柯，其取譬可謂近矣，睨而視之，猶且以爲遠，況不能以近取譬乎？則其違道可知矣。故「君子以人治人，改而止」。以人治人，仁之也。伊尹以斯道覺斯民是也。改而止，不爲已甚也。蓋道一而已，仁是也。視天下無一物之非仁，則道其在是矣。然其道終不可爲乎？曰：自道言之，則執柯伐柯猶以爲遠也。自求仁言之，則唯忠恕莫近焉。故又言之以示進爲之方，庶乎學者可與入德矣。「君子之道四，丘未能一」者，聖人豈有異於人乎哉？人倫之至而已。孔子於君臣、父子、兄弟、朋友之間，皆曰未能者，不敢居其至也。君子之學，常若不及，猶恐失之。自謂能焉，其失遠矣。子夏既除喪，與之琴，使之絃，侃侃而樂，作而曰：「先王制禮，不敢不及也。」閔子既除喪，與之琴，使之絃，切切而悲，作而曰：「先王制禮，不敢過也。」夫哀未忘而斷之以禮，有餘不敢盡也。哀已忘而引之以及禮，不足不敢不勉也。此「庸德之行，庸言之謹」也。有所不足，必跂而及之，有餘不敢盡，所以趨中也。可言不可行，君子不言也，故「言顧行」。可行不可言，君子不行也，故「行顧言」。言顧行，行顧言，內外進矣，故曰「胡不慥慥爾」。慥之言造也。

又曰：《孟子》言舜之怨慕，非深知舜之心不能及此。據舜惟患不順於父母，不謂其盡孝也。《凱風》之詩曰：「母氏聖善，我無令人。」孝子之事親如此，此孔子所以取之也。孔子曰：「君子之道四，丘未能一焉。」若乃自以爲能，則失之矣。

河東侯氏曰：前章言道之大也不可載，小也不可破。子思又恐學者窮高極遠，游心天地之外，以求所謂道者，則其於中庸也遠矣，故曰「道不遠人，人之爲道而遠人」。爲道，如世儒言顔子樂道同，故曰「不可以爲道」。爲字不可重看。若父子之仁，君臣之義，道也，是豈遠哉？即父子，而父子之道明，即君臣，而君臣之義立，此人之道也。《孟子》曰「民之秉彝，故好是懿德」是也。故引《詩》「執柯伐柯，其則不遠」以明之。又曰「執柯以伐柯，睨而視之，猶以爲遠」，謂柯之則，不在他柯，而柯自有天然之則，故曰「睨而視之，猶以爲遠」也，謂其猶二也。譬如君子之道，本諸身，發諸心，不在於他，率性脩道而已。其加諸庶民亦若是，故曰「君子以人治人，改而止，忠恕違道不遠，施諸己而不願，亦勿施於人」。噫，施諸己而不願，然後勿施於人，固已違道矣。然而謂之不遠者，以其善推其所爲而已。雖然如是，君子一視而同仁，吾道一以貫之。曾子謂「夫子之道，忠恕而已」，孔子亦曰「老者安之，朋友信之，少者懷之」，惡在其爲施諸己不願，❶而勿施於人也。忠恕一也，性分不同。夫子聖人也，故不待推顔子、子思、孟子、子貢之

❶「己」下，通志堂本、四庫本有「而」字。

忠恕，其知之所及，仁之所守，勇之所行，皆至於斯，故或曰「無施勞」，或曰「施諸己而不願，亦勿施於人」，或曰「老吾老，以及人之老，幼吾幼，以及人之幼」，或曰「我不欲人之加諸我也，吾亦欲無加諸人」，此安仁、行仁、求仁之序也。　又曰：此章前言「道不遠人」，❶「以人治人，改而止，忠恕違道不遠，施諸己而不願，亦勿施於人」。　子思恐學者低看却理，故舉父子、君臣、兄弟、朋友之常，雖聖人有所未能以明之。　父子之仁，天性也，君臣之義也，兄弟亦仁也，朋友亦義也。　孔子自謂皆未能，何也？　只謂恕己以及人，則聖人將使天下皆無父子，無君臣乎？　蓋以責人之心責己，則盡道也。　夫聖孔子不居此四者，聖人言未能，亦不得已也。《孟子》曰：「口之於味也，目之於色也，耳之於聲也，鼻之於臭也，四肢之於安佚也，性也，有命焉，君子不謂性也。仁之於父子也，義之於君臣也，禮之於賓主也，知之於賢者也，聖人之於天道也，命也，有性焉，君子不謂命也。」孔子聖人也，聖人人倫之至，豈有不能哉？　云未能者，非不能也。　有命焉，有性焉，不得不可以爲悦者也。　事君而盡臣道焉，不得乎君，猶以爲未盡也。❷　事親而盡子道焉，不得乎親，猶以爲未盡也。　事兄弟、朋友亦然。　若己盡其道而不得焉，自曰能之，非也。　舜之於堯，堯之於舜，君臣之道盡也。　過此焉，謂之盡者，吾未見其可也。　以孔子之聖，猶曰未能者，此也。

❶ 「前言」，通志堂本、四庫本無。
❷ 「以」，原缺，今據通志堂本、四庫本補。

然而不敢厚誣天下，而曰終不能者，猶幸其一二焉，故皆曰未能，亦聖人之時中也。雖然，命也者，性存焉，故又繼之以「庸德之行，庸言之謹，有所不足，不敢不勉，有餘不敢盡，言顧行，行顧言」，慥慥而誠實至於中，則不敢不勉也。《孟子》曰：「欲爲君，盡君道，欲爲臣，盡臣道。二者皆法堯舜而已。」今人有君親而不盡其心以事焉，曰聖人猶未能盡，而曰恕己以及人，皆非也。是禍天下君臣、父子也。

又曰：曾子説出忠恕二字，子思所以只發明恕字者，何故？曰：無恕，不見得忠，無忠做恕不出來。誠有是心之謂忠，見於功用之謂恕。曰：明道言「忠恕二字，要除一箇除不得」，正謂此歟？曰：然。

新安朱氏曰：此第十三章。睨，邪視也。言人執柯伐木以爲柯者，彼柯長短之法在此柯耳。然猶有彼此之別，故伐者視之，猶以爲遠也。若以人治人，則所以爲人之道，各在當人之身，初無彼此之別，故君子之治人也，即以其人之道還治其人之身。其人能改，即止不治。蓋責之以其所能行，❶非欲其遠人以爲道也。張子所謂「以衆人望人，則易從」是也。盡己之心爲忠，推己及人爲恕。「違道不遠」，言自此至彼，相去不遠，非背而去之之謂也。道即其不遠人者是也。「施諸己而不願，亦勿施於人」，忠恕之事也。以己之心度人之心，未嘗不同，則道之不遠於人者可見。故己之所不欲，則勿以施之於人，亦不遠人以爲道之事。張子所謂「以愛己之心愛人，則盡仁」是也。

❶「所」下，通志堂本、四庫本有「能知」二字。

子、臣、弟、友四字絶句。求，猶責也，道不遠人，凡己之所以責人者，皆道之所當然也，故反之以自責而自脩焉。庸，平常也。行者踐其實，謹者擇其可。德不足而勉，則行益力。言有餘而訒，則謹益至。謹之至，則「言顧行」矣。行之力，則「行顧言」矣。慥慥，篤實貌。言君子之言行如此，豈不慥慥乎？贊美之也。凡此皆不遠人以爲道之事。張子所謂「以責人之心責己，則盡道」是也。「道不遠人」者，夫婦所能，「丘未能一」者，聖人所不能，皆費也。而其所以然者，則至隱存焉。下章放此。　或問：子以爲以人治人，爲以彼人之道還治彼人，善矣。又謂責其所能知、能行，而引張子之説以實之，則無乃流於姑息之論，而所謂人之道者，不得爲道之全也耶？曰：上章固言之矣。夫婦之所能知、能行者，道也。聖人之所不知、不能，而天地猶有憾者，亦道也。然自人而言，則夫婦之所能知、能行者，人之所切於身，而不可須臾離者也。至於天地、聖人所不能及，則其求之當有漸次，而或非日用之所急矣。然則責人而先其切於身之不可離者，後其有漸而不急者，是乃行遠自邇，升高自卑之序。使其由是而不已焉，則人道之全，亦將可以馴致。今必以是姑息，而遽欲盡道以責於人，吾見其失先後之序，違緩急之宜。人之受責者，將至於有所不堪，而道之無窮，則終非一人一日之所能盡也。是亦兩失之而已焉爾。　曰：子、臣、弟、友之絶句，❶何也？曰：夫子之意，

❶「之」，通志堂本、四庫本無。

蓋曰我之所責乎子之事己者如此，而反求乎己之所以事父，則未能如此也；所責乎臣之事己者如此，❶而反求乎己之所以事君，則未能如此也。所責乎弟之事己者如此，❷而反求乎己之所以事兄，則未能如此也。所責乎朋友之施己者如此，而反求乎己之所以先施於彼者，則未能如此也。於是以其所以責彼者，自責於庸言、庸行之間，蓋不待求之於他，而吾之所以自脩之，則具於此矣。今或不得其讀，而以父、君、兄、友之四字爲絶句，則於文意有所不通，而其義亦何所當哉？　又曰：諸家説《論語》者，多引此章以明「一以貫之」之義。説此章者，又引《論語》以釋「違道不遠」之意。一矛一盾，終不相謀，而牽合不置，學者蓋深病之。及深考乎程子之言，有所謂動以天者，然後知二者之爲忠恕，其迹雖同，而所以爲忠恕者，其心實異。非其知德之深，知言之至，其孰能判然如此，而無疑哉？　然盡己推己，乃忠恕之所以名，而正爲此章「違道不遠」之事。若動以天而一以貫之，則不待盡己而至誠者自無息，不待推己而萬物各得其所矣。曾子之言，蓋指其不可名之妙，而借其可名之粗以明之。學者默識於言意之表，則亦足以互相發明，而不害其爲同也。餘説雖多，大概放此。推此意以觀之，則其爲得失自可見矣。「違道不遠」，如「齊師違穀七里」之「違」，非背而去之之謂。諸説於此多所未合，則不察文義，而强爲之説之

❶「己」，通志堂本、四庫本作「君」。

❷「己」，通志堂本、四庫本作「兄」。

過也。夫齊師違穀七里，而穀人不知，則非昔已在穀，❶而今始去之也，蓋曰自此而去以至於穀纔七里耳。《孟子》所云「夜氣不足以存，則其違禽獸不遠矣」。非謂昔本禽獸，而今始違之也。亦曰自此而去，以入於禽獸不遠耳。蓋所謂道者，當然之理而已。根於人心，而見諸行事，不待勉而能也。然唯盡己之心而推以及人，可以得其當然之實，而施無不當。不然則求之愈遠，而愈不近矣。此所以自是忠恕而往，以至於道，獨爲不遠。其曰違者，非背而去之之謂也。程子又謂「事上之道莫若忠，待下之道莫若恕」，此則不可曉者。若姑以所重言之，則似亦不爲無理。若究其極，則忠之與恕，初不相離。程子所謂要除一箇除不得，而謝氏以爲猶形影者，意可見矣。今析爲二事而兩用之，則是果有無恕之忠，無忠之恕，而所以事上接下者，皆出於强爲而不由乎中矣。豈忠恕之謂哉？是於程子他說殊不相似，意其記録之或誤。不然則一時有爲言之，而非正爲忠恕發也。張子二說皆深得之，但「虚者仁之原，忠恕與仁俱生」之語，若未瑩耳。吕氏改本大略不盡經意，舊本乃推張子之言而詳實有味。但「柯猶在外」以下爲未盡善。若易之曰：「所謂則者，猶在所執之柯，而不在所伐之柯，故執柯者必有睨視之勞，而猶以爲遠也。若夫以人治人，則異於是。蓋衆人之道，止在衆人之身。若以其所及知者責其知，以其所能行者責其行，人改即止，不厚望焉，則不

❶「在」，通志堂本、四庫本作「至」。

必睨視之勞，而所以治之之則，不遠於彼，而得之矣。忠者，誠有是心而不自欺也。恕者，推待己之心以及人也。推其誠心以及於人，則其所以愛人之道不遠於我而得之矣。至於事父、事君、事兄、交友，皆以所求乎人者，責乎己之所未能，則其所以治己之道，亦不遠於心而得之矣。夫四者固皆衆人之所能，而聖人乃自謂未能者，亦曰未能如其所以責人者耳。此見聖人之心純亦不已，而道之體用，其大，天下莫能載，其小，天下莫能破。舜之所以盡事親之道，必至乎瞽瞍厎豫者，蓋爲此也。」如此然後屬乎「庸者常道」之云，則庶乎其無病矣。且其曰「有餘而盡之，則道難繼而不行」，又不若游氏所引「恥躬不逮」爲得其大意也。謝氏、侯氏所論《論語》之忠恕，獨得程子之意。但程子所謂天地之不恕，亦曰天地之化，生生不窮，特以氣機闔闢，有通有塞。故當其通也，天地變化，草木蕃，則有似於恕。當其塞也，天地閉，而賢人隱，則有似於不恕耳。其曰不恕，非若人之閉於私欲，而實有忮害之心也。謝氏推明其說，乃謂天地之有不恕乃因人而然，則其說有未究者。蓋若以爲人不致中，則天地有時而不位，人不致和，則萬物有時而不育，是謂天地之氣因人之不恕而有似於不恕，則可。若曰天地因人之不恕而實有不恕之心，則是彼爲人者，既以忮心失恕而自絕於天矣；爲天地者，反傚其所爲，以自已其於穆之命也，豈不誤哉！游氏之說，其病尤多。❶至

❶「尤」，原作「猶」，今據通志堂本、四庫本改。

謂道無物我之間，而忠恕將以至於忘己忘物，則爲已違道，而猶未遠也。是則老莊之遺意，而遠人甚矣。豈中庸之旨哉！❶楊氏又謂，以人爲道，則與道二而遠於道，故戒人不可以爲道。如執柯以伐柯，則與柯二，故睨而視之，猶以爲遠。則其違經背理，又有甚焉。使經而曰人而爲道則遠人，❷故君子不可以爲道，則其説信矣。今經文如此，而其説乃如彼。既於文義有所不通，而推其意，又將使道爲無用之物，人無入道之門，而聖人之教人以爲道者，反爲誤人，而有害於道。是安有此理哉！既又曰：自道言之，則不可爲，自求仁言之，則忠恕者莫近焉，則己自知其有所不通，而復爲是説以救之。然終亦矛盾而無所合。是皆流於異端之説，不但毫釐之差而已也。侯氏固多疏闊，其引顔子樂道之説，愚於《論語》已辨之矣。至於「四者未能」之説，獨以爲若止謂恕己以及人，則是聖人將使天下皆無父子、君臣矣。此則諸家皆所不及。蓋近世果有不得其讀，而輒爲之説，曰此君子以一己之難克，而知天下皆可恕之人也。嗚呼！此非所謂將使天下皆無父子、君臣者乎？侯氏之言於是乎驗矣。　又《語録》曰：「人之爲道而遠人」，如「爲仁由己」之「爲」。「不可以爲道」，如「克己復禮爲仁」之「爲」。

北溪陳氏曰：伊川謂「盡己之謂忠，推己之謂恕」。忠就心説，是己之心無不真實者。恕就待人接物處説，只是推己心之

❶「旨」，通志堂本、四庫本作「道」。

❷「爲」，通志堂本、四庫本作「違」，是。

真實者以及人物而已。推己心以及人，要如己心之所欲，便是恕。夫子謂「己所不欲，勿施於人」，只是就一邊論，實不止是勿施己所不欲者，凡己之所欲，須要施於人方可。如己欲孝，人亦欲孝，己欲弟，人亦欲弟，必推己之所欲孝、欲弟者以及人，使人亦得以遂其欲孝、欲弟之心。上蔡謂忠恕猶形影，説得好。大概忠恕只是一物，存諸己者既忠，則發於外便是恕；應事接物處不恕，則在我必不十分真實。故發出忠底心，便是恕底事，做成恕底事，便是忠底心。無忠而恕，便流爲姑息，非所謂由中及物。《中庸》説「忠恕違道不遠」，正謂學者之忠恕。曾子説夫子之道忠恕，乃是説聖人。聖人忠恕，是天道，學者忠恕，是人道。又曰：范忠宣公謂「以責人之心責己」，則是；「以恕己之心恕人」一句，不是。據此説只似箇饒人意思，似今人説且恕、不恕之意。如此則己有過，且自恕己，人有過，又并恕人，相率爲不肖之歸，豈古人推己恕之義乎？

涑水司馬氏曰：伐柯猶須睨而視之，至於求道只在己心。

長樂劉氏曰：故人能盡其性者，可使治人，則人人各改其過、不及者，而止乎中道，此之謂「以人治人，改而止」也。君臣、父子、兄弟、朋友、夫婦五者，君子所以位乎其道也。仲尼自誠而明，學而不厭，身爲萬世之法，行爲五常之師，無所施而不得其至。使之事君，萬世不能過其忠也。使之事父，萬世不能過其孝也。使之事兄，萬世不能過其弟也。使之處朋友，無所不務於先施也。不幸生而無父，不得盡乎其爲子之誠也。不幸仕而無君，不得盡乎其爲臣之忠也。不幸長而無兄，不得盡乎其爲弟之順也。不幸貧而無財，不得盡乎其朋友之施也。故曰「君子之道四，而丘未能一焉」，所以自傷以爲歉也。

嵩山晁氏曰：忠恕之爲中也，均率是性而爲道，莫之或遠也。遠於人，則可須臾離也。以其不遠人，而忠恕之名立也。爲人父而忠恕，則已與一家去道不遠也。爲人君而忠恕，則已與天下國家去道不遠也。忠恕以人治人，猶己肫肫其中也。

海陵胡氏曰：此言忠恕之道不遠於人情。內盡其心謂之忠，如己之心謂之恕。人能推己之欲以及人之欲，推己之惡以及人之惡。己愛其親，必思人亦愛其親。己愛其子，必思人亦愛其子。至於好安逸，惡危殆，趨歡樂，惡死亡，是人情不相遠也。故忠恕之爲道，不遠於人情。遠人者，謂己欲之，不顧人之不欲；己惡之，不顧人之不惡也。❶是非忠恕，故云「不可以爲道」。引《豳詩》以證不遠人之義，執其柯以伐柯，其法則不過於手目之間耳，固不遠也。伐柯之時，猶須邪視，顧其長短，恐有所差。若比之於忠恕，則伐柯猶以爲遠，何者？忠恕積於心，發於外，所爲必中，不勞思慮，自然合於人情。是則執柯伐柯，尚勞顧視，猶以爲遠者，言忠恕近人情之甚也。「忠恕違道不遠」者，此復言忠恕之美也。道者五常之總名。違，去也。去道不遠者，夫忠恕以博愛言之，仁也；以合宜言之，義也；以

❶ 下「不」字，原缺，今據通志堂本、四庫本補。

退讓言之，禮也；以察於物情言之，知也；以不欺於物言之，信也。故曰「違道不遠」。君子之道已下，又説忠恕之難。夫爲人父者，莫不責其子以孝，推其責子之心事其父，不可勝孝也。爲人君者，莫不責其臣以忠，推其責臣之心以事其君，不可勝忠也。爲人兄者，莫不責其弟以弟，推其責弟之心以事其兄，不可勝弟也。己之於朋友，莫不責人以先施，推其責友之心以處於己，不可勝義也。其道至廣，其行至難，聖人猶言「未能」，他人則須當勉之不已也。

兼山郭氏曰：道不遠人，則人於道，舉相似也。本之一身而準，移之於人而準，放之天下而準，推之古今而準。君子盡己之心而盡人物之心，則無事矣。此執柯伐柯，猶以爲遠也。「改而止」者，乃所以用夫忠恕也。蓋言用忠恕而行，其違道也不遠。聞之先生曰：「盡己者忠也，乾道變化，各正性命者，恕也。」推是而言，不過乎體用而已矣。「施諸己而不願，亦勿施於人」，「君子之道四，丘未能一焉」，皆恕也。以此而盡行，庸德之行也，以此而盡言，庸言之謹也。以此而知「不足，不敢不勉」，以此而知「有餘，不敢盡」。終於言行不違，而造於誠實而後已。又曰：「以人治人」，小人不知出此，則以夷狄禽獸治之，故暴虐糜爛，無所不至。

范陽張氏曰：先察知一己之難克，然後察見天下皆爲可恕之人，不敢妄責備焉。皆曰求者，所以致察也。夫自以爲能，則止矣，故終身不能；自以爲未能，則皇皇汲汲，其敢已耶？《羑里操》曰：「臣罪當誅兮，天王聖明。」此臣以事君而未能之意。舜祇見瞽瞍，負罪引慝，此子以事父未能之意。

四明沈氏曰：「君子以人治人」，兩「人」字皆是己。天下萬物之理，皆己所自有，不必求諸他。「人之爲道而遠人」，便不是以人治人。中庸本無止法，其曰「改而止」，未改自不可止，已改自不容止，是無止也。纔說出忠恕字，便已是違道了，但去本未甚遠耳。

莆陽林氏曰：道體混全，❶初未嘗破散。求於爲道，則道始破散不全。夫求道之初，聖人、衆人何嘗有異，唯爲道則非聖人矣。且如顔子，是甚等氣質，及其爲道，則仰彌高，鑽彌堅，瞻之在前，忽焉在後。不知顔子所謂堅高前後者是何物也。是顔子又不免有爲道之累。子思此語，非爲學道者而言，謂體道、見道者而言也。

高要譚氏曰：所謂道，即性之理也。凡受命於天而爲人者，均有是理。「人之爲道」一句，當精意玩繹。有人方有道，苟無人焉，道安在哉？故《孟子》亦曰：「仁者，人也。合而言之，道也。」道與人本不相離，既名爲道，而與人相遠，是不可以爲道也。道之在人，其近有甚於伐柯。即人可以得道，初不假於睨視而外求也。唯夫道常不遠於人，是以君子之治人，亦未嘗求其道，不過以人之道治人，使改而復爲人則止，更不外爲治之之術也。「以人治人，改而止」，君子忠恕之道，其在斯乎？忠者盡己，恕者盡物，與中庸之道無異致也。中庸之道，合内外

❶「混」，通志堂本、四庫本作「渾」。

彼己而爲一，故以忠恕求中庸，極爲切近。昔曾子指忠恕便爲夫子之道，而子思却因忠恕以見道之不遠，何也？曾子所指，誠者之事也，天之道也。子思所記，誠之者之事也，人之道也。夫子嘗曰：「有一言而可以終身行之者，其恕乎！己所不欲，勿施於人。」此正合子思所記之説，乃學者以人求天之事也。孟子從而爲之説，曰：「萬物皆備於我矣。反身而誠，樂莫大焉，强恕而行，求仁莫近焉。」此亦言誠之者之事，以人求天者也。以人求天，行之不已，其至則與天道爲一。學者欲求至於聖人，當自體忠行恕而積之可也。何謂體忠行恕？下言「君子之道四，丘未能一焉」，即夫子開示體忠行恕之微旨也。父子、君臣、兄弟、朋友之常道，雖甚易知、甚易行，及其至也，聖人亦有所不能知，亦有所不能行。夫子若曰：吾於此道，自謂能盡之，則天下之人皆知其易，而不知其難，且將言不顧行，行不顧言，自以爲有餘而不勉其所不足，不務力行，而唯以虚言相尚，固有所行未極其至，而所言先過其實者矣。故夫子以身示之曰：此四者，雖常道，若其至處，則吾皆未能也。此示學者體忠行恕之旨也。故繼言吾於常德則行之而不敢已，於常言則謹之而不妄出。❶又言自知有所不足，則勉强而力行；自知行有餘力，則當抑之而不敢盡出。又言言必顧行，行常恐不及於言；行必顧言，言常恐有過於行。味此數事，則知「丘未能一」之旨，固有在矣。曰「丘未能一」云

❶「於」上，通志堂本、四庫本有「吾」字。

者，所以示學者内不敢自欺，外薄責於人，此乃體忠行恕之微旨也。末云「君子胡不慥慥爾」，蓋夫子開誘後學，皆欲務實，不浮於言。務於實者，盡己之未至，即所謂忠也。不浮於言者，不夸人以難能，即所謂恕也。

吴興沈氏曰：道不外乎性，則人之於道，未嘗須臾相離，又何假於作爲耶？苟有意於爲道，則道遠於人矣。道遠於人，則不足以爲道，何者？以道不可爲也。故夫子舉《伐柯》之詩以證之。君子將以覺天下之未悟，亦曰「以人治人」而已。仁、義、禮、智之心，道之所自存，人皆有之。《孟子》所謂「仁者，人也。合而言之，道也」。人皆有是理，特未之覺耳。君子以是理而治人，俾改其所止。向也爲人臣，而不知所謂忠，今也改而爲忠。苟反於忠，則自然止於忠矣。向也爲人子，而不知所謂孝，今也改而爲孝。苟反於孝，則自然止於孝矣。至於爲君、爲父，與國人交，莫不皆改，止於仁，止於慈，止於信。若然者，非君子外夫人以治人也，特因其有是道，俾變易其僞，而反還其真，自然得所止，而不復有所遷徙也。「君子之道四，丘未能一」，夫子所謂未能，非未能也，惟其於是四者，深體而力行之，故有未能之嘆也。

晉陵錢氏曰：此一節謂中庸之道，取則於己。道，人道也。人道自人爲之。爲道而遠人，則非道矣。伐木爲柯者必以柯，其法則唯取於柯，可謂不遠。視之猶以爲遠，以所執、所伐二物故也。人之修身，則是以人而治人，初非二物。權衡尺度，本之吾心。即其不如吾心者，改之足矣，何必它求？

江陵項氏曰：「道不遠人，人之爲道而遠人，不可以爲道」，此言人之修道，其實甚約。「執柯伐柯」至「改而止」，謂修道者以人之道治人之形，使改其不合乎人者，而合乎人則止矣，豈有費哉？「忠恕違道不遠」至「君子之道四」，此以人治人之目也。我所施於人者，我願之乎？否也。以我所願治我所施，則不敢以施於人矣。我所求於人者，我能之乎？未也。❶以我所求治我所未能，則必求有以能於我矣。「庸德之行，庸言之謹」，此求於我之事也。「有所不足，不敢不勉」，己之行，必顧己之言，不敢以不及也。「有餘不敢盡」，己之言必顧己之行，不敢以過也。「言顧行，行顧言，君子胡不慥慥爾」，申言之，欲其加厚於此也。上文四求，猶以人與己相顧。至此直以己之言行自相顧也。人己相顧，恕也。己自相顧，忠也。慥慥，忠之至也。觀此章，則所知、所行皆近在吾身，而道固未嘗費也。

建安真氏曰：忠者，盡己之心也。恕者，推己之心以及人也。忠，盡乎内者也。恕，形於外者也。己之心既無一毫之不盡，則形之於外亦無一毫之不當。有忠而後有恕。忠者，形也；恕者，影也。在聖人，則曰誠；在學者，則曰忠。誠是自然而然，忠則須用着力。在聖人則不必言恕，在學者則當言恕。蓋聖人不待乎推，學者先盡己而後能及人，故有待乎推也。然學者若能於忠恕二字着力，於盡己、盡人之間無不極其至，久之亦可以到

❶「未」，通志堂本、四庫本作「否」。

至誠地位。又曰：恕者恕之謂，非寬厚之謂也。如我能爲善，亦欲它人如我之善。我無惡，亦欲人如我之無惡。我欲立，亦欲人之立。我欲達，亦欲人之達。大概是視人如己，推己及物之謂。

霅川倪氏曰：篇名《中庸》，論中之理詳矣，而論庸止曰庸德、庸言。❶蓋庸德而能行，庸言而能謹。所謂庸者，不過如是而已。能合于中，則能庸矣。「言顧行，行顧言」，不曰「視」，而曰「顧」者，視，正視也，顧，反視也。正視其前而無失，未爲盡也，必反視其後而無失，乃爲盡也。

李氏曰：父子、君臣、兄弟、朋友四者，人倫之所當然，固皆衆人之所能。而聖人乃曰「丘未能一焉」，亦曰吾反求諸己者，未能如其所以責人者耳。

四明宣氏曰：道之在人，人皆可能。及其至也，雖聖人猶以爲難。君子之道四，人倫之大者，莫過於此。❷孔子以恕求諸人，不敢以其難者責諸人，以忠責乎己，不敢以其易者信乎己。故所求乎子以事父，在我不敢自信其能也。且子之事父，使若愚夫、愚婦皆知有尊，孰不可以爲孝？況於聖人，何不能之有？惟夫人情之變無窮，而居其間者有出於意料之所不及，故雖聖人，不敢自信以爲能。推是而論，則舜之所以處父子，伊尹、周公之所以處君臣，舜、周公之所以處兄弟，自後世觀之，曰父子，曰君臣，曰兄弟，固以爲聖人可以無愧，自聖人觀之，終而不

❶「止曰」，通志堂本、四庫本作「則」。

❷「於」，通志堂本、四庫本作「如」。

敢自信以爲能。至若朋友先施之，❶聖賢所講，猶曰「不可竭人之忠」。而曾子、子夏相與切責之深。降此未必能受。然則處朋友之間，又敢自必其能邪？凡人之處己待人，每以爲吾無慊然者，其終必至於歸過於人而後已。是非紛争，彼此各立，相刃相靡，綱常或紊，皆聖道不明之故。然則忠恕一貫之學，其可忽諸？繒

林氏曰：此章聖人示人以切近誠實之學，欲使學者反身而求，故於言行之間必致其審。庸者，常也，人情於常者易忽，而聖人尤所加意也。庸德必行，庸言必謹，豈以常而忽之哉！

新定顧氏曰：「道不遠人」，所謂君子之道本於人心，夫何遠人之有？「人之爲道而遠人，不可以爲道」，人之行事，崖異奇詭，外乎人心之正理，非百世之可通行者也。申生之於孝，陳仲子之於廉，道其所道，非吾所謂道也。道之本體，寂然不動，君子之見於行事，則有忠恕。忠恕所以行道，去道不遠也。發於本心之謂忠，推己之心之謂恕。於文中心爲「忠」，如心爲「恕」，詳味中心、如心之義，而忠恕之説可明。觀此一章，「忠恕違道不違」一語，其綱領也。上文數句，大抵言忠之事，下文數句，大抵言恕之事。今人於恕之一辭，但知其爲寬之義爾。古人於恕之一辭，蓋備如心之義焉。謂恕但爲寬耶？則吾之所欲寬者，己也，而因以寬於人。彼此相與於寬，天下蕩然無事，縱弛之失，毋乃自是而生歟？德業毋乃自是而廢歟？且夫子嘗曰

❶「之」下，通志堂本、四庫本有「缺」字。

「無服之喪，内恕孔悲」，又豈寬之義耶？《孟子》曰：「强恕而行，求仁莫近焉。」仁者必有勇，有殺身以成仁。謂恕但爲寬，而乃近於仁，則仁之爲道，無乃已淺耶？夫子以恕告子貢，而曰「己所不欲，勿施於人」，舉一隅之言爾。學者不以三隅反，宜其失於淺也。蓋人之情，切責之意，每施於人，而不喜施於己；寬假之意，每施於己，而不常施於人。聖人不然。以其施於人者而施於己，以其施於己者而施於人，是爲如心，是夫子之所謂恕。

錢塘吴氏曰：「道不遠人」，道在邇也。人之所以與道遠者，爲之者遠之也。墨氏兼愛，是爲仁也，卒至於無父。楊氏爲我，是爲義也，卒至於無君。故人不可以爲道。《詩》云：「伐柯伐柯，❶其則不遠。」執柯以伐柯，睨而視之，猶以爲遠。仁義一也，由仁義行，與行仁義者不同。氣一也，集義所生，與義襲而取之者不同。伐柯一也，則由中出，與睨而視之者不同。❷君子以人治人，忠也；不以人治人，而治之以己，非忠也。改而止，恕也；改而責人無已，非恕也。故繼之曰「忠恕違道不遠」。如愚

四明袁氏曰：❸「以人治人」者，人昧於爲人，而教以人道，故曰治。不曰我治人，而曰「以人治人」，我亦人耳。人道不離吾身，亦不離各人之身，吾有此則，人亦有此則，以則取則，天則自然，非彼柯假

❶「伐」，原作「執」，今據通志堂本、四庫本改。
❷「由」，原作「猶」，今據通志堂本、四庫本改。
❸「四明袁氏」一段，原補在「卷一百二十七」之後，今據通志堂本移至此。

此柯之比也。人有過焉，能改則止。若責人已甚，違天則矣。故曰「忠恕違道不遠」。忠恕二字，見得以人治人最明，何則？中心爲「忠」，如心爲「恕」。試以心體之，人以不願施於我，必非我之所願。人我一也，而我乃以不願施諸人，豈中心、如心之謂乎？中心、如心者，以人治人而已。

禮記集説卷第一百二十七

禮記集說卷第一百二十八

「君子素其位而行，不願乎其外。素富貴行乎富貴，素貧賤行乎貧賤，素夷狄行乎夷狄，素患難行乎患難。君子無入而不自得焉。在上位不陵下，在下位不援上。正己而不求於人，則無怨。上不怨天，下不尤人。故君子居易以俟命，小人行險以徼幸。」子曰：「射有似乎君子，失諸正鵠，反求諸其身。」

鄭氏曰：援，謂牽持之也。無怨，人無怨之者也。易，猶平安也。俟命，聽天任命也。險，謂傾危之道。反求於其身，不以怨人。畫布曰正，棲皮曰鵠。

孔氏曰：素，鄉也。鄉其所居之位，而行所行之事，❶不願行在位外之事。鄉富貴之中，行道於富貴，謂不驕不淫也。鄉貧賤之中，行道於貧賤，謂不諂不懾也。「行乎夷狄」，謂夷狄雖陋，雖隨其俗，守道不改。「行乎患難」，謂臨危不傾，守死不變。「無入而不自得」者，言君子所入之處，皆守善道。「在上位不陵下」，此「素富貴行富貴」也。「在下位不援上」，此「素貧賤行貧賤」也。身處貧賤，則安之，宜令自樂，不得援牽富貴者。「正己而不求於人，則無怨」，此「素夷狄行夷狄」也。若入夷狄，當自正己而行，不求於彼人，則彼人無怨己者。「上不怨天，下不尤人」，此「素患難行患難」也。尤，過責也。易，平安也。言君子以道自處，

❶ 上「行」字下，通志堂本、四庫本有「其」字。

常居平安之中，以聽待天命也。小人以惡自居，常行險難傾危之事，以徼求榮達之道也。正，謂賓射之侯。鵠，謂大射之侯。

横渠張氏曰：責己者當知無天下國家皆非之理。故學至於不尤人，學之至也。

藍田吕氏曰：達則兼善天下，得志則澤加於民，「素富貴行於富貴」者也。不驕不淫，不足以道之也。窮則獨善其身，不得志則修身見於世，「素貧賤行乎貧賤」者也。不諂不懾，不足以道之也。言忠信，行篤敬，雖蠻貊之邦行矣，「素夷狄行乎夷狄」者也。文王内文明而外柔順，以蒙大難，箕子内難而能正其志，「素患難行乎患難」者也。愛人不親反其仁，治人不治反其智，此在上位所以不陵下也。彼以其富，我以吾仁，彼以其爵，我以吾義，吾何慊乎哉？此下位所以不援上也。陵下不從，則罪其下，援上不得，則非其上，是所謂尤人者也。「庸德之行，庸言之謹」，居易者也。國有道，不變塞焉；國無道，至死不變。心逸日休，行其所無事，如子從父命，無所往而不受，俟命者也。若夫行險以徼一旦之幸，得之則貪爲己力，不得則不能反躬，是所謂怨天者也。故君子正己而不求於人，如射而已。射之不中，由吾巧之不至也。故「失諸正鵠」者，未有不反求諸身。則德之不進，豈吾憂哉？

建安游氏曰：「素其位而行」者，即其位，而道行乎其中，若其素然也。舜之飯糗茹草，若將終身，此「素貧賤行乎貧賤」也。及其爲天子，被袗衣，鼓琴，若固有之，此「素富貴行乎富貴」也。飯糗袗衣，其位雖不同，而此道之行一也。至於夷狄患難亦若此而已。道無不行，則無入而不自得矣。蓋道之在天下，不以易世而有存亡，故無古今。則君子之行道，不以易地而有加損，故無得喪。此君子之得於心者然也。至於「在上位不陵下」，知富貴之非泰也。「在下位不援上」，知貧賤之非約也。此唯「正己而不求於人」者能之，故能「上不怨天」，以在我者有義也；「下不尤人」，以在物者有命也，此君子之見於行者然也。蓋君子爲能循理，故「居易以俟命」。居易未必不得也，故窮通皆好。小人反是，故「行險以徼幸」。行險未必常得也，故窮通皆醜。學者要當篤信而已。「射有似乎君子」者，射者發而不中，則必反而求其不中之因。意者志未正耶？體未直耶？持弓矢而未審固耶？然而不中者寡矣。君子之正身，亦若此也。愛人不親反其仁，治人不治反其智，禮人不答反其敬，行有不得者皆反求諸己而已，而何怨天尤人之有哉？「失諸正鵠」者，行有不得之況也。延平楊氏曰：君子居其位，若固有之，無出位之思，素其位也。萬物皆備於我，反身而誠，樂莫大焉，何願乎外之有？故能素其位而行，無入而不自得也。魯侯之不見孟子也，臧倉實尼之，而孟子曰：「予之不遇魯侯，天也，臧氏之子焉能使予不遇哉！」蓋孟子非有求於魯侯也，故其不怨天、不尤人如此。「居易以俟命」，行其無事也。❶「行險以徼幸」，不受命者也。詭遇而得禽者蓋有焉，君子不爲也。

❶「其」下，通志堂本、四庫本有「所」字。

「射有似乎君子」者，射以容節比於禮樂爲善。内志正，外體直，然後持弓矢審固。持弓矢審固，然後可以言中。射而失正鵠者，未能審固也。知射者豈他求哉？反而求諸身，以正吾志而已，此君子居易之道也。世之行險以徼幸者，一有失焉，益思所以詭遇也，則異於是矣。

河東侯氏曰：富貴、貧賤、夷狄、患難，行其素，則無事矣。《易》曰「素履往無咎」是也。　又曰：總老嘗問一士人曰：「《論語》云『默而識之』，識是識箇甚？子思言『君子無入不自得』，得是得箇甚？」或者無以爲對。侯子聞之，曰：「是不識吾儒之道，猶以吾儒語爲釋氏用，在吾儒爲不成説話。既曰默識與無入不自得，更理會甚識、甚得之事？是不成説話也。今人見筆墨須謂之筆墨，見人須謂之人，不須問。默而識之，是默識也，聖賢於道由是也。『庸言之信，庸行之謹』，是自得也。豈可名其所得、所識之事乎？」

新安朱氏曰：此第十四章，子思之言也。凡章首無「子曰」字者放此。素，猶見在也。言君子但因見在所居之位，而爲其所當爲，無慕乎其外之心也。「素富貴」以下，言素其位而行也。「在上位」以下，言不願乎其外也。「居易」，素位而行也，「俟命」，不願乎其外也。易，平地也。徼，求也。幸謂所不當得而得者。正、鵠，皆侯之中、射之的也。子思引此孔子之言，以結上文之意。　又曰：詭遇是做人不當做底，行險是做人不敢做底。

又曰：此章文義無可疑者，而張子所謂「當知無天下國家皆非之理」者，尤爲切至。呂氏説雖不免時有小失，然其大體則皆平正慤實而有餘味也。游氏説亦條暢，而存亡、得喪、窮通、好醜之説尤善。但楊氏以反身而誠爲不願乎外，則本文之意初未及此。而詭遇得禽，亦非行險徼幸之謂也。侯氏所辨常總默識自得之説甚當。近世佛者妄以吾言傳著其説，而旨意乖剌如此類者多矣，甚可笑也。但侯氏所以自爲説者，却有未善。若曰「識者知其理之如此而已，得者無所不足於吾心而已」，則豈不明白真實，而足以服其心乎？

海陵胡氏曰：位者所守之分，外者分外之事。富貴、貧賤、夷狄、患難，皆守己分，而行不過分也。君子向富貴之時，則得富貴之中道，貧賤之時，則得貧賤之中道，在夷狄、處患難亦然。所謂富貴，聖人固無心於此，假之以行其道耳。博施濟衆，舉賢援能，是富貴之中道也。不爲苟進，不求苟得，此貧賤之中道也。言忠信，行篤敬，此行夷狄之中道也。患難有二，或一身之患難，或天下之患難。處天下患難，生重於義，則捨義而取生；義重於生，則捨生而取義。一身之患難，但自守其道，不變其志，此行患難之道也。入猶向也。

嚴陵方氏曰：「素」，與《莊子》所謂「素逝」之「素」同，而與經所謂「素隱」之「素」異。蓋因其自然，無所與雜之謂也。居是位，則素是位，而行是事，所以不願乎其外也。富貴、貧賤、夷狄、患難，隨所遇而安之，此非「素其位而行，不願乎其外」者乎？是以朱輪駟馬，而舜不以爲泰；簞食瓢飲，而回不以爲憂；九夷之居，孔子不以爲陋；三年之征，周公不失其聖。君子素其位而行，蓋有見乎此，故曰「君子無入而不自得焉」。言入乎富貴，則得乎處富貴之道；入乎貧賤，則得乎處貧賤之道；夷狄、患難，亦若是而已。「在上位不陵下」，雖富貴而無驕故也。「在下位不援上」，雖貧賤而無諂故也。「正己而不求於人，則無怨」，《論語》所謂「躬自厚而薄責於人，❶則遠怨矣」是也。無怨者，非特人無怨於己，己亦無怨於人也。「上不怨天」，以處己有命也；「下不尤人」，以處己有義也。莫非命也，君子道其常，小人道其怪。道其常，故居易以俟之；道其怪，故行險以徼之。幸亦命也。君子不謂之命，而謂之幸焉，故孔子曰「罔之生也，幸而免」。

兼山郭氏曰：素者，豫定乎内之謂也。豫定乎内，視萬變皆吾素有也，又焉有陵下援上，怨天尤人之累乎？天人同功也，則同乎天人；義命一致也，則同乎義命，「故居易以俟命」。顧義之所存，而君子不獨謂命也，小人不知天命而不畏，所以行險以徼幸，其免也幸而已矣。

長樂陳氏曰：《易》曰：「素履之往，獨行願也。」故「素富貴行乎富貴，素貧賤行乎貧賤，素夷狄行乎夷狄，素患難行乎患難」，皆獨行其願，而無待乎外，則所往無咎，宜其「無入而不自得」也。夫如是，則在上位不驕，必不陵下矣，在下位不憂，必不援上矣。此所以「正己而不求於人」也，此所以「上不怨天，下不尤人」也，此所以「居易以俟命」也，此所以如射失正

❶「責」，原作「貴」，今據通志堂本、四庫本改。

鵠，而反求其身也。小人反是，是故「行險以徼幸」。嗚呼！君子求諸己，小人求諸人，於此可見矣。至於君子之道，如行遠自近，登高自卑。欲孝父母，自妻子始，則亦反諸身，求諸己耳。皆忠恕之所致，中庸之所成也。

四明沈氏曰：富貴、貧賤、夷狄、患難，不是位，正是外也。《易》之「正位居體」，《孟子》居「天下之正位」，乃位也。人處富貴、貧賤、患難、夷狄之變，便忘却正位，馳逐於外而不反。所謂行乎富貴，行乎貧賤，行乎夷狄，行乎患難，此位不變也，無入看去何處也，不用揀擇，不須把捉，非孔子不至此境。

高要譚氏曰：何謂行？踐履是也。何謂外？在天在人者是也。所居之處，雖險易窮通之不同，而身之履踐無造次顛沛之或變，此所謂「素其位而行」，「無入而不自得」也。自得云者，所樂在內，不在於外故也。彼在外者，一毫已上，君子皆以爲無預於己，而未嘗容心於其間。或歸之天，或歸之人，皆非我也。故得時而在上位，君子謂於我無加，我何敢驕倨以陵下耶？不遇而在下位，君子謂於我無損，我何所歆羡而援上耶？專務正己，不求於人，不得於天，我無怨焉，不得於人，我無尤焉。此所謂「不願乎其外」，「居易以俟命」也。凡此皆君子立命之說。顏子之屢空，孟子之不動心，皆有得於是。學者唯知所以立命，然後存心養性，有用力之地。儻不知立命，則將心馳於是非、利害、榮辱、禍福之境，而忿懥、恐懼、喜樂、憂患日交戰於胸中，又何以存其心、養其性耶？命者，貴賤、貧富、死生、壽夭，皆稟於天者也。一心之中，坦然平易。凡貴賤、貧富、死生、壽夭之在天者，但俟其來而順受之，初無毫髮芥蔕於胸次，故曰「君子居易以俟命」。

范陽張氏曰：素，猶雅素。終始富貴，則以忠恕之道行乎富貴，堯是也。終始貧賤，則以忠恕之道行乎貧賤，顔子是也。素夷狄，則以忠恕行乎夷狄，箕子是也。素患難，則以忠恕行乎患難，孔子是也。富貴、貧賤、夷狄、患難，皆天所以命我者，吾其如何哉？姑聽之而已。然吾有忠恕之道，無入而不自得，故盡其在我，不責備於人。其在上也，以忠恕待人，故不陵下。其在下也，以忠恕自處，故不援上。援者，欲己與之齊也。反求諸身，在我有杪忽之差，則在彼有尋丈之失。然則失諸正鵠，豈正鵠之罪哉？

永康陳氏曰：「素其位而行」，道自行也，無所不通之謂行。富貴以順來，而道常公之。貧賤、夷狄、患難極有窒處，而道常通之。回旋曲折，皆有樂地，如水由地中行，行因地而見，而行非地也。「居易以俟命」，信得及也，無所逃於天地之間。身者，天地萬物之準也，爲道之基也。修其身，至於與道爲一。由是推之，無有不準。一毫不準，必有一毫不盡處，盍亦觀諸射乎？

吴興沈氏曰：位非名位之謂也。立太極，奠三才，列萬物，止其所止之謂也。《孟子》曰：「君子所性，雖大行不加焉，雖窮居不損焉，分定故也。」《中庸》所謂「素其位而行，不願乎其外」者，此理也。惟其性分所止，無不具足，極天下之富貴、貧賤、夷狄、患難，皆不足爲吾加損也。故以之處富貴，則此位行乎富貴；處貧賤，則此位行乎貧賤；處夷狄，則此位行乎夷狄；處患難，則此位行乎患難。富貴、貧賤、夷狄、患難，雖紛擾於外，君子之位於内者，常自若也，何往而不自得焉？君子之位於内者如是，勢之尊卑，人自以爲上下耳，於君子何榮辱焉？故居上位則不陵下，在下位則不援上，亦其理宜然也。君子則然，小人反是，故曰「君子居易以俟命，小人行險以僥倖」。

東萊吕氏曰：「居易以俟命」，如「天命之謂性」之「命」，非特爲貴賤窮達也。

延平周氏曰：射有似乎君子。君子之道，不罪其在彼者，而罪其在己者。

錢塘于氏曰：「射有似乎君子」，則可矣。若夫君子未始有求中之心，謂之君子似射則不可也。

新定錢氏曰：此章當看一「行」字，正是「君子無入而不自得」處，所以「不願乎其外」者也。若但碌碌苟安素分，亦何足道？直是隨所遇而行焉，方是自得。

晉陵錢氏曰：素猶固也，安於固然，則道無時而不可行，所以「不願乎其外」。入者，自外之辭。安於固然，則於其所入，猶固然也。而道無不行，是以自得。陵，迫脅也。援，扳引也。下不從，不迫脅之；上不用，不扳引之。易，猶平也。正己則居易，失己則行險。居易則待天命，而無所容其心；行險則徼幸於得利，而喪其本心矣。正、鵠皆鳥名，義取其難中也。君子在上位而不得乎下，在下位而不得乎上，猶射之失正、鵠也。反而正己，猶射之求諸身也。此一節謂中庸之道，不求諸人。

林氏曰：富貴、貧賤、夷狄、患難，所居之位不同，而道行其中，則一也。君子思不出其位，安有願乎其外者哉！外慕之心一生，居富貴而必驕、必淫，居貧賤而必諂、必懾，居夷狄而變所守，居患難而喪其志，皆非「素其位而行」，外慕之心移之也。又曰：援，攀引也。在上位而陵下者必驕，在下位而援上者必諂。驕者失其所以行富貴之道也，諂者失其所以行貧賤之道也。君子則不然，謂居富貴而非泰，在下者不可陵也；處貧賤而非約，在上者不足援也。吾惟正己而不求乎人，則遠怨矣。不怨天，不尤人，則知命矣。苟知正己而不求乎人，雖以之行乎夷狄可也。苟知不怨天，不尤人，雖以之行乎患難可也。君子之所以能行此者，無他，「居易以俟命」也。小人所以不能行此者，無他，「行險以徼幸」也。夫易與險不難知也。君子、小人所以異其趣者，何也？蓋居易本乎循理，行險由乎趣利。君子循理，小人趍利，其所以異也。然而居易以俟，未必不得。雖或不得，亦曰有命。行險以徼，未必可得。雖或苟得，不過曰幸。君子觀此，可以審其所擇矣。

雲川倪氏曰：素者，其舊所居已然者也。入者，今方自此而入也。假如生於富貴，是其素富貴也。或貧賤之士，逢時而得富貴，是其入富貴也。下之三者皆然。素者以道行之，故無所不行。入者以道行之，故無往不得。自得，即《孟子》所謂「自得之，則居之安」之「自得」。自得其道，而有以自樂，故「無入而不自得」也。富貴，順境也。貧賤、夷狄、患難，逆境也。順居其一，逆居其三，以此見人少有不經憂患者。君子所以能居易俟命者，以其視富貴、貧賤、夷狄、患難爲一也。小人所以行險僥幸者，貪欲之心熾，必欲以人力勝天理也。「君子素其位而行」，以爲如吾已居之位，皆可以行道，是以不願乎外，而它有所求，此所以能居易俟命。小人者，君子之反也。此曰「居易俟命」，《孟子》乃曰「行法以俟命」。於易言居，静而待也。於法言行，動而待也。法者正理，與小人行險相反也。俟命者，世俗以爲俟命之亨通。如此則是欲達而惡窮，欲富貴而惡貧賤，或不如志，不免失望。君子則達亦俟命，窮亦俟命。窮之與達，聽天命之何如尔。故曰得之自是，不得自是，以聽天命。射以譬君子處貧賤、夷狄、患難，無所怨尤。於居易以俟命之時，常反求諸身，惟恐有一之未至，而益加進修。及達，則兼善天下矣。小人則唯怨天尤人而已。

蔡氏曰：此言正心脩身之事。「素其位而行」，「無入而不自得」，則心不外馳而正矣。「不願乎其外」，「正己而不求於人」，則身安而脩矣。

「君子之道，辟如行遠必自邇，辟如登高必自卑。《詩》曰：『妻子好合，如鼓瑟琴。兄弟既翕，和樂且耽。宜爾室家，樂爾妻帑。』」子曰：「父母其順矣乎！」

鄭氏曰：自，從也。邇，近也。行之以近者、卑者始，以漸致之高遠。瑟琴，聲相應和。翕，合也。耽，亦樂也。古者謂子孫曰「帑」。此《詩》言和室家之道，自近者始。

孔氏曰：自「射有似乎君子」至此「其順

矣乎」爲一節，覆明行道在身之事，以射譬之。所引《詩·小雅·常棣》之篇，美文王之詩。

藍田吕氏曰：不得乎親，不可以爲人；不順乎親，不可以爲子。故君子之道，莫大乎孝。孝之本，莫大乎順父母。故仁人孝子欲順親，必先乎妻子不失其好，兄弟不失其和。室家宜之，妻帑樂之，致家道成，然後可以養父母之志，而無違也。行遠、登高者，諸孝莫大於順其親者也。自邇、自卑者，謂本乎妻子、兄弟者也。故身不行道，不行於妻子。文王「刑于寡妻，至于兄弟」，則治家之道，必自妻子始。

建安游氏曰：「行遠必自邇」，自家以達國也。「升高必自卑」，由人以之天也。「妻子好合」，然後兄弟翕。「兄弟既翕」，然後父母順。蓋刑于寡妻，至于兄弟，以順於父母，則家道正矣。於治國也何有？家道正則人道立矣，於天道也何有？知事於邇且卑者，則遠且高者之理得矣。

延平楊氏曰：「身不行道，不行於妻子」，故齊家自身始，行遠自邇之辟也。「妻子好合，如鼓瑟琴，兄弟既翕，和樂且耽，宜爾室家，樂爾妻帑」，然後父母其順矣乎！則順父母自妻子始，登高自卑之辟也。蓋妻子之不好合，兄弟之不翕，而能順父母者，未之有也。

新安朱氏曰：此第十五章。「辟」、「譬」同。夫子誦此詩而贊之曰：人能和於妻子，宜於兄弟，如此則父母其安樂之矣。子思引《詩》及此語，以明行遠自邇，登高自卑之意。或問十五章之説。曰：章首二句，承上章而言。道雖無所不在，而其進之，則有序也。其下引《詩》與夫子之言，乃指一事以明之，非以二句之義爲止於此也。諸説唯吕氏爲詳實，然亦不察此，而反以章首二言發明引《詩》之意，則失之矣。

涑水司馬氏曰：「行遠必自邇」，自家以達國也。「登高必自卑」，由人以之天也。

延平周氏曰：自邇而行遠者，自室家而及乎天下者也。自卑而登高者，自妻子好合而至乎父母其順者也。

嚴陵方氏曰：君子之道，自誠意正心推而廣之，以至於平天下；自可欲之善積而進之，至於聖而不可知之神。伊尹曰：「若升高必自下，若陟遐必自邇。」又言「父母其順矣乎」者，言父母順則天下無不順也。此皆有所自之意也。

兼山郭氏曰：《易》曰：「夫乾確然示人易矣，夫坤隤然示人簡矣。」推是而言，聖人之道與天下之至理，皆易知易從。而天下莫能從之者，凡以行之不自邇、自卑故也。惟其自邇、自卑，所以易知、易從，而終於必達其成德也。反在於真積力久不息之後，所以莫能知，莫能從，此《中庸》之難能也。《孟子》曰：「舜盡事親之道而瞽瞍厎豫，❶瞽瞍厎豫而天下化。」則化天下者，必始於順父母。父母之道必始於樂室家，同兄弟，夫何難哉！顧行之不至而已。《關雎》之詩，「用之鄉人，用之邦國」，亦此之謂也。

晉陵喻氏曰：「譬如行遠必自邇，譬如登高必自卑」，步步著實，何憂乎邇之不遠，

❶「厎」，原作「底」，今據通志堂本、四庫本改。

卑之不高哉？身既正矣，則處夫婦、兄弟之間，下至妻帑，何憂不樂？以此奉親父母，有不順者乎？

晏氏曰：《常棣》本燕兄弟之詩，乃曰「妻子好合」者，蓋人之兄弟，少長嬉戲，譬如新昏，初未嘗不和。良由娶婦則外姓入家，争長競短。爲人夫者，唯婦言是用，則兄弟始不和矣。故兄弟之翕者，必本於妻子之合焉。《書》云：「孝乎惟孝，友于兄弟。」故順於父母，必本於兄弟之和焉。昔舜之孝，釐降二女于嬀汭，觀厥刑于二女，有「欽哉」之語，則妻子之合可知矣。故雖傲象有言「二嫂使治朕棲」，不以爲愠，亦誠信而喜之，非兄弟之和乎？所以父頑母嚚，亦能順之，而克諧以孝也。

高要譚氏曰：誠身之學，治家、治國、治天下，皆不外是，而其用必自家始，故曰「譬如行遠必自邇，譬如升高必自卑」。蓋切近於身者，唯家爲然。一家之内，妻子、兄弟最爲難處。人子所以順其親者，在於處妻子、兄弟之間，得其道也。道行乎妻子，而妻子睦，道行乎兄弟，而兄弟和。由是而上，得父母之悦，則脩身及家之道得矣。推此而施之國，施之天下，又何足治乎？

晉陵錢氏曰：君子之道始於夫婦，至於兄弟，則父母無不順，亦行遠自邇，登高自卑之意。此一節謂中庸之道行於一家。

蔡氏曰：此言齊家之事。自身脩以後，皆理物也。齊家乃理物之始，故以自邇、自卑爲言。

子曰：「鬼神之爲德，其盛矣乎！視之而

弗見，聽之而弗聞，體物而不可遺。使天下之人齊明盛服，以承祭祀，洋洋乎如在其上，如在其左右。《詩》曰：『神之格思，不可度思，矧可射思。』夫微之顯，誠之不可揜，如此夫。」

鄭氏曰：齊明，明，猶潔也。洋洋，人想思其傍僾之貌。格，來也。矧，況也。射，厭也。思，聲之助。言神之來，其形象不可億度而知，事之盡敬而已，況可厭倦乎？「微之顯，誠之不可揜」，言神無形而著，不言而誠。

孔氏曰：此一節明鬼神之道無形，而能顯著誠信。中庸之道與鬼神之道相似，亦從微至著，不言而自誠也。「齊明盛服」，齊戒明潔，盛飾衣服，以承祭祀也。鬼神之情狀，人想像之，如在人之上，如在神之左右。所引《詩·大雅·抑》之篇，言神之來至，以其無形，不可度知，常須恭敬，況於祭祀，可厭倦乎？「微之顯」者，鬼神之狀，微昧不明，而精靈與人爲吉凶，是從微之顯也。「誠之不可揜」者，鬼神誠信，不可掩蔽。善者必降以福，惡者必降以禍。「如此夫」者，此詩人所云何可厭倦。此鬼神即《易·繫辭》「知鬼神之情狀，與天地相似」，以能生萬物也。彼注云：「木火之神生物，金水之鬼終物。」彼以春夏對秋冬，故以春夏生物，秋冬終物。其實鬼神皆能生物、終物也。故此云「體物而不可遺」。此雖説陰陽鬼神，人之鬼神亦附陰陽之鬼神。故此云「齊明盛服，以承祭祀」，是兼人之鬼神也。

河南程氏曰：夫天，專言之則道也；分而言之，則以形體謂之天，以主宰謂之帝，以功用謂之鬼神，以妙用謂之神，以性情謂之乾。伊川　又曰：鬼神者，造化之迹也。　又曰：鬼是往而不返之義。　又曰：立清虛一大爲萬物之源，恐未安，須兼清濁虛實乃可言神，道體物不遺，不應有方所。明道　又曰：上天之載，無聲無臭，其體則謂之易，其理則謂之道，其用則謂之神。故説神「如在其上，如在其左右」。大小大事，❶而只曰「誠之不可揜，如此夫」，徹上徹下，不過如此。　問：世言鬼神之事，雖知其無，然不能無疑，如何可以曉悟其理？　曰：理會得精氣爲物，遊魂爲變，與原始要終之説，便能知也。鬼神之道，只恁説與賢，雖會得，亦信不過，須是自得也。

横渠張氏曰：鬼神者，二氣之良能也。　又曰：天道不窮，寒暑已；衆動不窮，屈伸已。鬼神之實，不越二端而已矣。　又曰：鬼神，往來屈伸之義，故天曰神，地曰祇，人曰鬼。神示者，歸之始，歸往者，來之終。　又曰：天體物而不遺，猶仁體事而無不在也。「禮儀三百，威儀三千」，無一物之非仁也。「昊天曰明，及爾出王。昊天曰旦，及爾游衍」，無一物之不體也。　又曰：凡可狀皆有也，凡有皆象也，凡象皆氣也。氣之性本虛而神，則神與性乃氣所固有，此鬼神所以體物而不可遺也。

藍田吕氏曰：此章論誠之本。唯誠，所以能中庸。神以知來，知以藏往。往者屈也，來者伸也。所屈者不亡，所伸者無息。雖無形聲可求，而物物皆體，弗聞弗

❶ 上「大」字，四庫本作「包」。

見，可謂微矣。然體物弗遺，此之謂顯。不亡不息，可謂誠矣。因感必見，此之謂不可揜。又曰：鬼神者無形，故視之不見；無聲，故聽之不聞。然萬物之生，莫不有氣，氣也者，神之盛也；莫不有魄，魄也者，鬼之盛也。故人亦鬼神之會爾。此「體物而不可遺」者也。鬼神者，周流天地之間，無所不在，雖寂然不動，而有感必通。雖無形、無聲，而有所謂昭昭不可欺者，故「如在其上，如在其左右」也。弗見弗聞，可謂微矣。然體物而不可遺，此之謂顯。周流天地之間，昭昭而不可欺，可謂誠矣。然因感而必通，此之謂「不可揜」。又曰：鬼神者，二氣之往來爾。物感雖微，無不通於二氣，故人有是心，雖自謂隱微，心未嘗不動。動則固已感於氣矣，鬼神安有不見乎？其心之動，又必見於聲色舉動之間，人乘間以知之，則感之著者也。

上蔡謝氏曰：動而不已，其神乎？滯而有迹，其鬼乎？往來不息，神也。摧仆歸根，鬼也。致生之，故其鬼神；致死之，故其鬼不神，何也？人以爲神則神，以爲不神則不神矣。知死而致生之，不知；知死而致死之，不仁，聖人所爲神明之也。或問死生之説，謝曰：人死時氣盡也。曰：有鬼神否？謝曰：余當時亦曾問明道先生。明道曰：「待向你道無來，你怎信得？及待向你道有來，你但去尋討看。」謝曰：此便是答底語。又曰：横渠説得來别，這箇便是天地間妙用，須是將來做箇題目入思議始得，講説不濟事。曰：沉魂滯魄，影響底事如何？曰：須是自家看得破，始得。張亢郡君化去，嘗來附語。亢所知事，皆能言之。亢一日方與道士圍碁，又自外來。道士封一把碁子，令將去問之。張不知數，便道不得。又如紫姑神，不識字底，把著寫不得。不信底，把著寫不得。推此可以見矣。曰：先王祭饗鬼神則甚？曰：是他意思別，三日齊，七日戒，求諸陰陽四方上下，蓋是要集自家精神，所以格有廟，必於萃與渙言之。雖然如是，以爲有亦不可，以爲無亦不可。這裏有妙理，於若有若無之間，須斷置得去，始得。曰：如此，却是鶻突也。謝曰：不是鶻突。自家要有便有，自家要無便無，始得。❶鬼神在虚空中辟塞滿，觸目皆是，爲他是天地間妙用，祖考精神便是自家精神。

建安游氏曰：道無不在，明則爲禮樂，幽則爲鬼神。鬼神具道之妙用也，其德顧不盛歟？夫欲知鬼神之德者，反求諸其心而已。神將來舍，則是「神之格思」也。若正心以度之，則乖矣，所謂「不可度思」也。正心度之猶不可，❷又況得而忘之乎？所謂不可射思也。不可度，故視不見，聽不聞。不可射，故「如在其上，如在其左右」也。夫「微之顯」如此，以其「誠之不可揜」也。誠則物物皆彰矣，故不可揜。微之顯者，其理也。誠之不可揜，以其德言也。

延平楊氏曰：鬼神之德，唯誠而已。誠無幽明之間，故其不可揜如此。夫不誠則無物，所謂「體物而不可遺」者，尚何顯

❶「始」，通志堂本、四庫本作「使」。如此則此句號當去。

❷「心」，通志堂本、四庫本作「己」。

之有？知此其知鬼神矣。　又曰：鬼神「體物而不可遺」，蓋其妙萬物而無不在故也。

河東侯氏曰：鬼神之德，天地乾坤，陰陽造化之理而已。有是道，有是理，故「視之而不見，聽之而弗聞」。有是物，有是用，故「體物而不可遺」。消息盈虚，往來神明，皆是理也。吉凶悔吝，剛柔變化，皆是物也。妙而無窮，微而至顯，「使天下之人齊明盛服，以承祭祀。洋洋乎如在其上，如在其左右。《詩》曰：『神之格思，不可度思，矧可射思。』」射，讀作「石」字，故曰：「鬼神之爲德，其盛矣乎！」或曰：鬼神其誠乎？曰：只是鬼神，非誠也。曰：非誠，則經言「誠之不可揜」，何也？曰：誠者，誠也。充塞乎上下，無物可間者也。以陰陽言之，則曰「道」。以乾坤言之，則曰「易」。貫通乎上下，則曰「誠」。蓋天非誠，其行也不健；地非誠，其載也不厚；人非誠，其形也不踐。總攝天地，斡旋造化，動役鬼神，闔闢乾坤，萬物由之以生死，日月由之而晦明者，誠也。經不曰鬼神，而曰「鬼神之爲德，其盛矣乎」，鬼神之德，誠也。誠無内外，無幽明，故可格而不可度、射。《易》曰：「形而上者謂之道，形而下者謂之器。」鬼神亦器也，形而下者也。學者心得之可也。

新安朱氏曰：此第十六章。張子以二氣言，則鬼者陰之靈也，神者陽之靈也。以一氣言，則至而伸者爲神，反而歸者爲鬼，其實一物而已。「爲德」，猶言性情功效。鬼神無形與聲，然物之終始，莫非陰陽合散之所爲，是其爲物之體，而物所不能遺也。其言體物，猶《易》所謂「幹事」。「齊」之爲言「齊」也，所以齊不齊，而致其齊也。洋洋，流動充滿之意。能使人畏敬奉承，而發見昭著如此，乃其體物而不可遺之驗也。孔子曰：「其氣發揚于上爲昭明，焄蒿悽愴，此百物之精也，神之著也。」正謂此爾。誠者，真實無妄之謂，陰陽合散，無非實者，故其發見之不可揜如此。此前三章以其費之小者而言，此後三章以其費之大者而言。此一章兼費隱，包大小而言。不見不聞，隱也。體物如在，則亦費矣。或問：鬼神之説，其詳奈何？曰：鬼神之義，孔子所以告宰予者，見於《祭義》之篇，其説已詳，而鄭氏釋之，❶亦已明矣。其以口鼻之嘘吸者爲魂，耳目之精明者爲魄，蓋指血氣之類以明之。程子、張子更以陰陽造化爲説，則其意又廣，而天地萬物之屈伸往來，皆在其中矣。蓋陽魂爲神，陰魄爲鬼。是以其在人也，陰陽合，則魄凝魂聚而有生；陰陽判，則魂升爲神，魄降爲鬼。《易大傳》所謂「精氣爲物，遊魂爲變，故知鬼神之情狀」者，正以明此。而《書》所謂「徂落」者，亦以其升降爲言耳。若又以其往來者言之，則來者方伸而爲神，往者既屈而爲鬼。蓋二氣之分，實一氣之運。故陽主伸，陰主屈，而錯綜以言，亦各得其義焉。學者孰玩而精察之，如謝氏所謂「做題目入思議」者，則庶乎有以識之矣。又曰：吕氏推本張子之説，尤爲詳備。但改本有「所屈者不亡」一句，乃形潰反原之意，張子它書亦有是

❶「而」下，通志堂本、四庫本有「正」字。

説，而程子數辨其非。《東見録》中所謂「不必以既反之氣復爲方伸之氣」者，其類可考也。謝氏説則善矣，但歸根之云，似亦微有反原之累耳。游、楊之説，皆有不可曉者，唯「妙萬物而無不在」一語近是。而以其他語考之，不知其於是理之實，果如何也。侯氏曰：「鬼神，形而下者，非誠也，鬼神之德則誠也。」按經文本贊鬼神之德之盛，如下文所云，而結之曰「誠之不可揜如此」，則是以爲鬼神之德所以盛者，蓋以其誠耳。非以誠自爲一物，而別爲鬼神之德也。今侯氏乃析鬼神與其德爲二物，而以形而上下言之。乍讀如可喜者，而細以經文事理求之，則失之遠矣。程子所謂「只好隔壁聽」者，其謂此類也。　曰：子之以幹事明體物，何也？天下之物，莫非鬼神之所爲也，故鬼神爲物之體，而物無不待是而有者。然曰爲物之體，則物先乎氣。必曰體物，然後見其氣先乎物，而言順耳。幹，猶木之有幹，必先有此，而後枝葉有所附而生焉。貞之幹事，亦猶是也。

長樂劉氏曰：鬼神之爲德所以盛者，以其主宰於萬化也。無形也，而形由之以生；無氣也，而氣由之以兆。其體虛空，故能役用於萬有；其用冲寂，故能造化於三才。不可得而見也，而欽敬畏仰，孰敢慢之於無形？不可得而聞也，而恭肅恐懼，孰敢忽之於無聲？不可得而名也，隨其用而名其功；不可得而體也，隨其物而體其德。是故用其健順者，强之曰乾坤；用其覆載者，强之曰天地；用其氣者，强之曰陰陽；用其道者，强之曰仁義；用之爲熯潤者，强之曰水火；用之爲鼓撓者，强之曰雷風；用之爲養悦者，强之曰山澤；歸之于主宰者，强之曰鬼神。然則鬼神無體，萬物流形，莫非其體也。資其物者，莫不荷鬼神之功，故曰「體物而不可遺」。《易》曰：「神也者，妙萬物而爲言。」資其功而享其妙，又可遺哉！故「使天下之人齊明盛服，以承祭祀」。不遺其覆載之德，而祀乎天地也；不遺其照臨之功，而祀乎日月也；不遺其仁義之道，而祀乎堯舜也；不遺其生育之恩，而祀乎祖先也；不遺其變化之勤，而祀乎四時、風霆、雷雨、山川、丘陵也。故曰「洋洋如在其上，如在其左右」。以言乎無所入而不仰乎鬼神之功，無所至而不沐乎鬼神之德也。

海陵胡氏曰：鬼神以形言之，則天地；以氣言之，則陰陽；以主宰言之，則鬼神。鬼神無形，故視之弗見；無聲，故聽之弗聞；無體，以物爲體。視其所以生、所以成，莫非鬼神之功。故天下之人，不可遺忘。以神無聲、無形，❶故其來也，不可億度。人當敬事之不暇，况可厭射之乎？

莆陽林氏曰：此一段自非深於道德性命之理，未易到此。蓋唯性能知之，知之然後能言之。明而禮樂，幽而鬼神，一而已矣。以有求之，則窈窈冥冥而不見其迹；以無求之，則又洋洋如在其上，如在其左右者也。子思作《中庸》，而有及於鬼神之事，是其窮理至此，有得於此矣。不知人多見子路問鬼神之事，則疑之。不當時發此一問，亦子路窮高極遠見到此，方有此問。孔子答之以未知生，未事人，

❶「無聲無形」，通志堂本、四庫本作「無形無聲」。

則往往以爲鬼神又道德之别一事，不可學也。今人不會此意，只説能事人便能事鬼，失之遠矣。殊不知孔子之言，謂子路不可躐等，須學至此，然後可以知此也。此乃子路之幼學，其後燔臺結纓，想子路亦知之矣。然則子思之言，可謂深於道德性命之理，然後能形容此言也。如致中和一事，則知天地之位，萬物之育。孝一事，則知其通神明，光四海，皆學之極到處，然後能知而言也。

范陽張氏曰：惟鬼神之德如此，是以發天下之敬。

高要譚氏曰：誠者，實理也。貫幽明，通晝夜，亘古今，窮萬世，此理常在，不亡不息，未嘗有纖毫間斷也。雖隱於至微，不可以形聲求，然物物皆體，隨所寓而著見。唯其如是，故天下之物莫能擬其形容，獨鬼神變化無方，可以推見其理之不可揜者，此夫子所以稱鬼神之德爲盛也。微而顯者，鬼神之德如此，蓋實有是理故也。若無是理，安得隨感而著見乎？誠之爲道，與鬼神之德更無異理。方其隱於至微，有如鬼神之不可聞見也，此所謂「往者屈」也。及其著見而不可揜，又如鬼神之隨感隨應也，此所謂「來者伸」也。聖人知鬼神之情狀，不過往來屈伸之理。方其往而屈也，若甚隱微。及其來而伸也，尤爲顯見。因以見誠之不可揜者，其理如此。故曰「微之顯，誠之不可揜，如此夫」。

吴興沈氏曰：中庸之道，顯則有人事，幽則有鬼神。曰「忠恕」，曰「舜之大智」，曰「顔子之擇善」，曰「子路之强」，曰「君子之道四」，皆人事也。至此又指其幽者示之，其實皆中庸也。

嚴陵喻氏曰：晦庵曰：「其言體物，猶所謂幹事。」旨哉言乎！木非幹則不能生，築非幹則不能立。不曰物之體，而曰體物，猶不曰事之幹，而曰幹事也。

宣城奚氏曰：世之言鬼神者，皆失之誕謾荒怪。惟聖人之論，極乎實理。經曰：「明則有禮樂，幽則有鬼神。」其曰有者，實理也。知禮樂，則知鬼神矣。蓋盈乎天地之間，凡其可名狀者，皆有也，皆實理也。名之曰鬼神，雖弗見、弗聞，本無真體，而默體於物，自有不可遺者。故在天地則有天地之鬼神，在山川則有山川之鬼神，在宗廟則有宗廟之鬼神。凡報本反始之有乎物者，皆鬼神之不可遺者也。惟君子知其不可遺，故「齊明盛服，以承祭祀。洋洋乎如在其上，如在其左右」。此豈固爲是勉强矯飾之態哉！亦曰實有是理耳。夫以其弗聞、弗見，而乃使人敬之若是者，「微之顯」也。人之所以敬鬼神若是者，「誠之不可揜」也。此鬼神之德所以爲盛也。彼惑於世俗誕謾荒怪之説者，至謂真聞真見，可驚可愕。此豈知鬼神之德哉？

錢塘于氏曰：此章發鬼神之爲德，而著「誠之不可揜」。誠之一字，始開於此。

新定顧氏曰：「陟降厥士，日監在兹」，非是虚語。鬼神辟迹天地間，司察生人，但人不見爾。如今人請大仙，大仙便降，法師行法，神將便至，何其相去之近也。有疑人死後神識散不散者。答曰：人之智慮淺，未到這地，如何探先臆度死了神識散不散。所可知者，明則有禮樂，幽則有鬼神，此是決定。若要盡測鬼神中事，如何容你識盡？且如禽獸亦有靈性。他只知得他類中事，如何知得人事曲折？人之神識自道中生出來，亦有神識復歸道體之理。但其間曲折不齊，不可盡知。或問：神識亦有壞時否？答曰：以理推之，鬼神亦有代謝，纔着於有，便有壞時。惟神其神者，不壞不滅。又曰：人纔動念，鬼神便知，此某所洞見者。吾人但當正心誠意，戒謹恐懼，到得德重鬼神欽田地也早，得何須更説過頭事？人之所爲善惡，報應遲緩者，自是天道長遠，不如此屑屑，定須次序報來。或問：釋氏輪回之説如何？答曰：姑存之。若果有天堂、地獄，爲善者定不到得憻惡地獄分明。或問：《東萊書説》云：「後人祭山神，須坭塑木刻爲人形，不知峙而爲山，流而爲川，飛走而爲禽獸，靈而爲人，各自有箇形。若謂山神之形如人，則人之形亦可爲山矣。」此説有理？答曰：固是。但鬼神之形，不必指定形貌而論，安知山神必爲人形，必不爲人形？所謂游魂爲變，却自有變現時，不可執定説。《答問》又曰：實有是理之謂誠。❶夫惟實有是理，則無隱而不章者。鄭康成曰：「可，猶所也。」言不有所遺，鬼神無往不在。暗室屋漏可以隔絶人之視聽，不可以隔絶神之往來，體物而不可遺之謂也。《講義》

蔡氏曰：此言感應微妙之理。君子之道，自家齊以前，人力可至。其國治、天下平之事，非誠之至與造化同體者，不能也。君子至此，其功用與聖人同矣。子

❶「是理之」，通志堂本、四庫本作「之理是」。

思特舉此義以合之，故下文即以聖人之事接之也。　又曰：凡物之體，無非鬼神體之，故曰「體物而不可遺」。此「體」字虛，非若「形體」之「體」實，蓋體其體之謂也。　又曰：「誠之不可掩」，「誠」字恐是指人之成德而言也。

四明袁氏曰：❶獨不觀諸祭祀乎？齊明盛服，無使之者，而若有使之者。精爽洋洋，與人之齊明若相接，如在左右，非虛見，乃實理也。　又曰：學者讀《中庸》，須思聖人何爲發明鬼神之道，又思聖人反覆形容，何爲於此下一「誠」字。嗚呼！欲識不睹不聞，請觀於此；欲識君子謹獨，請觀於此；欲識物之終始，不誠無物，請觀於此。「鬼神之爲德」章

子曰：「舜其大孝也與？德爲聖人，尊爲天子，富有四海之內，宗廟饗之，子孫保之。故大德必得其位，必得其祿，必得其名，必得其壽。故天之生物，必因其材而篤焉。故栽者培之，傾者覆之。《詩》曰：『嘉樂君子，憲憲令德。宜民宜人，受祿于天。保佑命之，自天申之。』故大德者必受命。」

鄭氏曰：保，安也。名，令聞也。材，謂其質性也。篤，厚也。言善者天厚其福，惡者天厚其毒，皆由其本而爲之。栽，猶殖也。培，益也。覆，敗也。憲憲，興盛之貌。保，亦安也。佑，助也。

孔氏曰：此一節明中庸之德，故能富有天下，受天之命也。舜禪與禹，何言子孫保之？謂子孫承保祭祀。周時陳國是舜之後也。天之生物，隨物質性而厚之。

❶「四明袁氏」一段，原補在「卷一百二十八」之後，今據小注移至此。

善者厚其福，舜、禹是也。惡者厚其毒，桀、紂是也。己德自能豐殖，天則因而培益之；無德自取傾危，天則因而覆敗之。所引《詩·大雅·嘉樂》之篇，美成王之詩。嘉，善也。言成王憲憲然有令善之德。宜民，謂宜養萬民。宜人，謂宜官人。故天乃保安佑助，命爲天子，又申重福之。記者引證大德必受命之義。《詩》本文「憲憲」爲「顯顯」。

河南程氏曰：知天命是達天理也，必受命是得其應也。命者是天之付與，如命令之命。天之報應，皆如影響，得其報者，是常理也。然而細推之，則須有報應，但人以淺狹之見求之，便爲差互。天命不可易也，然有可易者，唯有德者能之。如脩養之引年，世祚之祈天永命，常人之至於聖賢，皆此道也。伊川

橫渠張氏曰：德不勝氣，性命於氣；德勝其氣，性命於德。窮理盡性，則性天命，❶命天德，❷氣之不可變者，獨死生脩夭而已。❸故論死生則曰「有命」，以言其氣也。語富貴則曰「在天」，以言其理也。此大德所以必受命。

藍田呂氏曰：中庸之行，孝弟而已。如舜之德位皆極，流澤之遠，始可盡孝。故祿位名壽之皆得，非大德，其孰能致之？

一本云：天命之所屬，莫踰於大德。至於祿位名壽之皆極，則人事至矣，天命申矣。行父母之遺體，敢不敬乎？則敬親之至，莫如「德爲聖人，尊爲天子」之大

❶「天命」，通志堂本、四庫本作「命於天」。
❷「命」上，通志堂本、四庫本有「天」字。
❸「獨」上，通志堂本、四庫本有「可變者」三字。

也。以天下養，養之至也，則養親之至，莫如「富有四海之内」之盛也。積厚者流澤廣，積薄者流澤狹，則繼親之至，莫如「宗廟饗之，子孫保之」之久也。舜之德大矣，故尊爲天子，所謂「必得其位」；富有四海之内，所謂「必得其禄」；德爲聖人，所謂「必得其名」；宗廟饗之，子孫保之，則福禄之盛，享壽考而無疑也，所謂「必得其壽」。天之於萬物，其所以爲吉凶之報，莫非因其所自取也。植之固者，如雨露之養，則其末必盛茂。植之不固者，震風淩雨，則其本先撥。至于人事，則得道者多助，失道者寡助。是皆「因其材而篤焉，栽者培之，傾者覆之」也。古之君子既有憲憲之令德，而又有宜民、宜人之大功，此宜受天禄矣。故天保佑之，申之以受天命。此大德所以必受命，是亦「栽者培之」之義與？又曰：命雖不易，唯至誠不息，亦足以移之。此大德所以必受命，君子所以有性焉，不謂命也。

建安游氏曰：《中庸》以人倫爲主，故以孝德言之。雖外物，不可必要，不害其有必得之理也。

延平楊氏曰：聖人之德無加於孝，故稱舜之德，以大孝言之。夫「天之生物，必因其材而篤焉」，此理之固然也。然其日夜之所息，雨露之所潤，與夫人事之盡其力，無不齊也。而有所不同者，地有肥磽也。古之聖人之在上，豈獨舜而已哉？而禄位名壽之必得，獨推舜爲然。蓋舜猶之生得其地也。當堯之時，上有好賢之誠心，下無蔽賢之私黨。雖商均之不肖，宜若宗廟弗饗，子孫不能保也，而又有禹以繼其後。此禄位名壽所以皆必得也。若孔子之厄窮，則異於是矣。當衰周之時，猶之生非其地也。雖其雨露之滋，而牛羊斧斤相尋於其上，則其濯濯然也，豈足怪哉！然顏、跖之夭壽不齊，何也？《老子》曰：「死而不亡，壽也。」顏雖夭，其不亡者猶在也。非夫知性、知天者，其孰能識之？

河東侯氏曰：《易》曰：「大人者與天地合其德，與日月合其明，與四時合其序，與鬼神合其吉凶。先天而天弗違，後天而奉天時。天且弗違，而況於人乎？況於鬼神乎？」鬼神之爲德，誠而已。前曰「微之顯，誠之不可揜」，而繼之以「舜其大孝也與」。舜，匹夫也，而有天下，尊爲天子，富有四海之內，以天下養，宗廟饗之，子孫保之，孝之大也。此所謂必得者，先天而天弗違也。孔子亦匹夫也，亦德爲聖人也，而不得者，後天而奉天時也。必得者，理之常也；不得者，非常也。得其常者，舜也。不得其常者，孔子也。舜之必得，而爲舜之事功，舜之中庸也；孔子不得，而爲孔子之事業，❶孔子之中庸也，「與四時合其序，與鬼神合其吉凶」者也。然而「天之生物，必因其材而篤焉，栽者培之，傾者覆之」，如孔子者，培之耶？覆之耶？何其窮也？曰培之、覆之，非謂如孔子者也。孔子德爲聖人，其名與禄壽孰禦？固已培之矣。《孟子》所謂「天爵」者也，何歉於人爵哉？《詩》曰：「嘉樂君子，憲憲令德，宜民宜人，受禄于天。保佑命之，自天申之。」天非特私於聖人也，保佑其命，申順

❶「之」，原缺，今據通志堂本、四庫本補。

其理而已，「天且弗違」是也，聖人何與焉？舜自匹夫而有天下，栽者培之也。桀自天子而爲匹夫，傾者覆之也。天非爲舜、桀而存亡之也，理固然也。故曰「大德必受命」。必，言其可必也。

新安朱氏曰：此第十七章。子孫謂虞思、陳胡公之屬。舜年百有十歲。材，質也。氣至而滋息爲培，氣反而遊散則覆。假，當依此作「嘉」。憲，當依《詩》作「顯」。申，重也。受命者，受天命爲天子也。此章由庸行之常推之，以極其至，見道之用廣也。而其所以然者，則爲體微矣。後二章亦此意。 又曰：程子、張子、吕氏之説備矣。楊氏所辨孔子不受命之意，則亦程子所謂非常理者盡之。而侯氏所推以謂舜得其常，而孔子不得其常者，尤明白也。至於顔、跖壽夭之不齊，則亦不得其常而已。楊氏乃忘其所以論孔子之意，而更援老聃之言，以爲顔子雖夭，而不亡者存，則反爲衍説，而非吾儒之所宜言矣。且其所謂不亡者，果何物哉？若曰天命之性，則是古今聖愚公共之物，而非顔子所能專。若曰氣散而其精神魂魄猶有存者，則是物而不化之意，猶有滯於冥漠之間，尤非所以語顔子也。侯氏所謂孔子不得其常者善矣。然又以爲天於孔子固已培之，則不免有自相矛盾處。蓋德爲聖人者，固孔子之所以爲栽者也。至於禄也，位也，壽也，則天之所當以培乎孔子者，而以適丁氣數之衰，是以雖欲培之，而有所不能及爾。是亦所謂不得其常者，何暇復爲異説以汩之哉！

延平周氏曰：《傳》曰：父子之道，天性

也。舜之大孝，言天性也。有天性，所以致天德，故曰「德爲聖人」。有天德，所以獲天位，故曰「尊爲天子」。有天位，所以享天禄，故曰「富有四海」。有天位，有天禄，則天祚之所以傳，故曰「宗廟饗之，子孫保之」。

海陵胡氏曰：「子孫保之」者，武王下車而封舜之後胡公滿于陳，是子孫長保其福禄也。「尊爲天子」，是「必得其位」也。竭天下之産以奉一人，是「必得其禄」也。萬世而下，言帝王者，必稱堯、舜，是「必得其名」也。舜年三十而登庸，在位五十載，陟方乃死，是「必得其壽」也。宜民者，興庠序，務農桑，使男不釋耒，女不廢機，薄賦斂，節用度，若此之類，是宜民也。宜人者，内朝廷，外方國，自宰輔以至於百執事，自方伯連率以至于邑宰里長，官皆得其人，人皆稱其職。若此之類，是宜人也。

嚴陵方氏曰：舜不傳於子，而傳於賢，乃曰「子孫保之」，何哉？蓋聖人耐以天下爲一家，中國爲一人也。舜爲法於天下，可傳於後世，乃天下之所饗，萬民之所保。「宗廟饗之，子孫保之」，孰大於是？

范陽張氏曰：天之生萬物，初無容心也，因其材而成之耳。如鸞凰爲瑞物，自取尊榮，鴟鴞爲妖祥，自取彈射，楩楠自取棟梁，蒲柳自取煙爨，夫亦因其材而成之耳。栽者本根深固，自取培益，傾者本根摇蕩，自取顛覆，亦豈有心哉？是以知大德者，自取名、位、禄、壽，而無德者自取貧、賤、刑、戮也。❶此所以勉天下之爲

❶「者」，原缺，今據通志堂本、四庫本補。

德者。而論者曰：孔子大聖人，而名位、禄不著，顔子大賢，而壽亦不聞，斯言豈欺我哉？曰：大德受命，天下之正理也。至於孔、顔，非可以爲常。

江陵項氏曰：上四章已極言用力之隱，故自此以下三章皆言道之功用，以明其費。獨以舜、武王、周公言之者，皆處人道之變，可以見聖人之功用也。舜居側微，父母欲殺之，本無得位、得禄、得壽、得名之理。❶文王事商，而武王以兵取之；武王與子，而周公以臣代之，皆處危疑之地。而舜卒受命，天不能窮也。武王卒不失顯名，人不能訾也。周公闡幽明之情，極古今之變，爲武王立八百年之紀綱制度，使在天之靈慰喜而無憾，萬世之下祖述而無以踰也。此皆功用之至難而極盛者也。然而用力之初，則甚隱矣，故皆以孝言之。孝者，仁心之所發也，天下之實者莫加焉。於武王、周公之事，獨言喪祭，亦此意也。知至於舜，謂之大知。行至於舜，謂之大孝。舜爲人道之極，萬世仰之，不可加也。周爲王制之備，萬世由之，不可易也。此蓋古之盡倫盡制者，故舉之以爲訓也。宜民以在下者言之，宜人則尊卑、遠近無不包也。又舉文王之無憂者，明舜與武王、周公所居之地，皆不若文王之易，於以見獨舉舜、武、周公之意也。❷

建安真氏曰：舜以聖人之德居天子之位，其福禄上及於宗廟，而下延於子孫，此所以爲大孝也。然舜所知者，孝而已。

❶「得壽得名」，通志堂本、四庫本作「得名得壽」。

❷「武」下，通志堂本、四庫本有「王」字。

若祿位名壽，則天實命之，非舜有心於得之也。孔子以天之眷舜如此，因言天之生物，必因其材質而加厚焉。其本固者，雨露得以滋培之。其本傾者，風霜得以顛覆之。其培之也，非恩之也，其覆之也，非害之也，咸其自取焉耳。又引《詩》以明之，以見大德者之必受命。知舜「德爲聖人，尊爲天子，宗廟饗之，子孫保之」，然後爲大孝。則夏、商後王，不敬厥德，而至於覆宗絶祀者，其爲不孝可知。

晉陵錢氏曰：物有栽殖者，遇雨露則培益；有傾欹者，遇風雨則覆敗。「嘉樂」，今《詩》作「假樂」。假，大也。「憲憲」，作「顯顯」。申，加美也。《詩》言大樂此君子，有顯顯之令德，宜民人而受祿矣。又有保佑而命之者，誰乎？乃自天而加美之也。

永嘉薛氏曰：舜之受命，所謂與天地合其德者，原其宗本，不過充事親之孝，天因材而篤之耳。栽培傾覆，皆天道之當然者，舜何與焉？達天之德，而不能得天者，未之有也，而况於邇者乎？

四明宣氏曰：大孝惟於舜見之。《書》與《孟子》論舜之孝，皆言孝之始。《中庸》論舜之孝，則言孝之終。蓋《書》與《孟子》指其事親之實，《中庸》則發明其功用之大。❶又曰：夫天人之應，至難言也，而聖賢常若有可必之論，曰：「積善之家，必有餘慶。積不善之家，必有餘殃。」今曰大德而謂之必得其位，必得其祿，必得其名與壽。聖賢何若是爲必然之論，而亦豈能盡取必於天哉？或者以

❶「功用」，通志堂本、四庫本作「用功」。

其有不可必也，❶故爲之説曰：至貴在我，所謂必得其位，至富在我，所謂必得其禄，至善在我，所謂必得其名，生生在我，所謂必得其壽，則亦以其不可必也，故爲之自反之説云耳。夫所可必者，理也。所不可必者，命也。由聲色臭味之欲，以至於四肢之安佚，《孟子》皆曰「有命焉」，至於「夭壽不貳，修身以俟之」，亦曰「所以立命也」。是知言天下之理者，常有必然之論，而言天下之命者，則不敢有取必之説。故進乎德者，聖人之事也。名位禄壽者，非聖人之所得與也。雖然，天道之可必，亦惟人心之可必也。謳歌之所歸從者如歸市，非有大德者不能至是。至於期之以萬年，頌之以福禄，申之以令聞、名位、禄壽，凡有是德者，皆人心之所共祝。人心之可必，即天理之可必也。天人之際，又當以是觀之。又曰：天命之於人，猶其於天下之物也。均是物也，而生之有不同，天豈或私於其物哉？均是人也，而命之有不同，天豈或私於其人哉？地有肥磽，人事有不齊，而雨露潤澤之功，❷有得其養，有不得其養，皆因其材而篤之之謂也。惟人亦然，名位禄壽，因其有是德而畀之，無是德者不及也。《假樂》之詩以爲「假樂君子，顯顯令德」，又有「宜民宜人」之功，則「受禄於天，保右命之，自天申之」。夫申之者，非有心於命之，因以申之而已。《書》曰「天其申命用休」，所謂「栽者培

❶「以其」，通志堂本、四庫本作「其以」。

❷「雨露」，通志堂本、四庫本作「露雨」。「功」下，通志堂本、四庫本有「者」字。

之，傾者覆之」之謂也。然則「大德者必受命」，觀《假樂》之詩，益知取必於天者，皆可取必於人者也。雖然，素富貴行乎富貴，素貧賤行乎貧賤，素夷狄行乎夷狄，素患難行乎患難，在我固無入而不自得也，奚必區區計禍福於其後，❶而取必於其在彼者哉？蓋盡其在我者，聖人之德也；必其在彼者，《中庸》所以示行險僥倖之戒也。

蔡氏曰：自此至「治國其如示諸掌」，言國治天下平之事。舜，性之者也，故曰「大孝」，大孝者，不違乎天。武王、周公，反之者也，故曰「達孝」，達孝者，不違乎人。天人之難格，人鬼之難享，聖人莫不各極其感應之妙。子思舉此以明顯而爲天下國家者，宜無有毫釐之不平且治也。故前以鬼神爲德之盛者起義，而復以明郊社禘嘗之義者結之也。又曰：自「君子之道費而隱」至「其如示諸掌乎」，言達道之事。首言夫婦，次言「君子之道四」者，達道所事之自也。自「物格」以至「天下平」者，達道所施之序也。聖人之中庸，本一貫也。由教而言，不分内外體用，則節目不明，故有達德、達道之分。學者於此又當有以深察其融會貫通之義，庶幾中庸之至可德而能也。又曰：大孝、大德、大道，皆以天道而爲言。達孝、達德、達道，皆以人道而爲言。

禮記集説卷第一百二十八

❶「禍福」，通志堂本、四庫本作「福禄」。

禮記集説卷第一百二十九

子曰：「無憂者，其唯文王乎？以王季爲父，以武王爲子，父作之，子述之。武王纘大王、王季、文王之緒，壹戎衣而有天下，身不失天下之顯名，尊爲天子，富有四海之内，宗廟饗之，子孫保之。武王末受命，周公成文、武之德，追王大王、王季，上祀先公以天子之禮。斯禮也，達乎諸侯、大夫及士、庶人。父爲大夫，子爲士，葬以大夫，祭以士。父爲士，子爲大夫，葬以士，祭以大夫。期之喪，達乎大夫。三年之喪，達乎天子。父母之喪，無貴賤，一也。」

鄭氏曰：聖人以立法度爲大事，子能述成之，則何憂乎？堯、舜之父子則有凶頑，禹、湯之父子則寡令聞。父子相成，唯有文王也。纘，繼也。緒，業也。戎，兵也。衣，讀如「殷」，聲之誤也。壹戎殷者，壹用兵伐殷也。末，猶老也。「追王大王、王季」者，以王迹起焉，先公組紺以上至后稷也。「斯禮達於諸侯、大夫、士、庶人」者，謂葬從死者之爵，祭用生者之禄。言大夫葬以大夫，士葬以士，則「追王」者，改葬之矣。「期之喪，達於大夫」者，謂旁親所降在大功者，其正統之期，天子諸侯猶不降也。大夫所降，天子、諸侯絶之不爲服，所不臣乃服之也。承葬、祭説期、三年之喪者，明子事父以孝，不用其尊卑變。

孔氏曰：此一節明夫子論文王、武王聖德相承，王有天下，上能追尊大王、王季，因明天子以下及士、庶人葬、祭之禮。王季能制作禮樂，文王奉而行之，武王又能述成文王之道，故無憂也。鄭註「組紺」，大王之父，一名諸盩。《周本紀》云：「亞圉卒，子大公叔穎立。大公卒，子古公亶父立。」又《世本》云：「亞圉雲生大公組紺諸盩。」則叔穎、組紺、諸盩是一人也。大王、王季身爲諸侯，葬從死者之爵，則大王、王季秖得爲諸侯葬禮，不得言「追王」，從天子法。故鄭知追王之時，更改葬用天子禮。案《大傳》云：「武王追王大王亶父、王季歷。」此云周公追王，不同者，武王既伐紂，追王布告天下，周公追而改葬，故不同也。父既爲大夫，祭以士禮，貶其先人。而云「尊之」者，欲明以己之禄祀其先人也。「期之喪，達乎大夫」者，欲見大夫之尊，猶有期喪，謂旁親所降在大功者，得爲期喪，還著大功之服，故云「達乎大夫」。若天子、諸侯旁期之喪，則不爲服也。「三年之喪，達乎天子」者，謂正統在三年之喪，父母及適子并妻也。「達乎天子」者，言天子皆服之。❶不云「父母」，而云「三年」者，包適子也。天子爲后服期，以三年包之者，以后卒必待三年然後娶，所以達子之志，故通在三年之中。是以昭十五年《左傳》云「穆后崩」、「大子壽卒」，叔向云：「王一歲而有三年之喪二焉。」是包后爲三年也。直云「達乎天子」，不云「諸侯」者，諸侯旁親尊同則不降，故《喪服》大功章云「諸侯爲姑姊妹嫁於國君者」是也。《喪服傳》云：「始封之君不臣諸父昆弟，封君之子不臣諸父而臣昆弟。」但不臣者，皆以本

❶「言」，通志堂本、四庫本作「謂」。

服服也。熊氏曰：此對天子、諸侯，故云「期之喪，達乎大夫」。其實大夫爲大功之喪，得降小功，小功之喪，得降緦麻。是大功、小功皆達乎大夫也。

藍田呂氏曰：「追王」之禮，古所無有，其出於周公乎？大王避狄去邠，之岐山之下而居，從之者如歸市，則王業始基之矣。王季成大王之業，至文王受命作周，故武王「壹戎衣而有天下」，「纘大王、王季、文王之緒」而已。故追王大王、王季、文王者，明王業之所基也。《武成》曰：「大王肇基王迹，王季其勤王家，我文考文王克成厥勳，誕膺天命，以撫方夏，大邦畏其力，小邦懷其德。惟九年大統未集，予小子其承厥志。」此追王之意歟？追王之禮，文王之志也，武王承之；武王之業也，周公成之。武王末年，始受天命。於是禮也，蓋有所未暇。此周公所以兼言「成文、武之德」也。推是心也，故上祀先公，亦以天子之禮，而下達乎諸侯、大夫及士、庶人。蓋先公組紺以上追王所不及，如達其意於大王、王季，豈無是意哉？故上祀先公以天子之禮，所以達追王之意於其上也。葬從死者，祭從生者，則自諸侯達乎大夫、士、庶人，亦豈無是意哉！故「父爲大夫，子爲士，葬以大夫，祭以士；父爲士，子爲大夫，葬以士，祭以大夫」，葬之從死者之爵，祭之用生者之禄，上下一也，所以達追王之意於其下也。「期之喪，達乎大夫」者，期之喪有二，有正統之期，爲祖父母是也；有旁親之期，爲世父母、叔父母、衆子昆弟、昆弟之子是也。正統之期，雖天子、諸侯莫敢降。旁親之期，天子、諸侯絶服，而大夫降，所謂尊不同，故或絶或降也。大夫雖降，猶服大功，不如天子諸侯之絶服，故曰「期之喪，達乎大夫」也。如旁親之期，亦爲大夫，則大夫亦不降，所謂尊同，則服其親之服也。諸侯雖絶服旁親，尊同亦不降。所不臣者猶服之，如始封之君，不臣諸父昆弟，封君之子，不臣諸父，而臣昆弟是也。「三年之喪，達乎天子」者，三年之喪，爲父爲母，適孫爲祖、爲長子、爲妻而已。天子達乎庶人，一也。父在，爲母及妻，雖服期，然本爲三年之喪，但爲父、爲夫而屈者也。故與齊衰期之餘喪異者有三：服而加杖，一也；十一月而練，十三月而祥，十五月而禫，二也；夫必三年而後娶，三也。父母之喪，則齊疏之服，饘粥之食，自天子達于庶人。蓋子之事親，所以自致其誠，不可以尊卑變也。

建安游氏曰：武王之事，言聖人所優爲也，故曰「壹戎衣而有天下，身不失天下之顯名」，謂之「不失」，則與必得異矣。乃如其道，則「尊爲天子，富有四海之内，宗廟饗之，子孫保之」，與舜未始不同也。

又曰：武王於《泰誓》三篇稱文王爲「文考」。至《武成》而柴望，然後稱文考爲「文王」，仍稱其祖爲「大王」、「王季」。然則周公追王大王、王季者，乃文王之德，武王之志也，故曰「成文、武之德」。不言文王者，武王既追王矣。武王既追王，而不及大王、王季，以其末受命，而序有未暇也。《禮記·大傳》載牧野之奠，追王大王亶父、王季歷、文王昌，亦據《武成》之書，以明追王之意出於武王也。世之説者，因《中庸》無追王文王之文，遂以謂文王自稱王，豈未嘗考《泰誓》、《武成》之書乎？君臣之分，猶天尊地卑，紂未可去，而文王稱王，是二天子也。服事殷之道，固如是耶？《書》所謂「大統未集」者，後世以「虞芮質厥成」爲文王受命之始故也。當六國時，秦固已長雄天下，而周之號微矣。辛垣衍欲帝秦，魯仲連以片言折之，衍不敢復出口，蓋名分之嚴如此。故以曹操之英雄，逡巡於獻帝之末，而不得逞。彼蓋知利害之實也。曾謂至德如文王，一言一動，順帝之則，而反盜虛名，而拂天理乎？且武王觀政于商，而須暇之五年，非僞爲也。使紂一日有悛心，則武王當與天下共尊之，必無牧野之事。然則文王已稱之名，將安所歸乎？此天下之大戒，故不得不辨，亦所以正人心也。

延平楊氏曰：武王之武，蓋聖人之不幸，非其欲也。然而「身不失天下之顯名」者，以其一怒而安天下之民故也。謂之「不失」，與舜之必得異矣。故《泰誓》曰：「受克予，非朕文考有罪，惟予小子無良。」蓋聖人雖曰「恭行天罰」，而猶有「受克予」之言，不敢自必也。謂之不失，不亦宜乎？　又曰：「追王大王、王季，上祀先公以天子之禮」，以《金縢》之書考之，其禮宜未備也。周公居攝七年而後禮樂備，故「追王大王、王季，上祀先公以天子之禮」，則文、武所以嚴父尊祖之義，於是盡矣。此文、武之德，蓋周公成之也。故《孝經》曰「孝莫大於嚴父，嚴父莫大於配天，則周公其人也」。「斯禮也，達于諸侯、大夫及士、庶人」，謂「上祀先公以天子之禮」也。葬不從死者，是無臣而爲有臣也。祭不從生者，是不以其所以養親者事其親也。

河東侯氏曰：中庸之道參差不同，聖人之時中，當其可而已。文王三分天下有其二，以服事殷，此文王之中庸也。舜以匹夫而有天下，此舜之中庸也。「武王纘大王、王季、文王之緒，一戎衣而有天下」，武王之中庸也。此謂不失天下之名者，非謂武王之有天下不及舜也，謂之「天下之顯名」者，謀從衆而合天心也，是與舜之有天下不異也，故亦曰「尊爲天子，富有四海之内，宗廟饗之，子孫保之」，易地皆然故也。有一毫不與舜受天下之心同，有一人不謳歌獄訟而歸之，非中也，篡也，尚有顯名哉！武王末年，方受天命，而有天下，未及有作。周公成文、武之德，追王先公之禮，喪葬之制，皆古先所未有也，此又周公之時中也。

新安朱氏曰：此第十八章。自「無憂者文王乎」至「子述之」，言文王之事。《書》言「王季其勤王家」，蓋其所作亦積功累仁之事也。自「武王纘大王、王季、文王之緒」至「子孫保之」，言武王之事。大王，王季之父也。《書》云「大王肇基王迹」，《詩》云：「至于大王，寔始翦商。」戎衣，甲胄之屬。壹戎衣，《武成》言一著戎衣，以伐紂也。自「武王末受命」至「無貴賤一也」，言周公之事。追王，蓋推文武之意，以及乎王迹之所起也。上祀先公以天子之禮，又推大王、王季之意，以及於無窮也。制爲禮法，以及天下，使葬用死者之爵，祭用生者之禄。喪服自期以下，諸侯絶，大夫降，而父母之喪，上下同之，推己以及人也。又曰：游氏引《泰誓》、《武成》以爲文王未嘗稱王之證，深有補於名教。然歐陽、蘇氏之書亦已有是説。

涑水司馬氏曰：「壹戎衣而有天下」，蓋言武王取天下之易耳，豈得以孟津還師爲嫌，改易舊文，以「衣」爲「殷」乎？禮：大夫、士皆三月而葬。已而其子升爲大夫，受禄多，故祭以大夫。豈有因「追王」而改葬乎？

延平周氏曰：文王雖可以無憂，而未嘗無憂。可以無憂者，以其有父之作，而有子之述。未嘗無憂者，以其天人之責在於己。故《書》曰「自朝至于日中、昃，不遑暇食」。

海陵胡氏曰：上言舜以匹夫積德而有天下，此言周家累世積德而有天下，以爲天子。凡父能作之，或無子以述成之，子能述之，或無父以倡始之。堯、舜之子則朱、均，舜、禹之父則瞽、鯀。三聖父子之間，不令如此。唯文王以王季爲父，以武王爲子。王季作之，文王述成之。文王作之，武王述成之。上有賢父，下有聖子，夫何憂哉！聖人非其道，非其義，殺一不辜，而得天下，不爲也。武王仗大義，誅殘賊，而有天下。身不失天下之顯名，而又尊爲天子。

山陰陸氏曰：壹戎衣，一掛戎衣，伐殷也。湯十一征，自葛始。文王誅四，❶其服戎衣屢矣。「身不失天下之顯名」者，嫌於失之，是以言之。舜言德爲聖人，此言名者，各以其宜言之也。周之受命，本在文王，末在武王。此經不言追王文

❶「誅四」，四庫本作「專征伐」。

王者，以上言周公成文、武之德，追王之意，文王與焉故也。《大傳》則言武王之事而已。「期之喪，達乎大夫」，則諸侯雖期不服。然則天子唯爲其親、爲妻、爲長子服，諸侯仍服天王。鄭氏謂「旁親所降在大功者，其正統之期，天子、諸侯猶不降。大夫所降，天子諸侯絶之不爲服，所不臣乃服之」，誤矣。蓋所不臣雖服，暫服也，變也。即封君之孫，盡臣諸父昆弟，以是爲常，亦經不言諸侯，則諸侯所服不識也。父母之喪，無貴賤，一也。據此禮，父在爲母期，天子、諸侯亦服。然所謂「三年之喪達乎天子」，猶信。故經有「連而不相及也，動而不相害也」，蓋如此。若《喪服傳》云「君爲姑姊妹、女子子嫁於國君」者，何以大功？曰：尊同也。尊同則服其親服，亦是類矣。故善説禮者，不以變妨常，寡妨衆。且天子爲三公、九卿錫衰，爲諸侯緦衰，爲大夫、士疑衰，其所爲服亦廣矣。其於親親，雖不爲服可也。亦若所謂諸父昆弟者，未有無爵者也。故秦伯之弟鍼仕諸晉，君子以爲千乘之國，而不能容其母弟，謂之「出奔」。

兼山郭氏曰：有憂莫如舜，無憂莫如文王。憂勤者，文王也。無憂者，後人之言文王也。

延平黄氏曰：舜言德爲聖人，而武王不言者，其避文王歟？此亦周公思兼三王，以施四事，不及文王之意。然而功之爲盛也，不足以言德。

廣安游氏曰：中庸之道，常患乎失其傳。夫無失其傳之憂者，其惟文王乎？即文王而言之，居其前者，常患乎無以授之，而文王以王季爲父，則王季授之矣；居其後者，常患乎無以承之，而文王以武王爲子，則有以承之矣。此所謂父作子述也。至於此，武王用中之效，始大見於天下。身享其報，則其道之相承，而格于天心矣。壹戎衣而有天下，❶言其得之之易也。以臣代君，❷而不失顯名，既有其位，又有其禄，既有其祀，❸又有其後，此所謂報之厚全，美而可觀也。武王老而受命，七年而崩，❹未及追王，上祀以天子之禮。周公能終其志，而成其德。文、武之志，於是爲慊。然禮之有是也久矣，惟周爲能具之。蓋非周創爲之，其禮達乎諸侯，大夫及士、庶人，禮例當如是也。父，大夫也，以子之故，而士祭焉。父，士也，以子之故，而大夫祭焉。此言士、大夫之子，其禮可以及其父，則天子、諸侯之禮可以及其父，猶此意也。推而上之，則孫之禮，亦可以及乎其祖矣。故因追王上祀，泛論禮例之當然。不特此也，旁親之喪，達乎大夫，而不達乎諸侯、天子。至於父母三年之喪，則天子至於庶人莫不皆然。以喪言之，知子孫之厚於父祖；以祭言之，亦知子孫之當厚於父祖。聖人懼天下之人徒見文、武之追王上祀爲異禮，故舉諸侯、大夫、士禮例之所常有者而言之，又舉三年之喪，貴賤之所通行者而告之也。

晉陵喻氏曰：父作之，子述之，文、武之心一也。大勳未集，其勢然也。壹戎衣而有天下，亦其勢然也。堯、舜、湯、武易

❶「壹」上，通志堂本、四庫本有「以」字。
❷「代」，通志堂本、四庫本作「伐」。
❸「祀」，通志堂本、四庫本作「祖」。
❹「年」，通志堂本、四庫本作「十」。

地則皆然也。❶然則曰「予有慚德」，何也？聖人之不得已也。何爲不得已？曰：天命也，其可已乎？非湯、武，天下之禍寧止如夏、殷之季而已哉？當是時，猶有管叔、蔡叔、霍叔也，猶有武庚、淮夷也，故曰「予弗順天，厥罪惟均」。然則湯、武之事，其心可知矣，如此故「身不失天下之顯名」。孔子曰「湯、武革命，順乎天而應乎人」，孟子曰「天吏也」，學者其可信矣。不然安有「尊爲天子，富有四海之內，宗廟饗之，子孫保之」，乃與舜同稱哉？《禮》曰「後世雖有作者，虞帝不可及已」，言時不同也。

高要譚氏曰：稱武王，則曰「末受命」。末之爲言終也，言文王之修德，雖未受命，逮武王而終受命也。文王所以無憂者，以王季爲父，則不患不獲盡其孝。以武王爲子，則不患不能承其孝。文王以父作之，所以立受命之基。武王以子述之，所以終受命之報。文武受命，相爲始終，故稱「武王末受命」者，所以終文王未受命之事也。文王之孝，其志在於追王大王、王季。然而未受命，則追王之志有所不得行。追王之志雖不得行於文王之時，而武王受命，則可以成文王追王之志矣。故稱「武王末受命」者，又所以見文王追王大王、王季之志，於此得成其孝也。文王作之於前，武王述之於後。至周公遂推廣文、武之德，而成之以追王之孝，而見之於天子祭祀之禮。又推其類以達乎諸侯、大夫、士、庶人，而制爲葬祭喪紀之節。則文武之孝，至周公遂廣及

❶「則」，通志堂本、四庫本作「而」。

于天下矣。

錢塘于氏曰：詩人謂文王「不識不知，順帝之則」。天下豈足以動其心哉？夫子論武王「尊爲天子，富有四海之内，宗廟饗之，子孫保之」，與舜同；至於「德爲聖人」，則不與。蓋求之文王，則天其人；武王，則人其天矣。其曰「纘大王、王季、文王之緒」，是述於後者，未始違乎天，❶故其緒不息，而有以得天下。不然，使武王不循其序，文王之志荒矣。故大王、王季、文王皆無取天下之心，而自有以得天下之實。武王纘大王、王季之緒，雖有以得天下之實，亦未始有取天下之心。然則皆天也。

子曰：「武王、周公，其達孝矣乎！夫孝者，善繼人之志，善述人之事者也。春秋脩其祖廟，陳其宗器，設其裳衣，薦其時食。宗廟之禮，所以序昭穆也。序爵，所以辨貴賤也。序事，所以辨賢也。旅酬下爲上，所以逮賤也。燕毛，所以序齒也。踐其位，行其禮，奏其樂，敬其所尊，愛其所親，事死如事生，事亡如事存，孝之至也。郊社之禮，所以事上帝也。宗廟之禮，所以祀乎其先也。明乎郊社之禮，禘嘗之義，治國其如示諸掌乎！」

鄭氏曰：脩，謂埽糞也。宗器，祭器也。裳衣，先祖遺衣服。設之當以授尸也。時食，四時祭也。序，次也。爵，謂公、卿、大夫、士。事，謂薦羞也。「辨賢」者，以其事别所能也。若司徒「羞牛」，宗伯「共雞牲」矣。《文王世子》曰：「宗廟之中，以爵爲位，崇德也。」宗人授事以官，

❶「未」上，通志堂本、四庫本有「文王」二字。

尊賢也。「旅酬下爲上」者，謂若《特牲饋食》之禮，賓弟子、兄弟之子，各舉觶於其長也。「逮賤」者，宗廟之中，以有事爲榮也。燕謂既祭而燕。以髮色爲坐，祭時尊尊也，至燕親親也。齒，亦年也。「踐其位」，踐，猶升也。先者，其先祖也。社，祭地神，不言后土，省文也。示，讀如「寘諸河干」之「寘」。寘，置也。物而在掌中，易爲知力者也。序爵、辨賢、尊尊、親親，治國之要。

孔氏曰：此論武王、周公上成先祖，脩其宗廟，行郊社之禮，所以能治國如置物掌中也。善繼志者，若文王有志伐紂，武王能繼承之。《尚書·武成》曰「予小子，其承厥志」是也。善述事者，言文王有文德爲王基，周公制禮以贊述之。《洛誥》云「考朕昭子刑，乃單文祖德」是也。昭與昭齒，穆與穆齒，是序昭穆也。公、卿、大夫各以其爵位齒列，而助祭祀，是「辨貴賤」也。旅，衆也。逮，及也。祭末飲酒之時，使一人舉觶之後，至旅酬之時，使卑者二人各舉觶於其長者。卑下者先飲，是下者爲上，賤者在先，是恩意先及於賤者也。燕時以毛髮爲次序，是序年齒也。「踐其位，行其禮」者，孝子升其先祖之位，行祭祀之禮也。

藍田吕氏曰：此章言達孝所以爲中庸。武王、周公所以稱達孝者，能成文王事親之孝而已，故「脩其祖廟，陳其宗器，設其裳衣，薦其時食」者，善繼文王事親之志也；序爵、序事、旅酬、燕毛者，善述文王事親之事也。踐文王之位，行文王之禮，奏文王之樂，敬文王之所尊，愛文王之所親，其所以事文王者，如生如存，故繼志述事，上達乎祖，此之謂達孝者歟？祖廟者，先王、先公之廟祧也。宗器者，國之玉鎮大寶器，天府所掌者也。若有大祭，則出而陳之以華國。如《書》所謂赤刀、大訓、弘璧、琬琰、大玉、夷玉、天球、河圖之類是也。裳衣者，守祧所掌先王、先公之遺衣服，祭祀則各以其服授尸是也。時食者，四時之物，如籩豆之薦，四時之和氣是也。宗廟之禮，所以序昭穆、別人倫也，親親之義也。父爲昭，子爲穆。父，親也，親者邇，則不可不別也。祖爲昭，孫亦爲昭，祖爲穆，孫亦爲穆。祖，尊也，尊者遠，則不嫌於無別也。故孫可以爲王父尸，子不可以爲父尸，此昭穆之別於尸者也。《喪禮》卒哭而祔，男祔于皇祖考，女祔于皇祖妣，婦祔于皇祖姑。《喪服小記》「士、大夫不得祔于諸侯，祔于諸祖父之爲士、大夫者。亡則中一以上而祔，祔必以其昭穆」，此昭穆之別於祔者也。有事於大廟，子姓兄弟亦以昭穆別之。群昭、群穆，不失其倫。凡賜爵，昭與昭齒，穆與穆齒，此昭穆之別於宗者也。序爵者，序諸侯、諸臣與祭者之貴賤也，貴貴之義也。《詩》曰「相維辟公，天子穆穆」，此諸侯之助祭者也。序事者，別賢與能，而授之事也，尊賢之義也。孰可以爲宗而詔相，孰可以爲祝而祝嘏，孰可以贊祼獻，孰可以執籩豆，至于執爵沃盥，莫不辨其賢能之大小而序之也。「旅酬下爲上」者，使賤者亦得申其敬也，下下之義也。若《特牲饋食禮》賓弟子、兄弟弟子，❶各舉觶於其長，以行

❶「兄弟弟子」，通志堂本、四庫本作「兄弟子」。

旅酬也。燕毛者，既祭而燕，則尚齒也，長長之義也。毛，髮色也，以髮色別長少而爲之序也。祭則貴貴，貴貴則尚爵；燕則親親，親親則尚齒，其義一也。天下之大經，親親長長，貴貴尊賢而已。人君之至恩，下下而已。一祭之間，大經以正，至恩以宣，天下之事盡矣。郊社之禮，所以事上帝，宗廟之禮，所以事乎其先。事上帝者，所以立天下之大本，道之所由出也。祀乎其先，所以正天下之大經，仁義之所由始也。故壇廟之別，牲幣之殊，升降裸獻之節，俎豆奇耦之數，酒醴厚薄之齊，燎瘞腥膾，小大多寡，莫不有義。一餕之均，則四簋黍見其修於廟中；一肦肉之均，則羔豚而祭，百官皆足。非特是也，知鬼神爲可敬，則鬼神無不在，洋洋洋乎如在其左右。雖隱微之間，恐懼戒慎而不敢欺，則所以養其誠心，至矣。蓋以不如是，則不足以立身。身且不立，烏能治國家哉？故曰「明乎郊社之禮，禘嘗之義，治國其如示諸掌乎」，此之謂也。

建安游氏曰：大孝，聖人之絶德也；達孝，天下之通道也，要其爲人倫，則一也。故繼志述事之末，亦曰「孝之至也」。事死如事生，以慎終者言之。事亡如事存，以追遠者言之。始死謂之死，既葬則曰反而亡焉，此死亡之辨也。唯聖人爲能饗帝，孝子爲能饗親。饗帝一德也，饗親一心也，要不過乎物而已。其於慶賞刑威乎何有？故曰「明乎郊社之禮，禘嘗之義，治國其如示諸掌乎」。成王自謂「予冲子夙夜毖祀」，此迓衡之要道也。

又曰：祭祀之義，非精義不足以究其

説，非體道不足以致其義。蓋唯聖人爲能饗帝，爲其盡人道而與帝同德；孝子爲能饗親，爲其盡子道而與親同心也。仁孝之至，通乎神明，而神祇祖考安樂之，則於郊社之禮，禘嘗之義，始可以言明矣。夫如是，則於爲天下國家也何有？延平楊氏曰：武王纘大王、王季、文王之緒，周公追王大王、王季，上祀先公以天子之禮，所以繼其志、述其事也。夫將祭，必思其居處，故廟則有司脩除之，祧則守祧黝堊之，嚴祀事也。宗器，天府所藏是也。若赤刀、大訓、天球、河圖之類，歷世寶之，以傳後嗣。祭則陳之，示能守也，於顧命陳之，示能傳也。裳衣，守祧所藏是也。祭則各以其所服衣授尸，所以依神也。時食，若「四之日獻羔祭韭」之類，以生事之也。夫祭有昭穆，所以別父子、遠近、長幼、親疏之序也。故有事于大廟，則羣昭羣穆咸在，而不失其倫焉。此「宗廟之禮，所以序昭穆也」。尸飲五，君洗玉爵獻卿；尸飲七，以瑶爵獻大夫；尸飲九，以散爵獻士及群有司。此序爵而尊卑有等，「所以辨貴賤也」。玉幣交神明也，裸鬯求神於幽也。故天地不裸，則玉幣尊於鬯也，故大宰贊之。鬯則大宗伯涖之。裸將又卑於鬯也，故小宰贊之。若此類，所謂「序事」也。先王量德授位，因能授職，此「序事所以辨賢也」。饋食之終，酳尸之獻，下逮羣有司，更爲獻酬，此「旅酬下爲上，所以逮賤也」。既祭而以燕毛爲序，「所以序齒也」。序昭穆，親親也。序爵，貴貴也。序事，尚德也。旅酬逮賤、燕毛序齒，尚恩也。敬親者不敢慢於人，況其所尊乎？愛親者不敢惡於人，况其所親乎？「事死如事生」，若餘閣之奠是也。「事亡如事存」，若「齊必見其所祭者是」也。《記》曰：「入門弗見也，上堂又弗見也，入室又弗見也，亡矣喪矣。」蓋死而後亡也。始死則事之如生，既亡則事之如存，著存不忘乎心，孝之至也。夫上祀先公以天子之禮，而下達乎庶人，推親親之思，❶至於燕毛、序齒，仁之至，義之盡也。武王、周公所以爲達孝也歟？《詩》云：「孝子不匱，永錫爾類。」此之謂也。又曰：推先王報本反始之義，與夫《觀》「盥不薦」、《渙》《萃》「假有廟」之象，則聖人所以自盡其心者，於是爲至。非深知鬼神之情狀，其孰能知之？則於治國乎何有？

河東侯氏曰：所謂「達孝」者，達諸人情，達諸天下，通萬世而無弊，等天地而不窮，行夷貊而不窒者也。郊社之禮，所以祀上帝也。祀上帝，天子之事也。宗廟之禮，所以祀乎其先也。天子、諸侯皆有宗廟，謂祀乎其先者，各有其先也。「其」，與「顔子不改其樂」之「其」同。天子宗廟，天子之先也。諸侯宗廟，諸侯之先也。天子有天子祀先之禮，諸侯有諸侯祀先之禮，故曰「宗廟之禮，所以祀乎其先也」。魯侯也，以天子祀先之禮祀其先，非禮也，瀆也，不祀乎其先也。孔子曰：「禘自既灌而往者，吾不欲觀之矣。」灌祭之禮也，自首至尾皆非其祀故也。禘其帝之所自出，魯，周公之封也，何帝之所自出哉？非其物故也。子思於「武

❶「思」，通志堂本、四庫本作「恩」。

王末受命」章中備言其禮矣。又曰：武王、周公之達孝，繼之以踐其位，行其禮，奏其樂，敬其所尊，愛其所親，事死如事生，事亡如事存，孝之至也。豈不曰魯之君臣踐其位者，「天子穆穆，相維辟公」；行其禮，奏其樂者，「克開厥後」，「耆定爾功」乎？若猶未也，是不敬其所尊，不愛其所親，以誣僞不誠之道祀其先，不孝之至者也。故於達孝之後，特申言之，曰「宗廟之禮，所以祀乎其先也」，爲魯發之也。及其甚也，季氏用八佾，三家以雍徹矣。孔子於衛，其所先者，必曰「正名」。故君子名之必可言也。魯之禮樂，可名言乎？其曰「明乎郊社之禮，禘嘗之義，治國其如示諸掌乎」，「明乎」二字極有功。後世所以汩名分，亂上下，自三代而下，隨時維持，❶不能成善治，而篡奪相繼者，由不明乎禮也。子思於《中庸》引斯禮而發斯義者，豈偶然哉？所以祀上帝，所以祀乎其先，「所以」字與「其」字，更與玩味。

新安朱氏曰：此第十九章。達，通也。承上章而言，武王、周公之孝乃天下之人通謂之孝，猶孟子之言「達尊」也。上章言武王纘大王、王季、文王之緒，以有天下，而周公成文、武之德，以追崇其先祖，此繼志述事之大者也。下文又以其所制祭祀之禮通于上下者言之。祖廟，天子七，諸侯五，大夫三，適士二，官師一。宗器，先世所藏之重器，若周之赤刀、大訓、天球、河圖之屬也。時食，四時之食，各有其物，如春行羔、豚、膳、膏、薌之類是

❶「時」，通志堂本、四庫本作「事」。

也。「昭」，如字，解見《王制》。宗廟之次，左爲昭，右爲穆，而子孫亦以爲序。有事於大廟，則子姓兄弟，羣昭羣穆咸在而不失其倫焉。爵，公、侯、卿、大夫也。事，宗、祝、有司之職事也。旅，衆也。酬，導飲也，使亦得以申其敬也。燕毛，祭畢而燕，則以毛髮之色別長幼，爲坐次也。齒，年數也。踐，猶履也。其指先王也。所尊、所親，先王之祖考，子孫臣庶也。始死謂之死，既葬則曰反而亡焉，皆指先王也。此結上文兩節，皆繼志述事之意也。禘，天子宗廟之大祭，追祭大祖之所自出於大廟，而以大祖配之也。嘗，秋祭也。四時皆祭，舉其一耳。禮必有義，對舉之，互文也。示與視同，視諸掌，言易見也。此與《論語》文意大同小異，記有詳略耳。　又曰：酬，導飲也。主人酌以獻賓，賓酌主人曰酢。❶主人又自飲，而復飲賓曰酬。其主人又自飲者，是導賓使飲也。諺云「主人倍食」，疑即此意。「下爲上」之「爲」，音于僞反，爲上先飲也。　又曰：五峯言無北郊，只社便是祭地，此却説得好。

涑水司馬氏曰：凡設官分職，所以待賢者，非以禄不肖也。人君擇賢而授之官，則宗廟之中，執事者皆賢人也。鄭氏謂「羞牛」、「共雞牲」，烏足以別所能乎？

長樂劉氏曰：言其孝德，幽則達於鬼神，明則達於士庶，莫不用夫中庸以濟其美，故曰：「武王、周公其達孝矣乎！」「善繼人之志」者，謂大王、王季、文王之志在乎率人民於中和也，贊天地之化育也。而

❶「酌」，原作「酢」，今據通志堂本、四庫本改。

武王、周公善行斯道，以繼其志，而益光大之。「善述人之事」者，謂三王之事業存於禮樂政刑也。武王善能述而行之於天下也，周公善能述而載之於六官也。著成萬世帝王之大法，使大王、王季、文王之緒業垂諸方册，❶而仁於無疆，則聖子神孫所以昭顯乎親者，其有大於此乎？

延平周氏曰：孝之爲孝，一也。然於舜則言「大」，於武王、周公則言「達」，何也？蓋德爲聖人之類，非通乎天下之所可行者也，故曰「大」。武王、周公之孝，則在乎繼前人之志，述前人之事，而可以通乎天下者也，故曰「達」。雖然，特以迹言耳。以心言之，則易地皆然。始於脩其祖廟者，蓋廟者神之所依，苟神之所依者莫之能脩，則事神之禮，蓋闕如也。《春秋》書「大室壞」者，亦此意也。然其終止於薦新者，蓋薦新者，時祀之小者也。其小者猶能盡禮，則若所謂禘祫者又可見矣。序昭穆，所以别父子也。若公卿者，爵也。若冢宰、司徒者，官也。言「序爵」，則知其所謂「序事」者，官也。言「序事」，則知其所「序爵」者，位也。位者言其所與祭，事者言所共祭。與祭者未必共祭，所謂共祭者，若司徒奉牛牲也。方其「序爵」，則以辨貴賤爲主；方其「序事」，則以辨賢爲主。言貴賤而不言賢否者，蓋先王之擇其可與祭者皆賢也，而所辨者，特其事之各有所施耳。「逮賤」者，仁也。「序齒」者，義也。先王之於燕，仁義而已矣。於天神言「郊」，地

❶「册」，通志堂本、四庫本作「策」。

祇言「社」，則知言郊者，舉其大以兼五帝，言「社」者，舉其小以見后土也。禘對祫，則祫爲大。於間祀言禘，所以知有祫也。於時祀言嘗，所以知有烝之與祠禴也。然必言嘗者，舉其始也。蓋祭之備物，始於秋而豐於冬，春則少損，而夏則愈薄故也。禮必有義，義必有禮，而於郊社言「禮」，於禘嘗言「義」，何也？郊社之所以饗帝者，義也。宗廟之所以饗親者，仁也。於義而言禮，則示其有禮以節義。於仁而言義，則示其有義以濟仁。禮以節義，則有權而有經，義以濟仁，則能仁而能反。明其禮與義，而治國如指諸掌者。郊社禘嘗之説，於物則以禮樂爲主，於己則以齊明盛服爲主。果於禮樂度數之間，而推其性命之理，於齊明盛服之際，而求其性命之情，則其於天下乎何有？

海陵胡氏曰：達，明達也。人，謂其先文王，文王之志在於天下生靈，故視民如傷，保民如赤子。惡紂殘暴，有志伐之，然而志未果而終。武王能仗大義，誅殘賊，救塗炭之苦，解倒懸之急，以承文王之志，豈非善繼志者也？文王有文德，創王基。周公能輔相成王，制禮作樂，以述成文王之業，豈非善述人之事歟？以天子之尊，莫之與抗。然上知報天之功，下知報地之力，中知事祖宗之靈。至尊尚如此，況於卿大夫之卑，士庶人之賤，固當恭謹而事其上矣。在《易·觀卦》曰：「觀：盥而不薦，有孚顒若。」言在上之人，於宗廟之中，致其孝謹。在下之人，觀而化之，孚信顒然。故聖人之制祭祀，爲教化之本原，其於治國之道，如指掌中之物。禘，夏祭之名。嘗，秋祭之名。

嚴陵方氏曰：宗廟之禮，非特序死者之昭穆，亦所以序生者之昭穆焉。《王制》所謂「三昭三穆」者，即死者之昭穆也。《祭統》所謂「羣昭羣穆」者，即生者之昭穆也。「敬其所尊」者，尊其祖而敬之也。「愛其所親」者，親其禰而愛之也。「事死如事生」者，主人道言之也，《論語》所謂「祭如在」是也。「事亡如事存」者，主神道言之也，《論語》所謂「祭神如神在」是矣。地雖載萬物，而萬物乃本乎天。地雖生萬物，而萬物乃始乎天。夫郊社之祭，皆所以報本反始。謂之事上帝，豈爲過哉？

馬氏曰：大則有不可繼之意，而達則有可傳之理也。以不可繼，故曰「德爲聖人」。以其可傳，故曰「善繼人之志，善述人之事」。志者，藴於中而未發。事者，發於外而已行。藴於中而未發，則在知其志而弼成之，所以爲善繼；發於外而已行，則循而潤色之，所以爲善述。霜露之變殊，而君子怵惕悽愴之心生，故「春秋脩其祖廟」。將以行禮，而達其孝愛之心，故「陳其宗器，設其裳衣，薦其時食」。辨序貴賤，所以貴貴，則賤者有所略。辨賢，所以責其才之所勝，能之所任，則老者在所簡矣。然而祭者教之本，而德均則政行。先王於既祭之末，而行燕之禮。其旅酬，則以下爲上，欲其恩之有以及於賤者也；其燕毛，則以齒爲先，❶欲其恩

❶「以齒」，原作「齒以」，今據通志堂本、四庫本改。

之有以及於老者也。❶踐其位，行其禮，奏其樂，此備在外之物也。「敬其所尊，愛其所親」至「事死如事生，事亡如事存」，此盡其在内之誠也。郊社者，外祭之重者也。禘嘗者，内祭之重者也。禮者，文也。義者，本也。言禮則有義，言義則有禮。文可陳而本難知，非明不足以見之。明其義者，唯君子而已。指者言其體，示者言其用。

兼山郭氏曰：武王、周公，孝之達者，故繼志述事，得以成其志，而盡文王受命之大德，而爲有國無窮之休，故《中庸》詳言之也。夫事出於誠，則義不苟遺。故一事不該，❷非誠意之所存也。惟誠意之常存，故不遺一事，不廢一義，進退可觀，動作可法。以之推於天下，無不可者，如郊、社、禘、嘗之禮是也。既序尊卑貴賤，以明其分，辨賢、逮賤、序齒，以通其情，又敬其所尊，愛其所親，以端其本，不崇朝而大義偏舉。古之明王爲國以禮者，蓋謂是也。

廣安游氏曰：達孝者，猶言孝道至是而達，凡先王之志，至是而通達也。故「善繼人之志，善述人之事」，所以爲孝也。天下之禮，不可以一端而盡，則夫行之有不得而周浹者矣。人而有父子之親也，昭穆不可以不辨；人而有貴賤之等也，爵不可以不序；人之賢而有大小之差也，事不可以不序；人而有父兄之愛也，子弟之賤不可以不逮；人而有老少之差也，髪毛不可以不優，是皆人情之所當

❶「以」，原缺，今據通志堂本、四庫本補。
❷「事」，通志堂本、四庫本作「字」。

有，而闕一不可者。古之行禮，未有能周浹而備舉者也。欲其道之備舉，而禮之周浹，此固先王、先公之志，而武王、周公能終成之，所以爲達也。踐其所當踐之位，行其所當行之禮，奏其所當奏之樂，敬其所當敬之尊，愛其所當愛之親，所以事上帝，所以事乎其先。聲明文物，雍容委曲，粲然繁興，自四代之樂，四代之器，四代之衣服、車旗、宫室之類，莫不兼舉並用，而用之各有其時，行之各當其處。故天下之至文，未有如周家之全美而中節者。孔子曰：「周監於二代，郁郁乎文哉，吾從周。」孔子之取於文者，非徒取其文也，取其禮也；非徒取其禮也，取其道之四達而交通也。昔者文王望道而未之見，文王之所望，望此也；望而未見，則未達也。武王、周公能繼其志，述其事，以達文王之道，此所謂達孝也。此聖人之得志，聖人之盛也。孔子之欲從周，樂其得志，而無有所不慊乎其道而已。雖然，此豈一日之故哉！蓋自后稷、公劉下至大王、王季、文、武、周公，相承不絶，而後得以至於如此。故孔子先言其追王上祀之禮，次言能推本歸美於其親，❶則爲人子孫之志於是爲得矣。此言宗廟之禮，治國之道，又以見其爲人君上欲行道於天下之志於是爲得矣。夫武王、周公内得志於其家，外得志於天下，此固孔子之所願望見而不得者，故「吾從周」云者，斯以寄其意焉爾。

施氏曰：舜之大孝，則充而塞乎天地，溥而横乎四海。武王、周公之達孝，則施諸

❶「次」，原作「此」，今據通志堂本、四庫本改。

後世而無朝夕，推而放諸四海而準，何則？蓋德諧頑嚚，則已所獨也，故於舜謂之大孝。繼志述事，則人所同也，故於武王、周公謂之達孝。非帝王之德有優劣，易地則皆然。

晏氏曰：天下之理，有本必有末。舉其本，而末從之。所以然者，得其要爾。天地者，生之本也，而以郊社祭之。先祖者，類之本也，而以禘嘗祭之。君師者，治之本也，又能明乎郊社之禮，禘嘗之義，可謂知所以報本而得其要矣。推此以治國，皆其末爾，所以如指示諸掌之易也。

高要譚氏曰：周公稱達孝可也，然而與武王並稱，何哉？曰：周公所以推之天下者，即武王之事也。武王爲其事，周公廣其意，此所以並稱爲達孝也。繼文王之志，述文王之事者，武王之達孝也，故能壹戎衣而有天下，以終文王之受命。繼武王之志，述武王之事者，周公之達孝也，故能制禮以化天下，而成文武之德。

吴興沈氏曰：其妙則藏乎性命之間，其微則寓乎器數之内。况鬼神之道，見於幽明有無之際，精粗隱顯兼得之。欲知中庸之理，觀諸鬼神祭祀之間，斯可矣，故以武王、周公之事明之。又曰：治道不在多端，在夫致敬之間而已。「郊社之禮，所以事上帝也」，當其執圭幣以事上帝之時，其心爲如何？「宗廟之禮，所以祀乎其先也」，當其奠爵斝以事祖宗之時，其心爲如何？是心也，舉皆天理，無一毫人僞介乎其間。鬼神之情狀，天地萬物之理，聚見於此。推此心以治天下，何所往而不當？故曰「明乎郊社之禮，禘嘗之義，治國其如指諸掌乎」。於郊社言禮，禮者所以敬而已。於禘嘗言義，義者敬之義而已。

建安真氏曰：自「無憂者，其惟文王乎」以下至此章，亦猶前章之稱舜也。大抵爲人君以光祖宗、遺後嗣爲孝。周自大王實始翦商，至文王三分天下有其二，而武王遂成之。躬衣戎服誅獨夫受而有天下，此武王之繼志述事也。周公追王大王、王季，祀先公以天子之禮，又制禮作樂，使世世子孫奉承宗廟之祀，事死如生，事亡如存，此周公之繼志述事也。舜之孝如天之不可名，故曰「大」。武王、周公之孝，天下稱之無異辭，故曰「達」。後世人主有志於孝治者，當合大舜、文、武、周公之事而考之。蓋大舜以瞽叟爲父，處人倫之變者也。文王以王季爲父，處人倫之常者也。舜、文所遇不同，而其心則一。使舜遇文王之時，必能盡處常之道；使文王遇舜之時，亦必能盡處變之方：所謂易地則皆然也。至於繼志述事，則當持守而持守，固繼述也；當變通而變通，是亦繼述也。

錢塘于氏曰：夫親親、貴貴、尊賢、下下、長長，此五者具見於宗廟一祭之間，大經以正，至恩以宣，善繼志、述事如此，可謂盛矣。此皆大王、王季、文王之所未爲，武王、周公通變而爲之，不謂之達孝，可乎？達者不拘故常，固有通變之義。先儒以前所言達禮通天下可行，因謂之達孝。殊不思此謂其達者，指善繼志，善述事而言，非可指達禮爲達孝也。

山陰陸氏曰：以社之禮爲事上帝者，蓋祀昊天上帝，則百神與，雖及地祇，是乃所以事上帝也。

晉陵喻氏曰：學者或疑武王之事不出於《中庸》，故夫子稱舜，稱文王，而後繼以武王、周公之事，而加詳焉。其曰「達」，又曰「善繼」、「善述」，又曰「孝之至」者，尚何疑於武王哉？

新定顧氏曰：周自大王肇基王迹，王季其勤王家，文王克成厥勳，考其用心，唯欲措斯世於平治而已。則論武王、周公之繼志、述事，莫先於卒其伐功也。今也語不一及，而獨備言祭祀之事，何耶？王者功成作樂，治定制禮，祭祀，禮樂之至盛者也。論武王、周公之繼志、述事，而及於祭祀者，言其功成治定，制禮作樂之事實也。　示，讀如「寘諸河干」之「寘」。寘，置也。物在掌中，易爲智力者也。《孟子》言：「武丁朝諸侯，有天下，猶運之掌。」上古人譬言事之易，大抵以此。因論祭祀，縱言至於此耳。郊社言禮，禘嘗言義，互文也。

新定錢氏曰：達孝當就繼志、述事上看。若以無改父道爲孝，則武王不宜伐商。若以友于兄弟爲孝，則周公不當誅管、蔡。未可與權者，未足與議也。故以「達孝」稱之，是其伐也，其誅也，乃所以善繼志、述事者也。

禮記集說卷第一百二十九

國家出版基金項目

国家出版基金项目
NATIONAL PUBLICATION FOUNDATION

教育部哲學社會科學研究重大課題攻關項目

國家重點圖書出版規劃項目·重大工程出版規劃

「十一五」「十二五」「十三五」

國家重點出版物出版专項規劃項目·古籍出版規劃

「十四五」

國家社會科學基金重大項目

北京大學「九八五工程」重點項目

儒藏

精華編五四册下
經部禮類

儒藏

北京大學《儒藏》編纂與研究中心

#《儒藏》精華編第五四册

經部禮類

禮記之屬

下册

禮記集説卷第一百三十

哀公問政。子曰：「文武之政，布在方策，其人存則其政舉，其人亡則其政息。人道敏政，地道敏樹。夫政也者，蒲盧也。故爲政在人，取人以身，脩身以道，脩道以仁。仁者，人也，親親爲大。義者，宜也，尊賢爲大。親親之殺，尊賢之等，禮所生也。在下位不獲乎上，民不可得而治矣。故君子不可以不脩身。思脩身，不可以不事親。思事親，不可以不知人。思知人，不可以不知天。」

鄭氏曰：方，版也。策，簡也。息，滅也。敏，勉也。樹，謂殖草木。人之無政，若地無草木也。蒲盧，蜾蠃，謂土蜂也。《詩》曰：「螟蛉有子，蜾蠃負之。」螟蛉，桑蟲也。蒲盧取桑蟲之子去而變化之，以成爲己子。政之於百姓，若蒲盧之於桑蟲然。爲政在人，在於得賢人也。「取人以身」，言明君乃能得人也。「在下位不獲乎上，民不可得而治矣」，此屬在下，脱誤在此。

孔氏曰：自此至「成功一也」一節，明孔子答哀公問政之道在於取人脩身，并明達道有五，行之者三。言文王、武王爲政之道，皆布在於方牘簡策。❶

河南程氏曰：螟蛉、蜾蠃本非同類，爲其氣同，故祝則肖之，又况人與聖人同類者。又曰：昔者聖人「立人之道，曰仁與義」。孔子曰：「仁者，人也，親親爲

❶「布」下，《禮記正義》有「列」字。

大。義者，宜也，尊賢爲大。」唯能親親，故「老吾老，以及人之老，幼吾幼，以及人之幼」。唯能尊賢，故「賢者在位，能者在職」。唯仁與義，盡人之道。盡人之道，則謂之聖人。伊川　又曰：不知天，則於人之愚知賢否有所不能知。❶雖知之，有所不盡。故「思知人，不可不知天」。不知人，則所親者或非其人，所由者或非其道，而辱身危親者有之，故「思事親，不可不知人」。故堯之親九族，以明俊德之人爲先。蓋有天下者以知人爲難，以親賢爲急。

藍田吕氏曰：所謂文武之政者，以此道施之於爲政而已。有文武之心，然後能行文武之政。無文武之心，則徒法不能以自行也。故曰「其人存則其政舉，其人亡則其政息」。敏，速也。得於性之所宜，則其成也速。木之所以植，土性之所宜也。政之所以行，人性之所宜也。庸者，人道也。政不離於人道，則民之從之也敏。植木於地，則木之生也敏。故曰「人道敏政，地道敏樹」。政者，所以變化其不爲人者，使之爲人而已。如蒲盧化其非己者，使之如己而已。爲政之要，主乎治人而已，故曰「爲政在人」。人道不遠，取諸其身而已，故曰「取人以身」。親其親，長其長，而天下平，取諸身也，施諸己而不願，亦勿施於人，取諸身也。道者，人倫之謂也。非明此人倫，不足以反其身而萬物之備也，故曰「脩身以道」。非有惻怛之誠心，盡至公之全體，不足以脩人倫而極其至也，故曰「脩道以仁」。

❶「愚知」，通志堂本、四庫本作「知愚」。

夫人立乎天地之中，其道與天地並立而爲三者也。其所以異者，天以陰陽，地以柔剛，人以仁義而已。所謂道者，合天地人而言之。所謂仁者，合天地之中所謂人者而言之，非梏乎有我之私也。故非有惻怛之誠心，盡至公之全體，不可謂之仁也。親親而仁民，仁民而愛物。愛雖無間，而有等差，則親親大矣。所大者，行仁之本也，故曰「仁者人也，親親爲大」。行仁之道，時措之宜，則有義也。天下所宜爲者，莫非義也，而尊賢大矣。知尊賢之爲大而先之，是亦義也，故曰「義者宜也，尊賢爲大」。親親之中，父子首足也，夫妻判合也，昆弟四體也，其情不能無殺也。尊賢之中，有師也，有友也，有事我者也，其待之不能無等也。因是等殺之別，節文所由生，禮之謂也，故曰「親親之殺，尊賢之等，禮所生也」。君子脩身，庸行而已。事親者，庸行之本也。不察乎人倫，則不足以盡事親之道。故人倫者，天下之大經，人心之所同然者也。人心之所同然，則百世以俟聖人而不惑矣，知人者也。人心之所同然者，天地之經也。順天地之經而不違，則質諸鬼神而無疑矣，知天者也。

建安游氏曰：螟蛉有可化之質，蜾蠃有能化之材。知是說，然後可與言政也。然則政之所託，可非其人乎？故曰「爲政在人」。人固未易知，若規矩準繩在我，則方圓曲直無所逃矣，故曰「取人以身」。規矩準繩無他，人道而已，故「脩身以道，脩道以仁」。在上欲得乎民，在下欲獲乎上，皆以脩身爲本。失其身，而能事其親，吾未之聞矣。至於能事親，則脩身之至也。知事親，則德之本立矣。而不知人，則上以事君，下以取友，去就從違，莫知所向，而貽其親之憂者有矣。能知人，則事親之至也。知人者，智也，而明或不足以自知，將逆詐億不信，而不肖之心應之，莫知其然也。蓋知人者可與言理，知天者可與言性。至於能知天，則知人之至也。「親親之殺」，事親者能之，「尊賢之等」，知人者能之。

延平楊氏曰：人存則政舉，故「爲政在人」。君子有諸己而後求諸人，故取人必以身。脩身而不以道，非有諸己也，則身不足以取人矣。道二，仁與不仁而已，故脩道必以仁。仁者，人也，合天下之公，非私於一己者也。蓋無公天下之誠心，而任小己之私意，❶則違道遠矣。然仁者，人也，愛有差等，則「親親爲大」。義者，行吾敬而已。時措之宜，則「尊賢爲大」。以三爲五，以五爲九，上殺、下殺、旁殺而親畢矣，此親親之殺也。有就之而不敢召者，有友之而不敢臣者，此尊賢之等也。因其等殺而爲之別，禮之所由生也。《孟子》曰「禮者，節文斯二者是也」，其斯之謂歟？「君子不可以不脩身」者，脩身以道，脩道以仁。事親，仁之實也，故脩身以事親爲本。仁者，人也，非私於一己者也。事親而不知人，則其錫類不廣矣。視天下無一物之非仁也，其知人乎？知人而不知天，則夷子之二本也。蓋五品之差，天敘也。先王惇五典，而有厚薄隆殺之别焉，明天敘而已。

河東侯氏曰：文武之政，或舉或息，繫乎

❶「小」，通志堂本、四庫本作「一」。

人之存亡。若待文武興而舉之，則曠千古而無善政也。謂其能由文、武之道，行文、武之政，是亦文、武而已。文、武之政，順天理人事，施於有政，以人治人爾。以人治人，民之從之也輕，故曰「人道敏政」。人道仁也，堯舜之治天下，仁而已。爲政以仁，則不見而章，不動而化，不言而信，不疾而速，不行而至矣，猶地道之敏樹也。雖然，所以然者，誠也。天地不誠，不能生萬物。爲政不誠，不能化萬邦。故又曰「政也者，蒲盧也」。化螟蛉之子而子之，無非誠也。螟蛉、蜾蠃二物，感之以誠，冥通顯微，尚能化而類也。況至誠爲己，始乎爲士，終乎爲聖人，施之有政，其有不化乎？此爲政所以在人也。然而天下之大，萬機之繁，非一人所能舉也，必得天下賢聖而共之。身苟不脩，則賢者不屑也，故取人以身。脩身之道，在乎率性，脩道之教，在乎爲仁。仁，人也。人之大，親親也。親親如「瞽叟厎豫，❶而天下之爲父子者定」是也。父子定，則人道立矣。人道立，則施之有政者義也。義之所宜者，尊賢爲大。親親爲大，內則父子也。尊賢爲大，外則君臣也。父子、君臣之道，天下之大經也，中庸之大義也，禮之所生也。禮之所生者，不越君臣、父子、兄弟、夫婦、朋友之交，❷各當其分而已爾。故又曰：「君子不可以不脩身。思脩身，不可以不事親。思事親，不可以不知人。」人實難知，知人則哲，能官人。欲知人，而不知天，則賢不

❶「叟」，通志堂本、四庫本作「瞍」。
❷「兄弟夫婦」，通志堂本、四庫本作「夫婦兄弟」。

肖或失其宜。雖知，有所未盡，亦非知人也。人之道，天理也。盡天理，則道盡矣。己不能盡天理，安能知人乎？故曰「思知人，不可以不知天」。逆天悖理，知人者鮮矣。堯之親九族，亦曰「克明俊德」而已。

新安朱氏曰：自此至「雖柔必强」是第二十章，此第二十章第一節。哀公，魯君，名蔣。有是君，有是臣，則有是政矣。敏，速也。蒲盧，沈括以爲蒲葦，是也。以人立政，猶以地種樹，其成速矣。而蒲葦又易生之物，其成尤速也。言人存政舉，其易如此，故「爲政在人，取人以身，脩身以道，脩道以仁」，此承上文「人道敏政」而言也。「爲政在人」，《家語》作「爲政在於得人」，語意尤備。人，謂賢臣，身，指君身。道者，天下之達道。仁者，天地生物之心，而人得以生者，所謂「元者，善之長」也。言人君爲政在於得人，而取人之則又在脩身。能仁其身，則有君有臣，而政無不舉矣。仁者，人也。人指人身而言，具此生理，自然便有惻怛慈愛之意，深體味之可見。宜者，分别事理，各有所宜也。禮則節文斯二者而已。「爲政在人，取人以身」，故不可以不脩身。「脩身以道，脩道以仁」，故「思脩身，不可以不事親」。欲盡親親之仁，必由尊賢之義，故又當知人。「親親之殺，尊賢之等」，皆天理也，故又當知天。或問：蒲盧之説，何以廢舊説而從沈氏？曰：蒲盧之爲蜾蠃，它無所考。且於上下文義，亦不甚通也。唯沈氏之説，乃與「地道敏樹」之云者相應，故不得而不從耳。

石林葉氏曰：策大而方小，《聘禮》束帛加書，「百名以上書於策，不及百名書於方」。《既夕禮》「書賵於方。若九、若七、若五，書遣於策」。策以衆聯，方一而已。

海陵胡氏曰：堯、舜率天下以仁而民從之，文、武興而民好善，是人道敏疾於政也。蜾蠃無子，取螟蛉之子，化而爲己子，如聖人以善政、善教化於民。化其邪，歸於正，化其惡，歸於善，化其恌薄，歸於醇厚，如蒲盧然。然則聖人欲善政、善教之被於天下，何道則可？在乎得賢人爲之輔佐。欲得賢人，以何道？在乎從己之身以觀之，何者？惟聖知聖，惟賢知賢。周公攝政，則召公疑。仲尼見互鄉童子，而門人惑。以召公之賢，孔門之哲，尚疑周公，惑仲尼。故將欲知人，必先自脩身，以至於聖人之域，然後從而觀人，則無不知矣。雖親親爲大，然恩當有隆殺。如三年、周期、大功、小功之服，下至緦麻、袒免，是各有隆殺也。雖則尊賢，然德有小大，爵有高下。禮者，所以辨其隆殺高卑之别，故曰「禮所生也」。思事其親，不可以不知人，須得賢人而親附之，則知所以事親之道。故《尚書》載堯之事曰「克明俊德，以親九族」。堯能明俊德之人而與之處，故九族之人相與親睦。思欲知人者，必知天之心。知天心，則聖賢之心也。天以生成萬物爲心，而聖人以生成天下爲心。其體雖異，其德一也。故《孟子》曰：「盡其心者，知其性。知其性，則知天矣。」能知天，則是知性者也，知性則知人矣，故曰「思知人，不可以不知天」。

嚴陵方氏曰：以文、武對哀公之問者，以

迹言之，其政則詳而易明；以時言之，其政則近而可考。子貢曰「文武之道，未墜於地，在人，賢者識其大者」，亦以相去之時爲近故也。方策與《周官·内史》所言同義。木曰方，竹曰策。先方而後策者，小大之序也。「布在方策」，言其具載于書也。政非人則不能速成，樹非地則不能速生。「脩身以道」者，亦導其性之所有而已，「率性之謂道」是也。仁不止於親親，特以親親爲大耳。義不止於尊賢，特以尊賢爲大耳。《孟子》曰「禮之實，節文斯二者」，蓋謂是矣。

新定顧氏曰：蒲蘆，水草，蒹葭之類，易生之物也。夫子以蒲蘆譬政之敏，猶孟子以置郵傳命譬德之流行也。論政之行固如此，原政之立，則惟在於得人。有號叔、閎夭之徒，則文王之政可舉。有亂臣十人，則武王之政可舉。然非文武，則號叔、閎夭之徒亦見其遐舉遠引耳。雲之從龍，風之從虎，賢臣之從聖主，自然之理也，故取人必以身。

延平周氏曰：仁不止於親親，而入則以親親爲大。義不止於尊賢，而出則以尊賢爲大。

山陰陸氏曰：「文、武之政，布在方策」，其人與其不可傳也死矣，故下文云「人存則政舉，人亡則政息」。「人道敏政」，言政之所以敏存乎其人也。蒲盧所以祝而化之，豈自外至哉？是以肖之速也。「取人以身」，言在我者，無以揆之，則所謂賢者，未必賢之，故王者貴學。「脩身以道」，若顏子是也。其所以脩之，仁而已。天下之道一，仁而已。義，宜此者也。禮，體此者也。知，知此者也。樂，樂此者也。「親親之殺，尊賢之等」，若墨子尚賢，愛無差等，失是矣。知人而後知天，序也。今其言如此者，知天不盡，則人豈能盡哉？蓋二類相資，同時俱妙也。

晉陵喻氏曰：政之在人，猶木在地中，其生日升，蓋無晷刻之不敏也，非人從而伐之，則未嘗不升也。人之於道，無日而不進，猶天之行健，君子以自强不息也，息則吾所得於天者消矣。脩身之道，不本乎仁，則孰知其輕，孰別其重？仁也者，所以爲知輕別重者也。三代之得天下以仁，其失天下也以不仁。所謂仁者，非謂日以布帛衣之，以穀粟食之也，亦心知夫天下之所當爲者，吾則爲之，知夫天下之所不當爲者，吾則不爲耳。所當爲者，必可以愛人也，必可以利物也，必可以行之悠久而不病也。吾一舉之，子孫不能廢也，萬世不能廢也，豈不爲天下之大利哉！所不當爲者，必爲人之害也，必爲物之害也，必可施於近，而不可施於遠也，必利一而害十也。吾輕舉之，子孫不廢，後世不廢，豈不爲天下之大害哉！其得天下，其失天下，豈不昭昭然哉！故所謂得天下以仁，非穀粟、布帛之謂也，無輕舉措而已。如舜有天下，舉皋陶，不仁者遠矣；湯有天下，舉伊尹，不仁者遠矣。此脩道所以必以仁也。孔子之於門人，未嘗輕言仁也。欲識仁乎？「仁者人也」，此言甚切，可以識仁矣。人也者，與天地並生，配天地而謂之三才，盡人道而後可以謂之人。唯聖人然後可以踐形，言盡人道也。義者宜也，以一身應天下之事，無不得其宜也。

吴興沈氏曰：《論語》一書，首以學而次以政，蓋言學然後爲政也。夫子所謂「學而時習」，豈誦習云乎哉？致知格物，正心誠意之學也。以之臨政，豈非治國平天下之事乎！《中庸》自「天命之謂性」，充而爲「周公之達孝」，皆聖學之妙也。爲政之道雖寓乎其間，曾未標目之也。至此以「哀公問政」繼之，亦本末先後之序也。文、武之政燦然於方策間，然文、武之人存，則文、武之政舉；文、武之人亡，則文、武之政息。非直文、武然也，有知人、知天之人，是亦文、武之人也。文、武豈異於人哉！盡人道，全天理，推己之道，合彼之道，一天下於人道者也。故人道莫敏於政，地道莫敏於樹。人君以人理化天下，則天下翕然從之，如萬物得雨露沾濡，雷風鼓舞，勃然皆生。天下化人君之政，亦若是已。螟蠕之類蜾蠃，以其氣之同也。人道之敏於政，以其理之同也。嗚呼！政之化人，其速如此。然則人君爲政，將何如耶？誠在夫人理而已。或謂得人，非也。人理者何？仁、義、禮、智之心，人皆有之。今人乍見孺子將入井，則必有怵惕惻隱之心。思與鄉人立，望望然去之，則必有羞惡之心。有賓主則辭遜之心生，遇邪正則是非之心生，皆天理之自然，人心之所自有者也。以是四者爲政，亦因其所自有以復其理耳。故曰「爲政在人」也。然是道將何取之？近取諸身足矣。天下有是理，吾身亦有是理也。欲求天下之理，以吾一身觀之可也。故曰「取人以身」。然身不脩，則仁義禮智之理弗見矣。而脩身要必以道，道之爲體，彌滿六合，將何以爲準的？仁自性出，性以道會，必以仁爲準也，故「脩道以仁」。然仁豈外夫人理哉？今人乍見赤子入井之時是也。無是心，則非人也。故繼以「仁者人也」。仁固不外乎人理，而親親則爲仁之大。因言仁而及義，豈仁之外别有所謂義哉？思與鄉人立，望望然若將浼焉之時是也，❶故曰「義者宜也」。義固所以爲宜，而尊賢則爲義之大。親親必有隆殺，尊賢必有等衰，❷則禮之所在也。《孟子》曰：「仁之實，事親是也；義之實，從兄是也；禮之實，節文斯二者是也。」❸與子思之意不約而同然。而「爲政在人，取人以身」，故君子不可以不脩身。「仁者人也，親親爲大」，故「思脩身，不可以不事親」。「脩身以道，脩道以仁」，故「思事親，不可以不知人」。嗚呼！人可知也，天難知也；人可至也，天難至也。知人，則天斯知矣。然則天者何？以性、道、教言之，則天命之謂性者，天也；率性之謂道，脩道之謂教者，人也。以中和言之，則喜、怒、哀、樂之未發者，天也。喜、怒、哀、樂之已發而中節者，人也。苟能知天，則知人理之所在矣。故曰人理、天理，是或一道也。

高要譚氏曰：此指明天下事業，皆自人之一身中出也，故論政當自人道始。爲政之要在人而已，身即人也，求人之理，當近取於吾身。脩身，則人理著矣。故曰「爲政在人，取人以身」。❹夫子論政自

❶「然」下，通志堂本、四庫本有「去之」二字。
❷「衰」，通志堂本、四庫本作「差」。
❸「二」，原作「是」，今據通志堂本、四庫本改。
❹「以」，原作「在」，今據通志堂本、四庫本改。

人道始，以人道反求諸身，又自身推類以及人，又自人推本於天，以明天者性理之所自出，而脩道之本也。精粗本末，包括無遺，此足以見中庸之道，簡而大，約而博也。

晏氏曰：鄭氏及諸儒皆以「在下位不獲乎上」此句屬在下，脱誤在此，非也。《禮記》他篇有脱誤，《中庸》無脱誤矣。大抵君子先能脩身事親，則雖處下位，而仰可以獲乎上，俯可以治乎民，所以繼此而言。故君子不可以不脩身，不事親也。大抵知天性則知人道，知人道則知子道，知子道則脩身之道盡矣。由是而上見知於君，下見法於民，一舉而兩得之，不亦善乎！

涑水司馬氏曰：天子以德教加於百姓，刑于四海爲孝，諸侯以保其社稷爲孝，卿、大夫以保其宗廟爲孝，士以保其禄位爲孝。四者，非得賢人以爲臣友，❶不能全也，故「思事親，不可以不知人」。夫仁、義、禮、智、信，皆本於天性。其引而伸之，則在人矣。君子知五常之本於天，有之則爲賢，無之則爲不肖。以此觀人，人焉廋哉？故「思知人，不可以不知天」。

兼山郭氏曰：知人次於事親者，不知人之賢不肖，則失所親，至於危親之道，或陷之矣。知天所以次於知人者，不明夫所謂天德，則人之賢不肖亦莫得而知之矣。「在下位不獲乎上」，説者謂錯簡重出。

江陵項氏曰：自此至「明則誠矣」，揔「費

❶「臣」，明本作「卿」，通志堂本缺文，四庫本作「師」。

而隱」之義而極言之，使學者循知、仁、勇之三等，而用其知行之力，以會於至一之地。自首章而下，大意皆揔於此章。文武之政費矣，而在於脩道以仁，仁卒本於知天。天下之達道五，費矣，而行之者三，三卒歸于一。天下國家有九經，費矣，而必本於至一之素定。素定之目費矣，而必本於誠身明善，此皆發明「費而隱」之義也。道，總言之也。仁，人心也。隱心而發爲仁，仁之所形爲義，仁義之節文爲禮，禮之所從來爲知，皆本於仁，故曰「脩道以仁」。求仁必以知，故事親必本於知人、知天。知人者，知人道之不得不然也，費也。知天者，知人道之不能不然也，隱也。尊賢爲上，則足以取人矣。禮所生也，則足以爲政矣。政而本於仁，費而隱也。仁而推於義與禮，隱而費也。

又曰：親親之殺，尊賢之等，禮之所生也。此言禮義皆出於仁，以明脩道之必以仁也。仁者，人也，即指此身言之。義者，宜也，即指道理言之。此身全體，無有不仁，則其發用處自無往而不爲義也。義即天下之達道也。古人言道，多以禮義言之。《表記》言「人者，仁也，❶道者，義也」，正與此章義同。天下之人物，雖皆此身之所當體，然未有親於父母者，故曰「親親爲大」。天下之事理，雖皆當以義制之，而未有先於尊道而尚賢者，故曰「尊賢爲大」。既有大小，則便有隆殺等差，而禮節興，庶政出矣，故曰「親親之殺，尊賢之等，禮所生也」。言仁既生義，而仁與義又共生禮也。凡此皆以明仁能

❶「人者仁」，原作「仁者人」，今據通志堂本、四庫本改。

脩道之義。「思脩身，不可以不事親。思事親，不可以不知人。思知人，不可以不知天」，此言脩道以仁之方也。脩身事親，仁之事也。知人、知天，人之理也。欲爲其事者，不可不知其理也。生曰人，死曰鬼。人之所以爲人者，以其生也。仁者，人也。仁者，天地之心，聖賢之德也。有人之形，即有人之理。此形、此理，皆受之於父母者也。知此則知人之所以爲貴，而親之爲大矣，故曰「思事親，不可以不知人」。然而此形、此理，父母孰從而得之？等而上之，至於百世之前，不知其所始也。等而下之，至於百世之下，不知其所終也。是孰爲之哉？此即天地生物之心，流行而不已者也。此仁之大本也，故曰「思知人，不可以不知天」。此《中庸》之言道，所以必自天命之性言之也。

廣安游氏曰：自後世觀之，文武之政不行於天下，非無是政也，考之方策，文、武之政具在其中，特患乎無其人以行之耳！夫七廟之制，禮之當然也，惟周能備有焉。四學之制，亦禮之當然也，惟周能備用焉。如此之類，不可概舉。假如尊尊、賢賢、親親、老老、幼幼，古未有能兼舉者也，惟周能備舉之。四代之禮，四代之器，四代之樂，四代之宫室、車旗、衣服，亦惟周能備舉之。上文言「踐其位」者，其所當踐之位也，惟周能踐之；「行其禮」者，其所當行之禮也，惟周能行之。以至「敬其所尊，愛其所親，事死如事生，事亡如事存」，凡此者惟周能盡之。此所謂「其人存，則其政舉，其人亡，則其政息」也。植物於此，忽然而生長茂遂，爲政於此，忽然而黎民於變，天地以位，萬物以育，此所謂敏也。鄉也桑蟲之子，今爲蒲盧。鄉也未位之天地也，今爲已位之天地。向也未育之萬物也，今爲已育之萬物。鄉也商紂之天下也，今爲郁郁乎文之周。蓋得其人，則變之易、化之速也。「爲政在人」，人者謂帝王之佐也。天下之理，於其相須者，固有契合而響應者也。堯有舜，舜有禹，禹有益，湯有伊尹，武王有周公，所謂人也。然是人，必吾能知之，又能用之，然後其人可得而取也。身能明中庸之道，然後能知中庸之人。身能行中庸之道，然後可以盡中庸之才之用。故曰「取人以身」。脩身不可不以道。道之用，無乎不有。然其所自，則起於仁。仁者，人也，此以人理言也。假以「惻隱，仁之端」言之，夫人有是心，所謂人理也。推是以往，爲孝，爲悌，爲忠信，爲博施，皆由是人理而起。故曰「仁者，人也」。然仁實起於親親，有親親則有尊尊。親親有其殺，尊賢有其等。經禮、曲禮由此而生。故經禮三百，曲禮三千，若不勝其繁也，本於「親親之殺，尊賢之等」二者而已。自殺與等言之，亦若不勝其繁也，總而名之曰仁義而已。仁與義，岐而二也，生於親親而已。親親、尊尊，生於意之所安。意之所安，生於心而已。心正而意誠，意誠而仁立，仁立而義起，義起而禮生。天下之治，燦然畢陳於前矣。脩身，本也。事親，脩身之本也。君子之於脩身、事親，而要之於知人、知天，則天地萬物之理咸具於此，無有不得其所者矣。

莆陽林氏曰：「思脩身，不可不事親」者，

人欲脩身，莫先於承順父母。苟父母不能承順，則如何謂之脩身？「思事親，不可不知人」者，欲盡事親之道，必在於得正人。苟日與正人親，則可以起敬起孝矣。「思知人，不可不知天」也，天者道德性命之理，欲知人有道德性命之理，必知吾天性先有此也。

建安真氏曰：道之與仁，非有二致。然聖人之教人，既曰志於道矣，又必曰依於仁也；曰「脩身以道」矣，又必曰「脩道以仁」也。蓋道者，衆理之總名，而仁者，一身之全德。志乎道而弗它，可謂知所嚮矣。仁則其歸宿之地，而用功之親切處也。思昔聖賢言仁，何莫非要？至於「仁者，人也」，「仁，人心也」，則直舉其全體以示人，學者尤當深味也。夫人之所以爲人者，以其有是仁也。有是仁，而後命之曰人，不然則非人矣。仁者，心之生理，人而不仁，則喪其所以爲心，猶粟穀焉，生意不存，梏然死物耳。此孟子言仁之至要也。

東萊吕氏曰：「思脩身，不可以不事親」，此隱之於心，固安。「思事親，不可以不知人。思知人，不可以不知天」，此兩句若非《中庸》道出來，如何思量得到。若隨文解義也説得，若要真實者，看得於心果與否，則非易事。《大學》言自致知格物以至平天下，此雖難知，然隱之於心，猶自見得實有是理。若知人、知天，則直是難見。❶古人立言，句句真實，又非可以移換增損也。須見得灼然移換增損得不得，方盡。

❶ 「直」，通志堂本、四庫本作「真」。

嚴陵方氏曰：❶春秋之時，王迹已熄，時君莫非富國强兵是務，而哀公獨以政爲問，其天資加於人一等矣。理之所在，身與親一，親與人一，人與天一。子思子因論脩身之道，極本窮原，而歸於「不可不知天」，蓋曰能事親則能脩身，能知人則能事親，能知天則能知人，未有不能於此而能於彼者，深以發明是理之本一。非謂因欲脩身而後思所以事親，因欲事親而後思所以知人，因欲知人而後思所以知天也。子思子之旨，明白已甚。學者儻或泥於辭而不逆其志，何以達是道之一貫哉？

「天下之達道五，所以行之者三，曰君臣也，父子也，夫婦也，昆弟也，朋友之交也，五者，天下之達道也。知、仁、勇三者，天下之達德也。所以行之者一也。或生而知之，或學而知之，或困而知之，及其知之，一也。或安而行之，或利而行之，或勉强而行之，及其成功，一也。」子曰：「好學近乎知，力行近乎仁，知恥近乎勇。知斯三者，則知所以脩身。知所以脩身，則知所以治人。知所以治人，則知所以治天下國家矣。

鄭氏曰：達者常行，百王所不變也。「困而知之」，謂臨事有不足，乃始學而知之。「利」，謂貪榮名也。勉强，恥不若人。「知斯三者，則知所以脩身」，謂脩身以此三者爲基。

孔氏曰：言百王用此三德以行五道，其義一也，古今不變也。自「好學」而下，夫子更爲哀公廣説脩身治天下之道。「好學近乎知」，覆説前文「學而知之」。「力

❶「方」，通志堂本、四庫本作「喻」，當是。

行近乎仁」，覆説前文「利而行之」。「知恥近乎勇」，覆説前文「困而知之」，「勉強而行之」也。

河南程氏曰：天地生物，各無不足之理。常思天下君臣、父子、兄弟、夫婦，有多少不盡分處。明道　又曰：大凡於道，擇之則在乎知，守之則在乎仁，斷之則在乎勇。人之於道，患在不能擇，不能守，不能斷。伊川王彦霖問：「道者一心也，有曰『仁者不憂』，有曰『知者不惑』，有曰『勇者不懼』，何也？」曰：此只是名其德爾，其理一也。得此道而不憂者，仁之事也，因其不憂，故曰此仁也。智、勇亦然。不成却以不憂謂之智，不惑謂之仁也。凡名其德，千百皆然。但此三者，達道之大也。　又曰：所以行之者一，一者，誠也，止是誠實此三者。三者之外，更別無誠。　又曰：生知者，只是他生自知義理，不待學而知。縱使孔子是生知，亦何害於學？　如問禮於老聃，訪官名於郯子，何害於孔子？　禮文官名，既欲知舊物，又不可鑿空撰得出，須是問他先知者始得。伊川　又曰：生而知之，學而知之，亦是才。問：生而知之要學否？　曰：生而知，❶固不待學。然聖人必須學。伊川　又曰：堯、舜性之，生知也；湯、武身之，學而知之也。伊川　問：才出於氣否？　曰：氣清則才善，氣濁則才惡。稟得至清之氣生者，爲聖人。稟得至濁之氣生者，爲愚人。如韓愈所言公都子所問之人是也。然此論生知之聖人。若夫學而知之，氣無清濁，皆可至於善，而復性之

❶「知」下，通志堂本、四庫本有「之」字。

本。所謂堯、舜性之，是生知也；湯、武反之，是學而知也。孔子所言上知下愚不移，亦無不移之理。所以不移，只有二，自暴自棄是也。伊川又曰：剛毅、木訥，質之近乎仁者也。力行，學之近乎仁者也。若夫至仁，則天地爲一身。天地之間，品物萬形，爲四肢百體。夫人豈有視四肢百體而不愛者哉？聖人，仁之至也，獨能體是心而已。曷嘗支離多端，而求之自外乎？故能近取譬者，仲尼所以示子貢以爲仁之方也。醫書謂手足風頑謂之四體不仁，爲其疾痛不以累其心故也。❶夫手足在我，疾痛不與知焉，非不仁而何？世之忍心無恩者，其自棄亦若是而已。又曰：忠恕違道不遠，可謂仁之方。力行近乎仁，求仁莫近焉。仁道難言，故止曰近，不遠而已。苟以力行便爲仁，則失之矣。

横渠張氏曰：天下之達道五，其生民之大經乎？經正則道前定，事豫立，不疑其所行。利用安身之意莫先焉。又曰：知、仁、勇，天下之達德。雖本之有差，及其所以知之、成之，則一也。蓋謂仁者以生知，以安行此五者；知者以學知，以利行此五者；勇者以困知，以勉强行此五者。

藍田吕氏曰：天下古今之所共謂之達。所謂達道者，天下古今之所共行。所謂達德者，天下古今之所共有。雖有共行之道，必知之、體之、勉之，然後可行。雖知之、體之、勉之，不一於誠，則有時而息。求之有三，知之則一。行之有三，成功則一。所入之塗，則不能不異，所至之

❶「不」下，通志堂本、四庫本有「足」字。

域，則不可不同。故君子論其所至，則生知與困知，安行與勉行，未有異也。既未有異，是乃所以爲中庸。若乃企生知、安行之資爲不可幾及，輕困學、勉行爲不能有成，此道之所以不明不行，中庸之所以難久也。愚者自是而不求，自私者徇人欲而忘反，懦者甘爲人下而不辭。有是三者，欲身之脩，未之有也。故好學非知，然足以破愚；力行非仁，然足以忘私；知恥非勇，然足以起懦。知是三者，未有不能脩身者也。天下之理一而已，小以成小，大以成大，無異事也。舉斯心以加諸彼，遠而推之四海而準，久而推之萬世而準，故一身脩而知所以治人，知所以治人而所以治天下、國家，皆出乎此也。此者何？中庸而已。又曰：性一也，流形之分，有剛柔、昏明者，非性也。有三人焉，皆有目以别乎衆色。一居乎密室，一居乎帷箔之下，一居乎廣廷之中，三人所見昏明各異，豈目不同乎？隨其所居，蔽有厚薄爾。凡學者，所以解蔽去惑，故生知、學知、困知，及其知之一也，安得不貴於學乎？

建安游氏曰：人倫，天下所共由也，故謂之「達道」。智、仁、勇，天下所同得也，故謂之「達德」。德者，得乎道也，故曰「所以行之者三」。三德之成功，至誠而已，故曰「所以行之者一」。知者，知此道也，故曰「好學近乎智」。仁者，體此道也，故曰「力行近乎仁」。勇者，進此道也，故曰「知恥近乎勇」。蓋知恥，則能有所不爲，有所不爲，而後可以有爲矣。仁者不憂，智者不惑，勇者不懼，此成德也，孔子自謂我無能焉。夫成德，豈易得乎？能知好學、力行、知恥，則可以入德矣。

延平楊氏曰：五品，人之大倫，天之性也，不可須臾離焉，故謂之「達道」。知、仁、勇三者，所以行達道而得於身也，故謂之「達德」。於是五者之道，生而知，安而行，仁也；學而知，利而行，知也；困而知，勉强而行，勇也。三者天下之達德，而人欲不得而私焉，故曰「所以行之者一也」。一者何？誠而已。雖其心之所至有差焉，其爲達德無二致也。故曰及其知之、成功，則一也。夫五品之敘，天也，先王惇五典，敷五教以迪之，所以事天也。蓋天下之爲天下，唯是五者而已。離此以爲道，則冒險阻，犯荆棘，非通道也。行之天下，人倫絶，而天理滅矣。聖人之所以爲聖，亦豈有他乎哉？人倫之至而已。故上言「不可以不知天」，而繼之以此。好學以致知，故近知。力行，則能推其所爲，故近仁。知恥，則必思徙義，故近勇。三者入德之方，故知此則知所以脩身。知所以脩身，則成己之道得矣。成己所以成物也，則知所以治人。知所以治人，則天下國家之本在是矣。

河東侯氏曰：知恥非勇也，能恥不若人，則勇矣。

新安朱氏曰：此第二十章第二節。達道者，天下古今所共由之路，即《書》所謂「五典」，《孟子》所謂「父子有親，君臣有義，夫婦有别，長幼有序，朋友有信」是也。知，所以知此也；仁，所以體此也；勇，所以强此也。謂之「達德」者，天下古今所同得之理也。一則誠而已矣。達道雖人所共由，然無是三德，則無以行之。達德雖人所同得，然一有不誠，則人欲間之，而德非其德矣。知之者之所知，行之者之所行，謂達道也。以其分而言，則所以知者知也，所以行者仁也，所以至於知之、成功而一者勇也。以其等而言，則生知安行者知也，學知利行者仁也，困知勉行者勇也。蓋人性雖無不善，而氣稟有不同者，故聞道有蚤莫，行道有難易。然能自强不息，則其至一也。子曰：「好學近乎知，力行近乎仁，知恥近乎勇。」「子曰」二字衍文。此言未及乎達德，而求以入德之事。通上文三知爲知，三行爲仁，則此三近者，勇之次也。斯三者，指三近而言。人者，對己之稱。天下國家，則盡乎人矣。言此以結上文脩身之意，起下文九經之端也。曰達道、達德，有三知三行之不同，而其致則一，何也？曰：此氣質之異，而性則同也。生而知者，生而神靈，不待教而於此無不知也。安而行者，安於義理，不待習而於此無所咈也。此人之稟氣清明，賦質純粹，天理渾然，無所虧喪者也。學而知者，有所不知，則學以知之。雖非生知，而不待困也。利而行者，真知其利而必行之。雖有未安，而不待勉也。此得清之多而未能無蔽，得粹之多而未能無雜，天理小失，而能亟反之者也。困而知者，生而不明，學而未達，困心衡慮而後知之者也。勉强而行者，不獲所安，未知其利，勉力强矯而行之者也。此則昏蔽駁雜，天理幾亡，久而後能反之者也。此三等者，其氣質之稟亦不同矣，然其性之本，則善而已。故及其知之而成功也，則其所知所至，無少異焉，亦復其初而已矣。曰：張子、吕、楊、侯氏皆以生知、安行爲仁，學知、利行爲知，困知、勉行爲勇，其説善矣。子之不從何也？曰：安行可以爲仁矣。然生而知之，則知之大，而非仁之屬也。利行可以爲知矣，然學而知之，則知之次，而非知之大也。且上文三者之目，固有次序，而篇首諸章，以舜明知，以回明仁，以子路明勇，其語知也不卑矣。夫豈專以學知、利行者爲足以當之乎？故今以其分而言，則三知爲智，三行爲仁，所以勉而不息，以至於知之、成功之一爲勇。以其等而言，則以生知、安行者主於知而爲智，學知、利行者主於行而爲仁，困知、勉行者主於强而爲勇。又通三近而言，則又以三知爲智，三行爲仁，而三近爲勇之次，則亦庶乎其曲盡也歟？海陵胡氏曰：君臣、父子、夫婦、昆弟、朋友五者，人倫之大端，百王不易之道，可

通行於天下，故曰「達道」。博通物理謂之知，廣愛無私謂之仁，果於行事謂之勇。無知，則不足以知事之是非；無仁，則不能行知；無勇，則不能果敢而行。三者，皆人之性，内得於心謂之德，可以通行於天下，故曰「達德」。行此五者，在乎知、仁、勇，知、仁、勇三者行之，在乎至誠。一者，至誠也。困者，臨事不通之辭。安行者，從容中道。舜由仁義行，非行仁義也。利而行之者，謂不由中，有所利而行之。勉强行之者，謂有所不足，或有所畏懼，不得已而爲之也。又曰：天下之事至廣也，聖人之言至深也，唯聖人能通之。賢人已下，必學然後可以幾近於聖人之道。博學之，審問之，慎思之，明辨之，篤行之，如此故天下之事可以通，聖人之言可以知，是能幾近聖人之

知。仁之道至大。孔子曰：「若聖與仁，則吾豈敢。」至於子路、冉有、公西赤，但言治千乘之賦，爲百里之宰，仁則吾不知也。是聖人之重仁也。彼若能勉强於道，力行孝於其親，力行忠於其君，力行慈於其民，則可以幾於聖人之仁矣。聖人之勇，勇於義。能知有所恥，則可以幾近於聖人之勇，如恥其不仁而爲仁，恥其不義而爲義。《孟子》曰：「舜何人也，予何人也」，「舜爲法於天下」，「我未免爲鄉人」。此知恥者也。知自脩身，則可以治於人。知治一人，則千萬人之情是也。知所以治人之道，則至天下之大，國家之衆，皆可知也。

東萊吕氏曰：知、仁、勇終恐難分輕重。蓋三者天下之「達德」，通聖、賢、常人而言之也。在聖人則知也、仁也、勇也，皆生知安行也。在賢人則知也、仁也、勇也，皆學知利行也。在常人則知也、仁也、勇也，皆困知勉行也。恐難指定知爲學知利行，勇爲困知勉行。龜山之説，終不免有疑也。

嚴陵方氏曰：孔子云「生而知之者上也，學而知之者次也，困而知之者又其次也」，❶即此知之事也。《孟子》云「堯舜性之也，湯武身之也。五霸假之也」，即此行之事也。《表記》曰：「仁者安仁，知者利仁，畏罪者强仁。」亦此之意。知之存乎心，故曰「及其知之，一也」。行者見乎事，故曰「及其成功，一也」。

晉陵喻氏曰：人倫之道五，天下之理盡於此矣。然自天子至於庶人，未有不須

❶「知」，通志堂本、四庫本作「學」，是。

友以成者，故五者朋友爲急。苟非朋友，則君臣未信之諫以爲謗也，父子責善之離至於賊恩也，兄弟至於鬩，夫婦至於怨。四者其道甚大，何自而講之？講而後明，明而後行者，其誰哉？夫生而知與學而知、困而知相遠也。而聖人乃以爲「及其成功，一也」者，何也？道無遲速，無先後。苟真知之，則其知一而已。學者烏可自畫哉？

莆陽鄭氏曰：中庸之道，本無二也。知其幾也，仁其量也，勇其力也。近之爲言要也。知無所不知，好學、好問，則知愈廣矣，此爲致知之要。仁無所不濟，力行則不爲私奪，不爲利回，而仁愈固矣，此爲克濟之要。勇無所不任，恥於不善，則斷然爲善矣，此爲勝任之要。有此三者，其何理之不燭，何善之不充？聖人所以爲人倫之至者，有此而已矣。君子不可不知其端也。能躬行於吾身，則國家天下無餘事。治身治人，豈有二道也哉？

吴興沈氏曰：行天下之達道者，在夫三德，則知、仁、勇之所以爲「達德」也者，皆吾性之所發見者也，故所以行是三德者一也。一者，何也？性也。生知、學知、困知雖不同，及其致知而見於性，一也。安行、利行、勉强而行雖不同，及其成功而復於性，一也。子思論爲政，言此於知天之後，有旨哉！

江陵項氏曰：知者生知安行，天之道也，此之謂性。仁者學知利行，勇者困學强行，皆人之道也，此之謂教。上言思脩身，思事親，思知人，三思皆求之也。知斯三者，知所以脩身，知所以治人，知所以治天下國家，四知皆得之也。求之者自費而隱，得之者自隱而費。

永康陳氏曰：無所不通之謂達，道天下共由之謂達道。五品，通天下所共由者也。知其至，謂之知。至其至，謂之仁。力其至，謂之勇。是知、仁、勇所以得夫吾心者也。通天下而共得之，故謂之「達德」。得之之要在誠其身，故曰「所以行之者一」。知者，知吾之有是達德、達道也。行者，行吾之達德、達道也。嘗試觀之童孩之良能，則生知、安行不獨於聖人而得也，聖人能不失耳。吾既已化物而失之矣，喪心失靈，其誰之咎？能執其咎，❶則學而知，利而行，以復吾生之所固有，❷不然則無恥也。既已無恥，固當自反。故困知勉行，知無恥之恥，卒亦復其所固有。有寶於此，既失復得，與本不失者同。寶既無缺，我亦何損？此聖人所以達而歸之於一，亦其本然也。反其本而示之恥，待其自至，而要其終，不使天下有自棄之人，其聖人立言之本意也哉！雖然，知而不行，不足爲知，行而不知，不足爲行。生而知則安而行，學而知則利而行，困而知則勉而行。非二道，中庸所以兼言之。學不外馳，必能知其至；行所當行，必能至其至；恥其不及，必能力其至。至者何？以達德行達道也。推斯心以往，則知所以脩身者在此。由身而推之人，推之國家，推之天下，無不在此。其道不既要矣乎！若夫由知、仁、勇而行，道自爾達，無所事乎推矣。

❶「執」，通志堂本、四庫本作「知」，是。
❷「生」，通志堂本、四庫本作「性」，是。

晏氏曰：説者皆以行之者三爲知、仁、勇，行之者一爲至誠，非也。爲是説者，蓋泥夫經言知、仁、勇，繼於「行之者三」之後，故遂以「行之者三」爲知、仁、勇，則似之矣。奈何於「行之者一」之後，即無一言以及至誠，詎可便指一以爲至誠乎？殆亦不思之甚矣。大抵人倫之五者，天下之所共由，故曰「達道」。仁、知、勇之三者，❶天下之所同得，故曰「達德」。達道之五者，君臣之道行於朝廷，父子、夫婦、昆弟之道行於閨門，朋友之道行於鄉黨，推而行之，大概有三矣，此非行之者三乎？達德之三者，知之德，則不惑；仁之德，則不憂；勇之德，則不懼。三者雖不同，其歸於脩身則一而已，非行之者一乎？蓋經於文下言「好學近乎知，力行近乎仁，知恥近乎勇，知斯三者，則知所以脩身」，以是見之也。知之者存乎智，行之者存乎仁。是是非非之謂智，愛人利物之謂仁。智之所知，雖有頓漸，及其能辨是與非，則一而已，故曰「及其知之，一也」。仁之所行，雖有優劣，及其能愛人利物，則一而已，故曰「及其成功，一也」。知者所以窮理，好學之人雖未能窮理，而亦庶幾於明理，故曰「近乎知」。仁者爲道則遠，力行之人雖未必能極，而亦庶幾於致遠，故曰「近乎仁」。勇者所以爲義，知恥之人雖未必能盡義，而亦庶幾於徙義，故曰「近乎勇」。

高要譚氏曰：「天下之達道」，即中庸之道也。「天下之達德」，即中庸之德也。道出於天命之性，而所以行此道者，知、

❶「仁知」，通志堂本、四庫本作「知仁」。

仁、勇也。知則見道明，仁則守道固，勇則進道速。此三德者，行道之器也。猶人適千里之遠也，道如大路然，知譬則目也，仁譬則身也，勇譬則足也。目能視，身能起，足能到，三者交相爲用，然後可行也。故身爲體而目明足健，然後可以行路，而至於遠；仁爲體而知明勇決，然後可以行道，而至於聖。「所以行之者三」，即此知、仁、勇之謂也。「所以行之者一」，何也？一者，本心之實理也。理該萬殊，皆同一本，故總謂之一也。達道五，一一皆有實理。無實理，則非道也。達德三，一一皆有實理，無實理，則非德也。道有五名，而實理則一；德有三名，而實理則一。所以行之者一，即實理是也。何以見實理之爲一也？天命之性，即理之所在也。人之才質，雖有知愚賢不肖之殊，而天命之性，未嘗有知愚、賢不肖之異。循是理而求之，果臻其極，則同歸于聖可也。人之才質，上焉者生知安行，中焉者學知利行，下焉者困而知勉强而行。三者之相去雖甚絶遠，要其同歸，略無少異。

建安真氏曰：君臣、父子，以至朋友之交，此五者天下共由之路也，故曰「達道」。知、仁、勇三者，人所同得也，故曰「達德」。道雖人之所共由，然非知足以及之，則君之當仁，臣之當敬，子之當孝，父之當慈，未必不昧其所以然。知雖及之，而仁不能守，仁雖能守，而勇不能斷，則於當行之理或奪於私欲，或蔽於利害，以至蔑天常而敗人紀者多矣。❶ 故曰「所

❶「蔑」，通志堂本、四庫本作「滅」。

以行之者三」。德雖人所同得，然或勉强焉，或矯飾焉，則知出於數術，仁流於姑息，勇過於彊暴，而德非其德矣，故行之必本於誠。一者誠也，三者皆真實而無妄，是之謂「誠德」。至於誠，則以之爲君必盡君道，以之爲臣必盡臣道，處夫婦、昆弟、朋友之間，無不盡其道者矣。又曰：既言三達德，又教人以入德之路。夫智必上智，仁必至仁，勇必大勇，然後爲至。然豈易遽及哉？苟能好學不倦，則亦近乎智矣；力行不已，則亦近乎仁矣；以不若人爲恥，則亦近乎勇矣。蓋好學所以明理也，力行所以進道也，知恥所以立志也。能於是三者用其功，則所謂三達德者，庶乎可漸致矣。知斯三者，則脩身治人之道不外乎此。自家而國，自國而天下，特推之而已爾。

林氏曰：好學、力行、知恥，雖未足以盡三德之要也，故以「近」爲言。聖人設教，未嘗以難者輕語乎人，亦未嘗以難者重絶乎人。如剛毅木訥，則曰「近仁」，忠恕，則曰「違道不遠」，皆此意也。蓋知本難言，惟好學則足以致知，斯近知矣。仁本難言，惟力行則不患乎道遠，斯近仁矣。勇甚難言，惟知恥則不難於徙義，斯近勇矣。此聖人誘學者入德之方也。若指好學以爲知，力行以爲仁，知恥以爲勇，則非矣。脩身治人以至治國平天下，成己成物之功也。三者苟知，特舉而措之耳。諸儒以生知安行爲仁之事，學知利行爲知之事，困知勉行爲勇之事，其説如何？曰：此非知道之言也。夫子曰：「君子道者三，我無能焉。仁者不憂，知者不惑，勇者不懼。」聖人於三德不輕如此，曾謂可以優劣等級論乎？《中庸》以舜言知，以回言仁，以由言勇，特以事相比而已。非謂由不如回，回不如舜也。今以生知安行爲仁，學知利行爲知，困知勉行爲勇，是勇次於知，知次於仁，而勇特中人以下之事，豈夫子意歟？

錢塘于氏曰：謂「所以行之者一」，非止以此一行知、仁、勇三者，乃謂知、仁、勇三者行於達道，亦此誠之一有以爲之也。此窮源反本之論。

新定顧氏曰：上言致知，人君之先務，下文遂具陳知天理之説。「天下之達道五」，曰君臣，曰父子，曰夫婦，曰昆弟，曰朋友之交，通行於天下，惟此五者也。「所以行之者三」，有德則道行，無德則道廢。曰知，則知乎此理者也。曰仁，則行乎此理者也。曰勇，則果斷於有行者也。通於天下之謂「達」，得於中之謂「德」，所以行之者一也。上文之所謂天，三德之行，天理之運動也。因又推明致知力行之説。致知一也，❶有生而知，有學而知，有困而知。力行一也，有安而行，有利而行，有勉强而行。稟資有卑高，造道有難易，及其知之一也，皆知乎此天理爾；及其成功一也，皆行乎此天理爾。嗚呼！夫子之告哀公，本以答爲政之問也，而詳及於學。學其政之本歟？　又曰：知，知道之至者也，人而好學，則足以知此道之當適從，雖未能盡知，而近乎知矣。仁，體道之純者也，人而力行，則其所學形於日用，雖未必純乎道，而道與身不爲二物，故近於仁。勇，無所沮撓者也，人

❶「一」，原缺，據通志堂本、四庫本補。

而知耻，則斷不爲不善，夫於不善斷有所不爲，雖未必盡勇，而近乎勇矣。知知、仁、勇之極致，又知好學、力行、知耻爲近之，則凡脩身之事，其有不知者乎？故曰「知斯三者，則知所以脩身」。體驗於己，推行於人，非有二事，故曰「知所以脩身，則知所以治人」。一人之事，即千萬人之事。數有多寡，理無彼此，故曰「知所以治人，則知所以治天下國家矣」。《講義》

又曰：知、仁、勇，夫子屢屢兼三者言之，見得闕一不可。知能知了，仁能守之，又須是勇始得，不勇當不得大事。《答問》

施氏曰：可以由之一身，不可與天下共由，非達道。可以得之一身，不可與天下同得，非達德。❶知者不惑，則明足以見之；仁者不憂，則静足以守之；勇者不懼，則動足以行之。所以行五者必以知、仁、勇，是不以天廢人也。所以行三者必以誠，是不以人滅天也。

禮記集説卷第一百三十

❶「德」，原作「道」，今據通志堂本、四庫本改。

禮記集説卷第一百三十一

「凡爲天下國家有九經，曰：脩身也，尊賢也，親親也，敬大臣也，體羣臣也，子庶民也，來百工也，柔遠人也，懷諸侯也。脩身則道立，尊賢則不惑，親親則諸父昆弟不怨，敬大臣則不眩，體羣臣則士之報禮重，子庶民則百姓勸，來百工則財用足，柔遠人則四方歸之，懷諸侯則天下畏之。齊明盛服，非禮不動，所以脩身也。去讒遠色，賤貨而貴德，所以勸賢也。尊其位，重其禄，同其好惡，所以勸親親也。官盛任使，所以勸大臣也。忠信重禄，所以勸士也。時使薄斂，所以勸百姓也。日省月試，既廩稱事，所以勸百工也。送往迎來，嘉善而矜不能，所以柔遠人也。繼絶世，舉廢國，治亂持危，朝聘以時，厚往而薄來，所以懷諸侯也。凡爲天下國家有九經，所以行之者一也。」

鄭氏曰：體，猶接納也。子，猶愛也。遠人，蕃國之諸侯也。不惑，所謀良也。不眩，所任明也。「同其好惡」，不特有所好惡於同姓，雖恩不同，義必同也。尊重其禄位，所以貴之，不必授以官守，天官不可私也。「官盛任使」，大臣皆有屬官所任使，不親小事也。「忠信重禄」，有忠信者，重其禄也。時使，使之以時。日省月試，考校其成功也。「既」讀爲「餼」，餼廩，稍食也。《槀人職》曰：「乘其事，考其弓弩，以下上其食。」一，謂當豫也。

孔氏曰：此孔子爲哀公説治天下國家有九種，及覆説九經功用，并行九經之法。齊，謂整齊。明，謂嚴明。盛服，謂正其衣冠。「尊其位」，謂授以大位。「重其禄」，謂多其禄。崇重而已，不任以職事。好，謂慶賞；惡，謂誅罰。同姓有親疏，恩親雖不同，義必須等，故不特有所好惡，是勸親親也。「日省」，言每日省視百工功程；「月試」，每月試其所作之事也。既廩稱事，功多則廩厚，功少則廩薄。《周禮》「月終均其稍食」是也。註引《稟人》證既廩稱事。乘，謂計筭其所爲之事。考其弓弩善惡多少，「以下上其食」，下謂貶退，上謂增益也。「治亂持危」，有亂則治討之，危弱則扶持之。「厚往」，謂諸侯還國，王者以其財賄厚重往報之。「薄來」，謂諸侯貢獻，使輕薄而來。如此則諸侯歸服。

河南程氏曰：尊賢也，親親也，蓋先尊賢然後能親親。夫親親固所當先，然不先尊賢，則不能知親親之道。伊川又曰：體羣臣者，體，察也。心誠求之，則無不察矣，忠厚之至也。故曰「忠信重禄，所以勸士」，言盡其忠信而厚其禄食，此所以勸士也。

藍田吕氏曰：經者，百世所不變也。九經之用，皆本於德懷，無一物不在所撫，而刑有不與焉。脩身，九經之本。必親師友，然後脩身之道進，故次之以尊賢。道之所進，莫先於家，故次之以親親。由親親以及朝廷，故敬大臣，體羣臣。由朝廷以及其國，故子庶民，來百工。由其國以及天下，故柔遠人，懷諸侯。此九經之序。視羣臣猶吾四體，視庶民猶吾子，此視臣、視民之别。自天子至於庶人，一是皆以脩身爲本。我之於道也，知崇則無不知，知有諸己矣；禮卑則無不敬，能有諸己矣。故貌足畏也，色足憚也，言足信也。顛沛造次，一於禮而不違，則「富貴所不能淫，貧賤所不能移，威武所不能屈」，所謂「强立而不反」者也。故曰「脩身則道立」，又曰「齊明盛服，非禮不動，所以脩身也」。禮義由賢者出，知賢爲可尊，則學日進，而知益明。然讒、色、貨之害，皆足以奪夫正。唯知之審，信之篤，迎之致敬以有禮，則患賢者不至，未之有也，故曰「尊賢則不惑」，又曰「去讒遠色，賤貨而貴德，所以勸賢也」。尊之欲其貴，愛之欲其富。所好則與同其樂，所惡則與同其憂。此諸父、昆弟所以相勸而親，故曰「親親則諸父、昆弟不怨」。又曰「尊其位，重其禄，同其好惡，所以勸親親也」。大臣不可不敬，是民之表也。非其人，黜之可也。任之則信之，信之則敬之，故諫行言聽，膏澤下於民。既任之矣，又使小臣間之，諫必不行，言必不聽，而怨乎不以，内適足以自眩，外不足以圖治矣。託之以大任，則小事有所不必親。必使愼簡乃僚，惟所任使，則大臣勸於事君矣。故曰「敬大臣，則不眩」，又曰「官盛任使，所以勸大臣也」。君視臣如手足，則臣視君如腹心，所報可知矣。待之以忠信，養之以重禄，此士所以願立乎其朝矣。故曰「體羣臣，則士之報禮重」，又曰「忠信重禄，所以勸士也」。愛之如子，則凡可以安之者，無不爲也。使之所以佚之，取之所以治之，雖勞而不怨，此農所以願耕於其野矣。故曰「子庶民，則百姓勸」，又曰「時使薄斂，所以勸百姓也」。不通功易事，以羡補不足，則男不得專事於農，女不得專事於桑，且將爲陶冶，爲梓匠，爲釜甑以食，爲宫室以居，爲耒耜、錢鎛以耕耨。欲其穀不可勝食，材木不可勝用，得乎？故曰百工之事，國家之所不可無也。雖曰末技，所以佐其本業者得以盡力，此財用所以足也。所以來之者，亦能辨其苦良而制其食，則工知勸矣。如《稾人》春獻素，秋獻成，書其等以饗工，乘其事，試其弓弩，以下上其食而誅賞，此所謂「日省月試，既廩稱事」者也。然則來百工而不來商賈者，蓋百工之所須，皆商賈之所致也。百工來，則商賈自通，有不必道也。遠人惟可以柔道御之。遠者不柔，則邇者不可能，故聖人貴乎柔遠。「送往迎來，嘉善而矜不能」，皆以「柔遠」也。柔遠能邇，此四方所以歸也。「繼絶世」者，無後者爲之立後也。「舉廢國」者，已滅者復之也。「治亂」者，以道正之也。「持危」者，以力助之也。「朝聘以時」，所以繼好也。「厚往而薄來」，燕賜多而納貢寡也。❶凡此皆所以懷諸侯也。懷其德，則畏其力矣。九經雖曰治天下之常道，無誠以行之，則道爲虚矣。雖終日從事，而功不立也，人不信也。此不誠所以無物也。故曰「凡爲天下國家有九經，所以行之者一也」。一，即誠也。

建安游氏曰：經者，其道有常而不可易，其序有條而不可紊。取人以身，故脩身然後知賢之可尊。齊明所以一其志，盛服所以脩其容。非禮勿動，則内無逸德，外無過行，内外進矣，則富貴不能淫，貧賤不能移。故脩身則道立。去讒則任之

❶「寡」，通志堂本、四庫本作「薄」。

專，遠色則好之篤，賤貨則義利分，故尊賢則不惑。尊其位，所以貴之，重其禄，所以富之。同其好以致其利，同其惡以去其害，則禮備而情親。諸父兄弟所以望乎我者足矣。故親親則不怨。又曰：不惑在理，故於尊賢言之。不眩在事，故於敬大臣言之。又曰：人情莫不欲逸也，時使之則使有餘力；❶莫不欲富也，薄斂之而使有餘財，則子庶民之道也，故百姓勸。日省月試，以程其能，既廩稱事，以償其勞，則惰者勉而勤者悦矣。此來百工之道也，故財用足。送往迎來，以厚其禮，嘉善而矜不能，以致吾仁。待之者甚周，責之者甚約，此柔遠人之道也，故四方歸之。繼絶世，則賢者之類無不悦。舉廢國，則功臣之後無不勸。亂者懼焉，危者怙焉。其來也節以時，其往也遺以禮，則懷諸侯之道也。夫如是，則德之所施者博，而威之所制者廣矣，故天下畏之。經雖有九，而所以行之者一，❷誠而已。不誠則九經爲虚文，是無物也。延平楊氏曰：「體羣臣，則士之報禮重」者，君臣一體也。君之視臣如手足，則臣視君如腹心矣。「子庶民，則百姓勸」者，赤子之無知，雖陷穽在前，莫之知辟也，使之就利而違害，在保者而已。其子之也如是，百姓寧有不勸乎？又曰：「齊明盛服，非禮不動」，收放心而閑之也。「去讒、遠色、賤貨」者，人君信讒邪，邇聲色，殖貨利，則尊德樂義之心不至，而賢者不獲自盡矣。雖有尊賢之心，而

❶「則」，通志堂本、四庫本作「而」。

❷「者一」，原作「一者」，今據通志堂本、四庫本改。

賢者不可得而勸也。「尊其位」，親之欲其貴也。「重其禄」，愛之欲其富也。「官盛任使」，不累以職，則以道事其君者，得以自盡矣，故曰「官盛任使，所以勸大臣也」。遇之不以忠信，養之不以重禄，則士不得志，有窶貧之憂，尚何勸之有？故曰「忠信重禄，所以勸士也」。時使之不盡其力，薄斂之不傷其財，則農者願耕於其野，商賈願藏於其市，行旅願出於其塗，而養生送死無憾矣。此所以勸百姓之道也。又曰：天下國家之大，不誠未有能動者也。雖法度彰明，無誠心以行之，皆虚器也。又曰：自脩身推而至于平天下，莫不有道焉，而皆以誠意爲主。苟無誠意，雖有其道，不能行也。故《中庸》論爲天下國家有九經，❶而卒曰「所以行之者一」。一者何？誠而已。蓋天下國家之大，未有不誠而能動者。然而非格物致知，烏足以知其道哉？《大學》所論誠意、正心、脩身、治天下國家之道，其原乃在乎物格推之而已。若謂意誠便足以平天下，則先王之典章文物皆虚器也，故明道先生嘗謂「有《關雎》、《麟趾》之意，然後可以行《周官》之法度」，正謂此耳。

新安朱氏曰：此第二十章第三節。經，常也。體，謂設以身處其地而察其心也。子，如父母之憂其子也。❷柔遠人，所謂無忘賓旅者也。此列九經之目也。「脩身則道立」以下，言九經之效也。「道立」，謂道成於己而可爲民表，所謂建其

❶「爲」，原缺，今據通志堂本、四庫本補。
❷「憂」，通志堂本、四庫本作「愛」。

有極是也。「不惑」，謂不疑於理；「不眩」，謂不迷於事。「敬大臣」，則信任專，而小臣不得以間之，故臨事而不眩也。「來百工」，❶則通工易事，農末相資，故財用足。「柔遠人」，則天下之旅皆悦而願出於其途，故四方歸。「懷諸侯」，則德之所施者博，而威之所制者廣矣，故曰「天下畏之」。「齊明盛服」以下，言九經之事也。「官盛任使」，謂官屬衆盛，足任使令也。蓋大臣不當親細事，故所以優之者如此。「忠信重禄」，謂待之誠而養之厚。蓋以身體之而知其所賴乎上者如此也。往則爲之授節以送之，來則豐其委積以迎之。朝謂諸侯見於天子，聘謂諸侯使大夫來獻。《王制》：「比年一小聘，三年一大聘，五年一朝。」「厚往薄來」，謂燕賜厚而納貢薄。一者，誠也。一有不誠，則是九者皆爲虚文矣。此九經之實也。

曰：九經之説奈何？曰：不一其内，則無以制其外；不齊其外，則無以養其中。静而不存，則無以立其本；動而不察，則無以勝其私。故「齊明盛服，非禮勿動」，則内外交養，而動静不違，所以爲脩身之要也。信讒邪，則任賢不專。徇貨色，則好賢不篤。賈捐之所謂「後宫盛色，則賢者隱微；佞人用事，則諍臣杜口」。蓋持衡之勢，此重則彼輕，理固然矣。故去讒、遠色、賤貨而一於貴德，所以爲勸賢之道也。親之欲其貴，愛之欲其富，兄弟昏姻欲其無相遠，故尊位重禄，同其好惡，所以爲勸親親之道也。大臣不親細事，則以道事君者得以自盡，故官屬衆盛

❶「工」，原作「功」，今據通志堂本、四庫本改。下句同。

足任使令，所以爲勸大臣之道也。盡其誠而恤其私，則士無仰事俯育之累而樂趨事功，故忠信重禄，所以爲勸士之道也。人情莫不欲逸，亦莫不欲富，故時使薄斂，所以爲勸百姓之道也。日省月試，以程其能，既廪稱事，以償其勞，則不信度、作淫巧者無所容，惰者勉而能者勸矣。爲之授節，以送其往；待以委積，以迎其來。因能授任，以嘉其善，不强其所不欲，以矜其不能。則天下之旅皆悦而願出於其塗矣。無後者續之，已滅者封之。治其亂，使上下相安；持其危，使大小相恤。朝聘有節，而不勞其力；貢賜有度，而不匱其財，則天下諸侯皆竭其忠力以蕃衛王室，而無倍畔之心矣。凡此九經，其事不同，然總其實，不出乎脩身、尊賢、親親三者而已。敬大臣，體羣臣，則自尊賢之等而推之也。子庶民，來百工，柔遠人，懷諸侯，則自親親之殺而推之也。至於所以尊賢而親親，則又豈無所自而推之哉？亦曰脩身之至，然後有以各當其理而無所悖耳。曰：親親而不言任之以事者，何也？曰：此親親、尊賢，並行不悖之道也。苟以親親之故，不問賢否，而輕屬任之，不幸而或不勝焉，治之則傷恩，不治則廢法。是以富之、貴之、親之、厚之，而不曰任之以事，是乃所以親愛而保全之也。若親而賢，則自當置之大臣之位而尊之、敬之矣，豈但富貴之而已哉？觀於管、蔡監殷，而周公不免於有過。及其致辟之後，則唯康叔、聃季相與夾輔王室，❶而五叔者有土而無官

❶「夾」，通志堂本作「來」。

焉，則聖人之意亦可見矣。曰：子謂信任大臣而無以間之，故臨事而不眩。使大臣而賢也則可，其或不幸而有趙高、朱异、虞世基、李林甫之徒焉，則鄒陽所謂「偏聽生姦，獨任成亂」，范雎所謂「妬賢疾能，御下蔽上，以成其私，而主不覺悟」者，亦安得而不慮耶？曰：不然也。彼其所以至此，正坐不知九經之義而然耳。使其明於此義，而能以脩身爲本，則固視明聽聰而不可欺以賢否矣。能以尊賢爲先，則其所置以爲大臣者必不雜以如是之人矣。不幸而或失之，則亦亟求其人以易之而已。豈有知其必能爲姦以敗國，顧猶置之大臣之位，使之姑以奉行文書爲職業，而又恃小臣之察以防之哉？夫勞於求賢而逸於得人，任則不疑而疑則不任，此古之聖君賢相所以誠意交孚，兩盡其道，而有以共成正大光明之業也。如其不然，吾恐上之所以猜防畏備者愈密，而其爲眩愈甚；下之所以欺罔蒙蔽者愈巧，而其爲害愈深。不幸而臣之姦遂，則其禍固有不可勝言者。幸而主之威勝，則夫所謂「偏聽獨任，御下蔽上」之姦，將不在於大臣而移於左右，其爲國家之禍，尤有不可勝言者矣。嗚呼，危哉！曰：子何以言柔遠人之爲無忘賓旅也？曰：以其列於懷諸侯之上也。舊説以爲蕃國之諸侯，則以遠先近，而非其序。《書》言「柔遠能邇」，而又言「蠻夷率服」，則所謂柔遠，亦不止謂服四夷也。❶況愚所據授節委積者，比長、遺人、懷方氏之官掌之，於經有明文耶？　又曰：楊氏

❶「止」，原作「正」，今據通志堂本、四庫本改。

之説，有虛器之云者二，而其指意所出，若有不同者焉，何也？曰：固也，是其前段主於誠意，故以爲有法度而無誠意，則法度爲虛器，正言以發之也。其後段主於格物，故以爲若但知誠意而不知天下國家之道，則是直以先王之典章文物爲虛器而不之講，反語以詰之也。此其不同，審矣。但其下文所引明道先生之言，則又若主於誠意，而與前段相應。其於本段上文之意，則雖亦可以宛轉而説合之，然終不免於迂回而難通也。豈記者之誤耶？然楊氏他書首尾衡决，亦多有類此者，殊不可曉也。

嚴陵方氏曰：九經所以爲天下國家而已。《孟子》曰：「天下之本在國，國之本在家，家之本在身。」則身者，天下國家之本也，故以脩身爲先。道無廢立也，自體之於身言之，脩之則立，不脩則廢而已。尊賢則能遠佞人，而不爲所惑，故尊賢則不惑。親親以三爲五，以五爲九，固不止於諸父、昆弟。止言「諸父、昆弟不怨」者，蓋諸父不怨，以其能孝故也；昆弟不怨，以其能弟故也。親親之道，孝弟而已。謂之賢，則宜有大臣之位。謂之大臣，則宜有賢之德。自其脩身言之，故以德爲主，而曰賢。自其治國言之，故以位爲主，而曰大臣也。以德爲主，故於賢曰尊；以位爲主，故於大臣曰敬。言羣臣，則上有以别於大臣；言士，則下有以别於庶民。士亦臣也，而羣臣不止於士。於體言羣臣，以見君之於臣，無所不體也。於報言士，以見卑之於尊，皆知所報焉。爲民父母者，君也，故於庶民曰「子」。百姓舉其政之成，庶民言其類之衆。百姓貴而少，庶民賤而多。以庶民之賤，猶且子之，則百姓之貴可知。以百姓之貴猶且知勸，則庶民之賤可知。百姓、庶民亦互言之爾。工則居官府者也。所以生他之之謂來。「來百工」者，使無財者在乎農，所以運財者在乎商。農非器，則財不能以自生，商非器，則財不能以自運。由是言之，財所以足於用者莫如器，器所以足於用者莫如工，故曰「來百工，則財用足」。農之器，則耒耜之類是也，商之器，則舟車之類是也。遠人各在東西南北之方，故以四方言之。諸侯則溥天之下所與共守也，故以天下言之。心不爲欲惡所貳，德不爲情僞所蔽，此之謂「齊明」。讒足以亂人之聰，色足以蔽人之明。去讒遠色，則所聽者賢言，所見者賢行。貨所以資禄，德所以制爵。賤貨，則所以養賢之禄厚矣；貴德，則所以命賢之爵優矣。若是，則足以尊賢而勸之也。去，則去之而不留；遠，則遠之而不近。尊之欲其貴，故「尊其位」；愛之欲其富，故「重其禄」，則親無賤貧者矣。與其親之富貴，而去其親之貧賤，則同其所好惡矣。若是，則所親之親，其有不勸者乎？凡有治者皆曰官，若所謂天官、地官是也。盛任使，則若天地四時之官，其屬皆六十是也。蓋大臣所以任道而逸，小臣所以任事而勞。官盛任使，則所以代大臣之勞者至矣，故足以敬大臣而勸之也。忠信重禄，則非忠信者其禄輕矣。體羣臣之道，於是乎在。蓋體者，待之大小，各有體故也。「時使」，若歲不過三日是矣。「薄斂」，若法不多乎什一是矣。使之時，則民力不竭；斂之薄，則民財不匱。愛養之至，則父母之於子，亦不過若是而已，故百姓所以勸。百姓勸，則庶民無不勸矣。「日省」者，視其勤惰以防其冗食。「月試」者，考其功治，以要其實效。視其勤惰，宜數而詳；考其功治，宜疏而簡。若季春之月，所謂「百工咸理，監工日號」者，日省之謂也。若孟冬之月，所謂「物勒工名，以考其誠」者，❶月試之謂也。省試盡矣，苟無以養之，則不可，故繼之以「既廩稱事」。既其所廩之食，則上之禄不嗇出；稱其所作之功，則下之力不虛役。若是則百工其有不勸，財用其有不足者乎？「送往迎來，嘉善而矜不能」者，於其往不足追也，送以出之而已；於其未來不必拒也，迎以入之而已。善者不足舉也，嘉之而已；不能者不足教也，恤之而已。凡以其俗慢易，風化之所難易；其地荒辟，政令之所難及故也。若是則遠人其有不柔，四方其有不歸者乎？世者人之統緒，國者地之封域。世以人而絶，國以地而廢。絶世，則繼之使續；廢國，則舉之使興。亂者治之使理，危者持之使安。或春夏，或秋冬，所謂朝以時也。或比年，或三年，所謂聘以時也。燕與時賜無數，所以厚其往。已聘而還圭璋，所以薄其來。厚往，則我於彼無虛拘。薄來，則彼於我無煩費。若是則諸侯其有不懷，天下其有不畏者乎？九經之别如此，所以行之一，歸乎中而已。

延平周氏曰：先庶民而後百工，抑末也。言工不言商者，爲工者尚且來之，則其通

❶「誠」，通志堂本、四庫本作「成」。

有無於道路者可知矣。遠人先於諸侯者，其猶序《六月》之詩，以《蓼蕭》先於《湛露》，蓋示其柔遠能邇之意。羣臣者，兼士言之也。果上之人有以體察之，則其所謂見危授命，見得思義者出焉，故曰「報禮重」。《詩》曰：「四國于蕃，四方于宣。」言四方以對四國，則四方爲四國之外；言天下以對四方，則天下爲四方之内。又曰：齊明以致一，盛服以盡恭，非禮不動以克己，所以脩身也。「尊其位」，所以貴之；「重其禄」，所以富之。君子之於親也，豈特富貴之而已，又將端吾之好惡，而與之同也。「日省月試」，所謂稽其功緒者也。「既廩稱事」，所謂均其稍食者也。「送往迎來」，禮也。「嘉善而矜不能」，仁也。先王待中國固異於遠人。「厚往而薄來」，所以待中國也。「送往迎來」，所以待遠人也。「繼絶世，舉廢國」，仁也。亂者治之，危者持之，義也。「朝聘以時，厚往而薄來」，禮也。然是數者皆言「勸」，唯脩身與柔遠人、懷諸侯不言之者，蓋脩身無意於勸，而勸自存，故曰大人正己而物正。遠人責之略，則勸莫得以言。諸侯責之詳，則勸不足以言。行之者一，致一也。

馬氏曰：治天下國家之道，必有以致其要，亦必有以致其詳。故脩身者，所以致其要也，而九經者，所以致其詳也。夫身者，政之大本。身立則政立，故先「脩身」，而賢者脩身之輔也，故繼以「尊賢」。脩身則内有所守，尊賢則外有所正，内外之德成，然後可以有爲於天下。以其爲治之序，則先親而後疏，故言「親親」，而繼之以「敬大臣，體羣臣」；自貴及賤，故繼之以子庶民、來百工；自近及遠，故繼之以柔遠人、懷諸侯。此其序也。齊明，所以内潔；盛服，所以外莊。非禮勿動，則所謂心不苟慮，必依於道；手足不苟慮，必依於禮。賢者任之，能者使之，此官盛任使也。

山陰陸氏曰：所以行之者一也，一謂誠也。在《易》有之，乾是也。故曰「君子行此四德者，故曰『乾，元亨利貞』」。不眩，見道者也，非直不惑而已。蓋道不可以聲音貌象求焉，以目求之則眩矣，以耳聽之則眩矣。齊明盛服，若顏子是已，故曰「不遠復，以脩身也」。外能去讒，内能遠色，所寶惟賢，此賢者所以勸也。變云勸者，言尊賢而賢不勸，非所以尊賢也。他言勸皆倣此。同其好惡，異之私恩也，同之公義也。「既」，讀如字，《說文》曰：「小食也。」送往迎來，主道也，非君道也。嘉善而矜不能，母道也，非父道也。

海陵胡氏曰：「脩身則道立」以下，明九經之效。敬大臣則不眩者，大臣盡忠竭節，以事其上，賢、不肖乃分辨，故上之瞻視，無所眩惑。體羣臣者，君之視臣如手足，則臣視君如腹心。來百工則財用足者，制度脩舉，器用充給，故財用足。齊明盛服者，既齊潔嚴明以治性於内，又盛飾其服以整飭於外。去讒遠色者，❶讒人不退則賢人不進；色惑人，則性昏，性昏則善惡不能別。賤貨而貴德者，國寶於賢，不寶於貨。重其禄，不言與之政者，親族之間，有賢則任之，不賢者但尊其禄位而已。同其好惡者，富貴人之所共欲

❶「色」，原作「慝」，據明本改。

也，貧賤人之所共惡也。官盛任使者，大臣之居朝廷，總綱領而已，繁細皆委之有司，然後大臣得安逸，而正其綱領。忠信重禄者，既推忠信以待人，又副之以重禄。行之者一也，至誠也。

廣安游氏曰：孔子曰：「老者安之，朋友信之，少者懷之。」孔子之學，聖人之學，而其道則君天下之道也。《中庸》所言親者親之，大臣敬之，群臣體之，庶民子之，百工來之，遠人柔之，諸侯懷之，是孔子三言之推也。言天下國家之人，親疎、遠近、賢否、大小之不齊，無不得其所也。古之爲天下者，内之有家，外之有王畿之國，又外之有天下。親親者，家之事也。尊賢也，敬大臣也，體羣臣也，子庶民也，來百工也，則國之事也。柔遠人也，懷諸侯也，自天下而言也。聖人之治天下，内治其家，外治其國，又外治其天下，而其原本於知所以治人，治人之原本於脩身。經者，言所以經紀天下者也。又曰：三綱五常之道，本出於脩身，脩身則道立，道立則八者沛然順治矣。賢者不尊，愚、不肖者不卑，則賢愚不辨。賢愚不辨，則民惑而不知鄉方矣。大臣而不敬，廉陛下迫，則貴賤、大小之分不明。貴賤、大小之分不明，則出政於此，人將眩惑而不知所從矣。又曰：中庸之學，本以修身。而修身亦列於九經者，聖人之身出居明堂，以臨天下。其動容貌，正顏色，興居進退之際，即是治天下國家第一事。齊言其齊一，明言其如日月之明，盛服言其弁冕端委以臨其下。興居之際，非禮不動。此皆修身之體，聖人坐廟堂象貌也。體者不可以驟爲也，中和積於中，而誠正之體見於外。聖人只消修身到這裏，才出來坐朝廷，治象固已見矣。自此以下八者，皆是政事，惟去讒遠色，賤貨貴德以勸賢，此一事亦是聖人身上事。以下七者，皆德之發於政者，有司之事也。「尊賢則不惑」者，《書》曰「任賢勿貳」。尊賢而有貳心，則人惑矣。其惑者何也？其意若曰：吾君之用是人也，用之不力，意者蔽於讒邪？蔽於色耶？蔽於貨耶？不知德之爲可貴耶？不然何用賢之不力也？何用賢而以小人參之也？君蔽於讒，則人相勸於讒矣。君蔽於色，則人相勸而好色矣。君蔽於貨，則人相勸而貨殖矣。君不以德爲貴，則人不知德爲賢矣。如此則人惑而不知鄉方矣。

晏氏曰：箕子陳《洪範》則有九疇，子思作《中庸》則有九經，事雖不同，其取於九數則一而已。《洪範》九疇，一曰五行者，本於天道，故曰「惟天陰隲下民也」。《中庸》九經，一曰脩身者，本於人道，故曰「凡爲天下國家」也。遠人在外，諸侯在內，先內後外，乃其序爾。今則先遠人而後諸侯，何哉？蓋遠人不柔，則四夷交侵，而吾征伐四出，救患有所不給，何暇懷諸侯乎？是先柔遠而後懷諸侯者，乃急緩之序，不得不然爾。《旅獒》言「明王慎德，四夷咸賓，無有遠邇，畢獻方物」，然後「昭德之致于異姓之邦」，「分寶玉于伯叔之國」，皆先柔遠人而後懷諸侯，正與此合。不然「柔遠能邇」，《書》何以屢言之也？《語》曰：「君子不施其親，不使大臣怨乎不以。」此先親親而後敬大臣之序也。此與夫骨肉咸怨，侮慢自賢者異矣。財用者，商賈之事也。當言來商賈則財用足，今乃言「來百工」，何哉？蓋備物制器者，百工也，財用之所由出也。故攻玉之工至，則寶玉之用足焉；攻金之工至，則金幣之用足焉；耒耜之器成，而穀人足於晝；蠶桑之器成，而絲人足於夜。然則百工來矣，財用胡爲而不足耶？

温陵陳氏曰：古之爲天下者，賴諸侯以治之，《比》之建萬國，親諸侯，是其意也。然有畿内之諸侯，畿内屬乎天子。自畿之外，環視天下，皆諸侯也。故諸侯能懷之，則天下畏之。舜於類帝之後，即行巡守之禮。人以爲舜之警動諸侯，而不知舜之巡守，所以慰安之也。武王《時邁》之詩，亦此意也。然必繼絶舉廢者，蓋諸侯世有其國，而不至於廢絶者也。殷能革夏之天下，而不能革夏之諸侯。周能革殷之天下，而不能革殷之諸侯。故其廢絶者，亦從而繼之、舉之。

涑水司馬氏曰：體者，元首股肱，義猶一體。「柔遠人」者，馭以寬仁，不强致也。「敬大臣」者，苟其人不足任大臣之重，則勿寘諸其位。既寘諸位而復疑之，舍大臣而與小臣謀，則讒慝並興，大臣解體矣。嘉善，謂撫其懷服。矜其不能，謂不責其驕慢。

江陵項氏曰：道立則爲之基址也，不惑然後講之明矣。不惑者，我不惑也。不眩者，人不眩也。「齊明盛服」，内外交修也。讒也，色也，貨也，三者害德之具。三者不去，有德者不可得而貴也。聽公伯寮受女樂，用田賦，則夫子之道廢矣。賢也，親也，大臣也，士也，民也，工也，皆言勸者，皆同舟共濟之人，必有以興起其歡心而後可。❶《孝經》「孝治」章言治天下，治國，治家，皆欲得人之歡心，即此意。

晉陵錢氏曰：脩身，尊賢，親親，一家之經；敬大臣，體羣臣，子庶民，一國之經；來百工，柔遠人，懷諸侯，天下之經。道立，謂取人以身；不惑，謂人知所尚；不眩，謂人知所同敬。百工，庶官也。謂之工者，以其材能足稱其職也。《書》曰：「允釐百工，庶績咸熙。」來者，取諸他國，廣求之也。「財」當爲「材」。「官盛任使」，所以勸大臣。言官之盛，又任使之，後世乃有尊爲三公而不任以事者。矜不能，不責其來。繼其絶，舉其廢，治其亂，持其危，皆保全之以時，不煩也。厚往薄來，重恩而輕利也。

建安真氏曰：九經之説，朱熹盡之矣。或謂《大學》先言誠意正心，而後脩身。《中庸》九經之序，乃自脩身始，何耶？曰「齊明盛服，非禮不動」，此所謂敬也。敬則意誠，心正在其中矣。諸儒以一爲誠，何也？曰：天下之理，一則純，二則雜。純則誠，雜則妄。脩身不一，善惡雜矣。尊賢不一，邪正雜矣。不二、不雜，非誠而何？故舜曰「惟一」，伊尹曰「克一」，《中庸》曰「行之者一」。

長樂陳氏曰：此即文武之政也，其要惟一，其別有九，而其序則《堯典》所謂「欽明文思」至於「黎民於變時雍」，夫子所謂「修己以敬」至於「安百姓」也。

永康陳氏曰：九經爲政，以德爲本也。堯舜至治之所由出也，此一定不易之理。

❶「歡」，通志堂本、四庫本作「勸」。

欲知其要，即是以心達心，欲知其道，只是居敬行簡。故九經必自吾身而出。「脩身則道立」，有本也。「尊賢則不惑」，本固也。「親親則諸父昆弟不怨」，愛始達也。「敬大臣則不眩」，則「民具爾瞻」也。「體羣臣則士之報禮重」，上下交孚也。「子庶民則百姓勸」，相勉於善也。「來百工則財用足」，經制有餘也。「柔遠人則四方歸之」，視猶父母也。「懷諸侯則天下畏之」，如臨師保也。

錢塘于氏曰：以尊賢爲勸賢，親親爲勸親親，敬大臣爲勸大臣，體羣臣爲勸士，來百工爲勸百工，皆加以「勸」之一字者，豈無意哉！古之聖君所以爲天下國家，用經而不用權，用勸而不用懲。苟有一毫用懲之意，而無貶損謙抑之誠，則非所以爲經矣。勸道既行，始可以言「尊賢」，言「親親」，言「敬大臣」，言「來百工」也。如曰「柔遠人」，「懷諸侯」，此亦用勸之意，不復贅言也。翫經者，盍深味之？

嚴陵喻氏曰：吾夫子既列九者之經，終之曰「凡爲天下國家有九經，所以行之者一也」。蓋經雖有九，所以行乎九經者，未嘗九也，亦本乎一心而已。自古聖人相傳之要，曰「惟精惟一」，曰「咸有一德」，曰「無貳爾心」，無非存養至一之本也。此心惟一，則九者各得其序。經有九，心亦從而九焉，則顛倒錯亂，而失其所以爲常道矣。散於九而歸於一，其示人君以心法之要，豈不深切矣哉！

嵩山晁氏曰：讒、色、貨能惑我而不惑，則尊賢之功也。有百官之富，任使各盡其材，大臣凜然在上，天下名實不眩，則敬大臣之功也。不眩，猶不惑也。

霅川倪氏曰：經者，常也，即所謂庸也。《大學》自誠意正心，脩身齊家而後治國平天下，《中庸》論九經，亦自脩身始，而曰「凡爲天下國家有九經」，以是知《中庸》、《大學》一理也。「齊明」者，齊潔其心，則明矣。服，外飾也，脩身而曰「盛服」，何哉？蓋服其服者，必有君子之容，未有服黻冕而心不敬者，所謂外内交相養也。前言脩身以道，言其脩之者必以道，未言其所以脩也。此曰「齊明盛服，非禮不動」，言所以脩其道者，自此而始也。

金華邵氏曰：九經之目，其先後固自有序。然尊賢先於親親，柔遠人先於懷諸侯者，蓋禮義由賢者出，不知尊賢，則不能盡親親之道。外寧則無内憂，遠人未柔，則諸侯不可懷。此九經之序也。

宣城奚氏曰：一者何？誠而已。姑以修身言之。「齊明盛服」，儼然而端莊；「非禮不動」，肅然而敬畏，非誠乎？誠於尊賢，自然讒色之遠；誠於親親，自然好惡之同；誠於敬大臣，自然任使之專；誠於體羣臣，自然忠信之篤。以至來百工而勸百姓，柔遠人而懷諸侯，一皆以誠行之，焉有無實效者哉？

新定顧氏曰：此夫子平日之議論，而子思子記録於此。爲，猶治也。以一身而膺天下國家之寄，爲之儀表，可不脩乎？身誠脩，則人有所觀感，有所効法，不勞經理，而天下自治。所謂脩其身而天下平者也，故曰「脩身則道立」。然非尊賢，則講明之功，開導之力，規正之益，其將誰賴？苟無所賴，則將茫然昧所適從。故惟尊賢，然後不惑。古者立三公，與之坐而論道，此其故也。漢儒有言人之情，恩深者其養謹，愛至者其求詳。夫戚而不見殊，孰能無怨？此《常棣》、《角弓》之詩所爲作也，是故「親親則諸父昆弟不怨」。君猶元首也，臣猶股肱也。分任天下之治者惟大臣，可不敬乎？敬之則言焉而聽，諫焉而行，無面從，無後言，天下事理無所欺隱，一舉一措可無所疑，故曰「敬大臣則不眩」。眩亦惑也。人君之於群臣，勢分稍相遠，貴賤稍相絶，則其休戚勞逸，易於不相知，不相知，則不相恤，此所以貴於體之。體云者，休戚勞逸，視均一體之謂也。然則又焉有不盡忠竭節，以報其上者乎？故曰「體群臣，則士之報禮重」。人君之於庶民，勢分相遼遠，貴賤相殊絶，則其利害得失，尤不相知。抑不思「天生民而立之君，使司牧之」，君其可不視民如子乎？人之愛其子者，何所不至？以愛子之心而愛民，民不被其澤者寡矣。民被其澤，則感發興起，亦唯恐其不至耳。尊君親上，不待論也。故曰「子庶民，則百姓勸」。人之生也，必資財用。曰農則所以致地利者也，曰工則所以作器用者也，曰商則所以通珍異者也。是三者財用之所出，非人君勸率招徠之，則怠惰廢弛。財用不足，將至於民力困窮，而禮義消亡矣。此來百工以足財用，所以不可已也。不言農若商者，舉工而言，農商不待論也。天下之勢有遠近，人君之治無彼此。治道立矣，治功著矣，遠人聞風而來，固當柔之。撫以恩禮之謂柔，若是則來者愈衆，所謂「四方歸之」也。治道立矣，治功著矣，不恃其所能致而有輕侮諸侯之心，則固當懷之。念之不忘之謂懷，若是則諸侯協心佐助于我，勢莫大焉，威莫盛焉，天下其有不畏之者乎？雖然，就九經而論之，言之先後，誠有大旨。然非必曰次第始終，斷斷不易，使人循序而行之也。得其大旨於講明之初，而遇事接物，兼舉並行，各得其當，則庶幾無負聖人之訓矣。

帝舜有庳之封，尊其位，重其禄之謂也。同其好惡，均其休戚之謂也。遇其所喜，則有慶賀；遇其所憂，則有吊恤之類是也。

新定錢氏曰：上言達德，所以行者一，❶而先之曰「知天」。此言九經，所以行者一，而繼之曰「明善」。明善即知天也，所謂一也。不知不明，安知一之爲何物哉？

四明袁氏曰：❷是非不兩立，邪正不兩大。聽讒者必不聽忠，好色者必不好德，重利者必不重義。故必去讒，必遠色，必賤貨，則純於天理，而邪不干正矣。「凡爲天下國家有九經」章内。

凡事豫則立，不豫則廢。言前定則不跲，事前定則不困，行前定則不疚，道前定則不窮。

鄭氏曰：跲，躓也。疚，病也。人不能病之。

孔氏曰：此一節明九經之法，唯在豫前謀之。將欲發言，能豫前思定，然後出口，則言得流行，不有躓蹶。困，乏也。欲爲事時，豫先思定，則臨事不困。行而豫思定則不病。道而豫謀定，則道無窮。

❶「行」下，明本有「之」字。

❷「四明袁氏」一段，原補在「卷一百三十一」之後，通志堂本同，四庫本移至卷末，未當，據文意移至此。

横渠張氏曰：「事豫則立」，必有教以先之。盡教之善，必精義以研之。精義入神，然後立斯立，動斯和矣。又曰：博學於文者，只要得習坎心亨。蓋人經歷險阻艱難，然後其心亨通。博文者皆是小德應物，不學則無由致之。❶故《中庸》之欲前定，將以應物也。

藍田吕氏曰：豫，素定也。素定者，先事而勞，事至而佚，既佚則且無所事其憂。不素定者，先事而佚，事至而憂，而亦無所及於事。寇將至，則爲干櫓；水將至，則爲隄防，其爲不亡者，幸也。故素定者，事皆有成。言有成説，事有成業，行有成德，道有成理，用而不括，動而有功。所謂精義入神以致用，則精義者，豫之謂也。能定然後能應。能定者，豫之謂也。擬之而後言，議之而後動。擬議以成其變化，則擬議者，豫之謂也。致用也，能應也，成變化也，此所以無跲困疚窮之患也。言有成説，則使於四方，不憂乎不能專對也。事有成業，則千乘之國攝乎大國之間，加之以師旅，因之以饑饉，不憂乎不能治也。行有成德，則富貴不憂乎能淫，貧賤不憂乎能移，威武不憂乎能屈也。道有成理，則徵諸庶民，考諸三王，質諸鬼神，百世以俟聖人，不憂其不合也。

建安游氏曰：豫者，前定之謂也。唯至誠爲能定，唯能定爲能應。故以言則必行，以事則必成，以行則無悔，以道則無方。誠定之效如此，故繼九經言之。

新安朱氏曰：此第二十章第四節。「凡事」，指達道、達德、九經之屬。豫，素定

❶「致」，原作「故」，今據通志堂本、四庫本改。

也。此承上文，言凡事皆欲先立乎誠，如下文所推是也。所謂前定，何也？曰：先立乎誠也。先立乎誠，則言有物而不躓矣，事有實而不困矣，行有常而不疚矣，道有本而不窮矣。諸説唯游氏誠定之云得其要。張子以精義入神爲言，是則所謂明善者也。

涑水司馬氏曰：「言前定」，謂擬之而後言也。「行前定」，謂行無越思也。「道前定」，謂止於至善也。

海陵胡氏曰：所行之事必豫定，乃能立。若豫思之，豫爲之，豫脩之，豫防之，則事無不立，不然則必有廢敗。「建邦能命龜，田能施命，作器能銘，使能造命，升高能賦，師旅能誓，山川能説」，至於「喪紀能誄，祭祀能語」，是能豫定，則臨事而言，無有顛躓。困者，臨事不通之辭。凡事或施之一身，或施之一家，或施之一國，或施之天下，皆當豫定，則無有不通。所行之事，如欲事君，必豫思其事君之道，莫非以忠；若事其父，必豫思其事父之道，莫非以孝。至於朋友以信，事兄以弟，皆當豫思之，則心無疚病也。道者，五常之總名。道能前定，則施諸一身，施諸天下，施諸萬世，無有窮匱也。

長樂陳氏曰：此繼上而言誠也。凡九經，必有言，有行，有事，有道，而不行之以誠，則忽焉，忘焉，烏能前定而豫？不能前定而豫，則不誠無物，而言、行、事、道皆廢矣。跲困疚窮，❶必至之患也。然前定而豫，豈先時而起哉？能定，能應，亦理之當然爾。《孟子》曰：「必有事

❶「疚」，原脱，今據四庫本補。

焉。」施氏曰：豫者不爲其事，而爲其所以事，不察其然，而察其所以然之謂也。時過而後爲，則不足以當務，烏能不廢乎？事至而後慮，則不足以應卒，烏能不困乎？

范陽張氏曰：誠者豈一日遽然安坐定氣，閉目正容，便以爲誠哉？當平居暇日，戒謹恐懼，積久以養之可也。此所以有豫、有前定之説也。豫、前定，以言養之有素也。養誠於未有事時，所以言「事豫則立，不豫則廢」。又言前定則不跲而可行，事前定則不困而常通，行前定則不疚而常全，道前定則不窮而常久。此蓋深明豫與前定之不可不留意，而欲學者養誠於平居暇日也。

江陵項氏曰：言誠而必曰豫者，教人素學之也。知之素明，行之素熟，而後出之，則不窮矣。自「事豫」以上言政，自「事豫」以下言學。

吳興沈氏曰：豫者，動之微，吉之先見者也。《易》坤下震上爲豫。其象曰「雷出地奮」，豫是元氣有事之初也。夫子於六二斷之曰：「君子見幾而作，不俟終日。」即吾性情有事之始，喜怒哀樂未發之際也，❶其幾間不容髮，君子於是知其所處，則事無有不立矣。否則鮮有不敗，故曰「不豫則廢」。凡言也，事也，行也，莫不欲豫。前定即豫也。前定則不跲，不困，不疚。然道之前定，將如何耶？天命之性至虚極静，其體本無窮也。惟其本體無窮，故其用亦無窮也。故終之曰「道前定，則不窮」。然則前定之義果何如也？

❶「之」下，原衍一「之」字，今據通志堂本、四庫本删。

《孟子》所謂「必有事焉而勿正，心勿忘，勿助長也」。學者宜思之。

高要譚氏曰：「凡事」云者，總謂吾心之所汎應者也。豫，即前定也。前定，謂胸中先有規摹也。一心至微，萬事至衆，泛應之際，儻規摹不先定於胸中，幾何不爲事之所變亂哉？言也，事也，行也，道也，四者皆要前定，而四者之前定，又皆相因以爲本。故言之前定，本乎事之有實。無是事則言亦無實矣，安得不跲乎？事之前定，本乎行之有實。無是行則事亦無實矣，安得不困乎？行之前定，本乎道之有實，無是道則行亦無實矣，安得不疚乎？此三者皆歸本乎道。道者，至理之所在也。欲是道之前定，當於喜怒哀樂未發之時，求吾本心。求之既得，從而誠之，使有諸己，涵養純孰，至於充實，則道斯立矣。此所謂規摹也。出而應事，動有準則，靡不曲當，又何窮之有哉？不跲則言立，不困則事達，不疚則行全，不窮則道久。故道前定則行前定矣，行前定則事前定矣，事前定則言前定矣。四者雖殊，而皆相因以爲本。此皆前輩之所未講，使人思而得之也。

錢塘于氏曰：言先於事，事舉行隨，而道亦存矣。此四者之序也。

嚴陵喻氏曰：❶言之前定，非擇言之謂也，易其心而後語也，故不跲。事之前定，非逆計之謂也，能定而後能應也，故不困。行之前定，非詳慮之謂也，安其身而後動，何疚之有？道之前定，非預期之謂也，本立而道生，何窮之有？欲其

❶「喻」，通志堂本、四庫本作「俞」。

知一，則告之以豫，欲其知豫，又告之以定，聖人教人拳拳之意如此。

錢塘吴氏曰：❶凡言行與事，固貴前定，而《易》有太極，在天地先」，道固未嘗不前定也。生生之謂易，道豈有窮也哉？窮則變，變則通，是道無窮也。此乃以「道前定則不窮」爲言，何歟？蓋此所謂道，因人而言也。楊、墨之於仁義，惟其不前定，故其窮至於無父、無君。楊、墨不足言也。伯夷、柳下惠，其於道也，非無定見，而定於前者，與夫子或異。要其終，卒至於隘與不恭，亦未免於有窮焉，不至如楊、墨之害道耳。孔子曰：「我則異於是，無可無不可。」此孔子所謂「道前定」也。孟子曰：「乃所願則學孔子也。」此孟子之所謂「道前定」也。《豫》之《彖》曰：「豫之時義大矣哉！」於斯可見矣。

柯山周氏曰：自此以上言用，自此以下言體。《中庸》之道，言其用，見於修身，齊家，治國，平天下；言其體，❷則本之於誠。《中庸》所謂明善誠身，即《大學》所謂「致知格物，正心誠意」。《大學》之書由體起用，故先言「致知格物，正身誠意」，而後及於脩身，齊家，治國，平天下。《中庸》之書即用明體，故先言脩身，齊家，治國，平天下，而後本於「誠身明善」。先後雖殊，相爲表裏，所謂「一以貫之」也。將言誠之道，必先言所謂豫者，蓋非一朝一夕之積，如雷在地中爲復，至四陽大壯，然後奮發而出，天地之間，温温乎其和可知，是乃所謂豫。聖人致中和，至

❶「吴」，通志堂本、四庫本作「于」。
❷「言」，通志堂本、四庫本作「語」。

於天地位，萬物育，亦豈一朝一夕之積哉？其道蓋前定矣。凡事，蓋總言之。言能前定，則不跲；事能前定，則不困；行能前定，則不疚。況天下國家，其道可不前定乎？道而不能前定，則用之有時而窮矣，非所謂豫也。故下文「在下位不獲乎上，民不可得而治」，反本造約，卒歸於誠身明善。由善以誠身，由誠身以順親信友，由信友以獲乎上。素位而行，得志澤加於民，非豫之至，能若是乎？不然如溝澮之水，乍盈乍涸，其廢也可立而待，烏在其爲不窮耶？孟子之學得於子思，故其論誠亦云。

禮記集説卷第一百三十一

禮記集說卷第一百三十二

在下位不獲乎上，民不可得而治矣。獲乎上有道，不信乎朋友，不獲乎上矣。信乎朋友有道，不順乎親，不信乎朋友矣。順乎親有道，反諸身不誠，不順乎親矣。誠身有道，不明乎善，❶不誠乎身矣。

鄭氏曰：獲，得也。「不獲乎上」，言臣不得於君，則不得居位治民也。「不明乎善，不誠乎身」，言知善之爲善，乃能行誠。

孔氏曰：此明爲臣、爲人，皆須誠信於身，然後可也。

河南程氏曰：「止於至善」，「不明乎善」，此言善者，義理之精微，無可得名，且以至善目之。「繼之者善」，此言善却言得輕，但謂繼斯道者莫非善也，不可謂惡。伊川又曰：這一箇道理，不爲堯存，不爲桀亡，只是人不道他這裏，知此便是明善。又曰：明善在明，守善在誠。又曰：人患事繫累，❷思慮蔽固，只是不得其要，要在明善，明善在乎格物窮理。窮至於物理，則漸久後天下之物皆能窮，只是一理。伊川又曰：且省外事，但明乎善。唯進誠道，其文章雖不中，不遠矣。所守不約，泛濫無功。明道又曰：學者必知所以入德。不知所以入德，未見其能進也。故《孟子》曰：「不明乎善，不誠其身。」《易》曰：「知至至之。」

❶「明」，原作「朋」，今據通志堂本、四庫本改。
❷「事」下，通志堂本、四庫本有「物」字。

藍田吕氏曰：不得乎親，不可以爲人；不順乎親，不可以爲子，則人之所以信於朋友者，豈聲音笑貌爲哉？內誠盡乎父母，內行孚於家人，則朋友者不期信而信之矣。故曰「不順乎親，不信乎朋友矣」。獲乎上者，有善而見信，有功而見知。吾所施於民者，莫非善也。不獲乎上者，德進而見忌，功高而見疑。身且不保，尚何民之可治哉？故曰「不獲乎上，民不可得而治矣」。

建安游氏曰：欲誠其意，先致其知，故「不明乎善，不誠乎身矣」。學至於誠身，安往而不致其極哉！以內則順乎親，以外則信乎友，以上則可以得君，以下則可以得民。此舜之允塞，所以五典克從也。

延平楊氏曰：「不明乎善」，雖欲擇之，固執之，未必當於道也。故欲誠乎身，必先於明善。不誠乎身，則身不行道矣。身不行道，不行於妻子，况能順其親乎？故順乎親，必先於誠身。不順乎親，則於其所厚者薄也，况於朋友乎？故欲信乎朋友，必先順乎親。夫責善，朋友之道也，不信乎朋友，則其善不足稱也已，而欲獲乎上，不亦難乎？不獲乎上，則身不能保，况欲治其民乎？不可得也。又曰：反身者，反求諸身也。蓋萬物皆備於我，非自外得，反諸身而已。又曰：明善在致知，致知在格物。號物之多至於萬，則物蓋有不可勝窮者，反身而誠，則舉天下之物在我矣。《詩》曰：「天生烝民，有物有則。」凡形色具於吾身者，無非物也，而各有則焉。反而求之，則天下之理得矣。

新安朱氏曰：此第二十章第五節。此又

以在下位者推言素定之意。「反諸身不誠」，謂反求諸身，而所存所發未能真實而無妄也。「不明乎善」，謂未能察於人心天命之本然，而真知至善之所在也。

夫「在下位而不獲乎上」，則無以安其位而行其志，故民不可治。然欲獲乎上，又不可以諛説取容也，其道在信乎友而已。蓋不信乎友，則志行不孚，而名譽不聞，故上不見知。然欲信乎友，又不可以便佞苟合也，其道在悦乎親而已。蓋不悦乎親，則所厚者薄，而無所不薄，故友不見信。然欲順乎親，又不可以阿意曲從也，其道在誠乎身而已。蓋反身不誠，則外有事親之禮，而内無愛敬之實，故親不見悦。然則欲誠乎身，又不可以襲取强爲也，其道在明乎善而已。蓋不能格物致知，以真知至善之所在，則好善必不能如好好色，惡惡必不能如惡惡臭，雖欲勉焉以誠其身，而身不可得而誠矣，此必然之理也。故夫子言此，而其下文即以天道人道、擇善固執者繼之。蓋擇善所以明善，固執所以誠身。擇之之明，則《大學》所謂物格而知至也。執之之固，則《大學》所謂意誠而心正身脩也。知至，則反諸身者將無一毫之不實。意誠心正而身脩，則順親信友，獲上治民，將無所施而不利。而達道、達德，九經凡事，亦一以貫之而無遺矣。又曰：此章之説雖多，然亦無大得失。唯楊氏反身之説爲未安耳。蓋反身而誠者，物格知至，而反之於身，則所明之善無不實有，如前所謂「如惡惡臭，如好好色」者，而其所行自無内外隱微之殊耳。若知有未至，則反之而不誠者多矣，安得直謂但能反求諸身，則不待求之於外，而萬物之理皆備於我，而無不誠哉！况格物之功，正在即事即物，而各求其理。今乃反欲離去事物，而專務求之於身，尤非《大學》之本意矣。又曰：《原道》中舉《大學》，却不説「致知在格物」一句。蘇子由《古史論》舉《中庸》「不獲乎上」後，却不説「不明乎善，不誠乎身」二句。這兩箇好做對。司馬温公議儀秦處説「立天下之正位，行天下之大道」，却不説「居天下之廣居」，看得這樣都是箇無頭學問。

海陵胡氏曰：必先得上之信任，然後道得以行，民得以治。朋友信之，然後聲譽聞達，可以取信於上。朋友未信，况可取信於君乎？閨門之内，其親且未能順，朋友肯信之乎？順親有道，當以至誠自持其身，何者？凡所爲善，則親喜悦，所爲不善，則親愧辱。故不能以至誠自持，則不順其親矣。事有善惡，若誠於惡，則失所以誠身之道。當明於善而固執之，然後可以誠身矣。

廣安游氏曰：此言爲人輔相，佐其君治天下之道也。天子之相，名爲人臣，實行君之事，治君之民，用君之爵禄以爲賞，用君之刀鋸以爲罰，生殺進退皆得專之，此之謂宰相之事。不如此，不可以爲政。然必得其君，然後可以如此。然獲乎上，必信乎友。舜之道信於四岳，而後獲乎堯。禹之道信於契、皋陶，然後獲於舜。周公不爲召公所説，則周公以爲憂，求所以釋召公之意而作《君奭》，召公既説，周公獲乎成王矣。管仲見信於鮑叔，而獲於威公。子産見信於子皮，而獲於鄭伯。古之人臣，莫不如此。然不順乎親，則不能信乎朋友。蓋君子之道自内以及外，自近以及遠，於其親而不順，况能及他人乎？孟子論舜，專言其得乎親，而後可以治天下。此章所言全以舜爲法，故曰「不以舜之所以事堯事君，不敬其君者也」。舜爲堯相，上獲乎堯，下見信乎禹、稷、契、皐陶，其道蓋出於此。順乎親，又必反諸身。舜之事親正如此。瞽叟不豫，常反求諸己，負罪引慝，終至於瞽叟亦允若，至誠感神，❶此順乎親，必反身以誠而後可也。誠身有道，必明乎善。舜之誠身，亦本於此。《孟子》曰：「舜明於庶物，察於人倫。」《記》曰：「舜其大智也歟？舜好問而好察邇言。」此則舜之明善也。不明乎善，則下不知人，上不知天，而不得中庸，不得中庸，則不能誠身矣。

東萊吕氏曰：此段蓋自末至本。居下者固欲有獲於上，不知所以獲者自有道。擎跽曲拳，豈足以獲於上？直言正諫，豈足以獲於上？甚者乃云：我能取信，自然獲於上。不知其平日之心不誠信，安能一旦爲誠信？須是平日見信，然後可。故曰「不信於友，不獲於上矣」。信於友者，又須是能悦親。如不能悦親，於朋友交際間，雖有誠信，而非發之於内。常時固可遮藏，偶然遇一大君子，則不能揜，故曰「不悦於親，不信於友矣」。悦親有道，非三牲五鼎爲足悦親，須是承顔順色，方爲悦親。又須是出於誠。誠者乃與生俱生，固結而不能自解。故曰「反身不誠，不悦於親矣」。此章一句緊一句，漸漸入來。蓋明善乃理之極。雖堯、舜、

❶「至」，通志堂本、四庫本作「志」。

禹、湯、文、武、周公、孔子所以相繼者，亦不過明善。於明善之外，更無所加損，故曰「不明乎善，不誠乎身矣」。止是要從近處看。今之人其於事親、從兄、事上、交友之際，固有時乎中理，然有時又差了。蓋雖到九分九釐盡，有一毫差，則併前都差。如行九十九里，忽差路頭，則都不濟事。此所以要明善，明善要明得盡。居仁。

范陽張氏曰：人性皆善，特吾學非其道，而世無師友以指示之耳。使吾知格物致知之學，内而一念，外而萬事，無不窮其原流，窮其終始，窮之至於極盡之地。人欲既盡，一旦豁然，則性善昭昭，無可疑矣。此所謂「一日克己，天下歸仁焉」。故誠之爲用，無不感動。以此事親，則吾親感動而無不悦；以此交朋友，則朋友感動而無不信；以此事上，則在上感動而無不獲；以此治民，則天下感動而無不治。是故不憂民之不治、上之不獲、朋友之不信、親之不悦，獨憂身之不誠、善之不明耳。使明乎善，則吾身、吾親、吾友、吾君、吾民之機，皆已總攝乎此矣。

新定顧氏曰：所謂善者何如哉？《孟子》曰：「萬物皆備於我矣。」又曰：「仁人之安宅也，義人之正路也。」曰「萬物皆備」，稱其善也。曰「安宅」，曰「正路」，喻其善也。善之爲言美也，窮天地，亘萬世，所謂事物皆於此乎出，譬如枝葉之生於本根。是故事物有大小，而此善無大小；事物有高下，而此善無高下；事物有變遷，而此善無變遷；事物有彼此，而此善無彼此。非有氣也，而氣皆於此乎出；非有形也，而形皆於此乎生。故有行焉，而人莫能禦，是謂「正路」。有居焉，而人莫能移，是謂「安宅」。不疾而速，不行而至，自得於我，無羨於彼，是謂「萬物皆備」。事物莫之能及也，故謂之善。伏犧之爲《易》，堯、舜、禹之相傳以中，箕子之言皇極，孔子之言仁，惟此善也。子思子之爲是書，始名之以天命之性，❶中目之以至誠，末以爲上天之載。異時孟子又名之以仁義，亦惟此善也。能明此善，則知身果不可以不誠。

晉陵喻氏曰：夫子之教，曰「出則事公卿，入則事父兄」，事公卿乃與事父兄等。逮德下衰，士或以事公卿爲耻。夫子其知之矣，故以是垂教焉。其事君盡禮，人至以爲諂。其栖栖於行道，人至以爲佞。後世之君子視孔子不翅千萬也，而天下之人莫有疑其諂佞者，是豈有過於孔子哉？蓋其於天下，無孔子皇皇之心，不以得君行道爲己任；無孔子之德行，而不敢自信；無孔子之毋我，而不能忘其己私。故終於囂囂然，無翻然而改者也。如此則夫諂佞之譏又何疑哉！❷噫，無怪乎道之不行，而斯民之不受賜也，安得以孔子中庸之道告之？

延平周氏曰：「信乎朋友」，是内足以自信，而外則足以取信。此上之所以獲，而民可得而治也。故孔子之教止於信，而漆雕開之學亦主於信。

吴興沈氏曰：上既言「事豫則立」至「道前定則不窮」之義，此復申以明善，推而

❶「名」，通志堂本、四庫本作「明」。下文「又名之」之「名」亦作「明」。

❷「何」，通志堂本作「無」。

至於民可得而治，蓋一理也。特子思欲理明而事切，故諄諄反覆言之。能明乎善，即所謂豫也。性之至善，自本自根，無昏迷之間。人僞一萌，則失先見之明，而善不復見矣。惟於喜怒哀樂未發之時，即事而明，不爲物惑，則性善明矣。明乎至善，則一性之間，無一毫人僞，皆天理之自然。以之脩身則誠，以之事親則順，以之交朋友則信，以之在下位則必獲乎上，以之在上位則必得乎民，無所往而不當矣。

「誠者，天之道也。誠之者，人之道也。誠者，不勉而中，不思而得，從容中道，聖人也。誠之者，擇善而固執之者也。博學之，審問之，慎思之，明辨之，篤行之。有弗學，學之弗能，弗措也。有弗問，問之弗知，弗措也。有弗思，思之弗得，弗措也。有弗辨，辨之弗明，弗措也。有弗行，行之弗篤，弗措也。人一能之，己百之。人十能之，己千之。果能此道矣，雖愚必明，雖柔必强。」

鄭氏曰：言誠者，天性也。誠之者，學而誠之者也。因誠身説有大至誠。「果能此道矣，雖愚必明，雖柔必强」，勸人學誠其身也。果，猶決也。

孔氏曰：此經明至誠之道。自「博學之」以下，申明「誠之者，擇善而固執之」事。鄭註「大至誠」，則經云「誠者，天之道」，聖人是矣。「有弗學，學之弗能，弗措也」，謂身有事，不能常學習，須勤力學之。措，置也。言學不至於能則不置，必待能之乃已也。以下諸事皆然。

濂溪周氏曰：誠者，聖人之本。「大哉乾元，萬物資始」，誠之源也。「乾道變化，各正性命」，誠斯立焉。純粹至善者也，故曰「一陰一陽之謂道，繼之者善也，成之者性也」。元亨，誠之通；利貞，誠之復。大哉易也，性命之源乎？　又曰：聖，誠而已矣。❶誠，五常之本，百行之源也。靜無而動有，至正而明達也。五常、百行非誠，非也，邪暗塞也，故誠則無事矣。至易而行難，果而確，無難焉。故曰「一日克己復禮，天下歸仁焉」。

河南程氏曰：無妄之謂誠，不欺其次矣。

一本云：李邦直云「不欺之謂誠」，便以不欺爲誠。徐仲車云「不息之謂誠」，《中庸》言至誠無息，非以無息解誠也。或以問先生，先生云云。　又曰：誠者天之道，敬者人事之本。敬者用也，敬則誠。明道　又曰：主一之謂敬，一者之謂誠。敬則有意在。　又曰：不勉而中，不思而得，與勉而中，思而得，何止有差等，直是相去縣絶。不勉而中即常中，不思而得即常得。所謂從容中道者，指他人所見言之。若不勉、不思者，自在道上行，又何必言中不中？不勉、不思，亦有大小、深淺。至於曲藝，亦有不勉、不思者。所謂「日月至焉」與「久而不息」者，所見規摹雖略相似，其意味氣象迥別，須心潛默識，玩索久之，庶幾自得。學者不學聖人則已，欲學之，須孰玩味聖人之氣象，不可只於名上理會，如此只是講論文字。伊川　問：致知與力行兼否？曰：爲常人言，纔知得非禮不可爲，須用勉强，至於知穿窬不可爲，則不待勉强，是知亦有淺深也。古人言樂循理，謂之君子。若勉强，只是知循理，非是樂也。纔到樂

❶「聖」下，通志堂本、四庫本有「人」字。

時，便是循理爲樂，不循理爲不樂，何苦而不循理，自不須勉强也。若夫聖人不勉而中，不思而得，此又上一等事。伊川

又曰：知至則當至之，知終則當遂終之，須以知爲本。知之深，則行之必至，無有知之而不能行，只是知得淺。飢而不食烏喙，人不蹈水火，只是知。人爲不善，只爲不知。知至而至之，知之事，故可與幾。知終而終之，故可與存義。知至是致知，博學、明辨、審問、慎思，皆致知、知至之事，篤行便是終之。如始條理，終條理，因其能始條理，故能終條理，猶知至即能終之。又曰：博學、審問、慎思、明辨、篤行，五者廢其一，非學也。

又曰：思曰睿，思慮久後，睿自然生。若於一事上思未得，且别换一事思之，不可專守著這一事。蓋人之知識於這裏蔽著，雖强思亦不通也。伊川 又曰：思曰睿，睿作聖。致思如掘井，初有渾水，久後稍引動得清者出來。人思慮始皆溷濁，久自明快。伊川 問：張旭學草書，見擔夫與公主争道，及公孫大娘舞劍，而後悟筆法。是心常思念，至此而感發否？曰：然。須是思方有感悟處，若不思，怎生得如此？然可惜張旭留心於書，移此心於道，何所不至？伊川 又曰：不深思則不能造於道，不深思而得者，其得易失。然而學者有無思無慮而得者，何也？曰：以無思無慮而得者，乃所以深思而得之也。以無思無慮爲不思而自以爲得者，未之有也。問：人有日誦萬言，或妙絶技藝，此可學否？曰：不可。大凡所受之才，雖加勉强，止可少進，而鈍者不可使利也。唯理可進。除是積學

既久，能變得氣質，則愚必明，柔必强。

横渠張氏曰：勉，蓋未能安也。思，蓋未能有也。　又曰：以心求道，正猶以己知人，終不若彼自知彼爲不思而得也。

又曰：性通極於無，氣其一物耳。命稟同於性，遇乃適然焉。人一己百，人十己千。然有不至，猶難語性，可以言氣。行同報異，猶難言命，可以言遇。　又曰：形而後有氣質之性，善反之則天地之性存焉。故氣質之性，君子有弗性者焉。

藍田吕氏曰：誠者，理之實然，致一而不易者也。天下萬古，人心物理皆所同然。有一無二，雖前聖後聖，若合符節，是乃所謂誠。誠即天道也。天道自然，無勉無思，其中其得，自然而已。聖人誠一於天，天即聖人，聖人即天。由仁義行，何思勉之有？故從容中道而不迫。誠之者，以人求天者也。思誠而復之，故明有未究，於善必擇，誠有未至，所執必固。善不擇，道不精，執不固，德將去。學、問、思、辨，所以求之也。行，所以至之也。求之至之，非人一己百，人十己千，不足以化氣質。　一本云：誠者，理之實，致一而不可易者也。大而天下，遠而萬古，求之人情，參之物理，皆所同然。有一無二，雖前聖後聖，若合符節。理本如是，非人私知之所能爲，此之謂誠。誠即天道也，天道自然，何勉何思？莫非性命之理而已。故「誠者，天之道」，性之者也。「誠之者，人之道」，反之者也。聖人之於天道，性之者也。賢者之於天道，反之者也。性之者，成性與天無間也。天即聖人，聖人即天，縱心所欲，由仁義行也。出於自然，從容不迫，不待乎思勉而後中也。反之者，求復乎性而未至，雖誠而猶雜之僞，雖行而未能無息，則善不可不思而擇，德不可不勉而執。不如是，猶不足以至乎誠。故學、問、思、辨，皆所以求之也。行，所以至之也。君子將以造其約，則不可不學。學而不能無疑，則不可不問。未至於精而通之，則不可不思。欲知是非邪正之別，本末先後之序，則不可不辨。欲至乎道，欲成乎德，則不可不行。學以聚之，聚不博，則約不可得。「博學而詳説之，將以反説約也。」爲學之道，造約爲功，約即誠也。不能至是，則多聞多見，徒足以飾口耳而已，語誠則未也。故曰「有弗學，學之弗能，弗措也」。學者不欲進則已，欲進則不可以有成心，有成心則不可與進乎道矣。故成心存則自處以不疑，成心亡然後知所疑矣。小疑必小進，大疑必大進。蓋疑不安於故而進於新者也。顔淵學爲孔子而未得者也，故疑之。「仰之彌高，鑽之彌堅，瞻之在前，忽焉在後」，皆疑辭也。孟子學爲舜而未得也，故疑之。「舜爲法於天下，可傳於後世，我猶未免爲鄉人」，亦疑辭也。所謂疑者，患乎未知也。如問之審，審而知，則進孰禦焉？故曰「有弗問，問之弗知，弗措也」。學也，問也，求之外者也。聞也，見也，得之外者也。不致吾思以反諸身，則學問、聞見非吾事也。故知所以爲性，知所以爲命，反之於我，何物也？知所以名仁，知所以名義，反之於我，何事也？故曰思則得之，不思則弗得也。慎其所以思，必至于得而後已，則學問、聞見皆非外鑠，是乃所謂誠也。故曰「有弗思，思之弗得，弗措也」。理有宜、不宜，時有可、不可。道雖美矣，膠於理則亂；誠雖至矣，失其時則乖，不可不辨也。辨之者不別則不見，不講則不明。非精義入神，不足以致用。故曰「有弗辨，辨之弗明，弗措也」。四者致知之道，而未及乎行也。學而行之，則由是以至于誠，無疑矣。知崇者，所以致吾知也。禮卑者，所以篤吾行也。學之博者，莫若知之之要。知之要者，不若行之之實也。行之之實，猶目之視，耳之聽，不言而喻也；如日月之運行，不可得而已也。篤之猶有勉也，篤之至于誠，則不勉矣。行之弗篤，猶未誠也。故曰「有弗行，行之弗篤，弗措也」。「人一能之己百之，人十能之己千之」者，君子所貴乎學者，爲能變化氣質而已。德勝氣質，則柔者可進於强，愚者可進於明；不能勝氣質，則雖有志於善，而柔不能立，愚不能明。蓋均善而無惡者性也，人所同也；昏明强弱之稟不齊者才也，人所異也。誠之者，反其同而變其異也。思誠而求復，所以反其同也。人一己百，人十己千，所以變其異也。《孟子》曰：「居移氣，養移體。」况學問之益乎？故學至於尚志，以天下之士爲未足，則尚論古之人，雖質之柔而不立者寡矣。學至於致知格物，則天下之理斯得，雖質之愚而不明者寡矣。夫愚柔之質，質之不美者也。以不美之質，求變而美，非百倍其功不足以致之。今以鹵莽滅裂之學，或作或輟，以求變不美之質。及不能變，則曰：天質不美，非學所能變。是果於自棄，其爲不仁之甚矣。

上蔡謝氏曰：誠是實理，不是專一。尋常人謂至誠，止是謂專一，實理則如惡惡臭，如好好色，不是安排來。又曰：誠是無虧欠，忠是實有之理，忠近於誠。又曰：學者且須是窮理。物物皆有理，窮理則能知天之所爲。知天之所爲，則與天爲一。與天爲一，無往而非理也。窮理則是尋箇是處。有我不能窮理，人誰識真我？何者爲我？理便是我。窮理之至，自然不勉而中，不思而得，從容中道。曰：理必物物而窮之乎？曰：必窮其大者。理一而已，一處理窮，觸處皆通。恕，其窮理之本歟？

延平楊氏曰：道一也，有天人之辨，賢聖之別者，誠與誠之者異而已，其歸無二致也。孔子曰「上智與下愚不移」，而此曰「雖愚必明」，何也？曰：天地之性，一而已。爲上智，爲下愚，氣稟異也。故善反之，則天地之性存焉。氣質之性，君子不謂之性也。若夫學之而弗能，問之而弗知，思之而弗得，辨之而弗明，行之而弗篤，而遂措焉，不知人一能之己百之，人十能之己千之，則是愚者之不移也，尚何明之有？《中庸》只論誠，而《論語》曾不一及誠，❶何也？《論語》之教人，凡言忠信恭敬，所以求仁而進德之事，莫非誠也。《論語》示人以入之之方，《中庸》言其至也。蓋《中庸》，子思傳道之書，不正言其至，則道不明。孔子所罕言，孟子常言之，亦猶是矣。

河東侯氏曰：「誠者，天之道」，生而知之，堯、舜性之者是也。「誠之者，人之

❶「一及」，通志堂本、四庫本作「及一」。

道」，學而知之，湯武反之者是也。「誠者，天之道」，聖人人倫之至，化而無跡，從容中道，思勉不在言也。「誠之者」，擇善而固執之者也。博學、審問、慎思、明辨、篤行之，擇善者也。弗能、弗知、弗得、弗明、弗篤、弗措，而固執之者也，所謂勉而中，思而得者也。「人一能之己百之，人十能之己千之」，則又困而學之者也。果能此道，則愚必明，柔必强，曲能有誠也。堯舜性仁，無時而不中，不必更言中不中，由仁義行者也，不待乎思勉也。與人一己百，人十己千相去甚遠。學者若於此有所得，則氣味深長，不可放過，潛心力久，玩味純熟，庶可也。「誠者，天之道」，只於聖人分上言之，猶未盡誠之藴，必須自得，仍於天道、人道上分别得從容處，方見「誠」與「誠之」者不同。若只恁地説過，亦不濟事。

新安朱氏曰：此第二十章第六節，承上文誠身而言。誠者，真實無妄之謂，天理之本然也。誠之者，未能真實無妄而欲其真實無妄之謂，人事之當然也。聖人之德，渾然天理，真實無妄，不待思勉而從容中道，則亦天之道也。未至於聖，則不能無人欲之私，而其爲德不能皆實。故未能不思而得，則必擇善，然後可以明善。未能不勉而中，則必固執，然後可以誠身。此則所謂人之道也。不思而得，生知也；不勉而中，安行也。擇善，學知以下之事；固執，利行以下之事也。學問思辨，所以擇善而爲知，學而知也。篤行，所以固執而爲仁，利而行也。此誠之之目也。「有弗學」而下，言君子之學不爲則已，爲則必要其成，故常百倍其功。

此困而知，勉而行者也，勇之事也。明者擇善之功，强者固執之效。此言引孔子之言，以繼大舜、文、武、周公之緒，明其所傳之一致。舉而措之，亦猶是耳。蓋包費隱，兼小大，以終十二章之意。章内語誠始詳，而所謂誠者，實此篇之樞紐也。又按：《孔子家語》亦載此章，而其文尤詳。「成功一也」之下，有「公曰：『子之言美矣，至矣！寡人實固，不足以成之也。』」故其下復以「子曰」起答辭。今無此問詞，而猶有「子曰」二字，蓋子思删其繁文，以附于篇，而所删有不盡者，今當爲衍文也。「博學之」以下，《家語》無之，意彼有闕文，抑此或子思所補。

或問：誠之爲義，其詳可得而聞乎？曰：難言也。姑以其名義言之，則真實無妄之云也。若事理之得此名，則亦隨其所指之大小，而皆有取乎真實無妄之意耳。蓋以自然之理言之，則天地之間，唯天理爲至實而無妄，故天理得誠之名，若所謂天之道，鬼神之德是也。以德言之，則有生之類，唯聖人之心爲至實而無妄，故聖人得誠之名，若所謂「不勉而中，不思而得」者是也。至於隨事而言，則一念之實亦誠也，一言之實亦誠也，一行之實亦誠也。是其大小雖有不同，然其義之所歸，則未始不在於實也。曰：然則天理，聖人之所以若是其實者，何也？曰：一則純，二則雜。純則誠，雜則妄，此常物之大情也。夫天之所以爲天也，冲漠無朕而萬理兼該，無所不具。然其爲體，則一而已矣，未始有物以雜之也。是以無聲無臭，無思無爲，而一元之氣，春秋冬夏，晝夜昏明，百千萬年未嘗有一息之繆。天下之物，洪纖巨細，飛潛動植，亦莫不各得其性命之正以生，而未嘗有一毫之差。此天理之所以爲實而不妄者也。若夫人物之生，性命之正，固亦莫非天理之實，但以氣質之偏，口鼻耳目四支之好得以蔽之，而私欲生焉。是以當其惻隱之發，而忮害雜之，則所以爲仁者有不實矣；當其羞惡之發，而貪昧雜之，則所以爲義者有不實矣。此常人之心，所以雖欲勉於爲善，而内外隱顯，常不免於二致，其甚至於詐僞欺罔，而卒墮於小人之歸，則以其二者雜之故也。唯聖人氣質清純，渾然天理，初無人欲之私以病之。是以仁則表裏皆仁，而無一毫之不仁；義則表裏皆義，而無一毫之不義。其爲德也，固舉天下之善，而無一事之或遺；而其爲善也，又極天下之實，而無一毫之不滿。此其所以不勉、不思，從容中道，而動容周旋莫不中禮也。曰：然則常人未免於私欲，無以實其德者，奈何？曰：聖人固已言之，亦曰擇善而固執之耳。夫於天下之事，皆有以知其如是爲善而不能不爲，知其如是爲惡而不能不去，則爲善、去惡之心固已篤矣。於是而又加以固執之功。雖其不睹、不聞之間，亦必戒慎恐懼，而不敢懈，則凡所謂私欲者，出而無所施於外，入而無所藏於中，自將消磨泯滅，不得以爲吾之病，而吾之德又何患於不實哉？是則所謂誠之者也。曰：然則《大學》論小人之陰惡、陽善，而以誠於中者目之，何也？曰：若是者，自其天理之大體觀之，則其爲善也誠虚矣。自其人欲之私分觀之，則其爲惡也何實如之，而安得不謂之誠哉！但非天理真實無妄之本然，則其誠也適所以虛其本然之善，而反爲不誠耳。

又曰：諸說周子至矣。其上章以天道言，其下章以人道言。愚於《通書》之說，亦既略言之矣。程子無妄之云至矣，其他說亦各有所發明，讀者深玩而默識焉，則諸家之是非得失，不能出乎此矣。

曰：學、問、思、辨，亦有序乎？ 曰：學之博，然後有以備事物之理，故能參伍之，以得所疑而有問。問之審，然後有以盡師友之情，故能反復之，以發其端而可思。思之謹，則精而不雜，故能有所自得，而可以施其辨。辨之明，則斷而不差，故能無所疑惑，而可以見於行。行之篤，則凡所學問思辨而得之者，又皆必踐其實，而不爲空言矣，此五者之序也。

曰：呂氏之說之詳，不亦善乎？ 曰：呂氏之說最爲詳實。然深考之，則亦未免乎有病。蓋君子之於天下，必欲無一理之不通，無一事之不能，故不可以不學，而其學不可以不博。及其積累而貫通焉，然後有以深造乎約，而一以貫之。非其博學之初已有造約之心，而姑從事於博，以爲之地也。至於學而不能無疑，則不可以不問，而其問也，或粗略而不審，則其疑不能盡決，而與不問無以異矣，故其問之不可以不審。或曰：成心亡而後可進，則是疑之說也，非疑而問，問而審之說也。學也，問也，得於外者也。若專恃此而反之心以驗其實，則察之不精，信之不篤，而守之不固矣。故必思索以精之，然後心與理孰，而彼此爲一。然使其思也，或大多而不專，則亦泛濫而無益，或大深而不止，則又過苦而有傷，皆非思之善也。故其思也，又必貴於能慎，非獨爲反之於身，知其爲何事、何物而已也。其餘則皆得之，而所論變化氣質者，尤有功也。曰：何以言誠爲此篇之樞紐也？曰：誠者，實而已矣。天命云者，實理之原也。性其在物之實體，道其當然之實用。而教也者，又因其體用之實而品節之也。不可離者，此理之實也。隱之見，微之顯，實之存亡而不可揜者也。戒慎恐懼，而慎其獨焉，所以實乎此理之實也。中和云者，所以狀此實理之體用也。天地位，萬物育，則所以極此實理之功效也。中庸云者，實理之適可而平常者也。過與不及，不見實理而妄行者也。費而隱者，言實理之用廣而體微也。鳶飛魚躍，流動充滿，夫豈無實而有是哉？「不遠人」以下，至於大舜、文、武、周公之事，孔子之言，皆實理應用之當然。而鬼神之不可揜，則又其發見之所以然也。聖人於此，固以其無一毫之不實，而至於如此之盛。其示人，人也亦欲其必以其實而無一毫之僞也。蓋自然而實者，天也，必期於實者，人而天也。誠明以下，累章之意，皆所以反覆乎此。而其所以至於正大經而立大本，參天地而贊化育，則亦真實無妄之極功也。卒章「尚絅」之云，又本其務實之初心而言也。内省者，慎獨克己之功。不愧屋漏者，戒慎恐懼，而無己可克之事，皆所以實乎此之序也。時靡有争，變也。百辟刑之，化也。無聲無臭，又極乎天命之性，實理之原而言也。蓋此篇大指，專以發明實理之本然，欲人之實此理而無妄。故其言雖多，而其樞紐不越乎「誠」之一言也。嗚呼，深哉！

北溪陳氏曰：誠與忠信極相近，須有分別。誠是就自然之理上形容此一字。忠信是就人用工夫上説。❶後世説誠都差了。伊川方云無妄之謂誠，晦翁又謂真實無妄之謂誠，尤見分曉。今人動以「至誠」兩字加諸人，只成謙恭敬謹之意，不知誠者乃真實無妄之謂，至誠乃真實極至，無一毫不盡。惟聖人可以當之，如何可容易加諸人？　又曰：天道流行，自古及今，無一毫之妄。暑往則寒來，日往則月來。元亨利貞，終始循環，萬古常然。又如天行一日一夜，一周而又過一度，與日月五星之運行躔度不差。至於萬物之生，一花一葉，文縷相等對，自古至今，無一毫差錯，盡是真實道理。此所謂其物不貳，則生物不測。就人論，❷則實理流行，付予於人，在吾身日用常常流行發見，但人不察耳。如孩提之童，無不知愛親敬兄，無非實理發見，良知良能，不待安排。又如乍見孺子將入井，便有怵惕之心。至行道乞人，飢餓瀕死，而蹴爾嗟來之食，乃不屑就。此皆降衷秉彝，真實道理，自然發見。雖極惡之人，物欲昏蔽，良心之實終不可殄滅，皆天理流行真實處。及就人做工夫處論，則只是慤實不欺之理。全體慤實，固誠也，一言一行之實，亦誠也。　又曰：君子誠之爲貴。誠之者，人之道。此皆就做工夫上論，要得真實無妄。

延平周氏曰：「不勉而中，不思而得，從

❶「工」，通志堂本、四庫本作「功」。

❷「論」，通志堂本作「倫」。

容中道」者，天也，而聖人不以天廢人。擇善而固執之者，人也，而賢人必以人助天。學而有所未能，則問之。問而有所未知，則思之。思而有所未得，則辨之。既辨矣，然後行之。蓋求之於人，而又求之於己者，善學者也。愚之對者知，而不言知；柔之對者剛，而不言剛，何也？蓋言其性，則愚不止乎知，而必至於明也。言其才，則柔不止於剛，而必爲强者也。何以言之？莊周嘗謂使知者求之不得，然後使明者求之。是明對知爲重。皋陶之九德，則强出於剛，是剛對强爲次。

廣安游氏曰：春秋以來，人各以意之所見爲善。自以爲孝而陷於不孝，申生是也。自以爲忠而陷於不忠，荀息是也。自以爲仁，而陷於不仁，宋襄公是也。自以爲義，而害於人倫，於陵仲子是也。自以爲廉，而害於大體，楚子發是也。若此者，各自以其所見爲善。孔子憂之，作《春秋》以明至善之歸，以爲當世之人，其所以陷於不善者，其意皆以善爲之，而不知其義，心非不善，擇之不精，講之不詳，故至於此。故曰「博學之，審問之，謹思之，明辨之，篤行之」。凡此者，皆所以精擇之，以求明乎至善也。人一己百，人十己千，皆所以求至乎至善也。學之、問之、辨之、行之而弗措，凡以善之難明，而易以有毫釐之差也。

范陽張氏曰：欲擇善固執，不由學問思辨篤行中求，所謂善者未必善，而執者非所當執也。學必有疑，疑則必問，問而未喻必思，思之至深必辨，辨之已徹必行，自然之理也。怠慢之心常起於無味，有志之士常弗措於可措，此所以不畏天資之愚，而畏怠墮而自絶者也。苟加學問，昏氣自除，愚者明矣，懦氣自去，柔者强矣。愚懦者尚可進道，况秀艾之士哉！

施氏曰：自然而然謂之天，使然而然謂之人。誠者，得之於天，自然而然者也，故言「天之道」，則以天合天而已。誠之者，成之於人，使然而然者也，故言「人之道」，則以人相天而已。以天合天，則無事於有爲，故「不勉而中，不思而得」，動則合道而已。此人之所以聖也。以人相天，則假脩爲而後至。見善不明，則不足以擇善，用心不剛，則不足以固執之者也。學以窮其理，故欲博；思以精其義，故欲慎。學之博矣，而繼之以審問，則日造其所無，而好其所新矣。此則閱理多矣。思之慎矣，而繼之以明辨，則日減其所有，而損其所成矣。此則見理明矣。然後知其所要，勤而行之，則能有所至，故不可以不篤。篤者，力行而至也。

江陵項氏曰：學所未能，問所未知，思其所以然，辨其所不然，行其所當然。又曰：學之於古，問之於今。思之欲其契於心，辨之欲其合於道，行之則爲我有矣。又曰：學而又問，則取於人者詳；思而又辨，則求於心者精。如是而後可以行矣。

象山陸氏曰：欲脩其身者，先正其心；欲正其心者，先誠其意；欲誠其意者，先致其知。致知在格物。自《大學》言之，固先乎講明矣。自《中庸》言之，學之弗能，問之弗知，思之弗得，辨之弗明，則亦何所行哉？未嘗學問思辨，而曰吾唯篤行而已，是冥行者也。自孟子言之，則事蓋未有無始而有終者。講明之未至，而徒恃其能力行，是猶射者不習於教法之巧，而徒恃其有力，謂吾能至於百步之外，而不計其未嘗中也。故曰：其至，爾力也；其中，非爾力也。講明有所未至，則雖材質之卓異，踐履之純篤，如伊尹之任，伯夷之清，柳下惠之和，不思、不勉，從容而然，可以謂之聖矣，而顧有所不願學。拘儒瞽生，又安可以其硜硜之必爲，而傲知學之士哉？

吴興沈氏曰：性一也，語其無所不在則曰「道」，語其有一而未形則曰「中」，語其真實而明妙則曰「誠」，其歸皆性也。《中庸》之説，其始曰「性」，其中曰「中」，及其終也，又變其目曰「誠」。命名雖有不同，其出於性則一也，特有毫釐之辨耳。夫誠，一也。有即事而誠，當機而會，所謂天之道也。有因學問而復明，人之道也。天之道，舜之大智是也。人之道，顔子之拳拳服膺是也。子思又以誠之者之事，必待夫指入之路，學問思辨與行以下是也。《易》曰「舉而措之」，又曰「禮義有所措」，措之爲言，處其所當安之義也。知夫誠之所在，則得夫博學、審問、謹思、明辨、篤行之力。至於有所措，則至夫誠矣。與從容中道，其歸一揆也。故人一己百，人十己千。果能此道，蓋必然之理。果者，決也，決然能是道者也。

慮氏曰：人之稟性，有利有鈍，故其得道，有易有難。一能之，十能之，此其性之利者也。性之鈍者，勿苦其難而自棄也。他人一能之，己當百以及之，他人十能之，己當千以及之。蓋騏驥一日千里，駑馬十駕亦將千里也。「果能此道矣，雖愚必明，雖柔必强」，所謂「或生而知之，或學而知之，或困而知之。及其知之，一也。或安而行之，或利而行之，或勉强而行之，及其成功，一也」。

雲川倪氏曰：天性昏愚，求變而爲賢明，非百倍其功，不足以致之。然必立志之堅，然後可。

晏氏曰：非見善明者不能擇善，非用心剛者不能固執，唯賢者然後能，此顔淵「擇乎中庸，得一善則拳拳服膺，而弗失之」是也。博學者，學之廣，欲其强記；審問者，問之詳，欲其多聞，所以外資諸人也。慎思者，精思其意旨；明辨者，別白其是非，所以内資諸己也。資諸人者，既致其廣大；資諸己者，又盡其精微。然後繼之以篤行之，則非苟知之，亦允蹈之也。《易》曰「學以聚之，問以辨之」，而終於「仁以行之」。楊子曰：「學以治之，思以精之」，而卒於「不倦以終之」。與此同意。

蔡氏曰：不勉而中，不思而得，先言仁，後言智。擇善而固執之，先言智，後言仁。亦可見聖人君子之德而不亂。又曰：雖愚必明，求智之事也；雖柔必强，求仁之事也。

自誠明謂之性，自明誠謂之教。誠則明矣，明則誠矣。

鄭氏曰：自，由也。由至誠而有明德，是聖人之性者也。由明德而有至誠，是賢人學以成之也。❶ 有至誠，則必有明德；有明德，則必有至誠。

孔氏曰：此一經顯天性至誠，或學而能，

❶「成」，通志堂本、四庫本作「誠」。

兩者雖異，功用則相通。

河南程氏曰：自其外者學之，而得於内者，謂之明。自其内者得之，而兼於外者，謂之誠。誠與明一也。伊川　又曰：君子之學，必先明諸心。知所往，❶然後力行以求至，所謂自明而誠也。故學必盡其心，盡其心則知其性，知其性則反而誠之，聖人也。伊川　又曰：孔子之道，發而爲行。如《鄉黨》之所載者，自誠而明也。由《鄉黨》之所載而學之，以至於孔子者，自明而誠也。及其至焉，一也。伊川　問：横渠言「由明以至誠，由誠以至明」，此言恐過當。曰：「由明以至誠」，此句却是。「由誠以至明」，則不然。誠，即明也。

横渠張氏曰：自誠明者，先盡性，以至于窮理也。謂先自性理會來，以至于理。自明誠者，先窮理以至于盡性也。謂先從學問理會，以推達於天性也。

藍田吕氏曰：自誠明，性之者也。自明誠，反之者也。性之者，自成德而言，聖人之所性也。反之者，自志學而言，聖人之教也。　一本云：謂之性者，生之所固有以得之。謂之教者，由學以復之。成德者，至于實然不易之地，理義皆由此出也。天下之理，如目睹耳聞，不慮而知，不言而喻，此之謂「誠則明」。志學者，致知以窮天下之理，則天下之理皆得。卒亦至於實然不易之地，至簡至易，行其所無事，此之謂「明則誠」。

建安游氏曰：「自誠明」，由中出也，故可名於性。「自明誠」，自外入也，故可名於

❶「往」，原作「養」，今據通志堂本、四庫本改。

教。誠者因性，故無不明。明者致曲，故能有誠。學不可以已，加之誠意而已。其誠不息，則雖愚必明，況其本智乎？雖柔必强，况其本剛乎？及其成功，一也。豈不信哉！

延平楊氏曰：自誠而明，天之道也，故謂之性。自明而誠，人之道也，故謂之教。天人一道，而心之所至有差焉，其歸則無二致也。故曰「誠則明矣，明則誠矣」。

新安朱氏曰：此第二十一章，子思承上章夫子天道、人道之意而立言也。自此以下十二章，❶皆子思之言，以反覆推明此章之意。　程子諸説皆學者所傳録。其以内外道行爲誠明，似不親切。唯「先明諸心」一條，以知語明，以行語誠，爲得其訓。乃《顔子好學論》中語，而夫子之手筆也。亦可以見彼記録者之不能無失矣。張子蓋以性、教分爲學之兩塗，而不以論聖賢之品第，故有由誠至明之語。程子之辨雖已得之，然未究其立言本意之所以失也。其曰「誠即明也」，恐亦不能無誤。吕氏性、教二字得之，而於誠字以「至簡至易，行其所無事」爲説，則似未得其本旨也。且於性、教，皆以「至於實然不易之地」爲言，則至於云者，非所以言性之之事，而不易云者，亦非所以申實然之説也。然其過於游、楊則遠矣。

兼山郭氏曰：「自誠明謂之性」，由性以誠也。「自明誠謂之教」，由教以誠也。本乎性，故有生知。由乎教，故非學則不得也。率性之謂道，自誠而言之也。不

---

❶「而立言也自此以下」，原脱，今據通志堂本、四庫本補。

明乎善，不誠乎身，自明而言之也。明之與誠，及其成功，一也。

涑水司馬氏曰：率由誠心，而智識自明，此天授聖人之性也。由智識之明求知道者，❶莫若至誠。故誠心爲善，此賢者脩聖人之教也。所禀賦於天有殊，然苟能盡其誠心，則智識無不明矣。

高要譚氏曰：夫唯已極其至，無所用力，故六通四闢，無所不知，故曰「自誠明謂之性」。「謂之性」云者，指性示人，使人知所至之處也。夫唯未極其至，須先用力，致知格物，始見本性，故曰「自明誠謂之教」。「謂之教」云者，用此立教，使人知脩習之方也。自誠而明者，性合天道，自然開廓明達，如人安居本舍，坐觀庶事，故曰「誠則明矣」。自明而誠者，先明乎善，然後反身而誠，如人出外復歸，先須辨認本舍，然後入而居之，故曰「明則誠矣」。謂之性者，聖人之事。謂之教者，學以成聖之事。唯能自明而誠，即能自誠而明矣，此相終始之説也。

新定顧氏曰：體乎天理，❷無一毫之僞，誠之謂也。知乎天理，無一毫之蔽，明之謂也。由誠而明，資禀至粹，人僞不萌，則於天下之事理，自無不知。此聖人之事，出乎天理之本然者也。堯舜性之，此之謂也。由明而誠，講學既精，灼見此理，私欲克除，復乎天理之真。此賢人之事，出乎教習之使然者也。湯、武反之，蓋其人也。誠則明矣，譬如太虚，纖翳不生，萬象呈露。明則誠矣，晨光既升，陰

❶「求知」，原作「知求」，今據通志堂本、四庫本改。
❷「體」上，通志堂本、四庫本有「所謂」二字。

邪屏息，太虚湛然。

蔡氏曰：言性、教之道雖異，而本末一貫也。誠明，謂無息而仁智自著；明誠，謂由智仁而造無息。下言聖人君子之德者，即此義而推衍之也。　又曰：自「哀公問政」至「明則誠矣」，蓋夫子之言，而子思述之。上以結脩道與教與達德、達道之事，下以起聖人君子天人之道，而備論之也。

禮記集説卷第一百三十二

禮記集説卷第一百三十三

唯天下至誠，爲能盡其性。能盡其性，則能盡人之性。能盡人之性，則能盡物之性。能盡物之性，則可以贊天地之化育。可以贊天地之化育，則可以與天地參矣。

鄭氏曰：贊，助也。育，生也。

孔氏曰：此明天性至誠，聖人之道也。

河南程氏曰：盡己爲忠，盡物爲信。極言之，則盡己者，盡己之性也；盡物者，盡物之性也。信者，無僞而已。於天性有所損益，則爲僞矣。《易·無妄》曰「天下雷行，物與無妄」，動以天理故也。又曰：「贊天地之化育」，自人而言之。從「盡其性」至「盡物之性」，然後「可以贊天地之化育」，「可以與天地參矣」。言人盡性，所造如是。若只是至誠，更不須論。所謂「人者，天地之心」及「天聰明自我民聰明」，止謂只是一理，而天人所爲，各自有分。又曰：至誠可以贊化育者，可以回造化。明道 又曰：至誠可以贊天地之化育，則可以與天地參。贊者，參贊之義，「先天而天弗違，後天而奉天時」之謂也，非謂贊助。只有一箇誠，何助之有？明道 又曰：心具天德，心有不盡處，便是天德處未能盡，何緣知性、知天？盡己心，則盡人、盡物，與天地參，贊化育。贊則直養之而已。又曰：凡言充塞云者，却似箇有規摹底體面，將這氣充實之。然此只是指而示之近耳。氣則只是氣，更説甚充塞？如化育則只是化育，更説甚贊？贊與充塞，又早却是

别一件事也。伊川

横渠張氏曰：二程解窮理盡性以至於命，❶只窮理便是至於命，亦是失於大快。此義儘有次序，須是窮理，便能盡得己之性。即盡得己之性，則推類又盡人之性。既盡得人之性，須是并萬物之性一齊盡得。如此然後至於天道也。其間煞有事，豈有當下理會了？學者須是窮理爲先，如此則方有學。今言知命與至於命，儘有近遠，豈可以知便謂之至也？　又曰：性者，萬物之一源，非有我之得私也。唯大人爲能盡其道。是故立必俱立，知必周知，愛必兼愛，成不獨成，彼自蔽塞而不知順吾理者，則亦末如之何矣。　又曰：大其心，則能體天下之物。物有未體，則心爲有外。世人之心，止於見聞之狹。聖人之盡性，不以見聞梏其心，其視天下，無一物非我。《孟子》謂盡心則知性、知天以此。天大無外，故有外之心，不足以合天心。　又曰：幽贊天地之道，非聖人而能哉。詩人謂「后稷之穡，有相之道」，贊化育之一端與？

藍田吕氏曰：至於實理之極，則吾生之所固有者，不越乎是。吾生所有既一於理，則理之所有皆吾性也。人受天地之中，其生也具有天地之德。柔强昏明之質雖異，其心之所然者皆同，特蔽有淺深，故别而爲昏明；稟有多寡，故分而爲强柔。至於理之所同然，雖聖愚有所不異。盡己之性，則天下之性皆然，故能盡人之性。蔽有淺深，故爲昏明；蔽有開塞，故爲人物。稟有多寡，故爲强柔；稟

❶「盡」，原作「窮」，今據通志堂本、四庫本改。

有偏正，故爲人物。故物之性與人異者幾希。唯塞而不開，故知不若人之明；偏而不正，故才不若人之美。然人有近物之性者，物有近人之性者，亦係乎此。於人之性，開塞偏正，無所不盡，則物之性未有不能盡也。己也、人也、物也，莫不盡其性，則天地之化幾矣。故行其所無事，順以養之而已，是所謂「贊天地之化育」者也。如堯「命羲和，欽若昊天」，至于民之析因夷隩，鳥獸之孳尾希革，毛毨氄毛，無不與知，則所贊可知矣。天地之化育猶有所不及，必人贊之而後備，則天地非人不立。故人與天地並立爲三才，此之謂「與天地參」。

建安游氏曰：「萬物皆備於我，反身而誠，樂莫大焉」，故唯天下至誠爲能盡其性。千萬人之性，一己之性是也，故能盡其性，則能盡人之性。萬物之性，一人之性是也，故能盡人之性，則能盡物之性。同焉皆得者，各安其常，則盡人之性也。羣然皆生者，各得其理，則盡物之性也。至於盡物之性，則和氣充塞，故可以贊天地之化育。夫如是，則天覆地載，教化各任其職，而成位乎其中矣。

延平楊氏曰：性者，萬物之一原也。非夫體天德者，其孰能盡之？能盡其性，則人物之性斯盡矣。言有漸次也。贊化育，參天地，皆其分内耳。又曰：《孟子》曰：「萬物皆備於我，反身而誠，樂莫大焉。」知萬物皆備於我，則數雖多，反而求之於吾身可也。故曰「盡己之性，則能盡人之性；盡人之性，則能盡物之性」，以己與人物性無二故也。

河東侯氏曰：或問：天下將亂，何故賢者

便生得不豐厚？曰：氣之所鐘便如此。曰：有變化之道乎？曰：在君相斡旋之力爾。若舉賢任能，使政事治而百姓和，則天地之氣和而復淳厚，此天下所以有資於聖賢，有賴於君相也。子思曰「贊天地之化育」，正謂是耳。若曰治亂自有數而任之，則何賴於聖賢哉？子思所以言「贊化育」也。《書》亦曰「祈天永命」，如此而已。

新安朱氏曰：此第二十二章，言天道也。「天下至誠」，謂聖人之德之實，天下莫能加也。「盡其性」者，德無不實，故無人欲之私，而天命之在我者，察之由之，巨細精粗，無毫髮之不盡也。人物之性，亦我之性，但以所賦形氣不同而有異耳。能盡之者，謂知之無不明，而處之無不當也。贊，猶助也。「與天地參」，謂與天地並立爲三也。此自誠而明者之事也。

或問：至誠盡性諸説如何？曰：程子以盡己之忠，盡物之信，爲盡其性。蓋因其事而極言之，非正解此文之意。今不得而録也。其論「贊天地之化育」，而曰「不可以贊助言」，論「窮理盡性，以至於命」，而曰「只窮理便是至於命」，則亦若有可疑者。蓋嘗竊論之。天下之理，未嘗不一，而語其分，則未嘗不殊，此自然之勢也。蓋人生天地之間，稟天地之氣，其體即天地之體，其心即天地之心。以理而言，是豈有二物哉？故凡天下之事，雖若人之所爲，而其所以爲之者，莫非天地之所爲也。又况聖人純於義理，而無人欲之私，則其所以代天而理物者，乃以天地之心而贊天地之化，尤不見其有彼此之間也。若以其分言之，則天之所爲，固非人之所及，而人之所爲，又有天地之所不及者，其事固不同也。但分殊之狀，人莫不知，而理一之致，多或未察。故程子之言，發明理一之意多，而及於分殊者少。蓋抑揚之勢，不得不然。然亦不無小失其平矣。唯其所謂止是一理，而天人所爲，各自有分，乃爲全備而不偏，而讀者亦莫之省也。至於窮理至命、盡人、盡物之説，則程、張之論雖有不同，然亦以此而推之，則其説初亦未嘗甚異也。蓋以理言之，則精粗本末，初無二致，固不容有漸次，當如程子之論。若以其事而言，則其親疏、近遠、深淺、先後，又不容於無別，當如張子之言也。吕、游、揚説皆善，❶而吕尤確實。楊氏「萬物皆備」云者，又前章格物誠身之意。然於此論之，則反求於身，又有所不足言也，胥失之矣。

涑水司馬氏曰：人皆有仁義禮智之性，惟聖人能以至誠充之。如能盡其性，然後脩其道以教人，使人人皆盡仁義禮智之性，如此則其道光被四表，格于上下，陰陽和，風雨時，鳥獸蕃滋，草木暢茂，取之有時，用之有節，萬物莫不遂其性，豈非可以贊天地之化育，而功德參於天地哉！《易》曰「后以裁成天地之道，輔相天地之宜，以左右民」，此之謂也。

嵩山晁氏曰：人物之性與天地之化育，皆吾性之誠也。天地之性不可見，而見之於化育也。然此非次第而言之也。猶曰能盡其性，則能盡人之性，則能盡物之性，則能贊天地之化育，而與天地參也。

❶「揚」，通志堂本、四庫本作「楊」。

其所言之若彼者，何也？以其理相因，非心知其意者，莫之能喻也。物性之麤，非後於人之性而得之者也。

廣安游氏曰：盡，猶極也。言極乎其性之理，而得其性之正也。盡者，生於有者也。《孟子》曰：「有諸己之謂信」，下文又云「不誠無物」，夫無得於中，未有自信者也。夫是物也，惟其有之，故信其物之有，是不誠、不信，則無是物也。惟至誠能有其信，故能盡其性。耳、目、鼻、口，與物相汩，則不知夫性之所在。不知夫性之所在，何所盡之哉？惟天下至誠爲能以仁、智、勇治其心，心治而喜怒哀樂得其正，而性之全體可得而盡矣。盡性之理而得其正，聖人能事畢矣。非特己也，惟人亦然。非特人也，惟物亦然。非特物也，天地亦然。己也，人也，物也，天地也，其性之理則一而已。

長樂陳氏曰：天下一性耳，能盡己性，則必能盡人之性，而物之性亦可自此推之。故能盡人之性，亦能盡物之理。但所以盡者，有次第也。不先盡己之性，於人、物何有哉？天地之化育，不過及夫人、物而已，能贊天地之化育，自然與天地參也。

晏氏曰：所謂盡性者，充足其四端之善，彌滿於一性之中，而無餘蘊也。非天下至誠，不能臻此。

海陵胡氏曰：性者，五常之性，聖人得天之全性，衆人則稟賦有厚薄。聖人盡己之性以觀人之性，然後施五常之教以教人，使仁者盡其所以爲仁，義者盡其所以爲義。至於禮、知、信皆然，則天下之人，莫不盡其性。物，萬物也。萬物之性雖異於人，然生育之道，愛子之心，至深至切，與人不殊。故聖人將盡物之性，設爲制度，定爲禁令，不使失其生育。如獺祭魚，然後漁人入澤梁，豺祭獸，然後田獵。交於萬物有道，故物無不盡其性。物既盡性，則可以贊助天地化育之功。天地以化育爲功，聖人以生成爲德，可以輔相天地之宜，贊助天地之化育，其功與天地參美矣。

高要譚氏曰：何謂「至誠」？極實理之至云爾。實理在我已極其至，即能盡一己之性矣。一性之初，聖人、衆人所得均也。然衆人後知、後覺，必待先知、先覺者爲之開明，然後能復其初。聖人既盡在我之性，此所以能盡人之性也。一人之身，物理皆備。聖人既能盡人之性，則推以及物，故能使草木、昆蟲皆遂其生，鳥獸魚鼈罔不咸若，此所以能盡物之性也。《詩》云「立我烝民，莫匪爾極」，此盡人之性也。《詩》曰「王在靈囿，麀鹿攸伏。王在靈沼，於牣魚躍」，此盡物之性也。人者天地所生，物亦天地所生。天地生之，聖人成之，天地化育之道，待聖人而後備，此則贊之義也。人之爲號，本與天地並稱。唯其在己者有所未盡，不能推之於人、物，無補造化，故與天地不相似。聖人盡己之性，而進乎贊化育之功，則是上下與天地同流，此則參之義也。或曰：聖人在下，道不得行。盡己固可，亦安能盡人、盡物，贊化育，與天地參乎？曰：聖人有德有位，其道行乎天下。聖人有德無位，其道明乎天下。功用皆同，無二事也。

新定錢氏曰：洞徹底蘊，略無纖毫欠闕，

非謂有加於其所固有也。譬之日月，而或蝕焉，有一分之未復，即有一分之未盡。復之如故，全體全明，所謂能盡如斯而已。賢者覺其本性，雖已明徹，然未到知天命，未到從心所欲不踰矩之地，猶是未可謂之能盡也，必聖人而後可也。

霅川倪氏曰：或曰：人之性一，故盡己之性，則能盡人之性。若萬物之性與人不同，而曰「能盡人之性，則能盡物之性」，何也？曰：物之性固不可與人之性同，然其好生惡死，一也。是以聖人生之不傷，使之各各遂其性，故可以贊天地化育也。此曰盡性。《孟子》乃曰「盡其心者，知其性」，何也？孟子推原子思之義，又本之於心也。然盡心而合於天理，去其私心，則可以盡性矣。

四明袁氏曰：❶贊化育，參天地，說者以爲盡性之功用。殊不知盡天命之性，則化育已行乎其中，非別有所謂贊化育之事也。天地不出吾性分之內，非別有所謂參天地之妙也，一誠而已矣。「惟天下至誠」章內。

其次致曲，曲能有誠，誠則形，形則著，著則明，明則動，動則變，變則化。唯天下至誠爲能化。

鄭氏曰：「其次」，謂「自明誠」者也。致，至也。曲，猶小小之事也。形謂人見其功也。著，形之大者也。明，著之顯者也。動，動人心也。變，改惡爲善也。變之久，則化而性善也。

孔氏曰：此一經明賢人習學而致至誠。

❶「四明袁氏」一段，原補在「卷第一百三十三」之後，今據提示移至此。

河南程氏曰：「其次致曲」者，學而後知之也，而其成也，與生而知之者不異焉。故君子莫大於學，莫害於畫，莫病於自足，莫罪於自棄。學而不止，此湯武所以聖也。伊川又曰：「致曲」者，就其曲而致之也。伊川又曰：人自提孩，❶聖人之質已完。只先於偏勝處發，或仁或義，或孝或弟。去氣偏處發是致曲，去性上脩便是直養。然同歸于誠。又曰：自明而誠，雖多由致曲，然亦自有大體中便誠者，雖亦是自明而誠，謂之致曲則不可。明道又曰：曲，偏曲之謂，非大道也。就一事中用志不分，亦能有誠，如養由基射之類是也。「誠則形」，誠後便有物。如參前倚衡，「如有所立卓爾」是也。「形則著」，又著見也。「著則明」，是有光輝之時也。「明則動」，誠能動人也。君子所過者化，豈非動乎？或曰：變如物方變而未化，化則更無舊跡，自然之謂也。莊子言變大於化，非也。伊川

橫渠張氏曰：致曲不貳，則德有定體。體象誠定，則文節著見。一曲致文，則餘善兼照。明能兼照，則必將徙義。誠能徙義，則德自通變。能通其變，則圓神無滯。

藍田吕氏曰：至誠者，與天地參則無間矣。致曲者，人之禀受存焉，未能與天地相似者也。人具有天地之德，自當致乎中和。然禀受之殊，雖聖賢不能免乎偏曲，清者偏於清，和者偏於和，皆以所偏爲之道，不自知其偏。如致力於所偏，用心不貳，亦能即所偏而成德。故致力於

❶「提孩」，通志堂本、四庫本作「孩提」。

所偏，則致曲者也。用心不二，則曲能有成者也。❶能即所偏而成德，如伯夷致清爲聖人之清，柳下惠致和爲聖人之和，此「誠則形」者也。德有定體，則隨其所就文節著明，故曰「形則著」。一曲之德，致文成章，則無以加矣。無以加，則必能知類通達，餘善兼照，曲之果爲曲也，故曰「著則明」。幾者，動之微也。知至而不能至之，則不可與幾矣。故知至則舍其曲而趨其至，未有不動而徙義者也，故曰「明則動」。君子豹變，其文蔚也。大人虎變，其文炳也。有心乎動，動而不息，雖文有小大之差，然未有不變者也，故曰「動則變」。變者復之初，復於故，則一於理，圓神無滯，不知其所以然，與至誠者同之，故曰「變則化，惟天下至誠爲能化」。又曰：變者如病始愈，以愈爲樂；如迷始悟，以悟爲得。及其久，則愈者安然無憂，不知所以爲樂。悟者沛然自如，不知所以爲得。故能純一不雜，❷混混一體，無形色可求，無物我可對，然後可以謂之化。

建安游氏曰：誠者，不思不勉，直心而徑行也。其次則臨言而必思，不敢縱言也。臨行而必擇，不敢徑行也。故曰「致曲」，曲折而反諸心也。擬議之間，鄙詐不萌，而忠信立矣，故「曲能有誠」。有諸中必形諸外，故「誠則形」。形於身，必著於物，故「形則著」。誠至於著，則内外洞徹，清明在躬，故「著則明」。明則有以動衆，故「明則動」。動則有以易俗，故「動

❶「成」，通志堂本、四庫本作「誠」。

❷「故」上，原有一空格，今據通志堂本、四庫本删。

則變」。變則革汙以爲清，革暴以爲良。然猶有迹也，化則其迹泯矣，日用飲食而已。至於化，則神之所爲也，非天下之至誠，孰能與於此？

延平楊氏曰：能盡其性者，誠也。其次致曲者，誠之也。學問思辨而篤行之，致曲也。用志不分，故能有誠。誠於中，形於外，參前倚衡，不可揜也，故形。形則有物，故著。著則輝光發於外，故明。明則誠矣，未有誠而不動，動而不變也。鳴鶴在陰，其子和之，非動乎？曲能有誠，誠在一曲也。明則誠矣，無物不誠也。至於化，則非學、問、思、辨、篤行之所及也，故「唯天下至誠爲能化」。

新安朱氏曰：此第二十三章，言人道也。其次通大賢以下凡誠有未至者而言也。致，推致也。曲，一偏也。形者，積中而發外，著則又加顯矣，明則又有光輝發越之盛也。動者誠能動物，變者物從而變，化則有不知其所以然者。蓋人之性無不同，而氣則有異，故唯聖人能舉其性之全體而盡之。其次則必自其善端發見之偏，而悉推致之，以各造其極也。曲無不致，則德無不實，而形著動變之功自不能已。積而至於能化，則其至誠之妙，亦不異於聖人矣。　或問「致曲」之説。曰：人性雖同，而氣禀或異。自其性而言之，則人自孩提，聖人之質悉已完具。以其氣言之，則唯聖人爲能舉其全體，而無所不盡。上章所言「至誠」、「盡性」是也。若其次，則善端所發，隨其所禀之厚薄，或仁或義，或孝或弟，而不能同矣。自非各因其發見之偏，一一推之，以至乎其極，使其薄者厚而異者同，則不能有以貫通乎全體，而復其初。即此章所謂「致曲」，而孟子所以擴充其四端者是也。程子之言大意如此。但其所論不詳，且以由基之射爲説，故有疑於專務推致其氣質之所偏厚，而無隨事用力悉有衆善之意。又以形爲參前倚衡，所立卓爾之意，則亦若以爲己之所自見，而無與於人也。豈其記者之略而失之與？至於明動變化之説，則亦無以易矣。若張子之説，以明爲兼照，動爲徙義，變爲通變，化爲無滯，則皆以其進乎内者言之，失其指矣。蓋進德之序，由中達外，乃理之自然。如上章之説，亦自己而人，自人而物，各有次序，不應專於内而遺其外也。且夫進乎内之節目，亦安得如是之繁促哉？游氏説亦得之，但説「致曲」二字不同，非本意耳。楊氏既以輝光發外爲明矣，而又引「明則誠矣」，則似以「明」爲「通明」之「明」。既以鶴鳴子和爲動矣，而又曰化非學問篤行所及，則似以「化」爲「大而化之」之「化」。此其上下之意不相承續，且於明動之間，本文之外，别生無物不誠一節，以就至誠動物之意，尤不可曉。今故不能盡録，然亦不可不辨也。

新定顧氏曰：上章言「自誠而明」之事，此章言「自明而誠」之事也。自明而誠，學者之事也。較之自誠而明，則抑其次矣。曲之爲言，與直對立。至誠之道，自性而推之則爲直致，自學而反之則爲致曲。《易》曰「反復其道」，子曰「克己復禮爲仁」，孟子曰「湯武反之也」，皆致曲之謂也。「曲能有誠」，即前章所謂「及其知之一也」、「及其成功一也」。唯天下至誠爲能化，推言化之本於至誠也。上章發端言「唯天下至誠爲能盡其性」，推其極至於「與天地參」。此章發端言「其次致曲，曲能有誠」，推其極至於「變則化」。子思子懼人以此二章所言爲有優劣也，欲示人以其所同，則斷之曰「唯天下至誠爲能化」。夫前後二章，發明功用，若有不同，而「唯天下至誠」一辭，則無不同。夫苟均之曰「唯天下至誠」也，則其功用又安可以二觀哉？

兼山郭氏曰：「致曲」者，曲盡之也。「曲能有誠」，由力使之然也。至於「誠則形」，以至「變則化」，馴致其道，而終於誠則無異也。

盧氏曰：自内以達外者，誠之所以成己；由淺以至深者，誠之所以成物。蓋君子之道，出乎身者固有其序，入於人者亦有其漸也。「誠則形，形則著，著則明」，所謂自内以達外也。「明則動，動則變，變則化」，所謂由淺以至深也。君子之誠存於心者至矣，及其發於外也，有不可揜焉。形則形於身，著則著於行，明則明於天下。睟然見於面，盎於背，施於四體，所謂形也。愛敬之道著而爲仁義，中和之德著而爲禮樂，所謂著也。非特人知之，鬼神其知之矣；非特鬼神知之，天其知之矣：所謂明也。君子之成已如此，❶庸非自内以達外乎？唯其誠之已至於明，則所積者厚矣。及其推之以成物，始則有以感動乎衆心，中則有以變易其舊習，終則有以化成其德性。如風之震蕩鼓舞，所謂動也；如春之枯榮甲拆，所謂變也；如夏之長養成遂，所謂化也。君

❶「成」，通志堂本、四庫本作「誠」。

子之成物如此，庸非由淺以至深乎？文王若日月之照臨，光于四方，顯于西土，所謂「誠則形，形則著，著則明」，此可見矣。由德廣所及以至於道化之行，由無犯非禮以至於猶惡無禮，故序《詩》者亦言「風以動之，教以化之」，所謂「明則動，動則變，變則化」，此可見矣。然文王生知之聖人也，自誠者也，此之所言，致曲之賢人也，思誠者也。由賢以至於聖，自人而入於天，蓋亦同歸一揆而已矣。故《中庸》言此，必終之曰「唯天下至誠爲能化」。蓋以曲能有誠者，可與天下至誠者爲一體也。

温陵陳氏曰：或以曲爲小善，已非矣，又以爲偏曲之曲。道何嘗有偏？偏則非道矣。曲如楊雄所謂「途雖曲而通諸夏，川雖曲而通諸海」。入道之門户，固應曲致也。如孔門或以愚，或以勇，或以魯，或以達而入道，所謂委蛇致曲而入乎道也。致，如「學以致其道」之「致」，小德川流，亦是致曲之意。

高要譚氏曰：致曲之爲言，致其委曲以求本性之實理，非直造徑達之謂也。既非生而知之，直造徑達，容有所未能，當隨才識高下，專心致志，委曲以求之。求得本性，因而誠之，使有諸己，則亦與從初自誠者無以異矣，故曰「曲能有誠」。「能化」云者，言至誠之妙用，所過者化也。語至誠極於能化，則知其所存者有不測之神矣。❶贊化育，與天地參，皆不外是，此所謂「及其成功，一也」。《孟子》言「可欲之謂善，有諸己之謂信」，即此

❶「所」下，通志堂本、四庫本有「謂」字。

「曲能有誠」之説也；「充實之謂美，充實而有光輝之謂大」，即此「誠則形，形則著，著則明」之説也；「大而化之之謂聖，聖而不可知之謂神」，則此「明則動，❶動則變，變則化」之説也。

永康陳氏曰：一室皆闇，必有容明之所。從其容明之處而闢之，此致曲之法也。

嚴陵喻氏曰：至誠之理，自所性而達乎外者，直也；由學問以復乎内者，曲也。

建安真氏曰：前章贊化育，參天地，乃至誠之極功，而其本則盡己之性而已。此聖人所以可學而至也。其次致曲，即學之事。曲，猶「曲禮」之「曲」。蓋聖人生知安行，不待致曲，自能盡性。自大賢以下，則必於纖微委曲而用其功，即前博學、審問、謹思、明辨、篤行之意。顔子之「四勿」，曾子之「三省」，皆致曲之事也。

晉陵錢氏曰：曲，謂行事之委曲，若《曲禮》之類。致力於曲，亦能有誠。「誠則形」，謂有諸内必形於外也。「形則著」，人得而見之也。「著則明」，其德昭明，人不能掩也。「明則動」，人爲不善者不能自安也。「動則變」，人從之也。「變則化」，化民成俗，不知其所以然也。

至誠之道，可以前知。國家將興，必有禎祥。國家將亡，必有妖孽。見乎蓍龜，動乎四體，禍福將至，善必先知之，不善必先知之，故至誠如神。

鄭氏曰：「可以前知」者，言天不欺至誠者也。前，亦先也。四體，謂龜之四足。春占後左，夏占前左，秋占前右，冬占後右。

❶「則」，通志堂本、四庫本作「即」。

孔氏曰：此言身有至誠，可以豫前知事。❶禎祥，吉之萌兆。本有今異曰禎。國本有雀，今赤雀來是也。本無今有曰祥，國本無鳳，今有鳳來是也。言家國之將興，❷必嘉善慶祥也。妖孽，謂凶惡之萌兆。妖，傷也，傷甚曰孽。《左傳》云「地反物爲妖」，《説文》云：「衣服、歌謡、草木之怪爲妖，禽獸、蟲蝗之怪爲孽。」「見乎蓍龜」，卦兆動於龜之四體也。善謂祥，不善謂禍。至誠之道，豫知前事，如神之微妙，故云「至誠如神」。

河南程氏曰：人固可以前知。然其理須是用則知，不用則不知。知不如不知之愈。蓋用便近二，所以釋子謂又不是野狐精也。又曰：蜀山人不起念十年，便能前知。

藍田吕氏曰：誠一於理，無所間雜，則天地人物，古今後世，融徹洞達，一體而已。興亡之兆，猶心之有思慮，如有萌焉，無不前知。蓋有方所，則有彼此、先後之别。既無方所，彼則我也，先即後也，未嘗分别隔礙，自然達乎神明。非特前知而已。一本云：「至誠與天地同德。」與天地同德，則其氣化運行，與天地同流矣。興亡之兆，禍福之來，感於吾心，動於吾氣，如有萌焉，無不前知。况乎誠心之至，求乎蓍龜而蓍龜告，察乎四體而四體應，所謂「莫見乎隱，莫顯乎微」者也。此至誠所以達神明而無間，故曰「至誠如神」。「動乎四體」，如《傳》所謂「威儀之則以定命」者也。

---

❶「前知」，通志堂本、四庫本作「知前」。
❷「家國」，通志堂本、四庫本作「國家」。

建安游氏曰：至誠之道，精一無間。心合於氣，氣合於神。無聲無臭，而天地之間，物莫得以遁其形矣，不既神矣乎？此非人所能測也。至於前知之實，則近考諸身，遠驗諸物，大有以知國家之興亡，小有以知一身之禍福，此人之所同見也，故「至誠如神」。「如神」云者，因人所言見之也。

延平楊氏曰：誠即神也。上下與天地同流，則兆乎天地之間者，庸有不知乎？以上言「見乎蓍龜，動乎四體」，則善不善已形焉，故曰如神而已。　又曰：君子一於誠而已，唯至誠爲可以前知。故不逆詐，不億，不信，而常先覺也。抑亦以是爲賢乎？若夫不逆，不億，而卒爲小人所欺焉，斯亦不足觀也已。

河東侯氏曰：至誠之道，學者須是心明意得，然後可以知之。如「國家將興，必有禎祥；國家將亡，必有妖孽」，可以理得，不可以跡考；可以默識，不可以言窮。今夫四時之代謝，日月之晦明，鬼神之吉凶，皆至神之道也。知其所以然，則國家之興亡，其禎祥，其妖孽，煥然知之矣。一人之心，天地之心；一人之爲，天地之爲；一物之理，天地之理；一身之氣，天地之氣。喜怒哀樂少動於中，則達乎面目，見乎四體。況天地之廣大，國家之盛衰，其有不見乎？故問之蓍龜，而蓍龜動以應；候乎四體，而四體動以知。禍福善惡，各以物至。如高宗之夢，文王之卜，神降於虢，星入於秦，皆其物也，故曰「至誠如神」。神，即誠也，不可以行至疾速言之。

河南尹氏曰：嵩前有董五經，隱者也。

伊川聞其名，謂其亦窮經之士。董平日未嘗出庵。伊川至其舍，語甚欵，亦無大過人者，但久不與物接，心静自明也。尹子問於伊川，伊川曰：「静則自明也。」祁寬問於尹子曰：「豈非《中庸》所謂『至誠之道，可以前知』乎？」尹子曰：「也不必如此説，只是久静自明也。」

新安朱氏曰：此第二十四章，言天道也。禎祥者，福之兆。妖孽者，禍之萌。蓍所以筮，龜所以卜。四體，謂動作威儀之間，如執玉高卑，其容俯仰之類。凡此皆理之先見者也。❶然唯誠之至極，而無一毫私僞留於心目之間者，乃能有以察其幾焉。神，謂鬼神。問「至誠之道可以前知」，先生曰：無私僞，則常虚明。或問「至誠如神」之説，曰：吕氏蓋得之矣。其論「動乎四體」爲威儀之則者，尤爲確實。游氏「心合於氣，氣合於神」之云，非儒者之言也。且心無形而氣有物，若之何而反以是爲妙哉？程子「用便近二」之論，蓋因異教之説，如蜀山人、董五經之徒，亦有能前知者，故就之而論其優劣。非以其不用而不知者爲真可貴，而賢於至誠之前知也。至誠前知，乃因其事理朕兆之已形而得之。如所謂不逆詐、不億、不信而常先覺者，非有術數推驗之煩，意想測度之私也，亦何害其爲一哉？

延平周氏曰：禎祥者，將興之兆朕也。妖孽者，將亡之兆朕也。「見乎蓍龜」，驗之物也。「動乎四體」，驗之己也。禍之將至，福已伏之，而其所以召福之善，必

❶「者」，原缺，今據通志堂本、四庫本補。

先知之。福之將至，禍亦倚之，而其所以召禍之不善，必先知之。故言禍則先於福，而言不善則次於善也。

海陵胡氏曰：此一節言至誠前知之事。由身有至誠，而其性明。性既明，則可以豫知前事。雖未萌未兆，可以逆知國家將興、將亡之理。若進賢退不肖，其政教皆仁義，雖未大興，至誠之人必知其將興也，又天必有禎祥之應。若小人在位，賢人在野，政教廢弛，綱紀紊亂，雖未絶滅，至誠之人必知其將亡也，又天必有妖孽之應。此皆至誠前知，默契天意者也。蓍龜，先知之物。聖人有先知之見，如蓍龜之靈也。人有四體，四體之動，心必先知之。聖人於禎祥之兆，亦先知之。神者，陰陽不測之謂也。

江陵項氏曰：此一章言性者處處明白，與天無間，天之道也。下章「誠者自成也」而下，❶言教者處處篤實，與人無間，人之道也。

施氏曰：一身之所有，至理具焉。一心之所存，神明舍焉。反身而誠，則清明在躬。猶日中天地，容光必照矣。故不待興亡之已至，而知之於禎祥妖孽之始，不待乎禍福之已形，而知之於善不善之初。非前知者，其能是乎？《易》曰：「知幾其神乎！」

莆陽林氏曰：人之精神，當闃寂無人之所，景物幽間之處，內外豁然，是得其本性。少頃，思慮一起，便坐不得。故曰「人生而静，天之性也」。今人終日於膠膠擾擾之地，得少頃間静，便覺快樂，是

❶「成」，通志堂本、四庫本作「誠」。

其本性然也，况終身受用於誠者乎？且居乎環堵之室，更歷歲月之久，户外之屨，皆能逆知其爲某事，以其心静故也。以此觀之，周公、仲尼雖無天子之位，然逆定之數可以前知。故曰「至誠之道，可以前知」。禎祥如火流爲烏、鳳鳴朝陽之類，妖孽如三川之震、夷羊在牧之類，故可以前知也。如堯有九年之水，湯有七年之旱，此皆逆定之數。爲堯、湯者能爲之先具爾，烏能使之必無也？「見乎蓍龜」，謂人有吉凶禍福之事，盡見於蓍龜。「四體」者，謂吉凶禍福，盡見於人之俯仰屈伸之際。

長樂陳氏曰：清明在躬，志氣如神，嗜慾將至，有開必先。天降時雨，山川出雲，至誠之道也。商宗恭默思道，夢帝賚予良弼，❶果得傅説。宣王有撥亂之志，側身修行，上天祐之，爲生賢佐，果得申甫。此其明驗歟？

范陽張氏曰：福將至則善念見，禍將至則慾念形。既先知，則以誠造化，轉移變易，使禍爲福，妖孽爲禎祥，將亡反爲將興，蓋無難事也。故曰「至誠如神」。

兼山郭氏曰：自君子觀之，謂之「知幾」。自衆人言之，謂之「前知」。《易》曰：「知幾其神乎！」

高要譚氏曰：「至誠之道，可以前知」，自不學者言之，事似渺茫，近乎怪誕而不可信。自篤學者言之，是皆性中所有，❷纔能存養，不失其全，便能至此，無足疑也。夫何故識得性與心之體，即灼然見此

❶「予」，原作「于」，今據通志堂本、四庫本改。
❷「是」，通志堂本、四庫本作「事」。

事？皆存養所致也。性之在人，非槁木死灰，兀然寂然，不生不出而已，其中虛明，自然透徹。物有動乎其外，而吾必覺知於其內。凡天下事物，有形、有聲、有臭、有味、有名、有數，與吾耳、目、口、鼻、手、足相接者，莫不皆先覺知。不特如此，天地之間，薄海内外，凡實有是事，實有是物，雖吾耳、目、口、鼻、手、足之所未嘗及者，一有感乎其中，亦莫不皆有覺知。此乃一性之靈，可以應無方之變者，蓋天機將動之時也。夫是謂之心。識得此理，當其本心覺知之時，專精致一，固守勿失，使此一性之靈常存不散。性本虛靜。虛極則通，靜極則明。正如持鑑當中，一影一像，靡不畢見。天下禍福善惡之事，既實有而不虛，端兆纔萌，無有不知者矣，故曰「至誠如神」。胡不觀諸《易》乎？寂然不動，感而遂通天下之故。寂然不動者，存養之力也。感而遂通者，前知之驗也。此章重處全在「至誠」，而「前知」之說，特以明其效驗。非如俗學專尚神怪，而不知理之所在也。

柯山周氏曰：禎祥非必甘露醴泉，如「思皇多士，生此王國」，「維嶽降神，生甫及申」，則周室將興可知矣。妖孽非必石言神降，如「婦有長舌，維厲之階」，「人之云亡，邦國殄瘁」，則周室將亡可知矣。況假之於蓍龜，動之於四體，禍福將至，有顯然之理乎！

晉陵錢氏曰：禎祥若麟鳳、嘉禾之類，妖孽若雉雊、桑穀共生之類。蓍，筮；龜，卜也。四體，以身喻國家之四方也。《間居》曰：「四方有敗，必先知之。」福將至，以善而知其福；禍將至，以不善而知其禍。蓋幽明一理，人欲蔽之，至誠則無不知矣。

蔡氏曰：此主誠者之用爲言。至誠前知，是言聖人既盡人物之性，則知之無一而不明，處之無一而不當，不疾而速，不行而至，如造化之神也。

廣漢張氏曰：此謂神，指造化之迹者，故曰如。謂至誠，則感應不窮也。若如所謂「所存者神」，則誠即神矣。

新定顧氏曰：至誠之道，極天下之清明。清明，天德也。惟秉天德，故能知天數。故曰「至誠之道，可以前知」。「至誠如神」，鬼神之靈，於事先知固也，而至誠者實似之。

誠者自成也，而道自道也。誠者物之終始，不誠無物。是故君子誠之爲貴。誠者非自成己而已也，所以成物也。成己，仁也。成物，知也。性之德也，合外内之道也，故時措之宜也。

鄭氏曰：物，萬物也，亦事也。以至誠成己，則仁道立。以至誠成物，則知彌博。此五性之所以爲德也，外内所須而合也，外内猶上下。時措，言得其時而用也。

孔氏曰：人有至誠，則能與萬物爲終始。若無至誠，則不能成其物。誠者非但自成己身，又能成就外物。若能成就己身，則仁道與立。若能成就外物，則知力廣遠。合外内之道者，無問内外皆須至誠。「時措之宜」，措，猶用也。得其時而用，無往不宜也。

河南程氏曰：「誠者自成」，如至誠事親，則成人子；至誠事君，則成人臣。「不誠無物」，「誠者物之終始」，猶俗語「徹頭徹尾」。不誠，更有甚物也？伊川　又曰：

聖人言忠信者多矣，人道只在忠信。不誠則無物。出入無時，❶莫知其鄉者，人心也。若無忠信，豈復有物乎？明道　又曰：只著一箇私意，便是餒，便是闕了他浩然之氣處。誠者，物之終始，不誠無物，這裏闕了他，則便這裏没這物。　又曰：學者不可以不誠。不誠，無以爲善；不誠，無以爲君子。脩學不以誠，則學雜；爲事不以誠，則事敗。自謀不以誠，則是欺其心，而自棄其志。與人不以誠，則是喪其德，而增人之怨。今小道異端，亦必誠而後得，而況欲爲君子者乎？故曰「學者不可以不誠」。雖然，誠者在知道本而誠之耳。　又曰：成己須是仁。推成己之道成物，便是知。　又曰：古之學者爲己，其終至於成物。今之學者爲物，其終至於喪己。伊川　又曰：性之德者，言性之所有。如卦之德乃卦之藴也。明道　又曰：須是合内外之道，一天人，齊上下，下學而上達，極高明而道中庸。問：觀物察己，還因見物反求諸身否？曰：不必如此説。物我一理，纔明彼，即曉此，合内外之道也。語其大，至天地之高厚；語其小，至一物之所以然。學者皆當理會。伊川　又曰：性不可以内外言。伊川　又曰：時措之宜，言隨時之義，若「溥博淵泉，而時出之」。伊川

藍田吕氏曰：誠不爲己，則誠爲外物。道不自道，則其道虚行。既曰誠矣，苟不自成就，如何致力？既曰道矣，非己所自行，誰與行乎？實有是理，乃有是物。有所從來，有以致之，物之始也。有所從

❶「出」上，通志堂本、四庫本有「且」字。

亡，有以喪之，物之終也。皆無是理，雖有物象接於耳目，耳目猶不可信，謂之非物可也。天大無外，造化發育，皆在其間，自無内外。人有是形，而爲形所汩，故有内外生焉。惟生内外之别，故與天地不相似。若性命之德，自合乎内外，故具仁與智，無己無物，誠一以貫之。合天德而施化育，故能時措之宜也。一本云：理義者，人心之所同然者也。吾信乎此，則吾德實矣。故曰「誠者，自成也」。吾用於此，則吾道行矣，故曰「道自道也」。夫誠者，實而已矣。實有是理，故實有是物，實有是物，故實有是用。實有是理，故實有是心，實有是心，故實有是事。是皆原始要終而言也。箕不可以簸揚，則箕非箕矣。斗不可以挹酒漿，則斗非斗矣。種禾於此，則禾之實可收也。種麥於此，則麥之實可收也。如未嘗種，而望其收，雖荑稗且不可得，況禾麥乎？所謂「誠者物之終始，不誠無物」也。故君子必明乎善，知至則意誠矣。既有惻怛之誠意，乃能竭不倦之强力。竭不倦之强力，然後有可見之成功。苟不如是，雖博聞多見，舉歸於虚而已，是誠之所以爲貴也。誠雖自成也，道雖自道也，非有我之得私也，與天下同之而已。故思成己，必思所以成物，是所謂仁知之具也。性之所固有，合内外而無間者也。夫天大無外，造化發育，皆在其間，自無内外之别。人有是形，而爲形所梏，故有内外生焉。内外一生，則物自物，己自己，與天地不相似矣。反乎性之德，則安有物我之異、内外之别哉？故具仁與知，無己無物，誠一以貫之，合天德而施化育，故能「時措之宜也」。又曰：子貢曰：「學不厭，知也；教不倦，仁也。」學不厭，所以成己，此則成己爲仁；教不倦，所以成物，此則成物爲知。何也？夫盡性之德，合内外之道以成己，則仁之體也；推是以成物，則知之事也，自成德而言也。學不厭所以致吾知，教不倦所以廣吾愛，自入德而言也。此子思、子貢之言所以異也。

上蔡謝氏曰：或問：言有物而行有常，如何是有物？曰：妄則無物，是不誠也。不誠無物，誠者物之終始。終始者，有常之謂也。物只是箇實，存誠則有物。問：敬是存誠之道否？曰：須是體，便見得。

建安游氏曰：誠者，非有成之者，自成而已。其爲道，非有道之者，自道而已。自成、自道，猶言自本、自根也。以性言之爲誠，以理言之爲道，其實一也。

延平楊氏曰：誠自成，道自道，無所待而然也。其爲物終始，天行也。「誠則形」，形故有物。不誠而著乎僞，則有作輟，故息，息則無物矣。猶四時之運已，則成物之功廢焉，尚何終始之有？故以習則不察，以行則不著，以進德則不可久，以脩業則不可大。故君子唯誠之爲貴。萬物一體也，成己所以成物也。「成己，仁也」，合天下之公言之也。「成物，知也」，即成己之道，而行其所無事也。仁知具，「性之德」也。❶有成己之仁，故能「合内外之道」。有成物之知，故知「時措之宜」也。又曰：《大學》自正心誠意，至治

❶「仁知」，通志堂本、四庫本作「知仁」。

國家天下，只一理。此《中庸》所謂「合内外之道也」。若内外之道不合，則所守與所行自判而爲二矣。孔子曰：「子帥以正，孰敢不正？」子思曰：「君子篤恭，而天下平。」《孟子》曰：「其身正，而天下歸之。」皆明此也。又曰：知合乎内外之道，則禹、稷、顔回之所同可見。蓋自誠意正心推之，至於可以平天下，此内外之道所以合也。故觀其意誠心正，則知天下由是而平；觀天下平，則知非意誠心正不能也。茲乃禹、稷、顔回之所以同也。又曰：精義入神，乃所以致用。利用安身，乃所以崇德。此「合内外之道也」。

河東侯氏曰：上言「誠者自成」，「道自道」，子思恐學者以内外爲二事，知體而不知用，故又曰「誠者非成己而已也，❶所以成物也」，猶言「能盡其性則能盡人之性，能盡人之性則能盡物之性」者也。豈有能成己而不能成物者？不能成物，則非能成己者也。人物雖殊，理則一也。故曰「成己，仁也。成物，知也」。

新安朱氏曰：此第二十五章，言人道也。言誠者事之所以自成，而道者人之所當自行也。誠以心言，本也；道以理言，用也。天下之物皆實理之所爲，故必得是理，然後有是物。所得之理既盡，則是物亦盡而無有矣。故人之心一有不實，則雖有所爲，亦如無有。此誠之所以爲物之終始，而不誠之所以無物也。下文所謂「自成」者蓋如此，故君子貴之。誠雖所以成己，然在我者無僞，則自然及物

❶「非」下，通志堂本、四庫本有「自」字，是。

矣。内外雖殊，然皆性之德，而唯誠者能之，所以見於行事者，以時措之，而各得其宜也。然必先成己，乃能成物。此道之所以必自道也。　自成、自道，如程子説，乃與下文相應。游、楊皆以無待而然論之。其説雖高，然於此爲無所當，且又老、莊之遺意也。「誠者物之終始，不誠無物」之義，亦唯程子之言爲至當。然其言太略，故讀者或不能曉，請得而推言之。蓋誠之爲言，實而已矣。然此篇之言，有以理之實而言者，如曰「誠不可揜」之類是也。有以心之實而言者，如曰「反諸身不誠」之類是也。讀者各隨其文意之所指而尋之，則其義各得矣。所謂「誠者物之終始，不誠無物」者，以理言之，則天地之理至實而無一息之妄，故自古至今，無一物之不實，而一物之中，自始至終皆實理之所爲也。以心言之，則聖人之心亦至實而無一息之妄，故從生至死，無一事之不實，而一事之中，自始至終皆實心之所爲也。此所謂「誠者，物之終始」者然也。苟未至於聖人，而其本心之實者，猶未免於間斷。則自其實有是心之初以至未有間斷之前，所爲無不實者。及其間斷，則自其間斷之後以至未相接續之前，凡所云爲，皆無實之可言。雖有其事，亦無以異於無有矣。如曰「三月不違」，則三月之間所爲皆實，而三月之後未免於無實。蓋不違之終始，即其事之終始也。日月至焉，則至此之時，所爲皆實，而去此之後，未免於無實。蓋至焉之終始，即其物之終始也。是則所謂「不誠無物」者然也。以是言之，則在天者，本無不實之理。故凡物之生於理者，必有是理，方有是物，未有無其理而徒有不實之物者也。在人者，或有不實之心。故凡物之出於心者，必有是心之實，乃有是物之實，未有無其心之實而能有其物之實者也。程子所謂「徹頭徹尾」者，蓋如此。其餘諸説，大抵皆知誠之在天爲實理，而不知其在人爲實心。是以爲説太高，而往往至於交互差錯，以失經文之本意。正猶知愛之不足以盡仁，而凡言仁者遂至於無字之可訓，其亦誤矣。吕氏所論子貢、子思所言之異亦善，而猶有未盡者。蓋子貢之言主於知，子思之言主於行，故各就其所重而有賓主之分，亦不但爲成德、入德之殊而已也。楊氏説物之終始，直以「天行」二字爲解，蓋本於《易》「終則有始，天行也」之説，假借依託，無所發明。楊氏之言蓋多此類，最説經之大病也。又謂「誠則形而有物，不誠則輟而無物」，亦未安。誠之有物，蓋不待形而有。不誠之無物，亦不待其輟而後無也。其曰「由四時之運已，則成物之功廢」，蓋亦輟而後無之意。而又直以天無不實之理喻夫人有不實之心，其取譬也，亦不親切矣。彼四時之運，夫豈有時而已者哉！

海陵胡氏曰：學其所未能，行其所未至，思其所未得，是所以自成於己也。脩其道以自引導，其自小賢至於大賢，自大賢至於聖人，是自導達其身也。合内外之道者，外則成於物，内則成於己，皆本至誠相合而行。

嵩山晁氏曰：誠與道，一體而二名也。其所以率性則一也，皆無待於外者也。

涑水司馬氏曰：凡物自始至終，誠實有

之，乃能爲物。若其不誠，則皆無之。譬如鳥獸草木之類，若刻畫而成，或夢中暫睹，豈其物耶？况於仁義禮智，但以聲音笑貌爲之，豈得爲仁義禮智哉？內則盡己之性，外則化成天下，皆會於仁義禮智信。故曰「合內外之道」。

馬氏曰：夫成己者，自愛之至，所以爲仁也。成物者，知周乎萬物，所以爲知也。仁與知同出於德性，而有得於己，故曰「性之德也」。仁由於內以成己，知由於外以成物。合而言之，所以爲「內外之道也」。然措之必宜其時也。蓋當其成己，則不可以不知其成物之時，當其成物，則不可以不知其成己之時，措之宜也。

吳興沈氏曰：誠與道，同出而異名也。誠者，非有所假而成也，自然而成者也。❶道非有所假而道也，自然而道者也。性之爲誠道，天理之自然也，容有一毫加損於其間哉？雖曰有所成，有所道，皆不知所以然而然者也。誠者，性也。性之爲體，舉天地人物所從始，所從終也。仰觀於天，則日月星辰，風雲雷電，雨露霜雪，亦物也。俯察於地，山川河海，草木丘陵，亦物也。遠取諸物，則鳥獸魚鼈，跂行喙息，亦物也。近取諸身，則鼻目口耳，百體四肢，亦物也。在人倫，則君臣、父子、兄弟、夫婦、朋友，亦物也。在人理，則仁義禮智信，亦物也。是數者皆出入消長於一性之中，不曰物之終始，可乎？此誠之爲體如是，惟見性者能知之。然誠之爲體，固不在人加損也，而人不可以不有誠焉。人而不誠，則何天地

❶「成」，通志堂本、四庫本作「誠」。

人物之有乎？盡性而至於盡天地之性者，誠也。致曲而至於形、著、明、動、變、化者，誠之者也。故「君子誠之爲貴」。惟君子之誠，而天地人物從而有立，則誠之爲道，豈特自成己而已，抑所以成物也。成己謂之仁，成物謂之智，指仁智之定體也。誠者，性也，仁知，德也，故曰「性之德也」。語其在己則謂之內，語其在物，則謂之外。揆之以誠，則己與人物天地皆一體也，無彼己之間也，是「合外內之道也」。誠至於合內外，則己與人物天地之理，皆曲成而不遺，隨所措而無不宜矣。

范陽張氏曰：有始無終，有終無始，皆非誠也。成己即是成物，以己與物同一源也。使止知成己而不成物，楊、朱之爲我也。止知成物不知成己，墨翟之兼愛也。自人而觀之，己者內也，物者外也。自誠而觀之，己與物一體而已，合外內而無所擇者，此誠也。

晉陵喻氏曰：君子之於誠，自成而已，其於道，自道而已，非由外鑠我也，我固有之也。生乎由是，死乎由是。蓋終始不渝，然後可以言誠。不誠則無物，何以使人觀而化，與夫動天地、感鬼神哉？是故君子誠之爲貴也。君子豈自成己而已哉？使天下之民，匹夫匹婦莫不被其澤，百穀草木莫不蕃廡，鳥獸魚鼈無不咸若，則君子之志也。人皆以成物爲仁，君子則曰成己者仁也，成物者知也。使吾之誠未至，則未能正心而脩身，其何以成物哉？必意誠而後心正，心正而後身脩，身脩而後家齊，家齊而後國治，國治而後天下平，此成物之知，舜所以爲大知也與！當是時，視人如我，視我如人，天地即我，我即天地，所謂「合内外之道也，故時措之宜也」，聖人之能事畢矣。

臨川王氏曰：以實於己者言之則爲誠，以誠而行之則曰道，其實一理也。是理也，本與生俱生，非外鑠。❶使人能反身而誠，則是誠也，豈非自成也？❷人能率此以行之，則是道也，豈非自道乎？使自外而爲之，則非誠、道矣。

高要譚氏曰：誠自成也，道自道也，蓋明爲己之學也。天命之性，己所固有。誠者實此者也。實有諸己，故曰自成。道者，行此者也。力行由己，故曰自道。自云者，言非他求，皆自己分内事也。誠與道皆己所固有，非由外求，故言其自成，則命之曰誠，言其自道，則命之曰道。要皆自己性命之理，無二致也。凡天下之物，誠之則有，不誠則無，故物之終始，全繫於誠也。物之始，謂物之所起處也。物之終，謂物之極盡處也。指誠爲物之所由起與物之所由盡，則是誠則有物，不誠則無物也。蓋實有是理，方有是物，不誠則無是理，故無是物也。凡可名言者，皆物也。只如天命之性，雖己所固有，儻不能反身而誠，實有諸己，則固有之性，亦墮於虚無中矣。所謂「不誠無物」者如此，故「君子誠之爲貴」，言貴乎實有諸己也。一人之身，萬物皆備，反身而誠，既足以成己，推此施之，亦足以成物。成己者，其體全，故謂之仁。成物者，其用周，故謂之知。蓋非仁則無以盡體諸己，非

❶「非」下，通志堂本、四庫本有「由」字。

❷「成」，原作「誠」，今據通志堂本、四庫本改。

知則不能推用於物故也。仁知具足，體用兼備，此誠所以爲性之德，合内外之道也。性之德，言實理之可據者也。成己、成物，即此德也。合内外之道，言實理之兼體用也。具仁與知，即此道也。其爲德、爲道也如是，故舉措唯時，咸適其宜也。夫誠之體爲仁，誠之用爲知，誠之實理可據曰德，誠之實理可知曰道。凡欲識仁、知、道、德之所以名，觀此即見之矣。夫天理一也，仁者體此，知者知此，禮者履此，義者宜此，信者有此，故仁、知、道、德與時措之宜，皆以誠爲本。亦猶孟子言仁義禮知之端而不及信，明人之有是四端，無不以信爲本也。此章雖不言義與禮，如所謂「時措之宜」，則義與禮在其中矣。即此論之，則堯舜之孝弟，夫子之忠恕，子思之言中庸，孟子之言仁義，皆一出於誠而已。所謂一以貫之，其在是歟？

延平周氏曰：必於性言德，於外内言道者，蓋性在我也，故以其自得而謂之德。内可以言道，而外不可以言德，故以其可由而謂之道。仁不止於成己，而以成己爲主，故孔子之教不倦，亦謂之仁。知不止於成物，而以成物爲主，故孔子之學而不厭，亦謂之知。

霅川倪氏曰：萬物皆備於我矣，反身而誠，樂莫大焉。不誠無物者，豈有此樂哉？

蔡氏曰：此主「誠之者」之用爲言。誠者是言天之道，誠之爲貴，是言人之道。

又曰：誠者生知安行，成固自然，成道亦自然，道乃天道，生物不測之機也，故曰「物之終始」。不誠則不能有物，是故「君子誠之爲貴」。苟能致曲盡誠之之道，則其成也，❶非特成己，所以成物也。學而至此，則物我一源，仁智兩盡，性德合乎外內，而時措皆宜，與誠者天道之誠無間矣。

新定錢氏曰：《孟子》云：「哭死而哀，非爲生者也。」誠者，己分當然之事，豈爲人而誠哉？有一毫爲人之心，即非誠矣。故誠乃自成，而其道乃自道也。非有假於外也，我固有之也。

新定顧氏曰：誠之於物，猶水之於波濤也。水本質也，波濤由水而生者也。誠本質也，物由誠而出者也。波濤由水而生，及波濤之泯，則歸於水。物由誠而出，及物之終，則歸於誠，此物之所以始於誠，而終於誠也，故曰「誠者物之終始」。以物之由誠而出也，非誠，其何以有物？故曰「不誠無物」。其曰「成己，仁也」，體是道於己謂之仁。「成物，知也」，知物之當成謂之知。要之，成己、成物皆此誠之運用流行，仁、知特强名爾，其實則性之德也，合內外之道也。外成物也，內成己也。分而言之，則曰「成己，仁也。成物，知也」。總而言之，則曰「性之德也，合外內之道也」。合者，兼總之意。夫莫切於己，賴誠而成，仁之名由是得焉。莫衆於物，賴誠而成，知之名由是得焉。一性之德於是乎在，外內之道於是乎合，則誠也者，夫豈可以斯須廢？是以宜於時措。時措云者，無時而不用之也，故「時措之」絕句。「宜也」又自是一句。有問：物始生於誠，終復歸於

❶「成」，通志堂本、四庫本作「誠」。

誠，如此則人死後歸于大通，不復爲鬼？答曰：不然。鬼神亦物也。凡麗於陰陽者皆物，事亦物也。物之始生，不應一頓便突出來。其化生之序，氣感成象，體具成形，凡幾節奏，死後不應便滅，亦有幾許變化。但未知爲鬼神後，其存滅又如何耳。此却智慮所不能及，人之所知，固有限耳。❶

禮記集説卷第一百三十三

❶「耳」，原脱，今據通志堂本、四庫本補。

禮記集說卷第一百三十四

故至誠無息，不息則久，久則徵，徵則悠遠，悠遠則博厚，博厚則高明。博厚所以載物也，高明所以覆物也，悠久所以成物也。博厚配地，高明配天，悠久無疆。如此者，不見而章，不動而變，無爲而成。天地之道，可壹言而盡也。其爲物不貳，則其生物不測。天地之道博也，厚也，高也，明也，悠也，久也。今夫天，斯昭昭之多，及其無窮也，日月星辰繫焉，萬物覆焉。今夫地，一撮土之多，及其廣厚，載華嶽而不重，振河海而不洩，萬物載焉。今夫山，一卷石之多，及其廣大，草木生之，禽獸居之，寶藏興焉。今夫水，一勺之多，及其不測，黿鼉鮫龍魚鼈生焉，❶貨財殖焉。《詩》曰：「惟天之命，於穆不已」，蓋曰天之所以爲天也。「於乎不顯，文王之德之純」，蓋曰文王之所以爲文也，純亦不已。

鄭氏曰：徵，猶效驗也。此言至誠之道著於四方，其高厚日以廣大也。「徵」，或爲「徹」。可壹言而盡，要在至誠也。「爲物不貳」，言至誠無貳，乃能生萬物也。昭昭，猶耿耿，小明也。天之高明，本生昭昭；地之博厚，本由撮土；山之廣大，本起卷石；水之不測，本從一勺，皆合少成多，積小至大。❷爲至誠者，亦如此乎！振，猶收也。卷，猶區也。引《詩》者，言天所以爲天，文王所以爲文，皆由

❶「鮫」，通志堂本、四庫本作「蛟」。
❷「積」，原作「自」，今據通志堂本、四庫本改。

行之無已，爲之不止，如天地山川之云也。

孔氏曰：前欲明積漸先悠久，後能博厚高明。下言既能博厚高明，又須行之長久，謂至誠之德也。天之與地，清濁二氣所分，非是以小至大。今以天地體大，假言由小而來，以譬至誠，非實論也。所引《詩》者，《周頌·維天之命》文也。「蓋曰」以下，是孔子之言。

河南程氏曰：「惟天之命，於穆不已」，此是理自相續不已，非是人爲之。如使可爲，雖有萬般安排也，須有息時。只爲無爲，故不息。《中庸》言「不見而章，不動而變，無爲而成，天地之道，可壹言而盡也。」伊川　問：義還因事而見否？曰：非也。性中自有。或曰：無狀可見？曰：説有便是見。但人自不見，昭昭在天地之中也。且如性，何須待有物方指爲性，性自在也。賢所言見者事，頤所言見者理，如曰「不見而章」是也。伊川　又曰：「子在川上曰：『逝者如斯夫，不舍晝夜』」，自漢以來，儒者皆不識此義。聖人之心，純亦不已。純亦不已，此乃天德也。❶有天德，便可語王道，其要只在慎獨。明道　又曰：天命不已，文王純於天道亦不已。純則無二、無雜，不已則無間斷先後。　又曰：《詩》曰：「上天之載，無聲無臭。儀刑文王，萬邦作孚。」上天又無聲臭之可聞，只看文王便萬邦取信也。又曰：「惟天之命，於穆不已」，蓋曰天之所以爲天也。「文王之德之純」，蓋曰文王之所以爲文也。然則文王之德，

❶「此」，明本作「自」，通志堂本、四庫本作「是」。

直是似天。「昊天曰明，及爾出王。昊天曰旦，及爾游衍」，只爲常是這箇道理。此箇亦須待他心熟，便自然别。

藍田吕氏曰：實理不貳，則其體無雜。其體不雜，則其行無間。故至誠無息，非使之也，機自動耳。乃乾坤之所以闔闢，萬物之所以生育，亘萬古無窮者也。如使之則非實，非實則有時而息矣。久者，日新無斁之謂也。徵，驗也。悠，遠長也。天地運行而不息，故四時變化而無斁；日月相從而不已，故晦朔生明而無斁：此之謂「不息則久」。四時變化而無斁，故有生生之驗；晦朔生明而無斁，故有照臨之驗：此之謂「久則徵」。生生也，照臨也，苟日新而有徵，則可以繼繼其長，至於無窮矣，此之謂「徵則悠遠」。悠遠無窮者，其積必多。博者能積衆狹，厚者能積衆薄，此之謂「悠遠則博厚」。有如是廣博，則其勢不得不高；有如是深厚，則其精不得不明，此之謂「博厚則高明」。博厚則無物不能任也，高明則無物不能冒也，悠久則無時不能養也。所謂配地、配天、無疆者，以形而上者難明，故以形而下者明之也。配之爲義，非比類之謂也。天道至著，常以示人，故萬象紛錯，終古不變，蓋已成而明者也，故曰「不見而章」。一闔一闢，天機自然，無作無息，以生萬變，蓋神而化之者也，故曰「不動而變」。至誠不息，日新無窮，萬物之成，積日之養而已，蓋爲物不貳者也，故曰「無爲而成」。所以章，所以變，所以成者，其能也。所以載物、覆物、成物其功也。能非力之所任，功非用而後有，其勢自然，不得不爾，是皆至誠不貳而已。此天地之道所以壹言而盡也。天地所以「生物不測」者，至誠不貳者也。天地所以成者，積之無疆者也。如使天地爲物而貳，則其行有息，其積有限，昭昭撮土之微，將下同乎衆物，又焉有載物、覆物、成物之功哉？雖天之大，昭昭之多而已。雖地之廣，撮土之多而已。山之一拳，水之一勺，亦猶是矣。其所以高明、博厚、神明、不測者，積之之多而已。今夫人之有良心也，莫非受天地之中。是爲可欲之善，不充之，則不能與天地相似，而至乎大。大而不化，則不能不勉、不思，與天地合德，而至于聖。然所以至于聖者，充其良心，德盛仁孰而後爾也，❶故曰「過此以往，未之或知也」。窮神知化，德之盛也」。如指人之良心而責之與天地合德，猶指撮土而求其載華嶽、振河海之力，指一勺而求其生蛟龍、殖貨財之功，是亦不思之甚也。天之所以爲天，不已其命而已。聖人之所以爲聖，不已其德而已。其爲天人德命則異，其所以不已則一。故聖人之道，可以配天者，如此而已。

建安游氏曰：至誠無息，天行健也，若「文王之德之純」是也。未能無息而不息者，君子之自强也，若顔子三月不違仁是也。不息則可久，非日月至焉者也，故曰「不息則久」。久則根於心，而施於四體，四體不言而喻，故曰「久則徵」。不息而有徵，則其行將與天同運，其立將與地同處，故曰「徵則悠遠」。夫如是，則下與地同德，上與天同道矣，故悠久則博厚，博

❶「盛仁」，通志堂本、四庫本作「性純」。

厚則高明。博厚如地，故能任天下之重，是所以載物。高明如天，故能冒天下之道，是所以覆物。博厚而不久，則載物之德隳矣。高明而不久，則覆物之道闕矣。是則悠久者，天地所以成終成始也，故所以成物。誠至於此，則非人爲所能及也，天德而已矣。故未施敬於民而民敬之，❶是不待見而彰也；未施信於民而民信之，是不待動而變也。夫何爲哉？恭己正南面而已矣，是無爲而成也。由此觀之，天覆地載，而聖人所以成天地之功者，至誠而已，故曰「天地之道，可以壹言而盡也」。「其爲物不貳，則其生物不測」者，此又申言天地之道可盡於壹言也。其爲物不貳，天地之得一也。一則不已，故覆載萬物，雕刻衆形，而莫知其端也，故曰「生物不測」。聖人所以參天地而應無方，亦若此而已。博厚也，高明也，悠久也，此不貳之實也。至於昭昭之無窮，則「日月星辰繫焉」；撮土之廣厚，則「載華嶽而不重，振河海而不洩」。此生物不測之驗也，非特天地爲然。如山之廣大，則寶藏興焉，況載華嶽者乎？水之不測，則貨財殖焉，況振河海者乎？載物者猶然，況覆物者乎？故天地之所以爲天地，文王之所以爲文王，皆原於不已。純者，不已之謂也。然則壹言而盡，豈不信乎？

延平楊氏曰：誠自成，非有假於物也，而其動以天，故無息。無息者，誠之體也，不息所以體誠也。日月之運行，寒暑之往來，無終窮也，非久乎？四時行焉，百

❶「施」，原缺，今據通志堂本、四庫本補。

物生焉，非徵乎？「徵則悠遠」，言其久而不禦也，故下云「悠久無疆」。不言悠遠者，蓋推本之也。遠而不禦，則其極也博，博而無不容，故其積也厚。厚故高，高則物莫能蔽也，故明。自不息積而至於博厚、高明，則覆載成物之能事備矣。其用則不可得而見也，故配天地無疆言之，❶所以著明之也。然天地之道，聖人之德，其爲覆載成物之功，則無二致焉。故又曰「天地之道，可壹言而盡也」。所謂壹言者，誠而已，互相明也。精一而不貳，故能生物不測，不誠則無物矣。天之無窮，昭昭之積也。地之廣厚，撮土之積也。山之廣大，卷石之積也。水之不測，一勺之積也。天地之道，博也，厚也，高也，明也，悠也，久也，而誠壹言足以盡之，不息之積也。若夫擇善而不能固執之，若存若亡，而欲與天地合德，其可乎？故又繼之天之所以爲天，文王之所以爲文，皆原於不已，所以徵前説也。

河東侯氏曰：自「鬼神之爲德」至「時措之宜」，皆誠也。至誠之道也，以體言之，則一也。以用言之，則合萬殊。其事若不同者，各有妙用存焉。至於言誠，則曰「無息」而已。《乾》之《象》曰：「天行健，君子以自强不息。」不息，乾之剛健也。惟其不息，故能時乘六龍以御天。御天，當天運也，故能久。久則四時行焉，故徵，徵則百物生焉。徵，信也，驗也。既徵，則博厚、高明、悠久，可馴致也。博厚所以載物，坤之德也。高明所以覆物，乾

❶「故」下，通志堂本、四庫本有「以」字。

之道也。悠久所以成物，乾坤之功也。悠久與悠遠不同，悠久是二事。博厚所以配地，高明所以配天，悠久所以無疆也。配，合也，與《孟子》「配義與道」之「配」同。天地陰陽，二物也。運動天地，使之成物而不息者，誠也，故曰「至誠無息」。「如此者，不見而章，不動而變，無爲而成」，天地之道，所以「一言而盡」者，誠也。「爲物不貳」，「無爲而成」。不貳，專也，一也，二則非誠也。誠本不可以有無言，云無息與不息同也。不息則或息矣。至誠則未嘗息，亦未嘗不息。惟其至誠也，然後有不息以下六字，不誠安能不息哉？無息非爲誠言，爲「息」字設，而所以形容誠也。明道先生曰：「亦無始，亦無終，亦無因甚有，亦無因甚無，亦無有處有，亦無無處無。」此言極有理。如此則可以言誠矣。又曰：天地之道，博厚、高明、悠久者，誠而已。天之昭昭，誠而不息，則覆物無窮。地之撮土，誠而不息，則載物廣厚。山之卷石，誠而不息，則興物廣大。水之一勺，誠而不息，則生物不測。《詩》曰：「維天之命，於穆不已。」天命之不已，誠也。文王之誠，純亦不已也。純則無二、無雜，故亦不已。不已則無間斷，無先後，此文王之天德也，故曰「天之所以爲天也」，「於乎不顯，文王之德之純」，純亦不已。

新安朱氏曰：此第二十六章，言天道也。「至誠無息」者，既無虚假，自無間斷。久，常於中也。徵，驗於外也。悠遠、博厚、高明，此皆以其驗於外者言之，鄭氏所謂「至誠之德著於四方」者是也。存諸中者既久，則驗於外者益悠遠而無窮矣。

悠遠，故其積也廣博而厚。❶博厚，故其發也高大而光明。悠久即悠遠，兼内外而言之也。本以悠遠致高厚，而高厚又悠久也，此言聖人與天地同用。配地、配天言聖人與天地同體。見，猶示也。「不見而章」，以配地而言也。「不動而變」，以配天而言也。「無爲而成」，以無疆而言也。「天地之道，可一言而盡」，不過曰誠而已。不貳，所以誠也。誠，故不息，而生物之多，有莫知其所以然者。此以下復以天地明至誠無息之功用也。「博也，厚也，高也，明也，悠也，久也」，言天地之道誠一不貳，故能各極其盛，而有下文生物之功。天之昭昭，此指其一處而言之。「及其無窮」，猶十二章「及其至也」之意，蓋舉全體而言之。振，收也。卷，區也。此四條皆以發明由其不貳、不息，以致盛大而能生物之意。然天地山川，實非由積累而後大，讀者不以辭害意可也。「於乎不顯」，於，歎辭。穆，深遠也。不顯，猶言豈不顯也。純，純一不雜也。引此以明至誠無息之意。此章諸家之説最爲繁雜。如游、楊無息不息之辨，恐未然。若如其言，則「不息則久」以下，至何地位，然後爲無息耶？游氏又以得一形容不貳之意，亦假借之類也，字雖密，而意則疏矣。吕氏所謂不已其命，不已其德，意雖無爽，而語亦有病。蓋天道、聖人之所以不息，皆實理之自然。雖欲已之，而不可得。今曰不已其命，不已其德，則是有意於不已，而非所以明聖人、天道之自然矣。又以積天之昭昭以

❶「而」下，通志堂本、四庫本有「深」字，是。

至於無窮，譬夫人之充其良心，以至於與天地合德，意則甚善。而此章所謂至誠無息，以至於博厚高明，乃聖人久於其道，而天下化成之事。其所積而成者，乃其氣象功效之謂，若鄭氏所謂「至誠之德著於四方」者是已。非謂在己之德亦待積而後成也。故章末引《文王》之詩以證之。夫豈積累漸次之謂哉？若如呂氏之説，則是因無息然後至於誠，由不已然後純於天道也，失其旨矣。楊氏動以天，故無息之語甚善。其曰「天地之道，聖人之德，無二致焉」，故方論聖人之事，而又曰「天地之道，可壹言而盡」，蓋未覺其語之更端耳。至謂「天之所以爲天，文王之所以爲文，皆原於不已」，則亦猶呂氏之失也。大抵聖賢之言，内外精粗，各有攸當，而無非極致。近世諸儒，乃或不察乎此，而於其外者，皆欲引而納之於内，於其粗者，皆欲推而致之於精。若致曲之明動變化，此章之博厚高明，蓋不勝其繁碎穿鑿，而於其本指失之愈遠，學者不可不察也。高厚，人之形體。悠久，人之元氣。本以悠久致高厚，而高厚又悠久也。又曰：天斯昭昭，是指其一處而言。及其無窮，是舉全體而言。

嵩山晁氏曰：誠明之極，配天地而一之也。誠斯一也，一斯誠也。此蓋當云徵則博厚，博厚則高明，高明則悠遠。考下文而不誣也。夫言天地之體，則高明博厚而足矣。人之體乎天地之高明、博厚，則必待悠久以爲之中也。蓋非悠久之中，則其高明將隳、博厚將蹶也。博厚、高明，譬諸形體也。悠久，譬諸精神也。曾子曰：「君子尊其所聞，則高明矣。行其所知，則廣大矣。」高明廣大不在於他，在加之意而已矣。曾子所謂至者，子思所謂悠久是也。曰悠遠，曰悠久，其實同也。夫不見、不動、無爲者，中也。既章，既變，既成，則亦中也。此不貳之道也。説之

莆陽林氏曰：物者，事物之物。今人做一件事，徹頭徹尾，若不是誠，如何恁地做得？此君子所以有貴於誠也。如《易》所謂「貞固足以幹事」同意。凡物之章著必顯見而後章，今則不見而章；物之變化必動而後變，今則不動而變；物之成遂，必爲而後成，今則不爲而成。故天地之道，可壹言而盡者，唯實理而已。天地之爲物也，正體不變，純一而不雜也。大極既判以來，至于今日，正體未嘗變。故四時行焉，百物生焉。生生不窮之實理，何嘗有間斷耶？《易》曰「乾，元亨利貞」，「坤，元亨，利牝馬之貞」，是天地之貞體不變也。貞體不變，即所謂至誠無息也。此其所以不貳也。萬象森羅，皆從一中出。若得這一字，則天清地寧，以至聖人之道可默識而心通矣。其生物不測，如楊子所謂「天俄而可度，則其覆物也淺矣。地俄而可測，則其載物也淺矣」。唯其不可測度，此所以博厚、高明、悠久也。山水謂可積而成，天地何假於積哉？蓋《易》謂：「太極生兩儀，兩儀生四象，四象生八卦。」自有太極便有兩儀、四象、八卦，不是有兩儀方有四象，四象方有八卦。今繫《易》如此云云者，蓋欲發揮古語，使其辭暢故也。故理義無害。今欲説下文聖人非由一朝一夕之積，故以天地山水爲言，是發揮古説者

也。「文王之德之純」至「純亦不已」云者，以言聖人非由一朝一夕之積，其所由來者久矣，故亦無窮已也。

涑水司馬氏曰：一言而盡，即爲物不貳也。於穴隙之間窺天，不過昭昭之多；以手撮地，不過撮土之多；初涉山足，❶不過拳石之多；❷觀水之原，不過一勺之多。及窮其高厚，究其幽遠，然後知其遠大也。猶聖賢盡誠於小善，日新不已，乃至於盛德也。

海陵胡氏曰：誠，故無休息；無休息，故能久於其道；能久於其道，則其德著驗，德著驗則可以施於久遠；能施久遠，則德業深固而博厚；既博厚，則功高明。以博厚言之，則配地；以高明言之，則配天；以悠久言之，則可以傳之無窮，施之罔極。聖人能如此，心不欲功之顯，而自然章著；身無所動作，而民自然從；上無所營爲，而治道自成，皆至誠而然也。物謂誠也，天地以至誠純一不貳之德，乃能生育萬物，不可測量。舉目而視天，目之所見，不過昭昭之多，甚小也。及究其無窮，日月之所繫著，萬物之所覆燾，臨照無有遺者，誠故也。舉足而履地，足之所著不過一撮土之多。及究其廣大，承載華嶽而不重，振起河海而不洩，萬物皆承載而無窮者，誠故也。於，歎嗟之辭。

高要譚氏曰：人所以與天地並者，至誠而已。實理在我，已極其至，則日用之間，動靜語默，此理常行乎其間，無有間斷，是之謂「至誠無息」。言誠之至者，自

❶「涉」，通志堂本、四庫本作「陟」。
❷「拳」，通志堂本、四庫本作「卷」。

然無息也。人欲求誠之至，當自不息始。既不息矣，是以能久而不窮。既能久矣，是以有徵而可驗。所謂有徵而可驗者，如盡己之性，盡人之性，盡物之性等事，皆輝光發見，焕然而不可揜也。既有徵矣，悠遠、博厚、高明，有不期然而然者。夫何故？以其愈至而愈不息，故愈博、愈厚、愈高、愈明、愈悠、愈久，而莫知其所終窮也。博厚高明者，人道成就之全體，故能覆載萬物而配乎天地。悠久者，人道無窮之妙用，故能曲成萬物而進乎無疆。蓋人道至於高明博厚，固無可與倫比者矣。而不息之機，猶亹亹不已。如是又何加焉？悠久之中，自然顯出，至神有不可測度者。故「不見而章，不動而變，無爲而成」，皆至神所爲不可測度之事也。自不息積而至此，方見至誠無息之與天地並也。人之所以克配天地者，一本於誠之不息。天地之所以高明、博厚、悠久者，亦不出於此道而已。故「天地之道，可以壹言盡」者，其唯「不貳」乎？「不貳」云者，終始純一，無有間斷之謂也。唯其如是，所以日進無已。❶昭昭、一撮、一拳、一勺之多，❷始雖甚微，久久遂有覆載高深之體，無足疑者。如是而愈不已，則神化不測之妙，皆由此出也。故能覆、能載，則天地之體大，能悠、能久，則天地之用神。人之道至於博厚配地，高明配天，是其體之全也。此乃大人之事。若夫悠久無疆，則其用進乎妙矣。此乃聖神之事。天地與人之道，皆

❶「無」，通志堂本、四庫本作「而不」。
❷「拳」，通志堂本、四庫本作「卷」。

自至誠不息中得之，無異理也。故天之所以爲天者，以其命之不已。如使其或已，則所以覆物者，有時而窮矣。文王之所以爲文者，以其純一不已。如使其或已，則所以配天者，亦有時而窮矣。

吴興沈氏曰：無息者，至誠之本體，不息者，至誠之妙用。❶不息則有常而不已，故不息則久。能久則立見參於前，在輿則倚於衡，故久則徵。有徵則彌滿六合，著見四極，故徵則悠遠。悠遠則積而在下者博厚也，形而在上者高明也。就天地間所高厚者配之，則誠之博厚足以配地，誠之高明足以配天。天地猶有形也，無疆則超天地之外，無有畔岸，惟悠久配之。悠久蓋誠之本體也。至此則復吾自然之誠，寂然不動，感而遂通天下之故，則「不見而章，不動而變，無爲而成」，蓋必然之理。天地雖大，不外乎此。前既歷言誠之妙用，未見夫誠者果何物也，又指誠之真體以示人。如曰誠之所以能覆物載物，變化不窮者，以其爲物不貳而已。天下之理，惟不與物耦者，然後能生生化化。古人謂之凝獨者，此也。誠之爲物，精純虚一，無作無息，無始無終，所謂不貳也。惟其如是，故生已生人，生天生地，始而終，終而始，運轉周流，無有窮已，夫是之謂生物不測也。前既言博厚、高明、悠久可以配天地，至此又申言誠之所以爲博厚、高明、悠久者，自不息之積；天地之所以博厚、高明、悠久者，亦不息之積，故詳言天地間不息之積，以證吾至誠之亦如是也。天以不息，故其無

❶ 「至」，原作「體」，今據通志堂本、四庫本改。

窮也，繫日星，覆萬物。地以不息，故其廣厚也，載華嶽，振河海，載萬物。山自卷石不息，故其廣大則興草木，❶居禽獸，興寶藏。水自一勺不息，故其不測也，生魚龍，殖貨財。凡若是者，皆積小至高，積微至明，著不已之效也。天地山川之積如此，而聖人之不已如是也。故援《詩》以證不已即不息也，不息即誠也。

新定顧氏曰：此章子思子之於道，極其稱贊之辭也。夫實有是理，謂之至誠，則至誠云者，子思子所以名此道也。由是曰「無息」，曰「久」，曰「徵」，❷曰「悠遠」，曰「博厚」，曰「高明」，皆稱贊之辭也。夫「不息則久，久則徵，徵則悠遠，悠遠則博厚，博厚則高明」，非謂其有次序，必若彼而後能若此也。蓋謂之不息則固久矣，久則固徵矣，徵則固悠遠，悠遠則固博厚，博厚則固高明，要之，同爲贊至誠之辭。立文造辭，不得不然，而豈有次序者哉？請嘗試論之。至誠之道，無聲無臭，無方無體，不可得而見也。即其發形者而觀之，天地之覆載，日月之運行，四時之推移，萬物之化生，機緘之運，無須臾停，則不息可見。亘千古而無終窮，則久可見。此道顯然，有心知者皆可識也，則所謂徵也。極宇内而無不在，非有此疆爾界之限，則所謂悠遠也。❸俯而察之，其下非有所窮極，則所謂博厚者也。仰而觀之，其上亦非有所窮極，則所謂高明者也。既曰博厚矣，則萬物實此道之

❶「興」，通志堂本、四庫本作「生」。
❷「徵」，原作「證」，今據通志堂本、四庫本改。下文均同。
❸「則」，通志堂本、四庫本作「即」。

所載也，故曰「博厚所以載物也」。既曰高明矣，則萬物實此道之所覆也，故曰「高明所以覆物也」。夫物之成也，非必寸地尺天之所能成，亦有待於悠遠而後能成，非必一時一日之所能成，亦有待於久而後能成，故曰「悠久所以成物也」。「博厚配地」云者，人知地之爲博厚，而豈知此道之爲博厚也哉？故子思言此道之博厚，與地相配。「高明配天」云者，人知天之爲高明，而豈知此道之爲高明也哉？故子思言此道之高明，與天相配。配地配天云者，猶《大傳》所謂「與天地準」也。要之，地之博厚，天之高明，猶未足以喻此道之博厚高明也。言其悠久，而曰「無疆」，則其無封域，無終窮者，抑可知矣。如此者，「不見而章，不動而變，無爲而成」。蓋道者，自然之理，非有意於章而不能以不章，非有意於變而不能以不變，非有意於成而自爾成。顯然昭著者章也，循環代謝者變也，有功可指者成也。是則章也，變也，成也，皆此道之妙用，自然而然，豈若人之求見求動有爲而致之者哉？

新定錢氏曰：人見其章也，而實不見也。人見其變態萬狀也，而實不動也。人見其無所不成也，而實未嘗有所爲也。舜受堯禪，庶務衆職，從頭整頓，若不勝其繁矣，而曰「無爲」。禹乘四載，八年于外，三過其門而不入，若不勝其多事矣，而曰「行其所無事」。文王受命伐犬戎，伐密須，敗耆國，伐邘，伐崇，而又作邑遷都，若不勝其擾擾矣，而曰「不識不知」。嗚呼，此豈圄形泥象者所可知哉？

江陵項氏曰：此章言性者之道德無窮，

下章言教者之事業無窮。久以時言，悠遠以地言，博厚以業言，高明以德言。歷時之久，及物之遠，故其業愈廣，而德愈崇。業廣德崇，則愈能悠久。始於悠久，終於悠久，此所謂「至誠無息」也。無息者，理也。不息者，人也。無疆者，如天地之無盡處，無已時也。　又曰：不貳者，博厚、高明、悠久也。不測者，「不見而章，不動而變，無爲而成」也。　又曰：章者始著於外，變者漸入於人，成則治道成矣。

永康陳氏曰：至誠無息，運動不能自已也。「其爲物不貳，則生物不測」，一故生，生則烏可已？昭昭無非天，撮土無非地，拳石無非山，❶一勺無非水，一曲無非誠。不能積之，均弃物也。《孟子》曰：「日月有明，容光必照焉。」此至誠所以無息。子思發明詩人之意，謂純亦不已，以明文王即天，天與文王，只是至誠不已，便是無息。

延平周氏曰：言天地而復言山與水者，天地之所結者莫大乎山，而所融者莫大乎水。故復言之，以喻其悠久之道也。山非無貨財，以興寶藏爲主；水非無寶藏，以殖貨財爲主。

錢塘于氏曰：四條皆以「今夫」言之，蓋指今人見天地山川，其所多者若甚微，而不知其實甚大。於此以表天地之道，誠爲博厚、高明、悠久，不可以其所見者之多，而謂其止於此而已也。天斯昭昭，小明也。若曰見其小明者微也，其大者不止是，他皆類此。

❶ 「拳」，通志堂本、四庫本作「卷」。

晉陵錢氏曰：載物，以天下爲己任也。覆物，善惡無不容也。成物，久於其道，而天下化之也。悠久則配天之無疆。「其爲物不貳」，謂誠，「生物不測」，謂博厚、高明、悠久。此一節謂誠本成己，乃所以成物。昭昭之多，户牖間所見也。六十四黍爲圭，四圭爲撮。撮，以指撮取也。華，中華，嶽，四嶽也，謂中華之地，四嶽之山也。振，猶撼也。雖振撼之，水亦不洩。卷，猶塊也，謂塊石卷孿然也。寶藏，玉石之類。勺，飲器，以挹取也。黿如鱉而大，鼉如魚而有四足，蛟如龍而無角。此一節以天地山川，喻人之一言一行皆誠也。所謂至誠，惟在不已。

臨川王氏曰：「於乎不顯，文王之德之純」，傳註以爲文王之德，非不顯也，此固不然。此言文王之德，純粹不露，人不可得而見。如《詩》之「遵養時晦」，《易》之「内文明而外柔順」，《孟子》曰：「文王視民如傷，望道而未之見。」此皆言文王之守其德而不顯也。此其所以爲文王也。「純亦不已」者，所以通上句言。文王之所以爲文王，以其守之以至誠，純而不窮已，亦如天之高明不已也。蓋周家唯文王受命作周，積德無窮。故《詩》曰周家「世世脩德，莫若文王」，又曰「不識不知，順帝之則」，又曰「陟降庭止，在帝左右」，凡《詩》之美文王，皆美其至誠不已也。

建安真氏曰：「純亦不已」，純是至誠，無一毫人僞之雜也。惟其純誠無雜，自然能不已。如天之春而夏，夏而秋，秋而冬，晝而夜，夜而晝，循環運轉，一息不停，以其誠也。聖人之自壯而老，自始而終，無一息之懈，亦以其誠也。既誠，自然能不已。

嚴陵喻氏曰：曰昭昭，曰撮土，曰卷石，曰一勺，指一端之小者以爲言也。曰無窮，曰廣厚，曰廣大，曰不測，舉全體之大者以爲言也。始言其小，而終極其大，姑以明其由不貳以致不測之旨，非真謂天地山川必由積累而後盛大也。讀者毋以辭害意。

大哉聖人之道，洋洋乎發育萬物，峻極于天。優優大哉，禮儀三百，威儀三千，待其人然後行。故曰：「苟不至德，至道不凝焉。」故君子尊德性而道問學，致廣大而盡精微，極高明而道中庸，温故而知新、敦厚以崇禮。是故居上不驕，爲下不倍。國有道，其言足以興。國無道，其默足以容。《詩》曰：「既明且哲，以保其身。」其此之謂與？

鄭氏曰：育，生也。峻，高大也。凝，猶成也。德性，謂性至誠者。道，猶由也。問學，學誠者也。廣大，猶博厚也。温，讀如「燖温」之「温」，謂故學之孰矣，後時習之，謂之「温」。「其言足以興」，謂興起在位也。保，安也。

孔氏曰：自「大哉」至「不凝焉」，明聖人之道高大，苟非至德，其道不成。洋洋，謂道德充滿之貌。優優，寬裕之貌。《周禮》有三百六十官，言「三百」，舉成數耳。《儀禮》雖十七篇，其中事有三千。「尊德性」至「崇禮」，明賢人學而至誠也。《左傳》哀十二年，子貢曰：「盟可尋也，亦可寒也。」註云：「尋，温也。」又《有司徹》云「乃燅尸俎」，是燖爲温也。「居上不驕」而下，明賢人學至誠之道，中庸之行。若國有道，則竭盡知謀，其言足以興成其國。若國無道，則韜光潛默，足以自容其身，免於禍害。所引《詩·大雅·烝民》之篇。

河南程氏曰：自「大哉聖人之道」至「至道不凝焉」，皆是一貫。明道又曰：《中庸》言「禮儀三百，威儀三千」，方是説「優優大哉」，又却非如異教之説，須得如枯木死灰，以爲得也。又曰：德性者，言性之可貴，與言性善，其實一也。明道又曰：須是合内外之道，一天人，齊上下，下學而上達，極高明而道中庸。又曰：極高明而道中庸，非二事。中庸，天理也，天理固高明。不極乎高明，不足以道中庸。中庸乃高明之極也。又曰：理則極高明，行之只是中庸也。

横渠張氏曰：天體物而不遺，猶仁體事而無不在也。「禮儀三百，威儀三千」，無一物之非仁也。「昊天曰明，及爾出王。昊天曰旦，及爾游衍」，無一物之不體也。又曰：不尊德性，則問學從而不道。不致廣大，則精微無所立其誠。不極高明，則擇乎中庸，失時措之宜矣。又曰：「尊德性而道問學，致廣大而盡精微，極高明而道中庸」，皆逐句爲一義。上言重，下語輕。尊德性，猶據於德，德性須尊之。道，行也。問，問得者，學，行得者，猶學問也。尊德性，須是將前言往行、所聞所知以參驗，恐行有錯。致廣大須盡精微，不得鹵莽。極高明，須道中庸之道。又曰：今且只將尊德性而道問學爲心，日自求於問學有所背否？於德性有所懈否？此義亦是博文約禮，下學上達。以此警策一年，安得不長？每日須求多少爲益。知所亡，改得少不善，此德性上之益。讀書求義理，編書須理會，有所歸著，勿徒寫過。又多識前言往行，此問學上益也。勿使有俄傾閑度，似此三年，庶幾有進。又曰：致廣大，極高明，此則儘遠大，所處則直是精約。又曰：「温故而知新」，「多識前言往行以蓄德」，繹舊業而知新益，思昔未至而今至之，緣舊所見聞而察來，皆其義也。藍田吕氏曰：禮儀、威儀，道也。所以行之者，德也。小德可以任小道，至德可以守至道。故道不虚行，必待人而後行。故必有人而行，然後可名之道也。又曰：道之在我者，德性而已。不先貴乎此，則所謂問學者，不免乎口耳爲人之事而已。道之全體者，廣大而已。不先充乎此，則所謂精微者，或偏或隘矣。道之上達者，高明而已。不先止乎此，則所謂中庸者，同汙合俗矣。温故知新，將以進吾知也。敦厚崇禮，將以實吾行也。知崇禮卑，至于成性，則道義皆從此出矣。爲下而居上而驕，知上而不知下者也。爲下而倍，知下而不知上者也。國有道，不知言之足興，知藏而不知行者也。國無道，不知默之足容，知行而不知藏者也。是皆一偏之行，不蹈乎時中。唯明哲之人，知上知下，知行知藏，此所以卒保其身者也。建安游氏曰：「發育萬物，峻極于天」，至道之功也。「禮儀三百，威儀三千」，至道之具也。洋洋乎，言上際乎天，下蟠於地也。「優優大哉」，言動容周旋中禮也。夫以三百、三千之多儀，非天下至誠，孰能從容而盡中哉？故曰「待其人然後行」。蓋盛德之至者人也，故曰「苟不至德，至道不凝焉」。至德非他，至誠而已矣。又曰：懲忿窒慾，閑邪存誠，此「尊德性」也。非學以聚之，問以辨之，則擇善不明矣，故繼之以「道問學」。「尊德性而道問學」，然後能致廣大。尊其所聞，行其所知，充其德性之體，使無不該徧。如卷石之山，積之至於廣大；如一勺之水，積之至於不測，此致廣大也。非盡精微，則無以極深而研幾也，故繼之以「盡精微」。「致廣大而盡精微」，然後能極高明。始也未離乎方，今則無方矣。始也未離乎體，今則無體矣。離形去知，廓然大通，此極高明也。非道中庸，則無踐履可據之地，不幾於蕩而無執乎？故繼之以「道中庸」。高明者，中庸之妙理，而中庸者，高明之實德也，其實非兩體也。尊其德性而道問學，人德也。致廣大而盡精微，地德也。極高明而道中庸，天德也。自人之天，則上達矣。而下學者，不可以已也。故「温故而知新」，所以博學而詳説之也；「敦厚以崇禮」，所以守約而處中也。約之之道，舍禮何以哉？以此居上，則舜之袗衣鼓琴，若固有之，故不驕。以此爲下，則孔子之乘田委吏，各任其職而已，故不倍。或出或處，或默或語，時措之宜也。豈干時犯分以蹈人禍哉？

延平楊氏曰：道之峻極于天，道之至也。無禮以範圍之，則蕩然無止，而天地之化或過矣。「禮儀三百，威儀三千」，所以體道而範圍之也。故曰「苟不至德，至道不凝焉」。所謂至德者，禮其是乎？夫禮，天所秩也，後世或以爲忠信之薄，或以爲僞，皆不知天者也，故曰「待其人然後行」。蓋道非禮不止，禮非道不行，二者常相資也。苟非其人，而梏於儀章器數之末，則愚不肖之不及也，尚何至道之凝哉？　又曰：尊德性而後能致廣大，致廣大而後能極高明，道問學而後能盡精微，盡精微而後能擇中庸而固執之，❶入德之序也。　又曰：國無道，可以卷而懷之，然後其默足以容。此明哲保身之道，非遵養之有素，其何能爾？不然，雖欲卷而懷之，其可得乎？　又曰：道止於中而已矣。出乎中則過，未至則不及，故唯中爲至。夫中也者，道之至微，故中又謂之極。屋極亦謂之極，蓋中而高故也。極高明而不道中庸，則賢知之過也。❷道中庸而不極乎高明，則愚、不肖之不及也。世儒以高明中庸析爲二致，非知中庸也。以謂聖人以高明處己，中庸待人，則聖人處己常過之，待人常不及，道終不明不行，與不肖者無以異矣。

新安朱氏曰：此第二十七章，言人道也。「大哉聖人之道」，包下文兩節而言。「洋洋乎發育萬物，峻極于天」，此言道之極於至大而無外也。優優，充足有餘之意。禮儀，經禮也。威儀，曲禮也。此言道之入於至小而無間也。「待其人而後行」，總結上兩節。至德，謂其人。至道，指上兩節而言也。凝，聚也，成也。尊者，恭敬奉持之意。德性者，吾所受於天之正理。敦，加厚也。「尊德性」，所以存心而極乎道體之大也。「道問學」，所以致知而盡乎道體之細也。二者脩德凝道之大

❶「而固執之」，通志堂本、四庫本作「則固爲」。
❷「之過」，原作「過之」，今據通志堂本、四庫本改。

端也。不以一毫私意自蔽，不以一毫私欲自累，涵泳乎其所已知，敦篤乎其所已能，此皆存心之屬也。析理則不使有毫釐之差，處事則不使有過、不及之繆。理義，則日知其所未知；節文，則日謹其所未謹，此皆致知之屬也。蓋非存心，無以致知，而存心者，又不可以不致知。故此五句，大小相資，首尾相應，聖賢所示入德之方，莫詳於此，學者宜盡心焉。自「尊德性」至「敦厚」，皆是德性上工夫。自「道問學」至「崇禮」，皆是問學上工夫。

德性曰尊者，把做一件物事崇尚他；問學曰道者，只是行將去。　諸説程、張備矣。張子所論逐句爲義一條，甚爲切於文義。故吕氏因之，然須更以游、楊二説足之，則其義始備爾。游氏分別至道、至德爲得之，唯「優優大哉」之説爲未善，而以無方、無體、離形、去知爲極高明之意，又以人德、地德、天德爲德性廣大高明之分，則其失愈遠矣。❶楊氏之説亦不可曉。蓋道者自然之路，德者人之所得。故禮者道體之節文，必其人之有德，然後乃能行之也。今乃以禮爲德，而欲以凝夫道，則既誤矣，❷而又曰道非禮，則蕩而無止，禮非道，則梏於儀章器數之末，而有所不行，則是所謂道者，乃爲虚無恍惚，元無準則之物。所謂德者，又不足以凝道，而反有所待於道也。其諸老氏之言乎？　誤益甚矣。温故知新，敦厚崇禮，諸説但以二句相對，明其不可偏廢，大意固然。然細分之，則温故然後有以

❶「愈」，通志堂本、四庫本作「高」。
❷「既」，通志堂本、四庫本作「其」。

知新，而温故又不可不知新。敦厚然後有以崇禮，而敦厚又不可不崇禮。此則諸説之所遺也。大抵此五句承章首道體大小而言，故一句之内，皆具大小二意。如德性也，廣大也，高明也，故也，厚也，道之大也；問學也，精微也，中庸也，新也，禮也，道之小也。尊之道之，致之盡之，極之道之，温之知之，敦之崇之，所以脩是德而凝是道也。以其於道之大小無所不體，故居上居下，在治在亂，無所不宜。此又一章之通旨也。

涑水司馬氏曰：君子雖貴尚德性，然必由學乃成聖賢。德至廣大，猶不敢忽細事；智極高明，不爲已甚，必爲其中庸。力學不倦，至誠積德，而折衷於禮。

海陵胡氏曰：禮儀，禮之大經，威儀，曲禮也，委曲繁細之威儀。至德者，至誠之德也。德性，善性也。道，由也。崇，尚也。爲下不倍者，不巧言令色，倍叛於聖道也。有道之世，其言足以興起國家；無道之世，知幾識微，全身遠害也。

嵩山晁氏曰：明道先生謂此一以貫之也。思尊德性而必道問學，問學斯德性也。思致廣大而必盡精微，精微斯廣大也。思極高明而必道中庸，中庸斯高明也。思温故而必知新，知新斯温故也。思敦厚而必崇禮，崇禮斯敦厚也。德性猶悠久也，廣大猶博厚也，故二程先生及横渠先生説皆同。近世聱學謂既極高明，而反道中庸，末乎中庸也，分而爲二事，莫知誠之一致也。

延平周氏曰：至德，中庸之人德。至道，高明之天道。由天而爲人者，必歸乎中庸。由人而入天者，必始乎中庸。故曰

「苟不至德，至道不凝焉」。尊德性然後致廣大，道問學然後盡精微。致廣大然後極高，盡精微然後極明。高明既極矣，而天下爲難繼，故俯而道乎中庸。温故者，月無忘其所能也。知新者，日知其所亡也。温故而知新者，學也。敦厚者，言其美質也。知禮者，言其文也。敦厚而知禮者，禮也。方其爲高明之天道，則學與禮乃爲其成終者也。方其爲中庸之人道，則學與禮乃爲其成始者也，故其序如此。能高明，能中庸，則其於進退也知有義，而於廢興也知有命。唯其知有義，知有命，則進而居上不驕，窮而爲下不倍。國之有道則知，故其言足以興；國之無道則愚，故其默足以容。

新定顧氏曰：有道而言，君子所易；無道而默，君子所難。故又舉《詩》之言「明哲保身」以申其旨。夫以默容身，疑於偷生。然愛其死以有待，養其身以有爲，是明哲者之事也。

晏氏曰：洋洋乎大者，聖人之道，優優其大者，天下之禮。非有洋洋乎大之道者，不能行優優其大之禮，故曰「待其人然後行」，謂禮待聖人而後行爾。

高要譚氏曰：「聖人之道，洋洋乎發育萬物，峻極于天」，可謂至矣。而「禮儀三百，威儀三千」，未嘗少廢也。禮儀三百，無大不該；威儀三千，無細不盡：皆聖人踐履實處。非聖人純一不已，則未免有所遺。故「必待其人然後行」者，指言唯聖人乃能行之不已也。行之不已，三百、三千，無不該盡，是謂至德。故《孟子》曰：「動容周旋中禮者，盛德之至也。」唯至德乃能成其道。苟不至德，則發育峻極之道，安能堅凝乎？大哉聖人之道也，其踐履實處，只在「禮儀三百，威儀三千」之間。此文王所以「陟降在帝左右」者也。自尊德性以後，皆連續用功，終之以崇禮，則禮者，終身之所踐履也。動容周旋，皆中於禮，乃爲盛德之至。而「禮儀三百，威儀三千」，無不該盡。此則純亦不已之事也。君子既進乎盛德之至，則凡所踐履，動與理俱，出處語默，無不適宜。故以此處上，則合乎天道之下濟，故不驕。以此處下，則合乎地道之上承，故不倍。以此處有道之時，則明乎陽長陰消之義，故其進也，言足以興。以此處無道之世，則察乎陽消陰長之幾，故其退也，默足以容。一身之間，而天地陰陽之理，舉無違者，以其本之先立故也。《詩》所謂「明哲保身」，豈非以本既先立，而後能保其身耶？

錢塘于氏曰：前論聖人之道，必歸於禮，次論君子求聖人之道，亦必歸於禮。君子尊德性，有若茫昧者矣，未始無道問學之實；致廣大，有若浩渺者矣，未始無盡精微之要；極高明，有若超出於無外者矣，未始無道中庸之常。以尊德性，致廣大，極高明，是上達者之事也。君子猶且道問學，盡精微，道中庸，盡心於下學之事，猶未已也。温故而知新，其心愈小，不自以爲窮神知化。敦厚以崇禮，其道愈降，不自以爲超出無形。以君子之求道，一本於其實，而不爲嶄絶崖異者如此，學者其可不三復斯章，有以見中庸之道誠非異端之所可共論也。此章前後相爲表裏，宜反覆玩味之。

東萊吕氏曰：「大哉聖人之道，洋洋乎發

育萬物，峻極于天」，而繼之以「禮儀三百，威儀三千」。聖人之道正是如此。若無禮以行之，便是釋氏。

永康陳氏曰：待其人者，欲其實得之也。苟非實德，何以爲德之至凝與我爲一也？　又曰：興如「綏之斯來，❶動之斯和」，容如「磨而不磷，涅而不緇」。

晉陵喻氏曰：極高明而復道中庸，異乎賢者之過乎高而知者之過乎明者矣。温故者，「念終始典于學」也。知新者，「厥德脩罔覺」而「日日新」者也。言足以興，君子之美也。默足以容，君子之難也。然有國有天下者，其可使人默而容哉？此治亂之分也。

莆田鄭氏曰：性具天德，本與天地參。唯人不學，則自卑自小，戕賊梏亡，鮮有盡其性者。使之以德性爲尊，則學問不敢一日廢。❷唯知學問，則廣大、精微、高明、中庸、知新、崇禮，可以馴致也。道大無外，❸性天等無外。人蔽於小己之私，則廣大者狹矣。使力學以徹之，則吾心與天地同其大。道心唯微，不探不得其賾。竭知燭以照之，則可以極深而研幾，窮神而知化矣。知高明之中本有中庸，人情事物本有程度，尊卑大小本有品節，離人而談天，離中庸而談高明，老、釋之説也，慕高明而亡準的，趣虚無而背繩墨，喜希奇而廢日用，流寂滅而事怪誕。是故知者過於用知，而愚者憎隨流俗，❹中庸之德所以鮮能也。通古今一理，本

❶「斯」，原作「所」，今據通志堂本、四庫本改。
❷「一日」，通志堂本、四庫本作「有」。
❸「道」，通志堂本、四庫本作「廣」。
❹「憎」，通志堂本、四庫本作「慣」。

無新，亦無故，在人以日聞者爲新，有新則有故矣。習故常之道，而我有所見，知新者也。聖人制禮，使人道不偷，豈至薄者所能爲？故曰「敦厚以崇禮」。禮所以裁天下萬物之中，而古今通用，即中庸也。學至廣大精微，而終不離於中庸者，合内外，貫精粗，而不偏者也，此所以爲孔、顔之學。

晉陵錢氏曰：反復言道之大也。聖人，古聖人也。洋洋，如水洋洋，顯而可見也。「發育萬物，高極於天」，言天地之間，無非此道。優優然饒裕，亦大矣哉！在國曰禮儀，亦曰經禮，上所行也。在人曰威儀，亦曰曲禮，下所習也。《左氏春秋》曰：「有威而可畏謂之威，有儀而可象謂之儀。」三百，言其多也。三千，言尤多也。道雖大，散於禮，非人不行。故言道者必曰聖人之道，君子之道。「故曰」，舉古語也。凝，猶聚也。《周禮》云：「至德以爲道本。」道問學，道中庸，道，猶行也，由也。温，習也。習古者不知變，敦厚者多任情，故貴於知新而崇禮。足以興，興人之國也。足以容，自容其身，若箕子爲之奴，以保其身，不輕於死也。此一節謂君子以身任道。

宣城奚氏曰：聖人之道至於「洋洋乎發育萬物，峻極于天」，可謂大矣。然此猶是形而上者，未易以言語求也。若乃形而下者，如禮儀之三百，威儀之三千，則亦未易行也，故必待其人而後行。《孟子》曰：「動容周旋中禮，盛德之至。」能行是禮，則至德在我，而至道可凝矣。何者？本末一理也，體用一源也。灑掃應對即精義妙道之所寓，形而下者即形而上者存焉。德之未至，而曰有得於道，吾恐其無實也。故君子之於道，尊德性而道問學，致廣大而盡精微，極高明而道中庸，温故而知新，可謂博約兩全，見行互進，❶超然有日新之功矣，而猶且「敦厚以崇禮」，蓋不如是，則無以凝至道也。夫德性固不可以不尊也，非道問學則德性何由而明？致廣大，極高明，所以尊德性也。於廣大之中而盡精微，於高明之中而道中庸，則問學之功也。以吾平日之所問學踐履者，反覆紬繹之，而又知所未知焉，則温故而知新矣。君子之心猶慮夫睨高而遺下，忽小以遺大也。既崇禮而且加之以篤厚焉，于以見古人務學之實如此。欲觀吾夫子者，觀諸《鄉黨》一書，則其敦厚崇禮之氣象，可以見其爲學矣。彼以禮爲聖人之僞、忠信之薄者，烏足以語此？

霅川倪氏曰：前章言自小而大，自微而著。此則既極其至，又加以學。大而不遺其細，著而反求其微，學無止法也。温故知新者，博之以文也；敦厚崇禮者，約之以禮也。

禮記集說卷第一百三十四

❶「見」，通志堂本、四庫本作「知」，疑是。

禮記集説卷第一百三十五

子曰：「愚而好自用，賤而好自專，生乎今之世，反古之道，如此者，裁及其身者也。」非天子不議禮，不制度，不考文。今天下車同軌，書同文，行同倫。雖有其位，苟無其德，不敢作禮樂焉。雖有其德，苟無其位，亦不敢作禮樂焉。子曰：「吾説夏禮，杞不足徵也。吾學殷禮，有宋存焉。吾學周禮，今用之，吾從周。」

鄭氏曰：禮，謂人所服行也。度，國家宮室及車輿。文，書名也。此天下所共行，天子乃能一之也。「今天下」，孔子謂其時。「雖有其位」以下，言作禮樂者必聖人在天子之位也。「不足徵」，徵，猶明也。吾能説夏禮，顧杞之君不足與明之也。「吾從周」，行今之道。

孔氏曰：自「愚而好自用」至「禮樂焉」以上，論賢人學誠，或語或默，以保其身。孔子因自明以此之故，不敢專制禮樂也。「車同軌」，覆上「不制度」。「書同文」，覆上「不考文」。自「吾説夏禮」以下，爲上文言身無其位，不敢制作二代之禮，夏、殷不足可從，所以獨從周禮之意。

藍田吕氏曰：無德爲愚，無位爲賤。有位無德而作禮樂，所謂「愚而好自用」。有德無位而作禮樂，所謂「賤而好自專」。生周之世而從夏、殷之禮，所謂「居今之世，反古之道」。三者有一焉，取裁之道也。故王天下有三重焉，議禮所以制行，故行必同倫；制度所以爲法，故車必同軌；考文所以合俗，故書必同文。唯王天下者行之，諸侯有所不與也。故國無異政，家不殊俗，蓋有以一之也。如此則寡過矣。

延平楊氏曰：愚無德也，而好自用。賤無位也，而好自專。居今之世，無德、無位，而反古以有爲，皆取裁之道，明哲不爲也。故繼之曰「非天子不議禮，不制度，不考文」。蓋禮樂、制度、書文，❶必自天子出，所以定民志，一天下之習也。變禮易樂，則有誅焉，況敢妄作乎？有其位，則可以作矣。然不知禮樂之情，則雖作而不足爲法於天下矣。故有其位無其德，亦不敢作也，況無其位乎？

建安游氏曰：「愚而好自用」，非其言足以興也。「賤而好自專」，非其默足以容也。雖有其位，❷苟無其德，不敢作禮樂焉，以有義也，何自用之有？雖有其德，苟無其位，不敢作禮樂焉，以有命也，何自專之有？生乎今之世，則無得位之理。乃欲復古之道，是干時犯分也，❸故裁及其身。義理所以正天下之行，制度所以定天下之器，考文所以一天下之道。「今天下車同軌」，則度無所事制矣。「書同文」，則文無所事考矣。「行同倫」，則禮無所事議矣。況其位非天子乎？孔子於衛，先正名；於魯，先簿正祭器。使孔子而得志於天下，則其制作必有先後緩急之序矣。

河東侯氏曰：「吾學夏禮，杞不足徵也。吾學殷禮，有宋存焉。吾學周禮，今用

❶「書」，通志堂本、四庫本作「考」。
❷「位」，原作「義」，今據通志堂本、四庫本改。
❸「時」，通志堂本、四庫本作「義是」。

之，吾從周」，明三代之禮皆可沿革也。宋，杞不足徵吾言，則不言。周禮今用之，則「吾從周」。此孔子之時中也。顔淵問爲邦。子曰：「行夏之時，乘殷之輅，服周之冕。樂則《韶》舞。」此沿革之大旨也。通天下，等百世，不弊之法也。使孔子而有位焉，其獨守周之文，而不損益乎？

新安朱氏曰：此第二十八章，承上章「爲下不倍」而言，亦人道也。反，復也。孔子之言，子思引之。「非天子不議禮」以下，子思之言。禮，親疏、貴賤相接之體也。度，品制也。軌，轍迹之度。倫，次序之體。三者皆同，言天下一統也。末又引孔子之言。杞，夏之後。徵，證也。宋，殷之後。三代之禮，孔子皆嘗學之，而能言其意。但夏禮既不可考證，殷禮雖存，又非當世之法，唯周禮乃時王之制，今日所用。孔子既不得位，則從周而已。　或問：子思之時，周室衰微，禮樂失官，制度不行於天下久矣。其曰同軌、同文，何耶？曰：當是之時，周室雖衰，而人猶以爲天下之共主。諸侯雖有不臣之心，然方彼此争雄，不能相尚。下及六國之未亡，猶未能更姓改物，而定天下于一者也。則周之文軌，孰得而變之哉？曰：周之車軌、書文，何以能若是其必同也？曰：古之有天下者，必改正朔，易服色，殊徽號，以新天下之耳目，一其心志。若三代之異尚，其見於書傳者詳矣。軌者，車之轍迹也。周人尚輿，而制作之法領於冬官。其輿之廣六尺六寸，故其轍迹之在地者，相距之間廣狹如一，無有遠邇，莫不齊同。凡爲車者，必合乎此，然後可以行乎方内，而無不通。不合乎此，則不唯有司得以討之，而其行於道路，自將偏倚杌棿，而跬步不前，亦不待禁而自不爲矣。古語所謂「閉門造車，出門合轍」，蓋言其法之同。而《春秋傳》所謂「同軌畢至」者，則以言其四海之内，政令所及者無不來也。文者，書之點畫形象也。《周禮》司徒教民道藝，而書居其一。又有外史掌書名於四方，而大行人之法，則又每九歲而一喻焉。其制度之詳如此。是以雖其末流，海内分裂，而猶不得變也。必至於秦滅六國，而其號令法制有以同於天下。然後車以六尺爲度，書以小篆、隸書爲法，而周制始改爾。孰謂子思之時而遽然哉？

涑水司馬氏曰：「愚而好自用」，謂無德而作禮樂者也。「賤而好自專」，謂無位而作禮樂者也。此無德、無位之人，生今之世，强欲反古之道，必不爲今人所容，故災必及其身。文，謂聲名文物；軌，謂轍間之廣。文，六書之體；倫，善惡之理。徵，謂求訪引證。殷人差近宋人。宋人雖不足徵，而散落差小，❶故曰「有宋存焉」。周禮今所用，其文最備，故「吾從周」。

海陵胡氏曰：禮樂自天子出，非天子不可議禮。度，法度也。律度量衡之事皆是，非天子不可制之。文者，文教之令。考，成也。文教非天子不可成。

延平周氏曰：愚，言其性；賤，言其分。上以道揆，故議禮以順其時，制度以齊其政，考文以一其道。若修五禮，同律度量衡，論書名者是也。下以法守，故於禮也

❶「小」，通志堂本、四庫本作「少」。

執之而已；於度也，謹之而已；於文也，守之而已。此先王之盛時，所以同四海於一堂之上者也。春秋之衰世，上無道揆，下無法守，而猶有「車同軌，書同文，行同倫」者，蓋其理出於性命而本在於人心者，雖虐政不能泯，又況先王之遺風流澤，猶或有未息者哉？位非天子，則禮樂非所主；德非聖人，則禮樂非所知。唯其位爲天子、德爲聖人者，然后可以作禮樂也。《傳》曰：「夏禮吾能言之，杞不足徵也。殷禮吾能言之，宋不足徵也，文獻不足故也。」此反謂「吾學殷禮，有宋存焉」，何也？夫以公而責之詳，則二國皆不足徵；以恕而責之略，則彼善於此者有之。《春秋》之法，書宋公而未嘗書杞公者，亦以此歟？《傳》曰：「如用之，則吾從先進。」而此反謂「吾學周禮，今用之，吾從周」，何也？蓋從野人所以矯弊，而用周禮所以尚文。唯其能矯弊而又能尚文，此聖人所以不爲一曲之論也。

兼山郭氏曰：時爲大，順次之，自孔子述而不作，信而好古，此聖人在下，不當時命者，舉皆然也。是以君子行禮，不求變俗。祭祀之禮，居喪之服，皆如其國之故。謹脩其法，而審行之，上則有時王之制，下則有國之成俗故也。周公，聖人之在上，故禮樂無所讓；孔子，聖人之在下，故時命有所不得爲。況「愚而自用，賤而自專，生今之世，反古之道」者乎？孔子作《春秋》，必書「王正月」，意者天下無王，則禮樂、制度、綱紀、文章或幾乎息矣。「王正月」，亦「吾從周」之義也。❶

❶「亦吾」，通志堂本作「無亦」，四庫本作「無非」。

范陽張氏曰：苟無其位，禮未當道，度未合法，文未從宜，非吾之職也。吾其如之何哉？夫子雖灼見，當行夏之時，乘商之輅，服周之冕，樂則《韶》舞。然不在相位，不得相周天子以制作，徒有其德而已，豈敢自用、自專，亂天子之法，以取裁禍乎？

莆陽林氏曰：文籍典議，朝廷之所以紀綱天下，非天子則不得考文。雖然，窮而在下者，固當著述，傳之來世，考文亦何害？何必須天子然後方考文乎？蓋考文最是天子一件事。仲尼嘗曰：「知我者《春秋》，罪我者《春秋》。」又曰：「其文則史，其義則丘竊取之。」以仲尼之脩《春秋》，但因魯史也，述而不作，未嘗考文，以此愈知非天子不得考文也。

長樂陳氏曰：天子之於天下，以道揆者也，故禮必議之而後行，度必制之而後頒，文必考之而後達。夫然後朝信道而無異禮，工信度而無異度，史信書而無異文。此天下所以如出乎一家，中國所以如出乎一人也。今天下車同軌，工非不信度也；書同文，史非不信書也；行同倫，朝非不信道也。然而禮樂不達乎天下者，德位不並，無以知禮樂之情故也。

晉陵錢氏曰：杞，夏後也。宋，殷後也。杞微，故不足徵。宋在春秋時猶爲大國，故欲求徵，已乃知其不足徵耳。❶「今用之」，謂周禮今方施用，不得不從也。案《論語》云：「夏禮吾能言之，杞不足徵也；殷禮吾能言之，宋不足徵也，文獻不

❶「已」上，通志堂本、四庫本有「而」字，是。

足故也。」又《禮運篇》云：「我欲觀夏道，是故之杞而不足徵也，吾得《夏時》焉。我欲觀殷道，是故之宋而不足徵也，吾得《坤乾》焉。」三者不同，當是先後言之。蓋夫子欲兼三代，酌文質之中，而不能自專，故曰「吾從周」。

蔡氏曰：夏禮、殷禮，❶當孔子時，所謂雖善無徵者也。

長樂劉氏曰：「今天下車同軌」者，古者天子、公、侯、伯、子、男、士、庶人，宗廟、宫室、車旗、冠冕、衣冠、器用、城邑、井賦，自貴逮賤，皆有等降，居其位，守其制，不敢踰也。上而陵下謂之偪，下而陵上謂之僭，故制度行而天下莫敢縱其情，則五材之用足於天下矣。今孔子之時，天下之車，乃器物之顯而用乎外者也。貴賤同其軌，法無等降焉，則僭偪公行，而制度之道亂矣。「書同文」者，古者禮樂征伐自天子出，而號令臣民，俾遵乎大中，無敢過與不及也。是以君出號令，以首政教，而公、侯、伯、子、男奉而行之，所以承流宣化，齊天下之不齊，一天下之不一。故典謨誥誓之文，非貴爲天子，不可得以專之也。今孔子之時，夷狄稱王，子男稱公，天子醜于諸侯，典謨誓誥之文得以行於小國，故曰「書同文」也。「行同倫」者，古者天子祭天地七廟，公侯祭境内山川五廟，則其下者遞以等降，莫不隨其位以行其禮也。是君臣、父子、兄弟、夫婦、朋友之交，性與道雖同，禮與位必異，則其行也不可得以貴賤同倫矣。今

❶「殷禮」上，原有「周禮」二字，今據通志堂本、四庫本删。

季氏，陪臣也，而旅於泰山；三家，卿廟也，而以《雍》徹。臣道失其位，而中失其措，人亂其倫可知也。孔子傷其時之如是，又歎時之天子雖有其位而無其德，不可以作禮樂焉；己雖有其德，而見棄於時，又無其位，不可以作禮樂焉。天時自然，德位相背，非聖人無意於生靈也。既不得救於其時，乃將從周之禮，述而明之於後世，以俟聖王而興之也。

新定顧氏曰：此章言君子之行有攸當也。夫德有大小，位有尊卑，以大德而履尊位，宰制自我，裁成自我，則曰禮樂，曰法度，曰文章。經綸圖回，與時變通可也。德之與位一有闕焉，而有意於斯，非妄則僭矣。故謂之「愚」，則無德者也；謂之「賤」，則無位者也。若是而曰自用、自專，以今之人，變古之道，則裁且必及其身矣。何則？有位無德，輕於改作，天下之心將有所不厭。人心一摇，危亡且至，非裁及其身者乎？有德無位，敢於改作，在上者之所不平，刑戮將至，非裁及其身者乎？是以聖人謂夫禮節之可損可益，固所當議也；法度之或得或失，固所當制也；文章之有是有非，固所當考也。然是三者，皆天子之任也。今之天下，周之天下也。四海一統，則車同軌矣。《詩》、《書》之訓，家傳人誦，則書同文矣。「文武之道，未墜於地」，則行同倫矣。此文、武、周公之所建置者也。使上之人而能持循也，則治平自可致；使下之人而能持循也，則德行自可成，何必他求哉？聖人之作《春秋》也，期望時王，惟曰「守文王之法度」；語門弟子，一則曰「吾從周」，二則曰「吾從周」，謂夫君子之行所宜爾也。雖然，有位而無德，當盡夫己之所爲。有德而無位，當聽夫天之所爲。蓋己之所爲者，性也。天之所爲者，命也。性之盡則居位而改作，若帝王禮樂不相沿襲，而不爲妄。命之聽，則若大舜有天子之薦、周公相成王之治，有所改作，而不爲僭。斯又夫子言外之意。

「王天下有三重焉，其寡過矣乎！上焉者，雖善無徵，無徵不信，不信，民弗從。下焉者，雖善不尊，不尊不信，不信，民弗從。故君子之道，本諸身，徵諸庶民，考諸三王而不繆，建諸天地而不悖，質諸鬼神而無疑，百世以俟聖人而不惑。『質諸鬼神而無疑』，知天也。『百世以俟聖人而不惑』，知人也。是故君子動而世爲天下道，行而世爲天下法，言而世爲天下則。遠之則有望，近之則不厭。《詩》曰：『在彼無惡，在此無射，庶幾夙夜，以永終譽。』君子未有不如此，而蚤有譽於天下者也。」

鄭氏曰：「三重」，三王之禮。上，謂君也。君雖善，善無明徵，則其善不信也。下，謂臣也。臣雖善，善而不尊君，則其善亦不信也。知天、知人，謂知其道也。鬼神，從天地者也。《易》曰：「故知鬼神之情狀，與天地相似。」聖人則之，百世同道。射，厭也。永，長也。

孔氏曰：君子行道，須本於身，達諸天地，質諸鬼神，使爲天下後世法。孔子徵自明己之意也。按《檀弓》曰：「今丘也，殷人也。」兩楹奠殯哭師之處，皆法於殷。今云「從周」者，言周禮法最備，魯與諸侯皆用之。孔子身之所行，雜用殷禮也。三重謂夏、殷、周三王之禮，其事尊重，若能行之，寡少於過也。君子之道本諸身，謂行道先從身起。「徵諸庶民」者，徵，驗也。謂立身行善，使有徵驗於庶民也。「建諸天地」，建，達也。不悖，謂與天地合。所引《詩》，《周頌・振鷺》之篇，言微子之德，在彼宋國民無惡之，在此來朝人無厭倦，故庶幾夙夜，以長永終竟美譽。君子之德亦如此，故引以結之。

河南程氏曰：「三重」，即三王之禮。三王雖隨時損益，各立一箇大本，無過不及，此與《春秋》正相合。伊川 又曰：三重，言三王所重之事。上焉者，三王以上，三皇已遠之事，故無證。下焉者，非三王之道，如諸侯伯者之事，故民不尊。伊川 又曰：理則天下只是一箇理，故推至四海而準。須是質諸天地，考諸三王，不易之理。故敬則只是敬此者也，仁是仁此者也，信是信此者也。

藍田呂氏曰：徵，謂驗於民。尊，謂稽於古。上焉者，謂上達之事，如性命道德之本，不驗之於民之行事，則徒言而近於荒唐。下焉者，謂下達之事，如形名度數之末，隨時變易，無所稽考，則臆見而出於穿鑿。二者皆無以取信於民，是以民無所適從。故君子之道，必無所不合而後已。有所不合，僞也，非誠也。故於身、於民、於古、於天地、於鬼神、於後世無不合，是所謂誠也，非僞也。物我、古今、天人之所同然者也。如是則其動也、行也、言也，不爲天下之法則者，未之有也。此天下所以「有望」、「不厭」，「而早有譽於天下者」也。「三重」説見前章。

建安游氏曰：夏禮杞不足徵，殷禮有宋存焉，周禮今用之。蓋去當世滋遠，則文獻益不足徵也，况三代而上乎？故「王天下有三重」而已。三重者，三代之禮也。禮者，王天下之道莫重焉，故聖王重之。上焉者，五帝之禮，其事不可考，而無以示民。下焉者，五霸之功，其道不足稱，而無以動民。是以聖人稽古之禮不過三王，而師古之道上及五帝。若「通其變，使民不倦，神而化之，使民宜之」，雖百世聖人，不能易也。如其損益之禮，止言夏、殷、周而已。然五帝之道至堯舜而明，三王之禮至文武而備。此經所以言「仲尼祖述堯舜，憲章文武」也。全體不偏之謂「中」，利用不窮之謂「庸」，此三極之道，萬世不可易之理也。以此脩身，則有本；以此施之庶人，則有徵。三王者，推此道以盡制也；天地者，體此道以成物也。故「考諸三王而不繆，建諸天地而不悖」。鬼神者，主此道以應物也；聖人者，守此道以盡倫也。故「質諸鬼神而無疑，百世以俟聖人而不惑」。由明則爲天地，由幽則爲鬼神，故「建諸天地而不悖」，則「質諸鬼神而無疑」矣。由前則爲三王，由後則爲百世之聖，故「考諸三王而不繆」，則「百世以俟聖人而不惑」矣。三王以業言也，故稱「不繆」；天地以性言也，故稱「不疑」；❶聖人以德言也，故稱「不惑」。鬼神與天地同德，故質之不疑爲知天。聖人與人爲徒，故俟之不惑爲知人。天人之道至矣，則動而爲道，行而爲法，言而爲則，不獨可以行於一方，固可以善天下；不獨可以行於一時，固可以傳後世。遠者慕之，近者懷之，盛德之實著矣，令聞安所逃哉？

❶「疑」，據上下文當爲「悖」字。

河東侯氏曰：「王天下有三重焉」，言三王之法各有可重者。如子丑寅之更建，忠質文之迭尚，損益而得中，所以寡過也。過此，則上焉者，三代而上，遠而難考，故雖善無徵，無徵則不信，不信，民所以弗從也；下焉者，三代而下，雜霸苟且之政，不根乎道，故雖善不尊，不尊則不信，不信，民所以弗從也。君子之道可行於天下者，不過近取諸身而已。故子思又以切近之道明之。如仁之於父子，義之於君臣，口之於味，目之於色，耳之於聲，鼻之於臭，皆吾生之固有，性之自然。推吾之固有、性之自然，驗諸庶民，亦與吾之心同然。又考諸三王以參之，考諸三王而不繆，則中庸之道至矣。又建諸天地以自試焉，建諸天地而不悖，則與鬼神合其吉凶矣。又何疑焉？質諸鬼神而無疑，知天也。天之心即吾之心也。百世以俟聖人而不惑，知人也。前聖之道，❶後聖之道是也。天也、人也，無它，理也。是理也，唯聖人能盡之，故動而世爲天下道，行而世爲天下法，言而世爲天下則。道也，法也，則也，非吾一己之私，天下之道，天下之行，天下之言，吾由之而不悖爾。所以遠之則有望，近之則不厭。《詩》曰：「在彼無惡，在此無射。庶幾夙夜，以永終譽。」庶幾夙夜，無終食之間違仁，君子終日乾乾也。

新安朱氏曰：此第二十九章，承上章「居上不驕」而言，亦人道也。上焉者，謂時王以前，如夏殷之禮，雖善，而皆不可考。下焉者，謂聖人在下，如孔子，雖善於禮，

❶「聖」下，通志堂本、四庫本有「人」字。下句同。

而不在尊位也。故「君子之道」以下，指王天下者而言。其道即議禮、制度、考文之事也。本諸身，有其德也。徵諸庶民，驗其所信從也。建，立也，立於此而參於彼也。天地者，道也；鬼神者，造化之迹也。「百世以俟聖人而不惑」，所謂聖人復起，不易吾言者也。知天、知人，知其理也。動兼言行而言，道兼法則而言。所謂「未有不如此」者，指「本諸身」以下六事而言。「三重」，諸說不同，雖程子亦因鄭註，然於文義皆不通。唯呂氏一說爲得之耳。至於上下焉者，則呂氏亦失之，惜乎其不因上句以推之，而爲是矛盾也。曰：然則上焉者以時言，下焉者以位言，宜不得爲一說，且又安知下焉者之不爲霸者事耶？曰：以王天下者而言，則位不可以復上矣；以霸者之事而言，則其善又不足稱也。亦何疑哉？曰：此章文義多近似，而若可以相易者，其有辨乎？曰：有。三王以迹言者也，故曰「不繆」，言與其已行者無所差也。天地以道言者也，故曰「不悖」，言與其自然者無所拂也。鬼神無形而難知，故曰「無疑」，謂幽有以驗乎明也。後聖未至而難料，故曰「不惑」，謂遠有以驗乎近也。動舉一身，兼行與言而言之也。道者人所共由，兼法與則而言之也。法，謂法度，人之所當守也。則，謂準則，人之所取正也。遠者說其德之廣被，故企而慕之。近者習其行之有常，故久而安之也。

涑水司馬氏曰：三王之禮，王天下者所宜重也。上於三王者，謂高論之士稱引太古，以欺惑愚人，然無驗於今，故民莫肯信而從也。下於三王者，謂卑論之士趣時徇俗，苟求近功，然不爲人所尊尚，故民亦莫肯信而從也。惟中庸之道内本於身而可行，外施於民而有驗，前考於三王，不差毫釐，後質於來聖，若合符契。大則配天地之高厚，❶幽則合鬼神之吉凶。知天者，窮性命之精微；知人者，盡仁義之極致。如此故天下法而效之，慕而愛之，生榮死哀，令聞長世也。

海陵胡氏曰：「上焉者」，天子居天下之上，諸侯居一國之上，卿大夫居一邑之上。「下焉者」，諸侯、卿大夫居天子之下。考，稽也。知天者，天地鬼神之道，不過生成，以聖人之德質之而無疑，是知天之道也。知人者，君子之道，百世相俟而不惑，是知人也。

永嘉薛氏曰：「三重」，三節也。「上焉」，不可使知之者也。「下焉」，日用而不知者也。故君子用其中，必本於脩身。本諸身，徵諸庶民，匹夫匹婦皆可與知之。上無太高，下無太瀆，百姓心悦誠服，知所徵信，則敬而從之，所以適道也。天地鬼神，先聖後聖，其道一而已矣，莫不以人爲本。知天、知人，不過内外之合而已。民有所徵而能信，無思不服，不可得而遠近。吾脩道之教也，見譽有由矣。外是而求譽，非永終譽者也。

臨川王氏曰：傳註之學，多謂「三重」接上下之意，此甚不然。蓋言王天下之事者，有三最重。有此三者，則可以寡過矣。何謂「三重」？下文徵信民從是矣。「上焉者」，居富貴之地，雖有善，必當有

❶「則」下，通志堂本、四庫本有「能」字。

徵驗於民，❶無徵驗，不足爲信矣。既已不信，則天下之民安能服從哉？固不從矣。三重者，言有徵而可信，可信而民從是也。「下焉者」，居貧賤之位者也。既居貧賤，雖有善，亦當不失其自重之道可也。尊者，如上文尊德性，尊其性之所自得，而重其所爲也。雖有善，不自致其尊且重，則不信於外。不信，則民弗從矣。居上而必欲有徵者，乃是達則兼善天下也。居下而必欲尊者，乃是窮則獨善其身也。

嵩山晁氏曰：孔子思教之行也，或説或學，或不足徵，或有存，或用之，遠近之勢然也。中也，天下萬變，有是三重，而寡過爲要也。寡過則中也，唯中則有徵而且尊也。「上焉者」過之也，蕩而無徵；「下焉者」不及也，屑而不尊，雖善，而民不信從之也。

延平周氏曰：人不能無過。王天下之所以寡過者，以其有「三重」焉。所謂「三重」者，有善於己而后有以徵於人，有以徵於人而后人信之。此上焉者，雖遠於民，而民必從之也。有善於己而后有以尊於人，有以尊於人而後人信之。此下焉者，雖近於民，而民必從之也。然必於上焉者言「徵」，而於下焉者言「尊」，何也？蓋上焉者，入而爲天道，則患乎迂闊而無徵。下焉者，出而爲守道，則患乎褻近而不尊。則不足以言，故稱法；法不足以言，故稱道。所謂動者，非言非行而有以見於吾身者，皆動也。法詳而則略，必於行爲詳而於言爲略者，君子欲訥

❶「必當」，通志堂本、四庫本作「當必」。

於言而敏於行也。唯其世爲道，而世爲法則，故遠於己者有望，而近於己者不厭。夫然後有天下之譽。然爲君子者，果有志於天下之譽耶？蓋無名者，聖人所以入而處己者也。名譽以崇之者，聖人所以出而待人者也。

莆陽林氏曰：君子之道須從身上做去，便有本領，如行遠必自邇，登高必自卑。此一箇道理，在吾身間最是好。如何知得當處？但驗諸庶民可知。驗諸庶民，見天下熙熙皥皥，如在春風醇酎之中，道德一，風俗同，人情皆無有差繆。「建諸天地而不悖」，謂建立乎天地之中，而此理不悖逆也。「質諸鬼神而無疑」者，蓋幽明無殊塗，明而爲人，幽而爲鬼神，明則有禮樂，幽則有鬼神。幽明之故，死生之説，其實一理。今以此道質之天神、地示、人鬼，而無可疑者，則其當時可知。百世以俟聖人而不惑，謂千百世而下，雖有聖人復起，必從吾言矣。

兼山郭氏曰：上章審禮之時，此章言稽古之治。所謂「三重」者，言三王之至重也。蓋時更三代，政歷三王，有以見王道之大備也。然而不能無過與不及之差，則在所損益者也。孔子酌三王之道，明三王之制，觀其告顔子亦曰夏之時、殷之輅、周之冕，蓋可見矣。「上焉者」，出於三代之前，故遠而無徵。「下焉者」，出於三代之後，故近而不尊。必也本諸身，徵諸庶民，考三王，建天地，質鬼神，百世以俟聖人。舍此道，何以哉？

高要譚氏曰：化民之道，則當本之於身。彼「上焉者」，專言道德，雖善矣，然微妙而無徵。「下焉者」，專事刑政，❶雖善矣，然卑陋而不尊。是二者皆不足以示信於民，民弗從焉。唯君子之道，一本於身。蓋身者，實理之所在，而仁義禮知所從出也。求之在我，既有可言之實；驗之於民，則亦天下之所同然。自堯舜三代以來，未有捨是而能化天下者，故「考諸三王爲不繆」也。是道之大，可與天地並立，故「建諸天地爲不悖」也。是道出於天命之性，其理爲不欺，故「質諸鬼神爲無疑」也。是道前聖之所共傳，後聖之所當用，以人治人，古今一理，故「百世以俟聖人而不惑」也。

晏氏曰：觀太史公之論：夏之政忠，❷忠之敝，小人以野，則不能無過矣，故殷人承之以敬；敬之敝，小人以鬼，則不能無過矣，故周人承之以文；文之敝，小人以僿，則不能無過矣，又當救之以忠。是「三重」之道，皆不免有過，唯寡而已。上焉者過乎忠、質、文者，鴻荒之世，聖人惡之，故雖善無徵，有所不可從矣。下焉者不及乎忠、質、文者也，所謂同乎流俗，合乎污世，故雖善不尊，有所不足從矣。然則可從者，其三重乎？君子之道，不特信於既往，亦信於將來，以知人之所爲，無以異乎己也；不特信於在明，亦信於在幽，以知天之所爲，無以異乎人也。蓋知己則知人，知人則知天，此所以先言「本諸身」也。

廣安游氏曰：古之聖賢以有名譽爲貴，名譽以蚤爲貴。名譽早，則人信之也早。

❶「事」，通志堂本、四庫本作「言」。

❷「忠」上，通志堂本、四庫本有「尚」字。

人信之也早，則其化民成俗也易爲力矣。大道之行，天下爲公。而毁譽信如舜之側微，年方三十，耕于歷山，漁于雷澤，陶於河濱，而人之從之也如歸市，此所謂早有名譽於天下者也。及至後世人之如舜者，亦未易得也。故名譽難致，而有名譽者或失之不公，而毁譽之係於人者始輕矣。❶孔子曰：「君子疾没世而名不稱。」《孟子》曰：「令聞廣譽施於身。」以此觀之，古之聖賢交以名譽爲貴。

晉陵錢氏曰：重，猶難也。於三者重難之，不敢輕也。「上焉者」，三王之前也，如夫子所聞，雖有善政，而制度不存，無以爲徵。「下焉者」，三王之後也，如《春秋》所褒，雖有善事，而令聞不彰，非人所尊。二者民不信從，故必中考之三王。此謂聖人之在上者，可以有爲矣。猶審於古不敢輕用。君子之道，本諸身，徵諸民，然後考諸三王，建諸天地，則於三王亦不敢輕。知天，知天理之同；知人，知人心之同。有望，人嚮之；不厭，人愛之。不如此而蚤有譽，則一時之名不足以傳萬世，君子不爲也。此一節謂君子之道不敢自用，而監于先王，故能傳之後世。

蔡氏曰：「三重」，謂有德、有位與徵諸庶民三者。「上焉者」，有其位而無其德，不能證諸庶民也。「下焉者」，有其德而無其位，不得證諸庶民也。蓋有位有德，又能證諸庶民，三者皆備，然後可以王天下而寡過，故曰「三重」。君子之道本諸身，證諸庶民，則有備乎三重者矣。故可以

❶「譽」，通志堂本、四庫本無。

考三王而不繆，以至百世以俟聖人而不惑。

金華邵氏曰：鬼神至幽也，何所質而無疑？百世聖人未來也，何所俟而不惑？蓋鬼神之理即天之理，吾能知天，則知無疑於鬼神；百世聖人即人之理，知人，則知不惑於聖人。此又一貫之妙也。

新定顧氏曰：此章言君子之道必出於中庸，不容過，亦不容不及也。以王天下者言之，其所歸重必在三王，於茲取法，心無他適。藉曰有過，亦云寡矣。何則？三王之道，本於中庸。惟三王之爲重，宜其過之寡也。否則，上焉者，賢知之過於中庸者也。考其所行，未必無善，惟其可行於一身，不可行於天下，則是無證驗於衆人。無證驗於衆人，人所不信，其誰從之？下焉者，愚、不肖之不及於中庸者也。考其所行，亦未必無善，惟其可行於一身，不可行於天下，則是不見尊於衆人。不見尊於衆人，人所不信，又誰從之？是以君子監觀乎此，惟道中庸，本之於身，證之於庶民，察諸三王而無差繆，立諸天地而無悖逆，正諸鬼神而無所疑，百世以待聖人而無所惑。中庸一理，貫通無間，己之與人，天地之與鬼神，前聖之與後聖，斷斷乎必出諸此，不容有所增也，亦不容有所損也，夫是之謂中庸。子思子深欲發明此理一定，天人攸同，重言「質諸鬼神而無疑」，由於知天；「百世以俟聖人而不惑」，由於知人。蓋君子聰明叡知，知天知人。夫然，故惟中庸之爲依。夫惟其依乎中庸也，故以鬼神處乎幽隱，宜有間於顯明者也，而曾無疑貳；百世聖人處乎未來，宜有間於今日者也，而曾無惑亂，則以中庸之理貫通焉而已矣。自君子之中庸也，是以其動不期於爲天下道也，而不能不爲之道；其行不期於爲天下法也，而不能不爲之法；其言不期於爲天下則也，而不能不爲之則。遠之有望，近之不厭，皆不期而自致。有如詩人之言「彼無惡，此無射，庶幾夙夜，以永終譽」，良以是爾。子思推言「君子未有不如此而蚤有譽於天下」。詩人之言「永終譽」，要之於後之無窮也。子思子言「如此而蚤有譽」，反之於其初之有自也。

晉陵喻氏曰：必以「蚤有譽」爲言者，蓋所以激勸學者。不爾，則忘毁譽，亦非中道也。猶言「富與貴是人之所欲也」，此聖人制行不以己也。

四明袁氏曰：❶中庸之道，愈久而愈無弊。如其有一毫之偏，則目前雖未遽見其害，久久未有不弊者。動而世爲天下道，行而世爲天下法，言而世爲天下則，看三箇「世」字，見得世世可以常行，非若一偏一曲之小道，僅爲一時之可觀而已。大凡言動有毫釐未盡善處，則不可以爲世之法則。古人雖是小節，亦無往不致謹。道無小大，無衆寡，皆不可慢。稍有不謹，即招悔尤。衆所觀瞻，豈容掩覆？吾非爲人之觀瞻而後謹也，❷亦非欲爲人之法則而後謹也，道自不容不謹也。是故惟明於至誠謹獨之學者，然後其言動可以爲世法。後世賢者或負其高明之

❶「四明袁氏」一段，原補在「卷第一百三十五」之後，今據提示移至此。

❷「非」下，通志堂本有「欲」字。

資，以爲小節不必拘泥，是以言行之間，不耐檢點。殊不知一動不謹，一言不應，人皆得以議其後，况望其爲世道，爲世法，爲世則，豈可得哉？「王天下有三重焉」章内。

仲尼祖述堯舜，憲章文武，上律天時，下襲水土。辟如天地之無不持載，無不覆幬。辟如四時之錯行，如日月之代明。萬物並育而不相害，道並行而不相悖。小德川流，大德敦化，此天地之所以爲大也。

鄭氏曰：律，述也。幬，亦覆也。

孔氏曰：此一節子思申明夫子之德與天地相似。祖，始也。憲，法也。章，明也。襲，因也。

河南程氏曰：孔子既知宋桓魋不能害己，又却微服過宋。舜既見象之將殺己，而又象憂亦憂，❶象喜亦喜。國祚長短，自有命數，人君何用汲汲求治？禹、稷救飢溺者，過門不入，非不知飢溺而死者自有命，又却救之如此其急。數者之事，何故如此？須思量到「道並行而不相悖」處可也。伊川　又曰：「小德川流，大德敦化」，只是言孔子川流是日用處，❷大德是存主處，如俗言敦本之意。伊川　又曰：大德敦化，於化育處敦本也。小德川流，日用處也。此言仲尼與天地合德。伊川

横渠張氏曰：接物皆是小德，統會處便是大德。更須大體上求尋也。　又曰：大德敦化，仁智合一，厚且化也。小德川流，淵泉時出之也。「大德不踰閑，小德

❶「亦」，通志堂本、四庫本作「則」，下句「亦」同。
❷「孔」，通志堂本、四庫本作「君」。

出入可也。」

藍田吕氏曰：此言仲尼辟夫天地之大也。其博厚足以任天下，其高明足以冒天下。其化循環而無窮，達消息之理也；其用照鑒而不已，達晝夜之道也。尊賢容衆，嘉善而矜不能，並育而不相害之理也。貴貴，尊賢，賞功，罰罪，各當其理，並行不相悖之義也。「禮儀三百，威儀三千」，此小德之所以川流。「洋洋乎發育萬物，峻極于天」，此大德所以敦化也。　一本云：祖述者，推本其意。憲章者，循守其法。川流者，如百川派别。敦化者，如天地一氣。　又曰：五行之氣紛錯於太虚之中，並行而不相悖也。然一物之感，無不具有五行之氣，特多寡不常爾。一人之身，亦無不具有五行之德，故百理差殊，亦並行而不相悖。

建安游氏曰：中庸之道，至仲尼而集大成。故此書之末以仲尼明之。道著於堯、舜，故祖述焉。法詳於文、武，故憲章焉。體元而亨，利物而貞，一喜一怒，通於四時，夫是之謂「律天時」。脩其教，不易其俗；齊其政，不易其宜。使四方之民各安其常，各成其性，夫是之謂「襲水土」。上律天時，則天道之至教脩；下襲水土，則地理之異宜全矣。故博厚配地，無不持載；高明配天，無不覆幬。變通如四時之錯行，照臨如日月之代明，小以成小，大以成大，動者、植者皆裕如也，是謂並育而不相害。或進或止，或久或速，無可無不可，是謂並行而不悖。動以利物者，知也，故曰「小德川流」。静以裕物者，仁也，故曰「大德敦化」。言川流，則知敦化者仁之體。言敦化，則知川流者知之用。

河東侯氏曰：自「吾説夏禮，杞不足徵」至此，皆言仲尼之事。仲尼不有天下，脩此道以傳天下後世，能永終譽者也，故繼之曰「仲尼祖述堯舜」。堯舜之道，天理中庸也。道不爲堯桀存亡，非出於堯舜者也，堯舜能由之爾。仲尼亦由此道，順此理，無加損焉，故曰「祖述堯舜」。祖，猶因也。述，猶仍也。因仍斯道而不作也。❶述，與「述而不作」之「述」同。「憲章文武」，堯舜垂衣裳而天下治，法度猶未大備也，故曰「祖述」。文武之道，堯舜之道也，法度章，禮樂備，有儀可象，有物可則，故曰「憲章」。上律天時，則天明也。下襲水土，因地利也。無不持載，無不覆幬，其廣大也。如四時之錯行，其變通也。如日月之代明，其不息也。「萬物並育而不相害，道並行而不相悖」，從容中道也。顔子見其「所立卓爾，雖欲從之，末由也已」是也。小德川流，其日用處，「禮儀三百，威儀三千」是也。大德敦化，其存主處，「洋洋乎發育萬物，峻極于天」是也。此孔子之所以爲大也。子曰：「下學而上達，知我者其天乎？」孔子之學，自「率性之謂道」至「天地之所以爲大也」，馴而致之耳。聖人雖生而知之，然好古敏以求之之心未嘗無也。其間參差不齊，小大抑揚，或進或退，或久或速，事雖不同，其於時中則無異也。猶《乾》之諸爻，或潛或見，或躍或飛，反復進退，皆期於道，則一也。《易》曰「其唯聖人乎？知進退存亡，而不失其正者，

❶「斯」，通志堂本、四庫本作「其」。

其唯聖人乎」者，孔子也。辟如天地之無不持載，無不覆幬，萬物所以並育而不相害也。辟如四時之錯行，如日月之代明，道所以並行而不相悖也。天地之所以大，仲尼之德也。《傳》曰「唯天爲大，唯堯則之」，仲尼則之也。

延平楊氏曰：堯舜，道之大成也。文武，蓋聞而知之者。故於堯舜則祖述之，以其道之所從出也。其文至周而大備，故於文武則憲章之。憲，法也。章，章之也。「用之，吾從周」是也。「上律天時」，則天明也；「下襲水土」，因地利也，故能與天地之相似也。自「萬物並育」至「大德敦化」，則與天地一矣。故不曰仲尼之大，而曰天地之所以爲大，❶蓋聖人與天地一體也。論聖人以明天地之道，言天地以見聖人之德，無二致也。

新安朱氏曰：此第三十章，言天道也。祖述者，遠宗其道。憲章者，近守其法。律天時者，法其自然之運，襲水土者，因其一定之理，皆兼内外，該本末而言也。如天地，如四時，如日月，言聖人之德。錯，猶迭也。悖，猶背也。天覆地載，萬物並育於其間而不相害，四時日月錯行代明而不相悖。所以不害、不悖者，小德之川流。所以並育、並行者，大德之敦化。小德者全體之分，大德者萬殊之本。川流者如川之流，脉絡分明，而往不息也。敦化者，敦厚其化，根本盛大，而出無窮也。此言天地之道，以見上文取辟之意也。或問小德、大德之說。曰：以天地言之，則高下散殊者，小德之川流；

❶「曰」，原缺，今據通志堂本、四庫本補。

於穆不已者，大德之敦化。以聖人言之，則物各付物者，小德之川流；純亦不已者，大德之敦化。以此推之，可見諸説之得失矣。曰：子之所謂兼内外，該本末而言者，何也？曰：是不可以一事言也。姑以夫子已行之迹言之，則由其書之有得《夏時》，❶贊《周易》也，由其行之有不時，不食也，迅雷風烈必變也，以至於仕止久速之皆當其可也，而其所以律天時之意可見矣。由其書之有序《禹貢》，述《職方》也，由其行之有居魯而逢掖也，居宋而章甫也，以至於用捨行藏之所遇而安也，而其襲水土之意可見矣。若因是以推之，則古先聖王之所以迎日推筴，頒朔授民，而其大至於禪授放伐各以其時者，皆律天時之事也。其所以體國經野，方設居方，而其廣至於昆蟲草木各遂其性者，皆襲水土之事也。使夫子而得邦家也，則亦何慊於是哉？

涑水司馬氏曰：祖，猶宗也，本也。水土者，地也。小德川流者，言其順序易行，晝夜不息也。大德敦化者，言不肅而成，不言而喻也。

永嘉薛氏曰：天地之大，誠而不已者也。仲尼遠繼前聖，合德二儀，博厚高明，應物無迹，❷大小咸德，體合萬殊。小者如水之流通，異行而俱入于海。大者如物之自化，不可見而未始踰閑。天德之至，所以爲夫子哉！

兼山郭氏曰：祖其道而述之，憲其道而章之。天地之所以爲大者，以其無不覆

❶「得」，通志堂本、四庫本作「行」。
❷「應」，通志堂本、四庫本作「體」。

也，無不載也。四時之錯行，日月之代明，萬物並育而不相害，道並行而不相悖也。孔子之所以爲大者，以其如天地、四時、日月之運，小德川流，大德之敦化也。小德川流，言其用之沛然莫禦也。大德敦化，言其體之寂然不動也。非德之大小，顧其爲體用者如此。是以異夫「大德不踰閑，小德出入」者也。

廣安游氏曰：凡後世之法度禮樂皆由堯舜而來，而其爲法章明於後世，則莫盛乎文武之時，所以於堯舜言「祖述」，於文武言「憲章」也。考之於《春秋》，以堯舜之道撥大亂，反之正，此其祖述憲章者也。《春秋》具四時及災異之事，此其上律天時者也。《春秋》記諸夏之事，山川之異，此其下襲水土者也。非特《春秋》然也，見其禮而知其政，聞其樂而知其德，無不然也。持載覆幬，言其道所包之廣大也。錯行代明以至川流敦化，言其道之通變，而泛應曲當也。

延平周氏曰：帝道成於堯舜，王道備於文武。帝道辟則神也，故孔子祖述之而已。王道辟則明也，故孔子憲章之也。律天時，所以興天下之大順；因水土，所以致天下之大利。有大順，則天人所以和；有大利，則天人所以同。和同天人之際而無間者，孔子也。唯其與天人無間，故言其廣大，則如天地之無不持載，無不覆幬；言其變通，則如四時之錯行；言其能微能顯，則如日月之代明。天地之育其物，則與之並育而不相害；天地之行其道，則與之並行而不相悖。小德則出入可也，故川流。所謂川流者，合所謂敦化萬殊而歸乎一也。大德則不踰閑，故敦化者，如《行葦》之詩是也。所謂化者，如《汝墳》之詩是也。有至乎並育而不相害，並行而不相悖，則極矣，而又能有小德川流；有大德敦化。蓋能崇能卑，能粗能精者，乃小德則已矣，而又能有大德敦化。蓋能崇能卑，能粗能精者，乃其聖也。然終必曰「天地之所以爲大」者，言天地之爲大，則天地也；天地之所以爲大，則孔子也。此孔子之所以爲成能者。

嵩山晁氏曰：仲尼之所以爲仲尼者，中庸也。誠明兩盡，而道教行也。觀天地於仲尼，則足矣。

莆陽林氏曰：自鴻荒茫昧之時，道即在人日用飲食之間，無人摘出。道之大原，堯、舜始發之，仲尼祖述之者，述其成歷所自出也。❶「憲章文武」者，謂夫子取文武之世爲甚近。文武之道，夫子躬行憲法之於身，昭昭然常章著也。「律天時」，謂隨時出處，可以速則速，可以久則久，可以仕則仕。非律天時，安能如此？「襲水土」，謂五方之俗，皆能諳識。當時之齊、之楚、之宋、之衛，非襲水土，何以如此？「如四時之錯行」者，夫子之時也，如焚石爍金之時，一陰之所生，固陰沍寒之時，一陽之所生，陰中生陽，陽中生陰，此之謂錯行也。「如日月之代明」者，夫子之道如日往則月來，寒往則暑來，此之謂「代明」也。

馬氏曰：「祖述堯舜，憲章文武」，體人道也。「上律天時」，體天道也。「下襲水土」，體地道也。人道成於堯、舜，備於文、武，故於堯、舜則祖述之，於文、武則

❶「成」，通志堂本作「誠」。「成歷」，四庫本作「道統」。

亦憲章之。蓋堯、舜，帝道之盛者也，文、武，王道之備者也。天之變通在於時，故於時則上律之。地之發育在於水土，故於水土則下襲之。律，言其所法也。襲，言其因之也。天地人之道備於我，故辟如天地無不持載，無不覆幬，言其體也；如四時之錯行，如日月之代明，言其用也。天地之育萬物，孔子與之並育而不相害。天地之行道，孔子與之並行而不相悖。此孔子之道，其妙至於神而不可測，泯然與天地爲一體矣。小德出而成物，則如川之流。大德體而成己，其妙至於敦化。

莆陽鄭氏曰：萬物散殊於天地之間，而一理行乎其中。如雨露之施，而山川草木隨其霑足；如春風之蕩，而根芽小大遂其生成。聖人之道，泛應曲當，隨事而宜，隨用而周，亦猶是也。豈有並育而相害，並行而相悖耶？若夫此通而彼礙，則相害、相悖矣。中庸之道，豈如是哉？一氣分而萬殊，乾坤散而六十四卦，德豈有小大？以分而萬也，則曰小德；以總而一也，則曰大德。坎一水也，而百川異流。道一本也，而萬用隨適。聖人敦化之道，知其一而天下之事畢矣。

臨川王氏曰：《中庸》論道，欲合天人，一精粗，使學者知精之由於粗，天之始於人，則用力而不爲誕矣。故由夫婦之與知，而極之於聖人之所不知，致曲之誠，而極之於聖人之能化。故以仲尼之事實之，亦以其始之。稽前聖，法天地，而後至於與天地相似，由與天地相似而化之，遂至於與天地爲一。嘗觀孔子之道，至於縱心之妙，而本之於十五之志學。性與天道之不可聞，而本之於日用之文章。子思言道則極於變化之誠，而其本自致曲之誠。孟子言道，則由仁之於父子，而至於聖人之天道，由可欲之善，而至於不可知之神。君子之教人，將使人之皆可爲也。必使之由易以至難，而皆有用力之地。故起於夫婦之有餘，而推之於聖人所不及。舉天下之至易，而通之於至難。使天下其至難者，❶與其至易者無異也。

長樂陳氏曰：道原出乎堯、舜，祖述者，以爲宗主也。禮法備乎文、武，憲章者，以爲準度也。變通莫大乎四時，律之者，法之也。生養莫大乎水土，襲之者，充之也。故如天地之覆載，即前所謂「博厚配地，高明配天」。如四時之錯行，如日月之代明，即前所謂「悠久無疆」。物並育，道並行，川流，敦化，即前所謂「不見而章，不動而變，無爲而成」。此天地所以爲大，即前所謂「爲物不貳，則其生物不測」，而仲尼得之。不曰仲尼，而曰天地者，仲尼其天地歟？

霅川倪氏曰：祖，始也。述者，「述而不作」之「述」。於堯、舜曰「祖述」者，《書》之斷自唐虞是也。憲，法也。章，文章也。「周監於二代，郁郁乎文哉，吾從周」是也。「上律天時」，律，法也。作《春秋》，而先春後秋是也。「襲水土」，襲，因也，重也，「述職方以除《九丘》」是也。持載如坤之厚德載物也。覆物如天之徧覆，無所不及也。季札美舜「如天之無不覆，如地之無不載」，是夫子之德，與舜同

❶「其」，通志堂本、四庫本作「之」。

矣。《易》曰「與四時合其序」，合其體也；此曰「錯行」，合其用也。《易》曰「與日月合其明」，合其體也；此曰「代明」，合其用也。

范陽張氏曰：不曰夫子，而曰「此天地所以爲大」，意謂夫子没矣，不可得而見也。觀諸天地，其亦庶幾乎？

晉陵錢氏曰：律、襲，言與天地無所違異。幬，冒也。地有方使物不流，能載使物不陷，故謂之「持載」。天覆物之上，冒其四表，故謂之「覆幬」。四時錯行，言其道時中；日月代明，言其德日新。並育不相害，物以異而和；並行不相悖，道以異而通。小德，德之用也，如川之流，其行不窮。大德，德之體也，敦厚而化，人莫能測。德至此，則與天地同其大矣。

江陵項氏曰：此以下凡三章，引夫子之道德以明性者之事。堯、舜以道言，文、武以事言，天時水土亦然。覆載言其大德，錯行代明言其小德。

錢塘于氏曰：始也以天地辟夫子，終也以夫子爲天地。蓋以迹而論，當取天地以爲喻；以道而論，夫子即天地矣，非復於夫子之外，别有所謂天地也。

嚴陵喻氏曰：夫子之時，去堯、舜雖遠，而其道常存，故從而祖述。祖也，述也，皆本之之謂也。去文武爲近，而其典具在，故得以憲章。憲也，章也，皆法之之謂也。

新定錢氏曰：「祖述堯舜」，道統傳也。「憲章文武」，治具備也。「上律天時」，健也；「下襲水土」，順也。自其日用言之，則如百川之分流；自其大原言之，則如造化之醇厚。

新定顧氏曰：此道何所不育？萬物雖多，並得以遂其生，何相害之有？此道何往不行？雖事物之紛錯，各行於所不得不行，何相悖之有？德之小者，運動不息，如川之流；德之大者，厚重不移，物自爾化。非天地之大，何以能兼有萬象如此？此雖一章，始之以祖述、憲章、上律、下襲之辭，則猶若有意於取法；繼之以辟如之辭，則猶指其爲相似；終之以「此天地之所以爲大」，則夫子之大，即天地之大。考乎其辭，有始終淺深之異，非夫子之德然也。子思子之於學者，有誘進之意，初示之淺，而後告之深也。

四明袁氏曰：❶「立天之道曰陰與陽，立地之道曰柔與剛，立人之道曰仁與義」，上下四方，往古來今，千變萬化，不出乎陰陽剛柔仁義之外。且夫陰與陽若相反，剛與柔若相反，仁與義若相反，然而實未嘗相反也。太極未判，混乎至一；太極既判，不可相無。陽而無陰可乎？剛而無柔可乎？仁而無義可乎？惟其不可相無也，故有陽中之陰，陰中之陽，剛中之柔，柔中之剛，仁中之義，義中之仁。其代明也，其錯行也，所謂四時、五行、十二月還相爲本也，五聲、六律、十二管還相爲宮也，五色、六章、十二衣還相爲質也，五味、六和、十二食還相爲質也。此所以生生而不窮也，此所以萬物並育而不相害，道並行而不相悖也。「仲尼祖述堯舜」章內。

❶「四明袁氏」一段，原補在「卷第一百三十五」之後，今據文中提示移至此。

唯天下至聖爲能。聰明叡知，足以有臨也。寬裕温柔，足以有容也。發强剛毅，足以有執也。齊莊中正，足以有敬也。文理密察，足以有别也。溥博淵泉，而時出之。「溥博」如天，「淵泉」如淵，見而民莫不敬，言而民莫不信，行而民莫不説。是以聲名洋溢乎中國，施及蠻貊，舟車所至，人力所通，天之所覆，地之所載，日月所照，霜露所隊，凡有血氣者，莫不尊親，故曰「配天」。

孔氏曰：「發强剛毅」，足以有執。發，起也。執，猶斷也。言發起志意，堅强剛毅，足以斷決事物也。溥，謂無不周徧。博，謂所及廣遠。「淵泉如淵」，言潤澤深厚如川流也。

河南程氏曰：「溥博淵泉，而時出之」，須是先有溥博淵泉，方始能時出。自無溥博淵泉，豈能以時出之？

藍田吕氏曰：此章言聖人成德之用，其效如此。「聰明叡知，足以有臨」者，天之高明也。「寬裕温柔，足以有容」者，地之博厚也。「發强剛毅，齊莊中正」者，乾坤之健順也。「文理密察」者，天地之經緯也。聖人成德，固萬物皆備，應於物而無窮矣。然其所以爲聖，則停蓄充盛，與天地同流而無間者也。至大如天，至深如淵，時而出之，如四時之運用，萬物之生育，所見於外，人莫不敬信而悦服，至於血氣之類，莫不尊親。非有天德，孰能配之？

延平楊氏曰：《書》曰：「惟天生聰明時乂。」《易》曰：「知臨，大君之宜，吉。」則聰明叡知，人君之德也，故「足以有臨」。寬裕温柔，仁之質也，故「足以有容」。「發强剛毅」以致果，故有執。「齊莊中正」以直内，故有敬。「文理密察」，理於義也，故有别。臨而不容，不足以得衆。容而無執，不足以有制。執而不敬，或失於自私。敬而無别，或無以方外，非成德也。德成矣，故「溥博淵泉，而時出之」。「溥博如天」，則其大無外。「淵泉如淵」，則其流不窮。淵泉言有本也，而時出之，則其流不息矣，故民莫不敬信而悦服。凡有血氣之類，莫不尊親，則與天同德矣，故曰「配天」。

新安朱氏曰：此第三十一章，承上章而言，小德之川流，亦天道也。聰明叡知，生知之質。臨，謂居上而臨下也。其下四者，乃仁、義、禮、知之德。文，文章也。理，條理也。密，詳細也。察，明辨也。溥博周徧而廣闊也，淵泉静深而有本也。出，發見也。言五者之德充積於中，而以時發見於外也。如天如淵，民莫不敬信，莫不悦，言其充積極其盛，而發見當其可也。「舟車所至」以下，蓋極言之。配天，言其德之所及，廣大如天也。又曰：「文理密察」，文是文章，如物之文縷，理是條理。每事詳審密察，故曰「足以有别」。

臨川王氏曰：聰明者，先聰明於己，而後聰明於天下。叡，則《書》之「思曰睿」。知，則《易》之「知周萬物」。有聰明而無叡知以行，則不可。《書》曰：「無作聰明，亂舊章。」是獨任聰明，則亂舊章矣。故全此四者，然後可以有臨於天下也。寬則寬大，裕則有餘，温則温良，柔則《書》之「柔而立」是也。《易》曰：「容保民無彊。」是有此四者，然後可以有容於天下也。發者，遇事而發其端緒；强者，若上文「强哉矯」之「强」。有執，非子莫之謂，若「擇善而固執之」之謂也。中者處中道，正者守之以正。守正而不處中道則不可，處中道而不守正亦不可。二者必在相須。足以有敬於天下，常人論敬，不過指敬鬼神、敬祭祀而言，未嘗有言敬天下之民。此言聖人亦不敢輕天下之民也。能敬於民，民亦敬於上。文理者，人倫之理。密，謹嚴也。察，明察也。雖有文理，不加密察，則制度文法必有亂於天下。既以謹嚴明察，則足以有別於天下，則天下之人，亦自知有別矣。溥博者，廣大也。淵泉者，深浚也。❶上能有此五者之德，而又上下能察乎天地。然須時而出之，若上文「君子時中」，又曰「時措之宜」是也。苟時可以温柔，而反用剛毅則不可；時可以剛毅，而反用温柔則亦不可。此言中庸之道所貴者，應時而已。

涑水司馬氏曰：此汎言聖人之德。「文理密察，足以有別」，謂聖人制禮，曲爲之制，事爲之防，可以別嫌明微也。「溥博淵泉」，謂其心；「時出之」，謂其言行。

范陽張氏曰：「溥博淵泉」，無非誠之運用于其中也。時乎溥博，則涵容而不露。時乎淵泉，則應接而無窮。故其見也民敬，言也民信，行也民說。爲聲名也，中國蠻貊，所至、所覆、所載、所照、所墜，凡有血氣，無不尊親，是與天地並立于兩間，而造化天下矣。故曰「配天」。配非比也，並也。夫敬行民說以至尊親，皆誠之爲用，理當如此。使一有不敬，不信，

❶「浚」，原作「峻」，今據通志堂本、四庫本改。

不說，不尊，不親，是必吾誠有不至也。蓋在我有絲毫之差，則在誠有尋丈之失。此君子所以慎其獨。

海陵胡氏曰：兼聽之謂聰，善視之謂明，智慮深遠之謂睿，有知之謂智。寬裕則不暴，温柔則不猛，故可函容天下之人。發，謂奮發。强能任事，剛則不撓，毅則果敢，故能臨事固執而不回。齊，潔也。莊，端莊也。中正則不諂，足以保其敬之道。文理者，言動之間有文理，如枝葉葩華是其文，經理條貫是其理。密而不洩，察而能辨，君子身既文理，然後從己之身觀人之身。密察而不洩其機，故足以有别於天下。溥，言溥徧；博，言廣博。時出之者，以時發見，出其政教號令。溥博，如天高之不可窮。淵泉，如淵深之不可測。發見於政教，民皆敬之，言而民皆信之，行而民皆悦之，是以聲名洋溢，莫不尊而親之。

永嘉薛氏曰：帝德廣運，乃聖，乃神，乃武，乃文，所見不同，一於廣運之德爾。❶成配天之德，則其處身接物皆順而不妄，動而愈出，惟有本者能之爾。天地之大，何所不容，何所不逮。苟能此道，則有不言之信，無爲之教。聲容言動，其有不格者乎？此爲天道之當然，所謂「無思不服」者也。此道也可以見天地，❷可以貫金石。有血氣者，而能外於是乎？

兼山郭氏曰：此章言聖人之道，可以配天。聖者，極至之謂。聖人究極乎中庸，其成德之大，有所謂「聰明睿知，足以有

❶「於」，通志堂本、四庫本作「終」。
❷「道」，通志堂本、四庫本作「言」。

臨」，以至於「文理密察，足以有別」也。如天之神化妙用，日月星辰，風雨霜露之變，水火土石、丘陵川澤、草木昆虫之化，其用之自一，其應之不窮，如是也。夫惟如是，故能「溥博淵泉，而時出之」也。溥博近中，時出近庸，故能使民敬信説服。凡有血氣者，莫不尊親。得其尊親，所以配天也。

莆陽林氏曰：天下之大，四海之遠，聖人眇然之身，託於士民之上。若非聰明叡知，則何以臨人？非寬裕温柔，則何以容人？發，奮也。强，無怍也。❶剛，特操也。毅，果敢決斷也。執，有執著也。齊，一其志也。莊，儼然人望而畏之也。中，立而不倚也。正，則無邪也。四者所以敬其身也。文理密察，精密審察也。此所以別君子、小人，使賢、不肖不至於混殽也。「溥博淵泉，而時出之」，此一句見子思形容聖人極到處。昧者以爲聖人徒然有許多「聰明叡知，足以有臨」至「文理密察，足以有別」，而不知聖人胸中停蓄淵深，渾厚有本者如是，自然發得許多等事出來。子思可謂善形容聖人者也。

高要譚氏曰：夫所謂天下至聖者，其畜養成就極大而不可度，❷極深而不可測。極大，則「溥博」是也。極深，則「淵泉」是也。謂其不可度，故以「如天」言之。謂其不可測，故以「如淵」言之。如天如淵，形容之意止矣。其不可度，不可測之處，終不可得而言。其可得而言者，特「時出之」用耳。所謂「聰明叡知，足以有臨。

❶ 「怍」，通志堂本、四庫本作「作」。
❷ 「畜」，通志堂本、四庫本作「蓄」。

寬裕温柔，足以有容。發强剛毅，足以有執。齊莊中正，足以有敬。文理密察，足以有别」者，皆「時出之」用也。蓋其盛德充實，輝光發越乎外，見於應事而不可揜。有此五者，可得而言。至其「溥博」之大，「淵泉」之深，不可以常知測度，唯有如天、如淵可以形容之耳。唯其德之至盛如此，故一行之見，民莫不敬；一言之出，民莫不信；血氣之屬，莫不尊親，則不特民而已，禽獸蟲魚皆知所依歸矣。語盛德至此，非天固莫能盡其形容，故止言「配天」，不及其它。至矣哉！非吾夫子爲天下之至聖，其孰能與此？

江陵項氏曰：臨者，知及之也。容者，執者，仁能守之也。敬者，莊以涖之也。别者，動之以禮也。皆自隱而費也。❶故自天而淵，自淵而見。又曰：明足以照矣，恐其不能容；量足以容矣，恐其不能執；强足以執矣，恐其誠意之不孚；誠足以感人者，恐其不周於事物之變。又曰：聰明言其表，叡知言其裏。齊莊言其表，中正言其裏。寬裕言其容物，温柔言其氣味，亦是表裏。「發强剛毅」，「文理密察」皆然。又曰：此章言至聖，言其德之著見於外者，其費如此。下章至誠，言其德之根本於内者，其隱如此。

東萊吕氏曰：「文理密察」，初非爲「秘密」之「密」，「觀察」之「察」也，謂如《易傳》中以形體謂之天，以主宰謂之帝，以功用謂之鬼神，❷以妙用謂之神，以性情謂之乾等語。銖分粒剖，各有攸當，而未

❶「皆」，原作「此」，今據通志堂本、四庫本改。
❷「神」，通志堂本、四庫本無。

嘗有割裂杌隉之病。❶析理精微如此，乃可謂之「文理密察」耳。

錢塘于氏曰：「夫天下至聖」，必能具「聰明叡知」之德，可以臨天下。故凡「寬裕温柔」，「發强剛毅」，「齊莊中正」，「文理密察」，有容有執，有敬有別，悉本於「聰明叡知」以發之，未有昏暗愚昧而有此四者，未有聰明叡知而不全此四者。

新定錢氏曰：此足以形容集大成之妙矣。「溥博如天」，大無不包也。「淵泉如淵」，澄然不動也。喜怒哀樂未發之先，安有許多名號？溥博而已，淵泉而已。及其「時出之」，則曰有臨，曰有容，曰有執，曰有敬，曰有別，互見迭出，變化無方，參錯縱横，自然中節。非是聰明叡知而下五者，臨時逐項安排出來也。人皆有是心，心皆具是理。惟至於聖，方盡此妙。所謂配天，於是乎在，非待到莫不尊親處，方謂之配天也。下面是其效自如此。

新定邵氏曰：聖人者，道之極也。唯天下至聖，則中庸之道融會於心，而衆美萬善，迭形於外。故言其「聰明叡知」，則洞然無蔽，足以有臨焉。言其「寬裕温柔」，則恢乎不迫，足以有容焉。言其「發强剛毅」，則卓乎不撓，足以有執焉。其「齊莊中正」也，肅然穆然，而足以有敬。其「文理密察」也，燦然秩然，而足以有別。舉天下之盛德，無踰此數者，聖人悉兼而有之。是非聖人容心於爲此，復用力於爲彼也。道體渾融，全體具在，隨感而應，衆善自形。故自其全體言之，則「溥博」

❶「杌」，通志堂本、四庫本作「阢」。

也，「淵泉」也，何善不該？何美不具？自其形見者言之，當其有臨，則爲「聰明叡知」，當其有容，則爲「寬裕温柔」。以至「發彊剛毅」也，「齊莊中正」也，「文理密察」也，皆「時出之」也。上章所云，辟如四時之錯行，如日月之代明，正謂此也。夫惟聖人之德，其大無外，而「溥博如天」；其深莫測，而「淵泉如淵」，故「時而出之」，備道全美。「見而民莫不敬，言而民莫不信，行而民莫不説」者，此心同，此理同故也。人心感乎如此，則聲名聞望，自邇及遐，始也洋洋乎中國，久也施及於蠻貊，又其久也，盡舟車所至之境，極人力所通之處，窮天覆之所及，罄地載之所容，凡日月照臨之下，霜露飄墜之所，血氣心知之屬，莫不尊之如神明，親之如父母。謂之「配天」，不亦宜乎！聖人非蘄乎聲名之顯赫也，明效大驗自若，是其不可掩也。上章云「此天地之所以爲大」，此章止云「配天」，舉其最大者言之也。

禮記集説卷第一百三十五

禮記集説卷第一百三十六

唯天下至誠爲能經綸天下之大經，立天下之大本，知天地之化育。夫焉有所倚，肫肫其仁，淵淵其淵，浩浩其天。苟不固聰明聖知達天德者，其孰能知之？

鄭氏曰：「安有所倚」，言無所偏倚也。肫肫，讀如「誨爾忳忳」之「忳」。忳忳，懇誠貌也。「非達天德者其孰能知之」，言唯聖人乃能知聖人也。

河南程氏曰：「肫肫其仁」，蓋言厚也。

藍田吕氏曰：「唯天下至聖」一章，論天德唯聖人可以配之。「唯天下至誠」一章，論天道唯聖人爲能知之。「大經」，天理也，所謂「庸」也。「大本」，天心也，所謂「中」也。化育，天用也，所謂「化」也。反而求之，理之所固有而不可易者，是爲庸，親親，長長，貴貴，尊賢是已。體其所固有之義，❶廣充於天下，則經綸至矣。理之所自出而不可易者，是爲中，赤子之心是已。尊其所自出而不喪，則其立至矣。理之所不得已者，是爲化，氣機開闔是已。窮理盡性，同其所不得已之機，則知之至矣。知者，與「聞一以知十」，「窮神知化」，「樂天知命」之「知」同。所謂「與天地參」者也。至誠而至乎此，則天道備矣，天德全矣。夫天之所以無不覆者，不越、不倚於物而已。有倚於物，則其覆物也有數矣。由不倚，然後渾然至於純全，故曰「肫肫其仁」。肫肫，純全之

❶「體」，通志堂本、四庫本作「謂」。

義也。至於純全，則深幽而難測，故曰「淵淵其淵」。純全而深幽，其體大矣。不至于天，則不已，故曰「浩浩其天」。浩浩如江海之浸，上下與天地同流者，非至誠而達天德，孰能知之？　又曰：君子反經而已矣，經正則庶民興。所謂經者，百世不易之常道。大經者，親親、長長、貴貴，尊賢而已。正經之道，必如舜盡事親之道，而瞽叟厎豫，❶然後親親之經正；必如王者父事三老，兄事五更，然後長長之經正；必如國君臣諸父兄弟，大夫降其兄弟之服，然後貴貴之經正；必如堯饗舜迭爲賓主，湯於伊尹學焉然後臣之，❷然後尊賢之經正。

建安游氏曰：自「唯天下至聖」以下，「聰明叡知」，聖德也；「寬裕温柔」，仁德也；「發强剛毅」，義德也；「齊莊中正」，禮德也；「文理密察」，知德也。「溥博」者，其大無方；「淵泉」者，其深不測。或容以爲仁，或執以爲義，或敬以爲禮，或別以爲知，唯其時而已。此所謂「時出之」也。夫然，故外有以正天下之觀，❸內有以通天下之志。是以見而民敬，言而民信，行而民說。自西自東，自南自北，莫不心説而誠服，此至聖之德也。「天下之大經」，五品之民彝也。凡爲天下之常道，皆可名爲經，而民彝爲大經。「經綸」者，因性循理而治之，無汩其序之謂也。「立天下之大本」者，建中于民也。「淵淵其淵」，非特如淵而已。「浩浩其天」，非特如天

❶「叟」，通志堂本、四庫本作「瞍」。
❷「然」，通志堂本、四庫本作「而」。
❸「故」，通志堂本、四庫本作「則」。

而已。此至誠之道也。德者，其用也。有目者所共見，有心者所共知。凡有血氣者，莫不尊親。道者，其本也。非道同志一，莫窺其奥。故曰「苟不固聰明聖知達天德者，其孰能知之」。蓋至誠之道，非至聖不能知。至聖之德，非至誠不能爲。故其言之序相因如此。

延平楊氏曰：大經，天理也。惇典敷教，所以經綸之也。大本，中也。建其有極，所以立之也。化育，和也。窮神而後知之也。三者皆天也，故惟天下之至誠能之，非私知所能與也。故曰「夫焉有所倚」，有倚則人欲之私而已，非誠也。肫肫，純全也。淵淵，静深也。浩浩，廣大也。惟肫肫，故能合天下之公。惟淵淵，故能通天下之志。惟浩浩，故能與天地同流。其淵非特如淵而已，其天非特如天而已。此道之至也。非夫達天德者，其孰能知之？上言「至聖」，此言「至誠」，何也？以人言之，則與天地相似而已，故如天、如淵以至聖言之。誠者，天之道，誠即天也，故其天、其淵以至誠言之。此其異也。

河東侯氏曰：「天下之至誠，爲能經綸天下之大經，立天下之大本」，經，常也，可久而不亂，可久而能通，非誠以經綸之，不可也。經，如「經緯」之「經」；綸，如「絲綸」之「綸」。《易》曰「彌綸天下之道」是也。大本，中也。物物皆有中。「天下之大本」，言中之大，而盡天下之中者也。立非「建立」之「立」，如「天地設位」，「易立乎其中」，與「立不易方」之「立」同。「立天下之大本」，則又見誠之大也。「知天地之化育」，「知」與「乾知大始」之「知」

同。「天地之化育」，天地爲之爾。知其化育者，誠也。「天下之大經」，庸之大者也，誠則經綸之。「天下之大本」，中之大者也，誠則立乎其中。「天地之化育」，天地之極功也，誠則知其事。故曰「夫焉有所倚」，肫肫其仁，淵淵其淵，浩浩其天」。「焉有所倚」，中也。「肫肫其仁」，仁也。「淵淵其淵」，無窮也。「浩浩其天」，廣大也。如是之誠，若不固聰明聖知達天德之人，孰能知之？知之，言能盡其理也。由是觀之，中庸之道至於誠，斯至矣，大矣，無以加矣。《中庸》言誠處不一，或因鬼神，或因政事，或自脩身以言之，或自內及外以言之，或言天之道，或言人之道，或自誠而明，或自明而誠，或言禎祥，或言妖孽，或曰自成，或曰自道，或曰成己，或曰成物，或曰不貳，或曰不已，或曰如神，或曰無息，雖然不同，皆合內外之道也。然而理不可低看，如「微之顯，誠之不可揜」，主鬼神而言之也。鬼神，造化之跡也，造化之顯微，可窮而不可詰。如四時之代謝，萬物之死生，皆其跡也。《易》曰「原始要終」，又曰「精氣爲物，遊魂爲變，是故知鬼神之情狀」是也。如政也者，蒲盧也，體誠而爲政者也。不誠，未有能化者也。爲政之誠，脩身爲本。脩身之本，自明善始，故曰「不明乎善，不誠其身矣」。「誠者，天之道，誠之者，人之道」。自誠而明，生知者也。天之爲天，亦曰誠而已，故曰「天之道」。自明而誠，反之者也。人之爲人，脩道而已，故曰「人之道」。誠則明矣，明則誠矣。誠固明矣，明而未至誠，非明也。「盡其性，則盡人之性」至於「贊天地之化育，與天地參」者，言人能體夫誠而至於天德，則與天地參贊，猶非天地也，德與天地並故也。致曲亦能有誠，習而至於誠化，不知爲而爲之矣。禎祥妖孽，應各不同。積不善之家，必有餘殃，故必先知之。又曰：「至誠如神，非得已也。」天地至誠，故能成功。聖人至誠，故能踐形。成功踐形，自成也，自道也。自成自道，成己成物，非二也，一也。此皆體夫誠者也。不息、不貳、不已，言其誠之專也。此誠之功用也。若止言誠，則無息而已。無息非言誠也，形容誠之體段情性耳。故又曰「經綸天下之大經，立天下之大本，知天地之化育。夫焉有所倚，肫肫其仁，淵淵其淵，浩浩其天」，如斯而已。學者至此，全無著力處，非自得之，不能知也。此言形而上者也。

《易》曰：「積善之家，必有餘慶。積不善之家，必有餘殃。」至誠一道，流通上下，與物無間，故必先知之。

新安朱氏曰：此第三十二章，承上章而言「大德之敦化」，亦天道也。經綸皆治絲之事，經者理其緒而分之，綸者比其類而合之也。經，常也。大經者，五品之人倫；大本者，所性之全體也。唯聖人之德，極誠無妄，故於人倫各盡其當然之實，而皆可以爲天下後世法，所謂經綸之也。其於所性之全體，無一毫人欲之僞以雜之，而天下之道千變萬化，皆由此出，所謂立之也。其於天地之化育，則亦其極誠無妄者，有默契焉，非但聞見之知而已。此皆至誠無妄，自然之功用。夫豈有所倚著於物，而後能哉？肫肫，懇至貌，以經綸而言也。淵淵，靜深貌，以立本而言也。浩浩，廣大貌，以知化而言也。其淵、其天，則非特如之而已。固，猶實也。前章言至聖之德，此章言至誠之道。然至誠之道，非至聖不能知，至聖之德，非至誠不能爲，則亦非二物矣。此篇言聖人天道之極致至此而無以加矣。

或問至聖、至誠之説。曰：楊氏以聰明叡知爲君德者，得之而未盡，其「寬裕」以下，則失之。蓋聰明叡知者，生知安行，而首出庶物之姿也。❶容執敬别，則仁義禮知之事也。「經綸」以下，諸家之説亦或得其文義，但不知經綸之爲致和，立本之爲致中，知化之爲窮理以至於命。且上於「至誠者」無所繫，下於「焉有所倚」者無所屬，則爲不得其綱領耳。游氏以上章爲言至聖之德，下章爲言至誠之道者，得之。其説自「德者其用」以下皆善。又曰：堂堂然流出來，焉有所倚？

涑水司馬氏曰：此以後復論孔子有至誠之德，人莫能知，亦莫能掩。經，猶綱也。删《詩》、《書》，定禮、樂，作《春秋》，贊《易》道，是能經綸天下之大綱，立天下之大本，知天地之化育也。

馬氏曰：大本者，性之始，所謂中德也。大經者，性之成，所謂庸德也。唯至誠無息，則於大本有以立之，於大經則有以經綸之。極中庸之效，有以知天地之化育，然後能贊之也。「夫焉有所倚」者，言其不蔽於一曲也。「肫肫其仁」，盡人道也。「淵淵其淵」，盡地道也。「浩浩其天」，盡天道也。

山陰陸氏曰：知天地之化育，贊外也，知

❶「姿」，明本作「資」。

内也。上言「唯天下至誠爲能盡其性」，言所以成内，此言「唯天下至誠爲能經綸天下之大經，立天下之大本」，言所以成外。成内而致外之，人也；成外而致内之，天也。然則「浩浩其天」，豈直參之而已？

長樂陳氏曰：經，常也。大經，大常，所謂庸也。大本，所謂中也。天地化育，所謂和也。方言至誠，先庸後中和，蓋惟至誠爲能體常，能體常則中立而和達也。夫是三者，皆誠以爲之，而不倚乎一偏，則無所不備也。故肫肫然其仁之純全也，淵淵然其淵之幽深也，浩浩然其天之廣大也。而三才之道，非果聰明聖知達天德者，其孰能知此？於至聖言如天如淵，於至誠言其天其淵。如則有二，其則一而已。

莆陽鄭氏曰：心無偏倚名曰「中」，此性之中也。發而中節名曰「和」，此事之中也。凡事失中，未有不乖者。唯中則和。心有偏倚，則先有主矣，豈能虛應？不虛應，則不中節，何故？水隨器而有形，心隨事而有中，有主則必固矣，豈能隨事而得中哉？中和雖異名，寂感雖殊勢，其爲中則一也。是道也，乃感應之根，故曰「大本」；乃萬事之常，故曰「大經」。唯聖人則能經綸以建是中。天貴中氣，人貴中德。五行以土爲主，五聲以宫爲君，五味以甘爲和，九疇以皇極爲宗，天下萬物以中爲歸。會此千萬世所常行者，故曰「大經」，反此則爲偏頗怪僻之行。

晏氏曰：天下大經者，理之常；天下大本者，性之中；天地化育者，命之正。能窮理，則能經綸天下之大經；能盡性，則能立天下之大本；能至於命，則能知天地之化育。唯天下至誠，則能窮理盡性，而至於命。其於三者之道，全之、盡之矣，又豈倚於一偏乎？故曰「夫焉有所倚」。肫肫者，純之至。復性之初，純而不雜，故曰「肫肫其仁」。淵淵者，深之至。左右逢原，若泉始達，故曰「淵淵其淵」。浩浩者，大之至。浩然之氣塞乎天地，故曰「浩浩其天」。前言「贊天地之化育」，此言「知天地之化育」，蓋贊者輔相以道，知者默契於心。唯心爲能會道，既能知之，必能贊之，相爲表裏而已。前言「溥博如天，淵泉如淵」，今言「淵淵其淵，浩浩其天」，蓋如天、如淵者，與《易》言「與天地相似」同意。其天、其淵者，與《易》言「與天地準」同意。

高要譚氏曰：所謂天下至誠者，積夫形、著、明、動、變、化之效，而極乎博厚、高明、悠久之道者也，是以能經綸天下之大經。其倫則三綱，其用則九法，天下萬世之所行，此所謂大經也。經綸猶條理大經，以爲民紀，使有條而不紊也，是以能立天下之大本。至中而不倚，至正而不偏，天下萬理之所自出，此所謂大本也。立者建極之謂，建立大本，以爲民極，使不至於隳廢也，是以能知天地之化育。四時所以運行，萬物所以化生，天地功用，有不能自已，此所謂化育也。知者明其所以然也，明化育之所以然，蓋裁成輔相之道，得參乎其間故也。此三者，皆聖人所以立人之道，而成位乎天地之間者，其在我則廣大而無私，其於物則曲成而不遺，尚安有所偏倚哉？夫唯無所偏倚，則仁之體於是乎可見，故曰「肫肫其仁」。肫肫者，純全敦厚之稱也。仁體最難形容，止言其大，則不見其本心之微，止言其微，則不見其全體之大。故孟子嘗解之曰「仁者，人也」。此以肫肫言仁，蓋明其有純全敦厚之體，而本心之微，全體之大，皆可具見。孟子之言，蓋本於此也。聖人所以與天地並者，仁也。仁之體既肫肫然純全而敦厚，則夫所謂淵淵、浩浩如者，皆仁之蓄養成就至於如此也。仁之所蓄者極深，故曰「淵淵其淵」，言不可測也。仁之所養者極大，故曰「浩浩其天」，言不可度也。淵淵、浩浩，形容之意，亦止是耳，而其不可測、不可度之處，亦終不得而言也。夫所謂淵淵、浩浩者，大而化之之事，進乎不可知之神者也。唯聖人躬行允蹈，親入其閫域，然後能知其所至。苟不實聰明聖知而達於天德者，則於淵淵、浩浩之事未免乎揣度也，安能深知其所以然哉？

永康陳氏曰：子思論夫子至聖之用，運而無私，要必有藏乎其中者。故又言天下之至誠，而論其實然不易之理。天下之大經自有常序，便是經綸天下。大經各正其序，則大本渾然藏乎其中，便是立大本。渾然藏乎其中，則化育分明。在我便是知大經自正化育，自行大本，運動闔闢，渾然而不與之俱往，故曰「夫焉有所倚」。肫肫、淵淵、浩浩，不已之實也。其仁、其淵、其天，從而名之也。肫肫，厚也，而有純一之意。淵淵，深也，而有清明之意。浩浩，廣大也，而有運用不已之意。此天德也，非固其聰明聖知，安得到此地位？聰明聖知如上所謂也，固退藏於密也。惟其運用不已，故密。不用則昭然矣。達，如「中心達於面目」之「達」。達乎此，則知乎此矣。

莆陽林氏曰：「夫焉有所倚」者，言聖人之道，中立而無所偏倚，如所謂「中天下而立，定四海之民」，「居天下之廣居，立天下之正位，❶行天下之大道」是也。肫肫者，渾厚無間斷之貌。仁即是生生不窮之意。堯、舜極到處，只是一箇「仁」字盡得。如天、如淵，猶未足發揮，聖人尚有比擬於其間。其淵、其天，直是得聖人極到處。苟不斷然是聰明聖知達天德者，孰能知至誠之説也？

晉陵錢氏曰：「唯天下至誠爲能」句，❷德至於聖，唯誠爲能。大經若九經，大本若脩身以道也。又知天地之化育，自吾身爲之。此君子之誠所爲異於人。唯其所存者大，不倚一偏耳，是謂至誠爲能。即之，則忳忳焉其仁；測之，則淵淵然其淵；窮之，則浩浩然其天。固，猶自然也。達，猶至也。唯聖人與天同德，乃能知之，非常情所識也。自聖而歸之誠，自誠而歸之天德。此一節謂夫子之聖同於天德。

金華邵氏曰：天下至聖，其極至於配天。若夫天下至誠，又不止是。天下之大經待之而經綸，則顯攝運用之也。天下之大本待之而立，大本，人之性也，立則不使之失其固有也。天地之化育待之而知，化育，造化萬物者也，知則明其消息之理也。「肫肫其仁，淵淵其淵，浩浩其

❶「天下之廣居立」，原脱，今據通志堂本、四庫本補。
❷「句」，通志堂本、四庫本作「有」，則屬下句。

天」，兼三者而備之，則所以經綸，所以立，所以知，皆其運量間爾。其者指誠而言，仁與天、淵，皆其所自有之物，非如天、如淵比也。君子欲知此理，惟固聰明聖知而德與天爲一者能之，固如《易》「成性存存」之義。

新定邵氏曰：上章言天下至聖，此章言天下至誠，明至誠所以爲至聖也。誠者，天之道。謂之至誠，則純乎天理，無纖毫人爲之僞者也。故天下之大經，唯至誠爲能經綸之。天下之大本，唯至誠爲能立之。天地之化育，唯至誠爲能知之。何謂「經綸天下之大經」？疆理天下，綱紀四方，使尊卑小大各循其分，内外遠近咸得其宜，所謂「立經陳紀，❶爲萬世法程」是也。何謂「立天下之大本」？開明天理，扶植民彝，使人知有禮則生，無信不立，于以正萬化之原，建無窮之基，所謂「立我烝民，莫匪爾極」是也。何謂「知天地之化育」？仰觀俯察，而幽明之故可通，原始反終，而死生之説可明。凡大道化生之機，元氣發育之妙，無不洞見於方寸，所謂「通乎晝夜之道而知」是也。明言大經、大本，而遂及於天地之化育。此道與天地貫通無間，經綸大經，植立大本，非知化育者不能。苟化育之妙，未能深知，則其所經綸，其所植立，欲無遺憾，不可得也。觀隆古帝王，功用宏博，與天地參。後世雖號爲賢君，設施淺陋，終不足以望古，則唯天下至誠，然後能之，信不誣矣。夫至誠之用，其大如此，嘗試論是誠之本體，夫豈有所倚着，然後能爾

❶「經」，通志堂本、四庫本作「綱」。

哉？思而得者，倚於思也，至誠則不思而自得。行而至者，倚於行也，至誠則不行而自至。渾然寂然，感而遂通。驗之觳觫過堂下之時，察之匍匐將入井之際，一念惻然，天機呈露，唯見「肫肫其仁」耳。肫肫，懇至之貌也。視之弗見，聽之弗聞，莫測其際，莫究其極，唯見「淵淵其淵」耳。淵淵，静深之貌也。洞乎其虚，曠乎其達，其大無倫，其廣無外，唯見「浩浩其天」耳。浩浩，廣大之貌也。向言「溥博如天，淵泉如淵」，「如」之一字，猶待比擬。今言「淵淵其淵，浩浩其天」，則至誠之道，即天、即淵，一體無二。是誠也，非謏聞寡見所能知，抑非徇口耳、憑臆度所能知。必也聰明聖知達天德之祕，乃能灼知其所以然耳，故曰「苟不固聰明聖知達天德者，其孰能知之」。固，猶實也。天德，即至誠也。天地之化育，即天德之所爲也。上文兼言天地，又並言天淵。此獨云天德，舉其大者言之也。能達天德，則能知至誠矣。能知至誠，則能知天地之化育矣。能知天地之化育，則能經綸天下之大經，立天下之大本矣。

《詩》曰「衣錦尚絅」，惡其文之著也。故君子之道，闇然而日章；小人之道，的然而日亡。君子之道，淡而不厭，簡而文，温而理，知遠之近，知風之自，知微之顯，可與入德矣。《詩》云：「潛雖伏矣，亦孔之昭。」故君子内省不疚，無惡於志。君子所不可及者，其唯人之所不見乎？《詩》云：「相在爾室，尚不愧于屋漏。」故君子不動而敬，不言而信。《詩》曰：「奏假無言，時靡有争。」是故君子不賞而民勸，不怒而民威於鈇鉞。《詩》曰：「不顯惟德，百辟其刑之。」是故君子篤恭而天下平。《詩》曰：「予懷明德，不大聲以色。」子曰：「聲色之於以化民，末也。《詩》曰：『德輶如毛。』毛猶有倫。『上天之載，無聲無臭』。至矣。」

鄭氏曰：禪爲絅。錦衣之美，而君子以絅表之，爲其文章露見，似小人也。淡，其味似薄也。「簡而文，温而理」，猶簡而辨，直而温也。「知風之自」，自，謂所從來也。「三知」者，皆言其睹末察本，探端知緒也。入德，入聖人之德。「亦孔之昭」，孔，甚也。昭，明也。「内省不疚」，疚，病也。君子自省身無愆病，雖不遇世，亦無損於己志也。「相在爾室，尚不愧于屋漏」，相，視也。室西北隅謂之屋漏。視女在室獨居爾，猶不愧於屋漏。屋漏非有人也，况有人乎？「奏假無言，時靡有争」，假，大也。此頌也，言奏大樂於宗廟之中，人皆肅敬，金聲玉色，無有言者，以時太平和合，無所争也。「不顯惟德，百辟其刑之」，不顯，言顯也。辟，君也。言不顯乎文王之德，諸侯盡法之。「予懷明德，不大聲以色」，予，我也。懷，歸也。言我歸其明德者，以其不大聲爲嚴厲之色以威我也。輶，輕也。倫，猶比也。言毛雖輕，尚有所比。

孔氏曰：「衣錦尚絅」，《衛風·碩人》之篇，言莊姜初嫁在塗，衣著錦衣，爲其文之大著，尚以禪縠爲衣，以覆錦衣也。按《詩》本文「衣錦褧衣」，此斷截《詩》文也。「潛雖伏矣，亦孔之昭」，《詩·小雅·正月》刺幽王之詩，喻賢人君子身雖隱，而其德昭著。「相在爾室，尚不愧于屋漏」，此《大雅·抑》篇，刺厲王之詩。詩人意稱王朝小人不敬鬼神，視女在廟室，尚不愧於屋漏之神。「奏假無言，時靡有争」，《商頌・烈祖》美成湯之詩。本文云「奏假無言」，無有喧譁之言也。「予懷明德，不大聲以色」，《大雅・皇矣》，美文王之詩。「德輶如毛」，《大雅・烝民》，美宣王之詩。言用德化民，舉行甚易，其輕如毛也。「上天之載，無聲無臭」，《大雅・文王》之詩。載，生也。言天之生物，寂然無象，而物自生也。

河南程氏曰：學始於不欺暗室。又曰：「不愧屋漏」，便是箇持養氣象。伊川

又曰：「不愧屋漏」，則心安而體舒。

又曰：所謂敬者，主一之謂敬。所謂一者，無適之謂一。且欲涵泳主一之義，一則無二三矣。言敬無如《易》「敬以直内，義以方外」，須是直内，乃是主一之義。至於不敢欺，不敢慢，尚不愧于屋漏，皆是敬之事也。伊川　又曰：聖人脩己以敬，以安百姓，篤恭而天下平。唯上下一於恭敬，則天地自位，萬物自育，氣無不和，四靈何有不至？此體信達順之道，聰明叡知皆由是出。以此事天饗帝。

又曰：道，一本也。❶知不二本，便是篤恭而天下平之道。明道　又曰：君子之遇事無巨細，一於敬而已。簡細故以自崇，非敬也。飾私知以爲奇，非敬也。要之，無敢慢而已。《語》曰：「居處恭，執事敬，雖之夷狄，不可棄也。」然則執事敬者，固爲仁之端也。推是心而成之，則篤恭而天下平矣。伊川　又曰：毛猶有倫，入毫釐絲忽終不盡。明道　又曰：聖人之言依本分，至大至妙事，語之若尋常，此

❶「道一」，通志堂本、四庫本作「一道」。

所以味長。釋氏之說，見得些便驚天動地，言語走作，却是味短，只爲乍見。如《中庸》言道，只消道「無聲無臭」四字，總括了多少釋氏言非黃非白，非鹹非苦，多少言語。伊川　又曰：《中庸》之說其本至於「無聲無臭」，其用至於「禮儀三百，威儀三千」。自「禮儀三百，威儀三千」，復歸於「無聲無臭」，此言聖人心要處。與佛家之言相反，儘教說無形迹，無色，其實不過「無聲無臭」。必竟有甚見處？大抵語論間不難見。如人論金曰黃色，此人必是不識金。若是識金者，更不言。設或言時，別自有道理。張子厚嘗謂「佛如乍富貧子」，橫渠論此一事甚當。伊川

橫渠張氏曰：闇然，脩於隱也；的然，著於外也。

藍田吕氏曰：自此至篇終，言德成反本，自内省至於不動而敬，不言而信；自不動不言至於不大聲以色；自不大聲色至於無聲無臭。聲臭微矣，有物而不可見，猶曰無之，則誠一於天可知。「闇然而日章」，中有本也。「的然而日亡」，暴於外而無實以繼之也。故君子貴乎反本。君子之道，深厚悠遠而有本，故「淡而不厭，簡而文，温而理」。本我心之所固有也，習矣而不察，日用而不知，非失之也，不自知其在我爾。故君子之學，將以求其本心之微，非聲色臭味之得比，不可得而致力焉。唯循本以趨之，是乃入德之要。推末流之大小，則至於本原之淺深，其「知遠之近」歟？以見聞之廣，動作之利，推所從來，莫非心之所出，其「知風之自」歟？心之精微，至隱至妙，無聲無臭，然其理明達暴著，若懸日月，其「知微

之顯」歟？凡德之本，不越是矣。知此則入德其幾矣。　一本云：自此至篇終，凡七引《詩》，皆言德成反本，以盡中庸之道，所謂「固聰明聖知達天德者」，必由是入也。推「衣錦尚絅」之心，則所以爲己者，遯世不見知而不悔矣。「闇然日章」，爲己而中有本者也；「的然日亡」，爲人而無實以繼之者也。故君子之道深厚悠遠而有本。所以「淡而不厭，簡而文，温而理」，此入德之質也。❶君子之學，視所至而得其所起，循其末而見其所本，即其著而明其至微。故「知遠之近，知風之自，知微之顯」，此入德之門也。舜爲法於天下，我未免爲鄉人。欲求爲舜，則不越孝弟而已。又求其所以行之，則徐行後長者固足謂之弟矣，其「知遠之近」歟？墨子兼愛，楊子爲我，其始未有害也。其風之末，則至於無君、無父，而近於禽獸。伯夷之不屑就，以爲清；柳下惠之不屑去，以爲和，其風之末，不免乎隘與不恭。君子不由，則其端不可不慎也。故曰「差之毫釐，繆以千里」，其「知風之自」歟？鬼神之爲德，視之不見，聽之不聞。然有所謂「莫見乎隱，莫顯乎微」，洋洋如在其上，如在其左右者，其「知微之顯」歟？三者皆出乎心術而已。本心，我之所固有者也。小人習矣而不察，日用而不知其在我者爾。君子之學，求其本心者也。本心之微，非聲色臭味之比，不可得而致力焉。唯循本以趨之，是乃入德之要也。推「潛雖伏矣，亦孔之昭」之説，蓋所以養其「衣錦尚絅」

❶「質」，通志堂本、四庫本作「漸」。

之意而已。「衣錦尚絅」，爲己者也。爲己者，吾心誠然乎此而已，豈繫人之見與不見乎？唯内省不疚，無惡於吾志，斯可矣。「相在爾室，尚不愧于屋漏」者，非特無惡於吾志，又將達乎神明而無慊者也。達乎神明而無慊，則其德有孚矣。此所以「不動而民敬，不言而民信」也。「奏假無言，時靡有争」者，則德之有孚，非特使民敬信於我，而我之德可使民勸而民威。蓋德之孚者，養人於義禮之中，❶知善爲可慕而遷之，知不善爲可恥而遠之，豈特賞之、怒之而後然哉？「不顯惟德，百辟其刑之」者，蓋要其所以不動而敬，不言而信，不賞而勸，不怒而威，豈有他哉？在德而已。君子之善與人同，合内外之道，則爲德非特成己，將以成物，故君子言貨色之欲，親長之私，必達於天下而後已，豈非篤恭而天下平者哉？「予懷明德，不大聲以色」者，又明德之化民，不在乎聲音笑貌之間，莫非至誠乎達而已。「德輶如毛」者，言人之所以不爲德者，以德爲重而難舉也。如童而知愛其親，長而知敬其兄，此不肖之夫婦之所能行，其輕而易舉也如此而已，何憚不爲哉？雖然，謂之德者，猶誠之者也，未至乎誠也。若至乎誠，則與天爲一。所謂德者，乃理之所必然。如春生夏長，日往月來之比。無意，無我，非勉，非思，渾然不可得而名者也。聲臭之於形微矣，有物而不可見，猶曰無之，則上天之事可知矣。《中庸》之書，其始也言「天命之謂性」，其卒也言「上天之載，無

❶「禮」，通志堂本、四庫本作「理」。

聲無臭，至矣」，蓋言此道出於天，不及於天，則爲未至。如乾之德曰「大哉」，坤之德曰「至哉」。至者至乾之大而後已也。其篇之中，言「君子動而世爲天下道，行而世爲天下法，言而世爲天下則」。及言天下至聖，則曰「見而民莫不敬，言而民莫不信，行而民莫不説」。及其終則曰「君子不動而敬，不言而信」，又曰「不賞而民勸，不怒而民威於鈇鉞」。動也，言也，行也，世以爲法，則猶在法度之間也。莫不敬，莫不信，莫不説，則忘乎法度，而猶有言動之迹存焉。至乎不動而敬，不言而信，不賞而勸，不怒而威，則德孚於人，而忘乎言動矣。然猶有德之聲色存焉。至于「不大聲色」，然後可以入乎無聲無臭，而誠一於天，此中庸之終也。

建安游氏曰：自此以下，皆言中庸之道以至誠爲至也。君子用心於内，故「闇然而日章」，作德而休也。小人用心於外，故「的然而日亡」，作僞而拙也。無藏於中，無交於物，泊然純素，獨與神明居，此淡也。然因性而已，故不厭。不失足於人，不失色於人，不失口於人，此簡也。然循理而已，故文。其心順，其氣平，其容婉，其色愉，薰然慈仁，此温也。然行而宜之，故理。「淡而不厭」，天德也。「簡而文」，地德也。「温而理」，人德也。若是爲成德。若「知遠之近，知風之自，知微之顯」者，入德之途也。欲治其國，先齊其家，「知遠之近」也。人人親其親，長其長，而天下平，可不謂近矣乎？欲齊其家，先脩其身，「知風之自」也。《易》於《家人》曰「風自火出」。而君子以言有物，❶行有常」，可不謂所自乎？欲脩其身，先正其心，「知微之顯」也。夫道視之不見，聽之不聞，而常不離心術日用之間，可不謂顯矣乎？知所以入德，則成德其庶幾乎！正心之道，誠意而已，故繼言「君子内省不疚，無惡於志。君子所不可及者，其唯人所不見乎」。言慎獨。不息則久，久則天，故「君子不動而敬，不言而信」。天則神，故「君子不賞而民勸，不怒而民威於鈇鉞」。言不怒之威，嚴於鈇鉞也。德至於神，則甚顯而明，親譽息矣。故「君子篤恭而天下平」，夫何爲哉？恭己正南面而已，豈徒見於聲音顔色之間哉？蓋明德，化民之本也。聲音顔色之於化民，末也，君子務本而已。❷所謂德者，非甚高而難知也，甚遠而難至也，舉之則是，故曰「德輶如毛」。既已有所舉矣，則必思而得，勉而中，是人道而有對也，故曰「毛猶有倫」。若夫誠之至，則無思無爲，從容中道，是天道也。故曰「上天之載，無聲無臭，至矣」。無聲無臭，離人而立於獨矣，是天命之性也，故「中庸於是終焉」。❸

延平楊氏曰：君子之道，充諸内而已，故「闇然而日章」。小人騖於外，不孚其實，故「的然而日亡」。此「衣錦」所以「尚絅」，而惡其文之著也。淡疑於可厭，簡疑於不文，温疑於不理。淡、簡、温，所謂闇然也。「淡而不厭，簡而文，温而理」，則闇然而章矣。此充養尚絅之至也。

❶「而」，通志堂本、四庫本無，是。
❷「君」上，通志堂本、四庫本有「故」字。
❸「故」下，通志堂本、四庫本有「曰」字。

「知遠之近」，天下本諸身也。「知風之自」，由必擇中也。「知微之顯」，必慎其獨也。世之流風，皆有所自。清之隘，和之不恭，知其自此，則君子不由也。夫如是，乃可與入德矣。《詩》云「潛雖伏矣，亦孔之昭」，則微而顯可知矣。夫道不可須臾離也，惟慎獨爲能終之，故曰「君子所不可及者，其唯人所不見乎」。《詩》曰：「相在爾室，尚不愧于屋漏。」蓋言慎獨也。動而天下道之，言而天下則之，形於言動而天下從之也。大而化之，則言動不形，而人敬信，望之恍惚前後，雖欲從之，末由也已。而其卒也，至於「不賞而民勸，不怒而民威於鈇鉞」，「篤恭而天下平」，固非政刑所及也。《記》曰：「天則不言而信，神則不怒而威。」合乎神天，亦唯誠而已。君子之慎其獨，不欺於屋漏，則其誠至矣。誠於此，動於彼，蓋天之道也，是豈聲音笑貌之所能爲哉？所懷者，明德而已。德者，得於心之所同然者也。雖夫婦之愚與有焉，其輶如毛，舉之易勝也，而人莫能舉之者，無誠心而已。「德輶如毛」，未至於無倫，猶有德也。有而不化，非其至也。故「上天之載，無聲無臭」，然後爲至。自「天命之謂性」至「萬物育焉」，《中庸》一篇之體要也。大經，庸也。大本，中也。天地之化育，和也。三者皆天也，豈人之私知所能與哉？經綸天下之大經，立天下之大本，知天地之化育，循而達之於天下，脩道之教也。夫道不可須臾離也，以其無適而非道也。故於不聞不睹，必恐懼戒慎焉，所以慎其獨也。「相在爾室，尚不愧于屋漏」，其充此之謂乎？夫如是，誠之至也。故合乎神天，而卒曰「上天之載，無聲無臭，至矣」，蓋道本乎天，而其卒也反乎天，兹其所以爲至也。　又曰：孟子言「大人正己而物正」，荆公却云「正己而不期於正物，則無義。正己而必期於正物，則無命」。若如所論，孟子自當言「正己以正物」，不應言「正己而物正」矣。物正，物自正也。大人只知正己而已，若物之正，何可必乎？唯能正己，物自然正。此乃「篤恭而天下平」之意。荆公之學，本不知此。

河東侯氏曰：古之學者爲己，率吾性以達天理，自可欲之善至於不可知之神，非由外鑠我也，如身日長而不自覺焉。源泉混混，不舍晝夜，有本者如是也，故「闇然而日章」。小人之學爲人，塞淺虚浮，色取仁而行違，居之不疑，如火銷膏而不自知焉。如七八月之間雨集，溝澮皆盈，其涸也可立而待，故「的然而日亡」。「衣錦尚絅」，絅，衣之表也，必表而出之是也。衣錦而尚絅，所以惡其文之著也，文非本故也。君子之道也，淡而不厭，淡無味可悦，其理易直，故不厭。簡非繁華，質而有理，故曰「文」。温非險詖之邪，純而和粹，故曰「理」。「知遠之近」，知本諸身也。「知風之自」，知過不及也。「知微之顯」，知脩省也。如此則入德之自也。內不足者，急於人知。沛然有餘，厥聞四馳。舜自側微而登庸，「潛雖伏矣，亦孔之昭」也，亦「微之顯，誠之不可揜」之道也。「內省不疚」，不欺天也。行有不慊於心，則餒惡於志也。「君子所不可及者，其唯人之所不見乎？」人之所不見者，屋漏也。君子仰不愧於天，俯不怍於人,「不愧屋漏也」。不愧屋漏,與慎獨不同。慎獨,學者之事,不愧屋漏,近於誠而未至也。不動而敬,不言而信,則誠矣。「《詩》曰:『奏假無言,時靡有争。』君子不賞而民勸,不怒而民威於鈇鉞」,正己而物正,成己所以成物也。「《詩》曰:『不顯惟德,百辟其刑之。』是故君子篤恭而天下平」,夫何爲哉?恭己正南面而已矣。「《詩》云:『予懷明德,不大聲以色。』子曰:『聲色之於化民,❶末也。』」王者之民,皥皥如也,惡知乎所謂聲色者然哉?故「《詩》曰『德輶如毛』,毛猶有倫。『上天之載,無聲無臭』,至矣」。輶,至輕也。毛,至微也。猶有輕重,毛髮之倫可擬,可象者存焉,是猶化民而不大聲色者也。若夫「上天之載」,則「無聲無臭」,莫可得而擬議,非無物

也。所謂「焉有所倚,肫肫其仁,淵淵其淵,浩浩其天」,大而不可載,小而不可破,無物不該焉故也。《中庸》之書,自「天命之謂性」至「孰能知之」,其理無精粗之殊。「天命之謂性,率性之謂道,脩道之謂教」,言其始也,本也;至於「苟不固聰明聖知達天德者,孰能知之」,言其成也,終也,所謂物之終始也。天之道,人之事,「合内外之道,故時措之宜也」,君子之能事畢矣。古所傳者,《中庸》之書終也。自「衣錦尚絅」,「無聲無臭,至矣」,子思再叙入德、成德之序也。自「率性之謂道,脩道之謂教」,有諸己而後方能入德,充實輝光而後至於不可知之神,

❶ 「於」下,通志堂本、四庫本有「以」字。

神則誠而無息，❶肫肫、淵淵、浩浩、其仁、其淵、其天也，故曰「無聲無臭，至矣」。無聲也，無臭也，猶「無方」也，「無體」也云爾。子思之書，《中庸》也。始於「寂然不動」，中則「感而遂通天下之故」，及其至也，退藏於密，以神明其德，復於天命，反其本而已。其意義無窮，非玩味力索，莫能得之。知之者，其唯文王乎！「不識不知，順帝之則」，如斯而已。知之者，其唯文王乎！

新安朱氏曰：此第三十三章。前章言聖人之德極其盛矣，此復自下學立心之始言之，而下文又推之以至其極也。《詩·國風·衛·碩人》、《鄭》之《丰》皆作「衣錦褧衣」，褧、絅同，襌衣也。尚，加也。古之學者爲己，故其立心如此。尚絅，故闇然。衣錦，故有日章之實。淡、簡、温，絅之襲於外也。不厭而文且理焉，錦之美在中也。小人反是，則暴於外而無實以繼之，是以「的然而日亡」也。遠之近，見於彼者由於此也。風之自，著乎外者本乎内也。微之顯，有諸内者形諸外也。有爲己之心，而又知此三者，則知所謹而可入德矣。故下文引《詩》「潛雖伏矣，亦孔之昭」，言慎獨之事，承上文「莫見乎隱，莫顯乎微」也。「無惡於志」，猶言無愧於心，此君子慎獨之事也。引《詩》「相在爾室，尚不愧于屋漏」，承上文又言君子之戒慎恐懼，無時不然，不待言動而後敬信，則其爲己之功益加密矣。故下文引「奏假無言，時靡有争」，并言其效。奏，進也。承上文而遂及其效，言進而感

❶「息」，通志堂本、四庫本無。

格於神明之際，極其誠敬，無有言説，而人自化之也。威，畏也。鈇，莝斫刀也。鉞，斧也。「不顯惟德」，不顯，説見二十六章。此借引以爲幽深玄遠之意。承上文言天子有不顯之德，而諸侯法之，則其德愈深，而效愈遠矣。篤，厚也。篤恭，言不顯其敬也。篤恭而天下平，乃聖人至德淵微，自然之應，中庸之極功也。引《詩》「予懷明德，不大聲以色」，以明上文所謂不顯之德者，正以其不大聲與色也。又引孔子之言，以爲聲色乃化民之末務。今但言不大之而已，則猶有聲色者存，是未足以形容不顯之妙。不若《烝民》之詩所言「德輶如毛」，則庶乎可以形容矣。而又自以爲謂之毛，則猶有可比者，是亦未盡其妙。不若《文王》之詩所言「上天之載，無聲無臭」，然後乃爲不顯之至耳。蓋聲臭有氣無形，在物最爲微妙，而猶曰無之，故唯此可以形容不顯篤恭之妙。非此德之外，又別有是三等，然後爲至也。子思因前章極致之言，反求其本，復自下學爲己、慎獨之事推而言之，以馴致乎篤恭而天下平之盛。又贊其妙至於無聲、無臭而後已焉。蓋舉一篇之要而約言之，其反復丁寧示人之意，至深切矣。學者其可不盡心乎？　或問：卒章之説。曰：承上三章，既言聖人之德而極其盛矣，子思懼夫學者求之於高遠玄妙之域，輕自大而反失之也，故反於其至近者而言之，以示入德之方。欲學者先知用心於内，不求人知，然後可以慎獨誠身，而馴致乎其極也。君子篤恭而天下平，而其所以平者，無聲臭之可尋。此至誠盛德自然之效，而中庸之極功也，故以是而終篇焉。蓋以一篇而論之，則天命之性，率性之道，脩道之教，與夫天地之所以位，萬物之所以育者，於此可見其實德。以此章論之，則所謂「淡而不厭，簡而文，温而理，知遠之近，知風之自，知微之顯」者，於此可見其成功皆非空言也。然其所以入乎此者，則無他焉，亦曰「反身以慎獨」而已矣。故首章已發其意，此章又申明而極言之，其旨深哉！其曰「不顯」，亦充尚絅之心，以至其極耳。與《詩》之訓義不同，蓋亦假借而言。若《大學》「敬止」之例。又曰：諸説程子至矣，吕氏既失其章旨，又不得其綱領條貫，而於文義尤多未當。如此章承上文聖誠之極致，而反之以本乎下學之初心，遂推言之，以至其極而後已也。而以爲皆言「德成反本」之事，則既失其章旨矣。

此章凡八引《詩》。自「衣錦尚絅」以至「不顯惟德」，凡五條，始學成德，疏密淺深之序也。自「不大聲以色」以至「無聲無臭」，凡三條，皆所以贊夫不顯之德也。今以「不顯惟德」通前三義而并言之，又以後三條者亦通爲進德工夫，淺深次第，則又失其條理矣。至以「知風之自」爲知見聞動作皆由心出，以「知微之顯」爲知心之精微明達暴著，以「不動而敬，不言而信」爲人敬信之，以貨色親長達諸天下爲篤恭而天下平，以德爲誠之之事，而猶有聲色，至於「無聲無臭」，然後誠一於天，則又文義之未當者然也。然近世説者乃有深取乎其「知風之自」之説，而以爲非大程夫子不能言者，蓋習於佛氏「作用是性」之談，而不察乎了翁序文之誤耳。學之不講其陋至此，亦可憐也。游氏所謂「無藏於中，無交於物，泊然純素，獨與神明居」，所謂「離人而立於獨」者，皆非儒者之言。「不失足於人，不失色於人，不失口於人」，則又審於接物之事，而非簡之謂也。其論三知，未免牽合之病，其論「德輶如毛」以下，則其失與吕氏同。楊氏「知風之自」與吕氏舊本之説略同，而取證又皆太遠，要當參取吕氏改本，去其所謂見聞者，而益以言語之得失，動作之是非，皆知其有所從來，而不可不謹，則庶乎其可耳。以「德輶如毛」爲有德而未化，則又吕、游之失也。侯氏説多疏闊，唯以此章爲再叙入德成德之序者，獨爲得之也。　又曰：「知風之自」，凡事自有箇來處，所以與「微之顯」厮對着。

兼山郭氏曰：大凡欲人之敬，敬先於動可也；欲人之信，信先於言可也。不如是，雖家至户曉，訓告命令，靡所不至。民不違而去之者，鮮矣。是謂「不顯其德，百辟其刑之」者也。「君子敬以直内，義以方外」，人知之亦爲之，人不知亦爲之。天之大，反之於一心；萬物之衆，反之於一身。既而無我也，無物也，意必固我一物不存焉，故能「篤恭而天下平」也。「君子篤恭而天下平」，是以聲色之爲末也。孔子曰：「天何言哉？四時行焉，百物生焉。」此之謂也。且天之生物，未嘗與物私，而風雨之所膏，寒暑之所成，日月之所照，霜露之所化，未嘗一物遺者，何哉？以其大且一也。反求其大，廓然無外物與無極，❶宜若不與物交，而造化之功，品物咸遂，若有期會相應，亘

❶「廓」，原作「廊」，今據通志堂本、四庫本改。

古而不窮。然後可知上天之載，與夫中庸之所以爲中庸也。

江陵項氏曰：此一章自其用功於隱至發見於費者，而總言之，其末復歸於隱。正與本篇自「天命之謂性」至「苟不固聰明聖知達天德者，其孰能知之」相對。蓋以一章具一篇之義也。又曰：「淡而不厭」，無味而味自長也。「簡而文」，無文而文自著也。「温而理」，不肅而成，不嚴而治也。又曰：「知遠之近」，言乎天下之本也。「知風之自」，言言動之機也。「知微之顯」，言潛雖伏矣之事也。即以上四章之意反覆言之耳。

高要譚氏曰：《中庸》之書始以慎獨，終以慎獨。始以慎獨者，欲立其本，以應事於外；終以慎獨者，極其大歸，而合理於天。則淵淵、浩浩之體，可以心識，不可以説盡也。夫文者，美在外也。惡文之著，惡其飾外而忘本失實也。「君子之道，闇然而日章」，務本、務實，故美在其中而暢於四肢也。「小人之道，的然而日亡」，無實、無本，故外雖飾僞而良心内喪也。君子所尚皆本也，故「淡而不厭」，則真實而可久也；「簡而文」，則存諸中者有要而發於外者自然成理也；「温而理」，則和順積中而施爲皆當也。此其所以闇然自晦，而愈不可揜也。小人反是。此其所以的然自表，而愈無所據也。復本之要在乎「知遠之近，知風之自，知微之顯」。所謂「遠」者，萬理之散在天下是也。所謂「近」者，本心之在我是也。知天下萬理皆總會乎吾之本心，此即「知遠之近」也。所謂「風」者，施化於外是也。所謂「自」者，本心所在是也。知施化之用皆本心之所出，即「知風之自」也。所謂「微」者，本心所存，人不得見，唯我自知是也。所謂「顯」者，幾微發露，無隱不見，人皆知之是也。知内之所存，終必發露，不可得而揜，此即「知微之顯」也。知此三者之理，然後能見本心，故處而於德之奥有所從入，故曰「可與入德」矣。三知者，復本之要也。唯君子知此三者之理，所以嘗用力於人所不見之處。故知隱伏之孔昭，夫然後能「内省不疚，無惡於志」，在人所不見之處尤切兢兢也；知屋漏之不可有愧，夫然後能篤誠於言動未發之前，而使人敬信於言動未形之始也；知至静無言，可使不争，夫然後能淵默存誠，無物無我，使善者見之樂，不善者見之愧，而不必賞之勸，刑之威也；知不顯之爲德，百辟自然儀刑，夫然後能篤恭於内，對越在天，純一不雜，使天下化之，皆知反身自求，各止其分，而無不平也。凡是數者，皆由三知以入德者也。於是又推其精微，至於不大聲色。知聲色之爲末，則知本心所存之微，雖聲色之不大，未足爲喻也。於是又益推其精微，至於德之易舉，其輕如毛。知毛雖細微，尚有倫理之可見，則知本心之所存，微而又微，雖毛之細，亦未足以爲喻也。於是又從而更推精微之極，至於「無聲無臭」。蓋無聲可聞，無臭可知，天之事也。本心所存，其微至此，則與天爲一，不可以有加矣。

三衢周氏曰：自此以下，凡八引《詩》，或疑其無序，不知所以證脩身，齊家，治國，平天下，與夫誠者，誠之者，其説甚明，第學者未深考爾。苟明其序，則一篇之意燦然矣。「衣錦尚絅」，「潛雖伏矣，亦孔之昭」，此脩身之證也。君子之學爲己，不患人之不己知，故「衣錦尚絅」，惡其文之昭著。然誠之所發，終不可掩，所以「闇然而日章」。小人之學爲人，掩其不善而著其善，惟恐人之不知，故心勞日拙。人之視己，如見其肺肝，所以「的然而日亡」。「淡而不厭，簡而文，温而理」，此「闇然日章」之道，其德參乎天地者也。雖淡而不厭，以言其易而可親；雖簡而有文，以言其居之以敬；雖温而能理，以言其中和之德，足以位天地，❶育萬物。是三者，若遠而近，若風有自，若微而顯。知其遠者必自邇，斯能極於博厚。知《家人》之象，風自火出，斯能極於明誠。知莫顯乎微之不可揜，斯能極於高明。夫是之謂「可與入德」。必言知者，其要在於致知。知而不至者有矣，未有不知而能至者。「潛雖伏矣，亦孔之昭」，此自近、自內、自微之諭也。「故君子內省不疚，無惡於志」，志者心之所之也。志無所惡，則內省吾心，無所慊愧矣。此君子謹獨之學，用力於人所不見之地，非人所能及也。故曰：「君子所不可及者，❷其惟人之所不見乎？」「相在爾室，尚不愧于屋漏」，此齊家之證也。屋漏者，室之西北隅。既祭猶敬，心無愧於幽明，則闇室無所欺矣。故其處家也，言必有物，行必有常，不動而人莫不敬，不言而人莫不信，其誠之至乎！「奏假無言，時靡有争」，治國之道，莫大乎賞罰，固足以示勸

❶「位」，通志堂本、四庫本作「立」。
❷「子」下，通志堂本、四庫本有「之」字。

懲矣。至於「不賞而民勸，不怒而民威於斧鉞」，如在宗廟之中，自生肅敬之心，此誠之所格，非賞罰之所及也。「不顯惟德，百辟其刑之」，此平天下之證也。平天下者，豈以力服人哉？「不顯惟德」，百辟自然儀刑，如七十子之服孔子也。不顯者，闇然日章之道，其舜之「恭己無爲」，文王之「不識不知」者乎？是故「篤恭而天下平」。「予懷明德，不大聲以色」，此特言誠也。誠之爲德，以己昭昭，使人昭昭，豈可以聲音笑貌爲哉？「德輶如毛」，仲山甫舉之，固爲明哲君子，然猶有倫之可見，未足以爲至。此證誠之也。惟天運於上，於穆不已，無聲臭可聽聞，如文王之純亦不已，然後爲至。此證誠者也。

嚴陵方氏曰：君子仰不愧於天，俯不怍於人，故内省察而不疚焉。以其不疚，故無惡於志，言心之所之未始有惡也。爲善於顯明之中者易，爲善於幽隱之中者難。故君子之所不可及者，其唯人之所不見乎？經曰「戒慎其所不睹」，與此同意。動而敬，言而信，賞而勸，怒而威，末矣。唯不動而敬，不言而信，不賞而勸，不怒而威，然後爲至。怒必以鈇鉞爲言者，先王之所以飾怒是也。篤恭，謂篤厚於恭也。「不大聲以色」，言化民以德也。「無聲無臭」，言化民以道也。聲之化民，則聞而化；色之化民，則見而化。聲色非不可以化民也，特非化民之本爾。

長樂陳氏曰：上言至誠如是其至簡，復何言哉？世之人所以每每不誠者，非不知中庸之本乎誠也，亦非不知誠之可以有爲也，第從事於外也速，而致力於内也寡，故誠不至而德不成。《中庸》之書，終言成效，亦足矣，而此所言，恐人之不知所以爲誠也，故據《詩》委曲以諭之。然自「衣錦尚絅」至終篇，大抵不過欲人致力於內，而不必從事於外也。惟惡其文之著，故曰「闇然而日章」，與「的然日亡」異矣。淡而不至乎厭，簡而能文，温而能理。及夫三知入德，雖伏而昭，內省不疚，屋漏不媿，皆欲致力於內而已。夫不必動而敬，不必言而信，不必賞而勸，不必怒而威，豈必從事於外哉？篤恭而天下自平耳。嗚呼！聲色不可以化民，而從事於外者，果何爲哉？「德輶如毛」固美矣，而毛猶有倫，不若「無聲無臭」之爲至也。然則爲中庸者，致力於內而已。

山陰陸氏曰：簡疑於不文，温疑於不理。簡而文，温而理，至矣。「知遠之近」，所謂「千里之行，始於足下」。「知風之自」，所謂「《關雎》后妃之德也，風之始也」。「知微之顯」，所謂「莫顯乎微」是也。圖難於其易，爲大於其細，知所謂遠者在此。戒慎乎其所不睹，恐懼乎其所不聞，知所謂顯者在此。正身以正朝廷，正朝廷以正百官，正百官以正萬民，知所謂「風之自」者在此。夫如是，可與入德矣。「故君子內省不疚，無惡於志」，言雖心之所之，不萌惡也，與形而後絶之異矣。

范陽張氏曰：子思《中庸》，大抵以戒慎不睹，恐懼不聞爲入德之階，故言之重，辭之複，何止三致意乎？縱橫反覆，無非此理而已。既言「闇然日章」之理矣，言內省不疚之理矣，今又言「君子所不可及者，其唯人之所不見乎」，故舉《詩》「不愧屋漏」以證之。又曰：或見而敬，或不見而章；或言而民莫不信，或言而世爲天下則，或不言而信；或動而世爲天下道，或不動而變；或行而世爲天下法，或行而民莫不説，或無爲而成；或不賞而勸，或不怒而威。卷舒闔闢，縱横上下，無不可者，則以「微之顯，誠之不可掩也如此」。「不大聲以色」者，是其意專於德，而不俟形於言動賞罰聲色之間，而天下自化也。孰爲德乎？即戒慎恐懼、不睹不聞是也。養之既久，功深力到，舉意即成，未萌即應，所以不動，不言，不賞，不怒，而敬且信，勸且威也。其效如此，天下必以爲難到也。聖人乃曰「德輶如毛」。其意謂誰不能舉之乎？其要止在戒慎恐懼，此亦人之所易爲也。毛猶有倫，是德猶有形象也。自德而上，即喜怒哀樂未發以前也。此豈有形象哉？此天命之性也，學不到此，奚足爲中庸？

莆陽鄭氏曰：夫行遠者必自近。❶察乎天地，其造端必出於夫婦；行乎天下，其所推不出於閨門。本立而後道生，若捨近而務遠，則無本矣。故曰「知遠之近」。天下風俗皆有所自，黄老之説自於竇太后、曹相國，方士神仙自於秦皇、漢武，清談自於王、何，浮屠自於漢明帝、楚王英。邪説一勝，千載頹風。孟子距楊、墨，韓退之斥佛、老，恐其爲千載風俗害也。故曰「知風之自」。人皆知微之微，不知微之顯。夫所謂微之顯，何也？日用之道也。道雖精微，而百姓之所日用。夫子曰：「誰能出不由户？何莫由斯道也？」《易》曰：「百姓日用而不知。」《孟

❶「近」，通志堂本、四庫本作「邇」。

子》曰：「行焉不知，習焉不察。」君子下學上達，不敢忽其日用顯顯者，故曰「知微之顯」。

海陵胡氏曰：「君子內省不疚，無惡於志」者，君子內自省察，無所疚病，又無過惡於其志，是蓋能知顯微本末者也。「相在爾室」者，視爾室中助祭之人，皆怠慢，無肅敬之心，尚不愧於屋漏之神。「聲色之於以化民末也」者，聲色之事，以德校之，乃化民之末也。化民當以德爲本。毛尚有倫，以其有形體，德固無形而易舉也。上天以生成爲事，無聞其聲音，無知其氣臭，窈然無象，天下之物自然生成。

涑水司馬氏曰：苟內省不疚，雖謗議沸騰，刑禍交至，亦非其所惡也。

莆陽林氏曰：「奏假無言，時靡有爭」，奏大樂而無諠譁之聲者，是寫出太平氣象，正屬四方無侮無拂之時。是時也，天下不賞而民勸，不罰而民畏也。此唯堯、舜、成、康可以當此。不顯，言其甚顯也。人君有甚顯之德，則左右公卿之人皆儀刑之。「君子篤恭而天下平」，蓋自我一人正心誠意，則左右近習可化；左右近習可化，則朝廷之上可化；朝廷之上可化，則都鄙之間可化，豈不謂之篤恭而天下平乎？

晉陵錢氏曰：此七節言君子之德，不著於外，極於天之無聲臭。故子貢曰：「夫子之言性與天道，不可得而聞也。」「的然」，顯然也。「温而理」，温猶和也，理猶治也。遠之近，風之自，自外而知之。微之顯，自內而知之。「無惡於志」，志猶記也。雖有人志之，君子所不惡。言屋漏，則通於天，所當愧也。「不大聲以色」，言天愛文王之明德，所以廣大其聲譽者，不以顔色。故夫子云聲與色皆末也。

晏氏曰：淡者所以合乎天，不厭者所以通乎人。淡而不厭，則天人兼備矣。簡者居其實而略，文者摭其華而詳。簡而文，則華實相副矣。温者以仁存心，理者以義制事。温而理，則仁義並行矣。盡此三道者，全德之人也。入德，蓋由君子之道而入聖人之德也。自敬者不敢慢於人，故雖不動而人皆敬之，況於有動乎？自信者不敢詐於人，故雖不言而人皆信之，況於有言乎？上文言「内省不疚」而繼之以此，蓋欲其以自敬、自信爲克爾。説者謂篤恭者，厚於恭而無所薄之謂也。此説非矣，是不知經者之談。《表記》不云乎，「君子篤以不揜，恭以遠恥」，則篤也、恭也，分而爲二矣。蓋篤以篤實在內，言其德也；恭以恭遜在外，言其行也。「有覺德行，四國順之」，此天下所以平歟？

建安真氏曰：引《詩》「潛雖伏矣，亦孔之昭」，明雖潛深隱伏之地，而其昭著章灼，有不可掩者。故君子内省不疚，而無愧於心。苟人心至靈，毫髮之微，少有自欺，必有不能慊於中者，此所謂疚也，此所謂惡也。惟夫處幽如顯，視獨如衆，反之於己，無所疚惡焉，此君子之所以大過人，而人之所不能及也。又於《詩》謂處室之時，當無媿於屋漏，故君子静而常敬，嘿而常信，不待動作語言而後見也。存養之功至此，非盛德，其孰能之乎？

蔡氏曰：「衣錦尚絅」至「可與入德矣」，言戒謹恐懼之事。「潛雖伏矣」至「人之所不見乎」，言謹獨之事。「相在爾室」至

「不言而信」，言家齊之事。「奏假無言」至「威於鈇鉞」，言國治之事。「不顯惟德」至「天下平」，言天下平之事。故於家則不言民，於國則稱民，至「篤恭而天下平」，則直言天下矣。「予懷明德」至「『無聲無臭』，至矣」，言君子道德精至，人道之極致也。「知遠之近，知風之自」，外必由乎内也。「知微之顯」，内必著乎外也。言能知夫内外輕重之至，則可許以入德之事矣。

錢塘于氏曰：入德之門，「知遠之近」，必由此以之彼；「知風之自」，必由内以達外；「知微之顯」，必知天下之顯本乎微。能知近而知自，則是知微也。近而遠，自而風，則是微之顯也。故「知微之顯」一句，異於「遠之近」，「風之自」也。「知微之顯」，非慎獨之學不能造也。

延平周氏曰：以聲色而方於德，則德爲本。以德而方於道，則道爲妙。蓋毛譬則德也，上天譬則道也。毛雖微，然未免乎有體，有體，故有倫。唯上天之造，始則不唯無體，而又且無聲無臭也。

新定邵氏曰：君子之道，謙冲務實，不求人之我知也，而芬芳外達，人自知之。故在己雖闇然自晦，而其道日彰，而不可揜。小人之道，誇詡衒耀，唯恐人之不知也，❶而行潦無源，❷涸可立待。故在己雖的然自彰，而其道日亡而不可久。《孟子》「聲聞過情」一章，即所以推明此意。《正月》之詩云「潛雖伏矣，亦孔之昭」，此即淵魚爲喻，謂魚潛于淵，宜若人所不見

❶ 「不」下，通志堂本、四庫本有「我」字。
❷ 「源」，通志堂本、四庫本作「本」。

矣，而終不免於罔罟之患。❶則以其實有此魚，終不能逃人之知也。君子而審乎此，則反觀内省，實無一毫之疚病可也。一毫隱於方寸，人之視之，如見其肺肝，亦猶此魚雖伏而甚昭也。豈不凜乎可懼哉？　君子德化所感，不賞而民自勸於爲善，不怒而民自威於鈇鉞。蓋人心均有此天理。宗廟之中，未施敬而民敬；墟墓之中，❷未施哀而民哀：何待賞而後勸乎？　訟而有愧者，望賢者室廬而遽返；身爲不義者，不畏其罪而畏賢者之知：何待怒而後威乎？　夫其隨觸而感，與夫鄉閭所敬者，其所興起，其所愧惕，猶且若此，而況君國子民者，躬率表倡於其上，則其感化之效，又當若何耶？

「載」字訓詁不同。《文王》詩云「上天之載，無聲無臭」，説《詩》者曰：「載，事也。」釋《中庸》者音「哉」，謂天之造生萬物也。以愚觀之，俱所未安。載，猶「地載神氣」之「載」，言上天所載之道，無聲無臭也。

禮記集説卷第一百三十六

❶「罔」，通志堂本、四庫本作「網」。
❷「中」，通志堂本、四庫本作「間」。

禮記集說卷第一百三十七

表記第三十二❶

孔氏曰：案鄭《目録》云：「名曰《表記》者，以其記君子之德，見於儀表也。此於《別録》屬《通論》。」

藍田呂氏曰：《禮記》名篇，亦多取篇中字爲目，如《檀弓》、《玉藻》、《緇衣》之類。此篇論仁爲多，而篇中有云「仁者天下之表」，恐取此義以名篇。

嚴陵方氏曰：表者，裏之外也。故凡欲自明於外而期物之取正者，皆謂之「表」。經言「表微」，傳言「表道」，皆以是而已。孔子體道而不行乎世，然無以自明而莫之取正焉。於是立言以表之，則門弟子不可以不記也，故名其篇曰《表記》。

子言之：「歸乎！君子隱而顯，不矜而莊，不厲而威，不言而信。」

鄭氏曰：此孔子行應聘諸侯，莫能用己，心厭倦之辭也。厲謂嚴顔色。

孔氏曰：於時孔子身在他國，不被任用，故稱「歸乎」。皇氏曰：此篇稱「子言之」凡八，皆是發端起義，事之頭首，記者詳之，故稱「子言之」。若於「子言之」下更廣開其事，或曲說其理，則直稱「子曰」。

藍田呂氏曰：自此至「瀆則不告」一章，大指言敬而已。「歸乎」者，孔子歷聘諸侯，諸侯莫能用，知道之不行，將歸老於

❶「二」，原作「三」，今據《禮記》改。

魯之言。如在陳則曰「歸與，歸與」者也。「隱而顯」者，「潛雖伏矣，亦孔之昭」者也。「不矜而莊」者，「予懷明德，不大聲以色」者也。「不厲而威」者，「德威惟畏」者也。「不言而信」者，「四時行焉，百物生焉」者也。聖人之於天下，豈恝然無心哉？博施濟衆，雖堯舜不能無病，況孔子不得其時者乎？故其始也，曰：「如有用我者，吾其爲東周乎？」又曰：「天下有道，丘不與易也。」及其終也，知天意所在而廢興有命，乃曰：「鳳鳥不至，河不出圖，吾已矣夫。」又曰：「甚矣，吾衰也。久矣，吾不復夢見周公。」然後浩然有歸志矣。蓋聖人之德，要其歸也，天而已矣。默而成之，不言而信，存乎德行，不識不知，尚何矜厲之有哉？故曰：「天何言哉？」又曰：「天則不言而信，神則不怒而威。」其是之謂乎？

馬氏曰：隱者其迹，顯者其名。其迹隱於幽，其名聞於人。以其德蘊於中，輝光發於外。夫唯德蘊於中而輝光發於外，故「不矜而莊，不厲而威，不言而信」。矜所以自飾，而欲人之敬；厲所以自嚴，而欲人之畏；言所以自宣，而欲人之信。故「不矜而莊，不厲而威，不言而信」，則至德默喻於心也。不矜，不厲，不言，所謂隱也。莊、威、信，所謂顯也。

延平周氏曰：君子隱而顯，隱則神也，顯則明也。既隱而顯，則復推其始之所以隱而顯者，在乎不矜而自莊，不厲而自威，不言而自信。《易》曰「神而明之，存乎其人，默而成之，不言而信，存乎德行」者，蓋既神而明，則復推其始之所以神而明者，在乎默而成之，而不言而信，與此同意。

延平黄氏曰：「不矜而莊」，人之道也；「不言而信」，天之道也；「不厲而威」，神之道也。

《講義》曰：孔子歷聘天下而無一用，故至是而有歸乎之歎。孰知夫不用之用，其爲用尤大也。身不容於一時，而道可傳於萬世。賞罰之柄不及一施設，而《春秋》之筆削凜凜乎爲千載之懲勸。是所謂隱也，而有至顯者存；所謂不矜、不厲也，而有莊且威者寓；不言也，而有所謂莫不信者在。夫子至是而歸於魯，雖不用，無憾矣。

子曰：「君子不失足於人，不失色於人，不失口於人。是故君子貌足畏也，色足憚也，言足信也。《甫刑》云：『敬忌，而罔有擇言在躬。』」

鄭氏曰：失，謂失其容止之節也。《玉藻》曰：「足容重，色容莊，口容止。」《甫刑》，《尚書》篇名。忌之言戒也。言己外敬而心戒慎，則無有可擇之言加於身也。

孔氏曰：此一經廣明君子之德。《甫刑》，《呂刑》也。今《尚書》「躬」作「身」字。

藍田呂氏曰：脩身之要有三：貌也，色也，言也。曾子告孟敬子君子所貴乎道者三：動容貌，出辭氣，正顏色而已。《冠義》曰：「禮義之始，在於正容體，齊顏色，順辭令。」若「巧言令色足恭」，則反是者也。所謂足者，舉動是也。舉動即貌也，主於足，故言足也。色者，顏色見於面目者也。口者，言辭是也。脩此三者，敬而已矣，不敬則失之。故貌敬則足畏也，色敬則足憚也，言敬則足信也。

長樂陳氏曰：孔子先言其所難勉者，所

以盡道。又繼之以其所易爲者，所以盡教。則必矜而莊，故不失足於人而貌足畏；必厲而威，故不失色於人而色足憚；必言而信，故不失口於人而言足信。凡此所以盡教而已。

嚴陵方氏曰：三者得失皆由於動。夫静所以處己，動所以接人，故每以不失於人爲言焉。此止引擇言以證之者，以駟不及舌，人之失尤在於言故也。

清江劉氏曰：足者，足恭也。色者，令色也。口，巧言也。此仲尼所與左丘明同其恥之三事也。故下自解之曰：「君子貌足畏也，色足憚也，言足信也。」信則不巧矣，憚則不令矣，畏則不足矣。註乃云足容，色容，口容，非也。

馬氏曰：見其有所可行而不慮其所可止，則失足於人。見其所可喜而不慮其所可怒，則失色於人也。見其所可語而不慮其所可默，則失口於人也。行止視所可，不失足於人。喜怒視所可，不失色於人。語默視所可，不失口於人。蓋進以禮，退以義，此不失足於人也。端冕則有敬色，衰絰則有哀色，甲冑則有不可辱之色，此不失色於人也。知者不失人，亦不失言，此不失口於人也。不矜而莊，不言而信，不厲而威，此言其大也。貌足畏也，色足憚也，言足信也，此言其應物也。與夫《中庸》所謂「言而世爲天下則，行而世爲天下法」，又曰「不動而敬，不言而信，不怒而民威於鈇鉞」，其意同也。此三者雖不同，而其要在乎敬慎而已。

子曰：「裼襲之不相因也，欲民之毋相瀆也。」子曰：「祭極敬，不繼之以樂。朝極辨，不繼之以倦。」

鄭氏曰：「不相因」者，以其或以裼爲敬，或以襲爲敬。禮盛者以襲爲敬，執玉龜之屬是也。禮不盛者以裼爲敬，受饗是也。極，猶盡也。辨，分別政事也。

孔氏曰：以前經云「貌足畏，色足憚」，故此經云「毋相瀆」，又明行敬不可樂、倦也。行禮之時，禮不盛則露見裼衣，禮盛則重襲上服。是行禮初盛則襲衣，禮不盛則裼衣。是裼、襲不相因也。所以然者，欲使人民無相褻瀆，使禮相變革也。案《聘禮》賓初行聘時則襲，故《聘禮》云「賓襲執圭」是也。至聘訖受饗之時，「賓裼，奉束帛加璧行饗」。聘爲禮盛，故襲。饗爲禮不盛，❶故裼。聘時有玉，故云「執玉」也。《玉藻》曰「執玉龜襲」，故云「之屬」也。案行饗執璧，亦是玉，於時裼衣者，比聘時執玉爲輕故也。又賓介自相授玉之時，介禮輕，裼而執圭以授賓；賓禮重，則襲而後受圭。是賓與介亦裼、襲不相因。故《聘禮》云「上介不襲執圭，屈繅授賓，賓襲執圭」是也。

藍田吕氏曰：禮者節文而已。節文不明，慢瀆所由生也。衣裘之間，以襲、裼爲之節文。故凡服裘者，必有衣以裼之。裘，褻服也，不可以敬事，故有衣以覆之也。不袒，則謂之襲。襲，充美也。袒謂之裼，裼見美也，謂裘之文飾也。不文飾也不裼，故犬羊之裘不襲也。「不相因」者，或以裼爲敬，或以襲爲敬也。禮盛者不文，則以襲爲敬，如大裘不裼。及尸襲，《聘禮》「賓襲執圭」，弔則襲是也。禮不盛者尚文，故以裼爲敬，如君在則裼，

❶「盛故襲饗爲禮」，原脱，今據通志堂本、四庫本補。

無事則裼，受饗之時，「賓裼，奉束帛加璧」是也。「極敬」者，誠意至也。「極辨」者，節文明也。祭者，竭吾誠意以求乎神，猶恐未盡也，故齊三日，必見其所祭者，立而詘，進而愉，退立如受命，已徹而退，敬齊之色不絶於面，如是則然後可以饗親。苟至於樂，則敬弛，弛則忘之矣。朝廷之禮，所以别嫌明微，正名分，以尊君者也，故有外朝、内朝之政。左右九棘，面三槐，左嘉石，右肺石，以别公卿、大夫、諸侯及羣士、羣吏之位，以致民而詢焉。及辨貴賤之等，叙羣吏之治，其儀也，有不歷位而相與言也，不踰階而相揖也。如此然後君臣之分明，邦國之政行。苟至於倦，則入於苟簡，入于苟簡而欲求治者，未之有也。

嚴陵方氏曰：古者長民，衣服不貳，故其效至於民德歸壹，則裼、襲不相因，欲民之毋相瀆，固其理也。裼、襲，見《曲禮》及《玉藻》解。

山陰陸氏曰：一襲一裼，非相因也。若《聘禮》，賓襲執玉，至受饗，賓裼，奉束帛加璧是也。相因，謂若裼襲矣，又裼襲也，是之謂瀆。朝可以辨君臣之義盡矣，覲是也。故曰覲之言勤也，所謂不繼以倦。

石林葉氏曰：禮有以裼爲貴者，文也。文在外，以顯諸仁。禮有以襲爲貴者，質也。質在内，以藏諸用。文質所施，❶各因其事，民所以不相瀆也。禮之體無不敬，而極者在祭，故樂以迎來，哀以送往，非繼以樂也。禮之用無不辨，而極者在

❶「施」，通志堂本、四庫本作「事」。

朝，故曰中而退，非繼以倦也。

臨川王氏曰：《表記》曰：「祭極敬，不繼之以樂。」《祭義》曰：「祭之日，樂與哀半。」何以不同？曰：不繼以樂者，樂之在身。哀與樂半者，樂之在親也。

金華應氏曰：極者，竭盡而無餘之辭。繼者，前竭而後承之謂。蓋報本始，通肸蠁，莫重乎祭。一毫不敬，則曠而不接矣。其可以樂而散其志乎？正名分，出政令者，莫嚴於朝。一事不辨，則紊而不治矣。其可以倦而懈於事乎？「不繼之」者，竭力以畢事，而不敢以此終也。

《講義》曰：謂之「極敬」，則敬之所施特盡於此，而始終當一於敬，毋或繼之以樂，樂則至於忘敬，而非敬之極故也。謂之「極辨」，則辨之所施特盡於此，而始終當一於辨，毋或繼之以倦，倦則至於忘辨，而非辨之極故也。

子曰：「君子慎以辟禍，篤以不揜，恭以遠恥。」子曰：「君子莊敬日强，安肆日偷。君子不以一日使其躬儳焉如不終日。」子曰：「齊戒以事鬼神，擇日月以見君，恐民之不敬也。」子曰：「狎侮，死焉而不畏也。」

鄭氏曰：篤，厚也。揜，猶困迫也。肆，猶放恣也。偷，苟且也。儳焉，可輕賤之貌也。如不終日，言人而無禮，死無時。「擇日月以見君」，謂臣在邑竟者。「狎侮，死焉而不畏」，怵於無敬心也。

孔氏曰：君子篤厚行於善道，不使揜逼而被困迫也。莊敬日强，又廣明恭敬之事，言恒能莊敬，故德業日强，安樂放恣，則其情性日爲苟且也。君子常行善道，不以一日之間使其身儳焉可輕賤，如小人不能終竟一日也，言不得長久也。朝廷之臣，每日朝君，何得云「擇日月」？故鄭知在邑竟，或擇日出使在外，或食邑別都，見君須擇日月也。既明君子恒行恭敬，又明小人唯好狎侮，言小人遞相輕狎，侮慢相侵，雖有死焉禍害而不知畏懼也。

横渠張氏曰：篤謂篤實，篤實則自有光輝，如何可揜？與「誠之不可揜」其義同。莊敬之事，日欲勉强爲之。安肆奉養之事，日欲偷且。偷，言不以爲急也。君子莊敬日强，始則須拳拳服膺，出于牽强，至於中禮，却從容如此，方是爲己之學。德信，則不怒而威。狎侮，雖死而不畏。

藍田吕氏曰：慎、篤、恭三者，皆行之敬也。慎其行則寡過，况於禍乎？暴虎憑河，死而不悔者，不慎而取禍者也。篤其行則誠著，何事於揜乎？閒居爲不善，無所不至，及見君子，則揜其不善而著其善，不篤而好揜者也。恭其行則人敬，則何事於恥乎？侮人者，人亦侮之，不恭而近恥者也。莊敬者，人所難持，非勉强日進，則身不能以自立。安肆，人所易縱，唯苟且日忘，則欲不能以自制。蓋莊敬主於禮，安肆主於欲。偷之爲言苟且也。如衛公子荆善居室，始有曰苟合矣，少有曰苟完矣，富有曰苟美矣，此之謂「安肆日偷」。或以謂莊敬則日能自强，安肆則日入偷惰，然非君子之事，義不可行。由是二者，故德義可尊，進退可度，不至于陵節犯分，如不能容其身也。儳，讀如「毋儳言」之「儳」，陵節犯分之謂也。七日戒，三日齊，竭誠盡慎，以事鬼神，民猶以不見不聞爲可欺也。事君盡禮，擇日月以見君，民猶有不敬其上者，故君子之使民敬，必先斯二者。人之所以狎侮者，以其不足畏也。至於死猶不知者，有所恃而無所忌，猶狎於水而溺於水也。狃於不足畏，卒至於可畏，可不慎乎？

馬氏曰：禍者起於微，而生於人之所自忽，故君子慎以避之。篤者居其厚，不居其薄，處其實，不處其華，則輝光發于外，而人之不能揜也。恭則不侮，不侮於人，則人不侮於己，故恭以遠恥。❶ 莊敬所以自强而有進德之漸，故莊敬日强，强則有自立之意。安肆所以自棄而有敗度之漸，故安肆日偷。夫唯莊敬日强，安肆日偷，故「君子不以一日使其躬儳然如不終日」。事鬼神，擇日月，見君，齊戒，互文以見之也。

石林葉氏曰：「慎以避禍」者，仁也。「篤而不揜」者，信也。「恭以遠恥」者，禮也。事鬼神，則致敬於幽者也，故主言齊戒。見君，則致敬於明者也，故主言日月。

嚴陵方氏曰：「莊敬日强」者，進於勤也。「安肆日偷」者，薄於怠也。儳，有競疾意。君子之身常優游而不迫，寬裕而有餘。雖一日之間，亦未嘗使其躬儳焉如不終日也，而况終身者乎！如不終日，以其競疾而無樂於生之意，故不終日也。《玉藻》言「將適公所，宿齊戒」，則見君者，非不齊戒。《周官》言祭祀「前期十日，帥執事而卜日，遂戒」，則事鬼神者，非不擇日月。而此於鬼神言齊戒，於君言日月者，蓋齊戒在人，日月在天。神道至幽，故主言在人者以明之。君道至明，

❶「故」，原作「致」，今據通志堂本、四庫本改。

故主言在天者以神之，亦各有所當也。且神道至幽，人之於神，不可瀆也。必有事焉，然後齊戒，故鬼神必言事而不可以言見。君道至明，臣之於君，無適而非事也。必欲見之，乃擇日月，故君止言見而不必言事。雖然，在朝之臣則皆見君矣，而此乃言「擇」者，先儒謂在邑竟，是也。《書》曰「德盛不狎侮」，蓋德盛者，有道之士也。唯有道之士，乃能尊生，❶故狎侮之人雖死不畏也。

延平周氏曰：「莊敬日强」，可以言君子。「安肆日偷」，亦言君子者，謂雖爲君子，果莊敬，則日入於强，或安肆，則日入於偷。

廬陵胡氏曰：「儳焉」云者，輕賤貌。要之，皆謂非禮也。「如不終日」，謂君子常惕然，❷恐失禮，不能終一日行之也。狎侮人則民不敬，雖懼之以死，不畏，則受侮有甚於死矣。

《講義》曰：放辟邪侈，❸無不爲已者，必陷於罪，凡以其不知所謂慎。蓋禍福無門，惟人所召，無不自己求之者。君子所以辟禍，不出於慎，以戒懼而已。行矣而不著焉，習矣而不察焉，終身由之而不知其道者，衆也，凡以其不知所謂篤。蓋誠則形，形則著，著則明。君子所以不揜，不出於篤，以力行而已。言輕則招憂，行輕則招辜，貌輕則招辱，凡以其不知所謂恭。蓋動容貌，則斯遠暴慢；正顔色，斯近信；出辭氣，斯遠鄙倍。❹君子所以遠

❶「生」，通志堂本、四庫本作「主」。
❷「然」，通志堂本作「言」，則當下屬。
❸「侈」，原作「恥」，今據四庫本改。
❹「暴慢」至「斯遠」，原脱，今據通志堂本、四庫本補。

恥，不出於恭，以不侮而已。禮義者，所以固人肌膚之會，筋骸之束也。由禮義而自强者，其色則莊而無怠惰之容，其心則敬而無怠惰之思。由是而充之，其志日强而足以有思，其力日强而足以有爲，以之終身，蔑有不濟者，故曰「莊敬日强」。捨禮義而自棄者，恬於燕適而不知安者之敗名，樂於放縱而不知肆者之敗禮。於道則苟且日偷而不進，於事則苟且日偷而不治，以之終身，蔑有濟者，故曰「安肆日偷」。是以昔之言所貴於勇敢者，貴其能行禮義也。

金華應氏曰：君子經德不回，非以正行，則其戒謹篤恭，皆非有爲而爲之也，豈區區於避禍患、防擠恥乎？記禮之言，亦以曉人知避困辱之道耳。收斂則精神内固，操存則血氣不浮，故日進於强。宴安則物欲肆行，縱肆則膚體懈弛，故日趨於偷。儳者，參錯不齊之貌。心無所檢束，而紛離散亂，遂至儳焉錯出。外既散亂而不整，内亦拘迫，故「如不終日」也。君子主一以直内，而斯須無不莊不敬之態，則心廣體胖，泰然自適，何至於「如不終日」乎？

子曰：「無辭不相接也，無禮不相見也，欲民之毋相褻也。《易》曰：『初筮告，再三瀆，瀆則不告。』」

鄭氏曰：辭，所以通情也。禮，謂贄也。《春秋傳》曰：古者諸侯有朝聘之事，「號辭必稱先君以相接」也。瀆之言褻也。

孔氏曰：前明小人狎侮至於死亡，此明君子無相褻瀆。言朝聘會聚，必有言辭以通情意。贄幣之禮，以示己情。引《易·蒙》卦辭，證無相褻瀆之義。

藍田吕氏曰：辭者，相接之言。如公與客宴，曰「寡人有不腆之酒，以請吾子之與寡人須臾焉，使某也以請」之類是也。禮者，相見之摯，如羔鴈雉鶩之類也。必以辭，必以禮者，交際不可苟也。苟則褻，褻則不敬，此交所以易疏也。卜筮之道，貴於初筮，而不敢再三，至敬而不褻者也。鬼神且將告之，况於人乎？賓主慎於交際，不敢苟且，亦敬人之道也。事君數，斯辱矣，朋友數，斯疏矣，此之謂乎？

嚴陵方氏曰：「無辭不相接」，欲其有相接之名也。「無禮不相見」，欲其有相見之文也。有名以正之，有文以章之，則豈有相褻者乎？禮重於辭，而見親於接。瀆有污意，褻有近意，則褻不若瀆之爲甚也。

子言之：「仁者，天下之表也。義者，天下之制也。報者，天下之利也。」子曰：「以德報德，則民有所勸。以怨報怨，則民有所懲。《詩》曰：『無言不讎，無德不報。』《大甲》曰：『民非后，無能胥以寧。后非民，無以辟四方。』」子曰：「以德報怨，則寬身之仁也。以怨報德，則刑戮之民也。」

鄭氏曰：報，謂禮也。禮尚往來。懲，謂創艾。讎，猶答也。大甲，湯孫也，《書》以名篇。胥，相也。寬身之仁，亦當言民。

孔氏曰：自此至「無失」一節，總明仁義之事。仁是行之盛極，故爲天下之儀表。義，宜也。制，謂裁斷，謂裁斷於事也。引《詩·大雅·抑》之篇，證相報之義。引《大甲》以證君臣上下，各以其事相報也。

藍田呂氏曰：此一章泛論仁義。仁義者，人性之所固有，賢、不肖之所同也。然私欲勝之，能勿喪者寡矣。故聖人之教，立仁以表之，使天下知所向，而於行得所勉；立義以制之，使天下知所取，而於事得所處。報者，德怨往來，人情所不能無，使之交際，且有勸懲，則利用出入，民咸用之矣。故曰：仁者，天下之表。義者，天下之制。報者，天下之利。天下有道，所謂德怨之報者，皆出天下之公而已。有德於民者，民欲報之以官；有功於民者，民欲報之以賞。因民所欲官之、賞之，所謂以德報德，民知所勸矣。傷人者，民欲報之以刑；賊人者，民欲報之以殺，因民所欲刑之、殺之，所謂以怨報怨，民知所懲矣。若夫民之私德，豈無相報哉？唯不可使懷私恩者廢公議，復私讎者亂國法而已。《詩》曰：「無言不讎，無德不報。」則言與德，無有不報也。《大甲》曰：「民非后，無能胥以寧。后非民，無以辟四方。」則上與下亦有相報也。以德報怨，雖過乎寬，而本於厚，未害其爲仁也。以怨報德，則反易天常，天下之亂民，法所當誅者也。君子欲蹈乎中庸，則莫如孔子所謂「以直報怨，以德報德」也。「以直報怨」，視如國人而已。彼賢當進，吾不敢以怨而蔽之。彼罪當刑，吾不敢避怨而宥之、懷怨而重之，是亦愛而知其惡、憎而知其善之義。

嚴陵方氏曰：仁足以長人，故曰天下之表。義足以方外，故曰天下之制。表，猶「君子表微」之「表」。制，猶「聖人制行」之「制」。仁義之表制，而繼之以報之利，則報者，禮也。《曲禮》曰「大上貴德，其次務施報」，又曰「禮尚往來」，則報之爲禮固明。不曰禮而曰報者，以禮不止於報故也。以德報怨，則忘人之怨。忘人之怨，雖不足以有懲，而衆將德之而有裕矣，故曰「寬身之仁也」。以怨報德，則忘人之德。忘人之德，既不足以有所勸，而衆且怨之而不容矣，故曰「刑戮之民也」。

馬氏曰：仁爲天下之表，而不傷乎愛者，有義以裁之也。義爲天下之制，而不傷乎制者，有仁以爲本也。言仁義而繼之以「報者，天下之利」，何也？蓋仁者，義之本，義者，仁之節，而禮者，節於仁義也。凡此者，皆相因之理也。以德報怨，以怨報德，此皆釋「報者，天下之利」之意。所謂報者，非必報之以善，隨其善惡之所在而有以報之也。德有得於己，則必報之以德，然後民知有所勸。怨有得於己，而必報之以怨，然後民知有所懲。蓋言有得失則必讎，德有凶吉則必報。「民非后，無能胥以寧」，是民有德於后，❶而必報之。「后非民，無以辟四方」，則是后有德於民，而必報之。此上下之報也。君之於民，時使薄斂，此上有以報於下。民之於君也，出死斷亡而不偷，此下有以報於上也。以德報德，禮也。以德報怨，非禮也。雖其非禮，而能以寬自居，故謂之「寬身之仁」也。寬裕者，仁之作，而非仁之盡也。

山陰陸氏曰：《孟子》曰：「道二，仁與不仁而已。」所謂義者，❷制此者也，故曰「義者，天下之制也」。所謂禮者，於此有往

❶「是」，通志堂本、四庫本作「視」。
❷「所」上，通志堂本、四庫本有「其」字。

來焉，故曰「報者，天下之利也」。仁亦多術也，以德報怨，是爲寬身之仁而已。故或問：「以德報怨何如？」孔子曰：「何以報德？以直報怨，以德報德。」

延平黄氏曰：以德報德者，仁也，則民有所勸，故爲天下之表。以怨報怨者，義也，則民有所懲，故爲天下之制。有所勸，則民知德而不陷乎惡，有所懲，則民知法而不陷乎罪，故爲天下之利。夫以仁義表制天下，其利如此，而况下化而爲仁義哉？其利不可勝用也。主義而言，則利在其中焉。主利而言，非特其利不可必得也，義已喪矣。義喪而得利，則有能奪之者，何足計哉！

横渠張氏曰：報者，天下之利，率德而致。善有勸，不善有沮，天下之利也。

黄氏曰：此言以德報怨，謂人有小怨微隙，❶當以理恕。唯父母兄弟交親之怨，不報，則虧孝義之行焉。儻小怨微隙，君子不以德消，而一一讎報，往來不息，必深結仇讎。豈非傷教害義哉？君子情以恕人，慎以避禍，小怨微隙，以德消之，亦寬身之仁道者也。

子曰：「無欲而好仁者，無畏而惡不仁者，天下一人而已矣。是故君子議道自己而置法以民。」子曰：「仁有三，與仁同功而異情。與仁同功，其仁未可知也。與仁同過，然後其仁可知也。仁者安仁，知者利仁，畏罪者强仁。」

鄭氏曰：「一人而已」，喻少也。「仁有三」，謂安仁，利仁，强仁也。利仁，强仁，功雖與安仁者同，本情則異。功者人所

❶「人」上，通志堂本、四庫本有「小」字

貪也。過者人所辟也。在過之中，非其本情者，或有悔者焉。

孔氏曰：凡人好仁，皆有所欲，今無所欲而好仁；凡人惡不仁，皆有所畏，今無所畏而惡不仁，如此者少也。君子講道，❶先自己而始，己所能行，乃施於人，故云「置法以民」。與仁同功，言三者之功俱是博愛，其事一種，❷未可知也。過，謂利之與害。遭遇利害之事，其行仁之情則可知矣。

横渠張氏曰：無欲好仁，無畏惡不仁，天下一人而已，唯責己一身爲當然耳。「一人而已」，責己也。仁難成，故置法以防民非，而不責人以道耳。

藍田吕氏曰：無欲而好仁，無畏而惡不仁，所謂性之者也，安仁者也。天下一人而已，夫子自道也，與下所謂「中心安仁者，天下一人而已」，其義同也。則非聖人，不足以性仁。苟志於仁矣，無惡也，則衆人皆可以爲仁。以聖人之所性而議道，則道無不盡。以衆人之可爲而制法，則法無不行。雖然，法非貶乎道者也。君臣、父子，倫類形名之間，性命之理具焉。雖有未能上達，猶庶幾乎弗畔，此衆人之所能及也。「仁者安仁」，無欲而好仁，無畏而惡不仁者也。「知者利仁」，有欲而好仁者也。「畏罪者强仁」，有畏而惡不仁者也。三者之功歸于仁，而其情則異。此堯、舜性之，湯、武身之，五霸假之，所以異也。功者人所貪也，假之者有之，故齊桓公九合諸侯，一匡天下。湯、

❶「講」，通志堂本、四庫本作「議」。
❷「其事」，通志堂本、四庫本作「各有」。

武之舉不過乎是，而其情則不同，故其仁未可知也。過者人所避也，有不幸而致焉。故周公使管叔監殷，管叔以殷畔，過於愛兄而已。孔子對陳司敗問昭公知禮，過於諱君而已。皆出乎情而無僞，故其仁可知。

延平周氏曰：無欲而好仁者，仁之至也。無畏而惡不仁者，義之至也。無欲而能好，無畏而能惡者，天下一人而已矣。以其無欲而能好，無畏而能惡者，天下常寡，故君子議道則以己，而置法則必以人。蓋無欲而好仁，無畏而惡不仁者，己之所能。以己之所能而議道，則可以合道。有欲而好仁，有畏而惡不仁者，民之所能。以民之所能而置法，則法之所以易行者也。

嚴陵方氏曰：所好生於無欲，所惡生於無畏，非中心安仁者，則不能也，故曰「天下一人而已」。以安仁之難且寡若是，固不可以是而責人矣，故君子則議道自己，而置法以民也。道妙而難知，故以己所能而議之。法粗而易曉，故以民之情而置焉。《論語》所謂「躬自厚，而薄責於人」者，其謂是也。自者，自此而之乎彼之詞，以者，以彼而用於此之詞。與仁同功，其仁未可知者，以其三者之情雖異，及其成功則一，而未知其孰爲仁者之功也。與仁同過，然後其仁可知者，《論語》曰「人之過也，各於其黨。觀過，斯知仁矣」，正謂是也。仁者之爲仁，猶之生於陵者安於陵而已，故曰「安仁」。知者之爲仁，知仁之爲己利，則爲之，知不仁之爲己害，則不爲也，故曰「利仁」。畏罪者之爲仁，畏不仁之詒罪，則戒而惡之，欲仁之爲功，則强而好之，故曰「强仁」。

慮氏曰：多欲而好仁，則仁特所好之一物耳。其他所好，未必仁也。如是者，必其他所欲不勝於其好仁之多，而後能爲君子。則其於所好之類，能無慎擇而爲之齊量乎？無畏而惡不仁，亦若是也。如是而於其好惡之間，常兢兢然唯恐彼重於此，而不足勝於彼也，是賢人之事也。若夫無欲而好仁，則所好無非仁，自仁之外，別無他好，是雖聲色列其左，貨財列其右，而吾無好也，所好者仁而已。無畏而惡不仁，則所惡無非不仁，自不仁之外，吾無他惡，是雖白刃在前，鼎鑊在後，吾無惡也，所惡者不仁而已。如是則縱心於好惡之間，非聖人孰能之？是道也，聖人議之可也。以是而强之民，則驚且惑矣，故置法以民。

馬氏曰：道者法之原，法者道之流。唯其所成之功則一，故與仁同功，其仁未可知也。至於與仁同過，然後其仁可知也。蓋過者，人所避，唯仁者受之而不辭。至於利仁，强仁者，不能無悔也，故同過然後知仁。

山陰陸氏曰：「置法以民」，謂之「置」，意在弗用。若所謂安仁，乃所謂仁也，故曰「仁者安仁」。即利仁、强仁雖與仁同功，情有不同也。與仁同功易，與仁同過難。與仁同功，雖僞未辨，若周公、孔子之過，可謂仁矣。

「仁者，右也；道者，左也。仁者，人也；道者，義也。厚於仁者薄於義，親而不尊。厚於義者薄於仁，尊而不親。道有至，義有考，至道以王，義道以霸，考道以爲無失。」

鄭氏曰：右也，左也，言相須而成也。仁

多則人親之，義多則人尊之。「道有至」下脱一「有」字。「有至」，謂兼仁義者。「有義」，則無仁矣。「有考」，考，成也，能取仁義之一成之，以不失於人，非性也。孔氏曰：人右手用之便，左稍劣也。有至，謂兼行仁義，行之至極也。「考道」謂或取仁，或取義之一事，勉力成之。「義道以霸」，若齊桓、晉文。「無失」，言不違於理也。

河南程氏曰：亨仲問：仁，右也；道，左也。仁者，人也；道者，義也。如何？曰：本不可如此分别，然亦有些子意思。又問：莫有輕重否？曰：却是有陰陽也。此却是儒者説話，如《經解》只是弄文墨之士爲之。

横渠張氏曰：仁通極其性，故能致養而静以安。義致行其知，故能盡文而動以變。又曰：義，仁之動也。流於義者，於仁或傷。仁，體之常也，過於仁者，於義或害。又曰：「義道以霸」，此語得義甚淺。如以仁愛便謂之仁，以不爲不是便謂之義，所涉皆淺也。仁道有本，近譬之於身，推以反仁，❶乃其方也。必欲博施濟衆，廣之天下，施之無窮，必有聖人之才，能弘其道。考求過失，以免罪戾者，畏罪之仁也，故曰「考道以爲無失」。薄仁厚義，薄義厚仁，非論仁義之至，語其偏者。虞夏之道，仁義不偏，故親而尊。

長樂劉氏曰：右上則左下，右尊則左卑，其位雖殊，其用未始不相須以成其德也。道者，禮義知信之總名也。五常之道皆

❶「反仁」，通志堂本、四庫本作「及人」，當是。

出於生民之性，然而必先乎仁以爲行己之本，然後道從而成之，故曰「仁者，右也；道者，左也」。左右相成，則有本有用矣。是立人之德，仁以爲先，立道之方，義以爲主，故曰「仁者，人也；道者，義也」。

江陵項氏曰：仁者，右也；道者，左也。仁者，人也；道者，義也。此亦難通。當以下兩句爲解。仁即人身也，道即義理也。人身能行仁義，故爲右，右用力也。義理不能自行，待其人而後行，故爲左，左不用力也。

藍田吕氏曰：右者，人所有事。左者，居於不用之地，而助右之所不及也。仁者，人之體也。將有爲也，將有行也，非仁不可也，故曰「仁者，右也」，又曰「仁者，人也」。道者，天之理也。仁至于不可行，不可不節，則理有所不得已以助人之所不及者，義也，故曰「道者，左也」，又曰「道者，義也」。仁莫隆於父子，父子之道，親親也。義莫重於君臣，君臣之道，尊尊也。厚於此則薄於彼，厚於彼則薄於此，唯知其所以爲左右，則尊尊、親親並行而不相悖，無厚薄之間矣。「道有至，義有考」，先儒云當言「道有至，有義，有考」，脱一「有」字，其義爲然。至道者，至于道之極，不可以有加也。所謂「所過者化，所存者神，上下與天地同流」者也，故曰「至道以王」。義道者，揆道而裁之者也。所謂制節謹度，是可以有國，而長諸侯者也，故曰「義道以霸」。考道者，必稽古昔，❶稱先生，❷所謂「非法不言，非

❶「昔」，原作「者」，今據通志堂本、四庫本改。
❷「生」，四庫本作「王」。

道不行」。雖未達道，不能以義起，亦庶幾乎不失道矣。

石林葉氏曰：仁者，右也；道者，左也。仁者，人也；道者，義也。此《孟子》所謂「仁者，人也。合而言之，道」者也。道與仁，蓋相須而成，猶之左右也。人之四體，左手足不如右强。道者其全常處於無所用之地，故言左。仁者，資於道以爲用者也。常爲道之役，故言「右」。仁反於道，則爲一，道顯於仁，則爲二。故自仁言之，盡人道者莫如仁。此之謂「仁者，人也」。以仁爲人，則道者離乎人而藏乎天，謂之天，可也。古之言道，必兼義。《易》曰：「和順於道德而理於義。」又曰：「成性存存，道義之門。」蓋道不可獨見。道之所見，必有義焉。故曰「道者，義也」。仁言人，則道爲天可知。道爲義，則仁爲道可知。二者蓋相備。譬之曰「顯諸仁，藏諸用」者，聖人立言之法，大抵類此。又曰：道以仁爲用，故言右。仁以道爲體，故言左。足乎仁，則人道備，故言人。人而有義，則人道立，故言義。左右者，離而言之也。仁義者，合而言之也。仁義一本，而有厚薄者，時與事異也。以事親從兄而言仁義之實，則尊親之異者，蓋亦有焉。仁爲人道之至，故三代得天下以仁，則所謂「至道以王」。義者制事而有宜，五霸假仁而近義，則所謂「義道以霸」。仁義不足於己，而能考合於道而行之，則亦無失於己。蓋王霸之道有以得民，而無失者得己而已。

馬氏曰：仁者，人之所親，而右者便於用，亦人之所親。道者，人之所尊，而左者不便於用，亦人之所尊。仁者，人之安宅；義者，人之正路。夫唯仁爲右，而右者人之所親，故厚於仁而薄於義，親而不尊。義爲左，而左者人之所尊，故厚於義而薄於仁，尊而不親。各以其所隆者而言之耳。道有至，有義，有考，此言道之目也。至道以王，義道以霸，此言道之效也。考道非體道者也，唯稽考而已矣，故考道止於無失。先至而後義，先義而後考，此優劣之序。

嚴陵方氏曰：仁有所愛，義有所制。厚於此者，必薄於彼。君子之於仁義，亦兩全之而已，何厚薄之有？道合則渾，離則散。方其渾也，則貫三以爲一，及其散也，則裂一以爲三。唯其裂一以爲三，故有至、義、考之别焉。言至以知義之爲次，言義以知仁之爲至。

臨川王氏曰：可以相勝者，仁義也。故厚於仁而薄於義，則親而不尊，厚於義而薄於仁，則尊而不親。不可以相勝者，禮樂也。故曰：「樂勝則流，禮勝則離。」仁義相勝，則相治；禮樂相勝，則相賊。

山陰陸氏曰：人之所以成位乎其中者，仁也。厚於仁者薄於義，厚於義者薄於仁。君子取適其中而止，道無失，有至不至。義不能無失，於是有考焉。至道以王，義道以霸者，齊一變至於魯，魯一變至於道，近之矣。若桓、文之霸，不能無失，以不知考道之過。

《講義》曰：厚於仁者薄於義，非以仁故滅義也。方其事當以恩爲主，則敬有時而不得與之並施，特仁有餘而義不足耳。是以及其至也，親之而已，尊不與焉。厚於義者薄於仁，非以義故滅仁也。方其事當以敬爲主，則恩有時而不得與之偕行，特義有餘而仁不足耳。是以及其至也，尊之而已，親不與焉。二者非固爲不同也，仁義備具，會逢其適，如何而已？考之於仁，而仁有不合，若不重傷、禽二毛之類，非先王所謂仁也。考之於義，而義有不通，若淫刑以逞，惟戮是聞之類，非先王所謂義也。則所謂考道者，考諸三王而不繆。若是上不足以王，下不足以霸，以保其國，不失爲幸。

建安真氏曰：道者，五常百行之摠名。而義者，當然之正理也。人之求道，何所自入？惟於理之當然者由之，而無所悖焉，則道在是矣。道以體言，義以用言。用無不盡，則體在其中，非二致也。

金華應氏曰：至道即仁也。至道渾而無迹，故得其渾全精粹以爲王。義道嚴而有方，故得其裁割斷制以爲霸。盡稽考之道，而事不輕舉焉，亦可以無失矣。

廬陵胡氏曰：至謂由仁義行，臻其極也。有義，謂仁不足也。有考，謂雜仁義之名成之也。仁義歸往曰王，故至道以王，湯、武是也。不粹而駁曰霸，故義道以霸，五霸是也。雜王霸道成名以不失天下，故考道無失，漢文、景、唐太宗是也。

子言之：「仁有數，義有長短小大。中心憯怛，愛人之仁也。率法而强之，資仁者也。《詩》云：『豐水有芑，武王豈不仕。詒厥孫謀，以燕翼子。武王烝哉！』數世之仁也。《國風》曰：『我今不閱，皇恤我後。』終身之仁也。」

鄭氏曰：資，取也。數，與長短小大互言之耳。性仁義者，其數長大。取仁義者，其數短小。芑，枸檵也。仕之言事也。

詒，遺也。燕，安也。烝，君也。言武王豈不念天下之事？如豐水之有芑矣，乃遺其後世之子孫以善謀，以安翼其子也。皇，君哉武王，美之也。閲猶容也。皇，暇也。恤，憂也。言我今尚恐不能自容，何暇憂我後之人乎？

孔氏曰：自此至「不稱其服」，更廣明仁義之道。「中心憯怛」，天性自仁者也。「率法而强之」，取仁而行者也。引《大雅·文王有聲》，美武王之詩，以證性仁者其數長。武王行仁，遺及子孫，故曰「數世之仁」。芑，即今枸芑也。又引《邶國風·谷風》之篇，證取仁而行，唯在一身，何暇憂及後世，是終身之仁也。

藍田吕氏曰：此章言仁之難成，唯君子勉之有道，則不難成。「仁有數」者，仁爲器重，爲道遠，隨其所舉之多寡，所至之遠近，皆可以謂之仁。故管仲之功，微子之去，箕子之囚，比干之死，皆得仁之名。語仁之盡，則堯、舜其猶病諸。此仁所以取數之多也。「中心憯怛」，仁發於性者也。「率法而强之」，外鑠於仁者也。發於性者，誠心感動，無待於外鑠也。外鑠者，循仁之迹而勉焉者也。以其誠心愛人，故曰「愛人之仁」。以其有取於外，故曰「資仁」。此所發淺深之數也。「數世之仁」、「終身之仁」，此所施遠近之數也。故曰「仁有數」。「義有短長小大」者，義無定體，唯其所宜而已。宜長則長，宜短則短，宜大則大，宜小則小。如孔子可以仕則仕，可以止則止，可以久則久，可以速則速。禮有以高爲貴者，以下爲貴者，有以大爲貴者，以小爲貴者之類是也。故曰「義有長短小大」。此章論仁而及義者，蓋仁之數是亦義也。

嚴陵方氏曰：仁者，人也。凡爲人者，莫非以仁，故其取數常多。義者，宜也。長短小大，物各有宜，以義度之，則無不可者矣，故其言如此。「中心憯怛」，仁之根於内者也。率法，言循法。循法而不違仁焉，仁之資於外者也。根於内，則始於愛人而未至於愛物；資於外，則止於强仁而未至於利仁。此其數見於内外者也。

馬氏曰：「數世之仁」，此數之多也。「終身之仁」，此數之寡也。義者，依於仁而爲之節。仁之數多者，則其節長。仁之數寡者，則其節短。是以下言仁而不言義，則義在其中矣。「中心憯怛」，此愛之由中出也。愛由中出，則推其所愛以及人，❶故曰「愛人之仁也」。言愛人，則愛己者可知也。率其在外之法，而勉强以爲之，非中心之所欲，而愛自外入也。愛自外入，則資以成己也。且自愛猶不足，愛人足乎哉？豐水有芑，出於自然。武王所以有事於天下，亦出於自然。蓋由仁義行，而非行仁義也。故「貽厥孫謀，以燕翼子」，此與「中心憯怛」愛人之意同。「我今不閲，皇恤我後」，此與「率法而强之」資仁之意同。❷

山陰陸氏曰：言「仁有數」，以著義有度。言「義有長短小大」，以著仁有多寡遠近。若愛人之仁，終身之仁，數世之仁，是之謂「數」。至誠則憯怛出於自然，與「率法而强之」者異矣。「武王豈不仕」，言武王

❶「人」，通志堂本、四庫本作「仁」。

❷「意」，通志堂本、四庫本作「義」。

豈非仕哉！然則「貽厥孫謀，以燕翼子」，其仕也，異乎人之仕也。「我今不閱，皇恤我後」，非不欲念後也，不得已也。以「今」易「躬」，言不念後，據今而已，即後有閱，復將念之。爲其念之也，故言之，故曰「終身之仁也」。如以辭而已，是忍也。《孟子》曰：「説《詩》者不以文害辭，不以辭害志。」

金華應氏曰：「豐水之芑」，喻人才之富也。武王豈不欲亟用之乎？其栽培涵養而不盡用者，乃詒孫謀，以燕其翼致之子耳。

石林葉氏曰：仁大者不可以盡名，則言「有數」。義出於仁者也，故言「長短小大」。長短言其裁制也，小大言其區别也。憯怛以愛人，則自然者也。率法以資仁，則使然者也。

四明沈氏曰：親親而仁民，仁民而愛物，此仁有數也。仁所以能有等級者，爲義有長短小大也。墨氏知仁而不知義，故兼愛無等。《禮器》曰：「義者，藝之分，仁之節也。」不可分仁義説。

禮記集説卷第一百三十七

禮記集說卷第一百三十八

子曰：「仁之爲器重，其爲道遠，舉者莫能勝也，行者莫能致也。取數多者，仁也。夫勉於仁者，不亦難乎？是故君子以義度人，則難爲人。以人望人，則賢者可知已矣。」子曰：「中心安仁者，天下一人而已矣。《大雅》曰：『德輶如毛，民鮮克舉之。我儀圖之，惟仲山甫舉之，愛莫助之。』」

鄭氏曰：取數多者，言計天下之道，仁居其多。「以義度人」，言以先王成法儗度人，則難中也，當以時人相比方耳。輶，輕也。鮮，罕也。儀，匹也。圖，謀也。愛，猶惜也。言德之輕如毛耳，人皆以爲重，罕能舉行之者。作此詩者，周宣王之大臣也。言我之匹謀之，仲山甫則能舉行之。美之也，惜乎時人無能助之者，言賢者少。

孔氏曰：引《詩·大雅·烝民》之篇。此詩美宣王之大臣仲山甫，以明行仁者少也。

横渠張氏曰：仁道至大不可盡，但取分數多者爲仁。如九德，德多者益賢。又曰：「中心安仁者，天下一人而已」，蓋責己一身當然爾。

藍田吕氏曰：舉莫能勝，行莫能致，勉之者之爲難也。以義度人者，盡義以度人者也。以人望人者，舉今之人相望也。盡義以求人，非聖人不足以當之，故難爲人。舉今之人相望，則大賢愈於小賢，小賢愈於不賢，故賢者可知已矣。此亦以數而言仁也。君子之自待，必全盡而後已。「中心安仁者，天下一人而已」，聖人之任也，雖未至焉，不敢不勉。不以世莫之助而不爲，故曰「惟仲山甫舉之」。又曰：有己則喪其爲仁矣，天下非吾體；忘己則反得吾仁，天下爲一人。故克己復禮。昔之所喪，今復得之，非天下歸仁者歟？安仁者，以天下爲一人而已。

嚴陵方氏曰：器，若「器用」之「器」。道，若「道路」之「道」。勝，言勝其任。致，言致其至。舉，若手舉。行，若足行。《論語》曰：「士不可以不弘毅，任重而道遠。仁以爲己任，不亦重乎？死而後已，不亦遠乎？」其言正與此合。《儒行》言温良之本，敬愼之地，寬裕之作，孫接之能，禮節之貌，言談之文，歌樂之和，分散之施，其用雖不同，至於本乎仁，則一也。《孟子》言天子之保四海，諸侯之保社稷，大夫之保宗廟，士庶人之保四體，其位雖不同，至於本乎仁，亦一也。孔子言郊社之於鬼神，嘗禘之於昭穆，饋奠之於死喪，射鄉之於鄉黨，食饗之於賓客，其禮雖不同，至於本乎仁，亦一也。兹非取數之多乎？以其數之多，此勉於仁者，所以爲難也。上言以義，則知下言以人者，仁也。下言以人，則知上言以義者，己也。以己所能而度人，則天下無全人，故曰「則難爲人」。以仁之術而望人，則不求備於人，故曰「則賢者可知」。所謂賢者，賢於人也，與「某賢於某」、「猶賢乎己」之「賢」同，則彼善於此而已。若夫以義度人，彼雖有善於此，固不足以知之矣。此言「以人望人」，《中庸》言「以人治人」，何也？治人者存乎政，望人者存乎心。言雖不同，所以爲仁之術則一而已。

「中心安仁」，即仁者安仁也，與前所言義同。

馬氏曰：子曰：「我欲仁，斯仁至矣。」又曰：「有能一日用其力於仁矣乎？我未見力不足者。」而云「舉者莫能勝，行者莫能致」，何也？此言有抑揚之理也。蓋仁之道，自其本而言之，仁在我也。在我者，易以勉。自其仁之成名而言之，唯「中心安仁」者能之，則是勉於仁者，蓋亦難矣。

石林葉氏曰：脩身以仁爲守，其譬則器也。用爲己任，則器重。行己以仁爲達，其譬則道也。死而後已，則其道遠。雖重而莫能勝也，亦曰「德輶如毛，民鮮克舉之」。雖遠而莫能致也，亦曰「爲仁由己，而由人乎哉」。蓋人盡仁道，則取數常多也。勉於仁者爲難，亦非難也。君子以其難，故不以義度人；以其不難，故以人望人。義則能斷，斷以義，則責人也詳。人則中人而已矣。以中人待天下，則責人也略。唯其詳略不同，故賢者可知。

延平周氏曰：己以義而度人，則雖曰公也，然天下之人才，常患乎不足，故曰「難爲人」。以中人而望人，則雖曰恕也，然天下之人有善有否者，亦無以逃於我，故曰「賢者可知已矣」。「中心安仁」者，由仁而行，非行仁者也。此天下所以一人而止。

四明沈氏曰：聖人恐天下以仁爲有限量，故使之雖没身不可已。器雖重，未有不可舉。道雖遠，未有不可致。言重，不言重多少，言遠，不言遠多少，此正聖人不欲以仁之定體示人，欲使人孜孜不已也。若説仁之定體在是，雖重，雖遠，未有不可舉而行者。纔到彼，則執仁在是，更不進步矣。「仁以爲己任，不亦重乎？死而後已，不亦遠乎？」此曾子之見爾，故説仁有限量，「己」字、「任」字，可見聖人見仁所以異於曾子。

金華應氏曰：前言仁之重且遠，而不可以全責，故以人望人，隨其力量所至。又恐人自恕，望望然以仁爲不可企及，故又總叙而勸勉之。安仁者，雖獨立無儔，然德本甚輕，人自鮮舉。幸有能舉者，當衆圖而共助，仰高勤行，終其身而後已。是其望於人者無已，不容有自恕之心也。

山陰陸氏曰：以義度人，若《春秋》是已。齊桓、晉文皆罪人也，以諸侯望之，可謂賢矣，故曰「《春秋》無義戰」。彼善於此，則有之。

新安朱氏曰：儀，度也。言我於是而謀度其人，舉之者，惟仲山甫而已。

「《小雅》曰：『高山仰止，景行行止。』」子曰：「《詩》之好仁如此。鄉道而行，中道而廢，忘身之老也，不知年數之不足也。俛焉日有孳孳，斃而后已。」子曰：「仁之難成久矣，人人失其所好。故仁者之過，易辭也。」

鄭氏曰：仰高勤行者，仁之次也。景，明也。有明行者，謂古賢聖也。「中道而廢」，廢喻力極罷頓，不能復行，則止也。俛焉，勤勞之貌。斃，仆也。「易辭」，辭，猶解説也。仁者恭儉，雖有過，不爲甚矣。唯聖人無過。

孔氏曰：引《小雅·車舝》，刺幽王之詩，言脩德如高山，則人瞻仰之；有景明之行，則人仰行之。證古昔賢聖能行仁道，後世瞻仰慕行，是好愛仁德如此之甚也。好仁之甚，鄉仁道而行，力罷極而始休廢於中道，忘己身之衰老，不覺知年數之不足，猶行仁不止，俛俛焉勤勞，每日孳孳，唯力之斃仆而后已也。「仁之難成久矣」，言仁道難成，非始今日，其來久矣。人人，謂天下衆人。由仁道不成，無所依恃，民人由此不得其志意之所好。若仁道成，人皆得所願也。仁者有過，易可以言辭解説，以仁是善行也。

横渠張氏曰：不知年數之不足，是夭壽不貳也。仁則不極其欲，故爲者難成。仁所以難成，止是恐各害其嗜好，故惡聞義理。如管仲之於齊桓公，可謂不失其所好矣，其終也幾不得保其首領。又曰：人人失其所好，蓋人人有利欲之心，與學正相背馳，故學者莫善乎寡欲。子曰：「棖也慾，焉得剛？」

藍田吕氏曰：不以高矣、美矣爲不可跂及而不勉，故曰「高山仰止，景行行止」。此所以「不知年數之不足，俛焉日孳孳，斃而後已」。「鄉道而行，中道而廢」，謂力不足者，非不爲也，力極罷頓，不能復行，則止也。此皆自待全盡之謂也。君子之待人，以人望人而已。心誠鄉仁，莫不取之。又爲之勸勉愧恥，鑠之於外以移之，此仁之所以不難成也。仁者之心公，衆人之心私。公則所好者兼容博愛，私則所好者克伐怨欲，此人人失其所好者也。心誠鄉仁，雖有過差，其情則善，不待辭而辨矣，故曰「仁者之過易辭」。

新安朱氏曰：景行，大道也。行，如字。

嚴陵方氏曰：王氏謂高山出雲雨，故澤

加於民，民賴而仰之。景行當於道，故德加於民，民傚而行之。詩人思高山之可仰，景行之可行，非好仁者，疇或能之？「忘身之老」者，即所謂「不知老之將至」是也。「斃而後已」者，即所謂「死而後已」是也。自人言之，則好莫如仁。人能好仁，則得其所好矣。以其反此而失其所好，此仁所以難成歟？苟仁矣，雖有過，易辭也，況無過乎？以仁者之過過於厚故也。若周公使管叔監殷，孔子謂哀公知禮，非無過也。然周公之過，過於愛親，孔子之過，過於愛君。爲君親而有過，此其所爲易辭歟？

延平周氏曰：仁人之所好，常過乎忠厚；而不仁者之所好，常過乎刻薄。故仁之所以難成者，❶以天下皆失其所好也。唯仁者之所好獨過乎忠厚，故其過爲易辭也。

馬氏曰：山之高，不可不仰；行之景，不可不行。小人之過也必文，又從而爲之辭。唯仁者之過未嘗辭，而云「易以辭」者，蓋言其理也。

山陰陸氏曰：若「今汝畫」，是畫也，非廢也。人人失其所好，言人所好不在仁也，仁之所以難成也。

廬陵胡氏曰：以仁爲難成，而好之不篤，故曰「失其所好」，謂失其本心也。「仁人之過易辭」者，辭，猶違也，謂有不善，則知避之。

臨卭魏氏曰：是章自「仁有數」而下，以《文王有聲》之亂爲數世之仁，以《谷風》之三爲「終身之仁」，於《大雅》取「德輶如

❶「者」，通志堂本、四庫本作「也」。

毛」之詩，於《小雅》取「高山仰止」之詩，而繼之以「子曰『《詩》之好仁如此，鄉道而行，中道而廢，忘身之老也，不知年數之不足也』」。嗚呼！古之爲詩者大抵若此。《春秋》卿大夫之所賦答，洙泗諸弟子之所講問，子思、孟軻之所諷道，豈必盡同？而亦未嘗相戾也。二五之運窮古今、越宇宙如一日，雖千載殊時，五方異感，而其本則一。故惟理明義精，則聲入而心通，氣感而機悟。所謂興觀群怨，隨遇有發，豈必言自己出？自齊、魯、韓、毛之説行，而後之經生學士有耳目肺腸不能以自用，弃其德性之知，以奔走於故訓之末。師傳未泯，則猶有同異相較。迨三家不傳，而毛、鄭孤立，則耳目肺腸又一惟鄭之聽矣。「高山仰止，景行行止」，言既知高之可仰，又必行以至之，騑騑雝雝，❶蓋有見賢思齊，不肯自已之意，故太史公引此詩，亦曰：「雖不能至，然心鄉往之。」然則夫子至漢儒皆同此義也。必惟毛、鄭之聽，以爲疾褒姒而思賢女，雖亦可通，抑不亦甚固矣乎？

子曰：「恭近禮，儉近仁，信近情，敬讓以行。此雖有過，其不甚矣。夫恭寡過，情可信，儉易容也。以此失之者，不亦鮮乎？《詩》云：『温温恭人，惟德之基。』」

鄭氏曰：「不亦鮮乎」，言罕以此失之。

孔氏曰：禮主於敬，故「恭近禮」。儉不費用，無害於物，故「近仁」。言語信實，故「近情」。「儉易容」者，儉則寡求，故易容也。所引《詩·大雅·抑》之篇，結上文「恭近禮」也。

❶「騑」，明本作「緋」。

藍田吕氏曰：恭、儉、信，未足以爲仁，而仁者之資也。恭則不侮，得禮之意，近乎禮矣。儉則不奪，得仁之意，近乎仁矣。言語必信，存心正行，近乎情矣。三者之行不私於己，又以敬讓行之，鄉乎仁矣。雖有過差，其情則善，故不甚矣。蓋不侮人，則人亦不侮，其過寡矣。近乎情，則不志於欺，斯可信矣。不奪人，則知足，斯易容矣。如是而失之者，鮮矣，可與進於德矣，故曰「温温恭人，惟德之基」。雖未成德，斯德之基矣。

馬氏曰：恭則不侮人，不侮人者，禮也，未盡禮之道，故「恭近禮」。儉則不奪人，不奪人者，仁也，而未盡仁之道，故「儉近仁」。信則不欺於物，不欺於物者，情也，而未盡情之道，故「近情」。情，猶言實也。中以恭儉信爲守，而行之以敬讓，故此雖有過，其不甚矣。恭而不與物競，故寡過。物之所以不可信，以其虚也。有其實，則可信。儉則寡於欲，而易以處，故易容。

延平周氏曰：情，實也。恭先之，儉次之，而信終之者，恭儉待信而後成也。以情間於恭儉者，恭儉以信爲主。

山陰陸氏曰：恭不近禮則足，儉不近仁則鄙，信不近情則僞。情可信，若柯之盟、伐原、徙木之信，豈可信也哉？以此失之如此，猶不能無失也。

《講義》曰：夫不侮人以爲恭，不奪人以爲儉，不欺人以爲信，皆行之美者也。然猶不自以爲美，而敬以行之，不敢怠惰；遜以行之，不敢陵暴，宜其可立於無過之地矣。然有時而未免於過者，或過於恭，而有巽在牀下之譏；或過於儉，而有儉不中禮之刺；或過於信，而無信近於義之善。❶雖曰有過，必不爲已甚者，其視夫驕矜奢侈言詐之徒，則有間矣。考之於《易》，曰「行過乎恭，用過乎儉」，所以著於《小過》；「議獄緩死」，所以著於《中孚》。說者以爲信發於中，雖過可亮者歟？

嚴陵方氏曰：夫得則爲當，失則爲過。過之不甚，由其失之鮮而已。故始言過，而終又言失焉。

子曰：「仁之難成久矣，唯君子能之。是故君子不以其所能者病人，不以人之所不能者愧人。是故聖人之制行也，不制以己，使民有所勸勉愧恥，以行其言。禮以節之，信以結之，容貌以文之，衣服以移之，朋友以極之，欲民之有壹也。《小雅》曰：『不愧于人，不畏于天。』」

鄭氏曰：「唯君子能之」，言能成人道者少也。病人，愧人，謂罪咎之。聖人之制行，以中人爲制，則賢者勸勉，不及者愧恥，其言乃行也。移，猶廣大也。極，致也。壹，謂專心於善。「不愧于人，不畏于天」，言人有所行，當慙怖於天人也。

孔氏曰：君子不以己之所能使他人必能，若他人不能，則爲困病。若人力所不能，必欲使之能行，人不能，則以爲愧恥。故不以人所不能困人，亦仁者之行也。「朋友以極之」，謂相勉勵以極致於道也。自「禮以節之」以下，所以欲民之專心壹意於善道也。引《小雅·何人斯》，蘇公刺暴公之詩。

藍田吕氏曰：人失其所好，此仁所以難成。君子責人以恕而成人有道，則仁不

❶「善」，通志堂本、四庫本作「美」。

難成矣，故曰「唯君子能之」。君子固賢於衆人矣。君子之所能，衆人必有不能者矣。使衆人傚己之所能，則病矣。使衆人自彰其不能，則愧矣。故聖人制行以立教，必與天下共之。以天下之所能行者爲之法，所以爲達道也。曾子執親之喪，水漿不入口者七日，此曾子之所能也。水漿不入口者三日，此衆人之所能也。故喪以三日爲節，則不取乎七日，此所謂「不制以己」也。唯不制乎己，故民知跂乎此，而有所勸勉，知不及乎此，而有所愧恥，則於此仁也，❶知所向矣。非特此也，凡可以外鑠者，無不用也。制禮以節其行，而使之齊；立信以結其志，而使之固。其容貌必稱其志，其衣服必稱其容。衣服如是之備，則容貌必移，而稱其衣。容貌如是之文，中心必有其實。朋友者，切瑳相成，至于極而後已，則一道德以同俗矣。蓋脩其外，則知愧于人；脩其內，則知畏于天，故曰「不愧于人，不畏于天」。

嚴陵方氏曰：上言「不以人之所不能者愧人」，此又曰「使民有所愧恥，以行其言」，蓋人之所不能者，非中道故也。文之則以飾其質，移之則以改其容，極之則以致於道。

馬氏曰：仁所以難成者，以人人失其所好。唯君子先得我心之所同，而不失其所好。君子獨得我心之所同，則至於難繼。故君子己雖能，不以己之能者病人；人雖不能，不以人之所不能者愧人，故制行不以己。民之賢者有所勸勉，不

❶「仁」，通志堂本、四庫本作「人」。

肖者有所愧恥，以行其言。言從而行之，此行不違言之意也。自「禮以節之」至「欲民之有壹」者，此言聖人制行不以己之法也。夫不足則儉，有餘則侈，人之常情也，故有禮以節之。僨驕而不可繫者，其唯人心乎？故有由中之信以結之。此所以正於内，又不可不文於外。故「容貌以文之，衣服以移之」。然外不可以不資之以友，故「朋友以極之」。自天子以至於庶人，未有不須友而成也。聖人之教人，俯仰之間，無所愧怍，故引《詩》之辭以況之。《詩》之意非如此，蓋説《詩》者不以辭害意。

山陰陸氏曰：病人不能，愧人能之。人則能之而已，不能，雖愧於人可也。「勸勉愧恥，以行其言」者，孔子曰：「古者言之不出，恥躬之不逮也。」「衣服以移之」者，孔子曰「衰麻苴杖者，志不存乎樂，非耳弗聞，服使然也。黼黻衮冕者，容不褻慢，非性矜莊，服使然也」，是之謂移。若夫極之之道，則是在朋友，故曰「責善，朋友之道」也。道而弗牽，開而弗達，師之事也。

石林葉氏曰：君子不以所能病於人，不以所不能愧人。要之，成人道而已。故《易》「知周乎萬物，而道濟乎天下」。「知周乎萬物」者，極高明也；「道濟乎天下」者，道中庸也。極高明，則己之所能，人有所不能。道中庸，則能者知所勸勉，不能者知所愧恥，此人道所以成也。然非禮，則中庸無以立；非信，則言有時而窮。故禮以節之，信以結之，然後人知恥有其德而無其辭，恥有其辭而無其德。正德以禮，而人無怪行矣。脩辭以信，而人無異言矣。然而容貌不飾，則行或至於怪。衣服不禁，則言或至於異。故容貌以文之，衣服以移之，而後人恥有其容而無其辭，恥有其服而無其容。此民所以不貳其行，而道德所以一也。人未有不須友以成，故以處其終。禮者，君子、小人所共由，故以處其始。子思言中庸，而繼之以崇禮。《周官》本俗安萬民，而繼之以聯朋友，亦此意也。

延平周氏曰：君子不以一己之所能，而使天下之人以其難及爲病，亦不以衆人之所不能，而使天下之人以其難及爲愧。是以立乎中道，而使能者皆得以從之。禮以節之，所以壹其情。信以結之，所以壹其心。容貌以文之，所以壹其體。衣服以移之，所以壹其俗。朋友以極之，所以壹其道。

横渠張氏曰：制行以己，非所以同乎人。

《講義》曰：惻隱之心，人皆有之。然而「仁之難成久矣」者，何也？知者過之，愚者不及，而仁之道所以不行。賢者過之，不肖者不及，而仁之道所以不明。如是則仁之難成，非但今也。「唯君子能之」者，蓋一出於中而已。一出於中，則己能者不責人以其所難而使之病，人所不能者不强人以其所短而使之愧，此君子之中庸。推而上之，聖人應世立教，何以異此？是以其制行也，必以中道，與衆共由，使人有所勸勉，則欲罷不能者有矣，有所愧恥，則恥不若人者有矣。《書》曰「不協于極，不罹于咎，皇則受之」，所以「時人斯其爲皇之極」也。❶ 先王盛時，

❶「爲」，四庫本作「惟」，當是。

人心既定，而《谷風》俗薄之變不作，則所以壹民者，蓋著矣。後世用民不壹，《鳲鳩》所以刺時。民德歸壹，《都人士》所以思古。

金華應氏曰：仁道深遠無窮，而人之氣禀薄弱有限，苦其難而茫無所向，❶則懈矣。是五者輔導而夾持之，則趍嚮歸壹，而善心純固。縱其有所懈怠，自無愧畏而欲爲惡，獨不愧于人而畏于天乎？言天人之理昭布森列，甚可愧而畏也。

「是故君子服其服，則文以君子之容。有其容，則文以君子之辭。遂其辭，則實以君子之德。是故君子恥服其服而無其容，恥有其容而無其辭，恥有其辭而無其德，恥有其德而無其行。是故君子衰絰則有哀色，端冕則有敬色，甲冑則有不可辱之色。《詩》云：『惟鵜在梁，不濡其翼。彼記之子，不稱其服。』」

鄭氏曰：「遂其辭」，遂，猶成也。無其行，謂不行其德。鵜，鵜胡，污澤也。污澤善居泥水中。在魚梁以不濡污其翼爲才，如君子以稱服爲德。

孔氏曰：實，猶充也。所引《詩·曹風·候人》，刺曹共公也，言君子内外皆須相稱。「彼記」，記，語辭也。

藍田吕氏曰：此皆脩其外以移其内，率法而强之者也。及其成也，知畏于天，則與「中心憯怛」者一也。鵜胡善居汙澤之中，捕魚以爲食者也。不濡其翼，則不得食。梁者，魚梁也，人之所以捕魚者也。鵜之求食，不之澤而之梁，無濡翼之勞，坐得其食。如人之無德無功，而受顯服

❶「向」，通志堂本、四庫本作「尚」。

者也。故服之不稱其德，異乎鵜者，未之有也。

延平周氏曰：服其服而能文以君子之容者，然後可以服先王之法。服有其容而又文以君子之辭者，然後可以守先王之法。言遂其辭而能實以君子之德者，然後可以行先王之德行。衰絰有哀色，端冕有敬色，甲胄有不可辱之色，君子不失色於人如此。

嚴陵方氏曰：無其容則不足以稱其服，無其辭則不足以道其容，無其德則不足以副其辭，無其行則不足以成其德，此四者皆君子之所恥也。《易》曰：「君子以成德爲行，日可見之行也。」則德成乎行可知。衰者，齊衰、斬衰，絰者，首絰、要絰，是皆喪服也。端者玄端之類，冕者衮冕之類，皆祭服也。甲以被體，胄以加首，皆兵服也。

馬氏曰：上言「衣服以移之」，故君子服其服，則文以君子之容。蓋人之所以爲人，在於正容體，齊顔色，順辭令。服備然後可以責此，故君子服其服，則文以君子之容，有其容，則文以君子之辭。蓋有德者必有言，有言者未必有其德。故遂其辭，又實以君子之德。《詩》曰：「抑抑威儀，惟德之隅。」《傳》曰：「德行忠信，裏也；威儀文辭，表也。」君子之於表裏，唯其稱而已矣。

石林葉氏曰：君子之於喪，無不哀，非特衰絰而後有哀色。於事無不敬，非特端冕而後有敬色。於身未嘗可辱，非特甲胄而後有不可辱之色。其所以制爲之服者，道中庸也。故「自服其服」而下，皆稱君子。然則禮以節之，信以結之，容貌以文之，皆中庸之事，而衣服乃爲之始終，何也？蓋道德之所以一者，未嘗不在於衣服。《王制》識異服，《周官》同衣服，皆在於此。故以成始，亦以成終也。

子言之：「君子之所謂義者，貴賤皆有事於天下。天子親耕，粢盛秬鬯以事上帝，故諸侯勤以輔事於天子。」

鄭氏曰：言無事而居位食禄，是「不義而富且貴」。

孔氏曰：自此至「便人」一節，明天子以下各有其事，又明舜、禹、文王、周公之德，皆能上事天地，下庇四方。天子事上帝，諸侯事天子，是「貴賤皆有事於天下」。案《小宰》註云：「天地大神，至尊，不裸。」此祭上帝有秬鬯者，凡鬯有二，若和之以鬱，謂之「鬱鬯」，鬱人所掌是也，祭宗廟則用以灌也。若不和鬱，謂之「秬鬯」，鬯人所掌是也，謂五齊之酒，以秬黍爲之，以芬芳調暢，故言「秬鬯」，得以事上帝。

金華應氏曰：義者截然正方而無偏私，唯知賤之事貴，而不知貴之率賤，豈所謂挈矩之道乎？故天子竭力致敬以尊乎上帝，則諸侯亦服勤以輔事乎天子。

長樂劉氏曰：下之事上，賤之事貴，當有實行，乃稱其宜。故曰「君子之所謂義者，貴賤皆有事於天下」。謂有實功、實德，以極天下之宜，以盡生民之性，乃謂之義，非徒然也。

馬氏曰：「君子之所謂義者」，事之制而制之得其宜之謂也。有宜於貴，必有宜於賤，故古之人所惡於上，無以使下，所惡於下，無以事上，凡以此也。天子使諸侯勤以輔上，在我必先自盡，然後可以責此。故「天子親耕，粢盛秬鬯，以事上帝」。夫以天子之尊，非不足於耕也，蓋身致其誠信，而示其嚴上之禮也。故諸侯以輔事天子，亦有嚴上之禮也。

延平周氏曰：禮有經，則貴賤莫得同，義有權，則時或同之。此天子所以有親耕也。以天子而親耕，則天下之民莫不樂於耕，而不自知也。及用其親耕之粢盛秬鬯，以事於上帝，則天下之諸侯莫不輔事於上，而不自知也。

《講義》曰：以義制事，楊子曰：「事得其宜之謂義。」凡言義者，未有不見之於事，凡言事者，未有不歸之於義。是以「貴賤皆有事於天下」，乃君子之所謂義也。以君臣之義言之，天子親耕籍田，❶爲粢盛以充簠簋，爲秬鬯以實尊彝。《周禮》言：凡祀大神，則大宗伯奉玉齍，涖玉鬯。則天子之事上帝，固有粢盛秬鬯矣。天子之所以自致者如此，爲諸侯者所以竭勤勞，駿奔走，患則扞之，愾則敵之，朝夕圖事，宗以陳謨，覲以比功，遇以協慮。制度衣服，不敢不正，山川神祇，不敢不舉，宗廟不敢不順，禮樂不敢不從，其摯有等，其貢有常，此「諸侯勤以輔事天子」之實也。然則，天子所以事上帝，即諸侯所以事天子，其義一也。

嚴陵方氏曰：《司尊彝》言大旅存之而已，則不祼可知。若《王制》、《詩》、《書》所言，秬鬯則亦鬱鬯而已。蓋鬱亦以秬爲本。每言圭瓚以此。

山陰陸氏曰：「天地大神不祼」，此言秬鬯者，是陳之而已。蓋禮之敬文也，其他

❶「籍」，通志堂本、四庫本作「藉」。

祭祀蓋亦如此。

藍田吕氏曰：自此至「自謂便人」一章，言君子之義，以仁禮事上，以仁禮使下。事上者不可以不事事，使下者不可以不自治，故「貴賤皆有事於天下」。「親耕，粢盛秬鬯以事上帝」，雖天子必有事焉，況於諸侯乎？所謂義者，不可以不事事故也。名之浮於行，則失實，失實者身且不信，何以使民？故先王制行以謚死，尊死者之名而易之，雖身兼數善，猶取一善而名之，如文王非無武，武王非無文，止取其一以爲謚，唯恐名浮於行，以欺於民，此使下不可以不自治者也。仁者，忘己以與天下共者也。其事上也，「雖有庇民之大德，不敢有君民之心」，故「不自尚其事，不自尊其身」，「小心而畏義，求以事君」而已，此忘己而事上者也。其使下也，雖有庇民之大德，亦不敢以君道自有，故不自大其事，不自尚其功，以求下賢而已，此忘己而使下者也。有大德者，易於忘己而使下，難於忘己而事上，非舜、禹、文王、周公不足以當之，故曰「仁之厚也」。役，用也。恭者不侮，儉者不奪，忘己而與天下共者也。推是心也，求以用仁，其近之矣。信者不欺，讓者不争，篤實而卑遜，非先王之德行而不行也。推是心也，求以用禮，其無過矣。君子之事上也，以仁與禮，其使下也，亦以仁與禮而已。「不自尚其事，不自尊其身，儉於位而寡於欲」者，儉也，有信存焉。「讓於賢，卑己而尊人，小心而畏義，求以事君」者，讓也，有恭存焉。故以仁禮事其上者，主於儉與讓，而信、恭存焉。「不自大其事，不自尚其功，以求處情」

者，信也，有儉存焉。「過行弗率，以求處厚，彰人之善，而美人之功，以求下賢」者，恭也，有讓存焉。故以仁禮使其下者，主於信與恭，而儉、讓存焉。故「恭儉以求役仁，信讓以求役禮」，交相爲用而不可亂也。以此事上，受天之命矣；以此使下，民之攸歸矣。天命難諶者也，得不得猶不敢知而聽之，又不敢以是而易其志，則又仁之厚矣。民情易見者也，民所以敬尊於我，有可致之道故也。此使下之報所以異於事上之報，天人之勢不同也。以仁禮事上，莫如舜、禹、文王、周公，以仁禮使下，莫如后稷。舜之事堯，禹之事舜，皆將以天下而授之，而舜「慎徽五典，納于百揆，賓于四門，納于大麓」，禹「思日孜孜」，「啓呱呱」，「予弗子，惟荒度土功」，皆虔脩臣職，不敢懈也。文王三分天下有其二，猶服事殷。周公攝政七年，而復子明辟。四聖人者，皆「有君民之大德，有事君之小心」，得乎仁禮之至者也。小心，柔道也。以柔道事上，鮮不獲福。猶葛藟之施于條枚，以柔而附上，上無有不受也。后稷之「教民稼穡，無此疆爾界」，天下之利，萬世之功也。其爲烈也，非一手一足之所能及也，然猶不自以爲功，自謂便習是事之人而已。利及天下後世，仁也；唯欲行之浮於名，禮也。與夫「有君民之大德，有事君之小心」者，易地皆然。此使下得乎仁禮之至者也。

子曰：「下之事上也，雖有庇民之大德，不敢有君民之心，仁之厚也。是故君子恭儉以求役仁，信讓以求役禮，不自尚其事，不自尊其身，儉於位而寡於欲，讓於賢，卑己而尊人，小心而畏義，求以事君。得之自是，不得自是，以聽天命。《詩》云：『莫莫葛藟，施于條枚。凱弟君子，求福不回。』其舜、禹、文王、周公之謂與？有君民之大德，有事君之小心。《詩》云：『惟此文王，小心翼翼。昭事上帝，聿懷多福。厥德不回，以受方國。』」

鄭氏曰：庇，覆也。「無君民之心」，是思不出其位。役之言爲也。「求以事君」者，欲成其忠臣之名也。「得之自是，不得自是」，言不易道徼禄利也。凱，樂也。弟，易也。言樂易之君子，其求福脩德以俟之，不爲回邪之行以要之，如葛藟之延蔓於條枚，是其性也。昭，明也。上帝，天也。聿，述也。懷，至也。言述行上帝之德以至於多福也。方，四方也。受四方之國，謂王天下。

孔氏曰：君子既有庇民之大德，不敢有君民之心，是其心仁厚，故恭敬節儉，以求爲仁，信實退讓，以求爲禮，不問利禄得之與失，恒行其是，不苟易其道也。「莫莫葛藟」，此《大雅·旱麓》美文王之詩。舜、禹、文王、周公，有君民之大德，有事君之小心，常能畏懼，是不回也。又引《大雅·大明》美文王之詩，證上「求福不回」也。

馬氏曰：此經言下事上之義。「雖有庇民之大德」，以其有君人之道；「不敢有君民之心」，以其處事人之任。而其理固當如此，自非仁厚不足以及此。自「君子恭儉以求役仁」至「求以事君」，此命之在我也。命之在我，故君子求之。至於不獲乎上，命之在外者也。命之在外，故君子聽之而已。得之亦由道，不得亦由道，故曰「以聽天命」。

《講義》曰：聖人之應世，有能爲天下之德，而無欲爲天下之心。有能爲天下之德，此其在人者不敢不勉。無欲爲天下之心，此其在天者不敢不聽。德有以庇民，則愛人而思以被其澤，兼愛之道也。心不敢以君民，則愛己而思以全其身，自愛之道也。非仁之厚者，其孰能與於此？恭則不侮，仁於愛身；儉則不奪，仁於愛物。二者之於仁，有其質矣，乃可以求從事於仁，故曰「以求役仁」。信則不疑，於禮可以學；讓則不争，於禮爲之端。二者之於禮，有其質矣，乃可以求從事於禮，故曰「以求役禮」。

延平周氏曰：恭儉者，依於仁者也。信讓者，履於禮者也。方其以恭儉而依於仁，則未能役仁，乃求役於仁者也。方其以信讓而履於禮，則未能役禮，乃求役於禮者也。然求之有道，得之有命，而君子果以求之爲可必耶？君子之於外物也，未嘗以其有命而廢吾之所謂道者也。君子之於君也，以不求求之，故「不自尚其事，不自尊其身」之類。但行之於己，施之於人，則雖曰不求於事君，而乃所以求事君者也。故曰「得之自是，不得自是，以聽天命」。

嚴陵方氏曰：仁不止於恭儉，恭儉可以爲仁之用而已。禮不止於信讓，信讓可以爲禮之用而已，故每以「役」言之也。求役者，求爲仁禮之役也。❶事雖可尚，但爲人所尚而已，未嘗自尚之也。身雖可尊，但爲人所尊而已，未嘗自尊之也。

❶「役」，通志堂本、四庫本作「義」。

儉於位，則非貪夫位也；寡於欲，則非慕夫祿也；讓於賢，則非爭其名也。卑己，故能尊人。小心，故能畏義。君子之爲此者，❶豈他求哉？求以事君而已。以是事君，而得君者，義也。以是事君，而不得君者，則有命存焉。古之人有行之者，舜、禹、文王、周公而已。蓋舜之事堯，禹之事舜，文王之事紂，周公之事成王，有君民之大德，又有事君之小心故也。前曰「庇民」者，止足以覆物，「君民」者，又足以命物。若舜、禹之受禪，文王之受命，周公之攝政，皆君民之事也。雖然，豈嘗有是心哉？

山陰陸氏曰：役，讀如「行役」之「役」。儉於位而寡於欲，《羔羊》所謂「在位皆節儉正直」者也。孔子曰「管氏有三歸，官事不攝，焉得儉」，失是矣。

石林葉氏曰：仁過乎恭，用過乎儉，非以求仁，求所以役仁者也。故不自尚其事，儉於事而寡於欲，皆役仁之事也。信爲之本，讓爲之末，不足以盡禮，求所以役禮者也。故不自尊其身，讓於賢，卑己以尊人，皆役禮之事也。仁以自愛，禮以自敬，而事君有義而已矣。故「小心而畏義，求以事君」，所以知人得之、不得自是，以聽天命，所以知天。古之聖人未有不由此而得譽於天下，而獨言舜、禹、文王、周公者，蓋爲臣有事君之小心，而天子又薦之於天，唯舜、禹爲有命；爲臣而有君民之大德，天子不薦之於天，惟文王、周公爲有義。「凱弟君子，民之父母，求福不回」，義也。「厥德不回，以受方

❶「爲」，通志堂本、四庫本作「能」。

國」，命也。若湯、武則反其常分，亦義之變，所以不及言也。

藍田吕氏説見前。

子曰：「先王謚以尊名，節以壹惠，恥名之浮於行也。是故君子不自大其事，不自尚其功，以求處情。過行弗率，以求處厚。彰人之善，而美人之功，以求下賢。是故君子雖自卑，而民敬尊之。」

鄭氏曰：謚者，行之迹也。名者，謂聲譽也，言先王論行以爲謚。「以尊名」者，使聲譽可得而尊言也。壹，讀爲「一」。惠，猶善也。言聲譽雖有衆多者，節以其行一大善者爲謚耳。在上曰「浮」。君子勤行成功，聲譽踰行，是所恥也。率，循也。過行不復循行，猶不貳過也。「自卑而民敬尊之」，言謙者所以成行立德也。

孔氏曰：此又廣明君子名行相副，卑己尊人之義。謚，謂謚號。列生時之行迹，作謚以尊敬生前之聲名，傳於後世也。大，謂誇大。既不欲行過於名，故不自誇大其所爲之事，不自加尚其所爲之功名。所以求處情實，不欲虚爲矯飾也。

横渠張氏曰：「節以壹惠」，「惠」字必是古「德」字。

嚴陵方氏曰：生則有名，死則有謚，有謚則諱其名矣，故曰「謚以尊名」。《檀弓》言公叔文子之子請謚，而曰「請所以易其名者」，蓋謂是矣。謚以誄行而爲之，然行不一也，謚有所不勝言，特以所隆者之一端而爲之節爾，故曰「節以壹惠」。若文王之爲「文」，武王之爲「武」，此皆壹惠之道也。行雖多而節之以惠，則民不浮於行矣。《孟子》曰：「聲聞過情，君子恥之。」自大自尚者近於僞，「故不自大其事，不自尚其功，以求處情」。人之過也，多過於薄，又况過而不改者乎？故「過行弗率，以求處厚」。蔽人之善，害人之功，是妬賢而已，故彰人之善，美人之功，以求下賢。凡此皆自卑之道也。楊子曰：「自下者人高之。」《易》曰：「卑而不可踰。」故曰「君子雖自卑，而民敬尊之」。山陰陸氏曰：有惠而無節以壹之，則臣得以惠其上，子得以惠其親。《孟子》曰：「名之曰幽、厲，雖孝子慈孫，百世不能改也。」如貞惠文子，謚至於三，亦非所謂「節以壹惠」者也。故曰「後不言貞惠者，文足以兼之」。

石林葉氏曰：謚者行之迹。迹其行以分善惡，則小大曲直無不盡，故曰「謚以尊名」。「節以壹惠」，蓋上之惠賜既已均一而節，則善惡可以謚見，名亦不浮於行者也。君子臨事而懼，則無自大，成功不居，則無自尚，所以篤其情而已矣，故曰「以求處情」。用過乎儉，喪過乎哀，非以率人，亦躬自厚而已矣，故曰「以求處厚」。善在内則彰之，功在外則美之，以卑己尊人而已矣，故曰「求以下賢」。

馬氏曰：自大其事，適所以小也。自尚其功，適所以卑也。處情者，居其實而不居其華也。此皆求以處情而已。

藍田吕氏説見前。

子曰：「后稷，天下之爲烈也，豈一手一足哉。唯欲行之浮於名也，故自謂便人。」

鄭氏曰：烈，業也。言后稷造稼穡，天下世以爲業。「豈一手一足」，喻用之者多無數也。「自謂便人」，言其謙也。辟仁聖之名，云吾便習於此事之人耳。

孔氏曰：以上言君子恥名浮於行，故此

明后稷以證之。自謂便於稼穡之人，欲實行過於虚名也。

藍田吕氏説見前。

馬氏曰：名浮於行，君子所恥，此皆求以處情而已。

《講義》曰：「黎民阻飢」，「后稷播時百穀」，見於《舜典》。「烝民乃粒，萬邦作乂」，見於《益稷》。「稷降播種，農殖嘉穀」，見於《吕刑》。「風化之所由，王業之艱難」，見於《七月》。「荏菽旆旆，禾役穟穟」，見於《生民》。「立我烝民，莫匪爾極」，見於《思文》。則后稷教民稼穡，有充滿四海之德，使天下不復有告飢之患，則其爲功，所謂天下之烈也。

禮記集説卷第一百三十八

禮記集說卷第一百三十九

子言之：「君子之所謂仁者，其難乎？《詩》曰：『凱弟君子，民之父母。』凱以强教之，弟以説安之。樂而毋荒，有禮而親，威莊而安，孝慈而敬，使民有父之尊，有母之親。如此而后可以爲民父母矣。非至德，其孰能如此乎？

鄭氏曰：有父之尊，有母之親，謂其尊親己如父母。

孔氏曰：自此至「不勝其文」，更廣明仁道，又顯尊親之異，并論虞、夏、商、周質文不等。引《詩》，《大雅·洞酌》，戒成王之詩。凱，樂也。弟，易也。言有仁行可爲民父母也。孔子既引《詩》，又釋凱弟之義。强教，謂使人自强不息。弟，謂以遜弟化民，民皆説豫而安之也。樂失於荒，禮失於疏，明君爲樂而毋荒，有禮而相親，威嚴矜莊而民安，孝順慈愛而民敬，故使民尊之如父，親之如母。

藍田吕氏曰：此章言君子之仁，兼乎尊親，然後可以爲民父母，因歷言四代之道。《詩》云：「凱弟君子，民之父母。」先儒訓凱爲樂，弟爲易。此云「凱以强教之，弟以説安之」，宜若有異。然求他經之言，凱者，《詩》有《凱風》，《周官·司樂》王師大獻，則令奏凱樂。《左氏春秋傳》言高陽氏有才子八人，謂之八愷。參求義訓，可以爲和樂，和樂之中，又有强盛之狀。凱風，南風，鼓動長養之風也。凱樂，戰勝之樂也。八愷謂之才子，則性和而有才者也。皆有盛强之意，故愷亦可以訓强矣。弟有兄弟之弟，有孝悌之弟，皆順也。順則易有説下之道，故訓爲悦也。强教之者，以道驅之，如佚道使民，雖勞不怨者也。説安之者，得其心之謂也。説以使民，民忘其勞，説以犯難，民忘其死者也。樂，説安也，毋荒，則有教矣。有禮，强教也，親則説矣。威莊，强教也，安則説矣。孝慈説也，敬則有教矣。强教則父之尊存焉，説安則母之親存焉。天下之民，莫不尊親，此之謂至德，可以爲民之父母。

馬氏曰：「所謂仁者，其難乎」，信仁之難其成也。嚴有以致其尊，愛有以致其親，然後爲功之成也。《詩》云：「凱弟君子，民之父母。」此言仁之成也。凱以强教之，所以致其尊，而率之於外也。弟以説安之，所以致其親，而和之於内也。有以致其尊，故樂而無荒，孝慈而敬。有以致其親，故有禮而親，威莊而安。尊有以致其親，親有以致其尊。其尊可以比於父，其親可以比於母。故曰「使民有父之尊，有母之親」。

《講義》曰：君子之所謂仁者，非若衆人之所謂仁，以姑息爲事而同乎流俗。蓋君子之仁，寬而有制，從容以和，而不倚於一偏一曲，此所以爲難也。教者所以成民性，唯凱以强教，則民不敢怠於善。安者所以得民心，唯弟以説安，則民自能忘其勞。樂而毋荒，則和而不流。有禮而親，則中而不離。威莊而濟之以安，則無矯飾之僞。孝慈而濟之以敬，則無慢易之心矣。凡此皆具凱弟之道。既有以爲之節，而不至於過；又有以爲之文，而不至於不及。此君子之所謂仁，而爲之難也。

嚴陵方氏曰：强者强之，使有所至。教者教之，使有所能。説者使其心之無憂，安者使其身之無危。父之道在乎强教之，母之道在乎説安之。《間居》言爲民父母，必達於禮樂之原，亦引此《詩》以爲證。

石林葉氏曰：凱弟者，仁之術也。凱言其樂，弟言其順。樂以强而教之，父道也。順以説而安之，母道也。父道雖以敬爲主，然樂而無荒，則亦有禮而親之也。母道雖以愛爲主，然威莊而安，則亦孝慈而敬之也。有禮而親，故其尊之如父。孝慈而敬，故其親之猶母。敬愛者，人道而已矣。故始曰「仁」，而終名之曰「至德」。《孝經》言孝弟，而終以至德順民，亦此意也。

山陰陸氏曰：威莊難安，孝慈易溺。

「今父之親子也，親賢而下無能。母之親子也，賢則親之，無能則憐之。母親而不尊，父尊而不親。水之於民也，親而不尊。火尊而不親。土之於民也，親而不尊。天尊而不親。命之於民也，親而不尊。鬼尊而不親。」

鄭氏曰：或見尊，或見親，以其嚴與恩所尚異也。命，謂四時政令，所以教民勤事也。鬼，謂四時祭祀，所以訓民事君也。

孔氏曰：下謂下賤之。父立於義，故於子分別。母主恩愛而已。

長樂劉氏曰：父之於其子也，賢則親之，無能則下之。母之於其子也，賢則親之，無能則憐之。父母非不愛其子之賢也，而不能使之必賢。惟聖人皇建其極者爲能一天下於中和，惟時厥庶民罔敢過于中也，罔敢弗及于中也。經曰「舜執其兩端而用中於民」，故民視其君，有父之尊，有母之親，如此而后乃可爲民父母。以言乎父母，雖克生其身，而罔克成其德也。《易》曰：「乾道變化，各正性命。」非至仁至德之君，其能與於此乎？然則父也，母也，水也，火也，土也，天也，命也，鬼也，皆斯民所賴以生其身者也。或尊而不親，或親而不尊，未有能兼而得之者也。兼而得之者，以皇極説安其民，而爲天下王者也。《中庸》曰「日月所照，霜露所隊，凡有血氣者，莫不尊親，故曰配天」者，是之謂也。

藍田吕氏曰：尊親之義，自父母而推之。父與母也，火與水也，天與地也，鬼與人也，尊而不親，親而不尊。當其强教也，則不純以恩，故賢則親之，無能則下之。當其説安也，則有收而無絶，故賢則尊之，無能則憐之。此父母尊親之異也。水者，民狎而翫之；火者，民望而畏之。此水火尊親之異也。地，載我者也，然近人，人可得而載。❶天者，覆我者也，然遠人，人不可階而升，此天地尊親之異也。君之命見於事也，近人而可行也，鬼之道存諸理也，遠人而不可形也，此人與鬼尊親之異也。

嚴陵方氏曰：「親賢而下無能」者，制以義也。「賢則親之，無能則憐之」者，存乎仁也。母存乎仁，故親而不尊；父制乎義，故尊而不親。夫尊親之道雖本於父母，然觸類而推之，至於天地覆載之間，古今往來之理，莫不交通乎其中焉。故

❶「載」，原作「覆」，今據通志堂本、四庫本改。

不親者，輔之以尊，然後和。不尊者，輔之以親，然後中。此所以水之與火，土之與天，命之與鬼，常相資而後成。夏之命，殷之神，周之禮，常相救而後治也。命出而接物，故親而不尊。鬼歸而反本，故尊而不親。土即地也，不曰「地」，而曰「土」者，以其親，故以體言之也。

馬氏曰：父主於敬，尊而不親；母主於愛，親而不尊。水懦則狎而翫之，故親而不尊。火烈則人望而畏之，故尊而不親。土則近於人，而有利可愛，故親而不尊。天則遠於人，而有威可畏，故尊而不親。命則令人於明，而近於人者也，故親而不尊。鬼則相人於幽，而遠於人者也，故尊而不親。兼尊與親者，君也，故可以爲民父母。

子曰：「夏道尊命，事鬼敬神而遠之，近人而忠焉。先禄而後威，先賞而後罰，親而不尊。其民之敝，惷而愚，喬而野，朴而不文。殷人尊神，率民以事神，先鬼而後禮，先罰而後賞，尊而不親。其民之敝，蕩而不静，勝而無恥。周人尊禮尚施，事鬼敬神而遠之，近人而忠焉。其賞罰用爵列，親而不尊。其民之敝，利而巧，文而不慙，賊而蔽。」

鄭氏曰：夏遠鬼神，近人，謂外宗廟，内朝廷也。敝，謂政教衰失之時。以本不困於刑罰，少詐諼也。殷人先鬼後禮，謂内宗廟，外朝廷也。禮者，君臣朝會，凡以摯交接相施予也。以本怢於鬼神虚無之事，令其心放蕩無所定，困於刑罰，苟勝免而無恥也。周「賞罰用爵列」，以尊卑爲差。

孔氏曰：此明夏、殷、周尊親之事。夏尊

命，謂尊重四時政教之命，使人樂事勸功也。夏尚仁恩，民承寬裕，及其衰末，猶有先世遺風。春愚，❶謂情不澆詭，驕野質朴，❷不競文華，如淳朴時也。殷代尚虚無，故其敝不安静。鄭註怢，串也，習也。周人尚禮，往來施惠之事。以其尚禮本數交接往來，故便利機巧，多文辭而無慙愧，共相賊害而困敝，以其禮失於煩致然也。

横渠張氏曰：三代質文相救，是有此理。夏道菲飲食而致孝乎鬼神，惡衣服而致美乎黻冕，卑宫室而盡力乎溝洫，教如此是忠也。然忠實之敝必野，❸如今草茅之人，忠實則至矣，然而必野，故須濟之以敬。敬之敝，必矯虔不實，至於鬼。鬼者矯虔之義，於人相接既如是，則又必至於尚鬼神，故須濟之以文。以文則使之每每有此實也。如此相救，故繼周雖百世，可知孔子於三代則固有去取。

長樂劉氏曰：夏、殷、周之所由興也，皆有實德以仁其民。民視其君，有父之尊，有母之親，可謂兼而得之者矣。及其末世，不能無敝者，化之之道，非有敝也。民化其道，不持之以禮樂政刑，斯其所以敝歟？雖然，亦因其民之性有中焉者，有過不及者，爲其敝之淺深焉爾。仲尼備陳三代始末，以示後世。俾夫有天下者，知所以始而興之者，敝而教之者，則皇極之道不失其繼焉。此仲尼所以一言而仁冒乎萬世者乎？

❶「春」，通志堂本、四庫本作「惷」，是。
❷「驕」，通志堂本、四庫本作「喬」。
❸「然」，通志堂本、四庫本作「言」。

藍田吕氏曰：夏、周尚親而不尊，故遠神而近人。殷人尚尊而不親，故先鬼而後禮。凡尊之道，鬼也，神也，威也，罰也。凡親之道，人也，命也，禮也，禄也，賞也，施也。所尊、所先者，其尚者也。所遠、所後者，其不尚者也。夏道尊命，先禄，先賞，近人而忠，尚親者也。事鬼，敬神而遠之，後威、後罰，不尚尊者也。殷人尊神，率民以事神，先鬼、先罰，尚尊者也。後禮、後賞，不尚親者也。周人尊禮尚施，賞罰用爵列，近人而忠，尚親者也。事鬼敬神而遠之，不尚尊者也。夏尚忠，忠者奉上，故尊命。殷尚質，質者不欺，故尊神。周尚文，文者多儀，故尊禮。遠鬼神而近人者，謂外宗廟而内朝廷，脩烝嘗而略盟詛也。先鬼而後禮者，謂外朝廷而内宗廟，先盟詛而後祭享也。賞罰用爵列者，如刑不上大夫，禮不下庶人，賜君子、小人不同日，命夫、命婦不躬坐獄訟之類。雖主於文，亦人情之近厚者，所以親而不尊也。先王之政，苟無道以救之，其末也，不能無敝，如清之末至于隘，和之末至於不恭也。忠之政，使民近人而已，不求其所不能，知勸於爲善而已，不責其所不能爲。及其末也，人不知進於學，故守其顓蒙，不困於刑罰，故不爲詐諼。其民則惷而愚，其風則喬而野，其事則朴而不文也。喬，高大也，如「厥木爲喬」之「喬」。妄自高大而無文，乃惷愚之風也，不必音爲「驕」也。忠之敝至於愚而野。故殷人尊神而救之，民知敬於鬼神，則莫非誠也。誠則質矣。❶ 尊神

❶「矣」，通志堂本、四庫本作「美」。

者，使知敬於幽，先罰者，使知敬於明而已。及其末也，求神於虛無不可知之域，則茫然不知其所安，畏威於無所措手足之地，則不知禮義之可貴，❶故其民蕩而不静，其俗勝而無恥也。質之敝，尚鬼而遠人，至於勝而無恥。故周人尊禮以救之。禮，人文也，人文之著，則上下有等，親疏有辨。及其末也，溺於文而不求其實，徇於末而不返其本，❷故其事則利而巧。近人，故苟利，尚文，故巧也。其俗則文而不慙，文勝質，而不知義也。其民則賊而敝，不反其本，故賊於其末；不求其實，故敝於虛文也。此三代之本末可知矣。

嚴陵方氏曰：禹誓師而使聽，則其尊命可知。殷紀年而曰祀，則其尊神可知。周服色皆尚赤，則其尊禮可知。命與禮皆所以近人。率民以事神，則非所謂近人矣。先禄而後威者，禄以養之，猶或不善，於是威之而使畏也。先賞而後罰，賞以勸之，猶或不從，於是罰之而使改也。先鬼而後禮者，鬼則教之在幽者，禮則教之在明者。幽以感之於内，然後明以示之於外也。先罰而後賞者，罰以懲惡，賞以勸善。惡既懲而改，然後善者可勸而進也。賞以爵列，則賤者雖可賞而不僭於貴；罰以爵列，則貴者雖可罰而不同於賤。夏、殷皆有賞罰，獨周用爵列者，以其尊禮而尚文故也。賞有用禄者，而賞不止於禄；威有用罰者，而威不止於罰。然則禄者賞之實，賞者禄之名，威者

❶「可」，通志堂本、四庫本作「所」。
❷「徇」，通志堂本、四庫本作「拘」。

罰之體，罰者威之用，互相備也。夫天下之理，❶始乎有成，終乎有敝。三代之政，各有所尊。方其所尊，則是各有所成也。始既各有所尊，而終不免各有所敝矣，故皆言民之敝焉。然則民之敝也，豈民之罪哉？政使之然故也。豈政之罪哉？勢使之然爾。故三代相承，各有救敝之政焉，使之通變而不倦，新新而不窮也。喬則亢，野則簡。內唯禄賞之爲懷，外無威罰之可避，故朴而不文，溺於鬼神之説，故蕩惑而不能自靜。以畏於威罰之嚴，則僅勝而不知所恥。利而巧者，利其所得，而巧有所求也。文而不慙者，唯事虛文之飾，且無過實之慙也。賊而蔽者，以賞罰必用爵列，故賤者或有賊仁之心，貴者或有蔽賢之行。雖然，近人而忠，夏與周之所同也。而夏之敝則民喬而野，周之敝則文而不慙，何哉？蓋夏之近人，本乎尊命，周之近人，則本乎尊禮。命之所制者簡，故近人之敝，喬而野。禮之所飾者煩，故近人之敝文而不慙。其原既異，其流亦不同。

馬氏曰：夏道尊命，至於親而不尊；殷人尊神，至於尊而不親；周人尊禮，至於親而不尊，何也？蓋命者，令之於明，而近人者也。聖人尊之者，所以敬授民時，示其東作西成，南訛朔易之事也。神者相人於幽，❷而遠人者也。聖人尊之者，所以致民報本反始之意也。治人莫急於禮，而人之所賴以生。聖人尊之者，所以辨上下，定民之志也。至於賞罰，則賞所

❶「理」，通志堂本、四庫本作「禮」。

❷「人」，通志堂本、四庫本作「之」。

以勸有功，罰所以懲有罪，而賞罰不可以偏尚也。古之人道德已明，仁義已著，然後賞罰可行。則賞罰者，非致治之先也。然而夏道則先賞而後罰，殷人則先罰而後賞，周人則賞罰用爵列。其所尚之不同者，非不同也，皆所以舉其偏，補其敝而已。夏承虞之後，其世質，其民淳，故尊命。命者近於人，則近於人者，皆以致其親也，故事鬼神而遠之，近人而忠焉。其禄與威並，則先禄而後威，賞與罰並，則先賞而後罰。其厚於仁，❶則以所親者爲隆，故曰「親而不尊」，言其親有甚於尊也。殷承夏之後，其民野，故尊神。神者遠於人，則凡遠於人者，皆有以致其尊也，故率民以事神。先鬼而後禮，所以致其畏於幽也，先罰而後賞，所以致其畏於明也。故尊而不親，言其所尊有甚於親也。周承殷之後，其民鬼，故尊禮尚施。尊禮，所以尚施者，樂其發於外也。故亦事鬼敬神而遠之，近人而忠焉，所以致其親也。其賞罰用爵列者，以尊卑爲差也。以意推之，方其用賞同爵也，則以爵之尊者爲先，方其用罰同爵也，則以爵之卑者爲先。凡此所以優賢。

《講義》曰：三代得天下以仁，則夏、殷、周之建國，其本於仁，則無不同。三王之道若循環，則夏、殷、周之制治，其出於道，則無所異。道非有異也，救世之道，不得不然。夫子備陳三代始末，以示後世，俾有天下者知所以始而興之，知所以敝而救之，皆不外乎仁而已。夏后氏承唐虞之道，治唐虞之民，政教明備，風化

❶「厚」，通志堂本、四庫本作「後」。

純厖。故尊其命令，使知風教所自出；爲廟饗以事鬼，使知世繫所自生；爲郊社以敬神，使知本始所自報。又推鬼神而遠之，戒慢瀆焉。至於治人，則引而近之，加忠厚焉。是以禄在所先，威在所後，賞在所先，罰在所後，皆致忠厚之道。故民視其上，親而不尊。及其末流之抗，不及乎中者，惷塞而愚冥；過乎中者，喬亢而鄙野；近乎中者，質朴而不文。殷人繼夏，懲其民之敝而救之。於是尊天地之神祇，而率民敬以事之，使知所畏懼，而得以警其惷愚朴野矣。鬼者，神道所爲；禮者，人道所尚。先宗廟之饗，而後人道之禮，則以神道威之，先肅其心，而後加節文也。賞以春夏，所以行吾仁；刑以秋冬，所以行吾義。先秋冬之義，而後春夏之仁，則以刑罰威之，先齊其心，而後加旌勸也。故其視上也尊而不親。及其末世，禮不足以定志，其民一意以惑於神，故其敝至於放蕩以僥倖而不静；賞不足以勸善，其民一意以逃其罰，故其敝至於苟勝以求免而無恥。此風俗之大敝也。周人救殷民之敝，故所尊者禮，所尚者施。尊禮尚施，皆人道往來施報之常。其於鬼也，事之，敬之，而不敢慢。然能推而遠之，使兩不相傷焉。於人，則近而致其忠愛，賞罰一用爵列，❶以黜陟爲懲勸。故其民視其上也，親而不尊。迨及末世，忠不足以崇本厚生，而其民至於奇巧而趨利；禮不足以歡欣交通，而其民至於賊仁而自蒙蔽。此周之敝也。夫子陳三代盛衰，繫道之興喪如

❶「一」，通志堂本、四庫本作「以」。

此其著。後世有爲民父母之道者，迹其敝而救之，不爲無所祖述憲章矣。

廬陵胡氏曰：宗廟朝廷，無非禮也。先儒指禮爲朝廷，則周人尊禮，亦指朝廷乎？夏尊命，殷尊神，周尊禮，三王所尊不同者，時也，非異道也。緯説乃云：「夏立教以忠，其失野，救野莫若敬。殷以敬，其失鬼，救鬼莫若文。周以文，其失蕩，救蕩莫若忠。如循環然，周則復始」，此大謬也。案夏、周皆近人而忠，則顯三代皆尚忠也。夏、周皆事鬼敬神，殷亦立教以敬，三代皆尚敬也。子曰：「虞夏之文，不勝其質。」又曰：「殷周之文至矣。」三代皆以文也。然則雖各有敝，而其道未嘗不同也。

子曰：「夏道未瀆辭，不求備、不大望於民，民未厭其親。殷人未瀆禮，而求備於民。周人强民，未瀆神，而賞爵刑罰窮矣。」

鄭氏曰：「未瀆辭」者，謂時王不尚辭，民不褻爲也。「不求備，不大望」，言其政寬，貢税輕也。「强民」，言承殷難變之敝也。「賞爵刑罰窮矣」，言其繁文備設。

孔氏曰：上明三代尊親有異，此經更明三代治民有異之事。瀆，謂褻瀆。辭，謂言辭。「未厭其親」，言民無困苦，未厭其上下相親之心也。周言强民，以遭紂衰亂俗頑，❶强人以禮義。「未瀆神」，謂祭祀有時，未褻瀆也。夏言「未瀆辭」，則殷瀆辭矣。殷言「未瀆禮」，則周瀆禮矣。周言「未瀆神」，則周衰瀆神矣。

藍田吕氏曰：夏道尚忠，忠者以行而不

❶「頑」下，通志堂本、四庫本有「凶」字，「俗頑」，《禮記義疏》作「風俗頑凶」。

以言，故曰「未瀆辭」。忠之俗衰，行雖脩，猶不足以使人信，故殷人始瀆辭矣。瀆者，如再三告之謂，如《盤庚》三篇是也。然殷人尚質，雖辭之瀆，而尚未以繁縟之文治之，故曰「未瀆禮」。質之俗衰，辭雖瀆，亦未足以取信於民，故周人始瀆於禮矣。分致其辨，文致其詳，欲驅而之善，而責人也嚴，大要教人以敬而已。故禮先於祭祀，至敬而不祈，則强民未瀆神可知矣。至周之末，則信詛盟，事祈禱，其瀆神可知矣。「不求備」者，不責人之善，故政令簡。「不大望」者，不竭人之忠，故貢賦輕。此民所以易從而未厭其親，夏道所以未瀆辭者，此也。責人之信已，必從而後已，此殷人所以求備於民也。周人强民，驅之於善，從之有爵賞，不從有刑罰，故爵賞刑罰窮矣。

嚴陵方氏曰：前言殷人尊神矣，至此乃言周人未瀆神，何也？蓋尊與瀆異，而瀆神者，由瀆禮之所致而已。前言尊神，而繼之以先鬼後禮，則非瀆之所致可知矣。此其所以異歟？不求備者，言其簡易。不大望者，言其寬恕。未厭其親者，民親之而不厭也。其曰未厭，則降此而求備、大望於民，有厭之者矣。

馬氏曰：夏之時，其民淳，故君民者，以得爲在民，以失爲在己，故無所求備、不大望於民，則民樂推之而不厭，故曰「未厭其親」。雖然，不求備於民而有求之意，不大望於民而有望之意，所謂先禄而後威，先賞而後罰，此有求望之意。殷人尊神，於禮猶略，故未瀆禮，而求備於民者，蓋有以正於己，必有以正於人。周人尊禮，而禮者先王所以强世，故曰「周人强民」。雖尊禮，而於事神之禮猶略，故「未瀆神」。方周之時，比有長，閭有胥，鄉有大夫，其政致詳，其法致嚴，而善惡無所逃於其間，故賞爵刑罰極於此矣。❶

山陰陸氏曰：「夏道未瀆辭」，自《盤庚》視《胤征》，可謂瀆矣。「未厭其親」者，慈孝未衰也。「殷人未瀆禮」，若《周官·蠟氏》之屬，可謂瀆矣。「周人强民，未瀆神」，若春秋會盟，可謂瀆矣。

子曰：「虞、夏之道，寡怨於民。殷、周之道，不勝其敝。」子曰：「虞、夏之質，殷、周之文至矣。虞、夏之文，不勝其質。殷、周之質，不勝其文。」

鄭氏曰：勝，猶任也。殷、周極文，民無恥而巧利。後世之政難復也。至矣，言後有王者，其作質、文，不能易之。

孔氏曰：此總明四代質、文之異。虞、夏政寬，殷、周文煩。敝，敗也。至，謂至極也。虞、夏之時，雖有其文，但文少而質多，故文不勝其質。殷、周雖有其質，亦質少而文多，故不勝其文。

藍田呂氏曰：虞、夏之道質，質者責人也略，故寡怨於民。殷、周之道文，文者責人也詳，民之不從，則窮刑賞以驅之，故不勝其敝。虞、夏，質之至者也，故文不勝其質。殷、周，文之至者也，故質不勝其文。至者，無以加也。後世王者欲尚質者，無以加虞、夏之質；欲尚文者，無以加殷、周之文矣。三代所尚，非苟爲異，亦各因時救敝而已。繼周者，未有以救之，楊、墨、韓、莊所以肆行於戰國也。

嚴陵方氏曰：寡怨於民，則知殷、周之民

❶「賞爵」，通志堂本、四庫本作「爵賞」。

其怨爲多也。曰「不勝其敝」，則知虞、夏之治僅能勝其敝而已。且虞、夏不曰「無怨」，止曰「寡怨」，何也？蓋民之不能無怨也，久矣。祁寒暑雨，天之所爲也，猶且怨之。「至矣」者，言其文質不可以復加也。加乎虞、夏之質，則爲上古之洪荒，加乎殷、周之文，則爲後世之虚華，此其所以爲至歟？然虞、夏非無文也，特其文不勝質爾。殷、周非無質也，特其質不勝文爾。殷尚質，而此以其文爲至者，蓋殷之文則存乎時，殷之質則存乎人。爲其時之文，故人尚質以救之而已。若夫其道則瀆辭，是其時之爲文也；其色則尚白，是其人之爲質也。

山陰陸氏曰：寡怨於民，所謂「不求備，不大望於民」之效也，鄭氏謂「政寬、貢税輕也」。夫所謂「不求備，不大望」，豈特政寬、貢税輕而已？殷、周之道，不勝其敝，列莊之言蠭起，乘此間也。

子言之曰：「後世雖有作者，虞帝弗可及也已矣。君天下，生無私，死不厚其子，子民如父母，有憯怛之愛，有忠利之教，親而尊，安而敬，威而愛，富而有禮，惠而能散。其君子尊仁畏義，恥費輕實，忠而不犯，義而順，文而静，寬而有辨。《甫刑》曰：『德威唯威，德明唯明。』非虞帝，其孰能如此乎？」

鄭氏曰：「死不厚其子」，言既不傳位，又無以豐饒於諸臣也。「恥費」，不爲辭費出空言也。實，謂財貨也。辨，别也，猶寬而栗也。德所威，則人皆畏之，言服罪也。德所明，則人皆尊寵之，言得人也。

孔氏曰：此經特明虞帝之美已矣，言後世之君，雖有作者，比之虞帝，不可齊及之也。生無私，言序爵必以德。子愛於民，如父母愛子也。愛民之志，悽愴惻怛，有忠恕利益之教。君子，謂虞朝之臣。君聖臣賢，是由舜而得然也。所引《甫刑》，今《尚書》以明堯德，記者引以結舜德也。

河南程氏曰：或問：後世有作者，虞舜不可及，何也？子曰：譬之於地，肇開而種之，其資育於物者，如何其茂也！久則漸薄矣。虞舜當風氣未開之時，又其德如此之盛，宜乎後世莫能及也。又曰：如鳳凰來儀，百獸率舞之事，三代以降無此。蓋綏之斯來，動之斯和，聖人之神化，上下與天地同流者也。

藍田吕氏曰：此章言三代之治，其久必敝，唯虞帝爲不可及，蓋用中於民，而主於德爾。唯天爲大，唯堯則之。蕩蕩乎，民無能名。若舜，則事堯者也，所以治民之道，可得而言。故後之言治者，所以稱舜而不及堯也。然則舜之治，乃堯之治，堯不自治而已，故曰「後世雖有作者，虞帝弗可及也已」。大道之行也，天下爲公。人不獨親其親，不獨子其子，財不必藏於己，力不必爲己，公之至也。故不厚其子，而人無間言，天下莫能争。俗薄道衰，禹、湯、文、武不得盡其願欲。此孔子所以深嘆以虞帝爲不可及者也。三代之道，或親而不尊，或尊而不親，不免流於一偏，故其終不能無敝。若虞帝，則子民如父母。有母之親，故「有憯怛之愛」，有父之尊，故「有忠利之教」。所謂「憯怛之愛」，猶慈母之愛，非責報於其子也，非要譽於他人也，發於誠心，不知其他而已。所謂「忠利之教」者，如飽食、煖衣、逸居而無教，則近於禽獸，聖人有憂之，使契爲司徒，教以人倫；如窮而變，變而通，作爲衣裳、舟楫、臼杵、弧矢、宫室、棺椁、書契，所以使天下利用而不倦。是皆有教民以義善之誠，無所不利之功者也。「安而敬，威而愛」，愛則能安，教則知敬，親則愛，尊則威也。「富而有禮」者，節於物者也。「惠而能散」者，周於物者也。節於物，義也。周於物，仁也。尊而有教，義也。親而有愛，仁也。此君子所以尊仁畏義也。所謂君子，貴者也，賢者也。有道之世，唯賢者得在高位。所謂小德役大德，小賢役大賢，故謂之君子也。「富而有禮」，故「恥費」，恐用之不以道也。「惠而能散」，故「輕實」，蓋不必藏於己也。實之爲言，財貨之謂也。費，則費用其財而已。愛之至，則必忠，忠至于犯，則不敬。敬之至，則有義，一以義斷，或入於不順，則不愛。敬主於别，别則文，文煩則不静。愛主於恩，恩則寬，寬而踰，則無辨。故「忠而不犯，義而順，文而静，寬而有辨」，皆尊仁畏義，親而尊之之道也。行此道，而天下敬之，則德威也。行此道，而天下愛之，則德明也。故尊親之道一主於德，並行而不廢，則天下莫不尊親矣。故《甫刑》曰：「德威惟畏，德明唯明。」非虞舜之盛德，孰能至于此乎？

馬氏曰：「『虞帝弗可及』，言其德與時，❶後世繼之者爲難能也。三代之道，或親而不尊，或尊而不親，未若虞帝親而尊者，亦時而已。寬裕以有容，則善惡無乎

❶「德與」，通志堂本、四庫本作「於」。

不容也，而容之中有辨焉，故曰「寬而有辨」。

延平周氏曰：《孟子》曰：「天與賢，則與賢，天與子，則與子。」又曰：「其子之賢不肖，皆天也。」是舜之所以「生無私，死不厚其子」者，順天而已矣。自其「有憯怛之愛」而至於「惠而能散」者，特舜之粗迹耳。果舜之極致，則「惠而能散」，不足以言。自「其君子尊仁畏義」而至於「寬而有辨」者，特舜之德廣耳。果舜之道化，則豈止於君子者哉！

嚴陵方氏曰：帝則公天下，故曰「生無私」。以其傳於賢，故曰「死不厚其子」。「有憯怛之愛，有忠利之教」，愛之則親，教之則尊，故曰「親而尊」。親而有所尊，故「安而敬」。尊而有所親，故「威而愛」，敬，故「富而有禮」。愛，故「惠而能散」。由是君子化之，而尊仁安義，以至於「寬而有辨」也。「富而有禮」，則無驕奢之患。「惠而能散」，則無偏黨之私。仁者，天下之表，故在所尊。義者，天下之制，故在所畏。恥費，則奉己有節。輕實，則與人無吝。忠所以抗節，常失於犯上。義所以立我，常失於忤物。文則常失於妄動，寬則常失於大雜。兼父之尊，母之親，故能並行而無偏敝也。非有威明之德，其能若是乎？故引《書》之言以證之。然自「尊仁畏義」而下，止稱君子，則以在位者言之也。

山陰陸氏曰：「有憯怛之愛」，仁也。「有忠利之教」，義也。其教之也，非以罔之，將以忠之也；非以害之，將以利之也。親失之不尊，安失之不敬，威失之不愛。故子溫而厲，威而不猛，恭而安。富失之驕，惠失之不吝，若子產乘輿濟人於溱洧是也。恥費則重實，忠則犯，仁而順，質而静，隘而有辨，亦常物之大情也。凡此一節，舜之威德也，以《書》結之以此。以威易畏，重言舜也。

金華應氏曰：自「庇民大德」而下，凡四章，言臣道之難於盡仁，惟舜、禹、文王、周公可以爲仁之厚，而后稷庶幾其近之。自「豈弟君子」而下，凡三章，言君道之難於盡仁，惟虞帝可以爲德之至，而夏、商、周亦未免有偏也。蓋仁道之大如此，君子可以其難而不自勉乎？「高山仰止，景行行止」，終其身焉可也。

子言之：「事君先資其言，拜自獻其身，以成其信。是故君有責於其臣，臣有死於其言。故其受禄不誣，其受罪益寡。」子曰：「事君，大言入，則望大利，小言入，則望小利。故君子不以小言受大禄，不以大言受小禄。《易》曰：『不家食吉。』」

鄭氏曰：資，謀也。獻，猶進也。言臣事君，必先謀定其言，乃後親進爲君言也。「死於其言」，竭力於其所言之事，死而不負也。於事不信曰誣。大言，可以立大事也。小言，可以立小事也。入，謂君受之。利，禄賞也。大禄、小禄，言臣受禄，各用其德能也。《易·大畜·彖》曰：「不家食吉，養賢也。」言君有大畜積，不與家食之而已，必以禄賢者。賢有大小，禄有多少。

孔氏曰：自此至「辭欲巧」，廣明君子事君之道，及君子之行須内外相副。「成其信」者，先謀後見，成其言之信實。言善乃受禄，是受禄不誣罔也。小言受大禄，則臣濫；大言受小禄，則君重財而薄德也。

横渠張氏曰：「大言入則望大利」，利非歸己之利，大言入則吾道可大行，是大利也。小言入，則可小利。

藍田吕氏曰：此言事君之道。其始見也，必知君之所以見任之意。如伊尹事湯，知湯以伐夏救民爲己任，此先資於湯之言也。曰：「吾豈若使是君爲堯、舜之君，使是民爲堯、舜之民，思天下之民，匹夫匹婦有不被堯、舜之澤者，若己推而内之溝中。」此「拜自獻其身」於湯之事也。如傅説之事高宗。高宗命之曰：「若金，用汝作礪。若濟巨川，用汝作舟楫。若歲大旱，用汝作霖雨。俾率先王，迪我高后，以康兆民。」又曰：「罔俾阿衡，專美有商。」此先資於高宗之言也。説復于王曰：「木從繩則正，后從諫則聖。后克聖，臣不命其承，敢不祇若王之休命。」又拜稽首曰：「敢對揚天子之休命。」此「拜自獻其身，以成其信」者，所謂「策名委質，貳乃辟也」，所謂「君能制命爲義，臣能承命爲信」，「義無二信，信無二命」者也。君是以責臣之任，臣是以死君之命。自任以重，則受禄不誣。有死無二，則受罪益寡矣。昔晉荀息受責於晉獻公，以立奚齊、卓子，告於獻公曰：「使死者復生，生者無愧。」及里克殺奚齊、卓子，荀息死之，可謂死於其言矣。荀息之事雖於義未之盡，然臣之死命，必如荀息而後可以言信矣。「大言入則望大利，小言入則望小利」，大言則所言者大也，小言則所言者小也。利及天下，澤及萬世，大利也。進一介之善，治一官之事，小利也。諫行言聽，利斯從之矣。先儒謂「利，禄賞也」。人臣之事君，大言、小言，各效其忠而已。如言之入而遂望其禄賞，則懷二心以事上，主於爲利而已。小人之道，非所以事君也。所謂不以小言受大禄，不以大言受小禄，此君之所以報臣者，非臣之所以望君也。受之以義，亦稱其大小而已。小言而大禄，則報踰其分，大言而小禄，則君不我知，亦不可受也，非其義而已。《易》曰：「不家食吉。」此《大畜》之彖辭也。君之所以大畜者，將以禄天下之賢。賢有小大，則禄有多寡，一有不稱，則好惡之私繫焉。人君而存好惡之私，則猶家食而已，非所以爲天下公也。故曰「不家食吉，養賢也」。

延平周氏曰：孔子使漆雕開仕，曰：「吾斯之未能信。」孔子説。蓋學之未能自信，必未能取信，則事君能成其信者，未之有也。事君者，既資其君之言，而獻其己之身，則君有以責成於下，而下有以死於言。唯其有以責成於下，則下非尸禄者也，故曰「其受禄不誣」。唯其有以死於言，則下非有罪者也，故曰「其受罪益寡」。大利於民，則受大禄，而不以爲有餘。小利於民，則受小禄，而不以爲不足。

嚴陵方氏曰：先資其言者，先以言爲之資也。獻其身，將以行其言也。能行其言，故足以成其信。拜，謂受其命也。獻，謂效其能也。君無爲也，故有責於臣；臣有守也，故有死於其言。臣能任責，則非尸禄者矣，故「受禄不誣」。臣能效死，則非有罪者矣，故「受罪益寡」。人亦或以忠獲罪，此所以不言無罪，止言「益寡」而已。有言者，則必行其事，有禄者，則必居其利。小言而受大禄，則所行之事小，不足以稱其位之大。大言而受小禄，則所居之位小，不足以行其事之大。事不足以稱其位而受禄者，是尸利而已，非所謂重義也。位不足以行其事而受禄者，是枉己而已，非所謂伸道也。

長樂劉氏曰：資，取也，謂君先取其言，以爲可用也，然後有仕而臣之之心。乃拜而尊之以爲君，而自獻其身，所以致臣節，示死於國事，故曰「以成其信」也。

《講義》曰：《舜典》於「羣后四朝」之後，則曰「敷奏以言」。《益稷》於「惟帝時舉」之後，則曰「敷納以言」。言之不可已也如此。「拜自獻其身，以成其信」者，君先取臣言以爲可用，然後有臣之之心，乃拜而尊之。如賢能之書，王再拜受之。賢能之書，特名籍爾，猶且拜之，况資其言之善者乎？《書》曰「禹拜昌言曰俞」，《孟子》曰「禹聞善言，則拜」是矣。如是而後，使之自進其身，以爲之臣，則其言之信可以成矣。然進言非難也，能使其言必入而聽焉，斯爲難矣。興利非難也，能使其利可望而行焉，斯爲難矣。故君子不以小言受大禄，恥其禄浮於言，而尸利也；不以大言受小禄，懼其言浮於禄，而屈道也。然則近之於身，欲其言與禄相稱；遠之於民，欲其言與利並行。事君之道，非君子，其孰能與於此？

山陰陸氏曰：「拜自獻其身，以成其信」，若荀息者似之矣，故曰君子「不食其言矣」。雖死人之事，不能救其君之死，於其受禄則不誣，語其無罪，則未也。大言入則望大利，小言入則望小利，言各隨其言望利澤以及民。不以小言受大禄，不以大言受小禄，言亦隨其利之及民小大受禄。馬氏曰：君子進思盡忠，而盡忠之言不可以不前定，故曰「事君先資其言」。資之猶言謀也。能前定其言，然後「自獻其身」，進而爲君言也。臨言而擇，未必見信，而言之前定，則有以成其信。《少儀》所謂「量而後入，不入而後量」也。大言入，則望其大有利於其國。小言入，則望其小有利於其國。望，猶言庶幾也。《孟子》所謂「予日望之」之意也。

金華應氏曰：資，憑藉也。古之君子，其經世之學皆豫定於胸中。至其事君，則前定之，規摹先形於言，以爲藉手，而委身以成其信。自獻者，非屈身以求售也。如《書》之「自靖」、「自獻」，故受命而無所愧也。畎畝翻然之數語，《説命》對揚之三篇，此伊、傅先資之言也。威公問答而爲書，昭王命之而有對，此管、樂先資之言也。言之於先而行之於後，無一不酬者。後世若登壇東向之答，草廬三顧之策，亦庶幾焉。

子曰：「事君不下達，不尚辭，非其人弗自。《小雅》曰：『靖共爾位，正直是與。神之聽之，式穀以女。』」子曰：「事君遠而諫，則讇也；近而不諫，則尸利也。」子曰：「邇臣守和，宰正百官，大臣慮四方。」子曰：「事君欲諫不欲陳。《詩》云：『心乎愛矣，瑕不謂矣。中心藏之，何日忘之？』」

鄭氏曰：「不下達」，不以私事自通於君也。「不尚辭」，不多出浮華之言也。「弗自」，不身與相親。靖，治也。爾，汝也。式，用也。穀，禄也。言敬治女位之職事，正直之人乃與爲倫友，神聽女之所爲，用禄與女。「尸利」，尸，謂不知人事無辭讓也。「邇臣」，邇，近也。和，謂調和君事者也。宰，冢宰也。冢宰主治百官。陳，謂言其過於外也。瑕之言胡也。謂，猶告也。

孔氏曰：所引《小雅·小明》，刺幽王之詩。大夫悔仕亂世，戒其未仕者。記者斷章取義，證明非善人不與之友也。「遠而諫」，謂與君疏遠，强欲諫争，則是諂佞之人，望欲自達。祭祀之尸，無言辭而受享祭。近臣不諫，如尸之受利也。邇臣，謂親近之臣。獻可替否，毗贊於君，以調和其事。大臣，謂二伯州牧，此大臣亦兼冢宰，但冢宰居中，故言「正百官」耳。所引《詩·小雅·隰桑》，刺幽王之詩。君子在野，詩人念之，云心乎愛此君子矣。瑕，遠也。謂，勤也。言君子遠離，此不勤乎？藏，善也，言善此君子也。此《詩》本文。今記人引「瑕不謂矣」，言何不以事告陳於君也。

藍田呂氏曰：以下達之事事其君，則賊其君者也。尚辭而實不稱，則欺其君者也。非其人而自達之，枉己以事君者也。《傳》曰：「君子上達，小人下達。」上達者，進乎高明，如伊尹恥其君不及堯、舜，孟子「非堯、舜之道，不敢陳於王前」者也。下達者，趨乎污下，如孟子言謂「吾君不能謂之賊」者也，又曰「逢君之惡，其罪大」者也。「自」者，所由以爲主者也。觀近臣以其所主，觀遠臣以其所爲主。彼謂「孔子主癰疽與寺人瘠環」者，❶非其人而自爲之也。三者皆枉己不正，非所謂「靖共正直者」也。人臣敬治其職，所

❶「寺」，通志堂本、四庫本作「侍」。

與正直，則神將福之，况於君乎？「事君遠而諫，則諂也；近而不諫，則尸利也」，古之天子有争臣七人，諸侯五人，是有言責者也。有言責者不可不諫，不得其言則去。無言責者則可以諫，可以無諫，不得其言，不必去矣。至于遠臣，既無言責，又遠於君，有官守之責，而諫非其責也。所謂遠者，遠臣也，非其職而諫之，陵節犯分，以求自達，故曰「諂」也。所謂近者，有言責之臣也，有言責而不諫，則曠厥官，懷禄固寵，主於爲利，故曰「尸利」也。尸，主也，猶祭祀之尸，有所主而無所事。《書》云「羲和尸厥官，罔聞知」，其義同此。雖然，古者史爲書，瞽爲詩，工誦箴諫，大夫規誨，士傳言，庶人謗，商旅議于市，百工獻藝，皆若遠而諫者。蓋上之人所求於下者如此，則下各以其職而有言，❶不可謂之諂矣。潁封人之諫鄭莊公，杜蕢之諫晉平公，亦遠而諫者。然若二子者，君子與之，蓋有封人、杜蕢之心，雖諫而可；無封人、杜蕢之心，則諂也。「邇臣守和，宰正百官，大臣慮四方」，邇臣，近臣也，如左右常伯、常任、準人、綴衣、虎賁之類。宰，即冢宰。大臣，六卿也。近臣者，在君左右，不任其政，與天子燕遊者也，主於朝夕納誨，調和君子，和而不同。若作和羹，濟之以鹽梅，五味則得其和而可食，如以水濟水，孰能食之？故君所謂可，而有否焉，君所謂否，而有可焉，可否相濟，則君德和，故曰「邇臣守和」。宰之爲言殺也，因以名，言饔官焉。饔官，主割亨者也。既殺而亨

❶「各以其」，通志堂本、四庫本作「可以共」。

之，解剥制割，皆出其手。宰制政事者亦然，故主家政者爲家宰，主國政者爲國宰，所以宰制百事，總正官屬，故曰「宰正百官」。六卿分掌國政，任天下之事，與國同其憂者也。巡守朝聘，所以交結維持，使四方無虞，當任其責也，莫非臣也，莫非事也。三者之官，其責爲重，故歷言之。「事君欲諫不欲陳」者，《書》所謂：「爾有嘉猷嘉謀，❶則入告爾后于内。爾乃順之於外，曰：『斯謀斯猷，惟我后之德。』」臣之事君，所以告其君，則有犯而無隱，所以告于人，則隱惡而揚善。宋平公築臺，妨於農收。子罕諫，弗許。築者謳之。子罕聞之，親執朴以行築者曰：「吾儕小人，皆有闔廬以避燥濕寒暑。今君爲一臺而不速成，何以爲役？」則其愛君之心可知矣。《詩》云：「心乎愛矣，遐不謂矣。中心藏之，何日忘之。」此《小雅・隰桑》詩，刺幽王小人在位，君子在野，思見君子之辭也。此則斷章取義，以「心愛矣」爲愛君之心，有以告之矣，愛之之誠藏於心而不忘，此所以「欲諫而不欲陳」也。樂毅報燕惠王書曰：「吾聞之，古之君子，交絶而不出惡聲，忠臣去國，不絜其名。」非有是心，能之乎？

馬氏曰：事君不下達者，不以淺者、近者達於君也。《孟子》曰：「我非堯、舜之道不敢陳於王前。」此不下達之意。言之必可行，而不以辭爲尚，故「不尚辭」。所自者不可以非其人，❷「正直是與」可也，故引《詩》以結之。言邇則對遠，言大則對小。

❶ 「嘉猷嘉謀」，通志堂本、四庫本作「嘉謀嘉猷」。
❷ 「自」，通志堂本、四庫本作「與」。

冢宰可以兼邇臣，而邇臣蓋不止於冢宰。凡謂近於君者，皆謂之邇臣也。言冢宰則可以兼大臣，而大臣亦不止於冢宰。凡處於百辟之上者，皆謂之大臣也。

横渠張氏曰：「邇臣守和」，和，平也，和其心以備顧對，❶不可徇其喜怒好惡。

嚴陵方氏曰：「遠而諫」，似忠而非忠，秖以爲讇爾。「近而不諫」，似慎而非慎，秖以爲利爾。邇臣過於和，則流而爲同；不及於和，則乖而爲異。守則適中，而無過不及之患。謂之邇臣，則以「守和」爲事；謂之宰，則以「正百官」爲事；謂之大臣，則以「慮四方」爲事。《孟子》謂「陳善閉邪謂之敬」。故「諫不欲陳」，陳之，則是暴君之過矣。然事君有犯無隱，則陳之矣。蓋諫之不從，不得已而後陳焉。然則陳者，非所欲也，故以「不欲」言之。

石林葉氏曰：遠於君，則見之略，諫則爲佞。近於君，則見之詳，諫則不爲素餐，素餐則尸利也。邇臣則三公四輔也，坐而與王論道，有所可，有所否，故「守和」。冢宰，天官也，羣吏廢置所自出，故「正百官」。大臣則牧伯也，諸侯蕃衛所自出，故「慮四方」。

金華應氏曰：鹽梅麴蘗弼諧於上，塤篪金石協恭於下，邇臣之和也。表端而影正，綱正而目舉，宰之正也。事幾眇綿，暸如在目，民瘼幽隱，慘如切膚，大臣之慮也。宰以職言，大臣以位言。自三公以下皆是，不特六卿。其序則先君德而後朝廷，先朝廷而後天下也。

禮記集說卷第一百三十九

❶「和平也和」，通志堂本、四庫本作「和平」。

禮記集說卷第一百四十

子曰：「事君難進而易退，則位有序。易進而難退，則亂也。故君子三揖而進，一辭而退，以遠亂也。」子曰：「事君三違而不出竟，則利祿也。人雖曰『不要』，吾弗信也。」子曰：「事君慎始而敬終。」子曰：「事君可貴可賤，可富可貧，可生可殺，而不可使爲亂。」

鄭氏曰：亂，謂賢否不別。「三揖而進，一辭而退」，進難者，爲主人之擇己也，退速者，爲君子之倦也。三違，違猶去也。「利祿」，言爲貪祿留也。臣以道去君，至於三而不遂去，是貪祿，必以其强與君要也。「慎始敬終」者，❶輕交易絶，君子所恥。「不可使爲亂」，此「亂」謂違廢事君之禮。

藍田吕氏曰：所謂「位有序」，小德役大德，小賢役大賢之謂也。所謂亂者，則賢不肖倒置之謂也。君子之事君，要之君信於我而已。信我之賢可以爲師，非學焉而後臣之，則不進也。信我之賢可以執國政，雖待以季孟之間，亦不進也。此所以「進之難」也。孔子之仕魯，燔肉不至，則不稅冕而行。靈公問陳，則明日遂行。此所以退之之易也。蓋君子之仕，將以道正君而已。枉己，未有能直人者也。人人知自貴於己，達「色斯舉矣，翔而後集」之義，則賢、不肖之分不可亂也。相見之禮，主人迎賓三揖，至于階三

❶「始」下，通志堂本、四庫本有「而」字，是。

讓。其退也，一辭而出，主人拜送，賓去不顧。蓋相見者，見之於主人盡敬之後，辭之於主人未懈之先。若主人之敬未至而强進，主人之意已懈而不辭，則賓主人之分亂矣。可仕可已，可見可辭，進退之義一也。「事君三違而不出竟，則利禄也。人雖曰『不要君』，吾弗信也」。古者四十始仕，道合則從，不合則去。蓋以道事其君者，道既不合，舍而去之，君無留行之命，禮貌已衰，義不可猶居其國。苟至三違而不出竟，則懷禄要君，無所逃罪。昔孔子去魯，遲遲其行，以去父母之國，有所不忍而已。孟子去齊，三宿而後出晝。冀王悔而反之，以安天下之民而已。然卒皆出竟以去，君子之義可知矣。臧武仲以防求爲後於魯，要君之心，無大於此，所以皆得罪於孔子也。子曰：「事君慎始而敬終。」事君數，斯辱矣。朋友數，斯疏矣。故「輕交易絶，君子耻之」。若夫以道去其君，豈君子之心哉？不得已也。子曰：「事君可貴可賤，可富可貧，可生可殺，而不可使爲亂。」貴賤、貧富、殺生，❶君之所操以御臣之具者也。雖有是具以御臣，然所以御之者理也。❷理義，人心之所同然。天所以命於人，君君臣臣，父父子子，所以保乎天下國家也。故臣之事君，無所逃乎天地之間，東西南北，唯命之從。及違於理義，則臣得以争於君，匹夫不可奪其志。故君以我爲賢，則可處之以富貴；以我爲不肖，則可處之以貧賤；以我爲無罪，則可生；以

❶「殺生」，通志堂本、四庫本作「生殺」。
❷「理」，通志堂本、四庫本作「禮」。

我爲有罪，則可殺；六者莫不唯君所命。其不可奪者，吾之理義而已。《孟子》曰：「往役，義也；往見，不義也。」齊侯田，以旌招虞人，不至，將殺之。孔子奚取焉？取非其招，不往也。故凡違乎理義者，皆亂也。

延平周氏曰：其進也以禮，故難；其退也以義，故易。進也，不以禮，故易；退也，不以義，故難。難進而易退，則位之所以有序，易進而難退，則位之所以亂而無序。故「君子三揖而進」，若甚難，「一辭而退」，若甚易者，蓋遠其亂於賓主之間。況君臣之間，可不遠其亂也哉？進以禮，所以慎始；退以義，所以敬終。

馬氏曰：進，人所欲也，而難進；退，人所不欲也，而易退。蓋其就於利者緩，而遠於利者速，則其志在於義，而不在於利。如此則貴賤履位，賢、不肖襲情，故位有序。故君子交接之際，進必三揖，退止一辭，皆所以遠亂也。君臣以義合，而未嘗無相愛之仁。以義合，至於三諫則去，有相愛之仁，則雖去而未必出竟。君與之環，則還；與之玦，則去。若孟子去齊，三宿而後出晝是也。然此特始去之禮。如此至於三違而且不出竟，則其志在於利祿，以强要於君也。在物者有命，在己者有義。富貴、貧賤、生殺，此物也，而不可使爲亂，則在己。在物者有命，故可貴可賤，可生可殺；在己者有義，是故不可使爲亂矣。

山陰陸氏曰：易進而難退，則亂之階由此始也。

嚴陵方氏曰：其進不難，則苟合以貪其位，而位之在吾上者，或有所越。其退不易，則患失以固其位，而位之在吾下者，或有所妨。若是則其位無序矣。有序則治，無序則亂。君子於賓主相見之際，揖必至於三而後進，辭止於一而遂退，則難進之意蓋可見矣，況於事君乎？推是心則固足以遠亂矣。三違而不出竟，内實利之，而外强違之，非要君而何？翔而後集，所以慎始；不爲苟去，所以敬終。石林葉氏曰：迎之致敬以有禮，則難進。禮貌衰則去之，故易退。進以禮，退以義，不失其先後，故位有序。反此則容悦者也。以容爲悦，則必至於亂。古人於賓主之間猶患之，況君臣之際乎？諫君有至於三而去君，無至三而不出竟。孟子去齊，三宿而後出晝者，師賓之位也。

子曰：「事君，軍旅不辟難，朝廷不辭賤。處其位而不履其事，則亂也。故君使其臣，得志則慎慮而從之，否則孰慮而從之。終事而退，臣之厚也。《易》曰：『不事王侯，高尚其事。』」

鄭氏曰：履，猶行也。「君使其臣」，謂使之聘問、師役之屬也。「慎慮而從之」者，此己志也，欲其必有成也。否，謂非己志也。「孰慮而從之」，又計於己利害也。「終事而退」，非己志者，事成則去也。「不事王侯」，言臣致仕而去，不復事君也。君猶高尚其所爲之事，言尊大其成功也。

孔氏曰：在軍旅之中，不辟危亡之難，在朝廷之中，不辭卑賤之所。得志謂君使當己之才也。終事，謂事畢也。既本非己才，事竟即辭而退也。得志及不得志，並從而無違，是臣行之篤厚也。引《易·蠱卦》上九爻辭，以證終事而退，臣之厚也。

藍田吕氏曰：此章重述事君可貴可賤，可富可貧，可生可殺之義。蓋事君者不仕則已，仕則卑賤有所不辭。《詩》云：「碩人俁俁，公庭萬舞。」事君者不受命則已，受之，則患難有所不辭。《詩》云：「靡室靡家，玁狁之故。」處其位而不履其事，如弓人恥爲弓，矢人恥爲矢，名之不可言，言之不可行矣。其所以事君之義，亂於名實者也。此篇言亂者有三：「易進而難退，則亂也」者，亂於賢、不肖者也。「不可使爲亂」者，亂於理義者也。「處其位而不履其事，則亂也」者，亂於名實者也。亂者如絲之不治，無緒以正之之謂也。孔子曰：「人而不仁，疾之已甚，亂也。」又曰：「好勇疾貧，亂也。」仁者愛人，然而疾不仁者，以不仁之賊吾愛也。苟能遠之，使不能賊吾愛，可矣。至于疾之已甚，則反失吾愛，是亂於爲仁者也。所貴乎勇者，見義必爲而已。不施之於義，而施之於疾貧，則利欲無厭，是亂於勇者也。是皆不治而無緒者也。君使其臣，臣受其命，得志者則合所使之臣素志也，否者不合其素志也。臣受君命，雖有所合，不敢以得志而自滿，故慎慮而從之，乃「臨事而懼，好謀而成」者也。有所不合，又非所宜辭，亦不敢怨於不得志而不事事，故孰慮而從之，要之不辱君命，盡其義而無悔而已。仕而不事事則不恭，不得志而不去則懷，懷與不恭皆君子所不由。故不得志者，雖孰慮以從事，卒事則致，爲臣而去，則所以自免而不累于上，故曰「臣之厚也」。《蠱》之上九之辭曰：「不事王侯，高尚其事。」蠱者有事之時。自九五而下，皆以幹蠱能不能爲得失，至于上九，事之終且無位也，有似乎仕焉而已者，故曰「不事王侯」。唯不事王侯，乃可以高尚其事，不見役於人。若委質而仕，反欲高尚其事而不事事，則曠官尸利，無所逃罪矣。故此章取以爲證焉。

山陰陸氏曰：「不辭賤」，猶曰不讓勞也。此事君者之事也，故曰：「子思，臣也，微也。」使子思居衛，而爲曾子之事，是亂也。亂亦亂之階。終事而退，是厚也，非正也，即正，有去而已。

嚴陵方氏曰：「慎慮」，則從其事而無所輕。「孰慮」，則從其事而有所習。「終事而退」，則不居成功故也。

馬氏曰：貴與生者，人所欲也。君使其臣，於所欲之地，則必慎慮以從之。賤與死者，人所惡也。君使其臣，於不欲之地，亦必孰慮以從之。

延平周氏曰：幽之使我有是者，天也。明之使我有是者，君也。苟其使我得志，則慎慮而從之者，慎慮其所以行道者也。苟其使我不得志，則亦孰慮而從之者，孰慮其所以守道者也。功成身退者，天之道，故曰「終事而退，臣之厚也」。

石林葉氏曰：位軍旅則以勇，故不辟難。位朝廷則以仁，故不辭賤。處其位而辟難辭賤，則事不治而亂，何有於仁勇？於事君有得志而與否者，命也。慮而後從者，義也。得志而孰慮，所以畏命，故其寵若驚。不得志而孰慮，所以畏義，故其辱若驚。

子曰：「唯天子受命于天，士受命于君。故

君命順，則臣有順命；君命逆，則臣有逆命。《詩》曰：『鵲之姜姜，鶉之賁賁。人之無良，我以爲君。』」

鄭氏曰：唯，當爲「雖」。言皆有所受，不敢專也。臣受順則行順，受逆則行逆，如其所受於君，則爲君不易矣。姜姜、賁賁，爭鬭惡貌。良，善也。

孔氏曰：此明臣事君不敢專輒，君之出命不可不慎。所引《詩·鄘風·鶉之奔奔》，❶刺宣姜之詩。

横渠張氏曰：命於天者，不可不順。若國君則不然，君能順上，❷則臣亦順上，君命逆上，則臣亦逆君。

藍田吕氏曰：此章重述事君不可使爲亂之義也。天道無私，莫非理義。君所以代天而治者，推天之理義以治斯人而已。故曰「天秩有典」，「天秩有禮」，❸「天命有德」，「天討有罪」，莫非天也。臣之受命于君者，命合乎理義爲順天命，不合則爲逆天命。君之命出乎理義，則爲臣者將不令而行；君之命不出於理義，則爲臣者雖令不從矣。此所以有逆命、順命之異，然後知其不可使爲亂也。「人之無良，我以爲君」，此詩刺衛君無德，國人恥以爲君。蓋言君逆天命，則臣子亦逆君之命。

嚴陵方氏曰：天子者，天之所子，故雖天子，受命于天。士以事人爲事，故受命于君。由士以上，皆受命于君。此止以士言者，蓋降於士則有府史、胥徒之屬，皆

❶「奔奔」，通志堂本、四庫本作「賁賁」。
❷「君」，原脱，今據通志堂本、四庫本補。
❸「秩」，通志堂本、四庫本作「叙」。

其官長所自辟除，其卑不能上達，故不得受命于君也。然則受命于君者，其卑止於士而已。

清江劉氏曰：註者曰「唯」當作「雖」，非也。此言天子之命在天，士之命在君，非天命不爲天子，非君命不爲士也，皆有制之已。

山陰陸氏曰：「唯」，讀如字。天子受命于天，猶士受命于君，所謂「士死制」是也。臣謂大夫以上，唯不受命于君，故有逆順如此。

馬氏曰：天之命於君者，豈諄諄然命之乎？使之居天位，食天禄，治天職，牧天民，蓋所謂命也。故由其道而順天，則謂之順命，不由其道而逆天，則謂之逆命。雖然，上者下之儀，而臣之逆順亦視其君之所爲而已。

石林葉氏曰：君與天皆出命者也。君之於天命既順，則臣之於君命亦順也；君之於天命既逆，則臣之於君命亦逆也。蓋有治君則有賢臣，有亂君則有佞臣，取人以身之道也。唯其逆順者，自人爲之，故言君臣而不言天。君莫尊於天子，臣莫卑於士，故言天子而止士。

廬陵胡氏曰：臣有順命，有言遜于汝志也，必求諸非道。臣有逆命，有言逆于汝志也，必求諸道。先儒謂逆命爲行逆，非也。

子曰：「君子不以辭盡人。故天下有道，則行有枝葉；天下無道，則辭有枝葉。是故君子於有喪者之側，不能賻焉，則不問其所費。於有病者之側，不能饋焉，則不問其所欲。有客不能館，則不問其所舍。故君子之接如水，小人之接如醴。君子淡以成，小人甘以壞。《小雅》曰：『盜用孔甘，❶亂是用餤。』」

鄭氏曰：「不問其所費」以下，皆辟有其言而無其實。水相得，合而已。酒醴相得則敗。淡，無酸酢，少味也。接，或爲「交」。盜，賊也。孔，甚也。餤，進也。

孔氏曰：此明君子之行，不可虛用其辭。「不以辭盡人」，言不得以言辭之善謂行亦盡善也。有道之世，則所行美好，似樹幹之外，更有枝葉。無道之世，人不誠實，但言辭虛美。所引《詩·巧言》，刺幽王之詩，證小人甘以壞。

橫渠張氏曰：有道是有實也，有實則行有文章也，無實則言有文章也。行有文章，則莫非實事也。❷言尚浮華，則唯虛辭相譽而已，無其實也。故君子問寒則衣之，稱美則爵之。今言無有實，其求益與？夫相親相依之言，皆相奉而已。故仲尼欲無言，直欲務實。君子先行其言，而後從之。至如近世之語功實者，猶徒具文而已，亦不以實求也。有道則行得伸，無道則辭得伸。辭行，天下之辭行也。有道、無道，亦天下之有道、無道也。辭則伸也，以天下無道，明無以考其實，所以浮辭得伸。蓋莫能窮辨之也。「君子不以辭盡人」，盡，極也，取也。

藍田呂氏曰：「君子不以辭盡人」，不敢輕信於人也。不以口譽人，不以色親人，不爲口惠，所以重信於己也。孔子曰：「今吾於人也，聽其言而觀其行。」又曰：「君子不以口譽人。」又曰：「有言者不必

❶「用」，通志堂本、四庫本作「言」，是。

❷「事」，通志堂本、四庫本作「是」。

有德。」皆不以辭盡人之義也。枝葉者，幹之文也。天下有道，則人致文於行。「禮儀三百，威儀三千」，乃行之文也，故曰「行有枝葉」。天下無道，則人致文於辭。《詩》云「巧言如簧，顔之厚矣」，乃辭之文也。既曰「辭有枝葉」，則有言而無其實。問所費於喪者而不能賻，問所欲於病者而不能饋，問所舍於客而不能館，則其言也，不出於誠心，君子恥之。故與其不能惠而問之，不如不問之愈也。君子之接人也以信而不以苟説人，故如水淡而可久。於此三者，不能惠，則不問。此交之所以全而無後怨，故曰「淡以成」。小人之接人也苟説而不以信，故如醴之甘而不可久。於斯三者，能問而不能惠。取説於頃刻，而不顧其後。此交之所以難保，故曰「甘以壞」。故凡言之甘而不出乎誠心者，必將有以盜諸人。《傳》曰：「幣重而言甘，誘我也。」甘言入則受其盜，故言「盜言孔甘，亂用是餤」。

延平周氏曰：孔子曰：「予不試故藝。」而《孟子》曰：「我於辭命則不能。」蓋君子之道，重其本而輕其末也。辭命者，乃道之末也，豈道之末而能盡人之賢否哉？

嚴陵方氏曰：天下有道，則君子之道發之於行事，此行所以有枝葉。天下無道，則君子之道載之空言，此辭所以有枝葉。則其所以有言者，豈得已哉！宜其不以是而盡人也。《莊子》曰：「君子之交淡若水，小人之交甘若醴。」君子淡以親，小人甘以絶。蓋成則相親，壞則相絶，其説正與此合。然《莊子》言「交」，此言「接」，何也？交言其情，接言其迹。

馬氏曰：「天下有道，則行有枝葉」者，有

德者必有言也。「天下無道，而辭有枝葉」者，有言者不必有德也。

石林葉氏曰：宰我、子贛善爲説辭，冉牛、閔子、顔淵善言德行。孔子曰：「我於辭命，則不能也。」孔子不能辭命，則能之者，固德行而已。唯其能於德行，故盡人不以辭。君子以道義交，故其淡如水。小人以勢利交，故其甘如醴。水淡而散於五味之合，則無不調，故曰「淡以成」。醴甘而至於沈湎，則敗德，故曰「甘以壞」。

馬氏曰：聖人之教，則欲其訥於言而敏於行。其觀人，則必觀其言而察其行，故寧至於行有枝葉，而無寧爲枝葉之辭，寧爲君子之淡以成，無爲小人如醴之甘，寧有已怨，而毋寧至於有諾責，故言行相副，聖人蓋深取之。而言浮於行，聖人必察其中也。

《講義》曰：上取人以道德，而不以文辭，則下之進用者，道有本根，而行有枝葉矣。上取人以文辭，而不以道德，則下之進用者，道無本根，而辭有枝葉矣。譬之草木，有本根然後有枝葉，爲上之道，可不謹乎？君子之接如水，雖無味而可久。小人之接如醴，雖有味而易變。

子曰：「君子不以口譽人，則民作忠。故君子問人之寒則衣之，問人之飢則食之，稱人之美則爵之。《國風》曰：『心之憂矣，於我歸説。』」子曰：「口惠而實不至，怨菑及其身。是故君子與其有諾責也，寧有已怨。《國風》曰：『言笑晏晏，信誓旦旦，不思其反。反是不思，亦已焉哉。』」子曰：「君子不以色親人。情疏而貌親，在小人穿窬之盗也與？」子曰：「情欲信，辭欲巧。」

鄭氏曰：譽，繩也。「問人之寒」以下，皆爲有言不可以無實。「於我歸説」，欲歸其所説忠信之人也。「口惠而實不至」，謂善言而無信，人所惡也。「已怨」，已謂不許也。言諾而不與，其怨大於不許。「言笑晏晏」至「亦已焉哉」，皆相與爲昏禮而不終也。言始合會，言笑和説，要誓甚信。今不思其本，思之反覆，❶反覆之不思，亦已焉哉！「無如此人何！」怨之深也。「辭欲巧」，巧，謂順而説也。

孔氏曰：繩以量度於物。凡口譽於人，亦須量之於心，故以「譽」爲「繩」。莊十四年《左傳》：「蔡侯繩息嬀。」杜註云：「繩，譽也。」是繩譽通訓。引《詩·曹風·蜉蝣》刺曹君之詩，國將滅亡，賢臣心憂，我身何所歸舍。説，舍也。此引《詩》斷章，證疾虚言，義不與《詩》相當也。諾，謂許人物。責，謂許而不與，被責也。引《詩·衛風·氓》之篇，證許而不與，被人所怨也。不以色親人，謂不以虚僞善色詐親於人也。情疏貌親，外内乖異，心不慤實，恒畏於人，如細人姦盗也。言辭欲和順美巧，不違於理，與「巧言令色」者異也。

藍田吕氏曰：晉平公之於亥唐，入云則入，坐云則坐，食云則食。雖疏食菜羹，不敢不飽，然終於此而已矣。弗與共天位，弗與治天職，弗與食天禄，士之尊賢者也，非王公之尊賢也。蓋君子力可以周人之窮，則不徒問其飢寒而已，必有以衣食之勢。可以進賢，則不徒譽而已，必有以爵禄之。徒問、徒譽而無實以繼之，

❶「思」，原作「恩」，今據四庫本改。

則誠心不存。己則不誠，而責人之誠，難矣。故曰「君子不以口譽人」。故君子問人之寒，則衣之；問人之飢，則食之；稱人之美，則爵之。《國風》曰：「心之憂矣，於我歸説。」此詩刺曹君不脩政事，好絜其衣服，飾其外而無實，民將去之，求其所當歸者。如口譽無實，不可使民信也。問人之飢寒，而不衣食之，特問之，無誠而已。至於口惠而實不至，則害信之大者。自古皆有死，民無信不立，危國亡家之本，此怨菑所以及其身。❶故「君子與其有諾責也，寧有已怨」。有求而已之，始雖咈人之意，而終不害乎信，故其怨小。諾人而不踐其言，雖不咈人意，而終害乎信，故其責大。《國風》曰：「言笑晏晏，信誓旦旦，不思其反。反是不思，亦已焉哉。」此詩刺夫婦失道，中絶無信，婦怨之辭也，故取以證之。穿窬之盜，欺人之不見，以爲不義而已。色親人者，巧言令色足恭，無誠心以將之，情疏貌親，主於爲利，亦欺人不見，君子恥之，故不爲也。故曰：「君子不以色親人。情疏而貌親，在小人則穿窬之盜也與？」孔子曰：「色厲而内荏，譬諸小人，其猶穿窬之盜也與？」《孟子》曰：「不可以言而言，可以言而不言，是皆穿窬之類。」二者亦欺人之不見，以爲不義，故所以爲穿窬也。禦人國門之外，盜也，穿窬亦盜也。狎大人，侮聖人之言，小人而無忌憚，不義也。色厲而内荏，以言不言餂人，亦不義也。盜與不義，小大雖殊，其爲盜與不義則一也。此章言其言欲信而已。事君

❶「菑」，通志堂本、四庫本作「之」。

接人，其義一也。又欲言之順而説，故曰「情欲信，辭欲巧」以結之。孔子曰：「巧言令色，鮮矣仁。」蓋事於言色者，❶誠有所不足，故鮮矣仁。然爲辭令，亦君子之所務。孔子曰：「不學《詩》，無以言。」又曰：「使於四方，不能專對，雖多，亦奚以爲？」非惡言之巧也，惡巧言之害仁者爾。

嚴陵方氏曰：「不以口譽人」，則言之所與，必發於心，不止於外貌，故民化之而作忠焉。若「問人之寒，則衣之」之類，皆非口譽之事也。口譽者，内外之不相應也。口惠者，始終之不相副也。君子之親人也以德，故曰「不以色親人」。貌雖親而情實疏，則恐人之見其情也，又何異穿窬之盜？穿窬者，穿垣墉而爲之盜也。君子情非苟動也，將以有所示。辭非苟出也，將以有所治。内有情之信，而外有辭之巧，又何害其爲仁乎？此所以先言情欲信，而後乃言辭欲巧也。

馬氏曰：君子之譽人不以口，而身必致之也。不以身致之，則是顯譽於人，陰弃其身，而民亦趨於僞矣。「君子不以色親人」者，以其有相愛之情出於中，愉色婉容見於外。蓋真積於内，然後誠動於外。故君子不以色親人，而慮其情之不信也。匿怨而友其人者，君子所恥也。

山陰陸氏曰：《詩》言君將無所依，唯於我歸處而已，是非以口繩君相也。「於我歸處」，猶之可也。「於我歸息」，甚矣。「於我歸説」，則又甚矣。在小人則穿窬之盜，所謂「譬諸小人，其猶穿窬之盜也

❶「言」，通志堂本、四庫本作「顔」。

與」？

石林葉氏曰：口惠而不以實應，則爲誣，唯君子反此。然而問人之美，❶則爵之，此在上者之事也。在下而無與共天位，治天職，則稱人之美，固不爲誣也。色在外，君子不以親人。親人者，情也。小人則情疏矣。其親人也以貌，非特色而已矣。此其譬則穿窬之盜也歟？讋人之知也。❷「君子不以色親人」，求所以信其情也。乃若巧辭，則孔子嘗曰「鮮矣仁」。不曰「不仁」，而曰「鮮」者，是君子有時而用之。

延平周氏曰：於内則「情欲信」，於外則「辭欲巧」者，君子之道也。苟止於「辭欲巧」，則君子乎？

《講義》曰：情必欲其信，如真喜未笑而和，真怒未發而威，真悲未泣而哀，所謂信也。此所以篤實乎其内。辭必欲其巧，如詖辭知其所蔽，淫辭知其所陷，邪辭知其所離，遁辭知其所窮，皆以其背違正理，而各得一偏，尚安得爲巧乎？譬之大匠，必合規矩以爲方圓，然後得謂之巧也。此所謂輝光乎外。

金華應氏曰：情之所藴，必隱惻而盡其誠；辭之所發，必委曲而中其節。

子言之：「昔三代明王，❸皆事於天地之神明，無非卜筮之用，不敢以其私褻事上帝。是故不犯日月，不違卜筮。卜筮不相襲也。大事有時日，小事無時日，有筮。外事用剛日，内事用柔日，不違龜筮。」

❶「問」，通志堂本、四庫本作「稱」。
❷「讋」，通志堂本、四庫本作「譬」。
❸「三代明王」，原作「王代明三」，今據明本、通志堂本、四庫本改。

鄭氏曰：神明，謂羣神也。「無非卜筮之用」，言動任卜筮也。日月，謂冬、夏至，正月及四時也。所不違者，日與牲尸也。襲，因也。「大事有時日」，有事於天神，有常時、常日也。有事於小神，無常時、常日，臨有事筮之。剛日、柔日，順陰陽也。陽爲外，陰爲内，事之外内，别乎四郊。牷，猶純也。❶

孔氏曰：此至篇末，總明卜筮之事。鄭註「冬、夏至，正月及四時」者，冬至謂祭圜丘，夏至謂祭方澤，正月謂祭感生帝，及四時迎氣，用四時吉日也。知皆卜者，案《大宰》云：「祀五帝，帥執事而卜日。」鄭註：「五帝，謂四郊及明堂。」是四郊有卜也。《大宰》又云：「祀大神，祭大示亦如之。」大神則冬至祭圜丘，大示則夏至祭方澤。案《公羊》、《穀梁傳》云「卜三正」，則知天子郊用夏正，亦卜之也。《周禮》祀宗廟亦卜日。云「不違者，唯日與牲尸」者，案僖三十一年《左傳》云：「禮不卜常祀，而卜其牷日。」❷是有卜牲日也。《特牲》、《少牢》云：大夫、士筮尸。則天子諸侯有卜尸也。「卜筮不相襲」，言大事則卜，小事則筮，不相因襲。此與《曲禮》文同而註異。「大事有時日」而用卜者，示不敢專。

崔氏曰：凡求告之道不過三。若一而吉，則不更啓。若初不吉，則二，不至於三。《易》曰：「初筮告，再三瀆，瀆則不告。」明初筮者不復至三也。若大事卜筮

❶「牷猶純也」，通志堂本、四庫本無。此句亦見於下引鄭注，此處重出。

❷「牷」，通志堂本、四庫本作「牲」，是。

兼用，卜筮各一用之，乃成爲一。故《尚書》云：「三龜，一襲吉。」則知三龜、三筮各一用之，乃成爲一也。故《尚書》有龜從筮逆，龜逆筮從之義，皆據一用而言也。然一用之時，若龜筮卿士、庶人之中，所逆者少，亦得爲初吉；若所逆者多，則爲初凶。若初吉多，則更卜。若初凶多，則亦卜，至三。所以爾，則以初筮告吉凶，皆非吉凶之故，是以至三也。所言三者，皆謂三度用之，非一度用三王之龜筮，始爲三也。至中小之祭，求吉凶之理，亦復如之。卜筮各用者，不得爲襲。中事兼卜，則謂之相襲。故《表記》云：「卜筮不相襲。」然則於事得兼用者，以再三爲襲，不得兼用者，則無以爲襲故也。

何氏曰：外事以剛日，而郊用辛。內事以柔日，而社用甲。有以見郊社至重，不可以內外常理拘之。宗廟之祭，據《春秋》而言，則威八年以己卯烝，夏五月以丁丑烝，十四年秋八月以乙亥嘗，閔二年夏五月以乙酉吉禘于莊公，文二年八月以丁卯大事于大廟，躋僖公，昭十五年二月以癸酉有事于武宮，是俱用柔日。如繹者，❶明日又祭。既正祭用柔，自然繹日必剛矣。

橫渠張氏曰：「不犯日月」，謂不使祭日相見犯。若一時有兩祭，則必相回互，使之不相妨。

藍田呂氏曰：此章言事天、事君，至敬而不敢褻，故有卜筮，因言卜筮之用禮者，敬而已矣。明則敬於人。禮儀三百，威儀三千，敬人之事也。幽則敬於鬼神。

❶「者」，通志堂本、四庫本作「日」。

内盡志，外盡物，凡祭祀之禮，卜筮之用，皆敬鬼神之事也。蓋卜用龜，筮用筴。龜則灼之，而視其兆，筴則揲之，而視其卦。凡求於人情所不能測，人力所不能爲者，是乃所以求之於神明也。郊所以祀上帝，卜日而用之，不敢必其期也；卜牲而養之，不敢必其物也。其敬如是，是乃所以不敢以私褻事之也。日月者，如冬日至圜丘，以祀天神，夏日至方澤，以祀地祇，四時迎氣用四丘，此皆素有定日，不用卜。至于它祭祀之當卜日者，不可犯此素定之日也。它祭祀之卜日，既不犯此素定之日，然所卜之日，既卜之，吉，則不可違。故曰「不犯日月，不違卜筮」。違之、犯之，皆不敬也。《記》曰：「大饗不問卜。」此謂日月之素定者，如冬夏之日至之類，他則皆卜。如「啓蟄而郊，郊用辛」之類。故大宰祀五帝，「帥執事而卜日，遂戒」，而不言昊天上帝，蓋可知矣。《記》稱「饗帝于郊」，又云「唯聖人爲能饗帝」，則祀天亦可稱饗。均祀天地也，冬至之日至爲大，故曰大饗。饗之之敬，因天時陰陽之至而不問卜，所敬異於他饗也。先儒謂大饗者，祀五帝于明堂，以《月令》有「季秋大饗」之文，乃曰「莫適卜也」，以總饗五帝，不知主何日而卜之，故不卜。然不知季秋之饗，既有素定之日，如冬夏日至，又不問卜，當以何日爲可？若以人謀而用之，乃以私褻事上帝，不敬莫大焉。其説固不可行矣。「卜筮不相襲」者，此主於祭祀而言。有卜則不筮，有筮則不卜，蓋大事用卜，小事用筮而已。在他事，則卜筮兼用之。《洪範》：「汝則有大疑，謀及乃心，謀及卿士，謀及庶人，謀及卜筮。」於心也，士也，庶民也，龜也，筮也，參其從逆而占之。《筮人》云：「國之大事，先筮而後卜。」《春秋傳》僖公二十五年，晉卜納襄王，得黄帝戰于阪泉之兆，又筮之，得「大有」之「睽」；哀九年，晉卜伐宋，亦卜而後筮，則兼用亦明矣。「大事有時日」者，時如啓蟄而郊，及四時宗廟之祭之類。日如郊用辛，社用甲之類。有是時、日以上中下三旬而卜之。「小事無時、日，有筮」者，若非時有所告，及祈禱之類，皆無定日，必筮而用之也。「外事用剛日，内事用柔日，不違龜筮」，鄭氏謂事之内外，別乎四郊。蓋以郊，外事也，反用辛；社，内事也，反用甲。故謂郊在四郊之内，同内事，故用柔日之辛；四郊之外，乃爲外事，故「甲午祠兵」，「吉日庚午，既差我馬」。然考是説，社乃内事，而反用甲，説亦未可行。蓋所謂内事、外事，分別剛、柔，汎言衆事爾。如郊用辛，社用甲，自別有義，難以剛柔取類也。又言「不違龜筮」者，前所謂大事、小事，及後所謂内事、外事，皆不可違卜筮，故重言之。

嚴陵方氏曰：天地之神明者，天之神，地之明也。《莊子》曰：「天尊地卑，神明之位也。」然《郊特牲》言郊明天道，社神地道者，蓋以天之神，故有郊以明之；以地之明，故有社以神之也。且卜筮所以事天地。事天地者，莫大乎郊社，故必以神明爲言。自八卦畫於伏羲，土兆起於顓帝，瓦兆起於堯官，占見於舜，則卜筮之用，其來尚矣。而此以「三代明王」爲言者，蓋五帝以往則質，質則於卜筮宜略；三王以來則文，文則於卜筮宜詳。以其詳，故無非卜筮之用也。於三王言無非卜筮之用，則知五帝有非卜筮之用矣。「私褻事上帝」者，徇己所欲之謂「私」，交物無節之謂「褻」。卜筮則於神明有所質，於時日有所擇。上帝，天神也，不及地示者，以天神之尊，尤不宜以私褻事之故。「不犯日月」者，守日月之常，❶不敢犯而越之也。「不違卜筮」之吉，不敢違而戾之也。若郊之用辛，社之用甲，是不犯日月也。上辛不吉，則卜中辛，中辛不吉，則卜下辛，是「不違卜筮」也。故先言日月，而後言卜筮焉。「大事有時日」，即郊社之類是矣。大事前期而定，故其時日有常，小事臨機而作，故無時日。曰有筮，則無卜可知。小事有筮，則大事有卜又可知。且大事以時日爲先，故不言卜；小事以時日爲後，故必言筮。意各有主。然卜雖主於大事，而小事亦有時乎用卜，《大卜》所謂「凡小事涖卜」是也。筮雖主於小事，而大事亦有時乎用筮；《筮人》所謂「凡大事先筮後卜」是也。凡特言卜，則筮從之可知。若所謂卜日、卜牲，則知其亦筮矣。凡特言筮，則卜不必從。若所謂筮日、筮賓，則卜不必從矣。要之，大事以卜爲主，小事以筮爲主爾。「卜筮不相襲」，與「外事用剛日，內事用柔日」，並見《曲禮》解。

馬氏曰：《傳》曰：「聖人不煩卜筮。」聖人於事，可以默決之於心，而不煩於卜筮也。然則三代事天地之神明，無非卜筮之用者，蓋不敢以私褻事上帝也。《祭義》曰：「雖有明知之心，必進斷其志焉，

❶「常」，通志堂本作「吉」。

示不敢專，以尊天也。」與此同意。龜，動物也，可以知象。蓍，植物也，可以知數。外事，陽也，而剛亦陽也，故用剛日。内事，陰也，而柔亦陰也，故用柔日。以郊爲外事矣，而用辛，以社爲内事矣，而用甲。説者以天地至尊之祭，不可同於外内，其説似得之矣。

山陰陸氏曰：據此「不犯日月，不違卜筮」，外雖用剛日，内雖用柔日，猶卜筮也。大事有無時日有卜，小事有有時日無筮。今其言如此，善言大事薄小事也。❶

石林葉氏曰：蓍龜者，天之神物。故事上帝，則用卜筮者，神之也。然而龜爲象，其應也圓；蓍爲數，其静也方。雖卜且筮，亦不可相襲也。

子曰：「牲牷禮樂齊盛，是以無害乎鬼神，無怨乎百姓。」子曰：「后稷之祀易富也。其辭恭，其欲儉，其禄及子孫。《詩》曰：『后稷兆祀，庶無罪悔，以迄于今。』」

鄭氏曰：牷，猶純也。富之言備也。以傳世之禄共儉者之祭，易備也。兆，四郊之祭處也。迄，至也。

孔氏曰：以前明不違卜筮，動合神明，故此經明后稷祭祀，福流後世，以證成其義。所引詩是《大雅·生民》之篇，美成王尊祖配天也。

藍田吕氏曰：古之聖王，先成民，然後致力于神，民和而神降之福。《洞酌》之詩曰：「洞酌彼行潦，挹彼注兹，可以饙饎。豈弟君子，民之父母。」蓋不得乎民心，雖有牲牷禮樂齊盛之備，神將不饗矣。無

❶「善」，通志堂本、四庫本作「蓋」。

害乎鬼神，則神饗之矣。無怨乎百姓，則民歸之矣。所以然者，本於致敬而已，故因卜筮而言。后稷竭力於稼穡，以共齊盛。所以和於民者至，則所以事于神者盡矣。《詩》云：「恒之秬秠，是穫是畝。恒之穈芑，是任是負，以歸肇祀。」苟有誠信，澗溪沼沚之毛，潢汙行潦之水，可薦於鬼神。故后稷之祀，竭力以共齊盛，無非誠信之謂，故易富也。富之言備也。其祀也，永無罪悔而已。此所以其辭恭，其欲儉也，以迄于今。至于周，推后稷以配天，一用后稷之法，故曰「其禄及子孫」。

嚴陵方氏曰：牲牷天産，齊盛地産。禮者，威儀；樂者，節奏。於物則有天産、地産，於事則有威儀、節奏。事物雖盡，苟或有違於龜筮焉，又烏能幽無鬼神之害，明無百姓之怨乎？故先王之於祭祀，不特卜日而又卜尸，不特卜尸而又卜牲也。違龜筮，而百姓怨者，《書》不云乎，「詢謀僉同，鬼神其依」，則以鬼神依人而行故也。鬼神有害，則百姓有所怨可知。鬼神有禍福，故於鬼神曰「害」。百姓有休戚，故於百姓曰「怨」。其辭恭，則物雖薄而誠足以饗神。其欲儉，則物雖少而用足以行禮。此祀之所以易富也。且恭則不侮，儉則不奪。不侮則無害乎鬼神可知，不奪則無怨乎百姓可知。若是則幽無鬼責，明無人非，德之盛也。盛德必百世祀，故其禄及子孫，不亦宜乎？外則其辭恭，則其心敬可知；内則其欲儉，則其用節可知矣。

石林葉氏曰：牲牷親卜之，禮樂親序之，粢盛親供之。明薦以德，則無害於鬼神，故祭則受福；無怨乎百姓，故得其驩心。然先鬼神而後百姓者，亦以祭祀爲主。

南豐曾氏曰：自后稷肇祀以前，前後相承，兢兢業業，惟恐一有罪悔，獲戾于天。閱數百年而此心不易。故曰「庶無罪悔，以迄于今」。言周人世世如此也。

子曰：「大人之器威敬。天子無筮，諸侯有守筮。天子道以筮。諸侯非其國不以筮，卜宅寢室。天子不卜處大廟。」

鄭氏曰：威敬，言其用之尊嚴。「天子無筮」，謂征伐出師若巡守也。天子至尊，大事皆用卜。《春秋傳》曰：「先王卜征五年，歲襲其祥。」守筮，守國之筮，國有事則用之。「道以筮」者，始將出，卜之。道有小事則用筮。諸侯入他國則不筮，不敢問吉凶於人之國也。諸侯受封於天子，因國而國，唯宮室欲改易者得卜之耳。「天子不卜處大廟」，卜可建國之處吉，則宮廟吉可知。

孔氏曰：大人，謂天子。所主之器，當威嚴敬重，不可私褻於小事雜用也。饗時則用，燕則不用也。道以筮，道謂出行於道路之上也。鄭知無筮謂出師巡守者，以前云「外事用剛日，内事用柔日」，據在國諸事；今此云「無筮」，又云「道以筮」，又云「諸侯非其國不以筮」，皆據將欲出行，及在道之事，下云「道以筮」，則「無筮」是未在道，故知征伐出師若巡守欲發時也。天子大事不徒用筮而已，兼用卜也。故《簭人》云：「國之大事，先簭而後卜。」此云「無筮」，無徒筮耳。不謂全無筮也。

橫渠張氏曰：諸侯適他國，唯卜寢宅而已，不卜處大廟，舍諸侯祖廟爲常，故不卜。

藍田吕氏曰：如天子無筮，敬則用祭器，則龜與祭器皆大人之器。大人所主之器，當威嚴敬重，不可私褻於小事。故大事則不筮，小事則不卜。朝聘之饗，昏冠之禮醮，皆用祭器，燕則不用也。「天子無筮」者，天子體尊，在國中有事，皆卜而不以筮。至于巡守征伐，在道則以筮。蓋以龜當敬，而不可褻也。故曰「天子道以筮」。諸侯卑於天子，在國中居守，有事則筮，降於天子之用龜也。至于出竟，則不筮。蓋不敢問吉凶於人之國，且辟天子也。故曰「諸侯非其國不以筮」。《小宗伯》云：「凡建國，左宗廟，右社稷。」則宗廟有定位，雖天子不卜，唯宅寢室則卜之。蓋寢室無常，❶人君之居不可以不敬，以求祐于天，故必卜。

嚴陵方氏曰：威之則不敢玩，敬之則不敢褻。若「見君之几杖則起，遭君之乘車則下」是矣。天子無筮者，非無筮也，以守大事之卜爲稱。在小事之筮，不足以爲有也。故諸侯有守筮者，非無卜也，以不足於大事之卜。其所有而守之，小事之筮而已，爲其降於天子故也。下云「天子道以筮」，則天子非無筮也，明矣。又云諸侯「卜宅寢室」，則諸侯非無卜也明矣。「天子道以筮」者，以其在道，遽於事而不暇卜故也。「卜宅寢室」者，諸侯受封乎天子，唯宫室欲改易者得卜之，以其於事爲大故也。

山陰陸氏曰：「無筮」，無守筮也。不言「守」者，非所以威敬天子。諸侯亦不皆

❶「無」，四庫本作「爲」。

守筮，有時守焉。「道以筮」者，道之以筮，所謂先筮而後卜。諸侯適人之國，雖不用筮，其所宅寢室猶卜。「天子不卜處大廟」，言若天子適諸侯，則舍其寢廟，不卜也。

石林葉氏曰：大人以事業言其事，則所守者止於恭畏而已。天子在道既以筮，則在内也，❶不可以無筮。諸侯在内以守筮，則其於國也，亦必用筮。至於大廟之位，其與社稷爲左右，皆有常所也，故不用卜，卜其吉凶可也。

四明沈氏曰：儼然人望而畏之，有九鼎大呂之重，此大人之器也。威武、貧賤、富貴，不懾、不屈、不淫。周公用周，奠枕皇皇，孔子用魯，齊歸侵疆。道愈大者，其志愈大。志愈大者，其用愈大。管仲之器，至於童子羞稱，曾子羞比。

江陵項氏曰：「天子無筮」以下，語多交互難通，當爲之解。曰「諸侯非其國不以筮」，筮𧶘不出國，是以有守筮。天子所在爲家，雖在道，亦以筮，故無守筮。凡爲宫室者，寢室宅其中，宗廟處左。卜室者，卜其中而已。中定則左右可知。故但卜寢室之所宅，不卜宗廟之所處。雖天子之廟無卜也，諸侯以下可知。

子曰：「君子敬則用祭器。是以不廢日月，不違龜筮，以敬事其君長。是以上不瀆於民，下不褻於上。」

鄭氏曰：「敬則用祭器」，謂朝聘待賓客崇敬，不敢用燕器也。「上不瀆於民，下不褻於上」，上之於下以直，則下應之以正，不褻慢也。

❶「内」，通志堂本、四庫本作「外」。

孔氏曰：鄭註以朝聘用祭器，其實冠昏亦不用燕器也。故《左傳》稱魯襄公冠，季武子曰「君冠必以祼饗之禮行之」，是用祭器也。

橫渠張氏曰：以聖人之智，非不能爲後之器皿，須要作籩豆簠簋以祭，欲不便於褻用也。若褻用，則自有燕器。唯是大賓客至敬，則用祭器。

藍田呂氏曰：君子之事天地鬼神，與事其君長，其敬一也。故敬則用祭器，以事鬼神之敬敬之，敬之至也。「敬則用祭器」，則私褻之用，皆以燕器，如敦、牟、巵、匜之屬是也。「不廢日月」者，事其君長，各有日月，如歲之有朝覲宗遇，一日之有朝夕，不敢廢也。「不違龜筮」者，欲見其君長，及其所貢獻，皆卜筮而後進也。事天地神明，言「不犯日月」者，以有素定之日而犯者，他祀之卜日，不可犯也。此云「不廢日月」，亦有素定之日，當行之而不可廢也。如此則上之待下，下之事上，莫非敬也。故「上不瀆於民，下不褻於上」也。

嚴陵方氏曰：祭器所以事神，燕器所以事人。以事神之禮事之，則敬可知也。「不廢日月，不違龜筮」，凡以致敬而已。故推此道，則臣足以事其君，幼足以事其長，故曰「以敬事其君長」。「上不瀆於民」者，不爲民所瀆也。「下不褻於上」者，不爲上所褻也。

延平周氏曰：冠、昏，人道之始，君子之所致敬，故用祭器。

禮記集說卷第一百四十

禮記集説卷第一百四十一

緇衣第三十三

孔氏曰：案鄭《目録》云：「名曰《緇衣》者，善其好賢者厚也。《緇衣》，鄭詩也。此於《别録》屬《通論》。」

陸氏曰：劉瓛云：「公孫尼子所作。」

藍田吕氏曰：此篇大指言爲上者言行好惡，所以爲民之所則傚，不可不慎也。篇中有「好賢如緇衣」之言，故以是名篇。

長樂陳氏曰：緇衣，朝服也。衛武公父子並爲周司徒，國人宜之，故爲之製緇衣焉。其詩之辭，每章而每加者以明善善而無已也。人君好善如是，則人將輕千里而來矣。是則《緇衣》之善豈特當時以爲宜，而天下後世亦宜然也。故記者取詩以名篇。

新安朱氏曰：緇衣兼惡惡，獨以「緇衣」名篇者，以見聖人有心於勸善，無心於懲惡也。

嚴陵方氏曰：此篇凡二十四節，大抵多明人之好惡。人之所宜好者莫如賢，所宜惡者莫如惡。《緇衣》好賢之詩也，經正引此，故以名篇。

子言之曰：「爲上易事也，爲下易知也，則刑不煩矣。」

鄭氏曰：言君不苛虐，臣無姦心，則刑可以措。

孔氏曰：此篇凡二十四章，唯此云「子言之」，餘皆云「子曰」，篇首宜異也。居上以正理御物，❶則臣事之易。臣下無姦詐，則君知其情易也。此篇題《緇衣》，而入文如此者，欲見君明臣賢，乃可服緇衣也。

藍田呂氏曰：孔子曰：「上好信，則民莫敢不用情。」爲上易事者，以好信故也。爲下易知者，以莫敢不用情故也。上不務信，以機心待民，則民亦以機心報上。上下之交，機心相勝，姦生詐起，法令不得不多。不正其本而齊其末，則犯者莫之勝禁。欲刑之不煩，不可得矣。

長樂陳氏曰：爲人君止於仁，故易事。爲人臣止於忠，故易知。上以仁待下，下以忠事上，則刑不煩者，固其宜也。苟爲上者不以仁恕下，依勢作威，而下有難事之勞；爲下者不以忠衛上，匿情行詐，❷而上有難知之病，此刑所以日滋也。

長樂劉氏曰：上難事，則下難知；上易事，則下易知。好惡悖於正，喜怒失其常，於是有匿其誠信以爲容悦者，屈其忠直以爲阿諛者，包其禍心以爲詐僞者。苟可以罔上而免其咎罰者，奚所弗至哉？爲下如是，可謂難知也。

石林葉氏曰：君以恕使人而易事，臣以忠事君而易知，則刑之所施者簡，故不煩。

廬陵胡氏曰：上難事，則必淫刑以逞。下難知，則懷姦罔上之獄煩矣。

子曰：「好賢如《緇衣》，惡惡如《巷伯》，則爵不瀆而民作愿，刑不試而民咸服。《大雅》曰：『儀刑文王，萬國作孚。』」

❶「居」，四庫本作「君」。

❷「行詐」，通志堂本、四庫本作「詐行」，當是。

鄭氏曰：《緇衣》、《巷伯》皆《詩》篇名也。《緇衣》首章曰：「緇衣之宜兮，敝予又改爲兮。適子之館兮，還予授子之粲兮。」是其好賢，欲其貴之甚也。《巷伯》六章，曰：「取彼讒人，❶投畀豺虎。豺虎不食，投畀有北。有北不受，投畀有昊。」此其惡惡，欲其死亡之甚也。爵不瀆者，不輕爵人也。試，用也。咸，皆也。刑，法也。孚，信也。儀法文王之德而行之，則天下無不爲信者也。文王爲政，克明德慎罰。

孔氏曰：此一節明好賢惡惡，賞罰得中，則爲民所信。《緇衣》，《詩·鄭風》美桓公、武公詩。《巷伯》，刺幽王之詩。瀆，濫也。愿，愨也。末所引《詩·大雅·文王》之篇，諫成王之詩。

藍田吕氏曰：子曰：「示之以好惡，而民知禁。」上之所以示下，下之所以從上，唯好惡而已。雖有好善之迹，而無誠好之心，則雖賞不勸。雖有惡惡之迹，而無誠惡之心，則雖刑不懼。蓋誠心不至則好惡不明，好惡不明則民莫知其所從違。如此而欲人心之孚，天下嚮風，難矣。《緇衣》，美鄭武公之詩也。父子並爲周司徒，善於其職，國人宜之。緇衣者，武公所爲周家卿士之服也。武公之爲卿士，國人宜之，其愛之之深，欲武公長爲卿士，雖衣見其敝，我將改爲，館之食之，唯恐其去，好賢之至者也。《巷伯》，寺人傷於讒之詩，惡惡之至者也。好賢必如《緇衣》之篤，則人知上之人誠好賢矣，不必爵命之數勸，而民必起愿心以敬上矣，故曰「爵不瀆而民作愿」。惡惡必如《巷

❶「讒」，通志堂本、四庫本作「譖」，是。

伯》之深，則人知上之人誠惡惡矣，不必刑罰之施，而民畏服矣，故曰「刑不試而民咸服」。《大雅》曰：「儀刑文王，萬邦作孚。」蓋文王之德，好惡得其正，而一出乎誠心。故爲天下之所儀刑，德之所以孚于下也。

嚴陵方氏曰：若《卷阿》之求賢，則好賢非不誠矣。《巧言》之傷讒，則惡惡非不至矣。此止言《緇衣》之好賢，特諸侯爾。以諸侯好賢若是之誠，況於王天下乎？《巷伯》之惡惡，特寺人爾。以寺人之小臣，惡惡若是之至，況於卿大夫乎？此所以特引二詩而明之也。觀《緇衣》之詩，始言「敝予又改爲」，中言「又改作」，卒言「又改造」，蓋其好賢之禮有隆而無殺也。茲非好賢之誠乎？《巷伯》之詩，先之以「投畀豺虎」，繼之以「有北」，終之以「有昊」，蓋其惡惡之心有加而無已也，茲非惡惡之至乎？好賢必人人而爵之，則爵有所不勝勸；惡惡必人人而刑之，則刑有所不勝威。唯如《緇衣》之好賢，爵雖不瀆，而足以使之作愿。如《巷伯》之惡惡，刑雖不試，而足以使之咸服。不瀆者，未至於不試也。蓋爵所以勸，特在乎無所瀆而已。刑所以畏，必期乎無所用焉。作愿則其愿由好賢之所興，咸服則其服由惡惡之所感。作，猶《詩》「作人」之「作」。咸，猶《易》「咸亨」之「咸」。

馬氏曰：爵所以致好，而使民遷善之具。刑所以致惡，而使民遠罪之具。好賢之至，則致好之具亡，而民自遷於善矣。惡惡之至，則致惡之具亡，而民自遠於罪矣。

石林葉氏曰：《緇衣》好賢之至也。好之

至，則民自勸而爵不瀆。《巷伯》惡惡之至也。惡之至，則民自懲而刑不試。然孔子嘗曰：「舉直錯諸枉，則民服。」此言「作愿」者，蓋季康子所問者民服而已。此别而言之「作愿」者，言其勸之於内也。

廬陵胡氏曰：人莫不有好惡也，而好惡得其正者寡矣。《緇衣》好得其正，《巷伯》惡得其正。故舉《大雅》「儀刑文王」爲言。文王好仁而仁興，克明德慎罰，其好惡之正如此。

子曰：「夫民教之以德，齊之以禮，則民有格心。教之以正，齊之以刑，則民有遯心。故君民者，子以愛之，則民親之；信以結之，則民不倍；恭以涖之，則民有孫心。《甫刑》曰：『苗民匪用命，制以刑，惟作五虐之刑曰法。』是以民有惡德，而遂絶其世也。」

鄭氏曰：格，來也。遯，逃也。涖，臨也。孫，順也。《甫刑》，《尚書》篇名。❶匪，非也。命，謂政令也。高辛氏之末，諸侯有三苗者作亂，其治民不用政令，專制御以嚴刑，乃作五虐蚩尤之刑，以是爲法。於是民皆爲惡，起倍畔也。三苗由此見滅無後世，由不任德。

孔氏曰：此一節明教民以德不以刑也。《論語》云：「有耻且格。」《甫刑》即《吕刑》也。春秋有吕國，而無甫侯。吕，即甫也。

藍田吕氏曰：德以道其心，使知有理義存焉。禮以正其外，使知有所尊敬而已。知有義理，❷知所尊敬，則知所以爲善，爲

❶「篇」，原缺，今據通志堂本、四庫本補。

❷「義理」，通志堂本、四庫本作「理義」。

不善，然後其心知止於是而不欲畔而之他也。不善之名，雖愚、不肖者恥之。如使民心知所以爲善、不善，則畔而之他者，衆人之所恥。衆人之所恥，雖愚、不肖者，亦將不欲爲矣。此孔子所謂「有恥且格」。格者，止也。❶政者，所以禁民爲非。刑者，所以懲民之爲非。禁也者，非能使之知不善而不爲，亦强制之而已。懲也者，非能使之知恥，使之知畏而已。故民非心悦而誠服，欲逃其上而不可得，此所以有遯心。孔子所謂「免而無恥」者也。德禮所以正其本，本立則末不足治。政刑所以齊其末，苟無其本，則法不足以勝姦。我待之以愛，則彼必親。我待之以信，則彼必不倍。我待之以恭，則彼必能遜。此人情之常然，况君民之間乎？故子愛恭信，亦以德示之而已。恭以涖之，亦以禮先之而已。《甫刑》曰：「苗民匪用命，制以刑，惟作五虐之刑，曰法。」蓋高辛氏之末，諸侯之國有三苗者，民不用上之命。君無德以教之，惟制以刑。作五虐之刑，謂殺戮及劓、刵、椓、黥也。民愈爲惡德，不可止。遂至于絶其世。《書》所謂「民興胥漸，泯泯棼棼，罔中于信，以覆詛盟」。又曰「皇帝哀矜庶戮之不辜，報虐以威，遏絶苗民，無世在下」是也。

馬氏曰：德者所以養人於中，而在外有不正，則又以禮齊之。此順其性命之理，而善養人也，故民有格心。政者，所以率人於外，而内有不從，則又以刑齊之。此逆其性命之理，而以力服人也，故民有遯

❶「止」，通志堂本、四庫本作「正」。

心。先王之爲治，亦未嘗廢其刑政者，蓋有德禮以爲本，而以刑政爲之助。故「子以愛之，則民親之」。言愛之如子，則民親之如父母矣。「信以結之，則民不倍」，「恭以涖之，則民有遜心」者，與夫「上好信，則民用情，上好禮，則民易使」同意也。

石林葉氏曰：德禮者，化民之本也。使其自服，故有格心。格，言其至也。刑政者，治民之末也。强其必從，故有遯心。遯，言其藏也。心藏於内，而外服之，迫之以刑政之嚴而已。仁以愛之，「信以結之」，所謂教之以德也。「恭以涖之」，所謂齊之以禮也。德不止於一，故有仁有信，禮則恭而已矣。

嚴陵方氏曰：「子以愛之」者，性也；「信以結之」，情也；「恭以涖之」，行也。

金華應氏曰：《書》云：「苗民弗用靈。」靈，善法也。今引「弗用命」，命，當作「靈」。

子曰：「下之事上也，不從其所令，從其所行。上好是物，下必有甚者矣。故上之所好惡，不可不慎也，是民之表也。」子曰：「禹立三年，百姓以仁遂焉，豈必盡仁？《詩》云：『赫赫師尹，民具爾瞻。』《甫刑》曰：『一人有慶，兆民賴之。』《大雅》曰：『成王之孚，下土之式。』」

鄭氏曰：不從其令，言民化行，不拘於言。甚者，甚於君也。民之從君，如景逐表。遂，猶達也。言百姓傚禹爲仁，非本性能仁也。孚，信也。式，法也。皆言化君也。

孔氏曰：此一節申明上文，君爲民表，不可不慎，上有其善，則下賴之。「百姓以仁遂」，言仁道達於内外。禹之百姓，豈必本性盡有仁道？由禹之所化也。引《詩·小雅·節南山》之詩，以證民之法則於上。引《甫刑》以證上有善行，賴及於下。引《大雅·下武》之詩，證君有善，與下爲法式也。

藍田呂氏曰：國之風俗，一出於上之好惡。❶好惡之發，其端甚微，其風之行，或至於不可止，其俗之成，或至於不可敗，此不可不慎也。季康子患盜。孔子曰：「苟子之不欲，雖賞之不竊。」蓋上之所好，利必從之。上所不好，害必隨之。盜雖小人，未有舍其所利而趨其所害。故上有好貨之君，則下必有盜賄貨之民，其勢然也。君者，民之表也。文、武興，則民好善。幽、厲興，則民好暴。非他，唯上所好而已。故「禹立三年，百姓以仁遂焉」。非百姓之盡仁，以禹好仁，故民從而仁爾。「赫赫師尹，民具爾瞻」者，言民無恒心，瞻視上之所爲，以爲之法而已。「一人有慶，兆民賴之」者，上好善，則民皆蒙賴其善也。「成王之孚，下土之式」，成就王道，所以信於天下，則天下莫敢不信以爲法也。三者引取《詩》、《書》之言，皆以證上之人所好，下視之以爲法，不可不慎也。

嚴陵方氏曰：《論語》曰：「其身正，不令而行；其身不正，雖令不從。」此從其所行之謂也。《孟子》曰「上有好者，下必有甚焉」，「上好是物，下必有甚焉」之謂也。禹欲百姓之仁而已。及百姓之興仁，亦遂上之所欲而已，故以「遂」言之也。

❶「上」，原作「土」，今據通志堂本、四庫本改。

馬氏曰：令者，令之於民；行者，行之於己。其所行者若此，其所令者如彼，民不從其若彼之令，而從若此之行，則是上之好惡，下之所取以爲正，而不可以不慎也，故曰「是民之表」。令民而使作愿，則民未必作愿。令民而使之服，則民未必咸服。唯好賢如《緇衣》，則爵不瀆而民作愿。惡惡如《巷伯》，則刑不試而民咸服。所謂從其所行，而不從其所令也。

石林葉氏曰：「王者必世而後仁」，爲繼亂言之也。「禹立三年，百姓以仁遂焉」，爲繼治言之也。繼治而化之者易，非必盡仁，則亦鮮而已。「民具爾瞻」，言其位也。「兆民賴之」，言其德也。「下土之式」，言其化也。居其位而有其德，則民之化之，孰有不遂於仁乎？

長樂陳氏曰：言之化人也淺，故不從其所令。行之感人也深，故從其所行。故好惡出於正，則彼皆從而正。好惡出於非，則彼皆從而非。猶表端而影端，表枉而影枉也。故謂民之表。又曰：禹菲飲食而致孝乎鬼神，惡衣服而致美乎黻冕，所以仁鬼神，卑宮室而盡力乎溝洫，所以仁天下。故其立也，止於三年之一變。百姓皆以仁遂焉，然豈必盡仁道哉？特效上爲仁而已。

子曰：「上好仁，則下之爲仁爭先人。故長民者章志、貞教、尊仁，以子愛百姓，民致行己以説其上矣。《詩》云：『有梏德行，四國順之。』」

鄭氏曰：章，明也。貞，正也。「民致行己」者，民之行皆盡己心。梏，大也，直也。

孔氏曰：此一節贊結上經在上行仁之

事。上好仁，則下皆爲仁，争欲先他人。爲君者當章明己志，爲貞正之教，尊敬仁道，以子愛百姓，則民致盡行仁之意，以説樂其上矣。所引《詩·大雅·抑》，刺厲王之詩，證上有其德，下所從也。

藍田吕氏曰：仁者之於天下，無一物非吾體，則無一物忘吾愛。故好仁者，子愛百姓，不足道也。苟有是心，則憯怛之愛結於民心，如草上之風必偃，其從之也輕矣。所謂「爲仁争先人」者，得其良心之所同然，靡然嚮風，日用而不知者爾。章志者，明吾好惡以示之。貞教者，立不可易之道以教之。所示、所教者，尊仁而已。好仁，惡不仁，吾所以示之也。明人倫於上，教之使順，不使之不順，此吾所以教之也。所謂「民致行己以説其上」，如子從父母之命，盡心力以奉之，不忍違也。《詩》云：「有梏德行，四國順之。」梏字如桎梏，其音爲「覺」。《詩·大雅》之文，則正爲「覺」，蓋假借之文也。覺，明也。明吾德以示之、教之，此四國所以順也。覺之爲義，有所悟之謂，如先覺、後覺。悟則明矣，故可訓爲明。先儒訓大也，直也，未詳其義。

長樂陳氏曰：惻隱之心，人皆有之。上誠好仁以表之矣，則下之人各勉其性之所有，而争先人以爲仁。謂之争先人者，以言其敏於爲仁故也。長民者，在我之志，章而不匿；在人之教，貞而不回。章志、貞教，而所主在於尊仁，以子愛百姓，民懷其仁，故近者謳歌而樂，遠者竭蹶而趨。其致行己之志，以説其上者，宜矣。覺出於性而非僞，故覺爲直。有覺德行，而四國順之，則「民致行己以説上」之意也。謂之好仁，又謂之尊仁者，好出於中心，尊則因仁之尊，爵而尊之。「上好仁，則下之爲仁争先人」，言下效上以其仁也。尊仁以子愛百姓，「民致行己以説其上」，言下歸上以其仁也。

馬氏曰：「争先人」而謂之仁者，蓋「當仁不讓於師」也。

嚴陵方氏曰：「章志、貞教、尊仁，以子愛百姓」，兹非「上好仁」乎？「民致行己以説其上」者，兹非「下之爲仁争先人」乎？

梏，當作「覺」。

子曰：「王言如絲，其出如綸。王言如綸，其出如綍。故大人不倡游言，可言也，不可行，君子弗言也。可行也，不可言，君子弗行也。則民言不危行，而行不危言矣。《詩》云：『淑慎爾止，不諐于儀。』」

鄭氏曰：綸，今有秩、嗇夫所佩也。綍，引棺索也。游，猶浮也，不可用之言也。危，高也。言不高於行，行不高於言，言行相應也。淑，善也。諐，過也。言善慎女之容止，不可過於禮之威儀也。

孔氏曰：此一節明王者出言，下所傚之，其事漸大，不可不慎。意與前經同也。綸麤於絲，綍麤於綸。鄉置有秩，鄉小署嗇夫。有秩、嗇夫職同，但隨鄉大小，故名異耳，所佩則同。張華云：「綸如宛轉繩。」尊大之人，不可倡道此浮游虛漫之言，恐人依象之。

藍田吕氏曰：君子名之必可言也，言之必可行也。君子於其言，無所苟而已矣，況於天子者乎？生於心則形於言，形於言則發於政。所出之言仁矣，則發爲仁政也，天下被其澤矣。所出之言暴矣，則發爲暴政也，天下受其弊矣。所謂如絲、如綸、如綍，言其端甚微，其末甚大也。綸，綬也，大於絲矣。綍，大索也，大於綸矣。大人者，王公之謂也。游言者，無根不定之言也。《易·繫辭》曰：「誣善之人，其辭游。」誣罔善人，舉非其實，所以無根不定也。爲人上者，倡之以誠慤篤實之言，天下猶有姦欺以罔上者。苟以無根不實之言倡之，則天下蕩然虚浮之風作矣。可不慎乎？可言而不可行，過言也。可行而不可言，過行也。過言者，窮高極深，絶類離倫，自以爲高明博大。然人倫不察，庶物不明，要之卒不可行於世，無用之空言而已，此君子所以弗言也。過行者，可行之一時，不可以有繼；可行之於己，不可達之於天下。如曾子執親之喪，水漿不入口七日；墨子生不欲，死不哭。要之，不可言之以爲法於後世，獨行之高行而已，此君子所以弗行也。如此則言行不越乎中，民將效之。言不敢高於行，言之必可行也。行不敢高於言，必爲可繼之道也。《詩》云：「淑慎爾止，不諐于儀。」言爲人上者，當善慎其容止，不過於先王曲禮之儀，引以證言行之不可過也。

長樂陳氏曰：物之在天下，始於微而必大者皆然。惟絲有衣被人之功，而王之言足以衣被萬物，而經綸天下之道在是焉，故以絲言之。游則無所歸也，與《易》所謂「誣善之人，其辭游」同。言欲當實而已，況大人而可以倡游言乎？或言王，或言大人，皆以業言之也。可言而不可行，非所謂顧行之言也，無稽之言而已，故君子弗言。可行而不可言，非所謂顧言之行也，苟難之行而已，故君子弗行。君子之言行適於中，民皆効之。故言當於行，而無過高之言，是以言不危行。行當於言，而無過高之行，是以行不危言。凡物非中而過高，則危。故危之爲義如此。「淑謹爾止，不諐于儀」，善謹爾之容止，而不過于儀，則性行之意也。

嚴陵方氏曰：王以位言，大人以道言。其出如綸，則有位者之事，故曰王「不倡游言」，❶非有道者，則不能也，故曰「大人」。下又言君子弗言、弗行者，以見在上在下皆當如此也。君子則兼上下言之。可言不可行，即游言也。可行不可言者，亦過行也。

馬氏曰：夫可言不可行，君子不言也，則民言顧行，而言不危行矣。可行不可言，君子弗行也，則民行顧言，而行不危言矣。

子曰：「君子道人以言，而禁人以行。故言必慮其所終，而行必稽其所敝，則民謹於言而慎於行。《詩》云：『慎爾出話，敬爾威儀。』《大雅》曰：『穆穆文王，於緝熙敬止。』」

鄭氏曰：禁，猶謹也。稽，猶考也，議也。話，善言也。緝熙，皆明也。

孔氏曰：此一節亦贊明前經言行之事。所引《詩·大雅·抑》之篇，刺厲王也。言謹慎爾之所出善言以爲政教，恭敬爾之威儀。此引證言慮其所終也。又引《大雅·文王》之篇，言穆穆然美者，乃是文王。於，謂嗚呼。言德嗚呼光明乎，又敬其容止。此引證在上當敬其言行也。

横渠張氏曰：君子於民，導使爲德，而禁

❶「王」，原脱，今據通志堂本、四庫本補。

其爲非，不大望於愚者之道與！《禮》謂道民以言，禁民以行，斯之謂爾。

藍田吕氏曰：非理則不言，所以導民，使之循理也。非法則不行，所以禁民，使之行法也。《孟子》曰：「人之易其言也，無責爾矣。」如必責其言之所終，則安敢易乎？故進取於善者，考其行而不揜，猶不免於狂，況不在於善者乎？故曰「言必慮其所終」。墨氏兼愛，楊氏爲我。原其設心之初，以爲道在乎是，天下之善無以易此，豈欲爲無父無君之行哉？然卒至於無父無君者，積靡其敝，不至于是，則不止也。伯夷之清，柳下惠之和，皆合於聖人。其風之末，猶爲隘與不恭，則立心之端，差之毫釐，繆以千里，可不慎哉？故曰「行必稽其所敝」。言必慮終，行必稽敝，上之人所以道民、禁民者也。「謹於言而慎於行」，民之所以從上者也。《詩》曰：「慎爾出話，[1]敬爾威儀。」言上之言行，不可不慎也。《大雅》曰：「穆穆文王，於緝熙敬止。」言文王之盛德，亦不越敬其容止而已矣。

長樂陳氏曰：言以明理，所以通彼此之情而達之也，[2]故道人以言。行出於正，而率以正，則彼莫敢爲非也，故禁人以行。孔子於空空之鄙夫，則叩兩端而竭焉，所謂道人以言也。爲魯司寇，而公謹氏出其妻，慎潰氏踰境而徙，所謂禁人以行也。君子道人以言，故言必慮其所終。禁人以行，故行必稽其所敝。言矢於口，易爲口禍，故欲慮。慮者防患之思也。

[1]「話」，原作「語」，今據通志堂本、四庫本改。
[2]「通」，明本作「道」。

行本於人爲，而有美有惡，故欲稽。稽者，疑而考之也。言以應物，終而始，始而終，故言慮其所終。行涉於迹，久必稽其所敝。民是以知言之爲可謹，而不敢縱，行之爲可謹，而不敢忽也。《詩》曰：「謹爾出話。」慮其所終之意也。穆穆，敬也，美也，天子之容也。緝而熙之使久，續而廣之使遠，則文王以德爲行故也。

嚴陵方氏曰：《書》曰「王言惟作命，不言臣下，罔攸禀令」，道人以言之謂也。《孝經》曰「示之好惡而民知禁」，禁人以行之謂也。

馬氏曰：民之愚，君子則以言道之，使之知所向。民之肆，君子則以行禁之，使之知所止。道人以言，故言必慮其所終。禁人以行，故行必稽其所敝。蓋因其發言之始，而慮其所終。當其制行之新，而必考其所敝。言由中出，故言「慮」。行自外作，故言「稽」。

石林葉氏曰：言以開示天下，故道人。行以率勵天下，故禁人。可行於己，不可達於人，則有窮。故慮其所終，則民亦謹於言。可行於今，不可傳於後，則有偏。故稽其所敝，則民亦慎於行。

建安真氏曰：道人以言者，謂以言辭命令開導而誘掖之也。然言可以導人之善，而不能禁人之不善。禁人之不善，其必以行乎？蓋天下之理，有諸己而後可以非諸人。己無不善之行，雖不禁人，人自從之。己有不善之行，雖欲禁人，人必違之。故空言不可以禁人，惟實行乃足以禁人也。夫言出於口，至易也。然不慮其所終，則一言之過，貽患將不勝捄。行出於身，亦至易也。然不稽其所敝，則一行之差，流禍或至於無窮。不善者，固不足言善矣。而慮之不深，稽之不遠，未有不反而爲不善者也。老、莊非善言乎？其終爲浮虛之害。夷、齊非善行乎？❶其弊有隘不恭之失。況尊居人上，言行所關，安危自出。故必謹之、審之，而不敢苟，則民亦從其化，而不苟於言行矣。

子曰：「長民者，衣服不貳，從容有常，以齊其民，則民德壹。《詩》云：『彼都人士，狐裘黄黄。其容不改，出言有章。行歸于周，萬民所望。』」

鄭氏曰：貳，不壹也。章，文章也。忠信爲周。

孔氏曰：「從容有常」，謂舉動有常度。壹，謂齊壹，不參差。引《詩·小雅·都人士》，刺幽王之詩。君臣衣服無常，故詩人引彼明王之時，都邑之人有士行者，服此狐裘黄黄然，行歸忠信，萬民所以瞻望，以法則之。

藍田吕氏曰：此章明言「長民」者，言容止民所觀望，則而象之。惟其不貳有常，則民心不疑，而德歸於一矣。周人衣服無常，此《都人士》之詩所以刺也。

嚴陵方氏曰：君子服其服，則文以君子之容，故其效至於民德歸一也。

馬氏曰：「長民」者，言處於人之上也。處人之上，不唯其行不可以無常，而其形於衣服容貌之際，亦不可以無常。然後民望其容貌，而其德歸於一。「彼都人士，狐裘黄黄」，服其服也。「其容不改」，文之以君子之容也。「出言有章」，遂以

❶「齊」，通志堂本、四庫本作「惠」。

君子之辭也。「行歸于周，萬民所望」，實以君子之德也。

長樂陳氏曰：民德之不純，常生於奇衺。而奇衺之作，常兆於衣服之不一。長民，所以率民而先之也。衣服不二，從容有常，以齊其民德由之而一也。都人，古之長民者也。士，則長民所齊而成之者也。狐裘，燕居之服也。狐之爲物，利以止，不利於有爲，狐裘用之以燕居。黄黄，言其色也。燕居之服，猶且致一如此，則其出而齊民可知矣。此民德歸一，獨在於此。

子曰：「爲上可望而知也，爲下可述而志也。則君不疑於其臣，而臣不惑於其君矣。尹吉曰：『惟尹躬及湯，咸有壹德。』《詩》云：『淑人君子，其儀不忒。』」

鄭氏曰：志，猶知也。吉，當爲「告」，古文「誥」字之誤也。咸，皆也。君臣皆有壹德不貳，則無疑惑也。

孔氏曰：可望而知，謂貌不藏情。望見其貌，則知其情。可述而志，謂臣下率誠奉上，其行可述叙而知。伊尹告大甲，故稱「尹告」。《咸有一德》篇是也。引以證君臣不相疑惑。《曹風·鳲鳩》刺曹君之詩。言善人君子，其儀不有差忒。引以證一德之義。

藍田吕氏曰：可望而知，可述而志，皆謂德歸於一，而無二三也。所謂一者，理義而已，人心之所同然者也。爲君則仁，爲臣則忠，爲子則孝，爲父則慈，與人交則信，乃所謂一。是故君臣之所爲雖不同，同歸于是理，故可望而知，可述而志。可望而知者，不言而諭也。可述而志者，可稱述而志之於書也。若上有深阻難測之意，則雖言而未喻。下有隱匿不忠之情，則雖言不可信，❶況於志乎？此君臣上下所以交相疑惑，欲同心於爲治難矣。尹吉曰：「惟尹躬及湯，咸有一德。」言君臣之德皆一也。其儀不忒，亦言歸於無差忒也。

長樂陳氏曰：上以情待下，故爲上可望而知。下以情事上，故爲下可述而志。謂之望而知者，望其趨舍而足以知其情也。謂之述而志者，述其功業而足以志其情也。爲上可望而知，則君之於臣無可疑之行，故君不見疑於其臣。爲下可述而志，則臣之於君無可惑之事，故臣不見惑於其君。鄭氏以「吉」爲「告」，蓋伊尹告湯之辭，以爲伊尹之與湯皆有一德，而無異情。君臣有一德，此君所以不疑於其臣，而臣不惑於其君也。「淑人君子，其儀不忒」，則亦一德之意也。

馬氏曰：「爲上可望而知」者，蓋上以誠而接下，「爲下可述而志」者，蓋下以誠而事上。上以使下、下以事上皆以誠，則君臣之間有同而無異。故君不疑於其臣，臣不惑於其君，而其德一也。

山陰陸氏曰：可望而知，言表裏如一。可述而志，言先後如一。

子曰：「有國者章善癉惡，❷以示民厚，則民情不貳。《詩》云：『靖共爾位，好是正直。』」子曰：「上人疑則百姓惑，下難知則君長勞。故君民者，章好以示民俗，慎惡以御民之淫，則民不惑矣。臣儀行，不重辭，不援其所不及，不煩其所不知，則君不勞

❶「雖」，原作「難」，今據通志堂本、四庫本改。
❷「國」下，通志堂本、四庫本有「家」字。

矣。《詩》云：『上帝板板，下民卒癉。』《小雅》曰：『匪其止共，惟王之邛。』」

鄭氏曰：章，明也。癉，病也。難知，有姦心也。淫，貪侈也。《孝經》曰：「示之以好惡，而民知禁。」儀，當爲義。言臣義事則行也。重，猶尚也。援，猶引也。引君所不及，謂必使其君如堯、舜。煩所不知，謂必使其知慮如聖人也。上帝，喻君也。板板，辟也。卒，盡也。癉，病也。此君使民惑之詩。匪，非也。邛，勞也。言臣不上於恭敬其職，唯使王之勞。此臣使君勞之詩也。

孔氏曰：此明君臣各以情相示，則各得其所。有善以賞章明之，有惡以刑癉病之。引《詩·小雅·小明》，刺幽王之詩，證民情不貳，爲正直之行。君上多疑貳，則百姓疑惑。下懷欺詐，則在上治之勞苦也。「不重辭」，不尚虛辭也。臣下不援引其君行所不能及之事，❶不煩亂君所不知之事，則君不勞苦。「上帝板板」，《大雅》刺厲王之詩。「匪其止共」，《小雅·巧言》，刺幽王之詩也。

藍田呂氏曰：合於理則爲善，不合於理則爲惡。明之，斯好之矣。癉之，斯惡之矣。善居其厚，惡居其薄，此所以示民厚也。好善惡惡，則民壹歸於理義，此民情所以不貳也。「靖共爾位，好是正直」，此言居位者惟正直是好，則所好出於理義，民德所以壹也。此篇之首曰「爲上易事也，爲下易知也，則刑不煩矣」，又曰「爲上可望而知也，爲下可述而志也」，此文云「上人疑則百姓惑，下難知則君長勞」。

❶「臣」，原作「君」，今據通志堂本、四庫本改。

反覆言此者，蓋君臣上下之際，苟非同心同德，一歸於理義，則上下睽乖，欲政行而事治，未之有也。故極言上之好惡言行，所以示其下者，一德而已。章好者，明吾所好，唯禮義而已，非他好也。慎惡者，慎吾所惡，唯非理、非義而已，非他惡也。所好未必理義，則君好可疑，欲以化民成俗，難矣。所惡未必非理非義，則君惡可疑，欲民之不淫，難矣。使民惑上之好惡而莫知所從，非所以示民也。臣之事上，非禮不行，故曰儀行。所行一出於理義，非有隱匿詐僞之情，故曰「不重辭」。不重辭者，理直而不必多言以自解之也。以君之力所不能及，而援其君，則君難從。以君之知所不能知，而煩其君，則君難聽。徒爲難從、難聽，勞其君而無益，非所以事君也。「上帝板板，下民卒𤺺」，板板，反也。上帝，以況王者也。王者反覆，二三其德，則民莫知所從而病矣。此證「上人疑則百姓惑」也。「匪其止共，惟王之卭」，卭，病也。爲臣者事君不止於恭敬，而援其所不及，使君病其不能，煩其所不知，使君病其不知。此證「下難知則君長勞」也。

長樂陳氏曰：惟民生厚，則性之本未嘗不善也。因物有迁而習於惡，則惡者其僞也。有國者，知民性之有善，而移於所習，然後爲惡。故爲善則章之，使民知善之可爲，爲惡則癉之，❶使民知惡之可避，以示民有生厚之善，則民致一於善而歸厚矣。是以民情不貳，「靖共爾位，好是

❶「癉」，通志堂本、四庫本作「𤺺」。

正直」，則章善之意也。❶疑則不明矣。上之人明道以示民，然後民知所視效。今則疑而不明，民何所視效乎？此百姓以之惑，難知則隱矣。下之人竭情事上而無隱，然后君逸於聽察。今則隱而難知，君安能逸於聽察乎？此君所以勞也。

嚴陵方氏曰：章善而著之，惡者恥其不若，則惡者病矣。夫不待刑罰而能使惡者知恥，則爲上者之用心厚矣，則民其有攜貳之情乎？示民不以信，則爲上之人可疑，百姓其有不惑乎？事君不以忠，則爲下之人難知，君長其有不勞乎？章其所好之善，故足以示民而成俗。慎其所惡之惡，故足以御民而不淫。若是則上無可疑，而民不惑矣。臣有可儀之行，而所重者不在乎辭。君之所及者道，而所不及者事，故於所不及者，則不援之使及。君之所知者本，而所不知者末，於所不知者，則不煩之使知。若是則下無難知，君不勞矣。

馬氏曰：「好是正直」者，章善之謂也。君德之不一，故曰「上人疑」。上人疑，則非所謂可望而知也，故「百姓惑」。臣德之不一，故曰「下難知」。下難知，則非所謂「可述而志」也，故「君長勞」。主道利宣不利周，利明不利幽。故「君民者，章好以示民俗」，使天下之人曉然知吾之所好在善，而遷善以成俗；「慎惡以御民之淫」，使天下之人曉然知吾之所惡在惡，而淫僻之行有所不敢爲，故民不惑矣。「臣儀行」，言當其義而行。「不重辭」者，

❶「意」，通志堂本、四庫本作「謂」。

不以浮華之辭爲尚。蓋君子先行其言而後從之也。

石林葉氏曰：善者蔽，惡者進，則民疑。故有國以示民厚者異於此。上以誠示人，則百姓雖賤，可以無惑。下以姦罔上，則君長雖尊，亦必至於勞。示之以好惡，而使知禁，❶則民無惑矣。以行爲法，而不重辭，則君不勞矣。

廬陵胡氏曰：上懷疑，則民惑於好惡。下不易知，則君勞於聽察。故君當明好惡以示民，臣不可强君以所難知、難行之事。鄭謂不援所不及，不必使其君所行如堯、舜也。《孟子》曰：「我非堯舜之道不敢以陳於王前。」又曰：「人皆可以爲堯、舜。」謂堯、舜爲不可及，不可也。謂不必使其君如堯、舜，亦不可也。鄭氏誤矣。

黄氏曰：臣儀行，不重辭。君上能章好慎惡，則臣下儀象其上，崇貴德行而不重辭華也。不援其所不及者，謂賢者在位，皆守廉讓，不貪禄競位，無躁求之義也。不煩其所不知者，謂各司其職，而思不出其位之義也。臣下如此，則君上不勞而治矣。

山陰陸氏曰：行不重辭，禮辭而已。禮辭，臣之儀也。即應固辭，固辭然後爲義。

子曰：「政之不行也，教之不成也，爵禄不足勸也，刑罰不足恥也。故上不可以褻刑而輕爵。《康誥》曰：『敬明乃罰。』《甫刑》曰：『播刑之不迪。』」

鄭氏曰：言政教所以明賞罰。康，康叔

❶「使」，原作「已」，今據通志堂本、四庫本改。

也，作誥。《康誥》、《甫刑》皆《尚書》篇名也。播，猶施也。不，衍字。迪，道也，言施刑之道。

孔氏曰：此一節明慎賞罰之事。賞罰不中，則勸懲失所，君上不可輕褻之。周公作誥，告康叔云：「女所施刑罰，必敬而明之。」《甫刑》穆王戒羣臣，言所爲監者，皆是伯夷布刑之道。引之者，證重刑之義。　皇氏曰：言在上政令所以不行，教化所以不成者，秖由君上爵禄加於小人，不足勸人爲善；刑罰加於無罪之人，不足恥其爲惡。賞罰失所，故政不行，教不成也。

藍田吕氏曰：爵禄不足勸善，刑罰不足恥小人，此之謂「褻刑輕爵」，失君人之道矣。上言好惡，此言爵禄刑罰，蓋好惡本諸心，爵禄刑罰施於政。心術不正，則政刑從之，不可不慎也。「敬明乃罰」，「播刑之不迪」，言用罰不可不敬，施刑不可不循其道也。

馬氏曰：政教者，爵禄刑罰之本；爵禄刑罰者，政教之一端。政已行，教已成，則期命辨説之已久，天下曉然知善惡之所在。故加之爵禄，曉然知善之可勉；加之刑罰，曉然知惡之可恥。世衰道微，政教不立，雖加以爵賞，而不足勸；加以刑罰，而不足恥，蓋不知善惡之所在故也。當此之時，爲上者不可以褻刑而輕爵，當以政教先之也。「敬明乃罰」，言先敬明其德，而後乃罰之。賞罰者，古人有之，而非所以先之也。古人有之，故三代之賞罰未嘗廢；非所以先之，故九變而後賞罰可言。

長樂陳氏曰：「政之不行」，「教之不成」，則上失其本，而區區於爵禄刑罰之末，則人將有不從者矣。故雖爵禄之榮，人情所甚欲也，且不足以勸其爲善；刑罰之威，人情所甚惡也，且不足以耻其爲惡。爵禄不足勸，則輕爵以予人，猶無益也，故上不可以輕爵。刑罰不足恥，則褻刑以加物，猶不足禁也，故上不可以褻刑。「敬明乃罰」者，敬以致其謹，明以致其察，則不可褻刑之意也。「播刑之不迪」，《書》以爲「播刑之迪」，迪之爲言道也。先王之於人，道之而弗率，然後加刑焉。是則用刑也者，必不在於政之行，教之成也。政不行，教不成，而褻刑，則所謂「播刑之不迪」。

石林葉氏曰：政以養民者也，教以率民者也。養之備，教之詳，然後爵禄以勸善，刑罰以懲惡，則民孰不勸且恥乎？不先於教民勸且恥，則刑之用也褻，爵之用也輕。

禮記集説卷第一百四十一

禮記集說卷第一百四十二

子曰：「大臣不親，百姓不寧，則忠敬不足，而富貴已過也。大臣不治，而邇臣比矣。故大臣不可不敬也，是民之表也。邇臣不可不慎也，是民之道也。君毋以小謀大，毋以遠言近，毋以内圖外，則大臣不怨，邇臣不疾，而遠臣不蔽矣。葉公之顧命曰：『毋以小謀敗大作，毋以嬖御人疾莊后，毋以嬖御士疾莊士，大夫、卿、士。』」

鄭氏曰：邇，近也。言近以見遠，言大以見小，互言之。比，私相親也。「民之道」，言民循從也。圖亦謀也。言凡謀之，當各於其黨。於其黨，知其過審也。「邇臣不疾」，疾，猶非也。葉公，楚縣公葉公子高也。臨死遺書曰顧命。小謀，小臣之謀也。大作，大臣之所爲也。嬖御人，愛妾也。疾，亦非也。莊后，適夫人齊莊得禮者。嬖御士，愛臣也。莊士，亦謂士之齊莊得禮者，今爲大夫、卿、士。

孔氏曰：此一節明臣無大小，皆須恭敬謹慎，人君無以小臣而謀大事也。大臣離貳，不與上親。政教煩苛，百姓不寧。是臣不忠於君，君不敬於臣，所以致然，由君與臣富貴已過極也。大臣不肯爲君理治職事，由邇臣與上相親比也。君無與小臣而謀大臣之事，無以遠臣共言近臣之事，無以内臣共謀外臣之事。所以然者，小大之臣意殊，遠近之臣不同，恐各爲朋黨，彼此交争，轉相陷害，故不圖謀。若能如此，則内外情通，小大意合，大臣不怨恨於君也，近臣不爲人所非毁，遠臣不被障蔽也。

藍田呂氏曰：此章言大臣不信，而小臣之比，國之大患也。《傳》曰：「不使大臣怨乎不以。」以大臣之任，國之休戚繫焉。用之斯信之矣，不信之斯黜之矣，未有居其位而不信之者也。大臣不親，民疑於所任，百姓所以不寧。蓋由臣之忠不足於君，則君之敬不足於臣，徒富貴之而無信任之意，猶犬馬畜之而弗敬也。事至於此，必有邇臣嬖寵，奪大臣之柄，而不得治其事，故曰「大臣不治，而邇臣比矣」。表者民所望也，道者民所從也。大臣尊嚴，國之政令存焉，民之所望以爲表，不敬，則國命輕矣。邇臣寵昵，君之好惡繫焉，民之所從以爲道，不慎，則風俗壞矣。使小臣謀大臣，則大臣怨乎不以。使遠臣間近臣，則近臣疾其君。使内之寵臣圖四方宣力之士，則遠臣之賢蔽而不聞。三者任臣之大害也。葉公之顧命曰：「毋以小謀敗大作，毋以嬖御人疾莊后，毋以嬖御士疾莊士，大夫、卿、士。」此言以證此三事也。莊士，大夫、卿、士，謂莊士之爲大夫、卿、士者也。

陸氏曰：經曰「無以小謀亂大作」，「無以嬖人疾莊士」，蓋務大者不拘於小累，謀小者不達於大猷。嬖者或行異於莊，莊者或性殊於嬖。理勢相激，宜其不同。進善援能，諒君子之事；遏惡揚善，非小人所能。君子以愛才爲心，小人以傷善爲利。愛而引之則近黨，傷而沮之則似公。近黨，則不辨而遽疑，似公，則不察而輕信。是以大道每隳於横議，良才常困於中傷。失士啓讒，多由於此。唐陸贄。

長樂陳氏曰：大臣者，王者股肱心膂之

任，相與圖回天下，而百姓賴之以寧也。是大臣者職宜親於王。今則不親，將誰與治民哉？故「百姓不寧」。大臣所以正邇臣者也。大臣不治其事，而邇臣將以便僻側媚之行比於君矣。大臣則道之隆，德之駿，王所尊而隆之也，故言「敬」。《中庸》言「敬大臣則不眩」是矣。邇臣則居王之左右前後者，欲擇正人而已，故言「謹」，《書》言「謹簡乃僚」是矣。敬大臣者，爲其有可尊之實，下之人所視而効也，故謂之「民之表」。《詩》言「赫赫師尹，民具爾瞻」是矣。謹邇臣者，謂其正朝廷以正萬民，而下之人所從而由也，故謂之「民之道」。《書》言「侍御僕從，罔匪正人」以至乎「下民祇若，萬邦咸休」者是矣。若大臣則權重也，❶權重常見謀於小臣矣。小臣之謀得行，則大臣退，故大臣

怨。君毋以小謀大，則大臣不怨矣。近臣則所親而任，親而任，則常見言於遠臣矣。遠臣之言或聽，則近臣疏，故邇臣疾。君毋以遠言近，則邇臣不疾矣。外臣則遠於王也，遠於王，則易爲内臣之所圖矣。内臣之圖得用，則外臣之功業不上達於王，故遠臣蔽。君毋以内圖外，則遠臣不蔽矣。謀者名實未審，從而謀之。圖，如「圖土地」之「圖」，合内外遠近而周圖之。小臣之於大臣，勢不足以圖之也。其所以擠陷之者，謀而已。若内臣之於外臣，則謀非不足用也，勢足以圖之而已。故於小大言「謀」，内外言「圖」。怨生乎心，疾作於外，疾不如怨之深也。故於大臣言「怨」，邇臣言「疾」。葉公之顧

❶「若」，原空缺，今據通志堂本、四庫本補。

命曰：毋以小臣之謀敗大臣之作，所謂「毋以小謀大」也。毋以嬖御之人而疾端莊之后，毋以嬖御之士而疾端莊之士，與夫大夫、卿、士，所謂「毋以内圖外」也。

嚴陵方氏曰：大臣不親於上，故百姓不寧居於下。其所由者，忠敬不足，富貴已過也。不親事，則事弊而不治。大臣不治，而邇臣亦相師而爲阿黨之比矣。❶夫大臣者，君之所尊，故待之不可不敬。邇臣者，君之所親，故擇之不可不慎。毋以小謀大，則大臣得以盡道而不怨。毋以遠言近，則邇臣得以盡法而不疾。毋以内圖外，則遠臣得以盡才而不蔽。

馬氏曰：大者對小之辭，而大臣者處於遠邇之間。邇者對遠之辭，而邇臣者處於小大之間。民之表者，以言人之所資以爲正也；民之道者，以言民之所由而有以致其親也。大臣不可不敬，邇臣不可不慎，而御之者不可無其法。「毋以小謀大」以下，皆御臣之法也。「毋以嬖御士疾莊士，大夫、卿、士」，蓋佞説之言易以聽，忠正之言難以入故也。

石林葉氏曰：大臣則牧伯也，其與之計議未定，亦不可以小謀敗之。近臣則四輔三公也，其與之論道而有爲，亦不可以遠言間之。外臣則諸侯也，其與之同守天下，以經理邦國，亦不可以内寵圖之。故大蓋任賢不貳，則賢者得以盡其效。故大臣不敗謀，則無怨於心；近臣之言無間，則不敢非其上；外臣之議得以自通，則不蔽於下。與智者謀之，而不與智者議之，是以「小謀敗大作」也。寵嬖妾而疾

❶「師」，通志堂本、四庫本作「帥」。

惡有禮之后，是以嬖御之臣疾莊后也。昵佞臣而惡用莊謹之卿士，是以「嬖御士疾莊士，大夫、卿、士」也。蓋小謀敗大作，則不足以尊賢；嬖御人疾后，則不足以治家；嬖御士疾大夫、卿、士，則不足以治國，此葉公所遺於後世也。

山陰陸氏曰：此顧命大夫、卿、士之詞也，故其卒篇稱「大夫、卿、士」云。變夫人言后，其流蓋及上也。顧命如此，忠教之至也。蓋是時，徐楚亦僭稱后。

子曰：「大人不親其所賢，而信其所賤，民是以親失，而教是以煩。《詩》云：『彼求我則，如不我得。執我仇仇，亦不我力。』《君陳》曰：『未見聖，若己弗克見。既見聖，亦不克由聖。』」

鄭氏曰：親失，失其所當親也。教煩，由信賤也，賤者無壹德也。《詩》言君始求我，如恐不得我；既得我，持我仇仇然不堅固，亦不力用我，是不親信我也。克，能也。由，用也。

孔氏曰：此節明君不信用人也。在上不親任其所賢有德之人，而信用其所賤無德者，則民效於上，失其所當親，唯親羣小，政教所以煩亂也。所引《詩·小雅·正月》刺幽王之篇。《君陳》，《尚書》篇，引之者，證不親其所賢也。

藍田吕氏曰：王公之用人，將與共天位，治天職也。師其不及，而友其所等夷，有不如己，然後使之，故位尊而德優，德優而身佚。賢者既疏，不肖又不足親，此所以親失。所貴者而疑，所賤者又不足任也，此教所以煩。蓋知賢而不親，知可賤而信之，德所以不進，治所以不成也。《孟子》曰：今之諸侯「好臣其所教，而不好臣其所受教」，故「地醜德齊，莫能相尚」也。《詩》、《君陳》皆言得賢而不能親之、信之也。

嚴陵方氏曰：上失其所親信，而民之化之亦然。雖教之，亦有所不勝，祇所以爲煩而已。

馬氏曰：大人者，以位言之也。夫有天下國家者，未嘗不欲親其所賢，而賢未必親；未嘗不欲踈其所賤，而賤未必不信。葉公之戒，「毋以嬖御人疾莊后，毋以嬖御士疾莊士，大夫、卿、士」者，凡以此也。言賢，則知賤者爲不肖之行也。言賤，則知賢者有可貴之德也。上失其所親，則下亦失其親。雖區區於教令之煩，民未必從之。蓋其令反其所好，則民未有從之者也。《詩》云「彼求我則，如不我得」者，言始求我之法，則如不我得焉。其好之心，可謂篤矣。及其「執我仇仇，亦不我力」，既已得我，而反不我用。至於《君陳》所言，其理亦猶此也。

長樂陳氏曰：賢所以輔治，宜親不宜踈。賤所以執役，宜遠不宜信。大臣不親其所賢，而信其所賤，則小人獲進矣。夫賢者非特上之所親，而亦下之所親也。大人不親所賢，則民將失其所親也。故「民是以親失」。教有常典，順之則簡而治，拂之則繁而亂。用賤者以爲教，則逆其常矣，故「教是以煩」。「彼求我則，如不我得」。執我仇仇，亦不我力」者，幽王惑於小人，其求君子，則如恐失之，及其得之也，則執我仇仇，如死偶然，且不任其力也。豈非不親所賢而信其所賤之意乎？《君陳》亦此意也。

山陰陸氏曰：《孟子》曰：「堯舜之知，而

不偏物，急先務也。堯舜之仁，不偏愛人，急親賢也。」今如此，雖欲不煩，得乎？然則信其所賤，務偏知物也。此《詩》蓋以伐柯自喻。

子曰：「小人溺於水，君子溺於口，大人溺於民，皆在其所褻也。夫水近於人而溺人，德易狎而難親也，易以溺人。口費而煩，易出難悔，易以溺人。夫民閉於人而有鄙心，可敬不可慢，易以溺人。故君子不可以不慎也。《大甲》曰：『毋越厥命，以自覆也。』『若虞機張，往省括于厥度則釋。』《兑命》曰：『惟口起羞，惟甲胄起兵，惟衣裳在笥，惟干戈省厥躬。』《大甲》曰：『天作孽，可違也，自作孽，不可以逭。』《尹吉》曰：『惟尹躬天，見于西邑夏，自周有終，相亦惟終。』」

鄭氏曰：皆在其所褻也，言人不溺於所敬者。溺，謂覆没，不能自理出也。水近人，故或泳之游之，褻慢而無戒心，以取溺焉。德易狎，言人初時學其近者、小者則狎之，至於先王大道，則遂扞格不入，迷惑如溺矣。費，猶惠也。言口多空言，煩數也。過言一出，駟馬不能及，不可悔也。口舌所覆，亦如溺矣。民不通於人道，而心鄙詐，難卒告諭，人君敬慎以臨之則可。若陵虐而慢之，分崩怨叛，君無所尊，亦如溺矣。故君子不可不慎者，慎所可褻，乃不溺矣。越之爲言蹷也。覆，敗也。言無自顛蹷女之政教，以自毁敗。虞，主田獵之地者也。機，弩牙也。度，謂所擬射也。虞人之射禽，弩已張，從機間視括與所射參相得，乃後釋弦發矢。爲政亦當以己心參於群臣及萬民，可乃後施也。「兑命」，兑，當爲「説」，傳説作書以命高宗，亦《尚書》篇名也。羞，猶辱也。惟口起辱，當慎言語也。「惟甲胄起兵」，當慎軍旅之事也。違，猶避也。逭，逃也。《尹吉》，亦《尹誥》也。天，當爲「先」。忠信爲「周」。相，助也，謂臣也。伊尹言：見夏之先君臣，皆忠信以自終。伊尹始仕於夏，此時就湯矣。夏之邑在亳西。

孔氏曰：此一節戒慎言之事也。「口費而煩」，謂口惠不難，失在煩數，必爲物所憾，所以有禍也。「惟衣裳在笥」，當服以爲禮，不可妄以與人。惟干戈當自省己身，不可妄以害人。

藍田呂氏曰：小人謂民也，君子謂士大夫也，大人謂王公也。凡人所以覆没於患禍，不能以自出者，皆在其易而褻之也。水至柔之物，民狎而翫之，則雖巨川深淵而不戒，此取溺之道也。「德易狎而難親」者，謂水之德也。先儒乃以是德爲人之德，謂有德者亦如水。然易狎難親，豈德之謂耶？方論溺水、溺口、溺民三者之别，無庸以有德厠其間也。與人交際，不能無言。古之君子詞達而已，不費而煩。❶於己則費，於人則煩，不能無過。過言之甚，至于害德喪身，以覆邦家。易出而不可悔，非口之溺人乎？民至愚至賤，乃知者貴者之所易也。❷唯愚也，故閉於心而不可以理喻。唯賤也，故有鄙心，多怨而無恥。爲王公者慢而不敬，則輕身輕上，無所不至，此民之所以溺人也。三者之端，不可不慎也。引《大甲》言爲政者如虞人射禽，張機省括，奠而後

❶「費」，通志堂本、四庫本作「廢」，下「費」同。
❷「知」下，通志堂本、四庫本有「賤」字。

發，有是心也，安有溺於民之患哉？《兑命》言庶政不可不慎也。《大甲》言禍患之溺，莫非自取也。《尹吉》言君以忠信自終，❶皆君所自致也。此經引《書》爲證，❷與《書》文小不同，義無所害。

嚴陵方氏曰：小人以分言，則在下，故以溺於水爲戒。君子以德言，則在身，故以溺於口爲戒。大人以位言，則在上，故以溺於民爲戒。言易出而難悔，亦猶水之就下，莫之能禦也。民之爲俗，可敬不可慢，亦猶水之攻堅，莫之能先也。民可近不可下，若水之易以溺人。故君子不可以不慎也。然兼言大人、小人，此統言君子者，蓋君子則上下之通稱。

馬氏曰：水者，小人資之以爲利，❸故小人溺於水。口者，君子資之以爲辯，故君子溺於口。民者，大人資之以爲治，故大人溺於民。此皆在其所褻也。蓋禍故多藏於隱微，而發於人之所忽，蔽於所褻，而不知加慎以爲慮，此其所以至於没溺而不知悟也。水近於人而溺人，所謂水性懦，人狎而翫之，以至於死焉。德易狎而難親，此釋水近於人而溺人之意也。水之爲性，則有剛柔之德。外陰而能柔，故易以狎；内陽而能剛，故難以親。蔽於易狎以爲常，不知以難親之爲慮，此小人所以至於溺也。費者言其無實，煩者言其無節。言之非艱，故易以出。斯言之玷不可磨，故難以悔。蔽於易出以爲常，而不知難悔以爲慮，此君子所以至於

❶「自」，通志堂本、四庫本作「有」。
❷「此」下，原衍「引」字，今據通志堂本删。
❸「資之」，原作「之資」，今據通志堂本、四庫本乙正。

溺也。民之厚貌深情，而機詐之心藏於內，故曰「閉於人而有鄙心」。雖然，亦在上之人御之而已，故可敬不可慢。敬者，御之之道也。《書》曰：「予臨兆民，若朽索之馭六馬。爲人上者，奈何不敬？」不能莊以涖之，而乃慢易以犯之，此大人所以至於溺也。終之以《書》之辭者，有以見其戒慎之至也。衣服者，所以命有德，不可以命非其人，故「惟衣裳在笥」。笥者，言藏之而不輕於與人也。干戈所以討有罪，不可以伐非其罪。故「惟干戈省厥躬」者，言當恕之以己，然後可以責諸人也。甲胄所以自衛，❶干戈所以敵物。天作孽則有可違之理，蓋脩德則可以消天變。禍自己求，無所逃於天地之間也。山陰陸氏曰：閉則不能受人，鄙故係吝，怨毒難解。「天作孽，可違也」，不言「猶」，決詞也。凡記引經，以字易字，或增或損，不無意也。

子曰：「民以君爲心，君以民爲體。心莊則體舒，心肅則容敬。心好之，身必安之；君好之，民必欲之。心以體全，亦以體傷；君以民存，亦以民亡。《詩》云：『昔吾有先正，其言明且清。國家以寧，都邑以成，庶民以生。誰能秉國成？不自爲正，卒勞百姓。』《君雅》曰：『夏日暑雨，小民惟曰怨。資冬祁寒，❷小民亦惟曰怨。』」

鄭氏曰：先正，先君長也。「誰能秉國成」，傷今無此人也。成，邦之「八成」也。誰能秉行之，不自以所爲者正，盡勞來百姓憂念之者與？疾時大臣專功爭美。

❶「胄」，原作「胃」，今據通志堂本、四庫本改。

❷「祁」，通志堂本、四庫本作「祈」。

雅，《書》作「牙」，假借字也。《君牙》，周穆王司徒作，《尚書》篇名也。資，當爲「至」，齊魯之語也。祈之言「是」也，❶齊西偏之語也。夏日暑雨，小民怨天，至冬是寒，小民又怨天。言民恒多怨，爲其君難。

孔氏曰：此一節論君民相須，養人之道，不可不慎也。詩人稱昔吾之有先君正長，其教令之言分明且清潔，國家所以安也，都邑所以成也，庶人所以生也。此逸《詩》也。

藍田吕氏曰：天生人物，流形雖異，同一氣耳。人者，合一氣以爲體，本無物我之別。故孺子將入井，人皆有怵惕惻隱之心，非自外鑠也。天下無一物非我，故天下無一物不愛我體，或傷心則憯怛，理之自然，非人私智所能爲也。人而不仁，非無是心，喪是心爾。故大人自任以天下之重，匹夫匹婦，有不被堯、舜之澤，若己推而納之溝中，豈勉强之所能爲也？爲人君止於仁，則君人者之於是也，❷舍仁曷以哉？心體之説，姑以爲譬。若求之實理，則非譬也。體完則心説，猶有民則有君也。體傷則心憯，猶民病則君憂也。所以安危存亡者亦然，可不慎乎？所引詩，與《節南山》之詩有異，蓋逸《詩》也。此言君不正，百姓所以勞也。引《君雅》，言天之寒暑，小民且怨，況君之政教乎？

嚴陵方氏曰：「民以君爲心」者，言好惡從於君也。「君以民爲體」者，言休戚同於民也。體雖致用於外，然由乎心之所使，故曰「心好之，身必安之」。心雖爲主

❶「祈」，據經文及《禮記正義》當作「祁」。
❷「人」，原作「臣」，今據通志堂本、四庫本改。

於內，然資乎體之所保，故曰「心以體全，亦以體傷」。前經言上好是物，下必有甚者，君好之，民必欲之之謂也。《荀子》曰：「君，舟也。庶民，水也。水能載舟，亦能覆舟。」「君以民存，亦以民亡」之謂也。

長樂陳氏曰：體從心者也，民從君者也。故上臨之以莊，則下亦舒矣。上臨之以肅，則下亦敬矣。心以體率，心不在焉，則視而弗見，聽而弗聞，豈非「心好之，身必安之」之謂乎？君所以率民者也。君好仁，則下莫不仁。君好義，則下莫不義。苟君不爲之，則民無從焉。體，衛心者也，體全則心與之全，體傷則心與之傷。故曰「心以體全，亦以體傷」。民從君者也，民歸之，然后可以君天下；民去之，則亦不能以獨君矣。故曰「君以民存，亦以民亡」。觀此，則治民者可不謹其所以懷來之道乎？「昔吾有先正」，則居人上者，其言明且清，則人可得而法也。爲人上謂之先正，以其正身而后正天下故也。惟能正身以率之，故國家以寧，都邑以成，庶民以生。幽王不然，權移於下，故詩人傷之，則曰「誰能秉國成」。不能秉國成，則政出多門，而不自爲政矣。政多門則多事，多事則百姓所以勞。此幽王不明所以懷來之道也。天之於民厚矣，而寒暑之過正，雨暘之失中，民猶怨咨，則爲上者，可不敬乎？

馬氏曰：民非后罔事，故民以君爲心。后非民罔使，故君以民爲體。心者體之主，而體則從心者也。故心莊則體舒，心肅則容敬，心好之，身必安之也。君者民之心，而民則從君者也。故君好之，民必欲之。體雖以心爲主，而心亦有待乎體，故「心以體全，亦以體傷」。民雖以君爲主，而君亦有待於民，故「君以民存，亦以民亡」。「其言明且清」者，言教令之善也。古之處於人之上者，必先正於己，然後教令可以善於天下，而其效至於國家以寧，都邑以成，庶民以生，其盛至於如此也。及其後世處人上者反此。力小而任重，知小而謀大，不能秉國之成法，不知以得爲在民，失爲在己，而富國有求於百姓，則怨之者多。故曰「不自爲正，卒勞百姓」。此不知以民爲體之意也。

石林葉氏曰：天下之勢猶身，故以君民喻心體，言休戚同也。四肢逸則心休，百姓逸則君寧。未有肢體傷，而心猶全者。故漢武詔曰：「君者心也，民猶肢體。支體傷，則心憯怛。」

山陰陸氏曰：此引《節南山》之詩也。其上句蓋逸《詩》，併引之爾。猶下《易》曰：「不恒其德，或承之羞。」「恒其德，貞，婦人吉，夫子凶。」併引二爻。蓋古人之引經，取足於義，不問其詞之彼我有如此者。

子曰：「下之事上也，身不正，言不信，則義不壹，行無類也。」子曰：「言有物，而行有格也。是以生則不可奪志，死則不可奪名。故君子多聞，質而守之；多志，質而親之；精知，略而行之。《君陳》曰：『出入自爾，師虞庶言同。』《詩》云：『淑人君子，其儀一也。』」

鄭氏曰：類，謂比式。物，謂事驗也。格，舊法也。質，猶少也。多志，謂博交汎愛人也。精知，孰慮於衆也。自，由也。師、庶，皆衆也。虞，度也。言出内政教，當由女衆之所謀度，衆言同，乃行之，政教當由一也。

孔氏曰：此一節明下之事上，當守其一。言必須有徵驗，行必須有法式。言行不妄，守死善道，名志俱善，欲奪不可也。質而守之，親之，略而行之，皆謂聞見雖多，執守簡要也。引《君陳》成王戒君陳之言，引《詩·曹風·鳲鳩》之篇，言善人君子，威儀齊一，證爲政須齊一也。

藍田呂氏曰：自此以下，言下事上之義。身正言信，所謂「欲脩其身，先正其心，欲正其心，先誠其意」。義壹行類，所謂「同歸而殊塗，一致而百慮」。故《孟子》曰：「君子亦仁而已矣，何必同？」言有物，行有格，此謂法度存焉。有物則無失實之信，有格則無踰矩之行。如是者，又歸於壹，而不可變也。生乎由是，死乎由是，故志也，名也，不可得而奪也。義重於生，舍生而取義，則不義之名，君子所不受也。多聞，所聞欲博也。多志，多見而識之者也。質，正也。不敢信己，質衆人之所同，然後用之者也。守之者，服膺而勿失者也。親之者，問學不厭者也。由多聞、多知而得之，又當精思以求其至，約而行之。故曰「精知，略而行之」。略，約也。此皆義壹、行類之道也。君子之學必致一，不致一，則二三。二三則異端之言交入而無間，卒不能以自立也。一者何？理義而已。何由知其理義？以吾之所同然合人之所同然而已。「出入自爾師虞，庶言同」，此言當謀之於衆，取其同然也。「淑人君子，其儀一也」，此言君子之行，卒歸於一也。

長樂陳氏曰：下之事上，以身爲本，而信

以成之也。身正然後無好異之行，是以行有類。言信然後有不可移之義，是以義主於壹。身不正則動皆反常矣。其形於可見之行者，斯無類。言不信，則德二三矣。則見於事君之義，斯不壹。行無類，則非所謂行有格也。　志者言行之所由出，名者言行之所自成。言有物，行有格，則志之所守者堅，而名之所成者著，是以死則不可奪名也。《君陳》曰「出入自爾，師虞庶言同」，則繹者，成王戒君陳以政之廢興，而安危治亂之所係，故出入之際，當以衆智而虞度之。庶言雖同，又當繹其是非也。言此者，所以明行之有格也。

嚴陵方氏曰：身不正故義不壹，言不信故行無類。不壹，謂不能專於其身也。無類，謂無以副於其言也。有物則有其實，有格則有所至。

山陰陸氏曰：「不壹」，無以統之。「無類」，無應之者。格，至也。非先王之法，言無物。非先王之德，行無至。若東晉崇尚玄虛，學士大夫議論高於踐履，此志之所以喪而名敗也。多聞質而守之，所謂守之以約是也。多志或失之踈，故質而親之。季文子三思而後行。孔子曰：「再，斯可矣。」所謂「略而行之」是也。《君陳》曰：「出入自爾師虞，庶言同。」不言則繹，不嫌不繹也。據上「多聞，質而守之；多志，質而親之；精知，略而行之。」

廬陵胡氏曰：言「有物」，猶「仁人不過乎物」之「物」。格，至道也。祖己曰：「惟先格王，正厥事。」志者，終身所尚，故生不奪志。名欲立於後世，故死不奪名。

言名、志俱善。

馬氏曰：聞之詳，不若志之詳。志之猶言記也。聞之、志之，則言有所擇，而言無所妄，此「言有物」也。知之則可以行。知之已精，而又略而行之，則行有所擇，而行無所妄，此「行有格」也。

子曰：「唯君子能好其正，小人毒其正。故君子之朋友有鄉，其惡有方。是故邇者不惑，而遠者不疑也。《詩》云：『君子好仇。』」

鄭氏曰：正，當爲「匹」，匹謂知識朋友。鄉、方，喻輩類也。小人徼利，其友無常也。邇，近也。仇，匹也。

孔氏曰：此一節明其朋匹之事。以下云「君子好仇」，故知「正」爲「匹」也。君子所親朋友及所惡之人，皆有輩類。故善者與之交，不以榮枯爲異；不善者，則憎惡之。言有常也，好惡有定，可望貌而知，故近不惑而遠不疑也。引《周南·關雎》之篇，《詩》云「窈窕淑女」，此斷章云以好人爲匹也。

藍田吕氏曰：鄉人皆好之，未可也，鄉人皆惡之，未可也，不如鄉人之善者好之，其不善者惡之。蓋善者好之，由君子所好者善也；不善者惡之，由君子所惡者不善也。君子之好不可以非其人，故曰「朋友有鄉」；所惡不可以及善人，故曰「其惡有方」。蓋君子所好者皆正，小人所惡亦皆正。故曰「君子能好其正，小人毒其正」。好惡既明，亦歸於壹，此遠邇所以不疑惑也。《詩》云：「君子好仇。」仇，匹也，其匹者皆好也。先儒以「好其正」、「毒其正」，皆當爲「匹」，恐只作「正」字亦可。

長樂陳氏曰：君子周而不比，其取友也

必端，故言「能好其正」。小人比而不周，其交也皆其類而已，故「毒其正」。蓋君子、小人道相異也。故君子好之，而小人毒之。鄉也，方也，皆言其所聚善惡各以類，而善不同於惡，惡不同於善，故能成其信。是以朋友之邇於我者信我之深而不惑，其遠於我者亦信之而不疑矣。「邇者不惑」，《儒行》所謂「並立則樂，相下不厭」也。❶「遠者不疑」，《儒行》所謂「久不相見，聞流言不信其行也」。

嚴陵方氏曰：君子非特其身正而已，於正人又能好而與之。小人非特身不正而已，於正人又且毒而害之。此君子、小人好惡之辨也。「朋友有鄉，其惡有方」者，以言取舍之有常也。

馬氏曰：「君子之朋友有鄉」，所謂直也，諒也，多聞也。「其惡有方」，所謂便辟也，善柔也，便佞也。「朋友有鄉」，君子所以致其好也。「其惡有方」，君子所以致其惡也。

山陰陸氏曰：正，正己者也，讀如字。朋友亦是矣。邇者不惑而遠者不疑，言其好惡有常，遠近信之。

廬陵胡氏曰：君子「正直是與」，故好之；小人「惡直醜正」，故毒之。故曰「君子居必擇鄉，游必擇士」，所以防邪辟而近中正也。

子曰：「輕絶貧賤，而重絶富貴，則好賢不堅，而惡惡不著也。人雖曰不利，吾不信也。《詩》云：『朋友攸攝，攝以威儀。』」

鄭氏曰：「雖曰不利，吾不信也」，言此近徼利也。攸，所也。言朋友以禮義相攝

❶ 「下不」，原作「不下」，今據通志堂本、四庫本改。

正,不以貧富貴賤之利也。

孔氏曰:此一節明交友之道,唯善是仇,以威儀相攝佐也。以賢而貧賤,則輕絶之,是「好賢不堅」。惡而富貴,則重絶之,是「惡惡不著」也。如此者,是貪利之人。所引《詩·大雅·既醉》,美文王之篇,太平之詩。於時朋友群臣,所以禮義相攝佐之時,以威儀也。言不以富貴貧賤而求利者。

藍田吕氏曰:此章又申言前章好惡不可不明也。以爲可賢而重絶,以爲不足賢而輕絶,則不當有富貴貧賤之異矣。均可絶也,富貴未絶,貧賤者先絶,則「惡惡不著」。均未可絶也,貧賤者先絶,富貴者未絶,則「好賢不堅」。推是心也,謂之不利於富貴,則不可信也。《詩》云「朋友攸攝,攝以威儀」。言朋友以禮義相正,豈以貧賤富貴易其心哉?

長樂陳氏曰:貧賤者人之所易絶,於其所易絶者而不絶,然後爲「好賢之堅」。富貴者,❶人之所難絶,於其所難絶而絶之,然後爲「惡惡之著」也。凡以有其實者無不顯,后妃恭儉節用,服女功而無厭怠,故能化天下以婦道,所謂有實而必顯之意也。

嚴陵方氏曰:可友者以其賢,可絶者以其惡。然賢者不必富貴,惡者不必貧賤。苟輕絶貧賤,而重絶富貴,則勢利之交而已。

馬氏曰:貧賤富貴皆出於天,而君子之交,蓋不論此。賢者宜富貴,而富貴者未必賢;惡者宜貧賤,而貧賤者未必皆惡。於貧賤輕有以絶之,於富貴重有以絶之,

❶「者」,原脱,今據通志堂本、四庫本補。

則志在於利，而不在於道。

山陰陸氏曰：相好，仁也。相攝，義也。相好主內，「君子好仇」是也。❶相攝主外，「攝以威儀」是也。夫唯相攝主義，是故不重絶富貴，不輕絶貧賤。

廬陵胡氏曰：富貴不能淫，貧賤不能移，乃能不輕絶貧賤，不重絶富貴。

子曰：「私惠不歸德，君子不自留焉。《詩》云：『人之好我，示我周行。』」

鄭氏曰：私惠，謂不以公禮相慶賀，時以小物相問遺也。言其物不可以爲德，則君子不以身留此人也。相惠以褻瀆邪辟之物，是爲不歸於德。行，道也，言示我以忠信之道。

孔氏曰：此一節明君子唯德是與。「不自留」，不用留意於此等之人也。所引《詩·小雅·鹿鳴》之篇。

藍田呂氏曰：此章言君子所好，既不容私，亦不欲人之私好於我也。私惠於民，我不足以歸德。知其不足以歸德，君子亦不受也。故曰「君子不自留焉」。引《詩》言受人之好，以示我至公而不比故也。孔子曰：「君子周而不比。」周則徧，徧則公，比則有所附，有所附則私。

馬氏曰：有忠信之德，然後將之以惠禮也。苟無忠信之德而行之，故「君子不自留焉」。

子曰：「苟有車，必見其軾。苟有衣，必見其敝。人苟或言之，必聞其聲。苟或行之，必見其成。《葛覃》曰：『服之無射。』」

鄭氏曰：言凡人舉事，必有後驗也。「見其軾」，謂載也。敝，敗衣也。衣或在內，

❶「好」，原作「仇」，今據通志堂本、四庫本改。

新時不見。射，厭也。言采葛爲衣，服之無厭，言不虚也。

孔氏曰：此明人言行必慎其所終也。所引《詩·周南·葛覃》之篇。

藍田吕氏曰：此章言有是物必有是事，有是事乃無是物，不可虚也。故君子之學，自本及末，無非其實，亦由致一而不二，故可久而無窮也。登車而有所禮，則式。式，憑式。有式則有車，無車則何所憑而式之乎？衣之久必敝。有衣然後可敝，無衣則何敝之有？言必有聲，行必有成，亦猶是也。蓋誠者物之終始，不誠無物。服之無射，言實有是服，乃可久服而無厭也。

馬氏曰：言有實於此，有以徵於彼，而君子不可以無其實者也。

山陰陸氏曰：軾言前，敝計後。

子曰：「言從而行之，則言不可飾也。行從而言之，則行不可飾也。故君子寡言而行，以成其信，則民不得大其美而小其惡。《詩》云：『白圭之玷，尚可磨也。斯言之玷，不可爲也。』《小雅》曰：『允也君子，展也大成。』《君奭》曰：『昔在上帝，❶周田觀文王之德，其集大命于厥躬。』」

鄭氏曰：從，猶隨也。寡，當爲「顧」。「不得大其美而小其惡」，謂以行爲驗，虚言無益於善也。玷，缺也。言圭之缺，尚可磨而平之。言之缺，無如之何。允，信也。展，誠也。奭，召公名。《尚書》篇名。古文「周田觀文王」爲「割申勸寧王」，今博士讀爲「厥亂勸寧王」。古文似近之。割之言「蓋」也。言文王有誠信之

❶「昔在」，通志堂本、四庫本作「在昔」。

德，天蓋申勸之，集大命於其身，謂命之使王天下也。

孔氏曰：此一節明重言行之事。言在於先，而後隨以行之，則言須實。行在於前，言隨於後，則行須實。言行皆不可虛飾也。君子言行相副，則人於美惡大小，不得增減，皆驗於行也。引《詩·大雅·抑》之篇，刺厲王詩也。《小雅·車攻》之篇，美宣王之詩也。引周公告君奭之辭，皆證言當信也。

藍田呂氏曰：此章又申言前義，言行皆不可無實也。飾言而言者，所言非信，故不可行。飾行而行者，所行必僞，故不可行。莊生之言非不善也，卒不可以治天下國家，此言之飾也。五霸假仁義而行，非不美也，而後世無傳焉，此行之飾也。故君子言顧行，行顧言而已。不可失吾信，使民之稱美惡，不敢有所大小而失其實也。言之不信，所謂玷也。「允矣君子，❶展也大成」，言君子非信則不成也。《君奭》言文王有誠信之德，爲天所命，況於人乎？

嚴陵方氏曰：前經曰「可言也，不可行，君子弗言也。可行也，不可言，君子弗行也」，亦此之意。《論語》曰：「古者言之不出，恥躬之不逮也。」蓋寡言以成其信之謂。要譬飾非，皆言之所爲也。唯君子寡言以化之，故民不得如此。

馬氏曰：不飾者，不可以文飾之。言從而行之，則言不危行。行從而言之，則行不危言。言行之不相違，故君子寡言而行，以成其信。言易以出，故寡言。行難

❶「矣」，四庫本作「也」。

以成，故敏行。蓋未之能行，惟恐有聞。君子寡言而行，以成其信，則有其實也。美在上有其實，則在下者亦以其實應。美者人之所欲，美之小則有所不敢大。惡者人之所不欲，惡之大則有所不敢小。此不敢誣其善惡之名也。

長樂陳氏曰：言之多，則易失於不信。君子尚乎實行，故寡言而行，則以成其信，有實而不誣也。實之所在，故民不得大其美而小其惡。白圭之玷尚可磨，而至於斯言之玷，則不可磨者，所謂不可飾也。宣王能内脩政事，外攘夷狄，允所謂有君子之道，展所謂有大成之業。夫宣王之能復古者，爲其有道業之實故也。

山陰陸氏曰：寡，讀如字，言之必踐之，是以寡。民雖欲虚美隱惡，不得也。所謂「周田」，「虞芮質厥成」是也。先儒謂「虞芮質厥成，諸侯並附以爲受命之年」，故曰「其集大命于厥躬」。然則「周田」釋《書》所謂「割」，割，棄也。以其所争田爲間田而退，是之謂「割」。或作「厥亂勸寧主德」，厥亂，虞芮是也。且經以結「君子寡言而行，以成其信」，於是爲至。

子曰：「南人有言曰：『人而無恒，不可以爲卜筮。』古之遺言與？龜筮猶不能知也，而況於人乎？《詩》云：『我龜既厭，不我告猶。』《兑命》曰：『爵無及惡德。民立而正，事純而祭祀，是爲不敬。事煩則亂，事神則難。』《易》曰：『不恒其德，或承之羞。』『恒其德，偵，婦人吉，夫子凶。』」

鄭氏曰：恒，常也。「不可爲卜筮」，言卦兆不能見其情，定其吉凶也。「告猶」，猶，道也。言褻而用之，龜厭之，不告以吉凶之道也。惡德，無恒之德。純，猶皆也。言君祭祀，賜諸臣爵，無與惡德之人也。民將立以爲正，言放傚之疾。事皆如是，而以祭祀，是不敬鬼神也。惡德之人使事鬼神，又難以得福。純，或爲「煩」。羞，猶辱也。偵，問也。問正於人爲偵。婦人，從人者也，以問正爲常德，則吉。男子當專行幹事，而以問正爲常德，是亦無恒之人也。

孔氏曰：此一節明爲人須有恒也。南人，殷掌卜之官。龜筮猶不能得知無恒之人，而况於凡人乎？引《詩·小雅·小旻》之篇，刺幽王數誣卜筮。引《兑命》，《尚書》傅説告高宗之辭，言惡德之人主掌祭祀，其事則煩，事煩則致亂也。又引《恒》卦九三、六五爻辭，皆證無恒德也。

藍田吕氏曰：德歸於一則有恒，二三則無恒。人之趨嚮不知其所安，雖鬼神龜筮之靈，醫工色脉之妙，猶不可測，况人情之近，其可測之乎？《論語》記孔子之言曰：「『人而無恒，不可以作巫醫』，善夫《易》曰：『不恒其德，或承之羞。』不占而已矣。」而此云「不可以爲卜筮」，其文少異。蓋巫醫、卜筮，其事類也。「爲」、「作」，皆謂求而問之也。巫之禱，卜筮之占，皆求諸鬼神。鬼神之理，至虚而善應，齊戒絜誠，虚心以求之，猶有不應，將以二三不定之私意瀆而求之，其可得乎？醫之治疾，必察其好惡，原其哀樂喜怒，則知疾之所由生。苟用心而無恒，又安得而求之？「我龜既厭，不我告猶」，所謂「瀆則不告」。此篇所引《説命》之文，與《書》殊不同。疑此篇誤，當以《書》爲正。「黷于祭祀，時謂弗欽。禮煩則亂，事神則難」，言煩黷非事神之道也，

「或承之羞」，言無恒之人，動則取羞辱，况卜筮乎？此篇又引六五爻辭，與此篇義不類，恐亦衍文。鄭氏又解「恒其德貞」爲「恒其德偵」，云問正爲偵，在婦人爲恒德，男子亦爲無恒，義必不然。

馬氏曰：《語》曰：「人而無恒，不可以爲巫醫。」言巫醫不能治無恒之人。《記》曰：「人而無恒，不可以爲卜筮。」言卜筮不可占無恒之人。以龜筮之靈，猶不能知，則其於人也，亦末如之何也已。或曰：巫醫、卜筮，職之賤者也。職之賤而其德亦不可以無其恒。然以文考之，則曰「龜筮猶不能知也，而况於人乎」，又曰「不占而已」，則知卜筮者不能占無恒之人，巫醫者不能治無恒之人，而或者之言，難於必取。《兑命》曰：「爵罔及惡德，惟其賢。」以文考之，則不合。婦人德不可以無恒，所謂「無攸遂，在中饋，吉」。夫子以知率人，其德不可以無變，所謂「婦人之德，從一而終；夫子制義，從婦而凶」，與此合也。

山陰陸氏曰：「民立而正」，正，讀如「政」。「民立而正事純」即《書》所謂「惟厥攸居，政事惟醇」。「而祭祀，是爲不敬」，即《書》所謂「黷于祭祀，時謂弗欽」。「爵無及惡德，民立而正事純」，所謂善矣。然祭祀爲不敬，則事煩，不能不亂，事神難矣。事煩，讀如「事神」之「事」。雖然，恒其德矣，不知化而趨變，是亦凶而已矣。故經合二以爲一。昧者以今《書》、《易》疑而難之，是按圖以求馬也。善相馬者，若九方皐可也。

禮記集說卷第一百四十二

禮記集説卷第一百四十三

奔喪第三十四

孔氏曰：案鄭《目録》云：「名曰《奔喪》者，以其居他國，聞喪奔赴之禮。此於《别録》屬《喪服》，實逸《曲禮》之正篇也。」《漢書·藝文志》云：「漢興，得古《禮》五十七篇，其十七篇與今《儀禮》正同，其四十篇藏在秘府，謂之《逸禮》。」此篇鄭云「逸禮」者，對十七篇爲《逸禮》。下文鄭註引逸《奔喪禮》，謂不入於《記》者，又比此《奔喪》篇爲逸。二逸不同。此篇兼天子、諸侯，然以士爲主。故鄭下文註云「未成服者，素委貌」，是士之服也。

嚴陵方氏曰：昔曾參不離親一宿，顧豈有奔喪之禮？然四方男子所有事，苟有事於四方，安能免離親哉？然則奔喪之事，不幸而時亦有焉。此先王所以作爲之禮也。

奔喪之禮：始聞親喪，以哭答使者，盡哀。問故，又哭盡哀。遂行，日行百里，不以夜行。唯父母之喪，見星而行，見星而舍。若未得行，則成服而后行。過國至竟，哭，盡哀而止。哭辟市朝，望其國竟哭。

鄭氏曰：親，父母也。「以哭答使者」，驚怛之哀無辭也。「問故」，問親喪所由也。雖非父母，聞喪而哭，禮亦然也。「不以夜行」，雖有哀戚，猶辟害也。晝夜之分，别於昏明。哭則遂行者，不爲位也。言

「唯」，著異也。侵晨冒昏，彌益促也。「未得行」，謂以君命有爲者也。成喪服得行則行。「過國至竟，哭」，感此念親也。「辟市朝」，爲驚衆也。「望其國竟哭」，斬衰者也。自是哭且遂行。

孔氏曰：此篇總明奔五服之喪。此一節論始聞奔喪，及其國竟奔赴之節。奉君命而使，使事未了，不可以己私喪廢公事，故成服以俟君命。有人代己，則可行也。案《聘禮》云：行至他國竟上而誓衆，「使次介假道」。是國竟，行禮之處。去時親在，今返親亡，故過國至竟哀戚也。凡聞父母喪，其哭之不離聞喪之處，不得爲位，即奔之也。若有君命，未得奔喪者，既聞而哭，又爲位，更哭也。鄭註「斬衰者」，其實母之齊衰亦然。

嚴陵方氏曰：古者吉行五十里，今以凶變之遽，故倍之。

至於家，入門左，升自西階，殯東，西面坐，哭盡哀，括髮袒，降，堂東即位，西鄉哭，成踊，襲絰于序東，絞帶，反位，拜賓，成踊，送賓，反位。有賓後至者，則拜之，成踊，送賓皆如初。衆主人兄弟皆出門，出門哭止，闔門，相者告就次。於又哭，括髮袒，成踊。於三哭，猶括髮袒，成踊。三日成服，拜賓、送賓皆如初。

鄭氏曰：「括髮袒」者，去飾也。「未成服」者，素委貌、深衣。已成服者，固自喪服。「降，堂東即位」，已殯者位在下也。襲，襲服衣也。❶不於又哭乃絰者，發喪已踰日，節於是可也。其未小斂而至，與在家同耳。不散帶者，不見尸柩。凡拜

❶「襲」，據《禮記》鄭注疑不重。

賓者就其位，既拜，反位，哭踊。次，倚廬也。又哭，至明日朝也。三哭，又其明日朝也。皆升堂括髮袒，如始至。必又哭、三哭者，象小斂、大斂時也。《雜記》曰「士三踊」。其夕哭從朝。夕哭不括髮，不袒，不踊，不以爲數。三日，三哭之明日也。既哭，成其喪服，杖於序東。

孔氏曰：此一節明父母之喪，奔至於家，哭，及袒、踊、成服之節。「升自西階」者，《曲禮》云：「爲人子者，升降不由阼階。」今父母新死，未忍異於生也。「括髮袒」者，尋常親始喪，則笄纚，小斂畢，乃括髮。今喪已經日，故不笄纚也。此所奔謂主人，故親拜賓也。鄭註「素委貌」，謂士庶人。若大夫已上，則「素弁」。《小記》云：「遠葬者比反哭者皆冠，及郊而后免。」明知在路皆冠也。《士喪禮》小斂訖，降自西階即位。故知殯畢位在下。又《士喪禮》既小斂，帶絰散麻，三日乃絞垂。今奔喪初至則絞帶，與在家異，故云「不散麻者，不見尸柩」也。知又哭、三哭皆升堂括髮袒者，約《士喪禮》小斂、大斂，主人皆升堂也。

嚴陵方氏曰：「入門左」，與「客入門而左」之「左」同。「升自西階」，則未忍踐阼階而爲之主故也。

山陰陸氏曰：拜至、拜送，禮也。今送賓不言拜送，略之也。不言送于門外，蓋于門内而已。據不得奔喪，賓出，主人拜送于門外。「相者告就次」，次，所次之處。鄭氏謂倚廬，誤矣。即倚廬，齊衰以下，亦曰「告就次」，何也？「猶括髮」，猶之言可以已也。成踊，言於是有數。《喪大記》小斂，主人袒，説髦，括髮以麻，奉尸夷于堂，主人襲帶絰。《士喪禮》亦云。而此篇入門，括髮袒，降堂，襲絰于序東，絞帶，於又哭括髮袒，於三哭猶括髮袒，三日成服，此奔喪之禮也。始至之日，既襲絰絞帶，可謂成服矣。今曰「三日成服」，則以明日括髮袒，又明日猶括髮袒，雖成服，非成服也。

奔喪者非主人，則主人爲之拜賓、送賓。奔喪者自齊衰以下，入門左，中庭北面，哭盡哀，免麻于序東，即位袒，與主人哭，成踊。於又哭、三哭皆免袒。有賓則主人拜賓、送賓。丈夫、婦人之待之也，皆如朝夕哭位，無變也。

鄭氏曰：不升堂哭者，非父母之喪，統於主人也。麻，亦絰帶也。於此言「麻」者，明所奔喪雖有輕者，不至喪所，無改服也。凡袒者於位，襲於序東，袒、襲不相因位。此麻乃袒，變於爲父母也。又哭、三哭，亦入門左，中庭北面，如始至時也。待奔喪者無變，嫌賓客之也。於賓客，以哀變爲敬，骨肉哀則自哀矣。於此乃言「待之」，明奔喪者至三哭猶不以序入也。

孔氏曰：此一節明奔齊衰以下之喪。主人待奔之人，但在東階下，不升堂。故奔喪者在庭中，❶北面，繼主人也。主人唯饋、奠有事之時乃升堂，若尋常，常在堂下也。鄭註「於此言麻，不至喪所，無改服」者，父母之喪，來至喪所，乃改服襲絰帶。齊衰以下，亦至喪所，乃免麻而改服。今此至家乃稱麻，明所奔雖輕喪，無道路之上改服著麻也。此經先云免麻，乃云即位袒，與上文父母喪，先云括髮

❶「庭中」，通志堂本、四庫本作「中庭」。

袒，乃云襲經有異，❶故鄭云變於父母也。禮以變爲敬。若有客，則拜賓成踊，敬賓故變也。今此奔者是骨肉，不須爲變。平常五屬入哭，則與主人爲次，重者前，輕者後。今奔喪者急哀，但獨入哭，不俟主人爲次序。又哭、三哭皆然。若婦人奔喪，與賓客同，故下文「婦人奔喪」，「東髽即位，與主人拾踊」。以婦人外成適他族故也。然亦異於賓客，故《雜記》云「婦人奔喪，入自闈門，升自側階」。若女賓，則《喪大記》云：「寄公夫人，入自大門。」婦人入闈門者，以奔夫屬，不得同於女賓也。

奔母之喪，西面哭盡哀，括髮袒，降，堂東即位，西鄉哭，成踊，襲、免、絰于序東。拜賓、送賓，皆如奔父之禮。於又哭，不括髮。

鄭氏曰：爲母於又哭而免，輕於父也。其他則同。

孔氏曰：此一經論奔母之喪節也。此謂適子，若庶子，則亦主人爲之拜賓、送賓。《喪服小記》云「又哭而免」。此文「又哭，不括髮」。《小記》據在家小斂後，此則從外奔喪至內，其理雖同，其日則異。

婦人奔喪，升自東階，殯東，西面坐，哭盡哀，東髽，即位，與主人拾踊。

鄭氏曰：婦人，謂姑、姊妹、女子子也。東階，東面階也。婦人入者由闈門。東髽，髽於東序，不髽於房，變於在室者也。去纚大紒曰「髽」。拾，更也。主人與之更踊，賓客之。

孔氏曰：此婦人奔喪之禮也。知入自闈門者，《雜記》篇文。闈門，謂東邊之門。

❶「有異」，通志堂本、四庫本作「異也」。

男子之免在東序，故知婦人亦髽于東序，就掩映之處在堂上也。男子則堂下也。《士喪禮》云「婦人髽于室」。殯後室中是神之所處，婦人在堂，當髽于房。❶今此奔喪，故於東序耳。鄭註《士喪禮》云：髽之異於括髮者，既去纚而以髮爲大紒，如今婦人露紒其象也。

嚴陵方氏曰：婦人質弱不勝事，故其禮略於男子。拾踊，與「拾投」之「拾」同義。

山陰陸氏曰：不言髽于某所，以關貴賤。案《士喪禮》婦人髽于室，而《喪大記》曰：「婦人髽，帶麻于房中。」鄭氏謂蓋諸侯之禮。然則房中蓋東房也。于室，亦室之東。東髽蓋在殯東，又少東也。與主人拾踊，外女子也。

奔喪者不及殯，先之墓，北面坐，哭盡哀。主人之待之也，即位於墓左，婦人墓右，成踊，盡哀，括髮，東即主人位。絰絞帶，哭，成踊，拜賓，反位，成踊。相者告事畢。遂冠，歸。入門左，北面，哭盡哀，括髮袒，成踊，東即位。拜賓，成踊。賓出，主人拜送。有賓後至者，則拜之，成踊，送賓如初。衆主人、兄弟皆出門，出門哭止。相者告就次。於又哭，括髮，成踊。於三哭，猶括髮成踊。三日成服，於五哭，相者告事畢。爲母所以異於父者，壹括髮，其餘免以終事。他如奔父之禮。

鄭氏曰：「主人之待之」，謂在家者也。哭於墓，爲父母則袒。「告事畢」者，於此後無事也。又哭、三哭不袒者，哀戚已久，殺之也。逸《奔喪禮》說不及殯日，於又哭猶括髮，即位不袒。「告事畢」者，五

❶「于」下，通志堂本、四庫本有「東」字。

哭而不復哭也。成服之朝爲四哭，此謂既期乃後歸至者也。其未期猶朝夕哭，不止於五哭也。「壹括髮」，謂歸入門哭時也。於此乃言爲母異於父者，明及殯、不及殯，其異者同。

孔氏曰：此一節論既葬之後，奔父母之喪禮。主人即位於墓左，謂先在家者，非謂適子也。此奔喪者是適子，故經云「拜賓」。非適子，則不拜賓也。「三日成服」，謂來奔喪後三日，通奔日爲四日。初至象始死爲一哭，明日象小斂爲二哭，又明日象大斂爲三哭，又明日成服之日爲四哭，成服明日之朝爲五哭，皆數朝哭，不數夕哭，故爲五也。於五哭後告事畢，明是既期已後，朔望朝哭而已。鄭恐一括髮是墓所，故明之云「入門時也」。云「明及殯、不及殯，其異者同」，謂及殯一括髮，不及殯亦一括髮，是異於父者，其事同也。

嚴陵方氏曰：男子於墓左，婦人於墓右，所以辨陰陽之義。入門而哭，於母止於一括髮，於父則不一焉。此隆殺之别也。

山陰陸氏曰：「主人之待之也」，正言主人，著衆主人奔喪，與「丈夫、婦人之待之也」相備也。相備而言，主人在前，衆主人在後，亦言之法。鄭氏謂「在家者也」，誤矣。拜賓，反位，拜之不在其位，吾方爲客，重賓也，據《奔喪》「反位，拜賓，成踊」。告事畢者，於此後非無事也，之墓之事畢爾。衆主人兄弟皆出門，據此亦言所當奔者外喪也。於五哭，相者告事畢者，成服前兩日朝莫哭，成服之朝又一哭，凡五哭。奔喪成服，奔喪之事畢，故曰「相者告事畢」。《春秋傳》曰：「歸父使於晉。還自晉，至檉，聞君薨家遣，墠帷，哭君，成踊。」何休謂「臣爲君本服斬衰，故成踊，比二日朝莫哭，踊，三日朝哭，踊，莫不復哭，踊，去事之殺也」。然則三日成服，拜賓，送賓皆如初，亦事畢也，而不言，則喪尚新，未忍言也。

齊衰以下，不及殯，先之墓。西面，哭盡哀。免麻于東方，即位，與主人哭，成踊，襲。有賓，則主人拜賓、送賓。賓有後至者，拜之如初，相者告事畢。遂冠，歸。入門左，北面，哭盡哀，免袒，成踊，東即位，拜賓，成踊。賓出，主人拜送。於又哭，免袒，成踊。於三哭，猶免袒，成踊。三日成服，於五哭，相者告事畢。

鄭氏曰：齊衰之墓，西面哭，不北面者，亦統於主人也。成踊，襲，不言「袒」，言「襲」者，容齊衰親者或袒可也。爲父於又哭括髮而不袒，此又哭、三哭皆言「袒」。「袒」，衍字也。

孔氏曰：此一節明葬後奔齊衰以下喪禮。但齊衰以下有大功、小功、緦麻，日月多少不同。若奔在葬後而三月之外，大功以上，則有免麻東方，三日成服。若小功、緦麻之喪，則不得有三日成服。小功以下不稅，無追服之理。若葬後通葬前未滿五月，小功則亦三日成服。其緦麻之喪，止臨喪節而來，亦得三日成服也。「東即位」，謂奔喪者於東方就哭位。「拜賓」，謂主人代之拜賓。「成踊」，謂奔喪者於主人拜賓之時而成踊。凡言「成踊」，每一節有三踊，凡三節九踊，乃謂之「成」也。經文直言「免麻于東方，即位」，不稱袒，而下云「成踊，襲」，下既稱襲，則有袒理。經若言「袒」，恐齊衰以下皆袒，故稱「襲」，容有齊衰重爲之得襲也。

嚴陵方氏曰：奔父母之喪，之墓而哭，則北面，齊衰以下則西面者，蓋北方重陰，以示哀之隆；西方少陰，以示哀之殺。

山陰陸氏曰：齊衰奔喪，上言「袒」，不言「襲」，此言「襲」，不言「袒」，相備也。相備而先言「袒」，後言「襲」，亦言之法。且上言袒先成踊，袒在成踊之前。此言襲後成踊，襲在成踊之後。亦言與主人踊，遠之也，據「與主人拾踊」。且言「與主人哭，成踊」，則隨主人踊，不拾主人之踊。於又哭、三哭言袒，「袒」非衍字。齊衰猶袒，則大喪袒可知。爲父於又哭括髮，不言袒，上下比義，從可知也。亦於齊衰以袒爲哀，即父雖袒，袒不足言。

聞喪不得奔喪，哭盡哀。問故，又哭盡哀。乃爲位，括髮袒，成踊，襲、絰、絞帶，即位。拜賓，反位，成踊。賓出，主人拜送于門外，反位。若有賓後至者，拜之、成踊、送賓如初。於又哭，括髮袒，成踊。於三哭，猶括髮袒，成踊。三日成服，於五哭，拜賓、送賓如初。

鄭氏曰：聞父母喪而不得奔，謂以君命有事，不然者，不得爲位。位有鄭列之處，如於家朝夕哭位矣。不於又哭乃絰者，喪至此踰日，節於是可也。送賓後不言「就次」者，當從其事，不可以喪服廢公職也。其在官，亦告就次。言「五哭」者，以迫公事，五日哀殺，亦可以止。

孔氏曰：此一節明聞喪不得奔，於所聞之處發喪成服之禮。「乃爲位」，朝夕哭位也。於此聞喪之日，覆哭踊畢，襲所袒之衣，著首絰絞帶之垂，即東方之位也。初聞喪，象始死。明日又哭，象小斂時。

《喪禮》云「小斂乃経」，❶經云「又哭」，謂當日之中，對初聞喪之哭爲「又哭」，即加経帶。不於明日又哭者，以赴者至，踰其日節故也。於五哭不云告事畢，禮文略也。鄭註在官，謂官府館舍，是賓所專有，於其中作廬，故禮畢亦告就次也。

山陰陸氏曰：「乃爲位」，乃者，難詞也。著爲位於此，不得已也。

若除喪而后歸，則之墓，哭，成踊，東括髮袒，経，拜賓，成踊，送賓，反位，又哭盡哀，遂除，於家不哭。主人之待之也，無變於服，與之哭，不踊。自齊衰以下，所以異者免麻。

鄭氏曰：東，東即主人位，如不及殯者也。遂除，除於墓而歸。「無變於服」，自若時服也。亦即位于墓左，婦人墓右。

孔氏曰：此一節明除服之後奔父母喪節。亦謂主人適子，初在墓南，北面哭，成踊，乃來就主人之位，括髮袒，如不及殯之時也。主人亦謂在家者，著平常吉服，服除哀殺，故不踊也。齊衰以下，除服後奔喪，唯著免麻，哭罷即除。

嚴陵方氏曰：喪者之墓雖哭，於家則不哭。主人之待之也，雖哭於墓而不踊，且無變於服。時已過，禮亦爲之殺也。

山陰陸氏曰：上言成踊盡哀，而此不言，蓋貶之也。著雖盡哀，無及矣。若曾參一夕不離親，閔子退而致仕，無是也。其不言即位，亦以此。聞喪不得奔喪爲位，君子猶難之。今除喪而后歸，何哉？「東括髮袒」，猶言東髽，省文爾。省文，略之也。遂除，於家不哭，著於路猶哭

❶「喪」上，通志堂本、四庫本有「士」字。

也。齊衰以下所異者，免麻。變經言麻，自齊衰以下，非其至喪也，據「免絰于序東」。

凡爲位，非親喪，齊衰以下皆即位，哭盡哀，而東免、絰，即位，袒，成踊。襲，拜賓，反位，哭，成踊，送賓，反位。相者告就次。三日五哭，卒，主人出送賓，衆主人、兄弟皆出門，哭止，相者告事畢。成服，拜賓。若所爲位家遠，則成服而往。

鄭氏曰：謂無君事，又無故，可得奔喪，而以己私未奔者也。唯父母之喪，則不爲位，其哭之不離聞喪之處。齊衰以下，更爲位而哭，皆可行乃行。「三日五哭，卒」，卒，猶止也。始聞喪，訖夕爲位，乃出就次，一哭也。與明日、又明日之朝、夕而五哭。不五朝哭，而數朝、夕，備五哭而止。亦爲急奔喪，己私事當畢，亦明日乃成服。凡云「五哭」者，其後有賓，亦與之哭而拜之。「家遠」，謂外喪也，外喪緩而道遠，成服乃行，容待齎也。

孔氏曰：此一節明齊衰以下，不得往奔，則於所聞之處爲位，及免、絰、成服之禮。前文五哭皆數朝哭，此三日爲五哭者，爲欲急奔喪，以己之私事須營早了，故三日而五哭止也。從上以來四處有五哭之文。上兩處於五哭之下，無拜賓、送賓之事。下兩處五哭之文，雖有拜賓、送賓，恐與上有異，故鄭云後有賓亦與之哭而拜之，總結於上也。「待齎」，謂賵贈之物。

山陰陸氏曰：「三日五哭，卒」，即上所謂五哭，言「卒」，喪輕故也。大喪不言卒，雖云去服之殺，蓋亦嫌遽。今在事畢之後，容成服矣，而後賓至，亦拜、亦送也。

齊衰望鄉而哭，大功望門而哭，小功至門而哭，緦麻即位而哭。

鄭氏曰：奔喪哭，親疏遠近之差也。

孔氏曰：此一節明奔喪所至之處，哭泣之禮。案《雜記》云：「大功望鄉而哭。」此云「望門」者，《雜記》謂本齊衰者降服大功。

嚴陵方氏曰：以服有重輕之别，故哭有遠近之差也。言「齊衰望鄉而哭」，則斬衰不待望鄉而哭可知。

哭父之黨於廟，母、妻之黨於寢，師於廟門外，朋友於寢門外，所識於野張帷。凡爲位不奠，哭天子九，諸侯七，卿大夫五，士三。大夫哭諸侯，不敢拜賓。諸臣在他國，爲位而哭，不敢拜賓。與諸侯爲兄弟，亦爲位而哭。凡爲位者壹袒。

鄭氏曰：因五服聞喪而哭，列人恩諸所當哭者也。黨，謂族類無服者也。逸《奔喪禮》曰：「哭父族與母黨於廟，妻之黨於寢，朋友於寢門外，一哭而已，不踊。」言「一哭而已」，則不爲位矣。「凡爲位不奠」，以其精神不存乎是也。❶「哭天子九」至「士三」，此謂臣聞君喪而未奔，爲位而哭，尊卑日數之差也。士亦有屬吏，賤，不得君臣之名也。大夫哭諸侯，謂哭其舊君，不敢拜賓，辟爲主也。「諸臣在他國」，謂大夫、士使於列國也。「與諸侯爲兄弟」，謂族親昏姻在異國者也。「凡爲位者一袒」，謂於禮正可爲位而哭也。始聞喪，哭而袒，其明日則否。父母之喪，自若三袒也。

孔氏曰：此一節明無服之親聞喪所哭之

❶「存」，通志堂本、四庫本作「在」。

處。《檀弓》云：「師，吾哭諸寢。」與此異矣。兄弟朋友與此同。《檀弓》殷禮，此周法也。此哭父黨於廟，《檀弓》云：「有殯，聞遠兄弟之喪，哭於側室。」若無殯，則在寢。與此不同者，異代禮也。「與諸侯爲兄弟」，註云「族親昏姻」者，此謂與諸侯異姓之昏姻，又在他國，不與諸侯爲臣，身又無服，故暫爲位而哭。若與諸侯同姓，五服之内，則《小記》云「與諸侯爲兄弟者服斬」是也。

横渠張氏曰：爲位者，爲哭位也。然亦有神位不奠者，奠則久奠也。在他所，則難爲久奠。喪禮則於殯常奠，喪不剥奠，爲其久設也。脯醢之奠，則易之。又曰：「爲位不奠」，謂之不祭則不可，但恐不如喪奠，以新易舊，如此久設也。

嚴陵方氏曰：廟者神之所居，有尊之道，故哭父之黨於廟。寢者人之所居，有親之道，故母、妻之黨於寢。師以道之尊而有别於父，故於廟門外。朋友以德之親而有别於母、妻，故於寢門外。所識則非親，特與之相識而已，故於野，以示其遠焉。

山陰陸氏曰：凡喪親，始死哭不以數，則士明日朝莫哭，又明日成服之朝哭。所謂三哭者，此歟？大夫明日、又明日朝莫哭，又明日朝哭，凡五哭。諸侯朝莫哭，如大夫，又三日朝哭，凡七哭，於是殯。天子朝莫哭，如諸侯，又四日朝哭，凡九哭，於是殯。凡爲位者壹袒，上所謂凡爲位，即位，袒，成踊，是也。

所識者弔，先哭于家而後之墓，皆爲之成踊。從主人北面而踊。

鄭氏曰：從主人而踊，拾踊也。北面，自

外來便也。主人墓左西面。

孔氏曰：此一節論哭所識者。謂與死者相識，今弔其家，乃往墓，統於主人故也。雖相識輕，亦爲之成踊。主人先踊，賓從之，故云「從」也。

山陰陸氏曰：爲之成踊，强也。坐主人北面而踊，從之而已，不拾。

凡喪，父在，父爲主。父没，兄弟同居，各主其喪。親同，長者主之。不同，親者主之。

鄭氏曰：父爲主，與賓客爲禮，宜使尊者也。各主其喪，各爲其妻子之喪爲主也。祔，則宗子主之。親同，謂父母没，如昆弟之喪，宗子主之。不同，爲從父昆弟之喪。

孔氏曰：此一節論同居主喪之事。父在，父爲主，言子有妻、子喪，則其父爲主。父没同居各主之，當知父在同居，則父主之也。親同，謂同三年期同父母者。若同父母喪者，則推長子爲主。若昆弟喪，亦推長者爲主也。「親者主之」，謂親近自主之也。

聞遠兄弟之喪，既除喪而后聞喪，免袒，成踊。拜賓，則尚左手。

鄭氏曰：小功、緦麻不税者也，雖不服，猶免袒。「尚左手」，吉拜也。

孔氏曰：此一經論小功以下，既除喪之後，始聞喪之節。小功以下應除之後，服雖不税，本是五服之親，初聞喪，亦爲之變，故免袒成踊也。

無服而爲位者，唯嫂叔及婦人降而無服者麻。

鄭氏曰：雖無服，猶弔服加麻，袒免，爲位哭也。正言「嫂叔」，尊嫂也。兄公於弟之妻則不能也。婦人降而無服，族姑、姊妹嫁者也。逸《奔喪禮》曰：「無服袒免爲位者，唯嫂與叔。凡爲其男子服，其婦人降而無服者麻。」

孔氏曰：此經論哭無服而爲位，及弔服加麻也。哭嫂與叔爲位，并及族姑、姊妹女子出嫁於人，元是緦麻，今降而無服，亦當爲位哭之。既無服，又云麻，故知弔服加麻也。麻，謂緦之絰也。《爾雅·釋親》云：「婦人謂夫之兄爲兄公。」兄公於弟之妻，則不能爲位哭之。然則弟婦於夫兄亦不能也。兄公於弟妻不服者，卑遠之也。弟妻於兄公不服者，尊絶之也。鄭註「凡爲其男子服，其婦人降而無服者麻」，男子謂族伯叔、族兄弟之等，爲其族姑及姊妹既降無服，其族姑、姊妹爲族伯叔、兄弟亦無服加麻，是男之於女，女之於男，皆無服而加麻，故鄭云然也。

嚴陵方氏曰：《檀弓》曰：「嫂叔之無服也，蓋推而遠之也。姑姊妹之薄也，蓋有受我而厚之者也。」制之以義，故無服；本之以仁，故爲位焉。

山陰陸氏曰：言及欲著嫂叔雖無服，猶弔服加麻。逸《奔喪禮》曰：「凡爲其男子服，其婦人降而無服者麻。」謂若爲其再從兄弟服，則其姊妹以出嫁降而無服，我猶弔服加麻也。

凡奔喪，有大夫至，袒，拜之，成踊而后襲。於士，襲而后拜之。

鄭氏曰：主人袒，降哭，而大夫至，因拜之，不敢成己禮，乃禮尊者。或曰「大夫後至者，拜之，爲之成踊」。

孔氏曰：此經論奔喪，大夫、士來弔待之節。尊大夫，故先袒，拜，成踊，而后襲衣。士卑，故先襲而後拜。謂先成己禮，乃拜之也。此謂兩士相敵，兩大夫相敵亦然。

問喪第三十五

孔氏曰：案鄭《目録》云：「名曰《問喪》者，以其記善問居喪之禮所由也。此於《别録》屬《喪服》。」

嚴陵方氏曰：《曲禮》曰：「鄰有喪，舂不相；里有殯，不巷歌。」以與之鄰里，故亦與之同哀戚也。則問喪之禮，鄰里其可以廢乎？此經云「鄰里爲之糜粥以飲食之」，即問之之事也。故以是名篇。

親始死，雞斯，徒跣，扱上衽，交手哭。惻怛之心，痛疾之意，傷腎，乾肝，焦肺，水漿不入口，三日不舉火，故鄰里爲之糜粥以飲食之。

鄭氏曰：親，父母也。「雞斯」，當爲「笄纚」，聲之誤也。親始死，去冠，三日乃去笄纚，❶括髮也。徒，猶空也。上衽，深衣之裳前。五藏者，腎在下，肝在中，肺在上，舉三者之焦傷，而心脾在其中矣。五家爲鄰，五鄰爲里。

孔氏曰：此一節明初死三日以來，居喪哭踊，悲哀疾痛之意。笄，謂骨笄。纚，謂縚髮之繒。親始死，去冠，唯留笄纚。《士喪禮》云：「小斂括髮。」是死二日乃去笄纚也。徒跣，無屨而空跣也。「扱上衽」，扱深衣前衽於帶，以號踊履踐爲妨。案深衣衽當旁，此云妨履踐，故註爲裳前。其實衽象小要，屬裳處皆狹，旁與在前俱得衽名，但扱處當衽也。交手，謂交

❶「三」，通志堂本、四庫本作「二」。

手拊心而爲哭也。「傷腎，乾肝，焦肺」，舉此三者，五臟俱傷可知也。不舉火者，哀痛之甚，情不在食也。旁親以下，食不可廢，故「鄰里爲糜粥以飲食之」。糜厚而粥薄，薄者以飲之，厚者以食之。

山陰陸氏曰：「扱上衽」，則以有辟踊之端焉。「交手哭」，捧心而哭，發胸擊心。在斂之後，惻怛痛疾，而精先傷，魂次之，魄又次之，故曰「傷腎，乾肝，焦肺」。傷，傷而已，乾於是爲甚。乾猶可也，焦又甚矣。

夫悲哀在中，故形變於外也。痛疾在心，故口不甘味，身不安美也。三日而斂，在牀曰尸，在棺曰柩。動尸舉柩，哭踊無數。惻怛之心，痛疾之意，悲哀志懣氣盛，故袒而踊之，所以動體、安心、下氣也。婦人不宜袒，故發胸、擊心、爵踊，殷殷田田，如壞牆然，悲哀痛疾之至也。故曰「辟踊哭泣，哀以送之，送形而往，迎精而反」也。其往送也，望望然，汲汲然，如有追而弗及也。其反哭也，皇皇然，若有求而弗得也。故其往送也如慕，其反也如疑。求而無所得之也，入門而弗見也，上堂又弗見也，入室又弗見也。亡矣，喪矣，不可復見已矣。故哭泣辟踊，盡哀而止矣。心悵焉，愴焉，惚焉，愾焉，心絶志悲而已矣。祭之宗廟，以鬼饗之，徼幸復反也。成壙而歸，不敢入處室，居於倚廬，哀親之在外也。寢苫枕塊，哀親之在土也。故哭泣無時，服勤三年，思慕之心，孝子之志也，人情之實也。

鄭氏曰：「悲哀在中，變形於外」，言人情中外相應也。「故袒而踊之」，言聖人制法，故使之然也。爵踊，足不絶地。辟，拊心也。「哀以送之」，謂葬時也。迎其精神而反，謂反哭及日中而虞也。望望，瞻望之貌也。慕者，以其親之在前。疑者，不知神之來否。「求而無所得之」至「盡哀而止矣」，説反哭之義。「心悵焉」至「復反也」，説虞之義。成壙而歸，不入處室，寢苫枕塊，言親在外、在土，孝子不忍反室自安也。服勤，謂憂勞。

孔氏曰：爵踊，似爵之跳，其足不離於地。如壞牆，言將欲崩倒也。「汲汲」，促急之情。「皇皇」，意徬徨也。「人情之實」，言非詐僞假爲之，是人情悲慕之實也。

嚴陵方氏曰：「爵踊」，猶《莊子》所謂「爵躍」。「如壞牆然」，言其不可枝梧。形者成之終，精者生之始。送之而往，所以慎終；迎之而反，則念始之者也。哀親之在外，故不忍居於内。哀親之在土，故不忍寢於牀。

山陰陸氏曰：殷殷，踊也。田田，懇惻也。形者，其精之委脱者也。皇皇然，无所向也，若望望然，汲汲然，猶有所向，特有所不逮爾，故曰「其往也如慕，其反也如疑」。先儒謂「皇皇然者，意彷徨也」，誤矣。「求而無所得之也，入門而弗見也，上堂又弗見也，入室又弗見也」，是之謂「皇皇然」。初猶言若有求而弗得，今其言如此，亦言之序。「祭之宗廟，以鬼饗之，徼幸復反」，所謂生事畢，而鬼事始已也。居於倚廬，寢苫枕塊，成壙而歸，猶如此，於是爲至矣。哭泣無時，若三哭、五哭，先王爲之節爾。

或問曰：「死三日而后斂者，何也？」曰：「孝子親死，悲哀志懣，故匍匐而哭之，若將復生然，安可得奪而斂之也？故曰：三日而后斂者，以俟其生也。三日而不生，亦不生矣。孝子之心，亦益衰矣。家室之計，衣服之具，亦可以成矣。親戚之遠者，亦可以至矣。是故聖人爲之斷決，以三日爲之禮制也。」

鄭氏曰：問者，怪其遲也。匍匐，猶顛蹷，或作「扶服」。

孔氏曰：記者假設問三日而后斂之意。三日斂者，以士言之，則大斂也。明大夫以上言之，則小斂也。

嚴陵方氏曰：始死而未忍斂之者，孝子之心存乎仁也。三日而必斂之者，聖人之禮制以義也。

山陰陸氏曰：言至情難奪如此，雖聖人猶疑焉，爲之斷決而後能爲之。

或問曰：「冠者不肉袒，何也？」曰：「冠至尊也，不居肉袒之體也，故爲之免以代之也。然則禿者不免，傴者不袒，跛者不踊，非不悲也。身有錮疾，不可以備禮也。故曰喪禮唯哀爲主矣。女子哭泣悲哀，擊胸傷心，男子哭泣悲哀，稽顙觸地無容，哀之至也。」

鄭氏曰：問者，怪冠衣之相爲也。身無飾者不敢冠，冠爲褻尊服。肉袒則著免，免狀似冠，而廣一寸。將踊先袒，將袒先免。禿者、傴者、跛者，此三疾俱不踊、不袒、不免，顧其所以否者，各爲一爾。擊胸傷心，稽顙觸地，不踊者若此而可。或曰「男女哭踊」。

孔氏曰：此冠不居肉袒者，謂心既悲哀，肉袒形褻，故不可褻其尊服而冠也。若有吉事，而內心肅敬，則雖袒而著冠也。故《郊特牲》云「君袒而割牲」是也。

嚴陵方氏曰：露肉體而袒衣，故謂之肉

袒。冠則在首之上服也，故以至尊言之。免雖在首，而非冠焉，故以之代冠而已。亦見《檀弓》「免焉」解。秃則頂無飾，故不免，免則頂露矣。傴則形褻矣。跛則足不正，故不踊，踊則足勞矣。此皆禮之權也。

山陰陸氏曰：《明堂位》曰：「君肉袒，迎牲于門。」今其言如此，何也？曰：凡臣子爲尊者使令則袒，雖冠，不嫌也。若喪而袒，非爲使令也，所以動體安心下氣，故不敢。據此「免而袒，袒而踊」反爲文矣。蓋先王因其至痛惻怛，爲之制禮。及世衰道微，情有不至，雖免、袒、踊務爲如禮，是禮之情果在此乎？在彼乎？故曰「喪禮唯哀爲主矣」。若莊周謂儒者以《詩》、《禮》發冢，殆不知此之過也。

或問曰：「免者以何爲也？」曰：「不冠者之所服也。《禮》曰：『童子不緦，唯當室緦。』緦者其免也，當室則免而杖矣。」

鄭氏曰：問者，怪本所爲施也。不冠者，猶未冠也。當室，謂無父兄而主家者也。童子不杖，不杖者不免，當室則杖而免。免冠之細別，以次成人也。「緦者其免」，言免乃有緦服也。

孔氏曰：不冠，謂未冠，童子之所服也。「童子不緦」，此《喪服》正經之文，言不爲族人著緦服也。唯當室之童，乃爲族人著緦服。「緦者其免也」者，疊出經文也。言童子當室，内爲父母著免，乃有族人緦服。言緦服由於著免，是所以緦者由有免故也。「當室則免而杖」，又明童子得免所由，以其孤兒當室，則得免而杖，爲族人得著緦也。免是冠之流例。

嚴陵方氏曰：不緦則不杖，不杖則不免，

此童子之正也。當室者，雖童子亦緦，緦則免而杖矣。童子以幼，故不服族人之緦。至當室，雖未冠，亦責以成人之備禮矣。

或問曰：「杖者，何也？」曰：「竹、桐一也。故爲父苴杖，苴杖，竹也。爲母削杖，削杖，桐也。」或問曰：「杖者以何爲也？」曰：「孝子喪親，哭泣無數，服勤三年，身病體羸，以杖扶病也。則父在不敢杖矣，尊者在故也。堂上不杖，辟尊者之處也。堂上不趨，示不遽也。此孝子之志也，人情之實也，禮義之經也。非從天降也，非從地出也，人情而已矣。」

鄭氏曰：問杖者何，怪其義各異也。「竹、桐一也」，言所以杖者，義一也，顧所用異爾。問杖者以何爲，怪所爲施也。「以杖扶病」，言得杖乃能起也。父在不杖，謂爲母喪也。尊者在不杖，辟尊者之處不杖，有事不趨，皆爲其感動，使之憂戚也。

孔氏曰：父是尊極，故苴惡之物以爲杖，自然苴惡之色，唯有竹也。母屈於父，故用削杖。雖削，情同於父。桐是同父之義，故不用餘木也。或解云：竹節在外，外，陽之象，故爲父矣。桐節在内，内，陰之類，故爲母也。堂上是父之所在，所以爲母堂上不敢杖也。堂上不爲喪趨者，示父以閒暇，不促遽也。

嚴陵方氏曰：父在謂服母喪之時，當父在之處也。不杖，則不敢以杖病之具，感尊者之情故也。堂上不趨，見《曲禮》解。堂上不趨，非止喪禮，示遽者特以喪爾。夫事莫遽於喪，而反以示不遽者，以其近尊者之處，不欲以喪容感之，故特示其間暇也。

山陰陸氏曰：孝子喪親，哭泣無數、無時、無朝夕也。無數，無三哭、五哭也。父在不敢杖，尊者在故也。顔回曰「子在，回何敢死」，近之矣。此非故隆父殺母，是人情之實，禮義之經也。野人曰：「父母何算焉？」隆母如父，是之謂野。

禮記集説卷第一百四十三

禮記集說卷第一百四十四

服問第三十六

孔氏曰：案鄭《目録》云：「名曰《服問》者，以其善問，以知有服而遭喪所變易之節。此於《别録》屬《喪服》。」

山陰陸氏曰：退問在下著服，多微詞奥旨，問有不盡也。據《問喪》在上。

《傳》曰「有從輕而重」，公子之妻爲其皇姑。「有從重而輕」，爲妻之父母。「有從無服而有服」，公子之妻爲公子之外兄弟。「有從有服而無服」，公子爲其妻之父母。

鄭氏曰：皇，君也。諸侯妾子之妻，爲其君姑齊衰，與爲小君同。舅不厭婦也。「從重而輕」，謂妻齊衰，而夫從緦麻，不降一等，言非服差也。「從無服而有服」，謂爲公子之外祖父母、從母緦麻。「從有服而無服」者，凡公子厭於君，降其私親。女君之子不降也。

孔氏曰：此四條明從服輕重之異。言「傳曰」者，舊有成傳，記者引之。「公子之妻爲其皇姑」，公子謂諸侯之妾子也，皇姑即公子之母也。諸侯在，尊厭妾子，使爲母練冠。諸侯没，妾子得爲母大功。而妾子妻不辨諸侯存没，爲夫之母期也。其夫練冠，是輕也，而妻爲期，是重，故云「從輕而重」。謂之皇姑者，此妾既賤，若唯云「姑」，則有嫡女君之嫌。今加「皇」字，自明非女君，而此婦所尊與女君同，故云「君姑」也。「公子之妻爲公子之外兄弟」者，謂公子之外祖父母也。公子被厭，不服己母之外家，是「無服」也。妻猶從公子而服公子外祖父母、從母緦麻，是「從無服而有服」也。經唯云「公子外兄弟」，知非公子姑之子者，以《喪服小記》云：「夫之所爲兄弟服，妻皆降一等。」夫爲姑之子緦麻，妻則無服。今公子之妻爲之有服，故知「公子之外祖父母、從母」也。此等皆小功之服。凡小功者，謂爲兄弟，若同宗，直稱兄弟，以外族，故稱「外兄弟」也。

嚴陵方氏曰：此一節即釋《大傳》「服術有六」之文也。故稱「傳曰」以冠之。

馬氏曰：《大傳》「從服有六」，而此言其四，皆禮之可以變易者，則服亦從而隆殺之。「有從輕而重」，「有從無服而有服」者，以其人情無所嫌而伸之也。「有從重而輕」，「有從有服而無服」者，以其人情有所嫌而屈之也。先王制服，人情而已矣。然而服術之六，從服爲末，而從服之中有至無服，則雖禮之微者，不可不辨。

山陰陸氏曰：「公子之妻爲其皇姑」，謂之皇姑，著死而後稱姑，避小君也。先儒謂《春秋》之義，妾母稱夫人。若小君在，上堂稱妾，下堂稱夫人。天一而已矣，夫，妻之天也，雖其父母猶降，雖其舅姑猶降，即妻齊衰，夫亦齊衰，是相報也。故先王制服，爲妻之父母，其輕重不倫如此。婦之黨爲昏，兄弟壻之黨爲姻，兄弟又各謂其外家之黨爲外兄弟。《喪服傳》曰：「何如則可謂之兄弟？小功以下爲兄弟。」小功以下，親不足言也，謂之兄弟，可。故曰「四海之内皆兄弟也」。公子不服其母，故爲其妻之父母無服。據

《喪服傳》「公子爲其母練冠、麻、麻衣縓緣」。

《傳》曰：「母出則爲繼母之黨服。母死則爲其母之黨服。」爲其母之黨服，則不爲繼母之黨服。

鄭氏曰：雖外親，亦無二統。

孔氏曰：此明繼母之黨，亦是舊傳之辭。

嚴陵方氏曰：此雖非《大傳》之文，然舊傳之所説，故亦以「傳曰」冠之。

三年之喪既練矣，有期之喪既葬矣，則帶其故葛帶，絰期之絰，服其功衰。有大功之喪，亦如之。小功無變也。

鄭氏曰：「帶其故葛帶」者，三年既練，期既葬，差相似也。絰期之葛絰，三年既練，首絰除矣。「服其功衰」，服麤衰也。「大功之喪亦如之」者，大功之麻，變三年之練葛，期既葬之葛帶，小於練之葛帶，又當有絰，亦反服其故葛帶，絰期之絰，差之宜也。此雖變麻服葛，大小同爾，亦服其功衰。凡三年之喪既練，始遭齊衰、大功之喪，絰帶皆麻。

孔氏曰：三年之喪，練祭之後，又當「期喪既葬」之節。今期喪既葬，男子則應著葛帶，與三年之葛帶麤細正同。以父葛爲重，故「帶其故葛帶」。三年練後，男子除乎首，其首空，故「絰期之葛絰」。若婦人練後，麻帶除矣，則「絰其故葛絰」，帶期之麻帶，以其婦人不葛帶故也。功衰，謂七升，父之衰也。經不云「服其父衰」，而云「功衰」者，經稱三年之衰，則父爲長子、及父卒爲母，皆是三年。今期喪既葬，反服其服，若言功衰，總道三人，故不得特言「服父衰」也。有大功之喪，明練後有大功之喪，既葬也。「亦如之」者，亦帶其故葛帶，絰期之葛絰。大功初死之麻，變三年練後之葛，首、要皆麻矣，故《間傳》謂之「重麻」也。大功既葬葛帶，小於練之葛帶，故反服練之故葛帶也。又要服練之葛帶，首服大功既葬之葛絰，麤細相似，不得爲五分去一爲帶之差，故首絰進與期之既葬同也。故鄭云「絰期之絰」，是差次之宜也。此註亦主於男子，其婦人之服，下《間傳》具釋。云「此雖變麻服葛，大小同爾」者，大功初死之麻，齊衰既葬之葛，與初死之麻大小同也。小功無變，謂先有大功以上喪服，今遭小功之喪，無變於前服，不以輕服減累於重也。

橫渠張氏曰：三年既練，期既葬，服其功衰，有大功之喪，亦如之，謂若三年既練，期大功既葬，止當服其既練功衰，不可便受以小功布也，以此三年無受。小功之節，練衰除則自當服以小功。練衣必是煆練大功之布以爲衣，故有言功衰。功衰，上之衣也，以其著衰於上，故通謂之功衰。❶必著受服之上，稱受者，以此得名。　受蓋受始喪斬疏之衰，而著之變服，其意以喪久變輕，不欲摧割之心亟忘於内也。練衣當既葬之後，受以大功之衰，及既練也，煆練其衰而已。或既練，則以大功之布而爲衰，或衰而加煆練，此則繫其有亡也。　小祥乃練其功衰而衣之，則練與功衰非二物。若正大功之服，則有小功之受。蓋大功乃亞三年、期之重喪，其有卒哭之税，亦其稱爾。若殤則不練矣。練亦謂之功衰，蓋練其功衰而

❶「功衰」，原作「衰衰」，今據通志堂本、四庫本改。

衣之爾。據《曾子問》「三年之喪不弔」，又《雜記》「三年之喪，雖功衰不以弔」，又《服問》「三年之喪既練矣，有期之喪既葬矣，則服其功衰」。經意蓋謂當練而服後喪之衰，即用七八升衰，則前喪易忘，故反七八升之衰矣。又《雜記》「有父母之喪，尚功衰」。此云「尚功衰」，蓋未祥之前，尚衣絰練之功衰爾。❶知既練猶謂之功衰者，以下文云「則練冠」，又三年之喪，禮當不弔，❷而《雜記》又云「雖功衰，不以弔」。

山陰陸氏曰：禮：父之喪既練，服其功衰，母之喪既葬，服其功衰，即有父之喪既練矣，母之喪既葬，服其功衰而帶以故葛帶，絰期之絰，男子重首，絰期之絰，則以母喪尚新故也。《雜記》「三年之喪，雖功衰」，既練之衰也。

藍田呂氏曰：此功衰之喪，既葬，所受之功衰也。故曰「絰期之絰，服其功衰」，承期文也。蓋期之既葬之葛輕於三年之練葛，故帶其故葛帶。三年之練，除首絰，而期之既葬未除，故「絰期之絰」。期之既葬之功衰，重於三年之練，故又服期之功衰。若三年既練，遭大功之喪，亦猶是也。小功麻斷本，故不變三年之練葛首也。

長樂黃氏曰：練再受服，經傳雖無明文，謂既練而服功衰，則記禮者屢言之。《服問》曰「三年之喪既練矣，期之喪既葬矣，則服其功衰」，《雜記》曰「三年之喪，雖功衰，不弔」，又曰「有父母之喪，尚功衰，而

❶「絰」，原作「經」，今據通志堂本、四庫本改。
❷「當不」，通志堂本、四庫本作「不當」。

祔兄弟之殤，則練冠」是也。案大功之布有三等，七升、八升、九升，而降服七升爲最重。斬衰既練而服功衰，是受以大功七升布爲衰裳也。故《喪服・斬衰》章，賈氏疏云「斬衰初服麤，至葬後練，後大祥，後漸細，加飾。斬衰裳三升，冠六升。既葬後，以其冠爲受，衰裳六升，冠七升。小祥又以其冠爲受，衰裳七升，冠八升」。「女子子嫁，反，在父之室」，疏云「至小祥受衰七升，總八升」。又案《間傳》「小祥練冠」，孔氏疏云：「至小祥，以卒哭後冠受其衰，而以練易其冠。」而横渠張子之說，又曰：「練衣必煆練大功之布以爲衣，故言功衰。功衰，上之衣也，以其著衰於上，故通謂之功衰。必著受服之上，稱受者，以此得名。受蓋以受始喪斬疏之衰，而著之變服。其意以喪久變輕，不欲摧割之心亟忘於内也。」據横渠此說，謂受以大功之衰，則與傳記註疏之說同。謂煆練大功之布以爲上之衣，則非特練中衣，亦練功衰也。又取成服之初衰，長六寸，博四寸，綴於當心者，著之於功衰之上。是功衰雖漸輕，而長六寸，博四寸之衰猶在，不欲哀心之遽忘也。此說則與先儒異，今並存之，當考。

涑水司馬氏曰：古者葬既練祥禫，皆有受服，變而從輕。今世俗無受服，自成服至大祥，其衰無變。故於既葬，別爲家居之服，是亦受服之意也。

麻之有本者，變三年之葛。既練，遇麻斷本者，於免絰之。既免去絰，每可以絰必絰，既絰則去之。

鄭氏曰：有本，謂大功以上也。小功以下，澡麻斷本。「既練」，雖無變，緣練無首絰，於有事則免絰如其倫。免無不絰，絰有不免，其無事則自若練服也。

孔氏曰：大功以上爲帶者，麻之根本并留之，合糾爲帶。如此者，得變三年之練葛。若小功以下，其絰澡麻斷本，是麻之無本，不得變三年之葛也。言「變三年葛」，舉其重者，其實期之葛有本者，亦得變之矣。斬衰既練之後，遭遇麻之斷本，小功之喪，雖不變服，於小功喪有事於免之時，則爲之加小功之絰，如平常有服之倫類也。既免去絰，謂小功喪，斂殯事竟，既免之後，則脱去其絰也。「每可以絰必絰」者，謂小功以下喪，當斂殯之節，每可以絰之時，必爲之加麻。不應絰之時，則去其絰，自若練服也。鄭註免無不絰者，於免之時必著絰，則大斂、小斂之節，衆主人必加絰也。絰有不免者，謂葬後虞及卒哭之節，但著絰，不免，以服成故也。

嚴陵方氏曰：本，謂麻之根也，大功以上之帶，則不斷之，以示其重焉。故可以變三年之葛。

山陰陸氏曰：《喪服小記》曰：「下殤小功帶澡麻，不絶本。」此不言小功而言斷本，爲是故也。

小功不易喪之練冠，如免，則絰其緦、小功之絰，因其初葛帶。緦之麻不變小功之葛，小功之麻不變大功之葛，以有本爲税。

鄭氏曰：税亦變易也。小功以下之麻，雖與上葛同，猶不變也。此要其麻有本者，乃變上爾。《雜記》曰「有三年之練冠，則以大功之麻易之，唯杖屨不易」也。

孔氏曰：小功以下之喪，不合變易三年喪之練冠，其期之練冠亦不得易也。如當緦、小功著免之節，則首絰，其緦與小功之絰所以爲後喪緦、絰者，以前喪練冠首絰已除故也。上經云「小功不易」，明緦不易。下經云「緦、小功之絰」，兼言「緦」者，恐免絰不及緦故也。前經已云「於免絰之」，此經又云「如免則絰」者，前經但云「絰」，不云「練冠」，恐小功以下不得改前喪練冠，故重言之也。「因其初葛帶」者，言小功以下之喪，要中所著，仍因其初喪練葛帶。上文云「期喪既葬，則帶練之故葛帶」，此小功以下之喪，亦著練之「初葛帶」。不云「故」，而云「初」者，以期初喪之時，變練之葛帶爲麻，期既葬之後，還反服練之故葛帶，故言「故」也。謂其小功以下之喪，不變練之葛帶，故云「初葛帶」也。「緦之麻不變小功之葛，小功之麻不變大功之葛」者，謂以輕喪之麻，本服既輕，雖初喪之麻，不變前重喪之葛也。「以有本爲稅」者，大功以上，麻絰有本者，得稅變前喪也。緦與小功麻絰既無本，不合稅變前喪，故所緦之麻不變小功也。註云「此要其麻有本者，乃變上耳」者，「麻有本」，謂大功以上麻絰有本，爲重下服，乃變上服，大功得變期，期得變三年也。引《雜記》者，欲明大功之麻，非但得易期喪之葛，亦得易三年練冠之絰也。❶

嚴陵方氏曰：麻以有本者爲重，故得變易而稅焉。以此易彼，則彼得以息，故曰「稅」。稅，猶「典路說駕」之「說」。

山陰陸氏曰：於此言小功，嫌下殤之小功，不斷本，可以易喪之練冠。稅者，脱

❶「絰」，《禮記正義》作「葛」。

也。然則所謂小功不税，嫌言不服著矣。殤長、中，變三年之葛，終殤之月算，而反三年之葛。是非重麻，爲其無卒哭之税。下殤則否。

鄭氏曰：謂大功之親，爲殤在緦、小功者也。可以變三年之葛，正親親也。「三年之葛」，大功變既練，齊衰變既虞、卒哭。凡喪卒哭，受麻以葛。殤以麻終喪之月數，非重之而不變，爲殤未成人，文不縟耳。「下殤則否」，言賤也。男子爲大功之殤中從上，服小功。婦人爲之中從下，服緦麻。

孔氏曰：「殤長、中」者，謂本服大功，今降在長、中殤，男子則爲之小功，婦人爲長殤小功，中殤則緦麻。如此者，得變三年之葛也。著此殤服之麻，終其月算數，如小功則五月，緦麻則三月。著麻月滿，還反三年之葛也。言服殤長、中之麻不改，是非重此麻也。以殤服初死服麻已後，無卒哭税麻服葛之法，以其質略，無文飾之繁數故也。註云「三年之葛，大功變既練」者，則《雜記》云「三年之練冠，以大功之麻易之」是也。云「齊衰變既虞、卒哭」者，則下《間傳》云「斬衰之喪，既虞、卒哭，遭齊衰之喪，輕者包，重者特」是也。「男子爲大功」以下，《喪服傳》文。

山陰陸氏曰：「下殤則否」，言爲其無卒哭之税，則雖小功，有卒哭矣。

君爲天子三年，夫人如外宗之爲君也。世子不爲天子服。

鄭氏曰：外宗，君外親之婦也。其夫與諸侯爲兄弟服斬，妻從服期。諸侯爲天子服斬，夫人亦從服期。《喪大記》曰：「外宗，房中南面。」「世子不爲天子服」，遠嫌也。不服，與畿外之民同也。

孔氏曰：君，謂列國諸侯之君，爲天子三年也。諸侯夫人爲天子如諸外宗之婦爲君也。諸侯外宗之婦爲君期，則夫人爲天子亦期也。諸侯世子有繼世之道，所以遠嫌，不爲天子服也。鄭註「外宗，君外親之婦」者，其夫既是君之外姓，其婦即是外宗也。云「其夫與諸侯爲兄弟服斬」，謂在於他國，諸侯既死，來爲之服，當尊諸侯，不繼本服之親，故服斬也。

熊氏曰：凡外宗有三，案《周禮》外宗之女有爵，通卿大夫之妻，一也。《雜記》云「外宗爲君夫人，猶内宗」，是君之姑姊妹之女、舅之女、從母之女皆爲諸侯服斬，爲夫人服期，是二也。此文「外宗」，若姑之子婦、從母之子婦，其夫是君之外親，爲君服斬，其婦亦名「外宗」，爲君服期，是三也。内宗有二，《周禮》云「内女之有爵」，謂其同姓之女悉是，一也。《雜記》云「内宗是君五屬之内女」，是二也。引《喪大記》證「外宗」之義也。

君所主：夫人妻、大子、適婦。大夫之適子爲君、夫人、大子，如士服。君之母非夫人，則羣臣無服，唯近臣及僕、驂乘從服，唯君所服服也。

鄭氏曰：「君所主：夫人妻、大子、適婦」，言妻，見大夫以下，亦爲此三人爲喪主也。士爲國君斬，小君期。大子君服斬，臣從服期。大夫不世子，不嫌也。妾，先君所不服也。禮，庶子爲後，爲其母緦。言「唯君所服」，伸君也。《春秋》之義，有以小君服之者。時若小君在，則益不可。

孔氏曰：夫人妻、大子、適婦，此三人既正，雖國君之尊，猶主其喪也。非此則不主也。大夫無繼世之道，其子無嫌，得爲君與夫人及君之大子著服如士服也。君母非夫人，君爲之服緦，則羣臣爲之無服。君母是適夫人，則羣臣爲服期也。近臣謂閽寺之屬。僕，御車者也。驂，車右也。君之母非夫人，貴臣乃不服，此諸臣賤者，隨君之服，故云「從服」。君服緦，此等人亦服緦，故云「唯君所服服也」。天子、諸侯爲妾無服，唯大夫爲貴妾服緦，故鄭註云「妾，先君所不服也」。庶子爲父後，則爲母無服。故《喪服記》云：「公子爲其母練冠，麻衣縓緣。」今君得著緦服，❶故鄭云「唯君所服，伸君也」。鄭既言正禮，又别春秋之時不依正禮，有以爲小君之服服其妾母者，文公四年「夫人風氏薨」，是僖公之母成風也。又昭十一年「夫人歸氏薨」，是昭公之母齊歸也。皆亂世之法。《穀梁傳》曰：魯僖公立妾母成風爲夫人，是子爵於母，以妾爲妻，非禮也。《左氏》説「成風妾，得立爲夫人，母以子貴，禮也」。鄭從《穀梁》説。

山陰陸氏曰：言妻，非見大夫以下。大夫以下爲此三人爲喪主，不必見也。《曲禮》曰：「公侯有夫人，有世婦，有妻，有妾。」

公爲卿大夫錫衰以居，出亦如之，當事則弁絰。大夫相爲亦然。爲其妻，往則服之，出則否。

鄭氏曰：弁絰，如爵弁而素，加絰也。不當事則皮弁。出，謂以他事，不至喪所。

孔氏曰：君爲卿大夫之喪，成服之後，著錫衰以居，以他事而出，亦著錫衰，其首

❶ 「服」，通志堂本、四庫本作「麻」。

則服皮弁。當事，謂君行，往弔卿大夫，當大斂及殯，并將葬啓殯等事，則首著弁絰，身衣錫衰。若於士，雖當事，首服皮弁。大夫相爲，亦如君於卿大夫。不當事則皮弁，當事則弁絰也。「爲其妻」，謂公於卿大夫之妻，及卿大夫相爲其妻，往臨其喪，則服錫衰，不恒著之以居，若他事出，則不服也。當殯斂，亦弁絰。

山陰陸氏曰：「當事則弁絰」者，據此王爲三公六卿錫衰，大夫、士疑衰其首服，蓋當事而後弁絰也。大夫相爲亦然者，《雜記》曰：「大夫哭大夫，弁絰，與殯，亦弁絰。」爲其妻往則弔也。弔而服之，弔而出，則除之。《喪服傳》曰：「大夫弔於命婦，錫衰，命婦弔於大夫，亦錫衰。」

新安朱氏曰：古人君臣之際，如君臨臣喪，坐撫當心，要絰而踊。今日之事至於死生之際，恝然不相關，不啻如路人。所謂君臣之義安在？ 祖宗時於舊執政，亦嘗親臨。自渡江以來，一向廢此。看古禮，君於大夫小斂往焉，於士既殯往焉，何其誠愛之至。今乃恝然。古之君臣，所以事事做得成，緣是親愛一體。

凡見人無免絰，雖朝於君無免絰，唯公門有税齊衰。《傳》曰：「君子不奪人之喪，亦不可奪喪也。」《傳》曰：「罪多而刑五，喪多而服五，上附下附，列也。」

鄭氏曰：見人，謂行求見人也。「無免絰」，絰重也。税，猶免也。古者「説」或作「税」，有免齊衰，謂不杖齊衰也。於公門有免齊衰，則大功有免絰也。列，等比也。

孔氏曰：以絰重，縱往朝君，亦無免税於絰也。唯至公門，已有不杖齊衰，則脱去其衰，絰猶不去也。若杖齊衰及斬衰，雖入公門，衰亦不税也。其大功非但税衰，又免去絰也。君子以己恕物，不可奪人喪禮，故君所以許臣著絰；亦不可自奪喪，所以己有重喪，猶絰以見君，申喪禮也。罪之與喪，其數雖多，其限同五，其等列相似，故云「列也」。《傳》是舊記，引以明之。

山陰陸氏曰：絰重也，以絰該之。下云「唯公門有税齊衰」，則此言斬衰可知。然則「君子不奪人之喪，亦不可奪喪」，謂奪所重者也。「唯公門有税齊衰」，言有，有不税也。大夫以上不税，據士唯公門税齊衰。凡所謂税，皆暫釋喪服，反吉服，若康王「麻冕黼裳」是也。列，若今例矣。

馬氏曰：法者，所以齊天下之過失。然民之過失浩繁，而不勝齊也，故法不可以不省。禮者，所以辨天下之親疏。然人之親疏、輕重之不易辨也，故禮不可以不簡。是故制爲五刑以斷其罪，而罪多者有非五刑所屬，則隨時而參酌之。列爲五服以定其喪，而「喪多而服五，上附下附，列也」。故有從輕從重，有服無服之別焉。蓋先王之制，必以五數，舉其大者而略言之，五典、五禮、五聲、五色、五味、五行，日用不可闕一焉。《易》曰：「天數五，地數五。」王者之政，天地而已。

嚴陵方氏曰：「上附下附，列也」，言上下各有所比附，而爲之等列也。

間傳第三十七

孔氏曰：案鄭《目録》云：「名曰《間傳》者，以其記喪服之間輕重所宜。此於《別録》屬《喪服》。」

斬衰何以服苴？苴，惡貌也，所以首其内而見諸外也。斬衰貌若苴，齊衰貌若枲，大功貌若止，小功、緦麻容貌可也。此哀之發於容體者也。斬衰之哭，若往而不反。齊衰之哭，若往而反。大功之哭，三曲而偯。小功、緦麻，哀容可也。此哀之發於聲音者也。

鄭氏曰：有大憂者，面必深墨。止，謂不動於喜樂之事。三曲，一舉聲而三折也。偯，聲餘從容也。枲，或爲「似」。

孔氏曰：此明居喪外貌輕重之異。苴是黧黑色。止，平停不動也。大功轉輕，心無斬刺，故貌不爲之變，又不爲之傾，若止於二者之間。衰因鍛布，帶屨亦輕。小功緦麻，其絰色用枲同者，自别表義耳。小功緦麻，其情既輕，哀聲從容，於理可也。

嚴陵方氏曰：自大功至緦，皆有衰，止以稱齊斬者，以其爲凶服之重故也。凡物精而致者謂之功，粗而略者謂之沽。大功、小功之布，比斬衰、齊衰之布，則稍精矣，故皆謂之功。大功之服九月，比小功爲大，故以大稱之。小功之服五月，比大功爲小，故以小稱之。緦麻則服之細，其質則麻也，故又以麻稱之。自小功以上至於斬衰，無非麻之所爲者。止以之稱緦，則以其爲凶服之最輕，其細至於十五升，功又不足以言之也，特有以别於絲而已。此五服之辨也。苴，蓋子麻也，以之爲布。凡物精爲美，粗爲惡，故曰「苴，惡貌也」。蓋孝子之情在内者既極其哀，則形於外也，亦爲之不美。故斬衰則服苴以表之。故曰所以首其内而見諸外，以其所表如此，而貌亦宜如之。故曰「斬衰貌若苴」。枲，亦苴也，蓋謂牡麻爾。其爲布，稍精於子麻。上言「斬衰服苴」，則知齊衰而下服枲矣。且齊衰既以緝而齊其下爲義，則其服緝之枲，固亦宜矣。其服如此，貌亦宜如之，故曰「齊衰貌若枲」，以其哀既殺於斬衰，故貌不若苴之惡也。「往而不反」，言氣欲絶而不能生也。偯，則哀之餘聲也。夫哀之所感，天性然也。《孝經》言「喪親曰哭，不偯」，故此至大功始有偯也。哀容，則其哀從容而不迫。

馬氏曰：喪禮，與其哀不足而禮有餘也，不若禮不足而哀有餘也。故先王因哀以制禮，則禮有隆殺。因禮以見哀，則哀有小大。凡喪事以哀爲主。《間傳》一篇，言哀者六。自斬衰以至緦麻，輕重等差，莫不有當也。其曰「哀之發於容體」，則因容體以爲禮。「哀之發於聲音」，則因聲音以爲禮。「哀之發於言語」，則因言語以爲禮。「哀之發於飲食」，則因飲食以爲禮。「哀之發於居處」，則因居處以爲禮。「哀之發於衣服」，則因衣服以爲禮。其始也本於哀，其終也成於禮。有是哀，則不得不行是禮，有是禮，則不得不致是哀也。然而容體聲音，言語動乎内者也。飲食居處，衣服在乎外者也。内外俱備，哀禮相稱，五服之制可坐而定也。

斬衰唯而不對，齊衰對而不言，大功言而不議，小功、緦麻議而不及樂。此哀之發於言語者也。斬衰三日不食，齊衰二日不食，大功三不食，小功、緦麻再不食，士與斂焉，則壹不食。故父母之喪，既殯食粥，朝一溢米，莫一溢米。齊衰之喪，疏食水飲，不食菜果。大功之喪，不食醯醬。小功、緦麻，不飲醴酒。此哀之發於飲食者也。

鄭氏曰：議，謂陳説非時事也。

孔氏曰：「唯而不對」，但唯於人，不以言辭而對也。《雜記》云：三年之喪，對而不問。爲在喪稍久，故對也。大功稍輕，得言他事，而不議論時事之是非。《雜記》云：「齊衰之喪，言而不語。」彼謂言己事。爲人説爲「語」，與此「言」異也。齊衰二日不食，謂正服齊衰也。《喪大記》云「三不食」，當是義服齊衰。小功、緦麻再不食。《喪大記》云「壹不食，再不食」，則是壹不食謂緦麻，再不食謂小功。異人之説，其義别也。

嚴陵方氏曰：唯則順之而已。對則有可否焉。對則應彼而已，言則命物焉。言則直言而已，議則詳其義焉。議則主於事而已，樂則通其情焉。由其哀有重輕，故發於言語有詳略也。三不食，則日有半也。此言食，與《大記》不能無小異。蓋溢，與《孟子》言「七十鎰」之「鎰」同。二十兩也。數登於十則滿矣，而又益倍之爲溢焉。疏食者，麤疏之食也。

父母之喪，既虞，卒哭，疏食水飲，不食菜果。期而小祥，食菜果。又期而大祥，有醯醬。中月而禫，禫而飲醴酒。始飲酒者，先飲醴酒。始食肉者，先食乾肉。

鄭氏曰：先飲醴酒，食乾肉者，不忍發御厚味。

孔氏曰：此明父母終喪以來，所食之節。大祥食醯醬，則小祥食菜果之時，但用鹽酪也。不能食者，小祥食菜果之時，得用醯醬。故《喪大記》云：「小祥食菜果，以醯醬。」醴酒味薄，乾肉又澁，所以先食之者，以喪服除，孝子不忍發初御醇厚之味也。《喪大記》云「祥而食肉」者，異人之説。

父母之喪，居倚廬，寢苫枕塊，不説絰帶。齊衰之喪，居堊室，芐翦不納。大功之喪，寢有席。小功、緦麻，牀可也。此哀之發於居處者也。父母之喪，既虞，卒哭，柱楣翦屏，芐翦不納。期而小祥，居堊室，寢有席。又期而大祥，居復寢。中月而禫，禫而牀。斬衰三升，齊衰四升、五升、六升，大功七升、八升、九升，小功十升、十一升、十二升。緦麻十五升，去其半，有事其縷，無事其布，曰「緦」。此哀之發於衣服者也。

鄭氏曰：芐，今之蒲苹也。此齊衰多二等，大功、小功多一等。服主於受，是極列衣服之差也。

孔氏曰：此明初遭五服之喪，居處之異，及遭父母喪至終服，所居改變之節。又明五服精粗之異。「芐翦不納」，芐爲蒲苹，爲席，翦頭爲之，不編納其頭而藏於内也。亦有斬衰不居倚廬者，則《雜記》云「大夫居廬，士居堊室」，是士服斬衰而居堊室也。亦有齊衰之喪不居堊室者，《喪服小記》云「父不爲衆子次於外」，註云「自若居寢」是也。「有事其縷，無事其布，曰『緦』」者，以三月之喪，治其麻縷，其細如絲，故云「緦麻」。以朝服十五升，抽去其半，縷細而疏也。「有事其縷」，事，謂鍜治布縷也。「無事其布」，謂織布既成，不鍜治其布，以哀在外故也。案《喪服記》云「齊衰四升」，此經云「四升、五升、六升」，多於《喪服》篇二等也。案《喪服記》「大功八升，若九升」，此云「七升、八升、九升」，是多《喪服》一等也。《喪服記》又云「小功十升，若十一升」，此云「小功十升、十一升、十二升」，是多於《喪服》一等也。鄭云「服主於受」者，以《喪服》之經主於受服者而言。以大功之殤無受服，不列大功七升。以《喪服》父母爲主，欲其文相值，故略而不言。記者於是經「極列衣服之差」，所以齊衰多二等，大功、小功多一等也。

嚴陵方氏曰：柱廬間之楣以爲之固，故曰「柱楣」。翦廬傍屏蔽之草而飾之，故曰「翦屏」。八十一縷曰升，一服而升數不同者，以有正服、義服故也。所謂「喪多而服五」者，此也。

山陰陸氏曰：「芐翦不納」者，翦之而已，不納也。言翦屏，則前此茅茨不翦。柱楣，於柱置楣而已。此期而席，居堊室。《喪服傳》既虞，寢有席，既練，舍外寢。《傳》所記尊者居喪之法，此言大夫、士禮而已。知然者，以《傳》上翦屏，蓋屏不欲視外，尊者之事也。故曰「前旒蔽明，紸纊塞聰」。亦天子虞之日遠，大夫、士近。若寢有席，一施之於虞，則疾徐相懸矣。其言既虞，卒哭，柱楣翦屏，亦以此。然則諸侯五月而葬，七月而卒哭。其寢有席，又在卒哭歟？

賈氏曰：吉服所以表德，凶服所以表哀。德有高下，章有升降，哀有深淺，布有精麤。《儀禮疏》

河南程氏曰：古者八十一縷曰升，斬衰三升，則是二百四十三絲。於今之布爲已細。緦麻十五升，則是千有二百絲，今蓋無有矣。

新安朱氏曰：緦十五升，抽其半者是一簆只用一經。如今廣中踈布，又如單經黃草布，皆只一經也。然小功十五升，則其縷反多於緦矣。又不知是如何？

斬衰三升，既虞、卒哭，受以成布六升，冠七升。爲母疏衰四升，受以成布七升，冠八升。去麻服葛，葛帶三重。期而小祥，練冠縓緣，要絰不除。男子除乎首，婦人除乎帶。男子何爲除乎首也？婦人何爲除乎帶也？男子重首，婦人重帶。除服者先重者，易服者易輕者。又期而大祥，素縞麻衣。中月而禫，禫而纖，無所不佩。

鄭氏曰：葛帶三重，謂男子也。五分去一而四糾之。帶輕既變，因爲飾也。婦人葛絰，不葛帶。易服，謂爲後喪所變也。婦人重帶，帶在下體之上，婦人重之，辟男子也。其爲帶，猶五分絰去一耳。《喪服小記》曰：「除成喪者，其祭也，朝服縞冠。」此素縞者，《玉藻》所云「縞冠素紕，既祥之冠」。麻衣十五升布，深衣也，謂之「麻」者，純用布，無采飾也。大祥，除衰杖。黑經白緯曰「纖」。舊説「纖，冠者采纓也」。無所不佩，紛帨之屬如平常也。纖，或作「綅」。

孔氏曰：此明父母之喪，初死至練冠，衰升數之變，并明練後除脱之差也。「成布六升」者，以言三升、四升、五升之布，其縷既麤疏，未爲成布也。六升以下，其縷漸細，與吉布相參，故稱「成布」。「葛帶三重」者，既虞、卒哭受服之節，要中之帶，以葛代麻，帶又差小於前。《喪服傳》云：五服絰帶，相差皆五分去一。以五分去一，唯有四分，見在「三重」，謂作四股糾之，積而相重，四股則三重。既變麻用葛，因以爲飾也。未受服之前，麻帶爲兩股相合也。此直云「葛帶」，則首絰雖葛，不三重，猶兩股糾之也。「小祥練冠縓緣」者，父没爲母，與父同也。至小祥，又以卒哭後冠受其衰，而用練易其冠也。又練爲中衣，以縓爲領緣也。「大祥，素縞麻衣」者，謂二十五月大祥祭。此日除脱，則首服素冠，以縞紕之，身著朝服，而爲大祥之祭。祭後哀情未除，更反服微凶之服，首著縞冠，以素紕之，身著十五升麻深衣也。知用十五升者，案《雜記》云：「朝服十五升。」此大祥之祭既著朝服，則大祥之後，麻衣麤細當同朝服也。「中月而禫」者，中，間也。大祥之後更間一月而爲禫祭。二十七月而禫。「禫而纖」者，禫祭之時，玄冠朝服。禫祭既訖，而首著纖冠，身著素端黄裳，以至吉祭。身著吉服，尋常所服之物，無不佩也。鄭註云「婦人葛絰，不葛帶」者，案《少儀》云：「婦人葛絰而麻帶。」又上《檀弓》云「婦人不葛帶」，故《士虞禮》曰：「婦人既練，説首絰，不説帶。」此謂齊、斬，婦人帶不變。若大功，婦人變服，亦受葛也。云「易服」，謂爲後喪所變者，以身先有前喪重，今更遭後喪輕，欲變易前喪也。云「其爲帶，猶五分絰去一耳」者，以婦人斬衰不變帶，以其重要故也。婦人既重其要，恐要帶與首絰麤細相似，故云其帶猶須五分首絰去一分耳。以首尊於要，但婦人避男子而重要帶爾。引《喪服小記》證祥祭之服非素縞麻衣也。引《玉藻》證此經素縞麻衣是大祥後所服也。云「謂之麻者，純用布，無采飾也」者，若有采飾，則謂之「深衣」，《深衣》篇所云是也。緣以素，則曰「長衣」是也。緣以布，則曰「麻衣」，此「麻衣」是也。黑經白緯曰「纖」，戴德《變除禮》也。

賀氏曰：斬衰「既虞、卒哭，受以成布六升」，夫服緣情而制，故情降則服輕。既虞，哀心有殺，❶是故以細代麤，以齊代斬耳。若猶斬之，則非所謂殺也。若謂以斬縗命章，便謂受猶斬者，則疏縗之受，復可得猶用疏布乎？是以斬疏之名，本生於始死之服，以名其喪耳。不謂終其日月皆不變也。晉賀循見《通典》

唐禫變議曰：祥禫之義，按《儀禮》云「中月而禫」，鄭玄以中月爲間月，王肅以中月爲月中，致使喪期不同，制度非一，歷代學黨議論紛紜。宗鄭者則云祥之日鼓素琴，孔子彈琴笙歌，乃省哀之樂，非正樂也。正樂者八音並奏，使工爲之者也。《禮記》所云「二十五月而畢」者，論喪之大事畢也，謂除衰絰與堊室爾。餘喪未盡，故服素縞麻衣，著未吉之服。宗王者按《禮記》云：「三年之喪，再周，二十五月而畢。」又《檀弓》云「祥而縞。是月禫，徙月樂」，又「魯人有朝祥而暮歌者，夫子曰『踰月則其善也』」，又夫子「既祥五日，彈琴而不成聲，十日而成笙歌」，又「祥之日，鼓素琴」，以此證無二十七月之禫也。夫人倫之道，以孝爲先。上古喪期無數。其仁人則終身滅性，其衆庶有朝喪暮廢者。中代聖人爲作制節，至重者斬縗以周斷。後代君子以周若駟之過隙，加以再周。至於祥禫之節，焚爇之餘，其文不備，先儒所議互有短長。夫喪以周斷，加以再周，豈非欲重其情而彰孝道者也？何乃惜一月之禫，不加之以膠柱於二十五月者哉！據《問傳》文勢，足知除服後

❶「心」，通志堂本、四庫本作「必」。

一月服大祥服，後一月服禫服。今約經傳求其適中，可二十五月終而大祥，受以祥服，素縞麻衣。二十六月終而禫，受以禫服。二十七月終而吉，吉而除。徙月樂，無所不佩。夫如此，求其情而合乎禮矣。《通典》

新安朱氏曰：或問成布。答曰：是稍細成布，初來未成布也。問縓緣。答曰：縓今淺絳色，小祥以縓爲緣。一入謂之縓，禮有四入之説，亦是漸漸加深色耳。然古人亦不專把素色爲凶，蓋古人常用皮弁，❶皮弁純白，自今言之，則爲大凶矣。問布升數。答曰：八十縷爲一升。古尺一幅只闊二尺二寸，算來斬衰三升，如今網一般，又如漆布一般，所以未爲成布也。如深衣十五升布，似如今極細絹一般。這處升數又曉未得，古尺又短於今尺，若盡一千二百縷，須是一幅闊不止二尺二寸，所謂布帛精麤，不中數不粥於市。又如何自要闊得？這處亦不可曉。又曰：二十五月祥後便禫，看來當如王肅之説，於「是月禫，徙月樂」之説爲順。鄭氏之説未當。《語録》

橫渠張氏曰：古者紡績，其布當有吉凶二種。若三四升之麤及細緦之細，或去縷之半，或不事其布，或不事其縷，不容吉凶二用者，皆是特爲有喪者設。所謂成布，蓋事縷、事布，供世俗常用成功之布，但未加灰鍊爾。其功尤麤略者爲大功，差細者爲小功，以蜃灰經鍊然後謂之鍊。如此解之，則鍊與成布義自兩安。衰當單與鍊冠縓緣。此特經文不足，不

❶「常」，通志堂本、四庫本作「專」。

當致疑於衰之有緣也。除首者，麻葛重，雖大功之喪可易三年之練冠。舉大功之輕，則齊衰可知。練冠且去之，故言「除」也。若其絰，彼既自己除之矣。此除服先重，亦存舊註。

藍田呂氏曰：始死易羔裘玄冠，必以深衣素委貌，徒跣扱衽，不屨不帶也。然猶冠者，蓋三日而后斂，若將復生，故未忍悉變也。小斂則絰，當事不可無變也。既斂矣，不復生矣，然後説髦而袒括髮。説髦者，不得事其親也。袒者，將不欲衣也。括髮者，不能冠也。既奉尸夷於堂而拜賓，所以奉死者之始也。而生者之變，亦不可無始，故始加麻。麻，服之重者也。散要絰之垂而復與冠，屨未變而加絞帶，皆變有漸也。既殯之明日，哀必有殺而不飾，不可以久也。故成服、杖、冠、屨、衣、裳、帶皆具，而變之以惡，所以爲喪之飾也。將啓則免而散帶垂，見柩不可以無變也。既虞、卒哭，受以成布，變麻服葛。哀日殺，則服日輕，不忍遽變，故亦有漸也。既練，練衣、練冠，繩屨，除首絰，冠屨衣裳皆即輕也。要絰不除，不忍盡變也。縓緣黄裏，漸有飾也。練衣非衰也，以練布爲衣，明至親以期斷，加隆而三年，故不以衰而以衣也。祥夕爲期，則除而縞冠，明其祭漸吉，不可以純凶也。既祥，縞冠、麻衣。既祥纖，明變有漸也。

嚴陵方氏曰：受，謂受服也。六升而上，然後謂之成布者，以五升而下，縷數漸少，若未成然故也。疏衰即齊衰也。比功布之升爲疏，故亦謂之疏。斬衰又疏矣，然不謂疏衰者，以斬之義爲重，而疏不足以名之故也。

山陰陸氏曰：凡喪有變，有除，有受。凡受，以大受小，以多受寡，故三升以六升受之，四升以七升受之。「去麻服葛」，謂以麻易葛，所謂變也。練後縓緣，祥先素縞，大祥彌吉故也。經在上體之上，帶在下體之下。男子重首，婦人重要，蓋取諸此。作記者，雖非一人。大抵前後亦相足也。若「練衣縓緣」，言其衣矣。今言「練冠縓緣」，則著冠亦縓緣也。若「縞冠素紕」，言其冠矣。今言「又期而大祥，素縞麻衣」，則著衣亦素紕也。變「素紕」言「素縞」，則其紕也，以縞之素者也，若所謂縿白是歟？先儒謂染衣純之以素則曰長衣，純之以布則曰麻衣，非是。

易服者何爲易輕者也？斬衰之喪，既虞、卒哭，遭齊衰之喪。輕者包，重者特。既練，遭大功之喪，麻葛重。

鄭氏曰：此因上説而問之也。「既虞、卒哭」，謂齊衰可易斬服之節也。輕者可施於卑，服齊衰之麻以包斬衰之葛，謂男子帶，婦人經也。重者宜主於尊，謂男子之經，婦人之帶，特其葛不變之也。此言「包」、「特」者，明於卑可以兩施，而尊者不可貳。此説所以易輕者之義。「既練」以下，言大功可易斬服之節也。斬衰已練，男子除經而帶獨存，婦人除帶而經獨存，謂之單。單，獨也。遭大功之喪，男子有麻經，婦人有麻帶，又皆易其輕者以麻，謂之重麻。既虞、卒哭，男子帶其故葛帶，經期之葛經，婦人經其故葛經，帶期之葛帶，謂之重葛。

孔氏曰：此經更釋「易輕」之意。「斬衰之喪，既虞，卒哭」者，謂士及庶人也，故卒哭與虞並言之。若大夫以上，則虞受服。故《喪服》註云：「天子、諸侯、卿大夫既虞，士卒哭，而受服。」「輕者包」，言斬衰受服之時，而遭齊衰初喪，男子輕要，得著齊衰要帶，而兼包斬衰之帶也。若婦人輕首，得著齊衰首絰，而包斬衰之絰也。「重者特」者，男子重首，特留斬衰之絰；婦人重要，特留斬衰要帶也。斬衰、齊衰，既是重服，云「包」，云「特」，則知齊衰大功亦「包」、「特」也。鄭註云「卑者可以兩施」。卑，謂男子卑要，婦人卑首。兩施，謂施於齊衰，又得兼斬衰，以其輕，卑之也。云「尊者不可貳」者，尊，謂男子尊首，婦人尊要，故事尊正得尊於重服，不可差貳，兼服輕也。云「男子有麻絰，婦人有麻帶，又皆易其輕者以麻」，謂既練，遭大功之喪，男子首空，著大功麻絰；婦人要空，著大功麻帶。男子又以大功麻帶易練之葛帶，婦人又以大功麻絰易練之葛絰，是「重麻」也。大功既虞、卒哭之後，大功葛帶輕於練之葛帶，故男子反帶其練之故葛帶也。大功既葬，男子則絰大功之葛絰，婦人則帶大功葛帶。鄭註謂之「期葛絰」、「期葛帶」者，麤細與期同，其實是大功葛絰帶也。

藍田吕氏曰：此篇所記變節，竊求其意，以爲前後喪輕重之變適同，故立此文以表之。斬既虞與齊初喪幾同矣，斬從練、齊既虞，與大功初喪亦幾同矣。故輕包、重特止爲斬既虞，遭齊衰之喪而立；麻葛重止爲斬既練，遭大功之喪而立；麻葛兼服則爲齊既虞，遭大功之喪，大功既虞，遭小功之喪，小功既虞，遭緦之喪而立。麻葛重者，其始也，以麻葛變。《雜記》有三年之練冠，則以大功之麻易之。惟杖屨不易。

麻、葛兼服者，其輕者變而兼服之。《間傳》麻同則兼服之。《服問》緦之麻不變小功之麻，小功之麻不變大功之葛。

嚴陵方氏曰：輕者謂男子之要帶，婦人之首絰。重者謂男子之首絰，婦人之要帶。以其輕則兩施之，故曰「包」，以其重則獨留焉，故曰「特」。

齊衰之喪，既虞、卒哭，遭大功之喪，麻葛兼服之。

鄭氏曰：此言大功可易齊衰期服之節也。兼，猶兩也。不言「包」、「特」而兩言者，「包」、「特」著其義，「兼」者明有絰有帶爾。

孔氏曰：此明以後服易前服之意也。「兼服」，即前之義。今齊衰既虞、卒哭，遭大功之喪，易換輕者。男子則大功麻帶易齊衰之葛帶，其首猶服齊衰葛絰，是首有葛，要有麻，故云「麻葛兼服之」，據男子也。婦人則首服大功之麻絰，要服齊衰之麻帶，上下俱麻，不得云「兼服」也。鄭註「包」、「特」著其義，以卑者可包尊，須特著其尊卑之義，故於斬衰重服言之。此言兼者，不取其義也。所以不稱「麻葛重」者，以三年之喪，既練之後，男子除首絰，婦人除要帶。於先既單，今首絰皆有，故須稱「重」。今期以下，男子首之與要固當皆有絰帶，婦人亦然。既不似既練之單，所以不得稱「重」。

斬衰之葛與齊衰之麻同。齊衰之葛與大功之麻同。大功之葛與小功之麻同。小功之葛與緦之麻同。麻同則兼服之。兼服之服重者，則易輕者也。

鄭氏曰：此竟言有上服，既虞、卒哭，遭下服之差也。唯大功有變三年既練之服，小功以下，則於上皆無易焉。此言

「大功之葛與小功之麻同。小功之葛與緦之麻同」，主爲大功之殤長、中言之。服重者，謂特之也。「則」者，則男子與婦人也。凡下服，虞、卒哭，男子反其故葛帶，婦人反其故葛絰，其上服除，則固自受以下服之受矣。

孔氏曰：此明五服葛之與麻，麤細相同。同則得服後麻兼前服葛也。案《服問》小功、緦，不得變大功以上，此小功之麻得變大功之葛，緦之麻得變小功之葛者，謂成人之殤在長、中也。「兼服之服重」者，則前文「重者特」是也。「則易輕者」，謂男子、婦人則換輕者，前文「輕者包」是也。以前文「麻葛兼服」，但施於男子。今此男子易於要，婦人易於首，俱得易輕。故鄭云「則者，則男子與婦人也」。凡後初喪，雖易前服之輕，後服既葬，還須反服前喪之服。故鄭云反其故葛帶、葛絰也。

横渠張氏曰：兼服之服重者，則易輕者，舊註不可用。此爲三年之喪以上而言，故作記者以斬衰及大功明之。若斬衰既練，齊衰既卒哭，則首帶皆葛，又有大功新喪之麻，則與齊衰之首絰麻葛兩施之。兼服之名得諸此。蓋既不敢易斬衰之輕，以斬葛大於大功之麻也。又不敢易齊首之重，輕者方敢易去，則重者固當存。故麻葛之絰兩施於首。若大功既葬，則服齊首之葛，不服大功之葛，所謂「兼服之服重者，則變輕者」，正謂此爾。若齊麻未葛，則大功之麻亦止於當免則絰之而已。如此則喪變雖多，一用此制，而前後禮文不相乖戾。

禮記集說卷第一百四十四

禮記集説卷第一百四十五

三年問第三十八

孔氏曰：案鄭《目録》云：「名曰《三年問》者，善其問以知喪服年月所由。此於《別録》屬《喪服》。」

嚴陵方氏曰：三年之喪，百王之所同。問喪者以是爲首，故記喪者以是名篇。

三年之喪，何也？曰：稱情而立文，因以飾羣，別親疏、貴賤之節，而弗可損益也，故曰「無易之道也」。創鉅者其日久，痛甚者其愈遲。三年者，稱情而立文，所以爲至痛極也。斬衰苴杖，居倚廬，食粥，寢苫枕塊，所以爲至痛飾也。三年之喪，二十五月而畢。哀痛未盡，思慕未忘。然而服以是斷之者，豈不送死有已，復生有節也哉！

鄭氏曰：稱情而立文，稱人之情輕重，而制其禮也。羣，謂親之黨也。無易，猶不易也。復生，除喪反生者之事也。

孔氏曰：此一節問喪三年所由，解釋所以三年之意。此記者假設其問。立文，謂立禮之節文也。飾，謂章表也。羣，謂五服之親。因三年之喪差降，各表其親黨也。親，謂大功以上。疏，謂小功以下。貴，謂天子、諸侯絶期，卿大夫降期以下。賤，謂士、庶人服族。其節分明，不可損益，故曰「無易之道」，引舊語成文也。「創鉅」者，鉅，大也。大則難愈。痛甚者，喪親，傷腎、乾肝、斬斫之痛既甚，故差亦遲。立三年之文，以表是至痛極者也。人子於此二十五月之時，悲哀摧痛，猶未能盡，憂思悲慕，猶未能忘，而外貌喪服以是斷割。若不以是裁斷，則送死之情何時得已？復吉之禮何有限節？

嚴陵方氏曰：其生也，父母有三年之愛於其子，及其没也，故子有三年之喪以報之。愛所謂情也，三年之喪所謂文也，故曰「稱情而立文」。禮以情爲本，而以文爲飾，故曰「因以飾羣」。羣，則莊子所謂「人羣」是也。服君與父皆斬衰三年，由父而降則殺焉，所以别親疏之節也；由君而降亦殺焉，所以别貴賤之節也。親與貴者不可易而損之，疏而賤者不可易而益之，故曰「弗可損益」，「無易之道也」。送死者之禮有已，復生者之事有節，則不以死傷生故也。

新安朱氏曰：有問：喪祭之禮，至周公然後備。夏、商而上，想甚簡畧。答曰：然。親親，長長，貴貴，尊賢，夏、商而上，大概只是親親、長長之意。到周又添得許多貴貴底禮數，如始封之君不臣諸父昆弟，封君之子不臣諸父而臣昆弟。期之喪，天子、諸侯絶，大夫降。然諸侯、大夫尊同，則亦不絶、不降，此皆貴貴之義。上世想皆簡畧，未有許多降殺貴貴底禮數。凡此皆天下之大經，前世所未備。到得周公，搜剔出來，立爲定制，更不可易。

凡生天地之間者，有血氣之屬必有知，有知之屬莫不知愛其類。今是大鳥獸，則失喪其羣匹，越月踰時焉，則必反巡過其故鄉，翔回焉，鳴號焉，蹢躅焉，踟蹰焉，然後乃能去之。小者至於燕雀，猶有啁噍之頃焉，然後乃能去之。故有血氣之屬者，莫知於人，故人於其親也，至死不窮。

鄭氏曰：匹，偶也。言燕雀之恩不如大鳥獸，大鳥獸不如人。含血氣之類，人最有知而恩深也，於其五服之親，念之至死無止也。

孔氏曰：此經明天地之間，血氣之類皆有所知。至於鳥獸，大小各能思其種類，況在於人，何有窮已？

將由夫患邪淫之人與？則彼朝死而夕忘之，然而從之，則是曾鳥獸之不若也。夫焉能相與羣居而不亂乎？將由夫脩飾之君子與？則三年之喪，二十五月而畢，若駟之過隙，然而遂之，則是無窮也。故先王焉爲之立中制節，壹使足以成文理，則釋之矣。

鄭氏曰：「邪淫之人」，謂惡人薄於恩，死則忘之。其相與聚處，必失禮也。「遂之」，謂不時除也。「立中制節」，謂服之年月也。釋，猶除也，去也。

孔氏曰：此明君子、小人不同，先王爲之立中人之制節。駟，謂駟馬。隙，空隙。駟馬駿疾，空隙狹小，以駿疾而過狹小，言急速之甚。「立中制節」，立中人之制，以爲年月限節也。三年一閏，天道小成，子生三年，免於父母之懷，故服以三年，成文章義理，則除去其服。釋，猶除去也。

横渠張氏曰：三年之喪，二十五月而畢，此言除之内於二十五月之晦爲祥祭，又兩月之禫，共是二十七月。二十七月之晦爲禫祭。據禮鑽燧改火，天道一變，期可已矣。情不可已，於是再期。再期，又不可已，於是加之三月，是二十七月也。

況《書》有明證，《春秋》書祭祀，可以考其得禮不得禮。

山陰陸氏曰：言脩飾者猶如此，況所謂天資忠孝者歟？「先王爲之立中制節，一使足以成文理」，《詩》所謂「庶見素韠兮，聊與子如一兮」是矣。《傳》以爲三年之喪，賢者之所輕，不肖者之所勉，人道之至文者也。情極則文至。

然則何以至期也？曰：至親以期斷。是何也？曰：天地則已易矣，四時則已變矣，其在天地之中者，莫不更始焉，以是象之也。

鄭氏曰：言三年之義如此，則何以有降至於期也？期者，謂爲人後者，父在爲母也。「至親以期斷」，言服之正，雖至親皆期而除也。又問服斷於期之義。言法天地變易，可以期也。

孔氏曰：上節既稱爲「父母三年」，此一節釋爲期之義。「莫不更始」，言天地之中，動植之物，無不於前事之終，更爲今事之始。「以是象之」，言以人事法象天地，故期年也。今檢尋經意，父母本意三年，何以至期者，但問其一期應除之義，故答曰「至親以期斷」。是明一期可除之節。故《禮》：期而練，男子除絰，婦人除帶。下文云「加隆」，故至三年。是經意不據爲人後及父在爲母期。鄭之此釋，恐未盡經意。

然則何以三年也？曰：加隆焉爾也。焉使倍之，故再期也。由九月以下，何也？曰：焉使弗及也。故三年以爲隆，緦、小功以爲殺，期、九月以爲間。上取象於天，下取法於地，中取則於人，人之所以羣居和壹之理盡矣。

鄭氏曰：法此變易，可以期，何以乃三年爲也？言於父母，加隆其恩，使倍期也。焉，猶然也。「焉使弗及」，言使其恩不若父母也。取象於天地，謂法其變易。自三年以至緦，皆歲時之數。言既象天地，又足以盡人聚居純厚之恩也。

孔氏曰：「焉使弗及」，焉，亦「然」也。然使恩隆不及於期也。五月不及九月，三月不及五月，轉相不及也。隆，謂恩愛隆重。殺，謂情理殺薄。間，是隆殺之間。天地之氣，三年一閏，是三年取象於一閏。天地一期物終，是一期取象於一周。九月，象陽數，又象三時而物成也。五月，象五行。三月，象天地一時而氣變。此五服之節，皆取法天地也。子生三年，免於父母之懷，故服三年。人之一歲，情意變改，故服一期。九月、五月、三月，亦逐人情而減殺，是中取則於人。既法天地與人，三才並備，故能調和羣衆聚居，和諧專一，義理盡備矣。

嚴陵方氏曰：言服之正，雖至親皆以期而除，至於倍之而再期者，特加隆於父母而已。天以有所垂，故曰「取象」。經言「天垂象」是矣。地以有所效，故曰「取法」，《易》言「效法之謂坤」是矣。人以有所作，故曰「取則」，《書》言「明哲實作則」是矣。然而喪或以三月，或以五月，或以九月，或以期年，或以三年。喪，凶禮也，乃以陽數之奇，何哉？蓋陰所以致死，陽所以致生。死而致生之者，孝子不忍死其親之意也。

山陰陸氏曰：焉，是也。知然者，以《春秋傳》曰「晉鄭焉依」，《國語》作「是」知之也。

故三年之喪，人道之至文者也。夫是之謂至隆。是百王之所同，古今之所壹也。未有知其所由來者也。孔子曰：「子生三年，然後免於父母之懷。」夫三年之喪，天下之達喪也。

鄭氏曰：言三年之喪，喪禮之最盛也。不知其所從來，喻此三年之喪，前世行之久矣。達，謂自天子至於庶人。

孔氏曰：此一節重明三年之義。言於人道之中，至極文理之盛，人恩之至極隆厚也。「孔子曰」，引《論語》之文。案《易·繫辭》云：「古之葬者，厚衣之以薪，葬之中野，不封不樹，喪期無數。」《尚書》云：「百姓如喪考妣三載。」此云「不知所由來」者，但不知定在何時。唐虞以前，喪服與吉服同，皆以白布爲之。故《郊特牲》云：「齊則緇之。」若不齊，則皆用白布。至三代，吉凶異也。

馬氏曰：《中庸》曰：「期之喪，達乎大夫，三年之喪，達乎天子，父母之喪無貴賤，一也。」然而世衰道微，紐於習俗，故雖宰我親受業於孔門，猶曰「三年不爲禮，禮必壞；三年不爲樂，樂必崩，鑽燧改火，期可已矣。」雖聖人之善誘，亦無如之何，姑曰「於汝安乎？汝安則爲之」。蓋人情之大不美也如此，亦豈可以强率以從先王之制哉？嗚呼，常人之所行，而宰我乃獨以爲異，固孔子所不取。《禮》之所載《三年問》者，豈亦當時之人疑此爲重歟？故曰：「凡天地之間，有血氣之屬，大至於鳥獸，小至於燕雀，莫不知愛其類，又況於人乎？」其曰「三年之喪，人道之至文」，「百王之所同，古今之所一」，則爲此書者，亦有爲而作也。

深衣第三十九

孔氏曰：案鄭《目録》云：「名曰《深衣》者，以其記深衣之制也。深衣，連衣裳而純之以采者。素純曰長衣，有表則謂之中衣。大夫以上祭服之中衣用素。《詩》云：『素衣朱襮。』《玉藻》曰：『以帛裏布，非禮也。』士祭以朝服，中衣以布明矣。此於《别録》屬《制度》。」其長衣、中衣及深衣，其制度同。《玉藻》曰：「長、中繼揜尺。」若深衣，則緣而已。故《玉藻》云「朝玄端，夕深衣」。庶人吉服亦深衣，皆著之在表也。其中衣在朝服、祭服、喪服之下。知喪服亦有中衣者，《檀弓》曰：「練衣黄裏。」註云「練中衣，以黄爲内」是也。但喪服中衣不得「繼揜尺」也。故《喪服儀》云：「帶緣各視其冠。」註云：「緣如深衣之緣。」是喪服中衣用深衣，則深衣緣之以采，故下云具父母、大父母衣純以繢以青之屬也。唯孤子深衣，純以素，但以緣而已，不與長衣同。其吉服中衣，亦以采緣。其諸侯得綃黼爲領，丹朱爲緣。《郊特牲》云：「綃黼丹朱中衣，大夫之僭禮。」則知大夫、士不用綃黼丹朱，但用采純而已矣。無文以明之。其長衣以素緣，知者，若以采緣，則與吉服中衣同，故知以素緣也。若以布緣，則曰麻衣。知用布緣者，以其稱麻衣故知也。其喪服之中衣，其純用布，視冠布之麤細，至葬可以用素緣也，練則用縓也。其《詩》之麻衣，則與此别。彼謂吉服之衣也。所以此稱深衣者，以餘服則上衣下裳不相連，此深衣衣裳相連，被體深邃，故謂之「深衣」。

藍田吕氏曰：此篇純記深衣之制度而已。古者衣裳殊制，所以別上下也。唯深衣之制，衣連裳而不殊，蓋私燕之服爾。如冠之法，冠武殊制，至於居冠，則屬武而不殊，皆所以尚簡便也。雖曰簡便，不可以無法，故有五法之象。

長樂陳氏曰：先王嚴分守一，道德常見於形名度數之間，而分守已嚴，道德已一，常寓於服飾器械之際。蓋衣服者，近人而易曉者也。故作服而無其法，則不足以爲法服。故深衣或圜或直，一以天制。或方或曲，一以地制。而崇之爲三才，卑之爲三極，莫不并與其精微之意以示之。此深衣之所由作也。所謂深衣，不特以被體之深邃有以異乎常，是故謂之「深」，而自其理而觀之，則深之又深，極其精焉，豈衆人之所能測歟？

嚴陵方氏曰：經曰「有虞氏深衣而養老」，《傳》曰「庶人服短褐深衣」，則自天子至于庶人，皆服之也。以其義之深名之。

馬氏曰：《詩》曰：「麻衣如雪。」《間傳》曰：「大祥素縞麻衣。」《喪服記》曰：「公子爲其母，麻衣縓緣。」而先儒皆以深衣言之。蓋諸侯夕深衣，則《詩》所謂「麻衣」者，夕服也。公子爲其母小功，則《記》所謂麻衣者，小功服也。小功緣以縓，則大祥緣以布，則夕服緣以采矣。何則？孤子以素，則凡孤子者緣以布可也。蓋深衣之爲物，可以爲文，可以爲武，可以擯相，可以治軍旅。在虞以爲燕服，故《王制》曰「有虞氏深衣而養老」是也。在周以爲夕服，故《玉藻》曰「朝玄端，夕深衣」是也。又以爲喪服，而庶人以爲吉服。深衣之用，豈施於一哉？

山陰陸氏曰：冠言「邃」，衣言「深」，亦言之法。

古者深衣，蓋有制度，以應規矩繩權衡。短毋見膚，長毋被土，續衽鉤邊，要縫半下。

鄭氏曰：聖人制事，必有法度。衣取蔽形，毋被土，爲汙辱也。續，猶「屬」也。衽，在裳旁者也。屬，連之，不殊裳之前後也。鉤，讀如「鳥啄必鉤」之「鉤」。「要縫半下」，三分要中，減一以益下，下宜寬也。

孔氏曰：作記之時，深衣無復制度，故稱「古者」。「規矩繩權衡」則制度，所應者備在下文。深衣之裳十二幅，皆寬頭在下，狹頭在上，皆似小要之衽，是前後左右皆有衽也。續衽，謂所續之衽，鉤其旁邊，當身之一旁，非謂餘衽悉當旁也。喪服裳前三幅，後四幅，各自爲之，不相連。今深衣裳，一旁則連之相著，一旁則有續衽掩之，❶與相連無異。故鄭云「屬，連之，不殊裳前後也」。深衣之衽已於《玉藻》釋之。要縫謂要中之縫，尺寸闊狹，半下畔之闊，下畔一丈四尺四寸，則要縫半之，七尺二寸。鄭註據裳之一幅，凡布廣二尺二寸，四寸爲縫，一尺八寸在三分之一，分爲六寸，減此六寸，以益於下，是下二幅有二尺四寸，上二幅有一尺二寸，故云「三分要中，減一以益下」。下容舉足而行，故宜寬也。

慈湖楊氏曰：「短毋見膚，長毋被土」，此言其縱也。「續衽鉤邊」，此言其衡也。

❶「續衽」，《禮記正義》作「曲裾」。

自旁而數之，衽居其端也。古之衽，今之襟，亦曰袂也。❶深衣屬裳，則當續衣之衽，使之長與裳齊也。上狹下廣，其邊如鉤，言其旁曲也，於體爲宜。《玉藻》曰：「衽當旁。」此之謂也。衽亦脩廣矣，矧當衣前，故首言之。《喪服》言衰衣裳負適袂袪廣博尺寸，靡不備載，獨不見所謂襟焉，而有「衽二尺有五寸」，是衽即襟也。《喪服》言「衣二尺有二寸」，襟與衣齊，而衽二尺有五寸，何也？衰衣帶下尺，則衣之長可知。袂幅屬衣之處曰二尺二寸，非謂衣之長止於此。衣帶下尺，并帶博處，共長三尺三寸。内闕中八寸偏前，以安項，衽綴於前領平衡之下，則衽長二尺五寸，正其度也。通乎喪服之衽，則深衣之衽與衣齊，是爲襟昭昭矣。郭璞註《方言》亦謂衽爲襟。鄭康成既誤釋之，孔穎達復誤疏之，謂深衣十二幅，幅即衽也。且援「魯莊公以衽受齊餽」爲證，而《深衣》之篇未嘗以幅爲衽，又與《玉藻》「衽當旁」之文不符。蓋孔思不及此，故不知此下廣之衽，正足以受餽，不爲不寬也。古志四夷左衽，《喪記》「斂衣左衽」，咸謂襟也。《左傳》結衽若訟者，結此衽也。古棺有衽，是謂小要，以鉤邊如衽也。古曰衽席，席左斂右斂如衽也。詳考衽制無所不通。

涑水司馬氏曰：案《漢書》：「江充衣紗縠襌衣，曲裾後垂交輸。」如淳曰：「交輸，割正幅，使一頭狹，若燕尾，垂之兩旁，見於後。是《禮·深衣》『續衽鉤邊』，賈逵謂之『圭』。」蘇林曰：「交輸，如今新婦袍

❶「袂」，通志堂本、四庫本作「袂」。

之袿，全幅繒角割，名曰交輸裁也。」《釋名》曰：「婦人上服曰袿，其下垂者，上廣下狹，如刀圭也。」然則別有鉤邊，不在裳十二幅之數，亦斜割使一端闊，一端狹。以闊者在上，狹者在下，交映垂之如燕尾，有鉤曲裁其旁邊，綴於裳之右旁，以掩不相連之處。

嚴陵方氏曰：深衣之作，其所由來尚矣，故以「古者」冠篇首。袂在前以應規，袷在中以應矩，縫在後以應繩，齊在下以應權衡。「短毋見膚」，則其形不褻，雖約而不失於儉。「長毋被土」，則其物不費，雖隆而不過於奢。衽，襟也，與裳相續，故謂之「續衽」。居裳之邊曲以鉤束焉，故曰「鉤邊」。《玉藻》所謂「衽當旁」是也。要縫之博，居下齊之半。《玉藻》所謂「縫齊倍要」是也。以縫齊爲倍，則要縫爲半矣，此所以互言之。

藍田吕氏曰：所謂毋見膚，毋被土，鉤邊半下，可以運肘，反詘之及肘，毋厭脅者，言深衣長短寬急之制也。應十有二月，應規，應方，應直，應平者，言深衣之法象也。可以爲文，可以爲武，可以擯相，可以治軍旅者，言深衣之用也。純以繢，以青，以素，言深衣用純之别也。「毋見膚」，不欲褻也。「毋被土」，不欲汙也。此衣之長短之中也。「續衽鉤邊」，此衣之寬急之中也。衽者，衣裳之旁幅也。《玉藻》所謂「衽當旁」也。衣之旁幅下殺，裳之旁幅上殺，上下之衽相續而中曲，以是小要取名焉，故曰「鉤邊」。

山陰陸氏曰：此言縫非言圍，言要非言幅也。謂若深衣入要半寸，其縫齊摺一寸，是之謂「半下」。鄭氏謂「三分減一益下」，此續「縫」爲「圍」、「要」爲「幅」之誤也，亦於「半下」之言礙矣。且幅縮縫，要與齊皆衡縫。深衣「應規矩繩權衡」，若象服，雖議於規矩準繩權衡之外可也。

袼之高下，可以運肘。袂之長短，反詘之及肘。帶，下毋厭髀，上毋厭脅，當無骨者。

鄭氏曰：袼，衣袂當掖之縫也。肘不能不出入。袂屬幅於衣，詘而至肘，當臂中爲節，臂骨上下各尺二寸，則袂肘以前尺二寸。肘，或爲「腕」。帶當骨，緩急難爲中也。

孔氏曰：袼，謂當臂之處。袂中高下宜稍寬大，可以運動其肘。袂二尺二寸，肘尺二寸，是容運肘也。「袂之長短，反詘之及肘」者，袂長二尺二寸，并緣寸半，爲二尺三寸半。除去其縫之所殺各一寸，餘有二尺一寸半在。從肩至手二尺四寸，今二尺一寸半之袂得「反詘及肘」者，以袂屬於衣，幅廣二尺二寸，身脊至肩但尺一寸也，從肩覆臂又尺一寸，是衣幅之畔，覆臂將盡。今又屬袂於衣，又二尺一寸半，故反詘其袂得及於肘也。帶若當骨，則緩急難中，故當無骨之處。此深衣帶下於朝祭服之帶也。朝祭之帶則近上。故《玉藻》云：「三分帶下，紳居二焉。」是自帶而下四尺五寸也。

涑水司馬氏曰：按袂，即今之所謂袖也。鄭云屬幅於衣，謂裨於身旁，未必皆盡一幅尺二寸也。云「臂上下各尺二寸」者，亦據中人爲率爾。如孔所言，拘泥太甚，況從肩至袂口二尺二寸半，則反詘之過肘矣。經以臂之短長，布幅闊狹，皆無常準。故但云「屈之及肘」，謂袖之短長適與手齊，則反詘及肩，自然及肘矣。

藍田吕氏曰："袼之高下，可以運肘。袂之長短，反詘之及肘"，比袂之寬急之中也。袼，當腋之縫也，不二尺二寸，則不能回肘矣。袂屬幅於衣，詘而至肘，則上下各尺二寸矣。"帶，下毋厭髀，上毋厭脅，當無骨者"，此衣帶高下之中也。

嚴陵方氏曰：袂長短詘之及肘，《玉藻》所謂"袪尺二寸"是矣。袼也，袪也，袂也，皆衣之名也。在胳者則謂之袼，在胠者則謂之袪，在末者則謂之袂。帶，下毋厭髀，上毋厭脅，若是，則正當腹間矣。深衣，燕服也，故欲緩急之適如此。

馬氏曰：服身之章，身服之準，故視肘以爲袂。肘尺二寸，袂二尺二寸。殺袂以爲袪，袪尺二寸。三袪以爲要，袂尺二寸，倍爲二尺四寸，三之七尺二寸。倍要以縫齊，丈四尺四寸也。

制十有二幅，以應十有二月。袂圜以應規，曲袷如矩以應方。負繩及踝以應直，下齊如權衡以應平。

鄭氏曰：裳六幅，幅分之，以爲上下之殺。袂圜應規，謂胡下也。袷，交領也。古者方領，如今小兒衣領。繩，謂裻與後幅相當之縫也。踝，跟也。"下齊"，齊，緝也。

孔氏曰：每幅交解爲二，是十二幅也。鄭以漢時領皆嚮下交垂，故云古者方領，似今擁咽，故云"若今小兒衣領"，方折之也。負繩，謂衣之背縫及裳之背縫，上下相當，如繩之直。非謂實負繩也。

涑水司馬氏曰：此謂三分其幅，狹處占狹處，闊處占闊處。占二交解斜裁，顛倒縫之，使狹處皆在上，闊處皆在下。假使布幅二尺二寸，除裁縫外，有一尺八寸，則狹處六寸，闊處一尺二寸是也。其人肥大，則幅隨而闊，瘦細，則幅隨而狹。要須十二幅，下倍於上，不必拘以尺寸之數。牛領下垂者謂之胡，胡下謂從袖口至腋下，裁令其勢圜如牛胡也。方領如孔所言，似三代以前人，反如今時服上領衣，但方裁之耳。案上領衣本出胡服，須用結紐乃可服，不知古人果如此不也。鄭註《周禮》袷狀如著，横銜之，繣潔於項。顔師古註《漢書》：「繣者，結礙也。潔，繞也。蓋爲結紐而繞項也。」然則古亦有結紐也。繣，音「獲」。潔，音「結」。漢時小兒衣服既不可見，而《後漢·馬援傳》「朱勃衣方領，能矩步」，註引前書《音義》曰：「頸下施衿，領正方，學者之服也。」如此似於頸下別施一衿，映所交領，使之方正。今朝服有方心曲領，以白羅爲之，方二寸許，綴於圜領之上，以繫於頸後結之，或者袷之遺象歟？又今小兒疊方幅繫於頸下，謂之涎衣，亦與鄭説頗相符。然事當闕疑，未敢决從也。《後漢·儒林傳》曰：「服方領，習矩步者，委蛇乎其中。」註：「方領，直領也。」《春秋傳》叔向曰「衣有襘」，杜曰「襘，領會也，工外反」。《曲禮》曰：「視不上於袷。」鄭曰：「袷，交領也。」然則領之交會處自方即謂袷，疑更無他物。今且從之，以就簡易，故以如此論之。案衣之背縫謂之裻。裻，音「督」。

慈湖楊氏曰：「曲袷如矩以應方」，袷，交領也。夫衰衣，上古之制也，領正方，其前平衡，故可綴六寸之衰。後儒不究古者製衣之始，自然之體若是，而曰如今中衣邪領之交，亦近於方也。使古表衣之領邪，則六寸之衰，於何所綴之也？邪綴於前領，則非正也。古初製衣，惟取闕中之方以安項爾。箇嘗爲方領深衣，久則前墜，近於今之圓領，則後世變而爲圓領，亦其勢之自然。又變而爲邪領者，其當暑之爲歟？以是爲中衣，不敢以爲表衣。人心之靈，不敢尚巧而下朴也。《深衣》惟曰「抱方」，時已圓其所負之方歟？中古之制歟？抑闕中偏前，故爲抱方歟？後方循頸而勢圓，故獨言抱方歟？

石林葉氏曰：謂袷爲方領，不知何據？以吾考之，「袂圜以應規」，不云領曲以應矩，而云「曲袷如矩以應方」，則袷與領非一物也。張華註朱勃事引《漢書音義》「頸下施衿正方，儒者之服」，則領之外蓋别有袷，方折之，加於領上。此正古深衣之制也。故云「負繩抱方」。繩謂背縫之直，則抱之宜在胸前。若爲交領，則當在背，何抱之云乎？《曲禮》「視不上於袷」，鄭氏亦以袷爲交領。袷當在帶之上，所以尊天子。若爲交領，無乃大高乎？尤可見其非也。

藍田吕氏曰：衣袂之制有三：有侈者，自服而侈之，袷至袪而侈之，朝服以上是也。有端者，自袷至袪，方正而製之，玄端、素端是也。有圜者，内殺於袷，外殺於袪，中則胡下，深衣是也。欲使行者舉手以爲容儀，如規之圜也。

長樂陳氏曰：十二月者，天數也。「袂圜以應規」，而圜者，天之體。「曲袷如矩以應方」，而方者，地之象也。「負繩及踝以應直，下齊如權衡以應平」，而直與平者，人之道。何以知其然耶？《玉藻》曰：「戴冕璪，十有二旒，則天數也。」蓋天之大數不過十二，故月之至于十二而後成歲功，猶之深衣也，必十二幅而後可以爲衣之良也。唯夫衣之數有以合乎天之數，此所以爲十二月之應也。著不息者，天也，而袂者，動而不息也。著不動者，地也，而衿者，静而不動也。《孟子》曰：「規矩，方圜之至也。」而《文中子》曰：「圜者動，方者静，其見天地之心乎？」此其意也。至於平則不傾也，直則不屈也。《書》曰「平康正直」，《語》曰「人之生也直」，❶此又足以見「負繩下齊」之義也。《禮書》

嚴陵方氏曰：袂在前，以動而致用，故欲圜。圜者，動故也。袷在中，以静而成體，故方。方者，静故也。及踝，謂至足之跟也。下齊，謂在下之緝也。

山陰陸氏曰：日月有常焉，應是而已。

深衣之裳也，深衣衣不殊上下，裳不殊前後故也。知然者，以言「十有二幅，以應十有二月」，有言「負繩及踝以應直」知之也。

故規者，行舉手以爲容。負繩抱方者，以直其政，方其義也。故《易》曰：「《坤》，六二之動，直以方也。」下齊如權衡者，以安志而平心也。

鄭氏曰：行舉手，謂揖讓也。引《易》言深衣之「直」、「方」，應《易》之文也。政，或爲「正」。心平志安，行乃正。或低或仰，則心有異志者歟？

孔氏曰：所以袂圜中規者，欲使行者舉手揖讓，以爲容儀如規也。負繩，背之縫也。抱方，領之方也。「以直其正」，解

❶「語」上，通志堂本、四庫本有「論」字。

「負繩」；「以方其義」，解抱方。記者既明方直之義，故引《坤卦》之六二直方以證之。裳下之齊，如權之衡低仰平也。長樂陳氏曰：於規言手，則袷爲頸。下齊爲足踝，爲膝可知也。於直方言《坤》之六二，則安志平心者，爲《泰》之「無平不陂」，而舉手以爲容者，亦乃《乾》之「反復其道」可知也。蓋先王之法，類多如此，要在攷之也。然豈特此也，義所以行己也，政所以正人也。行己以義貴於方，故於義言方。而正人以政則貴於直，故於政言直。《易》曰：「義以方外。」傳曰「枉己者未有能直人者」是也。若夫志譬則權也，心譬則衡也。衡之低昂皆權之輕重，則心之平傾由志之安危。此所謂「安其志而平其心」焉。

嚴陵方氏曰：規矩者，方圜之體；方圜者，規矩之用。自「曲袷如矩以應方」而下，皆上言體，下言用。唯「袂圜以應規」，則上言用，下言體，何哉？蓋袂之圜也，非其體然，及舉手以爲容，則圜爾，乃其用然也。上言「如矩」，而後言「負繩」者，以衣之先後爲之序也。下言「負繩」，而後言「抱方」者，以《易》之「直」、「方」爲之序也。且制十有二幅，以應十有二月者，仰觀於天也。直其政，方其義者，俯察於地也。袷之高下可以運肘者，近取諸身也。以應規矩繩權衡者，遠取諸物也。若是，則制度固已深矣。謂之深衣，豈爲過？

山陰陸氏曰：規，乾之事也。若所謂「動容周旋中禮」，至矣。下以亦善言規，據「以直其政」，「以安志而平心」言。以在上負繩，内也；抱方，外也。凡向以後爲內。敬以直內，義以方外。按邾子執玉高，其容仰。魯公執玉卑，其容俯。君子於此觀禍福，則如權衡，豈可少哉？五法已施，故聖人服之。故規矩取其無私，繩取其直，權衡取其平，故先王貴之。故可以爲文，可以爲武，可以擯相，可以治軍旅。完且弗費，善衣之次也。

鄭氏曰：「五法已施，聖人服之」，言非法不服也。「完且弗費」，言可苦衣而易有也。深衣者，用十五升布，鍛濯灰治，純之以采。善衣，朝祭之服也。自士以上，深衣爲之次，庶人吉服深衣而已。

孔氏曰：以其完牢，可苦事衣著。以白布爲之，不須黼黻錦繡，是「易有」也。《雜記》云「朝服十五升」，此深衣與朝服相類，故用十五升布。「鍛濯灰治」，謂打洗鍛濯，用灰治理，使和孰也。然則喪服麻衣，雖似深衣之制，不必鍛濯灰治，以其雜凶故也。案《玉藻》「諸侯夕深衣，祭牢肉」，又「大夫、士朝玄端，夕深衣」，是深衣爲朝祭之次服也。諸侯之下，自深衣以後，更無餘服，故知是庶人之吉服。喪服有衰裳，包貴賤上下無差，亦明庶人吉服乃深衣也。

藍田吕氏曰：深衣之用，上下不嫌同名，吉凶不嫌同制，男女不嫌同服。諸侯朝朝服，夕深衣。大夫、士朝玄端，夕深衣。庶人衣吉服，深衣而已。此上下之同也。有虞氏深衣而養老，諸侯大夫夕皆深衣。將軍文子除喪而受越人弔，練冠深衣。親迎，女在塗，壻之父母死，深衣縞總以趨喪。此吉凶、男女之同也。蓋深衣者，簡便之服。雖不經見，推其義類，則非朝祭皆可服之。故曰「可以爲文，可以爲武，可以擯相，可以治軍旅」也。

長樂陳氏曰：文事則有冕弁服，武事則有韋弁服，而深衣次之。先儒以善衣爲朝祭之服，蓋舉一端明之也。然則深衣所以異於餘服者，不特衣裳連，餘服幅前三後四，深衣則十二幅矣。餘服之帶，三分帶下紳居二焉，深衣之帶，則「當無骨」者矣。

嚴陵方氏曰：五法，則規矩繩權衡也。五法之所取，無非至公。然必以規矩言無私者，以規矩之方圜有天地之象焉，其無私爲足道故也。聖人以德言，先王以位言。有德足以稱之，故服之。有位足以作之，故貴之。端冕則有敬色，所以爲文。介胄則有不可辱之色，所以爲武。然而端冕可以爲文而已，且不可以爲武。介胄可以爲武而已，且不可以爲文。兼之者，唯深衣而已。然可以爲文，非若端冕可以視朝臨祭也，特可以贊禮而爲擯相而已。可以爲武，非若介胄可以臨難折衝也，特可以運籌而治軍旅而已。制有五法，故曰「完」。其質則布，其色則白，故「弗費」。吉服以朝、祭爲上，燕衣則居其次，故曰「善衣之次」。善衣，吉服也。

馬氏曰：五物者，以其極至，而可以爲法於天下也。故聖人之作深衣，必應規矩繩權衡者，以謂被於一身之間，而可以爲萬事之則。故視其服者知其道，觀其容者知其德。輕重、曲直、方圜，必來取法，而不可欺矣。此篇之制度所以爲詳也。制十有二幅以應時，袂圓以應天，袷方繩直以應地。應天以合自然，應地以明不息，應時則設施先後，莫不有序。及其歸也，要在「安志平心」而已。

具父母、大父母，衣純以繢。具父母，衣純以青。如孤子，衣純以素。純袂、緣、純邊，廣各寸半。

鄭氏曰：尊者存，以多飾爲孝。繢，畫文也。三十以下無父，稱孤。純，謂緣之也。緣袂，謂其口也。緣，緆也。緣邊，衣裳之側。廣各寸半，則表裏共三寸矣。唯袷廣二寸。

陸氏曰：大父母，祖父母也。唐陸朗

孔氏曰：「具父母」，父母俱在也。「大父母」，則亦然也。若其不具，一存一亡，不必純以繢也。唯有父母而無祖父母，故飾少而純以青。若無父母，唯祖父母在，亦當然也。純其袂，緣則袂口也，非是口外更有緣也。緣字讀如「緆」，謂深衣下緣也。故《既夕禮》云「明衣縓緆」，鄭註云：「在幅曰綼，在下曰緆。」

藍田呂氏曰：爲人子者，常言不稱老。大孝終身慕父母，故「髧彼兩髦」，盡孺子之飾，以致孺子之慕焉。「具父母、大父母」，安可不盡孺子之飾？故純以繢，髧髦之義也。大父母不存，雖具父母，純以青者，有所殺也。父母存，衣冠不純素，至于孤子，則純素可也。三十以下無父，可以稱孤。故曰「幼而無父曰孤」。若三十以上，有爲人父之道，不言孤也。

長樂陳氏曰：「具父母、大父母，純以繢」，備五采以爲樂也。「具父母，純以青」，體少陽以致敬也。「孤子純以素」，存凶飾以致哀也。小功純以緦，則大祥緣以布，吉時夕服緣以采。

嚴陵方氏曰：繢會五采，青則飾之殺也，與「青青子衿」同義。「孤子以素」者，無事乎飾也。袂緣者，袂與緣也。褏口謂之袂，裳下謂之緣，衣側謂之邊。其純皆寸半，三五之數也。

禮記集説卷第一百四十五

禮記集説卷第一百四十六

投壺第四十

孔氏曰：案鄭《目録》云：「名曰《投壺》者，以其記主人與客燕飲，講論才藝之禮。此於《别録》屬《吉禮》，亦實《曲禮》之正篇。」是投壺與射爲類。此於五禮宜屬嘉禮也。或云「宜屬賓禮」。

藍田吕氏曰：投壺，射禮之細也。射者男子之所有事，因而飾之以禮樂也。古者諸侯之射也，必先行燕禮，卿、大夫、士之射也，必先行鄉飲酒之禮。因燕禮之間，且以樂賓，且以習容，且以講藝也。投壺者，不能盡於射禮，而行其節也。庭之脩廣，或不足以張侯置鵠，賓客之衆，或不足以備官比耦，則是禮也，弧矢之事雖不能行，其容體比於禮，其節比於樂，志正體直，審固而求中，所以觀德者猶在此，先王所以不廢也。壺之爲器，所以實酒而置之席間者也。原其始也，必以燕飲之間，謀以樂賓，或病於不能爲射也，舉席間之器以寄射節焉。此投壺所由興也。

清江劉氏曰：古者投壺之禮，主人以賓燕而後投壺也。燕，禮之輕者也。輕則易，易則褻，褻則慢，酒之禍恒由此作。君子惡其慢以褻也，爲壺矢以節其禮，全其歡也。君子之於人，有以歡之，必有以禮之；有以禮之，必有以樂之；有以樂之，必有以言之。賓者所法也，非法人也；所養也，非養人也。主人奉矢以親之，卑其身以事賢也。主人之請不怠，賓三辭不煩，尊禮重樂之義也。尊禮則敬，重樂則和。敬以和，故上下能相親也。君子所以異乎人者，其唯易事而難悦乎？不褻其接，所以致難悦也。主人拜送，賓辟，賓拜受，主人辟，授受之禮也。授受者，人道之大也，不可以不敬也，拜以敬之也。勝飲不勝者，罰也。辭不曰罰，而曰養者，不尚人以勝，不恥人以不能也。飲曰賜灌，不恥過也，不忌人以勝己也。故尚人以勝則矜，恥人以不能則怨，自恥其過則忿，忌人以勝己則懟。矜以怨，忿以懟，此辨訟之所由作也。勝者有爵，貴也；有馬，富也。內不失其樂，外不失其功，然後富貴可保也。投順爲入，不順，雖入不釋，明順而後有功也。樂以《貍首》，以順爲節也。侍於先生長者，不角不擢馬，以順爲禮也。順爲功，故弗非也。順爲節，故節可守也。順爲禮，故不悖也。故曰古之君子不必相與言也，以禮與行示之而已矣。《詩》云「示我顯德行」，此之謂也。

長樂陳氏曰：投壺之籌曰矢，勝算則曰馬。贊其禮，則以司射；實其算，則以射中；弦其詩，則以射節之《貍首》；鼓其節，則以射鼓之半。而釋算數算，勝飲不勝，皆與射禮相類，則投壺亦兵象也。蓋兵凶戰危，人情之所惡。飲酒相樂，人情之所欲。先王因其所欲，而寓其所惡於其中，使樂之不憚，則平日之所習，乃異日之所用也。昔晉侯與齊侯宴，投壺，祭遵臨戎，雅歌投壺。然則投壺之樂，豈間於貴賤軍國之間乎？其用鹿中者，投壺輕於射禮，故用中之下禮而已。鄭氏謂鹿中者大夫之禮，是以射禮言投壺也，恐不必然。

馬氏曰：古之君子游於藝者，莫重於射，其次則投壺。故投壺之禮多取於射之義。其行禮之人，則有主，有賓，有司射，有弦者，有酌者；其行禮之物，則有壺，有矢，有中，有算，有馬。以投壺之制而考於鄉射禮，升降、上下、周旋、進退，大抵相似，而投壺爲簡而已。然而參用燕、鄉之禮，故先儒謂「説屨升堂，乃請投壺」也。

嚴陵方氏曰：壺之制主爲酒，投壺之壺，其形如之，故亦謂之壺。春秋之時，晉侯、齊侯嘗講是禮，然以卜興衰焉，蓋失先王之禮意矣。

金華應氏曰：壺之爲器，所以實酒而置之席間者也。《春秋傳》曰：「尊以魯壺。」《周官》曰：「其朝獻用兩壺。」《禮器》曰：「五獻之尊，門内缶，門外壺。」則壺亦稍大矣。原其始也，必於燕飲之間，謀以樂賓，或病於不能射也，舉席間之器以寄射節焉。投壺以爲樂，猶擊缶以爲樂也。以所飲之壺寓所投之矢，制禮者因爲之節文，且用樂以宣達其情，此投壺所由興也。

投壺之禮，主人奉矢，司射奉中，使人執壺。

鄭氏曰：矢，所以投者也。中，士則鹿中也。射人奉之者，投壺，射之類也。其奉之西階上，北面。

孔氏曰：自此至「曰辟」一節，論燕禮脱屨升堂之後，主人請投壺於賓，賓辭許，及賓主受矢之節。主人阼階之上西面，❶

❶「面」，原作「南」，今據通志堂本、四庫本改。

奉持其矢。司射奉中，中，謂受算之器。案《鄉射禮》司射升自西階，階上北面，此奉中亦然。「使人執壺」，謂主人使人執所投之壺於司射之西北面。所以皆在西階上者，欲就賓處也。唯云「使人」，不言「官」者，以賤，略之也。凡行禮，統於主人。雖俱在西階，而當尊東，故《燕禮》、《大射》宰夫代公爲主人，與賓俱升西階，而主人在東也。《鄉射記》云：「大夫兕中，士鹿中。」此篇是大夫、士之禮，鄭不云「兕中」，略之也。知是大夫、士禮者，以經云「主人請賓」，是平敵之辭。若諸侯，則《燕禮》、《大射》每事云「請於公」，不云「主人請賓」也。非諸侯禮，而經云奏《貍首》者，別取燕飲之義，非謂尊卑之詩。其諸侯相燕，亦有投壺。故《左傳》云：「晉侯與齊侯燕，投壺。」然則天子亦有之，但古禮亡，無以知也。其中之形，刻木爲之，狀如兕、虎而伏，背上立圜圈以盛算。

嚴陵方氏曰：矢將以授賓，故主人奉之。中將以待獲，故司射奉之。壺將以待投，故使人執之而已。曰「使人」，則不必有攸司也，夫人而爲之可也。中或以鹿，或以兕，或以虎，或以閭，或以皮樹，皆刻木以象其形，鑿其背以盛算。必象獸形者，則以服猛爲義，因而爲隆殺焉，亦猶侯用虎豹之類爾。必謂之中者，射以中爲善，故盛算之器，因以爲名。投壺亦用射之中者，以其爲射之類，亦以中爲善故也。奉之使司射，所投謂之矢，皆以是而已。

主人請曰：「某有枉矢哨壺，請以樂賓。」賓曰：「子有旨酒嘉肴，某既賜矣，又重以樂，敢辭。」

鄭氏曰：燕飲酒，既脱屨升堂，主人乃請投壺也。否則或射，所謂燕射也。枉、哨，不正貌，爲謙辭。

孔氏曰：枉謂曲而不直，哨謂哨峻不正。賓稱主人設酒肴以待己，是某既受主人之賜矣，又請投壺樂己，是重以樂也。案《燕禮》取俎以出，卿、大夫皆降，賓反入，及卿、大夫皆脱屨升，就席。羞庶羞之後，乃云若射，則大射正爲司射。故鄭知請投壺，亦在脱屨升堂之後。若鄉射之禮，則在飲酒未旅之前爲射，以其詢衆庶，禮重，故早射，異於燕射也。

嚴陵方氏曰：矢以直爲善，壺以正爲善。

主人曰：「枉矢哨壺，不足辭也，敢固以請。」賓曰：「某既賜矣，又重以樂，敢固辭。」主人曰：「枉矢哨壺，不足辭也，敢固以請。」賓曰：「某固辭不得命，敢不敬從。」賓再拜受，主人般還，曰：「辟。」主人阼階上拜送，賓般還，曰：「辟。」

鄭氏曰：固之言如故也。言如故辭者，重辭也。「不得命」，不以命見許。賓再拜受，拜受矢也。主人既辟，進受矢兩楹之間也。拜送，送矢也。辟亦於其階上。

孔氏曰：賓既許主人投壺，賓乃於西階上北面再拜，遥受矢也。主人見賓拜，乃般曲折還，謂賓曰：今辟而不敢受。言此者，欲止賓之拜也。於是賓及主人皆來兩楹之間相就，俱南面，主人在東，接矢與賓。主人復歸阼階上，北面拜送矢。賓亦歸西階上，般還而告主人曰：今辟而不敢受。此言亦以止主人拜也。知皆北面者，案《鄉飲酒》、《鄉射》拜受爵、送爵北面故也。熊氏云：以拜時般還，或可東西面相對。又以「曰辟」者，是贊者來辭告主人及賓，言「曰辟」，義亦通也。

藍田吕氏曰：投壺之禮，主人奉矢三請賓，賓三辭而後許。拜受、拜送，皆般還以辟，有加於射禮者，不敢以禮殺而紓吾敬也。燕樂而不淫，禮殺而敬不衰，此德所以脩，交所以久也。

已拜，受矢，進即兩楹間，退反位，揖賓就筵。司射進度壺，間以二矢半。反位，設中，東面，執八算興。

鄭氏曰：主人既拜送矢，又自受矢。「進即兩楹間」者，言將有事於此也。退乃揖賓即席，欲與偕進，明爲偶也。賓席、主人席，❶皆南鄉，間相去如射物。度壺，度其所設之處也。壺去坐二矢半，則堂上去賓席，❷邪行各七尺也。反位，西階上位也。設中東面，既設中，亦實八算於中，橫委其餘於中西，執算而立，以請賓俟投。

孔氏曰：此經明賓主受矢之後，就投壺之筵，及進度壺并算之節。主人拜送矢之後，主人贊者持矢授主人，主人於阼階受矢。既受矢之後，來就兩楹間，看投壺處所。乃却退，反阼階之位，面西揖賓，令就投壺之筵，相對爲位，而共投壺也。「進度壺」者，司射於西階上執壺之人處受壺，乃東鄉來賓主筵前，進量度。其壺置於賓主筵南也。投壺有三處，室中、堂上及庭中也。日中則於室，日晚則於堂，大晚則於庭，各隨光明故也。矢有長短，隨地廣狹。室中狹，矢長五扶。堂上稍

❶「人」，通志堂本、四庫本作「席」。
❷「席」下，《禮記正義》有「主人席」三字。

廣，矢七扶。庭中大廣，矢九扶。四指曰「扶」，扶廣四寸。五扶則二尺，七扶則二尺八寸，九扶則三尺六寸。雖矢有長短，亦隨地廣狹，❶而度壺皆使去賓主之席二矢半也。室中去席五尺，堂上則去席七尺，庭中則去席九尺。司射度壺既畢，反還西階上位，取中，稍進，東面而設中也。❷於中西東面，手執八算而興起。其中裏亦實八算。鄭註知席「相去如射物」者，以投壺是射之類也。物謂射者所立之處，物長三尺，闊一尺二寸。兩物東西相去容一弓，故《鄉射記》云：「物長如笴，其間容弓，距隨長武。」註云：「笴長三尺，距隨者，物橫畫也。」實算於中，亦約《鄉射》文。

嚴陵方氏曰：凡射，人各四矢。《詩》言「四矢反兮」是也。四矢，則四算，投壺亦如之，賓與主則八算矣。故此言「執八算」也。

請賓，曰：「順投爲入，比投不釋，勝飲不勝者。正爵既行，請爲勝者立馬，一馬從二馬。三馬既立，請慶多馬。」請主人亦如之。

鄭氏曰：請，猶告也。順投，矢本入也。比投，不拾也。「勝飲不勝」，言以能養不能也。正爵，所以正禮之爵也。或以罰，或以慶。馬，勝算也。謂之馬者，若云技藝如此，任爲將帥乘馬也。射、投壺，皆所以習武，因爲樂。

孔氏曰：此經明司射執八算起而告賓黨爲投壺之法也。順，本也。矢有本末，投矢於壺，以矢本入者，乃名爲入，則爲之

❶「亦隨地廣狹」五字，《禮記正義》無，疑涉上文衍。
❷「面」，原作「南」，今據通志堂本、四庫本改。

釋算。若矢以末入，則不名爲入，亦不爲之釋算。「比投不釋」，比，類也。賓主投壺，要更遞而投，不得以前既入喜悅，不待後人投之，而已頻投。頻投雖入，亦不爲之釋算也。正爵，謂罰爵。下云「正爵既行，請徹馬」，亦稱正爵，則慶罰皆是正爵，以其正禮也。既行，謂行正爵竟也。「一馬立馬，謂取算以爲馬，表勝數也。「一馬從二馬」者，謂每一勝輒立一馬。禮以三馬爲成。若專三馬，則爲一成。但勝偶未必得三，若勝偶得二，劣偶得一，一既劣於二，故徹取劣偶之一以足勝偶之二爲三，故云「一馬從二馬」。然定本無此一句。「三馬既立，請慶多馬」者，若頻得三成，或取彼足爲三馬，是其勝已成，又酌酒慶賀於多馬之偶也。云「亦如之」者，謂司射請賓之黨，每事必應曰「諾」，既竟，則司射又悉以告賓者告諸主人，主人應諾，亦悉如賓也。

藍田吕氏曰：矢本入，則本末之序正矣。左右拾投，則賓主之儀荅矣。不如是，則雖投不爲入，雖入不釋算，所以責審固，詳節文也。故射與投壺，所以觀人之德，必容體比於禮，容節比於樂，不尚於苟中也。

嚴陵方氏曰：上言「入」，下言「釋」，互相明也。「勝飲不勝」，即揖讓而升，下而飲也。正爵者，正禮之爵也。或以罰，或以慶，故以正言之。算與馬一也，方其執之，則謂之算。而算以計多少爲義。及其釋之，則謂之馬。而馬以勝敵爲義。蓋算爲勝者而釋，故以勝敵爲名焉。「一馬從二馬」者，勝少者附勝多者，以爲數也。數成於三，數成則可以爲多矣。故曰「三馬既立，請慶多馬」。

山陰陸氏曰：倒入，幸入也。比投，比而投之，言引手就壺使入。後世投壺，坐欲四縣，恐其比入也。

命弦者曰：「請奏《貍首》，間若一。」大師曰：「諾。」

鄭氏曰：弦，鼓瑟者也。《貍首》，《詩》篇名也，今逸。《射義》所云「曾孫侯氏」是也。「間若一」者，投壺當以爲志取節焉。

孔氏曰：此一經明司射命工作樂，節投壺之儀。鄭知「鼓瑟」者，約《鄉射禮》用瑟也。案下有魯鼓、薛鼓，節亦有鼓，以弦爲重，故特云「命弦者」。「間若一」者，謂前後樂節中間疏數如似一也。投壺者當聽之以爲志，取投合於樂節，故須中間若一也。案《鄉射》三番，初一番耦射不釋算，第二番釋算未作樂，第三番乃用樂。今投壺發初即用樂者，以投壺禮輕，主於歡樂故也。諾，承領之辭。

長樂陳氏曰：古者投壺之禮，大致與射相爲表裏。故鄉射之禮，命太師奏《騶虞》，間若一。投壺之禮，命弦者曰：「請奏《貍首》」，亦間若一。以投壺射之細故也。大射，樂正命太師奏《貍首》。蓋貍之爲物，其性善搏，其行則止而擬度焉。投壺者必奠而后發，亦猶是也。考之《鄉射》，則命弦者，瑟之工也。觀太師掌六律、六同，皆文之以五聲，播之以八音，則知「太師曰『諾』」者，以奏《貍首》必諧六律、六同、五聲、八音也。此其節比於樂也。命酌者曰「諾」，其容比於禮也。

藍田呂氏曰：《貍首》之詩，言賓主以禮相會也。猶瓠葉兔首，不敢以微薄廢禮而忘驩也。其詩曰：「貍首之班然，執女手之卷然。」賓主之歡於是乎交，非特諸侯之事，故卿、大夫、士所以亦得用也。

嚴陵方氏曰：以弦歌《貍首》，故命弦者奏之。間者，樂之節，欲其終始相協，故曰「若一」。

山陰陸氏曰：鄭氏謂「弦，鼓瑟者也」，《鄉飲酒記》曰「工四人，二人瑟，瑟先」，鄉射蓋亦命絃者，變言大師，重鄉射也。「間若一」，言或「間」，亦或「一」也。間，若間歌，一歌一奏，間；一，無間焉，以爲樂也，非以爲節也。投壺，射之細也，降射一等，據《鄉射》大師曰「奏《騶虞》，間若一」。

左右告矢具，請拾投。有入者，則司射坐而釋一算焉。賓黨於右，主黨於左。

鄭氏曰：拾，更也。「告矢具，請更投」者，司射也。司射東面立，釋算則坐。以南爲右，北爲左。已投者退，各反其位。

孔氏曰：此一經論投壺中者釋算之儀。左謂主人，右謂賓客。司射告主人、❶賓以矢具也。若矢入壺，則司射乃坐釋一算於地。右謂司射之前稍南，左謂司射之前稍北。

嚴陵方氏曰：拾者，更也，與《曲禮》言「拾級」，《喪禮》言「拾踊」同義。「賓黨於右，主黨於左」者，主人尊賓故也。凡言左右，則以右爲尊者，蓋左右以體言，爲陰故也。《左氏傳》曰：「地有五行，體有左右。」

卒投，司射執算曰：「左右卒投，請數。」二算爲純，一純以取，一算爲奇。遂以奇算告，曰：「某賢於某若干純。」奇，則曰「奇」，

❶「人」，通志堂本、四庫本作「與」。

鈎，則曰「左右鈎」。

鄭氏曰：卒，已也。賓主之黨畢已投，司射又請數其所釋左右算，如數射算。一純以取，實於左手，十純則縮而委之，每委異之。有餘則橫諸純下。一算爲奇，奇則縮諸純下。兼斂左算，實於左手，一純以委，十則異之，其他如右獲。畢則司射執奇算，以告於賓與主人也。若告云「某賢於某」者，未斥主黨勝與？賓黨勝與？以勝爲賢，尚技藝也。鈞，猶等也。等，則左右手各執一算以告。

孔氏曰：此一經明投壺算數之儀。投壺卒，司射於壺西東面執算，請曰：賓主之黨卒投，請數算。「二算爲純，一純以取」者，純，全也。二算合爲一全。地上取算之時，一純則别而取之。「一算爲奇」者，一算，謂不滿純者。奇，隻也。「遂以奇算告」者，奇，餘也。謂左右數鈞等之餘算，手執而告曰：某賢於某若干純者，或左或右不定，故稱「某賢」。賢，謂勝者也。勝者若有雙數，則云「若干純」。假令十算，則云五純也。若有奇數，則曰奇。假令九算，則曰九奇也。鈞，猶等也。等則左右各執一算以告。鄭註「一純以取」至「右獲」，皆《鄉射禮》文，謂就地上之算以右手，每一純别而取實於左手。滿十純則縮而委之於地，司射東面，則東西爲縮，每十雙，則東西縮爲一委。每有十雙，更别委之，故曰「每委異之」。有餘，謂不滿十雙，或八雙、九雙以下，則橫於十純之西，南北置之。若唯有一算，則縮之零純之下，在零純之西，東西置之。此數右算之法。若數左算，則總斂地之算，實於左手，每一純取以委地，滿十則異之，謂滿十純則總爲一委。其他所縱、所横，如右獲也。

嚴陵方氏曰：賢，猶勝也。《射禮》言若右勝，則曰右賢於左，若左勝，則曰左賢於右是也。干，猶枚也，與「服衣若干尺」之「干」同。

山陰陸氏曰：「一純以取」，以手取之也。「以委」，委之而弗取也。一算爲奇，遂以奇算言。投已，若飾一算，遂以奇數之。鈞，則曰左右鈞者，《詩》曰「賓載手仇，室人入又」，此之謂也。

命酌，曰：「請行觴。」酌者曰：「諾。」當飲者皆跪，奉觴曰：「賜灌。」勝者跪曰：「敬養。」

鄭氏曰：司射又請於賓與主人，以行正爵。酌者，勝黨之弟子，升酌奠於豐上。不勝者坐取，乃退而跪飲之。灌，猶飲也。言「賜灌」者，服而爲尊敬辭也。《周禮》曰：「以灌賓客。」賜灌、敬養，各與其偶於西階上，如飲射爵。

孔氏曰：此一節明飲不勝之儀。司射命此酌酒者，曰：「敬以請賓與主人行觴。」謂罰爵之事，賓主已許，汝當酌之。勝黨弟子受領許酌，乃於西階上南面設豐，洗觶，升，酌，坐奠於豐上。勝者與不勝者俱升西階，勝者在東，不勝者跪取豐上之爵，手奉其觴曰：「蒙賜灌。」勝者跪執之，曰：「敬以此觴而養不能也。」鄭註《鄉射禮》文。案彼文云：「弟子奉豐升，設于西楹之西。」勝者之弟子「洗觶升酌，南面坐奠于豐上」是也。引《周禮·典瑞》文證灌爲飲也。

藍田吕氏曰：勝飲不勝者，以能養不能也。君使士射，不能則辭以疾。射者，男子之事，不能則幾於非男子也。故以不能者爲病，病必有養。當飲者跪奉觴曰：「賜灌。」勝者跪曰：「敬養。」酒者所以養病也。能者不敢以勝驕人，争求勝而辭養也。不能者知不勝爲己病，不敢以己有病而辭養也。孔子曰：「君子無所争，必也射乎？」君子之所以争求勝者，争辭養而已，故其争也君子。

嚴陵方氏曰：勝飲不勝，當飲者則不勝者也。灌者，自上以灌下，以勝者下而飲不勝，故以灌言之。酒所以養老，又所以養病，故曰「敬養」。灌，即觴也。

馬氏曰：不勝者飲而不怨，勝者勸而不矜，則其於禮庶幾不失。故奉觴曰「賜灌」，則受之以禮而不怨之詞也。勝者跪曰「敬養」，則獻之以禮而不矜之詞也。

正爵既行，請立馬。馬各直其算，一馬從二馬，以慶。慶禮曰：「三馬既備，請慶多馬。」賓主皆曰：「諾。」正爵既行，請徹馬。

鄭氏曰：飲不勝者畢，司射又請爲勝者立馬，當其所釋算之前。三立馬者，投壺如射，亦三而止也。三者，一黨不必三勝。其一勝者并其馬於再勝者以慶之，明一勝不得慶也。飲慶爵者偶親酌，不使弟子，無豐。請徹馬，投壺禮畢，可以去其勝算也。既徹馬，無算爵乃行。

孔氏曰：此經論飲不勝者畢，司射請爲勝者立馬，以表顯賢能，及徹馬，行無算爵之事。正爵，謂正禮罰酒之爵。既行飲畢之後，司射請爲勝者樹標，立其馬也。直，當也。投壺與射禮同，亦三番而止。每番勝者則立一馬。假令賓黨三番俱勝，則立三馬。或賓黨兩勝，而立二馬。主黨一勝，但立一馬。即以主黨從就賓黨二馬，少足益於多，以助勝者爲榮。乃以慶賀多馬。但此經上云「請立馬」者，是司射請辭。「馬各直其算，一馬從二馬，以慶」，是禮家陳事之言也。「慶禮曰『三馬既備，請慶多馬』」者，此還是司射請辭，言爲慶之禮，勝者三馬既已備具，請酌酒慶賀於多馬者。賓主無問勝與不勝，皆稱曰「諾」。案《鄉射禮》：初番三耦射，但唱獲而已，未釋算，亦未飲不勝者。第二番耦射畢，賓主之黨皆射畢，乃數算，飲不勝者。第三番三耦及賓主等皆射中鼓節，乃釋算，飲罰爵。今投壺初則不立三耦，唯賓主三番而止。飲不勝之時，賤其無能，故耦不親酌，使弟子酌奠於豐上，則《鄉射》所云是也。今既尊賢，當須親酌，手自授之，故知不使其弟子，無豐也。

藍田呂氏曰：正爵，司正之爵也。勝飲不勝，所以養不能也。多馬有慶，所以尚有藝也。正爵之行，能者有慶，不能者獲養，則民德歸厚。

馬氏曰：正爵既行，請立馬，則中多者有慶矣。正爵既行，請徹者，則禮畢而飲無算矣。立馬以表其勝，徹馬以掩其不勝，則投壺一用而禮義爲備也。

金華應氏曰：勝心生於物我之相形，一己血氣之私也。遜心生於物我之相忘，天下義理之公也。凡有血氣，皆有争心。先王制禮以調伏之，於其取與辭遜之節，尤致意焉。投壺，細事也，亦有能否勝負之别。立算以計其數，立馬以表其武，既尚其能矣。然勝負角立，人之能否，不可以一時而定。勝者豈能全勝，將有缺而不足之算；不勝者間有得，必有棄而不録之算。兩俱無所成而已。今也取不勝者不用之馬，而補勝黨未足之算，則零算不遺，而勝算有助，所以成人之美，所以遜己之能以與人。夫天下之義理無窮，幸而有志於善者，亦未免有獨爲君子之心。今也當勝負相角之時，乃能推己所長以成人之不足，而不以不勝爲忿焉。其無欲多上人之心可見矣。可謂達觀而無人己之間者矣。

算多少視其坐。籌，室中五扶，堂上七扶，庭中九扶。算，長尺二寸。壺頸脩七寸，腹脩五寸，口徑二寸半，容斗五升。壺中實小豆焉，爲其矢之躍而出也。壺去席二矢半。矢，以柘若棘，毋去其皮。

鄭氏曰：算用當視坐投壺者之衆寡爲數也。投壺者人四矢，亦人四算。籌，矢也。鋪四指曰扶，一指案寸。《春秋傳》曰：「膚寸而合。」投壺者，或於室，或於堂，或於庭，其禮褻，隨晏早之宜，無常處也。算長尺二寸，其節三扶可也。或曰算長尺有握，握，素也。「壺頸脩七寸，腹脩五寸」，脩，長也。腹容斗五升，三分益一，則爲二斗，得圜囷之象，積三百二十四寸也。以腹脩五寸約之所得，求其圜周。圜周二尺七寸有奇，是爲腹徑九寸有餘也。實以小豆，取其滑且堅。「矢，以柘棘」，取其堅且重也。舊説云「矢大七分」，或言去其皮節。

孔氏曰：此一節明算及矢長短之數，又明壺之大小及矢之所用。以《儀禮》準之，此亦正篇之後，記者之言也。今記者既陳正禮於上，又以此諸事繼之於下。「視其坐」，視其所坐之人。案《鄉射》及《大射》，人皆「乘矢」，故知四矢也。室中最狹，故五扶。堂上差寬，故七扶。庭中彌寬，故九扶。引春秋僖三十一年《公羊傳》文，證彼「膚」與此「扶」同也。鄭註既稱「腹容斗五升」，又云「三分益一」者，以斗五升，其數難計，故加「三分益一」爲二斗，從整數計之。以算法方一寸，高十六寸二分爲一升，則一斗之積爲三百二十四寸。故鄭知此壺之圜囷之中，有三百二十四寸也。云「以腹脩五寸約之所得」者，腹之上下高五寸，共有三百二十四寸。今且以壺底一寸約之，即於三百二十四寸之中五分之一，得六十四寸八分也。是腹脩五寸，約之所得之數也。云「求其圜周，圜周二尺七寸有奇」者，壺底一重，既有六十四寸八分。以圜求方，須三分加一，六十四寸八分，分爲三分，則一分有二十一寸六分，并前六十四寸八分，得八十六寸四分也，即是壺底一重方積之數也。今將八十六寸開方積之，九九八十一，則爲方九寸强也。一面有九寸强，四面凡有三十六寸强。今以方求圜，四方去一，有二十七寸强，是壺圜周二尺七寸有强，故云「圜周二尺七寸有奇」也。鄭之此計，據二斗之數。必知然者，壺徑九寸，以圜求方，以方九寸計之，凡九九八十一，壺底一重，有八十一寸，五重則有五箇八十一寸，總爲四百五寸。今以方求圜，四分去一，去其一百一寸四分寸之一，餘三百三寸四分寸之三。於二斗之積三百二十四寸之內，但容三百三寸四分寸之三，餘有二十寸四分寸之一不盡。故云「圜周二十七寸有奇」，乃得盡也。若以斗五升計之，計一斗五升之積，有二百四十三寸，則壺之所徑，唯八寸餘也，得容此數。必知然者，凡方八寸，開方計之，八八六十四，得六十四寸。壺高五重，則五箇六十四寸，總爲三百二十寸。以方求圜，四分去一，❶去八十寸，餘有二百四十寸。於一斗五升之積，餘有三寸不盡，是壺徑八寸有餘，乃得盡也。今檢註意以二斗整數計之，不取經文斗五升之義，故云「圜周二尺七寸有奇」。今筭者以其二尺七寸之圍，必受斗五升之物，數不相會也。云壺體腹之上下，各漸減殺，苟欲求合，恐非鄭意。

藍田吕氏曰：五扶、七扶、九扶，其多少之數，以廣狹爲之差，皆陽數也。壺頸脩七寸，腹脩五寸，口徑二寸半，容斗五升，壺去席二矢半，亦陽數也。筭長尺二寸，天數也。君子之所法象，必本諸天，求諸陽，因節文而託其義焉。雖小事，有所不廢也。

長樂陳氏曰：先王制禮，未嘗無所因焉。故室中必用几，而因几以度室。堂上必用筵，而因筵以度堂。野外必用步，而因步以度野。投壺用指而已，故用指以度筭。

嚴陵方氏曰：謂之筭者，以計多少爲義。謂之矢者，以觀中否爲義。五扶則二尺也，七扶、九扶則又可以類推矣。筭長尺二寸者，欲其有別於尺，故加二寸焉。毋去其皮，則貴其自然而已。

山陰陸氏曰：鄭云謂鋪四指曰扶，一指案寸。扶，四指以扶可也，謂之扶以此。扶，淺事也，故亦或謂之「膚」。即持五指也，握亦五指也。巨擘在外爲持，在内爲握。

❶「分」，原作「方」，今據四庫本改。

新安朱氏曰：今詳經文，不言壺之圍徑，而但言其高之度，容之量，以爲相求互見之巧。且經言其所容止於斗有五升，而註乃以二斗釋之。前經之所言者，圜壺之實數，而註之所言，乃借以方體言之，而算法所謂虚加之數也。蓋壺爲圜形，斗五升爲奇數，皆繁曲而難計，故算家之術，必先借方形，虚加整數，以定其法。然後四分去一，以得圜形之實。此鄭氏所以舍斗五升之經文，而直以二斗爲説也。然其言知借而不知還，知加而不知減，乃於下文遂并方體之所虚加以爲實數，又皆必取全寸，不計分釐，定爲圜壺腹徑九寸，而圍二尺七寸，則爲失之。疏家雖知其失，而不知其所以失，顧乃依違其間，訖無定説，是以讀者不能無疑。今以算法求之，凡此言二斗之量者，計其積實，當爲三百二十四寸，而以其高五寸者分之，則每高一寸，爲廣六十四寸八分，此六十四寸者，自爲正方。又取其八分者，割裂而加於正方之外，則四面各得二釐五毫之數。乃復合此六十四寸八分者五爲一方壺，則其高五寸，其廣八寸五釐，而外方三尺二寸二分，中受二斗，如註之初説矣。然此方形者，算術所借以爲虚加之數爾。若欲得圜壺之實數則當就此方形規而圜之，去其四角虚加之數四分之一，使六十四寸八分者但爲四十八寸六分，三百二十四寸者但爲二百四十三寸，則壺腹之高，雖不減於五寸，其廣雖不減於八寸五釐，而其外圍則僅爲二尺四寸一分五釐。❶其中所受僅爲斗

❶「外」，通志堂本、四庫本無。

有五升，如經之云，無不諳會矣。❶

魯令弟子辭曰：「毋憮，毋敖，毋偝立，毋踰言。偝立、踰言有常爵。」薛令弟子辭曰：「毋憮，毋敖，毋偝立，毋踰言。若是者浮。」

鄭氏曰：弟子，賓黨、主黨年穉者也。爲其立堂下相褻慢，司射戒令之詞。魯、薛者，禮衰乖異，不知孰是也。憮、敖，慢也。偝立，不正鄉前也。踰言，遠談語也。常爵，常所以罰人之爵也。浮，亦謂是也。《晏子春秋》曰：「酌者奉觴而進曰：『君令浮！』」晏子時以罰梁丘據。浮，或作「匏」，或作「符」。踰，或爲「遥」。

孔氏曰：此一篇是周公正經而有魯、薛之事者。録記之人以周衰之後，魯與薛有常時投壺號令弟子之異，未知孰是，故因以記之也。浮，亦罰也。浮，罰之爵。薛令弟子異於魯，其意則同。引《晏子春秋》證「浮」是罰爵之義。

藍田吕氏曰：飲燕之間易狎，童子之心易流，令之所以飭其敬。不令而責之敬，則近於暴。故令之而後浮。「常爵」，猶言常刑，亦罰爵也。魯、薛之儀不同，記禮者兼存之，文異而義同也。

嚴陵方氏曰：前曰「正爵」，此曰「常爵」，何也？以禮言，則曰「正」；以法言，則曰「常」。前兼於慶，故以禮言之。此主於罰，故以法言之而已。

山陰陸氏曰：魯，同姓之親也。薛，異姓之親也。記魯令，著所以待同姓之禮如此，故曰「有常爵」。記薛令，著所以待異姓之禮如此，故曰「若是者浮」，蓋曰「若是者浮」，則辭有不婉矣。

❶「諳」，通志堂本、四庫本作「偕」。

鼓：○□○○□□○□○○□。半，○□○□○○○□□○□○。魯鼓，○□○○○□□○□○○□□○□○○□□。半，○□○○○□□○。薛鼓，取半以下爲投壺禮，盡用之爲射禮。司射、庭長及冠士立者，皆屬賓黨。樂人及使者、童子，皆屬主黨。魯鼓：○□○○□□○○。半，○□○□○○○○□○□○。薛鼓：○□○○○○□○□○□○○○□○□○○□。半，○□○□○○○○□○。

鄭氏曰：此魯、薛擊鼓之節。兩家之異，故前後兼列之。圜者擊鼙，方者擊鼓。古者舉事，鼓各有節。聞其節，則知其事矣。投壺之鼓半射節者，投壺，射之細也。射，謂燕射。庭長，司正也。使者，主人所使薦羞者。樂人，國子能爲樂者。此皆與於投壺。

孔氏曰：每一圜點，則一擊鼙；每一方點，則一擊鼓。頻有圜點，則頻擊鼙；頻有方點，則頻擊鼓也。此「射」與「投壺」相對，用半鼓節爲投壺，用全鼓節爲射禮。又投壺在室、在堂，是燕樂之事，故知此射亦謂燕射，非大射及鄉射也。案《鄉飲酒》將旅之時，使相爲司正，察飲酒不如儀者，故知「庭長，司正也」。「冠士」者，謂外人來觀投壺，成人加冠之士，❶尊之，故令屬賓黨。若童子賤，則屬主黨也。以國子習樂，故云「國子能爲樂者」，以欲明此樂人非瞽矇視瞭之徒，以其能與主人之黨而觀禮也。

長樂陳氏曰：主人以仁接賓，則樂人樂賓者也；使者及童子，事人者也，故屬主

❶「加」，原作「如」，今據通志堂本、四庫本改。

黨。司射，作人者也；庭長，正人者也；冠士，行禮者也；立者，觀禮者也，故屬賓黨。壺以授矢，致樂者也，故主黨執之。中以盛算，取勝者也，故賓黨奉之。然黨雖有賓主之辨，而主黨之樂人必位於西階之上，使人執壺，亦立於司射之側。凡皆所以就賓。《禮書》　又《樂書》曰：「侍射則約矢，侍投則擁矢。」是投壺與射禮無異，特繁簡不同爾。以魯、薛鼓節論之，取半以下爲投壺禮，盡用之爲射禮，聞鼓節則知其事矣。魯、薛所令之辭，所制之鼓，雖見於經，其詳不可得而知也。觀《春秋》齊、晉之君蓋嘗講此，中行穆子相之。晉侯先，穆子曰：「有酒如淮，有肉如坻，寡君中此，爲諸侯師。」中之。齊侯舉矢，曰：「有酒如澠，有肉如陵，寡人中此，與君代興。」古人以此行燕禮，爲會同之主，於其中否以卜興衰，其重投壺之禮如此，則魯、薛之詳，亦不是過也。

嚴陵方氏曰：魯、薛之鼓既異，而傳之者又異，故記者兩存之。

山陰陸氏曰：魯投壺之鼓多，薛投壺之鼓少，亦所以待同姓、異姓之別也。《詩》曰「在宗載考」，有是哉！

禮記集說卷第一百四十六

禮記集説卷第一百四十七

儒行第四十一

孔氏曰：案鄭《目録》云：「名曰《儒行》者，以其記有道德者所行也。此於《别録》屬《通論》。」

藍田吕氏曰：《儒行》者，魯哀公問孔子儒服，孔子不對，因問儒行，而孔子歷言之。今考其書，言儒者之行，誠有是事也，謂孔子言之，則可疑也。儒者之行，一出於義理，皆吾性分之所當爲，非以自多求勝於天下也。此篇之説有矜大勝人之氣，少雍容深厚之風，似與不知者力争於一旦。竊意末世儒者，將以自尊其教，有道者不爲也。雖然，其言儒者之行，不合於義理者殊寡。學者果踐其言，亦不愧於爲儒矣。此先儒所以存于篇，今日講解所以不敢廢也。

魯哀公問於孔子曰：「夫子之服，其儒服與？」孔子對曰：「丘少居魯，衣逢掖之衣；長居宋，冠章甫之冠。丘聞之也，君子之學也博，其服也鄉。丘不知儒服。」

鄭氏曰：哀公館孔子，見其服與士大夫異，又與庶人不同，疑爲儒服而問之也。逢，猶大也。大掖之衣，大袂禪衣也，此君子有道藝者所衣也。孔子生魯，長而之宋而冠焉。宋，其祖所出也。衣少所居之服，冠長所居之冠，是之謂「鄉」。言「不知儒服」，非哀公志不在於儒，乃今問其服。庶人禪衣，袂二尺二寸，袪尺二寸。

孔氏曰：夫子自衛反魯，哀公館於孔子，問以儒行，記者録之以爲《儒行》之篇。孔子説儒凡十七條，十五條皆明賢人之儒，其第十六則明聖人之儒，其十七條則夫子自謂也。今此一節明哀公疑孔子之服爲儒服，遂問「儒行」，爲孔子命席，方説儒行之事也。臣朝於君，應著朝服，而著常服者，孔子自衛新還，哀公館之，非是常朝，故衣冠異也。掖，謂肘腋。禮，大夫以上，其服侈袂。鄭註《司服》云：「侈之者半而益一」，「袂三尺三寸，袪尺八寸」。朝祭之服，必表裏不禪也。孔子若依尋常侈袂之服，則哀公無由怪之，以其「大袂禪衣」，異於士大夫常服，故問之。夫子著禪衣，與庶人同，其袂大，與庶人異，故謂衣爲「逢掖」，是大袂深衣也。

藍田呂氏曰：古者衣服之制，自天子至於庶人，皆有差等，未聞儒者之有異服也。末世上下僭亂，至于無別。儒者獨守法度，有異於衆，此衆所以謂之「儒服」，哀公所以發問也。逢掖，魯衣也。章甫，宋冠也。少居魯，則衣魯之衣；長居宋，則冠宋之冠。因其俗而已，非苟異於人也，故曰「其服也鄉」。

嚴陵方氏曰：「逢掖之衣」，王肅以爲深衣是矣。章甫之冠，《郊特牲》所謂「殷冔」是矣。掖，當臂之下，其制特大，則可以運肘，故燕居之所服。《莊子》曰「宋人資章甫而適越」，則是宋之所冠也，明矣。公西赤掌孔子之喪，用章甫之冠，則孔子之冠衣固如是已。君子之學也博者，無狹其所居也，其服也鄉者，不忘其所本也。

山陰陸氏曰：學不遊不博。博則其服宜鄉，示不忘本也。丘不知儒服，猶問舜冠，不對也。

石林葉氏曰：博學所以立本，服從鄉，所以趍時。哀公所問者，儒服而已，故孔子答以「不知」也。

晏氏曰：逢掖、章甫，是乃儒服，而曰「不知儒服」者，唯恥服其服而無其行爾。故必以其學也博先之。蓋能博學則有其德，又將以成德爲行，然後可稱其服也。

哀公曰：「敢問儒行？」孔子對曰：「遽數之，不能終其物；悉數之，乃留，更僕，未可終也。」

鄭氏曰：遽，猶卒也。物，猶事也。僕，大僕也，君燕、朝則正位，掌擯相。「更」之者，爲久將倦，使之相代。

孔氏曰：孔子答言儒行深遠，非可造次。若急說，則不能盡事。若委細悉說之，則乃大久。僕侍疲倦，宜更代之。「未可終也」者，若不代僕，❶則未可盡也。

晏氏曰：物者，「事物」之「物」也。《周禮》以鄉三物教萬民，以五物詢衆庶。《文王世子》曰：「行一物而三善皆得。」皆若是而已。蓋儒者之行，非一事之可盡故也。

哀公命席，孔子侍。曰：「儒有席上之珍以待聘，夙夜强學以待問，懷忠信以待舉，力行以待取。其自立有如此者。

鄭氏曰：爲孔子布席於堂，與之坐也。君適其臣，升自阼階，所在如主。「席上之珍」，席，猶鋪陳也，鋪陳往古堯、舜之

❶「代」，原作「伏」，今據通志堂本、四庫本改。

善道，以待見問也。大問曰「聘」。舉，見舉用也。取，進取位也。

孔氏曰：此經明孔子侍坐於哀公，説儒行脩立己身之事。珍，謂美善之道。如此者，言如此在上諸事也。

藍田吕氏曰：使是君爲堯、舜之君，使是民爲堯、舜之民，儒者之志也。儒者之學，未嘗不欲用於天下也。故古之君子三月無君，則弔。及其進也，不由其道，不仕也；非其招，不往也。蓋知所謂自治然後可以治人，知所以自貴然後貴於物也。故君子之用於天下，有待而不與求焉。其學也，足以爲天下用，非志於用而後學焉。此韞匵藏玉，所以待賈而沽之者也。席上之珍，自貴而待賈者也。儒者講學於間燕，從容乎席上，而知所以自貴，以待天下之用也。强學以待問，懷忠信以待舉，力行以待取，皆我自立而有待，義猶是也。德之可貴者，人必禮之；學之博者，人必問之；忠信可任者，人必舉之；力行可使者，人必取之。此四者之别。

山陰陸氏曰：「席上之珍」，若伊尹樂堯、舜之道於畎畝之中是也。

廬陵胡氏曰：席猶卷懷。邦無道，則可卷而懷之。鄭謂「席，鋪陳」，盧云「席，坐席」，恐非。

嚴陵方氏曰：命席，則與之坐也。侍，側侍坐對之也。❶席，所以藉物，《曲禮》所謂「執玉有藉」是也。席以藉之，則所藉之物居上，故謂之席上，所以防外物之或褻，尊之至也。强學所以爲己，待問所以

❶「侍」，通志堂本、四庫本無。

爲人。能爲己，然後能爲人，故强學乃能待問也。忠信非由外鑠也，故言懷。力行者，强勉之。謂忠信力行，在我之事，舉取在彼之事也。盡其在我之事，然後足以致其在彼之事，故懷忠信以待舉，力行以待取也。儒者立身之本，非有資於人焉，故曰「其自立有如此者」。

晏氏曰：以禮嚴分，則君坐而臣立，以道忘分，則坐而論道，謂之王公。❶魯哀公方與孔子論儒者之行，是坐而論道者也，故命席而孔子侍坐焉，得非哀公樂道而忘人之勢乎？君子比德於玉，故稱珍焉。方其藏器於身，則玉韞於匱中，及其待時而動，則珍陳於席上，故曰「席上之珍，以待聘」。日出而作，夙在日出之前。於此而學，是先衆人而有作也。日入而息，夜在日入之後。於此而學，是後衆人而未息也，非自强之學而何？「席上之珍」，則其德可貴；「夙夜强學」，則其道可尊，二者有師道焉，故曰「待聘」、「待問」。懷忠信則其言有物，力行則其行有常，二者有臣道焉，故云「待舉」、「待取」。先聘、問而後舉、取，則學焉而後臣之者也。君子雖有爲師、爲臣之道，而未嘗屈道以伸身，必待彼之聘、問、舉、取，然後徐起而應之，故曰「其自立有如此者」。

「儒有衣冠中，動作慎。其大讓如慢，小讓如僞；大則如威，小則如愧。其難進而易退也，粥粥若無能也。其容貌有如此者。

鄭氏曰：中，中間，謂不嚴厲也。「如慢」、「如僞」，言之不愊怛也。「如威」、「如愧」，如有所畏。

❶「王」，通志堂本、四庫本作「三」。

孔氏曰：儒者所服衣冠，在常人中，不自異也。人以大物與己，己讓此大物，辭貌寬緩，如傲慢然。讓小物，如似詐僞，亦謂寬緩不急切，言儒不以利動也。如威、如愧，皆謂重慎自貶損。粥粥，是柔弱專愚之貌。鄭註「愊怚」，急切之意。

横渠張氏曰：人心中雖廣大，然言貌欲處之約。言貌不約，則便陷於妄。若言有條理，則猶是狂。若無條理，則妄而已矣。天下之人不陷於此者鮮，但有淺深多少之異爾，故莫如謹禮。「衣冠中」，讀爲丁仲反，謂衣冠中於禮也。其大讓如慢，事固有大讓、小讓，如讓國、讓位，是謂大讓也。大讓則誠然而後讓，若不有之，故似慢也。直是不受，如湯之讓天下，豈爲飾而已？誠心而讓，其貌若不受也。若夫飲食辭辟之間，是小讓也。小讓實如僞爲之，以爲儀爾，未必實讓。

藍田吕氏曰：儒者未嘗無意乎天下之用，然非其義也，禄之以天下，弗顧也。辭其大者，若自尊以驕人，然非自尊也，尊道也。辭其小者，若矯飾而不出於情，然非矯飾也，欲由禮也。由尊道而不屈於世，若有所威，由禮而不犯非禮，若有所愧。此儒者所以貴於天下也。「衣冠中」，所謂「其服也鄉」，得其中制，不異於衆，不流於俗而已。動作慎，則非禮勿履而已。故曰「難進而易退也，粥粥若無能也，其容貌有如此者」，非容貌之可貴也，德可貴而已。「翔而後集」，非義則不就，此所以難進。「色斯舉矣」，「禮貌未衰，言弗行也，則去之」，所以易退。難進易退，此所以德可尊也。

嚴陵方氏曰：「衣冠中」者，中於禮也，其

容貌之大也，則有所不可犯，故如威。及其小也，則有所不敢爲，故如愧。三揖而後進，故曰「難進」；一辭而遂退，故曰「易退」。

山陰陸氏曰：大則、小則，猶言大讓、小讓，讀如「敬慎威儀，爲民之則」之「則」。

晏氏曰：「衣冠中」者，中於禮，非先王之法服而不敢服故也，與子臧聚鷸冠者異矣。「動作慎」者，慎於事，非先王之德行不敢行故也，與莫敖舉趾高者異矣。大讓者禄之以天下弗顧，繫馬千駟弗視，故「如慢」、「如威」。小讓者觴酒豆肉，讓而受惡，衽席之上，讓而就賤，故「如僞」、「如愧」。難進者，進以禮也。禮主於敬，故三揖而進，不亦難乎？伊尹之三聘是已。易退者，退以義也，義主於斷，故一辭而退，不亦易乎？仲尼之不脱冕是已。是皆動容周旋而可見者，故曰「其容貌有如此者」。

「儒有居處齊難，其坐起恭敬；言必先信，行必中正。道塗不争險易之利，冬夏不争陰陽之和。愛其死以有待也，養其身以有爲也。其備豫有如此者。

鄭氏曰：齊難，齊莊可畏難也。行不争道，止不選處，所以遠鬭訟。

孔氏曰：塗，路也。君子行道路，不與人争平易之地，而避險阻以利己。冬温夏凉，是陰陽之和處，此世人所競，唯儒者讓而不争也。

横渠張氏曰：「居處齊難」，齊者齊莊，難者恭慎也。其難、其慎，必先信。思可信，則言是先信也。行必中正，乃可行諸後，是皆備豫之道也。

山陰陸氏曰：難，猶戒也。洗心曰齊，防

患曰難。

藍田吕氏曰：事豫則立，不豫則廢。儒者之學，皆豫也。擬之而後言，議之而後動，擬議以成其變化。故學有豫則義精，義精則用不匱。唯其始也，不敬則道不立，不立則道不充。仲弓問仁，子曰：「出門如見大賓，使民如承大祭，己所不欲，勿施於人。」如見大賓，如承大祭，敬也。「己所不欲，勿施於人」，恕也。「居處齊難，坐起恭敬，言必先信，行必中正」，所謂如見大賓，如承大祭者也。「道塗不争險易之利，冬夏不争陰陽之和」，所謂「己所不欲，勿施於人」者也。唯敬與恕，則忿懲慾窒，身立德充，可以當天下之變而不避，任天下之重而不辭。備豫之至，有如此者也。

嚴陵方氏曰：或居或處，不失乎齊難。或坐或起，不失乎恭敬。愛其死，非貪生也，將以有待於時而已。養其身，非苟安也，將以有爲於世而已。且居處齊難，則人斯齊難之矣。坐起恭敬，則人斯恭敬之矣。言先信，則人斯取信矣。行中正，則人斯取正矣。以至不争其利，故人資其利；不争其和，故人飲其和。愛其死，故足以有待；養其身，故足以有爲。若是則非有待物之備，先物之豫，固不足以致此。

晏氏曰：「居處齊難」者，端莊而不改易；「坐起恭敬」者，謹飭而不敢慢。「言必先信」者，無妄言；「行必中正」者，無詖行。「道塗不争險易之利」者，不以地利便己而移害於人。「冬夏不争陰陽之和」者，不以天道適己而移乖於人。「愛其死」者，非樂壽而哀夭也，蓋將以俟天之時，故曰「有待」。「養其身」者，非豐己而忘物也，蓋將以行己之道，故曰「有爲」。

《講義》曰：道路之間，必欲捨險而趨乎易，人之常情也，於此而不争險易之利。冬而欲温，夏而欲清，亦人之情也，於此而不争陰陽之和者，推利害之心，與人同之而已。有待、有爲，蓋將有立於天下也。上焉如微子去紂而存殷祀，箕子爲奴而後爲武王陳《洪範》，下焉者若管仲不死子糾之難而霸齊也。

「儒有不寶金玉，而忠信以爲寶；不祈土地，立義以爲土地；不祈多積，多文以爲富；難得而易禄也，易禄而難畜也。非時不見，不亦難得乎？非義不合，不亦難畜乎？先勞而後禄，不亦易禄乎？其近人有如此者。

鄭氏曰：祈，求也。立義以爲土地，以義自居也。難畜，難以非義久留也。勞，猶事也。積，或爲「貨」。

孔氏曰：此明儒者懷忠信與義之事。儒懷忠信而與人交，不貪金玉而與人競，人則親而近之。積，積聚財物也。非道之世則不仕，是難得也。先事後食，是易禄也。無義則去，是難畜也。其親近於人如此。

濂溪周氏曰：君子以道充爲貴，身安爲富，故常泰無不足，而銖視軒冕，塵視金玉，其重無加焉爾。

藍田吕氏曰：儒者之於天下，所以自爲者，主於德而已；所以應世者，主於義而已。趙孟之所貴，趙孟能賤之，貴之在人者也。若夫貴之在己，人不得而賤之。食前方丈，侍妾數百人，堂高數仞，榱題數尺，我得志弗爲也，以人之爲貴者也。

若夫我之所可貴，人不得而奪之，此金玉土地多積，不如信義多文之貴也。主於德，在我者也。在我者不敢不盡，在人者不敢必也。志非不欲行也，時止則止，時行則行，不可必其見也。道非不欲合也，非其義也，一介不以取諸人，不可必其合也。難得、難畜，主於義而所以自貴也。雖曰自貴，時而行、義而合、勞而食，未始遠於人而自異也。

嚴陵方氏曰：孟子以忠信爲天爵，以義爲正路，以令聞廣譽施諸身，不願人之文繡，非謂是乎？貨財以多積爲富，金玉以難得爲寶，故於忠信言寶，於多文言富。易禄者，易爲禄也。先勞而後禄，則易爲禄矣。畜爲畜而制之也。夫衆人之近人也，或以金玉，或以土地，或以多積，或見之不以時，或合之不以義，而儒者之近人，則有異焉。

石林葉氏曰：寶珠玉者，殃必及其身。忠信者，吉德也，故以爲寶。土地所生以利，義則勝利者也。故以爲土地多積，必厚亡。而《詩》、《書》、禮樂之文，則畜其德者，故以爲富。

廬陵胡氏曰：立義以爲土地，非義不處也。故君子里仁而處義。

晏氏曰：小人懷璧，不可以越鄉，而言忠信者可行蠻貊，故不寶金玉而忠信以爲寶。非其義也，禄之天下弗顧，而義，人之正路，故「不祈土地，而立義以爲土地」。經天緯地曰文，故「多文以爲富」。事君者量而後入，故「非時不見」而難得；不可則止，故「非義不合」而難畜；不以小言受大禄，故先勞而後禄。《易》曰：「何以聚人曰財。」夫金玉、土地、多積與夫祿利皆財也，衆人之近人以此而已。儒者之近人，則異於是。仲尼以忠信爲教，而義之與比，百官之富，翔而後集，色斯舉矣，皆此之意。

「儒有委之以貨財，淹之以樂好，見利，不虧其義。劫之以衆，沮之以兵，見死，不更其守。鷙蟲攫搏，不程勇者。引重鼎，不程其力。往者不悔，來者不豫。過言不再，流言不極。不斷其威，不習其謀。其特立有如此者。

鄭氏曰：淹，謂浸漬之。劫，劫脅也。沮，謂恐怖之也。鷙蟲，猛鳥、猛獸也，字從鳥，鷙省聲也。程，猶量也。重鼎，大鼎也。搏猛引重，不量勇力堪之與否，當之則往也。雖有負者，後不悔也。其所未見，亦不豫備，行自若也。不再，猶不更也。不極，不問所從出也。「不斷其威」，常可畏也。「不習其謀」，口及則言，不豫其説而順也。斷，或爲「繼」。

孔氏曰：此明儒者之行，挺特而立，有異於衆之事。儒者委之以貨財，淹漬之以樂好，執持操行，不虧損己之義，苟且而愛也。❶攫搏、引鼎，喻儒者見艱難之事，遇則行之，不豫度量也。蟲是鳥獸通名。獸摯從「執」，下著「手」，鳥鷙從「執」，下著「鳥」。今一鷙包兩義，以獸鷙從鳥，故鄭云「省」也。以脚取之謂之「攫」，以翼擊之謂之「搏」。

藍田呂氏曰：儒者之行既得其所以自貴，然强立而不反者，不可以不誠。至於己誠，則所以自貴者，猶可保而往也。見利不虧其義，見死不更其守，所謂富貴不

❶「愛」，通志堂本、四庫本作「受」。

能淫，貧賤不能移，威武不能屈，此大人所以立于世也。「鷙蟲攫搏，不程其勇」者，自反而縮，千萬人，吾往矣。其勇也，非慮勝而後動者也。「引重鼎，不程其力」者，仁之爲器重，舉者莫能勝也。其自任也，不知其力之不足者也。「往者不悔」，幾於所過者化。「來者不豫」，幾於所存者神也。「過言不再」，知之未嘗復行也。「流言不極」，不倡游言也。「不斷其威」，將至於儼然可畏也。「不習其謀」，將至于不思而得也。此成德君子之事也。二者皆特立大過人者也。

嚴陵方氏曰：貨財也，樂好也，皆人之所利者。見利而徇利，則虧其義矣。故「見利，不虧其義」者，是不徇利也。「衆」言人之多，「兵」言器之利。見死而懼，則更其守矣。故見死而不更其守者，是不懼死也。雖然，前言「愛其死以有待」，此言「見死不更其守」，何哉？《孟子》不云乎，「可以死，可以無死，死傷勇」。「見死不更其守」者，以其可以死也，召忽是矣。「愛其死以有待」者，以其可以無死也，管仲是矣。「不程勇」，以況儒者勇足以犯難而無所顧也。「不程其力」，以況儒者材足以任事而有所勝也。「往者不悔」，非有所吝而不改也，爲其動足以當理，而未嘗悔。「來者不豫」，非有所忽而不防也，爲其機足以應變，而不必豫爾。過言不免乎出，一之爲甚，矧可貳乎？流言不免乎聞，必止之以知，詎可窮乎？威無所屈，人不能斷而絶之；謀有所定，已不必習而成之。凡此非特然而立乎？

山陰陸氏曰：即程勇者而當之，是怯也。威不斷而立，謀不習而成。

黄氏曰：儒者咸有智勇。「不程勇」及「不程力」者，謂非當危難之際，則不程量顯見己之勇力。蓋君子以仁義聞則可，以勇力聞則恥也。不程量者，謂不比小人無德可稱，唯較量力勇以夸矜於人，其臨事則反無謀也。故云仁者必有勇，以其臨難不苟，見危致命，好謀知幾，則臨事之功必克全而無失矣，乃儒者勇力之道也。「往」、「來」兩義，謂儒者消長否泰之時也。謂時往者，雖屯否亦不爲悔吝；時來者，雖通泰亦不爲逸豫。唯守道從義，不以窮達移其操。

横渠張氏曰：「鷙蟲攫搏，不程勇者；引重鼎，不程其力」，與「勉焉，日有孳孳，不知年數之不及，斃而後已」同義。於向道亦然，當事亦然。如子路者，亦無愧於此矣。「過言不再」，不貳過也。「流言不極」，極者不更深思極慮也。「不斷其威」，讀爲「剛斷」之「斷」，「不習其謀」，斷與習，皆臨事斷習也。不斷、不習，言威常著，謀常足，不臨時旋安排也。此所謂「能特立」者也。非有立，焉能如此？

廬陵胡氏曰：「鷙蟲攫搏」雖猛，「引重鼎」雖有力，然不敢與儒者較量勇力堪之與否。當之則往，此乃暴虎之爲，非儒者也。「不斷其威」，加威必審，不輒斷也。「不習其謀」，好謀而成，不臨事乃習也。習，猶試也。

晏氏曰：鷙蟲而能攫搏之，人皆以爲勇，吾則不程計其勇，爲其暴虎者，尚勇而不尚義也。重鼎而能引之，人皆以爲有力，吾則不程計其力，爲其杠鼎者，尚力而不尚德也。先儒以謂儒者若遇鷙猛之蟲，不程量堪當而即攫搏之，若重鼎則不豫前商量己力堪引而見即引之。信如是，則一勇之夫，豈儒者之事哉？「不斷其威」，則權足以制物。「不習其謀」，則知足以決事。

「儒有可親而不可劫也，可近而不可迫也，可殺而不可辱也。其居處不淫，其飲食不溽，其過失可微辨而不可面數也。其剛毅有如此者。

鄭氏曰：淫，謂傾邪也。恣滋味爲溽，溽之言欲也。

孔氏曰：儒性剛儉，飲食常質，不溽，不濃厚也。

藍田吕氏曰：儒者之立，立於義理而已。剛毅而不可奪，以義理存焉。以義交者，雖疏遠必親，非義加之，雖强禦不畏，故有可親、可近、可殺之理，而不可劫、迫、辱也。淫，侈溢也。溽，濃厚也。侈其居處，厚其飲食，欲勝之也。欲勝則義不得立。不淫，不辱，所以立義也。其過失可微辨，而不可面數也，此一句疑尚氣好勝之言，於義理有所未合也。所貴於儒者，以見義必爲，聞過而改者也。何謂「可微辨而不可面數」？待人可矣，自待則不可也。子路聞過則喜，孔子幸人之知過，成湯改過不吝。推是心也，苟有過失，雖怨駡且將受之，况面數乎？

嚴陵方氏曰：德雖可親，而不可劫之以力。迹雖可近，而不可迫之以勢。身雖可殺，而不可辱之以威。不以四支之安，而過其行，不以口腹之養，而汙其身。微辨者，諷諭之也。面數者，指斥之也。凡此皆所體者剛，所用者毅然也。然居處不淫，飲食不溽，而以爲剛毅，何也？蓋淫於居處，溽於飲食，皆人之慾也。孔子曰：「棖也欲，焉得剛？」非謂是乎？

馬氏曰：可親以情，而不可劫以力；可近以義，而不可迫以勢；可殺其身，而不可辱其志。可殺，以有命也，不可辱，以有義也。

山陰陸氏曰：不淫，不奢淫也。不溽，不卑溽也。

晏氏曰：可親者爲其有仁，非暴厲無親也。而仁者必有勇，故不可劫。可近者爲其有禮，非近之不遜也。而秉禮者未可動，故不可迫。可殺者，爲其有義，雖殺之，而不怨也。而羞惡者義之端，故不可辱。

「儒有忠信以爲甲冑，禮義以爲干櫓。戴仁而行，抱義而處。雖有暴政，不更其所。其自立有如此者。」

鄭氏曰：甲，鎧。冑，兜鍪也。干櫓，小盾、大盾也。

孔氏曰：甲冑干櫓，所以禦其患難。儒者以忠信禮義，亦禦其患難。謂有忠信禮義，則人不敢侵侮也。戴仁而行，仁之盛。抱義而處，義不離身。雖有暴政，不更改其志操，迥然自成立也。與前「自立」文同，其意異。彼謂强學力行而自脩立，此謂獨懷仁義忠信也。

藍田吕氏曰：儒者剛毅而不可奪，則所得於天者可得而保者也。仁義忠信有禮，皆天之所授也。忠信則不欺，不欺者人亦莫之欺也。有禮者敬人，敬人者人亦莫之侮也。忠信禮義，所以禦人之欺侮，猶甲冑、干櫓可以捍患也。行則尊仁，居則守義，所以自信者篤。雖暴政加之，有所不變也。自立之至者也。首章言自立，論其所學所行足以待天下之用而不窮。此章言自立，論其所信所守足以更天下之變而不易。二者皆自立也，有本末先後之差焉。

山陰陸氏曰：「忠信以爲甲胄」，所謂「忠信爲周」是也。

馬氏曰：自「忠信以爲甲胄」至「雖有暴政，不更其所」，皆言君子之所守，故曰「其自立有如此者」。「待聘」至「待取」亦言自立，何也？所待者在人，所以待者在己，故言自立。而此防身遠害之道，亦自立也。

石林葉氏曰：甲胄者，自防之器。忠有諸中，信有諸己，亦以自防也。干櫓，敵人之器。禮以區別，義以裁制，亦所以敵人也。仁爲天下之表，故戴而行。義爲天下之制，故抱而處。暴政者時也，不更其所守者己也。己之自立者，乃所以應時，故其言異於前之自立也。

廬陵胡氏曰：前言忠信以爲寶，立義以爲土地，言平居時。此言忠信以爲甲胄，禮義以爲干櫓，言行乎患難時。《表記》云：「仁之爲道遠，行者莫能至。」故仁在於力行。立義以爲土地，故義在於自處所猶守也。《書》曰：「君子所其無逸。」與此言「自立」，本皆忠信。民無信不立。

晏氏曰：甲胄者，被之於身，冠之於首，乃設蔽以自營也。君子之處己如之。干櫓者，可以扞物，可以先衆，乃持以待敵也。君子之應物如之。仁主於有愛，常患乎暱而不尊。戴仁者，所以尊之。義主於有斷，常患乎嚴而不親，抱義者所以親之。

嚴陵方氏曰：仁善爲元，元者，首也，故

於仁曰「戴」。義善爲臧，臧者，藏也，故於義曰「抱」。有立則有所，故曰「雖有暴政，不更其所」。

金華應氏曰：被服禮義，操執忠信，所以自守而禦外侮，而又負戴仁義，言儒者一身之中，無非義理也。捍禦於外者愈固，而居處於内者愈安。雖有暴政，不能加之，故亦不爲之遷易其所而它之也。

禮記集説卷第一百四十七

禮記集説卷一百四十八

「儒有一畝之宮，環堵之室，篳門圭窬，蓬户甕牖，易衣而出，并日而食。上答之，不敢以疑，上不答，不敢以諂。其仕有如此者。

鄭氏曰：言貧窮屈道，仕爲小官也。宮，謂牆垣也。環堵，面一堵也。五版爲堵，五堵爲雉。篳門，荆竹織門也。圭窬，門旁窬也，穿牆爲之，如圭矣。并日而食，二日用一日食也。上答之，謂君應用其言。

孔氏曰：此明儒者仕宦，能自執其操也。徑一步，長百步爲畝。若折而方之，則東西南北各十步爲宅也。牆方六丈，故云「一畝之宮」。環，謂周迴也，東西南北唯一堵。鄭註「五版爲堵」，定十年《公羊傳》文，證堵之大小。高一丈，長三丈爲雉。篳門，柴門。蓬户，謂編蓬爲户。又以蓬塞門，謂之「蓬户」。甕牖，牖窗圓如甕口，又云「以敗甕口爲牖」。易衣，謂更相衣，合家共一衣，出則更著之也。君應答而用其言，己則竭力，不敢猜疑。有言而君不用，則静默，不敢諂媚求進。

藍田吕氏曰：儒者之仕，將以事道也。然有時乎爲貧，食其力以求免死而已。辭尊居卑，辭富居貧，抱關擊柝，乘田委吏，無所往而不可也。故爲貧者非事道，事道者不爲貧，二者不可亂也。「一畝之宮，環堵之室，篳門圭窬，蓬户甕牖」，居之陋者也。「易衣而出，并日而食」，養之至不足者也。儒者所守之篤，窮至于是而不悔也。上之禮答不答繫乎知不知，雖窮如是，上苟知之，則必以是道自期，不疑乎上之未信也。爲其多聞歟？則天子不召師。爲其賢歟？未聞見賢而召之也。尊其所聞，行其所知，不疑乎上之未信，而有所屈，蓋事道不爲貧也。上苟不知，則我知以力事人，求其食以免死者也，不輕進以求合也。君不知而自獻其身，君不問而自告其謀，枉尋直尺，强聒而不舍，人謂之不諂不信也，蓋爲貧者非事道也。二者儒者仕之大分，不可亂也。

江陵項氏曰：「一畝之宫，環堵之室」，《檀弓》曰「壞其室，洿其宫而豬焉」，詳其詞意，則宫以地基言之，室以屋廬言之也。

嚴陵方氏曰：一畝之宫，折方之，則其宫四面各十步而已。五版爲堵，環堵之室，周旋之，則其室四面各五版而已。「上答之，不敢以疑」者，以其自信之篤也。「上不答，不敢以諂」者，以其懷忠之深也。

山陰陸氏曰：上答之，不敢以疑，不敢以疑求試也。上不答，不敢以諂，不敢以諂求合也。

金華應氏曰：上答之，不敢以簡傲自取踈疑。上不答，不敢爲佞媚以自求諂合。所謂疑者，若踰垣、閉門之類是也。《劇秦美新》，可謂諂矣。

「儒有今人與居，古人與稽；今世行之，後世以爲楷；適弗逢世，上弗援，下弗推。讒諂之民有比黨而危之者，身可危也，而志不可奪也。雖危，起居竟信其志，猶將不忘百姓之病也。其憂思有如此者。

鄭氏曰：稽，猶合也。古人與合，則不合於今人也。援，猶引也，取也。推，猶進也，舉也。危，欲毁害之也。起居，猶舉事動作。信，讀如「屈伸」之「伸」，假借字也。猶，圖也。信，或爲「身」。

孔氏曰：此明儒者雖身不居明代，猶能憂思愛及於人之事也。楷，法式也。雖危起居，雖比黨之民共危之，而行事舉動能終伸己之志謀，不變易也。

藍田吕氏曰：儒者之自信，有義理存焉。人有知不知，吾所恃者，尚論古之人而有合也。時有遇不遇，吾所守者，不喪乎本心也。志有行不行，吾所存者，不敢忘天下也。三者義理之所在，故儒者信之。至于窮不悔，達不變，自信之篤者也。「今人與居，古人與稽，今世行之，後世以爲楷」，尚友於古人，求爲法於後世，知之事也。「適弗逢世，上弗援，下弗推，讒諂之民有比黨而危之者，身可危也，而志不可奪也」，義之事也。「雖危，起居竟信其志，猶將不忘百姓之病」，仁之事也。故儒者自信之篤，凡以有憂天下之心，主於仁義而已。故曰「其憂思有如此者」。

嚴陵方氏曰：與今人並行於世，與古人稽合於道也。「今世行之，後世以爲楷」者，《中庸》所謂「行而世爲天下法」是也。援，言其有所引；推，言其有所進。援則自上而引下，推則自下而進上。私相與而爲比，暗相結而爲黨。雖危起居，以其身可危也。竟信其志，以其志不可奪。信，謂自信也。猶將不忘百姓之病者，《孟子》所謂「禹思天下有溺者猶己溺之，稷思天下有飢者由己飢之也」。❶

石林葉氏曰：友一鄉之善士，以至一國；

❶「由」，通志堂本、四庫本作「猶」。

友一國之善士，以至天下，則所謂「今人與居」也。「誦其詩，讀其書，不知其人，可乎？又論其世」，則所謂「古人與稽」也。適弗逢世而援推者，天也。讒諂之民比黨而危之者，人也。起居雖危而竟信其志，天與人莫之奪也。

廬陵胡氏曰：稽，猶考也。古人與稽，考古道也。適，之也。適弗逢世，所之與世左也。猶，若也。若將不忘百姓之病，言其志若此也。

晏氏曰：所可危者，吾之起居之迹耳。曾不知吾之志，則確乎不拔，奚可移之哉？雖然，危我者，非良民也，讒諂之民爾，安可以讒諂之民而忘其良民哉？是必終信其志，不可忘百姓之病。故曰「其憂思有如此者」。

「儒有博學而不窮，篤行而不倦，幽居而不淫，上通而不困。禮之以和爲貴，忠信之美，優游之法。慕賢而容衆，毀方而瓦合。其寬裕有如此者。

鄭氏曰：不窮，不止也。幽居，謂獨處時也。上通，謂仕道達於君也。既仕，則不困於道德不足也。美忠信，法和柔。毀方而瓦合，去己之大圭角，下與衆人小合也。必瓦合者，亦君子爲道不遠人。

孔氏曰：淫，謂傾邪也。人有忠信，則己美之。人和柔，則己法之。見賢思齊，是慕賢。汎愛一切，是容衆。方，謂物之方正，有圭角鋒鋩也。毀己之圭角，與瓦礫而相合，謂屈己同凡。

藍田呂氏曰：儒者自信之篤，所謂「知止而後有定」也。定而後能靜，靜而後能安。學至於安，則其生不可已，故博學而不窮；其德可久，故篤行而不倦；窮不失義，故幽居不淫；達不動心，故上通而不困；用至于孰，則從容而有餘力；行至於和，則與物同而不流。故「忠信之美，優游之法」，「慕賢而容衆，毁方而瓦合」，皆至于安，然後沛然而寬裕也。忠信之美，以忠信爲美者也。優游之法，以優游之事爲己法也。毁方瓦合，以與物同也。陶者之爲瓦，必圓而割分之，故分之則瓦，合之則圓，而不失其瓦之質，謂之「瓦合」，義取諸此。

嚴陵方氏曰：幼而學之，壯而欲行之，故博學而不窮，然後篤行而不倦。不淫，言節有守而不至於過。不困，言才有餘而不至於乏。《語》曰：「禮之用，和爲貴。」蓋禮之體則貴節，禮之用則貴和。無體不立，無用不行。不言體之節，止言用之和者，主寬裕言之故也。充實之謂美，言有忠信以充實乎其内，故曰美。制而用之謂之法，言能優游以制用乎其外，故曰「法」。毁方則不與物忤，瓦合則不與物乖。

山陰陸氏曰：學博矣，非寬裕不能不窮。行篤矣，非寬裕不能不倦。「幽居而不淫」，所謂「不慙於影」是也。「上通而不困」，《序卦》曰：「升而不已必困。」禮之失煩，唯寬裕，故能和。毁方而瓦合者，行不見於崖異，心無愧於俯仰。

石林葉氏曰：博學有以貫之，故不窮；篤行有以至之，故不倦。幽居而能樂天，故不淫；上通而能知命，故不困。忠信之美充實於内，優游之法遜接於外。充實於内，故尊賢而慕之；優游於外，故愛衆而容之。慕賢則能毁方而爲圓也，容衆則能瓦合而爲同也。自博學不窮以至上通不困，皆所以爲寬。寬言其畜德也。自禮之以和爲貴以至毁方而瓦合，皆所以爲裕。裕言其容德也。

横渠張氏曰：毁圭璧之圭角，以與瓦礫合也。

廬陵胡氏曰：方，猶「方命虐民」之「方」。孔氏云「毁己之方正」，非也。方正何可毁也？瓦合，陳湯云「烏孫瓦合」，是也。孔云「瓦器破而相合」，亦非。

晏氏曰：毁方則用圓以周旋，猶珠之走盤也。瓦合則委曲以相就，猶瓦之覆屋也。自非寬而不猛，裕而有容，何以致此？

「儒有内稱不辟親，外舉不辟怨。程功積事，推賢而進達之，不望其報。君得其志，苟利國家，不求富貴。其舉賢援能有如此者。

鄭氏曰：君得其志者，君所欲爲，賢臣成之。

孔氏曰：稱，舉也。不辟親，若祁奚舉子。不辟怨，若祁奚舉讎。儒者欲舉人，必程效其功，積累其事，知其賢，乃推而進達之，不求望其報也。輔助其君，使君得其志意所欲，此推賢達士，唯苟在利益國家，不自求富貴也。

藍田吕氏曰：儒者之志，以天下爲度者也。寬裕之至，既足以有容，則物我之間無所别也。天下有事而不治，天下有賢而未達，吾任其責矣。故知其賢也，猶有親怨之辟，謂之公而實私也。過計於一己之私，不同乎天下之公也。《傳》稱祁奚「稱其讎，不爲諂，立其子，不爲比」，忘乎親讎者也。公叔文子之臣大夫僎與文子同升諸公，忘其君臣者也。趙文子「所舉於晉國筦庫之士七十有餘家」，忘乎貴賤者也。「管仲遇盜，取二人焉。上以爲公臣，曰『其所與遊辟也，可人也』」，忘乎其素者也。能忘乎是，而唯天下國家之利，然後舉賢援能，盡其公矣。夫望報於人，求富貴於己，小人之道也。又何足道哉？

嚴陵方氏曰：不以一身之小嫌妨天下之真才，故雖親也，亦在所稱。不以一心之私忿害天下之公義，故雖怨也，亦在所舉。程功者，程其功之優劣。苟利國家，不求富貴者，以利國家爲心，而不徼舉賢之賞也。

「儒有聞善以相告也，見善以相示也，爵位相先也，患難相死也，久相待也，遠相致也。其任舉有如此者。

鄭氏曰：相先，猶相讓也。久相待，謂其友久在下位不升，己則待之乃進也。遠相致者，謂己得明君而仕，友在小國不得志，則相致達也。

孔氏曰：此明儒者任舉同類。前經謂疏遠者，此經謂親近者。遠相致，遠相招致也。

藍田呂氏曰：舉賢援能，儒者所以待天下之士也。任舉者，儒者所以待其朋友而已。待天下之士，推賢而後舉，樂與同天下之治者也。朋友則非特是也，必同其好惡，故「聞善以相告，見善以相示」，必同其憂樂，故「爵位相先，患難相死」。彼雖居下，不待之同升則不升；彼雖疏遠，不致之同進則不進。此任舉朋友加重於天下之士者，義有厚薄故也。

嚴陵方氏曰：聞善者，聞善言也。見善者，見善行也。所受之命謂之爵，所居之官謂之位。任舉，謂相任以事，相舉以職。上言彼賢而我舉之，彼能而我援之，此則更相任舉而已。此其所以異。

馬氏曰：久相待也，雖久而不忘。遠相致也，雖遠而不遺。孔子以「久要不忘平生之言，亦可以爲成人矣」，久相待之謂也。

「儒有澡身而浴德，陳言而伏，静而正之，上弗知也，麤而翹之，又不急爲也。不臨深而爲高，不加少而爲多。世治不輕，世亂不沮，同弗與，異弗非也。其特立獨行有如此者。

鄭氏曰：麤，猶疏也，微也。觀色緣事，而微翹發其意使知之。不臨深而爲高，臨衆不以己位尊自振貴也。不加少而爲多，謀事不以己小勝自矜大也。世治不輕，不以賢者並衆，不自重愛也。世亂不沮，不以道衰廢壞己志也。

孔氏曰：此明儒者殊異於人，特立獨行之事。澡身，謂澡潔其身，不染濁也。沐浴於德，以德自清也。世治，雖羣賢並處，常自重愛。世亂亦不沮己之志。位雖同而行不善，則不與親合。彼雖與己疏異，所爲則不非毁之。身所特立，獨有此行，故云「特立獨行」也。

藍田吕氏曰：唯大人爲能格君心之非，然在己者未正，未有能直人者也。故澡身浴德者，所以正己也。陳言而伏者，入告嘉謀嘉猷于内爾，乃順之于外也。《書》曰「嘉言罔攸伏」，伏者，閉而不出之謂也。静而正之者，將順其美，正救其惡，常在於未形也，故曰「上弗知也」。麤而翹之者，其事君也，以其事之麤者微發其端而爲之兆，兆足以行，則進而無已；

不足以行，則去之。孔子所以未嘗終於三年淹，故曰「又不急爲也」。所以事其君者，先其未發而止其爲惡，先爲之兆以嘗其爲善，此衆人所未識也。所以治其己者，有若無，實若虛，不自高且自多，此衆人所不能也。所以行於世者，無治亂之異；所以接於人者，無同異之間，一於義理而已，此衆人所不爲也。蓋特立獨行，所以異於衆人者如此。

嚴陵方氏曰：澡、浴皆所以致其潔而已。有德者必有言，故繼之以「陳言而伏」也。伏，謂伏聽君命之用否也。静而正之者，隱進之也。麤而翹之者，明告之也。世治而德常見重，故曰「不輕」。世亂而志常自若，故曰「不沮」。與其所可與，不必同乎己也，非其所可非，不必異乎己也。蓋同乎己者不必善，異乎己者不必惡。同而與之，則讒諂面諛之人至矣。異而非之，則直諒多聞之友去矣。是又見其行之不與物羣也，故兼以「獨行」言之。

山陰陸氏曰：陳言而伏者，雖微，有所陳，當伏其旨。静而正之，上弗知者，孟子三見齊宣王，不言事，曰「我先攻其邪心也」。麤而翹之者，諫有精有麤，婉而微激之爲精，麤而翹發之爲麤。孟子曰：「是不可磯也。」蓋微切以激之謂之「磯」也，又不可急爲也。夫如是，豈可以遽哉？不以彼深，故自上臨之，以自爲高；不以彼少，故自下加之，以自爲多。

石林葉氏曰：澡身浴德，不自汙也。陳言而伏，不顯諫也。静而正之，上弗知者，諫不顯而君未悞也。麤而翹之，又不急爲者，諫已顯而事不迫也。雖能其事，不臨深而爲高，惡自高也；雖有其功，不加少而爲多，惡自大也。世治而士貴矣，其行不輕；世亂而士賤矣，其志不沮。同於己者，或鄉原也，公而弗與；異於己者，或行怪也，惡而弗非。儒之特立獨行，蓋如此也。

晏氏曰：澡身者，潔其身而不汙於世俗爾。若《莊子》曰「澡雪而精神」是已。浴德者，清其德而不汩於嗜慾爾。若《莊子》曰「疏瀹而心」是已。陳言而伏者，其言雖顯而其身則隱矣，所謂「伏其身而不見」也。世治，則人皆務進而求利，吾則未嘗妄動，故曰「不輕」；世亂，則人皆自屈以避害，吾則未嘗變節，故曰「不沮」。《儒行》一篇兩言「自立」者，其立不困於人也。一言「特立」者，其立能出乎衆也。又言「特立獨行」者，其立既能出乎衆，而所行又不同乎流俗也。

馬氏曰：立見於有守，行見於有爲。特，猶獨也。自立與特立固異矣。自立者，以對人言之也；特立者，以對衆言之也。

金華應氏曰：世治不輕進，若伯夷不仕於武王。亂不退沮，若孔子歷聘諸國。舉世所是而不輕徇，舉世所非而不輕棄，非但處而特立於一身，亦出而獨行於一世。

「儒有上不臣天子，下不事諸侯。慎靜而尚寬，强毅以與人。博學以知服，近文章，砥厲廉隅。雖分國如錙銖，不臣不仕。其規爲有如此者。

鄭氏曰：强毅以與人，不苟屈以順之也。君分國以禄之，視之輕如錙銖。八兩曰錙。

孔氏曰：此明儒者志操規爲之事。不臣天子，伯夷、叔齊是也。不事諸侯，長沮、桀溺是也。知服，謂知服畏先代賢人，言不以己之博學凌跨前賢也。❶習近文章，以自磨厲，使成己廉隅也。不與人爲臣，不求仕宦，但自規度所爲之事。

藍田呂氏曰：不臣者，不傳質爲臣也。不事者，無常職以食於上者也。在國曰市井之臣，在野曰草莽之臣，皆謂庶人。庶人雖有臣之名，而不執臣之事，非策名委質者也。故君有饋焉，曰「寡君」，則君猶賓之也。爲庶人者，不傳質爲臣，則不見，蓋可役於君而不可見也。此不臣之義也。抱關擊柝，皆有常職以食於上，事事者也。立乎人之本朝，而恥道不行，事道者也。事道者，道不行則不仕；事事者，不爲貧則不仕。不仕者，亦庶人也。君之於氓也，固周之。周之則受，賜之則不受，此不受之義也。不臣、不仕皆事道者也。慎静而尚寬，則有度也。强毅以與人，則有守也。博學以知，則有本也。服近文章，則有文也。砥厲廉隅，則有節也。兼是五者，則所以事道者無慊也。非其義也，非其道也，禄之以天下，弗顧也。故雖分國而授之，視之如錙銖之輕。其規摹之大，所爲之不亂，皆所以事道也。

嚴陵方氏曰：謂之臣，則事之可知。謂之事，則不必臣焉。此重輕之别。《莊子》言「天子不得臣，諸侯不得友」，蓋此意。夫道合則從，不合則去，故雖天子有所不臣，諸侯有所不事也，進退之節如此。然進非汲汲，退非悻悻，故繼之以「慎静而寬」也。强所以自勝，毅所以致

❶「跨」，明本作「夸」。

果，皆立己之道也。立己而已，或至於絶物，故繼之以與人，則於物無絶矣。學雖貴乎博，苟不知服而行之，則亦聖讀而庸行矣，❶故博學又貴乎知服。德性，内也，君子之所尊；文章，外也，亦近之而已。廉猶陛之廉，隅猶城之隅，皆有分際，則以況君子之不苟合也。砥以平之，厲以利之，則脩治之謂也。不失所爲而有常規，故曰「其規爲有如此者」。

馬氏曰：「服」與《中庸》所謂「得一善，則拳拳服膺」之意同。學之期行之也，知服則知行也。青與赤爲文，白與赤爲章，文章猶美德見於外也。近文章，則不至於鄙野矣。

山陰陸氏曰：慎静往往失之狹吝，强毅失之拒人。「博學以知」句斷，博而不能明了者多矣。「刻意尚行，離世異俗，高論怨誹，爲亢而已矣」，此不知服近文章之過也。「就藪澤，處間曠，釣漁閒處，無爲而已矣」，此不知砥厲廉隅之過也。

晏氏曰：「上不臣天子，下不事諸侯」者，《易》所謂「不事王侯，高尚其事」也。慎静而寬者，以仁而盡性。强毅以與人者，以義而制事。博學以知服者，以智而窮理。近文章者，外有備成之文。砥厲廉隅者，内有脩潔之行。此所以雖分國如錙銖，不肯委質而爲臣，詘道而入仕矣。質爲本，文爲末，君子務本不務末，故於文章則近之而已，不敢以文勝質也。砥厲者，以石治金之事也。於廉隅而言砥厲者，欲磨礲而成君子之器爾。

建安真氏曰：「文章」二字非止於言語詞

❶「聖讀」，通志堂本、四庫本作「讀聖」。

章而已。聖人盛德蘊於中而輝光發於外，❶如威儀之中度，語言之當理，皆文也。堯之文思，舜之文明，孔子稱堯曰「焕乎其有文章」，子貢曰「夫子之文章」，皆此之謂也。至於二字之義，則五色錯而成文，黑白合而成章。文者，燦然有文之謂；章者，蔚然有章之謂。章猶條也。六經、《論語》之言文章，皆取其自然形見者。後世始以筆墨著述爲文，與聖賢之所謂文者異矣。

五峯胡氏曰：君子畏天命，順天時，故行驚衆駭俗之事而常中。小人不知天命，以利而動，肆情妄作，故行驚衆駭俗之事，必其無忌憚而然也。

金華應氏曰：按十六條中，曰「自立」，曰「特立獨行」，曰「剛毅」，此數條居其半。大抵皆以難進易退爲高，而不慮其過於强矯也。蓋儒者之立身，以氣節爲主，氣節不立，而學問雖富，亦不足觀也。

「儒有合志同方，營道同術，並立則樂，相下不厭，久不相見，聞流言不信。其行本方立義，同而進，不同而退。其交友有如此者。

孔氏曰：方，法也。經營道藝，同齊於術，同術則同方也。但合志同方，據所懷志意。營道同術，據所習道藝。並立，謂同仕。朋友久不相見，聞流謗之言欲譖毁之，己則不信也。其行所本必方正，所立必存義。朋友所爲與己同，則進而從之；不與己同，則退而避之。以上十五儒所陳之事，亦有前後乖異者。蓋儒包百行，事非一揆，量事制宜，隨機而發。雖或不同，無所怪也。

❶「輝光」，通志堂本、四庫本作「光輝」。

藍田吕氏曰：所以任舉其交友者，則好惡憂樂與之同也。然盡交友之分，則理義必與之同。「君子之道，或出或處，或默或語，二人同心，其利斷金，同心之言，其臭如蘭」。凡所謂同者，理也，義也，出於人心之所同。然賢者能存而勿喪之，故不患乎不同也。合志同方，則志同好矣。營道同術，則學同道矣。並立則樂，相下不厭，好同則同體矣。久不相見，聞流言不信，學同則信其行矣。其行本方立者，立行本其志之所同方也，行同則學同矣。義同而進，不同而退，同斯義以進退也。進退同，則同好矣。交友之分至于無一不同者，學一於理而不惑也。

嚴陵方氏曰：並立則樂，以其無忌心。相下不厭，以其有孫志。久不相見，聞流言不信，以其久要不忘而相信之篤。本方者，以方爲本也。道同則進而與之交，不同則退而與之辨。夫道不同不相爲謀，而况交友乎？子貢問友，子曰「忠告而善道之，不可則止，毋自辱焉」，以是而已。

馬氏曰：方者，道之所也。志在於道，唯合志故同方。術者，所資以適道，唯營道故同術。營道，方將入於道，故以「術」言之也。

山陰陸氏曰：同方，言同所向。同術言同所由。《易》曰：「方其義也。」蓋義未有不因方而立者。

晏氏曰：合志同方，言趨嚮者同也。營道同術，言脩爲者同也。方言趨嚮之地，術言脩爲之業。《語》曰「士志於道」，是志必在於道也，道不外於志也，故始焉合志而趨嚮者不殊，則終焉營道而脩爲者一致矣。「有朋自遠方來，不亦樂乎」，故並立則樂；「以能問於不能，昔者吾友嘗從事於斯矣」，故「相下不厭」。流言止於智者，如曰曾參殺人，若顔回者豈信之哉！故曰「聞流言不信」。機在内，故欲其圓而能應；行在外，故欲其方而有守。執規司春者主乎仁，執矩司秋者主乎義，故曰「其行本方立義」。《易》曰「義以方外」是也。相視而笑，莫逆於心，然後足以爲友，故義同而進，不同而退也。同方、同術者，講習之友。並立、相下者，相成之友。不信流言，義同而進者，同德之友。故曰「其交友有如此者」。

「温良者，仁之本也。敬慎者，仁之地也。寬裕者，仁之作也。孫接者，仁之能也。禮節者，仁之貌也。言談者，仁之文也。歌樂者，仁之和也。分散者，仁之施也。儒皆兼此而有之，猶且不敢言仁也。其尊讓有如此者。

鄭氏曰：此兼上十有五儒，蓋聖人之儒行也。孔子嫌若斥己，假仁而爲說。仁，聖之次也。

孔氏曰：温良之性，是仁之本。地所以居止萬物，仁者動作必寬裕。遜接，謂遜以接物。禮節是外貌，言談是文章，歌樂是其和悦。分散蓄積而振貧窮，是仁之恩施也。

藍田吕氏曰：仁者，體天下之公，加之以中心惻怛之意。儒者之學，學此而已爾。孔子曰：「何事於仁？必也聖乎！堯舜其猶病諸！」又曰：「若聖與仁，則吾豈敢？」故君子之學，非仁無爲。欲稱其仁，雖聖人有所不敢，則爲之難可知矣。質之温良者可與爲仁，故曰「仁之本」。行之敬慎者可與行仁，故曰「仁之地」。

其規摹寬裕，則稱仁之動作；其與人遜接，則習仁之能事。威儀中節，敬於仁者也，故爲仁之貌。出言有章，仁之見於外者也，故爲仁之文。詠歌之不足，不知手之舞之，足之蹈之，則安於仁而至於和者也。貨不爲己，則利與人同；與人爲善，則善與人同。凡以分散，與物共而不私，則仁術之施不吝也。八者儒必兼而有之，然後可以盡儒行之實，猶且不敢言仁，則聖人之志存焉。有聖人之志存，則可與入聖人之域矣。

長樂陳氏曰：《周官》掌禮樂以春官，禮樂資仁以立也。大饗之禮備，其，❶禮樂繼之，君子知仁焉，禮樂待仁以行也。孔子曰：「人而不仁，如禮何？人而不仁，如樂何？」是仁爲禮樂之本，禮樂爲仁之文也。有禮斯有節，有歌斯有樂。❷《樂記》曰：「合情飾貌者，禮樂之事也。」禮節所以飾貌，故爲仁之貌。歌樂所以合情，故爲仁之和。貌，外也，禮自外作故也。和，内也，樂由中出故也。《語》曰：「文之以禮樂，亦可以爲成人矣。」《儒行》之論儒者十五，而以仁與禮樂終焉，則成人之道盡於此矣。孔子未嘗與門人以仁與禮樂，所與特顔子一人而已。然則顔子之去聖人其出入亦不遠矣。合之則禮樂皆本於仁，離之則仁近於樂，義近於禮。孔子以孝悌爲仁之本，孟子以事親爲仁之實，從兄爲義之實，其致一也。《樂書》。

嚴陵方氏曰：温良則得於中，故以爲本；敬慎則發於外，故以爲地。寬則不迫，裕

❶「其」，通志堂本、四庫本作「具」。
❷「斯」，原脱，今據《樂書》卷三五補。

則有餘。夫仁無本不立，故首以仁之本。有本然後可以有行，故繼以仁之地。有行則有所事，故繼以仁之作。仁之作則見其所能，故繼之以仁之能。有所能則形之於外，故繼之以仁之貌。形於貌則必有所飾，故繼之以仁之文。有其文則無乖於物，故繼之以仁之和。有所和則其餘足以利物，故繼之以仁之施。

山陰陸氏曰：不求近功，可謂寬裕矣。若大王、王季作周，功在數世之後。兼，謂兼上十五儒。《易》曰「謙尊而光」，讓未有不尊者也，亦尊而後讓可言也。

「儒有不隕穫於貧賤，不充詘於富貴，不慁君王，不累長上，不閔有司，故曰『儒』。今衆人之命儒也妄常，以儒相詬病。」孔子至舍，哀公館之，聞此言也，言加信，行加義，「終没吾世，不敢以儒爲戲」。

鄭氏曰：隕穫，困迫失志之貌。充詘，歡喜失節之貌。❶ 慁，猶辱也。累，猶係也。閔，病也。言不爲天子、諸侯、卿大夫、羣吏所困迫而違道，孔子自謂也。妄之言無也。言今世名儒無有常人，遭人名爲儒，而以儒靳故相戲，此哀公輕儒之所由也。詬病，猶恥辱也。《儒行》之作，蓋孔子自衞初反魯時也。孔子歸至其舍，哀公就而以禮館之。

孔氏曰：命，名也。言今世衆人名之爲儒者無有常人，但遭人則謂之儒耳。命之謂儒，是相恥辱，時世如此，故哀公輕儒也。杜預《左傳註》：「戲而相靳曰愧。」言加信，行加義，是記者之説。「終没吾世，不敢以儒爲戲」，是哀公之言，記

❶「歡」，原缺，今據四庫本補。

者述而録之。

藍田吕氏曰：此篇總言儒行，其别十有五，自淺而至深，而卒歸於仁，以至於聖人不敢居仁之志，幾於盡矣。猶繼之以「不隕穫於貧賤，不充詘於富貴，不慁君王，不累長上，不閔有司」者，蓋「衆人之命儒也妄常，以儒相詬病」，所以待儒之意常輕。以利心量君子，見其居富貴而有爲，則謂淫於富貴，不知達則兼善天下；見其居貧賤而有守，則謂移於貧賤，不知窮則獨善其身也；見其危行言遜，則謂屈於威武，不知身可殺而志不可奪也。蓋儒者之行出於德性之所安，無是衆物之可累也。有是之累，則隕穫、充詘不能免，謂之有德，可乎？此卒章所以申言之也。孔子謂子夏曰：「女爲君子儒，無爲小人儒。」則儒之不同久矣。衆人之命儒，見小人之儒也。若君子之儒，則衆人所不識也。小人之儒也爲人，君子之儒也爲己；小人之儒也以文，君子之儒也以實。以文對實，以爲人對爲己，則小人觀美而近名，君子闇然而難知。且將以遠大爲迂闊，以高朗爲無實，以遠勢利爲詐，以守禮義爲簡，指白爲黑，誣善爲惡，此所以以儒相詬病也。如識乎君子之儒者，且將矜式之不暇，又何敢戲乎？

嚴陵方氏曰：無儒者之行而爲儒者之服，無儒者之實而盜儒者之名，故曰「今衆人之命儒也妄」。以其妄，故常爲人相詬以言，相病以行也。言加信，則不以儒相詬矣；行加義，則不以儒相病矣。終，猶没也。以時言則曰「終」，以事言則曰「没」。

晏氏曰：隕如籜之隕而飄零，穫如禾之穫而枯槁，不隕穫於貧賤，是貧賤不能移也。充則以滿而必溢，詘則以高而必危，不充詘於富貴，是富貴不能淫也。事父孝，故忠可移於君，所以不慁君王。事兄弟，故順可移於長，所以不累長上。居家理，故治可移於官，所以不閔有司。不慁君王者，不爲汙吏以取辱於君王也。不累長上者，不爲過行以連及於長上也。不閔有司者，不被明刑以見憐於有司也。衆人之命儒也妄，爲其非真儒也。故或慢罵而相恥，或深疾而相病矣。楊子謂：「或問：『魯用儒而削，何也？』曰：『魯不用真儒也。』」

山陰陸氏曰：隕不穫也，充不詘也，言雖不隕於貧賤，亦不穫於貧賤；雖不充於富貴，亦不詘於富貴。儒者之行，始於自立。故初一曰自立，五事所以脩身也。而脩身自貌始，故次二曰「容貌」。曾子曰：「動容貌，斯遠暴慢矣。」然亦不可不備豫，故三曰「備豫」，近人矣。又惡其無特操，故繼之以「特立」。「特立」則剛毅，剛毅則自立，故繼之以「剛毅自立」。前言於道能自立，此言於事能自立，如是而仕可也，故繼之以仕。仕則不能無憂思，故繼之以憂思。憂思或失之過，故繼之以寬裕。夫欲寬裕，豈可以無助爲之也？故繼之以舉賢援能。舉賢援能，不能任之，猶不舉、不援也，故繼之以任舉。於任舉則疑若有待也，故繼之以特立獨行。如是雖不仕，吾弗愧也，故繼之以規爲。凡此雖在我，亦交友之力也，故繼之以其交友有如此者。儒行至於此備盡矣，守之以讓而已，故繼之以尊讓。

禮記集說卷第一百四十八

禮記集説卷第一百四十九

大學第四十二

孔氏曰：案鄭《目録》云：「名曰《大學》者，以其記博學，可以爲政也。此於《别録》屬《通論》。」

河南程氏曰：《大學》乃孔子遺書，須從此學則不差。　或問伊川先生曰：初學如何？曰：初學入德之門，無如《大學》者。今之學者，賴有此篇書存，其他莫如《論》、《孟》。

藍田吕氏曰：《大學》之書，聖人所以教人之大者，其序如此。蓋古之學者，有小學，有大學。小學之教，藝也，行也。大學之教，道也，德也。禮、樂、射、御、書、數，藝也。孝、友、睦、姻、任、恤，行也。自「致知」至于「脩身」，德也。所以治天下國家，道也。古之教者，學不躐等，必由小學，然後進於大學。自學者言之，不至于大學所止，則不進；自成德者言之，不盡乎小學之事，則不成。子夏之門人從事乎洒掃應對，在聖人亦莫不然。恂恂便便，曲盡於鄉黨、朝廷之間；勃如，躩如，襜如，翼如，從容乎進退趨揖之際。蓋不如是，不足謂之成德矣。後之學者，窮一經至于皓其首，演五字至於數萬言，沉没乎章句詁訓之間，没世窮年，學不知所用，一身且不能治，况及天下國家哉！此不及乎大學者也。荒唐繆悠，出於範圍之中，離於倫類之外，慢疏親戚，上下等差，以天地萬物爲幻妄，視天下國家以爲不足治，卒歸於無所用而已。此過乎大學者也。此道之所以不明且不行。秦漢之弊，政薄俗陋，百世而不革；楊、墨、莊、老之道肆行於天下，而莫知以爲非；巍冠博帶，高談闊論，偃然自以爲先生君子，誣罔聖人，欺惑愚衆，皆《大學》不傳之故也。

延平楊氏曰：《大學》一篇，聖學之門户。其取道至徑，故二程先生多令初學者讀之。蓋《大學》自正心、誠意至齊家、治國、平天下，只一理。此《中庸》所謂合内外之道。不合，則所守與所行自判而爲二矣。孔子曰：「子率以正，孰敢不正？」子思曰：「君子篤恭，而天下平。」孟子曰：「其身正，而天下歸之。」皆明此也。又曰：《大學》之書，其聖學之門乎？不由其門，而欲望其堂奥，非余之所知也。

涑水司馬氏曰：夫離章斷句，解疑釋結，此學之小者也。正心脩身，齊家治國，以至盛德著明於天下，此學之大者也，故曰《大學》。

新安朱氏曰：《大學》之書，古之大學所以教人之法也。蓋自天降生民，則既莫不與之以仁義禮知之性，然其氣質之稟，或不能齊，是以不能皆有以知其性之所有而全之也。一有聰明叡知，能盡其性者出於其間，則天必命之以爲億兆之君師，使之治而教之，以復其性。此伏犧、神農、黄帝、堯、舜所以繼天立極，而司徒之職、典樂之官所由設也。三代之隆，其法寖備，然後王宫國都以及閭巷莫不有學。人生八歲，則自天子以下至於庶人之子弟皆入小學，❶而教之以灑掃、應對、進退之節，禮、樂、射、御、書、數之文。及其十有五年，則自天子之元子、衆子，以至公卿、大夫、元士之適子，與凡民之俊秀，皆入大學，而教之以窮理、正心、脩己、治人之道。此又學校之教大小之節所以分也。夫以學校之設其廣如此，教之之術其次第節目之詳又如此，而其所以爲教則又皆本之人君躬行心得之餘，不待求之民生日用彝倫之外，是以當世之人無不學。其學焉者無不有以知其性分之所固有、職分之所當爲，而各俛焉以盡其力。此古昔盛時所以治隆於上，俗美於下，而非後世之所能及也。及周之衰，賢聖之君不作，學校之政不脩，教化陵夷，風俗頹敗，時則有若孔子之聖而不得君師之位以行其政教，於是獨取先王之法，誦而傳之，以詔後世。若《曲禮》、《少儀》、《内則》、《弟子職》諸篇，固小學之支流餘裔；而此篇者，則因小學之成功以著大學之明法，外有以極其規模之大，而内有以盡其節目之詳者也。三千之徒蓋莫不聞其説，而曾子之傳獨得其宗，於是作爲傳義，以發其意。及孟子没，而其傳泯焉，則其書雖存而知者鮮矣。自是以來，俗儒記誦詞章之習，其功倍於小學而無用；異端虛無寂滅之教，其高過於大學而無實。其他權謀術數，一切以就功名之説，與夫百家衆伎之流，所以惑世誣民，充塞仁義者，又紛然雜出乎其間。使其君子不幸，而不得聞大道之要；其小人不幸而不得蒙至治之澤，

❶「天子」，明本作「王公」。

晦盲否塞，反覆沈痼，以及五季之衰，而壞亂極矣。天運循環，無往不復。宋德隆盛，治教休明。於是河南程氏兩夫子出，而有以接乎孟氏之傳，實始尊信此篇而表章之。既又爲之次其簡編，發其歸趣，然後古者大學教人之法，聖賢經傳之指，❶粲然復明於世。雖以熹之不敏，亦幸私淑而有聞焉。❷顧其爲書，猶頗散失。是以忘其固陋，采而輯之，間亦竊附己意，補其闕略，以俟後之君子。極知僭踰無所逃罪，然國家化民成俗之意，❸學者脩己治人之方，則未必無小補云。　又曰：聖人作《大學》，便要使人皆入於聖賢之域。　又曰：學者須是爲己，聖人教人，只在《大學》第一句「明明德」上。

象山陸氏曰：此言《大學》指歸，欲明明德於天下，是入大學標的。格物致知，是下手處。《中庸》言博學、審問、謹思、明辨，是格物之方。《學説》。名九淵，字子静。

大學之道，在明明德，在親民，在止於至善。知止而后有定，定而后能静，静而后能安，安而后能慮，慮而后能得。物有本末，事有終始，知所先後，則近道矣。

鄭氏曰：止，猶自處也。得，謂得事之宜也。

孔氏曰：章明己之明德，親愛於民，止於至善之行。大學之道在此三事也。知止於至善，而后心能有定。心定無欲，故能静。静，故情性安和。情性安和，故能思

❶「聖賢經傳」，明本作「聖經賢傳」。
❷「而」下，通志堂本、四庫本有「與」字。
❸「然」下，明本有「後」字。

慮於事。能慮，然後於事得宜。天下萬物，有本有末；經營百事，有終有始。河南程氏曰：明德者，明此理也。又曰：親，當作「新」，言既自明其德，而使人用此道以自新也。伊川　又曰：「至善」者，義理之精微，無可得而名，姑以至善目之也。又曰：止於至理，反己守約是也。又曰：「止於至善」，如子止於孝，父止於慈之類。非謂務觀物理於外，泛然如游騎，無所歸也。又曰：明德新民，豈分人我？此成德者之事也。明道　又曰：知止則自定，萬物撓不動，非是别將定來助知止也。又曰：得而后動，與慮而後動異。得在己，如自使手舉物，無不從者。慮則未在己，如手持物，知其不利。又曰：人之學莫大於知本末終始。致知在格物，則所謂本也，始也；治天下國家，則所謂末也，終也。治天下國家，必本諸身。其身不正，而能治天下國家者無之。伊川

藍田吕氏曰：《大學》者，大人之學也，窮理盡性而已。性者，合内外之道，以天地萬物爲一體者也。人倫物理，皆吾分之所固有。居仁由義，皆吾事之所必然。物雖殊類，所以體之則一。事雖多變，所以用之則一。知此然後謂之明，明則窮理者也。至此然後謂之誠，誠則盡性者也。在明明德者，窮理以自明其明德者也。在親民者，推吾明德以明民之未明，所謂「先知覺後知，先覺覺後覺」者也。己則不明而以明民，則不知。自明其德而不以明民，則不仁。二者皆非大人之事，不可與窮理盡性者也。在止於至善者，所謂誠也。善之至者，無以加於此

也。爲人君止於仁，爲人臣止於敬，爲人子止於孝，爲人父止於慈，與國人交止於信，所止者皆善之至者也。所居之位不同，則所止之善不一，其所以止於至善則一也。蓋學至於誠，則天之道也，非有我之得私也。故不勉而中，不思而得，從容中道。雖善不足以明之，然天下之善，何以加此？故所止者，止於是而已。人之所以不定者，以其不知所止而已。猶行者之未得舍，則不能不求其他。故人莫不欲知所止，所止未在於至善，則終亦莫之定矣。夫學至於誠，則莫非天道之自然，盛行不加，窮居不損。先聖、後聖，若合符節，可以不勉不思，自中於道，豈容人之智力措於其間哉！知此則其心定矣。故曰「知止而後有定」。定則無所事，故能静。無所事，則莫非吾分之所固有，吾事之所必然，故能安。安則有諸己而不去，然後可以用之，而謀慮生焉。以此謀慮，則未有不得者也。窮理，則本末終始莫不有序，昭然成列而不可亂也。知天下皆吾體也，則不得不以吾身爲本，以天下爲末。知盡性者，必以明明德於天下爲主，則不得不以致知爲始，以明明德於天下爲終。知此則可以進道，故曰「近」。德至此則與道爲一，夫何遠近之有哉？

延平楊氏曰：《大學》之道，必知其所止，知止然後能定。不知所止，而欲應酬曲當，是猶射者未知正鵠之所在而欲取中也。又曰：古之善學者必先知其所止，然後可以漸進。若倀倀然莫知所止，而欲望聖賢之域，多見其難也。又曰：自「致知」至於「慮而后得」，進德之序也。譬之適四方者，未知所出，必問道所從出，所謂致知也。知其所之，則知止矣，語至則未也。知止而至之，在學者力行而已，非教者所及也。

新安朱氏曰：自此至「未之有也」，爲經第一章。蓋孔子之言，而曾子述之。下傳十章，則曾子之意，而門人記之也。舊本頗有錯簡，今因程子所定，更考經文以爲序次。《大學》者，大人之學也。明，明之也。明德者，人之所得乎天，虚明不昧，以具衆理，而應萬事者也。但爲氣稟所拘，人欲所蔽，則有時而昏。然其本體之明，則有未嘗息者，故學者當因其所發，而遂明之，以復其初也。新者，革其舊之謂也。言既自明其明德，又當推以及人，使之亦有以去其舊染之污也。止者，必至於是而不遷之意。至善，則事理當然之極也。言「明明德」、「新民」，皆當至於至善之地而不遷，蓋必其有以盡夫天理之極，而無一毫人欲之私也。三者，《大學》之綱領也。止者，所當止之地，即至善之所在也。知之則志有定向。静，謂心不外馳；安，謂所處而安；慮，謂思無不審；得，謂得其所止。明德爲本，新民爲末，知止爲始，能得爲終。本始所先，末終所後，此結上文兩節之意。或問曰：然則此篇所謂「在明明德，在新民，在止於至善」者，亦可得而聞其説之詳乎？曰：天道流行，發育萬物，其所以爲造化者，陰陽五行而已。而所謂五行陰陽者，又必有是理而後有是氣。及其生物，則必是氣之聚而有是形，故人物之生，必得是理，然後有以爲健順。仁義禮知之性，必得是氣，然後有以爲百骸、九竅、五藏之身。周子所謂「無極之真，二五之精，妙合而凝」者，正謂是也。然以理言之，萬物一原，固無人物貴賤之殊。以其氣而言之，則得其正且通者爲人，得其偏且塞者爲物。是以或貴或賤，而不能齊也。彼賤而爲物者，既梏於形氣之偏塞，而無以充其本體之全矣。唯人之生，乃得其氣之正而且通者，而其性爲最貴。故其方寸之間，虚靈洞徹，萬理咸備。蓋其所以異於禽獸者正在於此，而其所以可以爲堯、舜，能參天地，贊化育者，亦不外是焉。是則所謂「明德」者也。然其通也或不能無清濁之異，其正也或不能無美惡之殊，故其所賦之質清者知而濁者愚，美者賢而惡者不肖。又有不能同者，必其上知大賢之資，乃能全其本體，而無小不明。其所不及乎此，則所謂明德者已不能無蔽而失其全矣。況乎人以氣質有蔽之心接乎事物無窮之變，則其耳之欲聲，目之欲色，口之欲味，鼻之欲臭，四肢之欲安佚，所以害乎其德者，又豈可勝言哉！二者相因，反覆深固，是以此德之明，日益昏昧；而此心之靈，其所知者，不過情欲利害之私而已。是則雖曰有人之形，而實何以遠於禽獸？雖曰可以爲堯、舜而參天地，然亦不能有以自充矣。然其本體之明，得之於天，蓋有終不可得而昧者。是以雖其昏愚之極，而介然之頃，而吾心一有覺焉，則即此空隙之中，而其本體已洞然矣。是以聖人施教，既已養之於小學之中，而後開之以大學之道。其必先之以格物致知之説者，所以使之即其所養之中而思其所發，以啓其明之之端也。繼之以誠意、正心、脩身之目者，則又所以使之因其已明之端，反之於身，而致其明之之實也。夫既有以發其明之之端，而又有以致其明之之實，則吾之所得於天而未嘗不明者，豈不超然無有氣質物欲之累，而復全其本體之明哉？是則所謂「明明德」者，而非有所作爲於性分之外也。然其所謂「明德」者，又人人之所同得而非有我之得私也。向也俱爲物欲之所蔽，則其賢愚之分，固無以大相遠者。今吾德幸有以自明矣，❶則視彼衆人之同得乎此而不能自明者，方且甘心迷惑，没溺於卑污苟賤之中，而不自知也，豈不爲之惻然而思有以救之哉？故必推吾之所自知者以及之，始於齊家，中於治國，而終及於平天下。使彼有是明德，而不能自明者，亦皆如我之有以自明，而去其舊染之污焉。是則所謂「新民」者，而亦非有所付畀增益之也。然德之在己而當明，與其在民而當新者，則又皆非人力之所爲。而吾之所以明而新之者，又非可以私意苟且而爲也。是其所以得之於天而見於日用之間者，固已莫不各有本然一定之則矣。以其義理精微之極有不可得而名者，故姑以至善目之，而傳所謂君之仁、臣之敬、子之孝、父之慈、與人交之信，乃其目之大者也。衆人之心固莫不有是，而或不能知。學者雖或知之，而亦鮮能必至於是而不去。此爲大學之教者所以慮其理雖復而有不純，欲雖克而有不盡，將無以盡夫脩己治人之道，而必以是爲「明德」、「新民」之標的也。欲明德

❶ 「德」，通志堂本、四庫本作「既」，當是。

而新民者誠能求必至是，而不容其少有過、不及之差焉，則其所以去人欲而復天理者，無毫髮之遺恨矣。大抵《大學》一篇之指，總而言之，不出乎八事；而八事之要，總而言之，又不出乎此三者。此愚所以斷然以爲《大學》之綱領而無疑也。然自孟子没，而道學不得其傳。世之君子各以其意之所便者爲學。於是乃有不務明其明德，而徒以政教、法度爲足以新民者；又有躭嗜空寂，自謂足以明其明德而不屑乎新民者；又有略知二者之當務，顧乃安於小成，狃於近利，而不求止於至善之所在者。是皆不考乎此篇之過。其能成己、成物而不謬者鮮矣。曰：「知止而后有定，定而后能静，静而后能安，安而后能慮，慮而后能得」，何也？曰：此推本上文之意，言「明德」、「新民」所以止於至善之由也。蓋明德、新民固皆欲其止於至善。然非先有以知其所當止之地，則不能有以得其所當止者而止之。如射者固欲其中夫正鵠，然不先有以知其所當中之地，則不能有以得其所當中者而中之也。「知止」云者，物格知至，而於天下之事皆有以知其至善之所在，是則吾所當止之地也。能知所止，則方寸之間，事事物物皆有定理矣。理既有定，則無以動其心而能静矣。心既能静，則無所擇於地而能安矣。能安則日用之間，從容間暇，事至物來，有以揆之而能慮矣。能慮則隨事觀理，極深研幾，無不各得其所止之地而止之矣。然既真知所止，則其必得所止固已不甚相遠。其間四節，蓋亦推言其所以然之故。有此四者，非如孔子之志學以至從心，孟子之善信以至聖神，實有等級之相懸，爲終身經歷之次序也。　曰：「物有本末，事有終始，知所先後，則近道矣」，何也？曰：此結上文兩節之意也。明德、新民兩物而内外相對，故曰「本末」。「知止」、「能得」一事而首尾相因，故曰「終始」。知先其本而後其末，先其始而後其終也，則其進爲有序，而至於道也不遠矣。

涑水司馬氏曰：明明德，所以脩身也。親民，所以治天下國家也。君子學斯二者，必至於盡善然後止。不然，不足謂之大學也。定者，能固執於至善也。靜者，不爲紛華盛麗之所移奪也。安者，悦而時習之也。慮者，專精致思以求之也。得者，入於聖人之道也。

廣漢張氏曰：「在明明德」，成己也。「在親民」，成物也。而成己、成物，非二致也。又曰「在止於至善」，此則合内外之道，會人物於一己，聖學之淵源也。所謂至善者，其大極之藴歟？蓋明德，本也；親民，末也，而本末一事也。明明德，始也；止於善，終也，而始終一道也。此聖學也，知止是知所謂至善也，止於至善，是得其所止而天矣。

龍泉葉氏曰：「明德」者，人之本也，治己待人，遇事接物，以至於死生變故之際，皆有至明而不可亂者。自衆人而視聖賢，疑其所獨至者出於尋常知慮之外，以爲不可及，而不知聖賢由乎天人之常理而無所加損焉。理無不明，而學者必蒙。自蒙以發明，如雲霧之除，膏火之光，昏夜之旦，日月之出，光輝洞達，表裏無間，此大學之所以爲明也。利欲蔽之，則不明；私意亂之，則不明。可喜者誘之，可畏者挫之，與之爲敵者障之，先有所入者執之，此其所以不明也。明明德者，去其所以不明而已。在親民者，天地雖大，萬物雖多，其體同也，况於人乎？無不得乎吾之所同然者。然而人之常情，私己而異人，其外特爲同耳，而好惡向背，交際往來之間，蓋有丘山之崇，江河之深，不啻若胡越之扞拒者，况欲其體萬物爲一身，天地爲一性乎？夫是以相戕相殺，海内横流，三綱九疇隳壞亡滅之禍，皆起於此，故學莫大於親民。反而合之，默而驗之，推而通之，擴而同之，人之與我不相近者幾何，知此則能親民矣。親民，則天地萬物之體可見矣。然必至其所止而後可以行，必知其所止而後可以學。《詩》曰：「終南何有？有紀有堂。君子至止，黻衣繡裳。」聖賢所止之地，平易正直，廣大堅實，滿足於其間而無憾。所以能終身由之而不息者，其地至善而不可易故也。過此則蕩，不及此則野。觀堯、舜、禹、湯、文、武、孔子之所止，則可以見至善之所在矣。學者最患於私止而意行之，故雖有所止，而非善也。三者皆《大學》之要道也，而以知止爲先。鳥止於巢，獸止於丘，魚止於淵，物未有無所止者也，未有非其所止，而可以强止者也。行路者，必先定其所止。所止既定，雖百舍重趼，而不敢息焉。學不先求其所止，則終身之所行者爲何事？日夜之所講明者爲何説？是故莫先於知止。知止而后有定，則向之馳騖者息矣，向之嗜玩者亡矣，向之往來上下，欲進而不能，欲退而不决，今皆隱然得其所定矣。定而後能静，則非對動之静。静而后能安，則非求息之安。安而后能慮，則非役物之慮。慮而后能得，則非妄意之得。夫是以物見其本末，事識其終始，辨内外之分，審先後之序，則德可明，民可親，窮理盡性，以至於命，而行於萬物之所同然，故曰「莫先於知止」也。

范陽張氏曰：知止而不已，則此止變而爲定。止猶似用力也，定則不用力而深於止矣。定不已，則動静由我而不由人。欲莫易乎動，莫難乎静。吾欲静則静耳，何難之有？故謂之「能静」。

山陰陸氏曰：若後世學者舉皆躐等，生未足知而語死，人未足知而語鬼神。譬如一葉之在江湖也，信風漂流，莫知所届矣。慮而后能得。《書》曰：「弗慮胡獲？」此之謂也。

建安真氏曰：明德乃天賦與之德性也。本自光明，緣人始生之初，所禀之氣不同。有禀得清明純粹之氣者，則爲聖爲賢；有禀得半清半濁之氣者，❶則爲中人；全禀昏濁之氣者，則爲愚、不肖。此所謂氣禀所拘也。及生而爲人，既有知識，與外物接，則耳欲聲，目欲色，鼻欲香，口欲味，私欲一勝，則本心爲其所乘，遂流於不善，而所謂「明德」者亦從而昏矣。此所謂物欲所蔽也。人能講學窮理，則可以復其本然之性，故曰「明明德」也。又曰：《大學》之止至善，正是《孟子》「美」與「大」之地位，久而不息，則大而化之，至於聖矣。蓋功夫到此，已是十分，更無可用力者，但優游涵泳以俟其自

❶「清」，原作「青」，今據通志堂本、四庫本改。

化爾。故《易》曰：「窮神知化，德之盛也。」横渠曰：「大可能也，化不可能也。」蓋化則不可用力矣。　又曰：知止者，謂知爲君必止於仁，爲臣必止於敬，爲子必止於孝，爲父必止於慈，方知得此理，未曾實到其地。能得者，謂爲君已仁，爲臣已敬，爲子已孝，爲父已慈，是實到其地矣。　又曰：定、静、安三字相類，但有淺深。學者用工，且從「定」字起。如此心摇動不定，如何講得學問，窮得義理？此心既定，方可漸到静與安之地。此心未定，便要得静與安，無是理也。

雪川倪氏曰：學者之功用，不過脩己安人而已。明明德，所以脩己也；親民，所以安人也，兩者皆欲止於至善也。惟人萬物之靈，具秉彝之性，未有不明者。至於昏，則物欲有以蔽之。譬之於鏡，聖人之明德，鏡之無塵者也，然猶曰「明明德」者，鏡無塵矣，更加以磨拭，則愈明矣。親民者，伊川讀「親」作「新」，以下文作「新民」爲證，朱氏祖之，然先儒皆不敢改。蓋於民言親自有義。親，近也，愛也。《書》曰：「民可近，不可下。」親近之義也。《孟子》曰：「親親而仁民。」親愛之義也。聖人爲民父母，視民如子，推愛子之心以愛民，不止於近之而已。《中庸》曰：「子庶民。」此篇引《康誥》曰：「如保赤子。」又曰：「此之謂民之父母。」皆親民之義。至善者，善而又善，進進不已，至於大善，無地可進，乃爲至善。止者，至於其極，無進地則止矣。然學以知爲先，先知之而後能行，先知可止之地，則有定向矣。有如「所立卓爾」之有見其所有之實，則可以爲準，而後吾心定。自此以下言「能」者，必加學力而後能之也。物之末，則物之本，則自脩身以上者也。物之末，則自脩身以下者也。事之宜終者，則當治之於其終；事之宜始者，則當行之於其始。物之本，事之始，則所當先。物之末，事之終，則所當後。自本及末，順而言之也。因終原始，逆而推之也。又曰：以首章言之，明明德者先也，「親民」者後也。自三章言之，致知格物者先也，治國平天下者後也。

晉陵喻氏曰：止而定，定而静，静而安，安而慮，❶慮而得，皆自然而然也。非一日而止，二日而定，三日而静也。

錢塘吴氏曰：明德者，得於此心之同然，本自昭明，所謂「昭明有融」者也。明明德者，所謂「自昭明德」也。人之生也，均有是德，感物而動，或爲所蔽，非有格物之學以致其知，則是德無由而明。此《大學》之道所以在明明德也。親民者，德明而民親也。考諸《孟子》、《學記》，其義本明。孟子對滕文公曰：「學則三代共之，皆所以明人倫也。」先言「人倫明於上」，次言「小民親於下」，而後告以「『周雖舊邦，其命惟新』，子力行之，亦以新子之國」。由孟子之言觀之，則親與新之意可見矣。孟子所謂「人倫」，即下文所謂「君仁，臣敬，子孝，父慈，交信」者是也。《大學》以明明德言，《孟子》以明人倫言。至於論民之親，初無異辭，又何疑焉？《學記》曰：「化民易俗，近者悦服，而遠者懷之。」「化民易俗」，言其新也。「近者説服，遠者懷之」，言其親也。由《學記》之

❶「安安而」，原脱，今據通志堂本、四庫本補。

言觀之，「化民易俗」，豈非《孟子》所謂「新子之國」者乎？「近者悦服，遠者懷之」，豈非《孟子》所謂「小民親於下」者乎？則知新者，親民之效也。親者，明明德之驗也。此大學之道在「明明德」，所以繼以「在親民」也。如愚

新定邵氏曰：明明德者，成己之事也。明德之上，不假他語，徑以「明」之一字重複言之，則知至明之德己所自有，君子非能有所增加於此心之外也，特明其明而使之勿蔽耳。《易》曰「君子以自昭明德」是也。新民者，成物之事也。味「新」之一辭，則知導民有方，化民以漸，民日遷善而不知爲之者，所以爲新民之道也。《易》曰「君子以振民育德」是也。夫始於明明德，已而新其民，復繼之曰「在止於至善」，何也？蓋至善即明德、新民極致之地。明德而未極於至善，則其明爲未周。新民而未極於至善，則其化爲尚淺。此總論大學之道在乎明德、新民、止於至善也。繼此即言知止之在所先焉。止者何？至善是也。至善者，明德、新民所止之地，而吾宅心措躬之所也。果知乎此，則天下之事事物物皆由此出，雖變態萬狀，不能以惑吾之所見；異議紛紜，不能以奪吾之所得，如此而后有定。所見既定，則道之本體不外此心。心境内融，寂然無際，如此而後能静。静則日享恬澹之樂，而無外馳之勞，夫是以能安。安則靈扃湛然常明，而無物慾之蔽，夫是以能慮。慮則事之隱微曲折，無不瞭然洞見矣，夫是以能得。知止者，其本也；慮而能得者，其末也。知止者，其始也；慮而能得者，其終也。

金華邵氏曰：「安」、「静」、「慮」、「得」皆曰「能」，而「定」獨曰「有」者，蓋天下事物皆有定理，惟無所止，則自爲遷轉。今既知之，則能有諸此而不失也。若其他，能乎彼，始能乎此耳。物也，知也，意也，心也，以至於身與國家、天下，皆物也。曰「格」、曰「致」、曰「誠」、曰「正」，以至於「脩」、「齊」、「平」、「治」，皆事也。其理雖一貫，而本末終始自有次第。惟能知本與始在所當先，末與終在所當後，則由己以成物，此道雖未可徑造，然亦不遠矣。道，即大學之道也。

嚴陵方氏曰：物與事一也，物固無非事，事固無非物。曰物則以形言之也，形故有本末。曰事則以理言之也，理故有終始。

古之欲明明德於天下者，先治其國。欲治其國者，先齊其家。欲齊其家者，先脩其身。欲脩其身者，先正其心。欲正其心者，先誠其意。欲誠其意者，先致其知。致知在格物。物格而后知至，知至而后意誠，意誠而后心正，心正而后身脩，身脩而后家齊，家齊而后國治，國治而后天下平。自天子以至於庶人，壹是皆以脩身爲本。其本亂而末治者，否矣。其所厚者薄，而其所薄者厚，未之有也。此謂知本，此謂知之至也。

孔氏曰：此經從盛以本初，又從初以至盛，上下相結也。

河南程氏曰：致知，則有知，有知則能擇。　又曰：涵養須用敬，進學則在致知。伊川　又曰：知者吾之所固有。因物有遷則迷而不知，迷而不知則天理滅矣。故聖人欲格物以致其知也。　又曰：

格，至也。格物，言窮理也。但立誠意去格之，其遲速却在人明暗也。明者格物速，暗者格物遲。　又曰：凡一物有一理，須是窮至其理。窮亦多端，或讀書講明道理，或論古今人物，别其是非，或應接事物，皆窮理也。又問：格物者，物物而格之乎？將格一物而萬理皆知也？曰：雖顔子亦但聞一知十而已，豈敢自謂如此？及其達理之後，則雖億萬可通矣。學者須是偏求，若能今日格一物，明日又格一物，積習既多，然後脱然有貫通處。伊川　又曰：物不必事物然後謂之物也。自一身之中至萬物之理，理會得多，相次自然豁然有箇覺處。　又曰：所務於窮理者，非謂盡窮了天下萬物之理，又非謂窮得一理便到，只是要積累多後自然見知。　又曰：格物之理，不若察之於身尤切。　又曰：或問格物是外物耶？性中物耶？曰：不拘，凡眼前無非物也。物物皆有理，如火之所以熱，水之所以寒，至於君臣父子之間，皆是理也。　又曰：物理須是要窮，若言天地之所以高深，鬼神之所以幽顯。若言天只是高，地只是深，則是已了，復何可窮之有？　又曰：格物窮理，非是盡要窮天下之物，所謂窮理也，但於一事上窮得盡，則其他可以類推矣。至如言孝，須窮所以爲孝者如何，所謂窮理也，如一事上窮不得，即且别窮一事，或先其易者，或先其難者，各隨人淺深。譬如千蹊萬徑皆可適國，但得一道入得斯可矣。所以能窮者，只爲萬理皆是一理。至於一事一物，雖小，皆有是理。伊川　又曰：隨事觀理，而天下之理得矣。　又曰：物來

則知起，物各付物，不役其知，則意誠不動。意誠自定則心正，始學之事也。明道

又曰：入道莫如敬，未有致知而不在敬者。今人主心不定，❶視心如寇賊而不可制，非事累心，乃心累事。當知天下無一物是合少得者，不可惡也。又曰：知至意須誠。若知而不誠者，皆知未至耳。又曰：知之既至，其意自誠，其心自正。顏子「有不善，未嘗不知，知之未嘗復行」。他人復行，知之不至也。又曰：《大學》論意誠已下，皆窮其意而明之，獨格物則曰「物格而后知至」，此蓋可以意得，而不可以言傳也。自格物而充之，然後可以至於聖人。不知格物而先欲誠意、正心、脩身，未有能中於理者也。

或問：進脩之術何先？曰：莫先於正心誠意，而誠意在致知，致知在格物。

或問：忠信進德之事，固可勉强，然致知甚難。曰：予以誠意可勉强，且恁地説至底，須是知了方行得。若不知，只是覷却堯，學他行事，無堯許多聰明叡知，怎生得他動容周旋中理？有諸中，必形諸外。德容安可妄學？如子所言，是篤信固執之，非固有之也。未致知便欲誠意，則是躐等也。學者固當勉强，然不致知，怎生行得？勉强行者，安能持久？除非燭理明，自然樂循理。性本善，循理而行，是順理事，本亦不難。但爲人不知，旋安排著道難也。知有多少般數，然有深淺。向親見一人，曾爲虎所傷，因言及虎，色便變。旁有數人見他説虎，非不知虎之猛可畏，然不如他説了有畏懼之色，

❶「主」，通志堂本、四庫本作「立」。

蓋真知虎者也。學者深知亦如此。且如説膾炙，貴公子與野人莫不皆知其美。然貴人聞著便有欲嗜之色，野人則不然。學者須是真知，才知得便泰然行將去也。某年二十時，解釋經義，與今無異。然思今日覺得意味與少年自別。　又曰：知至則當至之，知終則當遂終之。須以知爲本，知之則行之必至。無有知之而不能行。知而不行，是知得淺。飢而不食烏喙，人不蹈水火，只是知。人爲不善，只是不知。知至而至之，幾之事，❶故常至。知終而終之，故可與存義。知至是致知，博學，明辨，審問，慎思，皆致知、知至之事，篤行便是終之。如始條理，終條理。因其始條理，故能終條理，猶知至即能終之。　或問：今人有志於學，然知識蔽固，力量不至，則如之何？先生曰：只是不致知。若致知則知識自當漸明，不曾見一物事終思不到也。知識明則力量自進。問：何以致知？曰：能明理，或多識前言往行。識之多則理明，然全在强勉。伊川

濂溪周氏曰：治天下有本，身之謂也；治天下有則，家之謂也。本必端，端本，誠心而已矣；則必善，善則，和親而已矣。家難而天下易，家親而天下疏也。家人離必起於婦人，故睽次家人，以「二女同居，而其志不同行」。堯所以釐降二女于嬀汭，舜可禪乎，吾斯試矣。是治天下觀于家，治家觀于身而已矣。身端，心誠之謂也。誠心，復其不善之動而已矣。不善之動，妄也。妄復則無妄矣，無妄則誠

❶「幾」上，《二程遺書》有「知」字。

焉。故無妄次復，而曰「先王以茂對時育萬物」，深哉！

横渠張氏曰：一國、一家、一身，皆在處其身。能處一身則能處一家，能處一家則能處一國，能處一國則能處天下。心爲身本，家爲國本，國爲天下本。心能運身，心所不欲，身能行乎？又曰：虚心則能格物，格物則能致知。其擇善也必盡精微，無毫髮之差，無似是之疑，原始要終，知不可易，然後爲至也。又曰：「致知在格物」，格，去也，格去物則心始虚明。見物可盡，然後極天下之慮，而能思善也。致知者，學之大本。夫學之始，亦必先知其一貫之道，其造則固有序也。格物，外物也。外其物則心無蔽，無蔽，則虚静，虚静故思慮精明而知至也。

涑水司馬氏曰：人之情莫不好善而惡惡，慕是而羞非。然善且是者蓋寡，惡且非者實多，何哉？皆物誘之也，物迫之也。桀、紂亦知禹、湯之爲聖也，而所爲與之反者，不能勝其欲心故也。盗跖亦知顔、閔之爲賢也，而所爲與之反者，不能勝其利心故也。不軌之民，非不知穿窬探囊之可羞也，而冒行之，驅於飢寒故也。失節之臣，非不知反君事讎之可愧也，而忍處之，迫於形禍故也。況於學者，豈不知仁義廉耻之尚哉！斗升之秩、錙銖之利誘於前，則趨之如流水，豈能安展禽之黜，樂顔子之貧乎？動色之怒、毫末之害迫於後，則畏之如烈火，豈能守伯夷之餓，徇比干之死乎？如此則何暇仁義之思，廉耻之顧哉？不惟不思與不顧也，抑亦莫之知也。譬如逐獸者不見泰山，彈雀不覺露之霑衣，皆物蔽之也。故水誠清矣，泥沙汩之，則俛而不見其影。燭誠明矣，舉掌翳之，則咫尺不辨人眉目，況富貴之汩其志，貧賤之翳其心哉？惟好學君子爲不然。己之道誠善也、是也，雖茹之以藜藿如粱肉，臨之以鼎鑊如茵席；誠惡也、非也，雖位之以公相如塗泥，賂之以萬金如糞壤。如此則視天下之事，善惡是非，如數一二，如辨白黑，如日之出無所不照，如風之入無所不通，洞然四達，安有不知者哉？所以然者，物莫之蔽故也。於是依仁以爲宅，遵義以爲路，誠意以行之，正心以處之，修身以帥之，則天下國家何爲而不治哉！《大學》曰「致知在格物」。格，猶扞也，禦也。能扞禦外物，然後能知至道矣。

藍田吕氏曰：「致知在格物」，格之爲言至也。致知，窮理也，窮理者必窮萬物之理，同至於一而已。所謂格物也，合内外之道，則天人、物我爲一；通晝夜之道，則生死幽明爲一；達哀樂好惡之情，則人與鳥獸魚鼈爲一；求屈伸消長之變，則天地山川草木人物爲一。孔子曰：「吾道一以貫之。」又曰：「天下同歸而殊塗，一致而百慮。」又曰：「天下之動，貞夫一者也。」故知天下通一氣，萬物通一理，此理也出於天道之自然，人謀不與焉。故《大學》之序，必先致知，致知之本，必知萬物同出於一理，然後爲至。一物之不至，則不能無疑。疑存乎胸中，欲至于誠，不啻猶天壤之異，千萬里之遠，欲卒歸于道而無惑，難矣！知萬物同出於一理，知之至也，故曰「物格而後知至」。知至則心不惑而得所止，心不惑而得所止，則意誠矣，故曰「知至而後意誠」。意誠則慎獨，慎獨則不爲異端所移，不爲異端所移則心正矣，故曰「意誠而後心正」。身者，視聽言貌之謂也。心正而視聽言貌之不正者，未之有也。所謂「心誠求之，雖不中，不遠矣」。有是心也，則未有不謹於禮，故曰「心正而後身脩」。自「身脩」而上，在己者也。自「家齊」而下，在人者也。合内外之道，則身也，家也，國也，天下也，無遠近之間，無彼我之異，特施之有先後而已。意誠身脩，則德諧頑嚚矣，家有不齊者乎？老以及老，幼以及幼，妃以及妃，子以及子，舉斯而加諸彼，國有不治者乎？國與天下，小大之間爾。推是心也，無所往而不可，此所以天下平也。及人之功，自天下以至於庶人，皆自脩身始，有諸己而後責諸人，無諸己而後非諸人。己則不脩而責人之脩，可以力服而不可以心服，此末世之所以不能治也。於所厚者薄，則無所不薄，此管仲所以知公子開方、奄人豎貂、易牙卒不忠於桓公也。❶故本末先後之序，天地也，父子也，君臣也，差之毫釐則天地易位，違道逆理則必至於大亂。故君子不可以不知，知此則近道矣。此謂知本，此謂知之至也。

上蔡謝氏曰：格物窮理也，物物皆有理，自然之理也。窮理則是尋箇是處。格物必至於知至，故必知至然後能意誠。窮理之至，自然不勉而中，不思而得，從容中道。問：理須物物窮否？曰：理一而

❶「豎」，原作「孺」，今據通志堂本、四庫本改。

已，一處通則觸處皆通。物雖細者亦有理，恕其窮理之本歟？　又曰：明道先生教人，先使學者有所知識，却從敬入，所謂有知識，須是窮物理。只如黄金，天下至寶，須先辨認得體性，始得。不然被人將鍮石來唤作黄金，辨認不過，便生疑惑，纔有疑惑，便執不定。故經曰「物格然后知至，❶知至然後意誠」。所謂格物窮理，須是識得天理始得。所謂天理者，自然道理，無一毫杜撰。今人乍見孺子入於井，皆有怵惕惻隱之心。方乍見時，其心怵惕，所謂天理也。要譽於鄉黨，内交於孺子父母、兄弟，惡其聲而然，即人欲耳。天理與人欲相對，有一分人欲即滅却一分天理，有一分天理即勝得一分人欲。人欲纔肆，天理滅矣。任私用意，杜撰做事，所謂人欲肆也。

延平楊氏曰：「致知在格物」，言當極盡物理也。理有不盡，則天下之物皆足以亂吾之知思，於正心誠意遠矣。　又曰：學始於致知，終於知止而止焉。致知在格物，而物固不可勝窮也。反身而誠，則天下之物在我矣。《詩》曰：「天生烝民，有物有則。」凡形色之具於吾身，無非物也，各有則焉。目之於色，耳之於聲，口鼻之於臭味，接乎外而不得遁焉者，其必有以也。知其體物而不可遺，則天下之理得矣。天下之理得，則物與吾一也。其有能亂吾之心思，而意其有不誠乎？　由是而通天下之志，類萬物之情，贊天地之化，其則不遠矣，則其知可不謂至矣乎？　知至矣，則宜其有止也。

❶「物格」，原作「格物」，今據通志堂本、四庫本改。

譬之四方萬里之遠，不可禦也。苟無止焉，則將焉歸乎？故見其進，未見其止，孔子之所惜也。　又曰：夫聖人，人倫之至也。豈有異於人乎哉？堯、舜之道曰孝悌，不過行止疾徐而已，皆人之所日用，味者不知也。夏葛而冬裘，渴飲而飢食，日出而作，晦而息，無非道者，譬之莫不飲食，而知味者鮮矣。爲是道者，必先乎明善，然後知所以爲善也。明善在致知，致知在格物。號物之多至於萬，則物蓋有不可勝窮者。反身而誠，則舉天下之物在我矣。　又答胡處晦書曰：示喻欲持忍字，某竊謂學者以致知格物爲先。知之未至，雖欲擇善而固執之，未必當於道也。人避鼎鑊陷穽者，以其知之審故也。致身下流，天下之惡皆歸焉，固無異於鼎鑊陷穽也，而士或蹈之而莫之避，以其未嘗真知之故也。使其真知爲不善如蹈鼎鑊陷穽，則人孰有爲不善者？若夫物格而知至，則目無全牛，遊刃自有餘地矣，不待忍而能也。忍而不爲，恐物或誘之，有不可忍者，更切勉之。　又曰：自脩身而至於平天下，莫不有道焉，而皆以誠意爲主。苟無誠意，雖有其道，不能行也。故《中庸》論天下國家有九經，而卒曰「所以行之者一」。一者何？誠而已。蓋天下國家之大，未有不誠而能動之也。然則非格物致知，烏足以知其道哉？《大學》所論誠意，正心，脩身，治天下國家之道，其源乃在乎格物，推之而已。若謂意誠便足以平天下，則先王之典章文物皆虛器也。故明道先生嘗謂有《關雎》、《麟趾》之意，然後可以行《周官》之法度，正謂此耳。　或問曰：正心誠意如何便可以平天下？曰：後世自是無人正得心。正得心，其效自是如此。心一念之間，毫髮有差，便是不正。要得常正，除非聖人始得。且如吾輩，還便敢道心已得其正否？此須於喜怒哀樂未發之際，能體所謂中。於喜怒哀樂已發之後，能得所謂和。致中和，則天地位，萬物育。其於平天下也何有？因論《孟子》直以禹、稷比方顏子，只顏子在陋巷時，如禹、稷事業便可爲之無難。若正心誠意不足以平天下，則禹、稷功業巍巍如此，如顏子者如何做得？又曰：正心到寂然不動處，方是極處。以此感而遂通天下之故。其於平天下也何有？

武夷胡氏曰：格，度也，猶曰品式也。所謂物之則也。又曰：夫窮理盡性乃聖門事業。物物而察，知之始也，中人所可能者。一以貫之，知之至也，非上知不與焉。是故以子貢之明達，猶疑於其師，以爲多學而識之也。且置是事，而以致知格物爲先。物物而察，則知益明、心益廣，道可近矣。然物物而察者，又豈逐物而不知反哉？又豈以己與物爲二哉？察於天行以自强也，察於地勢以厚德也，察於雲雷以經綸也，察於山泉以果行也，察於日月通晝夜也，察於尺蠖明屈伸也。遠察諸物，其略如此。察於耳目身舌，克私心也；察於辭貌顏色，尊德性也；察於灑掃應對，兼本末也；察於心性四體，養浩然之氣也。近察諸身，其要如此。無所不在者理也，無所不有者心也。物物致察，宛轉歸己，則心與理不昧，故知循理者士也。物物皆備，反身而誠，則心與理不違，故樂循理者君子也。天地合德，四時合序，則心與理爲一，無事乎循矣。故一以貫之，聖人也，豈易言哉！釋氏雖有了心之説，然疑有未了者，正謂不先窮理，反以理爲障也，故窮大而失其居。失其居則旅人也，故無地以崇其德。儒者則以致知爲始，以窮理爲要，知至理得，不昧本心，如日方中，萬象皆見，則不疑其所行，而内外合也，故自脩身至於天下國家，無所處而不當矣。夫適千里者必得路頭，而路有險夷通塞，故知窮理，心如户牖，既夷且通；息念坐禪，心如牆壁，既險且塞。擇斯二者，將孰從乎？

安國

禮記集說卷第一百四十九

禮記集說卷第一百五十

五峯胡氏曰：人非生而知之，則其所知皆緣事物而知，故迷於事物，流蕩失中，無所攸止。然所謂事物者，乃人生所不可無，而亦不能掃滅，使之無者也。故儒之道，即事即物，不厭不棄，必身親格之，以精其知焉。格之之道，立志以定其本而居敬以持其志，志立乎事物之表而敬行乎事物之内，則物可格而知可精矣。宏

新安朱氏曰：「明明德於天下者」，使天下之人皆有以明其明德也。心者，身之所主也。誠，實也。意者，心之所發也。實其心之所發，欲其一於善而無所雜也。致，推極也。知，猶識也。推極吾之知識，欲其所知無不盡也。格，至也。物，猶事也。窮至事物之理，欲其極處無不到也。此八者，《大學》之條目也。物格者，物理之極處無不到也。知至者，吾心之所知無不盡也。知既盡，則意可得而實矣。意既實，則心可得而正矣。「脩身」以上，「明明德」之事也。「齊家」以下，「新民」之事也。物格知至，則知所止矣。「意誠」以下，則皆得所止之序也。壹是，一切也。「正心」以上，皆所以脩身也。「齊家」以下，則舉此而錯之耳。其「本亂而末治」者，本，謂身也。「所厚」，謂家也。此兩節結上文兩節之意。「此謂知本，此謂知之至也」，此傳之五章，蓋釋格物致知之義，而今亡矣。此特其結語耳。程氏曰：「此謂知本，衍文也。」嘗

取其意補之曰：❶所謂「致知在格物」者，言欲致吾之知，在即物而窮其理也。蓋人心之靈，莫不有知，而天下之物，莫不有理。唯於理有未窮，故其知有不盡也。是以《大學》始教，必使學者即凡天下之物，莫不因其已知之理而益窮之，以求至乎其極。至於用力之久，而一旦豁然貫通焉，則衆物之表裏精粗無不到，而吾心之全體大用無不明矣。此謂物格，此謂知之至也。或問曰：古之欲明明德於天下，先治其國。欲治其國者，先齊其家。欲齊其家者，先脩其身。欲脩其身者，先正其心。欲正其心者，先誠其意。欲誠其意者，先致其知。致知在格物。何也？曰：此言大學之序，其詳如此，蓋綱領之條目也。格物，致知，誠意，正心，脩身者，「明明德」之事也。齊家，治國，平天下者，「新民」之事也。格物致知，所以求知至善之所在。自誠意以至於平天下，所以求得夫至善而止之也。所謂「明明德於天下者」，自明德而推以新民，使天下之人皆有以明其明德也。人皆有以明其明德，則各誠其意，各正其心，各脩其身，各親其親，各長其長，而天下無不平矣。然天下之本在國，故欲平天下者，必先有以治其國。國之本在家，故欲治國者，必先有以齊其家。家之本在身，故欲齊家者，必先有以脩其身。至於身之主則心也，一有不得其本然之正，則身無所主，雖欲勉强以脩之，亦不可得而脩矣。故欲脩身者，必先有以正其心。心之發則意也，一有私欲雜乎其中，而掩

❶「意」，通志堂本、四庫本作「義」。

護覆藏，不能盡去，則心爲所累。雖欲勉强以正之，亦不可得而正矣。故欲正心者，必先有以誠其意。若夫知則心之神明，妙衆理而宰萬物者也。人莫不有，而或不能推而致之，使其表裏洞然，無所不盡，則隱微之際，真妄錯雜，雖欲强以誠之，亦不可得而誠矣。故欲誠意者，必先有以致其知。致者，推致之謂。如「喪致乎哀」之「致」，言推之而至於盡也。至於天下之物，則必各有所以然之故，與其所當然之則，所謂理也。人固莫不知其梗概，然不能即而窮之，使其精粗隱顯究極無餘，則理所未窮，知必有蔽。雖然勉强以致之，亦不可得而致矣。故致知之道，在乎即事觀理，以格夫物。物格者，極致之謂，如「格于文祖」之「格」，言窮之而至其極也。曰：「物格而后知至，知至而后意誠，意誠而后心正，心正而后身脩，身脩而后家齊，家齊而后國治，國治而后天下平」，何也？曰：此覆說上文之意也。物格者，事物之理各有以詣其極而無餘之謂也。理之在物者既詣其極而無餘，則知之在我者亦隨所詣而無不盡矣。知無不盡，則心之所發可一於理而無所雜矣。意不自欺，則心之本體物不能動而無不正矣。心得其正，則心之所處可不陷於其所偏而無不脩矣。身無不脩，則推之天下、國家，亦舉而措之耳。豈外此而求之知謀功利之末哉？曰：「自天子以至於庶人，壹是皆以脩身爲本，其本亂而末治者否矣。其所厚者薄，而其所薄者厚，未之有也」，何也？曰：結上文兩節之意也。以身對天下國家而言，則身爲本，而天下國家爲末。以家對國與天下而言，則其理雖未嘗不一，然其厚薄之分，亦不容無等差矣。故不能格物致知以誠意、正心而脩其身，則本必亂而末不可治。不親其親，不長其長，則所厚者薄，而無以及人之親長，此皆必然之理也。《孟子》所謂「於所厚者薄，無所不薄」，其言蓋亦本於此云。曰：此經之序，自「誠意」以下，其義明而傳悉矣。獨其所謂「格物致知」者，字義不明，而傳復闕焉。且爲最初用力之地，而無復上文語緒之可尋也。子乃自謂取程子之意以補之。然則吾子之意亦可得而悉聞之乎？曰：吾聞之也，天道流行，造化發育，凡有聲色貌象，而盈於天地之間者，皆物也。既有是物，則其所以爲是物者，莫不各有當然之則，而自不容已。是皆得於天之所賦，而非人之所能爲也。今且以其至切而近者言之，則心之爲物實主於身。其體則有仁義禮知之性，其用則有惻隱、羞惡、恭敬、是非之情。渾然在中，隨感而應，各有攸主，而不可亂也。次而及於身之所具，則有口、鼻、耳、目、四肢之用。又次而及於身之所接，則有君臣、父子、夫婦、長幼、朋友之常，是皆必有當然之則，而自不容已。所謂理也，外而至於人，則人之理不異於己也，遠而至於物，則物之理不異於人也。是乃《書》所謂「降衷」，《詩》所謂「秉彝」，劉子所謂「天地之中」，子思所謂「天命之性」，孟子所謂「仁義之心」，程子所謂「天然自有之中」，張子所謂「萬物之一原」，邵子所謂「道之形體」者。但其氣質有清濁偏正之殊，物欲有淺深厚薄之異，是以聖之與愚，人之與物，相與懸絶而不能同耳。

以其理之同，故以一人之心而於天下萬物之理無不能知；以其稟之異，故於其理或有所不能窮也。理有未窮，故其知有不盡。知有不盡，則其心之所發，必不能純於義理而無雜乎物欲之私，此其所以意有不誠，心有不正，身有不脩，而天下國家不可得而治也。昔者聖人蓋有憂之，是以於其始教，爲之小學，而使之習於誠敬，則所以養其德性，收其放心者，已無所不用其至矣。及其進乎大學，則又使之即夫事物之中，因其所知之理推而究之，以到其極，則吾之知識，亦得以使之周遍精切，而無不盡也。若其用力之方，則或考之事爲之著，或察之念慮之微，或求之文字之中，或索之講論之際，使於身心性情之德，人倫日用之常，以至天地鬼神之變，鳥獸草木之宜，莫不有以見其所當然而不容已，與其所以然而不可易者，表裏精粗，無所不盡。而又益推類以通之，至於一日脱然而貫通焉，則於天下之物，皆有以究其義理精微之所極，而吾之聰明叡知，亦皆有以極其心之本體而無不盡矣。此愚之所以補乎本傳闕文之意。雖不能盡用程子之言，然其指趣要歸，則不合者鮮矣。讀者其亦深考而實識之哉！曰：然則子之爲學，不求諸心而求諸迹，不求之内而求之外，吾恐聖賢之學不如是之淺近而支離也。曰：人之所以爲學，心與理而已矣。雖心主乎一身，而其體之虛靈足以管乎天下之理；理雖散在萬物，而其用之微妙實不外乎一人之心，初不可以内外精粗而辨也。然或不知此心之靈而無以存之，則昏昧雜擾而無以窮衆理之妙，不知衆理之妙而無以窮之，則偏狹固滯而無以盡此心之全，此其理勢之相須亦有必然者矣。是以聖人設教，使人默識此心之靈，而存之於莊端静一之中，❶以爲窮理之本；使人知有衆理之妙，而窮之於學問思辨之際，以致盡心之功，巨細相涵，動静交養，初未嘗有内外精粗之擇。及其真積力久，而廓然貫通焉，則亦有以知其渾然一致，而果無内外精粗之可言矣。今必以是爲淺近支離，而欲藏形匿景，别爲一種幽深怳惚、艱難阻絶之論，務使學者莽然措其心於文字言語之外，而曰道必如此，然後可以得之，則是近世佛學詖淫邪遁之尤者，而欲移之以亂古人「明德」、「新民」之實學，其亦誤矣。又曰：近世大儒有爲「格物致知」之説者，曰「格猶扞也，禦也，能扞禦外物，而後能知至道也」。又有推其説者，曰「人生而静，其性本無不善，而有爲不善者，外物誘之也。所謂格物以致其知者，亦曰扞去外物之誘，而本然之善自明耳」。是其爲説不亦善乎？曰「天生烝民，有物有則」，則物之與道，固未始相離也。今曰禦外物而後可以知至道，則是絶父子而後可以知孝慈，離君臣然後可以知仁敬也，是安有此理哉？若曰所謂外物者，不善之誘耳，非指君臣、父子而言也。則夫外物之誘，大莫甚於飲食男女之欲。然推其本，則固亦莫非人之所當有，而不能無者也。但於其間自有天理、人欲之辨，而不可以毫釐差耳。唯其徒有是物，而不能察於吾之所以行乎其間者，孰爲

❶「莊端」，通志堂本、四庫本作「端莊」。

天理？孰爲人欲？是以無以致其克復之功，而物之誘於外者得以奪乎天理之本然耳。今不即物以窮其原，而徒惡物之誘乎己，乃欲一切扞而去之，則是必閉口枵腹然後可以得飲食之正，絶滅種類然後可以全夫婦之别也。是雖裔戎無君無父之教，有不能充其説者，况乎聖人大中、至正之道，而得以此亂之哉？曰：自程子以格物爲窮理，而其學者傳之，見於文字多矣。是亦有以發明其師之説者耶？曰：程子之説，切於己而不遺於物，本於行事之實，而不廢文字之功，極其大而不略其小，究其精而不忽其粗。學者循是而用力焉，則既不務博而陷於支離，亦不徑約而流於狂妄，既不舍其積累之漸，而其所謂廓然貫通者，又非見聞思慮之可及也。是於説經之意，入德之方，其亦可謂反復詳備而無俟於發明矣。若其門人，雖曰祖其師説，然以愚考之，則恐其皆未足以及此也。蓋有以必窮萬物之理同出於一爲「格物」，知萬物同出乎一理爲「知至」，如合内外之道，則天人物我爲一；通晝夜之道，則死生幽明爲一；達哀樂好惡之情，則人與鳥獸魚鼈爲一；求屈伸消長之變，則天地山川草木爲一者，似矣。然其欲必窮萬物之理而專指外物，則於理之在己者有不明矣。但求衆物比類之同，而不究一物性情之異，則於理之精微者有不察矣。不欲其異而不免乎四説之異，必欲其同而未極乎一原之同，則徒有牽合之勞，而不睹貫通之妙矣。其於程子之説，何如哉？又有以爲窮理只是尋箇是處，然必以恕爲本，而又先其大者，則一處理通，而觸處皆通者。其曰「尋箇是處」者，則得矣。而曰「以恕爲本」，則是求仁之方，而非窮理之務也。又曰「先其大者」，則不若先其近者之切也。又曰「一處通而一切通」，則又顔子之所不能及，程子之所不敢言，非若類推積累之可以馴而至也。又有以爲天下之物不可勝窮，然皆備於我而非從外得也，所謂格物，亦曰反身而誠，則天下之物無不在我者，是亦似矣。然反身而誠乃爲物格知至以後之事，言其窮理之至，無所不盡，故凡天下之理，反求諸身而皆有以見，其如目視耳聽，手持足行之畢具於此，無毫髮之不實耳。固非以是方爲格物之事，亦不謂但務反求諸身而天下之理自然無不誠也。《中庸》之言明善，即物格知至之事；其言誠身，即意誠心正之功。故不明乎善，則有反諸身而不誠者，其功夫地位固有序而不可誣矣。今爲格物之説，又安得而遽以是爲言哉？又有以今日格一件，明日格一件爲非程子之言者，則諸家所記程子之言，此類非一，不容皆誤。且其爲説正《中庸》「學問思辨，弗得弗措」之事，無所咈於理者，不知何所病而疑也。豈其習於持敬之約，而厭夫觀理之煩耶？抑直以己所未聞，而不信他人之所聞耶？夫持敬觀理，不可偏廢。程子固已言之，若以己偶未聞而遂不之信，則以有子之似聖人，而速朽之論猶不能無待於子游而後定，今又安得遽以一人之所未聞，而盡廢衆人之所共聞者哉？又有以爲物物致察，而宛轉歸己，如察天行以自强，察地勢以厚德者，亦似矣。然其曰「物物致察」，則是不察程子所謂不必盡窮天下之物也。又曰「宛轉歸己」，則是不察程子所謂物我一理，纔明彼，即曉此之意也。又曰「察天行以自强，察地勢以厚德」，則是但欲因其已定之名擬其已著之迹，而未嘗如程子所謂求其所以然，與其所以爲者之妙也。獨有所謂即事、即物，不厭、不棄，而身親格之，以精其知者，爲得致字向裏之意。而其曰格之之道，必立志以定其本，居敬以持其志，志立乎事物之表，敬行乎事物之内，而知乃可精者，又有以合乎所謂未有致知而不在敬者之指。但其語意頗傷急迫，既不能盡其全體規模之大，又無以見其從容潛玩、積久貫通之功耳。嗚呼！程子之言，其答問反復之詳且明也如彼，而其門人之所以爲説乃如此，雖或僅有一二之合，而不免猶有所未盡也。是亦不待七十子喪而大義已乖矣，尚何望其能有所發明哉？間獨惟念昔聞延平先生之教，以爲爲學之初，且當常存此心，勿爲他事所勝。凡遇一事，即當且就此事反復推尋，以究其理，待此一事融釋脱落，然後循序少進而别窮一事。如此既久，積累之多，胸中自當有灑然處，非文字言語之所及也。詳味此言，雖其規模之大，條理之密，若不逮於程子。然其功夫之漸次，意味之深切，則有非他説所能及者。唯嘗實用力於此者，爲能有以識之，未易以口舌争也。又曰：然則所謂「格物致知」之學，與世之所謂博物洽聞者，奚以異？曰：此以反身窮理爲主，彼以徇外逐物爲功。窮理者知愈博而心愈明，逐物者識愈多而心愈窒。此正爲己爲人之所以分，不可不察也。又曰：「格物」只是就事上理會，「知至」便是此心透徹。「格物」是零細説，「致知」是全體説。又曰：格物便要閑時理會，不是要臨事理會。又曰：「致知格物」便是擇善。「誠意正心脩身」便是固執。先生説《大學》次序曰：「致知格物」是窮此理，「誠意正心脩身」是體此理，「齊家治國平天下」是推此理，要做三節看。又曰：外面事要推闡，故齊家而後治國平天下。裏面事切己愈小，❶故先脩身，正心，誠意，致知。又曰：格物致知是求知所止。誠意，正心，脩身，齊家，治國，平天下，是求得其所止。物格知至是知所止，意誠，心正，身脩，家齊，國治，天下平，是得其所止。《大學》是聖門最初用工處，格物又是《大學》最初用工處。若理會得透徹，後面便容易。又曰：物未格，知未至，縱有善，亦不過是不善中之善。到得格物知至後，或有不善，亦已是善中未善處。格物、誠意，其事似小，然若打不透，却是大病痛。治國、平天下，規模雖大，然若未到，其病却小。蓋前面大本領已自正了。又曰：《原道》中舉《大學》却不説「致知在格物」一句。蘇子由《古史論》舉《中庸》「不獲乎上」後，却不説「不明乎善，不誠乎身」二句。這兩箇好做對。司馬温公議儀、秦處，説「立天下之正位，行天下之大道」，却不説「居天下之廣居」，看得這樣底都是箇無頭學問。又曰：知至意誠，是凡、聖界分，未過此關，雖有小善，猶是黑中之白；已過此關，雖有小過，亦是白中之黑。過得此

❶「裏面」，通志堂本、四庫本作「是推」。

闕，正好着力進步也。　又曰：胡安定云：「知至，故能知言；意誠，故能養氣。」此語好。

新定顧氏曰：人不可不先於致知，然知了須是行始得。某嘗謂「致知」亦只是爲學中一事，不可謂知得便了。人之賢否，但判於所行。若知而不行，却只是幹得一件事。如做時文，做得到好相似，其實無益於我。　有問格物之説。伊川云「物物去格」，象山云「格此大物」，二説如何？答曰：只爲此，却是大學。　又曰：知與行俱，不可相無，譬如人知水火能焚溺，斷不肯蹈。是他知得分曉，故如此。然世間未嘗無溺於水，焚於火者，非不知之罪也。少不兢兢，則陷罹其中也。於此見得亦須要行。

新定錢氏曰：「致知在格物」，是物也，混成無虧，範圍無外，是謂大極，是之謂一，至精，至粹，至明，至靈，至大，至中，而謂之至善者也。壹者，「志壹」之「壹」。斷斷乎是，無他道也，以是爲本，乃知所先。

龍泉葉氏曰：此章極體用而言之也。天下一本也，堯舜文武一人也。人之生也，固有位天地，育萬物之功，天未嘗私其道於一人也。其充之有小大，學之有至、不至而已。是故明明德於天下，而要之以堯、舜、文、武之功，此學者之所當然也。然而天下之人悦其外而忘其内，安其末而不思其本，莫知其所以致知者何也，故斂其用以反於本，收其遠而歸於近，則明明德於天下者，必先治其國。治其國者，必先齊其家。以至於正心誠意，斂之無餘力，❶

❶「力」，原作「用」，今據通志堂本、四庫本改。

用之無餘功，❶舉天地之大，萬物之衆，而反之於吾一念之頃，未有不厭然充足者也。學至於此，則堯、舜、禹、湯、文、武固不得以獨私其道，而孔子、孟軻亦未嘗自異於人。蓋必有推一念之功，見大道之本，循序而不躐，體物而不遺者，而後古人一貫之理，可得而識矣。欲誠其意者，先致其知，致知在格物。物格而後知至者，均是人也，其流品之殊，賢否之異，其間等級不啻千萬，而卒不能以相一者，何也？所知之不同也。師曠之聰，不能爲離婁之明。造父之轡，不能爲羿之弓。所知之異，而人與物判焉不能以相通也久矣。聖人兼致天下之知，而無所不盡於萬物之理，其遠至於不可歷而止，其深至於不可測而識，是知之用大矣哉！今夫人朝夕從事於物也，目之所視，耳之所聽，是物未嘗不在也。意之所向，心之所思，是物未嘗不具也。由之而不著焉，習矣而不察焉，而人與物蓋不相通矣。其甚者，亂天理，恣人欲，執一物以害萬物，而卒至於忘物。是故物不格則知不至，所謂正心誠意，推而行之，皆莫得其要矣。

范陽張氏曰：夫古之學者，其規摹遠大，初不爲一己之私，將與天下同其公。故志則欲通天下之志，務則欲成天下之務，業則欲斷天下之疑，豈止爲一己之私哉！其規摹如此，此所以爲聖人也。審知此意，則欲明明德於天下者，可見其用心之遠矣。格物者，何也？格言窮，物言理也。内而一念，外而萬事，微而萬

❶「用」，原作「學」，今據通志堂本、四庫本改。

物，理皆在焉。吾能一念之間，一事之上，一物之微，皆窮其始，窮其終，窮其所由起，又窮其所由歸。自一念而窮之，以通天下之念；自一事而窮之，以通天下之事；自一物而窮之，以通天下之物。往來闔闢，顯晦幽明，其理森然、炳然，可燭照而數計者，此所謂格物而物格也。物格，則一念之微，一事之微，一物之微有兆于象，有發于萌者，無不默而識之。此之謂「知至」。知至則惡念不生，惡事不積，惡物不滋。而吾所趣鄉者，所願欲者，所思慮者，無非在天理中矣。此之謂意誠。

山陰陸氏曰：誠內也，脩外也，脩誠之失也。誠無成虧也，有成有虧，而後脩之。《易》曰：「損，德之脩也。」格猶極也。言致知在極物，物極而後知至。楊子曰：「深知器械、舟車、宮室之爲，則禮由之。」

廣漢張氏曰：大學之道，莫要於「格物」。人者，天地之心，其良知所素具也。孩提之童，莫不知愛其親，及其長也，莫不知敬其兄，則端倪可見矣。唯夫物至知知，好惡形而無節，其良知乃日壅閉而不能自達，是以貴夫格物也。近而吾身，遠而盈於天地之間者，皆物也。天命流行，密而無間，無乎不存。格物所以明天地而有諸躬也。格之之道，在於慮思以濬通之，力行以親切之，無惰於斯須，無忽於隱微。蓋思與行互相發也。優游涵濡，而後可以有見大體。見大體，謂之格物而知至，可乎？未也。大極之蘊，精微深妙，無窮極也。毫釐未瑩，則爲未完。見大體，斯有以用其力。用其力，蓋將窮竟萬理，而貫于一也。慮思力行之功，❶至此密矣。貫于一，則無一物之不體也。斯謂之物格而知至。蓋良知於是爲完具，而復其初也。夫然後可以言意誠，心正，身脩，家齊，國治，而天下平。若一理未昭，則一事有滯，意有時而不誠矣。唯夫萬理無蔽，而戰兢以終之，其顔、曾之事乎？《大學》物格而知至，是大《易》「知至之」而「知終」者也。蓋極夫知之事也，過此則唯終之而已，聖之事也。　又曰：格物，猶「格于上帝」。物格，猶「祖考來格」。格物與物格不同。格物是學者下工夫處，物格透也。人爲事物所迷亂，而不知其體之所存。須是事事物物上身親切之，要見得此體分明，所謂格物也。物格則會萬殊於一理，而知我之爲我矣。得此體然後意誠，心正，身脩，而家可齊，國可治，天下可平也。

吴興沈氏曰：先儒以格物爲窮極物理，又以爲格去外物。竊以謂窮極物理然後能格去外物，不能窮極物理，則亦不能格去外物也。然是二者皆未免於用力，若能一切照破，則物自無不格矣。格，若「大人能格君心之非」之「格」。大人之格君非，豈用力也哉？其充實而有光輝之謂大。自然照破其非心，則不期格而自格矣。誠能一切照破於物，則真知自然至矣。仁義禮智，百行萬善，與夫天地萬物之理，舉無不知也。

東萊吕氏曰：聖賢千言萬句，會其有極，歸其有極，皆在乎致知。致知是見得此理於視聽言動、起居食息、父子夫婦之間。深察其所以然，識其所以然，便當敬

❶「慮思」，通志堂本、四庫本作「思慮」。

以守之。　又曰：《大學》固是以致知爲本。然人之根性有利鈍，未能致知，要須有箇棲泊處，「敬」之一字即是。

建安真氏曰：《堯典》諸書皆自身而推之天下。至於先之以格物致知，誠意正心，而後次之以脩其身，則自《大學》始發前聖未言之藴，❶示學者以從入之端，厥功大矣。　又曰：物，謂事物也。自吾一身以至於萬事萬物，皆各各有箇道理，須要逐件窮究。且如此一身是從何來？須是知天地賦我以此形，與我以此性。形既與禽獸不同，性亦與禽獸絶異。何謂性？仁、義、禮、智、信是也。惟其有此五者，所以方名爲人。便當力行此五者，以不負天之所與。而所謂仁者是如何，義者是如何，禮、智、信又是如何，一一須要理會得分曉。此乃窮一心之理。其次則我爲人子，事親當如何；爲人弟，事兄當如何；爲人幼，事長當如何，逐件理會。如事親須知冬便須温，夏便須清，出便用告，反便用面。如《曲禮》、《内則》等書所載事親説話，都要曉得。以至事兄、事長等事，一一如此。窮究，此則窮一身之理也。心之與身，乃是最切要處。其它世間事物，皆用以次考究，令其一一分明，皆所謂格物也。格訓至，言於事物之理窮究到極至處也。窮理既到至處，則吾心之知識，日復一日，❷既久且熟，則於天下之理無不通曉，故曰「物格而後知至」也。此一段聖人教人最緊要處。蓋天下之理，能知得一分，方能行得一分，

❶「自」，通志堂本、四庫本作「是」。
❷「復」，原作「明」，今據通志堂本、四庫本改。

知得十分，方能行得十分，所以用逐事窮竟也。今學者窮理之要，全在讀書。如讀此一書，須窮此一書道理，一字一句，都用考究。如未曉了，即須咨問師友，求其指歸，然後又讀一書。自頭至尾窮究過，理會既多，自然通悟。若泛泛讀過，何緣知得義理透徹，胸中見識亦無由進。雖窮理不止於讀書，而其大要却以讀書爲本，不可不知也。

廬陵胡氏曰：格有三義：《書》曰「格汝舜」，《緇衣》曰「民有格心」，來也。《書》曰「惟先格王」，至也。《語》曰「有恥且格」，正也。此云「格物」，亦謂正也。致知，明道也。明道者，必明於物理，使一出於正，是格物也。「其所厚者薄，而其所薄者厚，未之有也」，堯不敦睦九族，而能協和萬邦，無是理也。

新定邵氏曰：他書言平天下本於治國，治國本於齊家，齊家本於脩身者，有矣。言脩身本於正心者，亦有矣。若夫推正心之本於誠意，誠意之本於致知，致知之在於格物，則他書未之言也。六籍之中，唯此章而已。且夫格物，致知，誠意，正心，脩身者，明明德之事也。齊家，治國，平天下者，新民之事也。記《大學》者，宜曰「古之欲平天下者，先治其國」，否則曰「古之欲新民於天下者，先治其國」，而顧曰「古之欲明明德於天下者」，何也？言吾之自明其明德者，即他日新民之本，而所以新天下之民者，非外立一道以新之，即明此德以達之天下耳。致，極也，猶「喪致乎哀」之「致」。格，至也，猶「格于上下」之「格」。格至于此，則知極其致矣。然則所謂物者，何也？指斯道而言也。伊川先生所謂今人看易，皆不識得易是何物，正此意也。是物也，堯、舜、禹相授，名之曰「中」。湯亦曰「中」。武王名之曰「極」。夫子名之曰「仁」，又名之曰「中庸」，其在《易》名之曰「大極」。此章名之曰「明德」，又名之曰「至善」，一而已矣。其爲物也，清明廣大，無際無方。天得此而清也，地得此而寧也，人得此而秀也。舉萬彙之殊，無非得此而生也。君子患不能格此大物耳。能格此物，則天地萬物本吾同體。意而不誠，欲欺誰乎？心而不正，是賊誰乎？心苟正矣，身不患其不脩，身苟脩矣，家不患其不齊。自家刑國，自國而推之天下，舉而錯之，蓋不可勝用也。《大學》繼此復曰「自天子至於庶人，壹是皆以脩身爲本」。壹是，猶言同此也。大學之道，上下共之。明此以南面，堯之爲君也；明此以北面，舜之爲臣也。在上則美其政，在下則美其俗。道一而已，孰不以脩身爲本哉？蓋脩身者本也，化人者末也，正己而物自正。未有不能正身，而能正人者也。親者所厚也，踈者所薄也。能厚其所愛，然後能推以及其所不愛。於所厚者薄，將何所往而不薄哉！故曰「其本亂而末治者，否矣。其所厚者薄，而其所薄者厚，未之有也」。此章不曰欲致其知者，先格夫物，而變文曰「致知在格物」，「在」之一辭，所指蓋可見矣。繼此即曰「物格而后知至」，是格此而后知極其至也。如必待物物格之，然後知至，則天下事物何可窮盡？皓首窮年，未能遍格。夫苟未能遍格，是意終無由誠，心終無由正也。其爲學也，不亦艱乎！此子貢以多學而識求夫子，夫子所以深明其不然也。然則欲格此大物者，將若之何而格之？《洪範》有云「思曰睿，睿作聖」，《孟子》有云「心之官則思，思則得之，不思則不得也」。

霅川倪氏曰：伊川謂「新」當作「親」。朱氏改「新」爲「親」。鄭康成於《雜記》「内子以鞠衣褒衣素沙」下注云「當在『夫人狄素沙』下，爛脱在此」。其注「皆有枕席」下云：「皆沐浴之後，宜承『濡濯弃於坎』下，亂脱在此。」朱氏輕改其字，鄭氏輕改其次。孔子曰：「吾猶及史之闕文也。」

錢塘吴氏曰：格之爲義不一，惟《孟子》言「大人格君心之非」，以正爲訓，於義近之。蓋致知在正物，物正而后知至。所以《孟子》論大人之格君，終之以「一正君而國定」。是以「正」訓「格」也。然此不言正物，而言「格物」者，蓋欲學者於物交物之際，而用其力焉，故謂之「格物」。物格則正，不格則不正，所以《孟子》言「耳目之官不思，而蔽於物，物交物，則引之而已」。引之則大者不立，小者奪之。此心無自而明，安能致其知乎？是知物交物而不爲所引者，是所謂格物者也。且以目之於色，耳之於聲言之，目物也，色亦物也，以目視色，物交物也。目不爲色所引，則物格矣。物格則所視者明，不惟目正，而色亦正矣。耳物也，聲亦物也。以耳聽聲，物交物也。耳不爲聲所引，則物格矣。物格則所聽者聰，不惟耳正，而聲亦正。此所以不言正物，而言格物也。《詩》曰「有物有則」，此所謂物在我者也。《樂記》曰「感於物而動」，是所謂物在外者也。在外者不能不交於我。其交於我也，欲斯形焉。若以在外之物皆爲私欲，一切絶去，不惟百物皆廢，吾之一身亦無所施其用矣，又何格之有？是知所謂「格物」之「物」，指兩物相交而言。惟其引之則惑，所以貴乎格也。《樂記》又曰：「物至知知，然後好惡形焉。」於此而不知格，則好惡無節於内，知誘乎外，天理滅矣。是焉得爲知乎？此致知所以在格物也。《易》之「艮，止也」。《彖》明止義，有曰「上下敵應，不相與也」。知「上下敵應，不相與」之爲止，則知物交物而不爲所引，其爲格物也明矣。蓋不爲物引則止，即格物之義也。所以《大學》推明止義爲尤詳。《書》言「安汝止」，「欽厥止」，無非格物之功用。如愚

所謂誠其意者，毋自欺也，如惡惡臭，如好好色，此之謂自謙。故君子必慎其獨也。小人間居爲不善，無所不至，見君子而後厭然，揜其不善，而著其善。人之視己，如見其肺肝。然則何益矣？此謂誠於中，形於外，故君子必慎其獨也。曾子曰：「十目所視，十手所指，其嚴乎？」富潤屋，德潤身，心廣體胖，故君子必誠其意。

鄭氏曰：謙，讀爲「慊」，慊之言厭也。厭，讀爲「黶」，黶，閉藏貌也。「嚴乎」，言可畏敬也。胖，猶大也。「富潤屋，德潤身，心廣體胖」，三者言有實於内，顯見於外。

河南程氏曰：人須知自謙之道。自謙者，無不足也。若有不足，則張子所謂「有外之心不足以合天心」也。伊川　又曰：孔子言仁，只説「出門如見大賓，使民如承大祭」。看其氣象，便須心廣體

胖，動容周旋中禮，唯慎獨便是守之法。又曰：要持循它這天理，則在德須有不言而信者。更難爲形狀，養之則須直不愧屋漏與慎獨，這是箇持循氣象也。又曰：灑掃應對，便是形而上者，理無大小故也。故君子只在慎獨。明道

藍田呂氏曰：誠者，天之道也，性之德也。非人知之所能謀，非人力之所能造也。見好色則愛之，聞惡臭則惡之。發於心之自然，不思不勉者也。如知水之寒，知火之熱，知蘗之苦，知飴之甘。疾痛痾癢，心爲之感者，莫非誠也。故《孟子》謂「孺子將入井，則莫不有怵惕惻隱之心」，非有内交要譽之僞也。見其親死，委之於壑，狐狸食之，蠅蚋姑嘬之，其顙有泚，非爲人泚，中心達於面目者也。由此觀之，仁義本出於人之誠心，如好色惡臭之比，則君子之慎其獨者，見仁義之本，皆吾性分之所當然，不爲人之知不知也。「不識不知，順帝之則」，無所往而不爲善。一毫自欺，則邈爲一物，與天地不相似矣。理義，人心之所同然，雖小人，豈無是心哉？唯其爲形體所梏，區區自處於一物之中，與萬物以争勝負，故喪其良心，不與天地相似，所以以人爲可欺，而間居爲不善也。人猶可欺也，心不可欺也。故見君子，則厭然揜其不善而著其善。揜其不善而著其善，則其良心猶存，知不善之爲不善，故不欲人知之也。胸中之正、不正，必見乎眸子瞭眊之間。辭之多寡枝遊，亦見乎吉躁叛誣之實。至於容貌舉止，無所不見。故人之視己，如見肺肝，誠於中必形於外，雖人亦不能欺也。既不足以自欺，又不足以欺人，使

其良心有愧而不慊，浩然之氣從而爲之餒，則爲欺者果何益乎？ 夫爲善而不出於誠，猶不足以入德，况爲不善乎？「曾子曰：『十目所視，十手所指，其嚴乎？』富潤屋，德潤身，心廣體胖」，言誠於中，形於外，充實而有光輝，非誠不至也。故君子必誠其意。

涑水司馬氏曰：慊者足於心，君子見不善，必去之然後慊；見善，必得之然後慊。

新安朱氏曰：此傳之六章，釋誠意。毋者，禁止之辭也。自欺者，知有不善之雜，而不能去，又掩覆以自安也。欲自脩者，先察乎此而禁之，則心之所發皆一於善而無不實矣。如惡惡臭，惡之深也。如好好色，好之切也。慊，快也，足也。獨者，人所不知，而己所獨知之地也，則與誠其意者相去遠矣。然其誠僞之判，特在於自欺、自慊毫釐之間耳。且其念慮之微，雖或人所不知，然既有其實，則終不可揜。此君子所以重以爲戒，而必慎其獨，欲其必自慊而無自欺也。間居，獨處也。厭然，銷沮閉藏之貌。小人爲惡於隱微之中，而詐善於顯明之地，其自欺亦甚矣。言毋自欺者，欲去其惡，當如惡惡臭，欲實其善，當如好好色。是皆必盡力以求快足乎己，而非以爲人，所謂自慊也。然慊與不慊，其幾甚微，是乃人所不知，己所獨知之地，而誠僞之所由分也。是以君子必於此而致其戒謹省察之功焉。引曾子所言以明上文深戒自欺之意。言雖幽獨之中，而其善惡不可揜，如此可畏之甚也。胖，安舒也。言富則能潤屋矣，德則能潤身矣，故心無愧怍，則廣大寬平而體常舒泰，德之潤身者然也。蓋善之實於中而形於外者如此，又以明不自欺而常自慊之驗也。　又曰：誠意是萌芽上理會，正心脩身各自就地位上理會。　或問六章之指。曰：傳文章句，其説備矣。然探其本而言之，則其發之實與不實，特繫乎心之明與不明，而欲其盡明，則必格物之功有以開之於其始；欲其常明，則必慎獨之助有以養之於其終也。　蓋人之本心至虛至靈，衆理畢具，其體未嘗不明也。使人於應物之際，好惡取舍，皆由此心以發而無所雜，則好善也，必誠好之，而自其中以及外，無一毫之不好；其惡惡也，必誠惡之，而自其中以及外，無一毫之不惡。是以其好之也，如好好色，求以自快於己之目而已，非爲人而好之也。其惡之也，如惡惡臭，求以自足於己之鼻而已，非爲人而惡之也。但以氣禀物欲之私有以蔽之，而於理之當然有所不盡。故其好惡取舍不盡出於本心，而或雜於私欲。雖或知其不可，而不敢肆然，亦有所畏慕於外而强爲之耳，非出於誠心，而有爲己之實也。是以名爲好善，❶而常有不好者以拒之於内，故其好之不能如好好色之真；名爲惡惡而常有不惡者以引之於中，故其惡之不能如惡惡臭之切。中外乖殊，首尾衡決，不曰自欺而何哉？然既曰有所蔽而不明矣，則非即物窮理不足以致其知，而復乎其明之初，吾已論之於前章矣。果能從事於其間，而有得焉，則本心之體自無所蔽，而其應物，無往而非至善之

❶「善」，原作「惡」，今據通志堂本、四庫本改。

發，亦何待於自欺哉！然聖人之教，本末兼舉，無所偏廢。雖曰本體既明而善端自著，然亦未嘗不使人慎之於隱微之間也。蓋隱微之間，己所獨見本心之體，其在於此者，特與物辨而最爲昭著，以故尤爲操存之要。然以其耳目之所不接，而常情之所易忽也，故凡所謂私意人欲者，亦未嘗不潛萌而竊伏於其中。苟於此焉不有以謹之，則夫是心之體，雖曰「已明」，亦安能保其不昧？善端之發，雖曰「已著」，亦安能保其無雜？所以爲此傳者於慎獨之一言，必丁寧反復而重言之，欲其謹之又謹，無所間斷，則本心之明得以常明，善端之著得以無雜也。其示諸人之意亦深切矣。或曰：知雖已至，而不可不慎其獨，則聞命矣。抑知未至而欲慎其獨，亦何不可？且若必以致知爲先，則固有自謂知至而不能慎獨者。此又何耶？曰：方此心之未盡也，凡其明之所未及，既不免夫真妄交拏，是非紛糾之患矣。及其應於事，則善端之發，又未足以勝夫惡習之强。是以於夫隱微之際，雖欲謹之而不能，又况私意爲主，義理爲客，其偷心竊發，常必陰爲衆惡之地而左右之，唯恐夫理之勝，而失其所好。是以於夫隱微之際，設使力能謹之，而亦將有所不欲矣。故必其心之已明，而無毫髮之蔽，然後由中而發，無非義理。而視彼私意人欲之爲吾害者，不啻深仇巨怨之不可一日而同處。於是乃能慎其獨，而誠樂爲之，不待强心努力，而自不容已也。然則彼有自謂知之已至，而不能謹獨者，實未至而强自名耳。知果至矣，則何不能慎獨之有哉？雖然，「致知」以上，學問之事也，「誠意」以下，自脩之事也。此章上承學問之終，而下啓自脩之首，與夫物格而知至者，其事若不相謀，而實相爲用。正一篇之樞紐，而大學之牢關也。誠度此關，則入德之塗，坦然平直，自可安行必達，而無復有鉏鋙矣。學者可不深考而實用其力也？或曰：然則慊之爲義，或以爲少，又以爲恨，與此不同，何也？曰：「慊」之爲字，有作「嗛」者，而字書以爲口銜物也。然則慊亦但爲心有所銜之義，而其爲快，爲足，爲恨，爲小，則以所銜之異而別之耳。《孟子》所謂「慊於心」，樂毅所謂「慊於志」，則以銜其快與足之意而言者也。《孟子》所謂「吾何慊」，《漢書》所謂「嗛栗姬」，❶則以銜其恨與少之意而言者也。讀者各隨所指而觀之，則既並行而不悖矣。字書又以其訓快與足者，讀與「愜」同，則義愈明而音又異，尤不患於無別也。

嚴陵方氏曰：惡惡如惡惡臭，好善如好好色，則其所好惡必誠矣。此由「毋自欺」故也。「厭然」者，有厭故從新之意。小人間居，所爲皆不善也。果然厭故從新，則善矣。然而小人之所厭，見君子而後厭然，非其誠心也，姑以揜其不善而著其善而已。「十目所視」，言所視者多也。「十手所指」，言所指者多也。

山陰陸氏曰：厭，讀如字。著未嘗厭也。《書》曰：「凶人爲不善，亦惟日不足。」

❶「嗛」，原作「嘌」，今據《大學或問》改。此字《史記》作「嗛」，《索隱》曰：「嗛，音銜。《漢書》作『銜』。銜，猶恨也。」

「富潤屋，德潤身」，雖皆有所潤，然屋與身孰親哉？

石林葉氏曰：在獨而能慎，則其在見不必慎之也。小人在獨，不能慎。見君子，然後揜其不善，亦將何益乎？《傳》曰：「莫見乎隱，莫顯乎微。」誠於中，則隱而微；形於外，則顯而見。此君子之謹其獨，與小人之揜其不善，雖所主不同，而形於外，一也。人之富足，則能潤屋而已。德之脩，則非特潤身而已。充實在內，則其心也廣；輝光在外，則其體也胖。《孟子》曰：「仁義禮智根於心，其生色也，睟然見於面，盎於背，施於四體。四體不言而喻。」

新定錢氏曰：「獨」非必暗室屋漏之謂，雖大庭廣衆，而一念之動，我自知耳。於此致謹，正是做不自欺功夫。常人只謂心之隱微，人不知不見，便走作了。若於此時凛乎其嚴，便如十目所視，十手所指，如何敢欺？一箇「毋」字，三箇「必」字，立詞甚嚴，學者所宜深體。

廬陵胡氏曰：誠無妄也，自欺則妄矣。人之惡臭好色根於心，非僞爲也，是誠也。凡耳目鼻口之所欲，其心之所樂，豈有異哉？謂其好惡與人異者，妄也。蹈水火者之求免於人也，彼介於其側者，不唯其父兄子弟之慈愛，然後往而全之也。雖有所憎怨，苟不至乎欲其死者，則將極奔盡氣，濡手足，焦毛髮，救之而不辭也。若是者，何哉？其勢誠急，而其情誠可悲也。吾之救之也，非有求而然也，中心惻怛，而其情誠不忍也。若彼有可救之道，而吾終莫之救也，尚可以爲仁人乎哉？猶此觀之，誠其意如好色惡臭，非由外鑠我也，自謙自敬也。誠生乎謙敬，《易》一謙而四益，蓋謙敬之大也如此。小人見君子，揜其不善而著其善，蓋其良心猶存，知不善之爲可羞也。是謂人可欺也，心可欺乎？人視己見肺肝，則心已露矣。「其嚴乎」，嚴，猶畏憚也。言衆所指視，不足畏憚，唯獨居爲不善，甚可畏也。

東萊呂氏曰：揜不善而著其善，此小人之良心猶存也。由不能充之，故其自暴如是。如其知萬物一理，中外一致，作於此者見於彼，至隱至微之間而有所謂昭昭不可欺者，則亦知所以反身矣。知所以反身者，知格物之道也。居仁

龍泉葉氏曰：意者始發而未形，去心之全體尚未遠矣。然而有愛惡之別，有公私之異，端緒之差，源流之分，皆起於此。❶堯、舜之爲堯、舜，桀、紂之爲桀、紂，天下之人終日安焉而不悟，皆兆於此。故誠其意者，所以實是理於將發之初也。彼其本無不善，而異日之成有君子、小人之分焉。蓋始發之際，所以自欺而掩抑之者衆矣。「如惡惡臭，如好好色」，中心誠然，其堅實而不破，純一而無所疑者，君子與小人同也。唯其善惡邪正之念汎然往來於其間，二而不一，雜而不純，然後外物乘之奪其至微者而爲之主，此不可以不察也。自謙者，所謂「毋自欺」也。「見君子而厭然」，❷誰謂之無其意哉？私意亂於其先，用事既久，戕賊已成，雖有善意之發，不足以救其禍，

❶「起」，通志堂本、四庫本作「見」。
❷「而」下，明本有「後」字，是。

而徒足以形其惡。人之所以兢兢然畏屋漏如畏宫庭，出門闞如嚴賓師，高其閎閈，❶設其干櫓，學者不可以毫釐犯者，懼私意之賊，而一日之厭然者著於外也。此君子之所獨致，人安得而共之？故人莫不有此獨也。溺於所同，流蕩委靡，而其所謂獨者敗矣。「十目所視，十手所指」，人倫之内常見此理，而人不自覺，唯君子畏之爲甚嚴也。丘山積於微塵，江海聚於涓流，此知者之所深察。「富潤屋，德潤身」，由毫末之微，積而至於不可掩之效。「潤」字當細玩。

建安真氏曰：自慊是爲己言，己之所以爲善者，乃是我合當如此。若不爲善，則此心自不快足，自不能安。非是爲它人而爲善也。自欺是爲人本無實意爲善，但外面畧假借以欺人，欲人稱好而已。殊不知人心之靈，昭如日月，何可欺也？只是自欺而已。

新定邵氏曰：爲善之意，發於真實之謂誠，假於浮虚之謂僞。誠則篤實輝光，人雖潛窺密察，而在我者終不可没也。僞則心勞日拙，己雖巧覆曲護，而在人者終不可欺也。世之人固有於惡未必真知所惡，而陽爲惡之之狀者矣；於善未必真知所好，而矯爲好之之形者矣，非所謂誠也。必也惡惡如惡惡臭，而後其惡始真；好善如好好色，而後其好始實。好善惡惡，真實如此，則其舍卑汙而趨高明也，無異離溷濁而遊清都也；棄人欲而從天理也，無異遠臭腐而襲芝蘭也。豈不欣乎快所欲而足所願哉？此之謂自

❶「閎閈」，通志堂本、四庫本作「閈閎」。

嗛也。獨，非特孤居獨處之謂也。雖與人同堂合席，而意藏於中，人所不知，己所獨知者，皆君子致謹之時也。能謹其獨，則能誠其意矣。堯、舜、禹之相傳，拳拳乎人心、道心之分，惟精惟一之戒者，所以謹此獨也。詩人之詠文王，一則曰「不聞亦式，不諫亦入」，二則曰「不顯亦臨，無射亦保」者，所以謹此獨也。竊怪夫世之小人閒居之時，恣爲不善，無所不至。及見君子，乃始厭然閉藏，揜其不善，而著其善。其意蓋謂衆人爲不足恤，而君子可以矯飾欺也。不知念慮僅萌於方寸之微，識者已得之眉睫之間，故目動言肆，肝鬲洞見，足高氣揚，心膂畢露。在己雖自謂城府之深，而在人已不啻肺肝之視。如是則人心至靈，不可欺也。己之爲僞，祇足以自欺而已，竟何益哉？此足以見實有諸中者，無間於善惡，必形諸外也，此君子所以必謹其獨也。每愛東萊呂成公論《春秋》之公、侯、卿大夫未嘗致力於暗室屋漏之學，及盟會聘享之際，❶雖欲勉强修飾，終有時而不能揜。歃血而忘者，不自知其忘也；受玉而惰者，不自知其惰也。嗚呼！此「十目」、「十手」之地，所以爲可畏也歟？

霅川倪氏曰：「自謙」，注及諸家皆作「慊」，竊謂不必改經文，只作「謙」可也。《謙》之《彖》曰：「人道惡盈而好謙。」此好惡之正也。人能知謙之好惡，則公矣。又謙者，有其實而若虛者也。不謙之人以虛爲實，務矜夸以欺人，不惟欺人，又以自欺。又曰：誠一也，而有善惡之

❶「盟會」，通志堂本、四庫本作「會盟」。

異。誠於爲善，誠也，誠於爲惡，亦誠也。誠於中，必形於外，君子與小人皆然。君子知其如此，故謹其獨，而誠於爲善。世有攻人之僞者，其人姦惡又甚於所攻，而其説曰：「我所爲表裏如一，不欺也，誠實也。」此乃敢於爲惡者爾，彼則僞於爲善爾。乃誠於爲惡，是小人之無忌憚者。故誠則若一，而有善惡不同，不可不辨。重言「必慎其獨」，申其義而諄誨之也。

延平周氏曰：必曰「心廣體胖」者，蓋有以根於一心，然後有以施於四體也。

長樂陳氏曰：人非不知誠之爲善，欺之爲不善，而其所爲每不免於欺者，直以欺之可爲也。殊不知心不可欺，人亦不可欺。苟知心不可欺，人亦不可欺，而專於誠焉，則何所不至哉？

禮記集說卷百五十❶

❶「説」，原作「記」，今據通志堂本、四庫本改。

禮記集說卷第一百五十一

《詩》云：「瞻彼淇澳，菉竹猗猗。有斐君子，如切如磋，如琢如磨。瑟兮僩兮，赫兮喧兮。有斐君子，終不可諠兮。」「如切如磋」者，道學也。「如琢如磨」者，自脩也。「瑟兮僩兮」者，恂慄也。「赫兮喧兮」者，威儀也。「有斐君子，終不可諠兮」者，道盛德至善，民之不能忘也。《詩》云：「於戲前王不忘。」君子賢其賢而親其親，小人樂其樂而利其利，此以没世不忘也。

鄭氏曰：此「心廣體胖」之詩也。澳，隈崖也。猗猗，喻美盛。斐，有文章貌也。諠，忘也。道，猶言也。恂，字或作「悛」，❶讀如「嚴峻」之「峻」，言其容貌嚴栗也。民不能忘，以其意誠而德著也。聖人既有親賢之德，其政又有樂利於民。君子小人，各有以思之。

孔氏曰：「瞻彼淇澳，菉竹猗猗」，此《詩·衛風·淇澳》之篇，美衛武公之德也。如骨之切，如象之磋，如玉之琢，如石之磨。瑟然顔色矜莊，僩然性行寬大，赫然顔色盛美，喧然威儀宣著。恂慄，謂顔色莊慄。「有斐君子」者，論道武公盛德至善，人之愛念，不能忘也。「於戲前王不忘」，《周頌·烈文》之篇也。於戲，猶言「嗚呼」，以文王、武王意誠於天下，故詩人嘆美之。云此前世之王，其德不可忘也。

藍田吕氏曰：切磋者，解割之謂也。琢

❶「悛」，通志堂本、四庫本作「峻」。

磨者，脩治之謂也。有璞玉於此，將以爲圭，則必先解而爲圭之質；將以爲璧，則必先解而爲璧之質。如學者之志，欲止於小善，則以小善爲之質；欲止於至善，則以至善爲之質。琢磨者，即其質以脩治其文。小善之質，止可以脩小善之文。至善之質，然後可以脩至善之文。故如圭之質，不能琢磨而成璧；璧之質，不能琢磨而成圭。故曰「『如切如瑳』，❶道學也。『如琢如磨』，自脩也」。恂慄者，敬其學也。威儀者，見之文也。斐，文之著也。學止於至善，積而爲盛德，至於文章著見，則入於民心者深矣。此誠之不可揜也，故民不能忘也。誠之至者，非特入於民心，其所以道民者，澤流於後世矣。賢其賢，親其親，君子化其善也。樂其樂，利其利，小人蒙其惠也。

山陰陸氏曰：「赫兮咺兮」者，威儀也者，所謂「威儀棣棣」，光美相逮如此。經曰：「乃出，揖私朝，煇如也。登車則有光矣。」德言「盛」，善言「至」，亦言之法。此以没世不忘也，進於武公矣。武公老而如此，雖死猶如此也。

石林葉氏曰：道學求諸人，自脩求諸己。恂慄者誠於内，威儀者文於外。求諸人，求諸己，所以有至善也，故曰「發慮憲，求善良」。誠於内，文於外，所以有盛德也，故曰「動容周旋中禮」。盛德之至善，則民歸之不忘也。故曰「有斐君子，終不可諠兮」。有盛德至善，則民無間於君子、小人，皆在所不忘也。然而君子懷德，故賢其所賢者，義也，親其所親者，仁也。

❶「瑳」，通志堂本、四庫本作「磋」。後文同。

小人懷惠，故樂其所樂者亦義也，利其所利者亦仁也。

廬陵胡氏曰：民不忘美衛武之誠，没世不忘美文武之誠。夫誠至於民懷不忘，其誠至矣。

莆陽林氏曰：此詩《序》云「美武公之德」，言其表裏相稱也。故能先誠其意，自然脩身可觀。緑竹生於水傍，❶自然猗猗而盛，斐然如君子氣象。蓋由切磋琢磨而成就其材如此，終是令人不能忘也。下文乃《戴記》解此詩，蓋訓詁之學，其來也遠，自漢以前有之矣。道，治也，謂學問以治之。由學問然後日漸月漬，所謂自脩也。言其學問而治之，如切如磋也。日漸月漬，非一朝一夕之故，如琢如磨也。後又引「於戲前王不忘」，説不能忘之義。謂君子所以不能忘前王者，謂其賢者則知其賢，其可親者則親之。小人所以不能忘前王者，謂民之所樂，前王亦與之同其樂，民之所利，前王亦與之同其利。君子、小人，不能一日忘之也。

新安朱氏曰：此與「《詩》云『邦畿千里』」至「止於信」，皆傳之三章，釋「止於至善」。淇，水名。澳，隈也。切以刀鋸，琢以椎鑿，皆裁物使成形質也。磋以鑢鍚，磨以沙石，皆治物使其滑澤也。治骨角者既切而復磋之，治玉石者既琢而復磨之，皆言其治之有緒，而益致其精也。瑟，嚴密之貌。僩，武毅之貌。赫諠，宣著盛大之貌。諠，忘也。道，言也。學，謂講習討論之事。自脩者，省察克治之功。恂慄，戰懼也。威可畏也，儀可象

❶「緑」，通志堂本、四庫本作「菉」。

也。引《詩》而釋之，以見能得至善之所由，而又以贊其德容之盛也。於戲，嘆辭。前王，謂文、武也。君子，謂後賢、後王。❶小人，謂後民也。此言前王所以新民者，止於至善，能使天下後世無一物不得其所。所以既没世而人思慕之，愈久而不忘也。此兩節咏嘆淫泆，其味深長，當孰玩之。　曰：復引《淇澳》之詩，何也？曰：上言止於至善之理備矣，然其所以求之之方與其得之之驗，則未之及。故又引此詩以發明之也。夫「如切如磋」，言其所以講於學者已精而益求其精也。「如琢如磨」言其所以脩於身者已密而益求其密也。此其所以擇善固執，日就月將，而得止於至善之由也。恂慄者，嚴敬之存乎中也。威儀者，輝光之著乎外也。此其所以睟面盎背，施於四體，而爲止於至善之驗也。盛德至善，民不能忘，蓋人心之所同然。聖人既先得之，而其充盛宣著又如此，是以民皆仰之而不能忘也。盛德，以身之所得而言也。至善，以理之所極而言也。切磋琢磨，求其止於是而已矣。曰：切磋琢磨，何以爲學問、自脩之別也？曰：骨角脉理可尋，而切磋之功易，所謂始條理之事也。玉石渾全堅確，而琢磨之功難，所謂終條理之事也。　曰：引《烈文》之詩，而言前王之没世不忘，何也？曰：賢其賢者，聞而知之，仰其德業之盛也。親其親者，子孫保之，思其覆育之恩也。樂其樂者，含哺鼓腹而安其樂也。利其利者，耕田鑿井而享其利也。此皆先王盛德至善

❶「後賢」，原爲空格，今據通志堂本、四庫本補。

之餘澤，故雖已没世，而人猶思之，愈久而不能忘也。

龍泉葉氏曰：學者以密察之功，微細以驗之，積漸以充之，誠意所貫，本末光明，其或文或質，或淺或深，疾徐反復之際，式有可觀之義。蓋君子察之於内，衆人察之於外。唯其中無可愧，外無可憾，所以詩人之形容若此之盛也。學者强爲善而已，非以求之於人也。及其爲善之至，純實著見，而不可掩，則斯民記之矣。

建安真氏曰：「『如切如瑳』，道學也」，主知而言。「『如琢如磨』，自脩也」，主行而言。此言致知力行之功，當並進也。知到十分精處，而行處有一分未密，亦未得爲至善。須是知極其至，行亦極其至，方謂之至善。

《康誥》曰「克明德」，《大甲》曰「顧諟天之明命」，《帝典》曰「克明峻德」，皆自明也。湯之《盤銘》曰：「苟日新，日日新，又日新。」《康誥》曰：「作新民。」《詩》曰：「周雖舊邦，其命惟新。」是故君子無所不用其極。

鄭氏曰：克，能也。顧，念也。諟，猶正也。《帝典》，《堯典》，亦《尚書》篇名。峻，大也。皆自明明德也。盤銘，刻戒於盤也。極，猶盡也。

孔氏曰：周公封康叔，作《康誥》。《大甲》，伊尹戒大甲之辭。《盤銘》，湯沐浴之盤刻銘爲戒，必於沐浴之盤者，戒之甚也。「苟日新」，苟，誠也。非唯沐浴自新，誠使道德日益新也。非唯一日之新，當使日日益新。非唯日日益新，又須恒常日新。皆是丁寧之辭。「作新民」者，周公使康叔作新殷民也。「周雖舊邦，其命惟新」，此《大雅·文王》之篇，言周雖舊是諸侯之邦，其受天之命，謂爲天子而更新也。

河南程氏曰：「克明峻德」，「顧諟天之明命」，「皆自明也」者，皆由於明也。

藍田吕氏曰：古者大人之學未嘗不先自明其德，然後及於天下，故引《湯誥》、《大甲》、《堯典》之言，以明文王、湯、康皆自明也。新之爲言，革其故也。理義者，人心之所同然，唯大人爲先得之。德之不明也，以民之未知乎此也。德之不行也，以民之未得乎此也。先知覺後知，先覺覺後覺，則易昏爲明，易惡爲善，變化氣質，如螟蛉之肖蜾蠃，是豈不爲新乎？雖然，自明明德者，亦日新也。合内外之道，故自新然後新民也。湯之《盤銘》，自新者也。《康誥》、《文王》之詩，新民者也。君子治己治人，其究一也，故曰「無所不用其極」。

嚴陵方氏曰：日新者，日新其德也。《易》曰：「日新之謂盛德。」「苟日新」者，言日新之有始也。「日日新」者，言日新之有繼也。「又日新」者，言日新之有加也。既有始，又有繼，又有加，則日新其德於是爲至。極之爲言至也。所，與《書》言「君子所其無逸」之「所」同義。蓋有所則有用，有用則有極。既有所矣，其可不用其極乎？故其言如此。然君子之日新，非特在己。下以治民，上以承天，亦莫不然。故又引《詩》、《書》之言以證之，則「無所不用其極」又在乎此。

山陰陸氏曰：諟之在前，顧之在後。極，至也，未有不用其極而能新者也。

石林葉氏曰：新之至於又新者，德之在己也。作新民，德之在人也。其命新者，德之在天也。蓋君子之德至於受天下之命，而後極其明德也。

廬陵胡氏曰：日新，自明也。新民，明民也。自明、明民，物我一致，兩造其極，是謂無所不用其極。極，中也。民不恊于極者，由不明也。上之人能易昏爲明，變化氣質，使之自新，以趨于中道，是爲用其極也。

東萊呂氏曰：《易》曰「天行健，君子以自强不息」者，新之謂也。「於穆不已」，天之所以爲天也。「純亦不已」，文王之所以爲文也。其不已者，新之謂也。新者，天之道也。日月之運行，萬物之發生，無窮已也。君子無所不用其極者，知此道也。其自新也，以堯、舜之道爲必可行，以堯、舜之德爲必可至；其新民也，使是君爲堯舜之君，使是民爲堯舜之民，所謂無所不用其極也。然非不息不已，則不能至此。

延平周氏曰：《易》曰：「窮理盡性。」窮其在己之理，然後能窮其在物之理。盡其在己之性，然後能盡其在物之性。未有不自明其在己者而能明其在物者也。此君子所以貴乎自明新之無已，而至於極，則聖人也。此君子所以用其極。

新安朱氏曰：《大甲》、《殷書》。顧，謂常目在之也。「天之明命」，即天之所以與我，而我之所以爲德者也。常目在之，則無時不明矣。「皆自明也」，經所引《書》，❶皆言自明己德之意。此傳之首章，釋「明明德」也。「湯之《盤銘》」以下，此傳之二章，釋「新民」也。銘，名其器以

❶「經」，通志堂本、四庫本作「結」。

自戒之辭也。苟，誠也。湯以人之洗濯其心以去惡，如沐浴其身以去垢，故銘其盤。言誠能一日有以滌其舊染之污而自新，則當因其已新者而日日新之，又日新之，不可略有間斷也。「作新民」，鼓之舞之之謂作，言振起其自新之民也。《詩》曰「周雖舊邦，其命惟新」，言周國雖舊，至文王能新其德以及於民，而始受天命也。是故君子無所不用其極，自新、新民，皆欲止於至善也。曰：然則其曰「克明德」者，何也？曰：此言文王能明其德也。蓋人莫不知德之當明，而欲明之。然氣稟拘之於前，物欲蔽之於後，是以雖欲明而有不克也。文王之心，渾然天理，亦無待於克之而自明矣。然猶云「爾」者，亦見其獨能明之，而他人不能。又以見夫未能明者之不可不致其克之之功也。曰：「顧諟天之明命」，何也？曰：人受天地之中以生，故人之明德非他也，即天之所以命我而至善之所存也。是其全體大用，蓋無時而不發見於日用之間。人唯不察於此，是以汩於人欲，而不知所以自明。常目在之，而真若見其參於前，倚於衡也，則成性存存而道義出矣。曰：「克明峻德」，何也？曰：言堯能明其大德也。曰：是三者，固皆自明之事也。然其言之亦有序乎？曰：《康誥》通言明德而已。《大甲》則明天之未始不爲人，而人之未始不爲天也。《帝典》則專言成德之事，而極其大焉。其言之淺深，亦略有序矣。或問：盤之有銘，何也？曰：盤者常用之器，銘者自警之辭也。古之聖賢，兢兢業業，固無時而不戒謹恐懼，然猶恐其有所怠而忽忘之也。是以於其常用之器，各因其事，而刻銘以致戒焉。欲其常接乎目，每警乎心，而不至於忽忘之也。然則沐浴之盤，而其所期之辭如此，何也？曰：人之有是德，猶其有是身也。德之本明，猶其身之本潔也。德之明而利欲昏之，猶身之潔而塵垢污之也。一旦存養省察之功，真有以去其前日利欲之昏而日新焉，則亦猶其疏瀹澡雪，而有以去其前日塵垢之污也。然既新矣，而所以新之之功不繼，則利欲之交將復有如前日之昏，猶既潔矣，而所以潔之之功不繼，則塵垢之集將復有如前日之污也。故必因其已新而日日新之，又日新之，使其存養省察之功無少間斷，則明德常明而不復利欲之昏。亦如人之一日沐浴而日日沐浴，又無日而不沐浴，使其疏瀹澡雪之功，無少間斷，則身常潔清而不復爲舊染之污也。昔成湯所以反之而至於聖者，正唯有得於此。故稱其德者，有曰「不邇聲色，不殖貨利」，又曰「以義制事，以禮制心」，有曰「從諫弗咈，改過不吝」，又曰「與人不求備，檢身若不及」，此皆足以見其日新之實。至於所謂「聖敬日躋」云者，則其言愈約而意愈切矣。然本其所以得此，又其學於伊尹而有發焉。故伊尹自謂與湯「咸有一德」，而於復政大甲之初，復以「終始惟一，時乃日新」爲丁寧之戒。蓋於是時，大甲方且自怨自艾於桐，處仁遷義而歸，是亦所謂「苟日新」者，故復推其嘗以告于湯者告之，欲其日進乎此，無所間斷，而有以繼其烈祖之成德也。其意亦深切矣。其後周之武王受師尚父丹書之戒，而謂敬勝怠者吉，怠勝敬者滅，義勝欲者從，欲勝義者凶，退而於其几席、觴豆、刀劍、户牖，莫不銘焉。蓋聞湯之風而興起者，今其遺語尚幸頗見於大戴之禮書。願治之君，志學之士，亦不可以莫之考也。曰：此言新民，其引此，何也？曰：此自其本而言之。蓋以是爲自明之至，而新民之端也。曰：《康誥》之言「作新民」，何也？曰：武王之封康叔也，以殷之餘民染紂污俗而失其本心也，故作《康誥》之書而告之以此，欲其有以鼓舞而作興之，使之振奮踴躍，以去其惡而遷於善，舍其舊而進乎新也。然此豈聲色號令之所及哉？亦自新而已矣。曰：孔氏小序以《康誥》爲成王、周公之書，而子以武王言之，何也？曰：此五峯胡氏之説也。蓋嘗因而考之，其曰朕弟寡兄者，皆爲武王之自言，乃得事理之實，而其他證亦多，小序之言，不足深信，於此可見。然非此書大義所關，故不暇於致詳，當別爲讀《書》者言之耳。曰：《詩》之言「周雖舊邦，其命惟新」，何也？曰：言周之有邦，自后稷以來，千有餘年，至于文王，聖德日新，而民亦丕變，故天命之以有天下。是其邦雖舊，而命則新也。蓋民之視傚在君，而天之視聽在民。君德既新，則民德必新，民德既新，則天命之新亦不旋日矣。

曰：所謂「君子無所不用其極」者，何也？曰：此結上文《詩》、《書》之意也。蓋《盤銘》言自新也，《康誥》言新民也，《文王》詩言自新新民之極也，故曰「君子無所不用其極」。極，即至善之云也。用其極者，求其止於是而已矣。

新定邵氏曰：以事情揆之，日日盥頮，人

之所同也，日日沐浴，恐未必然。《内則》篇記人子之事父母，亦不過五日則燂湯請浴，三日具沐而已。斯銘也，其殆刻諸盥頮之盤歟？

長樂陳氏曰：賢者以其昭昭，使人昭昭。然則欲明明德於天下，必先自明也；新民者，必先自新也。至於所止不同，亦皆至善也。

永嘉薛氏曰：明德，峻德也。日新，德新也。

龍泉葉氏曰：人之於德，皆自明也，豈有明之者哉？火有不息之光，泉有不竭之流，人之欲自明也，窮天下之欲不能蔽，其達而行之也，合天下之力不能遏。如水火焉，益深益熱而不可禦也。聖賢親身行之，則知自明之爲功矣。徒口耳記問而已者，若之何哉？新與明，皆學者功用之要也。新則明，明則新。《大甲》曰：「終始惟一，時乃日新。」人無日新之效，苟惟一善以自恕，記其舊而忘其新，得於昔而遺於今，頽惰委靡，日就耗散，而其本然者忘矣。有新有故者，物也。物已故而不復新者也，此湯之所以銘也。國之已故者，不復新。周故國也，而文王能新之，此《詩》之所以頌也。一性之誠，無故無新，持之不倦，存之若一。人之於身，鮮有不以新舊爲别者，自欺其身者也。不二不息，有始有卒，則日新之功見矣。一段説成德就賢之功效，一段説明德是「自明」。一段前輩所以移易在前，謂是解親民，然細看却只是自説日新意思。

建安真氏曰：身之有垢，特形骸之礙耳。然人猶知沐浴以去之，惟恐塵垢存則其體汙穢。至於心者，神明之府，甘心爲利欲所溺，以昏蔽之，甚如積糞壤，如聚蟯蚘，不肯一用其力以去之。是以形體爲重，以心性爲輕也，豈不繆哉！唐人《櫛銘》曰：「人之有髮，旦旦思理，有身有心，胡不如是？」深得成湯《銘盤》之意。

錢塘吴氏曰：德既明矣，終始惟一，時乃日新。於是又取《詩》、《書》言新者明之。日新，則德益輝光，新其在己者也。民新，則風移俗易，新其在人者也。命新，則祈天有永，新其在天者也。是故「君子無所不用其極」，極者，至也，至則止矣。故又取詩人所言止者明之。止者，止於至善而已。如愚

《詩》云：「邦畿千里，惟民所止。」《詩》云：「緡蠻黄鳥，止于丘隅。」子曰：「於止，知其所止，可以人而不如鳥乎？」《詩》云：「穆穆文王，於緝熙敬止。」爲人君止於仁，爲人臣止於敬，爲人子止於孝，爲人父止於慈，與國人交止於信。

孔氏曰：誠意在知所止，引《殷頌·玄鳥》之篇，言殷之邦畿千里，唯人所居止。引《小雅·緡蠻》之篇，言黄鳥止在岑蔚丘隅之處得其所止。孔子見其詩而論之，云觀於鳥之所止，則人亦知其所止也。又《大雅·文王》之篇，言文王之德緝熙光明，又能敬其所止，以自居處也。

河南程氏曰：釋氏多言「定」，聖人便言「止」，如物之好須道是好，物之惡須道是惡。物自好惡，關我這裏甚事。若説道我只定，更無所爲。然物之好惡，亦自在裏，故聖人只言「止」。所謂止，如人君止於仁，如人臣止於敬之類也。《易》曰「艮其止，止其所也」，言隨其所止而止之。

人多不能止。蓋人萬物皆備，遇事各因其心之所重，更互而出，才見得這事重，便有這事出。若能物各付物，便自分出。又曰：人多思慮，不能自寧，只是做他心主不定，要作得心主，唯是止於事，「爲人君止於仁，爲人臣止於敬，父子止於孝慈」之類。如舜之誅四凶，已作此惡，從而誅之。舜初何與焉？人不止於事，只是攬他事，不能使物各付物。物各付物，則是役物。爲物所役，則是役於物。有物必有則，須止於事。又曰：於止知其所止，謂當止其所也。夫有物必有則，父止於慈，子止於孝，君止於仁，臣止於忠，萬物庶事莫不各有其所。得其所則安，失其所則悖。聖人所以能使天下順治，非能爲物作則也，唯止之各於其所而已。伊川

藍田呂氏曰：民之所止，止于邦畿而已。鳥之所止，止于丘隅而已。是皆知其所止矣。人之於學，不知所止，流遁失守，無所適歸，終亦必亡而已矣，雖黃鳥之不若也。故文王之學所以緝熙者，在敬其所止而已。所謂仁、敬、孝、慈、信者，乃爲人君、爲人臣、爲子、爲父、與國人交之至善者也。其所居之地不同，故所止之善不一。其所以爲至善，則一也。所謂止者，猶行者之所欲至，射者之所欲中。雖未至也，雖未中也，必至、必中而後已。此之謂知所止。

石林葉氏曰：「邦畿千里，惟民所止」，居而止之也。「緡蠻黃鳥，止于丘隅」，擇而止之也。「穆穆文王，於緝熙敬止」，安而止之也。

廬陵胡氏曰：止得其所則善。君、臣、

父、子、國人止於仁、敬、孝、慈、信，是爲止其所。雖然，不明乎善，雖欲擇善而止之，未必得其所也，故先於「明明德」。

新安朱氏曰：此與前引《淇澳》詩皆傳之三章，釋「止於至善」。❶ 邦畿，王者之都也。止，居也。言物各有所當止之處也。緡蠻黄鳥，止于丘隅岑蔚之處。「子曰」以下，孔子説《詩》之辭，言人當知所當止之處也。穆穆，深遠之意。於，嘆美辭。緝，繼續也。熙，光明也。敬止，言其無不敬而安所止也。引此而言聖人之止，無非至善。五者乃其目之大者也。學者於此究其精微之藴，而又推類以盡其餘，則於天下之事皆有以知所止而無疑矣。

曰：引《緡蠻》之詩，而系以孔子之言，孔子何以有是言也？曰：此夫子説《詩》之辭也。蓋曰鳥於其欲止之時，猶知其當止之處，豈可人爲萬物之靈，而反不如鳥之能知所止而止之乎？其所以發明人當知止之義，亦深切矣。曰：引《文王》之詩，而繼以君、臣、父、子、與國人交之所止，何也？曰：此因聖人之止以明至善之所在也。蓋「天生烝民，有物有則」，是以萬物庶事，莫不各有當止之所，但所居之位不同，則所止之善不一。故爲人君，則其所當止者在於仁；爲人臣，則其所當止者在於敬；爲人子，則其所當止者在於孝；爲人父，則其所當止者在於慈；與國人交，則其所當止者在於信。是皆天理人倫之極致，發於人心之不容已者。而文王之所以爲法於天下，可傳於後世者，亦不能加毫末於是

❶「至」，原作「止」，今據通志堂本、四庫本改。

焉。但衆人類爲氣禀物欲之所昏，故不能常敬而失其所止。唯聖人之心，表裏洞然，無有一毫之蔽。故連續光明，自無不敬，而所止者，莫非至善，不待知所止而後得所止也。故《傳》引此詩而歷陳所止之實，使天下後世得以取法焉。學者於此，誠有以見其發於本心之不容已者而緝熙之，則其敬止之功是亦文王而已矣。《詩》所謂「上天之載，無聲無臭，儀刑文王，萬邦作孚」，正此意也。曰：五者之目，詞約而義該矣。子之説乃復有所謂究其精微之藴而推類以通之者，何其言之衍而不切耶？曰：舉其德之要而總名之，則一言足矣。論其所以爲是一言者，則其始終本末，豈一言之所能盡哉？得其名而不得其所以名，則仁或流於姑息，敬或墮於阿諛，孝或陷父，而慈或敗子，且其爲信亦未必不爲尾生、白公之爲也。又況《傳》之所陳，姑以見物各有止之凡例，其於大倫之目，猶且闕其二焉。苟不推類以通之，則亦何以盡天下之理？

永嘉薛氏曰：止，極也。仁之至，義之盡也。知止而後能定，能定則不它矣，此謂知本。古人之所以大過人者，無所不用其極也。能知所止，無所往而不建其極也。黄鳥尚知安身之所，人而不求所止，可乎？

龍泉葉氏曰：學者之於道，非有可止之法，其所爲力行而不息者，將以成就其所止也。故君力行以成就其所止之仁，臣力行以成就其所止之敬，子力行以成就其所止之孝，父力行以成就其所止之慈。人之行於世也，苟知其所止，雖行千里之遠，而可以無厭。其不知也，則左足未舉，而右足蹎矣，故動則入陷穽，行則入網羅，以至於死而不得其止也。

東萊吕氏曰：止則一，不止則二。人之行也，未得其所居，則其心茫然，不雜則亂也。及得其所居，則心自定矣。此止則一也。君子之學，擇其所止而已矣。居仁

建安真氏曰：大學之道，在止於至善。爲人君，爲人臣，與國人交，各有所當止。止云者，必至於是而不遷之謂也。以君道言之，有一毫未至於仁，❶不可以言止。知仁之當爲，或出焉，或入焉，亦不可以言止。何謂仁？克己復禮，仁之體也。愛人利物，仁之用也。爲人君者，内必有以去物欲之私，使視聽言動無一不合乎禮，外必有以廣民物之愛，使鰥寡孤獨無一不遂其生，此所謂仁也。必有是體，然後其用行焉。故聖人論仁，莫先於克己也。人君爲天下民物之主，痒痾疾痛，孰非同體？故君道必主於仁，而爲仁必極其至，所謂止於至善也。自古帝王獨稱堯、舜爲至仁者，以其兼體用之全，無纖微之間故也。若宋襄以不禽二毛爲仁，梁惠以移民、移粟爲仁，是特區區之小善耳，其可以言至乎？其可遽止於是乎？以此推之，則臣之敬，子之孝，父之慈，與國人交之信，皆以極至爲當止之地。若夫以貌恭爲敬，以從令爲孝，以長惡爲慈，以小諒爲信，而曰止於是焉，則非所敢知也。又曰：「文王於緝熙敬止」，此「敬」字舉全體而言，「無不敬」之「敬」

❶「毫」，原作「豪」，今據通志堂本、四庫本改。

也。爲人臣止於敬，專指敬君而言，乃敬中之一事也。文王之敬，包得仁、敬、孝、慈、信。

新定邵氏曰：此章所以釋止於至善之義也。至善之道，乃夫人安止之地。自其大體而言之，人之一身，其生也，生乎此道之中，其處也，處乎此道之内，未有能出於範圍之外者也。自其事爲而言之，視聽言動皆當由禮，喜怒哀樂皆當中節，亦未嘗無所止也。古昔聖賢洞明乎此，故其告語所及，徑指此道爲所止之地，曰「安汝止」者，安乎此也。曰「欽厥止」者，欽乎此也。謂之廣居，謂之安宅，無非推明乎此也。自夫人講學不明，蔽於物欲，始曠其安宅而弗居，血氣馳騖，殆如寄身於逆旅。甚者惰於荆棘，投于陷穽，溺于深淵，而不自知也，豈不重可歎哉？

子曰：「聽訟，吾猶人也。必也使無訟乎？」無情者不得盡其辭，大畏民志。此謂知本。

鄭氏曰：情，猶實也。無實者多虚誕之辭。聖人之聽訟與人同耳，必使民無實者不敢盡其辭，大畏其心志，使誠其意，不敢訟。本，謂誠其意也。

孔氏曰：「無情者」以下，記者釋夫子之意也。

河南程氏曰：或問「此謂知本」，止説『聽訟，吾猶人也，必也使無訟乎？』無情者，不得盡其辭，大畏民志」，何也？先生曰：且舉此一事，其它皆要知本。聽訟則必使無訟，是本也。伊川

横渠張氏曰：「大畏民志」，大畏服其民志，使民誠服，猶神武而不殺也。威德素著，則民自畏服。無情者不敢盡其辭，則

知過必改，不可幸免，故無訟也。此則三不欺，聖人皆有之，愛則不忍，明則不能，威則不敢。

清江劉氏曰：聽訟能判曲直，豈不爲美？然而聖人之意以無訟爲先者，貴息争於未形也。

延平周氏曰：聖人聽訟與人同。使無實之人不得盡其辭，則異。

嚴陵方氏曰：子路之折獄，不及孔子之無訟。召南之聽訟，不及周南之無犯。此所以爲聖賢之辨歟？夫訟者，以其兩辭之情僞未辨也。至若無情之人，不得盡其辭，豈復有訟乎？非夫大畏民志，固不能若是。《易》於《訟》，言「有孚窒惕」。蓋謂是矣。

馬氏曰：誠其意，則使民心服，不可得而欺矣。大畏民志者，心服之謂也。

藍田吕氏曰：孔子上好信，則民莫敢不用情，故誠其意，則使民服，民不得而欺矣。大畏民志者，心服之謂也。中心悦而誠服，如七十子之服仲尼。雖巧言如簧，苟無其實，爲天下所不容，此無情者所以不得盡其辭，而可使無訟，是謂誠意之效，故曰「知本」。

新安朱氏曰：此傳之四章，釋本末。猶人，不異於人也。情，實也。引夫子之言，而言聖人能使無實之人不敢盡其虚誕之辭。蓋我之明德既明，自然有以畏服民之心志，故訟不待聽而自無也。觀於此言，可以知本末之先後矣。曰：然則聽訟、無訟，於明德、新民之義何所當也？曰：聖人德盛仁孰，所以自明者，皆極天下之至善，故能大有以畏服其民之心志，而使之不敢盡其無實之辭。

是以雖其聽訟無以異於衆人，而自無訟之可聽。蓋己德既明，而民德自新，則得其本之明效也。或不能然，而欲區區於分争辨訟之間，以求新民之效，其亦末矣。此傳者釋經之意也。

新定邵氏曰：民生有欲，群居則競，民之不能無訟也久矣。鼠牙雀角，疑似惑人，訟之未易聽察也尚矣。有能裁决明審，使姦猾無所遁情，善良得以吐氣，是亦足以爲政矣。然人之情僞無窮，己之精力有限。與其紛拏鬭鬩，勞吾之聽决，孰若和順雍睦，相安於無事？是故虞芮質成，未足以見文王，至其目覩禮遜之俗，❶忸怩而不忍争，然後見文王道化之懿耳。夫所謂「大畏民志」者，豈必峻厲威刑，使之畏懼而不敢犯哉？蓋其羞愧之心潛動於中，則稍犯不韙，措躬無地。《中庸》所謂「不怒而民威於鈇鉞」是也。昔夫子之仕於魯也，將爲司寇，而沈猶氏之徒已爲之息心而改行。此其德望素隆，大畏民志，厥有明驗。儻得邦家，則綏來動和，使民無訟，尚奚難哉？

所謂脩身在正其心者，身有所忿懥，則不得其正；有所恐懼，則不得其正；有所好樂，則不得其正；有所憂患，則不得其正。心不在焉，視而不見，聽而不聞，食而不知其味，此謂脩身在正其心。

鄭氏曰：懥，怒貌也。或作「懫」，或作「疐」。❷

孔氏曰：此覆説前脩身、正心之事。因忿怒、恐懼而違於正。心既不在，視聽與

❶ 「覩」，通志堂本、四庫本作「觀」。

❷ 「疐」，原作「懥」，今據通志堂本、四庫本改。

食不覺知也。

河南程氏曰：或謂有忿懥、恐懼、好樂、憂患，心不得其正，是無此數者，心乃正乎？程先生曰：非是要無，只是不以此動其心。學者未到不動處，須是執持其志。伊川

藍田吕氏曰：大人者，不失其赤子之心。赤子之心，良心也。天之所以降衷，民之所以受天地之中也。寂然不動，虚明純一，與天地相似，與神明爲一。《傳》曰：「喜怒哀樂之未發，謂之中。」其謂此歟？此心自正，不待人正而後正。而賢者能勿喪，不爲物欲之所遷動，如衡之平，不加以物，如鑑之明，不蔽以垢，乃所謂正也。唯先立乎大者，則小者不能奪。如使忿懥、恐懼、好惡、憂患，一奪其良心，則視聽食息從而失守。欲區區脩身以正其外，難矣。

石林葉氏曰：有忿懥、恐懼、好樂、憂患，則心有所係矣，故不得其正。有係而不得正，則其視也必不見，聽也必不聞，食也必不知其味，以心不在焉故也。《孟子》曰：「存其心，養其性，所以事天。」蓋能正心，則能存而不失。故忿懥、恐懼、好樂、憂患，皆無所係。此所以養性事天，而脩身之道也。

廬陵胡氏曰：古之君子無所不用其正。坐毋箕，坐必正也。立毋跛，立必正也。游毋倨，行必正也。視毋淫，視必正也。聽毋傾，聽必正也。言不惰，言必正也。動不遽，動必正也。至於祭則正己，居則正位，坐則正席，射則正鵠，投壺則正爵，無所不用其正。此無他，凡以正其心也。心正則先立乎大者，而小者不能奪。忿

懥、恐懼、好樂、憂患，❶皆其小者爾。心一爲小者所奪，則坐立視聽，言動飲食顛倒失措，而天地四方易位矣，故養心不可不正。然古之聖人以蒙養正，蓋未發之謂蒙，謂喜怒哀樂未發時也。能於此時養之以正，則發而皆中節矣。若發而後禁，則扞格而難勝。故正心必曰「先」，謂正於未發之前。

永嘉薛氏曰：中庸之學以率性爲道，喜怒哀樂未發謂之中。有所忿懥、恐懼，則非所謂中，而本性昏矣。心者，神明之舍，居中虛以治五官者也。心爲事奪，五官皆失其正，非所以安神明也。一正心，而本性正矣。

范陽張氏曰：心之正體無忿懥、恐懼、好樂、憂患也。其所以爲忿懥、恐懼、好樂、憂患者，皆血氣也。此所以言身有所忿懥至憂患，而不曰心也。是心者出乎忿懥、恐懼、好樂、憂患之外者也。惟忘忿懥以至憂患，則心之本體見矣。故正心者視而不見，聽而不聞，食而不知其味，則以心之正體無見、無聞、無味處是也。一流於見聞滋味之間，則心之正體偏矣。故正其心者，消盡血氣，忘忿懥以至憂患，乃可耳。心體既見，寂然不動可也，感而遂通亦可也。此心正者之事，正心者豈可遽言此哉？學者不可不察。

東萊呂氏曰：四者皆非心之正也。然則如之何而謂之心正？非知至意誠不足以識之。今夫視聽言動求合乎禮，以正其心，則可謂之正心乎？曰：此求正其

❶「好樂」，原作「樂好」，今據通志堂本、四庫本改。

心而非心正也。心正者，非言語擬議所能形容也。故唯知至意誠者能默識之。居仁

新安朱氏曰：此傳之七章，釋正心脩身。自此以下並以舊文爲正。忿懥，怒也。湛然虛明，隨感而應者，心之正也。不能操而存之，而苟以應物，則必反爲所動而累乎其中，是以不得其正耳。心有不存，則無以檢其身矣。或問：喜怒憂懼，人心之所不能無也，而曰心一有是，則不得其正，何哉？曰：人之一心，湛然虛明，以爲一身之主者，固其本體。而喜怒憂懼隨感而應者，亦其用之所不能已者也。人能即其日用之間，動静之際，戒慎恐懼，有以存之，則夫物之未感，而其本體寂然不動，如鑑之空，如衡之平，此固心之正。及其既感，而其爲用流行不滯，凡其妍蚩輕重之變，❶皆因彼之自然而隨以應之，則其喜怒憂懼之用雖各不同，而吾之本心鑑空衡平之體固自若也，亦何害於正哉？唯其不知謹戒，以操而存之，使其未感則昏昧而無所知，已感則昏亂而無所主。是以四者之應得以動乎其中，而不能自定。是以當其忿懥，則有是忿懥而不能平也；當其恐懼，則有是恐懼而不能安也，以至於好樂、憂患，莫不皆然，則方寸之地，日用之間，紛紛擾擾，而心之體用無不失其正矣。心之體用既失其正，則其身在此，其心在彼，泮散支離，不能復相管攝。其不爲仰面貪看鳥，回頭錯應人者，幾希矣。視而不見，聽而不聞，食而不知其味，何足怪哉？《孟

❶「蚩」，通志堂本、四庫本作「媸」。

子》所謂「平旦之氣，從其大體」，意正如此。然經復有欲正其心，先誠其意者，蓋意有未誠，則念慮之間無非邪僞，固無實可用力之處，而不誠無物，亦無肯實用其力之人。故必意之已誠，然後能正其心，而不肯不正其心矣。大抵意誠以後，規模漸闊，而功夫愈密。由中以及外，而功夫亦不難矣。又曰：《大學》「正心」章已説盡了。至「修身」章，又從頭説起。至「齊家治國」章，又依前説，教他節節去照顧。又曰：正心是就心上説，脩身是就應事接物上説。

龍泉葉氏曰：忿懥、恐懼、好樂、憂患，皆物也，非心也。是物交於其心，不出於此，必入於彼，物爲之制，則心之所存者寡矣。無私主者，心也。物物而不物於物者，心也。舉喜怒哀樂無以見之，而非無者，心也。正心之至，至於不以一物累其心，則視而必見，聽而必聞，食而必知其味。推之於身，皆一心之用也。意言其所發，心言其所存。

建安真氏曰：喜怒憂懼乃心之用，非惟不能無，亦不可無。但平居無事之時，不要先有此四者在胸中。如平居先有四者，即是私意。人若有些私意塞在胸中，便是不得其正。須是涵養此心，未應物時，湛然虚静，如鑒之明，如衡之平。到得應物之時，方不差錯，當喜而喜，當怒而怒，當憂而憂，當懼而懼。恰好則止，更無過當，如此方是本心之正。又曰：文公「鑒空衡平之體」，「鑒空衡平之用」，此二句切須玩味。蓋未曾應物之時，此心只要清明虚静，不可先有一物。如鑒未照物，只有一箇空，衡未稱物，已有一箇平，此乃心之本體，即喜怒哀樂未曾發動，渾然一理，不偏不倚，故謂之中也，此所謂鑒空衡平之體。及至事物之來，隨感而應，因其可喜而喜，因其可怒而怒，因其當憂而憂，因其當懼而懼。在我本未嘗先有此心，但隨所感而應之耳。此即中節而謂之和，所謂鑒空衡平之用。或問：《大學》不要先有恐懼，《中庸》却要恐懼，何也？曰：聖賢之言，有似同而實異也。《中庸》只是事物未形之時，常常持敬，令心不昏昧而已。《大學》之恐懼却是俗語恐怖之類，自與《中庸》有異。

四明李氏曰：始焉心足以制其身，今也身反以戕其心，故經不曰「心有所忿懥」，而特曰「身有所忿懥」，挈其身而言之，所以明數者之累，乃生於身，而非生於心也。然身之與心，常相關而不相違，安有身爲物累，而心爲我有者乎？吾見忿怒之横生，嗜好之紛起，而恐懼憂患且交戰於方寸，則心之存焉者寡矣。故經列四者於前，而繼之曰「心不在焉」。元白

錢塘吴氏曰：忿懥、恐懼、好樂、憂患四者，惟忿懥在人不可有。《易》言「懲忿」，《書》戒「忿嫉」是矣。其餘三者，如恐懼修省、好賢樂友、生於憂患，皆學者所不能無。今乃與忿懥俱以不得其正言之，何歟？蓋所以不得其正者，以其身有之也。身有之者，血氣所使也，是私欲也。故其所忿懥，則是好勇鬬很，忿忘其身者也，與一怒安其民者異也。其所恐懼，則是怯懦無勇，見義不爲者也，與恐懼所不睹，臨事而懼者異矣。其所好樂，則是好色好利，樂驕樂逸遊者也，其

與好禮樂善者異矣。其所憂患，則是憂貧患得失者也，其與憂民、憂國，患不知、患不能者異矣。此其所以不得其正也。乃若喜怒哀樂發而中節，何有於我哉？而心之正，則自若也。是知不得其正者，以身有之而心不在焉故也。故曰「心不在焉，視而不見，聽而不聞，食而不知其味」。如愚

新定邵氏曰：昔之聖賢，固有一怒安民者矣，非無忿懥也。然當怒而怒，所可怒者在物而不在我，故怒而不遷，所過者化。固有恐懼脩省者矣，非無恐懼也。然當懼而懼，所可懼者在時而不在我，故震雷雖驚，不喪匕鬯。唯仁者能好人，以其無所作好也。好樂如是，夫奚傷？天下憂，吾不得不憂，在我本無所憂也。憂患如是，夫奚損？此如水中之萬象，鑑中之妍媸，物至則見，物去則寂，水之與鑑，無所增減，亦無所愛憎也。未應物之前，忿懥、恐懼、好樂、憂患，一毫不立，固所以爲此心之正。當接物之時，忿懥、恐懼、好樂、憂患隨感而應，亦孰非此心之正？詩人形容文王宅心之妙，必曰「無然畔援，無然歆羨」，而孔門高第形容夫子心術之精微者，亦曰「毋意，毋必，毋固，毋我」。正以其方寸之地，一毫意念未始或萌，如此也則夫忿懥、恐懼、好樂、憂患四者，苟有一焉，豈不甚爲此心之累哉！蓋心者，身之主宰，而四肢百骸之所由以聽命也。心不在焉，則目雖視而不見，逐鹿者不見泰山是也；耳雖聽而不聞，端冕而聽古樂，則唯恐卧是也；口雖食而不知其味，中懷憂惕，不覺匕筯之失是也。夫耳目與口之用，若無預於此

心，而此心一或不在，則隨之而俱廢。由是而觀，欲脩其身者，烏可不先正其心哉？欲正其心者，烏可使忿懥、恐懼、好樂、憂患之念爲此心之累哉？

禮記集説卷第一百五十一

禮記集説卷第一百五十二

所謂齊其家在脩其身者，人之其所親愛而辟焉，之其所賤惡而辟焉，之其所畏敬而辟焉，之其所哀矜而辟焉，之其所敖惰而辟焉。故好而知其惡，惡而知其美者，天下鮮矣。故諺有之曰：「人莫知其子之惡，莫知其苗之碩。」此謂身不脩，不可以齊其家。

鄭氏曰：之，適也。辟，猶喻也。言適彼而以心度之，曰：吾何以親愛此人，非以其有德美與？吾何以敖惰此人，非以其志行薄與？反以喻己，則身脩與否可自知也。鮮，罕也。人莫知其子之惡，猶愛而不察。碩，大也。

孔氏曰：此覆明前經齊家脩身之事。農家種田，常欲其盛，苗雖碩大，猶嫌其惡。若能以己子而方人子，以己苗而匹他苗，則好惡可知矣。

横渠張氏曰：學者能自察其不善，進莫量焉。若有未明，則觀於他，《大學》所謂之而辟焉是也。見人之善則師之，其不善則改而不爲，乃内外相養之道也。

藍田吕氏曰：所謂親愛，德厚者也。所謂賤惡，德薄者也。畏敬，賢於己者也。哀矜，無所知能者也。敖惰，不率教者也。見賢思齊，則之其所親愛、畏敬而辟焉。見不賢而内自省，則之其所賤惡、哀矜、敖惰而辟焉。衆人之情，察於人而蔽於己，如以人之賢、不肖反求諸己，則己可得而察也。好而不知其惡，惡而不知其美，情亂之也。子溺於私愛，故不能察其有惡，苗求其實利，故唯恐其不碩，皆非好惡之正也。《家人》之《象》曰：「君子以言有物，而行有常。」之其所愛敬，而脩其言行，則人亦將愛敬之。之其所賤惡，而去其不善，則人不可得而賤惡之。如此則人將矜式之，况其家乎？故曰「其身不脩，不可以齊其家」也。

山陰陸氏曰：不言此謂齊其家在脩其身，以所齊漸廣，故其詞嚴。下云所謂治國，必先齊其家，亦以此。

延平周氏曰：《傳》曰：「能近取辟，可謂仁之方也已。」果能近之其身之所親愛者，以譬於人之所親愛，近之其身之所賤惡者，以譬於人之所賤惡，與夫之其所畏敬、哀矜、敖惰者皆然，則其所行者莫非公恕之道。故好之者知其有惡之爲可惡，惡之者知其有美之爲可好。然好而知其惡，惡而知其美者，天下常鮮。蓋不能參之以彼己，而盡其公恕之道而已矣。故蔽於愛子之善，所以莫知其惡；蔽於欲苗之長，所以莫知其碩，是齊其家者貴乎能參以彼己，而無蔽乎吾身之愛與惡也。

石林葉氏曰：所藏乎身不恕，未有能喻諸人者也。故齊家在乎用恕。孔子言仁之方，則所謂恕也。蓋好己之好，而不知人之所惡，惡己之惡，而不知人之所好，此其失在於不恕，不能近譬者也。《孟子》曰：「所欲與之聚之，所惡勿施爾也。」好惡同於人，則己之所親愛，必思以反人之所親愛；❶己之所敖惰，必思以反人之所敖惰，是之謂恕也。雖然，子者，人所愛，蔽於子而不知其惡。苗者，人所

❶「反」，明本作「及」，當是。下句同。

殖，蔽於苗而不知其大，此天下常多也。以其恕己而譬諸人，則無蔽。雖齊家之道，亦若此而已矣。

廬陵胡氏曰：譬，猶省察也。人適其所親愛、所賤惡而省察焉，則知親愛者善，而賤惡者之不善也。適所畏敬、所哀矜、所敖惰而省察焉，則知所畏敬者善，而所哀矜、敖惰者之不善也。見善如不及，見不善如探湯，而吾身之善不善與他人之善不善昭然可睹矣。《易》曰：「觀我生，觀民也。」觀民以察己之道，此亦觀人以省己也。雖然，於所親愛畏敬，雖好也而不知其惡，於所賤惡、哀矜、敖惰，雖惡也而不知其善者，情汩之也。是以狃於私愛，莫知其子之惡，莫知其苗之碩也。

范陽張氏曰：脩身之道，自省而已矣。善者吾師也，不善者亦吾師也。豈非脩身之道哉！夫人之所親愛者，仁人也；所賤惡者，不仁者也；所畏敬者，有德者也；所哀矜者，無辜者也；所敖惰者，愚不肖者也。方其親愛仁者，畏敬有德者，哀矜無辜者，則反而自省曰：吾有仁乎？有德乎？其所以罹憂患者，果無辜乎？果有仁矣，有德矣，無辜矣，則吾爲人所親愛，所畏敬，所哀矜無疑也。方其賤惡不仁者，敖惰愚不肖者，則又反而自省曰：吾不仁如若人乎？愚不肖如若人乎？果不仁似之，愚不肖似之，則吾爲人所賤惡，所敖惰亦無疑也。譬也者，省也。如此則凡目之所見，心之所思，若親愛者，賤惡者，畏敬者，哀矜者，敖惰者，皆足以爲吾儆戒，豈非善不善皆吾師乎？是吾日用中，凡所好惡，皆取之爲自省之資。念兹在兹，釋兹在兹。

身之不脩，無是理也。夫人之常情，明於責人而闇於責己。儻吾見善而好之，則反而自照，曰：彼能是，吾乃不能焉，是吾之惡德也。吾當日夜去其惡而從其善，此好而知己之惡者也。見惡而惡之，則又反而自照，曰：彼爲是而我乃不爲焉，是吾之美德也，吾當日夜保守此善而勿失焉，此惡而知己之美者也。有行此道者，天下鮮矣。唯好而不知其惡者多，此所以好他人之子賢，而不自知其子之惡也。唯惡而不知其美者多，此所以惡他人之苗槁，而不自知其苗之碩也。明於責人，故好他人之子賢，惡他人之苗槁。闇於責己，故私愛蔽之，至不知其子之惡；貪心乘之，至不知其苗之碩。如此則豈特一身不自知其善惡，一家善惡亦且不知而顛倒失序矣。身不脩，不可以齊其家，此理之自然也。

永嘉薛氏曰：有一言而可以終身行之者，其「恕」乎。己所不欲，勿施於人。君子之道無他，善推其所爲而已。譬所親愛，譬所畏敬，譬所哀矜，譬所敖惰，取譬反覆視我心之輕重，則失其正者見矣。好而不知其惡，惡而不知其善，皆有所偏也。心有所偏，則吾之是非錯繆失倫，輕重無準，失其所以成己。近而無以齊家，猶愛而不知其子，貪而不知其苗也。「無偏無黨，王道蕩蕩」，則會歸有極矣。是故脩身以正心爲本，心正而天下平矣。

新安朱氏曰：此傳之八章，釋脩身齊家。辟，猶僻也，❶五者在人，本有當然之則。今接其事而不審其則，則必蹈於所向之

❶「僻」，通志堂本、四庫本作「偏」。

偏，而身不脩矣。諺，俗語也。溺愛者不明，貪得者無厭，是則偏之爲害，而家之所以不齊也。或問：辟，舊讀爲「譬」，而今爲「僻」，何也？曰：舊音舊説，以上章例之而不合也，以下文逆之而不通也。是以間者竊以類例文意求之，而得其説如此。蓋曰人之於此五者，情有所偏，則失其好惡之公而身不脩，故不能齊其家耳。然是五者乃身之接物所不能無，而亦固有當然之理矣。苟於是焉，徒與之接而不能隨事省察，以審其所當然之理，則未有不因其所重而陷於所偏者也。故偏於愛，則溺焉而不知其惡矣；偏於惡，則阻焉而不知其善矣。是其身之不脩，而目前之是非黑白且不能辨，而況於閨門之内，恩常掩義，亦何以勝其情愛暱比之私，而能有以齊之哉？然原其所以不能察夫當然之理，則又本於心不正，而上章既言之矣。

龍泉葉氏曰：所同、所與者，必親愛之；所異、所非者，必賤惡之。賢能者必敬畏之，陷溺者必哀矜之。是心之出，因物而遷，然未嘗反之以自喻也。使其能反己以自喻，則因人之是非賢否，而可以自脩其身。好惡自公，取舍自正，又安有專好獨惡，而失於偏勝者哉？子不知其惡，苗不知其碩，徇己太重而失其中，是故善脩身者無他道焉，好惡取舍，日交於吾前，而莫若反之以自喻而已矣。此言脩身，至處其事愈明白可驗，只就人情物理見之。今所日用常行者便是，不必精微要妙，窮益深，測益遠也。

四明李氏曰：大抵事之能累其心者莫甚於好惡，人之欲正其心者亦莫若公其好惡。然古今天下，喜者多溢其美，怒者多蓋其惡，譽人者必過其實，毁人者必失其真。故見人之有善，則親愛之，畏敬之，本不爲失也。自因其所親愛、所畏敬，而過有所好焉，則是其所是，而非天下之公是矣。見人之不善，則賤惡之，哀矜敖惰之，亦本不爲失也。自因其所賤惡、所哀矜、所敖惰，而過有所惡焉，則非其所非，而非天下之公非矣。是非之在天下，初無兩立之理。一離於公，則必入於僻。前故《大學》一書，丁寧於好惡者尤詳。前論正心，既曰「心有所好樂，則不得其正」。此論脩身，復曰「好而知其惡，惡而知其美」。❶及論治國，則曰「民之所好好之，民之所惡惡之」，又曰「惟仁人能好人，能惡人」，而又戒之曰「好人之所惡，惡人之所好」。反覆諄諄，不一而足。學者能平心以察之，反己以思之，接於耳目者，無非進德之基，無非内省之要。殆見虚明洞達，正平坦夷，無有作好，無有作惡。推此以平天下可也，豈特齊家而已哉。元白

新定錢氏曰：論齊家在脩其身，却只説身之所以不脩處。若説身之所以脩，即是上章正心事矣。立辭嚴密，極宜細玩，且於齊家利害愈更深切。上章只説心之所以不正處，文意亦如此。上章四箇「有所」字，此章六箇「辟」字，其實皆心之病。但上四者止是自身裏事，此六者却施於人，即處家之道也，所以不同。所謂治國必先齊其家者，其家不可教，而能教人者，無之。故君子不出家而成教於國。

❶「美」，原作「善」，今據通志堂本、四庫本改。

孝者，所以事君也；弟者，所以事長也；慈者，所以使衆也。《康誥》曰：「如保赤子。」心誠求之，雖不中不遠矣。未有學養子而后嫁者也。一家仁，一國興仁；一家讓，一國興讓；一人貪戾，一國作亂。其機如此。此謂一言僨事，一人定國。堯、舜率天下以仁，而民從之。桀、紂率天下以暴，而民從之。其所令反其所好，而民不從。是故君子有諸己而后求諸人，無諸己而后非諸人。所藏乎身不恕而能喻諸人者，未之有也。故治國在齊其家。《詩》云：「桃之夭夭，其葉蓁蓁。之子于歸，宜其家人。」宜其家人，而后可以教國人。《詩》云：「宜兄宜弟。」宜兄宜弟，而后可以教國人。《詩》云：「其儀不忒，正是四國。」其爲父子兄弟足法，而后民法之也。此謂治國在齊其家。

鄭氏曰：「一家」、「一人」，謂人君也。戾之言利也。機，發動所由也。僨，猶覆敗也。「民從之」，言民化君行也。君若好貨而禁民淫於財利，不能止也。「有於己」，謂有仁讓也。「無於己」，謂無貪戾也。❶

孔氏曰：此一節覆明前經治國齊家之事。成王戒康叔，治民如保赤子，愛之甚也。「心誠求之，雖不中，不遠」，言愛赤子者，内心精誠，求赤子之嗜欲，雖不能正中其所欲，然亦不甚遠。治人之道亦當如此。「未有學養子而后嫁者」，言母之養子自然而愛，中其嗜欲，非由學習而能，皆其本心如此。「一言僨事」，謂人君一言覆敗其事，謂惡言也。一人能定其國，謂善政也。古有此言，記者引以結上

❶「戾」，原作「利」，今據通志堂本、四庫本改。

事。令，謂號令。所好者是惡，所令者是善，則是反其所好。雖欲禁人，人不從也。「非諸人」，非，謂非責也。「所藏於身不恕」，言無善行於身，欲喻人爲善行，不可得也。引《周南·桃夭》之篇，夭夭，少壯，蓁蓁，茂盛，喻婦人也。之子，是子也。歸，嫁也。「宜其家人」，宜其夫家之人也。又引《小雅·蓼蕭》之篇，言成王有德，兄弟相善相宜也。引《曹風·鳲鳩》之篇，忒，差也。言威儀不差，則可以正四方之國。

河南程氏曰：今夫赤子，未能言其志意嗜欲，人所未知，其母必不能知之，然不至誤認其意者，何也？誠心愛敬而已。若使愛敬其民如其赤子，何錯繆之有？故心誠求之，雖不中，不遠矣。又曰：母之保養赤子，始何嘗學？當保養時，自然中所欲。推此心以保民，設不中其下之所欲，亦不遠矣。

藍田吕氏曰：《孟子》曰：「爲政不難，不得罪於巨室。巨室之所慕，一國慕之。」巨室，大家也。仰而有父母，俯而有妻子，有兄有弟，有臣有妾，尊卑疏戚，一國之事具矣。嚴而不厲，寬而有閑，此家之所以正也。大家難齊也，不得罪於大家，則於治國也何有？齊桓公五霸之盛，由不能正其家，❶死未及斂，而國已亂矣。故虞舜之世，天下之爲父子者定，以瞽叟厎豫而已。文王之時，天下無犯非禮，以刑于寡妻而已。舉治家之心以加之於國，雖有大小之間，宜不遠矣。故未有學養子而後嫁者也。所謂一家一人者，皆

❶「不」，原缺，今據通志堂本、四庫本補。

謂君也。君者，國之機也。君仁，莫不仁，君義，莫不義。一正君，而國定矣。其機如此，故國之本在家，家之本在身，可不慎歟？民可使心服，而不可使力服，可以身帥，而不可以令帥。堯、舜之仁，桀、紂之暴，所以皆從其所好，而不從其所令也。有諸己而後求諸人，無諸己而後非諸人，此所以身帥而使人心服者也。其道也，自一人一家始，故所以先之也。「宜其家人」，「宜兄宜弟」，其父子兄弟之道，不待諄諄教告，家至而日見之也。至誠足以孚其心，儀刑足以親其外。國之不治，未之有也。

延平周氏曰：「一家仁，一國興仁。」「一人貪戾，一國作亂。」治亂之機，常發於一人，而卒至於天下也如此。

嚴陵方氏曰：事君以忠，本乎事父之孝。事長以順，本乎事兄之弟；使衆以仁，本乎愛子之慈。《孝經》曰：「君子之事親孝，故忠可移於君；事兄悌，故順可移於長；居家理，故治可移於官。」正與此合。所謂不出家而成教於國也。赤子，言新生體赤也。母之養子，以心度心，皆其自然，不必學也。以言慈之所以使衆，亦舉斯心加諸彼而已。於仁讓皆曰「一家」，於貪戾止曰「一人」者，蓋貪戾之致亂，其效尤易見也。「一言僨事」，則《語》所謂「一言可以喪邦」是也。「一人定國」，則《詩》所謂「一國之事，繫一人之本」是也。「有戾，違於道也。率者，身爲之先也。「有諸己而後求諸人，無諸己而後非諸人」，皆内恕及人之道。止言父子兄弟足法者，本孝弟言之也。

石林葉氏曰：上有好者，下必有甚焉。

堯、舜、桀、紂之率民者，豈諄諄然命之哉？以所好示之而已矣。有諸己則人易從，❶無諸己而後非諸人，則人不怨。先閨門，則宜其家人，次親族，則宜其兄弟，後國人，則民以爲法。故《孟子》曰：「天下之本在國，國之本在家，家之本在身。」

莆陽林氏曰：治天下要領，不出閨門衽席之上。天下國家皆有父兄子弟，唯在我者先正，則推此而行，亦皆如是。文王之治岐也，「刑于寡妻，至于兄弟，以御于家邦」，故三百篇之《詩》，遂以《關雎》爲首。非獨文王爲然，自堯、舜、禹、湯以來，皆用此道，以治天下。故在家莫親於父子兄弟，家不正，何以教人。是以君子不出一家之中，推此可以成教於國。

廬陵胡氏曰：《家人》之《彖》先內後外，以內爲本，內正而後家可齊也。齊有威嚴之義。凡物以猛爲本者，則患在寡恩，以愛爲本者，則患在寡威。《家人》主愛，故尚威嚴，其《彖》曰「有嚴君焉」，其《爻》曰「嗃嗃，悔厲，吉」，又曰「威如，終吉」。如此而後威克厥愛，而家可齊矣。「如保赤子，心誠求之」，謂當以誠存心也。故《家人》又貴乎有孚，未有威信不行乎家而國人化之者也。養子者，推心爲之而得赤子之嗜欲，蓋赤子之心，唯誠而已。「心誠求之」，則不失赤子之心矣。機謂發於近，中於遠。君者國之機，其善惡亦發於身而加乎民也。堯、舜躬行仁，而比屋可封，從其仁也。桀、紂躬行暴，而比屋可誅，從其暴也。率，謂躬行也。若己

❶「己」，原作「人」，今據通志堂本、四庫本改。

不行仁，而禁民爲暴，是謂「所令反所好」。「有諸己」，己有善也；「無諸己」，己無惡也。觀人善惡，當於其私。父子、兄弟，私也，故父子、兄弟足法，而後民法之也。《家人》：「初九，閑有家，志未變也。」凡教在初，而法在始。家瀆而後嚴之，志變而後閑之，則無及矣。故齊家必曰「先」，謂閑於未變。

東萊吕氏曰：有善於己，然後可以責人之善；無惡於己，然後可以非人之惡。恕，謂推己及人也。不能推己及人，而但欲以言語曉喻人，不可得也。聞諸先生曰「有諸己不必求諸人」，以求諸人而無諸己，則不可也；「無諸己不必非諸人」，以非諸人而有諸己，則不可也。居仁

范陽張氏曰：事君之忠，即在家之孝也。事長之順，即在家之悌也。使衆之仁，即在家之慈也。豈有二道哉？推孝事君，推弟事長，推慈使衆，雖或時有齟齬不合，參差不齊，然其要處，第不過如是而已。故《大學》引《康誥》「如保赤子」爲證。涵泳于斯，而歌《桃夭》之詩以證此理，又歌《蓼蕭》之詩以證此理，又歌《鳲鳩》之詩以證此理。想見《大學》之道雍容善端，有如此之樂也。

新安朱氏曰：此傳之九章，釋齊家治國。孝、悌、慈者，家之所以齊者也。能脩之身，以致其教，則一家之人皆孝、悌、慈，而國之所以事君、事長、使衆之道，不外是矣。引《書》而釋之，以言慈幼之心，非由外鑠，推以使衆，亦猶是耳。有善於己，然後可以責人之善；無惡於己，然後可以正人之惡，皆推己以及人，所謂恕也。不如是，則所令反其所好，而民不從

矣。喻，曉也。此三引《詩》，皆以咏嘆上文之事，而又結之以治國在齊其家，其味深長，最宜潛玩。　或問：「如保赤子」，何也？曰：程子有言，赤子未能自言其意，而爲之母者，慈愛之心出於至誠，則凡所以求其意者，雖或不中，而不至於大相遠矣。豈待學而後能哉？民能自言其意，而使之者反不能無失於其心，則以本無慈愛之實，而於此有不察耳。《傳》之引此，蓋以明夫能教其家，使無不慈，則國人化之，亦無不慈者，而所以教之之本，則在「心誠求之」一言耳。初豈有他道哉？　曰：仁讓言家，貪戾言人，何也？曰：善必積而后成，惡雖小而可懼，古人之深戒也。《書》所謂「爾惟德罔小，萬邦惟慶。爾惟不德罔大，墜厥宗」，亦是意爾。　曰：此章本言上行下效，有不期然而然者。今曰「有諸己而後求諸人，無諸己而後非諸人」，則是適脩於内而遽欲以求乎外，以己之僅免而遂欲責人之必無也。曰：此爲治其國者言之，則推吾所有，與民共由。其條教法令之施，賞善罰惡之政，固有理所當然而不可已者。但以其所令反其所好，則民不從，故又推本言之，而欲其先有以成己，非欲矜己之長，愧人之短，而脅之以必從也。故先君子之言曰「有諸己不必求諸人，以爲求諸人而無諸己，則不可也。無諸己，不必非諸人，以爲非諸人而有諸己，則不可也」。正此意也。曰：然則未能有善而遂不求人之善，未能去惡而遂不非人之惡，斯不亦恕而終身可行乎哉？曰：「恕」字之指，以如心爲義。蓋曰如治己之心以治人，愛己之心以愛人，而非苟然姑息之謂也。然人之爲心，必當窮理以正之。使其所以治己、愛己者皆出於正，然後可以即是推之以及於人，而恕之爲道，有可言者。故《大學》之傳最後兩章始及於此，則其用力之序，亦可見矣。至即此章而論之，則欲如治己之心以治人者，又不過以强於自治爲本。蓋能强於自治，至於有善，然後可以求人之善；無惡，然後可以非人之惡。然後推以及人，使之亦如我之所以自治而自治焉。則表端影正，源潔流清，而治己治人，無不盡其道矣。所以終身力此，而無不可行之時也。今乃不然，而直欲以不肖之身爲標準，視吾治教之所當及者，以姑息待之，不相訓誥，不相禁戒，使天下之人皆如己之不肖，而淪胥以陷焉。是乃大亂之道，豈所謂終身可行之恕哉？

近世名卿之言，有曰：人雖至愚，責人則明，雖有聰明，恕己則昏。苟能以責人之心責己，恕己之心恕人，則不患不至於聖賢矣。此言近厚，世亦多稱之者。但「恕」字之義，本以「如心」而得，故可以施之於人，而不可施之於己。今曰恕己則昏，則是已知其如此矣；而又曰以恕己之心恕人，則未知所謂恕己之心何耶？其或未得此心之正，則恐其猶未免於昏也。若之何其可以推以及人哉？❶藉令其意但欲反此心以施於人，其亦只可以言下章愛人之事，而於此章治人之意，與夫《中庸》以人治人之説，則皆有未合者。蓋其爲恕雖同，而一以治人爲主，一以自治爲主，則二者之間，毫釐之異，正學者

❶「以」，通志堂本、四庫本作「己」。

所當深察而明辨也。至漢光武謂郅惲善恕己量主，此又啓爲人臣者以賊其君之罪。一字之義不明，其禍乃至於此，可不謹哉！　曰：三《詩》之序，首言「家人」，次言「兄弟」，終言「四國」，亦「刑于寡妻，至于兄弟，以御于家邦」之意也。

曰：既結上文，而復引《詩》者三，何也？曰：古人言必引《詩》，蓋取其嗟嘆咏歌，優游厭飫，有以感發人之善心，非徒取彼之文證此之義而已矣。夫以此章所論齊家治國之事，文具而意足矣。復三引《詩》，非能於其所論之外別有所發明也。然嘗試讀之，則反復吟咏之間，意味深長，義理通暢，使人心融神會，有不知手舞而足蹈者，是則引《詩》之助與爲多焉。蓋不獨此也，凡引《詩》云者，皆以是而求之，則引者之意可見，而《詩》之爲用亦得矣。

永嘉薛氏曰：内外之合，所謂恕也。「己所不欲，勿施於人」，一言而可以終身行之者，篤恭而天下平，用此道也。孔子曰：「其身正，不令而行。其身不正，雖令不從。」

龍泉葉氏曰：君子不出家而成教於國。「不知足而爲屨，我知其不爲蕢也」，患不爲屨耳，豈有爲蕢者哉？古人有慈孝之實，推而行之，則事其父者所以爲事君，事其兄者所以爲事長。使天下容受羣衆皆由此見之。若徒即其名而不盡其實，則雖行於一家，而格於其人者，乃其勢也。不自知其不至，而尤孝慈之空言，與徒即其名而望天下之自化，二者皆失之矣。　又曰：「心誠求之，雖不中，不遠矣。未有學養子而后嫁者也」，此言至切。施於當事者，對病之神藥，照形之明鏡也，自不以首尾次第論。如必待齊家治國而後用之，則有所係縛，效反不得專矣。所謂大學者，以其學而大成，異於小學，處可以脩身齊家，出可以治國平天下也。然其書開截箋解，彼此不相顧，而貫穿通徹之義，終以不明。學者又逐逐焉章句分析，隨文爲説，名爲習《大學》，而實未離於小學，此其可惜也哉！

江陵項氏曰：「有諸己而後求諸人，無諸己而後非諸人」，此爲治人者言之也。《左氏傳》所謂「無瑕者可以戮人」也。子欲善而民善矣，有諸己而後求諸人也。苟子之不欲，雖賞之不竊，無諸己而後非諸人也，此所謂治國在齊其家也。若謂治己則「有諸己而求諸人」，是以其所能者病人也；「無諸己而非諸人」，是以人之所不能者愧人也，非制行之法也。故嘗謂此章當與《表記》「仁之難成」章並觀。

霅川倪氏曰：嫁而有子，必知養之之方，不待預學而後能。此譬養民之道，不待臨政而後學也。「宜兄」者，兄友其弟，宜爲人兄，而弟亦宜之。「宜弟」者，弟敬其兄，宜爲人弟，而兄亦宜之。以其兄弟友睦而更相教，故能推一國之人爲兄弟者皆化之，無不相宜者。

新定錢氏曰：「君子之德風，小人之德草，草上之風必偃。」不幸爲人上者爲貪刻，爲暴戾，則從風而靡，必有甚焉者矣。仁讓説一家，貪戾却只説一人。仁讓之化止於仁讓，貪戾之禍遂至作亂，可不謹歟？可不懼歟？所藏乎身不恕，而欲以空言呶呶於人，不可得矣。「恕」字是一章之綱領。己行得，人亦行得，國亦行得，此所以成教，所以興，所以從。若只是自家偏私之説，如何能喻。

新定邵氏曰：於文「如心」爲「恕」，「己所不欲，勿施於人」者，恕也。己所不欲而施於人，是謂不如其心，非恕也。所藏乎身不恕而能喻諸人者，未之有也。喻，猶曉也。聞有仁義根心，睟面盎背，瞻其容貌，不言而喻者矣。未聞矯飾爲欺，色取仁而行違者，能使夫人心孚而意喻者也。

所謂平天下在治其國者，上老老而民興孝，上長長而民興弟，上恤孤而民不倍，是以君子有絜矩之道也。所惡於上，毋以使下；所惡於下，毋以事上；所惡於前，毋以先後；所惡於後，毋以從前；所惡於右，毋以交於左；所惡於左，毋以交於右，此之謂「絜矩之道」。《詩》云：「樂只君子，民之父母。」民之所好好之，民之所惡惡之，此之謂「民之父母」。《詩》云：「節彼南山，維石巖巖。赫赫師尹，民具爾瞻。」有國者不可以不慎，辟則爲天下僇矣。《詩》云：「殷之未喪師，克配上帝。儀監于殷，峻命不易。」道得衆則得國，失衆則失國。

鄭氏曰：老老、長長，謂尊老敬長也。恤，憂也。「民不倍」，不相倍棄也。絜，猶結也，挈也。矩，法也。君子有挈法之道，謂常執而行之，動作不失之。倍，或作「偝」。矩，或作「巨」。「絜矩之道」，善持其所有以恕於人耳。治國之要盡於此。引《詩》言治民之道取於己而已。巖巖，喻師尹之高嚴也。師尹，天子之大臣爲政者也。言民皆視其所行而則之，可不慎其德乎？邪辟失道，則有大刑。師，衆也。克，能也。峻，大也。言殷王帝乙以上，未失其民之時，德亦有能配天者，謂天饗其祭祀也。及紂爲惡，而民怨神怒，以失天下。監視殷時之事，天之大命持之誠不易也。道，猶言也。

孔氏曰：自此至終篇，覆明上經平天下在治其國之事。❶蓋治國非一義可了，故廣而明之。此經申明絜矩之義。上有不善之事加己，己惡之，則不可持此事使己下者爲之。下不善事己，己惡之，則不可以此事己之君上也。前謂在己之前，後謂在己之後，左右謂與己平敵，或在己右，或在己左，舉一隅，餘可知也。引《小雅·南山有臺》美成王之詩，言以己化民，從民所欲，則可爲民父母。只，語辭也。❷上言恕己待民，此經言己須戒慎。引《詩·小雅·節南山》之篇。節，高峻貌。赫赫，顯盛貌。具，俱也。僇，謂刑戮，若桀紂是也。「殷之未喪師」以下，《大雅·文王》之篇。儀，宜也。

藍田呂氏曰：《孟子》曰：「道在邇而求諸遠，事在易而求諸難。❸人人親其親，長其長，而天下平。」蓋所謂平者，合内外，通彼我而已。天下同歸而殊塗，一致而百慮。天下雖廣，出於一理，舉斯心以加諸彼，推而放諸四海而準，無往而非斯心也。猶五寸之矩，足以盡天下之方，此絜矩之道也。上下也，左右也，前後也，彼我之别也。通乎彼我，交見而無蔽，則民也，君也，將何間哉？此所以爲民父母，而天下瞻仰之矣。故所以得國以得衆

❶「經」，通志堂本、四庫本作「文」。
❷「語」，原缺，今據通志堂本、四庫本補。
❸「諸」，原作「之」，今據通志堂本、四庫本改。

也，所以得衆以有德也。

范氏曰：《漢書》云「度長絜大」，註曰：「絜，圍束之也。」《莊子》「絜之百圍」，亦謂圍而度之也。矩所以爲方，絜矩言度之以求其方也。既度其上，又度其下，既度其下，又度其上，於前於後，於左於右，莫不皆然，不使少有大小長短之差焉。是以物我各適其適，❶無往而不得其方也。天下者，國之積耳。以此推之，則自一國以至於萬國，一理而已。祖禹

范陽張氏曰：脩身，齊家，治國，平天下，雖所由不同，其理則一而已。其一如何？審好惡而已矣。故脩身之法無他，省吾所親愛、賤惡、畏敬、哀矜、敖惰而已。豈非當審吾好惡乎？齊家之道無他，一家仁，一國興仁，一人貪戾，一國作亂而已。豈非當審吾好惡乎？治國之道無他，民之所好，好之，民之所惡，惡之，豈非當審吾好惡乎？而平天下之道，亦在於好惡之審，則老老而民起孝，長長而民起弟，❷恤孤而民皆爲忠厚之行。所惡之審，則毋以吾所惡於上者施之於下，毋以吾所惡於下者施之於上，毋以吾所惡於前者施之於後，毋以吾所惡於後者施之於前，毋以吾所惡於右者施之於左，是則平天下之理，果在審好惡而已矣。又曰：《文王》之詩言商未失衆時，克配上帝。至紂失天下，其膚敏之士，反爲周祼將之役，天命如此，可不以爲戒乎？且斷之曰「得衆則得國，失衆則失國」。何以得衆？曰德。

❶ 下「適」字，明本作「宜」。

❷ 此以下五頁，原錯亂，今據通志堂本、四庫本調整，而文字仍以宋本爲準。

此君子所以先慎乎德也。

石林葉氏曰：老者近於親，故民興於孝；長者近於兄，故民興於弟；恤孤近於子，故民不倍。以此倡於上，絜之道也；以此法於下，矩之道也。上下，以位言之也；前後，以事言之也；左右，以人言之也。位之與事，事之與人，雖不同，而其好惡則一也。故好同其所好，惡同其所惡，而後可以爲民父母。

莆陽林氏曰：一人在上，使天下人心固結而不可解者，必有正道焉。蓋四方萬里之遠，若非有以固結之，則如何長有天下？故《詩》以爲民之父母者無他，唯與天下同其好惡而已。若是好惡與天下不相關，此之謂獨夫爾。

新安朱氏曰：自此至篇末，《傳》之十章，釋治國平天下皆推廣絜矩之意也。老老，所謂老吾老也。興，謂有所感發而興起也。孤者，幼而無父之稱。絜，度也。矩，所以爲方也。言此三者，上行下效，捷於影響，所謂家齊而國治也。亦可以見人心之所同，而不可使有一夫之不獲矣。是以君子必當因其所同推以度物，使彼我之間各得分願，則上下四旁均齊方正，而天下平矣。又覆解上文「絜矩」二字之義。如不欲上之無禮於我，則必以此度下之心，而亦不以此使之；不欲下之不忠於我，則必以此度上之心，而亦不以此事之，至於前後左右，無不皆然，則身之所處，上下四旁，長短廣狹，彼此如一，而無不方矣。彼同有是心而興起焉者，又豈有一夫之不獲哉？所操者約而所及者廣，此平天下之要道也。故章内之意，皆自此而推之。《南山有臺》之篇，言能絜矩，而以民心爲己心，則是愛民如子，而民愛之如父母矣。「節彼南山」，節，讀爲「截」，節然高大貌。師尹，周之大師尹氏也。具，俱也。辟，偏也。言其上者人所瞻仰，❶不可不謹。若不能絜矩，而好惡徇於一己之偏，則身弑國亡，爲天下之大戮矣。引《詩・文王》篇，配，對也。配上帝，言其爲天下君，而對乎上帝也。監，視也。不易，言難保也。引《詩》而言此，以結上文兩節之意。有天下者能存此心而不失，則所以絜矩而與民同欲者，自不能已矣。或問：上章論齊家治國之道，既以孝、弟、慈爲言矣。此論治國平天下之道，而復以是爲言，何也？曰：三者人道之大端，衆心之所同得者也。自家以及國，自國以及天下，雖有大小之殊，然其道不過如此而已。但前章專以己推而人化爲言，此章又申言之，以見人心之所同而不能已者如此。是以君子不唯有以化之，而又有以處之也。蓋人之所以爲心者，雖曰未嘗不同，然貴賤殊勢，賢愚異禀。苟非在上之君子真知實蹈，有以開之，則下之有是心者，亦無所感而興起矣。雖幸其有以倡焉而興起之矣，然上之君子乃不能察彼之心，而失其所以處之之道，則其所興起者或不得遂，而反有不均之歎。是以君子於其心之所同，而得夫絜矩之道焉，所以處此，而遂其興起之善端也。曰：何以言絜之爲度也？曰：此《莊子》所謂「絜之百圍」，《賈子》所謂「度長絜大」者也。前此諸儒蓋莫之省，强訓以

❶「其」，通志堂本、四庫本作「在」。

挈，殊無意謂。而先友大史范公乃獨嘗言此，而後其理可得而通。蓋絜，度也。矩，所以爲方也。以己之心度人之心，知人之所惡者不異乎己，則不敢以己之所惡者施之於人。使吾之身一處乎此，則上下四方，物我之際，各得其分，不相侵越，而就其中較其所占之地，則廣狹長短，平均如一，截然正方，無有餘、不足之處。是則所謂「絜矩」者也。夫爲天下國家而所以處心制事者一出於此，則天地之間無一物不得其所，而凡天下之欲爲孝弟不倍者，皆得以自盡其心，而無不均之嘆矣。天下其有不平者乎？然君子之所以有此，亦豈自外至而强爲之哉？亦曰物格知至，故有以通天下之志，而知千萬人之心即一人之心；意誠心正，故有以勝一己之私，而能以一人之心爲千萬人之心，其如此而已矣。一有私意存乎其間，則一膜之外便爲胡越。雖欲「絜矩」，亦將有所隔礙而不能通矣。若趙由爲守則易尉，而爲尉則陵守。王肅方於事上，而好人佞己。推其所由，蓋出於此，而充其類，則雖桀、紂、盜跖之所爲，亦將何所不至哉？曰：然則「絜矩」之云，是則所謂恕者已乎？曰：此固前輩所謂如愛己之心以愛人者也。夫子所謂終身可行，程子所謂擴充得去，則天地變化，草木蕃充；拓不去，則天地閉而賢人隱，皆以其可以推之而無不通爾。然必自其正心窮理者而推之，則吾之愛惡取捨皆得其正，而所推以及人者亦無不得其正。是以上下四方，以矩度之，莫不截然各得其分。若於理有未明，而心有未正，則吾之所欲者未必其所當欲，吾之所惡者未必其所當惡。乃不察此，而遽欲以是爲施於人之準則，則其意雖公，而事則私。是將見其物我相侵，彼此交病，而雖庭除之内，❶跬步之間，亦且參商矛盾，而不可行矣，尚何終身之望？是以聖賢凡言恕者，又必以忠爲本。而程子亦言如形與影，欲去其一而不可得。蓋唯忠，然後所如之心始得其正，是亦此篇先後本末之意也。然則君子之學可不謹其序與？或曰：齊家，治國，平天下，均爲治人之事，而《傳》於齊家以審愛惡爲言，於治國以躬化導爲説，於平天下則必以絜矩明之。豈三者之用，各有所施，而不可以相通耶？曰：此亦各隨所重而言之，其用益廣，而法益詳耳。若論其實，則齊家者豈無待於躬化導而參彼己？治國者亦安可不審愛惡而參彼己？况平天下必自齊家、治國而來，則二者之用，固有不得遺者。但以其先後廣狹而言，則三者之序必如此而不可亂耳。

曰：所謂「民之父母」者，何也？曰：君子有絜矩之道，故能以己之好惡知民之好惡，又能以民之好惡爲己之好惡也。夫好其所好而與之聚之，惡其所惡而不以施焉，則上之愛下真猶父母之愛其子矣。彼民之親其上，豈不亦猶子之愛其父母哉？曰：此所引《節南山》之詩，何也？曰：言在尊位者，人所觀仰，不可不謹。若人君恣己徇私，不與天下同其好惡，則爲天下僇如桀、紂、幽、厲也。曰：得衆得國，失衆失國，何也？曰：言能絜矩，則民父母之而得衆、得國矣；

❶「而」，通志堂本、四庫本作「即」。

不能絜矩，則爲天下僇而失衆、失國矣。

龍泉葉氏曰：絜是矩者，非難也，天下之方至於矩而止，天下之圓至於規而止，天下之長短至尺度而止，天下之曲直至繩墨而止，天下之輕重至權量而止，是物之在我也，絜以示之，而何患焉？雖然，其所以爲矩則難矣。使其毫釐之不盡，斯須之或虧，自内至外，由本及末，而或有不足焉，則矩不成，則雖欲絜之以示人，不可得矣。聖賢之學，自其内心之發，推之於外，脩身、齊家，撙節、端序，各有倫等而不可亂者，皆爲矩之地也。堯、舜、禹、湯、文、武絜成矩以示天下，而天下從之。故凡天下之有未安者必求於我，而我不以其所未至者病天下也。《孟子》曰：「舜爲法於天下，可傳於後世。」則舜之矩也大矣。究極絜矩之道，不過於恕而已。上下、左右、前後，物未有不具四隅而能獨立者也。然而天下之人所藏於身者不恕，則見於前者必忘其後，得於上者必失於下。以其所惡者盡力施之，而不知彼之不能受也。夫是以患莫大於自利，而害常生於有所偏。君子盡己而及人，因人而通己，交取互見，仰觀俯察，在我欲其無憾，在彼欲其無怨。知天下之一理，彼我之一心，則規矩在我而物之方圓者莫能踰，權量自我而其自爲輕重者無所惑。自「致知格物」以至於「平天下」，其必有出於是道。不出於是道，則意有誠而非其意，心有正而非其心。施於天下、國家者，且有不合矣。

建安真氏曰：「絜矩」，絜字本出賈誼《過秦論》「度長絜大」。度謂以尺量物之長短，絜謂以帶量物之小大，如今人之圍木也。言我有此心，人亦有此心。在上之君子當以己之心度人之心，如以矩而度物也。矩，製方之器，俗謂曲尺是也。《荀子》曰：「五寸之矩，盡天下之方。」言矩雖止長五寸，然天下之爲方器者必以此爲則，❶以譬一心雖微，而推之以度人之心，雖千萬人無不同者。我欲孝於親，人亦欲孝於親，我欲弟於長，人亦欲弟於長。故爲君子者必使人各得以遂其孝弟之心。我欲安，人亦欲安；我欲壽，人亦欲壽；我欲富，人亦欲富。故君子者必使人各遂其所欲。此皆所謂「絜矩」也。

錢塘于氏曰：君子以此三者爲「絜矩」之道，以明明德於天下者，苟不由是三者之善以爲矩，則民情未易平也。平之之道如何？使上下、前後、左右皆不以其所惡自累，則是皆以其所好者相與，無一人不孝、不弟、不慈矣。其爲矩也莫明焉。故曰「此之謂絜矩之道」，蓋言天下無一人不明於矩也。《易》言「萬物之絜齊」，《記》言「主人之潔著此水」，亦其義也。嗚呼！天下之所真可好者，孰非孝、弟、慈之三者？而其所真可惡者，孰非不孝、不弟、不慈之三者？今因民之所好而好之，因民之所惡而惡之，則上之好惡平。上之好惡平則人心平，人心平則天下平矣。

霅川倪氏曰：前言「絜矩」之道，謂正己格民。後言絜矩之道，謂體物正己。

新定邵氏曰：矩所以爲方也，上下四旁，長短廣狹，均齊若一，而後成方。所謂「絜矩」者，猶言斟量忖度，舉斯加彼，使

❶「爲」，通志堂本、四庫本作「焉」。

之均平也。所惡於上，毋以使下；所惡於下，毋以事上。味斯言也，則君使臣以禮，臣事君以忠。其或上之使我不以禮，吾之所惡也，則吾之所以使下者，烏可不以禮？下之事我不以忠，吾之所惡也，則吾之所以事上者，烏可不以忠？審度彼我，事皆若此，則上下各得其所欲矣。所惡於前，毋以先後，所惡於後，毋以從前。充此類也，則「户外有二屨，言聞則入，言不聞則不入」者，慮其有妨於前也。「有後入者，闔而勿遂」，慮其有妨於後也。審度彼我，事皆若此，則前後各得其所願矣。以至右之所惡者則不以交於左，左之所惡者則不以交於右，姑即夫「並坐不横肱」之義而推之，則其理亦可見矣。夫上下、前後、左右皆得其平，則截然正方，合於矩矣。《大學》於是釋之曰「此之謂絜矩之道」。斯道也，豈非平治天下者所當舉而措之乎？吾嘗求諸古矣，老吾老以及人之老，固可以興民心之孝也。然攷之《王制》，必五十而異粻，六十而宿肉，七十而貳膳，以至八十而後常珍，九十而後飲食不離寢，何其斟酌劑量，曾不一概也。不如是，則可以暫而不可以久，區處未適其平，非所謂「絜矩」之道也。長吾長以及人之長，固可以興民心之弟也。然質之《祭義》，如是而弟達乎朝廷，如是而弟達乎道路，如是而弟達乎州巷，以至放乎獀狩，脩乎軍旅，莫不隆長而尚齒，何其流通周溥，靡有或遺也。不如是，則達於此而不達於彼，區處未適其平，非所謂「絜矩」之道也。矜寡、孤獨、廢疾者，皆有所養，固可以使民相收相受，不相棄倍也。然古人抑豈概而施之，不思爲可繼之道哉？孤獨矜寡四者，天民之窮而無告者也，皆有常餼以養之矣。至於瘖、聾、跛躃、斷者、侏儒，則百工各隨其器能而食之，使廢疾者不患於無所收，而百工亦不虛於推所養也。古人絜矩之道一至於此，則經理區畫，曲盡其宜，天下其有不得其平者乎？

禮記集説卷第一百五十二

禮記集説卷第一百五十三

是故君子先慎乎德。有德此有人，有人此有土，有土此有財，有財此有用。德者本也，財者末也。外本内末，争民施奪。是故財聚則民散，財散則民聚。是故言悖而出者亦悖而入，貨悖而入者亦悖而出。

鄭氏曰：用，謂國用也。施奪，施其劫奪之情也。悖，猶逆也。言君有逆命，則民有逆辭也。上貪於利，則下人侵畔。《老子》曰：「多藏必厚亡。」

孔氏曰：此明治國之道在貴德賤財。有德之人，人所附從。有人則境土寬大，有土則生殖萬物，有財則有以供國用。德能致財，財由德有，故德爲本，財爲末。外疏也，内親也，親財疏德，則争利之人皆施其劫奪之情也。

涑水司馬氏曰：君有德，則人歸之。人歸之，則其土地且奚去我而適他？言其要在得人心也。

延平周氏曰：財之與德，其猶陰之與陽乎？陰能輔陽，亦能害陽。財本輔德，亦能害德。德者本也，財者末也。内本而外末，則本重而末輕。雖不争民之施奪，而施奪之權自歸于上也。外本而内末，則本輕而末重，雖欲争民之施奪，而施奪之權不免在於民也。

嚴陵方氏曰：外本内末，争民施奪，《孟子》所謂「苟爲後義而先利，❶不奪不厭」者，亦此之意。言悖而出，亦悖而入者，

❶「爲」，原作「惟」，今據通志堂本、四庫本改。

報施之理然也。貨悖而入，亦悖而出者，消長之理然也。

山陰陸氏曰：「争民施奪」，言争民之所施，亦争民之所奪，是與民争利者也。

石林葉氏曰：得道則多助，故「有德此有人」。得衆則得國，故「有人此有土」。非財無以聚人，故「有土此有財」。理財不以義，則物必屈於欲，故「有財此有用」。財也，土也，人也，非德不能有，故曰「德者本也」，有德則人歸矣。財必生於土，故曰「財者末也」。内本而外末，則人之所貴者德。故天下各懷仁義以事其上，❶雖不争民之施奪，而財自足也。外本而内末，則人所貴者財。故上下交征以利，則雖争民之施奪，而財亦不得而足矣。蓋財聚而不能散，則民離，財雖多，亦無以守。財聚而能散，則民附，財雖少，亦可以生。故君人者，脩德以得人，聚財以養人，未有用財以道而民不聚，亦未有聚財不以道而終能守也。猶之言出於身，既悖於道，而召禍乎外，亦悖而入，此必至之理也。曾子曰：「出乎爾，反乎爾。」其此之謂乎？

藍田吕氏曰：知以德爲之本，有人，有土，有財，有國，非吾患也。不知以德爲本，而本於財，上下交征利，不奪不饜矣。此所謂外本内末，争民施奪者也。天下之事，未有不反者也。惡言加於人，則人亦將加惡言於己。以非義之事取其財，則必有非義之事費其財。蓋不知義爲利者也。

東萊吕氏曰：「外本」，謂以本爲外。「内

❶「各」，原作「名」，今據通志堂本、四庫本改。

末」謂以末爲内。「争民施奪」，謂争奪之民施其劫奪之情也。言在上之人外本内末，則是使争鬭之民施其劫奪之情也。言之出也不善，則人亦以惡言反之，悖出而悖入也。貨之入也不善，則亦必以不善失之，悖入而悖出也。此以言之出入，明貨之出入。居仁

延平黄氏曰：財用自其有德而致之，其取也有義，非悖而入也；其用也有禮，非悖而出也。

范陽張氏曰：德者本也，財者末也。德者義也，財者利也。以利爲尚，則天下相率而爲利，故起争民施奪之心，施者無所禁制也。且義者，何也？忠信也，德也。財者，何也？利也，驕泰也，争奪也。好義則得民心，好利則失民心。失民心，則天下社稷宗廟不保矣。是以大學之道，以義用財而不以財勝義。蓋財聚則民散，以利爲主，則失民心矣。財散則民聚，以義爲主，則得民心矣。夫何故？言悖而出者，必有悖理之言以應之。貨悖而入者，必有悖理之事以散之。故君子生財之道，一以儉約爲先也。

新安朱氏曰：先慎乎德，承上文「不可不慎」而言。德即所謂明德。有人謂得衆，有土謂有國，❶有國則不患無財用矣。德者本也，財者末也。本上文而言，人君以德爲外，以財爲内，則是争鬭其民而施之以劫奪之教也。蓋財者人之所同欲，不能「絜矩」而欲專之，則民亦起而争奪矣。外本内末，故財聚；争民施奪，故民散。反是，則有德而有人矣。悖，逆也。自先

❶ 下「有」字，通志堂本、四庫本作「得」。

慎乎德以下至此，又因財貨以明能絜矩與不能者之得失也。　曰：所謂先慎乎德，何也？　曰：上言有國者不可不慎，此言其所慎而當先者尤在於德也。　德即所謂明德，所以慎之，亦曰格物致知，誠意正心，以脩其身而已矣。　曰：此其深言務財用而失民，何也？　曰：有德而有人、有土，則因天分地，不患乎無財用矣。　然不知本末，而無絜矩之心，則未有不爭鬪其民，而施之以刼奪之教者也。《易大傳》曰：「何以聚人？　曰財。」《春秋外傳》曰：「王人者，將以導利而布之上下者也。」故財聚於上，則民散於下矣；財散於下，則民歸於上矣。　言悖而出者，亦悖而入；貨悖而入者，亦悖而出。　鄭氏以爲君有逆命，則民有逆辭，上貪於利，則下人侵畔，得其旨矣。

龍泉葉氏曰：甚矣，利之可畏也。　聚天下不可以無利，而利聚則民必攜。　聖人知其然也，散天下之財，使之疏通流演，而無壅遏偏聚之患，若此則民聚矣。　以民聚爲財之本，而以財聚爲民之病，故以道權之，以法御之。　天下本無可聚之財也，其聚之者，非義也，悖也。　言當順以出，貨當順以入，出入各得其當，而天下治。　小人則不然，言以悖出，貨以悖入，至其報應之來，速於影響，驗於符節，拱手視之而莫能救也。

霅川倪氏曰：人之性善，其德本明。　所以昏之者，貪求近利，謂道德爲無所利也，孰知德之中自有利存乎其間。　爲人上者，有德以拊民，人懷而歸之。　有人以治其田疇，扞其外侮，以什一之法取於民，通三十年之積，有九年之蓄，則有財矣。前之本末以明德脩身爲本，其餘爲末，本末之大者也。今論德之與財，亦以本末言本末之次者。也。争民者，争民之利也。上既與民争，下必效之，不奪不厭矣。施，言用之廣也。用争奪之術，廣施之而無限節也。

新定邵氏曰：財聚斂於上，則民失所養而離散於下，財布散於下，則民得所養而聚戴乎上。二者正相反也。鹿臺鉅橋，爲世永鑒。然三代而下，人主富民之念常輕，富國之意常重。雖號爲英明，刻意爲善，而充府庫，實倉廩之念終未盡忘，其故何也？良由《大學》不講，而所以明其明德者未至耳。果能先謹乎德，使此心天理湛然常明，則民吾同胞，瘝痌疾痛，舉切吾身。發政施仁，唯恐赤子之不得其乳，而何忍括民財以聚於其上哉？

《康誥》曰：「惟命不于常。」道善則得之，不善則失之矣。《楚書》曰：「楚國無以爲寶，惟善以爲寶。」舅犯曰：「亡人無以爲寶，仁親以爲寶。」

鄭氏曰：于，於也。天命不于常，言不專祐一家也。《楚書》，楚昭王時書也。言以善人爲寶，時謂觀射父、昭奚恤也。舅犯，晉文公之舅狐偃也。亡人，謂文公也。時辟驪姬之讒，亡在翟，而獻公薨。秦穆公使子顯弔，因勸之復國。舅犯爲之對此辭也。仁親，猶言親愛仁道也。明不因喪規利也。

孔氏曰：《書》之意，言善則得之，不善則失之。

嚴陵方氏曰：「惟善以爲寶」者，君也。「仁親以爲寶」者，子也。君能寶善，則足以爲貴於一國；子能寶親，則足以爲貴於一家。雖其大小不同，所以爲寶則一而已。

藍田吕氏曰：自此至「驕泰以失之」，宜在「平天下在治其國」一章後。平天下者，善與人同，故取諸人以爲善；利與人同，故好貨好色與百姓同之。善不與人同，則娼疾之心生，故無好善之心；利不與人同，則貪吝之心生，故無好義遠利之誠。觀《康誥》之言，則知天命無常，惟善是與也。觀《楚書》曰、咎犯之言，則天下之寶，惟善爲寶也。

新安朱氏曰：道，言也。因上文引《文王》詩之意而申言之，其丁寧反覆之意益深切矣。《楚書》楚語，言不寶金玉而寶善人也。狐偃字子犯。亡人，文公，時爲公子，出亡在外也。仁，愛也。事見《檀弓》。此兩節又明不外本而内末之意。

曰：前既言命之不易矣，此又言命之不常，何也？曰：以天命之重，而致其丁寧之意，亦承上文言之也。蓋善則得之者，有德而有人之謂也。不善則失之者，悖入而悖出之謂也。然則命之不常，惟人之所自爲耳，可不謹哉？

龍泉葉氏曰：得失觀其善惡而已矣。世固有得天下之大如舜、禹，而行道之人乞一簞食、豆羹之微，或不可而輒喪之者焉。學者考其得失之際，則善惡自我，而物莫能違。耳目之常者不可恃，而一身之德不敢忽。蓋晉、楚之富，未有可以因循而長守者也。[1] 山高忽摧，河深忽竭，豈可幾乎？《楚書》曰：「楚國無以爲寶，惟善以爲寶。」舅犯曰：「亡人無以爲

[1] 「長」，通志堂本、四庫本作「常」。

寳，仁親以爲寳。」楚國雖大，亡人雖微，然所寳者非外假也。亡人以仁親而後反，楚國以爲善而永存。當重耳逋亡，奔困於憂患險阨之餘，追念父母之所以遇己者深矣。唯其克責咎悔之意，足以消怨尤喟嘆之心；仁親愛篤之誠，足以弭疏薄讒間之禍，則桑落之下，固所以爲晉室隆昌之符也。

四明李氏曰：晉、楚之爲國，特夷狄之雄耳。舅犯之爲臣，特伯主之佐耳。《大學》參稽格言，以垂訓萬世，乃於此乎取何歟？蓋天下之善無窮，君子之取善亦無窮。一言當理，皆可爲法，一言契心，皆可服行。學者誠能多識前言，以蓄其德，則片辭隻字，莫非實用；博學詳説，莫非切己。苟徒徇口耳之習，果何益哉？元白

金華邵氏曰：自古人君急貨財，失人心，以至於喪天命者，必有小人以功利導之，故至於此。無小人，則人君决不自爲聚斂。故引《楚書》及咎犯之言，又引《秦誓》所言尊賢容衆之君子，忌刻淺隘之小人，而小人必屏之四方，不與同處中國。蓋導其君以功利，至於失人心，喪天命，皆此等人也。

《秦誓》曰：「若有一介臣，❶斷斷兮，無他技，其心休休焉，其如有容焉。人之有技，若己有之。人之彦聖，其心好之，不啻若自其口出，寔能容之，以能保我子孫黎民，尚亦有利哉！人之有技，媢疾以惡之。人之彦聖，而違之，俾不通，寔不能容，以不能保我子孫黎民，亦曰殆哉！」唯仁人放流之，

❶「介」，通志堂本、四庫本作「个」。

迸諸四夷，不與同中國。此謂唯仁人爲能愛人，能惡人。

鄭氏曰：《秦誓》，《尚書》篇名也。秦穆公伐鄭，爲晉所敗於殽，還誓其羣臣，而作此篇。斷斷，誠一之貌也。他技，異端之技也。有技，才藝之技也。「若己有之」，「不啻若自其口出」，皆樂人有善之甚也。美士爲彦。黎，衆也。尚，庶幾也。媢，妬也。違，猶戾也。俾，使也。佛戾賢人所爲，❶使功不通於君也。殆，危也。彦，或作「盤」。放去惡人、媢疾之類者，獨仁人能之，如舜放四罪而天下咸服。

孔氏曰：此明君臣進賢絀惡之事。兮是語辭，《古文尚書》「兮」爲「猗」。休休，寬容似有包含也。「不啻如自其口出」，謂心愛此彦聖之美，多於口說。言其愛樂之甚也。寔，是也。美士爲彦，《爾雅·釋訓》文。唯仁人之君能放流此蔽賢之人，使迸遠在四夷也。

藍田吕氏曰：仁者，以天下爲度者也。天下之所共好者，仁也，吾所以好仁。天下之所同惡者，不仁也，吾所以惡不仁。此所以能愛人，能惡人也。此所以能舉賢，退不肖也。此所以能好人之好，惡人之惡，不拂人之性，而遠夫菑害者也。

山陰陸氏曰：唯仁人爲能愛人，能惡人。正言仁人，仁者必有勇故也，亦仁人然後能放流之。孔子曰：「懷惡而討，誰不服？」

范陽張氏曰：脩身，齊家，治國，平天下，無非以審好惡爲先。《大學》於平天下，既歌《南山有臺》之詩以明好惡之審，又歌《節南山》之詩以明好惡之僻，且雜引

❶「佛」，通志堂本、四庫本作「拂」。

《康誥》、《楚書》、舅犯、《秦誓》之言以明好善惡惡之理，且斷之以唯仁人放流害賢之人，又言仁者能愛人，能惡人。予竊怪正心之説貴於無忿懥、恐懼、好樂、憂患，而脩身、齊家、治國、平天下之説皆在於審好惡，何與正心之説相遼耶？及讀唯仁人能愛人、惡人之説，然後知所以無忿懥、恐懼、好樂、憂患者，將以求心之本體。本體既見，則私欲消融，天理炳見，好惡皆公天下，而非其私矣。

石林葉氏曰：技言其能。己有技而人有之，不媢疾者，克己也。彦言其才，聖言其德。己薄於才德，而人有之，其心好焉者，愛人也。能克己以愛人，則人樂爲之用。故雖有一介之賤，斷斷之弱，亦可以有爲。蓋資諸己不足能，資諸人以有爲，君子亦與之也。忌人之能，與不容人之才德，則所謂蔽賢匿善也。仁人惡之，故不與同中國。

新安朱氏曰：聖，通明也。迸，猶逐也。言有此媢疾之人妨賢而病國，則仁人必深惡而痛絶之，以其至公無私，故能得好惡之正如此也。又曰：其引《秦誓》何也？曰：言好善之利，及其子孫；不好善之害，流於後世，亦由絜矩與否之異也。曰：媢疾之人，誠可惡矣。然仁人惡之之深，至於如此，得無疾之已甚之亂耶？曰：小人爲惡，千條萬端。其可惡者，不但媢疾一事而已。仁人不深惡乎彼，而獨深惡乎此者，以其有害於善人，使民不得被其澤，而其流禍之長，及於後世而未已也。然非殺人于貨之盜，則罪不至死，故亦放流之而已。然又念夫彼此之勢雖殊，而苦樂之情則一。今此惡人放之不遠，則其爲害雖得不施於此，而彼所放之地，其民復何罪焉？故不敢以己之惡施之於人，而必遠而置之無人之境，以禦魑魅而後已。蓋不唯保安善人，使不蒙其害，亦所以禁伏凶人，使不得稔其惡。雖因彼之善惡而有好惡之殊，然所以仁之之意，亦未嘗不行乎其間也。此其爲禦亂之術至矣，而何致亂之有？曰：屏之爲迸，何也？曰：古字之通用也多矣。漢石刻辭有引「尊五美，屏四惡」者，而以「尊」爲「遵」，以「屏」爲「迸」，則其證也。曰：仁人之能愛人，能惡人，何也？曰：仁人者，私欲不萌，而天下之公在我，是以是非不謬而舉措得宜也。

東萊吕氏曰：斷斷專慤而無它技，則賊之者寡矣。故其心廣大易直，休休然其如有容，固心之本體也。所以迫隘忌克者，小知賊之也。曰「其如有容」者，莫測其限量，而難乎其形容也。論君子之樂善，終之以「不啻如自其口出」，好之篤也。論小人之忌善，終之以「俾不達」，惡之遂也。小人之於君子，不唯疾之、惡之、違之而已，必左右沮遏，千慮百圖，非使君子不能自達，則其心終不厭。惡之未遂，雖欲自已，有所不能。思其反，則可知君子之於善矣。

龍泉葉氏曰：此固其國家之所寶，而一介臣者亦所恃以自寶也。夫善不可以有形，德不可以有心。山嶽之所藏，江河之所受，誠有長養潤澤之功也。天下之人好爲有形之善，而各務自爲。其始本出於善意，而其終遂至於媢嫉，其禍遂至於喪邦者衆矣。仁人其好善也篤，則其去惡也果。蓋非仁人之至善，不足以知不仁之爲害也。

見賢而不能舉，舉而不能先，命也。見不善而不能退，退而不能遠，過也。好人之所惡，惡人之所好，是謂拂人之性，菑必逮夫身。是故君子有大道，必忠信以得之，驕泰以失之。

鄭氏曰：命，讀爲「慢」，聲之誤也。舉賢而不能使君以先己，是輕慢於舉人也。拂，猶佹也。逮，及也。大道，行所由。

孔氏曰：拂，謂拂戾人之性，菑必及於身矣。大道，謂所由行孝弟仁義之大道也。

河南程氏曰：命，當作「怠」，字之誤也。先，猶早也。遠，謂迸諸四夷之類。自古用賢人而不能早，退小人而不能遠，以陷於禍敗者多矣。伊川

山陰陸氏曰：《孟子》曰：「莫非命也。」命讀如字。「見賢而不能舉，舉而不能先」，雖過也，自天觀之，命也。「見不善而不能退，退而不遠」，雖命也，自人觀之，過也。舉賢好先，退不肖惡近。

石林葉氏曰：在下位而見賢有不能舉，舉賢而有不能先，猶可歸之命。若夫居上位，而見不善不能退，雖退而不能遠之，於己則不可歸之命，亦過矣哉！一人之情，千萬人之情是也。好其所惡，惡其所好，則拂其情矣，故曰「菑必及其身」。忠信，吉德也。驕泰，凶德也。脩其吉以違其凶，則君子之道。

永嘉薛氏曰：進賢之法，莫崇禮貌；去惡之要，莫先克己。見賢而不能舉，舉而不能先，吾命之出者未至耳。見不善而不能退，退而不能遠，是誰之過歟？惟能公其心者，可與論進賢退不肖之實，以百姓之心爲心。忠信，君子所以仁。「菑必逮

夫身」者，❶驕泰害之者也。得失之要，在我而已。果能忠信，則身脩而能公其好惡，賢不肖之進退，在此而不在彼也。

新安朱氏曰：命，鄭氏云當作「慢」，程子云當作「怠」，未詳孰是。若此者，知所愛惡矣，而未能盡愛惡之道，蓋君子而未仁者也。拂，逆也。好善而惡惡，人之性也。至於拂人之性，則不仁之甚者也。自《秦誓》至此，又皆以申言好惡公私之極，以明上文所引《南山有臺》、《節南山》之意。君子以位言之。道謂居其位而脩己治人之術。發己自盡爲忠，循物無違謂信。驕者矜高，❷泰者侈肆。此因上所引《文王》、《康誥》之意而言。章内三言得失，而語益加切。蓋至此而天理存亡之幾決矣。　曰：「命」之爲「慢」，與其爲「怠」也，孰得？曰：於義則皆通矣。然無他書以證焉，則兩存以俟知者可也。曰：好善惡惡，人之性然也。而有拂人之性者，何哉？曰：不仁之人阿黨媢疾，陷溺其心。是以其所好惡戾於常性如此。與民之父母能好惡人者正相反。使其能勝私而絜矩，則不至於是矣。忠信驕泰之所以爲得失者，何也？曰：忠信者，盡己之心而不違於物，絜矩之本也。驕泰則恣己徇私，以人從欲，不能與人同好惡矣。

龍泉葉氏曰：人之所好惡者，天下之心也。故其好之也，非以爲己利，其惡之也，非以爲己怨。凡以爲人而已，君子豈有私意於其間哉！夫唯好惡因物而無

❶「菑必逮夫身者」六字，通志堂本、四庫本爲大字正文。
❷「矜」，原作「務」，據通志堂本、四庫本改。

心，曠然率性，以合於大道。遠禍求福，無大於此矣。是故君子有大道，必忠信以得之，驕泰以失之。此最緊切，❶是徹頭徹尾事，此得失之常理也。忠信有必得之理，而無求得之心，不志於得，而不廢其道，此所以爲忠信也。至於驕泰之失，則亡矣。非敬無守也，非禮無行也。平居之用力於忠信者，所以求免乎此也。

金華邵氏曰：小人以聚斂失人心。蓋本於奢侈無節，而用度不足。至君子之大道，則以忠信得之。忠信者，誠實不事華靡之意也。經曰「忠信，禮之本」。苟驕以自矜，泰以自侈，則失之矣。

新定邵氏曰：前既言爲人君者當順民之好惡，此遂言臣下之好惡不可以不察。蓋臣佐君以平治天下者也。臣果好善耶，必能進賢輔君，以仁其民矣。臣不好善，而反惡人之善耶，則必不能進賢以輔君，而上下俱受其害矣。仁人又當於此明其好惡以爲之用舍也。夫善人，天地之紀，世患無是人耳。幸有其人，是固君上所賴以贊襄，國家所賴以經理，生民所賴以撫綏也。古之聖王汲汲以求賢爲務，古之賢臣汲汲以進賢爲忠，凡以此爾。否則賢者有致君澤民之藴，而抑之使不得伸，排之使不得進。在賢者，一身之榮悴，夫何足計？而君心無所啓沃，國家無所倚賴，生民無所庇庥，其害可勝言哉？不特此爾，善人隱伏，則憸人競進，其好惡任情，舉措舛逆，後患餘禍且將蔓延，而莫知所止，又豈但爲一時之害而已哉！此「不祥之實，蔽賢者當之」，

❶「切」，通志堂本、四庫本作「要」。

自昔聖賢所以深惡於媢嫉之人也。使人主徒知媢嫉之可惡，而不能斥遠之，善亦何由伸？唯仁人在上，放之，流之，迸逐於四夷，不與同居於中國，所謂「投諸四裔，以禦魑魅」是也。此非仁人疾惡之已甚。媢嫉一事，妨賢病國，爲害最深，必如是而後當其罪爾。故曰「唯仁人爲能愛人，能惡人」。蓋仁人之心純乎天理，黜陟刑賞如權衡然，或輕或重，銖兩不差，此其所以爲能愛能惡歟？苟惟不然，❶見賢而不能舉，舉之而不能先，是雖知其人之可愛，而不盡夫愛人之道也，君子得以尤其慢。見不善而不能退，退之而不能遠，是雖知其人之可惡而不盡夫惡人之道也，君子得以咎其過。然是二者雖未盡夫愛惡之道，而猶未全昧夫愛惡之正也。若夫好人之所惡，惡人之所好，則其拂戾於人之性也甚矣。菑害並至，必將逮其身。如前所謂「辟則爲天下僇」者，其斯之謂歟？

霅川倪氏曰：前言去惡，此言舉賢。欲去惡必舉賢可也。此章本爲去聚斂之臣，兼言舉賢者，相況取義也。言舉賢不能先，此其權在他人，尚可以命言。若見不善不能退，退而不能遠，此則在我不能無過，不可言命也。民之所好，好之；民之所惡，惡之。人所公惡，而上反好之；人所公好，而上反惡之，是拂逆人之性，宜災禍之及身矣。

生財有大道，生之者衆，食之者寡，爲之者疾，用之者舒，則財恒足矣。仁者以財發身，不仁者以身發財。未有上好仁而下不

❶「惟」，通志堂本、四庫本作「爲」。

庫財非其財者也。

好義者也，未有好義其事不終者也，未有府

鄭氏曰：「財恒足」者，不務禄不肖，而勉民以禮也。❶發，起也。言仁人有財，則務於施與，以起身成其令名。不仁之人，有身，貪於聚斂，以起財務成富。「未有上好仁，而下不好義」，言君行仁道，則其臣必義。以義舉事，無不成者。其爲誠然，如己府庫之財爲己有也。

孔氏曰：此經明人君當先行仁義，愛省國用，以豐足財物。「生之者衆」，謂農桑多。「食之者寡」，謂減省無用之費。「爲之者疾」，謂百姓急營農桑事業。「用之者舒」，謂君上緩於費用。

横渠張氏曰：知用財，而不知養財，天下所以窮。知養財，而不知用財，天下所以不治。仁者能散，以顯己之仁，不仁者能聚，以顯己之富。仁者無富，於己則克儉，於骨肉則恩及之。利心多而義心少，是不仁也。

藍田吕氏曰：國無游民，則生之者衆矣。朝無幸位，則食之者寡矣。不違農時，則爲之者疾矣。量入爲出，則用之者舒矣。此生財之道也。以財發身，唯富足然後可以推吾濟人之惠也。以身發財，則非驕奢無以矜己之富也。此仁不仁之分也。故唯仁者能與天下同其利。上有不私之仁，下有樂輸之義。心誠樂之，如孝子之養父母，未有子富而父貧，百姓足而君不足者也。

延平周氏曰：有生財者衆，然后求其食財者寡，有爲財者疾，然后求其用財者舒，此先王理財之成法也。果不求生財

❶「禮」，通志堂本、四庫本作「農」。

爲財之道，❶而徒欲食之寡，用之舒者，特《墨子》之私憂者耳。以財發身者，爲身而不爲財者也。以身發財者，爲財而不爲身者也。上不好仁，則下不好義，下不好義，則其事不能有終。其事不能有終，雖有府庫，而財非其財，此鹿臺之財所以不用於商而用於周者也。

嚴陵方氏曰：仁者以財發身，不仁者以身發財，則身爲財所害。利害之際，在乎仁、不仁之間而已。上以仁而接下，下以義而事上，君臣上下報施之道如此而已。然《孟子》曰「君仁莫不仁，君義莫不義」者，蓋《孟子》言教化之驗，此言報施之宜。教化之道，上下無異，報施之道，上下不同。義所以制事，臣所以代終。故曰「未有好義，而其事不終者也」。好義而賤利，則無争民施奪之患，故繼之以「未有府庫財非其財者也」。

山陰陸氏曰：「未有府庫財非其財者也」，言民之所藏其府庫也。

荀息曰：「寶出之内藏，藏之外府；馬出之内廐，繫之外廐。」

石林葉氏曰：「生之者衆」，「爲之者疾」，用天時也。「食之者寡」，「用之者舒」，節人欲也。得其時而不敢縱欲，生財之道也。爲仁者不富，故凡聚財者，欲其發身之仁也。爲富者不仁，故凡發身者，欲其聚財之富也。上能好仁，則下不敢後其君，故能義。下能好義，則可以有爲，故終其事。上下以仁義相與，而事成矣。凡府庫所積者，無不義之財，此德所以爲本，財所以爲末也。

❶「果」，通志堂本、四庫本作「若」。

永嘉薛氏曰：《易》稱「何以聚人，曰財」。財者，國用所出，其可緩乎？雖然，爲國務民之義而已。財者，利之所在，人之所必争也。人必争而我奪之，則利心生而禮義消矣。務民之義，則天下一家，而財不可勝用。藏之於下，猶在君也。以財發身，用之者也。不知所以用之，身爲財之役矣。故君子先正其本，爲上有節，爲下敦本。財用之出，庸有窮乎？是故務民之義在乎脩身以仁民，民化於仁，則愛之如父母，畏之如雷霆，上下情通，財皆可得而用。率斯道也，其有不終於義者乎？一家仁而一國興仁，非他道也，務民之義，不以利爲先爾。

東萊吕氏曰：君子創業垂統，爲可繼也。若夫成功則天也，然則有好義而其事不終者矣。而《大學》以爲「未有好義，其事不終者」，何也？曰：好義則其志伸矣，其志伸則其事終也。居仁

新安朱氏曰：愚按：此因有土有財而言，以明足國之道，在乎務本而節用，非必外本内末而後財可聚也。自此以至終篇，皆一意也。發，猶起也。仁者散財以得民，不仁者亡身以殖貨。上好仁以愛其下，則下好義以忠其上，所以事必有終，而府庫之財無悖出之患也。曰：上文深陳財用之失民矣，此復言生財之道，何也？曰：此所謂有土而有財者也。夫《洪範》八政，「食貨」爲先。子貢問政，而夫子告之，亦以「足食」爲首。蓋生民之道所不可一日無者，聖人豈輕之哉！特以爲國者以利爲利，則必至於剥民自奉，而有悖出之禍，故深言其害以爲戒耳。至於崇本節用，有國之常政，所以厚下而

足民，則固未嘗廢也。吕氏之説得其旨矣。有子曰：「百姓足，君孰與不足？」《孟子》曰：「無政事，則財用不足。」正此意也。然《孟子》所謂「政事」，則所以告齊梁之君，使之制民之産者是已。豈若後世厲民自養之云哉！曰：「仁者以財發身，不仁者以身發財」，何也？曰：仁者不私其有，故財散民聚而身尊。不仁者唯利是圖，故捐身賈禍以崇貨也。然亦即貨而以其效言之爾，非謂仁者真有以財發身之意也。曰：「未有府庫財非其財者」，何也？曰：上好仁，則下好義矣。下好義，則事有終矣。事有終，則爲君者安富尊榮，而府庫之財可長保矣。此以財發身之效也。上不好仁，則下不好義，下不好義，則其事不終。是將爲天僇之不暇，而況府庫之財，又豈得爲吾之財乎？若商紂自焚，而鉅橋、鹿臺散，德宗出走，而瓊林、大盈掠，皆以身發財之效。

范陽張氏曰：《大學》平天下之道也，其末皆論財利之説，何也？蓋有德此有人，有人此有土，有土此有財，有財此有用。不講所以用財之説，非失於侈汰，必墮於聚斂。故《大學》細極其理，而以謂平天下者更當知所以用財之道也。漢武帝罷黜百家，表章六經，似矣。不知用財之道，算及舟車，榷及鹽鐵，以資淫侈之費。唐明皇平定内難，委任賢相，似矣。不知用財之道，括田搔擾，六使掊克，亦以資淫侈之費。唐德宗初即位，放象豻，出宫人，似矣。不知用財之道，大盈、瓊林，間架除陌之貪，其聚斂無所不到。是皆不知用財之説至是也。故君子生財之道，一以儉約爲先。儉約者，義也。生之雖衆，食之乃寡，非儉乎？爲之雖疾，用之乃舒。舒，簡也，非約乎？儉約爲心，則無所往而不足矣。蓋仁者以義爲主，故財散之於民，而其身之義亦因財以發見於天下。不仁者以利爲主，故財斂之於己，而好利之心乃因財以發見於天下。君人者將因財以揚己之義德乎？抑將因財以揚己之利心乎？宜知所自處也。上好仁則下好義，天下可長保矣。豈有不善終之理乎？所好者義，則人君府庫之財，皆什一之法所取於民者耳，未嘗有一毫横斂之物置於其間也。是則府庫之財，無非其所當有之財也。説者謂民府庫之財無非人君之財，此豈可以爲訓？得不啓後世暴君汙吏貪欲之心，借此以爲口實乎？故余以爲財非其財者，皆所當得之財也。何謂不當得之財？下文孟獻子之論是矣。

龍泉葉氏曰：一人之所生，過於一人之所食。先王之法，使天下之人皆足以生財，則其職分之所當爲者，汲汲爲之，唯恐不及，而不暇於用也。夫是以天下無可理之財，無可聚之利，菽粟如水火，而仁義存焉。此其所以儉而能勤，既富而教也。後世人倫不明，始有食而不生，用而不爲，非特衆寡疾徐之間也。然後其上焦然日以生財爲務，而以聚斂爲當然。蓋舜、禹、周公之法，其謂之難明也久矣，未易以一二言也。「仁者以財發身，不仁者以身發財」，❶此一道也，存乎其人之仁不仁而已。鉅橋之粟，鹿臺之財，前日之

❶「仁者以財發身，不仁者以身發財」，原作「仁者以身發財，不仁者以財發身」，據經文改。

所積，今日之所散，豈有異術哉！雖然，於陵仲子之操，非天下之所能安也。舜與跖之分，王與霸之異，全在義利之間。唯其好義也，則聚天下之人。聚天下之人，則致天下之財。均其有無，約其貧富，成順致利，以安天下。所謂室家之道，君臣、父子之節，養生送死之禮，皆由此而成。故曰「未有好義而其事不終者也」。天下之事至於終極而不倦，本末相應，先後相爲，其極至於無一夫之不獲者，此好義之心所發也。若夫利，則止於是而已，豈復能終其事哉？

霅川倪氏曰：君子有大道可也，生財亦曰大道者，以見道之無所不通也。以生財言之，不以利爲利，以義爲利，是生財之大道也。若以利爲利，就使有得，不過小道耳。「仁者以財發身」，蓋博施而名彰也。爲仁不富，雖不富，然足以發其身，而爲人所尊敬，且得民矣。不仁者知有身而不知有仁，知有利而不知有義，徒欲以身興發其財耳。是以爲富者必不仁。季氏雖富於周公，而反以自損，身固不能發，好利而多怨、多藏必厚亡，其於財也，亦何發之云？

錢塘于氏曰：《大學》既明忠信以爲生財之本，又指仁義以立用財之訓。「仁者以財發身」，既天下之財常足於天下，而吾身不與焉。惟上好乎仁，則下歸乎義。下歸乎義，則終其奉上之事，府庫無非義之財也。

新定邵氏曰：生者衆多，而食者寡少，則必有餘蓄矣。爲者敏疾，而用者舒緩，則必有積儲矣。此財所以常足歟？❶ 善乎

❶「常」，通志堂本、四庫本作「恒」。

賈生之言曰：「夫百人作之，不能衣一人，欲天下亡寒，不可得也。一人耕之，十夫聚而食之，欲天下亡飢，不可得也。」此言正與《大學》相發明。發，猶起也。仁者以愛人利物爲事，損上以益下，財幾於散矣，卒之人懷其惠，仰若父母，何榮如之？是財雖散而身日起也，故曰「以財發身」。不仁者以剥民利己爲事，苛征而虐取，財非不聚也，卒之民不堪命，疾視若讎，禍孰甚焉？是財日起而身益危也，故曰「以身發財」。嗟夫！仁者唯知與民共財而已，初無心於藉是以發其身也。而愛人者，人常愛之，乃天下必至之理。故惠鮮鰥寡，庶民子來，未有上好仁以愛其民，而下不好義以事其上者也。庶民攻之，不日成之，未有下好義以事其上，而所爲之事有不終者也。斯民樂事勸功，則争出粟米絲麻，作器皿，通貨財以事其上，又安有府庫財非其財者哉？是仁者雖不以財自私，而富有四海之内，天下之財皆一人之財也。彼不仁者之用心，何其謬哉！方其切切於斂財，本以私其身也，而卒因是以亡其身，則雖有財，安得而用之？唐太宗語侍臣曰：「吾聞西域賈胡得美珠，剖身以藏之。人皆知笑彼之愛珠而不愛其身也。帝王徇奢欲而亡國者，何以異於彼胡之可笑耶？」斯言可謂暗合「以身發財」之戒矣。

孟獻子曰：「畜馬乘，不察於雞豚。伐冰之家，不畜牛羊。百乘之家，不畜聚斂之臣。與其有聚斂之臣，寧有盗臣。」此謂國不以利爲利，以義爲利也。

鄭氏曰：孟獻子，魯大夫仲孫蔑也。「畜馬乘」，謂以士初試爲大夫也。「伐冰之家」，卿大夫以上，喪祭用冰。「百乘之家」，有采地者也。雞豚、牛羊，民之所畜養以爲財利者也。國家利義不利財，盜臣損財耳，聚斂之臣乃損義。《論語》曰：「季氏富於周公，而求也爲之聚斂，非吾徒也。小子鳴鼓而攻之可也。」孔氏曰：此一經明治國家不可務積財。案《書傳》「士飾車駢馬」，《詩》云「四牡騑騑」。大夫以上，乃得乘四馬。今下云「伐冰之家」，是卿大夫。今別云「畜馬乘者，不察雞豚」，故知「士初試爲大夫」也。案昭四年《左傳》云：「大夫命婦喪浴用冰。」《喪大記》云：「士不用冰。」故知卿大夫也。士若恩賜亦得用之，但非其常，故《士喪禮》賜冰，則夷槃可也。❶「百乘之家」，謂卿也。故《論語》云「百乘之家」，鄭云「采地一同之廣輪」是也。

山陰陸氏曰：「畜馬乘」，士也。言「乘」不言「車」，士乘棧車，車不足言也。言「察」不言「畜」，雖畜之而不察。百乘，百邑，《春秋傳》曰：「唯卿備百邑。」石林葉氏曰：勞心者治人，治人者食人，故以義爲主。勞力者治於人，治於人者食人，故以利爲主。「百乘之家」，非備貴者也。然其職在於治人，故不畜聚斂之臣。「畜聚斂之臣，寧有盜臣」，蓋盜臣止於竊命，而聚斂之臣則以掊克於民而民困。雖有粟，安得而食諸？有國者，不以利爲利，以義爲利也。然則「正德、利用、厚生，惟和」，先王猶用以爲治。必曰義者，何也？蓋以利爲利，則民所知者利而已，故不奪不厭。以義爲利，則民知

❶「則」，通志堂本、四庫本作「賜」。

義矣，利自存乎其間。故三代盛時，民以義事上，則曰「雨我公田，遂及我私」；上以義恤民，則曰「駿發爾私，終三十里」。上下相待如此，豈爭奪而厭者乎？

藍田吕氏曰：雞豚牛羊，庶民之所畜也。卿士大夫既食於人，又與之爭食，則專利矣。專利則以利爲利矣。盜者失財於一旦，聚斂者誅求而無厭，此所以「寧有盜臣」也。

新安朱氏曰：君子寧亡己之財，而不忍傷民之力，故寧有盜臣，而不畜聚斂之臣。「此謂」以下，釋獻子之言也。

曰：其引孟獻子之言，何也？曰：雞豚牛羊，民之所畜養以爲利者也。既已食君之禄，而享民之奉矣，則不當復與之爭。此公儀子所以拔園葵，去織婦，而董子因有「與之齒者去其角，傅之翼者兩其足」之喻，皆「絜矩」之義也。聚斂之臣剥民之膏血以奉上，而民被其殃。盜臣竊君之府庫以自私，而禍不及下。仁者之心至誠惻怛，寧亡己之財而不忍傷民之力，所以與其有聚斂之臣，寧有盜臣，亦「絜矩」之義也。昔孔子以臧文仲之妾織蒲而直斥其不仁，以冉求聚斂於季氏而欲鳴鼓以聲其罪，以聖人之宏大兼容，温良博愛，而所以責二子者，疾痛深切，不少假借，如此其意亦可見矣。曰：國不以利爲利，以義爲利，何也？曰：以利爲利，則上下交征，不奪不厭。以義爲利，則不遺其親，不後其君。蓋唯義之安而自無所不利矣。程子曰：「聖人以義爲利，義之所安，即利之所在。」正謂此也。孟子分别義利，拔本塞原之意，其傳蓋亦出於此。

范陽張氏曰：士初爲大夫而畜馬乘者，不當有雞豚之財。卿大夫喪事而得伐冰者，則不當有牛羊之財。卿大夫有采地而得百乘者，則不當有聚斂之財。有聚斂之臣以取不當得之財，不若有盜臣以耗府庫之資也。❶耗府庫止失財耳，民心不動也。有不當得之財，則失民心矣。民心財安用乎？

新定邵氏曰：孟獻子，魯大夫仲孫蔑也。在春秋時，以賢稱。方獻子之未有是言也，孰不曰盜臣竊吾之貨賄，是不可有也；聚斂之臣能爲吾生財，是不可無也。自獻子之言一出，然後知盜臣竊吾之什百，是什百而已也；竊吾之千萬，是千萬而已也。若聚斂之臣，爲吾罔利以召怨，怨積而不可解，則其禍有不可勝言者。是盜竊之害猶小，而聚斂之害甚大也。二者俱不可有，權輕重而論，則與其有聚斂之臣，寧有盜臣耳。異時尹鐸保障繭絲之論，蓋有見於斯也。

龍泉葉氏曰：孟獻子，衰世之大夫也，未足以知大義之所在焉，然其所存則固若此矣。天下之惡，無過於盜，而謂聚斂爲甚者，非惡之而然也。計其利害之所終，然後知其甚於盜也。

嚴陵方氏曰：或不察於雞豚，或不畜於牛羊，或不畜聚斂之臣者，皆言受禄於公者不宜争利於私也。

長國家而務財用者，必自小人矣。彼爲善之，小人之使爲國家，菑害並至，雖有善者，亦無如之何矣。此謂國不以利爲利，以義爲利也。

❶「以」，通志堂本、四庫本作「而」。

鄭氏曰：務聚財利爲己用者，必忘義，是小人所爲也。彼，君也，將欲以仁義善其政，而使小人治其國家之事，患難猥至，雖云有善，不能救之，以其惡之已著也。

嚴陵方氏曰：君子喻於義，小人喻於利，故務財用者，必自小人。小人所以得用者，君以爲善政也。菑害者，天菑之，人害之也。

石林葉氏曰：聚人者財，理財者義。務財用，求所以聚人也。不務財用，求所以爲義也。小人不知所以聚人，而務在於聚財，此菑害所以並至也。蓋冉求嘗問於孔子曰：「既庶矣，又何加焉？」曰：「富之。」及爲季氏聚斂，則曰「鳴鼓而攻之可也」。夫始告之以富者，欲以聚人，終責之以聚斂者，爲其不義。聖人之意，蓋可知也。

新安朱氏曰：「彼爲善之」，此句上下疑有闕文誤字。自，由也。言由小人導之也。此一節深明以利爲利之害，而重言以結之，其丁寧之意切矣。❶曰：此其言菑害並至，無如之何，何也？曰：怨已結於民心，則非一朝一夕之可解矣。聖賢深探其實而極言之，欲人有以審於未然，而不爲無及於事之悔也。以此爲防人，猶有用桑弘羊、❷孔僅、宇文融、楊慎矜、陳京、裴延齡之徒，以敗其國者。故陸宣公之言曰「民者，邦之本，財者，民之心。其心傷，則其本傷。其本傷，則枝榦凋瘁，而根本蹷拔矣」。呂正獻公之言曰：「小人聚斂以佐人主之欲，人主不悟

❶「寧」下，通志堂本、四庫本有「反覆」二字。

❷「弘」，原缺，今據通志堂本、四庫本補。

以爲有利於國，而不知其終爲害也。賞其納忠，而不知其大不忠也。嘉其任怨，而不知其怨歸於上也。」嗚呼！若二公之言，則可謂深得此章之指者矣。有國家者，可不監哉！

龍泉葉氏曰：「長國家而務財用」，此小人之所從入也。非其國之好利，則小人無自而進。小人進，則利門啓，而百患起。善爲國者，明善敦化，以示好惡。使小人無間可入，濡沫摩撫，左右媚悦，陰導利源，使天下不知其取之有方，其致之有故。有以自結於人，衆皆悦之，而非先王之大道。此所謂爲善之小人也。天下之人知其攘臂而爲不義也，❶則其君亦何遽用之？唯其自名於善而不察也。及其爲之，上不當於天心，下不合於民志，其召禍之由，陷民而亡其國者，是小人之爲也。

東萊吕氏曰：君不鄉道，不志於仁，而求富之，是富桀也。故「長國家而務財用」，無與人同利之心，是必小人矣。人之所非，彼之所善，故曰今之所謂良臣，古之所謂民賊也。既曰善矣，則唯其言之聽。求善人之立，而國之無菑害，難矣！是皆不知以義爲利，與人同之而已。又曰：《大學》所記，自致知格物以至家齊、國治而天下平，先後本末，循循有序。學者明乎此而力行之，則聖功也。而篇末乃反覆教戒爲利之害如此，則知爲天下國家，而賊夫心術者利爲甚，何也？以其私己而外人也。私己而外人，其身且不能保，其能體人物與己爲一乎？故記

❶「知」，原作「如」，今據通志堂本、四庫本改。

者極言之。戰國之世，聖人之道不行，君臣父子之間，所以相告語者，唯有利害，不知禮義。當是時，傳聖人之學者，幾不立矣。凡此之論，皆以爲迂闊而遠事情。賢者畏之，故極言之，以爲是則《大學》之終也。居仁

范陽張氏曰：漢武財用桑洪羊、孔僅、咸陽啓之；明皇財用宇文融、王鉷、楊慎矜、楊國忠啓之；德宗財用盧杞、皇甫鎛啓之。彼數君者，以桑洪羊、宇文融、盧杞等爲善，使爲國家。然而漢武晚年盜賊四起，明皇晚年有禄山之難，德宗晚年有奉天之難，菑害並起。雖平時所謂善者如桑洪羊、楊國忠、盧杞輩，亦無如之何。然則國當以利爲利乎？以義爲利乎？

藍田吕氏曰：君不鄉道，不志於仁，而求富之，是富桀也。故「長國家而務財用」，無與人同利之心，是必小人者也。小人者，人之所非，彼之所善，故曰「今之所謂良臣，古之所謂民賊也」。既曰善矣，則惟其言之聽。持不仁之質，以當國用事求善人之立，而國之無菑害，難矣！是皆不知以義爲利，與人同之而已。

建安真氏曰：義者，天理之公也。利者，人欲之私也。二者如冰炭之相反。然一於義，則利自在其中。蓋義者宜也，利亦宜也。苟以義爲心，則事無不宜矣。不惟宜於己，亦且宜於人。人己兩得其宜，何利如之？若以徇利爲心，則利於己必害於人，争鬭攘奪於是乎興，己亦豈能享其利哉？又曰：《大學》所謂利，專指財利而言。伊川先生云利，不獨財利之利，凡有一毫自便之心即是利。此論尤

有補於心術之微。至南軒先生又謂無爲而爲皆義也，有所爲而爲即利也。其言愈精且微，學者不可不知也。然必先以不貪財利爲根脚基址，方可説上兩節。正如貧而無諂，富而無驕，方能漸至樂與好禮之地。馴序用力，自粗至精，方可至純乎天理之地。

四明李氏曰：君子喻義，小人喻利。一義一利，截截乎冰炭之異，涇渭之别也。商湯惟知以義制事，而貨利則不殖。周武崇信明義，而四海則大賚。今乃以義爲利，則是君子之喻義，乃所以爲喻利耶？曰：是不然。《大學》此語爲後世言之耳。蓋自功利之説興，聚斂之門起，下焉者誇淺陋之規而排迂闊之見，上焉者陽諱其名而陰蹈其實。故《大學》君子直指利害之實，而立爲以義爲利之論，發明古人爲義之餘效，而非以推原古人爲義之本心。吁！古人心事，坦然明白，惟知有是非，不知有利害。非曰人徒以利爲利，我獨以義爲利，揣量輕重，巧擇其一，假義利之途，❶以濟功利之習也。讀《大學》之書者，以意逆志，是爲得之。

元白

新定邵氏曰：世之人君，苟非殘忍甚不仁者，初豈有心於掊克其民哉！彼小人者，志於竊君之寵禄，而無以爲進身之謀，始唱爲興利之説，以動其君之聽，曰不如是，無以充府庫而致富强也。世主誘於其説，始信之、任之，而不可回矣。故凡欲藉是以長盛其國家，而切切焉以財用爲務者，必自小人始也。「彼爲善

❶「途」，通志堂本、四庫本作「名」。

之」一語，殊不可解。朱文公云「上下疑有闕文誤字」，是已。讀者畧其辭而會其意可也。記《大學》者若曰：世主聽小人之言，其心必善之，謂真可以長國家也。不知使斯人而爲國家，乃怨讟之媒，禍患之府也。及菑害並至，雖有善於營救者，亦無所措手，其將奈之何哉！所以甚言夫小人之不可聽，人主當速遠之，毋使他日有噬臍之悔也。厥後孟子得之，極口爲當時言曰：有「能爲君闢土地，充府庫者，今之所謂良臣，古之所謂民賊」。正與此章之旨相爲發明。由是論之，爲國者其以利爲利乎？抑以義爲利乎？《大學》於篇終一再言之，後之治國平天下者可以觀矣。

禮記集説卷第一百五十三

禮記集説卷第一百五十四

冠義第四十三

孔氏曰：案鄭《目録》云：「名曰《冠義》者，以其記冠禮成人之義。此於《别録》屬《吉事》。」《世本》云：「黄帝造火食、旃冕。」是冕起於黄帝也。但黄帝以前，則以羽皮爲之冠。黄帝以後，乃用布帛。其冠之年，即天子、諸侯十二，故襄九年《左傳》云：「國君十五而生子，冠而生子，禮也。」又云「一星終也」，十二年歲星一終。又文王十五年生武王，尚有兄伯邑考。又《金縢》云：「王與大夫盡弁。」時成王十五而已著弁。既已著弁，則已冠矣。是天子十二而冠，與諸侯同。又《祭法》云：「王下祭殤五。」若不早冠，何因下祭五等之殤？大夫冠年雖無文，案《喪服》「大夫爲昆弟之長殤」，大夫既爲昆弟之長殤，則不二十始冠也。其士則二十而冠。《曲禮》云「二十曰弱冠」是也。

藍田吕氏曰：冠、昏、射、鄉、燕、聘，天下之達禮也。《儀禮》所載謂之禮者，禮之經也。《禮記》所載謂之義者，訓其經之義也。先王制禮，其本出於君臣、父子、尊卑、長幼之間，其詳見於儀章度數，周旋曲折之際，皆義理之所當然。故禮之所尊，尊其義也。失其義，陳其數，祝史之事也。知其義，則雖先王未之有，可以義起也。不知其義，則陷於非禮之禮，非義之義，大人弗爲也。凡冠、昏、射、鄉、燕、聘義，皆舉其經之節文，以述其制作之意者也。冠禮之設，所以明長幼之義也。古者自二十而冠，自十九而下皆爲童子。凡爲童子，以事長者爲之事也。紒而不冠，衣而不裳，名而不字，皆所以別成人，教遜弟也。闕黨童子將命，孔子曰：「吾見其居於位也，見其與先生並行也。非求益者也，欲速成者也。」《孟子》曰：「徐行後長者謂之弟，疾行先長者謂之不弟。」夫「堯舜之道，孝弟而已」。然弟不弟在於徐行疾行之間，皆所以養童子之道，不可不慎也。冠禮一廢，童子與先生並行，恥弟於長者矣。蓋遜弟之節不謹於童稚之間，及其成人，則扞格不入，此所以人材之難成，教之所由廢也。

長樂陳氏曰：二十而冠，始學禮。蓋男子者，陽之類也，而二十則爲陰之數矣。❶二十而冠者，以陰而成乎陽。猶之女，陰類也，而十五則陽之數矣。十有五年而笄，以陽而成乎陰。陰陽之相成，性命之相通也。

山陰陸氏曰：「二十曰弱冠」，則二十而冠，禮之大節在是也。唯天子、諸侯十五而冠，早成其德。先儒謂晉侯曰：「國君十五而生子。冠而生子，禮也。君可以冠矣。」魯襄公是時年十二。諸侯十二而冠，誤矣。蓋曰可以冠，則非禮之正也。《金縢》「王與大夫盡弁」，成王時年十五，則冠在是歲可知。

凡人之所以爲人者，禮義也。禮義之始，在於正容體，齊顏色，順辭令。容體正，顏色

❶「二」，原作「三」，今據通志堂本、四庫本改。

齊，辭令順，而后禮義備，以正君臣，親父子，和長幼。君臣正，父子親，長幼和，而後禮義立。故冠而後服備，服備而后容體正，顔色齊，辭令順。故曰「冠者，禮之始也」。

鄭氏曰：言人爲禮，以正容體，齊顔色，順辭令三者爲始。三始既備，乃可求以三行。立，猶成也。「服備而后容體正，顔色齊，辭令順」，言服未備者，未可求以三始也。童子之服，采衣，紒。

孔氏曰：人之所以得異於禽獸者，以其行禮義也。

藍田吕氏曰：知崇禮卑，崇效天，卑法地。故知禮者，人之天地也。未有天地不具，而能有物者也。此人之所以爲人，必在乎禮義也。知生乎思，思則得之。故盡致思之功，然後可以達乎高明。禮主乎行，行則致之。故盡躬行之實，然後可以極乎密察。此禮義之始，所以必在乎「正容體，齊顔色，順辭令」也。容體者，動乎四體之容者也。顔色者，生色見乎面目者也。辭令者，發乎語言而有章者也。三者脩身之要，必學而後成，必成人而後備。童子，未成人者也。於斯三者不可以不學。故古之教子，能食，教以右手；能言，教唯與俞。七年，教之男女不同席，不共食；八年，教之出入門户，即席飲食，必後長者；十年，學幼儀；十三，學舞射御，則養之有素矣。養之久則安，安則成。故至于二十，則三者備矣，然後可以冠而責成人之事矣。君子之容舒遲，見所尊者，齊遬，足容重，手容恭，目容端，口容止，聲容静，頭容直，氣容肅，立容德，此「容體正」歟？衰絰則有哀色，端冕則有敬色，介胄則有不可辱之色。根於心而生色晬然見於面，此「顔色齊」歟？長者不及，無儳言，毋勦説，毋雷同，必則古昔稱先王。與君言，言使臣；與大夫言，言事君；與老者言，言使子弟；與幼者言，言孝弟于父兄；與衆言，言忠信慈祥；與居官者言，言忠信，此「辭令順」歟？故唯備此三者，然後可以明人倫。人倫明，然後禮義立，而可以爲成人。成人然後可以有冠有裳而服備。故冠禮者，所以成人之禮。禮之成人，而行禮義自此始矣。故曰「冠者，禮之始也」。

嚴陵方氏曰：禮猶體也，而所以達義。故曰「凡人之所以爲人者，禮義也」。容體欲其可度，故曰「正」；顔色欲其可觀，故曰「齊」；辭令欲其可從，故曰「順」。正容體而至於容體正，齊顔色而至於顔色齊，順辭令而至於辭令順，則禮義不特有始而已，且備而無虧矣。君臣存乎義，故曰「正」；父子存乎恩，故曰「親」；長幼存乎情，故曰「和」。正君臣而至於君臣正，親父子而至於父子親，和長幼而至於長幼和，則禮義不特能備而已，且立而有成矣。有始而後能備，能備而後能立，固其序也。夫冠昏所以謹其始於先，喪祭所以謹其終於後，則冠昏爲喪祭之始也。而冠又爲昏之始，故曰「冠者，禮之始也」。昏禮又曰禮之本，何也？蓋言始以知其終，言本以知其末。夫冠對昏而言，故可謂之始。然以國家之禮謂之本可也，故經曰「重禮所以爲國本」。昏對冠而言，故可謂之本，而不可謂之始。然以夫婦之義，❶謂之始亦可也。故經又曰

❶「以」，通志堂本、四庫本作「而」。

「夫婦之義由此始」。

馬氏曰：「正容體」，則斯遠暴慢矣。「齊顏色」，則斯近信矣。「順辭令」，斯遠鄙悖矣。冠而后服備，服備以德成，成德以服彰，故服其服者，文以君子之容，遂以君子之辭，實以君子之德，所以稱其服也，故曰「冠而后服備，服備而后容體正，顏色齊，辭令順」。

山陰陸氏曰：人者，仁也。禮以經之，權之以義，如斯而已。正容體，齊顏色，順辭令，五事，一曰貌，二曰言，是已三始者，雖非所以立也，然闕一於此，不得謂之備。柯陵之會，厲公視遠步高，晉郤犨見其語迂，郤錡見其語犯，郤至見其語伐。單襄公曰：「吾見厲公之容而聽三郤之語矣，殆必禍者也。」蓋古之人於此以觀禍福如此，則容體、顏色、辭令亦豈可忽哉？

石林葉氏曰：義以爲質，禮以行之，人之道也。脩人道者，亦必有漸，故男子二十而冠，冠之始也，欲其容體正，顏色齊，辭令順而已。及夫體正而不失足於人，色齊而不失色於人，辭順而不失口於人，則人道備，故言禮義備。及夫君臣正而朝廷肅，父子親而閨門定，長幼和而宗族有禮，則人道正矣，故言禮義立。

錢塘于氏曰：《冠義》一篇，如首曰「人之所以爲人者，在禮義」，中曰「成人之道」，曰「成人與爲禮」，曰「以成人見」，終曰「責成人之禮」，曰「責四者之行於人」，曰「孝弟忠順之行立，而後可以爲人」。學者能知冠之時，欲其成乎人，而必責其能成人，其望君子以成人自勉者，切矣。

是故古者聖王重冠。古者冠禮，筮日、筮

賓，所以敬冠事。敬冠事所以重禮，重禮所以爲國本也。故冠於阼，以著代也。醮於客位，三加彌尊，加有成也。已冠而字之，成人之道也。見於母，母拜之，見於兄弟，兄弟拜之，成人而與爲禮也。玄冠、玄端，奠摯於君，遂以摯見於鄉大夫、鄉先生，以成人見也。

鄭氏曰：國本，國以禮爲本也。阼，謂主人之北也。適子冠於阼。若不醴，則醮用酒。於客位，敬而成之也。户西爲客位。庶子冠於房户外，又因醮焉，不代父也。冠者初加緇布冠，次加皮弁，次加爵弁，每加益尊，所以益成也。字，所以相尊也。鄉先生，同鄉老而致仕者。服玄冠、玄端，異於朝也。

孔氏曰：阼是主人接賓處。今適子冠於阼，所以著明代父之義也。鄭註「阼謂主人之北」，「若不醴，則醮用酒」，「庶子冠於户外，又因醮焉」，皆《士冠禮》文。《周禮》適子則以醴禮之，庶子則以酒醮之。其於周時，或有舊俗行先代之禮，雖適子亦用酒醮，則因而行，不必改也。醮者，醮盡之義。鄭註《士冠禮》「酌而無酬酢曰醮」是也。冠於客位，尊以成人，若賓客待之也。「加有成也」，謂益加有成人之事。此記是士冠禮，故三加。若大夫亦同。《士冠禮》云：「古者五十而后爵，何大夫冠禮之有？」是大夫雖冠，用士禮。若諸侯，則有冠禮。故《左傳》云：「公冠，用裸享之禮行之，金石之樂節之。」其加則四，而有玄冕。故《大戴禮》公冠四加也。諸侯四加，則天子亦當五加衮冕也。今唐禮母見子，但起立，不拜。案《儀禮》廟中冠子，以酒脯奠廟訖，子持所奠酒脯以見於母，母拜其酒脯，重從尊者處來，故拜之，非拜子也。「玄冠玄端」，上士則玄裳，中士則黄裳，下士則雜裳，以其初成人，故著玄端，異於朝服也。若朝服則素裳。奠摯，奠之於君也。以摯，謂以雉也。《士相見禮》冬用雉，夏用腒。鄉大夫，在朝之卿大夫。

山陰陸氏曰：言明内聖外王之道，而後充，此亦所以重冠也。

藍田吕氏曰：國之所以爲國，人道立也。人之所以爲人，禮義立也。冠禮者，所以責成人，禮義所由始也。上帝降衷于下民，則所以爲人，天命之，神明相之。筮日、筮賓于廟門之外，成人之始，質之神而不敢專，敬之至也。敬至則禮重，禮重則人道立，此國之所以爲國也。故曰「所以爲國本也」。主人升，立于序端，西面。贊者筵于東序之北，西面。將冠者即筵而冠，則其位與主人同在阼也。父老則傳之子，姑老則傳之婦，所傳皆適也。故《冠禮》子冠於阼，《昏禮》舅姑饗婦，卒饗，降自西階，婦降自阼階，所以著其傳付之意也。未嘗傳，而示之以傳付之意，所以使之知繼之之重，敬守而不敢墜也。卒冠而醴，若醮則席于賓位，以禮賓之禮禮其子，所以爲成人敬也。始加緇布，次加皮弁，次加爵弁，三加而服彌尊，亦所以爲成人敬也。古者童子雖貴，名之而已，所以别長幼也。至冠卒醴，然後賓字之，曰伯某甫，仲、叔、季唯其所當，爲成人之道而敬其名也。冠者就筵受觶，薦脯醢，祭卒，奠觶，降，筵北面取脯，降自西階，適東壁，北面見于母，母拜受，子拜送，母又拜。冠者見于兄弟，兄弟再拜，冠者答拜，故曰「見于兄弟，兄弟拜之」。母拜之義，古今學者疑焉。孔氏疏義曰：「廟中冠子，以酒脯奠廟，子持所奠脯以見母，母以脯自廟中來，故拜之，非拜子也。」此説未然。所薦脯醢爲醴子設，非奠廟也。蓋古者有庸敬，有斯須之敬。如爲師，則不臣；王臣雖微，在諸侯之上；尸在廟門内，則全於君，皆斯須之敬也。與其所庸敬，各申其義，並行而不相悖也。子之於母，固所尊也，所尊則庸敬矣。然婦人之義，在家從父，已嫁從夫，夫死從子。母雖尊也，卒有從子之道，故當其冠也，以成人之禮禮之，則屈其庸敬以申斯須之敬，明從子之義猶未害乎母之尊也，庸何疑哉？乃易服，服玄冠、玄端、爵韠，奠摯見于君。遂以摯見於鄉大夫、鄉先生。玄冠，士服也。玄端，異於朝服，以始冠而異之也。所以見君與鄉大夫、鄉先生者，始以成人接也，且明貴貴、長長之義也。

長樂陳氏曰：《儀禮》曰「主人玄冠而朝服，緇帶而素韠，立于廟門之東西面以筮日」者，❶以日月往來而吉凶無常者也。古之人舉大事，興大功，則必擇之以元辰，占之以卜人，而況冠禮之大者也。玄冠以象道之幽，朝服皮弁以致其誠之潔。緇以黑爲主，素以白爲主，黑與白，純而不變者也。唯夫有道之君子，素其誠而不雜其行，此所以筮日而日無不吉也。筮其賓客，《儀禮》所謂「前期三日，如求日之儀」是也。昔之人有吉事，則與賢者歡成之；有凶事，則亦與賢者哀戚之。

❶「西」，原缺，今據四庫本補。

冠禮吉事，所以筮賓而歡成之也。上而有冠，則天道也。中而有服，則人道也。下而有屨，則地道也。故三加而彌尊，每加莫不有此三者焉。夫始加也，其冠則緇布，而服則玄端爵韠，屨則黑而其絇青。再加也，冠則皮弁，而服則素積素韠，屨則白而絇緇。及其三加，則冠非特此而授之以纁裳韎韐也，屨則纁而其絇黑。其加之有序，其序之有章。而衆人由之，亦足以得性命之文，而况夫君子者乎？所謂喻其志，則有成者，凡在是也。母所以生我者也，兄所以長我者也，而見於母，母拜之，見於兄弟，兄弟拜之，豈非以見其既冠而深責之以成人耶？此家與之成禮也。君者出令以正我者也，而不可以不見，故玄端、玄冠，以奠贄見於君。非特家與之成禮也，而國又與之成禮也。鄉大夫以智帥我者也，❶鄉先生以德先我者也，而不可以不見，故遂以贄見於鄉大夫、鄉先生者，非特國與之成禮，而鄉黨鄰里亦與之成禮也。故自一家達於一鄉，自一鄉達於一國，莫不與之成禮。故曰「將責成人」者，將責其爲人子，爲人弟，爲人臣，爲人少者之禮行焉，其是之謂乎？蓋冠必用醴，若不醴，則醮焉。以醴者，大古之物，故其禮簡，所以示質。酒者，後世之味，故其禮煩，所以示文。故適子用醴，庶子用醮。適婦有醴與饗，庶婦使人醮之，不饗。諸侯、大夫受賜服於天子，歸設奠，服賜服，於斯乎有冠醮，無冠醴，是醮輕於醴也。士冠若不醴則醮者，則冠適子或醴或醮，惟其

❶「鄉」，原作「卿」，今據通志堂本、四庫本改。

所用耳。

嚴陵方氏曰：緇布者，齊冠也。皮弁者，朝服也。爵弁者，祭服也。齊所以潔己，朝所以接人，祭所以交神，則「彌尊」之義又見於此。且每一加則一醮，加彌尊則醮亦彌尊矣。玄冠、玄端者，齊服也。既加以緇布冠矣，而又服玄冠者，蓋緇布則古之齊冠也，玄冠則今之齊冠也。緇布以既冠而敝之，故奠摯則服玄冠焉。摯則夏用腒，以防腐敗之患故也。「鄉大夫」，則鄉之有職事者，「鄉先生」，則鄉之有年德者。既加以皮弁之朝服，而奠摯止齊服者，取夫潔己以進也。童子則委摯而退爾。以摯見，故曰「以成人見也」。所謂玄冠、玄端者，《禮運》曰：「天子齊，玄衣、玄冠、玄裳。」《郊特牲》曰：「玄冕齊戒。」《司服》曰：「其齊服有玄端。」或曰玄冕，或曰玄冠，或曰玄衣，或曰玄端，何也？蓋有旒則謂之玄冕，無旒則謂之玄冠。以其身之所依，則謂之玄衣。以其服有兩端，則謂之玄端。或玄衣而加玄冕，或玄衣而加玄冠，皆謂之玄端。《玉藻》曰：「天子玄端而祭。」則玄冕、玄端者，祭服也。玄冠、玄端者，齊服也。然而玄冕雖以祭，亦有用之以齊者，《郊特牲》言「玄冕齊戒」是也。玄冠雖以齊，亦有用之以燕者。《玉藻》言「玄端而居」是也。

馬氏曰：聖言其內，王言其外。知禮樂之情者能作。作者之謂聖，故必曰聖。雖有其位，苟無其德，不敢作禮樂，故必曰王。冠禮出於聖王，而士大夫由之以行也。旬之外，則筮日。前期三日，則筮賓。筮日必吉者，所以期於終身之吉。

筮賓必賢者，所以要其終身之賢，故戒賓辭曰「願吾子之教也」。筮則質之於鬼神者，所以敬冠事，敬冠事，以其君臣、父子、長幼之道所自出，而治之所由興也，故曰「爲國本也」。初加之辭曰：「令月吉日，始加玄服，棄爾幼志，順爾成德。壽考惟祺，介爾景福。」再加曰：「吉月令辰，❶乃申爾服。敬爾威儀，淑慎爾德。眉壽萬年，永受嘏福。」三加曰：「以歲之正，以月之令。咸加爾服，兄弟具在，以成厥德。黄耇無疆，受天之慶。」❷「弃爾幼志，順爾成德」，脩其内而已。「敬爾威儀，淑慎爾德」，内外脩也。「以成厥德」，德之成也。「壽考惟祺」，未有數也，故次之以「眉壽萬年」。眉壽萬年，猶有數也，故終之以「黄耇無疆」。不唯服之加也，而其德亦有加，不唯德之加也，其壽亦有加，故曰「三加彌尊，加有成也」。《郊特牲》曰：「醮於客位，加有成也。三加彌尊，喻其志也。」志言其始，成言其終。已冠而字之，尊其名也。如母與兄弟，無答拜之禮而拜之者，與爲成人之禮也。各執其所當執之摯，以見於君。鄉大夫，猶周之鄉大夫也。

石林葉氏曰：「所以爲國本」者，何也？蓋冠而成之，則責其爲子。爲子將至於爲父，子則有臣道也，父則有君道也。爲國之本，莫大於是。字所以表德，故已成人而稱字也。母、兄弟雖在所親，而比於父則有所屈，故與其爲禮，則拜之，而不及父，則是父不可屈也。天道始於北，故

❶「月」，原作「服」，今據四庫本改。
❷「之」，原作「子」，今據通志堂本、四庫本改。

冠與衣皆用玄。鄉大夫、鄉先生也，❶雖在所尊，而比於君則在所後，故其奠摯則先於君，是不可後也。孔子曰：「入則事父兄，出則事公卿。」於冠可以見之也。新安朱氏曰：不醴而醮，乃當時國俗不同有如此者，如魯衛之幕有縿布，祔有離合，皆周禮自不同，未必夏、殷法也。記註所云若以杞、宋二代之後及它遠國未能純用周禮者言之，則或可通，然亦未有明文可考也。

成人之者，將責成人禮焉也。責成人禮焉者，將責爲人子、爲人弟、爲人臣、爲人少者之禮行焉。將責四者之行於人，其禮可不重與？故孝弟忠順之行立，而后可以爲人。可以爲人，而后可以治人也，故聖王重禮。故曰「冠者，禮之始也，嘉事之重者也」。是故古者重冠。重冠，故行之於廟。行之於廟者，所以尊重事。尊重事而不敢擅重事，不敢擅重事，所以自卑而尊先祖也。

鄭氏曰：責人以大禮者，已接之不可以苟。嘉事，嘉禮也。宗伯掌五禮：有吉禮，有凶禮，有賓禮，有軍禮，有嘉禮。而冠屬嘉禮。《周禮》曰：「以昏冠之禮，親成男女。」

孔氏曰：先王重冠，故行之於廟。士行之於禰廟，故《士冠禮》註「廟，謂禰廟」。既在「禰廟」，此云「尊先祖」者，尊禰即尊先祖之義，且下士祖禰共廟。其諸侯則冠於大祖之廟，故《左傳》云「先君之祧處之」。《聘禮》云「不腆先君之祧」，鄭註以

❶「鄉大夫鄉」，原作「卿大夫也」，今據通志堂本、四庫本改。

爲始祖之廟，則天子當冠於始祖廟也。

藍田吕氏曰：所謂「成人」者，非謂四體膚革異於童穉也，必知人倫之備焉。親親，貴貴，長長，不失其序之謂備。此所以「爲人子、爲人弟、爲人臣、爲人少者之禮行」，「孝弟忠順之行立」也。有諸己然後可以責諸人，故人倫備，然後謂之成人，成人然後可以治人也。古者重事必行之廟中。昏禮納采至親迎，皆主人筵几於廟。聘禮，君親拜迎于大門之外而廟受。爵有德，禄有功，君親策命于廟。喪禮既啓，則朝廟。皆所以示有所尊，而不敢專也。冠禮者，人道之始，所不可後也。孝子之事親也，有大事以告而後行，没則行諸廟，猶是義也。故大孝終身慕父母者，非終父母之身，終其身之謂也。

嚴陵方氏曰：能爲人子然後可以爲人父，能爲人弟然後可以爲人兄，能爲人臣然後可以爲人君，能爲人少然後可以爲人長。蓋能爲臣子之類，止可以爲人而已，然未足以治人。爲君父之類，則可以治人，而不止於爲人矣。故曰「可以爲人，而後可以治人也」。長幼以兄弟爲主，此言弟，又言少者，前略後詳故也。幼言其力，少言其齒，其實一也。《周官》曰「嘉禮」，此曰「嘉事」者，事言其實，禮言其名，互相備也。君子作事謀始，而冠者禮之始，故爲嘉事之重。

馬氏曰：成人禮者，爲人子則孝，爲人弟則弟，❶爲人臣則忠，爲人少則順。責之以四者之行，此禮之所以重也。尊重事者，不忘其先也。不敢擅重事者，事不專

❶ 下「弟」字，明本作「敬」。

於己也。不專於己，所以自卑。不忘其本，所以尊先祖也。

石林葉氏曰：爲人子孝，故事君則忠，爲人弟弟，故事兄則順。既冠而母與兄弟拜之，責以孝弟之行也。君與鄉大夫、鄉先生以成人見之，責以忠順之行也。忠順之行立，❶則身脩而人道備，故可以爲人。人道備於己，則推而治國家，故可以治人。古之聖帝明王欲責人如此，故筮日、筮賓以敬之，乃所以重責之。五禮而嘉處其終，嘉禮而冠居其首。言「冠者，禮之始」，則知其爲嘉事之重也。蓋在冠則謂之禮，在禮則謂之事，重其事，故行之於廟。

廬陵胡氏曰：前責以三行者，責成人之漸。此責以四行者，責成人之備。《孟子》曰：「不得乎親，不可以爲人。」故必四行立而后可以爲人也。言可以者，亦猶所謂「事親若曾子者可也」。蓋臣子之身，所能爲者皆所當爲也，故但曰「可」而已，不以曾子之孝爲有餘也。嘉事，謂嘉會足以合禮。《傳》曰：「嘉事不體，何以能久？」

昏義第四十四

孔氏曰：案鄭《目録》云：「名曰《昏義》者，以其記娶妻之義，内教之所由成也。此於《別録》屬《吉事》。」謂之「昏」者，鄭《昏禮目録》云：「娶妻之禮，以昏爲期。」必以「昏」者，取其陽往陰來之義。日入後二刻半爲昏。定言之，則壻曰「昏」，妻曰

❶「忠順之行」，原脱，今據通志堂本、四庫本補。

「姻」。謂壻以昏時而來，妻則因之而去也。若壻與妻之屬，亦稱昏姻，故鄭註《昏禮》云「女氏稱昏，壻氏稱姻」，《爾雅》「壻父爲姻，婦父爲昏」，又云「壻之黨爲姻兄弟，婦之黨爲昏兄弟」是也。天地初分之後，遂皇時，則有夫婦。故《通卦驗》云遂皇法北斗七星而立七政，則君臣、父子、夫婦及政等，是夫婦始自遂皇也。譙周云：「大昊制嫁娶，儷皮爲禮。」是儷皮起於大昊也。其媒官具於《月令》疏。五帝以前爲昏，不限同姓、異姓，三王以來文家異姓爲昏，質家同姓爲昏。其昏之年，則《大戴禮》男三十，女二十，合爲五十，應大衍之數。自天子達於庶人，一也。然舜年三十不娶謂之鰥，文王十五生武王，尚有兄伯邑考，則人君昏娶早矣。先儒又以男二十而冠，女十五而笄，自此以後，可以嫁娶。至男三十，女二十，是正禮也。

藍田吕氏曰：有天地然後有萬物，有萬物然後有男女，有男女然後有夫婦，有夫婦然後有父子，有父子然後有君臣。故男女夫婦，人道之始也。可不敬乎？故《序卦》曰：「物不可以苟合，故受之以賁。」蓋天下之情，不合則不成。其所以合也，敬則克終，苟則易離，必受之以致飾者，所以敬而不苟也。昏禮者，其受賁之義乎？必以昏者，陽往而陰來，陽屈而陰伸，男下女之義也。

吴郡張氏曰：昏禮用昏時，日往則月來，陽往則陰來之義。異姓取和而不同，以水濟水，則不相成。男女同，則不昌也。昏禮者，將合二姓之好，上以事宗廟，而下以繼後世也，故君子重之。是以昏禮納采、問名、納吉、納徵、請期，皆主人筵几於廟，而拜迎於門外，入揖讓而升，聽命於廟，所以敬慎重正昏禮也。

鄭氏曰：聽命，謂主人聽使者所傳壻家之命。

孔氏曰：此一經總明昏禮之義，從始至終也。采，謂采擇之禮，故「昏禮下達，納采用鴈」，謂使媒氏下通其言，女許之，然後納采。《白虎通》云：「鴈，取其隨時南北，而不失節。又鴈隨陽，妻從夫之義。」「問名」者，問其母所生之姓名。故《昏禮》云「爲誰氏」，言女之母何姓氏。此二禮，一使兼行之。納吉者，謂男家既卜得吉，與女氏也。納徵者，納聘財也。徵，成也。先納聘財，而后昏成，《春秋》則謂之「納幣」。其庶人則緇帛五兩；卿大夫則玄纁，玄三纁二，加以儷皮；諸侯加以大璋；天子加以穀圭，皆具於《周禮》經、註也。請期者，謂男家使人請女家以昏時之期。請者，謙敬之辭，示不敢自專也。納吉、納徵、請期，每一事則使者一人行。唯納徵無鴈，以有幣故，其餘皆用鴈。主人，謂女父母，行此等禮時，女之父母設筵几於禰廟。此等皆據《士昏禮》而知之。

賈氏曰：納幣五兩，十端也。必言兩者，欲得其配合之名。十象五行十日相成也。問名者，問女之姓氏，不問三月之名。故《昏禮》問名，辭云「敢請女爲誰氏」，鄭云「誰氏者，謙也。不必其主人之女」，是問姓氏也。然以姓氏爲名者，名有二種：一者是名字之名，三月之名是也；一者名號之名。故孔安國註《尚書》，以舜爲名，鄭《目録》以曾子爲姓名，亦據子爲名，皆是名號爲名者也。《儀禮疏》。

新安朱氏曰：孔疏「問名」，與《儀禮疏》義不同，未詳孰是。

藍田吕氏曰：合同姓以爲宗者，兄弟之恩患乎不親也。合異姓以爲昏者，男女之際患乎無別也。故「娶妻不娶同姓，買妾不知其姓則卜之」，皆所以遠別也。君子之祭也，既内自盡，又外求助，昏禮是也。故國君取夫人之辭曰：「請君之玉女與寡人共有敝邑，事宗廟社稷。」出夫人之辭曰：「某不敏，不能從而共粢盛。」昏禮，父醮子而命之曰：「往迎爾相，承我宗事。」《詩》有《采蘩》、❶《采蘋》，皆以承先祖、共祭祀爲不失職。蓋婦人之職，莫先於奉祭祀。女子未嫁，觀於祭祀，納酒漿、籩豆、葅醢，禮相助奠，其教有素矣。有夫婦然後有父子，故天地不合，萬物不生。大昏，萬世之嗣也。此昏禮所以不可不敬也。故曰「將合二姓之好，上以事宗廟，下以繼後世也」。昏禮之節，納采、問名、納吉、納徵、請期、親迎，其別有六。必至于六者，敬則不苟，别則致詳也。納采者，昏禮下達，男先下女，媒妁之言既達，則女先許之矣。男不敢必也，故納采擇之禮以求之，故曰「納采」。其禮用鴈，五禮皆用之。鴈，大夫之摯也。士昏而用大夫之摯，攝盛也，猶乘墨車而迎也。其辭曰：「吾子有惠，貺室某也，某有先人之禮，使某也請納采。」言有惠貺室，則知女氏之前許也。既納采，遂問名者，不敢必主人之女。問名，將卜之也。故其辭曰：「某既受命，將加諸卜，敢請女爲誰氏？」對曰：「吾子有命，且

❶「蘩」，原作「繁」，今據通志堂本、四庫本改。

以備數而擇之，某不敢辭，則告之矣。」「納吉」者，既問名，而男氏以吉卜告女氏也。其辭曰：「吾子有貺，命某加諸占，曰吉。使某也敢告。」「納徵」者，納幣以聘之也。古之聘士、聘女，皆以幣交恭敬，不可以虚拘也。正潔之女，非禮則不行，猶正潔之士，非其招則不往也。故以聘士之禮聘之，是以有儷皮束帛；以贄見之禮見之，是以用鴈。敬之如此其至，則夫婦之不正，未之有也。徵，成也，證也，所以成其信而不渝也。聘幣皆以束帛，故無過五兩。諸侯、天子至於用玉，則又所以重其禮也。請期者，男氏請昏期於女氏也。昏期主於男氏，而必請於女氏。女氏固辭，然後告期者，賓主之義，不敢先也。此五者行乎親迎之前，又皆男女受命於廟，女氏聽命於廟，筵几以敬神，拜迎揖讓以敬賓，至繁縟也，至重慎也，皆所以敬而不苟也。婦從乎夫，女卑於男，人之大倫也。昏禮下達，自納采至于親迎，皆男先於女者，天地之義存焉。天氣降而下，地氣應而上，則天地交而陰陽和，萬物生。上以禮求下，下以誠應上，則上下交，君臣和，萬化成。男女之際，非特有所下也，别疑遠恥，且以成婦之正順，以爲事宗廟、繼後世之重也。聘則爲妻，奔則爲妾。聘者以禮先之，奔則不待禮而行，此所以别貴賤也。

長樂陳氏曰：納吉，則其禮成矣，故納徵。納采、問名、納吉、請期以禽贄，納徵以圭璋皮帛。由徵以前，慮其或不受也，故皆言「納」。既納徵，則聽命而已，故於期言「請」焉。《士昏禮》既納采、問名，然後歸卜於禰。既卜，然後納吉，而卜常在告廟之日。《禮記》曰：「卜郊，受命于祖廟，作龜于禰宮，尊祖親考之義也。」鄭氏謂受命，退乃卜。卜昏之禮，蓋亦如之。然則告廟始於納采、問名之後矣。納采、問名，一使而二鴈，三入廟而再迎之，則問名因於納采，故其禮略也。士昏贄用鴈者，攝盛也。觀其所乘大夫之墨車，所衣助祭之爵弁，而女必次純衣纁袡，腊必用鮮，魚必殺全，則攝贄以鴈，不爲過也。鄭氏曰「用鴈，取其順陰陽來往」，理必不然。《周禮》曰：「凡嫁子娶妻，入幣純帛，無過五兩。」考之於史，曰「錦繡千純」，《蘇秦傳》。又曰「文繡千純」。《張儀傳》。則純，匹端也。《周禮》所謂純帛，乃匹帛也。鄭改以爲「緇」，誤矣。匹帛無過五兩，則庶人不必五兩，大夫、士不得過焉。非謂庶人用緇，大夫用玄纁也。先王之制昏禮，其用財不過如此，則婦之所飾可知矣。以爲「合二姓之好，上以事宗廟，下以繼後世」，而不在財也。納采以至納徵，主人不辭，而請期辭者，以期在夫家，而不在主人也。請期曰：「吾子有賜命，某既申受命矣，惟是三族之不虞，使某也請吉日。」蓋惟父之昆弟、己與子之昆弟無死喪之凶，然後可以行禮焉。又曰：《異義》云：「《戴禮》說天子親迎，《左氏》說天子不親迎，上卿迎之；諸侯亦不親迎，使上大夫迎。」❶鄭《駮異義》云：「文王娶大姒，親迎於渭。又孔子答哀公：『合二姓之好，以繼先聖之後，以爲天地、宗廟、社稷之主，冕而親迎。何謂已重乎？』此天子、諸侯有親迎也。」然考

---

❶「迎」下，通志堂本、四庫本有「之」字。

之於經，《著》之詩刺不親迎，而「充耳以黄」者，人君之飾。又文王迎于渭，韓侯迎于蹶，而《春秋》「紀裂繻來逆女」，《公羊》曰：「譏不親迎也。」「公子翬如齊逆女」，《穀梁》曰：「逆女，親者也。使大夫，非正也。」「莊公如齊逆女」，《穀梁》曰：「親迎，常事也，不志，此其志何？不正其親迎於齊也。」凡此皆言諸侯親迎之禮。若天子則不然。趙氏曰：王者之尊，海内莫敵，故嫁女則使諸侯主之。適諸侯，諸侯莫敢有其室。若屈萬乘之尊而行親迎之禮，則何莫敢敵之有乎？夫子對哀公曰：「爲天地、社稷、宗廟之主。」以魯有郊祀天地之禮，故云爾，非爲天子發也。《左氏》謂諸侯不親迎，《公羊》謂天子亦親迎，其説不能全與經合，當從趙氏之論爲正。

馬氏曰：二姓者，姓之所自出者異也。繫之以姓而弗別，綴之以食而弗殊，雖百世而昏姻不通者，周道然也。所以重其別，而必待二姓然后合好也。上主於事宗廟，下主於繼後世，則中宜主於順舅姑，和室人，而以當於夫也。所主者如此，則君子可不重歟？采者，有所采擇。君子於事之始，未嘗不采擇，故此始於納采。自納采至請期，聽壻家之命必於廟者，不敢忘其祖，以敬慎重正昏禮也。

山陰陸氏曰：莊公如齊納幣，雖重而不正。

石林葉氏曰：賤而至於庶人，貴而至於天子，雖用幣不同，而皆用儷皮者，不忘本也。

禮記集説卷第一百五十四

禮記集説卷第一百五十五

父親醮子而命之迎，男先於女也。子承命以迎，主人筵几於廟，而拜迎于門外。壻執鴈入，揖讓升堂，再拜奠鴈，蓋親受之於父母也。降出，御婦車，而壻授綏，御輪三周，先俟于門外。婦至，壻揖婦以入，共牢而食，合巹而酳，所以合體同尊卑，以親之也。

鄭氏曰：酌而無酬酢曰「醮」。醮之禮，如冠醮與？其異者，於寢耳。壻御婦車輪三周，御者代之，壻自乘其車，先道之歸也。「共牢而食，合巹而酳」，成婦之義。

孔氏曰：此一節明親迎之禮。冠禮，醮子在廟。父以酒醮子，而命之親迎，男往迎之，女則從男而至。主人，女之父，以壻來親迎，故筵几於廟；以敵禮待之，故拜迎于門外。主人就東堦，初入門，將曲揖，當階北面揖，當碑揖，至堦三讓。主人升自阼階，揖，壻升自西階，北面，奠鴈再拜。於時女房中南面，母在房户外之西，南面。壻既拜訖，旋降出。女出房，南面，立於母左，父西面誡之。女乃西行，母南面誡之。是壻親受之於父母也。「降出，御婦車」，謂壻降西階而出，親御婦車。壻授綏者，婦升車之時，而壻授之以綏，御婦車之輪三匝，然後御者代御之。婦至壻之寢門，壻揖以婦入，則稍西避之。共牢而食者，在夫之寢，壻東面，婦西面，共一牲牢而同食，不異牲。合巹而酳，酳，演也。謂食畢飲酒，演安其氣。合巹，謂半瓢，以一瓠分爲兩瓢，謂之巹。

壻之與婦各執一片以酳，故云「合巹而酳」。欲使壻親婦，婦亦親壻，所以體同爲一，不使尊卑有殊也。

藍田吕氏曰：御婦車，授綏，御輪三周，先俟于門外，則所以下之之禮盡矣。共牢合巹，所以親親之義見矣。下之則有敬矣，親之則有愛矣，愛敬，禮之大體，而先敬後愛者，自異姓而合之，所以貴乎别也。故曰「敬慎重正，而後親之。禮之大體，而所以成男女之别，而立夫婦之義」。

嚴陵方氏曰：執鴈，謂執之以爲摯也。執之自此而奠之於彼，故又言「奠鴈」焉。御車以輪三周爲節，止於三，則取陰陽奇偶之數成也。共牢而食，則不異牲也。合巹而酳，則不異爵也。合巹，有合體之義。共牢，有同尊卑之義。體合則尊卑同，同尊卑則相親而不相離矣。

新安朱氏曰：用鴈亦攝盛之意。蓋既許攝盛，則雖庶人不得用匹。又《昏禮》「摯不用死」，故不得不越雉而用鴈也。

錢塘于氏曰：上一段發明其所以重，故揔之曰「所以敬謹重正昏禮也」。此一段發明其所以親，故揔之曰「所以合體同尊卑以親之也」。推所以而言之，則聖人兩致其意於昏禮者，始昭然義見矣。况夫婦之義，本於判合。故當始進之初，於敬謹重正之中，尤盡其綢繆委曲之誠。父親醮而命迎，則降尊以示其恩也。壻再拜而奠鴈，則屈體以尚其恭也。御輪以候，則春容以須之而不敢遽也。揖婦以入，則卑抑以延之而不敢慢也。共牢合巹，又欵密浹洽而相與周旋也。敬慎重正而后親之，禮之大體，而所以成男女之别，而立夫婦之義也。男女有别，而后夫婦有義。夫婦有義，而后父子有親。父子有親，而后君臣有正。故曰「昏禮者，禮之本也」。

鄭氏曰：言子受氣性純則孝，孝則忠也。

孔氏曰：昏禮必敬愼重正，而後男女相親，不然久必離異也。所以昏禮爲禮本者，昏禮得所，則受氣純和，生子必孝，事君必忠。孝則父子親，忠則朝廷正。是昏禮爲諸禮之本也。

藍田吕氏曰：人之所以異於禽獸者，以有别也。如其無别，則夫不夫，婦不婦矣，父子之親，何從而正？❶父子不親，則君臣之義何從而立？三者不正，求不爲禽獸者，未之有也。蓋人倫之本，始於夫婦，終於君臣。本正而末不治者，亦未之有也。故曰「昏者，禮之本」。

嚴陵方氏曰：「敬愼重正」，所以成男女之别於始，親之所以立夫婦之義於終，故曰「敬愼重正而后親之」也。此句屬上。男正位乎外，女正位乎内，所謂男女之别也。夫帥人以知，婦事人以信，所謂夫婦之義也。男女固有自然之别矣，非禮以成之，則或至於虧。夫婦固有自然之義矣，非禮以立之，則或至於壞。故曰「禮之大體，所以成男女之别，立夫婦之義也」。夫婦非無别也，其别乃兆於有男女之初。男女非無義也，其義必明於成夫婦之後。故繼言「男女有别，而后夫婦有義」也。有夫婦之義於始，然後生父子之親於終；有父子之親於内，然後達君臣之正於外。故曰「夫婦有義而后父子有親，父子有親而后君臣有正」也。皆由乎

❶「何從」，通志堂本、四庫本作「從何」。下句同。

男女之别，夫婦之義而已。男女之所以有别，夫婦之所以有義，蓋本於昏禮而已，故曰「昏禮者，禮之本也」。且禮至於父子有親，君臣有正，則禮之致用然後爲備，故前言「禮之大體」。

馬氏曰：男女者，夫婦之始，夫婦者，男女之終。始則成男女之别，終則必能立夫婦之義也。由男女有别以至君臣有正，其序如《易》所謂有男女，然後有夫婦，有夫婦，然後有父子，以至於有君臣，然後禮義有所錯同。

石林葉氏曰：納采用鴈而擇所昏，敬之也。問名而卜之吉，然後昏，謹之也。納幣而後成昏禮，重之也。請期而後交合，正之也。既至而後同尊卑，親之也。自納采至於請期，未成其爲婦也，故以成男女之别。既受之父母，而至於合巹而飲，則非特男女之交而已，故以立夫婦之義。夫婦有義，則内足以事親，故父子有親，則家齊矣。推而治國，故君臣有正。齊家，本也，治國，末也。故昏禮所以爲禮之至也。

夫禮始於冠，本於昏，重於喪祭，尊於朝聘，和於射鄉，❶此禮之大體也。

鄭氏曰：始，猶根也。本，猶幹也。鄉，鄉飲酒。

孔氏曰：此經因昏禮爲諸禮之本，遂廣明禮之始終。

永嘉周氏曰：古之聖人爲禮也，本夫人道者也。故天下之人自生以至於老且死，苟一日而不得其道，則不可以爲也。蓋其所以行吾身，與夫所以愛其親、尊其

❶「射鄉」，通志堂本、四庫本作「鄉射」。

君、和睦其天下者，必有所體焉，然後爲之順理而不亂。是故冠、昏、喪、祭、朝、聘、饗、射，八者之禮所由作，是不可一日而亡也，何者？今天下之人，目視而耳聽，手舉而足運，與夫生而愛其親，長而敬其兄，禮固已行矣，而或者日用而不知也。故聖人本其所自有者因爲之節制，謂之禮。爲之冠，以重其成人；爲之昏，以謹其繼世，爲之喪、祭，以仁鬼神；爲之朝、聘，以敬交接；爲之射、鄉，以厚廉恥。此八者舉，而人道備矣。雖威儀曲禮之多目，蓋不出乎此，故曰「禮之大體也」。故人之所以爲天下者，人道也。所以爲人道者，禮也。家也、鄉也、朝也，此三者所謂天下也。夫婦也，君臣也，父子也，兄弟朋友之交也，此五者所謂人道也。舉是五者錯之三者之間，苟不以所謂冠、昏、喪、祭、朝、聘、鄉、射八者之禮爲之節，而紛張逆置之，則荒淫僻亂，奚所不至？是以後世小失之則入於夷貉，大失之則入於禽獸。不知舉是八者以紀綱乎天下，而調適乎人民，乃日紛更以事末流。吁！亡益也。

藍田呂氏曰：禮始於冠者，童子所以成人也；本於昏者，有夫婦然後有父子，有父子然後有君臣也；重於喪祭者，人道之所終也；尊於朝聘者，所以明君臣之義也；和於鄉射者，所以合人情之懽也。八者備，然後禮備，故曰「禮之體也」。

嚴陵方氏曰：夫禮經而爲三百，曲而爲三千，不特止於如是而已也。故以大體言之，猶之百骸九竅，無非體也，而一身乃其大體歟！

馬氏曰：冠所以成人，故爲禮之始。昏

所以繼後世，故爲禮之本。喪以慎終，祭以追遠，故曰「重」；朝所以教諸侯之臣，聘所以成諸侯之好，故曰「尊」；習射尚功，習鄉尚齒，皆有飲，故曰「和」。其大別見於此，故曰「禮之大體也」。

石林葉氏曰：《周官》以嘉禮親萬民，則先昏而後冠。此則先冠而後昏，何也？蓋冠者一身之始，昏者萬世之始。《周官》垂於萬世則先昏，此言一身則先冠，不害其爲序也。

廬陵胡氏曰：「禮之大體」，猶木始則萌也，本則根也，重則幹也，尊則高也，和則榮也，五者備而大體具。

夙興，婦沐浴以俟見。質明，贊見婦於舅姑，婦執笲，棗栗、段脩以見。贊醴婦，婦祭脯醢，祭醴，成婦禮也。舅姑入室，婦以特豚饋，明婦順也。厥明，舅姑共饗婦以一獻之禮，奠酬，舅姑先降自西階，婦降自阼階，以著代也。

鄭氏曰：成婦禮，成其爲婦之禮也。贊醴婦，當作禮，聲之誤也。以饋明婦順者，供養之禮，主於孝順。婦降自阼階，言既獻之，而授之以室事也。降者，各還其燕寢。婦見及饋饗於適寢。《昏禮》不言「厥明」，此言之者，容大夫以上禮多，或異日。

孔氏曰：此論昏禮明日，婦見舅姑，舅姑醴婦，又舅姑入室，婦饋特豚，又明日，舅姑饗婦之節。此即士昏禮，故有特豚饋於舅姑，若大夫以上，非唯特豚而已。雖以士爲主，亦兼明大夫，故有「厥明，舅姑共饗婦」。若士昏禮，則舅姑醴婦訖，則饗之，不待「厥明」也。婦執笲，棗栗段脩以見者，案《士昏禮》「舅坐于阼階，西面，姑坐于房外，南面。婦執笲，棗栗進，東面，拜奠于舅席。訖，婦又執腶脩升，進，北面，拜奠于姑席」是也。「贊醴婦，婦祭脯醢，祭醴」者，案《士昏禮》「婦席于户牖間，贊者酌醴，置于席前北面，婦於席西，東面拜受。贊者西階上，北面拜送，又拜薦脯醢。婦升席，左執觶，右祭脯醢。訖，以柶祭醴三」是也。「舅姑入室，婦以特豚饋」者，《士昏禮》「舅姑入于室，婦盥，饋特豚，合升，側載，無魚腊，無稷，並南上」。其他如取女禮。鄭註云「側載者，右胖載之舅俎，左胖載之姑俎，異尊卑。並南上者，舅姑共席于奥，其饌各以南爲上也」。「舅姑共饗婦」者，案《士昏禮》云既言舅姑薦俎醢，以《鄉飲酒》之禮約之，席在室外户之西，舅酌酒於阼階獻婦，婦西階上拜受，即席祭薦。祭酒畢，於西階上北面卒爵。婦酢舅，舅於阼階上受酢，❶飲畢，乃酬婦。先酌自飲畢，更酌酒以酬姑。姑受爵奠於薦左，不舉爵，正禮畢也。阼階是舅姑所升處，今婦由阼階而降，是著明代舅姑之事也。

陸氏曰：笲，器名，以葦若竹爲之。其形如筥，衣之以青繒，以盛棗栗腶脩之屬。陸朗。

藍田吕氏曰：婦人從夫，與夫同體者也。夫之所事，婦亦事之，夫之所養，婦亦養之。故婦之於舅姑，猶子之於父母也。夙興沐浴，執笲以見舅姑，舅姑醴婦，婦祭脯醢，祭醴，明敬事自此始矣，故曰「成婦禮也」。舅姑入于室，婦以特豚饋。贊成祭，卒食一酳，徹席，婦餕，明共養自此

❶「舅」，原缺，今據通志堂本、四庫本補。

始矣，故曰「明婦順也」。父老則傳之子，姑老則傳之婦。故冠禮，子始冠，著其代父之意焉。昏禮，婦始見，著其代姑之意焉。明所以冠，所以昏者，其責在是也，故曰「以著代」。

嚴陵方氏曰：「婦沐浴以俟見」，所以致敬也。贄，即相者也。棗栗，則品之潔者，以奠于舅，尊之也。腶脩，則味之美者，以奠于姑，親之也。贊醴婦，謂贊者以醴酌婦而勞之也。祭脯醢而不及牲，祭醴而不及酒者，又以婦禮始成而未備故也。下言「特豚饋」，而不及特牲，亦此之意。厥明，明日也。夙興婦既饋舅姑矣，故厥明舅姑共饗婦焉，蓋報施之禮然也。「一獻」，與「一獻孰」之「一獻」同義。「奠酬」，與「奠酬而升歌」同義。

馬氏曰：沐浴自潔，以重禮也。質明，平明也。贄者，贄助以行禮也。笲者，《曲禮》曰「椇榛、脯脩、棗栗」，婦人之摯也。蓋婦人質，則用器不過於笲，其摯不過棗栗腶脩而已。「贊醴婦」者，舅姑答婦，亦必有贊也。脯醢者，羞也。醴者，酒也。婦受酒與羞必祭者，所以重舅之答己也，故曰「成婦禮也」。特豚，微物而已，用之以饋舅姑者，在順而不在於物也。一獻，一酌而已，用之以饗婦者，在禮而不在酌也。奠酬者，舅姑與婦相爲酬酢也。

石林葉氏曰：冠禮則責其爲人父，昏禮則責其爲人母，皆降自阼階，以著代也。成婦禮，明婦順，又申之以著代，所以重責婦順焉也。婦順者，順於舅姑，和於室人，而后當於夫，以成絲麻、布帛之事，以審守委積蓋藏。是故婦順備而后内和理，内和理而后家可長久也。故聖王重之。

鄭氏曰：室人，謂女妐、女叔、諸婦也。當，猶稱也。後言稱夫者，不順舅姑，不和室人，雖有善者，猶不爲稱夫也。順備者，行和當，事成審也。

孔氏曰：此經總上三事，以明聖王之所重也。申，重也。既明婦禮順，又重加之以著代之義，所以重責其婦之孝順也。「以審守委積蓋藏」者，言以此詳審保守家之所有委積掩蓋藏聚之物。室人，是在室之人，非男子也。女妐，謂壻之姊。女叔，謂壻之妹。諸婦，謂娣姒之屬。

藍田呂氏曰：婦禮者，所以敬也。婦順者，所以愛也。著代者，所以責也。三者皆所以順其舅姑，故曰「所以重責婦順也」。《詩》曰：「妻子好合，如鼓瑟琴。兄弟既翕，和樂且耽。宜爾室家，樂爾妻孥。」❶孔子曰：「父母其順矣乎？」蓋古之大孝，養志而已。雖有三牲之養，而不能和其家人，則不足以解憂。不足以解憂，而爲口體之養，則其養也微矣。婦順舅姑，何以異此？故和於室人，而后當於夫，以成絲麻、布帛之事，以審守委積蓋藏，是亦養志者也。養志者，順莫大焉。故内和理而后家可長久也。

嚴陵方氏曰：上下相從謂之順，可否相濟謂之和。舅姑之禮至隆也，故可順而不可逆。室人之禮相敵也，故雖和而不必同。兹其别歟？絲所以成帛，麻所以成布，故曰「以成絲麻布帛之事」。委言少而有所委，積言多而有所積。物之在下者曰「蓋」，物之在内者曰「藏」。以成絲麻、布帛之事者，婦功之本故也。「以

❶「孥」，原作「帑」，今據通志堂本、四庫本改。

審守委積蓋藏」者，坤爲吝嗇故也。內和而無乖，內理而無亂，然後家之道如天之長，如地之久也。聖王重之，其以此歟？

馬氏曰：責婦順，以順舅姑爲重。順舅姑，而不能和於室人，則不順乎舅姑矣。和於室人，而不能當於夫，則不和於室人矣。當於夫，而不能審守委積蓋藏，則不當於夫矣。數者無不備，然後可以盡婦順之道也。和於室人，如《詩》所謂「宜其家人」者是也。當於夫者，如《孟子》所謂「無違夫子」是也。「以成絲麻、布帛」，可以無寒也；「以審守委積蓋藏」，則在中饋可以無飢也。不唯可以不飢、不寒，而大可以供祭祀之羞服矣。「婦順備而后內和理」，和則有理，理則有義，有禮義則家可長久。聖王重之者，重其有禮義也。

石林葉氏曰：舅姑在所尊也，故言「順」。室人在所親也，故言「和」。不順於舅姑，和於室人，則爲之夫者，其能安之乎？

是以古者婦人先嫁三月，祖廟未毁，教于公宫。祖廟既毁，教于宗室。教以婦德、婦言、婦容、婦功。教成，祭之，牲用魚，芼之以蘋藻，所以成婦順也。

鄭氏曰：謂與天子、諸侯同姓者也。嫁女者，必就尊者教成之。教之者，女師也。祖廟，女所出之祖也。公，君也。宗室，宗子之家也。婦德，貞順也。婦言，辭令也。婦容，婉娩也。婦功，絲麻也。祭之，祭其所出之祖也。魚、蘋藻，皆水物，陰類也。魚爲俎實，蘋藻爲羹菜。祭無牲牢，告事耳，非正祭也，其齊盛用黍。云君使有司告之宗子之家，若其祖廟已毁，則爲壇而告焉。

孔氏曰：此經更申明前經成婦順之事。

此《昏義》雖記《士昏禮》，自此以下，又廣明天子以下教女及夫婦之義。祖廟未毁，謂與君爲骨肉，親廟有四，高祖廟未毁除，此欲嫁之女教於公宮也。「祖廟既毁」，謂與君四從以外，同高祖之父以上，其廟既遷，是「祖廟既毁」，此女則教於大宗子之室。三月教之，其教已成，祭女所出祖廟，告以教成也。未嫁之前，❶先教四德。又祭而告，欲使嫁而爲婦，奉遵此教而成和順也。天子當言王宮。鄭註知兼天子者，公宮謂公之宮，若天子公邑官家之宮耳，非謂諸侯公宮也。云「嫁女必就尊者教成之」者，案《内則》「女子十年不出，使姆教成之」，明已前恒教，但嫁前三月，特就公宮之教，欲尊之也。云「教之者女師」，即《詩·周南》「言告師氏」，《昏禮》註云「姆，婦人五十無子」者也。云「女所出之祖」，謂女父與君所分出之祖，或與君共高祖而分出。天子雖七廟，止自高祖以下與諸侯同也。云「公，君也」者，天子、諸侯皆稱君。云「宗室，宗子之家」，而不云大宗、小宗，則大宗、小宗之家悉得教之。與大宗近者，於大宗教之，與大宗遠者，於小宗教之。此《記》謂君之同姓，若君之異姓亦有大宗、小宗，其族人嫁女各於其家也。祭其所出之祖者，此女出於君之高祖，則祭高祖廟；出於君之曾祖，則祭曾祖，以下皆然。女親行祭，《詩》云「誰其尸之，有齊季女」是也。祭君之廟，應用牲牢，今俎唯魚也，不用正牲，則無稻粱。既以蘋藻爲羹，則當有齊盛，而士祭特牲黍稷，故

❶「嫁」，原作「教」，今據四庫本及《禮記正義》改。

知此亦用黍也。「公族教于宗室」者，使有司告之。若卿大夫以下，則女主之，宗子掌其禮也。爲壇而告者，謂與宗子或同曾祖，假令宗子爲士，只有父、祖廟，曾祖、高祖無廟，則爲壇於宗子之家而告焉。此註或有作「墠」者，誤也。蓋《祭法》適士一廟一壇，則曾祖爲壇也。大夫三廟二壇，則高祖及高祖之父爲壇。唯宗子爲中士、下士，但有一廟，無壇，則爲墠而告之耳。

横渠張氏曰：古者婦人亦須有教，教于公宮、宗室是也。故知夙興夜寐，臨祭祀，事賓客，承尊長。　又曰：「祖廟未毁，教於公宮」，則知諸侯於有服族人，亦引而親之，如家人焉。

藍田吕氏曰：五廟自高祖而下爲未毁。宗女同出于高祖，則其服緦，緦則親也，故教于公宮。同出於五世以上，則無服，無服則疏也，然猶統于大宗，故教于宗室。「教以婦德、婦言、婦容、婦功」，婦德，正順也。《詩》云：「林有樸樕，野有死鹿。白茅純束，有女如玉。」婦言，辭令也。《詩》云：「言告師氏，言告言歸。薄汙我私，薄澣我衣。」婦容，婉娩也。《詩》曰：「被之僮僮，夙夜在公。被之祈祈，[1]薄言還歸。」婦功，絲麻也。《詩》曰：「是刈是濩，爲絺爲綌。服之無斁，至乎教成。」則祭其所出之祖以告之，牲用魚，芼之以蘋藻。女親行之，脩婦職，申婦敬，以告事而已，故禮不盛也。此申言婦順其教有素，故曰「所以成婦順也」。

嚴陵方氏曰：有德矣，發之於聲，則有

[1]「祈祈」，通志堂本、四庫本作「祁祁」。

言。有言矣，形之於貌，則有容。有容矣，施之於事，則有功。故先後之序如此。魚之爲物，柔巽隱伏，上下隨陽。《易》言「貫魚以宫人寵，無不利」，亦以之比婦人，其牲用之固所宜矣。前言「明婦順」，繼言「責婦順」，又言「婦順備」，終言「成婦順」者，蓋婦以順爲正，故反覆言之如此。且明而後可責，責而後可備，備而後可成，故言之序如此。

馬氏曰：「祖廟未毁」者，君之四從親也。祖廟未毁，則教於公宫，既毁，則教於宗子之室。此皆有收族之意也。婦人以順爲本，故先教之以德。德，本也。言，文也。容者，又其文之動也。功者，又其德之餘事也。四者備，則祭之以告其成也。

石林葉氏曰：公宫，宗室尊者之居也。教自尊者出，明其有所受也。於教成之際則曰成婦順，於饋舅姑則曰明婦順者，成言其始，則於婦順不虧也；明言其終，則於婦順可見也。

古者天子后立六宫、三夫人、九嬪、二十七世婦、八十一御妻，以聽天下之内治，以明章婦順，故天下内和而家理。天子立六官、三公、九卿、二十七大夫、八十一元士，以聽天下之外治，以明章天下之男教，故外和而國治。故曰：「天子聽男教，后聽女順。天子理陽道，后治陰德。天子聽外治，后聽内職。教順成俗，外内和順，國家理治，此之謂盛德。」

鄭氏曰：天子六寢，而六宫在後，六官在前，所以承副，施外内之政也。三夫人以下百二十人，周制也。三公以下百二十人，似夏時也。合而言之，取其相應，有象天數也。内治，婦學之法也。陰德，謂主陰事、陰令。

孔氏曰：此一經明天子與后各立其官，掌内外之事，法陰陽之所爲。案《宫人》云：「掌王之六寢之脩。」註云：「路寢一，小寢五。」是天子六寢也。后六宫在王之六寢後，亦大寢一，小寢五。其九嬪以下，亦分居之。其三夫人雖不分居六宫，亦分主六宫之事。或二宫則一人也，或如三公分主六卿之類也。❶六卿之官在王六寢之前，其三孤亦分主六官之職，總謂之九卿。故《考工記》云「外有九室，九卿朝焉」是也。《周官》三百，此止百二十人，故鄭云「似夏時」。欲其數相當，故以夏、周相對言之。案《九嬪職》云「掌婦學之法」，故知内治是婦學也。案《内宰》：「掌王之陰事、陰令。」註云：「陰事，謂羣妃御見之事。陰令，謂王所求爲於北宫也。」

藍田吕氏曰：此章因講明《士昏禮》之義，推而上之，至于天子、后聽天下之外治、内治，則男女之義盡矣。立六官之職，公、卿、大夫、元士分治之，以佐天子聽天下之外治。立六宫之職，夫人、嬪、世婦、御妻分治之，以佐后聽天下之内治。男正位乎外，女正位乎内。男女正，天下之大義也。有家者，夫聽家之外治，婦聽家之内治。❷天子與后，有天下者也，則不得不聽天下之内外治也。外治者，明章男教也，司徒之所教皆是也。内治者，明章婦順也，婦順之法，德、言、容、功皆是也。陽道者，男所以正其室也。

❶「卿」，原作「鄉」，今據通志堂本、四庫本改。
❷「婦聽家之内治」，原脱，今據通志堂本、四庫本補。

陰德者，婦人所以宜其家也。「刑于寡妻，至于兄弟」，則正室之道，天子所理也。「嘒彼小星，三五在東。肅肅宵征，夙夜在公，實命不同」，則宜家之道，后所治也。鄭氏謂「内治之道，婦學之法。陰德，謂主陰事、陰令」，其義然也。凡天子所聽皆外治，后所聽皆内職。至于教順成俗，外内和順，國家理治，必如《周南》、《召南》盛德之化，然後可致也。

嚴陵方氏曰：六官，即天地四時之官也，亦謂之六卿。既曰六官矣，而又有三公者，王氏謂三公之官率以六卿，有道者兼之，無其人則不置也。昔周公位冢宰，而又曰周公爲師。宰則六官之長也；師則三公之長也。以是言之，則兼之之説明矣。由公而下，以至于士，其數三而倍之，止於九九者，蓋陽成於三，窮於九。以其理陽道，故其數如此。后治陰德，其數亦如之者，婦人從夫故也。先言六宫者，欲治其國，先齊其家之意也。明則使之有辨，章則使之有成。順爲女之正，故曰「婦順」。教乃子之道，故曰「男教」。於家曰「理」，於國曰「治」。《孝經》曰：「居家理，故治可移於官。」與此同意。

馬氏曰：先六宫而後六官，内外之序也。《易》曰「女正位乎内，男正位乎外」是也。天子聽男教，后聽女順，尊卑之序也。蓋六宫皆統乎天子故也。道者德之兼，德者道之分，故曰「天子理陽道，后治陰德」。治者職之總，職者治之别，故曰「天子聽外治，后聽内職」。其政足以理國家，其化足以和内外，其道足以通陰陽，非聖人則不能至也，故曰「盛德也」。《禮器》曰：「大備盛德也。」

山陰陸氏曰：「天子后立六宮、三夫人、九嬪、二十七世婦、八十一御妻」，此蓋定額，殷、周一也。若《周官》世婦、女御不言數。鄭氏謂君子不苟於色，有則充之，無則闕員。雖不足其額，百有二十猶定。然則九卿三三公，二十七大夫三九卿，八十一元士三二十七大夫，後世雖有溢員，其百二十猶信，不以溢妨正也。不言「明章天下之婦順」，吾知正家而已。不曰「内和而家理」，而曰「天下内和而家理」，所謂正家而天下定也。《孟子》曰：「天下之本在國，國之本在家。」

石林葉氏曰：陰以柔静爲德，其譬則地也。地有成形，故言治陰德，治者，順其理以行也。陽以剛動爲體，其譬則天也。天有成象，故言理陽道，理則無事乎治也。唯其爲地道，故婦貴乎順，順在内也，家所以理。唯其爲天道，故男有教，教則有所勉在外者也，國所以治。雖然，於家理而後言天下，於男教則不及焉，何也？蓋明婦順者自内始，其漸及於天下，故天下内和而家理。若男事，則在外可見者也，故章明天下之男教，而後曰外和而國治。内外和順，國家理治，則其德崇矣。

盱江李氏曰：堯試舜，觀厥刑于二女。釐降二女于嬀汭，嬪于虞。以堯之女其淵源非不善，尚曰舜能以義理下其心，是無聖人爲之耦，則不克使其行婦道也。彼凡人子，而不漸以教、摩以禮，其可乎哉？故内宰以陰禮教六宫，又以陰禮教九嬪，又以婦職之法教九御。在王宫者，不可不知禮也。如使后、夫人、九嬪、世婦、女御皆受教，皆知禮，德皆正，言皆順，無治容，無廢功，無侈服，無衺道，❶則閨門之內，何有不肅？溥天之下，何有不化？《關雎》之不淫，《葛覃》之躬儉，《樛木》之無妬，《螽斯》之多子孫，《卷耳》之輔佐求賢，《兔罝》之莫不好德，於斯見矣。王道安得不成乎？　又曰：此經言三夫人、九嬪、二十七世婦、八十一御妻，至于《天官序》，則世婦以下不言數，謂君子不苟於色，有婦德者充之，無則闕。世婦、女御視大夫、士，尚唯其人，則三夫人、九嬪，官不必備可知矣。《曲禮》「納女於天子曰備百姓」，言以廣子姓耳。深山大澤實生龍蛇，母子傳類，亦不可忽。晉愍懷太子宮中爲市，使人屠酤，手揣斤兩，輕重不差，蓋其母屠家女也。先王之制，百二十人，猶以無人而闕之，至難至慎若此。武帝平吳之後，掖庭殆將萬人，復何義也？

錢塘于氏曰：古之盛時，政治之要，本乎一原。內廷、外廷，脉絡相貫。二《南》之詩，用於鄉人、邦國，而家人之位正，乃可以定天下。故求賢審官，知臣下之勤勞，初何預於后妃？而《卷耳》之詩乃以輔佐君子言之。男女以正，昏姻以時，若無闕於后妃，而《桃夭》之詩乃推后妃所致言之。當時一人無爲以守至正，德宇雍睦而福履綏，氣象和平而子孫衆，職此之由也。是則聽天下之內治，即所以配天下之外治；婦順之明章，即所以扶男教之明章，故謂之盛德。

是故男教不脩，陽事不得，適見於天，日爲之食。婦順不脩，陰事不得，適見於天，月

❶「衺」，通志堂本、四庫本作「喪」。

爲之食。是故日食則天子素服而脩六官之職，蕩天下之陽事。月食則后素服而脩六宫之職，蕩天下之陰事。故天子之與后，猶日之與月，陰之與陽，相須而后成者也。天子脩男教，父道也；后脩女順，母道也。故曰：「天子之與后，猶父之與母也。」故爲天王服斬衰，服父之義也；爲后服資衰，服母之義也。

鄭氏曰：適之言責也。食者，見道有虧傷也。蕩，蕩滌去穢惡也。父母者，施教令於婦子者也，故其服同。資，當爲「齊」，聲之誤也。

孔氏曰：此以下説男女之教，若其不得，日月爲之適食。又明天子與后是人父母之義。《左傳·昭二十一年》「十二月辛亥朔，日有食之」。庚午之日，始有謫。謫謂日將食之氣，氣見於上，所以責人君也。

藍田吕氏曰：男教陽事，上應乎日。婦順陰事，上應乎月。有不得則謫見於天，爲之薄食。日食則天子爲之變，月食則后爲之變，素服自責，各正厥事，以荅天變。明后與天子，日月陰陽，相須而后成之義也。以人倫推之，天子脩男教，天下之父也；后脩女順，天下之母也。其德之盛，必能以天下爲一家，爲天下父母。然後天下以父服服天子，以母服服后也。

嚴陵方氏曰：事失於下而適見於上，常適當焉，故通用「適」字。食則日月爲乖氣所薄，若爲物所侵食也。素服則以喪禮自貶也。夫日月者，天子與后之象也。陰陽者，天子與后之道也。日與月，則晝夜相須而成時者也。陰與陽，則寒暑相須而成歲者也。天子與后，則内外相須而成化者也。服天子以父之義，服后以母之義者，言以其義而服之，非服之正故也。《檀弓》謂之「方喪」者以此。

馬氏曰：天子之與后，人之所爲也。日之與月，陰之與陽，天之所爲也。天人之道，莫不相須而後成也。《禮器》曰：「大明生於東，月生於西，陰陽之分，夫婦之位。」此相須之道也。《詩》曰：「愷悌君子，民之父母。」使民如父之尊，母之親，而卒服之以齊斬之服，不亦宜乎？

山陰陸氏曰：《周官》九嬪、世婦以屬天官以此。資，讀如字。謂之資衰者，❶資於事父以事母也。

石林葉氏曰：聖人非求知天，亦非不求知天。日月之食，理所常有也。故反之陰陽之事者，躬自厚之道也。天子以男教勉天下之爲子者，其道猶父也。故其卒，則天下爲之斬衰。后以女順化天下之爲婦者，其道猶母也。故其亡，則天下爲之服齊衰。父母爲之服者，報其恩也。王與后爲之服者，報其義也。

建安真氏曰：《家人》之卦曰：「女正位乎内，男正位乎外。男女正，天地之大義也。」《易》言其理，而《禮》述其法，蓋相表裏云。

新安朱氏曰：按曆法，周天三百六十五度四分度之一，左旋於地，一晝一夜則其行一周而又過一度。❷日月皆右行於天，一晝一夜則日行一度，月行十三度十九分度之七。故日一歲而一周天，月二十九日有奇而一周天。又逐及於日，而與

❶「者」，原作「著」，今據通志堂本、四庫本改。
❷「周」下，原有「天」字，今據通志堂本、四庫本删。

之會。一歲，凡十二會。方會，❶則月光都盡而爲晦。已會，則月光復蘇而爲朔。朔後晦前，各十五日。日月相對，則月光正滿而爲望。晦、朔而日月之合，東西同度，南北同道，則月揜日，而日爲之食。❷望而日月之對，同度、同道，則月亢日，❸而月爲之食，是皆有常度矣。然王者脩德行政，用賢去姦，能使陽盛足以勝陰，陰衰不能侵陽，則日月之行雖或當食，而月常避日。故其遲速高下，必有參差而不正相合、不正相對者，所以當食而不食也。若國無政，不用善，使臣子背君父，妾婦乘其夫，小人陵君子，夷狄侵中國，則陰盛陽微，當食必食。雖曰行有常度，而實爲非常之變矣。

禮記集説卷第一百五十五

❶「方」，原脱，今據通志堂本、四庫本補。
❷「日」，原作「月」，今據通志堂本、四庫本改。
❸「亢」，原作「見」，今據通志堂本、四庫本改。

禮記集説卷第一百五十六

鄉飲酒義第四十五

孔氏曰：案鄭《目録》云：「名曰《鄉飲酒義》者，以其記鄉大夫飲賓于序之禮，尊賢養老之義。此於《别録》屬《吉事》。」《儀禮》有其事，此《記》釋其義也。但此篇有四事：一則三年賓興賢能，二則鄉大夫飲國中賢者，三則州長習射飲酒，四則黨正蜡祭飲酒。總而言之，皆謂之「鄉飲酒」。知此篇有此四事者，以鄭註下鄉人爲鄉大夫，士爲州長、黨正，又云「飲國中賢者，亦用此禮」故也。鄉則三年一飲，州則一年再飲，黨則一年一飲也。所以然者，天子六鄉，諸侯三鄉，卿二鄉，大夫一鄉，各有鄉大夫。而鄉有鄉學，取致仕在鄉之大夫爲父師，致仕之士爲少師，在學中名爲鄉先生，使之教鄉中之人。每年入學，三年業成，必升於君。若天子之鄉則升於天子，諸侯之鄉則升於諸侯，凡升之必用正月。將升之時，先爲鄉飲酒之禮。鄉大夫與鄉先生謀擇學生之最賢者爲賓，❶次則爲介，又次者爲衆賓。此鄉大夫爲主人，與之飲酒而後升之。故《周禮·鄉大夫職》云：「三年則大比，攷其德行道藝，而興賢者、能者。鄉老及鄉大夫帥其吏與其衆賓，以禮禮賓之。」若「州一年再飲」者，是春秋習射，因而飲

❶「生」，通志堂本、四庫本作「士」。

之。此則州長爲主人。若「黨一年一飲」者，是歲十二月，國於大蜡祭，而黨中於學飲酒，「子貢觀蜡」是也。此則黨正爲主人。此《鄉飲酒義》，説《儀禮·鄉飲酒》也。鄭註《儀禮·鄉飲酒·目録》云「諸侯之鄉大夫三年將獻賢者於君，以禮賓，與之飲酒」是也。鄭必知諸侯之鄉大夫者，以《鄉飲酒禮》云「磬階間縮霤」，註云「大夫特縣，方賓鄉人之賢者，從士禮也」。若天子之大夫特縣，則鐘、磬皆有。今唯云磬，故知諸侯之鄉大夫也。若諸侯之州長，則士也。故《儀禮·鄉射》是諸侯州長，故經稱「鹿中」。《記》云「士則鹿中也」。

長樂劉氏曰：昔者周公輔佐文、武，思兼三王，以施四事。先盡其性於上，以爲禮樂政刑之大本也。四者有本，莫不源源而流於其民。於是采其賢能豪傑可以表民者，列爲百辟，侯于六服，俾行其禮樂政刑，以制其民之過不及者，咸用中於五品焉。是以君臣盡其義，父子盡其仁，兄弟盡其道，夫婦盡其德，朋友盡其忠信，溥天之民，莫不盡其性以致中和也。愷悌之風浹于四方，而萬物由之得以盡其性矣。此《靈臺》之詩所以樂其有靈德及於鳥獸昆蟲，而《行葦》之詩以嘉其忠厚，仁及草木也。然而究賾其本，莫不首善於六鄉，以篤其風化之所自也。故《周官·大司徒》之職曰：「以鄉三物教萬民，而賓興之。一曰六德，知、仁、聖、義、中、和，二曰六行，孝、友、睦、婣、任、恤，三曰六藝，禮、樂、射、御、書、數，以鄉八刑糾萬民，所以束之入乎三物也。以五禮防民之僞，而教之中。以六樂防民之情，而教之和。凡萬民之不服教而獄訟者，聽而斷之。其附于刑者，歸于士。」然則六服五等諸侯之封爲國者千有七百九十三。自三鄉三遂而降，莫不放此授教於大司徒，而模範其民，俾建其中焉。然此溥天之民一有弗盡其性以充中和，而任乎情僞，過與不及者，無所以自容也。故其教官，五家爲比，則長之以下士；五比爲閭，則胥之以中士；四閭爲族，則師之以上士；五族爲黨，則正之以下大夫；五黨爲州，則長之以中大夫；五州爲鄉，則以卿爲之大夫，以綱其鄉之教典，而紀之以州、黨、族、閭、比之官，莫非三物之爲職也。大司徒則掌王之教典，而天下鄉、遂、都、鄙主其民者必授教法，如六鄉之綱紀焉。故族則有里校，黨則有序，州則有庠，鄉則有學，司徒則有大學，所以萃其英才而教之三物也。而鄉飲酒之禮，歲則一行於黨，再行於州，三年一行於鄉，所以行其三物，充乎五品，以礪其德行也，以觀其賢能也，以采其髦俊也。又設司諫之官，以糾其德行；司救之官，以禁其奇衺；調人之官，以平其讎難；媒氏之官，以合其昏姻，則風移俗易，以不盡性於中和爲愧，爲恥，爲邦閭之指笑也。此鄉飲酒之禮，所以爲王道之範模，❶爲風俗之砥礪也。故孔子曰：「吾觀於鄉，而知王道之易。」易者，其謂此乎？

藍田呂氏曰：鄉飲酒者，鄉人以時會聚飲酒之禮也。因飲酒而射焉，則謂之鄉射。鄭氏謂三年大比，興賢者、能者，鄉

❶ 「模」，通志堂本、四庫本作「圍」。

老及鄉大夫帥其吏與其衆以禮賓之。則是禮也，三年乃一行。諸侯之鄉大夫貢士於其君，蓋亦如此。黨正每歲國索鬼神而祭祀，則以禮屬民，而飲酒于序，以正齒位。然正禮無正齒位之事，而此篇有「六十者坐，五十者立侍」，乃所以正齒位也。但此禮略而不載，則黨正因蜡飲酒，亦此禮也。先儒謂鄉飲酒凡有四事，唯飲國中賢者，於經無文。但此篇云鄉人、士、君子，鄉人則鄉大夫，士則州長、黨正，君子謂卿大夫、士，則「飲國中賢者」，義或然也。然鄉人凡有會聚，當行此禮，恐不必四事而已。《論語》：「鄉人飲酒，杖者出，斯出矣。」亦偕鄉人而言之也。此篇凡五章。初言尊讓絜敬，所以免人禍也；次言學術道者，將以得身；次言先禮後財，則民敬讓；次言尊長敬老，而孝弟之行立；次言五行者，足以正身安國；次言古之制禮，法象天地，皆所以推明聖人制作之意也。

長樂陳氏曰：酒者，人之所以養陽也，而人情無節則亂，故先王有禮以制之焉。《書》曰「有正有事，無彝酒」，則非時而飲者皆禁也。又曰「羣飲汝勿佚，盡執拘以歸于周」，則不特非時，而羣飲者又戒也。蓋酒之爲物，易荒者也。而其於人，始乎治常，卒乎亂；始乎安常，卒乎危。故不能節之，則其所以養之者，適所以害之。故古人之在上者，樂至於無厭，猶足以速其亡，而况於民乎？是故節之以其時，節之以其禮，而鄉飲之所由作矣。

嚴陵方氏曰：《孟子》曰：「鄉黨莫如齒。」故古者於鄉必飲酒以序齒言。且飲酒者，人之所樂。序齒者，人之所難。因其所樂，而寓之以所難，故孔子曰：「吾觀於鄉，而知王道之易易也。」

清江劉氏曰：或問鄉飲酒之禮，劉子曰：所尚三，德也，年也，爵也。俎豆之事，則人知之矣。敢問三者兼乎？曰：然。如何？曰：謀賓介於先生，尚德也。旅酬以齒，老者異秩，尚年也。大夫爲僎坐于賓東，尚爵也。三者，天下之達尊也。夫如是，故觀於鄉者，其一曰：彼壯也而先老，何也？曰：唯其德也，然後民退而崇德。其二曰：彼羸也而先富，何也？曰：唯其長也，然後民退而事長。其三曰：彼後入也而異席，何也？曰：唯其貴也，然後民退而貴貴，故先王不賞而民勸，不令而民從。一事而三美備焉，其唯鄉飲酒乎？

董氏曰：古者聖王之制禮樂也，既治其大者，不忽其小者。天子之都，廟朝之上，既已焕乎其有文章矣，而諸侯之國，卿大夫之家，州閭鄉黨之間，冠、昏、喪、祭、饗、燕、飲、射，莫不有禮，莫不有樂，文理備具，所以與天下之民共由之，使人日從事乎其間。故其教化之成也，孝、弟、忠、信、仁、義之美達乎州閭，而行乎道路。後世之制禮樂也，事其大者，不事其小者。致詳於天子之所獨行，而滅裂於衆人之所常用。朝廷之聲明文物，❶則粲然莫不有制；鄉黨教化之具，則往往闕然不講。故雖有禮樂而卒不足以美教化，移風俗，何者？天子之所獨行，不接於下民之耳目也。夫民目常見之，耳常聽之，身常從事乎其間，然後靡然不覺大

❶「明」，通志堂本、四庫本作「名」。

化之陶己也。目不常見之，耳不常聽之，身不常從事乎其間，欲使之化，不可得也。孔子曰：「吾觀於鄉，知王道之易易也。」鄉飲酒之禮，在先王禮樂之中，最其小小者也，而孔子于以知王道之易易。然則禮樂之爲用，唯其小而近於民者最爲王教之本也。

鄉飲酒之義，主人拜迎賓于庠門之外，入，三揖而后至階，三讓而后升，所以致尊讓也。盥洗揚觶，所以致絜也。拜至，拜洗，拜受，拜送，拜既，所以致敬也。尊讓、絜、敬也者，君子之所以相接也。君子尊讓則不争，絜、敬則不慢。不慢不争，則遠於鬬、辯矣。不鬬、辯，則無暴亂之禍矣。斯君子之所以免於人禍也，故聖人制之以道。

鄭氏曰：庠，鄉學也。州黨曰序。「揚觶」，揚，舉也。今禮皆作「騰」。「拜至」，謂始升時拜賓至。道，謂此禮。

孔氏曰：此一節明鄉飲酒禮「拜迎」至「拜洗」相尊敬之事，「故聖人制之以道」也。❶ 此鄉大夫迎賓，故於庠門外。主人將獻賓時，以水盥手洗爵。及既獻之後，舉觶酬賓之時，亦盥洗也。必盥洗者，所以致其敬、絜之意也。賓與主人升堂之後，主人於阼階上北面再拜，是拜賓之至也。拜至訖，洗爵而升，賓於西階上北面再拜，拜主人洗也。「拜受」者，賓於西階上拜受爵也。「拜送」者，主人於阼階上拜送爵也。「拜既」者，既，盡也。賓飲酒既盡而拜也。賓主相拜，致其恭敬之心也。案《州長職》云：「春秋射于州序。」《黨正》云：「屬民飲酒于序。」是州黨曰

❶「人」，原作「王」，今據通志堂本、四庫本改。

序也。《學記》云「黨有庠」者，謂鄉人在州黨，但於鄉之庠學，不別立也。

藍田呂氏曰：鄉飲之禮，以謹遜之道尊賓，始見于拜迎庠門之外，三揖三讓而後升。以絜清之道接賓，則見于盥洗揚觶之際。盥手洗爵，始獻賓之節也。既獻之後，舉觶酬賓，亦盥洗而揚觶，不敢慢也。極其所以賓主之敬，則見于拜洗、拜受、拜送、拜既之節也。賓拜主人洗，主人復拜賓洗是也。❶拜受、拜送者，賓受獻，主人受酢，賓受酬。獻、酢、酬者拜送，受者拜受也。「拜既」者，賓主獻酬，卒爵，皆拜也。君子之相接，尊讓絜敬如此其至，雖有争慢之心，無從生矣。尊讓絜敬之禮行，則尊讓絜敬之俗成。禮行而至於成俗，則天下之人皆將遠於鬬辨，而免於人禍，則先王制禮也有道，非苟爲繁文飾貌，升降之末者也。

長樂陳氏曰：因賓賢而爲飲，則不失於養人；而所飲者備禮，則人不至於亂。然所謂禮者，豈一端而已哉？禮見於交際，行之於學，所以尊重事也。進而禮之，以致其尊。退而禮之，以致其讓。而三揖至于階，三辭以升堂，則進退之節也。盥洗則在人者絜也，揚觶則在器者絜也，夫是之謂致絜也。「拜至」而後「拜送」，此主也。「拜洗」而後「拜受」，此賓也。至於受而飲，飲而盡，則爲「拜既」。而其禮蓋亦賓而已。蓋拜者屈之而使卑之。在我者卑，則於人爲尊，而無侮矣。夫是之謂致敬也。夫有所尊，有所讓，則相從以義而不敢争。有所絜，有所敬，則

❶「復」，通志堂本、四庫本作「受」。

相推以誠而不敢慢。粲然而文以之接，懽然而恩以之愛，不期於鬭而已無暴，不期於辨而已無亂。小人由之，而不能知，君子知之，而不能名，此「聖人制之以道」者也。楊子曰：「行禮於此，而民得於彼矣。」其制豈非以道乎？

嚴陵方氏曰：學所以明人倫，而人倫之序成於相齒。故鄉飲酒之禮，必行之於學。行之於學，而此止言庠門者，以養賢養老爲主故也。《王制》言「耆老皆朝于庠」，非謂是乎？　禮莫重於拜，拜則敬之至矣，故曰「所以致敬」。《表記》曰：「無辭不相接也，欲民之無相褻也。」尊讓絜敬，則不褻矣，故曰「君子之所以相接也」。鬭者，力相攻之謂；辨者，言相敵之謂。不鬭，則無暴之禍；不辨，則無亂之禍。且暴人者，人斯暴之；亂人者，人斯亂之。唯君子無暴亂之行，所以免於人禍也。

馬氏曰：主人者，或以鄉大夫，或以州長，或以黨正，隨其行禮之時也。「入，三揖而後至階」者，主所以致尊於賓也。「三讓而后升」，賓所以致讓於主也。觶，爵容三升者也。《傳》曰「粲然有文以相接」，尊讓絜敬者，文也，故君子用之以相接也。「聖人制之以道」者，制之於暴亂之前也。聖人用道而制禮者也，賢人知道而由禮者也，衆人無知而制於禮者也。

石林葉氏曰：道者，義之所自出。言鄉飲酒之禮，則所貴者義也，言鄉飲酒之義，則所出者道也。

鄉人、士、君子，尊於房户之間，賓主共之也。尊有玄酒，貴其質也。羞出自東房，主人共之也。洗當東榮，主人之所以自絜，而以事賓也。

鄭氏曰：鄉人，鄉大夫也。士，州長、黨正也。君子，謂卿、大夫也。卿、大夫、士飲國中賢者，亦用此禮也。共尊者，人臣卑，不敢專大惠。羞，燕私，可以自專也。絜，猶清也。

孔氏曰：此一節明設尊及玄酒，又羞出自東房，及東榮設洗，主人事賓之義。以鄉大夫等唯有東房，故設酒尊於東房之西，室户之東，在賓主間，示賓主共有此尊也。酒雖主人所設，賓亦以酢主人，故云「賓主共之」。北面設尊，玄酒在左，謂在酒尊之西。地道尊右，貴其質素故也。「羞出自東房，主人共之」者，謂供於賓也。榮，屋翼也。設洗於庭，當屋之東翼，示主人自絜以事賓。從《冠義》以來，記者皆舉《儀禮》經文於上，陳其義於下以釋之。

藍田吕氏曰：酒，主人之物，而曰「賓主共之」者，賓主皆酌此尊，且明君子之財當與人共，不自有也。玄酒，水也，飲之始也。飲始於水，極味於酒。凡酒之設，皆尚玄酒，質之爲貴，不忘本也。羞出自東房，主人致味以養賓，故曰「主人共之」，而不以與賓共也。洗當東榮，主人自絜以事賓，賓雖亦就此洗，不曰「賓主共之」者，明所以敬人者，各自盡也。

長樂陳氏曰：夫禮見於物，則其致飲有尊，其致食有羞，其致絜有器。「賓主共之」者，言其飲也。「羞出自東房」者，言其食也。「洗當東榮」者，言其器也。盡於鄉人，言士君子所以别遂人之爲氓，以夫鄉主教，遂主耕故也。房在東，則户在西也。東者主人位，而主所獻者爲主共。

西者賓之位，而賓所酬者爲賓共。唯夫賓與主和獻酬，而皆有共也，此尊所以間於房户之中，以見意歟？且有尊則有酒矣，而酒以玄者，玄爲北方之天道而用之，所以貴其質，又將以教民不忘本也。嚴陵方氏曰：鄉人、士、君子，則舉四例之禮皆同，固兼言之也。玄酒者，以黑黍和於水而爲之。其爲色則幽，其爲味則淡，貴其質也。東房者，主人所在，故曰主人共之。洗者，承盥洗之器。東榮亦主人所在，故曰「主人所以自絜」。馬氏曰：東，主位也。鄉人、士、君子者，言其行禮之人也。尊於房户之間至自絜以事賓，言其行禮之事。山陰陸氏曰：鄉人士君子，鄉人之中有士君子之行者也。《周官》所謂賢能是歟？

賈氏曰：榮，即今之摶風，疏云「屋翼」。榮者，與屋爲榮飾；翼者，與屋爲翅翼也。

賓主，象天地也。介僎，象陰陽也。三賓，象三光也。讓之三也，象月之三日而成魄也。四面之坐，象四時也。天地嚴凝之氣，始於西南而盛於西北，此天地之尊嚴氣也，此天地之義氣也。天地温厚之氣，始於東北而盛於東南，此天地之盛德氣也，此天地之仁氣也。主人者尊賓，故坐賓於西北，而坐介於西南以輔賓。賓者，接人以義者也，故坐於西北。主人者，接人以仁，以德厚者也，故坐於東南。而坐僎於東北，以輔主人也。仁義接，賓主有事，俎豆有數，曰聖。聖立而將之以敬，曰禮。禮以體長幼，曰德。德也者，得於身也。故曰：「古之學術道者，將以得身也。」是故聖人務焉。

鄭氏曰：陰陽，助天地養成萬物之氣也。三賓象天三光者，繫於天也。古文《禮》「僎」皆作「遵」。凝，猶成也。賓者接人以義，言賓來以成主人之德。聖，通也，所以通賓主之意也。將，猶奉也。術，猶藝也。「得身」者，謂成己令名，免於刑罰也。言「學術道」，則此説賓賢能之禮。

孔氏曰：此一節明賓、主、介、僎坐位之義。故賓在西北，天地嚴凝之氣著；主在東南，天地温厚之氣著。介在西南，象陰之微氣；僎在東北，象陽之微氣。「三賓」，謂衆賓也。四面之坐，即是賓、主、介、僎之所象也。主象夏始，賓象冬始，僎象春始，介象秋始。

藍田吕氏曰：「三賓」者，衆賓之長者也。其所以輔賓，猶三光之輔于天也。「三光」，蓋星之大者有三也，其名不可得而考也。先儒謂三大辰：心爲大辰，伐爲大辰，北辰亦爲大辰，亦莫知其所稽也。月晦三日，而後明生於魄，故曰「成魄」。讓之三者，取象成魄於三日也。東北至于東南，生氣也，生氣温厚而主仁。故自孟春至于孟夏，生氣之所行，萬物之所發生，天之盛德氣也。主坐於東南，僎坐於東北，仁之序也。西南至於西北，殺氣也，殺氣嚴凝而主義。故自孟秋至于孟冬，殺氣之所行，萬物之所以收斂，天之尊嚴氣也。賓坐于西北，介坐于西南，義之序也。飲酒之義，所以致主之養而尊賓，故賓主以仁義接。賓主有事，俎豆有數，天下之理義存焉。天下之理義無所不通，聖之謂也。無所不通，無所不敬，禮之所由制也。禮之行也，不在乎他，在長幼之分而已。性之德也，禮得於身之謂。德由學，然後得於身，得於身，則與先得人心之所同然者同之。故誠之而至誠，乃天之道，是亦聖人也。

嚴陵方氏曰：天地者，陰陽之體。陰陽者，天地之用。故賓主象天地，介僎象陰陽也。三賓，又衆賓之所觀法而瞻仰者，故象三光，日、月、星也。後言介僎象日月，則此言陰陽，蓋主日月耳。既象日月，又象三光者，蓋介僎兩而三賓三，固以象三兩之數。介僎之輔賓主，猶日月之運陰陽，以成天地之光也，故取象於日月陰陽之義。三讓而後成禮，猶月三日而後成魄也。夫魄，陰也。而禮由陰作，故以況之。且陽道饒而主進，陰道乏而主退，則讓亦陰事也。四面之坐，則賓、主、介、僎各坐於一方之面也。夫有天地以爲之體，必資陰陽以爲之用。有陰陽以爲之用，然後三光之象垂。三光之象垂，然後有盈虧之理。月有盈虧之理，然後四時之序成。故取象之序如此。二氣運於五行，而五行以水爲本。水以陰而凝，凝則爲嚴；以陽而温，温則爲厚。則嚴凝者，陰之氣也。陰生於午而終於子，故嚴凝之氣始於西南而盛於西北。温厚者，陽之氣也，陽生於子而終於午，故温厚之氣始於東北而盛於東南。秋斂冬藏，義也，故嚴凝爲義。春作夏長，仁也，故温厚爲仁。介、僎者，所以輔賓主而接人者也。接人則爲賓主之先，故坐於陰陽所始之地。賓主則坐於陰陽之盛地焉。坐賓黨於陰之地，以賓者接人以義故也。坐主黨於陽之地，以主人者接人以仁故也。主人必三揖，仁之至也。賓必三讓，義之盡也。既曰接人以仁，又曰以德厚者，蓋謂盛德温厚也。以接人以仁爲盛德温厚，則接人以義爲嚴凝尊嚴可知矣。賓主之際，其精至於仁義相接，其粗見於俎豆有數，❶非夫知禮之情者莫之能興，故曰聖也。聖之事既立，然非將之以敬，則亦怠而廢禮矣，故聖立而將之以敬曰禮。禮者，天地之序。長幼有序，然後各得其體，故曰「禮以體長幼曰德」。各得其體，豈他求哉？故曰「德也者，得於身也」。然禮之所體，固不止乎長幼，而此止以是爲言者，以鄉飲酒之禮主於序齒故也。道在於我，故「學術道者，將以得身」。以鄉飲酒制之以道，故必以道言之也。

山陰陸氏曰：「成魄」，謂望後三日，且月以生明爲進，生魄爲退，退讓之事也。主人坐東南象夏，猶火室在巽也。賓在西北象冬，猶水室在乾也。他倣此。「俎豆有數曰聖」，《爾雅》所謂「獻，聖也」此歟？言以體長幼，爲鄉飲酒禮言之。楊子曰：「人而無禮，焉以爲德？」德也者，得也。得之身而足。德得於身，還以得身。聖人務德，大人務業。

馬氏曰：主人者尊賓，而賓接以義，故賓位西北。天地之生，盛於東南，天地之成，盛於西北。主以生而接賓，賓以成而報主，可謂仁之至，義之盡也。賓主有事，事皆有意；俎豆有數，數皆有義。推意於事，推義於數，非聖人不能，故曰聖。聖有所立，而行之者又將以敬，則謂之禮。長幼出乎性，用禮以體別之，則謂之德。蓋因事以見聖，即聖以行禮，因禮以

❶「見」，通志堂本、四庫本作「至」。

成德，此始終之序。「學術道」者，所以窮理。「得身」者，所以盡性。禮足以窮理盡性，故聖人務焉。

石林葉氏曰：主人致敬於賓，其尊之象天。主人以物養賓，其親之象地。介則居乎兩間，以象陽之助天者也。僎以卑巽接人而輔主，則象陰之助地者也。賓以義成人，故坐於陰之盛地，而介則坐於西南，以始成乎賓道也。主人以仁爲德，故坐於陽之盛地，而僎則坐於東北，以始成乎主道也。蓋天地之大德曰生，人之大德曰仁。主人以仁接賓，而在東南，則生氣之盛位，故亦曰天地盛德氣也。賓者，主人所尊，其位則主人擇而居也，故先言坐賓於西北，而後言接人以義也。若夫介、僎所以輔賓主而必居陰陽始生之地者，何也？蓋輔之者所以成之也。介先賓以通其意於主，僎先主人以通其意於賓，皆輔之道也。陰陽以輔天地，而天地以成功。介、僎以輔賓主，而賓主以成禮。其居始生之地，不亦宜乎？主以仁接人，賓以義接人，皆有事者也。長者俎豆多，幼者俎豆少，皆有數者也。賓主有事，俎豆有數，鄉飲酒之義也。義則禮之情而已。知禮之情者能作，故曰聖。有其情則必有其文，文在外者也，不敬以直内，則所謂鄉飲酒者亦文而已，故將之以敬曰禮。必曰「聖人務焉」，何也？蓋莫不有事，而當務之爲急。所貴乎聖人者，以其知務也。三代之王其教民孝弟者，❶常先於鄉飲，則亦急於當務而已。

又曰：「四面之坐象四時」者，以東南

❶「其教」，通志堂本、四庫本作「教其」。

西北爲位，則設席當射角，占兩面，蓋各本其氣，自始至於盛也。古爲位未有射角者，故近歲行此禮，多不能曉，蔽於主居東方之言，往往以東西相向。若然，是兩面而已。且言賓必南鄉，又曰介必東鄉介賓主也。賓主皆在西，而賓言南鄉，可見其位連於北。介東鄉，其位連於西矣。古書多互見，言賓如此，則主之東南亦可以類推。大抵讀書不可執一，須前後參見，其義未嘗不顯，但學者鹵莽耳。

廬陵胡氏曰：四面之坐必取四時之始者，《春秋》謹始之義。列敵度宜曰義。❶《周官》賓與主敵，不失其宜，是接以義。《周官》行人、掌客、司儀、掌訝，凡四職皆賓客之事而列於秋，取天地之義氣也。君子以友輔仁，僎者主人之友。睿曰聖，克念曰聖，生知曰聖，❷大而化之曰聖，事無不通曰聖，仁且知曰聖，仁義又近聖焉。聖之取名多矣。此言仁義接而繼之曰聖，則聖者指仁義言也。大司徒之職以仁義聖爲六德，故此謂之德也。德也者，得於身，謂仁、義、禮躬行自得，而非僞爲也。「古之學術道者」，謂賓賢之人學道藝也。

祭薦，祭酒，敬禮也。嚌肺，嘗禮也。啐酒，成禮也，於席末。言是席之正，非專爲飲食也，爲行禮也，此所以貴禮而賤財也。卒觶，致實於西階上，言是席之上，非專爲飲食也。此先禮而後財之義也。先禮而後財，則民作敬讓而不爭矣。

鄭氏曰：「非專爲飲食」，言主於相敬以禮也。「致實」，謂盡酒也。酒爲觴實。祭

---

❶ 「列」，通志堂本、四庫本作「制」。

❷ 「知」，原缺，今據通志堂本、四庫本補。

薦、祭酒、嚌肺於席中，唯啐酒於席末也。孔氏曰：此一節明飲酒之禮，祭薦、祭酒相尊敬之心，貴禮賤財之義。「祭薦」者，主人獻賓，賓即席祭所薦脯醢也。「祭酒」者，既祭薦，又祭酒也。此是賓敬重主人之禮也。「嚌肺」者，祭酒後，興，取俎上之肺嚌齒之，所以嘗主人之禮也。「啐酒」者，啐，謂飲主人酒而入口，成主人之禮也。「席末」，謂席西頭也。案《鄉飲酒禮》祭薦、祭酒、嚌肺，皆在席之中，唯啐酒在席末。又《鄉飲酒禮》云：「祭脯醢，奠爵，右取肺，卻左手。」「右絶末以祭，尚左手。嚌之，興，加于俎，坐涚手，遂祭酒。」嚌肺在前，祭酒在後。此先云「祭酒」者，嚌是嘗嚌之名，祭酒是未飲之稱，故祭酒與祭薦相連，表其敬禮之事。以言此席之設，本不爲飲食，蓋主人敬重於賓，故設席耳。祭薦、祭酒、嚌肺，敬主人之物，故在席中。啐酒則入於己，故在席末。於席上祭薦、祭酒，是貴禮。席末啐酒，是賤財也。「致實」，謂致盡其所實之酒於西階上。不就席卒觶者，言此席之上，「非專爲飲食也」。啐纔始入口，故猶在席末。卒觶則盡爵，故遠在西階上。此前文方論設席之禮，故言是席之正。此覆説前席，故變文言「上」，上亦正也。先禮即貴，❶後財則賤，亦互相通也。

藍田吕氏曰：孔子曰：「吾食於少施氏而飽，少施氏食我以禮。吾祭，作而辭曰：『疏食不足祭也。』吾飱，作而辭曰：『疏食也，不敢以勞吾子。』」然則君子之於飲食，飽於敬而不飽於味也。飲酒之禮，盡

❶「即」，通志堂本作「則」。

主人之敬以養賓，盡賓之敬以答主人者也。主人獻賓，賓受爵，薦脯醢。賓升席，設折俎，賓祭脯醢，奠爵，取肺嚌之。賓坐，祭酒，興，席末啐酒。主人之禮，賓不敢不答，故祭薦、祭酒，敬主人之行此禮也。賓敬主人，在禮而不在食。嚌以嘗之，啐以成之也。啐於席之末，不於席之正者，明是席之正在於行禮，不可以飲食瀆也，此貴敬而賤食也。賓卒爵于西階之上，不於席之上者，明是席之上可以成飲食之禮，不可卒飲食之事，是先敬而後食也。敬，禮也；食，財也。人之所以争者，無禮而志於財也。如知乎貴禮而賤財，先禮而後財之義，則敬讓行之矣。一飲食之間，可以化民成俗，則升降之文不爲末節也。

嚴陵方氏曰：祭薦、祭酒，必祭其先而後飲食之也。肺者，據周人之所貴也。祭薦、祭酒則神之也，故曰「敬禮」。嚌肺則味之矣，故曰「嘗禮」。啐酒則飲之矣，故曰「成禮」。啐酒則獻賓之觴也，卒觶則酬賓之時也。主獻賓，賓酢主，主酬賓，三事既備，則飲酒之禮畢矣，故曰「卒觶」。西階，則賓所有事之階也。席之正，則有別於席之末。席之上，則有別於席之下。西階上，即席之下也。先禮則敬讓，後財則不争財者，飲食之所用，故以財言之。

石林葉氏曰：啐酒於席末，既爲賤財，則祭脯醢以敬禮，嚌肺以嘗禮，皆居席之正，是爲貴禮也。賓辭於西階上，既爲後財，則羞出東房，洗當東榮，❶雖非席之

❶「當」，通志堂本、四庫本作「出」。

上，猶爲先禮也。蓋鄉飲酒之禮，非專爲飲食而已。其啐爵也，其卒觶也，皆避其席，亦所以防酒禍也。貴禮而先之則民敬順，賤財而後之則無酒禍，而民不争。聖人所務蓋如此也。

鄉飲酒之禮，六十者坐，五十者立侍，以聽政役，所以明尊長也。六十者三豆，七十者四豆，八十者五豆，九十者六豆，所以明養老也。民知尊長養老，而后乃能入孝弟。民入孝弟，出尊長養老而后成教，成教而后國可安也。君子之所謂孝者，非家至而日見之也，合諸鄉射，教之鄉飲酒之禮，而孝弟之行立矣。

鄭氏曰：此説鄉飲酒，謂《黨正》「國索鬼神而祭祀，則以禮屬民，而飲酒于序，以正齒位」之禮也。其鄉射，則《州長》「春秋以禮會民而射于州序」之禮也。謂之「鄉」者，州、黨，鄉之屬也。或則鄉之所居州、黨，鄉大夫親爲主人焉，如今郡國下令長於鄉射飲酒，從大守相臨之禮也。

孔氏曰：此明《黨正》飲酒、正齒位之事。案《鄉飲酒禮》，賓賢能，則用處士爲賓，其次爲介，其次爲衆賓，皆以年少者爲之。此正齒位之禮，其賓、介等皆用年老者爲之，其餘爲衆賓。賓内年六十以上於堂上賓席之西，南面坐。若不盡，則於介席之北，東面北上坐。其五十者，則立於西階下，東面北上，示有陪侍之義，非即在六十者旁，同南面立。所以立於階下，示其聽受六十以上政事役使，以明尊敬長老也。六十者三豆，九十者六豆者，以其十年加一豆，非正禮，故不得爲籩豆偶也。其五十者二豆而已，故《鄉飲酒禮》衆賓立於堂下者皆二豆，其賓、介之豆無正文，當依衆賓之年而加之也。豆是供養之物，故云「明養老」。立侍是陪侍之儀，故云「明尊長也」。入孝弟，謂入門而能行孝弟。出尊長養老者，謂出門而能尊長養老也。鄉射謂春秋二時，州長聚合其民爲射禮。鄉飲酒之禮，謂十月黨正飲酒，孝弟之行以此而成立也。《儀禮》無正齒位之禮，今此云「六十者坐，五十者立侍」，故鄭知是《黨正》正齒位之禮。此謂初飲酒時正齒位，及其末，皆以醉爲度，《雜記》曰「一國之人皆若狂」是也。鄭云「州，黨，鄉之屬」者，言既是州長、黨正射飲，而並謂之鄉者，以州、黨屬鄉也。云「或則鄉之所居州黨」者，此鄭别解州、黨而謂之鄉也。鄉之所居州、黨行飲酒、射之禮，鄉大夫則代此州長、黨正爲主人，故得稱鄉射、鄉飲酒也。若鄉之州、黨，鄉所不居，則鄉大夫不得爲主人，亦不得稱鄉射、鄉飲酒，但謂之州射、黨正飲酒可也。云「如今郡國下令長於鄉射飲酒」者，謂郡治之下及侯國之下，滿萬户以上之令，不滿萬户之長，於己縣或射，或飲酒，則從郡之大守及主國之相來自行禮，相監臨之儀，不用令長禮也。令長射而飲酒，似州長、黨正也。大守與相來監臨，似鄉大夫監臨，故引以相證也。

藍田吕氏曰：古之貴老也，其政則導其妻子，使養其老。家植之桑，畜之雞豚狗彘，則老者衣帛食肉矣。其教則食三老五更於大學。天子袒而割牲，執醬而饋，執爵而酳，冕而揔干。四代之養皆於庠序，更用饗燕食之禮，皆所以使民不遺老窮，知貴老之義。故飲酒之禮，老者加豆有至于六也。尊長，近乎事兄弟也；養老，近乎養親孝也。入則順乎父兄，出則順乎長老，則民德歸厚矣。强不犯弱，衆不暴寡，人倫既正，教行俗美，薰沐涵濡，遷善而不自知。故曰「非家至而日見之也」。春秋合諸州長而射，冬行之黨正之正齒位。鄉黨習見儀容之盛，漸乎禮義之俗，孝弟之行，不肅而成，行禮之效也。長樂陳氏曰：六十者坐，而役使人者也，五十者立，則若役於人者也，而長者於是乎尊矣。民之尊長有從兄之義，❶而後能爲人弟也。六十則三豆，七十則四豆，八十則五豆，九十則六豆，年愈多者豆愈加，而老者於是乎養矣。民知養老，則有事親之仁，而後乃能入孝也。籩，桃、梅之屬，地産也。豆，麋、鹿之屬，天産也。地産所以養其陽，則天産所以養其陰。而老者陰也，養陰必以陽，故言豆而不及籩。夫人入能孝而出以之養老，入能弟而出以之尊長，而教不成，國不安者，未之有也。然所謂教者，亦何嘗家使之至而日使之見哉？合之鄉射，因之鄉飲而爲之教，則不期於化而自化矣。蓋射所以觀德也，飲所以尚齒也。《王制》曰：「耆老皆朝於庠。元日習射尚功，習鄉尚齒。」言庠而繼之以射，是鄉之有習射、尚齒矣。而鄭氏以爲黨主飲，州主射，而鄉大夫親爲主者，不已誤耶？蓋莫非飲也，有飲於鄉而正齒位，有飲於黨而正齒位者；莫非射也。有射於鄉以觀德，有射於黨以觀德者。以夫黨不若州之衆，故雖有飲而無射，州不若鄉之大，故雖有

❶「義」，通志堂本、四庫本作「儀」。

射而無飲，而有齒者亦未必其有德也。此《黨正》言「國索鬼神而祭祀，則以禮屬民，而飲酒于序，以正齒位」，而《州長》言「春秋以禮會民，射于序」是也。賈公彦以爲射之有飲酒，誤矣。夫唯黨積而爲州，州積而爲鄉，故鄉則有射、有飲，而兩全焉，而記之所言者皆鄉而已，乃其意也。

嚴陵方氏曰：六十者坐，則七十以上亦坐可知。五十者立，則四十以下亦立可知。聽政者，聽上之人有所正也。聽役者，聽上之人有所使也。必五十以下則立，六十以上則坐者，蓋「五十曰艾」，艾則服官政之時，固宜立侍以聽政役。「六十曰耆老」，則指使之時，固宜坐以加政役於人也。尊卑在儀，養老在物，故坐立之不同，所以明尊長；豆數之不一，所以明養老也。唯六十非肉不飽，故六十以上始有豆數也。前言俎豆有數，而此不及俎者，以俎大而豆小，由其禮之小，故止舉器之小者以明之也。民知尊長則能入弟矣，知養老則能入孝矣。民入而孝弟於其家，出而尊長養老於其國，則其教豈有虧乎？故曰「而后成教」。教既成矣，而國豈有危疑之禍乎？故曰「而后國可安也」。之禮也，特行之於一學而已，固非家至也，然教之所及乃與家至不異；特行之於一時而已，固非日見也，然教之所形乃與日見不殊，亦由制之以道而已。《射義》曰：「卿、大夫、士之射也，必先行飲酒之禮。」故言合諸鄉射也。

廬陵胡氏曰：合諸鄉射，教之鄉飲酒，謂聚其民於鄉射以教之。鄭謂此章説鄉飲酒，是黨正正齒位，非鄉大夫飲酒也。其義蓋以《儀禮・鄉飲酒》無正齒位之禮，而此云「六十者坐，五十者立」，是黨正齒位也。案《鄉黨》篇云：「鄉人飲酒，杖者出，斯出矣。」杖者亦謂五十、六十者，而此經下亦云「少長以齒」，則鄉飲豈無正齒位之禮乎？竊謂此說鄉飲酒是鄉大夫，非黨正也。然則鄉射亦不得謂之州長射矣。若實州黨，則謂之州射，黨正飲酒可也，何得謂之鄉乎？

孔子曰：「吾觀於鄉，而知王道之易易也。」主人親速賓及介，而衆賓自從之，至于門外，主人拜賓及介，而衆賓自入，貴賤之義別矣。三揖至于階，三讓以賓升，拜至，獻酬辭讓之節繁。及介，省矣。至于衆賓，升受，坐祭，立飲，不酢而降，隆殺之義辨矣。

鄭氏曰：鄉，鄉飲酒也。「易易」，謂教化之本，尊賢尚齒而已。「速賓」，速，謂即家召之。別，猶明也。繁，猶盛也。小減曰省。辨，猶別也。尊者禮隆，卑者禮殺，尊卑別也。

孔氏曰：此引孔子觀鄉之言，以結成鄉飲之義，并明主人待賓貴賤之別，及於賓介禮之隆殺也。孔子言觀鄉飲酒之禮，有尊賢尚齒之法，則知王者教化之道，其事甚易。重言「易易」，取其語順也。主人親速賓并介，而衆賓不須往速，自從賓、介而來。賓、介至門，主人拜之，衆賓不須拜，自入門。是賓、介貴於衆賓，「貴賤之義別」也。主人於賓三揖三讓，拜其來至，又酌酒獻賓，賓酢主人，主人又酌而自飲以酬賓，是辭讓之節，其數繁多也。案《鄉飲酒》，介酢主人則止，主人不酬介，是「及介省矣」。衆賓不酢而降者，案《鄉飲酒》主人獻衆賓於西階上，受爵，坐祭，立飲，不酢主人而降，西階東面是也。

藍田吕氏曰：禮之所尊，尊其義也。其文則擯相習之，其義則君子知之。脩其文，達其義，然後可以化民成俗也。貴賤明，隆殺辨，和樂而不流，弟長而無遺，安燕而不亂，此五者皆見于飲酒之禮，而可以化民成俗矣。故曰：「吾觀於鄉，知王道之易易也。」易，謂易行。易易者，甚言其易也。禮主乎別，節文雖繁而不可亂也。因親疏、長幼、貴賤之等差以爲屈伸隆殺之節文，明辨密察，然後盡乎制禮之意矣。尊無二上，非獨爲君臣言之。國之所尊，君也，雖諸父不能抗之。家之所尊，父也，雖母不得以抗之。❶羣居五人，長者必異席，則羣居亦有尊也。喪祭、燕飲，皆有賓、有衆賓，則賓亦有尊也。故飲酒之禮，賓、介與衆賓送迎之節有等，此所以别貴賤也。賓、介與衆賓異矣。三揖、三讓、拜至、獻酬、辭讓之節，則賓與介又有等矣。故介之升也，不三揖、三讓，不拜洗，主人不之阼階拜送，不嚌肺，不啐酒，不告旨，不自酌酢，授主人爵，主人不舉酬，省於賓可知矣。及衆賓則升受、坐祭、立飲、不酢，其拜受者，衆賓之長三人，餘則不拜，省於介可知矣。於一等之中寖有省焉，此所以辨隆殺。

嚴陵方氏曰：《孟子》曰：「堯舜之道，孝弟而已。」親速者，躬至其家而召之也。不言衆賓，則此止言賓者，❷三賓也。三賓貴於衆賓，而介則輔三賓者也。故主

❶「以」，通志堂本、四庫本無。
❷「止」，原作「正」，今據通志堂本、四庫本改。

人或親速之，或不親而使之自從；或拜之，或不拜而使之自入，故曰「貴賤之義別矣」。主酌賓爲獻，賓答主爲酢，主又答賓爲酬。是禮也，三賓則備之，至於介則省酬焉，至於衆賓則又省酢矣。升受、坐祭、立飲者，其升而受爵之時，惟祭酒得坐，及飲酒則立。蓋飲酒所以養己，以其卑，不敢坐而當其養故也。前言貴賤之義，此言隆殺之義。貴賤指其人，隆殺指其禮。因其人之貴則禮爲之隆，因其人之賤則禮爲之殺，故其序先貴賤而後隆殺也。

廬陵胡氏曰：觀鄉飲酒有尊賢尚齒之法，知王者教化之道平易近民也。易，猶《檀弓》云「易則易」。

禮記集説卷第一百五十六

禮記集説卷第一百五十七

工入，升歌三終，主人獻之。笙入三終，主人獻之。間歌三終，合樂三終，工告樂備，遂出。一人揚觶，乃立司正焉。知其能和樂而不流也。

鄭氏曰：工，謂樂正也。樂正既告備而降，言「遂出」者，自此至去不復升也。流，猶失禮也。立司正以正禮，則禮不失可知。一人，或爲「二人」。

孔氏曰：此一節論鄉飲酒設樂樂賓，罷則以禮正之之事。「工入，升歌三終」，謂升堂歌《鹿鳴》、《四牡》、《皇皇者華》，每一篇而一終也。「主人獻之」，獻工也。「笙入三終」者，謂吹笙人入於堂下，奏《南陔》、《白華》、《華黍》，每一篇一終也。「主人獻之」，謂獻笙人也。「間歌三終」者，間，代也。謂笙歌已竟，而堂上與堂下更代而作也。堂上人先歌《魚麗》，則堂下笙《由庚》，此爲一終。堂上歌《南有嘉魚》，則堂下笙《崇丘》，此爲二終。堂上歌《南山有臺》，則堂下笙《由儀》，此爲三終。此皆《鄉飲酒》之文。《魚麗》言大平年豐物多。此采其物多酒旨，所以優賓。《南有嘉魚》言大平君子有酒，樂與賢者共之。此采其能以禮下賢者，與之燕樂。《南山有臺》言大平之治，以賢者爲本。此采其愛友賢者，爲邦家之基。《由庚》、《崇丘》、《由儀》今亡，其義未聞也。合樂三終者，謂堂上下歌、瑟及笙並作也。若工歌《關雎》，則笙吹《鵲巢》合之。若工歌《葛覃》，則笙吹《采蘩》合之。

若工歌《卷耳》，則笙吹《采蘋》合之。故《鄉飲酒》云「乃合樂，《周南》：《關雎》、《葛覃》、《卷耳》，《召南》：《鵲巢》、《采蘩》、《采蘋》」是也。《周南》、《召南》，《國風》篇也，王后、國君夫人房中之樂歌也。《關雎》言后妃之德，《葛覃》言后妃之職，《卷耳》言后妃之志，《鵲巢》言國君夫人之德，《采蘩》言國君夫人不失職，《采蘋》言卿大夫妻能循法度。「工告樂備，遂出」者，工謂樂正，工先告樂正，樂正告賓以樂備，而遂下堂。言「遂出」者，樂正自此不復升堂也。《鄉飲酒》云：「工告于樂正，樂正告于賓，乃降。」立西階東，北面。「一人揚觶，乃立司正焉」者，一人謂主人之吏也，舉觶示將行旅酬也。將留賓旅酬，恐有懈惰，故主人使相禮者一人爲司正以監之也。

長樂陳氏曰：「工入，升歌三終」，堂上之樂也；則「笙入三終」者，堂下之樂也。《記》曰：「歌者在上，匏竹在下，貴人聲也。」此之謂也。而歌之者一篇爲一終，則三終者三篇也。《鹿鳴》，燕嘉賓之詩也。而歌之所以示事，言今之所飲者皆嘉賓也。《四牡》，勞使臣之來也，而勞之所以示勸，言今之來者皆可勸者也。及夫賓既至矣，而無禮樂以文之，則亦不足以示情。此《皇皇者華》之詩所以繼也。其詩曰「送之以禮樂，言遠而有光華」者，乃其意也。此工入之三也。❶《南陔》，相戒以養也，而樂歌焉，此與夫《投壺》之歌養者類矣。《白華》，孝子之潔白也，而樂歌焉，此與夫人饗之清廟者類矣。而《清

❶「入」，原作「人」，今據通志堂本、四庫本改。

廟》所以示德，故曰「《白華》者，示德也」。《白華》所以示其德，則《南陔》所以示其行。及夫外有行而内有德矣，不得其時而飲之，亦不足以行禮，此《華黍》之所以繼作也。其詩曰「時和歲豐，宜黍宜稷」者，乃其意也。此笙入之三也。夫示事也，示勸也，示情也，此主人之所以事人者也。示德也，示行也，示禮也，此主人之所以成己者也。故主人獻之。若夫相代而爲間歌，相同而爲合樂，則無所獻矣，以其不特於主人故也。間，代也。上下之樂於是乎代作也。《魚麗》作於上，以見物多而禮能備。禮能備，則其道得矣，故下有《由庚》以繼之，《詩》曰「《由庚》，萬物得由其道」是也。《南有嘉魚》作於上，以見至誠而樂相與，則其功大矣，故下有《崇丘》以繼之。《詩》曰「《崇丘》，萬物得極其高大」是也。《南山有臺》作於上，以見得賢也。自况能立大平之基，則天下宜矣。故下有《由儀》以繼之。《詩》曰「萬物之生，各得其宜」是也。此間歌之三也。二《南》者，王化之本，正始之道者也，用之鄉人焉，使鄉大夫以之教其民；用之邦國焉，使諸侯以之教其臣。　又《樂書》曰「工入，升歌三終」，「笙入三終」，皆繼之以主人獻之者，以禮節樂於其始也。「間歌三終，合樂三終」，必繼之以「一人揚觶，乃立司正焉」，以禮節樂於其終也。鄉飲酒之禮，作樂以行禮，由禮以節樂，則賓主之情，斯和樂而不流矣。

河南程氏曰：二《南》之分，以周公主内治，故以畿内之詩言文王、大姒之化者，屬之《周南》；以召公掌諸侯，故以畿外之詩言列國諸侯、大夫之室家被文王、大姒之化而成德者，屬之《召南》。此爲得之。謂之「南」者，言其化自岐雍之間，被于江漢之域，自北而南也。《詩》曰「以雅以南」，即謂此也。

嚴陵方氏曰：主人獻其所奏樂者，即《儀禮》言「卒歌，主人獻工」是也。樂工之賤亦獻之者，示上之不虚取於下也。歌者在上，故曰「升」。匏竹在下，故曰「入」。升堂所以示德，笙歌所以示事，間歌以示相成之義，合樂以示相與之情，故其别如此。雖然，均是《詩》也，或歌之，或笙之者，以其序之先後而爲之别也。序之先者則歌之於上，若《鹿鳴》、《四牡》、《皇皇者華》，則曰「升歌三終」是矣。序之後者則笙之於下，若《南陔》、《白華》、《華黍》，則曰「笙入三終」是矣。至歌《魚麗》則笙《由庚》之類，歌《關雎》則笙《鵲巢》之類，凡一十二篇，亦莫不以序之先後而爲之上下焉。歌亦笙，止謂歌者，以笙與歌相間故也。合樂兼有笙歌，而通謂之樂者，以其兩者相合而爲樂故也。上言主人獻之者，獻歌工也。下言主人獻之者，獻笙工也。間歌、合樂而不言獻者，以皆有笙、有歌，其所奏之樂即其所獻之工故也。夫《鹿鳴》、《四牡》、《皇皇者華》，言君之待臣有以得其歡心，若是者德也。德成而上，故升歌之以示德。《南陔》、《白華》、《華黍》言子之事親又以致其和氣，若是者事也。事成而下，故笙入之以示事。間歌之詩六篇，若《嘉魚》之類，言賢和於上，若《崇丘》之類，言物和於下，上下交和，則有相成之養，故間歌之，所以示相成之義也。合樂之詩六篇，若《關雎》而下，言聖人之化，若《鵲巢》而下，言賢人之化，聖賢同化，則有相與之情，故合樂焉，所以示相與之情也。且《鹿鳴》、《嘉魚》而下，則《小雅》而已，然不及《大雅》。《關雎》、《鵲巢》而下，則《風》而已，然不及《頌》，何也？《小雅》、《大雅》皆言政，而《大雅》之政爲大，《風》與《頌》皆言德，而《頌》之德爲盛。鄉飲酒之禮止行之於一鄉，故止歌《風》而不歌《頌》，歌《小雅》而不歌《大雅》。夫樂衆矣，止曰笙入，何也？以鄉飲不若燕禮之大，亦猶投壺不若射禮之大，故止命弦而已。以《儀禮》考之，鄉飲酒亦用瑟，而經不言者，以笙爲主故也。「工告樂備，遂出」者，則以反爲文故也。「工告樂備，遂出」，則樂豈至於淫乎？「一人揚觶，乃立司正」，則酒豈至於亂乎？

清江劉氏曰：《由庚》、《崇丘》、《由儀》，此三篇皆笙詩也。《小序》云「有其義而亡其辭」，亡謂本無，非亡逸之亡也。鄉飲酒鼓瑟而歌《鹿鳴》、《四牡》、《皇皇者華》，然後笙入堂下，磬南北面立，樂《南陔》、《白華》、《華黍》。燕禮亦鼓瑟，歌《鹿鳴》、《四牡》、《皇皇者華》，然後笙入立于縣中，奏《南陔》、《白華》、《華黍》。《南陔》以下，今無以考其名篇之義，然曰「笙」，曰「樂」，曰「奏」，而不言「歌」，則有聲而無辭明矣。下《由庚》、《崇丘》、《由儀》放此。

新安朱氏曰：今按《鹿鳴》即謂今日燕飲之事，所以導達主人之誠意而美嘉賓之德也。《四牡》言其去家而仕於朝，辭親而從王事，於此乎始也。《皇皇者華》言其將爲君使而賦政於外也。《學記》曰：

「宵雅肄三，官其始也。」正謂此也。蓋此三詩，先王所制以爲燕飲之樂，用之鄉人，用之邦國，各取其象而歌之也。「合樂」，謂歌樂衆聲俱作，堂上有歌瑟，堂下有笙磬，合奏此詩也。「三終」者，二《南》各三終也。《燕禮・記》云：「有房中之樂。」註云「弦歌《周南》、《召南》之詩，而不用鐘磬之節。謂之房中者，后、夫人之所諷誦以事其君子」是也。亦有用鐘鼓奏之者，諸卿大夫燕饗亦得用之，故用鐘鼓。婦人用之，乃不用鐘鼓，則謂之房中之樂也。后妃、夫人同是文王之化，《召南》是文王未受命已前之事，諸侯之禮，故稱夫人；《周南》是文王受命稱王之後，天子之禮，故稱后也。

賓酬主人，主人酬介，介酬衆賓，少長以齒，終於沃洗者焉。知其能弟長而無遺矣。降，説屨升坐，脩爵無數。飲酒之節，朝不廢朝，莫不廢夕。賓出，主人拜送，節文終遂焉。知其能安燕而不亂也。貴賤明，隆殺辨，和樂而不流，弟長而無遺，安燕而不亂，此五行者，足以正身安國矣。彼國安而天下安，故曰：「吾觀於鄉，而知王道之易易也。」

鄭氏曰：遺，猶脱也，忘也。朝、夕，朝、莫聽事也。不廢之者，既朝乃飲，先夕則罷，其正也。終遂，猶充備也。

孔氏曰：此明旅酬，長幼無被遺棄，及飲酒無數，猶能節文，不至於亂，又總結上五種之事。旅酬之時，賓主人之黨各以少長爲齒，以次相旅，至於職掌罍洗之人，以水沃盥洗爵者，皆預酬酒之限。是弟長無遺也。「降，説屨升堂」者，此謂無算爵之初，以前皆立而行禮，至此徹俎之後，乃説屨升堂坐也。脩爵無數，謂無算爵也。朝後行禮，禮畢，乃治私家之事，是「朝不廢朝，莫不廢夕」，此謂鄉飲酒禮。若黨正飲酒，一國若狂，無不醉也。賓出拜送，言飲畢，主人備禮拜而送賓，節制文章，終竟申遂，不有闕少。是在燕樂而不至亂也。彼國，謂天下諸侯也。

新安朱氏曰：「弟長而無遺」，弟，悌也，敬順之意。言能使少者皆承順以事長者，而無所遺棄也。

藍田吕氏曰：有貴賤隆殺之義，則有別矣。有別則有禮也。和樂而不流，安燕而不亂，則有節矣。有節，義也。弟長而無遺，則均，均則仁矣。仁義而且有禮，行乎一鄉，達乎一國，所謂正身安國矣。舉斯術也，達之天下，則天下安矣。故由一鄉而知王道之可行於天下，此禮是也。

嚴陵方氏曰：「降，説屨升坐」者，降階説屨，升堂而坐也。「脩爵無數」者，脩，舉也。脩爵無數，可謂安燕矣。然而朝不廢朝，莫不廢夕，以至於節文終遂焉，所以知其安燕而不亂也。五行行之於一身，則身正而無邪；施之於一國，則國安而無危，故曰「足以正身安國」。以天下之本在國，故曰「彼國安而天下安」，天下安則王道成矣。

馬氏曰：「終於沃洗」，逮賤之謂也。少長以齒，能弟長也。終於沃洗，能無遺也。「降，説屨升坐，脩爵無數」，宜其醉矣。然猶不廢朝、夕之聽事。賓出，主人拜送，如拜至禮焉。蓋自始以至終，皆有節文終遂焉，此之謂「安燕而不亂」也。

廬陵胡氏曰：前言正席，次言司正正禮，此言正身。蓋席正然後禮正，禮正然後身正，身正則國正，國正而天下正矣。故繼之以國安而天下安也。

鄉飲酒之義，立賓以象天，立主以象地，設介僎以象日月，立三賓以象三光。古之制禮也，經之以天地，紀之以日月，參之以三光，政教之本也。亨狗於東方，祖陽氣之發於東方也。洗之在阼，其水在洗東，祖天地之左海也。尊有玄酒，教民不忘本也。

鄭氏曰：日出於東，僎所在也。月生於西，介所在也。三光，三大辰也。天之政教出於大辰焉。祖，猶法也。狗，所以養賓。陽氣，主養萬物。海，水之委也。大古無酒，用水而已。

孔氏曰：此記者覆説《鄉飲酒》有所法象之事。前文天、地共言，此則析言之。賓者，主之所尊敬，故以賓象天。主供物以養賓，故以主象地。前經介僎象陰陽，據其氣；此云日月，言其體。昭十七年「有星孛于大辰」，《公羊》云：「大辰者何？大火也。伐爲大辰，北辰亦爲大辰。」何休云：「大火與伐，天所以示民時早晚，天下取以爲正，故謂之『大辰』。辰，時也。」是「天地之政教，❶出於大辰」。「亨狗於東方」，覆説前文「羞出自東房」也。「洗之在阼，水在洗東」，覆説「洗當東榮」也。「尊有玄酒」，亦覆上文也。

藍田吕氏曰：此至篇末，申言鄉飲酒之禮，又有所法象。前文有所未盡者皆再明之。飲酒之禮，莫先於賓主。立賓象天，立主象地，禮之經也。其次立介僎以輔之，輔之者，紀也。其次立三賓以陪之，陪之者，參也。政教之立，必有經、有

❶「地」，四庫本無。當是。

紀、有參，然後可行。故飲酒之禮，必有賓主、介僎、三賓，然後可行。故曰「政教之本也」。天地之間，海居於東，東則左也，故洗在阼，水在洗東，有左海之義。長樂陳氏曰：禮見於賓主，則立賓以象天，天尊也，而用賓之卑以象之，蓋賓者，禮所伸故也；立主以象地，地卑也，而用主之尊以象之，蓋主者，禮所屈故也。此賓主之所以象天地也。三賓則衆矣，何以知之？此禮有曰賓主，有曰介僎，而又有衆賓焉，故曰「衆賓升受坐祭」，又曰「衆賓自入」，是以知其然。不言衆賓而言三賓，何也？樂爲陽，而禮者陰之類也。古之言禮者多以陰，而鄉飲者，禮之盛也。進之而有三揖，退之而有三辭，分之而有三賓，所以象國之三卿。所謂「三」者，豈非言禮者必以陰而取法於月乎？蓋月三日則成魄，而未至於三焉者，非魄也；三月則成時，而未至於三焉者，非時也。故過乎三則已甚，不及乎三則爲未成。此衆賓之所以爲三賓，而與夫三辭、三揖者類與？牲用狗者，狗之爲物，有所守而善擇人者也。非其人則在所去，故古之人於燕饗飲食皆用之。嚴陵方氏曰：日者，陽之精。陽生於北而出於東，故坐僎於東北以象日。月者，陰之精。陰生於南而成於西，故坐介於西南以象月。前言陰陽，此言日月者，陰陽之義配日月，其實一也。曰日月，又曰三光，與《孔子閒居》言「天地」，又言「三無私」同義。或言立，或言設，何也？立則本於創始之時，設則見於既陳之後。因賓而後用介，因主而後用僎，則是立賓、立主於前，乃設介、僎於後也。故於賓主則曰立，於介僎則曰設焉。三賓，即賓也。以其有别於衆賓，故謂之三賓而亦言立也。禮之所制如此，故用之於事則足以爲政之本，體之於道則足以爲教之本也。凡植物皆地産，足以養人之陰。凡動物皆天産，足以養人之陽。天産不特狗也，而特亨狗以祖陽氣者，蓋陽之辰窮於戌而爲陽之至，故辰在戌而屬狗，則狗者至陽之畜也。東方者，得陽之中，亨至陽之畜於陽中之方，又得其宜矣。水則盛之於罍者，蓋酌之於罍而滌之於洗，故其水在洗東。洗既在東，水又在洗之東者，凡以祖天地之左海也。左，亦東也。以方言之則曰「東」，以體言之則曰「左」。

馬氏曰：上極乎性命之妙，下盡乎物理之微，然後能制禮也。言古之制禮者，必古之聖人也。「經之以天地」，經大而緯小。「紀之以日月」，紀小而綱大。經之以天地，則知天地爲綱。紀之以日月，則知日月爲緯。有經有緯，有紀有綱，天地之道備矣。「參之以三光」，言參於經紀之間。左海者，水之無窮，言主人之養人無窮已也。

廬陵胡氏曰：天所以示民時早晚，時之政教繫焉，故日月五星，謂之七政。周公誥康叔曰「有正有事，無彝酒」，又曰「其爾典聽朕教」。夫聖人豈以飲酒爲常哉？亦有政教存焉，故鄉飲必先政教之本。

賓必南鄉。東方者春，春之爲言蠢也，産萬物者，聖也。南方者夏，夏之爲言假也。養之，長之，假之，仁也。西方者秋，秋之爲言愁也。愁之以時察，守義者也。北方者冬，冬之爲言中也，中者藏也。是以天子之立也，左聖鄉仁，右義偝藏也。介必東鄉，介賓、主也。主人必居東方。東方者春，春之爲言蠢也，産萬物者也。主人者造之，産萬物者也。月者三日則成魄，三月則成時。是以禮有三讓，建國必立三卿。三賓者，政教之本，禮之大參也。

鄭氏曰：春，猶蠢也。蠢，動生之貌也。聖之言生也。假，大也。愁，讀爲「揫」，揫，斂也。察猶察察，嚴殺之貌也。❶「南鄉」、「鄉仁」，貴長大萬物也。察，或爲「殺」。「介必東鄉，介賓、主也」，獻酬之禮，主人將西，賓將南，介覸其間也。東方者春，産萬物者，言禮之所共，由主人出也。禮者陰也，大數取法於月也。

孔氏曰：自此至篇終，更總明坐位所在，并明三揖三讓每事皆三之義。東方産育萬物，故爲「聖」也。養育萬物，長之使大，仁恩也。「中者藏也」者，北方萬物所歸藏也。「介賓主也」者，主人獻賓，將西行就賓，賓又南行，將就主人。介在西階之上，❷以介覸隔賓、主之間也。「主人者造之，産萬物者也」者，釋所以主人居東方之意。東方産育萬物，主人供客所須，故主人造爲産萬物之象也。❸「三日成魄」者，謂月盡之後三日乃成魄。魄，謂明生傍有微光也。此謂月明盡之後而生魄，非必月三日也。所以前月大則月二日生魄，❹前月小則三日乃生魄。樂既爲陽，故禮爲陰。月是陰精，故禮之數取法

❶「殺」，通志堂本、四庫本作「毅」。
❷「介」，原作「賓」，今據通志堂本、四庫本改。
❸「象」，原作「事」，今據通志堂本、四庫本改。
❹「所」，通志堂本、四庫本作「初」。

於月也。

横渠張氏曰：坐有四位者，禮不主於賓主，欲以尊賢。若賓主相對，則是禮主於賓主而已，故其位賓主不相對。坐介僎於其間，以見賓賢之義，因而説四時之坐皆有義，其實欲明其尊賢。

藍田吕氏曰：天子南面而立，左則東方，東方聖也，左之則尊之也；鄉則南方，南方仁也，鄉之則宗之也；右則西方，西方義也，右之則用之也；偝則北方，北方藏也，偝之則違之也。天子之立如是，而坐賓亦南鄉者，尊賓之至也。介，間也，坐賓主之間，所以間之也。主人居東方者，禮之所由出，猶東方之産萬物也。一生二，二生三，三生萬物，三者物之所由致。是故禮有三讓，賓有三賓，國有三卿。上法於月，則三日成魄，三月成時，政教所本，禮之所以法也。

長樂陳氏曰：萬物之於春莫不生，此春所以爲蠢也。然則物之生也，其來固有自焉。《易》曰「帝出乎震」，則帝者，天之神也，震者，聖神之妙也。此産萬物所以爲聖也。萬物相見於離，則物於是乎茂矣。假者，貸而有益意，蓋有所假則必有所益也。故生之以爲養，增之以爲長。養則盛，長則多，此夏之時所以爲假也。萬物之於四時也，生於春，長於夏，衰於秋，老於冬。而至於秋則慘而不舒者，物之情也。《詩》曰：「秋日淒淒，百卉具腓。」此秋之所以爲愁也。中在内，能隱而不能顯，此中之所以爲藏也。天子之立也，將以嚮時而接天下者也，而以四時言之，以左爲仁，右爲義。向左仁，背右義，非以夫用天之理者足以治人故耶？

嚴陵方氏曰：賓雖坐於西北而其鄉必南，言賓必南鄉，則主必北鄉可知矣。天子者，盡人道以成位乎天地之中，則其左右鄉偝可不合其德乎？春以木德爲仁，夏以火德爲禮，秋以金德爲義，冬以水德爲知，别五行之德言之則如此。若夫合陰陽之道言之，則春夏以陽而無非仁，秋冬以陰而無非義也。秋冬既無非義，然不謂冬爲義者，以陽道常饒，陰道常乏故也。以其饒至於夏猶爲仁，以其乏止於秋已爲義。此言鄉飲酒之坐及於天子之立，何哉？夫以一鄉之坐足以見天子之立，則飲酒之義固非苟然而已。則觀於鄉而知王道之易易，又有在乎此也。前言賓必南鄉，以見主之北鄉，則此言介必東鄉，又以見僎之西鄉矣。前言四面之坐，其以是歟？賓南鄉，主北鄉，而介東鄉焉，則介于賓主之兩間矣，故曰「介賓主也」。介之得名，又以是歟？主人雖坐於東南而北鄉，然所居則以東方爲正也。東方者，産萬物之地，飲食之養，則主人之所造也，而有産萬物之象焉。此所以必居東方也。前言「羞出自東房，主人共之」，亦此意。然必曰「造」，何也？蓋爲而就、行而至，皆曰「造」。膳羞則饔人之所治，必爲而就也。庖厨則君子之所遠，必行而至也。故飲食必以造言之，而居之之所亦謂之造焉。《膳夫》言「卒食以樂徹于造」是矣。《王制》言「大國、次國皆三卿」，故此言「建國必立三卿」。而鄉之三賓則有三卿之象，故足以爲「政教之本，禮之大參也」。

馬氏曰：春木爲仁而夏曰仁，何也？天地之仁，至乎夏而盡矣。天地之義，至乎冬而極矣。故《樂記》曰：「春作，夏長，仁也。秋斂，冬藏，義也。」長者，大之而已。秋斂也，萬物至秋而斂，則其成體可察也。義者仁之節，秋者春夏之節也，故曰守義。中者，萬物復歸其根也。藏者，不露其形也。以秋爲揫斂，則知春夏爲發散也。以冬爲中藏，則知春夏爲外發也。大國三卿，《周官》所謂「設其參」是也。

山陰陸氏曰：春所以産之，産之者聖也。冬所以復之，復之者神也。假之者仁也，愁之者義也。偫藏，「聖人以此退藏於密」是也。介必東鄉，介賓主也，據此坐面東北明矣。❶然則主人面西北，賓面東南，僎面西南，皆可知。主人者造之，若客受成而已。以月三日而成魄，是以禮有三讓。以三月而成時，是以建國必立三卿。《書》曰：「卿士惟月。」此之謂也。再言「三賓者，政教之本」，嫌三賓獨非政教之本也。

江陵項氏曰：此《鄉飲酒義》也。聖管萬善，故象春；仁濟萬物，故象夏；義制萬事，故象秋；中藏萬理，故象冬。聖以德言，未及於用也，故左之。義以事言，天下之大用也，故右之。鄉仁以應物，偫藏以反身也。凡道備於身爲聖，施於物爲仁，形於事爲義，存於心爲中。名雖有四，其實一也。考其次序，固人道之當然；推其方位，亦天理之自然也。「介必東鄉，介賓主也。主人必居東方。東方者春，春之爲言蠢也，産萬物者也。主人者造之，産萬物者也」，此章當在上文「賓

❶「面」，通志堂本、四庫本作「向」。

必南鄉」之下，末句當云「産萬物者聖也」。

石林葉氏曰：道成於三，而月也、時也，天之道也；國之卿也、鄉之賓也，人之道也。論鄉飲而至於三賓，則政教成而禮行矣。所以爲本，所以謂之禮之參也。

新安朱氏曰：魄者，月之有體而無光處也。故《書》言「哉生明」、「旁死魄」，皆謂月二三日，月初生時也。凡言「既生魄」，即謂月十六日，月始闕時也。今此篇兩言「月三日而成魄」，則是漢儒專門陋學，未嘗讀《尚書》者之言耳。疏知其繆而曲徇之，故既有「月明盡而生魄」之説，又言月二日、三日而生魄，何相戾之甚耶？此其大義，本不足言，而疏於例亦當削去。今特著之，以明述此義者之繆，不足深究云。

射義第四十六

孔氏曰：案鄭《目録》云：「名曰《射義》者，以其記燕射、大射之禮，觀德行取於士之義。❶此於《別録》屬《吉事》。」案此篇中有鄉射，又云「不失正鵠，正則賓射」，然則鄉射、賓射俱有之矣。今《目録》唯云「燕射、大射」者，但此篇廣説天子、諸侯大射、燕射之義，不專於鄉射故也。射之所起自黄帝，故《易·繫辭》黄帝以下九事章云古者「弦木爲弧，剡木爲矢。弧、矢之利，以威天下」，又《虞書》云「侯以明之」，則射侯見於堯、舜，夏、殷無文，周則具矣。

❶「於」，通志堂本、四庫本作「其」。

藍田吕氏曰：《射義》言射者，男子之所有事者也。天下無事則用之於禮義，故有大射、鄉射之禮，所以習容、習藝、觀德而選士。天下有事則用之於戰勝，故主皮呈力，所以禦侮克敵也。

長樂劉氏曰：射之所以爲藝，而次于禮樂者，有足以成人之德行，而正其性命也。何哉？鄉三物之爲教也，六德出於性，弗能盡其性，則德有弗備矣；六行出於誠，弗能存其誠，則行有弗篤矣。是故君子之學也，閑其邪，所以存誠也；存其誠，所以盡性也；盡其性，所以畜德也；畜其德，所以植行也。然則六行之本在德，六德之本在性，盡性之道在乎誠明，存誠之道在乎閑邪。而播其德行於五品者，其惟六藝乎？禮樂所以載其德行，而致之君親者也。射所以觀其德行，而兆其用捨者也。然而人之禀受，或自誠而明，或自明而誠。誠矣，則無不明也；明矣，則無不誠也：然后性可盡矣。性盡則六德可畜，德畜則六行可植，行植則無所入而不自得，矧於射乎？

長樂陳氏曰：先王之爲射禮何取也？蓋不能射，則是不能防患。不能防患者，不能有其身者也。不能有其身，則是不能入於道者也。不能入於道，不能制於法者也。是故聖人與民同吉凶之患也，則驅諸射。而射者，人之所難也，則舉而爲之制。自天子之尊必有射，諸侯以至於爲卿、大夫、士皆行之，則天下四方之遠者莫不化。《詩》曰：「爾之遠矣，民胥然矣。爾之教矣，民胥傚矣。」此禮之言射，貴賤上下，各有其法與其義而不相廢也。禮有大射，有賓射，有燕射，此三者

《儀禮》所謂「禮射」也。蓋天子有郊廟之事，而擇士以射之，則謂之大射。以夫大射者，天子之禮也。諸侯來朝之時，而爲射以樂之，則謂之賓射。以夫賓者，諸侯之禮，諸侯言賓，則天子爲主矣。至於燕射，則卿大夫燕以射之而已。雖然，大射，祭也；賓射，朝也；燕射，禮也，自類而推之，蓋不獨此也。以其聘禮而有射禮，則謂之聘射，所謂「聘射之禮，至大禮也」是已。以其飲於鄉而有射禮，則謂之鄉射，《周官》「鄉射之禮五物詢衆庶」是已。以其會於州而有射禮，則謂之州射，《州長》之職「春秋以禮會民而射于州序」是已。以其習射必有射禮，則謂之武射，《司弓矢》所謂「王弓、弧弓，以授射甲革椹質」，而鄭氏言「試弓矢以習武」是也。以其行軍而有射禮，則謂之軍射，《樂記》所謂「散軍而郊射，左射貍首，右射騶虞」是也。夫此數者皆射也。然就其中而攷之，則軍射者禮之變，爲不足道矣。

古者諸侯之射也，必先行燕禮。卿、大夫、士之射也，必先行鄉飲酒之禮。故燕禮者，所以明君臣之義也。鄉飲酒之禮者，所以明長幼之序也。

鄭氏曰：言別尊卑老穉，然後射，以觀德行也。

孔氏曰：案《儀禮》大射在未旅之前，所以明君臣之義者，謂臣於堂下再拜稽首，升成拜，君答拜，似臣盡竭其力致敬於君，君施惠以報之也。「鄉飲酒」以「鄉」統名，則前篇云「六十者坐，五十者立侍」是也。

藍田吕氏曰：諸侯之射，必先行燕禮者，大射也。卿大夫之射，必先行鄉飲酒之禮者，鄉射也。射者，男子之事，必飾之以禮樂者，所以養人之德，使之周旋中禮也。蓋燕與鄉飲酒皆燕也，因燕以娱賓，不可以無禮，故有大射、鄉射之禮。禮不可無義，故明君臣之義，長幼之序焉。

嚴陵方氏曰：必先行禮而後習射者，則射非主皮，以禮爲先爾。

馬氏曰：燕與鄉飲則有恩，明君臣與長幼則有義。有恩、有義，然後以射而觀其德行，此人所以樂爲之也。

山陰陸氏曰：《詩序》曰：「《鹿鳴》廢，則和樂缺矣；《四牡》廢，則君臣缺矣。」《鹿鳴》，賓主之道也，非君臣之道也。故先王於燕禮，更以明君臣之義。《燕義》曰：「君獨升，立席上，西面特立，莫敢適之，義也。設賓主，飲酒之禮也。使宰夫爲獻主，臣莫敢與君亢禮也。不以公卿爲賓，而以大夫爲賓，爲疑也，明嫌之義也。」

石林葉氏曰：燕禮以示慈惠，上之事也，故諸侯之射以示慈惠爲主。鄉飲以序齒族，不必上所惠也，故鄉大夫爲賓，有事則拜而答之，所謂明君臣之義也。示齒族，則不嫌於有别也，故長者其豆多，少者其豆寡，賓介相酬，則少長以齒，此所謂明長幼之序也。

故射者，進退周還必中禮。内志正，外體直，然後持弓矢審固。持弓矢審固，然後可以言「中」。此可以觀德行矣。

鄭氏曰：内正外直，習於禮樂，有德行者也。正鵠之名，出自此也。

孔氏曰：此一經明射者之禮，言内志審正則射能中，故見其外射則可以觀其内德。賓射之的謂之正，欲明射者内志須正也。大射之質謂之鵠，鵠者，直也，欲使射者外體之直。

藍田吕氏曰：孔子曰：「射不主皮，爲力不同科，古之道也。」禮射有主皮之射。「射不主皮」者，禮射也，所謂大射、鄉射是也。爲力者，主皮之射也。主皮者，主於獲而已。尚力而不習禮，故「爲力不同科」也。禮射必先比耦，故一耦皆有上射、下射，皆執弓而挾矢。其進也當階，及階當物，及物皆揖。其退也亦如之。其行有左右，其升降有先後。其射皆拾發。其取矢于楅也，始進揖，當楅揖，取矢揖，既搢挾揖，退與將進者揖。其取矢也，有横弓、卻手、兼弣、順羽，拾取之節焉。卒射而飲，勝者袒，決遂，執張弓，不勝者襲，説决拾，加弛弓，升飲，相揖如初。則進退周旋必中禮可見矣。夫先王制禮，豈苟爲繁文末節，使人難行哉？亦曰「以善養人」而已。蓋君子之於天下，必無所不中節，然後成德，必力行而後有功。其四肢欲安佚也，苟恭敬之心不勝，則怠惰傲慢之氣生。怠惰傲慢之氣生，則動容周旋不能中乎節，體雖佚而心亦爲之不安。安其所不安，❶則手足不知其所措。故放辟邪侈，踰分犯上，將無所不至，天下之亂自此始矣。聖人憂之，故常謹於繁文末節，以養人於無所事之時，使其習之而不憚煩，則不遜之行亦無自而作。至于久而安之，則非法不行，無所往而非義矣。君子敬以直内，義以方外。敬義立而德不孤，則不疑其所行矣。故發而不中節者，常生乎不敬。所存乎

❶ 上「安」字，通志堂本、四庫本作「於」。

内者敬，則所以形乎外者莊矣。内外交脩，則發乎事者中矣。故曰：「内志正，外體直，然後持弓矢審固。持弓矢審固，然後可以言『中』也。」射一藝也，容比於禮，節比於樂，發而不失正鵠，是必有樂於義理，久於敬恭，❶用志不分之心，然後可以得之。則其所以得之者，其德可知矣，故曰「可以觀德行矣」。

長樂劉氏曰：士之爲道也，德潛於性而行隱於中，非如聲色之有形，可得而知也，而況雜之以情僞乎？唯射之中否，可以見其心之失得，而性之存亡也。經曰「内志正，外體直，則持弓矢審固」者，謂射者必正其志也。有幸勝之志，則不勝矣。有求中之志，則不中矣。有祈爵之志，則失爵矣。有憚負之志，則必負矣。是謂内志不正者也。志正而不惑，謂之審。克正而必中，謂之固。然則「持弓矢審固」者，誠明純備，而六德在我者也。揖讓而升，當物而射，周旋中度者，足以知其禮矣。《騶虞》、《貍首》、《蘋》、《蘩》迭奏，不失其節者，足以知其樂矣。正己而后發，不中則反求諸身，不怨勝己者，足以知其仁矣。必取其爵而人不以爲貪，必居其勝而人不以爲争者，足以知其義矣。性情交勝，❷不欺於人，失得由中，不罔於外者，足以知其信矣。中於百步之外，志正而不惑者，足以知其知矣。是故誠明充於内者，禮樂中於節；審固定於心者，正鵠應其手；好惡存諸心者，莫可得以與於是也。所以先聖王用之以

❶「敬恭」，通志堂本、四庫本作「恭敬」。
❷「性情」，明本作「情性」。

擇賢才，而觀其德行，然後取而用之，無不中矣。不曰射者可以成人之德行，而正其性命乎？

嚴陵方氏曰：進退者，升降之節。周還者，揖讓之容。能中禮者，以其先行禮故也。内志正，然後持弓矢審；外體直，然後持弓矢固。唯固也，故其力能至；唯審也，故其巧能中。義内也，貌外也。合内志外體言之，故止曰「觀德行」而已。及其合天子、諸侯言之，故必曰「觀盛德」焉。

馬氏曰：凡此所謂其容體比於禮也。

山陰陸氏曰：《孟子》曰：「動容周旋中禮，盛德之至也。」此其一隅，故曰「射者，所以觀盛德也」。正直爲正，内志言正，亦言之法。若落箭不固也，若出埰不審也。審在上，亦言之法。

其節，天子以《騶虞》爲節，諸侯以《貍首》爲節，卿大夫以《采蘋》爲節，士以《采蘩》爲節。《騶虞》者，樂官備也。《貍首》者，樂會時也。《采蘋》者，樂循法也。《采蘩》者，樂不失職也。是故天子以備官爲節，諸侯以時會天子爲節，卿大夫以循法爲節，士以不失職爲節。故明乎其節之志，以不失其事，則功成而德行立。德行立，則無暴亂之禍矣，功成則國安，故曰：「射者，所以觀盛德也。」

鄭氏曰：《騶虞》、《采蘋》、《采蘩》，今《詩》篇名。《貍首》逸，下云「曾孫侯氏」是也。樂官備者，謂《騶虞》曰「壹發五豝」，喻得賢者多也，「于嗟乎騶虞」，嘆仁人也。「樂會時」者，謂《貍首》曰「小大莫處，御于君所」。「樂循法」者，謂《采蘋》曰「于以采蘋，南澗之濱」。循澗以采蘋，喻循法度以成君事也。「樂不失職」者，謂《采蘩》曰「被之童童，❶夙夜在公」。

孔氏曰：此一節明天子以下射禮樂章之異。「以《騶虞》爲節」者，歌《騶虞》之詩。「以《貍首》爲節」者，歌《貍首》之詩也。《射人》云「《騶虞》九節」，「《貍首》七節」，《采蘋》、《采蘩》「皆五節」。《鄉射》註云：「五節，歌五終。四節四拾。其一節先以聽也。」若然，則九節者，五節先以聽；七節者，三節先以聽，皆以四節應乘矢拾發也。「其節之志」，謂天子以備官爲志，諸侯以時會爲志，大夫以循法度爲志，士以不失職爲志。明其樂節之志，故能不失其所爲之事也。

長樂陳氏曰：大射奏《貍首》，間若一。鄉射奏《騶虞》，間若一。王之五節先以聽，諸侯三節先以聽。尊者先以聽則多，卑者先以聽則寡。蓋所以優尊者，欲其先知之審也。然則王射以《騶虞》，大夫、士之鄉射亦以《騶虞》者，鄉射之詢衆庶，亦欲官備於天子也。又《樂書》曰：樂師凡射，天子以《騶虞》爲節，諸侯以《貍首》爲節，大夫以《采蘋》爲節，士以《采蘩》爲節。《射人》以射法治射儀，王以三耦射三侯，三獲三容，樂以《騶虞》九節；諸侯以四耦射二侯，二獲二容，樂以《貍首》七節；孤卿、大夫以三耦射一侯，一獲一容，樂以《采蘋》五節；士以三耦射豻侯，一獲一容，樂以《采蘩》五節。自天子達於士，名位不同，節亦異數，蓋所以定志而明分也。故明乎其節之志，以不

❶「蘩」，原作「蘋」，今據通志堂本、四庫本改。「童童」，通志堂本、四庫本作「僮僮」。

失其事，則功成而德行立。德行立，則無暴亂之事而國安矣。其有不可以觀盛德乎？王道成於《騶虞》，則主奏之可也。大夫妻能循法度於《采蘋》，則大夫奏之可也。至於《采蘩》，夫人不失職之詩，而士奏之，可乎？曰：《王制》天子元士視附庸之君，其用諸侯夫人之詩，亦在所可也。蓋士則事人，爵之尤卑者也。卑者不嫌於抗尊，故先王制禮，多推而進之。是以齊冠不嫌於同諸侯，齊車不嫌於同大夫，况射節乎？不言孤，則以射人見之矣。

清江劉氏曰：鄭玄以《射義》所引「曾孫侯氏」爲《貍首》之詩，非也。《騶虞》、《采蘋》、《采蘩》皆在二《南》，則《貍首》者亦必其儔矣。疑原壤所歌「貍首之斑然，執女手之卷然」，即是其章首。但仲尼删詩之時，樂正已亡此篇，而諸侯朝覲之禮久絶，惡《貍首》之害己，又皆除其籍，故使不在二《南》也。或曰《貍首》，《鵲巢》也。篆文「貍」似「鵲」，「首」似「巢」。《鵲巢》之詩「御之」、「將之」、「成之」，此亦時會之道。

藍田吕氏曰：「《騶虞》樂官備」者，騶，廐官也，所以豢養六畜也；虞，山澤之官也，所以阜蕃鳥獸草木者也。騶虞之官，以生物爲之職，惟恐庶類之不蕃殖。王者之政，仁及草木，皆如騶虞之用心，則未有不王者也。故曰「仁如騶虞，則王道成也」。王政行，則騶虞之官脩，騶虞之官脩，則庶類蕃殖，蒐田以時矣。「彼茁者葭」，則草木遂其生矣。「一發五豝」，則鳥獸蕃息矣。「于嗟乎騶虞」者，所以歸功乎二官。故天子之射以是爲節者，言天子繼天，當推天地好生之德以育萬物。此所以「樂官備」也。先儒謂「騶虞者義獸，白質黑文，不食生物」。其説既無據，而又曰「樂官備」者，謂「一發五豝」，喻得賢多，亦牽會爲之説也。《貍首》樂會時者，《貍首》之詩亡矣。《記》有原壤所歌之辭曰：「貍首之斑然，執女手之卷然。」及此篇所引《詩》曰：「曾孫侯氏，四正具舉。大夫君子，凡以庶士。小大莫處，御于君所。以燕以射，則燕則譽。」疑皆《貍首》之詩也。貍首，田之所獲，物之至薄者也。君子相會，不以微薄廢禮，猶白茅死麕可以聘如玉之女，匏葉兔罝可以爲君子之獻也。執手者，所以道舊結歡也。自「曾孫侯氏」而下，言諸侯以燕射會其士大夫，物薄誠至，君臣相與習禮而結歡，奉天子，脩朝事，故諸侯之射以是爲節，所以「樂會時」也。《采蘋》樂循法者，《采蘋》之詩言大夫妻能循法度也。所以采蘩、采藻，盛之，湘之，奠之，皆在家所習教成之事也。大夫妻已嫁，能循在家姆教之法度，乃可以承先祖，共祭祀矣。卿大夫已命，能循其未仕所學先王之法，非法不言，非道不行，乃可以與國政矣。故卿大夫之射以是爲節，所以樂循法也。《采蘩》不失職者，《采蘩》之詩言夫人不失職，所謂采蘩于澗沼之中，用之公侯之事。「被之僮僮，夙夜在公」者，蓋夫人無外事，祭祀乃其職也。唯敬以從事，是爲不失，士之事君，何以異此？敬恭朝夕事事而已，然後盡士之職，而不愧。故士之射以此爲節者，所以樂不失職也。天子之德莫大於好生，好生，繼天者也。諸侯之德莫大於奉朝事，奉朝事，事君者也。卿、大夫之事莫大於法先王，法先王，守道者也。士之德莫大於敬事，敬事，死命者也。先王制禮作樂以養人，起居動作多爲文章，以寓於聲色臭味之間，無非所以示人者也。薰沐漸漬，日遷於善，而不自知也。射之爲藝，❶容體既比於禮，又欲其節比於樂。樂不可以無尊卑，故天子、諸侯、卿大夫之詩各異。詩不可以無義，故各以其所樂告之。此所以明乎其節之志，以不失其事，則功成而德行立，無暴亂之禍矣。夫使君臣上下皆習是禮，聽是詩，以進是德，成是功，則國不安者，未之有也。故明於禮樂，其盛德之事歟？故曰：「射者，所以觀盛德也。」

嚴陵方氏曰：節者，樂歌之節也。孔子曰「射之以樂也，何以聽？何以射？循聲而發」，蓋謂是矣。王氏謂天子以《騶虞》爲節者，樂仁而殺以時；諸侯以《貍首》爲節者，樂御而射以禮。雖然，射必以樂爲節。何也？蓋射所以習武，雖先王所不敢忘，亦所不可黷也。習而不已，其弊必至於黷焉，亦在乎有以節之而已。且武者威也，先王以之飾怒。樂者，樂也，先王以之飾喜。習飾怒之具，而以飾喜之具節之，則自天子以至于士，豈有黷武之弊哉？是則先王之微意也。《騶虞》言葭蓬豝豵，以見遠人之地，虞人之野，皆由其道而得其宜焉。以二官之至賤、至遠，且能使鳥獸草木蕃殖而稱其職若是，又況其貴且近者乎？此所以「樂官備也」。《貍首》言「小大莫處，御于君

❶「藝」，通志堂本、四庫本作「義」。

所」，則諸侯之於天子也，春之朝，夏之宗，秋之覲，冬之遇，以至比年之小聘，三年之大聘，豈或違其時者哉？　此所以「樂會時也」。《采蘋》者，所薦有常物，所采有常處，所用有常器，所奠有常地，此所以樂循法也。《采蘩》言奉祭祀則不失職。設官分職，天子之事也，故以備官爲節。制節謹度，諸侯之事也，故「以時會天子爲節」。服法，服道法，言卿大夫之事也，故「以循法爲節」。保禄位，守祭祀，士之事也，故以「不失職爲節」。前言「官備」，此言「備官」，前言「會時」，此言「時會」者，蓋能備官，故形於樂也。故樂官備，❶能時會，故形於樂也。能樂會時焉，內能明乎節之志，則外不失其節之事矣。志明而事不失，則功成於國，而德行立於身矣。德行立，則無暴亂之禍矣。功既成於國，體以之安焉，非德之盛者，疇克如此？

馬氏曰：「《騶虞》爲節」，以至「不失職爲節」，所謂其節比於樂也。蓋天子所貴者德教而已，官備則德教有以行，故以《騶虞》之九爲節，以其朝廷既正而官備也。諸侯樂其時會之事，則功成於一國。至於大夫明乎此，則功成於其家。士明乎此，則功成於其身。此所以德行立而無暴亂之禍矣。然《騶虞》，一國之風，而爲節於天子；《采蘩》，諸侯夫人之詩，而爲節於士，何也？《孟子》曰：「說《詩》者不以文害辭，不以辭害意。」則取《詩》者不以迹害理矣。

山陰陸氏曰：虞人翼五豝以待公之發，

❶「故樂官備」，通志堂本、四庫本作「能樂官」。

可謂官備矣。《吉日》曰：「悉率左右，以燕天子。」貍不疑不睡，又有文焉，若是者可以會矣。原壤歌曰：「貍首之斑然，執女手之卷然」，亦以此。

禮記集説卷第一百五十七

禮記集說卷第一百五十八

是故古者天子以射選諸侯、卿、大夫、士。射者，男子之事也，因而飾之以禮樂也。故事之盡禮樂，而可數爲以立德行者，莫若射，故聖王務焉。是故古者天子之制，諸侯歲獻，貢士於天子，天子試之於射宮。其容體比於禮，其節比於樂，而中多者得與於祭。其容體不比於禮，其節不比於樂，而中少者不得與於祭。數與於祭而君有慶，數不與於祭而君有讓。數有慶而益地，數有讓而削地，故曰：「射者，射爲諸侯也。」是以諸侯君臣盡志於射以習禮樂。夫君臣習禮樂而以流亡者，未之有也。

鄭氏曰：選士者，先考德行，乃後决之於射。男子生而有射事，長學禮樂以飾之。歲獻國事之書，及計偕物也。三歲而貢士，舊説云「大國三人，次國二人，小國一人」。流，猶放也。《書》曰：「流共工于幽州。」❶

孔氏曰：此一節明天子以射禮簡選諸侯以下德行能否，又明諸侯君臣盡志於射，以習禮樂，無流亡之患。諸侯繼世而立，卿大夫有功乃升，非專以射而選。但既爲諸侯、卿大夫，更以射辨其才藝高下，非謂直以射選補始用之也。男子生有懸弧之義，因此射事更飾以禮樂，則容體比於禮，其節比於樂是也。凡事之中，能窮盡禮樂，而可數爲之，以興立人之德行者，莫如射，故聖王務重焉。漢時謂郡國

❶「州」，原作「洲」，今據通志堂本、四庫本改。

送文書之使爲計吏，其貢獻之物與計吏俱來，故謂計偕物也。偕，俱也。中多者得與於祭，此謂大射也。案《書傳》云：「古者諸侯之於天子也，三年一貢士。一適謂之好德，再適謂之賢賢，三適謂之有功。有功者，天子賜以衣服弓矢，再賜以秬鬯，三賜以虎賁百人，號曰『命諸侯』。」不云「益地」者，文不具耳。又曰：「一不適謂之過。」註云：「三年時也。」「再不適謂之敖。」註云：「六年時也。」「三不適謂之誣。」註云：「九年時也。」一絀以爵，再絀以地，三絀而地畢。註云：「凡十五年。」鄭以此知三歲而貢士也。

廬陵胡氏曰：歲獻，獻計偕之物也，於是貢士。鄭謂歲獻，每歲獻也。貢士三歲一貢。此蓋《書傳》之說。竊案經意，止謂歲獻即貢士爾。與《書傳》異也，鄭義非。

藍田吕氏曰：「古之選士必以射」者，非專事於射也。諸侯歲貢士於天子，固以德進，言揚選也。天子又試于射宫而進退之，將以考諸侯所選之中否，而從之有賞罰也。射者，男子之事也。男子之事必有志於四方，禦侮扞難，則其任也。故桑弧蓬矢設於始生。士不能射，則辭以疾。蓋不能射，則幾於非男子也。及其禮射則容體欲比於禮，節欲比於樂，而中欲多，非其志專一則不能也，非動容閑習則不能也，非心夷氣平，强有力而不憚煩，則不能也。由此觀之，射雖一藝，而可以觀人之德行，則先王選士之意微矣。學者閒燕肄業，樂而不流，究節文之義理，亟習之而不倦，足以正志意，和容體，以養人於善。此先王所以制射禮，故曰

「事之盡禮樂，而可數爲以立德行者，莫若射，故聖王務焉」也。天子試士於射宫，以容體比於禮，節比於樂，而中多者得與於祭。反此者不得與於祭。蓋禮樂節文之多，唯射與祭爲然。能盡射之節文而不失，其敬可以奉祭祀矣。能心平體正，持弓矢審固，而中多，則其誠可以事鬼神矣。諸侯以貢士之數與於祭，不與於祭，而有賞罰，以行益地、削地之法焉，則諸侯所以爲諸侯，亦以射選也。故曰「射者，射爲諸侯」。

嚴陵方氏曰：天子大射，則共虎侯、熊侯、豹侯。虎侯則天子所自射也，熊侯則助祭諸侯所射也，豹侯則卿、大夫、士所射也。射之中否，足以觀人之賢不肖，故天子以之選人焉。以之選人，而天子亦自射者，以身率之也。或先行燕禮，或先行鄉飲酒之禮，所謂「飾之以禮」也。或以《騶虞》爲節，或以《貍首》爲節，所謂「飾之以樂」也。助祭者，助天子行禮樂之事也。故射中多者，然後得與於祭焉。其容體比於禮，即進退周旋必中禮也。其節比於樂，即以《采繁》爲節也。比，謂與禮樂相比而不失。必曰「比於禮樂」，而後曰「中多」，則知不比於禮樂而偶中者，亦不可以言中矣。故孔子言「射不主皮」，以至投壺則「比投不釋」者，以是而已。射者，士也。貢士者，諸侯也。或中或否雖在士，而有慶有讓則在諸侯焉，故曰「射者，射爲諸侯也」。

山陰陸氏曰：據《射人》掌國之三公、孤、卿大夫之位。三公北面，孤東面，卿大夫西面，此大射也，故士不與。知然者，以《司裘》「王大射，則共虎侯、熊侯、豹侯，卿大夫則共麋侯」知之也。亦天子多賢，大射擇賓，宜不至於士，據「若賓射，則士射豻侯」。然則此經云「天子以射選諸侯、卿、大夫、士」，奈何？曰：射固所以選士，特大射不爲諸侯與士設爾。故曰「諸侯在廟，則皆北面，詔相其法」。又「諸侯歲獻貢士，天子試之於射宮」，「而中多者，得與祭」。據此大射不爲諸侯與士設可知。故事之盡禮樂而可數爲，苟非禮樂，未有可以數爲者也。歲獻貢士，猶言獻之歲貢士也，獻三年，獻比要之類。流亡，《孟子》所謂「流連之樂，荒亡之行」是也。

長樂陳氏曰：貢士與射，其來尚矣。蓋人之賢、不肖，不能逃於威儀揖讓之間，而好惡趨舍，常見於行同能偶之際。故射於澤宮，飾之以禮樂，以觀其德，比之以偶，以觀其類，則人材其遺乎？又曰：《儀禮》鄉射合樂，大射不合樂者，鄉射屬民，欲以同其意；大射擇士與祭，欲以嚴其事故也。

石林葉氏曰：貢士而擇之助祭者，所以示敬，而不敢專爵禄也。

故《詩》曰：「曾孫侯氏，四正具舉。大夫君子，凡以庶士，小大莫處，御于君所。以燕以射，則燕則譽。」言君臣相與盡志於射，以習禮樂，則安則譽也。是以天子制之，而諸侯務焉。此天子之所以養諸侯而兵不用，諸侯自爲正之具也。

鄭氏曰：此「曾孫」之詩，諸侯之射節也。「四正」，正爵四行也。「四行」者，獻賓、獻公、獻卿、獻大夫，乃後樂作而射也。「莫處」，無安居其官次者也。御，猶侍也。「以燕以射」，先行燕禮，乃射也。

「則燕則譽」，言國安則有名譽。譽，或爲「與」。

孔氏曰：上經説諸侯君臣之射，此明諸侯之射所歌樂章之節。❶此詩，❷《貍首》之詩也。但此篇有「貍首」字，故以爲目。若《騶虞》詩，其字亦在篇内也。「侯氏」，謂諸侯也。此諸侯出於王，是王之曾孫也。「小大莫處」，言燕之時，大夫君子及衆庶之士，小之與大，無有處於職司而不來者，皆御侍於君之處所也。「則燕則譽」，燕，安也。既君臣歡樂，用是燕安有聲譽，是諸侯自爲脩正之具。鄭註「樂作而射」，見《大射禮》。若燕射，則説屨升堂，坐之後乃射，故《燕禮》脱屨升堂，獻士畢，「若射，則大射正爲司射，如鄉射之禮」是也。

藍田吕氏曰：國家間暇，諸侯與其卿大夫盡志於射，以習禮樂。是諸侯以禮樂養其羣臣也。諸侯貢士於天子，天子試之以射，以中選之多寡爲諸侯之賞罰，則諸侯皆勉習禮樂，以事天子。是天子以禮樂養諸侯也。諸侯養其羣臣，至于則安則譽，則無流亡之禍矣。天子養其諸侯，至于則安則譽，則兵不用矣。此所以天子制之，而諸侯務焉者也。

嚴陵方氏曰：侯氏即諸侯，以旁出於天子，故以「氏」言之。若《韓奕》言「侯氏燕胥」，《覲禮》言「侯氏亦皮弁」是矣。言「曾孫」，以見世爲諸侯，其功德非一世之積也。天子制射禮於上，諸侯務之於下。養諸侯者，以使之習聽禮樂，則所以養之

❶「節」下，通志堂本、四庫本有「者」字。
❷「詩」，通志堂本、四庫本無。

也。養之以禮則不争，養之以樂則無怨。不争、無怨，則兵不用矣。「諸侯自爲正之具」者，以射求正諸己故也。

山陰陸氏曰：正言「曾孫」，著諸侯如此，非一世之習也。「四正」，蓋天子、諸侯、卿大夫、士之正。據《射人》：「王以六耦射三侯五正，諸侯以四耦射三侯三正，孤、卿、大夫以三耦射一侯二正，士以三耦射豻侯二正。」

孔子射於矍相之圃，蓋觀者如堵牆。射至於司馬，使子路執弓矢出延射，曰：「賁軍之將，亡國之大夫，與爲人後者，不入，其餘皆入。」蓋去者半，入者半。又使公罔之裘、序點揚觶而語。公罔之裘揚觶而語曰：「幼壯孝弟，耆耋好禮，不從流俗，脩身以俟死，者不？在此位也。」蓋去者半，處者半。序點又揚觶而語曰：「好學不倦，好禮不變，旄期稱道不亂，者不？在此位也。」蓋廑有存者。

鄭氏曰：矍相，地名也。樹菜蔬曰「圃」。先行飲酒禮，將射，乃以司正爲司馬。「子路執弓矢出延射」，則爲司射也。延，進也。出進觀者，欲射者也。賁，讀爲「僨」，猶覆敗也。亡國，亡君之國者也。與，猶奇也。後人者，一人而已。既有爲者而往奇之，是貪財也。子路陳此三者，而觀者畏其義，則或去也。延，或爲「誓」。「公罔之裘」之，發聲也。射畢，又使此二人舉觶者，古者於旅也語，語謂説義理也。三十曰壯。耆、耋，皆老也。流俗，失俗也。處，猶留也。八十、九十曰旄，百年曰期頤。稱，猶言也，行也。「者不」，言有此行不，可以在此賓位也。「序點」，或爲「徐點」。壯，或爲「將」。旄期，或爲「旃勤」，今《禮》「揚」皆作「騰」。

孔氏曰：此一節載孔子射於矍相之圃，選賢誓衆之禮。案《儀禮·鄉射》先行飲酒之禮，此矍相之圃謂賓射，故鄭註「鄉侯二正」，是用賓射之正也。獻賓及介與衆賓之後，未旅之前，作相爲司正。至於將射，轉司正爲司馬。立司馬之時，孔子使子路爲司射之官，出門而延進觀者及欲射之人。「敗軍之將」，言無勇。「亡國之大夫」，言不忠且無知。「與爲人後」，謂有人無後，既立後訖，此人復往奇之，是其貪財也。奇，謂配合之外，更有奇隻也。公罔，氏也。裘，名也。序，氏也。點，名也。至將旅之時，使二人俱舉觶以誓衆，而說所誓之事。二十曰幼，三十曰壯，六十曰耆，七十曰耋。自幼壯以來行孝弟，耆耋而愛好於禮，身行獨行，不從流移之俗，脩絜其身以俟死，問衆人有此諸行，則可在賓位也。好學不倦，好禮不變者，此之所誓彌精於前。前雖云孝弟、好禮，未能不倦、不變。年雖甚老，行道不亂，亦精於耆耋好禮。但此《記》所陳，唯約《鄉射禮》。案《鄉射》司射比衆耦於堂西，此「出延」者，蓋觀者既多，庭中不容，故出延之，入乃比耦也。以初觀者在門外，未有賓主之禮，故誓惡者令不入。以《鄉飲酒禮》差之，射禮畢，旅酬之時，乃使二人舉觶，故鄉射禮畢，司馬反爲司正，樂工升堂復位，賓取俎西之觶酬主人，主人酬大夫。自相旅畢，君使二人舉觶於賓與大夫，則當此公罔之裘、序點二人舉觶之節也。但衆賓射事既了，❶皆在

❶「賓」，通志堂本、四庫本作「耦」。

賓位，主人以禮接之，不復斥言其惡，但簡其善者耳。旄、期之老不復能射，而得在位者，此老人本來觀禮，雖不能射，與在賓中，故知旅酬之時，其人猶在也。

藍田吕氏曰：孔子於鄉黨，恂恂如也。互鄉難與言也，猶與其進。陽虎勸之仕，則諾之，以温良恭儉讓之德行於天下，未聞拒人如是之甚也。孟子曰：❶「仲尼不爲已甚者。」故矍相之事疑不出聖人。聖人没，門人弟子欲阿所好而爲此説，將以推尊聖人，而或不知其德，雖逆聖人之意或及於是，而不知非聖人之所當言。如《記》稱孔子曰「我戰則克，祭則受福」，固孔子之事也。而謂孔子言之，則非也。故矍相之事，謂聖人有是意，則可矣，謂聖人使門人言之，則非也。雖然，語亦有理也，故不得不解。鄉射之禮，先行鄉飲酒。至於將射，以司正爲司馬，故曰「射至於司馬」也。《記》云「既旅士不入」，明未旅士猶可入而與射。故子路執弓延射，有入不入，及去者入者之詞也。卒射，司馬反爲司正，然後行旅酬。卒旅，然後使二人舉觶於賓與大夫。射事既卒，則衆賓皆在賓位，故公罔之裘與序點舉觶。以衆賓皆在賓位，故有不在此位及去者、處者、存者之詞也。賓在門外，則司馬誓之，使惡者不入。賓在賓位，則二人舉觶而語，不復斥惡，但使善者處耳。「賁軍之將，亡國之大夫，與爲人後者」，皆有負於世，非賢能者也。舍其親而爲人後，有所利之而與求焉，是爲「與人爲後」。「與人爲後」者見利而忘親，此

❶「孟」，原作「孔」，今據通志堂本、四庫本改。

君子之所不取也。「幼壯孝弟，耆耋好禮，不從流俗，脩身以俟死者」，德有立矣。「好學不倦，好禮不變，旄期稱道不亂者」，德有成矣。蓋士之立於世，無惡者寡矣。無惡者有之，有立者寡矣。有立者有之，成德者寡矣。不在此位也者，疑詞也。蓋言在此位也，衆所會聚，簡別賢不肖，人所難言也，故以疑詞示之。猶言「文不在兹乎」？蓋言在兹也。不曰「乎」，而曰「也」者，蓋深示其不斥言也。

嚴陵方氏曰：「如堵牆」，言其周圍而固密也。射至於司馬，謂射至於使司正爲司馬之時，蓋司正則以治禮名之，司馬則以治兵名之也。燕，禮事也；射，兵事也。方燕之時，則名之爲司正；及射之時，則名之爲司馬，亦各從其類也。以將射也，故「執弓矢以延之」；以將旅也，故揚觶而語焉，又各以其類也。夫賁軍之將不可以言勇，亡國之大夫不可以圖存，爲人後者不可以謀養。「幼壯孝弟」者，幼而孝，壯而弟也。《孟子》曰：「孩提之童，無不知愛其親。及其長也，無不知敬其兄。」此之謂也。「流俗」，言不知所從來也。「脩身以俟死」，則死而後已也。學貴乎力，故曰「不倦」。禮貴乎常，故曰「不變」。道貴有序，故曰「不亂」。孔子十有五而志于學者，不倦之謂。三十而立者，不變之謂。四十而不惑者，不亂之謂。好學然後能立於禮，立於禮，然後能至於道，故言之序如此。不，謂有如此者否，則發問之詞也。言能如此，然後可以在此位也。旄，與「耄」同。《孟子》曰：「反其旄倪。」斸，與「僅」同。

清江劉氏曰：先儒謂人有後矣，而又往

與之者也。有後而又往與之，是兩後矣，安有兩後者？且人唯無後，❶故求後。未有有後而又求副者。此非子路之指，蓋與之者干之也，求之也。庶子奪其宗，非干歟？嫡子不後族人，支子後族人，嫡子而後其族，非干歟？諸父、諸兄，尊也，諸弟，倫也，義不可爲後，非干歟？禮不後異姓，不爲子，❷異姓而爲人子，非干歟？庶子而奪其宗，則篡其祖也。嫡子而後其族，則輕其親也。諸父、諸兄、諸弟而後其子兄弟，則亂昭穆也。異姓而後於人，則背其姓也。周衰，此等蓋多，此仲由之所惡也。然則異姓何以有爲人子者？曰世衰禮廢，必首於夫婦之間。夫死子幼，莫安其室，於以適人，少依其居，長從其姓，貴利其禄，富利其貨，而莫之自外，此亂之甚者。君子不易人之姓，人亦不可易姓也。

馬氏曰：「觀者如堵牆」，以言其衆庶也。「揚觶而語」，以言其詢衆庶也。敗軍之將，亡國之大夫不入，蓋謀人之兵師，敗則死之，謀人之邦邑，危則亡之，二者可以死而不死，則非忠。捨己之親而與爲人之後者，則非孝也。去與入半，以言其圃之外者；去與處半，以言其圃之内者。而勵者，僅也。蓋公罔之裘語之以略，序點語之以詳。略，故責之以輕，而處者半。詳，故責之以重，而存者少。則「幼壯孝弟，耆耋好禮，不從流俗，脩身以俟死」者，所謂序賓以不侮也。「好學不倦，好禮不變，旄期稱道不亂」者，所謂序賓

❶「人唯」，通志堂本、四庫本作「唯人」。
❷「不」上，據劉敞《公是集》卷四一當有「異姓」二字。

以賢也。蓋「幼壯孝弟」，言其善始；「好學不倦」，言其善終。「耆耋好禮」，則未至於道；「旄期稱道」，則不止於禮。「不從流俗」者，不從於外而已；「好禮不變」，則不變於內。此其輕重之別也。

山陰陸氏曰：「觀者如堵牆」，爲孔子來，是以如是之多，子夏曰「聖人之葬人」。「與爲人後者」，謂不見先於人也。孔子曰：「四十、五十而無聞焉，斯亦不足畏也已。」揚觶將以飲不勝者，《鄉射》云「不勝者進北面，坐取豐上之觶，立卒觶」是也。唯賢者發而不失正鵠，故曰「不在此位」。聞公罔之裘之言而去者，蓋不能保其必勝者也。故曰：「發而不失正鵠者，唯賢者乎？」若夫不肖之人，則彼將安能以中？公罔之裘揚觶，蓋以待初射之用。序點又揚觶，蓋以待再射之用。《鄉射》曰：「設豐實觶。」如施之此，當實序點所揚之觶也。夫禮必再射以備幸中，故序點所言，又進於公罔之裘一等。

射之爲言者繹也，或曰舍也。繹者，各繹己之志也。故心平體正，持弓矢審固。持弓矢審固，則射中矣。故曰：「爲人父者，以爲父鵠。爲人子者，以爲子鵠。爲人君者，以爲君鵠。爲人臣者，以爲臣鵠。」故射者，各射己之鵠。故天子之大射，謂之射侯。射侯者，射爲諸侯也。射中則得爲諸侯，射不中則不得爲諸侯。

鄭氏曰：大射，將祭，擇士之射也。以爲某鵠者，將射，還視侯中之時，意曰此鵠乃爲某之鵠，吾中則成人，❶不中之則不成人也。「得爲諸侯」，謂有慶也。「不得

❶「中」下，通志堂本、四庫本有「之」字。

爲諸侯」，謂有讓也。

孔氏曰：此一經釋射之名及鵠與侯之文。凡射者，大射則皮侯，賓射則正侯，燕射則獸侯。唯大射有鵠，此據《大射》而知。然鵠則上下俱同，無復君臣、父子之别。而言「以爲父鵠」者，謂升射之時，既身爲人父，則念之云：所射之鵠是爲人父之鵠，中則任爲人父，不中則不任爲人父，故「爲人之父者以爲父鵠」。爲人子及君臣，皆放此。故鄭註云「某之鵠」，以父子、君臣不定一，故稱某也。「各射己之鵠」者，謂衆射之人，雖共射一鵠，各射己所主之鵠也。「天子大射謂之射侯」者，言天子所射之物，謂之射侯。言射之中，能服諸侯也。舉大射言之，其實賓射、燕射皆謂之射侯也。射中則數有慶賜，堪得久爲諸侯。不中，則數被責讓，不得久爲諸侯。非爲射中封爲諸侯，不中不得爲諸侯也。案《大射禮》云：耦升自西階，並而東，皆當其物。❶北面揖，及物揖，皆左足履物，南面回還，視侯之中。鄭註「還視侯中」，謂此時也。凡天子、諸侯，卿大夫禮射有三：一爲大射，是將祭擇士之射；二爲賓射，諸侯來朝，天子入而與之射，或諸侯相朝，而與之射也；三爲燕射，謂息燕而與之射。其天子、諸侯、大夫三射皆具，而士無大射。故《司裘職》云：大射，唯明王及諸侯、卿、大夫，不及於士。故鄭註云「士不大射，士無臣，祭無所擇」是也。其賓射、燕射，士皆有之，故《射人》云「士射豻侯二正」，是士有賓射也。又《鄉射記》云：「士布侯，

❶「皆」，原作「階」，今據通志堂本、四庫本改。

畫以鹿豕。」是士有燕射。其侯，天子大射則射皮侯，故《考工記》云：「張皮侯而棲鵠，則春以功。」又《司裘職》云：「王大射，則共虎侯、熊侯、豹侯，設其鵠。」鄭註《考工記》「皮侯」：「謂此侯也。」畿内諸侯大射，則張熊侯、豹侯。故《司裘職》云「諸侯則共熊侯、豹侯」，「設其鵠」是也。若畿外諸侯大射，亦張三侯。鄭註云「遠尊得伸」，故亦張三侯：一曰大侯，鄭註云「則天子熊侯」，謂以熊皮飾之；二曰糝侯，鄭註云「糝，雜也」，「豹鵠而麋飾」；三曰豻侯，鄭註云「豻，胡犬皮飾侯」。若畿内卿大夫射麋侯，故《司裘》云「卿、大夫則共麋侯」是也。其畿外卿大夫射侯無文。於諸侯既得三侯，其卿大夫蓋降君一等，則糝侯、豻侯。其大射之侯皆有鵠，其鵠則三分侯中而居其一，故《考工記》云：「梓人爲侯，廣與崇方，參分其廣，而鵠居一焉。」凡皮侯者，各以其皮飾侯側，又方制其皮以爲鵠。故鄭註《司裘》云：「以虎、熊、豹、麋之皮飾其側，又制之以爲章，謂之鵠。」鵠小鳥而難中，故以中之爲雋。其天子以下賓射，則《射人》云：王射三侯、五正，諸侯射二侯、三正，卿大夫射一侯、二正，士射豻侯、二正。鄭云：謂五正、三正、二正之侯。五正者，中朱，次白，次蒼，次黃，玄居外。三正損玄黃，二正畫以朱緑。鄭又云：「二侯者，三正、二正之侯也。」一侯者，二正而已。此皆與賓射於朝之禮也。《考工記·梓人職》云：『張五采之侯，則遠國屬。』」凡賓射之侯，謂之正。鄭註《大射》云：「正者，正也，亦鳥名。齊魯之間，名題肩爲正。」然則天子賓射用五正、三正、二正之侯，畿内諸侯賓射用三正之侯，卿大夫用二正之侯，士亦用二正之侯，又飾以豻。畿外諸侯以下賓射，其侯無文。約《大射》諸侯既同天子張三侯，則賓射亦同。天子用五正、三正、二正之侯，其卿大夫射亦三正、二正之侯，士射二正之侯也。天子以下燕射，則尊卑皆用一侯。故《鄉射記》云：「天子熊侯，白質；諸侯麋侯，赤質；大夫布侯，畫以虎豹；士布侯，畫以鹿豕。」鄭註云：「白質、赤質，皆謂采其地。其地不采者，白布也。熊、麋、豹、鹿、豕，皆正面畫其頭象於正鵠之處耳。君畫一，臣畫二，陽奇陰耦之數也。燕射射熊、虎、豹，不忘上下相犯。射麋、鹿、豕，志在君臣相養也。」《梓人》云「張獸侯，則王以息燕」，謂此也。《鄉射記》不別畿外、畿内之異，則諸侯以下，内外同也。此三射之外，又有鄉射，謂鄉大夫貢賢能之後，行鄉射之禮，而詢衆庶。故《鄉大夫職》云「獻賢能之書于王」，「退而以鄉射之禮五物詢衆庶」是也。又有州長射于州序之禮，並同賓射之法。故鄭註云：「卿侯二正。」此外又有主皮之射。凡主皮之射有二：一是卿大夫從君田獵，班餘獲而射。《書傳》云：「凡祭，取餘獲陳於澤，然後卿大夫相與射也。」鄭註《鄉射》云：「主皮者無侯，張獸皮而射之，主於獲也。」二是庶人亦主皮之射，故鄭註《周禮》云「庶人無侯，張皮而射之」是也。又有習武之射，故《司弓矢》「弧弓以授射甲革椹質者」是也。

藍田吕氏曰：謂之射者有二義，曰繹也，曰舍也。繹者，各紬繹己之志，如所謂

「爲人父者以爲父鵠，爲人子者以爲子鵠」是也。舍者，發也。《詩》云：「不失其馳，舍矢如破。」蓋言心平體正，持弓矢審固，則發必中矣。謂之鵠者，取名於鳱鵠。鳱鵠，鵲名，小鳥而難中，參分其侯而鵠居一，則鵠者，方制之，置侯之中，以爲的者也。射之爲藝，不專心致志，則不得也，所以父子、君臣，各以己爲之鵠。射者各射己之鵠，意曰：爲人父者不中，則不得爲人父；爲人子者不中，則不得爲人子；爲人君，爲人臣，亦然。故雖諸侯之射，亦以中則得爲諸侯，不中則不得爲諸侯，是以謂之射侯。故古之射者，志於中也，其專如是，豈特志於中鵠、中侯而已哉？中父之鵠，則反求所以中爲人父之道。中子之鵠，則反求所以中爲人子之道，是乃所以充其類，繹其志也。天子將祭，擇所以與祭者，故先射於澤，後射於射宫，所以重黜陟，且明天子所以嚴祭祀也。以是爲諸侯之賞罰，所以明政刑，且帥諸侯之事天子也。

嚴陵方氏曰：繹，若「紬繹」之「繹」，言其繹於内而明於外。舍，若「趣舍」之「舍」，言其舍於此而之於彼。《詩》不云乎「舍矢既均」，又曰「舍拔則獲」，射固有舍意，各繹己之志者，若爲人子，爲人臣，各繹己之志於其鵠也。前言内志正，外體直，而此言「心平體正」者，皆互言之爾。鵠，一也，而有父子、君臣之異名，何也？各隨其所志以爲之鵠。爲人父者所志在於爲父，故以所射之鵠爲父鵠。言射中其鵠，乃可以爲人父故也。所謂子也、君也、臣也，亦若是而已。夫是之謂「各繹己志」也。射者不特君臣、父子，而此止以是爲言者，内則父子，外則君臣，人之大倫故也。大射者，擇士之射也。擇士，將以助祭。禮之大者莫如祭，故以大言之。自卿大夫而下，皆俾之射。然止以射侯爲言者，蓋人臣之貴，莫貴於諸侯，以見雖至貴者，亦由射而得之也。自卿大夫而上，皆在所擇，然止以擇士爲言者，以士卑而衆，尤在所擇故也。

山陰陸氏曰：舍，讀如「舍矢如破」之「舍」。舍無義也，故經釋「繹」而已。王文公曰：鵠遠舉難中，中之則可以告，故射侯棲鵠，中則告勝焉。同是射侯也，而謂之射侯主言大射，則射侯者，射爲諸侯，正在於此。祭侯之禮，以酒脯醢，其辭曰：「毋或若女不寧侯，不屬于王所，故抗而射女。」則所謂射侯，❶蓋亦取如此，故曰「大理物博」，有是哉！

新安朱氏曰：射中則爲諸侯，不中則不得爲諸侯。此等語皆難信。《書》謂「庶頑讒説，侯以明之」，然中間若有羿之能，又如何以此分别？恐大意略以射審定，非專以此去取也。

天子將祭，必先習射於澤。澤者，所以擇士也。已射於澤，而后射於射宫，射中者得與於祭，不中者不得與於祭。不得與於祭者，有讓削以地，得與於祭者，有慶益以地，進爵、絀地是也。

鄭氏曰：澤，宫名也。士，謂諸侯朝者，諸臣及所貢士也。皆先令習射於澤，已乃射於射宫，課中否也。諸侯有慶者先進爵，有讓者先削地。

孔氏曰：前經已言數與於祭而君有慶，

❶「則」上，通志堂本、四庫本有「是」字。

數不與於祭而君有讓。此又重言之者，前經明諸侯貢士之制，此經論人君將祭擇士也。此宮蓋於寬閒之處，近水澤而爲之，非唯祭而擇士，餘射亦在其中。《書傳》論主皮之射云：❶「嚮之取也於囿中，勇力之取也。今之取也於澤宮，揖讓而取也。」❷是主皮之射亦在於澤也。選士於澤，不射侯也，但試武而已。故《司弓矢》云「澤，共射椹質之弓矢」。鄭司農引此《射義》之文，以是知於澤中射椹質而已。又鄭註《司弓矢》云：「樹椹以爲射正，射甲與椹，試弓習武也。」其主皮之射，則張皮，亦揖讓也。上文有讓，削以地，有慶，益以地。此總云「進爵絀地」，故鄭云：「有慶者，先進爵；有讓者，先絀地。」進則爵輕於地，故進爵而後益以地也。退則地輕於爵，故先削地而後絀爵也。

長樂陳氏曰：古之聖人，齊明以澡心，而致其恭於內，盛服以治身，而致其恭於外。固足以致神明之來格矣。然猶以爲未足以盡禮也，故又俯而取諸人，尊有道，任有德，承之者也。舉賢而致之，庸之者也。聚衆而誓之，威之者也。承在禮，庸在仁，威在義。仁、義、禮是吾之於祭也，可以無憾矣！然用之而不擇，與不用同。擇之而不以射，與不擇同。故曰：「天子將祭，必先習射於澤。」夫非以射之足以盡人之能歟？衡心之平，然後可以持弓之審；❸繩體之正，然後可以持

❶「書」上，通志堂本、四庫本有「故」字。
❷「而」，通志堂本、四庫本作「之」。
❸「以」，原缺，今據通志堂本、四庫本補。

矢之固。蓋心不平則弓不審，而體不正則矢不固，❶此性命之理寓於冥冥，而世人未之或知也。先射於澤宫，以擇士而習之，而射宫則在廟是已。能者陟，否者黜，此祭之所以爲有射也。

嚴陵方氏曰：言澤則知其在野，言宫則知其在國。先習於澤而後射於宫，射事有漸故也。削地、益地，謂所貢士之諸侯也。所謂慶讓者不特在地，亦有在於爵焉，故總言進爵絀地也。於讓曰絀地，知慶之爲益地也。

故男子生，桑弧蓬矢六，以射天地四方。天地四方者，男子之所有事也。故必先有志於其所有事，然後敢用穀也，飯食之謂也。

鄭氏曰：男子生，則設弧於門左，三日負之，人爲之射，乃卜食子也。

孔氏曰：此一經明男子重射之義。男生三日，射人以桑弧蓬矢者，則有爲射之志，故長大重之。「桑弧蓬矢」，取其質也。所以用「六」者，「射天地四方」也。禮射唯四矢，象禦四方之亂。三日射罷，而後用穀以食其子也。

藍田吕氏曰：天地之性，人爲貴也。人之類，男子爲貴也。其配則天也，陽也，乾也，可以服人，而不可以服於人者也。故天地四方之大，皆吾之所當有事也，不能則幾於非男子也。故於其始生，所以用「桑弧蓬矢六，以射天地四方」也。士無事而食，不可也，故君子寧功浮於食，不使食浮於功。有事於天地四方，而後敢用穀，則功浮於食，無愧於食，是亦男子之事也，故因射義及之。

❶「體」，原作「射」，今據通志堂本、四庫本改。

嚴陵方氏曰：天地四方，謂之六合，以上與下爲合，東與西爲合，南與北爲合故也。以射六合，故以六矢射之。射之，則以射人代之而已。六合，男子之所有事也。生而必射，以示其有事之志；射而後食，以示其受禄之道。用穀，謂用穀米食之，故曰飯食之謂。

馬氏曰：先其所有事而後敢用穀者，《論語》曰：「事君，敬其事而後其食。」《儒行》曰：「儒有先勞而後禄。」皆此意也。

天台陳氏曰：按賈誼《新書》載懸弧之禮，東方之弧以梧，南方之弧以柳，中央之弧以桑，西方之弧以棘，北方之弧以棗。東方射東方，南方射南方，中央高射，西方射西方，北方射北方，皆三射。據此禮則應有五弧矢。言射中央，而不言天地，其旨粹矣。不知作記者何所考。

騻

射者，仁之道也。❶射求正諸己，己正而后發，發而不中，則不怨勝己者，反求諸己而已矣。孔子曰：「君子無所争，必也射乎！揖讓而升，下而飲，其争也君子。」

鄭氏曰：諸，猶於也。「必也射乎」，言君子至於射則有争也。下，降也。飲射爵者，亦揖讓而升降。勝者袒，決遂，執張弓。不勝者襲，説決拾，卻左手，右加弛弓於其上而升飲。君子恥之，是以射則争中。

孔氏曰：此一節明射是仁恩之道，❷唯求諸己，故恥其不勝而争中。「其争也君子」，言君子因射亦有争也。《儀禮·大

❶「也」，原缺，今據通志堂本、四庫本補。
❷「恩」，原缺，今據通志堂本、四庫本補。

射》云：耦進，上射在左，並行，當階北面揖，及階揖。升堂揖，皆當其物北面揖，及物揖。射畢，北面揖，揖如升射。是射時升降揖讓。經云「揖讓而升」，謂飲射爵時揖讓，非射時也。鄭註「勝者袒決」至「升飲」，皆《大射》文。

藍田吕氏曰：仁者之道，不怨天，不尤人，行有不至，反求諸己而已。蓋以仁爲己任，無待於外也。射者求中，有似於此。故曰「射者，仁之道也」。射者正己而後發，發而不中，知反求諸己，而不怨勝己者，知所以中、不中莫不在於己，非人之罪也。至於愛人不親，治人不治，禮人不答，則反尤諸人。蓋不以爲己任，不知其類者也。君子無所不用其學，故於射也，得反己之道焉。争者，争勝負也。君子之於天下也，所以與人交際，辭讓而已。爵位相先，患難相死，道途不争險易之利，冬夏不争陰陽之和，則無所事於争矣。而獨於射也求中，是以勝負争也。然射禮勝飲不勝，所以争中者，争辭乎飲也。

嚴陵方氏曰：争者德之逆。君子無所争，曰「無所」，則與「君子無所不用其極」之「無所」同義。君子雖無所争，然有所必争者，則有在乎射也。揖讓而升堂，復下而飲不勝，則材養不材之意也。材養不材，仁之道也。君子當仁不讓，於此安得而不争乎？王氏謂求勝人而害之者，小人之事也；求勝人而養之者，君子之事也。

馬氏曰：射者，仁之義也。蓋始於由己，而成於反己者，射也。故愛人不親，反其仁，然後爲仁，射而不中，反其射，然後爲射。此仁之與射所以同道。夫豈有怨乎彼哉？然雖不怨於内，而不可以不争於外。不怨所以爲仁，而必争所以爲知也。蓋射之争，争於揖讓升降之間，而非射之争，則争於財利忽圭之際，則「其争也君子」。君子無所事争，必也射乎，以言其争出於不争也。

新安朱氏曰：此言君子恭讓，不與人争，唯於射而後有争。然其争也，雍容揖讓乃如此，則其争也君子，而非若小人之争矣。

孔子曰：「射者何以射？何以聽？循聲而發，發而不失正鵠者，其唯賢者乎！若夫不肖之人，則彼將安能以中？」《詩》云：「發彼有的，以祈爾爵。」祈，求也，求中以辭爵也。酒者，所以養老也，所以養病也。「求中以辭爵」者，辭養也。

鄭氏曰：「何以」，言其難也。聲，謂樂節也。畫曰正，❶棲皮曰鵠。正之言正也，鵠之言梏也。梏，直也，言人正直乃能中也。「發彼有的」，發，猶射也。的，謂所射之識也。言射的必欲中之者，以求不飲女爵也。辭養，讓見養也。

孔氏曰：此一節明射中之難，以中爲貴。「何以射」者，言人之射何以能使射中與樂節相應也。「何以聽」者，言何以能聽此樂節，使與射中相合也。言射中樂節，兩相應會，作何法以爲之，至極難矣。「循聲而發」，謂射者依循樂聲而發矢。「不失正鵠」，言其中也。射中與樂節相會，唯賢者乃能，是難也。不肖，謂小人也。若小人，何以能中？引《詩·小

❶「畫」下，通志堂本、四庫本有「布」字。下同。

雅・賓之初筵》之詩，鄭註「聲，謂樂節」，《騶虞》九節之屬。「畫曰正」，則賓射也。「棲皮曰鵠」，則大射也。「所射之識」，謂記識之處，即正鵠之中也。

藍田吕氏曰：君子責己重而責人輕。我之不中，則反求諸己，曰「非病也，不能也」。必心平體正，持弓矢審固。「循聲而發，發而不失正鵠」者，唯賢者能之，若不肖之人，彼將安能以中？此責己重也。彼之不中，則曰「非不能也，病也，老也」。酒者，所以養老與病也，揖讓而升，以禮相下，以飲其不勝者，此責人之輕也。《詩》曰：「發彼有的，以祈爾爵。」求中以辭爵，則所以争者，乃所以辭也。養則利之也。争辭養，乃所以争辭利也，異於衆人之所以勝負争也。故曰「其争也君子」。射之爲藝，非專心致志，則不得也。射以樂爲節，射者欲其容體比於禮而中多，故曰「何以射」。欲其節比於樂，循聲而發，發而不失正鵠，故曰「何以聽」。「何以射」者，體之所動，不在乎他也。「何以聽」者，耳之所司，不在乎他也。是謂用志不分，不過乎物。推是道也，將無入而不自得，况於射乎？居是位也，行是事也，其心也，或之乎彼也，或之乎此也，一出焉，一入焉，將無所往而可也。故射雖一藝，而可以分賢不肖者以此。

山陰陸氏曰：射而不勝，爲勝者所飲，則非爾爵也，是彼爵也。彼爵所以養老、養病之爵，與彼康爵異矣。《詩》曰：「酌彼康爵，以奏爾時。」康爵，不病之爵。

長樂陳氏曰：鵠之爲物，遠舉而難中，射以及遠，中鵠爲善。故正鵠，欲其不失所以爲賢也。射者，何以射？爲不主皮而射也。何以聽？爲循樂之節而發也。《郊特牲》曰：「射之以樂也。」如此而已。蓋不主皮而射，則其容比於禮，循聲而發，則其節比於樂。禮樂由賢者出，故「持弓矢審固，可以言中」。若不肖之人，事勇力，忘禮樂，安能中哉？故孔子曰：「射不主皮，爲力不同科，古之道也。」此先「何以射」，而後「何以聽」，主禮而言也。《郊特牲》先「何以聽」，而後「何以射」，主樂而言也。

禮記集説卷第一百五十八

禮記集説卷第一百五十九

燕義第四十七

孔氏曰：案鄭《目録》云：「名曰《燕義》者，以其記君臣燕飲之禮，上下相尊之義。此於《别録》屬《吉事》。」案《儀禮目録》云：「諸侯無事，若卿大夫有勤勞之功，與羣臣燕飲以樂之。」勤勞謂征伐聘問，《詩》曰「吉甫燕喜」是也。臣有王事之勞，亦燕之，故《燕禮記》云「若有王事」是也。

藍田吕氏曰：古之君臣、賓主之相接，有饗、有燕、有食。饗禮亡矣，獨燕、食之禮存焉，《儀禮・公食大夫禮》是也。燕以飲爲主，食以食爲主，故燕禮之始，主人酌以獻賓，薦脯醢，設折俎，而無黍稷。食禮之始，主人親設醯醬大羹，宰夫爲主，菹醢之豆六，三牲、魚、腊、腸胃、膚之俎七，黍稷之簋六，牛羊豕之鉶四，宰夫執觶酒，設于豆東，而不獻。此燕、食之别也。饗禮雖無文，然雜見于傳記之間。「饗以訓恭儉，燕以示慈惠」，「饗有體薦，燕有折俎」，又云「几設而不倚，爵盈而不飲」，又云「若不親饗，致饗以酬幣」，又云「大饗卷三牲之俎于賓館」。故知饗禮之始，如燕之始獻，言「爵盈而不飲」，則啐而不卒爵矣。言「有體薦」，則俎肉不折矣。言「几設而不倚」，則無脱屨而升堂矣。又有酬幣，又卷俎歸于賓館，此燕、饗之别也。蓋禮者主於接驩，故至于請安，請醉，旅酬，無算爵，少紓其敬也。故其辭曰：「寡君有不腆之酒，以請吾子之與寡君須臾焉。」此所以示慈惠也。古之燕禮，有天子燕諸侯者，《湛露》之詩是也。有燕羣臣者，《鹿鳴》之詩，及《記》云「君與卿燕，則大夫爲賓，與大夫燕，亦大夫爲賓」是也。有燕賓客者，❶則《記》云「若與四方之賓燕」，《聘禮》云「燕羞俶獻無常數」，《大行人》云「上公三饗、三食、三燕」是也。有燕族人者，《文王世子》「公與族燕則以齒」是也。有養老者，《王制》云「凡養老，有虞氏以燕禮，夏后氏以饗禮，殷人以食禮，周人脩而兼用之」是也。有因燕而射者，大射禮是也。

長樂陳氏曰：先王之爲聘，所以致親也，而親親之心，無所不用，則燕之之禮，不得而廢焉。近自乎九族同姓與夫兄弟朋友之親，而遠至乎諸侯、君臣與夫蠻貊夷狄之邦，莫不有恩以見其愛，莫不有愛以盡其禮。故禮行而人説，而天下服者，此乃古之所以爲燕也。竊嘗求之矣，《行葦》之序曰「周家忠厚，故能内睦九族」，而其詩有「或歌或咢，洗爵奠斝」，是所謂燕九族同姓也，而與夫《頍弁》之刺異矣。《常棣》之詩曰「閔管、蔡之失道」，而其詩有「兄弟既具，和樂且孺」，是所謂燕兄弟也，與夫《杕杜》之刺異矣。《伐木》之詩曰「友賢不棄，不遺故舊」，而其詩有「矧伊人矣，不求友生」，是所謂燕朋友也，與夫《谷風》之道絶異矣。若夫燕諸侯，則有《湛露》；燕羣臣嘉賓，則有《鹿鳴》；而燕夷狄，則所謂《蓼蕭》澤及四海是已。

❶ 「者」，原缺，今據通志堂本、四庫本補。

其《詩》曰「燕笑語兮，是以有譽處兮」。夫以《湛露》之諸侯爲中國，則《蓼蕭》之所以燕諸侯者，皆謂之四海，豈非夷狄歟？

古者周天子之官有庶子官。庶子官職諸侯、卿、大夫、士之庶子之卒，掌其戒令，與其教治，别其等，正其位。國有大事，則率國子而致於大子，唯所用之。若有甲兵之事，則授之以車甲，合其卒伍，置其有司，以軍法治之，司馬弗正。凡國之政事，國子存游卒，使之脩德學道，春合諸學，秋合諸射，以考其藝而進退之。

鄭氏曰：職，主也。庶子，猶諸子也。《周禮》諸子之官，司馬之屬也。卒，讀皆爲「倅」，諸子副代父者也。戒令，致於大子之事。教治，脩德學道。位，朝位也。國子，諸子也。軍法：百人爲卒，五人爲伍。弗，不也。國子屬大子，司馬雖有軍事不賦也。游卒，未仕者也。學，大學也。射，射宫也。《燕禮》有庶子官，是以《義》載此以爲説。

孔氏曰：此一節以燕飲之禮有庶子官，故先陳庶子之事。《燕禮》云「主人升自西階，獻庶子於阼階上」，又云「庶子執燭」，是燕禮有庶子官。云「古者周天子官」，謂作《記》之人在周末追述周初之事也。天子謂之「諸子」，諸侯謂之「庶子」，其職掌則同。故此《記》雖明諸侯庶子職掌，其所載之事皆《諸子職》文也。言此官職主諸侯及卿、大夫、士衆庶之子副倅於父之事，所以官名「庶子」也。「戒令」者，下文「國有大事，則率國子而致於大子」。其事非一，故鄭註云「致於大子之事也」。「與其教治」，與，猶及也。教，謂教學。治，謂治身。分别其貴賤之等，正其朝廷所立之位，此等諸子雖未爲官，皆繼父尊卑以爲等級，故有「别其等，正其位」也。此《記》云「諸侯、卿、大夫、士之庶子之卒」，《周禮·諸子職》則云「掌國子之倅」，唯此爲别。但《諸子職》總謂之「國子」，此云「諸侯、卿、大夫、士之庶子」者，適子也。謂之「庶」者，庶，衆也。以其適子衆多，故總謂之「庶子」，非適子庶弟而稱庶子也。必知「適子」者，以其云「倅」，是副貳於父之言。故鄭註《諸子職》云「國子者，是公、卿、大夫、士之副貳」。又引《王制》云「王大子、王子、羣后之大子、卿、大夫、元士之適子」是也。國有大事之時，則進致諸子於大子，唯任大子隨時所用也。若國有甲兵之事，則庶子之官付授以車甲，合會之以卒伍，置立之以有司，謂立其主將，使統領之，用軍旅之法治理也。正，役也。諸子既統屬大子，隨大子徵發，司馬不得征役之也。凡「國之政事」，則非大事與甲兵也，是國之尋常小事，謂力役、土功、胥徒之屬，不與于國子，唯民庶所爲。「國子存游卒」者，未仕者之中，既不與尋常政事，但使之脩行其德，學習道藝也。仲春之時，合此諸子在於大學；仲秋之時，合此諸子在於射宫。庶子之官考校其藝能之高下，而進退之。案《師氏職》云「凡國之貴游子弟學焉」。鄭註云：「貴游子弟，王公子弟游無官司者。」則此「游卒」，是游逸以爲副貳者，故鄭云「未仕者也」。

藍田吕氏曰：此篇所陳，即《周官·諸子》之職也，其文有少異。「諸子掌國之倅」，此篇云「庶子職諸侯、卿、大夫、士庶子之卒」。國子即卿、大夫、士之子也。倅者，貳也，子之爲父後者，皆所以貳於父也。必用「國子之卒」者，蓋古之爲國，其使君臣相信，非一日積也。大子，君之貳也。國子之倅，諸侯、諸臣之貳也。以諸侯、諸臣之貳事其君之貳，學相同則好相合矣。《王制》曰「春秋教以禮樂，冬夏教以《詩》、《書》」是也。事相同，則情相信矣。「率國子致於大子，唯所用之」是也。故大子雖未爲君，君臣之交相際而已久，賢、不肖之别已悉，可任使之才已備，則先王所以慮後世者，不爲不豫也。戒令，謂任之征役也。「别其等」，謂父爵爲之等也。「正其位」，謂在朝廷則尚爵，在學校則尚齒也。「國有大事」，謂大祭祀，大喪紀，大賓客，大燕饗之類也。「甲兵之事」，謂師旅之役也。「國之政事」，謂凡力役、田獵、追胥之事也。「庶子之官」者，國子之師也。「游倅」，國子之未仕者也。未仕則庶人，力役、田獵、追胥之事不舍也。然以國子之倅，將使之脩德學道，故舍征而存之，以養材也。合，聚也。春聚之學宫，秋聚之射宫，考其《詩》、《書》、禮、樂之藝，以進退其能不能，以選才也。

嚴陵方氏曰：諸侯而下之子，其長與倅皆在所掌，所以爲庶也。且諸侯而下，其子總謂之庶子，則又以别於大子故也。下言率國子而致於大子，則庶子之職固及於國子矣。止言「倅」者，舉下以見上也。長子謂之國子，則以有國名之也。卿、大夫之子，非有國者之子，而通謂之國子者，舉大以該之也。以國子爲有國之子，則知大子爲有天下之子矣。戒則戒之使勿怠，令則令之使有爲，教則教之以其藝，治則治之以其事。知其戒令而後可以教治之也。等謂上下之等，位謂貴賤之位。經言「以考其藝而進退之」，則等有上下矣。又言「諸侯、卿、大夫、士之庶子」，則位有貴賤矣。《周官》師氏教國子，保氏教國子，其養固亦及於倅矣，然以國子爲主。《庶子職》「庶子之倅」，固亦及於國子矣。然以長爲主則大，故其職列於《地官》。以倅爲主則小，故其職列於《夏官》。地官掌邦教也。故師、保以教養爲主；夏官掌邦政也，故庶子以戒令爲主。《周官》謂之「諸子」，此謂之「庶子」者，諸、庶皆衆也，其實一也。猶之《周官》謂之「宗伯」，而記則謂之「宗人」。《周官》謂之「甸師」，而記則謂之「甸人」也。甲兵之事，戎事也，戎事不止於用甲兵，止以是言之者，甲以自營，兵以勝敵，戎之事如斯而已。首言大事，則戎事亦在其中矣。「授之以車」，則馬可知矣。「授之以甲」，則兵可知矣。「合其卒伍」，則聯之有數。「置其有司」，則帥之有人。❶所謂「以軍法治之」也。帥國子，則倅從之，可知矣。軍法者，司馬之所正。治之以軍法，而司馬弗正者，致之在於庶子，用之在於大子，以國之貴游不可以常民畜之故也。若「合其卒伍，❷置其有司」之類，所謂戒令也。「春合諸學，秋合諸射」之類，所謂教治也。先言「合其卒伍，置其有司」者，以戒令者，庶子之職所主故也。後言「春合諸學，秋合諸

❶「帥」，通志堂本、四庫本作「率」。
❷「伍」，原作「位」，今據通志堂本、四庫本改。

射」者，以教治者，庶子之職所兼故也。

馬氏曰：燕義之設，始於公族，而公族之正，始於庶子官。記者之言燕義，必先述其燕與鄉飲之禮，凡以本其始而已。司馬治之，則處之以義。司馬弗征，則優之以恩。春合諸學，而教之以文，所以順陽。秋合諸射，而教之以武，所以順陰。

石林葉氏曰：辨其等，則親疏有序；正其位，則貴賤有等，所謂庶子之官治，而邦國有倫也。天子之嫡曰「大子」，諸侯之嫡曰「世子」者，蓋對而言之則有異，離而言之，則諸侯之嫡子亦通稱爲「大子」也。「置其有司，以軍法治之」，所以致義。「司馬弗正」，所以致仁。庶子所治，仁義而已矣。師氏教國子，而貴游子弟亦學焉。此言「國子存游卒」者，蓋師氏所教，則嫡子者也。其游倅，則諸子教之。德有體，所以脩；道無迹，所以學。春而合樂於學宮，❶順陰陽之動也。秋而合聲於射宮，順陰陽之静也。射宮所以擇其賢否，故曰「攷其藝而進退之」。

盱江李氏曰：王者之師，其備矣乎！非直興於閭里，抑又取於世族。彼以父祖貴富，宜有報上之心，而况學習德行道藝，孰不知忠孝之美？佐之以金革，則與夫干賞蹈利、傭徒鬻賣者，蓋有間矣。且大子將爲君，國子將爲臣，君臣之分未定，而恩義固已接矣。則今日之游卒，未必不爲嗣王之將帥也。譬長馭遠，有如是哉！

諸侯燕禮之義，君立阼階之東南，南鄉，爾卿、大夫皆少進，定位也。君席阼階之上，

❶「宫」，原缺，今據通志堂本、四庫本補。

居主位也。君獨升立席上，西面特立，莫敢適之義也。設賓主，飲酒之禮也。使宰夫爲獻主，臣莫敢與君亢禮也。不以公卿爲賓，而以大夫爲賓，爲疑也，明嫌之義也。賓入中庭，君降一等而揖之，禮之也。

鄭氏曰：「定位」者，爲其始入踧踖，揖而安定也。「設賓主」者，飲酒致歡也。宰夫，主膳食之官也。天子使膳宰爲主人。公，孤也。疑，自下上至之辭也。公卿尊矣，復以爲賓，則尊與君大相近。

孔氏曰：燕禮之初，君獨升，立於阼階之上，明君尊，莫敢敵之義也。皆引《燕禮》正經，記者以義説之。案《燕禮》卿大夫皆入門右，北面，君南鄉，爾卿。卿西面，北上，爾大夫。大夫皆少進，皆北面。所以然者，定羣臣之位也。「定位」之語，及下「居主位，莫敢適」之義，皆記者之辭也。公卿，朝臣之尊；賓，又有敵主之義。若以公卿爲賓，疑其敵君也。爲其嫌疑，故使大夫爲賓，明其遠嫌之義也。賓既至庭，君降階一等而揖之，是以禮待於賓也。此諸侯燕臣子之禮，而稱公，故鄭知是上公，得置孤。孤止一人，而《燕禮》云「諸公」者，鄭註彼云：「諸者，容牧有三監也。」疑，擬也。是在下比擬於上，故云「自下上至之辭也」。

藍田吕氏曰：《燕禮》射人告具，小臣設公席于阼階上，西鄉，公升即位于席，西鄉，而與燕之諸臣皆未入也。諸臣未入，而君特立於席，明是燕也，君爲之主，非諸臣之敢敵也。君既即位，小臣納卿、大夫、士皆入門，立，公乃降，立于阼階之東南，南鄉，爾卿，卿西面，北上，爾大夫，皆少進。爾，近也，進之使前也。必爾之者，所以定臣位也。既爾卿、大夫，然後射人請賓。公曰：「命某爲賓。」賓以大夫，不以公卿之貴，疑於君也。賓入及庭，公降一等，揖之。公升，就席，乃以宰夫爲主人，以獻賓，臣不敢亢君也。君不敢以己尊莫亢，而必伸賓主之敬，臣不敢以爲賓而必屈君之尊。故燕禮之節，至于以宰夫爲獻主，則禮之於賓主，義之於君臣，並行而不相悖矣。君盡君之禮以下下，故賓入及庭，降一等，揖之；賓受爵，拜君，皆答拜。臣盡臣之禮，以事上，故君舉旅賜爵，賓皆降，再拜稽首，君辭，然後升，成拜。天下之理，未有不交而成者也，故天地交而萬物通，上下交而其志同，此所以君臣和、禮義行也。君臣、父子、長幼、夫婦之倫，吾性之所固有也。君子之所以學，先王之所以教，一出於是

而已。故舜明於庶物，察於人倫，三代之學皆所以明人倫也。人倫之大分謂之經，其屈伸進退、周旋曲折之變謂之紀。大德敦化，經也。小德川流，紀也。禮儀三百，經也。威儀三千，紀也。故君臣之義，其經見於朝覲，其紀見於燕禮。故曰「燕禮者，所以明君臣之義也」。

長樂陳氏曰：王燕，則於《司儀》見王之所以燕諸侯者，皆以齒也，故曰「王燕則諸侯毛」是也。於《膳夫》見王之所以爲燕者，皆非自爲主者也，故曰「王燕飲則爲獻主」是已。於《大僕》見王之所以燕者，必於内朝之地也，故曰「王燕則大僕相其法」是已。於《酒正》見王之所以燕飲者，亦必有多寡之數也，故曰「王燕則共其計」是已。於《鞮鞻氏》見王之所以燕者，亦必有樂以爲樂也，故曰「掌四夷

樂與其聲歌，祭祀則歆而歌之，燕亦如之」是已。然而其賓客牢禮之物，獻酬交錯之數，衣服器皿之用，與夫樂舞節奏皆不得而攷之，而穎達所以爲「天子燕禮已亡」者，或是歟？邦國燕，至於邦國之相和，君臣之相接，禮義之相與，恩好之相交，又所以明嫌疑而不瀆，别貴賤而不亂。推而通之，雖治教政令之所行，民物事爲之所尚者，莫不皆有以致其象，寓其意。此諸侯燕禮之義也。蓋東南者，天地温厚之氣也，而接人以仁者，主人之道。故君之所立者，萬物皆相見之地也。「爾卿，大夫皆少進」，爾之者，以示其相親而無嫌於褻也。「定位」，則小卿次上卿，大夫次小卿，士庶人以次就位是也。阼階之上，所以爲主位，而君席之所居者也。西者，作成之地也。面乎西，則其地乃東矣。而東者，造始之方也。能造始，則有君之道；能作成，則有臣之德。是諸侯者，屈之而爲臣，伸之而爲君。夫卿大夫豈其偶者耶？此所以西面獨立，而無敢敵者也。然猶未也。位不辨，則名不正；等不别，則分不明。故膳夫者，國之膳食之司也。使之爲獻主，而不以君，言君爲主，而大夫爲賓，則禮相敵而有所亢矣。大夫者，知足以帥人者也。使之爲賓，而不以卿，言卿爲賓，而主之者在君，則體相親而有所疑矣。疑爲其近君也，亢爲其不臣也。《易》曰：「君子以辨上下，定民志。」《記》亦曰禮「所以别嫌明微」。此膳夫爲獻主，而大夫爲賓之意也。

嚴陵方氏曰：「南鄉，爾卿大夫」者，以卿大夫在北面，故鄉而爾之，欲其皆少進以定位故也。君獨升，立席上，西面特立者，西面則居東，主居東，則賓宜居西，賓居西，則主與之對立矣。而此言「特立」者，方見賓莫敢居西而與之敵也。始則南鄉，示君道也；終則西面，示主道也。示君道者，待之以臣禮；示主道者，待之以賓禮。至於待之以賓禮，猶莫敢居賓位以相敵焉，是乃所以深明君臣之義也。適，即「適」也，適相當，則爲敵故也。宰夫，乃《天官》之膳夫爾，非《天官》之宰夫也。然亦謂之宰夫者，皆以爕制爲事故也。杜蕢曰「蕢也，宰夫也，非刀匕是共」，蓋謂是矣。「使宰夫爲獻主」者，王氏謂燕飲酒，則君於羣臣亦有賓主之道，故不可以無獻主。雖然，君臣之義不可以燕廢也，故使膳夫爲獻主而已。蓋燕飲以食飲養賓，而膳夫以食飲養王之官也。使所以養王者養賓焉，則王之厚意也。所謂獻主者，主人飲賓曰獻，蓋攝主人而獻賓也。亢禮，《莊子》所謂「分庭伉禮」者也。

石林葉氏曰：言君南鄉，則卿大夫少進而定位，必北鄉也。

君舉旅於賓，及君所賜爵，皆降，再拜稽首，升成拜，明臣禮也。君答拜之，禮無不答，明君上之禮也。臣下竭力盡能以立功於國，君必報之以爵禄，故臣下皆務竭力盡能以立功，是以國安而君寧。禮無不答，言上之不虚取於下也。上必明正道以道民，民道之而有功，然後取其什一，故上用足而下不匱也。是以上下和親而不相怨也。和寧，禮之用也。此君臣上下之大義也。故曰：「燕禮者，所以明君臣之義也。」

鄭氏曰：言聖人制禮，因事以託政。臣

再拜稽首，是其竭力也。君答拜之，是其報以禄惠也。

孔氏曰：此一經明《燕禮》臣盡禮於下，君答之於上，上下交歡而不相怨，明君臣之義也。「君舉旅於賓」，謂舉旅酬之酒以酬賓。「及君所賜爵」，謂特賜臣下之爵。賓受君之酬及臣受君賜爵，皆降自西階，再拜稽首，以受君恩；又升堂，更再拜稽首，以成拜也。故《燕禮》云：「公酬賓，賓降西階下，再拜稽首。公命小臣辭，賓升成拜。」鄭云：「升成拜，復再拜稽首也。」禮無不答，言凡臣之拜，君無不答，所以示爲上之道不虛取於下，上必須報之也。上下既須相報，故在上明正道以教道於民，民亦依君訓道有功報上。君既薄斂於上，民亦什一而税於下，上下和平親睦，而不相怨恨。前明君臣相報，此明君民上下相報。上下和親，是和也；不相怨，是安寧也。和與寧，禮之用也。

藍田吕氏說見前。

嚴陵方氏曰：「舉旅」，即下言「舉旅行酬」也。旅，序也。舉爵以序行酬酢之禮也。《鄉飲酒禮》亦謂之「相旅」，即《中庸》所謂「旅酬」是也。「君所賜爵」，謂旅酬之外，君有特賜之爵也。「升成拜」者，既降階而拜，又升而拜，以成前拜之禮故也。賓必再拜，以明臣下竭力盡能以立功於國；君必答拜，以明君上發爵賜禄，以報功於臣。故曰「明臣禮也」，又曰「明君上之禮也」。或言君，或言臣，或言臣下，或言君臣上下，皆互相備也。言上則不特主君，言下則不特主臣。力言其才，能言其藝。民既有功，則興事造業，生財有道矣。夫然後取之以什一之法也。道之至於有功，然後取之，此其不虛取於民也。寡乎什一，則上之用不足；多乎什一，則下之財或匱。唯其取之以什一，故繼之上用足，而下不匱也。❶什一爲天下之正如此，亦由乎上之人明正道以行之而已。和寧，禮之用也。以其國安而君寧，故曰寧。《論語》曰：「禮之用，和爲貴。」《曲禮》曰：「人有禮，則安。」皆以是而已。夫君臣上下之大義不過如此，故曰「燕禮，所以明君臣之義也」。

石林葉氏曰：上以爵禄報下，則下日奮而有功，故禮無不拜。下以功力事上，則上見知而有賜，故禮無不答。無不拜，則非與亢禮；無不答，則非虛取也。「勞心者治人，勞力者治於人；治人者食於人，治於人者食人」，上下之義也。道民而有功，則勞心矣；民出絲麻穀粟以奉上，則勞力矣。燕禮明君臣之義者，何以異此？方其君舉旅於賓而賜爵也，固有惠於下，而下拜之，明其治人也。及君答拜者，明其食於人而已矣。

馬氏曰：禮者政之本，政者禮之用，則政常寓於君臣行禮之間，而禮常見於爲政之際。未有禮非其政，而政非其禮。

席：小卿次上卿，大夫次小卿，士、庶子以次就位於下。獻君，君舉旅行酬，而后獻卿。卿舉旅行酬，而后獻大夫。大夫舉旅行酬，而后獻士。士舉旅行酬，而后獻庶子。俎豆、牲體、薦羞，皆有等差，所以明貴賤也。

鄭氏曰：牲體，俎實也。薦，謂脯醢也。

---

❶「下」下，通志堂本、四庫本有「用」字。

羞，庶羞也。

孔氏曰：此明尊卑上下席位之所，受獻旅酬之差，貴賤先後之義。「席，小卿次上卿」者，案《燕禮》，上卿在賓席之東，小卿在賓席之西，隔越於賓席，而云「次上卿」者，以俱南面東上，遥相次耳。「大夫次小卿」者，案《燕禮》，大夫在小卿之西，故《燕禮》云「辯獻大夫，遂薦之。繼賓以西，東上」也。「士庶子以次就位於下」者，《燕禮》于西階上獻士，既受獻者立於阼階下，西面北上。獻庶子于阼階上，既獻立於阼階下，故云「士庶子以次就位於下」也。「獻君，君舉旅行酬」者，案《燕禮》，宰夫爲主人，酌以獻賓，賓飲畢，酌以酢主人。主人飲畢，酌以獻君。君飲畢，酌以酢主人。更爵以受酢于阼階下，飲卒爵。主人又洗觚酬，主人先飲卒爵，酌以酬賓。賓受觚，坐奠于薦東訖，小臣請媵爵者二人媵爵阼階下，皆北面媵爵于公。媵爵者先自飲畢，媵爵者洗象觶，酌奠于公席之前，公坐取所媵之觶以酬賓。賓於時下，再拜稽首，公命小臣辭。賓升，成拜。公立卒觶，賓乃受公虚爵，酌之，酬大夫于西階上。衆大夫相酬畢，奠虚觶于篚。此是「獻君，君舉旅行酬」也。「而后獻卿，卿舉旅行酬」者，案《燕禮》，主人洗，升，實散，獻卿于西階上。獻卿畢，小臣又請媵爵者，公使二人媵爵，奠于公前。公又行一爵，若賓若長，唯公所酬，以旅于西階上。大夫辯而止。此是爲卿旅酬也。《燕禮》直云「卿」，不云大卿、小卿之異，則小卿、大卿俱同獻也。「而后獻大夫，大夫舉旅行酬」者，案《燕禮》，主人洗，獻大夫于西階上，大夫辯受獻，乃納工。獻衆工畢，公又舉奠觶，唯公所賜，以旅于西階上。此是獻大夫，爲大夫而旅酬也。「而后獻士，舉旅行酬」者，案《燕禮》，説屨，升堂坐之後，主人獻士于西階上。獻士辯，又獻旅食。賓媵觚于公，公坐取賓所媵觶，興。惟公所賜。乃就席，坐行之，終於大夫。終受者興，以酬士，士舉旅于西階上。此是獻士爲旅酬也。「而后獻庶子」者，庶子卑，不爲之舉旅，但無算爵之節，執爵者酌而旅之。「俎豆、牲體、薦羞，皆有等差」者，公及卿、大夫、士等皆有等差，但《燕禮》不載，無以言也。

藍田吕氏曰：禮之所貴，别而已矣。親疏、長幼、貴賤、賢不肖，皆别也。大别之中，又有細别存焉。均親也，而有斬衰、大功、小功、緦麻、袒免之異。均長也，而有父事、兄事、肩隨之異。故以賤事貴，有十等焉，所謂王、公、卿、士、皂、輿、隸、僚、僕、臺也。君者，積尊而爲之也。苟無差等，民可得而犯之。貴貴之義有所不行，此亂之所由生也。《燕禮》之别，故上卿、小卿、大夫、士、庶子，其席、其就，位皆有次。獻君、獻卿、獻大夫、獻士、獻庶子，及舉旅行酬皆有序。俎豆、牲體、薦羞，皆有等差。君臣、貴賤之義，極其密察至于此者，所以防亂也。

嚴陵方氏曰：小卿即下卿也。言上卿則知小卿之爲下，言小卿則知上卿之爲大。《仲尼燕居》曰：「席而無上下，則亂於席上也。」故其上下之次如此。獻庶子之後，則不舉旅行酬者，庶子卑故也。《周官》諸子以下大夫二人爲之，而此則以居士之下者，蓋諸侯之庶子故也。由士而下無爵，則此所謂士者，上士而已。容庶子以中下之等爲之。等者，上下之義。差者，多少之差。

石林葉氏曰：獻卿及於士，而後至於庶子者，所以體異姓也。蓋内朝以親親爲主，則庶子在所先。外朝以賢賢爲主，雖庶子必在所後。

聘義第四十八

孔氏曰：案鄭《目録》云：「名曰《聘義》者，以其記諸侯之國交相聘問之禮，重禮輕財之義也。此於《别録》屬《吉事》。」此《聘義》釋《儀禮·聘禮》之義，但《儀禮·聘禮》者，謂大聘使卿，故經云「及竟張旜」，旜是孤卿所建也。《聘禮》謂侯伯之卿，故經云：「上介奉束錦，士介四人，皆奉玉錦。」介凡五人，故知侯伯之卿。此《聘義》所釋包五等之卿，故經云「上公七介，侯伯五介，子男三介」，皆謂其卿也。

藍田呂氏曰：交際之義，人道之所以羣也。其交際也，必有相見以結其驩。間於見也，必有相問以繼其好。自天子至于庶人，雖有貴賤、親疏、遠邇、長幼之差，其所以相問，一也。天子之與諸侯，諸侯之與鄰國，皆有朝禮，有聘禮。朝則相見，聘則相問也。朝、宗、覲、遇、會、同，皆朝也。存、覜、省、聘、問，皆聘也。故聘禮有天子所以撫諸侯者，《大行人》「一歲徧存，三歲徧覜，五歲徧省」是也。有諸侯所以事天子者，《大行人》「時聘以結諸侯之好，殷覜以除邦國之慝」是也。有鄰國交脩其好者，《大行人》「凡諸侯之邦交，歲相問，殷相聘」，久無事則聘焉是也。《儀禮》所載《聘禮》，鄭國交聘之禮也。《聘義》者，所以釋其所載聘禮之義也。

聘禮：上公七介，侯伯五介，子男三介，❶所以明貴賤也。介紹而傳命，君子於其所尊弗敢質，敬之至也。三讓而后傳命，三讓而后入廟門，三揖而后至階，三讓而后升，所以致尊讓也。君使士迎于竟，大夫郊勞，君親拜迎于大門之内而廟受，北面拜貺，拜君命之辱，所以致敬也。敬讓也者，君子之所以相接也。故諸侯相接以敬讓，則不相侵陵。

鄭氏曰：此皆使卿出聘之介數也。《大行人職》曰：「凡諸侯之卿，其禮各下其君二等。」「弗敢質」，質，謂正自相當。「三讓而後傳命」，傳其君之聘命。「三讓而後入廟門」，讓主人廟受也。此揖、讓，主謂賓也。《小行人職》云：「凡四方之使者，大客則擯，小客則受其幣，聽其辭。」敬讓者，君子之相接，賓讓而主人敬也。

孔氏曰：此篇總明聘義，各顯《聘禮》之經於上，以義釋之於下也。介數不同，明貴賤有異也。介所以傳達賓主之命，禮之至極也。「三讓而后傳命」者，謂賓在大門外，見主人陳擯，以大客之禮待己，己不敢當，三度辭讓，主人不許，乃后傳聘君之命。案《聘禮》註云：「賓至末介，❷相去三丈六尺。」「上擯至末擯，亦三丈六尺」。賓乃傳聘君之命於上擯，即此傳命也。「三讓而后入廟門」者，謂賓既

❶「子男」，原作「男子」，今據通志堂本、四庫本改。
❷「末」，原作「未」，今據通志堂本、四庫本改。

傳命之後，主君延賓而入至廟，將欲廟受，賓不敢當，主君在東，賓差退在西，相嚮三讓，乃入廟門也。三揖者，初入廟門，一揖也；當階北面又揖，二揖也；當碑又揖，三揖也。而后升者，謂主君揖賓，至階，主君讓賓升，賓讓主君，如此者三，主君乃先升，賓乃升也。凡如此者，是賓致其尊敬讓主人之心也。傳命與入廟門皆賓先讓。若三揖至階，三讓而升，雖主人爲首，皆由賓讓而后至於三。若賓不讓，則不至於三。是揖讓皆賓爲主也。《聘禮》「賓及竟，張旜」，「君使士請事，遂以入」，是使士迎于竟也。《聘禮》「賓至于近郊，君使下大夫請行」，又「使卿朝服，用束帛勞」，此「大夫郊勞」也。大夫，即卿也。《聘禮》「賓入門左，公再拜」，是君拜迎于大門之内也。《聘禮》「及廟門，公揖入」，「納賓，賓入門左」，「升西楹西，東面」，是「廟受」也。「北面拜貺」者，君於阼階之上，北面再拜，拜聘君之貺。貺，謂惠賜也。《聘禮》云「公當楣再拜」是也。「拜君命之辱」，言所以「北面拜貺」者，拜聘君之命來辱也。此明主君尊敬聘客，所以致敬於彼君之命也。

藍田吕氏曰：古者賓必有介，介，副也，所以輔行斯事，致文於斯禮者也。《鄉飲酒》之禮，主人就先生謀賓介，此飲酒之賓介也。《大行人》掌上公之禮介九人，侯伯七人，子男五人，此朝覲之賓介也。《聘禮》上公七介，侯伯五介，子男三介，此聘問之賓介也。《聘禮》上介奉束錦，士介四人，皆奉五錦，則介凡五人，舉侯伯之卿而言之也。禮之節文，少則質，多則文，同則質，異則文。致其文者，乃所以盡其敬也。故使人聘於鄰國，一人將命可矣。必有介者，以多爲文也。爵之高者其介多，爵之卑者其介寡，以異爲文也。人臣之義莫大乎敬君，敬君莫大乎敬命。使之受命，不宿于家，入竟而死，以棺造朝，介攝其命，備豫不虞，如此其至，不敢以死而棄之，則皆不敢質之義也。不敢質，故致文也。其所以必致文者，乃所以盡其敬也。七介以相見也，不然則已慤。三辭三讓而至，不然則已蹙。所謂已慤、已蹙，野人之義也，非君子交際之文也。君子之交際，動無不文，禮無不答。故於傳命入門皆三讓三揖，至階三讓而升，此賓所以敬主人也。士迎于竟，大夫郊勞，君親拜迎而廟受，拜貺、拜辱，此主人所以敬賓也。賓主之交，争相爲敬讓，則暴慢侵陵無自而生，交日以親，好日以固，此兵所以不用，民所以休息也。傳命入廟門皆三讓，而《聘禮》不載，有所略也。

嚴陵方氏曰：上公，即「九命作伯」之上公也。王之三公，八命而已。以其加三公之一命，故以上言之。《周官·行人》上公介九人，侯伯七人，子男五人。此言七介、五介、三介者，以大聘使卿，其禮各下其君二等故也。以爵有貴賤，則其介有多寡，故曰「所以明貴賤也」。介有三等，末介傳中介，中介傳上介，以相繼而傳之，故曰「介紹而傳命」也。紹而傳命，則命不直達矣。蓋以主君之尊，而使臣之卑，不敢與之亢禮故也。故曰「弗敢質」。質，對也。「致尊」，言主人之尊賓。「致讓」，言賓讓而不敢受。「迎于竟」則使士，勞于郊則使大夫，因爲之隆殺焉。廟受者，受使者所銜之命也。受必於廟，所以致敬也。「拜貺」者，拜受所賜之物也。「拜辱」，見《曲禮》解。侵，言自此以侵彼。陵，言自下以陵上。

山陰陸氏曰：「紹而傳命」，君子於其所尊弗敢質，敬之至也。言「紹」，則若上公七介，皆相繼傳命也，蓋如是而後盡。父子之間，以質爲敬；君臣之間，以文爲敬。

石林葉氏曰：《周禮》上公九介，侯伯七介，子男五介，謂親行聘之介也。《禮器》言諸侯七介、七牢，大夫五介、五牢，所謂侯伯之卿使聘也。此言侯伯五介，子男三介，所謂其使之介也。順所以致謙，故傳命而後入門，入門而後升階。三辭、三揖、三讓者，謙也。恭所以致勤，故主愈近，則禮愈加。士迎之，大夫勞之，君親拜之，勤也。謙則能相下，故不相陵；勤則能相敬，故不相侵，諸侯所以兵不用也。

卿爲上擯，大夫爲承擯，士爲紹擯。君親禮賓，賓私面私覿，致饔餼，還圭璋，賄贈，饗、食、燕，所以明賓客君臣之義也。

鄭氏曰：設大禮，則賓客之也。或不親而使臣，則爲君臣也。

孔氏曰：上國之卿爲上擯，接迎於賓。「大夫爲承擯」者，承副上擯也。「士爲紹擯」者，紹，繼也，謂繼續承擯。案《聘禮》註謂「其位相承繼」。又《聘禮》註云：「主君公也，則擯者五人。侯伯也，則擯者四人。子男也，則擯者三人。」其待聘客及朝賓，其擯數皆然。故《大行人》

云：上公擯者五人，侯伯四人，子男三人。❶謂迎朝賓也。若擯者五人，則士爲紹擯者三人。擯者四人，則士爲紹擯者二人。擯者三人，則士爲紹擯者一人。「君親禮賓」者，謂行聘已訖，親執醴以禮賓也。故《聘禮》賓行聘訖，「宰夫徹几，改筵。公出，迎賓以入」，「公側受醴，賓受醴，公拜送醴」是也。賓私面私覿者，私面謂私以己禮面見主國之卿大夫。私覿謂私以己禮覿主國之君。以其非公聘正禮，故謂之「私」。案《聘禮》私面在後，此先云私面，記者便文，無義例也。面，亦見也。以其於臣禮，故曰「面」也。「致饔餼」，謂行聘之日，主君使卿致饔餼之禮於賓館。案《聘禮》「君使卿韋弁，歸饔餼五牢」，註云：「牲，殺曰饔，生曰餼。」又曰「飪一牢鼎九，設於西階前。腥二牢鼎二七，設于阼階前。餼二牢，陳于門西，北面東上」是也。「賄贈」者，因其還玉之時，主國之卿并以賄而往，還玉既畢，以賄贈之，故《聘禮》還圭璋畢，「大夫賄用束紡」是也。「饗、食、燕」者，謂主君設大禮以饗賓，設食禮以食賓，皆在廟也。又設燕以燕之，燕在寢也。故《聘禮》云「公於賓，壹食，再饗，燕與羞，俶獻，無常數」是也。或主人敬賓，或賓答主人，或君親接賓，或使人致之，是顯明賓客、君臣之義也。

藍田吕氏曰：擯者，主國之君所使接賓者也。主之有擯，猶賓之有介也。《大行人》五人、四人、三人，此王迎朝賓之擯也。諸侯之卿各下其君二等，則主待聘

❶「三」，原作「二」，今據通志堂本、四庫本改。

客之擯，上公當三人，侯伯二人，子男一人矣。《聘禮》、《聘義》皆云：卿爲上擯，大夫爲承擯，士爲紹擯。必三人而後備，亦舉公禮而言之也。鄭氏云「君，公也，則擯者五人，侯伯則四人，子男則三人」，以王所以待諸侯之擯，爲諸侯所以待賓客之擯，恐未然也。擯有三者，亦以多爲文也。《大宗伯》「朝覲會同，則爲上相」，相，即擯也。入詔禮曰相，出接賓曰擯。宗伯，卿也，故曰「卿爲上擯」。《小行人》「諸侯入王，則爲承而擯」，行人，大夫也，所以接承上擯之事，故曰「大夫爲承擯」。紹，繼也。士職卑，承官之乏，以繼其擯之事，故曰「士爲紹擯」。《聘禮》：賓卒聘事，奉束錦請覿。所謂私覿也。賓朝服問卿，既致命出，賓面如覿幣，所謂私面也。君命未致，使臣不敢以私見其君及其卿。卒君事，乃得申其私敬也。私覿見其君，私面見其卿。或有以私面爲見君者，蓋列而言之，則有見君、見卿之別。此篇及《聘禮》所云私覿、私面是也。離而言之，則私面即私覿，亦可爲見君。如《司儀》諸公之臣，相爲國客，私獻、私面；楚公子棄疾見鄭伯，以乘馬八匹私面於君是也。蓋使臣之義，則致其君臣之敬於所聘之君；主君之義，則致其賓主之敬於來聘之臣。故公之禮賓及受私覿，皆揖讓而進之。臣降拜，公辭，然後升，拜，賓覿，奉束錦，總乘馬，二人贊入，北面，奠幣，再拜稽首，以臣禮見也。擯者辭，賓出，擯者取幣，牽馬出，請受于賓。賓禮辭，聽命，乃牽馬入，設授幣堂上，始以客禮見。此君臣交致其敬者也。既卒聘事，然後敢私面、私覿，此臣獨致其敬者也。設三擯以接之，親禮以敬之，致饔餼、賄贈，及饗、食、燕以盡其歡，還圭璋以成其信，此君獨致其敬者也。

嚴陵方氏曰：擯者，主國接賓之人，而爲之執事者也。《周官·司儀》所謂「掌賓客擯相之禮」是矣。又謂之儐者，《鄉飲酒禮》異也。言上擯，則知承之爲中擯，紹之爲末擯矣。見主國之臣，則曰「面」，見主國之君，則曰「覿」者，與君言「鄉」，臣言「面」同義。然《周官》言「私面」而不言「私覿」，《論語》言「私覿」而不言「私面」者，蓋合而言之，皆見而已。饗則以酒爲主，食則以食爲主，燕則兼酒食而燕樂之也。君親禮賓，賓私面、私覿，以至於饗、食、燕，所以明賓客之義也。「還圭璋」，「致饔餼」，❶「賄贈」，則使人致之，所以明君臣之義也。

長樂陳氏曰：食以食爲主，則尚禮。饗、燕以酒爲主，則尚恩。尚禮，所以接於外，尚恩，所以結於内。接於外者不可煩，故食止於一而已。結於内者欲其篤，故饗所以至於再，而燕禮所以至於無數。

禮記集説卷第一百五十九

❶「饔」，原作「饗」，今據通志堂本、四庫本改。

禮記集說卷第一百六十

故天子制諸侯，比年小聘，三年大聘，相厲以禮。使者聘而誤，主君弗親饗食也，所以愧厲之也。諸侯相厲以禮，則外不相侵，内不相陵。此天子之所以養諸侯，兵不用，而諸侯自爲正之具也。

鄭氏曰：比年小聘，所謂歲相問也。三年大聘，所謂殷相聘也。

孔氏曰：此經明諸侯相聘問。相厲以禮，則内崇敬讓，外不侵陵，是「自爲正之具也」。天子立制，使諸侯相於比年使大夫小聘，三歲使卿大聘。來聘使者，行聘之時，禮有錯誤，則主君不親自饗食，所以使賓恥愧，自相勸厲。天子制此禮，使諸侯相親，是存養諸侯，無兵革之患。國家得正，由其外親諸侯也。案《大行人》：「諸侯之邦交，歲相問也。」《聘禮記》云：「小聘曰問。」故鄭知「小聘」是「歲相問」也。《大行人》又云「殷相聘也」，殷，中也。謂三年之時，中而無事，故稱「殷」也。此經謂諸侯自相聘也。而《王制》云：「諸侯之於天子，比年一小聘，三年一大聘。」與此不同者，此經諸侯相聘，是周公制禮之正法。《王制》謂文、襄之法，故不同也。

藍田吕氏曰：《王制》「諸侯之於天子，比年一小聘，三年一大聘」，言諸侯之聘於天子也。此篇云「天子制諸侯，比年小聘，三年大聘」，言諸侯交相聘，天子制其禮也。「使者聘而誤，主君不親饗食」者，《聘禮》所謂「大夫來使，無罪饗之，過則饝之」，異也。上下不交，則天下無邦，人道所以不能羣也。故先王之御諸侯，使之相交，以脩其好；必使之相敬，以全其交。其相交也，必求乎疏數之中，故「比年小聘，三年大聘」也。其相敬也，必相厲以禮，故使者之誤，主君不親饗食，以愧厲之。然後仁達而禮行，外則四鄰相親而不相侵，内則君臣有義而不相陵也。事豫則立，不豫則廢。先王之制禮，以善養人，於無事之際，多爲升降之文，酬酢之節。賓主有司有不可勝行之憂，先王未之有改者，蓋以養其德意，使之安於是而不憚也。故不安於偷惰而安於行禮，不恥於相下而恥於無禮，則忿争之心，暴慢之氣，無所從而作。此天下之亂所以止之於未萌也。天子以是養諸侯，諸侯以是養其士大夫。上下交相養，此兵所以不用，天下所以平也。禮之節文之多，唯聘、射之禮爲然。節文之多，養人之至者也。射以選諸侯之貢士，以數與於祭，數不與於祭，而行慶、讓，則諸侯必自爲正於射禮矣。聘以勸諸侯之交好，使者之誤，主君不親饗以愧之，使者之愧，有國者之愧也，則諸侯必自爲正於聘禮矣。故二禮之義，天子養諸侯之意爲深。故其義皆曰「兵不用，諸侯自爲正之具也」。

長樂陳氏曰：使者得禮而榮君之命，則有光華；失禮而辱君之命，則有愧恥。故厲其使，所以厲其君。厲其君，則敬讓行，而兵不用矣。古之人以禮相愧厲，而不以怒，此所以相成之道也。此孔子所以貴「使於四方，不辱君命」也。

嚴陵方氏曰：相厲以禮者，天子制諸侯以聘，而使之相尊敬，則各相勉厲以禮也。使者以傳言爲事，傳言而失，豈足以爲使乎？故主君不親饗食，而愧厲之也。愧以愧其心，厲以厲其行也。禮以節爲事，故相厲以禮，則外不相侵。禮以敬爲心，故相厲以禮，則内不相陵也。不相侵陵，則兵不用，各欲正己而已，又安用戰？

以圭璋聘，重禮也。已聘而還圭璋，此輕財而重禮之義也。諸侯相厲以輕財重禮，則民作讓矣。

鄭氏曰：圭璋用之，還之，皆爲重禮。禮必親之，不可以己之有，遥復之也。財，謂璧、琮、饗、幣也。受之爲輕財者，財可遥復，重賄反幣是也。

孔氏曰：此一經明既聘還圭璋，輕財重禮，教民廉讓之意。玉以比德，故以圭璋而聘。賓將歸時，致此圭璋，付與聘使，而還其聘君也。凡行聘禮之後，饗君用璧，饗夫人用琮，加於束帛。還圭璋之玉，是重其禮；留其璧琮之財，是輕其財。重者難以報復，故用本物還之，輕者易可酬償，故更以他物贈之，此是「輕財重禮」之義。諸侯相厲以此，則上行下效，而民皆作其廉讓矣。鄭註「禮必親之」，言若親往彼國，則可以己國所有執往行禮也。既不親往，則不以所有寶玉遥復償他國所來圭璋，故還之也。璧琮是財輕，故可遥復之。

藍田吕氏曰：《聘禮》行人執圭璋以致命。天下之寶，無尚於玉，君子以玉比德焉。言重吾聘禮如玉之重，且以達其君之信也。聘君以圭，聘夫人以璋。半圭曰璋，取法於陰陽之義也。其圭璋，《典瑞》所謂「瑑圭璋璧琮以覜聘」者也。還圭璋，而不還璧琮饗幣者，聘以致命，饗以致獻，重命而輕獻，所謂「輕財而重禮」也。

嚴陵方氏曰：以《儀禮》考之，有聘必有饗。聘君則以圭，聘夫人則以璋，饗君則以璧，饗夫人則以琮。聘先於饗，其禮爲尊。尊之，故圭璋特而達。饗因於聘，其禮爲親，親之，故璧琮有所加焉。圭璋固有藻，然特藉玉以爲禮而已，異乎璧琮之加於束帛以爲財也，故後言「圭璋特達者」以此。

廬陵胡氏曰：若諸侯朝天子，則雖圭璋，亦受之而不歸。《小行人》「饗天子用圭，饗后用璋」是也。

主國待客，出入三積，餼客於舍，五牢之具陳於內，米三十車，禾三十車，芻薪倍禾，皆陳於外。乘禽日五雙，羣介皆有餼牢，壹食，再饗，燕與時賜無數，所以厚重禮也。古之用財者，不能均如此。然而用財如此其厚者，言盡之於禮也。盡之於禮，則內君臣不相陵，而外不相侵，故天子制之而諸侯務焉爾。

鄭氏曰：「厚重禮」，厚此聘禮也。「不能均如此」，言無則從其實也。「言盡之於禮」，欲令富貴不得過也。❶

孔氏曰：此一經明待賓之厚，所以尊重聘禮，并行禮讓，則君臣內外不相侵陵，所以諸侯務焉。上公之臣出入三積，故《司儀》云：「遂行，如入之積。」若侯伯以下之臣，則不致積。故《司儀》云「諸公之臣，相爲國客，則三積」。註云：「侯伯之臣，不致積也。」案《聘禮》致客有饔、有

❶「貴」，通志堂本、四庫本作「者」。

餼，今直云「餼客」者，略言之。「於舍」，謂於賓館。「五牢之具」，謂飪一牢在賓館西階也，腥二牢在賓館東階也，餼二牢在賓館門内之西，是皆「陳於内」也。案《聘禮》米三十車設于門東，東陳；禾三十車設於門西，西陳。「薪芻倍禾」，鄭註云：「薪，從米；芻，從禾。」乘禽，謂乘行羣匹之禽，鴈鶩之屬。聘卿則每日致五雙也。「羣介皆有餼牢」者，鄭註《掌客》云「爵卿也，則飧二牢，饔餼五牢。爵大夫也，則飧大牢，饔餼三牢。爵士也，則飧少牢，饔餼大牢」也。「壹食，再饗，燕與時賜無數」者，此謂聘卿也。一爲之設食，再爲之設饗，其歡燕與當時之賜無常數也。古之用財，不能均平常厚。言厚則從其豐，無則從其實。古之用財，既有隆殺，而相聘之事，費用如此豐厚者，言豐財以行禮，盡禮而用財，雖有其財，唯盡極於禮，不可禮外過用其財也。若用財能以禮自制，不得過，則於國内上下和睦，君臣不相陵，四鄰歸懷，外不相侵也。故天子制此聘禮，諸侯務而行焉。

藍田吕氏曰：上公五積，卿下其君二等，則三積也。三積皆有牢禮，米、禾、芻薪也。致積之禮，唯諸公之臣有之，故《聘禮》不載也。積者，致重禮於其出入也。饔餼者，致重禮於其舍館也。乘禽、二羞俶獻，將其勤也。饗、食、燕，盡其歡也。皆所謂厚重禮也。古者制國用，量入以爲出。至于國新殺禮，凶荒殺禮，故有祈以幣，更賓以特牲者，則用財于賓客，不皆如此之厚也。然禮存其數者，將使富而奢汰者不敢過制，而儉嗇者不敢不盡也。不敢過，不敢不盡，則盡之於禮。此天子所以養諸侯，使内外不相侵陵之道也。

嚴陵方氏曰：主國，謂主君之國也。出入，謂從來訖去也。積，若「委積」之「積」。「羣介皆有餼牢」，則無飪腥矣，以殺於使臣故也。燕盛於饗，饗盛於食。於食則一，於饗則再，於燕則與時賜無數。盡之於禮，則人各守其分，故内君臣不相陵，外不相侵也。

山陰陸氏曰：據《周官》侯伯七十雙，今曰「日五雙」，雖曰諸侯大夫，不應如是之懸也。蓋日五雙，旬而稍所致之禽也，據《聘禮》旬而稍乘禽，日如其饔餼之數。「羣介皆有餼牢，壹食，再饗」，侯伯再食，再饗，子男一食，一饗，則上公之使食視子男，饗視侯伯。其米二十車，禾三十車，倣此，據侯米三十車，禾四十車，子男米二十車，禾三十車。燕與時賜無數，《聘禮》謂之「假獻」。獻言禮，賜言義。不言禽羞，從時賜也，故曰「禽羞假獻」。

石林葉氏曰：餼牢，天産，陽物也，故陳於内。米、禾、芻薪，地産，陰物也，故陳於外。饗所以訓恭儉也，故至于再。燕與時賜，以示慈惠也，故無數。聘禮雖具如此，而財有所不及，則不必備。然而苟有其財，亦未嘗不盡於禮。此先王所以養諸侯，而兵不用也。

聘、射之禮，至大禮也。質明而始行事，日幾中而后禮成，非强有力者，弗能行也。故强有力者將以行禮也，酒清人渴而不敢飲也，肉乾人飢而不敢食也。日莫人倦，齊莊、正齊而不敢解惰，以成禮節，以正君臣，以親父子，以和長幼。此衆人之所難，而君子行之，故謂之有行。有行之謂有義，有義之謂勇敢。故所貴於勇敢者，貴其能以立義也。所貴於立義者，貴其有行也。所貴於有行者，貴其行禮也。故所貴於勇敢者，貴其敢行禮義也。故勇敢、强有力者，天下無事則用之於禮義，天下有事則用之於戰勝。用之於戰勝則無敵，用之於禮義則順治。外無敵，内順治，此之謂盛德。故聖王之貴勇敢、强有力如此也。勇敢、强有力而不用之於禮義、戰勝，而用之於争鬭，則謂之亂人。刑罰行於國，所誅者亂人也。如此，則民順治而國安也。

孔氏曰：前經説聘禮既畢，此一節又申明行聘之時，禮儀既大，日晚始罷，故記者引唯勇敢之人能成禮事，故於此明之。此是《聘義》，兼明射者，以强有力之人，非但聘而行禮，又能射爲武事，故總明之。聘、射至大之禮，非如冠、昏暫時即畢也。幾，近也。日近中而后禮成，非强有力，弗能行也。「酒清人渴而不敢飲」，謂射禮也。欲射之時，先行燕禮，唯以禮獻酬，不敢恣意醉飽。若行聘禮，但酌醴禮賓，無酒肴之事，故知此唯據射也。日莫晚，人斯懈倦，猶齊莊而自整齊，不敢懈怠，以成就禮之節制。此亦謂射禮，故下即云「以正君臣，以親父子，以和長幼」也。「以正君臣」，謂賓射前行燕禮也。「以親父子，和長幼」，謂鄉射前行鄉飲酒之禮也。以上之事，衆人所難，君子之人，特能行之，故謂「有行」。身能有行，則事得其宜，故云「有行之謂有義」。有義則有果斷，故云「有義之謂勇敢」。此總覆説聘之與射也。勇敢，射之所須。强有力，聘之所須。天下無事，謂兵革休息，故用之於聘、射之禮義。有事，謂軍旅數起，故用於戰鬬，必得勝也。

藍田吕氏曰：節文之多，唯聘、射之禮爲然，故曰「至大禮也」。質明行事，至于日幾中而禮成，酒清、肉乾而不敢飲食，非心夷氣平，强有力而不憚煩，則不能也。非齊莊中正，知所尊敬而不敢懈，則不能文之中。人之所難，我之所安，人之所懈，我之所敬，故能行之者，君子也。君子之自養也，養其强力勇敢之氣，一用之禮義、戰勝，則德行立矣。其養人也，養其强力勇敢之氣，一用之於禮義、戰勝而教化行矣。此所以外無敵，内順治，國之所以安也。射禮，諸侯之射，必先行燕禮，卿、大夫、士之射，必先行鄉飲酒之禮。其未射也，先行獻酬之節，極於繁縟，故有酒清肉乾，而不敢飲食者也。若聘禮，則受聘、受饗、請覿，然後酌醴禮賓，無酒清肉乾之事。特以節文之繁與射禮等，皆至日幾中而禮成，故射禮兼言之也。

長樂陳氏曰：聘之爲禮，養諸侯，而兵不用。射之爲禮，亦養諸侯，而兵不用。是皆至大之禮，非强有力者，不能行之。齊以言其心，莊以言其容，正齊以言其儀。言養諸侯而兵不用，又曰天下有事，用之於戰勝，何也？蓋先王之禮，可以常安而不能使安之必常，可以杜亂不能使亂之必杜，則禮義在我，而兵戰在天。在我者不可不脩，在天者順之而已。故用之於兵戰，亦至於無敵也。

嚴陵方氏曰：此聘禮兼言射者，賓聘亦有射，故因而明之。且賓有賓之射，則聘有聘之射，明矣。自「質明始行事」而下，以言聘之難行也。自「酒清人渴」而下，以言射之難行也。酒以久故清，肉以久故乾。楊子言：「日昃不食肉。」射又至於日莫者，以先行禮而後射故也。一有一亡爲有，「衆人之所難，而君子行之，故謂之有行」。義理，禮之文也，而無文不行，故「有行之謂有義」。勇敢言其發於內者，强有力言其形於外者。兩相交爲戰，我克彼爲勝。戰勝則因與彼敵，故曰「外無敵」。禮義則本乎我治，故曰內順也。戰勝合天下之公義，故用之於禮義，則足以順治。争鬭由一時之私忿，故誅之以刑罰，而謂之亂也。

山陰陸氏曰：禮成，猶言反饋樂成，樂於是成焉爾，非訖於斯也。鄭氏謂「禮畢」，非是。齊，內也；莊，外也；正，內也；齊，外也。有義之謂「勇敢」。孔子曰：「見義不爲，無勇也。」

新安朱氏曰：按疏云此雖總結聘、射，然自酒清肴乾，❶日莫成禮，父子長幼之語，似據射、鄉而言，恐射、鄉之義失次在此，或相因而言歟？

石林葉氏曰：古之所謂勇敢而强者，勇於義而已。唯其勇於義，故能行禮。能行禮，則習其俯仰，而行列得正焉，習其進退，而坐作得齊焉。故施之於戰勝則無敵者，此也。所謂盛德者，以其備具而已。猶《禮器》謂「大備盛德」是也。

子貢問於孔子曰：「敢問君子貴玉而賤碈者，何也？爲玉之寡而碈之多與？」孔子曰：「非爲碈之多故賤之也，玉之寡故貴之也。夫昔者，君子比德於玉焉：温潤而澤，

❶「肴」，通志堂本、四庫本作「肉」。

仁也。縝密以栗，知也。廉而不劌，義也。垂之如隊，禮也。叩之，其聲清越以長，其終詘然，樂也。瑕不揜瑜，瑜不揜瑕，忠也。孚尹旁達，信也。氣如白虹，天也。精神見于山川，地也。圭璋特達，德也。天下莫不貴者，道也。《詩》云：『言念君子，温其如玉。』故君子貴之也。」

鄭氏曰：碈，石似玉，或作「玟」也。色柔温潤，似仁也。縝，緻也。栗，堅貌。劌，傷也。義者，不苟傷人也。「垂之如隊」，禮也，禮尚謙卑也。樂作則有聲，止則無也。越，猶揚也。詘，絶止貌也。《樂記》曰：「止如槀木。」瑕，玉之病也。瑜，其中間美者。玉之性，善惡不相掩，似忠也。孚，讀爲「浮」。尹，讀如竹箭之「筠」。浮筠，謂玉采色也。采色旁達，不有隱翳，似信也。虹，天氣也。精神，亦謂精氣也。山川，地所以通氣也。「特達」，謂以朝聘也。璧琮則有幣，唯有德者無所不達，不有須而成也。道者，人無不由之。「言念君子」，言，我也。貴玉者，以其似君子也。

孔氏曰：以聘用玉，因論玉有諸德，而結成《聘義》之篇。與，疑辭也。孔子言貴玉由其有德，非以少也。玉色温和而潤澤，故似仁。玉體密緻而堅剛，似知。廉，稜也。玉體雖有廉稜，而不傷割於物，故似義。垂之而下墜，似禮。以物叩擊，其聲清泠發越以長遠。其擊之終竟，聲則詘然而止，不如鍾聲擊罷，猶有餘音也，故似樂。玉在山川之中，精氣徹見於外，與地同也。圭璋特得通達，不加餘幣，同人之有德，不假他物而成也。天下貴之，與道相似，故云道也。引《詩·秦風・小戎》之篇，美秦襄公之詩，證玉以比德也。

藍田呂氏曰：因聘禮用玉，故以子貢問玉一章附於《聘義》之末。君子不貴難得之貨，故玉之貴非以寡，碈之賤非以多也。玉者，山川至精之所融結，其德之美，有似乎君子，故君子服之、用之，所以比德而貴之也。碈，石之似玉者也。似是而非，君子賤之，如紫之於朱，莠之於苗，鄉原之於德也。玉氣粹精之所發，則温潤而澤，如君子之仁，温厚深淳之氣形諸外也。玉理密緻而堅實，如君子之知，密而不疏則中理，堅而不解則可久也。金之有廉，雖利也，用之則傷。玉之有廉，雖不利也，用之則不能傷，如君子之義，其威雖若不可犯，卒歸於愛人而已。玉之體重垂之，則如墜而欲下，如君子之好禮，以謙恭下人爲事，故曰「禮」也。凡聲滯濁而韻短者，石也；清越而韻長者，玉也。始洪而終殺者，金也；始終若一者，玉也。此玉之聲所以與金石異也。「其終詘然」，所謂終始若一，所謂玉振之也者，終條理也。樂之始作翕如，至于皦如以成，歌者止如槀木，其合止皆無衰殺之漸。則君子於樂，「其終詘然」，如玉之聲也。玉之瑜者，其美也；瑕者，其病也。玉之明洞炤乎内外，瑜瑕不能相揜，如君子之忠無隱情，善惡盡露而無所蓋，故曰忠也。孚尹未詳，或曰信發於忠謂之孚也，信也。尹或訓爲誠，亦信也。玉之明徹，藴於内而達於外，猶君子之信由中出也。先儒以「孚」爲「浮」，以「尹」爲「筠」，如竹箭之「筠」，謂玉采色也。其文、其音既悉有改，義亦無據，恐未然也。

玉之瑩者，光氣能達于天，所謂氣如白虹也；韞諸石中，則光輝必見，所謂精神見于山川也。如君子之達于天，則與天同德；充實而有光輝，則與地同德也。玉之爲璧琮，其用也必有幣以將之。玉爲圭璋，特達而已，不用幣也，如君子之德，無待乎外也。莫非物也，玉之爲物，天下貴之；莫非道也，君子之道，天下尊之，故曰「天下莫不貴者，道也」。

長樂陳氏曰：古人用玉，皆象其美。若鎮圭以召諸侯，以恤凶荒，所以用其仁也。齊有食玉，所以用其知也。牙璋以起軍旅，所以用其義也。國君相見以瑞，相享以璧，所以用其禮也。樂有鳴球，服有佩玉，所以用其樂也。邦國以玉節，所以用其信也。琬圭以結好，琰圭以除慝，所以用其忠也。四圭有邸以祀天，而蒼璧以禮天，此用其能達於天也。兩圭有邸以祀地，而黄琮以禮地，此用其能達於地也。圭璋特達，此用其能達於德也。已饗而還圭璋，已朝而班瑞，此皆古之爲器以用玉之美者也。古之言比君子於玉者，若比於仁，則《詩》曰「言念君子，温其如玉」是也。有比於知，則《詩》曰「追琢其章，金玉其相」是也。有比於樂，則《孟子》曰「玉振終始條理」是也。有比於信，則楊子曰「如玉如瑩，爰變丹青」是也。有比於忠，則《傳》曰「瑾瑜匿瑕，國君含垢」是也。有比於德，則《詩》言「如圭如璧」是也。有比於道，則子貢曰「有美玉於斯，韞匵而藏諸」是也。此古人比君子於玉者也。　又《樂書》曰：義近禮，仁近樂。仁義，人道也，禮樂資之以爲本；禮樂，人文也，仁義資之以爲用。垂之如隊，禮也，以卑爲尚故也。「叩之其聲清越以長，其終詘然，樂也」，以反爲文故也。君子比德於玉，而禮樂與焉，豈非禮樂皆得謂之有德歟？

嚴陵方氏曰：君子貴玉而賤碈者，豈以其多寡而爲貴賤哉？玉之所以可貴者，有德存焉爾。故曰「夫昔者，君子比德於玉焉」。下文所言皆其德之别也。澤則言其潔而明也，廉言有分際以自守，劌言有刻制而無傷。禮以卑爲體，而以重爲德，故曰「垂之如隊，禮也」。

山陰陸氏曰：廉而不劌，義也。若陳仲子，廉而劌者也。「孚尹旁達」，尹，正也。孚尹，猶言信正。言玉堅貞之德外達，信也。升氣如虹上達，隱見無常，是之謂天。精神見於山川，所謂石緼而山輝，❶水爲之五色，此歟？精神妙矣，以猶有所麗，是故謂之地。

石林葉氏曰：人之大德曰仁，故先「温潤而澤」，有仁未嘗無知，故次之以「縝密以栗」。有知矣，非義則不足以制事，故次之以「廉而不劌」。義所以充實乎内，禮所以節文乎外，故次之以「垂之如隊」。禮立於禮，必成之以樂，故次之以「其聲清越以長」。自仁而至成於樂，則脩身之至矣。可以出而應物，故忠者不欺於内外，則次之以瑕瑜不相揜也。忠以待物，而物必信，故次之以「孚尹旁達」也。忠信，人德而已。人德備，則與天地參，故次之以「氣如白虹」，「精神見乎山川」也。與天地參，則歸於德，而退藏於道矣，故終之以「圭璋特達」，「天下莫不貴者」也。

❶「緼」，通志堂本、四庫本作「韞」。

馬氏曰：玉之爲德，散而言之，雖有十者之名，合而論之，皆謂之德。君子之所貴者，特此德也。然《詩》曰「温其如玉」，則温者，温潤之仁而已。其能盡玉之德乎？蓋温者德之始，言始所以見終也。《論語》言孔子之五德，則始以温。夔教胄子以四德，亦始於温。而《詩》亦曰：「温温恭人，惟德之基。」豈非温者，德之始歟？觀夫天時，以春温爲四時之始，皆此意也。

喪服四制第四十九

孔氏曰：案鄭《目録》云：「名曰《喪服四制》者，以其記喪服之制取於仁、義、禮、知也。此於《別録》舊説屬《喪服》。」然以上諸篇皆記《儀禮》當篇之義，故每篇言「義」也。此則記者別記喪服之四制，非記《儀禮·喪服》之篇，故不云「喪服之義」也。

長樂陳氏曰：冠義脩之身者也，昏義脩之家者也，鄉射脩之鄉與國者也，燕、聘、四制脩之國與天下者也，其序如此。

凡禮之大體，體天地，法四時，則陰陽，順人情，故謂之禮。訾之者，是不知禮之所由生也。夫禮，吉凶異道，不得相干，取之陰陽也。喪有四制，變而從宜，取之四時也。有恩有理，❶有節有權，取之人情也。恩者仁也，理者義也，節者禮也，權者知也。仁、義、禮、知，人道具矣。

鄭氏曰：禮之言體也，故謂之禮，言本有法則而生也。口毀曰「訾」。吉禮、凶禮

❶「理」，原作「禮」，據通志堂本、四庫本改。

異道，謂衣服、容貌及器物也。「取之四時」，謂其數也。「取之人情」，謂其制也。孔氏曰：此篇總論喪之大體，有四種之制，又明三年喪以下，節制之差，結成仁義之事。天地之間，皆禮以體定之。四時、陰陽、人情，無物不總也。喪有四制，變而從宜者，言門内主恩，若於門外，則變而行義。尊卑有定，禮制有恒，以節爲限。或有事故，不能備禮，則變而行權，是皆從宜，取之人情也。恩屬於仁，理屬於義，節屬於禮。量事權宜，非知不可，人道具矣。此總結四制之義。

藍田吕氏曰：先王制禮之意，象法天地，以達天下之情而已。《書》曰「天敘有典」，禮也，人倫之謂也；「天秩有禮」，用也，冠、昏、喪、祭、射、鄉、朝、聘之類也。二者皆本於天，此禮之所由生也。禮之有吉凶，猶天之有陰陽，可異而不可相干也。禮有恩、有理、有節、有權，猶天之有四時，可變而不可執一也。仁、義、禮、知，人道具矣。人道具則天道具，其實一也。

嚴陵方氏曰：恩則有所愛，故曰仁。理則有所宜，故曰義。節則有所制，故曰禮。權則有所明，故曰知。此四者，人之所由，廢一不可也。取之者，謂取而法之故也。其所謂則也，順也，蓋亦若是而已。

馬氏曰：天地者，禮之本也。陰陽者，禮之端也。四時者，禮之柄也。人情者，禮之道也。恩理所以厚其死，節權所以存其生。厚其死者，故爲父斬衰三年，爲君亦斬衰三年。存其生者，故曰毁不滅性，不以死傷生也。

廬陵胡氏曰：一體不備，不足謂之成人。體者，何也？禮也。所謂大體者，何也？體天地，法四時，則陰陽，順人情，禮之大體也。非禮之大體，不足以爲大；非聖人，不足以知禮之大，故曰「訾之者，是不知禮」。言陰陽四時人情，而不言體天地者，天地囊括此三者也。言仁、義、禮、知而不及信者，仁、義、禮、知，非信不立。既云人道具，則信在其中可知矣。

其恩厚者其服重，故爲父斬衰三年，以恩制者也。門内之治恩揜義，門外之治義斷恩。資於事父以事君，而敬同。貴貴尊尊，義之大者也。故爲君亦斬衰三年，以義制者也。

孔氏曰：此一節明四制之中，恩制并義制也。父恩最深，故特舉父言之。其實門内諸親之服，皆恩制也。門内之親，故得行私恩，揜公義。若《公羊傳》云「有三年之喪，君不呼其門」是也。門外，謂朝廷之間。公朝當以公義絶私恩。若《曾子問》「父母之喪，既卒哭，金革之事無辟」是也。「資於事父」，言操事父之道以事君，則敬君與父同也。貴貴，謂大夫之臣事大夫爲君，大夫尊貴，臣能盡敬，故曰「貴貴」也。尊尊，謂天子、諸侯之臣事天子、諸侯爲君，同爲南面，臣能極敬，故曰「尊尊」也。「義斷恩」，門外如一，雖復大夫與王侯有異，而其臣敬不殊，故並云「義之大者也」。故爲君亦斬衰三年，同於父也。

藍田吕氏曰：父子之道，天之合也。其愛不可解於心，以恩制者也。君臣之道，人之合也。義則從，不義則去，此「以義制」者也。情之至者，遂之則無窮也。情至于無窮，則賢者過之，不肖者不可繼，道所以不行，此不可不以節制者也。遂其所不得申，則無等差；施之於所不必用，則事無實；責之於所不能具，則力不給；必之於所不能行，則人告病，此不可不以權制也。故恩莫大於父，服莫重於斬衰，極其恩而制其服也。極天下之愛，莫愛於父；極天下之敬，莫敬於君。愛敬生乎心，與生俱生者，故門內以親爲重，故爲父斬衰，親親之至也；門外以君爲重，故爲君亦斬衰，尊尊之至也。內外尊親，其義一也。故以事父之義施之君，此君之服以義制者也。創鉅者其日久，痛甚者其愈遲，遂其無窮之情，則情之過者，不至于滅性傷生，則不止也；情之不及者，不知其所勉矣。故三日而殯，未殯不食。既殯，食粥納財，朝暮皆一溢米。三月而葬，未葬不沐。既葬將虞，然後沐浴。期而小祥，既小祥然後練冠、練衣。蓋毁不可以久，久則滅性，以死傷生，不得伸其孝矣。天性之恩，非不重也。然先王制禮，必立之中制，使賢者不敢盡，不肖者不敢不勉，此道之所以行而無弊也。恩雖重也，歲月之久，則不可不除，故喪不過三年。苴麻之衰，所以爲至痛飾也，非求乎完且久，故服雖弊而不補。葬之爲言藏也，封之所以識也。非求乎高大而終不夷也，故墳墓不培。哀雖甚也，已過則不可不樂。故既祥而後樂者，皆所以示至恩重。哀亦不可以無終，此所以爲之節也。魯昭公十九有童心，比葬，三易衰，《傳》亦記其違禮也。孔子既得合葬於防，封之崇四尺。孔子先反，門人後，雨甚，至曰「防墓崩」。孔子泫然流涕，曰：「吾聞之，古不脩墓。」蓋不脩墓者，先王所以節孝子之心。孝子雖所不忍言，而不敢過也。《檀弓》曰：「祥而縞，是月禫，徙月樂。」又曰：「孔子既祥五日，彈琴而不成聲。十日，而成笙歌。」又曰「魯人有朝祥而暮歌者，子路笑之。子曰：『由，爾責於人終無已夫！』子路出，子曰：『又多乎哉，踰月則善矣。』」「孟獻子禫，縣而不樂。夫子曰：『獻子加於人一等矣。』」由此觀之，既禫徙月，然後可樂。然孔子亦未以朝祥暮歌爲非，而既祥五日彈琴，乃躬行之，何也？蓋祥者，吉也。自練至于祥，漸而即吉，則古人既祥可樂矣。然又至于禫之徙月爲樂，不忍遽也。以孟獻子禫，縣而不樂，孔子謂「加於人一等」推之，則樂可行於既祥。然行於既祥，善也。既禫猶不樂，此「加於人一等」也。《記》謂孔子既祥五日而彈琴，又曰踰月則其善，其說皆可疑也。此篇乃曰「祥之日鼓素琴，告民有終」，其說尤不可取。除喪乃可爲樂，未聞爲樂以告喪之終。仁人孝子之情，疑不出乎此也。謂「既祥而樂」，猶可矣；「祥之日鼓素琴」，或未然。

嚴陵方氏曰：天生時，地生財，人其父生，則恩之厚者莫如父。斬衰服三升，則服之重者莫如斬衰。服之重輕，凡以稱恩之厚薄。爵有貴賤，而貴莫貴於君。位有尊卑，而尊莫尊於君。故曰「貴貴尊尊」。

馬氏曰：「貴貴」者，以賤言之。「尊尊」者，以卑言之。有爵者爲貴，無爵者爲賤。尊者爵之上者也，卑者爵之下者也。士庶人無爵，故爲賤。卿大夫有爵，故爲貴。有爵而爲貴，則不可以謂之賤也。其視於天子、諸侯，卑而已矣。故曰「貴貴」者，大夫之君也；「尊尊」者，天子、諸侯之君也。

三日而食，三月而沐，期而練，毁不滅性，不以死傷生也。喪不過三年，苴衰不補，墳墓不培。祥之日鼓素琴，告民有終也，以節制者也。資於事父以事母，而愛同。天無二日，土無二王，國無二君，家無二尊，以一治之也。故父在爲母齊衰期者，見無二尊也。

鄭氏曰：食，食粥也。沐，謂將虞祭時也。補、培，猶治也。「鼓素琴」，始存樂也。三年不爲樂，樂必崩。

孔氏曰：此一節明四制之中節制也。《士虞記》曰：「沐而不櫛。」虞後有事，得沐浴也。故《雜記》云：「非虞祔練祥，無沐浴。」苴麻之衰，雖破不補。一成丘陵之後，不培益其土。大祥鼓素琴，始存省此樂。以上事教民哀有終極，以禮節爲限制。此下申明節制。欲尊歸於一，言持事父之道以事於母，恩愛雖同，服乃有異，以不敢二尊故也。

藍田吕氏解見前。

嚴陵方氏曰：練謂練帛以爲冠。毁，謂瘠其身。毁而過制，則傷生矣。鼓琴固所以散哀，止以素而不加飾，以示有漸也。凡此皆以禮節之，而不使過哀焉。事君同事父之敬，而愛則異者，以其内外之别也。事母同事父之愛，而敬則異者，以其尊親之殊也。

馬氏曰：君者，疏也。資於事父以事君而尊同，故爲君斬衰三年，以義制者也。母者親也，「資於事父以事母而愛同」，故父在爲母齊衰期，以權制者也。疏者宜殺而以尊隆之，故曰義。親者宜隆而以卑殺之，故曰權。權不可以爲正者也。賈氏曰：子爲母屈而期，心喪猶三年，故父雖爲妻期而除，三年乃娶者，達子心喪之志也。《儀禮疏》

河南程氏曰：古之父在，爲母服期，今則皆爲三年之喪。皆爲三年之喪，則家有二尊矣，可無嫌乎？處今之宜，服齊衰一年外，以墨縗終月算，可以合古之禮，全今之制。

杖者何也？爵也。三日授子杖，五日授大夫杖，七日授士杖。或曰「擔主」，或曰「輔病」。婦人童子不杖，不能病也。百官備，百物具，不言而事行者，扶而起。言而后事行者，杖而起。身自執事而后行者，面垢而已。禿者不髽，傴者不袒，跛者不踊，老病不止酒肉。凡此八者，以權制者也。

鄭氏曰：五日、七日授杖，謂爲君喪也。扶而起，謂天子、諸侯也。杖而起，謂大夫、士也。面垢而已，謂庶民也。髽，婦人也。男子免而婦人髽。髽或爲免。

孔氏曰：此一經明四制之中權制也。所以先明杖者，以下有不應杖而杖，又有應杖而不杖，皆是權宜，故先舉正杖於上。杖之所設，本爲扶病，而以爵者有德，其恩必深，其病必重，故杖者爲爵者設，故云「爵」也。三日、五日、七日，歷敘其爵之人也。曰「擔主」者，《喪服傳》云：「無爵而杖者何？擔主也。」鄭註云：「擔，假也。尊其爲主，假之以杖。」輔病者，《喪服傳》云「非主而杖」，謂庶子以下，雖非適子皆杖，爲其輔病故也。「婦人童子不杖」，謂未成人之婦人，幼少之男子也。王侯委任百官，不假自言而事得行，故許子病深，雖有杖，不能起，須人扶也。大夫、士既無百官喪服，須己言而後行，故不許極病，所以「杖而起」。庶人無人可使，不許病，故有杖不用，面有塵垢之容而已。子於父母，貴賤情同，而病不得一，故爲權制。鬄者，婦人之大紒，重喪辮麻繞髮。禿者無髮，故不鬄。男子禿，亦不免也。袒者露膊，傴者可憎，故不露也。跛人脚蹇，故不跳躍。老及病，身已羸瘠，又使備禮，必致滅性，故酒肉養之。夫喪禮宜備，今有此八條，不可强通，故聖人權宜制也。所謂八者，謂應杖不杖，不應杖而杖，一也。扶而起，二也。杖而起，三也。面垢，四也。禿者，五也。傴者，六也。跛者，七也。老病，八也。庾氏云：「父存爲母，一也。」不數杖與不杖之科。

藍田吕氏曰：先王制禮，不遂其所不得申，上文「父在爲母齊衰期」是也。不施於所不必用，婦人、童子不杖是也。不責其所不能給，「身自執事」，「面垢而已」是也。不必其所不能行，「禿者不鬄」、「傴者不袒」之類是也。四者，禮有所不能行，故以權制之也。所謂凡此八者，父在爲母齊衰期，一也。婦人童子不杖，二也。杖而起，三也。面垢，四也。禿者不鬄，五也。傴者不袒，六也。跛者不踊，七也。老病不止酒肉，八也。先儒以爲母期爲屬前章，而加「扶而起」爲一。夫「不言」與「扶而起」乃喪禮之當然，貴者盡之，賤者有所不得遂，故有杖而起者，有面垢者，蓋以權制也。若扶而起，則禮之正，非權也。父在爲母期，正以權制，而云屬前章，非也。庾氏之取父存爲母爲一，而不知扶而起非權，又不數婦人童子不杖之科，亦非也。先王制禮，其本致一而不可二也。婦人已嫁，爲夫斬，爲其父齊衰期，其致一於夫，雖父不得而抗也。親莫隆於父母。父在爲母齊衰期，其致一於父，雖母不得而抗也。故愛有等差，仁義所以並行，而禮所由立，致于一也。喪之有杖，所以輔病也。孝子毁瘠之至，非杖不能起。後世因之以爲節文，親喪則親者杖，君喪則有爵者杖，童子當室則杖，皆以其主喪而有杖，故曰「擔主」也。《喪服傳》曰：「杖者何？爵也。無爵而杖者何？擔主也。」鄭氏以「擔」音「假」，曰：「擔，假也。尊其爲主，假之以杖。」字訓未之見。恐止音「擔」，擔，負荷也。負荷所主之喪，故授之以杖也。國君之喪，三日子夫人杖，五日大夫世婦杖。大夫之喪既殯，主人、主婦、室老皆杖。士之喪，三日之朝，主人杖，婦人皆杖，則婦人有杖矣。此云「婦人不杖」者，先儒云：謂皆以其幼，不能病，故不杖，其義然也。

嚴陵方氏曰：伊耆氏言軍旅有爵者杖，則不特喪事爲然，凡以優貴者也。三日、五日、七日，則以爵之貴賤而爲授之早晚節也。凡此皆非禮之經，故曰「以權制」。權者，反經而合道也。

始死，三日不怠，三月不解，期悲哀，三年憂，恩之殺也。聖人因殺以制節，此喪之所以三年，賢者不得過，不肖者不得不及，此喪之中庸也，王者之所常行也。《書》曰「高宗諒闇，三年不言」，善之也。王者莫不行此禮，何以獨善之也？曰：高宗者，武丁。武丁者，殷之賢王也。繼世即位，而慈良於喪。當此之時，殷衰而復興，禮廢而復起，故善之。善之，故載之《書》中而高之，故謂之「高宗」。三年之喪，君不言。《書》云：「高宗諒闇，三年不言。」此之謂也。然而曰「言不文」者，謂臣下也。禮，斬衰之喪，唯而不對；齊衰之喪，對而不言；大功之喪，言而不議；緦，小功之喪，議而不及樂。

鄭氏曰：不怠，哭不絶聲也。不解，不解衣而居，不倦息也。諒，古作「梁」，楣謂之梁。闇，讀如「鶉鵪」之「鵪」。闇，謂廬也。廬有梁者，所謂柱楣也。「言不文」者，謂喪事辨不，所當共也。《孝經説》曰：「言不文者，指士民也。」唯而不對，侑者爲之應耳。言，謂先發口也。此謂與賓客也。

孔氏曰：此一節覆明前經四制之中節制之事。喪三年爲限節。期之間，朝夕恒哭。三年憂者，不復朝夕哭，但憂戚而已，恩漸減殺也。聖人因孝子情有減殺，制爲限節，此喪之中平常行之節也。既虞之後，施梁而柱楣，故云「諒闇之中」。「對而不言」，對其所問之事，不餘言也。「言而不議」，但言説他事，不與人論議相問答也。

藍田吕氏曰：子之於親，天性也，不可解於心也。執親之喪，創鉅痛深，雖日月之久，豈有殺乎？此君子所以有終身之憂。然喪必有月算，服必有變除。天地已易，四時已變，哀之感者亦安能無殺？創鉅者其日久，痛甚者其愈遲。此以恩之薄厚，而有久近之殺也。「三日不怠，三月不解，期悲哀，三年憂」，此以日月之久近而有哀戚之殺也。始死，哭不絶聲，水漿不入口者三日，此三日不怠也。未葬，哭無時，居倚廬，寢不絶絰帶，此三月不解者也。既虞卒哭，唯朝夕哭，此期悲哀者也。既練，不朝夕哭，哭無時，謂哀至則哭，此三年憂者也。君子之居喪，期合乎中者也，有如是之隆殺。聖人因隆殺而致其禮，所謂品節斯，斯之謂禮者也。禮者所以教民之中，故三年之喪，賢者不得過，不肖者不敢不勉也。三年之喪，自天子達於庶人，古之道也。《書》獨稱「高宗諒闇，三年不言」者，先王之禮墜，王者之貴有不能行之者。高宗以善喪聞，而廢禮所由興，故善之也。慈良於喪，善喪之謂也。《書》云「高宗諒陰，三年不言」，此云「諒闇」，「闇」、「陰」同義，信默之謂也。鄭氏不見《古文尚書》，其説迂遠，殆不可取。不言而後事行，此人君之喪禮，故高宗「三年不言」也。言而後事行者，杖而起，故「言不文」，此士大夫之喪禮也。所謂斬衰之喪，唯而不對，齊衰之喪，對而不言，非人君而亦不言者，謂與賓客接也。若治喪之事，則亦言而後行事也。唯而不對，相者代之對也。對而不言，應之而不倡也。言而不議者，無往反酬問也。議而不及樂，有往反酬問，而不及樂事也。此因論「三年不言」與「言不文」，而及之也，故備引五服之喪，哀之發於言語之節也。

山陰陸氏曰：孝，常行也。今載而高之，則以不能喪者多故也。《老子》曰：「大道廢，有仁義。六親不和，有孝慈。」中宗，中而已。高宗，中而高焉。故曰「中而高之，故謂之高宗」。

父母之喪，衰冠、繩纓、菅屨，三日而食粥，三月而沐，期十三月而練冠，三年而祥。比終茲三節者，仁者可以觀其愛焉，知者可以觀其理焉，强者可以觀其志焉。禮以治之，義以正之，孝子、弟弟、貞婦皆可得而察焉。

鄭氏曰：仁，有恩者也。理，義也。察，猶知也。

孔氏曰：此一節更覆結居父母之喪，能終此三節，可以知其德行。三節者，初喪至沐，一也；十三月練，二也；三年祥，三也。仁者居喪，可以觀其知愛親。知者居喪，則合道理。强者居喪，則能守其志節。用禮以治喪事，用義以正喪禮，則是「孝子、弟弟、貞婦」也。

藍田吕氏曰：父母之喪，其大變有三：始死至于三月，一也；十三月而練，二也；三年而祥，三也。莫不執喪也，善於此者難。莫不善其始也，善於終者難。故終茲三節，以善喪稱者，則孝子、弟弟、貞婦可得而知也。惻怛痛疾，悲哀志懣，非仁者之篤於愛，則不能也。然哭踊無節，喪期無數，服不别精粗，位不别賓主，乃野人夷狄，直情徑行者，其知不足道也。哀之發於容體，發於聲音，發於言語，發於飲食，發於居處，發於衣服，輕重有等，變除有節，❶至于襲含歛殯之具，賓客弔哭之文，無所不中於禮。非知者之明於理，則不能也。然有其文矣，實不足以稱之，有其始矣，力不足以終之，其强不足道也。喪事不敢不勉，此强有志者之所能也。故古之善觀人者，察其言動之所趨而知其情，驗其行事之所久而知其德。親喪者，人之所自致者也。哭死而哀，非爲生者，則其仁可知矣。生，事之以禮；

❶「節」，通志堂本、四庫本作「等」。

死，葬之以禮，祭之以禮，則其知可知矣。先王制禮，不敢不及，則其强可知矣。故君子之觀人，常於此而得之。

禮記集説卷第一百六十

《禮記集説》跋❶

予舊集諸家訓解，每病世儒勦取前人之説以爲己出。近得延平周諝希聖《解》，一再繙閲，始知陳氏、方氏亦推衍其説者爾。按《圖志》，希聖又嘗著《周禮解》，擢熙寧進士第入仕。值新法行，不忍詭隨，賦詩去官。今王文公《新傳》多採其説而没其姓名，豈忌其人之有傳耶？予既取希聖《解》增入《集説》，竊謂它人著書，惟恐不出於己，予之此編，惟恐不出於人。比歲樞密何公澹本生繼母亡，疑於持服。太學生喬嘉、朱九成、黄會卿移書何公，引「逮事父母，則諱王父母；不逮事父母，則不諱王父母」之文，以爲本朝方慤解此一節，謂特庶人之禮爾。此説見鄭康成註，乃指爲方慤。蓋後人掇拾前言，而觀者據新忘舊，莫究所始，先儒之書日就湮晦。此予之所慨嘆，而《集説》所由作也。固不敢謂此編能盡經旨，後有達者，果得新意，何嫌論著？謹毋襲此編所已言，没前人之善可也。予於卷首敘諸家名氏，嘗及此梗概。繼觀周希聖《解》，且因太學生引據之誤，遂又識此於卷末云。寶慶丙戌至日，吴郡衛湜。

紹定辛卯歲，湜備員江東漕筦。大資政趙公善湘以制帥攝漕事，見予《集説》，欣然捐貲鋟木，以廣其傳。次年秋，予秩滿而歸。迨嘉熙己亥夏，首尾閲九載矣。中雖倅金陵，叨綸院，僅食年餘之禄，餘

❶ 此標題原無，爲校點者所加。

悉里居需次。因得徜徉於書林藝圃，披閱舊編，搜訪新聞，遇有可採，隨筆添入，視前所刊，增十之三，間亦删去冗複。竭來嚴瀨適繼郡，計空竭之後，廉勤自力，補苴培植，粗可支吾。乃撙節浮費，别刊此本，期與學者共之。庚子六月書于新定郡齋。

西山先生回翰

德秀竊以朱煒逾半，火傘方張，恭惟府判朝議，贊貳留都，有神呵護。台候動止萬福。德秀曩因讀櫟社藏書之記，知執事爲博雅君子。又得吾同年魏鶴山序禮之篇，又知研精《戴記》，博考先儒訓傳，萃爲一編。每念此書格言大訓至多，而亦不能不汩於諸子之異説。近世大儒先生固嘗有所論著，然程、張僅發明大指，吕氏不盡解全書，學者無所據依以訂其真僞。今執事乃能味世人之所不味，用積年之功，以底于成。願得伏而讀之，以祛發蒙滯，未之獲也。敢謂撝謙，首貽翰墨，存勞備至，且以所著書偕來。發函抽帙，僅閲數版，心目已爲開明。適以叨恩，予環治行叢雜，未克畫卷，而嘗鼎一臠，旨可知矣。况來教體用一致之説，又於學者爲最切門徑。知此則《少儀》、《曲禮》無非性與天道之所存，而《中庸》、《大學》之妙理，初不在事物之外也。德秀知學最晚，且生於窮鄉，乏師友之益。雖比年閒居中，不敢自放，而所得甚淺，何由一見賢者相與切磋究之。姑此以謝先爲到都少暇，又當奉記，兹得以略。

右謹具拜呈。

六月　日中奉大夫寶謨閣

待制前知福州真德秀劄子

鳴謝

《儒藏》精華編惠蒙善助，共襄斯文；謹列如左，用伸謝忱。

本焕法師　壹佰萬元

智海企業集團董事長　馮建新先生　壹佰萬元

NE·TIGER時裝有限公司董事長　張志峰先生　壹佰萬元

張貞書女士　壹佰萬元

方正控股有限公司、金山軟件有限公司創始人　張旋龍先生　壹佰萬元

付剛先生　伍拾萬元

北京大學《儒藏》編纂與研究中心

本册审稿人　戴璐琦
本册责任编委　王豐先

圖書在版編目(CIP)數據

儒藏.精華編.五四:上下册/北京大學《儒藏》編纂與研究中心編.—北京：北京大學出版社，2022.4

ISBN 978-7-301-11772-9

Ⅰ.①儒… Ⅱ.①北… Ⅲ.①儒家 Ⅳ.①B222

中國版本圖書館CIP數據核字（2022）第044895號

書　　名	儒藏（精華編五四）（上下册） RUZANG（JINGHUABIAN WUSI）（SHANGXIA CE）
著作責任者	北京大學《儒藏》編纂與研究中心　編
責任編輯	王長民　吴冰妮
標準書號	ISBN 978-7-301-11772-9
出版發行	北京大學出版社
地　　址	北京市海淀區成府路205號　100871
網　　址	http://www.pup.cn　　新浪微博：@北京大學出版社
電子信箱	dianjiwenhua@126.com
電　　話	郵購部 010-62752015　發行部 010-62750672　編輯部 010-62756449
印 刷 者	北京中科印刷有限公司
經 銷 者	新華書店
	787毫米×1092毫米　16開本　90.75印張　879千字
	2022年4月第1版　2022年4月第1次印刷
定　　價	1200.00元（上下册）

ISBN 978-7-301-11772-9
9 787301 117729 >
定價：1200.00元
（上下册）